西部交通建设科技项目资助
国家自然科学基金项目资助

Gonglu Jiegouwu Kangzhen Jiagu Gaizao Shou...

公路结构物抗震加固改造手册

下册(第二部分):支挡结构、边坡、隧道、涵洞和道路

编著: Maurice Power, Kenneth Fishman, Rowland Richards, Faiz Makdisi, Samuel Musser and T. Leslie Youd

译校: 王克海　莫勋涛　孙永红　杨志峰

审校: W. Phillip Yen(颜文晖)

人民交通出版社

内 容 提 要

该书详细介绍了美国各州最流行的公路结构物在地震作用下结构易损性的评估方法，以及改进结构性能的加固改造措施。该书的第一部分着重于公路桥梁，并替换联邦公路局于 1995 年出版的报告（FHWA-RD-94-052）《公路桥梁地震加固手册》。该书的第二部分对公路其它结构物（包括：支挡结构，边坡，隧道，涵洞和道路等）的评估和抗震加固或改造提出了详细的方法。

北京市版权局著作权合同登记号　图资：01－2008－3560 号

Seismic Retrofitting Manual for Highway Structures
Part 1—Bridges
Publication No. FHWA－RD－04－XXX　January 2006
Seismic Retrofitting Manual for Highway Structures
Part 2—Retaining Structures, Slopes, Tunnels, Culverts and Roadways
Publication No. FHWA－RD－04－XXX　August 2004

图书在版编目（CIP）数据

公路结构物抗震加固改造手册／（美）颜文晖著；王克海等译. —北京：人民交通出版社，2008.8
ISBN 978－7－114－07281－9

Ⅰ.公…　Ⅱ.①颜…②王…　Ⅲ.公路桥－桥梁结构：抗震结构－加固－技术手册　Ⅳ.U448.141－62

中国版本图书馆 CIP 数据核字（2008）第 105699 号

书　　名： 公路结构物抗震加固改造手册（下册（第二部分）：支挡结构、边坡、隧道、涵洞和道路）
著 作 者： Maurice Power, Kenneth Fishman 等编著　王克海　莫勋涛等译校
责任编辑： 谢仁物
出版发行： 人民交通出版社
地　　址： （100011）北京市朝阳区安定门外外馆斜街 3 号
网　　址： http://www.ccpress.com.cn
销售电话： （010）59757969，59757973
总 经 销： 北京中交盛世书刊有限公司
经　　销： 各地新华书店
印　　刷： 北京密东印刷有限公司
开　　本： 880×1230　1/16
印　　张： 13.[illegible]
字　　数： 331 千
版　　次： 2008 年 7 月第 1 版
印　　次： 2008 年 7 月第 1 次印刷
书　　号： ISBN 978-7-114-07281-9
印　　数： 0001—3000 册
定　　价： 128.00 元（上下两册）

译者序

《公路结构物抗震加固改造手册》分上、下两册，上册（第一部分）是桥梁抗震加固手册，下册（第二部分）是支挡结构、边坡、隧道、涵洞和道路抗震加固改造手册。

在美国，1971 年南加州发生 San Fernando 地震后，首次提出对桥梁进行抗震加固。1987 年的 Whittier Narrows 地震，又一次唤起了人们对桥梁墩柱抗震加固的新一轮兴趣。1989 年的 Loma Prieta 地震，人们认识到早期的限位装置设计是不充分的。从 Loma Prieta 地震以来，在 California 州对大量的桥梁进行全面的抗震加固工作。起初人们将抗震加固的精力集中在大量单柱墩的桥梁，当时人们认为这些桥梁是最容易倒塌的。然而，在 1994 年的 Northridge 地震中，很多多柱墩桥梁也倒塌或严重破坏，所以随后这种多柱墩桥梁也纳入到 Caltrans 的抗震加固计划中。

在 1971 年 San Fernando 地震后不久，美国联邦公路局（FHWA）也成为桥梁抗震加固研究的主要资助者，包括既有桥梁加固的研究。一项早期的关于桥梁抗震加固的项目由 Illinois 技术研究院实施（Robinson et al., 1979）。第一部关于公路桥梁抗震加固的指南由 FHWA 于 1981 年以研究报告的形式《公路桥梁抗震设计指南（FHWA-RD-81-081）》出版发行。随后 1983 年，由 FHWA 出版了《公路桥梁抗震加固指南（FHWA-RD-83-007, ATC,1983）》，它包括了供全国使用的推荐意见，该指南除提供了正式的筛选评估方法外，还介绍了在当时实践中很多情况下尚未采用的抗震加固概念。除伸缩缝加固外，还针对桥梁其他构件或部位，包括桥梁墩柱、桥台和承台提出抗震加固的概念。几年后，这种桥梁抗震加固的许多概念得到发展、细化，并提炼成为当今常用的抗震加固方法。这些方法和技术也包括 FHWA 在 1987 年出版的《抗震设计和加固手册中（FHWA-IP-87-6）》中。

自 1992 年以来，为了提升国家的桥梁抗震加固技术，FHWA 一直在资助一项多年研究计划。在这项工作的带动下，成立了国家地震工程研究中心（NCEER），后来成为地震工程多学科研究中心（MCEER）。这个项目的第一项成果是 1995 年出版了联邦公路局的《公路桥梁抗震加固手册》（FHWA-RD-94-052, FHWA, 1995）。

这个修订版反映了从 1983 年以来桥梁抗震加固实践的进步。这个计划项目的其它成果包括：改进了抗震限位器的设计方法（Randall et al., 1999; DesRoches and Fenves,1998）；改善了旧钢桥支座抗震性能的方法（Mander et al., 1998a）；改进了钢筋混凝土墩柱设计和加固的方法（Dutta et al., 1999）；改进了对多柱墩钢筋混凝土结构的加固方法（Mander et al., 1996a and b）；更正确的理解了用传统支座和隔震支座进行抗震加固的性能（Wendichansky et al., 1998）。在本手册准备出版的过程中，这个计划项目达到顶点，它代表的不仅包括了联邦公路局在多学科研究中心的研究成果，也包括了整个美国和世界的研究成果。

经过近一年的紧张工作，《公路结构物抗震加固改造手册》即将付印，译者为保证质量，已前后五次校稿，但还想再校对两遍，不幸的是 2008 年 5 月 12 日发生了汶川大地震，本手册的尽快出版显得尤为重要，时间有些仓促。汶川地震后译者有机会两次去四川做震后调研（第一次历时 7 天经西线，去了映秀、马尔康、卧龙、汶川等重灾区，第二次历时 8 天经东线，去了绵阳、江油、平武、北川、青川 、广元、德阳、绵竹、什邡等重灾区），译者认为汶川地震的主要特点是地质灾害、次生灾害严重。对桥梁结构应重视桥梁整体动力特性、构造细节设计、减隔震设计。除桥梁震害外，还造成支挡结构、边坡、隧道、涵洞和路基的严重损毁。这两本手册是国际前沿的研究成果，译者相信本手册的研究成果对我国公路结构物的抗震评价与加固技术，特别是汶川地震灾后公路工程的修复、重建有重要价值。

Seismic Retrofitting 我们译为“抗震加固”，这是沿用了国内通常默认的习惯用词，译者认为译为“耐震加固改造”也许更好一些,但我们还是采用大家习惯的用词。本文的 Lower Level Ground Motion 对应的地震重现期为 500 年,Upper Level Ground Motion 对应的地震重现期为 1000 年,起初我们将前者译为小震地震动水平(准),后者译为大震地震动水平(准),但容易和我国的小震(地震重现期为 50 年)、中震(地震重现期为 475 年)、大震((地震重现期为 1642 年 ~2475 年)混淆,所以我们分别改译为:地震动水平 I、地震动水平 II。

本手册第一部分——桥梁由:第一章、第二章由王克海译,第三 ~ 五章韦韩译、第六章姜震宇译、第七章杨江芃译、第八章张悦译、第九 ~ 十一章李茜译、附录翟东武译,之后李茜校稿一遍,莫勋涛校稿一遍,王克海校稿三遍、并统稿。之后由 W. Phillip Yen(颜文晖)博士审校认可,同时审校的还有张劲泉、孙永红、朱晞。

本手册第二部分——支挡结构、边坡、隧道、涵洞和道路部分由:王克海、莫勋涛、杨志峰、孙永红译校,之后由 W. Phillip Yen(颜文晖)博士审校认可。

本手册翻译过程中秦权教授、王志强副教授提出宝贵意见,谨志谢忱。感谢交通出版社的责任编辑谢仁物编辑为本册的出版付出辛勤的劳动,感谢交通部公路科学研究院的院领导、科教处领导、道桥部领导的关心、支持。同时特别感谢交通运输部公路司戴东昌司长长期以来对我们的关心、帮助。

美籍华人桥梁专家 W. Phillip Yen(颜文晖)博士是美国联邦 Turner - Fairbank 公路研究中心基础设施研发部地震减灾计划科技项目负责人,Yen 博士是美国桥梁抗震研究的总召集人,是美国联邦公路局在美国地震灾害减灾计划(NEP)中的代表,为第四届和第五届美国地震工程会议桥梁和公路工程分会的筹委会成员和技术委员会的主席。他是美国联邦公路局国家地震工程委员会的主席,兼任美日桥梁工程年度研讨会的美方主席。他是美国结构工程协会的委员,同时也是美国结构工程师协会建筑委员会地震修复分会的有投票权委员。他也是中美洲公路工程地震会议的筹委会成员,Yen 博士同时也是弗吉尼亚州的注册职业工程师,Yen 博士是国际知名桥梁专家。本手册中,Yen 博士是联邦公路局的技术代表,多年来一直致力于中美桥梁技术交流、合作,他授权译者翻译出版本手册,在百忙中亲自审阅、校对了全稿,并提出许多宝贵的修改意见,为此译者表示衷心的感谢。

特别需要说明的是:本书的出版得到西部交通建设科技项目(合同编号:200231800028)、国家自然科学基金资助项目(50778085)和交通部公路科学研究院创新基金的资助。

尽管多次校对修改,限于水平,加之时间仓促,译文难免有不足之处,望读者指正(邮箱:kehaiwang@263. net 或 kh. wang@rioh. cn)。

译 者

2008 年 6 月于北京

前　言

本手册共分两部，介绍了公路结构对地震效应的易损性评估、提高结构性能的加固改造技术等领域的最新技术发展情况。手册的第一部分着重于公路桥梁，对联邦公路局 1995 年出版的报告（FHWA-RD-94-052）《公路桥梁抗震加固手册》进行了修订；第二部分介绍其它典型公路结构（含支挡结构、边坡、隧道、涵洞和道路等）的评估与加固技术。

本手册的面世得益于美国联邦公路局的桥梁与公路工程抗震研究计划，1991 年陆路综合运输效率法案（Intermodal Surface Transportation Efficiency Act，简称 ISTEA 冰茶法案）出台后，该计划于 1992 年开始启动；1997 年面向 21 世纪运输权益法案（Transportation Equity Act for the 21st Century，简称 TEA－21）出台后，该计划得以延续。关于桥梁和公路工程结构的评估和加固技术和理论已经相对成熟，因此如果不出意外，联邦公路局对典型公路桥梁的加固手册应该不会再进行修订，以此为最终版本；但是对于特殊桥梁结构，如桁架桥和缆索承重桥梁（如悬索桥和斜拉桥等），以及手册第二部分涉及到的结构等的性能评估与加固技术还有待深入研究，在减隔震技术如桥梁隔震支座和阻尼器等方面也需要加强。因此，我们相信联邦公路局在未来会对手册的第二部分进行修订，也会针对特殊结构和减隔震技术等出版相关的技术手册。

Gary L. Henderson
基础设施研发部门经理

声　明

品质保证声明

序

本报告是对联邦公路局1983年出版的报告(FHWA-RD-83-007)——《公路桥梁地震加固指导意见》的一次重大修订。此旧版于1994年进行了更新,1995年5月以报告形式(Report FHWA-RD-94-052)出版了临时修订版《公路桥梁抗震改造手册》。当前版本对前面版本的内容做了扩充,除了桥梁之外,还加入了在抗震能力方面不足的支挡结构、边坡、隧道、涵洞和道路的各种评估与加固方法。手册分为以下两部分出版:

第一部分:桥梁

第二部分:支挡结构、边坡、隧道、涵洞和道路。

虽然第一部分保留了1983年的报告对加固过程描述的基本格式,但是,为了将地震工程的进展、现场经验以及在加利福尼亚及以外地区最近发生的地震中桥梁的性能表现包括进来,本手册已经做了重大改动。

第二部分以下列公路体系组成部分的地震脆弱性筛选、评价和改造为重点:支挡结构、边坡、隧道、涵洞和道路。这是目前已知的(旨在改善除桥梁之外的组成公路体系结构的各个部分的性能为目的的)对地震性能和改造的重要的方面进行规范地和连贯地记录的第一个成果。

应当注意到,本手册是在美国运输署正向公制单位转换期间编写的,所以,各问题的例子都使用SI单位。然而,由于大多数州已经采用公制单位制,所以,以后的版本也将改变单位制。

技术报告归档页

<table>
<tr><td>1. 报告编号：
FHWA-HRT-05-067</td><td>2. 政府批准号</td><td>3. 接受人目录编号</td></tr>
<tr><td colspan="2" rowspan="2">4. 标题和小标题
公路结构物抗震加固改造手册：第 2 部分 -支挡结构、边坡、隧道、涵洞和道路</td><td>5. 报告日期
2004 年 8 月</td></tr>
<tr><td>6. 完成机构编码
无</td></tr>
<tr><td colspan="2">7. 作者
Maurice Power, Kenneth Fishman, Rowland Richards, Faiz Makdisi, Samuel Musser and T. Leslie Youd</td><td>8. 完成机构编码报告编号
无</td></tr>
<tr><td colspan="2" rowspan="2">9. 完成机构名称和地址
Multidisciplinary Center for Earthquake Engineering Research University at Buffalo, State University of New York Red Jacket Quadrangle Buffalo, NY 14261</td><td>10. 工作单位编号
无</td></tr>
<tr><td>11. 合同或资助编号
DTFH61-92-C-00106</td></tr>
<tr><td colspan="2" rowspan="2">12. 资助机构名称和地址
Office of Federal Highway Administration 6300 Georgetown Pike McLean, VA 22101-2296</td><td>13. 报告类型与时间
Technical Report; 09/24/92-10/31/04</td></tr>
<tr><td>14. 资助机构代码</td></tr>
<tr><td colspan="3">15. 补充说明
美国联邦公路局技术代表：
James Cooper, P. E. HRDI-03, Wen-hui (Phillip) Yen, P. E., Ph. D. HRDI-07, John O'Fallon, P. EO, HRDI-07</td></tr>
<tr><td colspan="3">16. 摘要
本报告是两册报告的第二册。报告名称为：
公路结构物抗震加固改造手册：
第一部分：桥梁。
第二部分：支挡结构、边坡、隧道、涵洞和道路。
本手册第一部分是基于联邦公路局就同一题材的先前的手册而来的。该手册在 1995 年以报告号 FHWA-RD-94-052 形式出版。为把地震工程的最新进展、公路桥梁加固的现场经验和在最近地震中桥梁的性能表现包括进来，对该手册进行了修订。本手册是集多个学科的研究人员和从业者贡献的多年研究的结果。
第二部分加入了确定公路系统其他重要结构地震脆弱性的新方法，即，支挡结构、边坡、隧道、涵洞和道路。指导意见覆盖的方面有：(a) 潜在地震脆弱性的筛选；(b) 详细评价的开展；(c) 改造设计的策略描述。此外，根据类型、构造或期望性能对每一种结构进行了分类讨论。这项内容之所以必要，是因为每一结构在类型上的不同(例如，不同类型的挡土墙)可能产生失效模式的不同，并因之要求在地震脆弱性筛选、详细评价和改造方面使用稍微有点差别的方法</td></tr>
</table>

<table>
<tr><td>17. 关键词
桥梁，地震，地震学，改造，重点，评价，分类，加固措施，筛选，指导，支挡结构，挡土墙，边坡，隧道，涵洞，路面，面层</td><td>18. 发行声明
无限制。公众可以通过 the National Technical Information Service, Springfield, VA 22161 得到本文献</td></tr>
</table>

<table>
<tr><td>19.（本报告）安全分类号
无分类</td><td>20.（本页）安全分类号
无分类</td><td>21. 页数
368（英文原稿页数）</td><td>22. 价格</td></tr>
</table>

目　录

缩略语与符号表

缩略语

AASHTO	美国各州公路与运输工作者协会
ACI	美国混凝土学会
ACP	沥青混凝土
ACPA	美国混凝土管协会
AFTES	法国隧道协会
AISI	美国钢铁协会
ASCE	美国土木工程师协会
ASTM	美国材料实验协会
ATC	应用技术委员会
BART	海湾地区快速运输系统
BSSC	建筑抗震安全委员会
CMBC	金属波纹箱涵
CMLS	金属波纹大跨度
CMP	金属波纹管
CPT	圆锥贯入实验
EAI	有效锚固指数
EP	路堤贯穿
EPI	埋置参与指数
FEMA	联邦应急管理局
FHWA	联邦公路管理局
FR	断层破裂
FRP	纤维加筋塑料
GEC	岩土工程通报
GS	地震动
H/B	高/基础宽度
HDPE	高密度聚乙烯
LA	滑坡
LO	侧向过压
LQ	液化
LS	侧向扩展
MCE	最大考虑地震
MCEER	多学科地震工程研究中心
MCU	模块混凝土单元
MD	最大位移
M-O	Mononobe-Okabe 分析法

MSE	机械稳定土
NATM	新奥法
NCMA	国家混凝土砌体协会
NEHRP	国家地震减灾计划
NMSZ	新马德里地震带
PCC	波特兰水泥混凝土
PGA	地面峰值加速度
PGD	地面峰值位移
PGV	地面峰值速度
PTI	后张法协会
PVC	聚氯乙烯
RC	相对压实
RCBC	钢筋混凝土箱涵
RCLS	钢筋混凝土大跨
RCP	钢筋混凝土管
RQD	岩体质量指标
SAS	结构引板
SG	强地震动
SIDD	直接设计法的标准设备
SL	塌落
SPT	标准贯入试验
SRSS	平方和的平方根
SRW	局部挡土墙
UCP	无筋混凝土管
UMP	无加强砌体管
USGS	美国地质勘探局

符号

- **第 2 章:挡土墙和支挡结构**

α_{AE}——主动破裂面倾角。

β——墙倾角;挡土墙背面的倾角。

β_2——挡土墙正面的倾角。

γ——单位重力。

γ'——水下单位重力。

γ_t——回填单位总力。

Δ——运动的总水平分量。

$\Delta\rho_{AE}$,$\Delta\rho_{PE}$——待加到静力值或从中减除的动态效应。

δ——墙/回填界面摩擦角。

δ_f——基础底面与土间的界面摩擦角。

δ_w——墙/土界面摩擦角。

μ——加强与填土之间的摩擦系数。

ρ_{AE}——承载力破坏时主动部分滑动面的角度。

φ——摩擦角。
φ_b——墙底/地基土界面摩擦角。
φ_f——地基土的摩擦角。
φ_w——回填的内摩擦角。
ψ——墙倾角。
A_D——锚固力。
A_R——锚定板阻力。
B——基础宽度。
b——加强的宽度。
c——地基土的内聚力。
D——墙趾埋置深度。
d——残余位移;水平距离。
D/H——埋置深度系数。
e——偏心距。
f——摩擦系数。
$F_{\gamma d}$——土摩擦项的深度系数。
$F_{\gamma i}$——土摩擦项的倾角系数。
F_A——设计力。
F_a——场地系数。
F_c^i——加强层的连接承受能力。
F_{dyn}——深度 z 处加强的拉力;动拉力。
f_N——抵抗力。
F_{qd}——过载项深度系数。
F_{qi}——过载项倾角系数。
F_{sta}——静拉力。
F_{static}——静态安全系数。
g——重力加速度。
h——锚定板高度。
H——高度。
$\bar{h}$——从 P_{AE} 的作用线到墙基础的垂直距离。
i——回填的倾角。
j——面板单位。
K_A——静态侧向土压力系数。
k_e——水平和垂直地震系数的函数。
k_h——加速度的水平分量系数。
k_h^b——地震引起承载能力降低,屈服加速度水平分量系数。
k_h^{OT}——在倾覆阈值处,加速度水平分量系数。
$(k_h)_{ANC}$——锚固失效临界加速度。
$(k_h)_{RT}$——绕墙顶旋转的临界阈值加速度。
k_o——考虑局部土条件的峰值地层加速度系数。
L——用于计算 N 的墙的长度。
L_e——ρ_{AE}定义的破坏区外加强的长度。
L_w——墙面板的长度。

M_D——推动力矩。
M_R——抵抗力矩。
n——剪切传递系数。
N——加强层数;传递到土的垂直力之和。
N_γ——土的摩擦承载力系数。
N_{cE}——地震承载力系数。
N_q——过载承载力系数。
N_{qE}——地震承受能力系数。
$N_{\gamma E}$——地震承受能力系数。
q——基础厚度产生的过载。
P_{AE}——主动侧向土压力。
P_{AS}——推动力。
p_{fE}——地震承压力极限。
P_{PE}——填在墙趾固体物的被动阻力。
R——转动模式;地基土的承压力。
S_{dyn}——界面剪切应力。
S_s——地震图上的短周期加速度响应参数。
s_v——加强间距。
T——转动模式。
v——速度。
V_u——模块间界面剪切强度。
w——竖向荷载。
W_w——挡土墙重量;墙面柱的重量。
x——沿基础底面的接触宽度[式(2-17)]。
x_c——从墙重心到墙基趾的水平距离。
y_c——从墙重心到墙基趾的垂直距离。
Y_c^i——F_c^i 的力臂。
z——基础底面以下地下水位的深度。

- **第3章　边坡、路堤和落石防护**

A——峰值地层加速度。
AF——张开度。
a_{max}——峰值地层加速度
D——位移;变形。
h——路堤高度。
J_a——节理变异系数。
J_n——节理组数。
J_r——节理粗糙数。
k_a——诱发峰值加速度。
k_{max}——在滑动体内诱发的峰值加速度 。
k_y——屈服加速度。
$(N_1)_{60\text{-}CS}$——净砂击数。
N_{eq}——周数。
Q——岩体质量。

Q_{RF}——地震落石发生指数。
S_r——不排水残余剪切强度(单位 psf)。
T——时程的卓越周期。
T_0——卓越自震周期。
v——速度。
V_{max}——低应变最大剪切波速。
v_s——土的应变相关剪切波速。

- **第 4 章:隧道**

γ——剪应变。
γ_{smax}——最大自由场剪应变。
γ_t——地质介质单位总重。
Δ_{ff}——隧顶以上土的自由场剪切变形。
Δp_E——隧道边墙上的侧向土压力。
Δr——隧顶以上隧道的横向撕扯变形。
ε——轴向应变。
ε^{ab}——轴向和弯曲变形联合引起的最大轴向应变。
σ^{ab}——轴向和弯曲变形联合引起的最大轴向应力。
σ_V——总的竖向应力。
τ——剪应力。
υ_l——衬砌的泊松比。
υ_m——地质介质的泊松比。
θ——隧道横断面内,从中心到隧道周边连线与水平线的夹角。
φ——关于隧道纵轴地震波在水平面内的传播方向。
$1/\rho$——曲率。
A_{l1}——衬砌截面面积[见式(4-6)和式(4-7)]。
A_{l2}——单位长度衬砌的面积[见式(4-29)和图 4-11]。
a_{max}——地表面水平峰值地层加速度。
a_P——P 波引起的峰值质点加速度。
a_R——R 波引起的峰值质点加速度。
a_S——S 波引起的峰值质点加速度。
a_v——地表面竖直峰值地层加速度。
C——压缩系数。
C_m——地质介质剪切波速。
C'_m——地质介质有效剪切波速。
C_P——P 波的视传播速度。
C_R——R 波的视传播速度。
C_S——S 波的视传播速度。
D——隧道直径。
D_i——隧道衬砌内径。
D_o——隧道衬砌外径($D_o = D$)。
E_l——隧道衬砌杨氏模量。
f——隧道每单位长度上的最大摩擦力。
F——柔度系数,圆形隧道。

F_r——柔度系数,矩形隧道。

g——重力加速度。

G_m——地质介质剪切模量。

G'_m——地质介质有效剪切模量。

H——隧高。

h——隧道中心深度。

I_{l1}——衬砌横断面惯性矩[见式(4-7)]。

I_{l2}——衬砌每单位长度的惯性矩[见式(4-17)、式(4-29)和图4-11]。

K_a——隧道每单位长度纵向土弹簧常数。

K_h——隧道每单位长度横向土弹簧常数。

K_o——静止侧向土压力系数。

k_h——水平地震系数。

L——波长。

M——力矩。

P-wave——压力波。

Q——隧道轴向力。

$(Q_{max})_f$——最大摩擦力。

R——折减系数。

R_r——隧道横向撕扯系数。

R-wave——瑞利波。

S——隧道横向撕扯刚度。

S-wave——剪切波。

t——衬砌厚度。

T——推力。

$T_{P,S,R}$——分别为P波,S波和R波的地震周期。

V——剪力。

v_P——P波引起的峰值质点速度。

v_R——R波引起的峰值质点速度。

v_S——S波引起的峰值质点速度。

w——隧道宽度。

y——从横断面的中性轴到隧道衬砌最外纤维的距离[见式(4-1)、式(4-2)和式(4-3)]。

Z——隧道以上的土层厚度。

- **附录A:面波的特性**

$C_R(T)$——场地散射曲线。

第 1 章　引　　言

人们常常认为，决定公路体系地震性能的主要因素是公路桥梁的性能。这在很大程度上是因为这样的事实，某地的桥梁比其他类型的公路结构物或构件要多得多。桥梁的破坏通常比别的结构形式的破坏更容易被人觉察。然而，公路体系中的这些（除桥梁之外的）其他结构和组成部分对保证足够的体系地震性能也可能是重要的。

例如，公路路堤或挖方段中的挡土墙或边坡为公路走廊边缘的地层提供稳定能力并保护附近财产。隧道虽然不及桥梁那么普遍，但它可能是这一运输体系的重要组成部分，因为，在许多情形下，隧道可能是一个公路体系两段之间唯一的连接通道；也就是说，在此公路或运输走廊中可能几乎没有或者说根本没有冗余。所以，隧道具有足够高的地震性能可能是极端重要的。控制地表水流要依赖穿过公路路堤之下的涵洞，地震诱发的破坏就可能导致公路或周围区域遭到淹没或侵蚀。最后，由于地震诱发路堤或其基础的破坏而引起的路面破坏，在完成耗时的维修之前，可以导致交通的中断。

1983 年，联邦公路管理局（FHWA）出版了一本标志性的手册，它为受到地震影响的公路桥梁的筛选、评估和改造提供建议（FHWA，1983）。那本手册在 1995 年进行了更新并重新出版发行（FHWA，1995）。然而，对典型公路体系中所包含的这些（除桥梁以外的）其他结构一直没有类似的指导。

当前的这个版本扩大了以前出版的覆盖面，分两部分出版。第一部分涉及公路桥梁的筛选、评估和改造。基于加利福尼亚、日本及其他国家的最新经验，以及由 FHWA、加利福尼亚运输署和其他机构资助的综合性研究计划的结果，这本手册扩展了较早的 1983 年和 1995 年的 FHWA 手册提供的指导意见。第二部分论述这些（除桥梁以外的）其他重要的公路体系结构，即支挡结构、边坡、隧道、涵洞和路基。

1.1　范围

本手册为支挡结构、边坡、隧道、涵洞和路基的地震评估和改造设计提供指导性意见。这包括对（a）潜在地震脆弱性的筛选；（b）指导详细评价；（c）描述改造设计方法的指导意见。此外，提供了按照每一种结构的类型、构造或期望性能对其进行分类的讨论。这一点之所以是必须的，是因为一个已知结构的不同形式（例如，支挡结构的不同形式）可以有不同的破坏模式，因而将需要在处理地震脆弱性筛选、详细评估和改造的方法上稍有些差异。

1.1.1　筛选

在开始对一个公路体系结构的详细地震评估之前，一般要进行初始筛选以决定是否存在由地震诱发引起结构的部分或完全破坏导致性能降低的潜在可能性。这里建议的筛选方法易于使用，但略显保守。如果结构达到了筛选标准，这说明失效风险低，可能不需要更详细的评估或改造。如果结构没有通过初始筛选这一步，业主或专业工程师就必须决定是否必须进行更详细的评估和潜在的改造。

对那些被认为易受地震危害的结构，在关于详细评估和改造的决策方面，必须考虑的因素是很多的。进一步评估和改造的成本和结构的重要性两个因素就在其中。这在 1.2 节进一步讨论。

1.1.2　详细评估

进行详细的地震评估是为了确定结构是否可能因地震而破坏，如果是，是否应该考虑地震改造。如果需要改造，这些评估作为改造设计的一部分会继续进行。着重于最有可能带来最大风险的破坏模式，对每一结构形式都引入详细评估程序。在可能的地方,重点放在易于使用但可靠并在实践中被广泛接受的逐步简化评估程序的介绍上。无论是为了进行更详细的确认性分析还是在没有简化程序可以使用的时候,都给出了应当使用的、更详细的分析方法的参考资料。

1.1.3 改造设计策略

依据筛选和评估方法,确定一个结构是易受地震危害而考虑地震加固时,给出有关备用方法和策略的指导意见。在某些情况下,在改造设计可能被认为不可行或经济上无保证的场合,也描述了可以考虑的应急措施。这里介绍的方法和策略已经在类似的改造设计情形中使用过。

1.2 设计地震、地震动、地震筛选、评估和改造的性能准则

这里涉及的公路结构筛选、评估和改造设计中使用的设计地震和地震动同第一部分描述的是一样的。并且同第一部分所描述的一样,可以考虑两水平评估和设计方法,对以较高频率出现的地震动,鼓励用此方法,以保证更高的性能水平。

在评价本报告所述的公路体系结构方面,认识到某些部分的破坏或大变形可能不一定包括生命安全风险是很重要的。例如,一堵挡土墙或边坡可以平移达到或超过1m,却可以对公路体系的使用者不构成生命安全风险。然而,不仅必须要考虑因结构破坏造成的对公路体系的影响,而且要考虑公路结构破坏会影响到的其他结构所发生的连带损失和生命安全的可能性;例如,直接坐在挡土墙或边坡上面或下面的设施和结构。

进一步地说,是否对一个公路体系结构做地震改造的决策,可能取决于它的重要性和关键性,以及对成本—效益的考虑。例如,如果一座隧道是某地区的唯一通道,假如隧道的破坏可能中断震后交通,即使这样的破坏可能不威胁到生命,也要作出对隧道进行地震改造的决策。对设施的重要性、经济性或改造的重点,本文中没有明确给予考虑,但在形成一个全面评价和改造计划时,在为个体设施作出决策时,一定不能忽视它们的重要性。

任何一个地震评价和改造计划的主要目标应当是,将不可接受的破坏和丧失生命的可能性最小化;然而,这样的决策必须由成本上的考虑和此类结构在以前地震中的性能来进行修正。运输结构必须按照它们对于交通流的重要性和因结构或有关公路的破坏或关闭对社会引起的影响进行分类。对本报告论述的运输结构,建议应将重要性分成两类:标准的和重要的(参看第一部分,第1章)。

有关本报告中所涉及的公路结构的详细评价和改造水平的决策,应将它们的重要性和改造成本包括在内。如果地震破坏能够轻易修复或功能能够相对快速地恢复(例如,碎石或沥青可以快速地临时铺设到被破坏的路基上),业主可以决定地震破坏是可接受的。标准的结构可能不保证改造提供的性能水平可等同于新设计的结构;然而,应该解决对生命安全问题的担心。然而,为了既保证生命安全又保证某一水平的震后功能,重要的结构一般可以保证在评价和改造方面有大的投资。这个决策必须由业主做出。

1.3 报告梗概

本报告阐述了除桥梁外公路体系大型结构的地震脆弱性评价和改造。每章有一节论述分类、预筛选、详细评价和改造。第2章论述支挡结构(除了那些直接附属于桥梁的之外);第3章论述与公路挖填相关的边坡和落石;第4章阐述运输隧道;第5章论述柔性和刚性涵洞,以及涵洞接缝;第6章阐述刚性和柔性路基。

第2章　挡土墙和支挡结构

2.1　简介

本章论述挡土墙和支挡结构,叙述作为公路体系构造物的挡土墙结构的分类、围绕地震脆弱性对它们的筛选、使用简化方法评价它们在地震加载期间的性能的方法。本章也叙述维修或缓解地震效应的维修策略和方法。本章不涉及桥梁的支挡结构部分,即桥台和翼墙。

与第一部分叙述的性能准则相一致,支挡结构的地震脆弱性是围绕着生命安全事件来评价的。生命安全事件包括支挡结构的坍塌。对附近重要结构造成不可接受的破坏的可能性也可能成为评估支挡结构服务水平的原因。

1995年神户地震表明,在地震荷载作用下,支挡结构最常见的坍塌机制包括过度倾斜导致倾覆失稳,或者结构破坏,混凝土重力式或悬臂式挡土墙的开裂(Koseki等,1996)。本章叙述一种力法,据此计算关于外部稳定性的安全系数,通过比较外加荷载与结构抗力,计算内部稳定性。使用评价外部稳定性的力法作为工具,以确定因过度变形导致坍塌的可能的情形。在这些情形下,建议进行更详细的变形分析。

挡土墙因地震荷载可以转动,也可以向外滑动。墙后土体可能下陷,使它们所支持或保护的结构发生二次破坏,像墙的上、下处的公路填筑和建筑物。如果支挡结构的地震诱发变形过大,附近重要结构或设施可能要承受不可接受的服务功能损失,包括公用设施中断,结构破坏或进出通道的丧失。因此,在附近重要设施的服务能力被认为是重要的地方,本章也要阐述因滑动、倾覆和承载能力损失引起的有关估算和控制地震诱发永久变形的服务事件的水平。

2.2　挡土墙分类

本文介绍关于地震改造筛选和评价的挡土墙的特点。挡土墙分类和确切术语的完整描述在《Geotechnical Engineering Circular No. 2: Earth Retaining Systems》(Sabatini,1997)中介绍。

挡土墙通常划分成刚性重力式和半重力式墙、预制模块重力式墙、锚定墙、机械稳定挡土墙、非重力悬臂式墙和原位加筋墙。

2.2.1　刚性重力式和半重力式挡土墙

依靠其质量抵抗背后填土传来的侧向土压力的挡土墙称为重力和半重力式墙。这类墙按刚性考虑,通常不全部约束墙底的转动和位移。一般假定位移足以调动墙背填土内的主动条件和被掩埋墙趾处的被动压力。

2.2.1.1　重力式挡土墙

重力式挡土墙可以是大体积混凝土(图2-1),或砌石。1960年之前,这类墙曾是最普遍的建筑形式。大体积混凝土墙一般配有最低数量的钢筋。墙的质量限制了混凝土中的拉应力。由于混凝土的收缩和温度变化易引起体积的改变,可能需要最低数量的钢筋以控制裂缝。

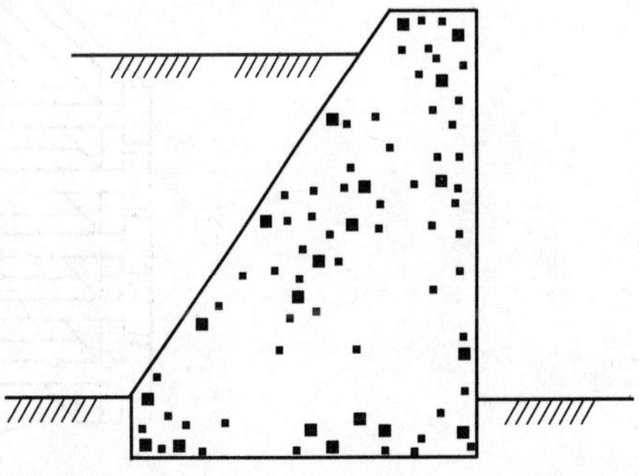

图2-1　大体积混凝土重力墙

2.2.1.2 半重力式挡土墙

半重力式挡土墙包括现浇混凝土悬臂式/扶壁式挡土墙(图2-2),与重力式挡土墙类似,但部分背后回填被设计成用来提供稳定能力。当计算稳定性时,墙和墙踵上的背后填土作为一个单元来考虑。建一道悬臂挡土墙使用的混凝土量比大体积混凝土重力墙少。然而,在墙体附近和墙踵会产生较大的弯曲应力。因此,这些构件需要大量的钢筋。可以加上支垛支撑墙体以减小弯矩和加强的要求。

重力和半重力式挡土墙建在浅基础或深基础上。桩或钻孔灌注桩支撑的挡土墙,除了桩头连接处结构破坏或地基土的液化引起的坍塌之外,挡土墙不易坍塌。因此,多数计算这些墙型的指南是围绕浅基进行的,即扩大基础。

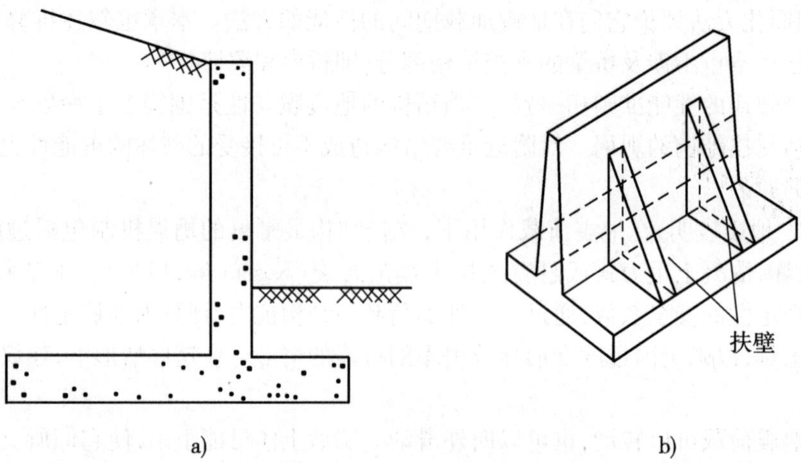

图2-2 半重力式挡土墙

a)倒T形悬臂墙;b)扶壁式挡土墙

2.2.2 预制模块重力式挡土墙

预制模块重力式挡土墙把土填入挡土墙体系,如框笼式墙或石笼墙(图2-3)。这些墙型也是依赖质量取得稳定性的。像石渣或河卵石之类的材料用框笼包围或包裹在铁丝网中。框笼或石笼单元被连在一起,形成连续体抵抗惯性力和外加侧向土压力。也要分析滑动、单元鼓肚或框笼的结构整体性等内部稳定性。

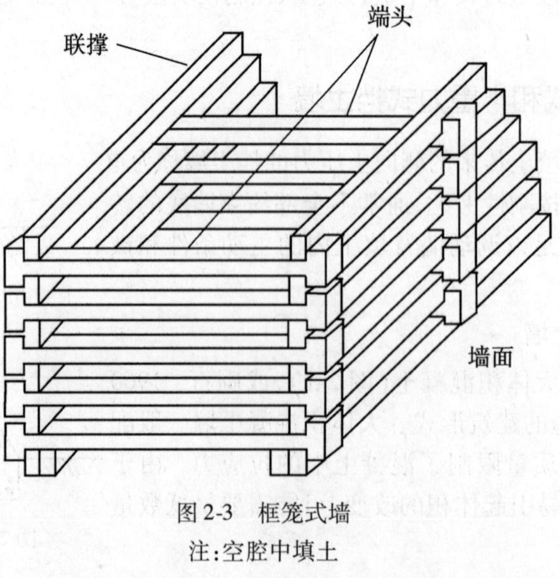

图2-3 框笼式墙

注:空腔中填土

2.2.3　锚定式挡土墙

锚定式挡土墙用埋入土体的、以拉杆约束顶部的竖向单元制成。使用墙面单元支撑被挡土体。竖直墙单元可包括不连续竖直单元(例如,桩、箱涵、钻孔灌注桩),竖直单元以结构面板(例如,木材或钢筋混凝土背板、预制或现浇混凝土面板、纤维或钢纤维混凝土,或者诸如钢板桩的金属单元)跨越。不连续垂直单元进入土层的深度一般比面板入土深,以提供竖直和侧向支撑。反过来,竖直墙单元是连续的(例如钢板桩),因此也是结构面板。拉杆可以锚固到扁锚定或斜桩上;或者可以使用注浆锚杆。典型的锚定墙如图 2-4。

锚定墙最常应用在挡水结构中,但有时也用在无水或排水环境。特别令人感兴趣的是在斜坡上使用背拉式挡土墙支挡公路填筑,或用于引道路堤。干燥环境下背拉式挡土墙的背后回填是优选材料,并常常要压实。

当用作挡水结构时,常通过打入钢板桩并清淤至所需深度的方式建造背拉式挡土墙。清上来的材料经常用作额外的回填料。这样,与无水土中建造的背拉式挡土墙不同,墙趾处的填土和提供被动抗力所必须的背拉式挡土墙的锚固件经常是松散的、细粒径的,并在水位以下。

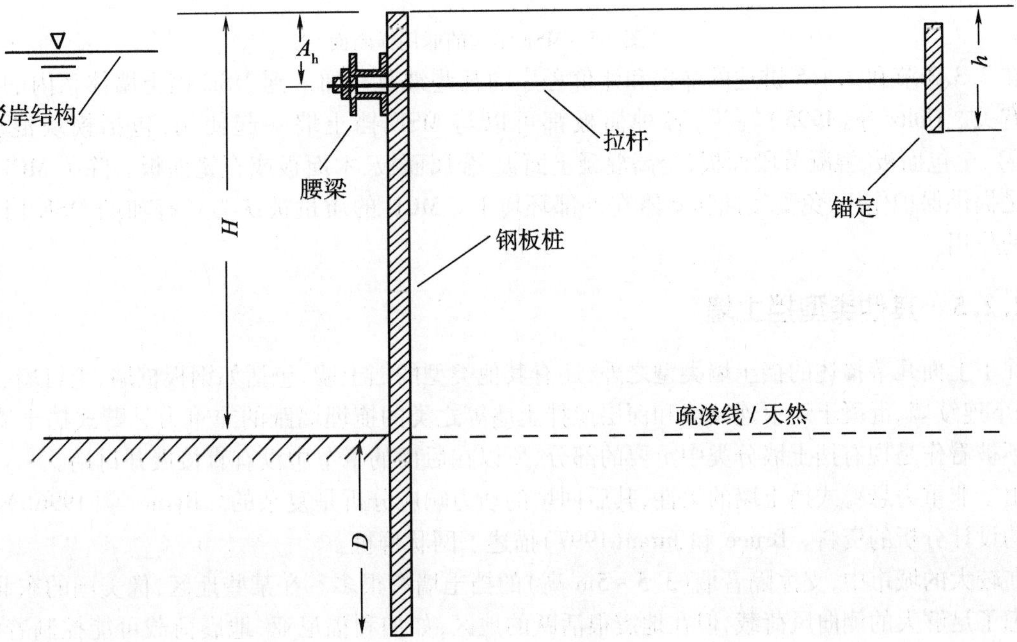

图 2-4　锚定墙

2.2.4　机械稳定式(MSE)挡土墙

MSE 挡土墙(加筋土,图 2-5)在土体中加入某种类型的加强单元以帮助抵抗侧向土压力。MSE 挡土墙的分析(在 2.4.5 节讲述)将加强填料(称为墙体填料)按支撑填在其后面的无加强回填的重力式挡土墙处理。MSE 挡土墙的外部稳定性分析与其他重力式挡土墙的分析类似。另外,必须进行内部稳定性分析以评价加强筋的结构完整性。

加强材料可以是带状、片状、管状编织垫或网格状。它们可以用诸如低碳钢、镀锌钢或铝等的金属材料制成。非金属加强材料一般是聚丙烯、聚乙烯或聚酯聚合物等高分子材料。土工织物和土工格栅就是很普遍的高分子加强材料。

加强材料可伸长还是相对不可伸长,决定于调动加强材料内工作应力水平所需要的应变水平。破坏时的相对不可伸长的加强材料的变形比土体的变形小得多。对整个墙高来说,相对不可伸长的加强材料可能达不到形成主动土压所需要的应变水平。对可伸长加强材料,破坏时的变形与土体变形不相上下,甚至更高。一般地,金属条或者管状编织垫型加强材料是相对不可伸长的,土工织物则是可伸长的。

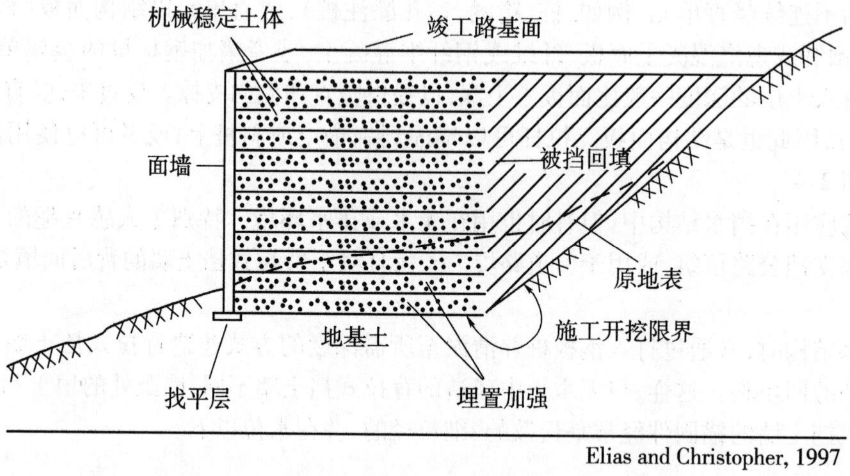

图 2-5　MSE 结构的通用横断面

在 2.3.3 节和 2.4.5 讲述的筛选和评价程序的某些细节与加入到 MSE 挡土墙体系内的墙面板的形式有关。Holtz 等(1995)写道,各种面板都可以与 MSE 挡土墙一起使用,包括模块混凝土单元(MCU)、全包面板、混凝节段面板、全高混凝土面板、金属面板、木面板或石笼面板。除了 MCU 外,墙面主要是提供保护作用,免受侵蚀和暴露在外部环境下。MCU 的质量被认为具有辅助 MSE 挡土墙体系稳定的作用。

2.2.5　其他类型挡土墙

除了上面几节描述的挡土墙类型之外,还有其他类型的挡土墙,包括如钢板桩墙、土钉墙、网状群桩墙、地下连续墙、混凝土地下连续墙和深层搅拌土墙等之类的掩埋墙趾的非重力悬臂式挡土墙,这些挡土墙不被看作是现有挡土墙分类中重要的部分,所以在后面的章节中没有直接展开讨论。

由于非重力悬臂式挡土墙的柔性,其后回填的动力响应分析是复杂的。Byrne 等(1996b)给出了土钉墙的设计分析的资料。Bruce 和 Juran(1997)描述了网状群桩。

在较大的城市中,支撑隔音墙(3.5 ~5m 高)的挡土墙有很多。在某些地区,像美国的东北部,设计者考虑了足够大的侧向风荷载,但在地震很活跃的地区,如加利福尼亚,地震荷载可能控制着设计。为了对支撑隔音墙的挡土墙进行地震评估,应该考虑传递到挡土墙顶部的那些力和弯矩。这些细节没有包括在本手册介绍的分析和公式中。

2.3　筛选

挡土墙筛选的目的,是为了确定那些地震中易受破坏的挡土墙,因而作为详细评价的候选。方法偏于安全的意思是,有些挡土墙被包括在这样一个详细评估的分类中,这个分类将最终被评价为地震荷载风险不高,不需要改造措施。筛选程序需要最低数量的信息,包括位置、场地条件、墙高、基础宽度(若适用的话)、挡土墙类型、基础设施的接近程度。这类信息可以从现有记录、土层和地质图中得到,并应永远只能从现场调查中取得。

本节介绍的筛选指南适用于回填和地基土都将不发生液化的挡土墙。使用者必须判明场地是否存在有本手册第一部分第 3 章中所描述的那些液化灾害。

本节假设使用者已经估算了挡土墙场地处的预计地层峰值加速度(PGA)。使用者请参考本手册

第一部分第 2 章的指南。更多的关于评估挡土墙场地地震地震动的指导包含在本章 2.4.1.3 节。

使用者也必须要研究挡土墙被一个整体破坏模式所吞没的可能性。这种破坏模式属于本手册第一部分第 3 章描述的边坡稳定性分类。

2.3.1　通用筛选准则

通用筛选准则描述有关重力和混凝土悬臂支挡结构。有关背拉式和 MSE 挡土墙的必须顾及的那些特殊考虑在 2.3.2 节和 2.3.3 节描述。

以下叙述两组信息筛选支挡结构。第一组(水平 1)从与生命安全有关的地震诱发问题的潜在可能性方面和可能有关服务水平方面筛选挡土墙。第二组(水平 2)包括墙的外观观察、状态评估和关于静态加载墙的安全水平的评价。那些确定不需要进行水平 1 的地震评估的挡土墙在作出最终决定之前，仍然必须通过水平 2 的审查。基于水平 1 的筛选结果被选出来做详细评估的挡土墙不必适用水平 2，因为场地调查部分内容就是详细地震评价。

2.3.1.1　水平 1

有关与生命安全问题相关的破坏模式在图 2-6a) 和 b) 中描述。破坏模式包括：

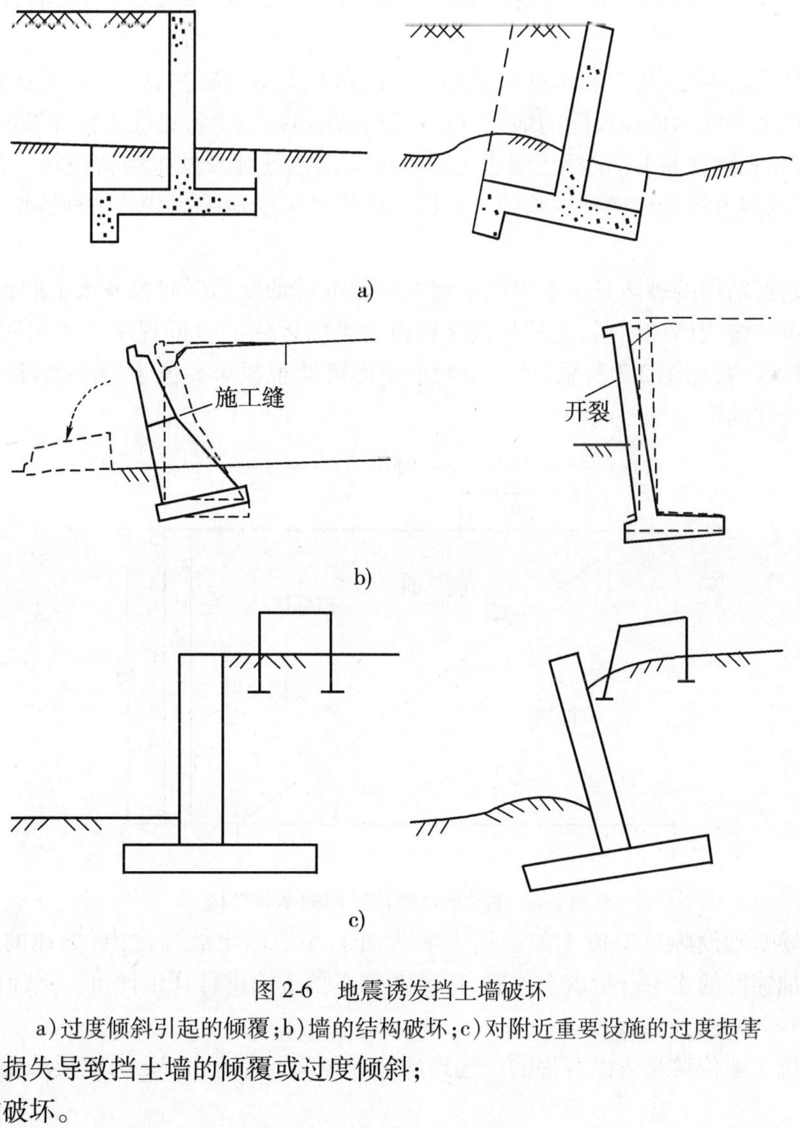

图 2-6　地震诱发挡土墙破坏

a) 过度倾斜引起的倾覆；b) 墙的结构破坏；c) 对附近重要设施的过度损害

- 因承载力损失导致挡土墙的倾覆或过度倾斜；
- 墙的结构破坏。

服务水平和对附近重要结构的过度损坏在图 2.6c) 中描述。

挡土墙倾覆是一个严重的问题,特别对高、薄挡土墙。挡土墙由地震诱发的倾斜或转动的增量在周期性强烈地震过程中积累。分别由于潜在的地层高速度或大量的强震的周期,长周期和长持续时间地震特别令人关注。为确定高、薄挡土墙和对应的地震灾害,应当进行挡土墙类型筛选。在场地地震风险超过 0.3g 的地层水平峰值加速度的地方,墙的长细比(高度/基础宽度,H/B)大于 2.0 和/或从墙趾到中心的距离小于基础宽度的一半的挡土墙应当是受到人们密切关注的两件事。在特殊情况下,小于 2 的长细比可能是一个问题,例如,墙有很高的反坡角。

地震诱发的挡土墙的结构破坏是由于挡土墙体系结构构件内应力过大。与地震地震动关联的加速度,存在于回填之内,对加在挡土墙背面的侧向土压力有双重影响:第一重影响是侧向推力的增加,第二重影响是侧向推力关于墙基础的作用线被提高。对高水平的地层峰值加速度,这可以导致墙体内以及墙趾和墙踵处弯矩的显著增加。因为一个设计恰当的钢筋混凝土结构,对静态土荷载(AASHTO,1996;ACI,1999)一般使用 1.7 的荷载系数,所以,钢筋混凝土挡土墙不应该遭到结构破坏,除非考虑了高水平的加速度或者挡土墙有某种形式的结构缺陷。

图 2-6b)所示的结构破坏取自 Koseki 等(1996)编写的报告,施工缝来自在日本建造的一堵挡土墙。据 Koseki 等(1996)的报告,在遭到神户地震严重结构破坏的挡土墙中,很多都经历 60 年以上且未经加强。按今天的标准设计的挡土墙不可能这样破坏,但是设计不良或不细致的挡土墙容易坍塌而必须被评价。

结构缺陷包括截面不足、施工缝不良和缺乏加强或内部支持(扶壁,扶垛)。对具有与超过 0.3g 的地层水平峰值加速度关联的地震风险的地方,或有结构缺陷的挡土墙,建议进行详细的地震评价。

坐在桩基(或钻孔灌注桩)上的挡土墙也可能在桩头连接处容易发生结构破坏。在地震期间,桩荷载被重新分布,附加剪力将被传递到桩基础。对挡土墙体系承受地震荷载的这种情形,桩头连接应该被评价。

地震诱发对附近结构的破坏是由于因挡土墙的倾斜或滑动变形引起服务水平的丧失。破坏的潜在可能性取决于附近结构或诸如面层,尤其是铁路轨道之类的设施的接近程度。如果回填顶部的结构和设施位于墙后破坏区内,如图 2-7 所示,挡土墙的小变形可能很显著。位于挡土墙背面 1.5H 内的结构可能易受挡土墙位移的影响。

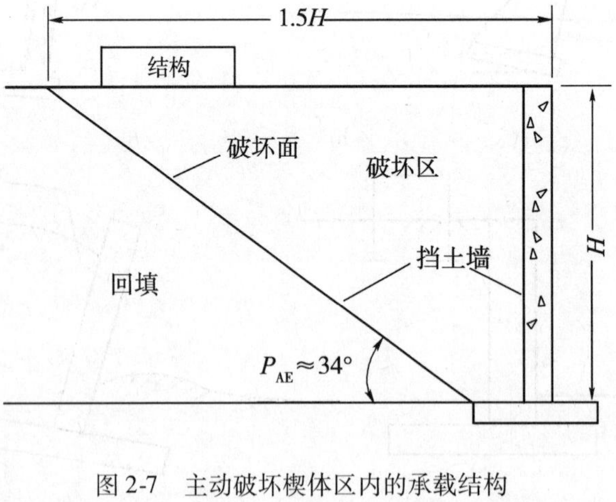

图 2-7　主动破坏楔体区内的承载结构

无论任何时候基础设施只要位于关于挡土墙背面 1.5 倍挡土墙高度内,场地的地震风险与超过 0.1g的地层峰值加速度的水平分量就有关联,应该考虑对挡土墙进行详细评价。然而,如果下面的所有条件得到满足,则不必进行详细评估:

- 75mm 的挡土墙位移是可以容许的。场地的地震风险与小于 0.3g 的地层峰值加速度的水平分量相关联。
- 永久性超载没被施加在墙背面 0.5H 之内。

- 回填坡度小于 10°。
- 不存在松散饱和土，即 SPT-N(标准贯入 N)值小于 10 的饱和无黏性土。

2.3.1.2　水平 2

静力安全系数应当按照 GEC No. 2：Earth Retaining Systems(Sabatini，1997)进行校核。岩土工程考虑所需的土参数可以从原始设计计算中得到，或者根据现有场地条件的了解来进行估算。滑动和倾覆的静力安全系数应该分别为 1.5 和 2.0。相应的承载力和整体稳定的安全系数依地下条件、性能要求和其他考虑(AASHTO，2002；Vesic，1973)而变化。与原结构相比，因险情(distress)和/或缺乏适当的维修引起的挡土墙的形状或土体条件的改变可以导致与原设计预计不同的安全系数。险情(distress)可以包括开裂和/或挡土墙或基础的侵蚀、挡土墙倾斜或不均匀沉降，或水淹回填或地基材料。不满足静力加载最低要求的挡土墙当然是详细地震评价的对象，相应地，应该进行接受筛选。

水平 2 筛选必须做现场调查，因此采用外观观察以确定现存挡土墙的当前状况。过大的倾斜或挡土墙沉降是地基土发生险情的信号，应该做书面记录。必须做书面记录的结构险情信号包括挡土墙正面混凝土剥落和/或由于钢筋的腐蚀引起混凝土的颜色改变；不良的施工缝和混凝土开裂过度。挡土墙表现出肉眼可见的过度险情信号的，应该被包括进详细评价的类别中。

2.3.1.3　总结

通常，对满足静力安全系数最低要求的挡土墙，如果下列条件得到满足就不必进行详细评估：

- 无肉眼可见的险情信号；
- 回填或地基土是不可液化的；
- 挡土墙的长细比(高度/基础宽度，H/B)小于 2.0；
- 过载低和回填坡不陡；
- 重要设施不在挡土墙附近；
- 场地地震风险与小于 0.3g 地面峰值加速度的水平分量相关联。

通用筛选指南、评价方法和改造设计应用的流程图一并表示在图 2-8 中。

2.3.2　锚定式挡土墙

当用作沿河或港口设施使用时，锚定墙因液化灾害有很大的风险。液化的潜在可能性由于使用 2.2.3节中所述的疏浚材料作回填而被提高。很多这类材料在地震中严重破坏。水工结构在很大程度上被认为是被怀疑的对象，所以，如果预计有地震，即使是中度的地震，也必须为改造或更换之目的对之进行谨慎的评估。

在 Gazetas 等(1990)对日本 110 座背拉式水工挡土墙的审查中，他们指出，在液化不是一个问题的地方，一般锚定才是目前设计中的软弱部分。2.4.4 节中介绍的那些例子说明用静力安全系数 2 设计的背拉式挡土墙能够以锚定被拉出的破坏方式而失效，产生了一个被加在回填之内、以大约 0.2 的水平加速度系数围绕墙底的转动。这样，地震效应设计不良的背拉式挡土墙即使是在中级地震中也是要冒风险的。

关于快速评价锚定挡土墙拔出破坏的二次筛选程序在 2.4.4 节叙述。对那些被划分为潜在的易受这种破坏机制影响的挡土墙，到那时要做更详细的评价。

2.3.3　MSE 挡土墙

直到目前，还没有文献报道过 MSE 挡土墙发生过地震诱发的大破坏。按照 Tatsuoka 等(1995)，MSE 挡土墙在 1995 年神户地震中表现很好；虽然在一个地方曾观察到某种永久性地震诱发的位移。然而，在被提到的 MSE 挡土墙附近的一般重力式挡土墙却遭到灾难性的破坏。Kavazanjian 等(1997)报道在 1989 年的那场 Loma Prieta 地震中 MSE 挡土墙也表现良好。

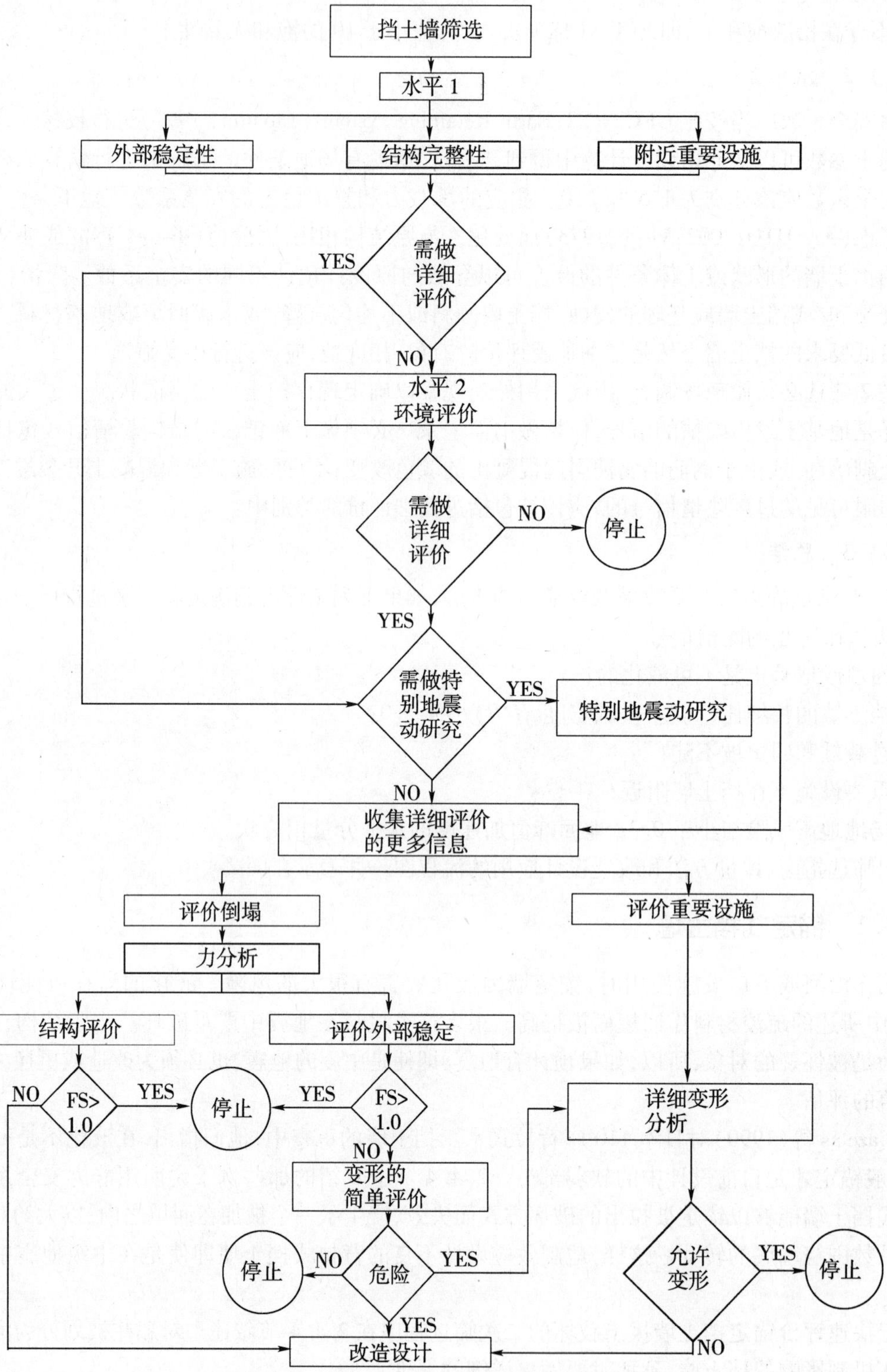

图 2-8　通用筛选指南、评价方法和改造设计应用的流程图

对 MSE 挡土墙,主要的忧虑是地震诱发的地层加速度增加侧向土压力及其所影响到的主动破坏区内的大体积土体的效应。被提高的侧向土压力传递给加强材料一个动拉力增量。加强力的最大相对增加发生在被加强土挡土墙的最上一层(Bathurst 和 Cai,1995)。而且,临界破裂面变得更平坦,影响到能在沿加强材料被调动的拉出阻力。

依地震分析,发现存在能力不足的 MSE 挡土墙中的大部分,在墙顶附近没有足够的加强长度。考虑到拔出阻力，按 2.4.5 节的叙述，抵抗地震诱发拉力所需要的加强长度一般比静力加载条件所需长度大 10%。

总之，对 MSE 挡土墙来说，有必要评估挡土墙顶部附近加强的充分性，特别是对于那些有面板（包括模块混凝土单元、节段混凝土面板或石笼面板）的挡土墙。

2.4　挡土墙评价

2.4.1　详细评价需要的信息

详细地震评价需要有关挡土墙的信息比预筛选需要的多得多。需要更多的时间和费用收集挡土墙和场地特征的竣工资料，并取得回填和地基土的参数。

可能必须要组织场地调查，取出土体和岩石样本供实验室实验。用户书面记录对尚在评价的挡土墙状态也是重要的。人工建筑材料可能随时间已经退化或腐蚀。在初始设计中使用的挡土墙材料和/或材料性质可能不复存在。评估挡土墙条件和/或材料的取样以及实验室测试的无损评价可能是需要的。

2.4.1.1　挡土墙细节

必需的信息包括挡土墙和基础的尺寸、回填的几何形状（回填表面的坡度）、排水条件和墙趾埋置深度。这些必需信息的大部分（在以下分节中叙述）可以从现有施工图纸中取得。如果没有施工图纸，通过场地调查收集信息将是必须的。如果挡土墙的某些部分被埋得不能靠近，有损或无损评价将是必要的。

必须要确定基础的深、浅类型。要了解可能有助于确定未知基础类型和条件的方法描述，用户可参考 Olsen（1996）的著作。对浅埋基础，必须要决定基础的承载等级、厚度和宽度。对深基础，基础单元的长度以及它们的数目、分布、直径和加强细节、桩帽、桩与桩帽连接的细节必须要进行确认。

如图 2-9 所示，是一个典型的考虑挡土墙施工情况的回填布置形状。很可能在挡土墙施工期间，只要业主允许或因场地条件所限，承包商只要能少一点回填就少一点。施工期间，原位土经常以很陡的角度被削下，在靠近墙背面附近通常要避免使用重型夯实设备，这样，那个地方的回填土可能没被好好夯

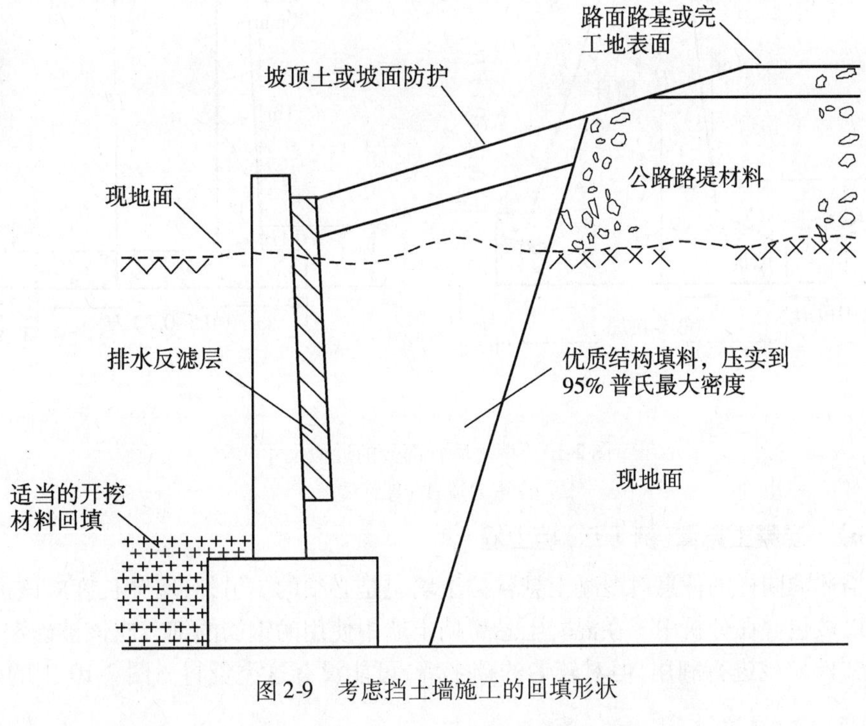

图 2-9　考虑挡土墙施工的回填形状

实。考虑到挡土墙施工的这些情况,回填土和原位土有迥异的特性是相当可能的。地震加载期间,两者都对挡土墙体系的响应有所贡献,为在地震评价中使用,应当确定它们相应的强度。

回填形状应该在场地调查期间评估。它有可能可以用竣工图纸和施工前土体调查来描述。如果不可以,回填应该用浅钻孔、试坑勘探以确定施工期间回填的范围。钻孔或试坑的数目和深度是挡土墙和回填形状、回填深度和特征以及下卧土体的函数。对测试钻孔,以2英尺间隔连续取样做标准贯入试验(ASTM D1586,1984a)。用对开式取土器或从试坑取出的土体应该由岩土工程师、土壤科学家或地质学家使用ASTM D2488(1984b)所描述的试验方法在现场目测鉴定。如果碰到细粒土,应该按2.4.1.2节的描述采取"未扰动"样本。从这些测试钻孔得到的数据应该由岩土工程师进行分析以确定回填与原位土的分界面、必要时进行相应的实验室实验、为每种取适当的特性值供以后分析使用。

2.4.1.1(a) 重力墙

必要的挡土墙参数包括墙高、重量、斜度、挡土墙基础细节和回填土的排水条件。如果挡土墙易于倾斜(倾覆稳定),必须要知道挡土墙尺寸以计算重心,以供在2.4.2.2节描述的方法使用。为进行详细分析,挡土墙尺寸应该已经得到确认。Bowles(1977)用墙高对重力式挡土墙的常用部位提供了指导意见,如图2-10所示。图2-10所示的尺寸被用作挡土墙设计的起点。它们可以作为评价尺寸目的的一个粗略指导。竣工挡土墙的实际尺寸可能与图2-10有显著差异。

确定墙趾对倾覆稳定性分析是非常重要的。在场地调查期间,应该通过外观观察,必要的话,通过开挖浅沟定位墙趾。在制订这样的调查计划时,应该多加小心以免破坏为保持挡土墙静力稳定所必需的墙趾支撑。换另一种方法,可以用螺旋钻进行超前探孔检查,以确定墙趾的位置。

土体样本应当取自墙趾附近,以确定近地表基础土体。如果这些土体属于细粒型,又没有实验结果,基础土体的未扰动样本应当按2.4.1.2节的描述采取和实验。

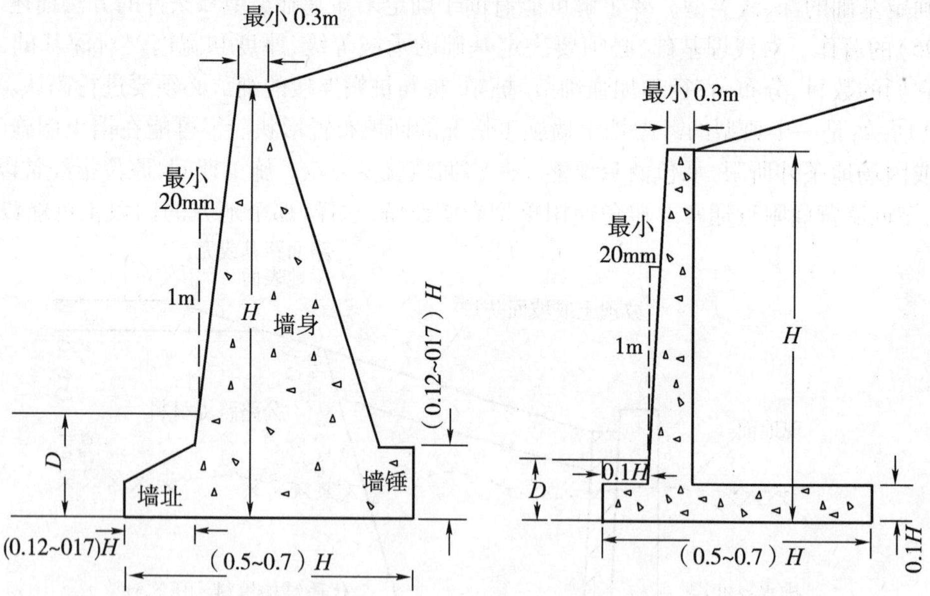

图2-10 挡土墙各部分的近似尺寸

a)重力墙;b)悬臂墙

2.4.1.1(b) 混凝土悬臂(倒T形)挡土墙

上面一节描述的同样的信息对混凝土悬臂挡土墙也是必须的。另外,墙踵长度应该被确认,填在墙踵上的土体可以被包含在分析中。在混凝土悬臂挡土墙中使用的钢筋的细节应该被确定。

如有施工文件应该进行利用,但对较老的挡土墙,可能没有这类资料。图2-10中的概略建议只应该被用作最后的手段,并在预计算中使用。如果要对改造着手进行更详细的评价,挡土墙尺寸应该作为场地调查的一部分而加以调查。

很多挡土墙基础放在正对未扰动材料的地方,此处的基础混凝土没有使用模板浇筑。这很有可能产生过度灌注,就是说,一部分基础将是无加强的。用探查法(是场地调查的一部分)或测深法定位基础的边缘大概是可能的。但是需要认识到混凝土可能没有加筋而可能开裂的这种实际情况。如果基础的墙趾和墙踵被暴露在外,钢筋可以用探矿仪定位。否则,如果基础的边缘看起来是直接浇筑在地基土上,应当从基础的墙踵和墙趾中扣除0.3m的理论距离以考虑过度灌注的可能性。

2.4.1.1(c) 背拉式挡土墙

按照引用2.2.3节的描述,使用者应当确定挡土墙类型。组成挡土墙体系的那些结构单元的尺寸和屈服强度应当被量化。那些垂直单元的埋置深度也应当搞清楚。

详细了解背拉体系对挡土墙体系的地震分析是特别重要的。了解挡土墙锚具和锚头装配图的长度和类型是必要的。如果使用注浆锚具,锚固段和非锚固段的长度与应力水平一样,应当是已知的。在腐蚀或锚固力损失成为问题的情况下,使用者应当做一个背拉工作状态评估。

2.4.1.1(d) MSE挡土墙

按照2.2.4节给出的描述,使用者应当描述挡土墙体系和墙面单元的类型。加强筋的类型、间距和长度应该被确定。挡土墙面单元的尺寸同加强筋和墙面单元间连接的细节一样也要被确定出来。

2.4.1.2 土的性质

回填和基础土的土参数应当从场地调查的结果中得到。地基土的土层同用于回填的土体类型一样应该被确定出来。了解土的单位重量、剪切强度参数,包括内聚力和摩擦角是必须的。对地基土,这些数值常常能够从施工前场地调查期间所做的原位测试的结果中推导出来。在美国,标准贯入试验是最普遍的原位试验。再后一些的调查可以包括圆锥贯入或压力表试验结果。

如果场地调查已在挡土墙施工之前完成,可能还没有回填土的原位测试的结果。回填和原位土的性质可以通过取样做相应的实验室实验来研究。对干净、级配良好、自由排水的回填土的内摩擦角,可以使用34°作为保守的估计值。地震期间不排水条件下,细粒土被剪坏。因此,对细粒土,评价应当使用不排水强度。对应的实验室强度实验应当在取自场地的未扰动样本上来完成,或者,应当进行相应的原位测试以确定不排水强度。另外,可以用Ladd(1991)描述的方法估算剪切期间的不排水强度。应当确定峰值和残余强度。取样、测试和土的性质的恰当评价的细节在Geotechnical Engineering Circular No. 5(Sabatini,2002)中描述。

墙面和回填之间的界面摩擦力是基于文献中(AASHTO,2002)已有的数据进行评估的。对混凝土墙面和自由排水粒料回填,界面摩擦系数常常采用回填土的内摩擦角正切值的一半到三分之二。在挡土墙地基和地基土界面处的基底摩擦角常常高于界面挡土墙摩擦角。如果混凝土直接在无黏性地基土上浇筑,界面摩擦角可以等于地基土的内摩擦角。

对无黏性土,当前的做法是,假定内部和界面摩擦角不是率相关的。在地震评价方法中,使用静力加载确定的摩擦角。对地震和对应的阈值加速度的评价则使用土的峰值剪切强度。然而,当进行变形分析时,如果土体已经经历了永久性大变形,那么应当考虑土的残余强度。

使用者也应该确定地下水位的位置。地震加载期间,饱和无黏性土的剪切阻力可能退化。在周期性剪切加载期间,如果孔隙水压力增加,土的有效应力和对应的剪切强度将降低。除非挡土墙是水工结构(岸墙),回填一般是自由排水的、不饱和的。然而,对水工结构和饱和地基,周期性加载期间土的抗剪强度的退化可能是一个重要的问题。一旦完成了对回填和地基土性质的评估,那么就必须评估挡土墙场地液化的可能性,以及评估由于饱和无黏性土反复加载抗剪强度退化的可能性。

本手册第一部分第3章提到的方法,可以用于确定场地是否是一个液化的可能性详细评价的对象。位于易于液化场地的挡土墙,由于地基土内抗剪强度的严重损失将会变形。Edinger(1989)总结了按地层峰值加速度估算无黏性土的抗剪强度退化方法。而且,Ebeling 和 Morrison(1992)描述了一个用于饱和无黏性土的、考虑抗剪强度退化的方法。

按照 Makadisi 和 Seed(1979),黏性土的静力不排水强度应当减少15%,以考虑循环加载效应。

由于挡土墙后已被提高的侧向推力和来自作用在挡土墙自身上的惯性力,位于不易液化场地的挡土墙可能要经受地震诱发的永久性变形。在后面接着要讨论的是,评价被划分为重力墙、混凝土悬臂墙(倒T墙)、背拉式挡土墙和机械稳定挡土墙因这些影响所产生的弱点。

2.4.1.3 地震动

一般地,假定场地估算的自由场峰值地层加速度(如本手册第一部分所描述的)普遍适用于挡土墙和被挡土是可以接受的。然而,在某些情况下,局部场地土响应效应和/或二维相应效应可能是显著的、未被场地自由场峰值地层加速度充分控制。局部响应效应可能更显著的事例包括:在挡土墙后有足够大范围的填筑,那里填料的动刚度与下卧地质材料(例如,在基岩上的路堤填筑)显著不同,后者估算了自由场地震动;墙后有高坡的挡土墙;高挡土墙。为了评价局部响应效应,以及挡土墙地震评价所使用的加速度,可以使用为场地制定的自由场加速度,但是进行工程场地分析永远可作为它的一个可用的选择。

为评估局部响应效应,可以考虑各种方法,包括:路堤或边坡响应分析简化方法(参考第3章);基岩上的下卧材料上挡土墙回填的一维分析法;挡土墙—土地基体系(例如,Kavazanjian 等,1997)二维分析法。岩土地震工程专家应该评价是否需要特殊分析,并承担这样的分析。

2.4.2 重力和半重力挡土墙

重力式挡土墙的地震评价必须考虑侧向土压力的动力增量、挡土墙的惯性响应、地震加载对地基土和回填土的抗剪强度的影响。力的评价在2.4.2.1节讲述,其对重力挡土墙外部稳定性的影响在2.4.2.1节讲述。2.4.2.3节考虑地震加载条件下重力式挡土墙的结构完整性。在2.4.2.4节,为了评价挡土墙附近的重要设施破坏和使用功能损失的可能性,讲述了基于位移的分析法。

如果桩基位于可液化土中,坐在这些桩基(或钻孔灌注桩)上的重力和半重力挡土墙可能易坍塌。已液化地基土中的深基础挡土墙的外部稳定性可以使用 Recommended LRFD Guidelines for the Seismic Design of Highway Bridges (ATC/MCEER, 2003)描述的方法进行评价。

2.4.2.1 考虑地震荷载的作用在重力或半重力式挡土墙上的外力

图2-11说明地震加载期间,作用在一堵重力式挡土墙上的那些力。作用在墙上的力来自惯性响应、回填的侧向土压力(P_{AE})、填在墙趾上的土的被动抗力和地基土的支承压力(R)。侧向土压力包括静力分量和动力增量。考虑加到地基土上的惯性荷载和它对承载力的影响也是重要的。

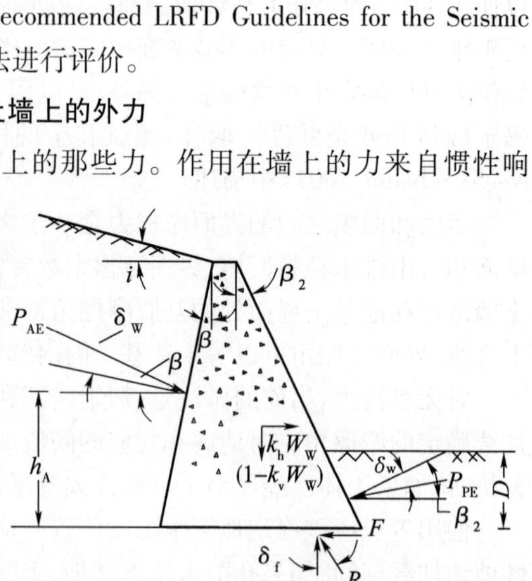

图2-11 作用在黏性土重力结构上的力

通常,这些力与挡土墙的滑动、倾覆和承载力丧失等稳定性问题有关。然而,从生命安全性能准则的观点看,重力或半重力式挡土墙的坍塌机制包括倾覆、承载力丧失和/或墙的结构破坏。除非重要设施靠近挡土墙附近,滑动破坏模式不是灾难性的,事实上却是最好的挡土墙移动模式。

计算侧向土压力和地震承载能力的方法在下面几节叙述。评价重力或半重力式挡土墙分别在倾覆和承载力方面地震稳定性的程序在2.4.2.2节叙述。

2.4.2.1(a) 挡土墙上的地震侧向压力(推力)

如果墙被允许变形到足以调动主动土压力,刚性挡土墙在地震加载期间在墙后形成的侧向土压力可以使用描述土的行为的刚塑性模型法来进行评价。Okabe(1926)、Mononobe 和 Matsuo(1929) 曾经用这个方法来作修正的库仑分析,分析中也包括了破坏楔形体上的惯性力。关于地震加载主动土压力系数的 Mononobe-Okabe(M-O)公式可以表述为:

$$K_{AE} = \frac{\cos^2(\varphi_w - \theta - \beta)}{\cos\theta\cos^2\beta\cos(\delta_w + \beta + \theta)\left[1 + \sqrt{\frac{\sin(\varphi_w + \delta_w)\sin(\varphi_w - \theta - i)}{\cos(\delta_w + \beta + \theta)\cos(i - \beta)}}\right]^2} \tag{2-1}$$

这里:

$$\theta = \tan^{-1}\frac{k_h}{1 - k_v} \tag{2-2}$$

式中:k_h,k_v——水平和垂直加速度系数;

φ_w——回填的内摩擦角;

β——墙的倾角;

δ_w——墙土间的内摩擦角;

i——回填的倾角。

作用在回填土上的水平加速度系数 k_h,可以被认为是峰值地层加速度除以重力加速度,A_{max}/g,除非(1)A_{max}大于阈值,并且(2) 滑动阈值加速度小于因地震诱发承载力丧失引起的倾覆或倾斜阈值加速度。如果条件(1)和(2)满足,k_h 就是滑动阈值加速度系数 k_h^s。

主动推力 P_{AE}可以这样计算:

$$P_{AE} = \frac{1}{2}\gamma_t H^2(1 - k_v)K_{AE} \tag{2-3}$$

式中:P_{AE}——主动推力并包括静力分量加动力增量;

γ_t——回填的单位总重力;

H——墙高。

重要的是要注意到这个解法有下面的限制:

- 必须假定墙的摩擦角是常数;
- 没有力矩平衡方程,所以推力 P_{AE}作用线没有被包括在内;
- 墙的变形必须足以调动回填土内的主动条件;
- 分析中没有包含内聚力;
- 没有考虑回填表面的不规则形状;
- 没包括水下回填效应;
- 若 $\theta + i > \varphi$,方程(2-2)没有实数解。这一点从物理意义上讲,平衡方程将是不存在的。

与公式(2-1)相关联的破裂面的方向随着加速度水平的增加而变得较平坦,当 $\theta + i = \varphi$ 时,预计破裂面是水平的。实际上,在地震条件下,无黏性土不可能在墙后存在很大的一段距离以至于包括整个破坏楔形体。在某些情况下,自由排水无黏性土可能只填在静力主动楔形体内(也就是 60°角),其余土则是黏性路堤填料,甚至是岩石。在这些情况下,地震诱发主动土压力应当使用本手册第一部分图 6-25所示的试验楔体来确定。

在回填中含有诸如黏土、粉质黏土或黏土质淤泥之类的细粒土,并且抗剪强度包括来自黏聚力的分量,像试验楔体(见本手册第一部分;Bowles, 1977; ASCE, 1994)方法之类的图算法可以用来计算主动侧向土压力。为确定侧向土压力,使用试验楔形体方法也可以将回填表面的不规则形状包括在内。在试验楔体法中(图 6-25,第一部分),假定主动条件的破裂面是平面。这个假定与 Mononobe-Okabe 的是一致的。按比例画出挡土墙的几何形状,然后计算各个试验破裂楔形体。每一个试验破裂楔形体有一个原点在挡土墙基础的破裂面,但是该破裂面的关于水平的倾角是变化的。画出的力多边形包括:

- 试验楔体的重力;

- 地层加速度的竖直和水平分量引起的、作用在试验楔体上的惯性力;
- 沿假定破裂面剪切抗力的摩擦分量和法向力的合力;
- 沿假定破裂面作用的孔隙水压力的合力;
- 沿破裂面剪切抗力的内聚力分量的合力;
- 作用在墙面的主动推力的合力。

计算大量的试验楔形体,从中确定最大主动推力和破裂面的临界角度。可以考虑回填包括一种以上的材料,然而,分析中只能包括一个挡土墙界面摩擦角和一个回填摩擦角。对多层土的回填,总的侧向荷载应当使用 ASCE(1991)描述的相应极限平衡分析方法来计算。

本报告假定回填在水面以上。在回填不是自由排水或者是沿迎水面设置的情况下,水下回填对侧向土压力计算的影响必须被包括在分析中。要获得如何包括水下回填对侧向土压力计算的影响方面的指导,请读者参考 Ebeling 和 Morrison(1992)的有关研究。

2.4.2.1(b) 被动约束

在很多情况下,挡土墙基础被掩埋在地基土内一定的深度。地基掩埋土的影响包括抗滑被动约束的形成,以及来自过载对承载能力的贡献。

全部调动被动约束必须要有某种变形。随着变形的继续,被动约束被调动起来,地震抗力被提高。当全部被动约束被调动起来后,在加速度水平一定时,形成稳态地震抗力(占据优势)。

对被动地震极限状态:

$$P_{PE} = \frac{1}{2}\gamma_t H^2(1 - k_v)K_{PE} \tag{2-4}$$

这里 K_{PE} 表达式为:

$$K_{PE} = \frac{\cos^2(\varphi_w - \theta + \beta)}{\cos\theta\cos^2\beta\cos(\delta_w - \beta + \theta)\left[1 - \sqrt{\dfrac{\sin(\varphi_w + \delta_w)\sin(\varphi_w - \theta + i)}{\cos(\delta_w - \beta + \theta)\cos(i - \beta)}}\right]^2} \tag{2-5}$$

用公式(2-5)计算的 K_{PE} 值随着墙/土间的摩擦角 δ_w 的增加而显著增加。应该小心选择 δ_w 值,以避免算出一个偏高的 K_{PE} 值。Morrison 和 Ebeling(1995)证明了对于包含有低到中加速度场以及界面摩擦大于等于一半的内摩擦角的这类问题,公式(2-5)是偏于不安全的。

公式(2-5)绘于图 2-12,它描述了被动推力是如何随加速度水平的增加而减少的。因此,在高加速度水平上($k_h > 0.4g$),同低加速度水平下的相比,掩埋墙趾的好处是递减的。

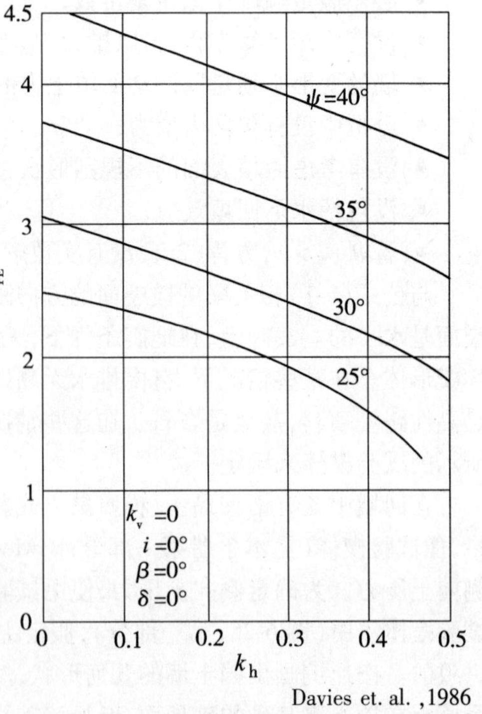

Davies et. al. ,1986

图 2-12 水平和竖直地震系数对主动和被动压力系数的影响

2.4.2.1(c) 地震承载力

Richards 等人(1990)、Richards 和 Shi(1991 和 1994)、Shi(1993) 研究过地震诱发的承载能力降低的问题。提出了考虑传递到土体表面的剪力和基础下破坏区内土体上的惯性荷载效应的地震承载力系数。为了简化,考虑了一个地基内的"库仑型"的破坏机制,其中包括在挡土墙正下面的一个主动楔体和一个提供侧向约束的被动楔体。

对挡土墙来说,基础和地基土之间的剪切传递可方便地用剪切传递系数 n 来描述,这里:

$$n = \frac{F}{N\tan\varphi_f} \tag{2-6}$$

式中：F——水平力的总和；

N——传递到土体的竖直力总和；

φ_f——地基土的摩擦角。

这个解析解给出了用地震承载力系数 N_{qE}、N_{CE} 和 $N_{\gamma E}$ 表示的承载力公式(类似其静力状态的对应公式)：

$$P_{lE} = cN_{cE} + qN_{qE} + \frac{1}{2}\gamma B'N_{\gamma E} \tag{2-7}$$

式中：q——由基础深度 D 引起的覆盖厚度，即：$q = \gamma D$；

c——地基土的黏聚力；

γ——地基土的单位重力；

B'——等于 $B - 2e$，B 是基础宽度，e 是按 2.4.2.2 所述计算而得的偏心距。

P_{lE}——承载压力的地震极限值。

图 2-13 表示地震与静力承载能力系数的比例(N_{qE}/N_{qS}，N_{cE}/N_{cS}，$N_{\gamma E}/N_{\gamma S}$)。这些比例依赖于地基土的摩擦角 φ_f、地震加速度系数 k_h 和剪切传递系数 n。N_{cE}/N_{cS} 的比例是用摩擦系数 $f = F/(Nkh) = n\tan\varphi_f/k_h$ 代替 n。使用图 2-13 中表示的承载力比例和竖直的、根据 Vesic(1973)的无深度改正的同心加载静态承载力系数，能够确定出公式(2-7)中使用的地震承载力系数。

公式(2-7)不包括水下的或部分在水下的地基对计算承载能力的影响。对细粒土和相对密实、级配良好的粗粒土，可以修正公式(2-7)，以包含水下地基的影响。由于这类土的低渗透性，可认为孔隙水和土骨架在地震动期间是一起运动的。如果基础底面以上的地基土被水淹没，使用有效应力计算公式(2-7)的第二项 q 和第三项的水下的单位重力。如果基础底面以下的地基土被水淹没，公式(2-7)中的第三项使用一个等效单位重力：

$$\gamma_e = \gamma'(1 - z/B) + \gamma(z/B)$$

式中：γ'——水下的单位重力，z 是基础底面以下地下水表面的深度；

B——基础宽度。

如果 z 大于等于 B，

那么，$\gamma_e - \gamma$。

对松散的、饱和的粗颗粒土地基，当前没有可靠的、简化的方法计算地震承载力。然而，既然这些土有可能受到液化的作用，那么，将考虑维修作为 2.3 节所述的筛选结果。

2.4.2.2　考虑地震加载的重力或半重力式挡土墙的外部稳定性：丧失平衡的临界加速度 k_h

在本手册中，竖直加速度分量 k_v，没有被包括在评价挡土墙的外部稳定性的计算中。因竖直分量依赖于水平分量的相关程度，它可能对挡土墙体系的稳定性有有利的或不利的影响。然而，考虑到与地震关联的加速度的时间历程，假定包括在分析中的竖直分量的净效应是不显著的。正如在 2.1 节中所描述的那样，本改造手册的目标是，评价有关坍塌或在某种情况下因过大变形引起使用功能丧失的脆弱性。对这些准则来说，性能依赖于时间历程的净效应，并不依赖于某次单独的加速度脉动。因此，在计算外部稳定性时忽略加速度的竖直分量被认为是合理的。对不允许结构屈服的新结构或设施的设计，把 k_v 包括在 Ebeling 和 Morrison 描述的计算中是合适的。

2.4.2.2(a)　倾覆稳定(倾斜)——力矩平衡

挡土墙的倾覆稳定性是通过比较使体系趋于倾覆的推动力矩与趋于抵抗倾覆的力矩来计算的。安全系数被定义为抵抗力矩与推动力矩的比值。

倾覆稳定的计算需要考虑侧向土压力的作用线。这条作用线的确定是通过假定侧向土压力的动增量作用在离墙身底面 $0.6H$ 处，静力分量作用在 $0.33H$ 处(Seed and Whitman, 1970)。侧向土压力的静力分量是在 k_h 和 k_v 等于 0 时确定的那个侧向土压力系数。动力增量可从总的动推力中减除这个静力

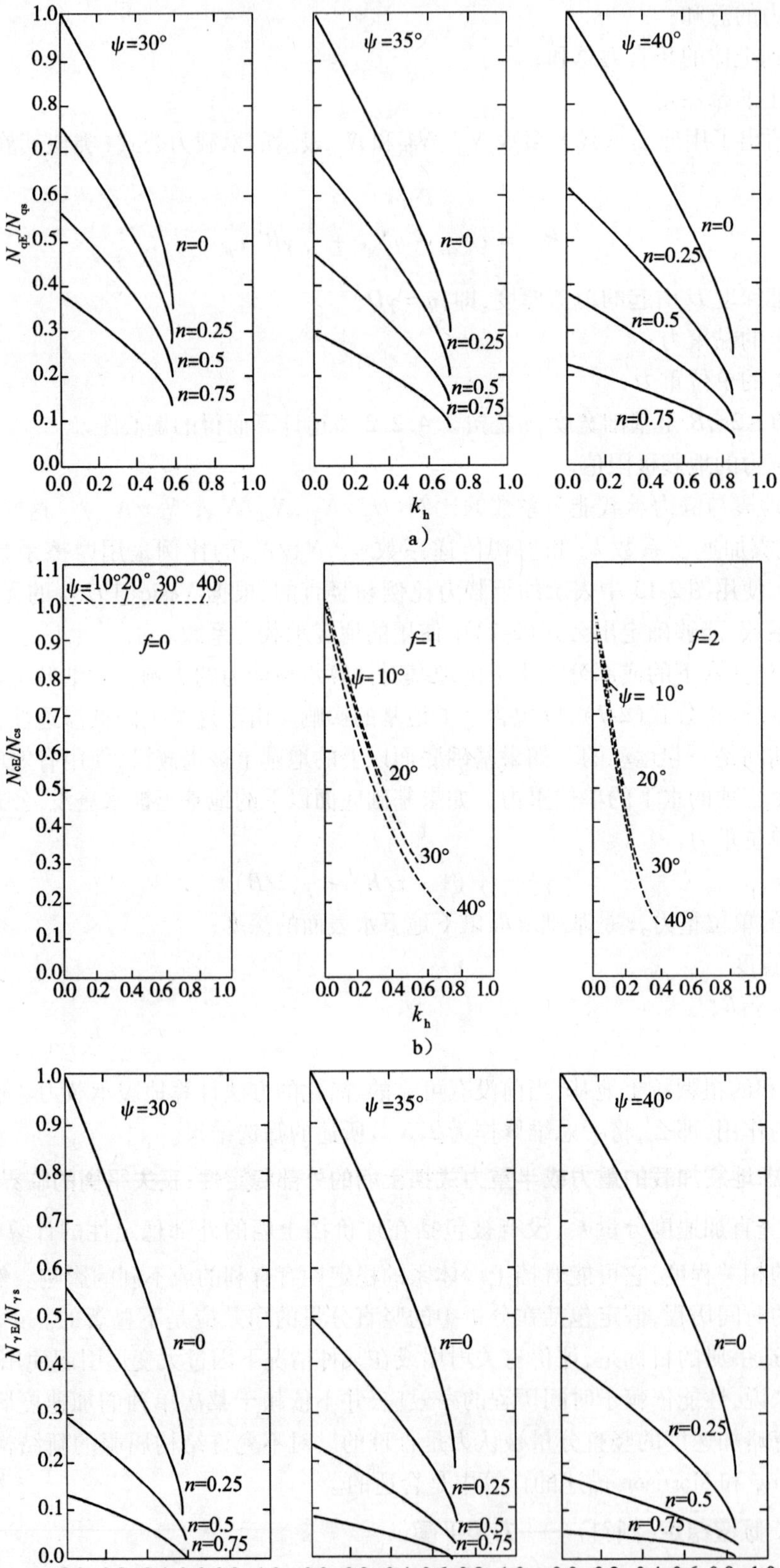

图 2-13　地震与静态承载力系数比

a) N_{qE}/N_{qS}; b) N_{cE}/N_{cS}; c) $N_{\gamma E}/N_{\gamma S}$

分量来确定。

倾覆稳定的安全系数按以下方法计算：

推动力矩：

$$M_D = k_h W_w y_c + P_{AE}\cos(\delta_w + \beta)h + P_{PE}\sin(\delta_w - \beta_2)(D/3)\sin\beta_2 \tag{2-8}$$

抵抗力矩：

$$M_R = W_w x_c + P_{AE}\sin(\delta_w + \beta)(B - h\sin\beta) + P_{PE}\cos(\delta_w - \beta_2)D/3 \tag{2-9}$$

式中：M_D——推动力矩；

k_h——峰值地层加速度的水平分量系数；

W_w——挡土墙的重量；

y_c——从墙的形心到墙趾的竖直距离；

h——从 P_{AE} 的作用线到墙趾的竖直距离；

x_c——从墙的形心到墙趾的水平距离；

B——墙基础的宽度；

D——墙趾的埋置深度；

β_2——挡土墙前墙面的倾角，如图 2-11 所示。

如果滑动阈值加速度小于峰值地层加速度，那么 k_h 趋近于这个滑动阈值，即 $k_h \leq k_h^{slide}$，对挡土墙的惯性项和用公式(2-2)(或侧向土压力的图算法)和公式(2-8)所表示的侧向土压力的计算，这个关系都成立的。

抗倾覆失稳的安全系数：

$$F_S^{O.T.} = \frac{M_R}{M_D} \tag{2-10}$$

如果计算安全系数等于或大于 1，挡土墙就被认为是关于倾覆稳定的。如果果真如此，关于倾覆破坏模式的再分析就不需要了。对基础坐在土上的挡土墙，承载能力破坏[如下文 2)所述]将在倾覆破坏模式达到临界之前出现。然而，对基础坐在岩体上的挡土墙，倾覆破坏模式是可能的。

如果计算安全系数小于 1，就需要进行更详细的评价。再评价要解决地震抗力或阈值加速度和挡土墙体系的屈服问题。阈值加速度和地震诱发挡土墙变形的计算在后面的段落中讨论。

因为地震荷载是瞬态的，挡土墙的转动将只发生在地层加速度超过某个加速度的阈值的时候，此时的安全系数是 1。这个阈值加速度可以用公式(2-8)～式(2-10)中的 k_h 的不同取值进行迭代来确定。为达到迭代的目的，提醒使用者，P_{AE} 和 P_{PE} 的值依赖 k_h。

阈值加速度每被超过一次，则挡土墙按增量转动，因倾覆引起的坍塌是由超过阈值的、反复的连续出现的地层加速度引起的。由于转动，挡土墙体系的几何形状受到影响。挡土墙重心被推动到更接近转动点。这样，随着挡土墙的转动，挡土墙保持抵抗力矩的能力被降低。这种现象被称为 P-Δ 效应。作为对稳定性的简单校核，这个阈值加速度可以与场地预计地层加速度对比。如果峰值地层加速度超过这个阈值加速度的 0.25g，挡土墙被认为是不安全的，结果是 2.5 节所述的改造设计是必须的。反过来，不用直接去做改造设计，挡土墙的变形也可以按照 Zeng and Steedman(2000)的描述，通过对运动方程进行积分计算出来。这就要求选择一条合适的地震记录进行分析。如果更详细的分析确认变形过大、可能引起坍塌，要建议进行地震改造设计。

对砌体挡土墙，墙面的倾倒也必须按照 2.4.5.1 节的描述来考虑。

2.4.2.2(b)　承载力破坏——竖直平衡

挡土墙关于地震诱发承载能力降低的稳定性可通过把挡土墙基底的竖向合力与用公式(2-7)计算的地基土地震承载力对比的方法来评价。公式(2-7)要求关于基础中点的荷载偏心距应按下式计算：

$$e = \frac{B}{2} - \frac{M_R - M_D}{N} \tag{2-11}$$

关于承载力破坏的安全系数定义为地震承载力与竖直合力的比值。关于地震诱发的承载力丧失的这个安全系数按下式计算。

竖直合力:

$$N = P_{AE}\sin(\delta_w + \beta) + W_w - P_{PE}\sin(\delta_w - \beta_2) \tag{2-12}$$

传递到地基土的剪力的合力:

$$F = P_{AE}\cos(\delta_w + \beta) + k_h W_w - P_{PE}cos(\delta_w - \beta_2) \leqslant N\tan\delta_f \tag{2-13}$$

式中:δ_f——地基基底与地基土之间的界面摩擦角。

剪切传递系数 n,使用公式(2-6)、公式(2-12)和公式(2-13)计算。使用这个剪切传递系数和地基土的摩擦角 φ_f,可求得 2.4.2.1 所述的地震承载力系数 N_{cE}、N_{qE} 和 $N_{\gamma E}$。使用公式(2-7)计算出地震承载力 P_{lE},和抗地震诱发承载力破坏的安全系数:

$$F_S^{B.C.} = \frac{P_{lE}B'}{N} \tag{2-14}$$

如果峰值加速度的计算安全系数等于或大于 1,挡土墙被认为是关于地震诱发承载力丧失稳定。假如果真如此,就不需要进行关于地震诱发承载力丧失的再分析。如果计算安全系数小于 1,则必须进行再评价。再评价与 2.4.2.2(a)节中所述的类似。然而,在这种情况下,那里用的方法包括对公式(2-11)~公式(2-14)的迭代,以求得关于承载力的阈值加速度。作为对稳定性的简单校核,该阈值加速度与代表场地处地震危险性的预计峰值地层加速度相比较。

对地震诱发承载力丧失的情况,如果预计峰值地层加速度超过阈值加速度多于 0.25g,挡土墙被认为是不安全的。所以需要按 2.5 节的描述进行改造设计。反过来,不用直接进行改造设计,挡土墙的变形可以按 Siddharthan 等(1992)描述的,通过对运动耦合方程积分计算得到。如果更详细的分析确认变形导致坍塌,建议进行地震改造设计。

2.4.2.3 考虑地震加载的重力或半重力式挡土墙的结构完整性

为评价挡土墙的结构完整性,加速度的竖直分量 k_v 应该被包括在计算中。竖直加速度在一瞬间可能对结构完整性有负面影响。挡土墙单元的结构破坏被认为是瞬间完成的,不需要像考虑外部稳定性时那样,有变形的积累,在那里 k_v 没有被包括在计算中(见 2.4.2.2 节)。分析中使用的 k_v 的估算,在本手册第一部分描述。

结构评价把墙身、墙趾内关键截面上的应力、剪力和弯矩与相应截面的极限承受能力相比较。如果超过了极限承受能力,必须按照 2.5 节的描述进行地震改造设计。2.4.2.3(a)和(b)节分别描述了墙身分析和基础分析的特点。这里将假定重力式挡土墙是素混凝土的。在钢筋混凝土截面如何应用这种方法在 2.4.3 节叙述。

2.4.2.3(a) 墙身分析

墙身分析需要计算沿着墙身高度的关键截面处的剪力和弯矩。这个关键截面依赖于剪力和弯矩数值的组合和截面面积。对均匀截面,这个关键截面在墙身底面,此处的力矩和剪力最大。对非均匀截面,要确定这个关键截面的位置,可能需要计算若干个截面。

剪力和弯矩的计算需要考虑沿墙身的侧向地震土压力的分布。通过假定侧向土压力的动态增量作用在距墙身底面的 0.6H 处、静态分量作用在 0.33H 处,确定出侧向土压力的分布。这样可得到如图 2-14 所示的压力分布。侧向土压力系数(包括动态增量)可以用公式(2-1)确定出来。侧向土压力的静态分量是在 k_h 和 k_v 等于 0 时确定的侧压力系数。如果使用图解法确定主动侧向土压力,使用楔体试算法和公式(2-3)确定推力,可计算出这个土压力系数。作用在墙身的地震诱发惯性力也必须要包括在对最大弯矩和剪力的计算中。

考虑了计算剪力、弯矩、墙身重力和主动土压力的竖直分量后,可计算横截面上的剪切和法向应力。允许拉应力、压应力和剪应力按照 ACI(2002)确定。对现有挡土墙的地震评估,荷载系数取 1。

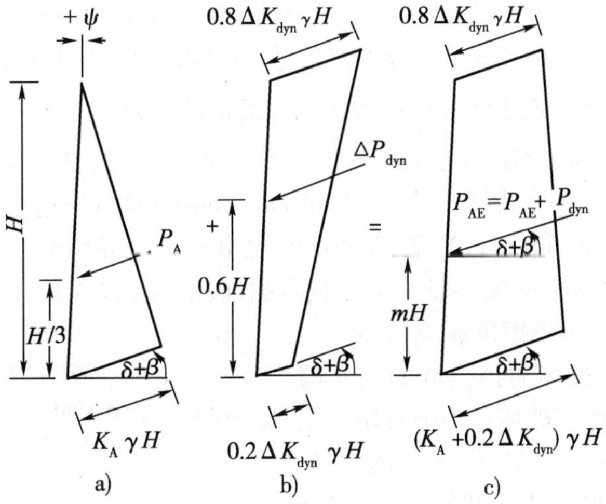

图 2-14　动态土压力的假定分布

a)静力分量;b)动态增量;c)动态(总)压力分布

2.4.2.3(b)　基础分析

墙基础的结构完整性分析要求应该确定基础底面的接触压力。这里将假定基础底面的接触压力按线性变化,可以用公式(2-15)~公式(2-17)计算。

接触压力的分布依赖于外力系的合力的偏心距。如果 $e \leqslant B/6$,接触压力按梯形变化,墙趾处接触压力最大,最小接触压力在墙踵:

$$q_{\max} = \left(1 + \frac{6e}{B}\right)\frac{N}{BL} \tag{2-15}$$

$$q_{\min} = \left(1 - \frac{6e}{B}\right)\frac{N}{BL}$$

如果 $e > B/6$,基础底面没有完全接触,接触压力按三角形变化,最大接触压力在墙趾处:

$$q_{\max} = \frac{4N}{3L(B - 2e)} \tag{2-16}$$

和

$$x = 1.5(B - 2e) \tag{2-17}$$

式中:L——用于计算 N 的挡土墙长度;

x——沿基础底面的接触宽度。

2.4.2.4　基础设施使用功能丧失

基础设施可以包括生命线、重要的公路、桥梁引桥的填筑或重要结构。一座位于附近的挡土墙的地震诱发变形可能要对基础设施丧失使用功能负责。挡土墙的容许变形决定于基础设施可以容许的变形以及挡土墙位移场的衰减关系。

当超过这个容许变形时,该设施可能会失去大部分的使用功能。为了确定一座设施可以容许的变形,要对若干因素进行检查。这些因素包括进出设施途径的形式、公用设施和抵抗差异沉降的能力。需要来自很多学科包括岩土、结构和危机管理的知识参与其间。基础设施的允许位移是建立在个例基础上的。对基础设施使用功能的允许损失的评估超出了本章的范围。然而,为完成这个分析,应该确定一个允许位移。

位移场随距离衰减,因此,设施和挡土墙之间的距离是个重要的参数。对粗粒土的回填,假定:

(1)贴近墙背的水平位移和竖直沉降是相等的;

(2)在 2 倍挡土墙高度的距离内,表面位移线性衰减(Clough and O'Rourke,1990)。

本节介绍的是,可以用于评价支挡结构承受地震诱发永久变形的潜在可能性以及估算可能发生的位移大小的资料。把挡土墙的估算变形与容许变形进行比较以决定是否需要地震改造。

2.4.2.4(a) 评估地震诱发永久变形脆弱性的二次筛选方法

在2.4.2.2节讨论过,阈值加速度系数是这样一个加速度,超过它挡土墙将开始滑动或转动。对以滑动模式破坏的重力式或半重力式挡土墙,Richard and Elms(1979)描述了一种计算阈值加速度的方法。图2-15表示Richards和Elms(1979)得到的结果,说明水平、无黏性土回填的竖直挡土墙的阈值加速度和静力安全系数之间的关系。对图2-15中表示的数据,假定回填摩擦角 φ 等于35°,墙/回填界面摩擦角 $\delta=\varphi/2$,墙底面/地基土界面摩擦角 φ_b 等于35°。

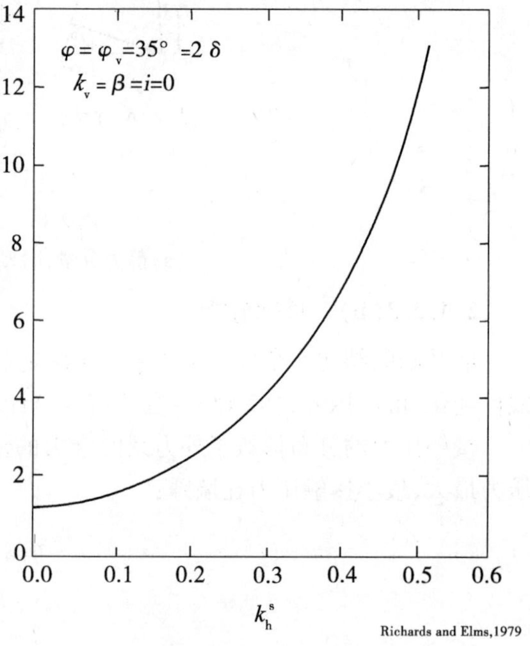

图2-15 滑动静力安全系数与阈值加速度系数 k_h^s 之间的关系

图2-15对以滑动模式破坏的挡土墙的二次筛选、确定哪些挡土墙不易受到地震破坏是一个有用的工具。筛选方法假定,挡土墙先滑动,后转动。应当按2.4.2.2所述的方法审核地震诱发倾斜或承载能力丧失的可能性,以验证这种方法的合理性。下面的步骤描述滑动模式破坏的重力式或半重力式挡土墙的筛选方法。

滑动模式破坏的重力式或半重力式挡土墙的筛选方法:

1. 确定挡土墙关于滑动破坏的静力安全系数;
2. 根据这个静力安全系数和图2-15,得到滑动阈值加速度系数 k_h^s;
3. 比较这个阈值加速度系数和挡土墙场地处的估算峰值地层加速度系数,如果阈值加速度系数大于预计峰值加速度系数,把这堵挡土墙从详细评价的可能候选清单中去除(假定已满足其他可用的准则)。

如果挡土墙发生某种永久性位移是可以接受的,则更高水平的地层加速度可能是被容许的,不必进行详细的地震评价和改造。Elms and Martin(1979)估计,对 k_h^s 大于一半峰值地层加速度(k_h)的发生滑动的挡土墙,地震诱发的永久性平移在大多数情况下将小于254(k_h)mm。这说明在峰值地层加速度系数小于0.3的地区,不必对这些挡土墙做详细评价,但条件是:

- 它们的滑动静力安全系数大于2.0;
- 它们将不会发生倾斜或地震承载力损失;
- 可以忍耐75mm的向外位移。

如果二次筛选方法证明详细评价是必要的,使用者必须使用2.4.2.4(b)和(c)节所描述的评价变形方法。该方法论述了如何确定地震抗力或阈值加速度,这在2.4.2.4(b)节中描述,接着在2.4.2.4(c)节中描述了如何估算地震诱发变形。该方法考虑了各种可能的破坏模式,包括平移(T模式)、关于墙基础底面的转动(RB模式)和转动/滑动混合模式(R/T模式),为评价地震诱发挡土墙变形所得到的"临界"阈值加速度被认为是滑动(k_h^s)、地震承载能力降低(k_h^b)或倾覆(k_h^{OT})的最低阈值加速度。评价临界阈值加速度指出了破坏发生的主导模式。

对砌体挡土墙,也要分析关于单元间的滑动或鼓胀的内部稳定性稳定。细节请看2.4.5.2节。

2.4.2.4(b) 阈值加速度的确定

评价重力式或半重力式挡土墙的地震诱发变形涉及确定一个阈值加速度,超过它,重力式或半重力式挡土墙将发生永久变形。有三个值需要从平衡状态中计算出来,k_h^s、k_h^b 和 k_h^{OT}。透彻的地震分析不但必须要研究滑动破坏模式的可能性而且必须要研究引发转动的承载力破坏的可能性,包括关于墙趾转动的倾覆失稳的可能性在 2.4.2.2(a)讨论。因为地震承载力系数依赖于地层加速度，确定阈值加速度必须用迭代法。初始假定无黏聚力、无埋置深度以及 $k_v=0$。这些简化的假设不是该方法所必须的，因此能够容易地包括进来（在本节末尾的描述）。下面描述的确定阈值加速度的方法依据的是 Richards et al (1996)、Fishman and Richards (1997a, 1997b)的工作。

虽然回填土一般是粒状材料，但必要的话，可以假定地基土有一定的黏结强度。地基也可以有一定的深度。通过使用图 2-13a) 和 b) 求得 N_{qE}/N_{qS} 和 N_{cE}/N_{cS}❶，其中的一个或者两者都可以包括在确定阈值加速度方法的第 6 和第 7 步内。

这个阈值加速度与被设计地震加到挡土墙体系的峰值地层加速度进行比较。如果 k_h^s、k_h^b 和 k_h^{OT} 大于 k^h，从地震设计的立场看，挡土墙的局部、外部稳定性是安全的，如果其他适用的准则能够被满足的话，再评价是不必要的。如果 k_h^s、k_h^b 和 k_h^{OT} 小于 k^h，必须要做 2.4.2.4(c)节所述的变形分析。如果估算的地震诱发变形大于可接受水平的变形，2.5 节所述的地震改造设计是必须的。

混合破坏模式的可能性在步骤 9(b)中计算。在这种情况下，k_h^s 的值小于峰值地层加速度，并小于承载能力的阈值加速度 k_h^b。因为剪切传递局限在墙的底面，超过 k_h^s 的地层加速度不能被传递到挡土墙。这样，在滑动变形期间，挡土墙的惯性力和来自回填的侧向土压力不会超过启动滑动的峰值。然而，在响应地震动的过程中，挡十墙下面地基土内的惯性力[在 2.4.2.1(c)节描述]将继续增长。因此，继滑动之后发生承载力损失的可能性是存在的。继滑动破坏模式之后发生地震诱发承载力损失称为“混合模式”。

被动约束：在很多情况下，挡土墙底面被埋入地基土内一定深度。基础掩埋效应包括抗滑被动约束的形成和来自过载的承载能力的贡献。这两种效应都可以包括在本节描述的分析方法中。被动抗力可以防止滑动的发生，但导致破坏力更大的破坏模式（例如，倾覆）。

可能发生滑动或承载力损失破坏的挡土墙的阈值加速度确定方法：

1. 假定 k^h 的初值，按照 2.4.2.1(a)的描述，确定 P_{AE}。

2. 计算竖向合力 N：

$$N = P_{AE}\sin(\delta_w+\beta)+W_w \tag{2-18}$$

3. 计算传递到地基土的剪力：

$$F = P_{AE}\cos(\delta_w+\beta)+k_h W_w \tag{2-19}$$

4. 使用公式(2-6)计算剪切传递系数。

5. 如果 $F=N\tan\delta_f$，将出现滑动，因此：

$$F_S^{slide} = \frac{N\tan\delta_f}{F} \tag{2-20}$$

式中：δ_f——基础与地基土之间的界面摩擦角。

6. ❷已知地基土摩擦角 φ_f 和步骤(4)得到的剪切传递系数 n，求得图 2-13 中的地震承载力系数。

7. 使用公式(2-7)计算地震承载力 p_{IE}。

8. 当 $N=p_{IE}B'$ 时，将发生承载力破坏，因此：

$$F_S^{B.C.} = \frac{p_{IE}B'}{N} \tag{2-21}$$

9. 对 k^h 进行以上迭代，以确定阈值已知当 F. S. =1。也就是：

a. 如果第 8 步求得的 $F_S^{B.C.}$ 接近于 1，第 5 步求得的 F_S^{Slide} 大于 1，停止迭代过程，因为 k_h 假定的值是承载力破坏 k_h^b 的阈值，它先出现。

b. 如果第 5 步求得的 F_S^{Slide} 接近于 1，$F_S^{B.C.}$ 大于 1，停止迭代过程，因为 k_h 假定的值是滑动破坏 k_h^s

---

❶ 原文为 N_{cE}/N_{qS}。

❷ 原文编号错误，6 及以后的编号已按表中内容进行了调整。

的阈值。在这种情况下,当先出现滑动时,仍然有可能以较高的加速度引发混合模式的承载力破坏。为估计集合 $k_h^b > k_h^s$,N 和 F 取它们滑动时的常数,以 $p_{lE} = N/B'$,从公式(2-7)中计算 $N_{\gamma E}$,并从图 2-13 中确定 k_h^b。

c. 如果这两个条件中没有一个满足,选一更大的 k_h 值,返回第 1 步。

完全调动被动约束需要某种程度的变形。在不会导致被动约束形成的阈值加速度下,可以出现小的侧向位移(Fishman and Richards, 1996)。随着变形的继续,被动约束被调动起来,地震抗力被提高。当全部被动约束被调动起来后,在一定的加速度水平上,稳定的地震抗力占主导地位。而且,被掩埋的基础底面以上的过载显著提高了地震承载力。

为了把被动约束包括在确定阈值加速度的方法中,按下式修正公式(2-18)和公式(2-20):

$$N = P_{AE}\sin(\delta_w + \beta) + W_w - P_{PE}\sin(\delta_w - \beta_2) \tag{2-18 修}$$

$$F_S^{slide} = \frac{N\tan\delta_f + P_{PE}\cos(\delta_w - \beta_2)}{F} \tag{2-20 修}$$

式中:β,β_2——挡土墙(如图 2-11 所示)背面和前面的倾角。

2.4.2.4(c) 地震诱发变形的估算

为评价目的的地震诱发挡土墙变形的临界阈值加速度被认为是滑动(k_h^s)、地震承载力降低(k_h^b)或倾覆(k_h^{OT})的最低阈值加速度。如果临界阈值加速度系数是 k_h^s,挡土墙将发生平移模式(T)破坏。如果 k_h^b 或 k_h^{OT} 是临界的,关于底面模式(RB)的转动需要进一步研究。如果 k_h^s 是临界的,RB 破坏模式也是可能的,因为,在临界阈值加速度评价方法的第 9(b)步已提到,地震承载力降低发生在滑动期间。对发生 T 模式破坏的重力或半重力挡土墙,可以使用一个简单的、半经验的、基于位移的地震分析。为了评价 RB 或 RB/T 混合模式的挡土墙破坏,需要做更多的计算工作。RB 混合模式将在本章末尾讨论。对 T 模式破坏的现有挡土墙的地震评价,给出下面的方法[基于 Richards and Elms (1979)的工作]。

滑动模式(T 模式)破坏的挡土墙评价方法:

1. 确定现有挡土墙的重量。

2. 考虑场地地震灾害的情况,估计峰值地层加速度系数 k_h 和峰值水平速度 v。速度 v(对应于 k_h 和震源距离)可以按第 4 章所述进行估计。

3. 利用 2.4.2.4(b) 节确定的阈值加速度系数 k_h^s,估算残余位移 d:

$$d = 0.087\frac{v^2}{k_h g}\left(\frac{k_h}{k_h^s}\right)^4 \tag{2-22}$$

式中:g——重力加速度。

当使用公式(2-22)时,v 和 g 单位要一致。

4. 把第 3 步所得位移与可以耐受的位移比较。

应该注意到,公式(2-22)算出的是一个偏于安全的估算位移。换另一种方法,挡土墙和地基土之间的相对位移可以通过对场地对应的加速度时间历程和相应挡土墙加速度之差进行二重积分来确定。相应的挡土墙加速度考虑了滑动阈值加速度。图 2-16 说明了当地层加速度系数超过 k_h^s 时,滑动的挡土墙所积累的位移增量。

滑动块体法可以用于 2.4.2.1(c) 节所述的库仑机制,以估计当地层加速度超过 $k_h^b(g)$ 时基础的移动,如图 2-17 所示。这个算法假定 N 的作用线交于挡土墙基础的中间 1/3 内,因此,无论任何时候只要超过 k_h^b,挡土墙将滑动并下沉。移动的总水平分量将与滑动的情形下是一样的,但是使用 k_h^b 作为阈值加速度来计算:

$$\Delta = u = 0.087\frac{v^2}{k_h g}\left(\frac{k_h}{k_h^b}\right)^4 \tag{2-23}$$

那么,竖直沉降将为:

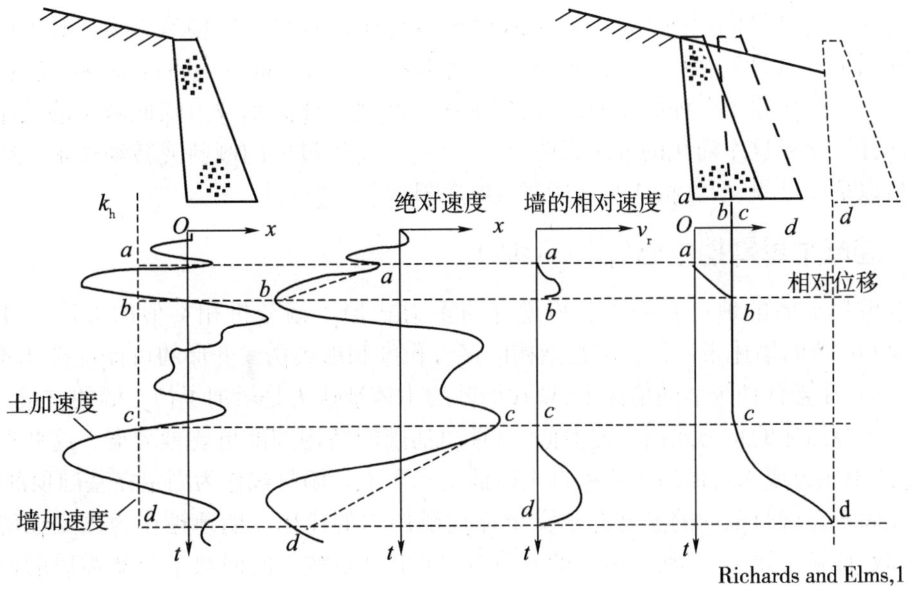

图 2-16 基底滑动引起的渐进破坏

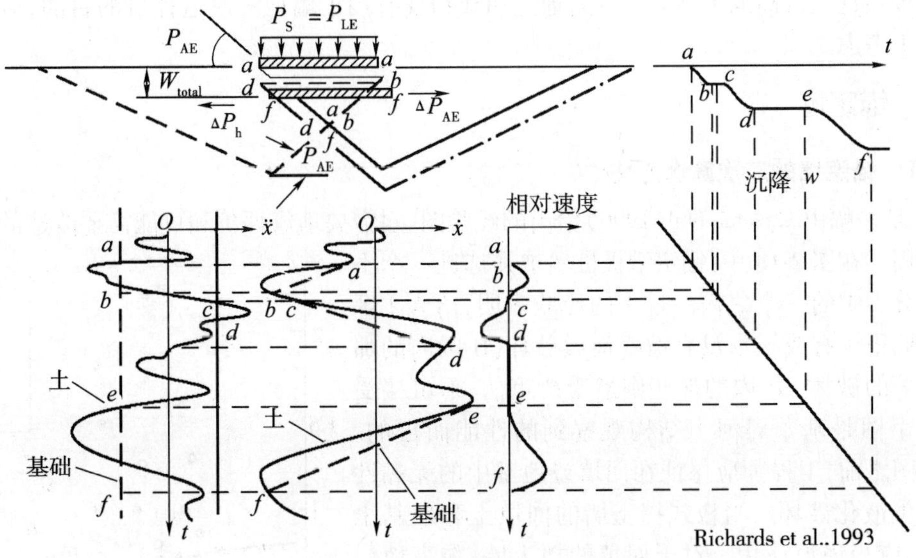

图 2-17 库仑滑动楔体机制承载力渐进破坏

$$w = 2\Delta\tan\rho_{AE} \tag{2-24}$$

式中：ρ_{AE}——承载力破坏区的主动部分滑动面的角度，由下式给出：

$$\rho_{AE} = \varphi_w - \theta + \tan^{-1}\left[\frac{\sqrt{\tan(\varphi_w-\theta-i)[\tan(\varphi_w-\theta-i)+\cot(\varphi_w-\theta-\beta)][1+\tan(\delta_w+\beta+\theta)\cot(\varphi_w-\theta-\beta)]}-\tan(\varphi_w-\theta-i)}{1+\tan(\delta_w+\beta+\theta)[\tan(\varphi_w-\theta-i)+\cot(\varphi_w-\theta-\beta)]}\right] \tag{2-25}$$[1]

公式(2-23)和公式(2-24)不考虑可能伴随承载力损失的 RB 和 RB/T 混合破坏模式。

考虑 RB 或 RB/T 混合破坏模式的变形分析不是常规分析，因此需要使用可做数值积分的专业软件。Siddharthan(1992)等描述了一个可做运动耦合方程数值积分的方法。这个方法研究了滑动和转动

[1] 原文公式印刷错误，已改正。

二者(RB 或 RB/T 模式)瞬间一同出现的可能性。Rafnsson and Prakash(1994)、Prakash et al.(1995a,1995b)也描述了一种计算刚性挡土墙的不但有滑动位移而且有摇摆位移的方法。对于可能发生关于墙趾倾覆破坏(RB 模式的特例)的挡土墙,使用者请再参考 Zeng and Steedman(2000)描述的方法。

在 2.4.2.2 节中描述了一种简化的方法,用于评估倾斜或地震承载力降低破坏的挡土墙发生大位移的潜在可能性。如果这个简化的方法表明,挡土墙易于发生过度的倾斜或转动变形,这样,要么进行更详细的分析以证实结果,要么按 2.5 节所述,建议做地震改造设计。

2.4.3 混凝土悬臂挡土墙(倒 T 形墙)

倒 T 形悬臂挡土墙的地震脆弱性分析遵守与重力式挡土墙分析相类似的方法。外部稳定性按 2.4.2.2(a)和(b)节的描述来评价。附近结构的接近程度和地震诱发变形的可能性按 2.4.2.4 节的描述来研究。然而,在悬臂挡土墙的情况下,填在墙踵的土体被认为是增加了挡土墙的质量。

与 2.4.2.3 节描述的重力式挡土墙类似,墙身和基础的结构细部也要被考虑。这些单元按悬臂断面处理,承受的土压力或来自回填土或来自土体的支承压力。墙身被作为固定在基础顶部的悬臂对待。墙趾被处理成固定在墙身前面的悬臂并承受土体接触压力的作用。墙踵被作为固定在墙身背面的悬臂,受自重荷载、接触土压力、主动土压力的竖直分量(来自墙踵上的回填土与墙踵后的回填土之间的摩擦)和它顶面上的回填压力的作用。竖直加速度分量可以增加作用到墙踵的竖向力。

由于墙单元的这种悬臂作用,则使用钢筋混凝土来抵抗弯曲应力。按 ACI(2000)中的描述,用极限强度设计法校核这些截面的承受能力。为地震加载和现有挡土墙地震改造评价的目的,荷载系数和折减系数都按 1 考虑。

2.4.4 锚定墙

2.4.4.1 锚定墙的二次筛选方法

图 2-18 是一幅由 Gazetas etal(1990)给出的经验图,对需要地震评价和可能需要改造的背拉挡土墙的筛选很有用。在图 2-18 中,锚定钢板桩墙被筛选进三个不同的区域或分类中的一个之内。过去的经验表明,落入 I 区的锚定挡土墙很少有或根本没有遭受地震破坏,II 区内的那些遭受到中等的破坏,III 内的那些则遭受严重的、不可接受的破坏。这个图是基于对河工结构观察到的性能而得的。在使用这个图之前,工程师应保证在回填或地基中的无黏性土不可能发生液化破坏。当板式挡土墙的回填土和地基土不在水下时,应当谨慎使用。对于回填的挡土墙,在高地层加速度水平上使用图 2-18 可能不是偏于安全的,很高的挡土墙也是这样。

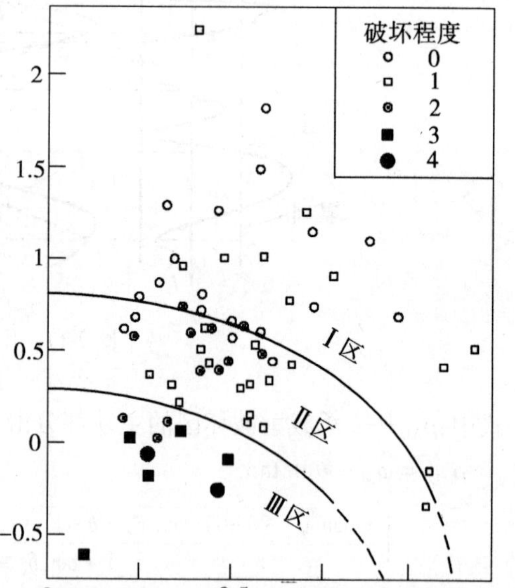

图 2-18 锚定墙的地震筛选图

为使用图 2-18,必须要计算挡土墙的两个指标,包括有效锚定指标(*EAI*)和掩埋土参与指标(*EPI*)。借助于图 2-19,*EAI* 用(从主动破裂面到拉杆连接点的)水平距离 d 表示:

$$EAI = d/H \tag{2-26}$$

假定主动破裂面以有效转动"点"为转动点,它被定义在冲刷线以下 f 处的点:

$$f \approx [0.5(1 + k'_e) - 0.02(\varphi - 20°)]H \le D \tag{2-27}$$

式中:k_e——水平和竖直地震系数[$k_e = k_h/(1 - k_v)$]的函数。

Gazetas et al.(1990)建议 k_h 取峰值水平地层加速度的三分之二。对水位以下无黏性土;k_e 被提高到 $k'_e = 1.5k_e$。在确定了 k'_e 之后,角度 α_{AE} 可近似为:

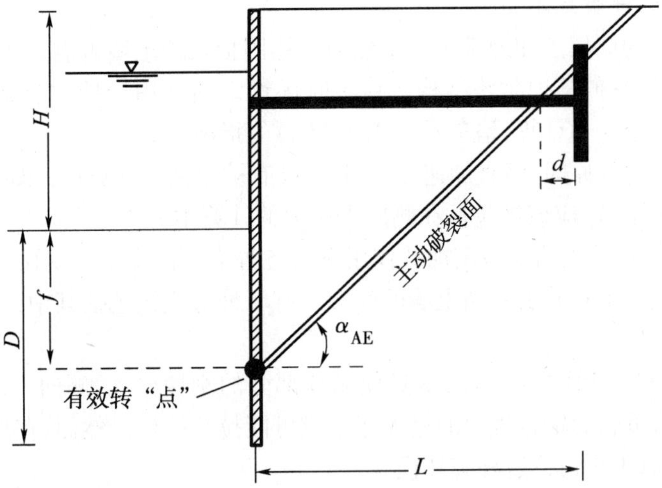

图 2-19　有效锚定系数（$EAI = d/H$）的定义

$$\alpha_{AE} \approx 45° + \frac{\varphi}{2} - 135\,k'^{1.75}_{e} \tag{2-28}$$

α_{AE}将随 k'_e 接近 $\tan\varphi$ 将变小。

对均匀回填和地基，EPI 可以近似为：

$$EPI \approx \frac{K_{PE}}{K_{AE}} r^2 (1 + r) \tag{2-29}$$

这里：$r = f/(f + H)$，比例 K_{PE}/K_{AE}可以借助图 2-20 确定。

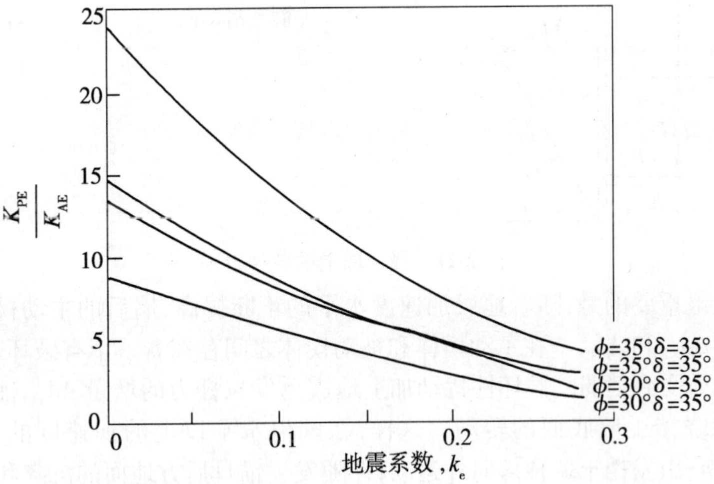

图 2-20　随 k_e 函数的递减主动和被动土压力系数比例的变化

图 2-18 可与下面的方法一起用作筛选工具。

背拉式挡土墙的筛选方法：

1. 确定背拉式挡土墙的高度 H、掩埋土深度 D 和锚块的位置。
2. 已知场地地层加速度，计算 $k_e = k_h/(1 - k_v)$，并（对水位下无黏性土）提高到 1.5 倍。
3. 利用公式（2-27），估算有效转动点的位置 f，并使用公式（2-28）估算墙后主动破裂面的倾角 α_{AE}。
4. 画出如图 2-19 所示的挡土墙草图，根据 f 求 d 和 α_{AE}，并按公式（2-26）计算 EAI。
5. 利用图 2-20，确定 K_{PE}/K_{AE}，按公式（2-29）计算 EPI。
6. 利用图 2-18 和 EAI、EPI 的值，确定挡土墙是否在 I 类、II 类、III 类。
7. 如果挡土墙在 I 类，不必进行再评价。如果挡土墙在 II 类，需要进行再评价，假如挡土墙的移动或可见破坏是不能允许的话。如果挡土墙在 III 类，必须进行挡土墙的详细评价和改造。

2.4.4.2 锚定墙的评价方法

本节分析不在水下的回填土和地基土。虽然河工锚固板式挡土墙可能是所碰到的锚定墙中最常用的形式,然而不常见到用它们挡护公路结构。很多时候锚定墙被用于挡护公路填筑物,那里没有自由水。关于水下土的侧向土压力计算,请参看2.4.2.1(a)的指南。

由于2.4.2.2节所述的原因,竖直加速度分量 k_v 没有被包括在计算中。如果挡土墙位置靠近基础设施又不允许挡土墙屈服,k_v 应该被包括在侧向土压力的计算中。

图2-21画出了背拉式挡土墙受地震加载作用下的各种力。图2-22所示的地震效应以各种方式组合将静力安全系数降低到1.0并引发挡土墙的变形。有三种效应被包括其中,因而,三种可能的基本破坏模式如下:

(1)起初,在地震诱发变形积累之前,锚具使墙顶部分的刚性更大,侧向土压力的动态增量可能超过主动状态的增量。这可引起钢板桩内的过大弯矩或可能拉断拉杆。然而,在地震勘察报告中,这种破坏模式不常有报道,所以不再讨论这种破坏模式。

(2)按图2-12描述,墙趾处的被动土压力随着加速度的不断增加而降低。如果锚具不破坏,随着底面向外倾斜,这可能导致挡土墙绕墙顶转动。

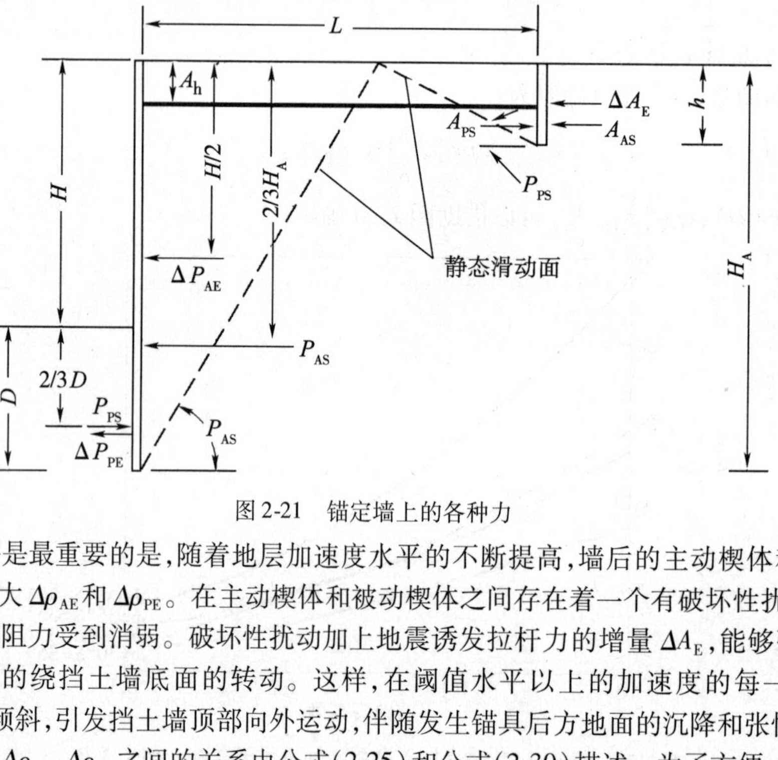

图2-21 锚定墙上的各种力

(3)最后,或许是最重要的是,随着地层加速度水平的不断提高,墙后的主动楔体和锚具前面的被动楔体体积分别增大 $\Delta\rho_{AE}$ 和 $\Delta\rho_{PE}$。在主动楔体和被动楔体之间存在着一个有破坏性扰动的位置(如图2-22所示),使锚定阻力受到消弱。破坏性扰动加上地震诱发拉杆力的增量 ΔA_E,能够引起锚具的过早破坏及紧接着发生的绕挡土墙底面的转动。这样,在阈值水平以上的加速度的每一次来临(Excursion),锚具都向外倾斜,引发挡土墙顶部向外运动,伴随发生锚具后方地面的沉降和张性裂缝。

地层加速度和 $\Delta\rho_{AE}$、$\Delta\rho_{PE}$ 之间的关系由公式(2-25)和公式(2-30)描述。为了方便,公式(2-25)在这里重写一遍:

$$\rho_{AE}=\varphi_w-\theta+\tan^{-1}\left[\frac{\sqrt{\tan(\varphi_w-\theta-i)[\tan(\varphi_w-\theta-i)+\cot(\varphi_w-\theta-\beta)][1+\tan(\delta_w+\beta+\theta)\cot(\varphi_w-\theta-\beta)]}-\tan(\varphi_w-\theta-i)}{1+\tan(\delta_w+\beta+\theta)[\tan(\varphi_w-\theta-i)+\cot(\varphi_w-\theta-\beta)]}\right]$$

$$\rho_{PE}=-\varphi_w-\theta+\tan^{-1}\left[\frac{\sqrt{\tan(\varphi_w-\theta+i)[\tan(\varphi_w-\theta+i)+\cot(\varphi_w-\theta+\beta)][1+\tan(\delta_w+\beta+\theta)\cot(\varphi_w-\theta+\beta)]}-\tan(\varphi_w-\theta+i)}{1+\tan(\delta_w-\beta+\theta)[\tan(\varphi_w-\theta+i)+\cot(\varphi_w-\theta+\beta)]}\right]$$

(2-30)[1]

[1] 原文公式有印刷错误,公式已改正。

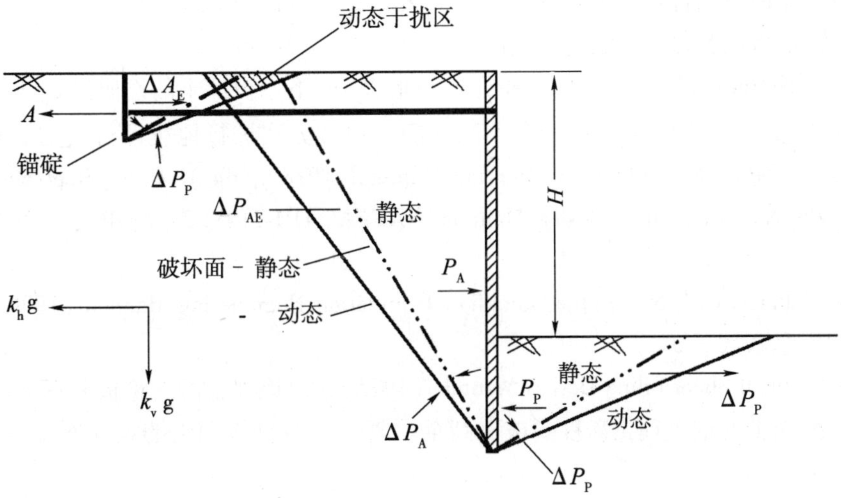

图 2-22　锚定墙的地震效应

1)墙趾被动破坏——绕墙顶的转动

作用在挡土墙上应力的合力如图 2-21 所示。在这个图中,ΔP_{AE}、ΔP_{PE}是待加入到或从静态值中待减除的动态效应。

$$\Delta P_{AE} = P_{AE} - P_{AS} \tag{2-31}$$

$$\Delta P_{PE} = P_{PE} - P_{PS} \tag{2-32}$$

式中:P_{AE},P_{PE}可按 2.4.2.1(a)(b)节的描述来确定。

侧向压力的静力值可以使用 $k_h = k_v = 0$ 来得到。对钢板桩来说,界面墙摩擦 $\delta_w = 0$ 是一个合理值(Neelakantan et al. 1992)。假定墙/土界面摩擦角 δ_w 为 0 是偏于安全的,因为与 $\delta_w \neq 0$ 计算出的值相比较,主动土压力相对较高,被动土压力相对较低。

假定侧向土压力的动态增量按图 2-21 所示的那种方式施加。从锚固点产生的力矩可得到推动力矩是:

$$M_D = P_{AS}\left(\frac{2}{3}H_A - A_h\right) + \Delta P_{AE}\left(\frac{H}{2} - A_h\right) \tag{2-33}$$

以及抵抗力矩能力由下式给出:

$$M_R = (P_{PS} - \Delta P_{PE})\left(H_A - \frac{D}{3} - A_h\right) \tag{2-34}$$

因此,绕顶部转动破坏的安全系数是 M_R/M_D,临界阈值加速度$(k_h)_{RT}$可从条件 $F_S = 1.0$(当 $M_D = M_R$)计算出来。

2)锚具破坏——基底旋转

通过对水平方向力求和可算得锚固力。因此,包括静力加地震诱发内力的锚固力是:

$$A_D = \frac{1}{2}\gamma[(H + D)^2 K_{AE} - D^2 K_{PE}] \tag{2-35}$$

在锚具前的主动破坏楔体和被动破坏楔体之间没有破坏性扰动时,锚定板能够提供的阻力是:

$$A_R = \frac{1}{2}\gamma h^2 (K_{PE} - K_{AE}) \tag{2-36}$$

因此,抗锚固破坏诱发绕墙底面转动的安全系数是 A_R/A_D。临界加速度$(k_h)_{ANC}$,可从条件 $F_S = 1.0$(当 $A_D = A_R$)计算出来。

对任何一个已知的设计,破坏性扰动(进一步降低锚固阻力)能从描述不同加速度水平下的主、被动滑动面角度的公式(2-25)和公式(2-30)中计算出来。建议扰动可能性应从包括主、被动滑动面的挡土墙体系、按比例绘制的草图中计算。

例 2-1 说明了如何使用锚定墙地震评估方法。表 2-1 是例 2-1 结果的总结。

[**例 2-1**] 锚定墙地震评价方法的应用。

要评价的是一座 6m 高的挡土墙,用背拉杆连在地表 1m 下。设计土的性质是 $\varphi_w=30°$,$\delta_w=0$,回填和地基土的单位重量 $\gamma=20kN/m^3$。用三个不同的静力设计方法进行地震评价,包括 BS Code of Practice(1951)和 the Canadian Foundation Engineering Mannual(1978), the U. S. S. Steel Sheet Piling Design Mannual(1975),the Naval Facilities Design Mannual NAVFAC DM-7(1982) 的建议。这三个静力设计方法的建议叙述如下:

1. BS Code of Practice(1951)和 the Canadian Foundation Engineering Mannual(1978)建议被动土压力系数应当使用安全系数 2.0。

2. the U. S. S. Steel Sheet Piling Design Mannual(1975)建议掩埋土的理论极限深度的计算不应包括任何安全系数。掩埋土的这个理论深度要被提高至少 20% 以得到掩埋土的设计厚度[类似于 AASHTO (2002)]。

3. the Naval Facilities Design Mannual NAVFAC DM-7(1982)建议被动土压力系数应当使用安全系数 2.0。然后,使用这个安全系数计算的掩埋土的理论深度再提高 20%,得到掩埋土的设计深度。

使用每一种建议在静力情况下计算的掩埋土深度比 D/H 和锚固力 A_D 表示在表 2-1 的(2)、(3)列。引发绕锚固位置转动的加速度 $(k_h)_{RT}$ 由公式(2-33)和公式(2-34)求得。锚固破坏加速度 $(k_h)_{ANC}$,由公式(2-35)和公式(2-36)求得。使用在公式(2-36)中的锚定板高度 h,是满足静力设计的。

在所有被检查的情况中,锚定破坏所需要的加速度 $(k_h)_{ANC}$ 小于绕锚固位置转动破坏所需的加速度 $(k_h)_{RT}$。所以,锚具先破坏与 2.3.2 节中的观察是一致的。对这些静力设计方法的任何一个来说,体系的地震效率可通过提高公式(2-36)的锚固阻力 AR 而得到提高。例如,已知比例 D/H,锚具的改造设计可在公式(2-35)中让 $k_h=(k_h)_{RT}$ 来确定。这样得到的设计锚固力 A_D(改造)$=A_R$(改造)放在表 2-1 的第 6 列。这些力比用通常的静力法得到的要大很多。因此,对同样的 D/H 比例,我们可以通过改造锚具使之承担剩余的锚固力来提高锚定挡土墙的地震稳定性。改造的锚具必须有一段距离 L(如图 2-21 所示),但以 P_{AE} 和 P_{PE} 代替 P_{AS} 和 P_{PS} 以避免在改造设计值 $(k_h)_{RT}$ 的任何破坏性扰动。

锚定挡土墙地震评估应用结果 表 2-1

静态设计的建议 (1)	D/H (2)	$A_D=A_R$ 静力 (kN/m) (3)	从公式(2-33)和公式(2-34)计算的 $(k_h)_{RT}$ (4)	从公式(2-35)和公式(2-36)计算的 $(k_h)_{ANC}$ (5)	$A_D=A_R$ 改造 (kN/m) (6)
1	0.48	59	0.34	0.23	170
2	0.35	48	0.15	0.07	87
3	0.58	59	0.43	0.30	221

2.4.5 MSE 挡土墙

本章所述的 MSE 挡土墙地震评价适用于 12m 高以下的挡土墙。一般地,MSE 挡土墙地震评价不但要考虑外部而且要考虑内部抵抗地震荷载。在图 2-23 中画出的可能的破坏模式包括滑动、承载力、破裂破坏和拔出破坏。另外,边坡或一般破坏应按第 3 章描述进行评价。

为了响应外部加载,墙的加强填筑作为黏性体对待(图 2-24)。如此一来,MSE 挡土墙的外部稳定性分析使用的方法类似于 2.4.2 节详细描述的重力式挡土墙的方法。它包括考虑滑动、倾覆、承载力和整体破坏模式。墙的加强填筑上的荷载包括来自未加强的回填土的侧向土压力,由于地震激励引起的惯性加载和来自任何外加过载的力。

挡土墙的加强填筑表现为黏性体这样的假定则是先假设它是内部稳定的。内部稳定性要求筋材不发生破裂、拔出破坏，或在与墙面的连接处发生破坏。一个重要的事情是破坏面在挡土墙加强填筑内的位置，因为它影响抵抗拔出所需的长度（图 2-25）。

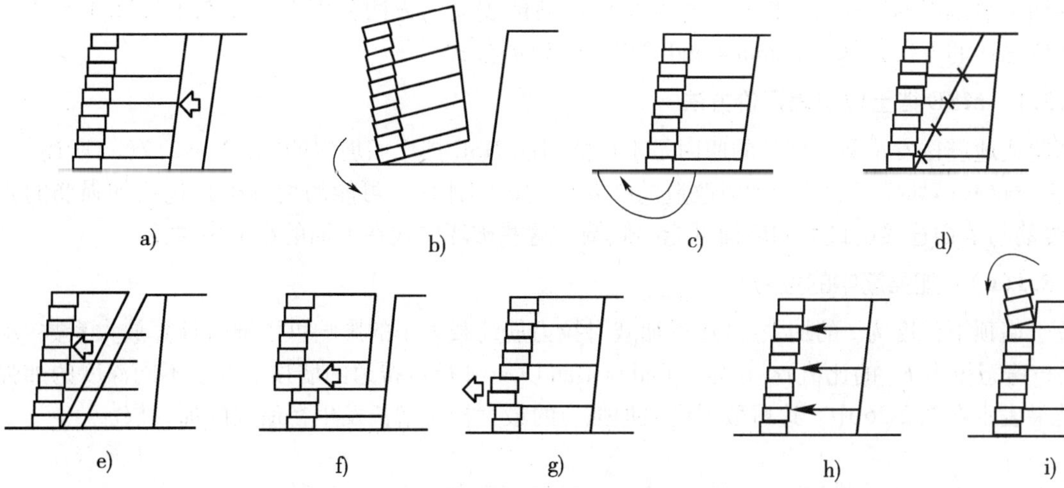

图 2-23　MSE 挡土墙的破坏模式

a）基底滑动；b）倾覆；c）承载能力（过度沉降）；d）张拉过压；e）拉出；f）内部滑动；g）剪切破坏（鼓胀）；h）连接破坏；i）局部倾覆（倾倒）

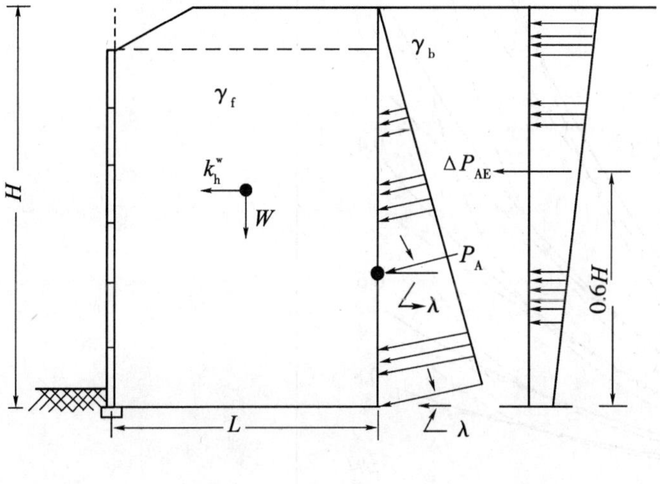

图 2-24　外部稳定性分析中作用在 MSE 挡土墙上的力

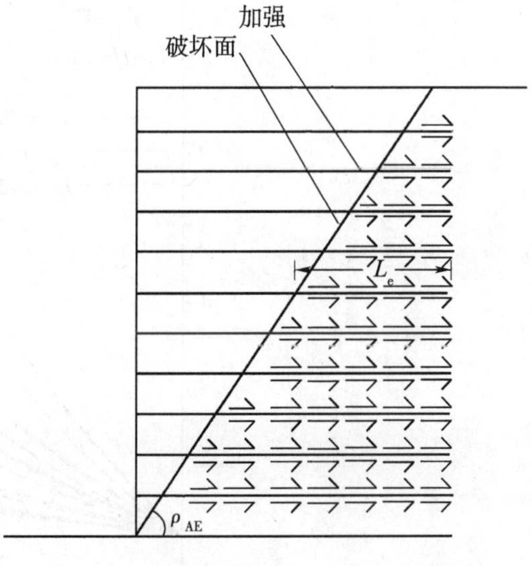

图 2-25　挡土墙加强填土内的假定破裂面

内部地震稳定性分析检查被提高的筋材拉力（挡土墙上部加强单元所承担的总侧向力百分数的增量）和加强层需要增加的长度。

地震侧向土压力按 2.4.2.1（a）所述的 Mononode-Okabe 分析法使用公式（2-1）~公式（2-3）计算。使用峰值摩擦角来代表土体的剪切强度。包括在分析中的还有水平加速度、墙背的倾角和墙面与加强填土（可以使用估计值 $\delta_w = 2/3\varphi_w$）之间的界面、加强填土和回填之间的界面摩擦力（可以使用估算值 $\delta = 0$）。

挡土墙内形成的最大加速度基于由 Segrestin and Bastick（1988）提出的经验公式估算：

$$k_h = (1.45 - k_0)k_0 \geq k_0 \tag{2-37}$$

式中：k_0——代表局部土体条件的峰值地层加速度；

k_h——在挡土墙形心处的挡土墙最大加速度系数。

这个公式用于考虑挡土墙的动力影响。按照 Segrestin and Bastick 的研究，低地层加速度在挡土墙内被显著放大。最大挡土墙加速度不仅施加在加强土体内而且施加在挡土墙墙面内。然而，作用到挡

土墙体系的 k_h 值,包括墙面、加强土和被挡土体,不应该超过滑动时的阈值加速度。对 MSE 挡土墙,滑动阈值加速度 k_h^s 一般小于 $0.4g$。

考虑挡土墙倒塌的潜在可能性和附近结构使用功能丧失的方法分别在 2.4.5.1 和 2.4.5.2 节讨论。本文所描述的方法是基于 Bathurst and Cai (1995)的公式。

2.4.5.1 MSE 挡土墙坍塌评价方法

因倾覆或地震诱发承载力降低的原因是不可能引起 MSE 挡土墙坍塌的[如 2.4.2.2(a)所述]。因此,不必再对这些破坏模式做关于地震改造的必要性的详细评价。可能的坍塌模式包括加强筋的张拉破坏、加强筋与墙面连接的破坏和墙面可能的倾倒。这些破坏模式在下面的小节中讨论。

2.4.5.1(a) 加强筋中的拉力

对位于墙顶下深度为 z 的加强层,地震加载对拉力筋荷载大小的影响可以通过计算放大系数(动态拉力 F_{dyn} 与静态拉力 F_{sta} 的比值)r_F 确定。Bathurst and Cai(1995)报道的墙顶下五层不同深度的加强层的计算结果表示在图 2-26 中。这些数据说明加强力的最大相对增长发生在最浅的那一层。

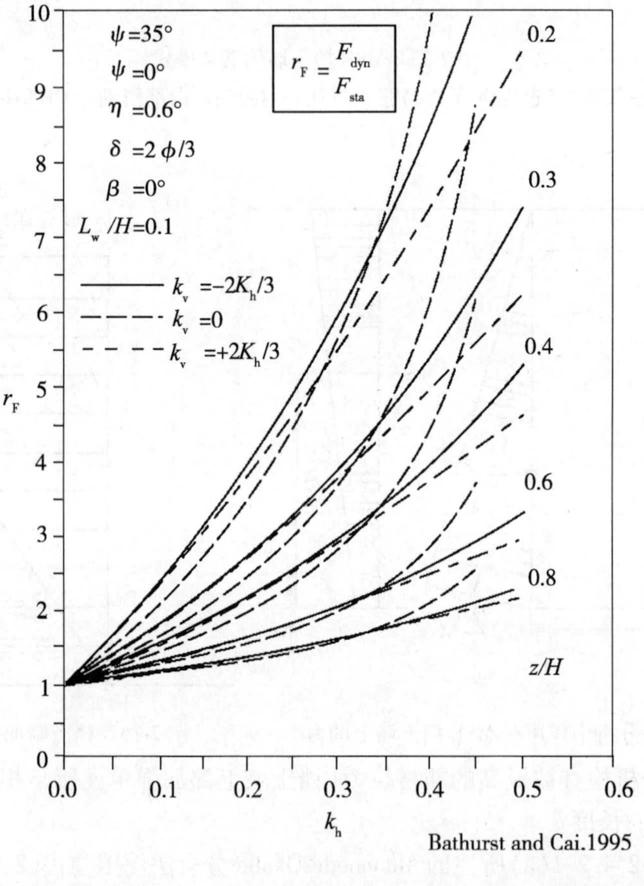

图 2-26 地震系数(k_h、k_v)、墙顶下正则化深度(z/H)对动力放大系数(r_F)的影响

作为图 2-26 的替代,可以按图 2-27 所示计算加强的拉力,它使用贡献区方法和类似于图 2-14 的 Mononobe-Okabe 侧向土压力分布,这样,侧向推力的动力增量作用在距基底面 $0.6H$ 处、静力分量作用在 $0.33H$ 处。墙面上的惯性力也必须要在分析中考虑。根据这种方法,考虑地震加载计算加强中的拉力公式是:

$$F_{dyn} = \left[0.8\Delta K_{dyn}\cos(\delta-\psi) + (K_A - 0.6\Delta K_{dyn})\cos(\delta-\psi)\frac{z}{H} + k_h\frac{L_w}{H}\right]\gamma H s_v \qquad (2\text{-}38)$$

式中:F_{dyn}——深度 z 处加强的拉力;

ΔK_{dyn}——$K_{AE}-K_A$；

K_A——静态侧压力系数，即 $k_h=0$ 时；

δ——墙/墙填土间的界面摩擦角；

ψ——挡土墙倾角（$-\psi=\beta$，见图 2-11）；

L_w——挡土墙面的宽度；

γ——挡土墙填土的单位重量；

H——挡土墙填土的高度；

s_v——深度 z 处加强筋的间距。

如果在地震加载条件下 F_{dyn} 大于加强筋的允许拉力，按照 2.5 节所述的地震改造设计是必须的。

高分子聚合物加强的地震设计：HDPE（高密度聚乙烯）的应力应变响应表现出黏弹性，与荷载率相关。在地震加载范围内对应于有速率的动荷载的抗拉强度比长期重力荷载的允许抗拉强度大。使用者应参考制造商提供的有关高分子聚合物加强的率相关抗拉强度的资料，或者使用合理的加载速率进行拉力试验。目前，对评价高分子聚合物加强的率相关抗拉强度尚没有试验标准。

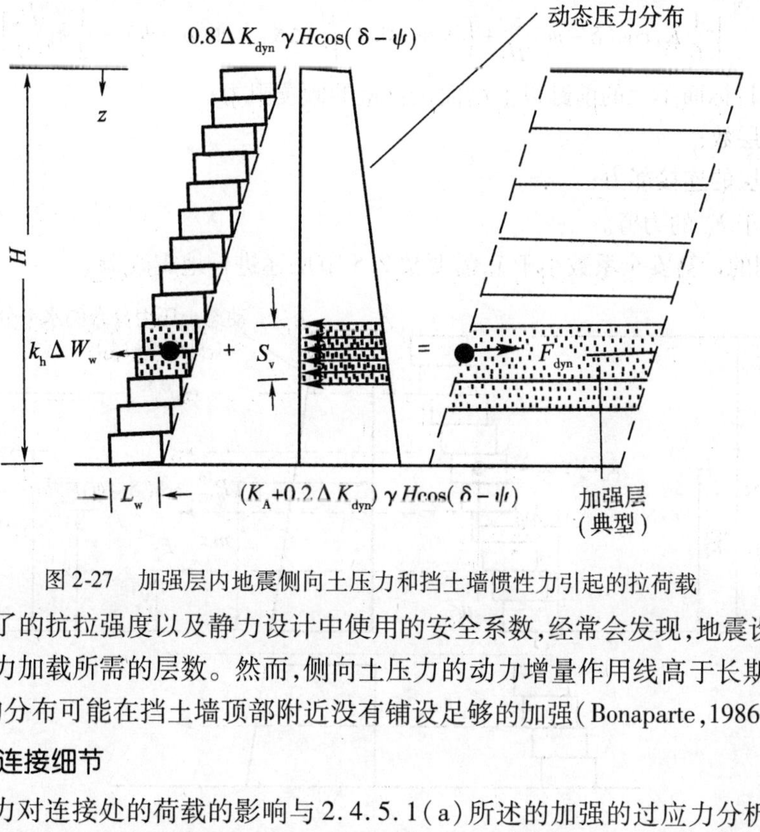

图 2-27　加强层内地震侧向土压力和挡土墙惯性力引起的拉荷载

考虑到被提高了的抗拉强度以及静力设计中使用的安全系数，经常会发现，地震设计所需要的加强层数不超过长期重力加载所需的层数。然而，侧向土压力的动力增量作用线高于长期重力加载的作用线，这种静力设计的分布可能在挡土墙顶部附近没有铺设足够的加强（Bonaparte，1986）。

2.4.5.1(b)　连接细节

被提高的动态力对连接处的荷载的影响与 2.4.5.1(a) 所述的加强的过应力分析是一样的。根据 AASHTO(2002)，墙面处的拉力被认为是加强中计算的最大拉力的 80% ~100% 之间。与静态加载比较，加强中更大的拉力是被允许的，因为，不必要为蠕变效应应用折减系数。连接处的安全系数被计算成连接处的强度与墙面拉力的比值。

如果使用砌筑混凝土单元作墙面，连接强度可以用库仑型破坏规律用最大的折减（Cut-off）荷载来模拟。对地震加载，剪切强度的摩擦分量被降低到计算静力剪切强度时（Elias and Christopher, 1997）所用数值的 80%。连接的峰值承受能力可能对加载速率很敏感，但需要进一步的研究来弄清这个关系。

如果连接处的安全系数小于 1，地震改造设计需要按 2.5 节所述进行。

2.4.5.1(c)　砌块式加筋挡土墙和墙面倾倒的地震分析

Bathurst and Cai（1995）提出了一个适用于砌块式挡土墙（SRW）的地震分析方法。砌块式挡土墙使用砌筑混凝土单元与可伸缩高分子聚合物材料(土工合成材料)板一起作为墙面体系,后者在内部加强被挡土体并锚固墙面。一般,挡土墙从竖直方向向被挡土体的倾角是3°~15°。

所提的分析是一个伪静态分析,用它计算出各种破坏模式的安全系数。内部和外部稳定性分析必须考虑与其他类型的MSE挡土墙同样的破坏模式。SRW独有的、专注于内部滑动和墙面稳定性问题的破坏模式(图2-23)包括:

- 沿着一加强层发生内部滑动,因而潜在破坏面在穿过模块之间的界面后在墙面处出露;
- 墙面模块鼓胀;
- 墙面倾倒。

为了评价坍塌所致的地震改造的必要性的目的,除了2.4.5.1(a)和(b)节中讨论的破坏模式外,只有墙面倾倒需要考虑。

墙面倾倒:倾覆阻力来自于砌筑混凝土柱的自重和来自目标面单元的前趾以上加强层的连接能力的阻力,如图2-28所示。关于倾倒的安全系数可计算为:

$$F_{\mathrm{S}}^{\mathrm{O.T.}}=\frac{M_{\mathrm{R}}(1\pm k_{\mathrm{v}})+\sum_{i+1}^{N}F_{\mathrm{c}}^{\mathrm{i}}y_{\mathrm{c}}^{\mathrm{i}}}{\left[\frac{1}{6}K_{\mathrm{A}}\cos(\delta-\psi)\frac{z}{H}+\left(0.4-0.1\frac{z}{H}\right)\Delta K_{\mathrm{dyn}}\cos(\delta-\psi)+\frac{1}{2}k_{\mathrm{h}}\frac{L_{\mathrm{w}}}{H}\right]\gamma Hz^{2}} \tag{2-39}$$

式中:M_{R}——来自目标面单元的前趾以上墙面柱自重的倾覆阻力;

N——加强层数;

$F_{\mathrm{c}}^{\mathrm{i}}$——加强层的连接能力;

$y_{\mathrm{c}}^{\mathrm{i}}$——对应于$F_{\mathrm{c}}^{\mathrm{i}}$的力臂。

如果关于倾倒的计算安全系数小于1,需要按2.5节所述进行地震改造。

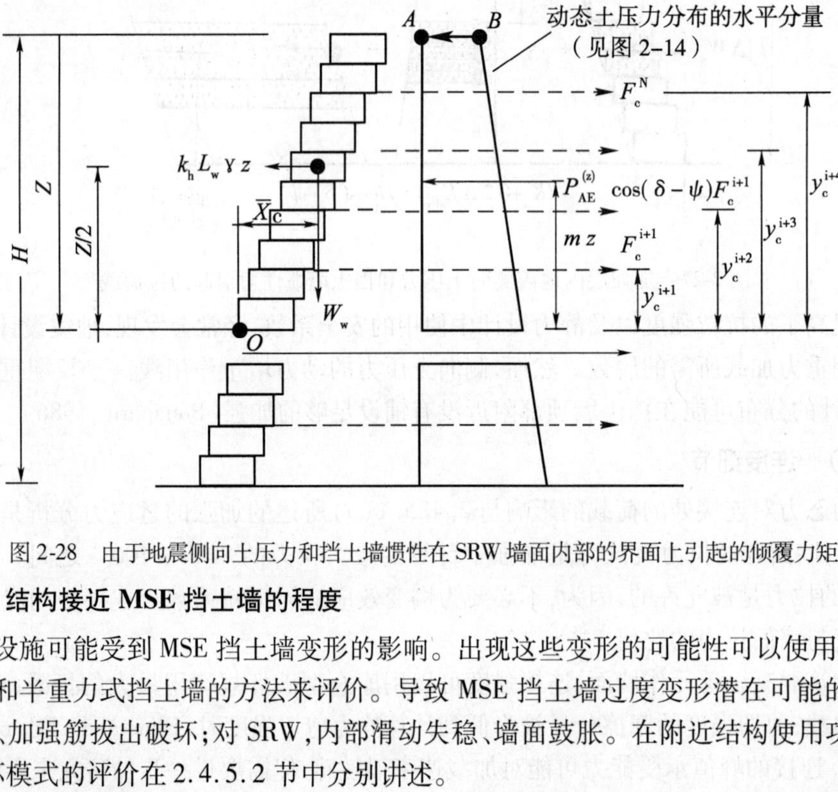

图2-28 由于地震侧向土压力和挡土墙惯性在SRW墙面内部的界面上引起的倾覆力矩

2.4.5.2 结构接近MSE挡土墙的程度

附近基础设施可能受到MSE挡土墙变形的影响。出现这些变形的可能性可以使用类似于2.4.2.4节所述的重力和半重力式挡土墙的方法来评价。导致MSE挡土墙过度变形潜在可能的破坏机制包括外部滑动破坏、加强筋拔出破坏;对SRW,内部滑动失稳、墙面鼓胀。在附近结构使用功能丧失的条件下,对这些破坏模式的评价在2.4.5.2节中分别讲述。

2.4.5.2(a) 外部滑动稳定性

使用2.4.2.4(a)节叙述的方法对MSE挡土墙关于滑动破坏详细评价的必要性进行筛选。该结构被看作具有与被加强填土相同尺寸的重力式挡土墙。与普通的重力式挡土墙相比较,MSE挡土墙关于滑动模式破坏的静力安全系数相对较大。这是因为 MSE 挡土墙加筋的长度经常被“拔出”要求所控制,而不是被滑动稳定性所控制。对很多的 MSE 挡土墙,考虑滑动模式的外部稳定性的静力安全系数在 4 以上。图 2-15 说明,这种条件下的阈值加速度系数大于 0.3。

如果筛选方法表明变形是一个潜在的问题,则必须进行更详细的评价。该变形分析考虑挡土墙填土底面的滑动破坏。这个方法考虑来自水平施加的加速度,包括未加强回填施加的被提高了的侧向推力和作用在加强挡土墙填土的惯性力(如图 2-24 所示)。

外部滑动分析与 2.4.2.4 节所述的相同。这个分析是为与加强填土有同样尺寸的黏性土重力结构而做的(如图 2-24 所示)。这个方法只考虑了滑动破坏,因此 2.4.2.4(b)节所述方法的第 6 ~ 8 步是不必要的,迭代执行到得到滑动阈值加速度(k_h^s)为止。

2.4.5.2(b)　拔出破坏

在计算加强筋所需锚固长度时,考虑了外加水平和竖直加速度对公式(2-25)所描述的被加强土体内潜在破坏面的倾角的影响。拔出破坏可以导致不可接受的变形和对附近基础设施的破坏。

来自加强筋在潜在破裂面以外的那一部分的抗拔阻力的计算公式是:

$$T_R = 2L_e \mu \gamma z(1 - k_v)b \tag{2-40}$$

式中:L_e——加强筋在由 ρ_{AE} 定义的破裂区之外的长度;

b——加强筋的宽度;

μ——加强筋与挡土墙填土之间的摩擦系数。

对板式加强,使用 $b = 1$,T_R 是每单位长度的力。μ 值应当是静态荷载试验确定值的 80%。Bathurst and Cai(1995)的研究表明地震加载所需的加强锚固力对加速度的竖直分量 k_v 敏感。抗拔阻力与用公式(2-38)计算的加强筋的拉力相当。如果抗拔阻力小于加强筋的计算拉力,则需要按 2.5 节所述进行地震改造设计。

2.4.5.2(c)　内部滑动稳定性(SRW 和 MCU 挡土墙)

内部滑动稳定性分析(图 2-23)类似于 2.4.5.2(a)节所述的外部稳定性分析。在内部滑动稳定分析中有内聚力的重力体的尺寸由加强挡土墙填土的宽度和加强层(待研究此层的滑动可能性)以上挡土墙填土高度来描述。对滑动阻力作出贡献的有来自墙面模块之间的互锁抗剪强度和沿加强长度方向的界面剪切阻力。模块间的剪切阻力也可以用库仑型破坏规律来描述。模块间的抗剪强度按照 NCMA Test Method SRWU-2(NCMA,1996)确定。沿着加强的剪切阻力经常小于穿透土层的破坏面上的剪切阻力。建议使用者按照 ASTM D5321 描述的实验室直剪试验评价加强/土体界面的抗剪强度。

使用 2.4.2.4(b)节描述的方法,为了考虑墙面处模块剪切阻力,修改公式(2-20)如下:

$$F_S^{slide} = \frac{N\tan\delta_f + V_u}{F} \tag{2-41}$$

式中:V_u——模块之间界面的抗剪强度。

墙面处的剪切阻力与上述墙面柱的重量(W_w)有关。由于倾角大,因墙面柱体单元靠近被加强土体,W_w 的大小可能小于界面标高以上单独一个墙面单元的重量。Bathurst and Cai(1995)所作的研究表明地震加载下界面剪切破坏的可能性随着与墙顶的剪切界面的接近程度而增加。然而,竖直加速度对计算动态安全系数的影响随着界面的高度而降低。

这个方法仅考虑了一种滑动破坏模式,因此,2.4.2.4(b)节所述的方法中的第 6 ~ 8 步是不必要的,迭代执行到得到滑动阈值加速度(k_h^s)为止。沿挡土墙高度的每一加固界面应用该方法。这样确定的 k_h^s 的最小值控制着这个分析。如果 k_h^s 的最小值大于 k_h,这种破坏模式并不令人担忧。如果 k_h^s 的最小值小于 k_h,就要按 2.4.2.4(c)节的描述进行变形分析。把这些变形与变形的可接受水平比较以决定是否需要地震改造。

2.4.5.2(d)　鼓胀剪切破坏

鼓胀是由墙面处模块之间的界面发生剪切破坏引起的。墙面被当作剪切梁,如图 2-29 所示,图中总体侧向土压力(与图 2-24 所示的类似)必须等于加强层的力的总和。分析中包括了挡土墙惯性效应。位于墙面单元"j"之上的加强层所承担的力的总和,按侧向土压力分布的 $ABCD$ 的面积,外加同样高度上墙面柱的惯性力。在墙面单元"j"底部通过剪力承担的未平衡剩余力很简单,就是柱的惯性力增量 $k_h\Delta W_w^j$,外加图中由 $CDEF$ 引起的力。局部最大界面剪力将发生在加强的高程上:

$$S_{dyn} = \left[0.8\Delta K_{ydn}\cos(\delta-\psi) + (K_A - 0.6\Delta K_{dyn})\cos(\delta-\psi)\left(\frac{z}{H} - \frac{s_v}{4H}\right) + k_h\frac{L_w}{H}\right]\frac{\gamma H s_v}{2} \quad (2\text{-}42)$$

式中:S_{dyn}——深度 z 处的界面剪切应力。

在每一层加强上比较界面抗剪强度与模块间界面抗剪强度 V_u。如果 S_{dyn} 大于 V_u,则需要按 2.5 节的描述进行地震改造设计。

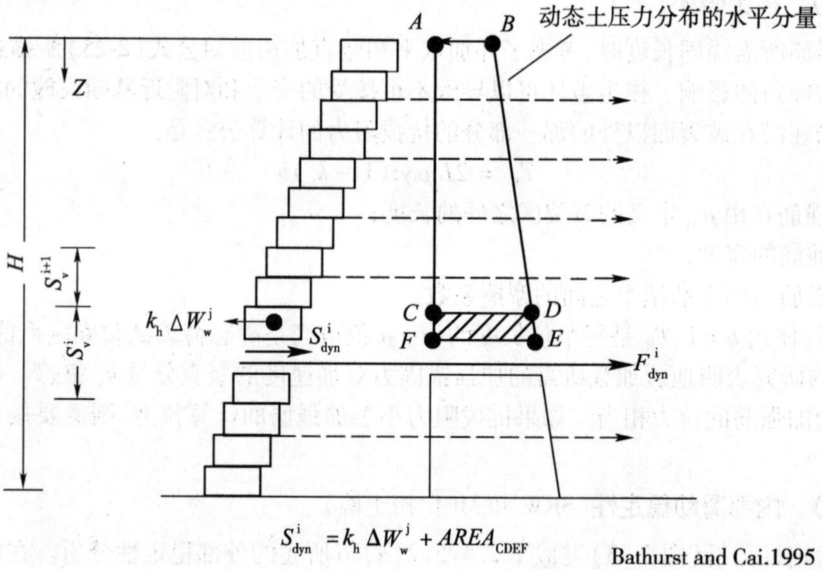

图 2-29　由于地震侧压力和挡土墙惯性力引起的 SRW 挡土墙面内界面上的剪力

2.5　挡土结构地震改造设计

理解了 2.4 节介绍的基本概念,工程师就能评价加强挡土墙、减少地震脆弱性的各种备选方法。事实上,从 2.4 节描述的评价方法中得到的结果指明了合适的改造策略,因为不仅计算阈值加速度,而且还评价了临界破坏模式。

一般地,改造工作可以包括下面一个以上的措施:

- 背拉(注浆、螺旋或膨胀锚定);
- 增加基础宽度;
- 加强混凝土墙身;
- 掩埋墙趾增加被动约束;
- 微桩;
- 底部土体加固;
- 土壤改良。

以上措施是按它们总有效性的大概次序排列的。例如,在几乎每一种情况下,背拉对所有类型的挡土墙都是有用的;而添加外加剂或注浆的土壤改良更昂贵、耗时。

液化脆弱性改造不在手册的这一部分讨论。在挡土墙(特别是用作河工结构的背拉板式挡土墙)易受液化的影响,本手册第一部分第 11 章介绍的特殊维修措施可能是必须的。

2.5.1　重力和半重力式挡土墙

根据 2.4.2 节描述的评价方法，可确定出对应于每种破坏模式的临界或阈值加速度和对地震变形做出估算。与最低阈值加速度一起出现的变形模式先出现，虽然对严重的地震，随着在较高的加速度水平上激发非临界破坏模式，可能出现混合型变形。图 2-30 表示了三种破坏模式以及每种破坏模式的相应改造措施。

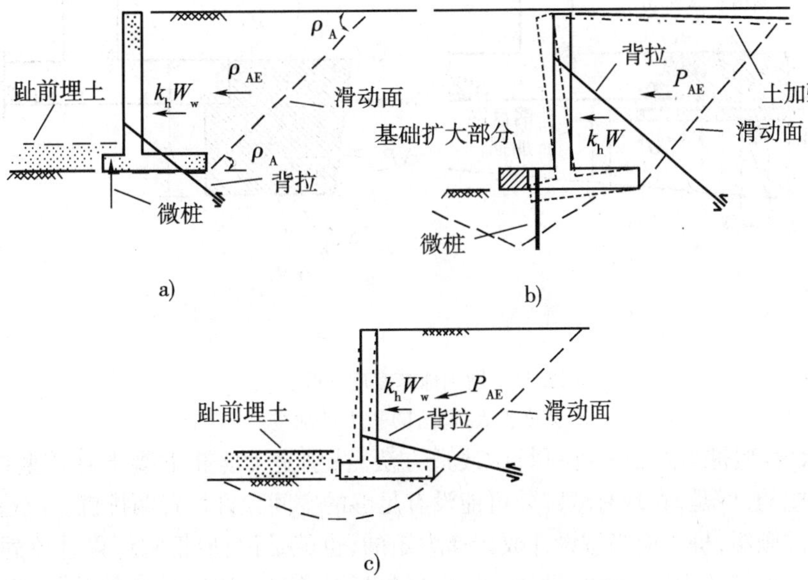

图 2-30　重力和半重力式挡土墙的改造策略

a) 滑动；b) 倾斜；c) 整体稳定

可以看到，背拉是一种通用的改造措施，但它们必须要恰当设置。它们必须长到足以伸出公式(2-25)描述的滑动面以外、有足够的锚固长度以形成设计力 F_A。为了对抗 P_{AE} 和 $k_h W_w$，背拉的间距和尺寸的计算可使 F_A 将水平和力矩平衡的改善达到这个程度：所产生的阈值加速度的增量可将地震位移消除或减小到可接受的水平。使用 2.4.2 节和 2.4.4 节讨论的概念进行的平衡计算可以被用在求取 F_A 和锚定锚固的设计值。注意，平衡方程中必须包括重力式挡土墙的惯性力，力矩平衡方程中可以包含挡土墙底面的剪切阻力。背拉有增加滑动面上法向力的额外的优点，所以不仅抵抗了地震推动力，而且增加了抵抗滑动的抗剪强度。

如未来使用注浆锚，用户可参看 Sabatini et al(1998)的锚具设计细节。锚固荷载对墙的影响也要在设计中给予关注。锚固荷载对墙的影响包括承载应力、冲剪、弯矩和相关的剪应力。

对滑动或绕基底面的转动破坏模式，增加基础宽度也是一极好的改造策略。加宽可能有多种方法，图 2-31a)只表示了很多可行设计中的其中一种。在这个方法中，使用粗钢筋网作抗拉加强，由于其锚固长度相对地短，因而减少了原墙趾必须被掏刷的数量。在考虑这个选择时要当心，不能因它的实施而降低原设计。

增加后的基础宽度增加了挡土墙重量，影响到了滑动阻力；增加了挡土墙重量、墙趾和挡土墙形心的距离，影响到了倾覆稳定性；增加了基础宽度，影响到了地震承载力。阈值加速度的增加和由地震诱发相应的位移减少可以按 2.4.2 节所述来评价。而且，基础的结构完整性也必须要被评价，特别是在弯矩方面可能比原设计的那些弯矩要高。

在挡土墙发生临界滑动之处，通过掩埋增加墙趾处的被动阻力是一种可能的改造策略，但在防止倾斜方面不太有效。这个被动阻力可以直接从公式(2-4)和公式(2-5)中算出。由于过度加载引起的地震承载力的增加由图 2-13 和公式(2-7)给出。

通过深化图 2-31a)的设计,如图 2-31b),墙趾加宽改造可以与附加被动阻力组合。同所有改造策略一样,这要受到场地物理条件、可接近程度和可用材料的约束。这个设计还有更多的优点。第一,基础面的附加被动约束受到扰动的可能性较小。第二,有可能设计出这样一个深度 h,使得附加混凝土块上的合力作用在墙趾厚度 t 的上三分之一以下。这将减少所需钢筋的数量。也要检查基础的结构完整性和墙趾附近竖直集中荷载对设计中考虑的弯矩的影响。

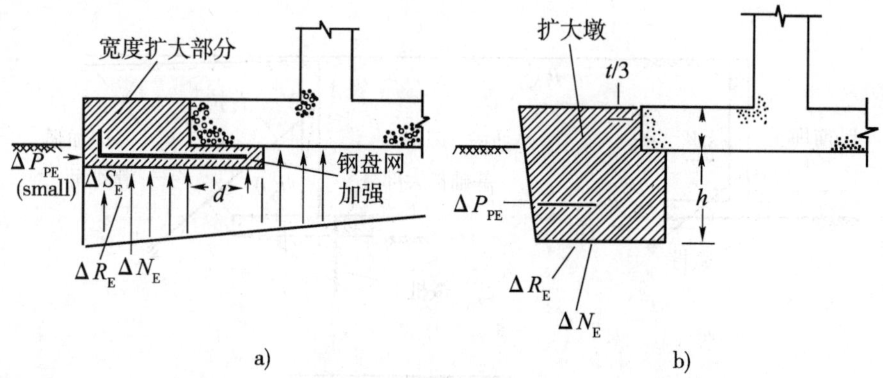

图 2-31　增加地基宽度的改造

a)宽度扩大部分;b)扩大被动墩

如图 2-30 所示,微型桩当然是一种可行的改造方法,特别是为防止混凝土悬臂型挡土墙的倾斜。一排以上的桩是理想的,但是,在现有墙趾处可能没有足够的空间允许设置两排桩。改造设计应当包括检查以桩头为支点的倾覆,桩头应当被设计成传递力矩的,也就是说,应把它们设计成固定桩头。桩将会增加基础前面附近地基的刚性,所以,设计计算应当包括对差异沉降可能性的分析,但使用短桩将把这种影响降到最低。而且,如果使用压力注浆桩,将会使基础下面地基土有某种程度的改善。

地基应当作为扩大基础分析。使用桩单元是要扩大基础的表观深度,使与基础承载力关联的破裂面的位置更深。所需的桩长会比较短,小于 3m。

设计桩必须要承担力矩、侧向荷载和传递基础趾处附近的承载压力的地震增量。必须使它们在趾处的钻深足以深入持力区以下。通过铆钉作用它们也提供某种附加的抗滑阻力。要达到最优效果,应使桩向外倾斜,但一般情况下,不扩大基础,趾处将没有足够的净空。微型桩相对比较昂贵,但快速、简单、比扩大基础更少破坏性。对微型桩设计的细节,读者可参阅 Bruce and Juran(1997)的有关文献。与背拉或压浆锚定相似,荷载传递对基础结构完整性的影响必须在设计中给予关注。

土体加固和土壤改良的其他改造方法一般来说比已经概述的那四个策略的效果较差,造价较高。这样,对它们不再做进一步的讨论。只有在很特殊的情况(没有扩大、加深,或掩埋墙趾的空间,由于某种原因背拉不可行和不能使用微型桩)下,工程师才转而使用它们。

最后,应该注意的是,除了微型桩,这些改造策略可以使用于所有类型的重力式挡土墙。只是为了方便起见,(这里的挡土墙)图形才被画成悬臂墙。

2.5.2　混凝土悬臂挡土墙——挡土墙的结构破坏

对所有的挡土墙形式,由于增加的侧向土压力而引起结构的破坏,在大于 $0.4g$ 的峰值地层加速度的大地震中是可能的。对结构改造设计,侧向土压力的动态增量应当被假定作用在挡土墙底面的 $0.6H$。这样,例如,在悬臂挡土墙中,如果由于地震力而使侧向推力加倍,那么,墙身底面的力矩将不只是加倍的问题。

在悬臂挡土墙墙身上添加力矩阻力有很多方法。使用盖板是一个简单可行的选择。其他的选择包括添加扶壁单元或背拉。重要的事情是,工程师认识到了这种潜在的大地震破坏模式。同周期性滑动引起的变形增量的积累不同,结构坍塌可以是灾难性的。

2.5.3 锚定墙

2.4.4 节中描述的评价方法左右着背拉挡土墙合适的改造策略。如例 2-1 所示的那样，考虑到使用当前静态设计标准，在一次地震中的破坏模式可能会是锚定破坏和绕底面的转动。对当前静态设计，绕锚具的转动可能性较小，因为对应的阈值加速度相对地高。

这样，最好的方法是提高锚具的强度、增加它的掩埋长度，以避免破坏性扰动。这样，从图 2-32 可见，锚具改造应该在：

$$l_E = (H + D)\cot\rho_{AE} + h\cot\rho_{PE} \tag{2-43}$$

并被设计成承担公式(2-35)给出的地震锚固力。这将会提高 D/H 系数大于 0.5 的背拉挡土墙的阈值加速度到 $0.35g$ 以上。即使对很大的地震，改造后阈值加速度大于 $0.35g$ 的挡土墙移动将不会超过 0.1m，除非锚具发生结构性破坏。

如果在墙趾处发生失稳，改造策略可能包括再加安一排背拉。

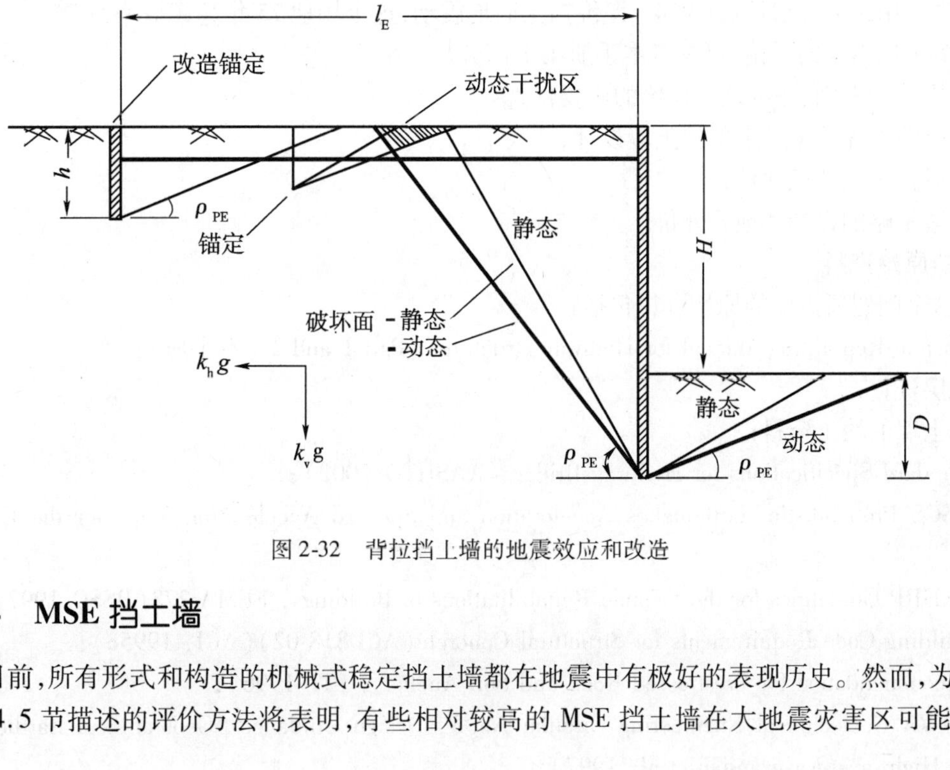

图 2-32　背拉挡土墙的地震效应和改造

2.5.4 MSE 挡土墙

截至目前，所有形式和构造的机械式稳定挡土墙都在地震中有极好的表现历史。然而，为可能进行的改造，2.4.5 节描述的评价方法将表明，有些相对较高的 MSE 挡土墙在大地震灾害区可能需要认真的评价。

如果有过应力被施加到墙顶附近的加强，在墙顶位置附近添加更多的加强是可行的。如果难以接近回填，可以使用能穿透现有挡土墙面的土钉。后加入的土钉可以被认为是只承受力的动态增量，因为传递静态荷载到土钉所需的变形将不一定出现。可以在墙面使用承载板分配土钉荷载。关于土钉的细节，使用者可参考 Byrne et al. (1996b)的有关研究。

如果侧向推力的增加和滑动破坏的可能性是一个问题的话，挡土墙正面可加扶壁或改善回填土以降低推动力。对被挡土体的改良可以包括诸如注浆、替换部分轻型填土或减小回填表面的坡脚之类的地层改良。

在 2.4.5 节中讨论到，MSE 挡土墙的标准静态设计经常导致挡土墙在地震加载时上部钢筋的锚固长度不足。改造选择包括在墙顶已有钢筋上绑筋以增加锚固长度，接头应当被设计成可传递等于钢筋极限抗拉强度的荷载。

按照 Bathurst and Cai(1995)的研究，SRW 挡土墙设计者在保持必须的静态安全系数的同时，一般会使墙顶处未加强墙部分的高度最大。这个策略导致地震加载条件下结构顶部抗倾倒安全系数不可接受地低。必须在靠近墙顶的地方引入具有足够连接能力的加强层,以使这种破坏机制发生的可能性最小。

2.6 挡土墙的筛选、地震评价和地震改造设计

本例问题描述的挡土墙说明和背景资料选自 FHWA Geotechnical Engineering Circular No. 3, Design Guidance: Geotechnical Earthquake Engineering for Highways, Volume II- Design Examples (Kavazanjian et al., 1997)介绍的例3。这个示例仅为示范目的。数据不适用任何特定的地点,但是被用来示范本手册中的概念和公式的应用。

[例 2-2] 挡土墙的筛选、地震评价和地震改造设计。

田纳西孟菲斯附近的一条公路有一座挡土墙,是一座地道桥的一部分。墙高沿地道桥中线从0.5~0.7m 变化。为完成这座挡土墙的筛选、地震评价和地震改造,需要完成下列任务:

已经决定用最大可信地震(MCE)评价挡土墙地震动,这个场地 75 年超越概率是 7%。为改造设计而使用的关于地震动的讨论,可参考本手册第 1 部分。

- 应用筛选准则、评价地震评价的必要性;
- 检查静态加载条件下的挡土墙设计;
- 完成挡土墙地震评价;
- 改造策略的设计和地震评价。

需要的原始资料

解决这个问题所需要的原始资料包括:

- Seismic Retrofitting Manual for Highway structures, Part 1 and 2 (本手册);
- 地层资料;
- 挡土墙的竣工资料;
- Standard Specifications for Highway Bridges(AASHTO,2002);
- USGS Probabilistic Earthquakes Acceleration and Spectral Acceleration Maps for the United States (1996);
- NEHRP Guidelines for the Seismic Rehabilitations of Buildings, FEMA 273(BSSC,1997);
- Building Code Requirements for Structural Concrete(ACI 318-02)(ACI, 1995a);
- Recommendation for Prestressed Rock and Soil Anchors, PTI(1996);
- FHWA Geotechnical Engineering Circular No. 3, Design Guidance: Geotechnical Earthquake Engineering for Highways(Kavazanjian et al. 1997)。

地质和地震环境

该场地位于滨海平原地区海湾滨海地段。该地区被称作密西西比港湾。该地区的地形特征为从缓到陡,间或有该地区河流平躺冲积平原所致的断裂。这些地形特征是由于最上第三纪和第四纪地层和更新世后期期间厚层黄土连续沉积所形成。

在孟菲斯地区密西西比湾内,大约沉积着 915~1200m 的第四纪、第三纪和白垩纪沉积物。该地区地表和地表以下地质单元中未固结粉土、砂、黏土、砾石和褐煤沉积占主导。

挡土墙位于新马德里地震区(NMSZ)内。是 1811~1814 年间三次大地震和几千次余震的震源。NMSZ 的走向为北东方向,从开罗以南的田纳西的孟菲斯附近、北方的伊利诺斯延伸大约 175km。

岩土资料

该场地下伏孟菲斯砂层,主要包含透镜体粗砂或各地层黏土、粉土层。

地表以下资料通过一系列的圆锥贯入试验(CPT)和钻芯得到,钻芯使用旋转清水钻,泥浆钻进到 60m 深度。在钻芯中每隔 1.5m 做一次标准贯入试验(SPT)。从钻芯中取得的 SPT 劈管样本凭肉眼分

类,在几个样本上做了指标特性实验。正则标准化 SPT N 值(以下计数)随深度的分布在下面小节中提供。

在试孔中没有碰到地下水。因此,液化的可能性不是本挡土墙地震脆弱性中的一个因素。

挡土墙资料

挡土墙为钢筋混凝土悬臂墙。下图显示了该墙的几何形状、尺寸和结构细节。

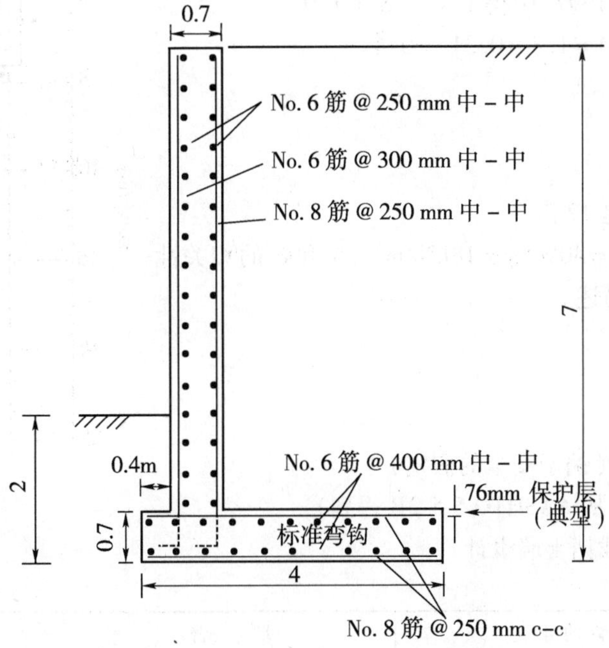

第 1 步:计算场地地震动

- 场地位置:纬度 35.15°,经度 89.6°。
- 最大可信地震:75 年超越概率 7%。
- 根据 USGG(2002),参见网址:http://eqhazmaps.usgs.gov。
- $PGA = 0.31g$(这是场地基岩出露的 PGA,需要考虑场地的影响)。
- 因此,按照筛选指南,需要详细评价,因为 $PGA > 0.3g$。

第 2 步:收集地震评价所需信息

1. 场地条件

- 很深的土层沉积,主要包含透镜体粗砂或各黏土、粉土地层。
- 根据 CPT 数据,深达 90m 的初始剪切模量的变化情况示于图中。

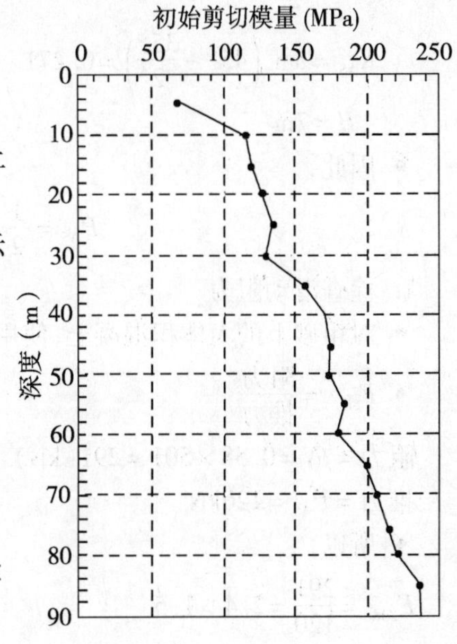

- 从这个图中得出,平均初始剪切模量是 175MPa。
- 单位重力是 18kN/m³,质量密度是 $\rho = 1.83\text{Mg/m}^3$。
- 平均剪切波速:

$$v_s = \sqrt{\frac{G}{\rho}} = \sqrt{\frac{175 \times 10^3\text{kN/m}}{1.83\text{Mg/m}^3}} = 309\text{m/s}$$

- 根据 FEMA 273 (1997),场地级别是 D 级(硬土 $180\text{m/s} < v_s < 365\text{m/s}$ 或 $15 < \overline{N} \leq 50$ 或 $50\text{kPa} \leq S_u < 95\text{kPa}$)。
- 为了确定挡土墙地震评价的 k_h,以相应的场地系数乘以峰值基岩加速度。

- F_a 为场地系数。
- S_s 为地震图上短周期加速度(mapped short-period acceleration)。
- S_s,从 USGS(1996)中在 35.15°纬度、89.6°经度处(http://eqhazmaps.usgs.gov)取 0.60。
- F_a,从 FEMA 273(1997)中得 1.3,$w/S_s=1.0$。
- 因此,$k_h=F_a\times PGA=1.3\times0.31=0.4$。

2. 土的性质

- 地基土

见图中 SPT 数据。

顶部 10m 平均值 $\overline{N}$ 是 12。

对 $N=12,\varphi\approx32°;D_r=40\%;\gamma=18\text{kN/m}^3$。$N$ 和 φ 的相关性见 Peck et al.(1974)的描述。

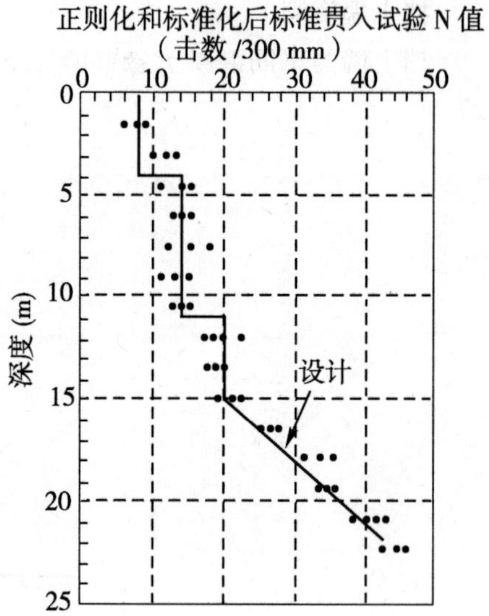

- 挡土墙回填

$\varphi=35°$

$\gamma=18\text{kN/m}^3$

挡土墙摩擦角 $\delta_w=0°$(偏于安全的假定)

基底摩擦角 $\delta_b=30°$(从 AASHTO 5-5-2B 得到)

第 3 步:检查静态加载挡土墙设计

	墙的重力	墙 臂	关于墙趾的力矩
墙身	0.7×6.3×23.5=104(kN/m)	0.7/2+0.4=0.75(m)	104×0.75=78kN·m/m
基础	0.7×4×23.5=65.8(kN/m)	4/2=2(m)	65.8×2=132kN/m
土体	6.3×2.9×18.1=331(kN/m)	2.9/2+1.1=2.6(m)	331×2.6=861kN·m/m
	501kN/m		1071kN·m/m

计算静态加载极限状态

- $P_{AS}=\frac{1}{2}K_{AS}\gamma_S H^2$

  $K_{AS}=\tan^2\left(45°-\frac{35°}{2}\right)=0.271$

  $H=7\text{m}$

- 因此,

$$P_{AS}=\frac{1}{2}\times0.271\times18.1\times7^2=120(\text{kN/m})$$

1. 检查滑动阻力

- 对粗砂上的大体积混凝土,使用 $f=\tan30°=0.58$(见 AASHTO 表 5-5-2-B)
- $F_{slide}=\frac{阻力}{推力}$

阻力 $=fN=0.58\times501=291(\text{kN})$

推力 $=P_{AS}=120\text{kN}$

- 所以,

$F_{slide}=\frac{291}{120}=2.4>1.5$

符合要求。

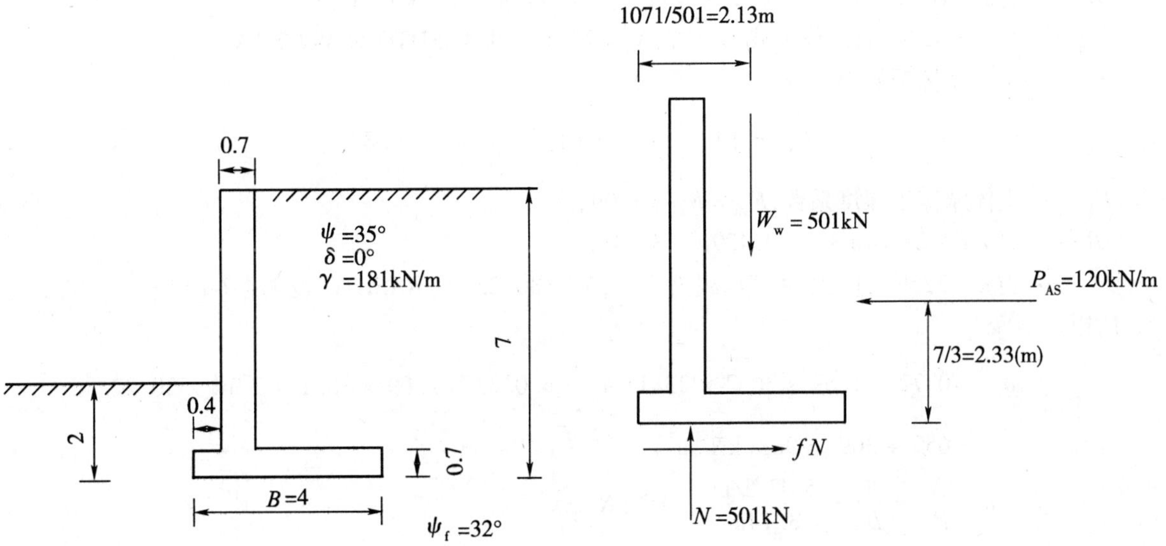

2. 检查倾覆

- $M_{\text{Driving}} = P_{\text{AS}}h = 120\text{kN} \times 2.33\text{m} = 280\text{kN} \cdot \text{m}$
- $M_{\text{Resistance}} = W_{\text{w}}\bar{x} = 501\text{kN} \times 2.13\text{m} = 1\ 067\text{kN} \cdot \text{m}$
- $M_{\text{Foverturn}} = \dfrac{1\ 067}{280} = 3.8 > 2.0$

符合要求。

3. 检查结果偏心距

- $e = \dfrac{B}{2} - \dfrac{M_{\text{Resistance}} - M_{\text{Driving}}}{F_{\text{v}}}$

  $F_{\text{v}} = W_{\text{w}}$

  $B = 4\text{m}$
- 所以，

$$e = \frac{4}{2} - \frac{1\ 067 - 280}{501} = 0.429(\text{m})$$

$$\frac{B}{6} = \frac{4}{6} = 0.67 > e$$

符合要求。

4. 检查承载能力

- 承载力公式由 Meyhoff(1953)推出($c = 0$,形状系数 = 1)。
- 对深度倾斜系数，见 Meyhoff(1953)或 ASCE(1994)
- $q_{\text{ult}} = F_{\text{qi}}F_{\text{qd}}(\gamma \cdot D)N_{\text{q}} + \dfrac{1}{2}F_{\gamma\text{i}}F_{\gamma\text{d}}\gamma B'N_{\gamma}$

式中：F_{qi}——过载项倾斜系数，

$$F_{\text{qi}} = \left(1 - \frac{\alpha}{90}\right)^2$$

$$\alpha = \tan^{-1}\left(\frac{120}{501}\right) = 13.5°$$

- $F_{\text{qi}} = \left(1 - \dfrac{13.5}{90}\right)^2 = 0.72$

F_{qd}——过载项深度系数，$F_{\text{qd}} = 1 + 0.1\ \sqrt{K_{\text{p}}}\dfrac{\text{D}}{\text{B}} = 1 + 0.1\tan\left(45 + \dfrac{32}{2}\right)\dfrac{2}{4} = 1.09$；

γD——过载 $\gamma D = 2 \times 18.1 = 36.2(\mathrm{kN/m^2})(D = 2\mathrm{m}, \gamma = 18.1\mathrm{kN/m^3})$;

N_q——当 $\varphi = 32°$ 时的过载承载力系数,$N_q = 23.18$(见 AASHTO 表 4-4-7-1A);

$F_{\gamma i}$——土体摩擦项倾斜系数,

$$F_{\gamma i} = \left(1 - \frac{\alpha}{\varphi}\right)^2 = \left(1 - \frac{13.5}{32}\right)^2 = 0.33$$

$F_{\gamma d}$——土体摩擦顶深度系数,$F_{\gamma d} = F_{qd} = 1.09$;

B'——$B' = B - 2e = 4\mathrm{m} - 2 \times 0.429\mathrm{m} = 3.14\mathrm{m}$;

N_γ——当 $\varphi = 32°$ 时的土体摩擦承载力系数,$N_\gamma = 30.22$(见 AASHTO 表 4-4-7-1A)。

所以,

$$q_{\mathrm{ult}} = 0.72 \times 1.09 \times 36.2 \times 23.18 + \frac{1}{2} \times 0.33 \times 1.09 \times 18.1 \times 3.14 \times 30.22$$

$$= 659 + 309 = 968(\mathrm{kN/m^2})$$

$$q = \frac{N}{B'} = \frac{W}{B'} = \frac{501\mathrm{kN/m}}{3.14\mathrm{m}} = 159\mathrm{kN/m^2}$$

$$F_{\mathrm{Bearing}} = \frac{q_{\mathrm{ult}}}{q} = \frac{968}{159} = 6 > 3$$

符合要求。

计算配筋要求

1. 求墙身底面的剪力和弯矩

- $M_{\max} = Ph = 98 \times 2.1 = 206\mathrm{kN \cdot m/m}$
- $M_u = 1.7M_{\max} = 350\mathrm{kN \cdot m/m}$ (根据 ACI 9-2-4)
- $M_u = \varphi A_s f_y \left(d - \frac{0.59 A_s f_y}{f'_c b}\right)$

(根据 ACI 10-2)

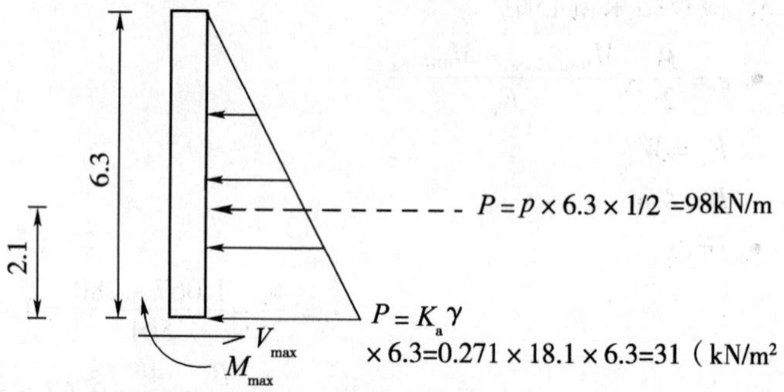

$\varphi = 0.9$(根据 ACI 9.3)

$f_y = 414\mathrm{MN/m^2}$

$f'_c = 28\mathrm{MN/m^2}$

$b = 1\mathrm{m}$

$d = 0.7\mathrm{m} - 0.076\mathrm{m} - 0.0127\mathrm{m}$

$= 0.61\mathrm{m}$ (根据 ACI 7-7-1)

2. 中-中 250mm,#8 筋

- $A_s = 510\mathrm{mm^2}$/根(#8 筋)$\times \frac{1\,000\mathrm{mm/m}}{250\mathrm{mm/根}} = 2\,040\mathrm{mm^2/m} = 0.002\,04\mathrm{m^2/m}$
- $M_u = 0.9 \times 0.002\,04 \times 414 \times \left(0.61 - \frac{0.59 \times 0.002\,04 \times 414}{28 \times 1}\right) = 0.45\mathrm{MN \cdot m/m}$

$= 450\mathrm{kN \cdot m/m} > 1.7M_{\max}$

符合要求。

- 配筋率 $\rho = \frac{A_s}{bd} = \frac{0.002\,04}{1 \times 0.61} = 0.003\,3$
- $\rho_{\min} = \frac{200}{f_y} = \frac{200}{60\,000} = 0.0033$

符合要求(见 ACI 10-5)❶。

---

❶ 分子、分母的单位为 Psi。推测钢筋为 Grade 60,混凝土抗拉强度大约为 1.4MPa。

- 收缩和温度的要求：

$$\rho_{set}=0.001\ 8$$

符合要求(见 ACI 2-12)。

3. 水平配筋

- 每面中-中 250mm#6 筋
- $A_s=2$ 面 $\times 284mm^2$/根(#6 筋)$\times \dfrac{1\ 000mm/m}{250mm/根}=2\ 272mm^2/m=0.002\ 272mm^2/m$
- 对挡土墙，$\rho_{min}=0.002\ 5$(见 ACI 14-3-3，根据混凝土的总面积)。
- $\rho=\dfrac{0.002\ 272}{0.7\times 1}=0.003\ 2>\rho_{min}$

符合要求。

检查抗剪力

- $V_u=1.7\times 98kN/m=167kN/m$
- $\phi V_c=\phi\times 0.17\times\sqrt{f'_c}bd$　　(见 ACI 11-3)
- $\phi=0.85$(见 ACI9-3-2-3)❶
- $\phi V_c=0.85\times 0.17\times\sqrt{28}\times 0.7\times 1=0.535MN/m=535kN/m$
- $\phi V_c>1.7V$

符合要求。

墙踵设计

- $q=q_1+q_2-q_3$
- $q_1=\gamma(H-t)=18.1kN/m^3\times(7m-0.7m)=114.0kN/m^2$(来自墙踵以上土体)
- $q_2=\gamma_c\times t=23.5kN/m^3\times 0.7m=16.45kN/m^2$(来自混凝土板的质量)

1. 确定挡土墙地基墙踵、墙趾承压力

- $q_{toe,heel}=\dfrac{W_w}{B}\left(1\pm\dfrac{6e}{B}\right)=\dfrac{501kN}{4m}\left(1\pm\dfrac{6\times 0.429m}{4m}\right)=\begin{cases}205.8kN/m^2=q_{toe}\\44.7kN/m^2=q_{heel}\end{cases}$

$e-0.429m$

$B=4m$

$W_w=59kN$

- $q_3=44.7kN/m^2+40.275kN/(m^2\times m)\times\dfrac{2.9m}{2}=103.09kN/m^2$

$V=q\times 2.9m=(114.0kN/m^2+16.45kN/m^2-103.09kN/m^2)\times 2.9m=79.3kN/m$

- $M=(114.0kN/m^2+16.45kN/m^2-44.7kN/m^2)\times\dfrac{(2.9m)^2}{2}-40.275kN/(m^2\times m)\times\dfrac{(2.9m)^3}{6}=$

  $360.6kN\cdot m/m-163.7kN\cdot m/m=196.9kN\cdot m/m$❷
- $V_u=1.7V=1.7\times 79.3kN/m=134.81kN/m$
- $M_u=1.7M=1.7\times 196.9kN\cdot m/m=335kN\cdot m/m$

2. 检查剪切力

- $V_c=0.17\times\sqrt{f'_c}bd=0.17\times\sqrt{28MN/m^2}\times 1m\times 0.7m=0.629MN/m$
- 假定：$b=1m$；$d=0.7m$。
- $\phi V_c=0.85\times 629kN/m=535kN/m>135$

---

❶ 原为为“=0.85(see ACI 9-3-2-3)”。

❷ 原文有错，已改正。

- 因此,断面是足够的。

3. 检查抗弯钢筋

- 中-中 250mm 的 8 号筋
- $A_s = 0.00204\text{m}^2/\text{m}$
- $a = 0.7\text{m} - 0.076\text{m} - \frac{0.025}{2}\text{m} = 0.61\text{m}$
- $M_u = \phi A_s f_y \left(d - \frac{0.59 A_s f_y}{f'_c b} \right) = 450\text{kN/m} > 335$
- $\rho = 0.0033$(满足 ACI 10-5,10-3-3 和 7-12)

4. 墙趾设计

- $q = -q_2 + q_3$
- $q_2 = \gamma_c t = 23.5\text{kN/m}^3 \times 0.7\text{m} = 16.45\text{kN/m}^2$(来自混凝土板的质量)
- $q_3 =$ 土体反力 $= 205.8\text{kN/m}^2 - 40.275\text{kN/}(\text{m}^2 \times \text{m}) \times \frac{0.4\text{m}}{2} = 197.7\text{kN/m}^2$
- $V = q \times 0.4\text{m} = (-16.45\text{kN/m}^2 + 197.7\text{kN/m}^2) \times 0.4\text{m} = 72.518\text{kN/m}$
- $V_u = 1.7 \times 72.518\text{kN/m} = 123.3\text{kN/m}$
- $M = (-16.45\text{kN/m}^2 + 205.8\text{kN/m}^2) \times \frac{(0.4\text{m})^2}{2} - 40.275\text{kN/}(\text{m}^2 \times \text{m}) \times \frac{(0.4\text{m})^3}{6} = 14.75\text{kN} \times \text{m/m}$[1]
- $M_u = 1.7 \times 14.72\text{kN} \times \text{m/m} = 25.0\text{kN} \times \text{m/m}$
- 剪力小于墙踵的力,因此,截面足够。
- 力矩小于墙踵的,因此,$\rho = \rho_{min}$。
- 使用 8 号筋,中到中 250mm。

第 4 步:静态设计检查总结

1. 外部稳定性要求

- $F_{slide} = 2.4 > 1.5$

符合要求。

- $F_{Overturn} = 3.8 > 2.0$

符合要求。

- $e = 0.429\text{m} < B/6$

符合要求。

- $F_{Bearing} = 6 > 3$

符合要求。

2. 墙身

- $M_{max} = 206\text{kN} \times \text{m/m}$
- $M_u = 450\text{kN} \times \text{m/m}$
- $V_{max} = 98\text{kN/m}$
- $\phi V_c = 535\text{kN/m}$
- $M_u > 1.7 M_{max}$

符合要求。

$\phi V_c > 1.7 V_{max}$

符合要求。

---

[1] 原文有错,已改正。

3. 墙踵

- $M_{max}=197\text{kN}\cdot\text{m/m}$
- $M_u=450\text{kN}\cdot\text{m/m}$
- $M_u>1.7M_{max}$

符合要求。

$V_{max}=79.3\text{kN/m}$

$\phi V_c=535\text{kN/m}$

$\phi V_c>1.7V_{max}$

符合要求。

4. 墙趾

- $M_{max}=14.7\text{kN}\cdot\text{m/m}$
- $M_u=450\text{kN}\cdot\text{m/m}$
- $M_u>1.7M_{max}$

符合要求。

$V_{max}=72.5\text{kN/m}$

$\phi V_c=535\text{kN/m}$

$\phi V_c>1.7V_{max}$

符合要求。

5. 结论

静态设计满足现有标准。因为这个场地处 75 年被超越机会为百分之三的峰值地层加速度大于 $0.3g$,应做地震评价,确定地震改造的必要性。

第 5 步:挡土墙的地震评价

1. 滑动阈值

- 计算 $k_h^{slide}=0.34$[1](有被动约束)。
- $K_{AE}(\varphi=35°,\delta=0,\beta=i=k_v=0)=0.516,k_h=0.34$[见公式(2-1)]
- $K_{PE}=2.97$[见公式(2-1)和公式(2-5)]
- 解方程,$\sum F=0$。
- $\sum F=\frac{1}{2}K_{AE}\gamma H^2-\frac{1}{2}K_{PE}\gamma D^2+W_wk_h-W_wf=0$
- 所以,

$$\sum F=\frac{1}{2}\times0.516\times18.1\times7^2-\frac{1}{2}\times2.97\times18.1\times2^2+501\times0.34-501\times0.58$$

$$=229-108+170-291=0。$$

- $k_h^{slide}=0.34$

符合要求。

2. 检查无被动约束的滑动阈值

- 试算 $k_h^s=0.22$。
- $K_{AE}=0.41$
- $\sum F=\frac{1}{2}\times0.41\times18.1\times7^2+501\times0.22-501\times0.58=182+110-291\approx0$
- $k_h^{slide}=0.22$

---

[1] 原文下标为 n,应为 h。

无被动抗力,符合要求。

3. 检查倾覆——转动模式

- 试算 $k_h^{O.T.}=0.35$。
- 关于墙趾的转动,$h=H/3$。
- $K_{AE}=0.53$
- $K_{PE}=3.0$
- $\sum M=0=\frac{1}{2}K_{AE}\gamma H^2\frac{H}{3}+Wk_h\bar{y}-\frac{1}{2}K_{PE}\gamma D^2\frac{D}{3}-\overline{Wx}$[见公式(2-8)~公式(2-10)]
- $\bar{y}=\dfrac{104\times\left(\frac{6.3}{2}+0.7\right)+65.8\times\left(\frac{0.7}{2}\right)+331\left(\frac{6.3}{2}+0.7\right)}{501}=3.39$
- 因此,

$$\sum M=0=\frac{1}{2}\times0.53\times18.1\times\frac{7^3}{3}+501\times0.35\times3.39-\frac{1}{2}\times3.0\times18.1\times\frac{2^3}{3}-501\times2.14=548.4+594.4-72.4-1072.14=-1.74\approx0$$

- 所以,$k_h^{O.T.}=0.35$。

4. 计算承载能力阈值

- 假定 $k_h^{tilt}=0.2$。
- $K_{AE}=0.396$
- $\Delta K=K_{AE}-K_{AS}=0.396-0.271=0.125$
- $K_{PE}=3.29$

4(a). 计算传到地基的剪应力

- $F=\frac{1}{2}K_{AE}\gamma H^2+W_wk_h-\frac{1}{2}K_{PE}\gamma D^2$

$$=\frac{1}{2}\times0.396\times18.1\times7^2+501\times0.2-\frac{1}{2}\times3.29\times18.1\times2^2$$

$$=175.6+100.2-119.46=156.71$$

- $n=\frac{F}{Nf}=\frac{156.71}{501\tan32°}=0.501$[见公式(2-6)]
- $\frac{N_{qE}}{N_{qS}}=0.43$(见图 2-13)
- 因此,$N_{qE}=23.18\times0.43=9.97$;$N_{qS}=23.18$。
- $\frac{N_{\gamma E}}{N_{\gamma S}}=0.21$(见图 2-13)
- 所以,$N_{\gamma E}=30.2\times0.21=6.35$;$N_{\gamma S}=30.2$。

4(b). 计算偏心距

- 假定 P_{AS}作用在 $H/3$,P_{dyn}作用在 $0.6H$,求 h。
- $h=\dfrac{K_{AS}\frac{H}{3}+\Delta K(0.6H)}{K_{AE}}=\dfrac{0.271\times\frac{7}{3}+0.125\times0.6\times7}{0.396}=2.923$
- $M_0=\frac{1}{2}K_{AE}\gamma H^2\mathrm{h}+k_hW_w\bar{y}=\frac{1}{2}\times0.396\times18.1\times7^2\times2.92+0.2\times501\times3.39$

$$=513.3+339.7=853.0$$

- $M_R=\frac{1}{2}K_{PE}\gamma D^2\frac{D}{3}+W_w\bar{x}=\frac{1}{2}\times3.29\times18.1\times2^2\times\frac{2}{3}+501\times2.14=79.40+1\,071=1\,150.4$[见

公式(2-11)]

- $e=\frac{B}{2}-\frac{(M_R-M_0)}{N}=\frac{4}{2}-\left(\frac{1\ 150.4-853}{501}\right)=2-0.59=1.41$
- $B'=B-2e=4-2\times1.41=1.19(\mathrm{m})$
- $q_{ult}=\gamma DN_{qE}+\frac{1}{2}\gamma B'N_{\gamma E}=18.1\times2\times9.97+\frac{1}{2}\times18.1\times1.19\times6.35=360.9+68.39=429.3$ $(\mathrm{kN/m^2})$
- $q=\frac{N}{B'}=\frac{501}{1.19}=421(\mathrm{kN/m^2})\approx429(\mathrm{kN/m^2})$
- 因此，$k_h^{tilt}=0.2$。

阈值加速度系数汇总		
滑动	k_h^{slide}	0.34
倾覆	$k_h^{O.T.}$	0.35
承载力	k_h^{tilt}	0.2
因此，$k_h^{tilt}<k_h^{O.T.}<k_h^{slide}$		

- $k_h^{tilt}=0.2$ 是临界阈值加速度系数。因为 $k_h^{tilt}+0.25=0.45\approx k_h$[见 2.4.2.2(b)节]，所以这个值可被认为可勉强接受。

计算结构完整性

- 使用 $u=0.4g$ 检查墙身底面弯距。
- $K_{AE}=0.581$
  $K_{PE}=2.82$
- $\Delta K=K_{AE}-K_{AS}=0.581-0.271=0.31$
- 假定 P_{AS}作用在 $H_1/3$、P_{dyn}作用在 $0.6H$，求得 h_1。
- H_1 = 墙身高度 $=7\mathrm{m}-0.7\mathrm{m}=6.3\mathrm{m}$
- $h_1=\frac{K_{AS}H_1/3+\Delta K\times0.6\times H_1}{K_{AE}}=\frac{0.271\times6.3/3+0.31\times0.6\times6.3}{0.581}=3.0(\mathrm{m})$❶

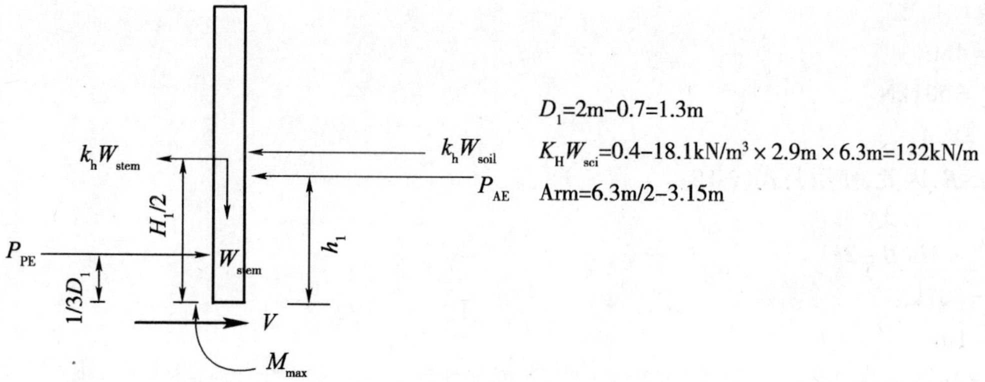

- $P_{AE}=\frac{1}{2}\gamma H_1^2K_{AE}=\frac{1}{2}\times18.1\times6.3^2\times0.581=209(\mathrm{kN/m})$
- $W_{stem}=\gamma_c dH_1=23.5\times0.7\times6.3=104(\mathrm{kN/m})$

---

❶ 原文下标缺 1。

- $P_{PE}=\frac{1}{2}\gamma D_1^2 K_{PE}=\frac{1}{2}\times 18.1\times 1.3^2\times 2.8=43(kN/m)$
- $M_{max}=W_{stem}\times k_h\left(\frac{6.3}{2}\right)+P_{AE}\times(0.43)+W_{soil}\times k_h\times\left(\frac{6.3}{2}\right)=1\ 155$
- $M_u=\phi A_s f_y\left(d-\frac{0.59A_s f_y}{f'_c b}\right)$
- 为防坍目的,使用荷载系数1.0,因此,检查 $M_{max}\leqslant M_u$。

$\phi=1.0$(为地震加载和防坍目的)

$f_y=414MN/m^2$

$f'_c=28MN/m^2$

$d=0.7m-0.076m-0.013m=0.611m$

$b=1m$

$A_s=20.4cm^2/m=0.002\ 04m^2/m$❶

$M_u=1.0\times 0.002\ 04\times 414\times\left(0.611-\frac{0.59\times 0.002\ 04\times 414}{28\times 1}\right)=0.845\times 0.593=0.501(MN\times m/m)$

$=501(kN\cdot m/m)$❷

- $M_{max}>M_u$

不符合要求。

1. 墙踵的结构完整性

- 对承载力阈值加速度 k_h^{tilt} 使用偏心距和承压力。
- $q=q_1+q_2-q_3$
- $q_1=114.0kN/m^2$(来自墙踵以上的土体)
- $q_2=\gamma_c\times t=23.5kN/m^3\times 0.7m=16.45kN/m^2$(来自混凝土板的质量)
- $q_1+q_2=130.45kN/m^2$
- 确定挡土墙地基墙踵和墙趾的承压力:
- $q_{\frac{toe}{heel}}=\frac{W_w}{B}\left(1\pm\frac{6e}{B}\right)$

  $e=1.4$

  $B=4m$

  $W_w=501kN$

  $6e=8.4$
- $6e>B$,因此,使用公式(2-16)。
- $q_{max}=\frac{4N}{3L(B-2e)}$

  $N=501kN$

  $L=1m$

  $B=4m$

  $e=1.4m$

  $q_{max}=\frac{4\times 501}{3\times 1\times 4-2\times 1.4}=557(kN/m^2)$(墙趾处)❸

---

❶ 原文有错,已改正。

❷ 相应位置的错误数据已作调整。

❸ 原文丢失 q_{max}。

$x=1.5(B-2e)=1.5\times(4-2\times1.4)=1.8(\mathrm{m})$[从墙踵到墙趾;见公式(2-17)]

墙踵下的分布荷载为:

$$557\mathrm{kN/m^2}\times\frac{1}{1.8\mathrm{m}}=\frac{309.4\mathrm{kN}}{\mathrm{m^2}\times\mathrm{m}}$$

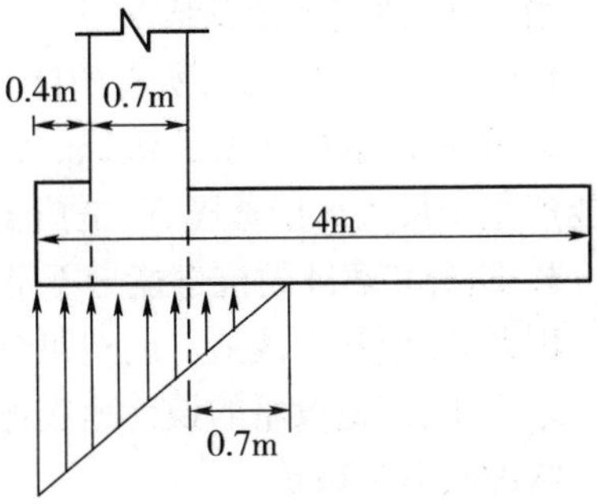

墙踵边缘处压力:

$$309.4\mathrm{kN/(m^2\times m)}\times0.7\mathrm{m}=216.6\mathrm{kN/m^2}$$

因墙踵处压力引起的剪力:

$$216.6\mathrm{kN/m^2}\times\frac{0.7\mathrm{m}}{2}=75.8\mathrm{kN/m}$$

- $V=130.45\mathrm{kN/m^2}\times2.9\mathrm{m}-75.8\mathrm{kN/m}=302.5\mathrm{kN/m}$
- $M=130.45\mathrm{kN/m^2}\times\frac{(2.9\mathrm{m})^2}{2}-75.8\mathrm{kN/m}\times\frac{0.7\mathrm{m}}{3}=530.9\mathrm{kN\cdot m/m}$

检查剪力:

- $V_c=0.17\sqrt{28\mathrm{MN/m^2}}\times1\mathrm{m}\times0.7\mathrm{m}=0.629\mathrm{MN/m}=629\mathrm{kN/m}>302.5\mathrm{kN/m}$
- 因此,对剪力而言,截面符合要求。

检查抗弯钢筋:

- ❶$A_s=0.002\ 04^2$
- $d=0.7\mathrm{m}-0.076\mathrm{m}-0.013\mathrm{m}=0.611\mathrm{m}$
- $M_u=A_sf_y\left(d-\frac{0.59A_sf_y}{f'_cb}\right)=0.002\ 04\mathrm{m^2}\times414\mathrm{MN/m^2}\left(0.611\mathrm{m}-\frac{0.59\times0.002\ 04\mathrm{m^2}\times414\mathrm{MN/m^2}}{28\mathrm{MN/m^2}\times1\mathrm{m}}\right)$❷

  $=501.0\mathrm{kN\cdot m/m}<M=530.9\mathrm{kN\cdot m/m}$
- 因此,钢筋不足。

2. 墙趾的结构完整性

- $q=-q_2+q_3$
- $q_2=\gamma_c\times t=23.5\mathrm{kN/m^2}\times0.7\mathrm{m}=16.45\mathrm{kN/m^2}$
- 土体承压反力:$q_{max}=557\mathrm{kN/m^2}$

  $q_{min}=557\mathrm{kN/m^2}-0.4\mathrm{m}\times216.6\mathrm{kN/(m^2\cdot m)}=470\mathrm{kN/m^2}$
- $q=-16.45\mathrm{kN/m^2}+470.4\mathrm{kN/m^2}+216.6\mathrm{kN/(m^2\cdot m)}\times\frac{x}{2}$
- $V=453.91\mathrm{kN/m^2}\times x+216.6\mathrm{kN/(m^2\cdot m)}\times\frac{x^2}{2}(x=0.4\mathrm{m})$❸

  $=181.56\mathrm{kN/m}+17.33\mathrm{kN/m}=198.9\mathrm{kN/m}$
- $M=453.91\mathrm{kN/m^2}\times\frac{x^2}{2}+216.6\mathrm{kN/(m^2\cdot m)}\times\frac{x^2}{2}\times\frac{2}{3}x$

  $=36.3\mathrm{kN\cdot m/m}+4.62\mathrm{kN\cdot m/m}=40.92\mathrm{kN\cdot m/m}$

来自混凝土截面的剪切阻力与墙踵是一样的:

- $629\mathrm{kN/m}>199\mathrm{kN/m}$
- 因此,截面是足够的。

来自墙趾的抵抗弯距同墙踵一样:

- $505.7\mathrm{kN\times m/m}>40.9\mathrm{kN\times m/m}$

---

❶ 原文为 0.002 06,但根据前文,此处应为 0.002 04。

❷ 原文结果是 505.7。

❸ 原文错误已改正。

因此,钢筋是足够的。

第 6 步:地震评价总结

1. 使用 $k_h = 0.4$ 后,所有的计算安全系数都小于 1。因此,在最大可信地震期间,挡土墙将会屈服。

2. 临界阈值加速度是 $0.2g$,关联破坏模式是承载力丧失和挡土墙倾斜。挡土墙的大转动(倾斜)可能产生于最大可信地震,但是挡土墙不可能因倾覆而坍塌。

3. 墙身和墙踵的抗弯能力不足以抵抗最大可信地震的荷载。

因此,需要地震改造。改造策略需要解决墙身和墙踵的结构完整性问题。

第 7 步:改造策略的设计地震评价

两种改造策略是:

- 提高墙身和/或墙踵的抗弯阻力;或
- 降低墙身中和/或墙踵的弯矩。

提高墙踵处弯矩阻力是困难的,因为它被埋于地下,难以接近。降低墙身和墙踵内的最大弯矩是比较容易达到的目标。放一根穿过墙身的拉杆将有助于降低墙身和墙踵的弯矩。

下面的计算描述背拉挡土墙的改造策略。最大可信地震被认为是对应于 $0.4g$ 的场地峰值加速度。首先,计算平衡所需的拉杆力,然后,检查外部稳定性。

检查墙身和墙踵的弯矩,最后,介绍支持锚固细节的设计计算。锚固体系的细节包括锚固间距,锚固所需的总长度,锚固的黏结区长度和锚固荷载向墙面的传递。

1. 增加背拉杆——将降低墙身和墙踵的弯矩

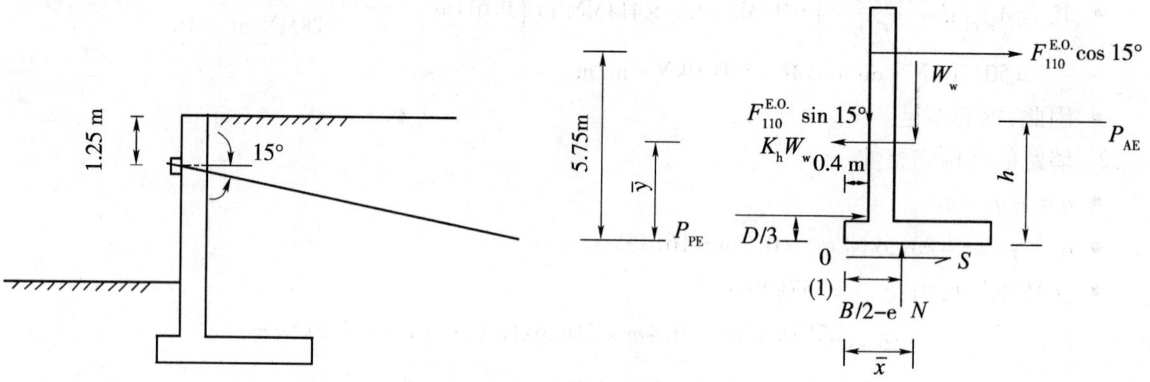

注意:使用 e 作静态加载计算。考虑 F_{tie}^{EC} 来平衡动态增量的倾覆力矩

- 关于点 O 求弯矩和,求解 F_{tie}。
- 在水平方向求力的和,求解。
- 检查是否满足:$F = N\tan\delta$。

$W = 501\text{kN}$

$N = W_w = 501\text{kN}$

$\bar{x} = 2.13\text{m}$

$\bar{y} = 3.39\text{m}$

$\dfrac{B}{2} - e = \dfrac{4}{2} - 0.429 = 1.57(\text{m})$

$k_h = 0.4$

$K_{AE} = 0.581$

$\Delta K = 0.31$

$K_{AS} = 0.271$

$K_{PE} = 2.82$

- $h=\dfrac{K_{AS}\dfrac{H}{3}+\Delta K\times 0.6\times H}{K_{AE}}=\dfrac{0.271\times\dfrac{7}{3}+0.31\times 0.6\times 7}{0.581}=3.33(\mathrm{m})$❶

2. 求弯矩和(关于 O 点)解出 F_{tie}

力	力　臂	弯　矩
1. $F_{tie}^{E.O.}\cos15°$	5.75m	$+F_{tie}^{E.O.}\times5.75\times0.966$
2. $W_w=501\mathrm{kN/m}$	$\bar{x}=2.13\mathrm{m}$	+1 067kN·m/m
3. $P_{PE}=\frac{1}{2}\gamma D^2K_{PE}=102\mathrm{kN/m}$	$\frac{D}{3}=\frac{2}{3}=0.667(\mathrm{m})$❷	+68kN·m/m❸
4. $P_{AE}=\frac{1}{2}\gamma H^2K_{AE}=258\mathrm{kN/m}$	$h=3.33\mathrm{m}$	−859kN·m/m
5. $k_hW_w=0.4\times501=200(\mathrm{kN/m})$	$\bar{y}=3.39\mathrm{m}$	−679kN·m/m
6. $N=501\mathrm{kN/m}$	$\frac{B}{2}-e=1.57(\mathrm{m})$	−787kN·m/m
7. $F_{tie}^{E.Q.}\sin15°$	0.4m	$+F_{tie}^{E.Q.}\times0.4\times0.26$

- $\sum M_0=0=5.66F_{tie}^{E.Q.}-1\,054$❹
- 因此，$F_{tie}^{E.Q.}=\dfrac{1\,054}{5.66}=186(\mathrm{kN/m})$❺
- 求 F。
- $\sum F_H=0=-P_{AE}-k_hW_w+P_{PE}+S+F_{tie}^{E.Q.}\cos15°$
- 所以，

$F=180$❻$+258+200-102=176(\mathrm{kN/m})$❼

- 检查：

$F_{max}=Nf=501\times0.58=291(\mathrm{kN/m})$

- $F_{max}>F$

满足要求。

3. 用 $F_{tie}^{E.Q.}$ 检查承载能力

- $k_h=0.4$
- $F=176\mathrm{kN/m}$❽
- $e=0.429\mathrm{m}$
- $B'=4-2\times0.429=3.14(\mathrm{m})$
- $N=501+186\sin15°=549(\mathrm{kN})$❾
- 因此，$n=\dfrac{F}{N\tan\varphi}=\dfrac{176}{549\tan32°}=0.521$❿

---

❶ 原文错误为：$(0.6)^7$。
❷ 原文错误为：$\frac{2}{3}(2)$。
❸ 原文错误为 136。
❹ 原文错误为：1122。
❺ 原文错误为：1122，同时计算结果错误为 198。
❻ 原文错误为：−191。
❼ 原文错误为：165。
❽ 同⑱。
❾ 原文错误为：551。
❿ 原文错误结果为：0.479。

- $\frac{N_{qe}}{N_{qs}}=0.33$;$N_{qe}=23.18\times0.33=7.65$
- $\frac{N_{\gamma E}}{N_{\gamma S}}=0.33$;$N_{\gamma E}=30.22\times0.15=4.53$
- $q_{ult}=\gamma DN_{qE}+\frac{1}{2}\gamma B'N_{\gamma E}=18.1\times2\times7.65+\frac{1}{2}\times18.1\times3.14\times4.53=405(\mathrm{MN/m^2})$
- $q=\frac{N}{B'}=\frac{549}{3.14}=175(\mathrm{kN/m^2})$❶
- 所以,

$$F_S^{B.C.}=\frac{405}{175}=2.3$$

4. 用 $F_{tie}^{E.Q.}$ 检查墙身弯矩

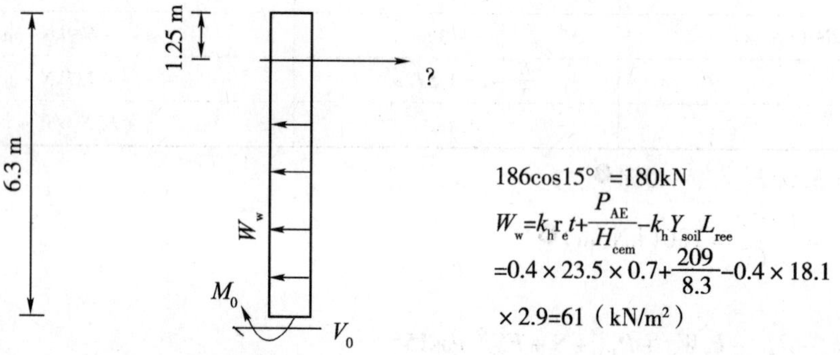

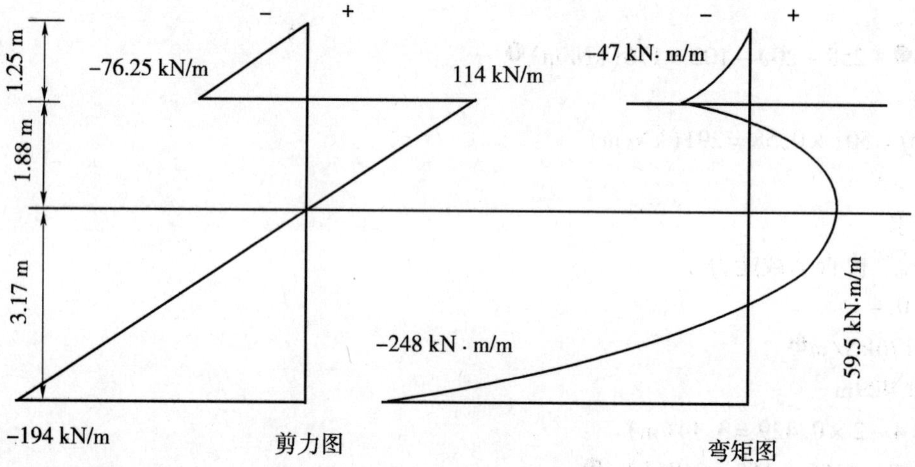

剪力图　　弯矩图

- $M_{min}=-248\mathrm{kN\cdot m/m}$
- $M_u=500\mathrm{kN\cdot m/m}$
- $M_u>248\mathrm{kN\cdot m/m}$

满足要求。

- $M_{max}=65\mathrm{kN/m}$(65kN/m 是挡土墙外面的张拉力)
- 在外墙面,使用 No.6 钢筋,中-中间距 300mm。
- No.6 钢筋横截面积 $=284\mathrm{mm^2}$
- $A_s=\frac{284\mathrm{mm^2}}{300\mathrm{mm}}=0.9466\mathrm{mm^2/mm}=0.00095\mathrm{m^2/m}$

❶ 原文分子错误为:551。

$d=0.7-0.076-0.00095=0.623(\mathrm{m})$

- $M_u=\phi A_s f_y\left(d-\frac{0.59A_s f_y}{f'_c b}\right)$

$=1.0\times0.00095\times414\left(0.623-\frac{0.59\times0.00095\times414}{28\times1}\right)=0.393\times0.615$

$=0.242(\mathrm{MN\cdot m/m})=242(\mathrm{kN\cdot m/m})$❶

- $M_u>65\mathrm{kN\cdot m/m}$

满足要求。

5. 检查 V_{max}(在 2 点(拉杆固定点)为 1.25m)

$V_{max}=F_{tie}^{E.O.}\cos15°-1.25\times60=180-75=105(\mathrm{kN/m})$❷

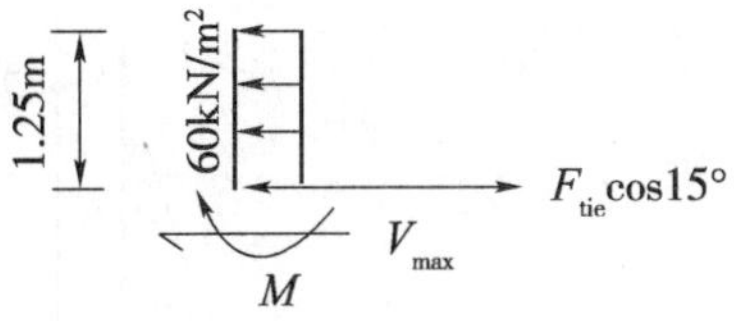

$V_c=0.17\sqrt{f'_c}bd=0.17\times\sqrt{28}\times1\times7=629(\mathrm{kN/m})$

$V_c>V_{max}$

满足要求。

6. 检查改造后墙踵的结构完整性

- $q=q_1+q_2+q_3$
- $q_1=114.0\mathrm{kN/m}$(来自墙踵以上土体)
- $q_2=\gamma_c t=23.5\mathrm{kN/m^3}\times0.7\mathrm{m}=16.45\mathrm{kN/m^2}$(来自混凝土板的质量)
- $q_1+q_2=130.45\mathrm{kN/m^2}$
- 确定挡土墙地基墙踵和墙趾的承压力:
- $q_{\frac{toe}{heel}}=\frac{F_v}{B}\left(1\pm\frac{6e}{B}\right)=\frac{549}{4}\left(1\pm\frac{6\times0.429}{4}\right)=\begin{cases}225.46(\mathrm{kN/m})(\text{墙趾})\\49.1(\mathrm{kN/m})(\text{墙踵})\end{cases}$❸

$e=0.429\mathrm{m}$

$B=4\mathrm{m}$

$W_w=501\mathrm{kN}$

$F_v=W_w+F_{tie}^{E.Q.}\sin15°=549\mathrm{kN}$❹

$6e=2.574\mathrm{m}$

- $6e<B$(公式 2-15)

满足要求。

- 压力分布如下:
- 这个压力分布实际上是与静态情形是一样的。因此,墙踵和墙趾的钢筋对改造后动态加载情形是足够的。

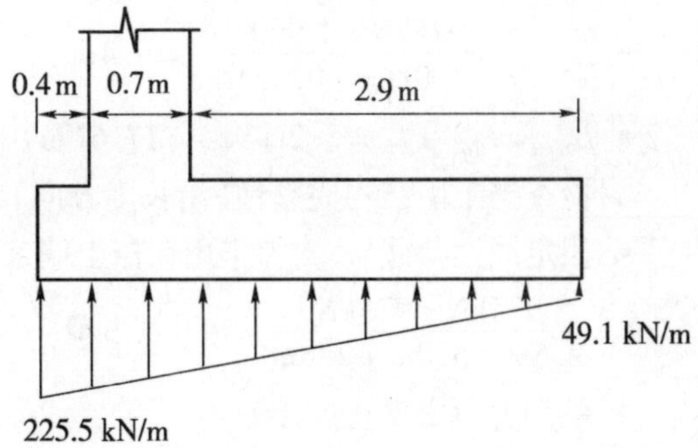

- 注浆锚固几何形状

$\varphi=35°$

$k_h=0.4$

$K_{AE}=0.581$

$\rho_{AE}=40°$

$i=\beta=k_v=\delta=0$

---

❶ 原文多处错误,已改正。

❷ 原文错误,已改正。

❸ 原文错误,已改正。

❹ 原文错误,为:551。

- 求 L_{bond} 和必需的锚固尺寸。
- 中-中 5m 间隔布置锚固。
- $F_{anchor} = 195kN/m \times 5m = 975kN$。
- 按照 PTI(1995)指南,$f_{all} = 0.6F_u$(AASHTO,2002,Section 7,Division 1A,对地震加载提高到1.5)❶。
- 因此,$F_u = \frac{975}{0.6 \times 1.5} = 1\ 083(kN)$。
- 使用 160 级 36mm 地伟达(DYWIDAG)预应力钢筋,$F_u = 1\ 125kN$。

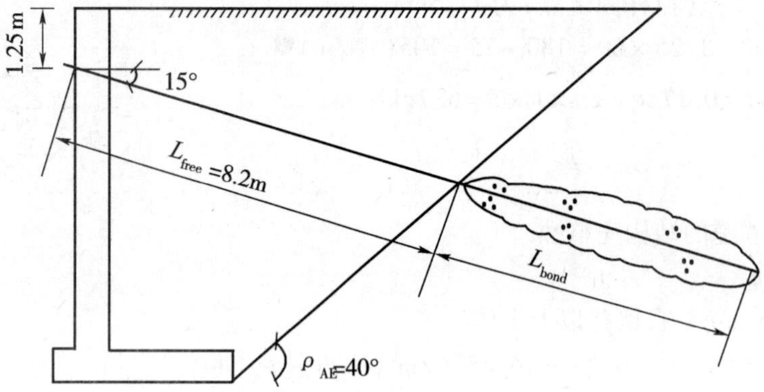

- $L_b = \frac{F_{anchor}}{\pi d \tau_w}$❷

式中:d——钻孔直径,使用 100mm;

τ_w——沿土体和浆体界面的工作锚固力。

- PTI(1996):对中粗砂,压力注浆锚固-中密度平均极限土/浆锚固力≈0.66MPa。
- 使用安全系数 2.0(为验证试验的目的)。
- $\tau_w = \frac{0.66}{2} = 0.33MPa$
- $L_b = \frac{975kN \times 1\ 000}{\pi \times 100mm \times 0.33MPa} = 9.4m$
- $L_{total} = L_{free} + L_b = 8.2 + 9.4 = 17.6(m)$

7. 检查挡土墙结构完整性(沿长度方向)

- 假定线性荷载 w,均匀作用在挡土墙条上:

$$w = \frac{975kN + 975kN}{2.5m + 5.0m + 2.5m} = 195kN/m$$❸

- 最大剪力出现在连接处:
- $V = 195kN/m \times 2.5m = 488kN$
- $M_{max} = 195kN \times \frac{2.5^2 m}{2} = 609kN \cdot m$

8. 检查单向剪力

- $V_c = 0.17\sqrt{f'_c} \times b \times d$(见 ACI 11-3)

$f'_c = 28MN/m^2$

---

❶ 疑为原文笔误,原为文:increases by 1.5 for earthquake wading.

❷ 原文公式错误,已改。

❸ 原文分子上单位位置错误,已改正。

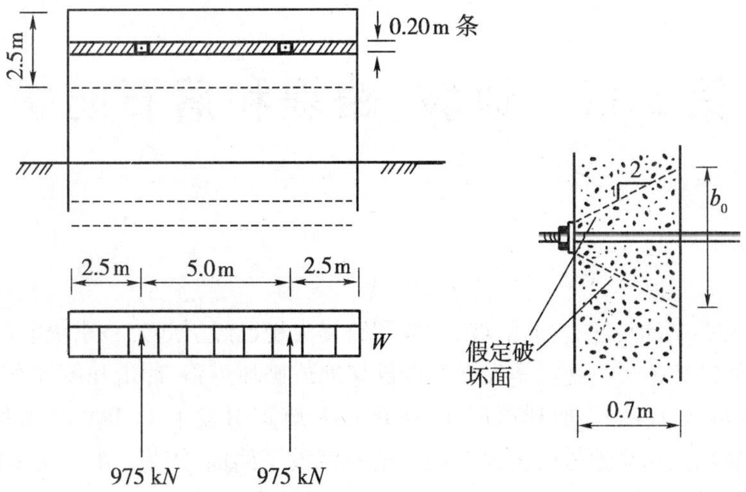

$b = 2.5\text{m}$

$d = 0.7\text{m}$

- 因此，

$V_c = 0.17 \times \sqrt{28} \times 2.5 \times 0.7 = 1.57(\text{MN}) = 1\ 570(\text{kN}) > 488(\text{kN})$

满足要求。

9. 检查双向剪力

- $V_c = 0.34\ \sqrt{f'_c} \times b_0 \times d$（见 ACI 11-37）
- 板的尺寸是：130mm×240mm×45mm。
- $b_0 = (0.13\text{m} + 0.7\text{m}) \times 2 + (0.24\text{m} + 0.7\text{m}) \times 2 = 3.54\text{m}$（见 ACI 11-12-13）
- $d = 0.7\text{m}$
- $V_c = 0.34 \times \sqrt{28} \times 3.54 \times 0.7 = 4.46(\text{MN}) = 4\ 460(\text{kN}) > 975(\text{kN})$

10. 检查板内承压力

- 板孔直径≈38mm
- $A_{plate} = 0.13\text{m} \times 0.24\text{m} - \pi \dfrac{0.038^2}{4} = 0.03\text{m}^2$

$0.85 f'_c A_1 \times 2 = 0.85 \times 28 \times 0.03 \times 2 = 1.428(\text{MN}) > 0.975(\text{MN})$（见 ACI 10-17，设计承载强度）

11. 检查 2.5m 墙条的抗弯能力

- $M_u = A_s f_y\left(d - \dfrac{0.59 A_s f_y}{f'cb}\right)$
- No. 6 筋@250mm；面积 = 284mm^2。
- $A_s = 284\text{mm}^2 \times \dfrac{2\ 500\text{mm}}{250\text{mm}} = 2\ 840\text{mm}^2 = 0.002\ 84\text{m}^2$
- $f_y = 414\text{MN/m}^2$

$b = 2.5\text{m}$

- $f'_c = 28\text{MN/m}^2$

$d = 0.7\text{m} - 0.076\text{m} - 0.025\text{m} = 0.6\text{m}$

- $M_u = 0.002\ 84 \times 414 \times \left(0.6 - \dfrac{0.59 \times 0.002\ 84 \times 414}{28 \times 2.5}\right) = 0.693(\text{MN} \cdot \text{m})$

$= 693(\text{kN} \cdot \text{m}) > 609(\text{kN} \cdot \text{m})$

满足要求。

第3章 边坡、路堤和落石防护

3.1 引言

在过去的历次地震中,地震诱发的滑坡、边坡和路堤失稳已经引起公路系统的广泛破坏。这种破坏导致了死亡和严重的经济损失。地震诱发滑坡能够堵塞或破坏道路、冲击和掩埋车辆,并严重妨碍震后救灾工作。例如,1994 年 1 月 17 加利福尼亚 Northridge 地震引发了 11 000 次滑坡(Harp and Jibson,1995),其中有很多影响到这个地方的公路系统。落石淹没了路面,震后,滑坡、塌陷和岩块滑塌切断了很多山区的道路达几天时间。

本节描述地震加载期间(图 3-1)提供支撑作用的或与公路结构相邻的边坡和路堤的性能分类、筛选和评价。也要描述修复或减缓地震的影响的改造策略和方法。

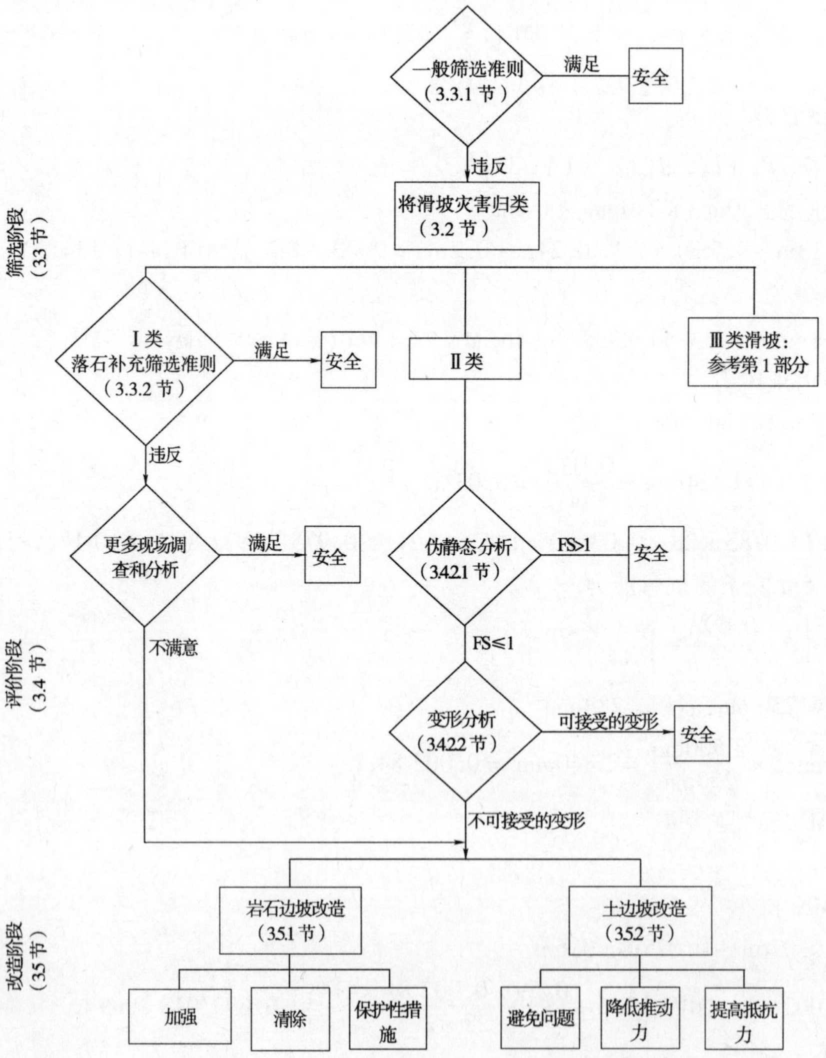

图 3-1 邻近公路结构的边坡和路堤的筛选、评价和改造流程图

地震对公路系统的影响包括下面的各种现象：

- 天然边坡下或公路路堤下的路基土可能导致边坡破坏的液化和侧向扩展。
- 提供支撑作用的或与公路结构相邻的人工路堤/天然坡的、可能引起路面面层开裂或破坏的永久变形。
- 由于地震重新激活老的、已有的滑坡。
- 可能堵塞或中断路面交通的落在附近边坡上的地震诱发的落石。

3.2 分类

为了达到筛选和评价地震诱发边坡失稳、滑坡和落石而引起的公路结构受灾的潜在可能性，根据在过去地震期间所观察到的性能和经验，对这些特征进行分类和简化是有益的。Keefer(1984) and Keefer and Wilson(1989)从40例记录中对地震诱发滑坡和边坡破坏进行调查研究，把它们按照地形、材料类型和运动速度划分成14种类型。他们进一步将这些滑动类型细分成三组，如表3-1所示。

地震诱发滑坡特征 表3-1

运动类型	内部破裂	含水量	速度	深度
I组(破坏机制)	下落、破裂滑动和滑坡：高到很高的内部破裂，快速移动，一般浅层、从陡坡上被挤出			
落石(弹跳、滚动和自由下落)	高或很高	干—湿	极快	浅层
岩石滑动(基底剪切面上的平动滑移)	高	干—湿	快到极快	浅层
岩崩(复合型，包括滑动和或岩屑流的流动)	很高	干—湿	极快	深层
土体下落(弹跳、滚动和自由下落)	高	干—湿	极快	浅层
土体滑动(基底剪切面上、或被弱化的、敏感土区的平动滑移)	高	干—湿	一般到快	浅层
土崩(平移滑动：次生流动)	很高	干—湿	很快到极快	浅层
II组(破坏机制)	塌陷、岩块滑动和缓慢土体流动：相对连续滑动、比I组滑坡移动慢、一般底深、从一般到陡坡上被挤出			
岩体塌陷(沿基底剪切面滑动：前翻成分)	轻微到中等	潮—湿	慢到快	深层
岩块滑动(沿基底剪切面的平移移动)	轻微到中等	潮—湿	慢到快	深层
土体塌陷(沿基底剪切面滑动：前翻成分)	轻微或中等	干—湿	慢到快	深层
土体滑动(沿基底剪切面的平移移动)	轻微或中等	干—湿	慢到快	深层
土的缓慢流动(沿基底剪切面的平移滑动：轻微的内部流动)	轻微	湿—很湿	很慢到具有很快涌出的中速	不定
III组(破坏机制)	侧向扩张和流动：有很大成分的液体流动、快速移动的滑坡，从缓坡到中等陡坡上脱落			
土体侧向扩展(基底液化颗粒、砂、粉土或被弱化的敏感土区的平移)	一般为中等间或弱或高	湿	很快	不定
土体快速流动(流动)	很高	干—湿	很快到极快	浅层
水下滑坡(基底液化颗粒、砂、粉土或被弱化的敏感土区的平移)	一般高或很高；间或中等	湿—很湿	快到极快	浅层

注意：1. 内部破裂：弱，包含一个或几个连续块的滑坡；中等，包含若干个连续块的滑坡；高，包含很多小块、个体土颗粒和岩屑的滑坡；很高，几乎全部分解成个体土颗粒或小岩屑的滑坡。

2. 含水量：干指干燥，无可见水分；潮指潮湿，有水但没有自由水，可以表现为除液体外的塑性固体；湿，包含的水分足以成为液体，有水从中流出，或支撑足够大的静水体；很湿，含有的水在低梯度(术语来自Varnes,1978)下足以作为流体流动。

3. 速度：极慢，小于0.6m/年；很慢，在0.6~1.5m/年之间；慢，在1.5m/年~1.5m/月之间；中等，在1.5m/月~1.5m/天之间；快，在1.5m/天~0.4m/min之间；很快，在0.3m/min[1]~3m/s之间；极快，大于3m/s(术语来自Varnes,1978)。

4. 深度：浅层，一般小于3m；深层，一般大于3m。

---

[1] 译者注：这个数值0.3m/min与前一数值0.4m/min不连续。

I组滑坡包括岩石和土体的下落、倾倒和崩塌,一般分布最广。这些滑坡的特点是滑体开裂、一般为浅层破坏面,移动快、被从陡坡上挤出。

落石和岩体滑动(图3-2)或是石头或是破裂岩体,顺坡以弹跳、滚动或自由下落方式下落。与这些破坏相关的岩石性质有:胶结强度、风化程度和裂缝间距。图3-3是发生在1973年加利福尼亚的Point Mugu地震引起的Pacific Coast公路上的落石的一个例子。岩崩与这些特征相关联:密集的裂缝、中等到强烈的风化、弱面、弱胶结和先前破坏的痕迹。落石是最多见的滑坡,是历次地震中与滑坡有关的死亡的第三个主要原因。

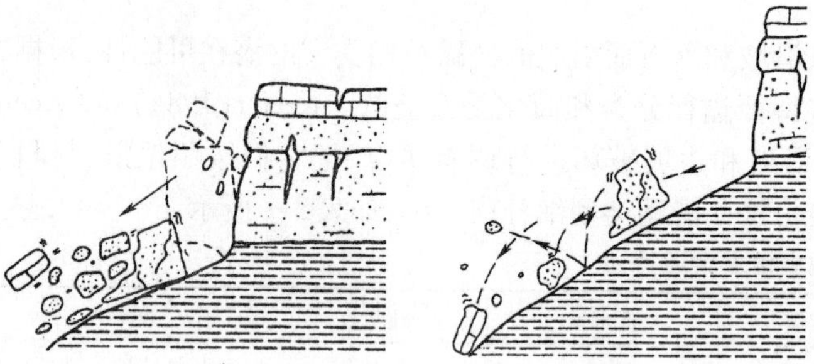

图3-2　落石机制和产生的灾害

Wilson and Keefer.1985

图3-3　1973年Point Mugu地震引起的Pacific Coast公路的落石

倾倒破坏发生在岩体的重心伸出其底面之外并使之倾倒之时(图3-4)。倾倒最经常出现在柱状岩体,其中的裂缝直直插入坡面。柱状玄武岩和发育良好的节理面或层理面的岩体一般易受此种破坏。发育良好、陡立节理的硬岩边坡的弯曲倾倒特征是沿很多交叉节理累积运动形成长岩柱的伪连续弯曲。

土体滑动和土体崩塌是高度破碎体,它们发生在粉状或砂状天然土、低塑性压实不良的填土,或低胶结、风化和普遍为陡坡上的高度破碎的软岩中。图3-5所示是这种滑坡类型的例子。1971年San Fernando地震在松散粉土状和砂状土中就引起了几百个类似的滑坡。

II组滑坡包括岩体与土体塌陷、块状滑动和缓慢土体流动。这些是在有界滑动基面上移动的连续滑动体(图3-6)。它们移动缓慢、位置通常在底面很深的滑动面上,主要出现在相对陡的边坡上。图3-7所示,是一个发生在1964年阿拉斯加安科雷奇地震期间的一个块状大滑动的例子。

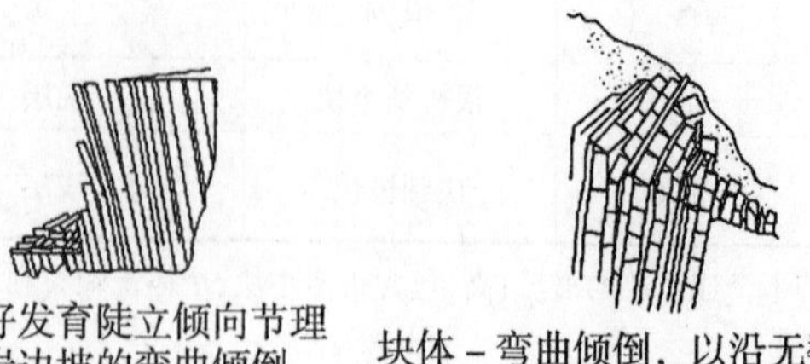

图3-4　倾倒破坏的例子

Wilson and Keefer,1985,photograph taken from Harp et al.,1981

图3-5　1976年危地马拉地震引起的复合型破裂土体滑动的航空图(滑动撕去了植被和成片的砂性沉积土(一般小于0.6m),使白色泡沫岩基岩出露。前景中的边坡大约30m高)

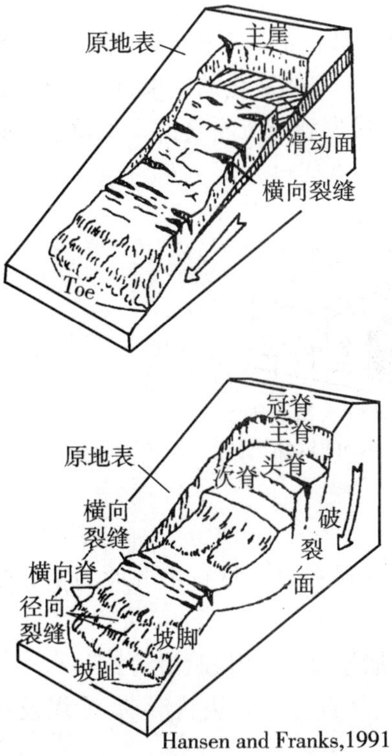

Hansen and Franks,1991

图 3-6　不连续剪切基面滑动示例

Wison and Keefer,1985,courtesy of the U.S.Army

图 3-7　Native Hospital 滑坡的航空照片(1964 年阿拉斯加安科雷奇地震的一次大的土体块状滑动)

土体块状滑动是由一个或几个连续块体组成,它们以平动方式滑动,很少或没有滑动表现。大部分在头部有地堑,尾部有压力脊。在稍有些不同的地质环境中,由南加利福尼亚几次地震(包括 1940 年的 Imperial Valley,1952 年 Kern County,1966 年 Parkfield 和 1971 年 San Fernando)也引起了类似的滑坡。

岩体塌陷和岩体滑动(见图 3-8)最常与弱胶结沉积岩关联或包括有严重风化、破碎、软弱和软硬互层的硬质岩体。很多是沿软弱节理面移动的。

土体塌陷、土体块状滑动和土体缓慢流动(见图 3-9)是发生在冲积或海洋洪积平原天然沉积层内的深部转动破坏。它们出现在像溪流和渠道沿岸之类的局部陡峭自由面。它们也出现在有浅层或上层滞水面的缓到中等陡的山坡。

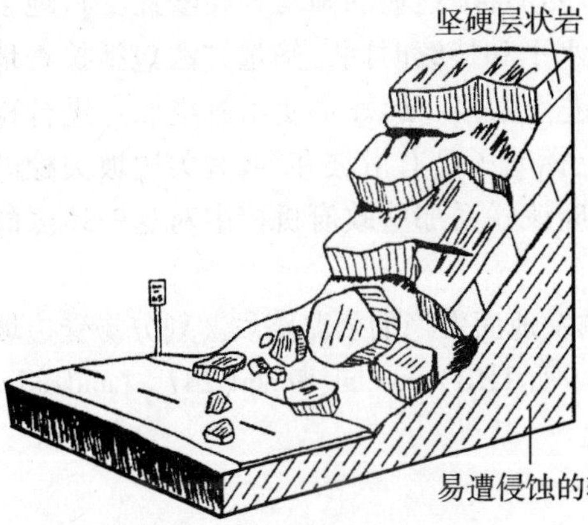

图 3-8　岩体塌陷破坏机制

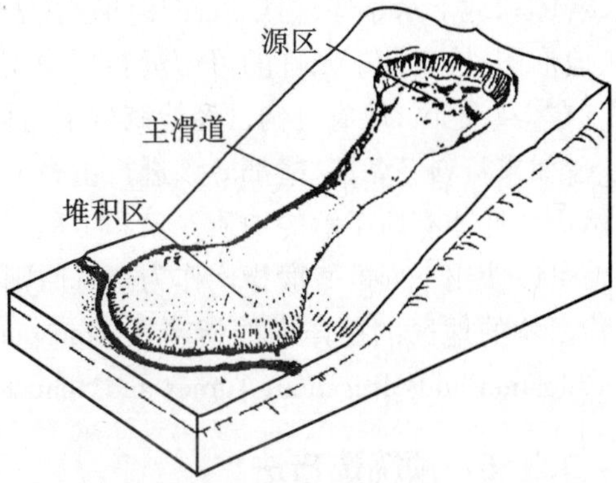

图 3-9　土体塌陷破坏机制

地震诱发土体塌陷所涉及的最常见材料是人工填土(Keefer and Wilson,1989)。大部分破坏的填土都是松散并压实很差,或者被填在像河道或沼泽沉积物之类的软基上。在确定其易破坏性方面,压实的密度和质量以及地基条件可能比填土的成分更重要。

III 组滑坡包括土体侧向扩展(图 3-10)和快速土体流动。这些滑坡包括一个很大的流体流动分量,运动很快,一般出现在从缓到中等陡坡上。它们的发生,典型地是由于土体液化的结果,而液化则是在饱和无黏性沉积中由地震诱发的孔隙压力的积聚、敏感土中的强度损失和施工不良的人工填土。这些破坏类型在手册第一部分中详细阐述。

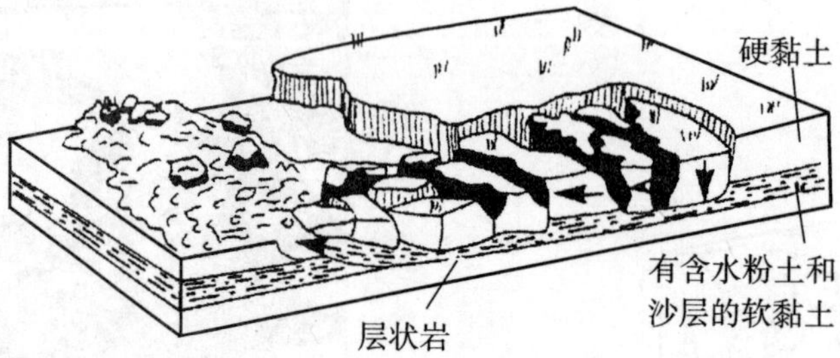

图 3-10　侧向扩展破坏机制

按照 Keefer 和 Wilson 的研究结果,最易发生地震诱发滑坡的材料和每种材料中滑坡的主导类型如下:

- 弱胶结、风化或严重破碎的岩体:这些最易发生落石、滑动、崩塌、塌陷和块状滑动。
- 优势节理倾向坡面外,比较坚硬的岩石:这些材料易于发生落石、滑动、块状滑动、崩塌及可能塌陷。
- 松散不饱和砂:这些容易发生破裂土体滑动、土崩。
- 松散、部分到完全饱和砂、粉土或黄土:这些易发生土体塌陷、块状滑动、侧向扩展、水下滑坡和快速土体流动。
- 含砂的饱和土和与敏感土互层的卵石层:这些易发生破裂土体滑动、土崩和快速土体流动
- 轻微胶结或含有黏土胶结物的颗粒状土:这些易于发生土体下落。
- 不含或几乎不含黏土的未压实或压实不良的人工填土:这些易发生土体塌陷、块状滑动、侧向扩展和快速土体流动。

3.3 筛选方法

在边坡和路堤中发生滑坡或顺坡移动的可能性决定于边坡的形状(边坡的高度和陡峻程度),地下土、岩体和地下水条件,边坡或路堤的过往表现,以及地震动的水平和持续时间。筛选方法包括检查地质、地形图,检查地下条件的可用资料以及对场地和附近地区进行勘察。最好是使用航空照片进行检查。在一些地区,政府机构已经绘制好了边坡稳定性地图,其上标明了已有滑坡和/或有关边坡失稳的地区;如果资料齐备,这些都应该进行检查。如果合适的话,也应该联系那些政府机构中对这一地区的天然边坡性能有所了解的地质专家和工程师。

可以使用下面的一般指南作为筛选原则以划分易受地震诱发地面失稳的公路路段。划分易受边坡失稳影响的地区的更详细的指南在 Transportation Research Board(TRB)Special Report 247, Landslides Investigation and Mitigation(Turner and Schuster 编辑,1996)给出。

3.3.1 预筛选方法

可以假定,如果下面的所有准则得到满足,在某个具体的场地内由地震诱发滑坡引起的大灾害是不存在的:

● 场地并不位于一个有裂缝或其他实际的或初始的边坡移动迹象的边坡上面、边坡之上或边坡之下。没有明显的来自落石或位于场地之上的边坡的浅层土体流动的场地灾害。

● 场地并不位于一个以前已存在的活动的或古滑坡内，在场地附近具有类似地质和形状的边坡上没有滑坡。

● 场地并不位于或邻近这样的一个边坡，它的形状、地质和地下水条件符合已知的易发生滑坡的情形。这个准则不但应该要根据地区的经验而且要根据世界范围内观察到的、对已知的特别易发生地震诱发滑坡的那些条件来评价。根据美国地质调查（USGS）对洛杉矶地区地震诱发滑坡的案例研究，Wilson and Keefer（1985）编纂了一本未来地震期间最有可能发生滑坡的地质环境和特征总分类要略。这些特征示于表3-2，一般可以用于其他有类似地震和地质环境的地区。

洛杉矶地区可能产生地震诱发滑坡的地质环境　表3-2

滑坡类型	材料类型	最小坡面倾角（°）	说　明
落石	岩体胶结软弱；严重破碎、或风化；含明显倾向坡面外边的弱面或一个软弱母岩体内有巨砾	40	在脊背附近、凸崖、基岩上、人工边坡和被活跃侵蚀淘刷的边坡特别常见
岩体滑动	同上	35	有时重新激活以前存在的岩体滑动沉积。在山坡的沟、槽，人工边坡和活跃侵蚀淘刷边坡特别常见
岩崩	严重破碎并表现出下面性质之一：显著风化，倾向坡外的软弱面，弱胶结，以前滑坡的遗迹	25	限于被活跃侵蚀淘刷地形大于150m的边坡
岩体塌陷	严重破碎的岩石，以前存在的岩体塌陷沉积，页岩和其他含有弱胶结或严重风化材料层的岩石	15	
岩块滑动	具有明显节理面或类似倾向坡面外的弱面	15	
土体下落	弱胶结或含有黏土胶结物的粒状土	40	在河岸、台地正面、天然海岸陡坡和人工开挖边坡特别常见
破裂土体滑动	松散、不饱和砂土	15	
土崩	同上	25	有时激活以前存在的土崩沉积
土体塌陷	松散、部分到完全饱和砂或粉土；含有砂、粉土或黏土的未压实或压实不良的人工填土；以前存在的土体塌陷沉积	10	对建在软弱、饱和地基材料上的路堤、山坡下的明挖区、河水和海水冲积平原特别常见
土体块状滑动	松散、部分到完全饱和砂或粉土；含有砂、粉土或黏土的未压实或压实不良的人工填土；含有水平或接近水平的松散饱和砂或粉土层的天然陡坡	5	沿河水和海水冲积平原以前存在滑坡的地区，建在软弱、饱和地基材料上的路堤特别常见
缓慢土体流动	硬质、部分或完全饱和黏土，以前已经存在的土体流动沉积	10	
土体侧向扩展	松散、部分到完全饱和粉土或砂；未压实或稍经压实的含砂人工填土	0.3	沿河水和海水冲积平原以前存在滑坡的地区，建在软弱、饱和地基材料上的路堤、三角洲、沙丘、沙脊、冲积扇、湖岸和海滩特别常见

续上表

滑坡类型	材料类型	最小坡面倾角(°)	说明
快速土体流动	饱和、未压实或稍经压实的含砂或砂质粉土的人工填土(包括水力填土坝和尾矿坝);松散、饱和粒状土	2.3	
水下滑坡	松散、饱和粒状土	0.5	三角洲特别常见
注意: 土体侧向扩展一般可以出现在缓坡、下卧有已液化的土的地方。它们需要地震惯性力以诱发液化和导致地震期间连续顺坡移动的暂时失稳。另一方面,快速土体流动和流体滑动一般出现在位于较陡的边坡上的被液化的材料中或坝和路堤上。当作用在地面坡上的重力超过坡内被液化材料的强度时则出现流体运动			

• 场地并不位于地震图上中等或高可能性滑坡(地震或静态)的区域。这个准则使用在静态和/或地震条件下引发的、已观察到的或假设的滑坡区域地图。基于稳定性分析和过往地震性能的边坡稳定性地图,可在国家的几个地区得到,包括:San Francisco Bay Area, 加利福尼亚(Wieczorek et al. ,1985 and Manson et al. , 1990);洛杉矶地区,加利福尼亚(Jibson and others, 1998; Harp and Jibson, 1995; Wilson and Keefer, 1985);犹它的 Urban Corridor(Keaton et al. , 1987a and Keaton et al,. 1987b)等。当前,California Geological Survey(以前的 California Division of Mines and Geology)正在开发可在因特网上 www. consrv. ca. gov 通过计算机访问的地震边坡稳定性地图。其他的静态和地震滑坡灾害地图也可以被用作筛选的目的。

• 场地并不位于这样的路堤上,它在施工时压实不良、表现有沉降和开裂的迹象;或路堤下卧有软弱地基土。

• 场地并不坐落在潜在可液化土或敏感黏土上,它们可能在地震期间失去相当大的强度。

• 场地在地面上未出现存在地下水的证据(泉眼和渗水),或在场地上或坡上有可能的集中渗水通道或水源。

• 熟悉本地区情况的专家判断后确定,在场地上不可能存在地震诱发滑坡灾害。

如果上列预筛选方法表明在某个具体的场地有可能出现滑坡或边坡失稳,那么,根据边坡的重要性和破坏后果,应该使用 3.4 节描述的方法对它进行地震稳定性评价。

3.3.2 落石的补充筛选方法

除了以上提供的预筛选方法之外,可以使用替代的方法筛选易发生落石的场地。Harp and Noble (1993)开发了一个岩石分类系统来评价受地震加载对发生落石的影响程度。他们修改了原来用在隧道设计中的一个工程分类方法[称为岩体质量指标(Q)]用于对岩石边坡易发生地震诱发破坏的评分。基于对 Q 值和在 1980 年加利福尼亚 Mammoth Lake 附近的一系列地震期间落石集中的分析,他们定义了一个“完备约束”的上限关系,表明某个场地的落石次数随不断增加的 Q 值而迅速下降。使用概率密度函数,他们模拟了每个场地的落石次数对 Q 值的衰减。

他们得出了一个地震落石发生指标 Q_{RF},用下面的公式计算:

$$Q_{RF} = \left(\frac{115 - 3.3J_V}{J_n}\right)\left(\frac{J_r}{J_a}\right)\left(\frac{1}{AF}\right) \tag{3-1}$$

式中:Q_{RF}——地震落石发生指标;

J_V——每立方米节理数;

J_n——节理组数;

J_r——节理粗糙数;

J_a——节理变异数;

AF——节理张开系数。

使用这个地震落石发生指标进行具体场地的落石发生筛选，上列参数应当根据熟悉岩石力学的地质专家的现场观察来进行估算。参数 J_n、J_r、J_a 和 *AF* 的数值应当根据在现场观察到的情况从表 3-3 ~ 表 3-5 中选择。每立方米节理总数 J_v 的现场测量是把每组节理的节理数相加。如果三个正交方向的每一个都出露，J_v 就是每个方向上每米节理数的总和。按照 Harp and Noble(1993)，张开系数(它是岩石裂缝张开度的量化)是地震诱发落石发生的最有意义的指标。虽然这个特性对静态分析不特别有意义，地震震动加载诱发岩块之间的相对移动，导致岩石破裂松散并下落。

参数 *RQD*、J_n 和 J_r 的描述和评分　　表 3-3

岩石质量 $Q=(RQD/J_n)\times(J_r/J_a)\times(J_w/SRF)$	
1)岩体质量指标(*RQD*) A. 很差 …… 0 ~ 25 B. 差 …… 25 ~ 50 C. 中 …… 50 ~ 75 D. 好 …… 75 ~ 90 E. 很好 …… 90 ~ 100	注意： (i)在 $RQD \leqslant 10$ 时(实测或报告)(包括 0)，计算 *Q* 值时在公式中使用名义值 10。 (ii)*RQD* 的级差 5，即 100、95 等是足够精确的
2)节理组数 …… J_n A. 巨块状，没有或很少 …… 0.5 ~ 1.0 B. 一组节理 …… 2 C. 一组节理 + 随机 …… 3 D. 两组节理 …… 4 E. 两组节理 + 随机 …… 6 F. 三组节理 …… 9 G. 三组节理 + 随机 …… 12 H. 四组以上节理，随机，严重节理化，"糖块状"等 …… 15 I. 破碎岩石，土样 …… 20	注意： (i)对相互切割的($3.0\times J_n$)
3)节理粗糙数 …… J_r (a)岩壁接触和 (b)10cm 剪切前岩壁接触 A. 不连续节理 …… 4 B. 粗糙或不规则、起伏 …… 3 C. 光滑、起伏 …… 2 D. 断层滑面、起伏 …… 1.5 E. 粗糙或不规则、平面 …… 1.5 F. 光滑、平面 …… 1.0 G. 断层滑面、平面 …… 0.5 (c)被剪时无岩壁接触 H. 含有的黏土矿物厚度足以阻止岩壁接触的区域 …… 1.0(名义) I. 砂状、砾石状或破碎区厚度足以阻止岩壁接触 …… 1.0(名义)	注意： (i)如果有关节理组平均间距大于 3m，加 1。 (ii)$J_r=0.5$ 可用于有线理的平面滑面节理，假定线理是有利方位
注意： *RQD* 是岩芯复原率，其中所有大于 4 英寸的岩芯片断的长度加起来除以岩芯的长度	

参数 J_a 的描述和评分　　表 3-4

节理变异系数	J_a	Φ_r(大约)	
A. 紧密闭合、坚硬、未软化、不透水填充,即:石英或绿帘石	0.75	(-)	注意: (i)Φ_r 的值打算用作变异产物(若存在)的矿物学特性的近似指导
B. 未变异节理壁、仅在表面	1.0	(25°~35°)	
C. 轻微变异节理壁、未软化矿物覆层砂粒、无黏土分解岩石	2.0	(25°~30°)	
D. 粉土状或砂状黏土覆层,小比例黏土(未软化)	3.0	(20°~25°)	
E. 软化或低摩擦黏土矿物覆层,即高岭土,云母,还有氯泥石、滑石石膏和石墨等,以及少量膨胀黏土。(不连续覆层,1~2mm 厚)	4.0	(8°~16°)	

Barton et al., 1974

AF 的描述和评分　　表 3-5

张开度	AF	
A. 所有节理密闭	1.0	注意: (i)如果散栖或松散岩石很常见,提高 1。 (ii)如果节理普遍倾向坡外,提高 1。
B. 大部分节理密闭,个别张开达 2cm	2.5	
C. 大部分节理密闭,个别松散、张开达 5cm	5.0	
D. 明显(20%)张开,达 10cm	7.5	
E. 大部分(60%)张开,达 20cm	10.0	
F. 大张,很多节理张开达 20cm 以上	15.0	

Harp and Noble, 1993; 根据 Barton et al., 1974 修改

使用这个模型和 Mammoth Lake 地震序列的经验数据,根据落在 Q_{RF} 的不同区间的地区内所观察到的落石的百分数,他们确定了四种落石发生类型。这些类型如下:

A 类:$Q_{RF} \leqslant 1.41$　　高发生率

B 类:$Q_{RF} = 1.41 \sim 2.83$　　易发生

C 类:$Q_{RF} = 2.83 \sim 3.87$　　中等稳定

D 类:$Q_{RF} \geqslant 3.87$　　最稳定

一般地,对被划入 C 和 D 类的场地可以排除落石发生的可能性。然而,上面的关系是对 6 级地震建立的,其峰值地层加速度(在强震区)大约是 $0.3g \sim 0.5g$,不能解释震源距离对落石集中的影响。然而,对其他地震,震源距离和地震震级可能会影响落石的集中,必须要在分析中考虑到。这里的分类只用在预筛选分析中。因为计算 Q_{RF} 值需要的系数的测量和计算能迅速完成,所以很多场地能够很快地被评价。那么,Q_{RF} 值被用在确定一个位于岩石边坡附近或之下的场地是否是不安全、是否需要进一步的分析或相对地可免于地震诱发落石灾害等的预分析中。

除了地震落石发生指标外,由 Federal Highway Administration(Pierson and Van Vickle,1993)开发的落石灾害评分系统也可以用于落石筛选。设计这个系统是为了帮助公路机构根据诸如边坡和公路线形、对驾驶员的风险、地质情况、过往落石的发生率和目前落石减灾措施的有效性等因素,确定他们落石减灾计划的重点。有落石灾害的场地根据打分体系确定优先顺序。

局部地震烈度及其对落石的发生及其规模在这个系统中没有被考虑。虽然如此,落实灾害评分系统仍然是落石灾害预筛选的一个有用的工具。

3.3.3 III 组液化诱发滑坡的补充准则

III 组滑坡主要由地震诱发土体液化(或敏感土强度损失)而引起的。本手册第一部分第 3.2 节论述了液化沉积物的筛选准则和评价侧向扩展和快速土体流动可能性的方法。

3.4 评价方法

如果在预筛选阶段确定了滑坡或边坡失稳的可能性,那就需要详细的工程分析以评价在假定地震

事件期间发生破坏、失稳或顺坡移动的可能性。在判断出灾害非常明显和严重的情形下，使用者可以直接从筛选阶段进入改造设计（取消灾害再评价，除非有必要设计这个改造）。

3.4.1　I 组滑坡评价

还没有一种广为人们接受的对 I 组滑坡的评价方法。如果筛选阶段表明可能有 I 组滑坡，就应该做额外的、具体到场地的地震稳定性分析和由具有岩石力学和岩石边坡稳定性方面的技能的个人做出工程判断。

3.4.2　II 组滑坡评价

如果筛选阶段表明可能有 II 组滑坡，应做边坡稳定分析以评价这种具体的灾害。评价边坡和路堤的地震稳定性的一般方法不但包括伪静态也包括变形分析方法。评价按下面次序进行：

第 1 步：做边坡的伪静态稳定性分析。如果产生的安全系数大于 1.0，就不再需要再评价或改造。如果安全系数小于 1.0，表明有变形的可能性，继续到第 2 步，或绕过第 2 步，此时可建议进行偏于安全的改造。

第 2 步：做变形分析。如果预测到的变形可以接受，就不必进行再评价或改造。如果预测变形不可接受，应该考虑改造策略。

3.4.2.1　伪静态边坡稳定分析方法

伪静态边坡稳定分析偏于安全地评价因地震加载出现边坡破坏的潜在可能性。如果伪静态分析的结果表明安全系数小于 1，那么，边坡移动的可能性是存在的，变形分析是适合定量顺坡位移的。

3.4.2.1(a)　分析必须的资料

在做评估滑坡可能性的工程分析之前，如有必要，应当补充筛选阶段收集到的资料。可能需要更详细的地质勘察和地图。如果在筛选阶段，场地上确实有先存滑坡，为了评估滑动形状，可能需要地下调查。为评估边坡内地表以下材料的工程性质，应当检查已有的土工资料。如果缺乏足够的资料，则可能需要进行现场和实验室试验。对于坐落在地震期间不液化或失去强度的硬质、非敏感黏土、干砂和密实饱和砂上的边坡，边坡的稳定性可以使用伪静态分析和/或变形分析方法来评价。在潜在可液化土和敏感黏土上的边坡可以使用本手册第一部分描述的方法来评价。

有几种方法可用于确定在伪静态分析和变形分析中使用的、合适的土强度参数。应当使用原位和试验室试验方法，计算可用于短期加载和不排水条件下（如水位以下的土）的强度。原位强度参数常常用“未扰动”样本的无侧限压缩、未固结不排水三轴和固结排水三轴试验来估计。Duncan et al.（1970）提出了一个快速泻降条件（类似于地震加载期间的条件）下计算不排水强度的方法。这种方法包括了非均匀固结对不排水强度的影响，这样就避免了与估计地震诱发的空隙压力相关的问题。U. S. Army Corps of Engineers（1970）建议使用组合剪切强度包络线，它由低围压下排水强度包络线和较高围压下不排水强度包络线所包围。与 Duncan（1990）的方法比较，这种方法提供了一个偏安全的强度解释。

一些工程方法建议提高土的不排水静力剪切强度来考虑地震加载的瞬时性质。然而，在地震期间，土的强度并不总是增长的。当受到长周期强震作用时，由于空隙水压积累增长的影响，有些土在强度方面是降低的。因此，除非降低是有充分理由的，否则，在伪静态分析中应当使用静力不排水强度。Makadisi and Seed（1978）建议从软到中硬的黏土的静力不排水强度应降低 20% 以考虑强震期间的强度损失。

为反映可液化沉积物的特性，应当使用残余不排水剪切强度。残余强度条件存在于已经出现了大应变、更大的剪切作用将不再降低土的强度或体积之后。Seed and Harder（1990）提出了一个残余强度与等价净砂 SPT 击数 $(N_1)_{60\text{-CS}}$（图 3-11）之间的关联关系。图 3-11 所示关联关系的较低限被认为是残余强度的偏安全的估计。穿过图 3-11 所示区间较低 1/3 的曲线被认为是用在稳定性分析中的一个合理估计。对某一特定的地层,这个较低 1/3 的残余强度是基于修正的标准贯入击数平均值而估计出来的。

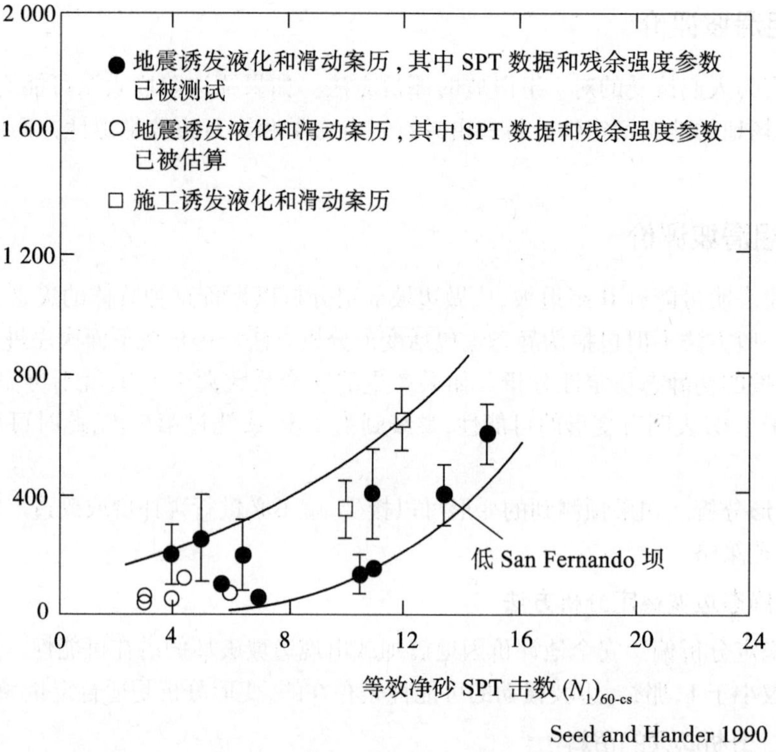

图 3-11　修正的"净砂"击数$(N_1)_{60\text{-}CS}$与来自实例的不排水❶残余强度(S_r)间的关系

3.4.2.1(b)　分析方法

在伪静态边坡稳定性分析中,地震产生的惯性力被表示成作用在可能滑动体上的等效静态水平力(地震系数)。在这一分析中,地震系数一般应该等于边坡附近的峰值地层加速度。

Seed(1979)、Hynes and Franklin(1984)提供了选择一个合适的准静态地震系数的建议。对堤坝提出了两种方法,都是基于一个不会削弱堤的完整性的、可接受的变形水平上。使用 1m(3.3 英尺)作为可接受性能的极限,对强度 6.5 和 8.25 的地震,Seed(1979)建议分别使用地震系数 0.1 和 0.15(与安全系数 1.15 一起使用)。这个建议是针对这些堤坝而做的:其组成材料因地震损失强度不多于 15%、承受小于 0.75g 的峰值加速度。

Hynes and Franklin(1984)建议在堤坝下卧基岩上使用一半的峰值加速度为伪静态地震系数。这个建议也是基于限制永久变形到 1m(3.3 英尺)(考虑堤顶的放大效应后)。很清楚,可接受或容许的水平变形控制着用于伪静态稳定分析的地震系数的选择。虽然 1m(3.3 英尺)的变形对评价土坝、填石坝和路堤的性能是可接受的,但是被支持在路堤上、天然或人工边坡上的结构和面层则可能不容许这个水平的永久变形。于是,由 Makdisi and Seed(1978)发表的地震诱发变形的结果被用来估算在各种永久位移的假定水平上的地震系数(与安全系数 1 一起使用)的数值。使用比例 k_y/k_{max}(这里 k_y 是产生安全系数 1 的地震系数,k_{max} 是潜在滑动体内被诱发的峰值加速度)和 Makdisi and Seed(1978)估算的上限变形,估计出地震系数值后发现是被指定的永久变形和震级的函数。对结构通常允许的永久变形[2.5 ~ 5cm(1 ~ 2 英寸)级]来讲,对应的地震系数大约是 70% ~ 80% 的峰值加速度。

因此建议,在预评价阶段,应在稳定性分析中偏于安全地使用一个等于潜在滑动体内被诱发的峰值

❶ 原文为 underdrained。

加速度的地震系数。使用这个方法，一个大于 1 的计算安全系数将保证估算的地震诱发边坡变形被限制到可接受的水平。

必须要估计潜在滑动体（体内峰值加速度的平均值）内被诱发的峰值或最大加速度 k_{max}。经常假定这个值就等于自由场地层加速度 a_{max}。这样忽略了由于地形的影响加速度可能在边坡上的放大，而且，也忽略了由于地震动随深度的减小和滑动体上的空间平均引起的加速度的降低。考虑放大和减小效应的某个 k_{max} 总是可以使用动态响应分析或简化方法来计算。Makdisi and Seed（1978，1979）提出了估算堤坝响应的简化方法。他们的方法给出了最大峰值加速度的估计值和最大平均加速度 k_{max} 随堤坝内滑动面深度的分布。Ashford and Sitar（1994）做了弱胶结砂、陡坡的二维动态响应分析，用的是广义超单元法（Deng，1991）。他们分析的结果说明，相对于坡顶外自由场地层加速度，在坡顶算得的峰值加速度被放大了。地形效应引起的这种放大决定于边坡形状和输入震动的频率成分。对他们分析过的场地来说，坡顶计算峰值加速度平均比坡顶外自由场估计的那些值高大约 50%。他们也分析了下卧层为硬岩的由土或风化岩石组成的陡坡，发现由于场地效应在地面（坡顶外）引起的加速度放大比因地形效应引起的要大很多。所以，Ashford and Sitar（1994）提出了一种用一维场地响应组合场地放大效应，然后提高自由场相应峰值 50% 来考虑坡顶地形效应。二维响应分析的结果表明，使用 Makdisi and Seed 的简化（一维）方法所计算的放大，路堤的值比陡坡的计算值高很多。Ashford and Sitar（1994）也给出了滑动体各深度的 k_{max}/a_{max} 归一化值的曲线（类似于 Makdisi and Seed 给出的，1978）。他们的曲线有同样通用的形状，但是，覆盖的区间比 Makdisi and Seed（1978）给出的轮廓覆盖的区间更宽。他们的 k_{max}/a_{max} 关系随输入震动的频率成分和坡角而变化。最陡的边坡产生 k_{max}/a_{max} 随深度而变化的上限。

估算一个潜在滑动体内峰值加速度的方法如下：(a) 对一般具有均匀地下条件的小边坡，自由场峰值加速度可以被用作平均伪静态地震系数。(b) 对下卧硬岩层的风化岩或土的陡坡，可以使用 Ashford and Sitar（1994）的方法。(c) 对具有复杂形状和材料性质的场地，或基础或关键设施和结构，建议做针对场地的二维动态响应分析以估算 k_{max}。在路堤或边坡的横向"顺坡"方向估算被诱发的加速度。对路堤边坡，除了 Makdisi and Seed（上面已描述）的简化方法外，由 Harder（1991）根据多次地震（在堤坝顶）期间记录到的震动而给出的放大曲线也可以用于估算 k_{max}。

使用边坡稳定分析的极限平衡法可以估算某个地震系数的安全系数。土坡的边坡稳定分析方法由 Duncan（1996）在 Transportation Research Board, Special Publication 247, Landslide Investigation and Mitigation 中详细地描述。也有能够进行伪静态边坡分析的几个商业计算机程序，例如，UTEXAS3（Wright，1991），SLOPE/W（GEO-SLOPE International Ltd.，1998），PCSTABLE（Siegel，1975），或 XSTABL（Sharma，1997）。考虑到定位临界破坏面所需的迭代次数，建议使用这类计算机辅助软件。

一个大于 1 的计算安全系数表明边坡是稳定的，不需要再评价。一个小于 1 的计算安全系数并不意味着破坏，但说明边坡将屈服，预计可以出现变形。在这种情况下，使用 3.4.2.2 节描述的方法计算期望边坡变形。

3.4.2.1(c)　岩石边坡的特殊考虑

岩石边坡的静态和地震稳定性常常主要决定于岩石层理、节理和裂隙的方位和特性，而不是决定于完整岩石的性质。对岩体的工程性质进行特征提取可能需要详细的工程地质现场评估和试验室试验。Norrish and Wyllie（1996）介绍了几个岩石边坡的静态分析方法，包括考虑不利的层理、节理和潜在的楔体破坏的运动学分析。地震分析方法还不是很成熟，但一般包括了把伪静态地震系数应用到岩体模型中。对岩石边坡稳定分析的方法和模型描述，应该参考 Norrish and Wyllie（1996）的研究。图 3-12 是一种简单情况的分析模型的示例。

由于岩石边坡破坏机制的多样性，本文献没有对用于分析岩石边坡稳定性的分析方法进行检查。地震加载下岩石边坡的分析方法在 Norrish and Wyllie（1996）的文献中介绍。

3.4.2.2　变形分析方法

估算地震期间边坡变形的简化方法是基于 Newmark（1965）提出的屈服加速度的概念。Newmark 法已经被多个研究者(Goodman and Seed, 1966; Ambrasey, 1973; Sarma, 1975; Franklin and Chang, 1977; Makdisi and Seed, 1978; Hynes-Griffin and Franklin, 1984; Wilson and Keefer, 1985; Lin and Whitman, 1986; Ambrasey and Menu, 1988; Yegian et al., 1991)进行了修改和扩充。这个方法假定,运动出现在定义良好的滑动面上,材料在低于屈服加速度的加速度水平上为弹性表现,但在屈服以上时表现出完全的塑性行为。这个方法包括下列步骤:

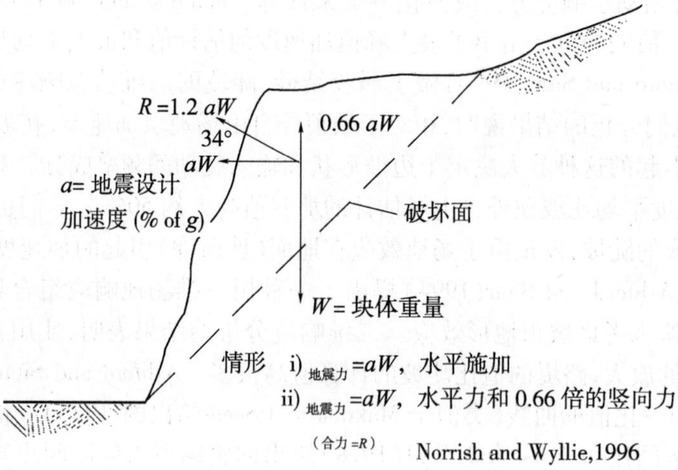

图 3-12 岩石边坡伪静态分析的水平和垂直地震系数

第 1 步:使用前节所述的极限平衡伪静态边坡稳定性分析方法,确定屈服加速度 k_y。屈服加速度对应于产生安全系数 1 的地震系数。

第 2 步:按前节所述,确定潜在滑动体经历的峰值水平加速度 k_{max}。

第 3 步:使用下面讨论的一个或多个方法计算 k_y 对 k_{amx} 的比例,计算可能的变形。

本文中的变形分析方法可导致脆性岩石和土(他们的特征是屈服时强度方面有相当大的降低)不准确的结果。在材料强度等于屈服强度时,使用假定高于屈服点以上材料表现为完全塑性行为的变形分析方法将低估这些材料的变形。脆性土包括美国西部常见的弱胶结砂和在美国中西部常见的黄土沉积。计算脆性土的方法可以在 Ashford and Sitar(1994) and Sitar and Clough(1983)的文献中找到。

3.4.2.2(a) 屈服加速度 k_y

屈服加速度 k_y,即一个潜在滑动面可能产生安全系数 1 时的加速度,使用上述的极限平衡伪静态边坡稳定性分析法来确定。屈服加速度的值主要决定于边坡形状、边坡材料的不排水剪切强度和潜在滑动面的位置。

3.4.2.2(b) 滑动体内诱发的峰值加速度 k_{max}

评价潜在滑动体(峰值加速度在滑动体上的平均)内诱发的峰值或最大加速度 k_{max} 的指南在 3.4.2.1(b)节介绍。

3.4.2.2(c) 估计变形 D

使用 Newmark 法计算变形的几个方法已经提出来了。其中的每一个都是基于下面的方法。对一个特定的潜在滑动体来说,诱发加速度 k_{max} 与屈服加速度 k_y 相比较。当诱发加速度超过屈服加速度时,将沿假定破坏面发生顺坡移动。当诱发加速度降到屈服加速度以下、当诱发速度降到 0 时,移动将停止。潜在位移的大小可以用简单的二重积分法对加速度图积分来计算,如图 3-13 所示(注意,k_y 在图中表示为随加速度水平而变化,除非材料在地震期间经受快速的强度损失,k_y 一般被假定为常数)。

最常用的计算位移的简化方法是由 Makdisi and Seed(1978)为估算路堤位移而提出的。位移作为屈服加速度与最大诱发加速度比(k_y/k_{max})的函数图示于图 3-14 和图 3-15。示于图 3-14 和图 3-15 中的位移依据峰值诱发加速度的幅值 k_{max}(表示成重力的十分之几)、重力加速度和土坝或土坡的卓越自震

周期 T_0 作了正则化处理。这个方法是基于0.5～1.5s 间的 T_0 值而提出的。路堤的 T_0 值可以用下列公式计算：

$$T_0 = 2.6\frac{h}{v_s} \tag{3-2}$$

式中：h——路堤高度；

v_s——土的应变相关剪切波速。

Makdisi and Seed(1979)提出了一个计算路堤边坡的应变相容 T_0 的简化方法。土中的应变相容剪切波速随地震水平的提高而降低。在不做动态响应分析的情况下，应变相容剪切波速的建议数值如下：对 $0.1g$ 级的地震，v_s 的值可以被假定为 $0.8v_{max}$（这里，v_{max} 是低应变最大剪切波速）；对 $0.7g$ 级的强地震水平，v_s 的值可以被假定为 $0.45v_{max}$。对均匀硬土的小边坡，地震加速度时间历程的主周期可以被使用在分析中。一个地震加速度时间历程的主周期是一个地震震级、震源到场地的距离和场地条件的函数。评价地震动的频率成分(固有周期)的关系式由 Rathje et al.(1998)提出。这些周期的代表性数值在0.4～0.7s 之间的区间内。

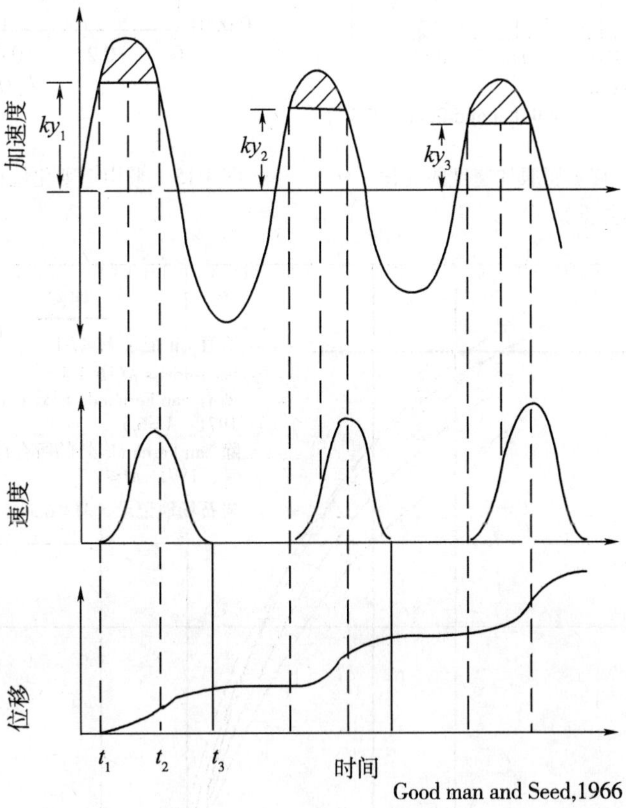

图 3-13　确定速度和位移的加速度时间历程积分

图 3-14 和图 3-15 所示的位移关系代表了一定范围的地震震级。地震震级可以根据地震灾害分析得到的平均震级(de-aggregated)和从确定性评价中得到的最大可信地震震级(见第一部分)二者择一。

Newmark 滑动块体分析概念也被 Franklin and Chang(1977)所使用，基于大量的从以前地震中记录到的地震加速度时间历程和大量的合成记录，他们计算了永久性位移。图 3-16 使用标准化的最大位移上限包络曲线对屈服加速度与最大地震加速度比值显示了他们的结果。Franklin and Chang(1977)使用的时间历程全部都按 $0.5g$ 的峰值地层加速度和 0.76m/s(每秒 30 英寸)峰值地层速度的比例作出。对特定峰值地层加速度 A 和速度 v 的位移 D(单位：英寸)可以将标准化最大位移乘以数量 $v^2/(1\,800A)$ 得到，这里 v 的单位是英寸每秒，A 的单位是重力的十分之几($v^2/(0.012\,85A)$；这里 v 用 m/s；D 用 m)。

Yegian et al.(1991)使用 86 个地震动记录作了类似的分析。他们的计算正则化位移示于图 3-17。

这些计算位移使用峰值诱发速度 k_a、等价周数 N_{eq} 和时间历程 T 的主周期的平方进行了正则化处理。

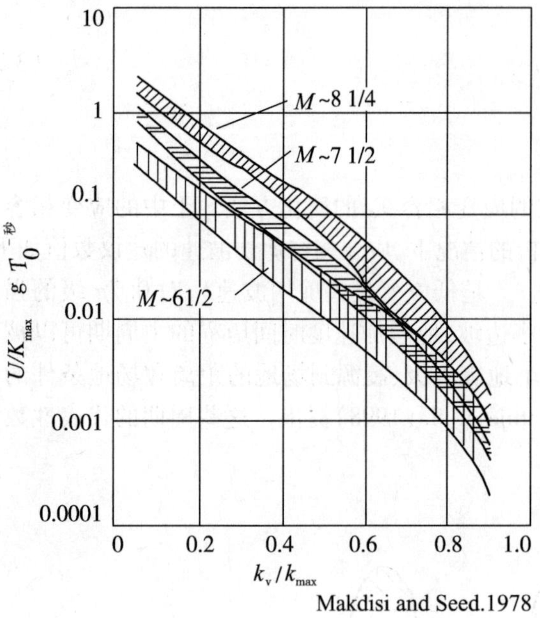

图 3-14　正则化永久位移随屈服加速度的变化（汇总所有的数据）

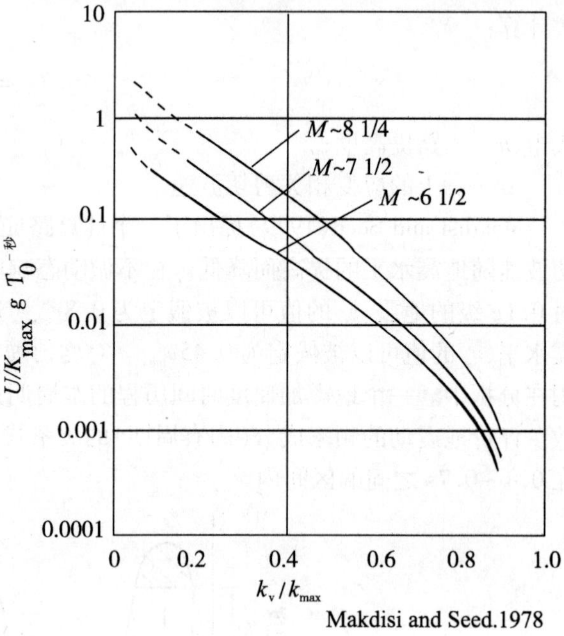

图 3-15　平均正则化位移随屈服加速度的变化

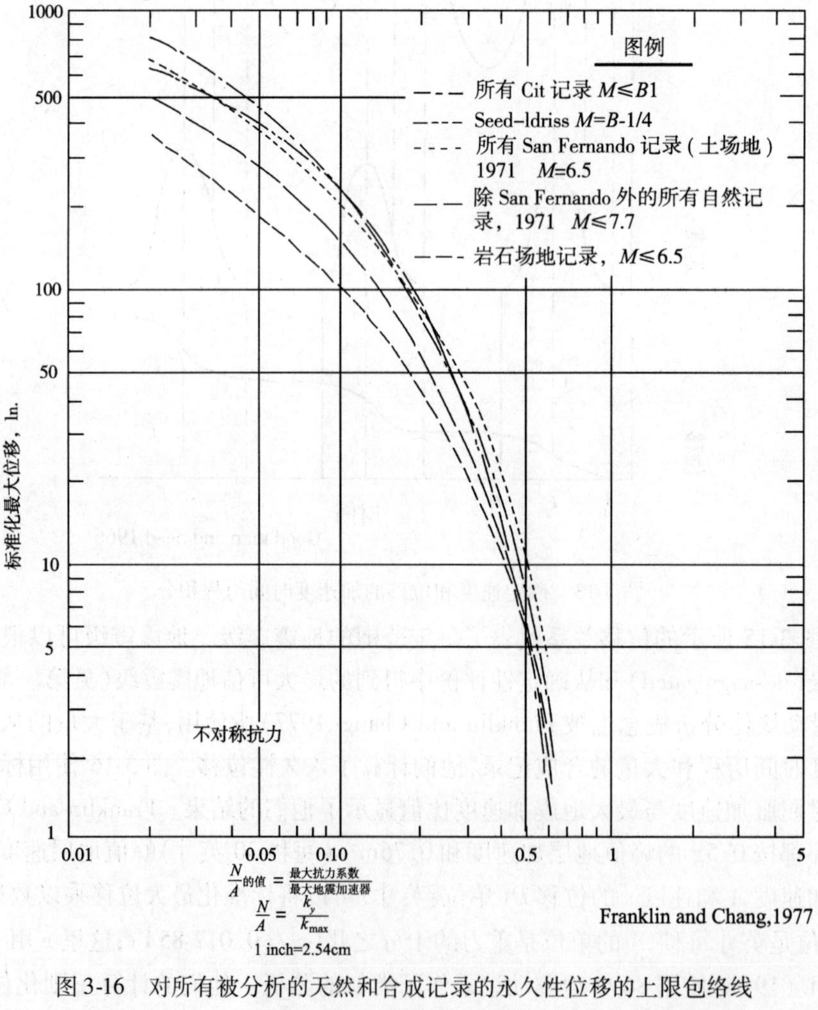

图 3-16　对所有被分析的天然和合成记录的永久性位移的上限包络线

等价周数是地震震级的函数，可以按下面计算（Seed and Idriss，1982）。

地震震级	有效周数 N_{eq}
5.25	2～3
6	5
6.75	10
7.5	15
8.5	26

使用一个假定震级 7.5 的地震，k_{max} 等于 $0.5g$ 和 $0.7g$ 对上述方法作了一个简单的比较，屈服加速度 $k_y=0.3$ 表示在表 3-6。Franklin and Chang（1977）法，他们的曲线代表上限关系式，对 k_{max} 的两个值都得到了最大变形。Makdisi and Seed（1978）、Yegian et al.（1991）法对两个加速度水平对提供了相似的变形。一般地说，这些变形分析方法提供了类似的结果。这些变形分析方法进一步的示例在例子 3.2（见 3.6 节）中给出。

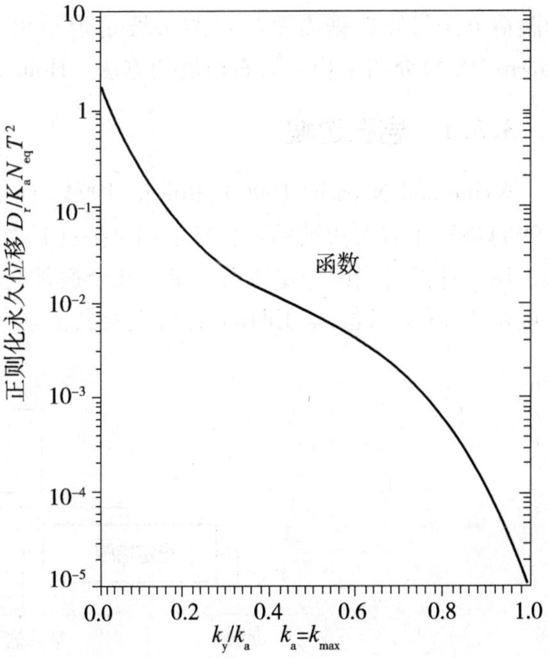

图 3-17　正则化永久位移随屈服加速度的变化

除了上述的那些简化方法外，一个委员会（通过 ASCE 洛杉矶分会组织的）为了实施 Division of Mines and Geology（DMG）Special Publication 117-Guidelines for Analyzing and Mitigating Landslide Hazard in California（Blake et al.，2002）的指南提出了多个筛选和评价方法。该文献提出了评价边坡稳定性和地震诱发位移的野外和实验室方法、预筛选方法和简化分析方法的指南。

对有复杂形状和材料性质的边坡（不能用上述简化方法近似的）以及支撑基础结构的边坡和路堤，详细的动态分析和 Newmark 型位移分析是必须的。这些分析包括使用等价线性（应变相关）有限元方法，例如 QUAD4M 程序（Hudson et al.，1994）。这个被广泛使用的动力分析程序提供在整个堤内或边坡内的地震诱发应变和加速度的估计值。时间历程与对应滑动体的屈服加速度进行比较，进行二重积分以估计地震诱发的永久变形。

最近，二维非线性有限元和有限差分程序也被用来计算边坡和堤坝的动态响应、液化的可能性和永久变形。FLAC（Itasa，1998）程序是一个能模拟非线性、耦合地震期间有效应力行为的有限差分（大应变）计算机程序。然而，这类严格的数值模拟方法需要相当的经验和判断来恰当校正模型参数；它们的结果一般要与常用的（基于经验的）简化分析相比较。

变形分析法的比较　　表 3-6

方　法	变形（cm）		假　设
	案例 1：$k_{max}=0.5g$	案例 2：$k_{max}=0.7g$	
Makdisi and Seed（1978）	3	14	$T_0=0.36$s（Seed et al.，1968）
Yegian et al.（1991）	3.5	13	$T_0=0.36$s（Seed et al.，1968）
Franklin & Chang（1977）	5（岩） 7（土）	19（岩） 43（土）	使用 Sadigh and Egan（1998）计算的速度 $k_{max}=0.5g$；$v=50$cm/s（岩），60cm/s（土） $k_{max}=0.7g$；$v=60$cm/s（岩），90cm/s（土）

3.4.3 III 组滑坡评价

III 组滑坡包括土的侧向扩展和快速土体流动。评价这些条件的方法包括在本手册第一部分。

3.5 改造方法

稳定土、岩边坡的详细方法在 Transportation Board Special Report 247, Landslides Investigation and Mitigation(Turner and Schuster, 1996, editors)里介绍。I、II 组滑坡二者都包括岩、土稳定性问题。滑坡的改造方法最好根据需要稳定的边坡是否是由岩石或土组成来分组。Wyllie and Norrish(1996) and Brown(1994)介绍了稳定岩石边坡的方法。Holtz and Schuster(1996)介绍了土边坡的稳定方法。

3.5.1 岩石边坡

Wyllie and Norrish(1996)、Brown(1994)详细描述了岩石边坡的稳定方法。Wyllie and Norrish(1996)描述了岩石边坡的三类稳定和保护:(1)加固;(2)清除岩石;(3)保护。这三类的改造措施列于图 3-18。选择适当的稳定体系决定于几个通常与场地相关的问题。这些问题包括服务寿命、公路结构的重要性、环境问题、施工时间、经济性及其他。

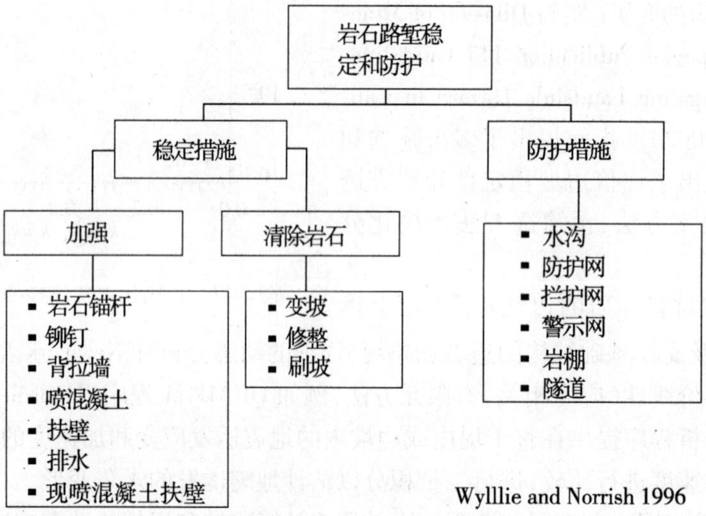

图 3-18 岩石稳定措施的类别

1)加固岩石

很多技术被用于岩石边坡的加固。这些技术图示于图 3-19。这些方法的一个共同特点是，它们能将因开挖和/或地震加载而发生的岩体松弛和散开的程度减到最小。这些方法包括：钢筋混凝土铆钉、张拉岩石锚固、防止在潜在断层区上滑动的背拉式挡土墙、防止破碎岩石散落的喷混凝土、降低孔隙压力的泄水孔、填充岩石空洞的混凝土扶壁。潜在岩石倾倒破坏也可以通过加固岩石被稳定住。使用这个方法，多个岩柱被拴接在一起以达到将被组合在一起的岩体的重心移动到它的基面之内的目的。

因为注浆锚杆可以以合理的成本提供长服务寿命,所以它们常常被用于岩石加固。浆液包含非收缩水泥和/或高强、最大黏度和低收缩率的外加剂。岩石的强度经常控制锚杆的强度。浆液和各种岩石类型之间的允许黏结应力的近似值列于表 3-7。在缺乏试验室或现场试验数据时,这些近似范围可以被用来计算锚杆强度。

水泥砂浆锚杆允许黏结力　　表 3-7

岩石强度与类型	允许黏结力(MPa)	抗压强度范围(MPa)
强	1.05 ~ 1.40	>100
中	0.7 ~ 1.05	大约 50 ~ 100
弱	0.35 ~ 0.7	大约 20 ~ 50
花岗岩、玄武岩	0.35 ~ 1.0	
白云石灰岩	0.45 ~ 0.7	
软石灰岩	0.35 ~ 0.5	
板岩、强页岩	0.3 ~ 0.45	
弱页岩	0.05 ~ 0.3	
砂岩	0.3 ~ 0.6	
混凝土	0.45 ~ 0.90	

Wyllie,1991

2)清除岩石

清除岩石是稳定潜在不稳定岩石边坡的一种有效方法,因为它消除险情后不再需要将来的维护。清除岩石包括改动不稳定岩石区的坡度、修整悬石、撬除个别松散的碎石块。图 3-20 是这些方法的示例。

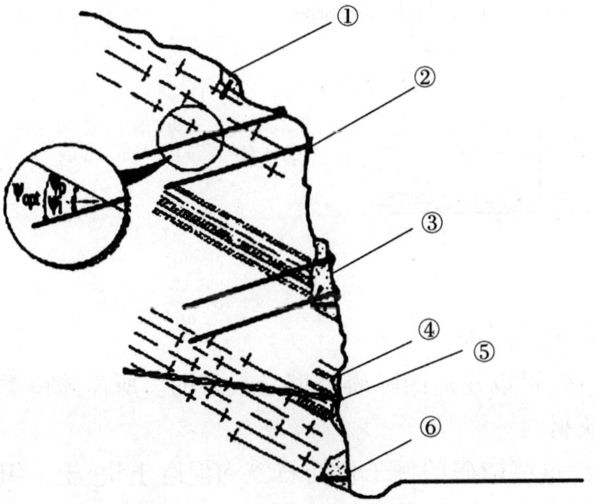

①防止顶部板岩松动的钢筋混凝土铆钉;
②防止顶部滑动破坏的预应力岩石锚杆;
③防止断层区上滑动的背拉墙;
④防止破碎岩区碎落的喷混凝土;
⑤降低坡内水压力的泄水孔;
⑥支撑空洞上岩石的混凝土扶壁

Wyllie and Norrish. 1996

图 3-19　岩石边坡加固方法

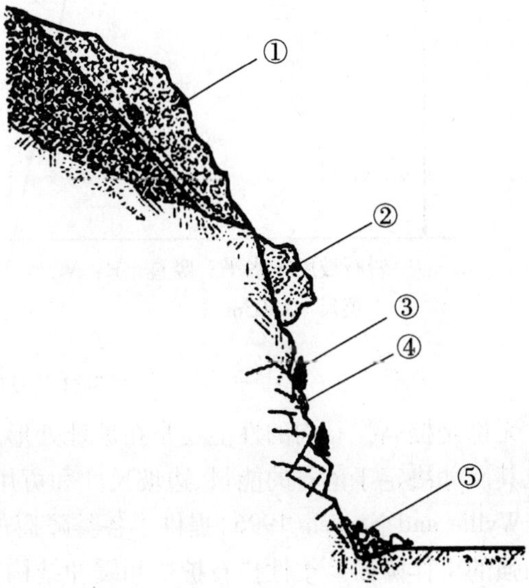

①边坡上部分不稳定风化材料,变坡;
②用修整爆破法清除悬挂的岩石;
③清除根在缝隙中的树木;
④人工撬除在破碎岩区的松石;
⑤清理水沟

Wyllie and Norrish. 1996

图 3-20　边坡稳定的清除岩石法

3)防止落石的预防措施

另一个防止落石灾害的有效方法是允许落石发生但控制其下落的距离和方向。这些方法包括拦沟和拦护障碍、铁丝防护网、边坡面上的网衬和挡石棚。所有这些方法依赖于障碍吸收能量的特性,这些特性或将落石阻挡在一定的距离内或者使其偏离被保护设施。

Richie(1963)给出了估计拦石沟所需的宽度和深度与附近边坡的高度和坡面角度的关系(图 3-

21)。为了阻止落石或碎石到达路面,大部分拦石沟需要在沟和公路之间设置障碍。也可以在沟内使用松散颗粒材料以吸收落石能量。

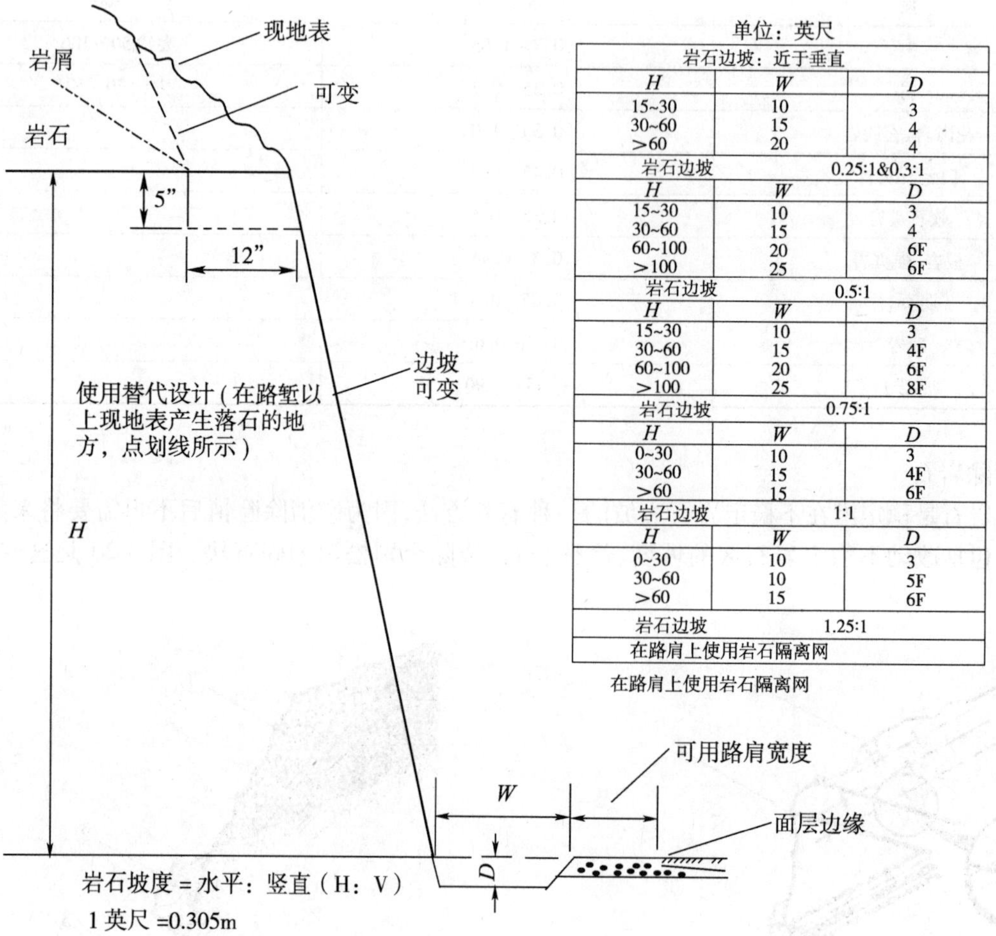

岩石边坡：近于垂直		
H	*W*	*D*
15~30	10	3
30~60	15	4
>60	20	4
岩石边坡	0.25:1&0.3:1	
H	*W*	*D*
15~30	10	3
30~60	15	4
60~100	20	6F
>100	25	6F
岩石边坡	0.5:1	
H	*W*	*D*
15~30	10	3
30~60	15	4F
60~100	20	6F
>100	25	8F
岩石边坡	0.75:1	
H	*W*	*D*
0~30	10	3
30~60	15	4F
>60	15	6F
岩石边坡	1:1	
H	*W*	*D*
0~30	10	3
30~60	10	5F
>60	15	6F
岩石边坡	1.25:1	
在路肩上使用岩石隔离网		

图 3-21　成型拦沟的一般设计准则

无论是提高拦石沟的性能还是在坡址处形成拦护区,可以建造的障碍类型是很多的。所需障碍类型及其尺寸决定于落石的能量、边坡尺寸和可用的建筑材料。

Wyllie and Norrish(1996)提供了各类障碍的细节。这些障碍的例子包括石笼和混凝土块、土工织物加强的土体障碍。柔性拦石护栏和缓冲结构也经常被使用,包括编织钢丝绳网、柔性柱落石护栏和折叠(draped)铁丝网。图 3-22 给出的是 California Department of Transportation(Smith and Duffy, 1990)使用的落实挡护网体系的主要组成部分。

在稳定工程成本可能较高的极端落石灾害地区,为保护公路可以使用挡石棚。这些棚建有缓坡屋顶,直接将落石导过路面或铁路而不是抵抗直接的冲击(图 3-23,McCauley et al. ,1985)。这种结构的设计也必须以改变落石和砾石所需的能量为依据。California Department of Transportation(Caltrans)减轻落石灾害报告评价了可能使用的各种减灾技术。这份 Caltrans 报告也给出了一份减灾方法的汇总(图 3-24),这些方法是由 14 个对他们的调查作出了响应的、经过挑选的州所使用的。这份调查中,拦护网、拦石沟、岩石锚杆和铆钉、控制爆破和平整和清理坡面是应用最广的岩石边坡减灾方法。

3.5.2　土坡

滑坡、边坡潜在破坏的维修措施设计方法和稳定边坡设计方法可以分为如下类型(Holtz and Schuster,1996):

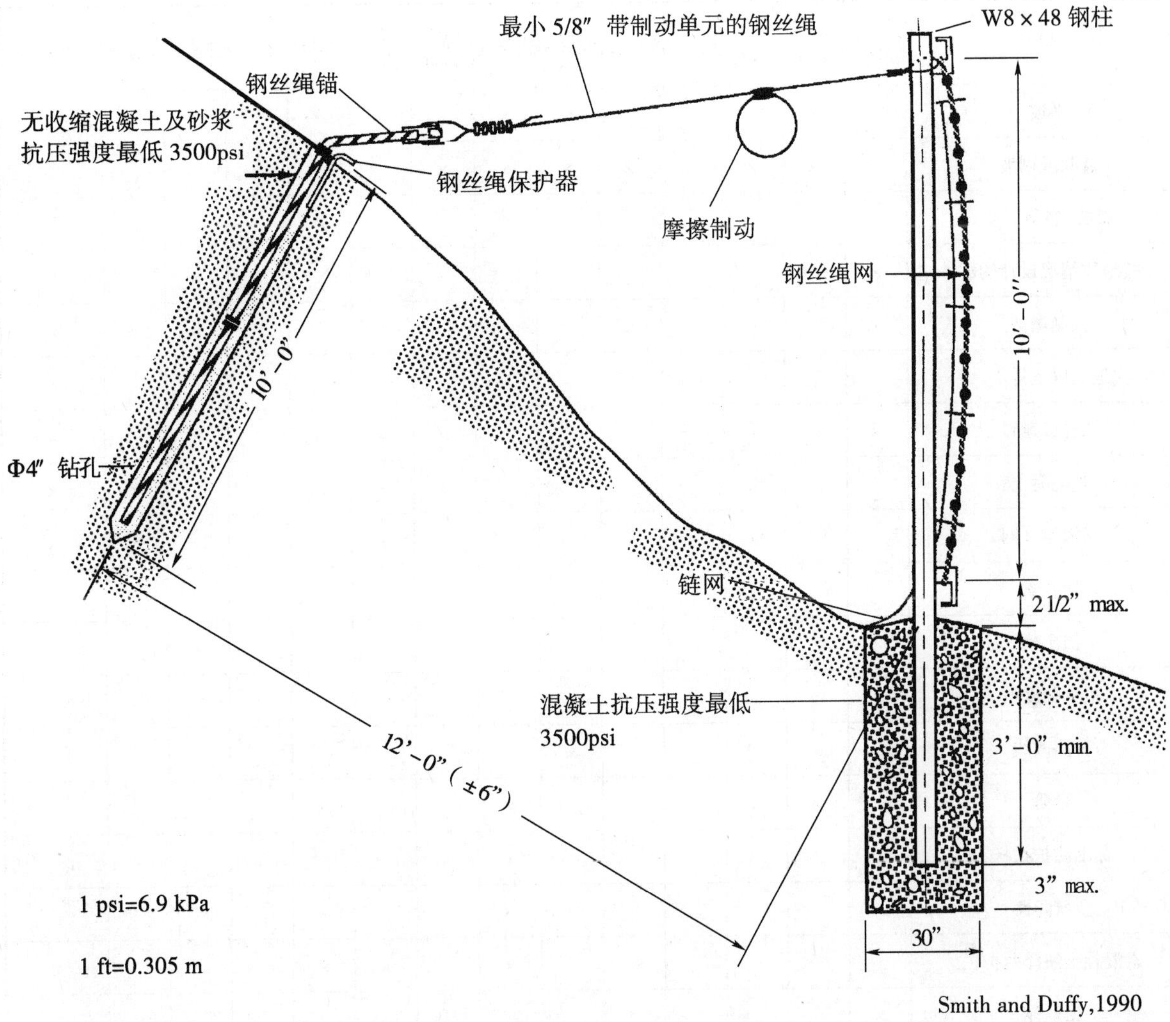

图 3-22　全埋立柱和锚固支撑的落石约束网系统的侧视图

- 避开问题，将设施迁到一个稳定的场地；
- 降低引起移动和滑动的推动力；
- 提高抵抗移动的力。

这三种方法汇总在表 3-8。

- 问题的避免

地质和岩土勘察研究应当揭示影响边坡稳定性的不利条件，例如：不良的地表排水、既有天然边坡的渗流、山坡蠕动、既有滑坡和软地基。可以迁移这些设施以避开这些潜在的问题区域，特别是既有滑坡。如果迁移或改变一个计划的设施的路线是不可行的，那么可以考虑部分或全部清除不稳定材料。如果迁移和/或清除不稳定材料成本太高，一个替代设计是用基础位于不稳定材料之下、能够抵抗其侧向荷载的桩基或钻孔桩基的桥梁跨越不稳定区。

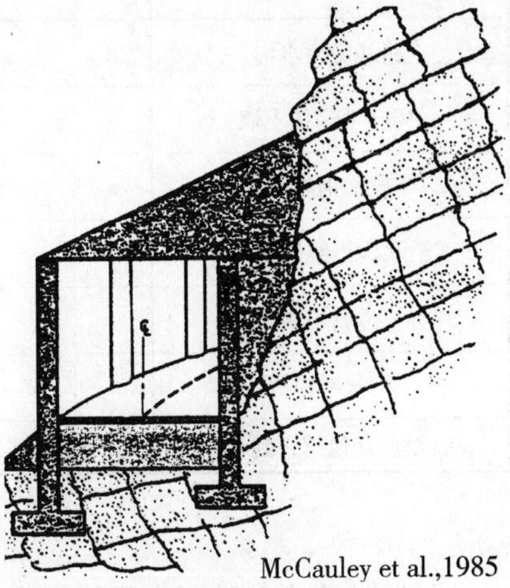

图 3-23　岩石棚的例子

- 降低推动力

一个提高边坡稳定性的简单方法是减小潜在滑动中涉及的土体质量。已经成功用于改善边坡稳定性的方法包括整平边坡、开挖台阶边坡、开挖滑坡顶材料、地表和地下排水以及使用轻质填料。

州	阿肯色	亚利桑那	科罗拉多	夏威夷	爱达荷	蒙大拿	内华达	新罕布夏	新墨西哥	俄勒冈	犹地	佛蒙特	华盛顿	怀俄明
平坡		×				×	×	×	×	×				
撬除或刷坡	×	×	×		×	×	×	×			×			
斜坡,多角度坡									×					
按地质情况设计的坡	×											×		
控制爆破	×			×	×				×			×	×	×
地表以下排水	×													
锚杆或铆钉	×		×				×	×	×	×		×		×
喷混凝土			×					×	×	×			×	×
锚固钢丝网			×					×	×	×			×	×
捆扎索							×							
挡土墙		×										×		
最大陡度坡	×										×			
公路改线		×				×								
台阶		×	×				×			×	×			
标准防护栏杆							×	×					×	
金属障碍						×				×				
素混凝土纽泽西护栏					×	×	×		×	×				
铅丝笼	×								×				×	
土路肩										×				
截水沟								×						
路基定型水沟	×		×		×		×	×	×	×	×		×	×
“电话杆”挡土墙									×					
帷幕钢丝网	×		×	×	×		×		×	×	×		×	
沿水沟沿线防集料								×						
金属箱墙			×											
钢丝网护栏		×		×	×		×		×	×	×		×	

注:根据其他州送到 Caltrans 的答复编制成表,表中所列州也可能使用别的方法。也组合使用缓解措施。

McCauley et al. ,1985

图 3-24 选中的各州使用的岩石边坡减灾方法

排除地表水和地下水是稳定边坡的一个应用广泛的方法。恰当排水不但减少滑动体的重量,而且提高边坡内材料的强度。

恰当的地表排水应能防止水流过坡面、渗入土坡内。当预计有大体积径流时,可使用导流沟和截水沟。控制地表以下水的方法在下面“提高抵抗阻力”中讨论。

最后，为减小引起失稳的推动力，在路堤施工中已经使用了轻质回填材料。

潜在稳定问题方法汇总　　表 3-8

分　类	方　法	最佳应用	限　制	备　注
避免问题	迁移设施	任何地方，做替代方案	如果在规划阶段进行了研究，没有限制；如果选择迁移、设计是完整的，成本高；如果需要改建，成本也高	计划迁移的细化研究应当保证改良条件
	完全或部分清除不稳定材料	小体积开挖、浅层碰到不良土层	控制开挖的成本可能大；可能不是大滑坡的最佳替代方案；由于占地要求可能是不可行的	必须进行分析研究；开挖深度必须足以保证牢固支撑
	设桥	在坡侧位置有浅层土移动	可能造价高、不能提供足够的侧向抵抗力以约束滑坡体的能力	必须完成对预期加载和结构能力的分析
降低推动力	改线或改坡	在项目预设计阶段内	将影响滑坡区附近路段	—
	表面排水	任何设计形式；也必须部分地是任何一个维修设计	由于地表水浸入将只改正地表水浸入和入渗	所有情况下必须考虑边坡植被
	地表下排水	在任何边坡上，降低地下水位将提高边坡稳定性	有不透水滑动体的地方不能有效使用	稳定性分析应当包括对渗透力的考虑
	减小重量	在任何既有或潜在滑动中	需要可能高成本或不具备的轻质材料；弃方可能造成问题；需要占地	必须完成稳定性分析以保证轻质材料的正确设置
提高抵抗阻力；施加外力	使用扶壁、抗重力填料；坡趾土埂	在既有滑坡处；与其他方法联合使用	对深部滑动可能无效；必须要坐在硬基上；需要占地	考虑有限占地的加强陡坡
	使用结构体系	防止开挖前的移动；工程用地紧张的地方	将不承受大变形；必须彻底穿透到滑动面以下	需要稳定性和土—结构分析
	安装锚拉	工程用地紧张	要求地基土靠锚拉力抵抗剪力的能力	必须研究原位土剪切强度；方法的经济性决定于锚拉能力、深度和频率
提高内部强度	地表以下排水	在水位高于剪切面的任何滑坡处	需要熟练人员安装，保证有效工作	—
	使用加强回填	在路堤和陡峻填土坡；滑坡重建	需要加强的长期耐久性	必须考虑施工过程中施加到加强上的应力
	安装原位加强	在硬土中作为临时结构	需要铆钉、锚拉和微型桩的长期耐久性	设计方法不很成熟；需要透彻的土质调查和性质实验
	使用生物技术稳定	在中等高度的土坡上	气候；干旱季节需要灌溉；精选长寿命植物	设计凭试错法加地方经验
	化学处理	在滑动面明确、土对处理反应积极	可逆；长期有效性还没有被评价过；环境稳定性未知	土—化学处理的试验室研究必须先于现场安装；必须考虑环境影响
	使用电泳	释放多余空隙压力、提高理想施工速度下的剪切强度	需要恒定直流供电和维护	当其他一切措施都不行时使用；紧急稳定滑坡
	热处理	降低黏土对水作用的敏感度	需要昂贵的、仔细设计的系统来人工干燥或冻结地下土体	方法是试验性的，成本高

Holtz and Schuster, 1996; Gedney and Weber, 1978 修改

• 提高抵抗阻力

通过施加外力或在滑坡坡趾处施加抵抗力，或提高破坏区土的内部强度，以使边坡仍然稳定的方

式,可以在潜在的或既有的滑坡上得到提高抵抗力的效果。

为提高潜在滑动体的趾部的抵抗力,已经使用的的方法包括:扶壁填土和结构支挡体系。扶壁经常用块石、圆砾、河卵石和粗颗粒填料。图 3-25 所示是一个岩石扶壁的例子。注意本图设置了一个趾部排水沟以利排水。

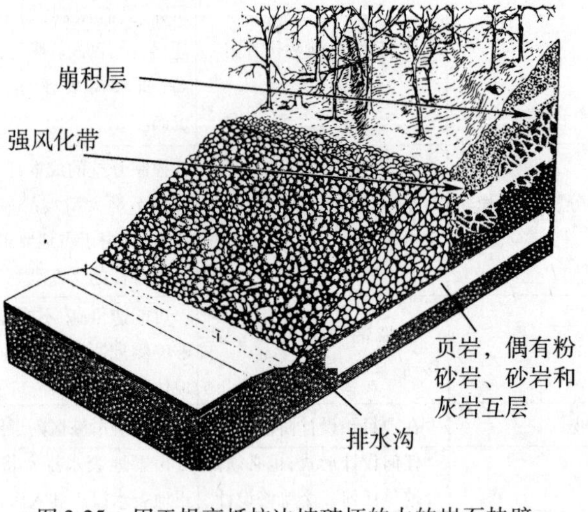

图 3-25　用于提高抵抗边坡破坏的力的岩石扶壁

在因为形状、成本或空间限制扶壁填筑不可行的情形下,可以用普通挡土墙结构、桩、加筋土坡和挡土墙替代。这些方法汇总在图 3-26。根据它们是否提供外部或内部支撑,这些方法被划分成两组。图 3-27 所示是两个系统的例子。

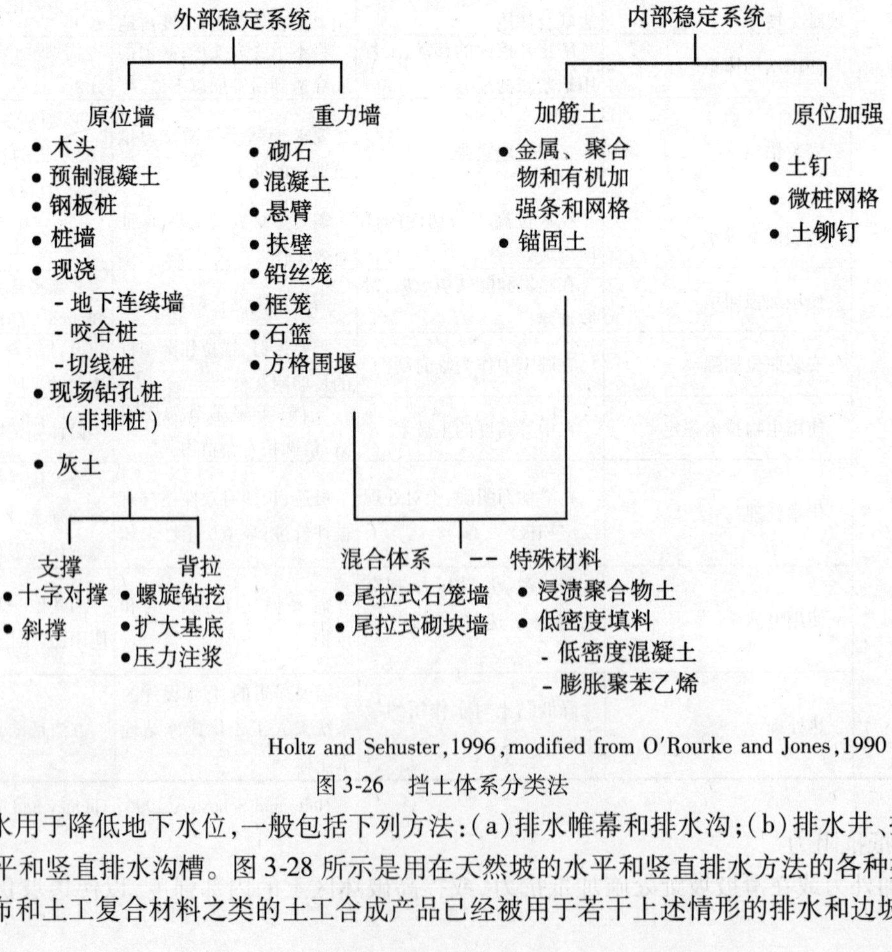

Holtz and Sehuster, 1996, modified from O'Rourke and Jones, 1990

图 3-26　挡土体系分类法

地下排水用于降低地下水位,一般包括下列方法:(a)排水帷幕和排水沟;(b)排水井、排水室、排水隧道;(c)水平和竖直排水沟槽。图 3-28 所示是用在天然坡的水平和竖直排水方法的各种类型。

像土工布和土工复合材料之类的土工合成产品已经被用于若干上述情形的排水和边坡稳定。土工布经常用于代替级配颗粒滤料。土工复合材料经常被安装在到达困难的地方、挡土墙结构后面和期望截断渗流的地方。

其他不常用到的改善排水和控制地下水的方法包括:电泳、真空降水、虹吸排水和爆破岩石边坡。

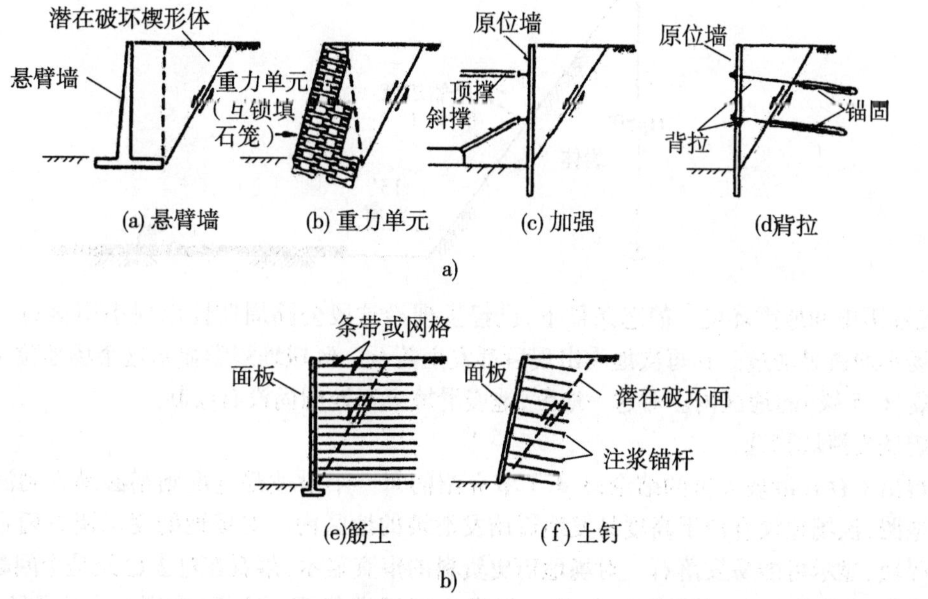

图 3-27　外部和内部稳定挡土体系示例

a)外部稳定挡土体系;b)内部稳定挡土体系

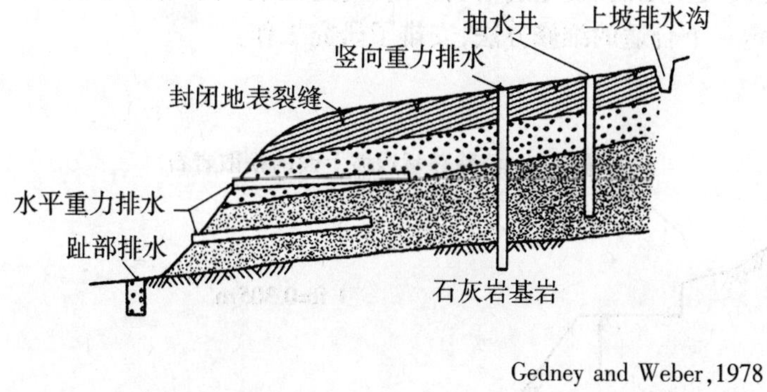

图 3-28　用于降低天然边坡地下水的竖直和水平排水沟槽的各种类型

3.6　例子

下面是三个示例,用于说明本章前面所述的筛选和评价方法。更多示例可在 Geotechnical Engineering Circular #3, Design Guidance: Geotechnical Earthquake Engineering for Hghways, Volume II-Design Examples(Kavazanjian et al., 1997)中查找。

[**例 3-1**]　落石灾害筛选、评价和改造

这个例子介绍了场地发生潜在地震诱发落石的筛选和评价的方法。该示例问题配草图说明。

a. 已有资料的检查

(1)场地条件。一条公路,位于一大约 15.2m(50 英尺)高的岩石路堑的底部。面层边缘和可利用路肩是 4.6m(15 英尺)(从坡趾向后)。边坡宽度与边坡高度的比是 0.75:1(H: V)。检查路堑坡面显示,边坡是稳定的。位于路堑顶以上的天然坡表面被各种大小的岩块覆盖。公路面层坐落在硬岩上。

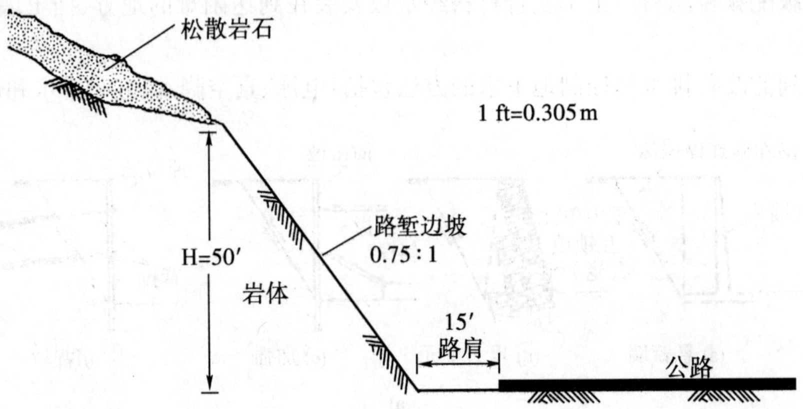

(2)场地历史和地震环境。静态条件下,已经发现沿这段公路周期性出现小型落石。这个场地在过去被几场小地震晃动过。在每次地震出现后都发生落石。区域地震学显示这个场地位于能够经历中到大的地震(6.5 级)的地区内。对这一地区,地震滑坡灾害地图尚没有绘制。

b. 地震诱发滑坡筛选

为了得出不存在滑坡灾害的结论,3.3.1 节介绍的每一个滑坡筛选准则都必须得到满足。基于可用的各种地图,该场地没有位于高度易发地震诱发滑坡的地区内。对场地的现场调查确定了路堑坡顶以上岩石碎块,显示可能易发落石。对场地历史资料的审查显示,落石在过去已经是个问题。在过去地震过程中和静态条件下出现落石显示,将来易发地震诱发落石。这样,准则“a”不满足,显示需要再评估。

c. 评价方法

因为在历史上地震发生期间,发生过落石碎落,清楚地表明了有需要防护的灾害。因此,不必进行灾害再评价,为了确定一个合适的维修方法,安排了研究工作。

d. 灾害缓解

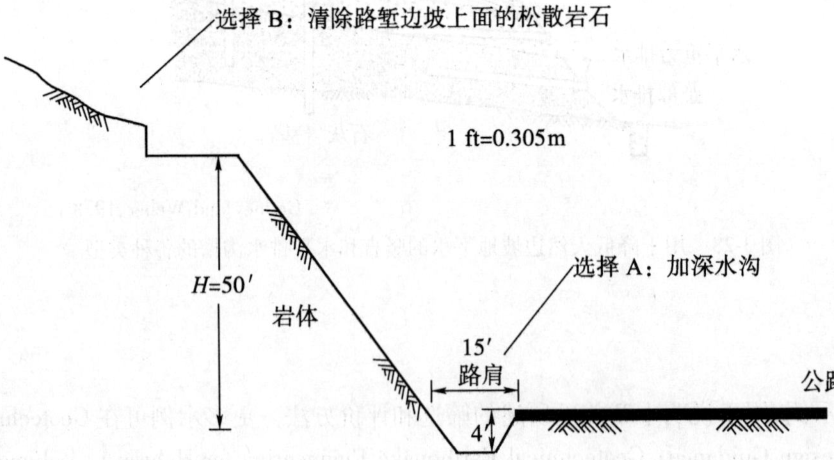

在已知场地条件下,考虑了两个改造方法(见草图):(1)建一条拦石沟,防止落石达到公路;(2)清理岩石,消除灾害。

(1)拦石沟。对这个场地(图 3-22)使用 Richie(1963)方法计算拦石沟尺寸。对 15.2m 的坡高和 0.75(水平):1(竖直)的倾角,为控制落石行进距离,Richie(1963)图显示需要的沟宽是 4.6m(15 英尺),沟深 1.2m(4 英尺)。这个图也显示,已知边坡形状,在沟和公路之间设一道障碍护栏可能是不必要的。以此图为依据,我们选择把沟加深到公路表面以下 1.2m(4 英尺)。幸运的是,这段公路已经建造了一个 4.6m(14 英尺)宽的未被使用的路肩。假如路肩的宽度再小一点的话,那么,拦石沟的尺寸可能不得不修正，或要考虑别的维修方法。

(2)清理岩石。图 3-22 说明了一个替代的落石减灾方法，其中，位于路堑坡顶以上松散岩石碎块被清除。清除碎块自身是一个非常有效的维护方法，因为它从根本上消除了灾害。然而，如果松石数量大、边坡很难到达，或场地条件很危险的话，这个方法可能是很昂贵的。

[例 3-2]　滑坡灾害筛选和评价

这个例子介绍了场地发生潜在地震诱发滑坡灾害的筛选和评价的步骤。该示例问题配草图说明。

a. 可用资料检查

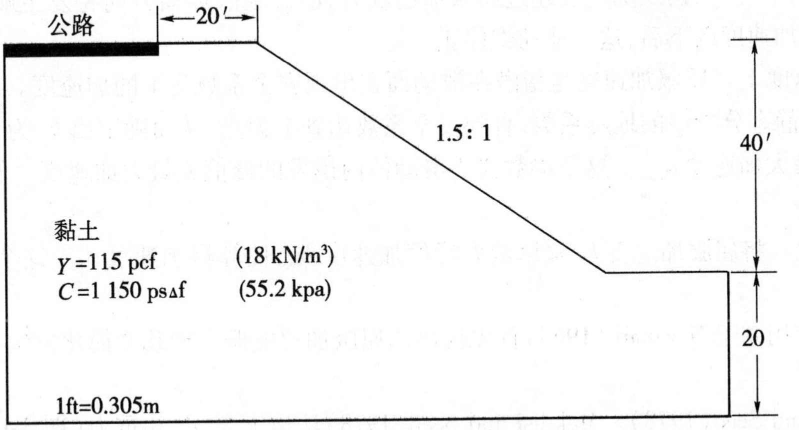

(1)土体条件。公路面层位于 12m(40 英尺)高边坡(见草图)坡顶后 6.1m(20 英尺)。边坡倾角大约是 1.5∶1(H∶V)。场地土体条件由黏土组成，其均匀不排水剪切强度(内聚力)约 55.2kPa(1150psi)，单位重量 18.0kN/m^3(115pcf)。基岩位于公路面下约 18m(60 英尺)，场地无地下水。

(2)历史地震影响和假定地震参数。本场地已经历过几次中等地震。然而，没有已知的历史资料显示曾发生过地震诱发滑坡。场地调查表明静态条件下边坡是稳定的。这一区域尚没有地震滑坡灾害地图。场地专门分析确定 MCE 有一个矩震级大约为 6.5，在场地产生 0.4g 的峰值水平加速度。诱发加速度时间历程的主周期 T_0 估计是 0.3s。

b. 地震诱发滑坡筛选

(1)要肯定不存在滑坡灾害，3.3.1 节介绍的每一个滑坡筛选准则都必须得到满足。以往地震期间边坡稳定性和目前场地条件显示，无显著的易于发生滑坡的倾向。根据可用地图，该场地不在地震诱发滑坡的高发区内。场地现场调查确定了坡顶处的几条裂缝，可能显示有实际的边坡移动。这样，准则“a”不满足，显示需要再评价。

c. 评价方法

评价边坡地震稳定性的通用方法既包括伪静态分析方法也包括变形分析方法，如下所示。

(1)伪静态边坡稳定分析

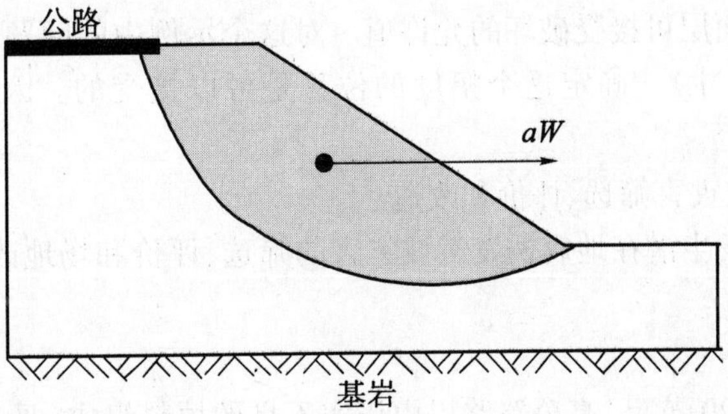

伪静态边坡稳定分析偏于安全地评价因地震加载引起边坡破坏的可能性。如果伪静态分析显示边坡有潜在的变形(安全系数<1),为计算该位移,要进行变形分析。对该场地(此处未画出,而是遵守标准做法)所作静力极限平衡边坡稳定分析确定,临界破坏面与公路面层相交(见草图)。那么使用这个破坏面做伪静态边坡稳定分析。假定地震系数等于峰值水平加速度0.4g。伪静态分析结果表明安全系数为0.92,勉强可发生地震诱发滑坡。那么,要做变形分析以计算位移。

(2)变形分析

变形分析方法基于Newmark(1965)屈服加速度的概念。对一指定潜在滑动体,地震诱发的加速度与屈服加速度相比较。当诱发加速度超过屈服加速度时,沿假定破坏面方向将发生顺坡移动。在诱发加速度降到屈服加速度以下后,这个移动将停止。

a. 屈服加速度k_y。屈服加速度是指潜在滑动面上出现安全系数为1的加速度。对这个场地而言,通过反复调整伪静态分析中的地震系数,直到安全系数达到1为止,从而确定出k_y为0.3g。

b. 峰值或最大加速度k_{max}。这个参数代表滑动体内诱发的峰值或最大加速度。假定k_{max}等于峰值水平加速度0.4g。

c. 加速度比。将屈服加速度k_y除以最大峰值加速度k_{max}便算得加速度比。这个例子的加速度比等于0.75。

d. 变形。使用基于Newmark(1965)首先提出的屈服加速度概念的几个简化方法来计算变形(见下表)。

1. Makdisi and Seed(1978)。Makdisi and Seed(1978)法以k_{max}、T_0和重力(图3-15)进行正则化处理。根据k_y与k_{max}的比0.75和矩震级6.5,正则化位移大约等于0.003s(注意,当正则化的数值被分解因子后,秒的单位将被英寸代替)。通过把正则化位移乘以k_{max}、T_0和重力的值,可算得计算位移0.4cm(0.14英寸)。

2. Franklin and Chang(1977)。Franklin and Chang(1977)简化方法的区间有一个位移下限2.5cm(1英寸)(图3-16)。临界加速度比0.75在这个区间外。然而,从曲线的趋势判断,可以估计出一个小于2.5cm(1英寸)的变形。

3. Yegian et al.(1991)。Yegian et al.(1991)计算永久变形的简化方法用k_{max}、T_0^2、周数和重力(图3-17)将位移正则化。6.5级地震包含大约8周(根据Seed and Idriss的研究,1982)。根据k_y与k_{max}的比0.75,正则化永久变形算得是0.001。把这个正则化位移值0.001乘以k_{max}、T_0^2、周数和重力可确定出计算变形为0.3cm(0.1英寸)。

方　　法	计算变形(cm)(英寸)
Makdisi and Seed(1978)	0.35(0.14)
Franklin and Chang(1977)	<2.5(<1)
Yegian et al.,(1991)	<0.25(0.1)

d. 灾害缓解

可接受变形量决定于面层可接受破坏的允许值。对这个示例中的问题,每一种变形分析方法预测的位移都小于2.5cm(1英寸)。确定这个幅度的位移是可以接受的。因此,在此场地,不需要稳定方法。

[例3-3]　路堤的滑坡灾害筛选、评价和改造

这个例子介绍了场地发生潜在地震诱发滑坡灾害的筛选、评价和场地改造的步骤。该示例问题配草图说明。

a. 可用资料的审查

(1)土体条件。6.1m(20英尺)高公路路堤由压实不良的填料组成(见草图)。路堤边坡倾角大约是1.5:1(H:V)。当地地基材料密实、稳定。场地不存在地下水。路堤的确显示有沉降和开裂的迹象。

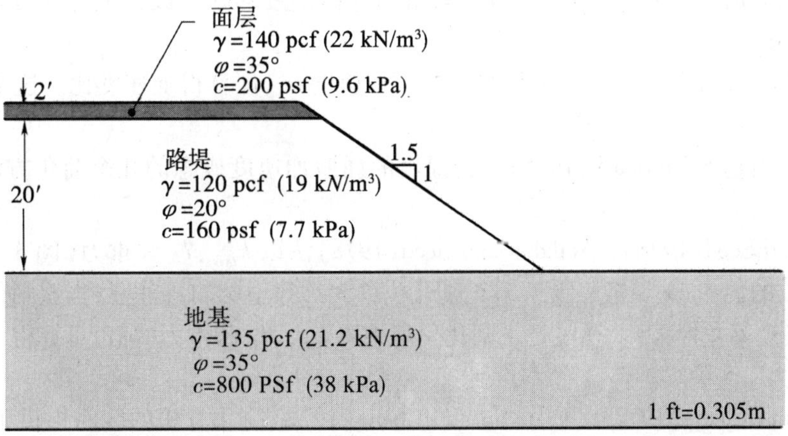

(2)历史地震影响和假定地震参数。自从该公路施工以来,本场地未经历任何中到大型地震。场地调查表明静态条件下边坡是稳定的。场地专门分析确定 MCE 有矩震级,大约为 7.5,在场地产生 $0.5g$的峰值水平加速度。诱发加速度时间历程的主周期 T_0 估计是 0.3s。

b. 地震诱发滑坡筛选

(1)要肯定不存在滑坡灾害,3.3.1 节介绍的每一个滑坡筛选准则都必须得到满足。因为这是一个人工路堤,特别适用一般筛选准则"e"。观察到的路堤的沉降和开裂显示,该路堤施工时填料压实不良,或下部地基材料较差。因此,不能满足准则"e",表明需要再评价。

c. 评价方法

评价边坡地震稳定性的通用方法既包括伪静态分析方法,也包括变形分析方法,如下所示。

(1)伪静态边坡稳定分析

伪静态边坡稳定分析偏于安全地评价因地震加载引起边坡破坏的可能性。如果伪静态分析显示安全系数 <1,为计算位移,要进行变形分析。对该场地所作的静力极限平衡边坡稳定分析确定,临界破坏面与公路面层相交(见草图)。那么使用这个破坏面做伪静态边坡稳定分析。假定地震系数等于峰值水平加速度 $0.5g$。伪静态分析结果表明安全系数为 0.58,显著易发地震诱发滑坡。那么,要做变形分析以计算位移。

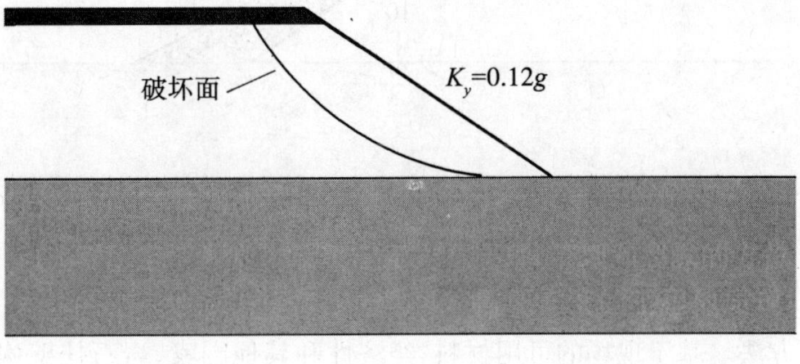

(2)变形分析

变形分析方法基于 Newmark(1965)屈服加速度的概念。对一指定潜在滑动体,地震诱发的加速度与屈服加速度相比较。当诱发加速度超过屈服加速度时,沿假定破坏面方向将发生顺坡移动。在诱发加速度降到屈服加速度以下后,这个移动将停止。

(a)屈服加速度 k_y。屈服加速度是指潜在滑动面上出现安全系数为 1 的加速度。对这个场地而言,通过反复调整伪静态分析中的地震系数,直到安全系数达到 1 为止,从而确定出 k_y 为 $0.12g$。

(b)峰值或最大加速度 k_{max}。这个参数代表滑动体内诱发的峰值或最大加速度。假定 k_{max} 等于峰值水平加速度0.5g。

(c)加速度比。将屈服加速度 k_y 除以最大峰值加速度 k_{max} 便算得加速度比。这个例子的加速度比等于0.24。

(d)变形。使用基于 Newmark(1965)首先提出的屈服加速度概念的几个简化方法来计算变形(见下表)。

1. Makdisi and Seed(1978)。Makdisi and Seed(1978)法以 k_{max}、T_0 和重力(图3-15)进行正则化处理。根据 k_y 与 k_{max} 的比0.24和矩震级7.5,正则化位移大约等于0.21s(注意,当正则化的数值被分解因子后,秒的单位将被英寸代替)。通过把正则化位移乘以 k_{max}、T_0 和重力的值,可算得计算位移31cm(12英寸)。

2. Franklin and Chang(1977)。Franklin and Chang(1977)简化方法的区间提供了一个永久地面位移的上限(图3-16)。临界加速度比为0.24、使用基于所有天然地震记录,可以计算出一个估计上限值81cm(32英寸)的变形。

3. Yegian et al.(1991)。Yegian et al.(1991)计算永久变形的简化方法用 k_{max}、T_0^2、周数和重力(图3-17)将位移正则化。7.5级地震包含大约15周(根据 Seed and Idriss,1982)。根据 k_y 与 k_{max} 的比0.24,正则化永久变形算得是0.04。把这个正则化位移值0.04乘以 k_{max}、T_0^2、周数和重力可确定出计算变形为26.5cm(10英寸)。

方　法	计算变形(cm)(英寸)
Makdisi and Seed(1978)	30(12)
Franklin and Chang(1977)	80(32)
Yegian et al.(1991)	35(10)

d. 灾害缓解

可接受变形量决定于面层可接受破坏的允许值。对这个示例问题,以上变形分析方法预测的位移在26.5~81cm(10~32英寸)之间。确定这个幅度的位移是不可接受的。因此,有必要进行场地改造。

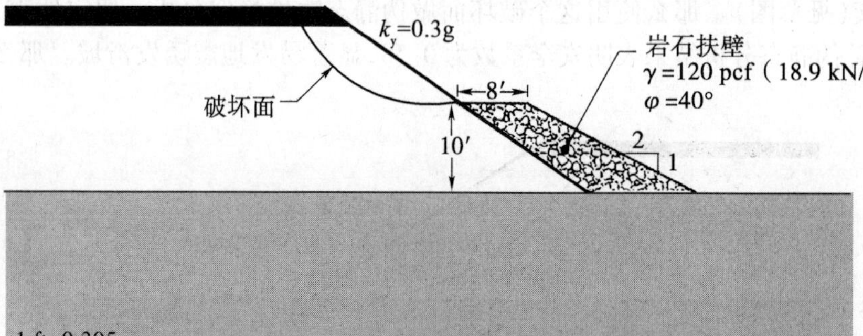

考虑了几种改造方法。基于现场的可用材料、经济性和其他因素,岩石扶壁构造似乎是最可行的。对不同尺寸的岩石扶壁反复进行以上所述的路堤伪静态边坡稳定性分析。岩石扶壁的作用是,提高沿滑动面的抵抗力、强迫临界滑动面退到岩石扶壁(见草图)顶面以上的路堤。通过强迫临界滑动面退到岩石扶壁以上,滑动材料体显著减小,导致永久地面变形的减小。岩石扶壁的最终尺寸是3m高、顶部2.4m宽,外表面坡度2:1(H:V)。对改良后的路堤,计算地震诱发位移小于8cm(3英寸)。

第4章 隧 道

4.1 引言

本章描述隧道的地震筛选和评价方法，讨论隧道地震改造设计的策略。一般地，与地面结构的性能相比，地震发生期间，隧道性能要好。这一点可以归因于这样的事实，全部埋于地下的隧道有与大地一起运动的趋势，而且，一般来说，不会经历地面结构的那种强惯性响应。地震地面运动幅值有随地表以下深度而减小的趋势，这个事实也减轻了隧道的破坏。

虽然那样，但是很多隧道在地震期间经历了中到大的破坏，Dowding and Rozen（1978）、Owen and Scholl（1981）、Sharma and Judd（1991）和 Power et al.（1998）等对此进行了汇总。严重破坏的最高发生频率与地层大位移相关联，而地层大位移的起因是地层破坏，例如，穿过隧道的断层破裂、滑坡（尤其是在洞门处）和土体液化。不出现地层破坏的地震动产生的破坏发生率和破坏程度一般都较低，但是，导致了很多隧道发生中等到大型的破坏。土体中近地表矩形明挖隧道尤其容易遭到瞬时地震侧向地层位移的破坏，它具有沿高度方向产生横向撕扯隧道、提高隧道边墙上侧向压力的倾向。

某些隧道（例如公路运输隧道）是一条无冗余运输走廊的组成部分，该走廊可能是震后环境的重要部分。本章介绍的隧道筛选、详细评价、必要时的改造设计指南的应用可帮助确定和缓解普通隧道的生命安全灾害或重要/关键隧道的功能丧失程度。

4.2 隧道分类

隧道可以分成三个大类：(1)暗挖隧道；(2)明挖隧道；(3)沉管隧道。这些隧道每一类都表现出明显不同的设计特征和施工方法。

4.2.1 暗挖隧道

暗挖隧道是通过在地下挖洞、建造支护系统建造的。这些隧道可以在从硬岩到软土的各种地质环境中建造。施工方法包括使用隧道掘进机、钻爆法和其他技术。初期支护或临时衬砌/支护体系一般是随着隧道的开挖而建造的。隧道的断面形状一般是圆形或半圆形（例如，马蹄形，直墙圆拱式）。新奥法（NATM）（Rabcewicz，1964）使用初期支护法限制地层变形和膨胀量，通过形成由结构单元加强的地层拱提高地层成拱和自承能力。根据收敛—约束理论（AFTES，1978），新奥法已被成功应用到很多地层中。在软弱或破碎岩石中，基本上它包括在开挖之前（预支护）或开挖后不久的适时支护，例如，安装岩石铆钉、在开挖面短暂推进（2～4 英尺）后立即喷混凝土支护。

4.2.1.1 软地层中的暗挖隧道

软地层隧道是通过两层或一层衬砌法建造的。在两层衬砌法中，初始支护系统可以包括钢拱架和背楔、衬板或预制管片衬砌。永久支护系统包括现浇混凝土衬砌。在单层系统中，衬砌一般是螺栓连接密封垫防水、预制管片衬砌。

4.2.1.2 岩石中的暗挖隧道

岩石隧道的支护方法从无支护（在完整硬岩中）到临时拱架和背衬后跟预制混凝土永久支护，变化多端。岩石锚杆或岩石铆钉常常是随开挖推进而安装的，以帮助岩体支撑自身，稳定洞室周围松动的岩块。

4.2.2 明挖隧道

明挖隧道则从地面开挖洞室、在挖出的洞室内建造隧道结构,然后在结构顶部以及结构边缘附近(如果紧靠开挖面结构尚未施工的话)回填。这种施工方法经常被用在相对较浅的隧道(<50 英尺)。这种隧道结构一般是矩形、预制钢筋混凝土结构。

4.2.3 沉管隧道

沉管隧道是由放置在河底和海底上的浅槽中的预制钢或混凝土节段建造而成。这些节段被浮运到位,之后沉放,连接在一起。然后回填槽段,掩埋管段。为克服浮力,典型的沉管隧道扩大断面以增加质量。管的横截面可以是圆形或矩形(图 4-1)。

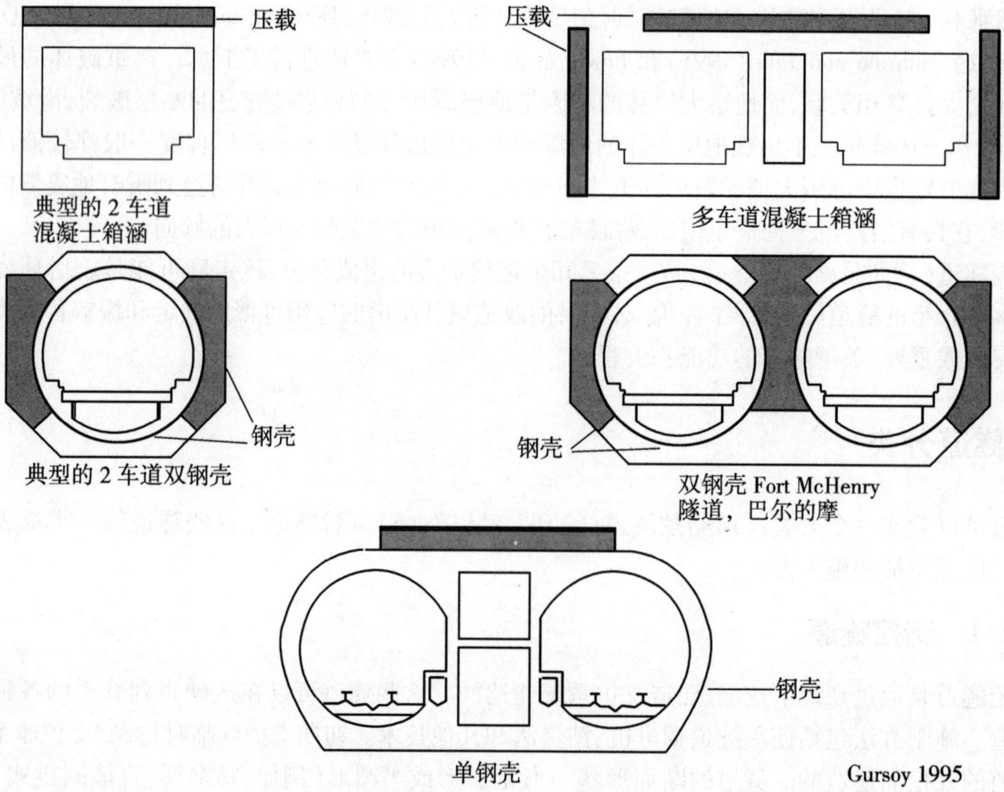

图 4-1 沉管的横截面

4.3 筛选指南

4.3.1 筛选阶段的目标

筛选阶段的目标是要确定哪些隧道在设计地震期间有充分大的风险出现不良性能。筛选过程的可能结果有:(1)预计隧道达到设计地震期间的性能目标(见第 1 章),不必进行隧道的再评价;(2)隧道可能达不到性能目标,为评估性能需要再评价;(3)隧道明显达不到性能目标,需要改造措施。对筛选过程中确定的落在(2)(3)中的隧道而言,有关是否要进行再评价和改造设计和这些工作的先后顺序的决策依赖于负责机构所确定的隧道的重要性(见第 1 章)。

4.3.2 影响隧道地震性能的因素

多种因素可影响隧道的地震性能。这些因素在下面有简短的描述。4.3.3节是一个指南，介绍在筛选级评价中如何考虑这些因素。

4.3.2.1 地震灾害

地震灾害中可以影响隧道性能的部分包括：

- 地震强度

振动性地震的潜在影响范围从混凝土衬砌的小开裂到衬砌（如果有的话）的坍塌和地质材料塌方进入隧道。为了达到评价隧道性能的目的，地震强度一般用峰值地层加速度（*PGA*）、峰值地层速度（*PGV*）和峰值地层位移（*PGD*）和强震动周期来量化。对筛选级评价，地表面*PGA*通常被用作震动强度指数，因为加速度是一个常有记录并最容易估算的参数。对更详细的评价，隧道所处深度的地震动和频率成分（响应谱）也可以被估算出来。另外，对位置上接近（大约15km以内）活动断层的隧道，断层附近的地震动的特性变得很重要，尤其是可能存在可以导致高地层加速度、速度和可以特别具有破坏性的位移所产生的强、长周期的地震动冲击的情况下。

- 断层破裂

如果一条活动断层跨过隧道中线，在发生中到强地震的情况下，就可发生穿过隧道的直接剪切位移。这些位移可以小到几英寸，大到十英尺以上，而且，在很多情况下，被集中到沿断层的一个狭窄区域内。断层破裂能够并已经对隧道造成了有很大破坏性的影响。一个与之有关的灾害是地层隆起和下沉，如果这样的移动引起隧道足够大的、具有破坏性的差异变形的话。

- 滑坡

穿过隧道的滑坡，无论是静态还是地震诱发的，能够产生集中剪切大位移，以及隧道横断面上的全部或部分塌方。当先存滑坡体切割隧道时，滑坡的可能性是最大的。静态稳定滑坡体可以被地震激活。滑坡灾害在隧道线路上和洞门处的较浅的部分一般是最严重的。

- 土体液化

对位于地下水位以下土中的隧道，如果隧道附近有松散到中密无黏性土（砂、粉土、砾石），就存在液化的可能性。隧道附近土体液化的潜在影响包括：(a)提高了隧道边墙或衬砌上的侧向压力，视其设计情况，有可能引起衬砌或边墙的破坏；(b)视隧道和被隧道取代的土的相对重量，埋在液化土中的隧道上浮或下沉；(c)如果有一个自由面，液化土能够向它移动和/或如果隧道被建造在坡地之下，隧道的侧向位移。

4.3.2.2 地质条件

潜在灾害性地质条件包括上面已经讨论过的断层破裂或地层隆起和下沉、滑坡和可液化土体。另外，其他不利的地质条件可能导致隧道糟糕的地震性能，除非在隧道设计和施工中已经被认识到并作了充分的考虑。不利的地质条件包括：软土；有弱面切割隧道的岩体，例如，剪切带或充分发育的软层理面和充分发育的张开或充填有风化和已分解的岩石的节理组；隧道施工过程中遇到的破坏，它们可能进一步消弱了隧道附近的地层（例如，塌方或存在未完全充填的空洞的连续地层，或衬砌后的松动岩石；挤压地层，相对低的抵抗衬砌坍塌的静态安全系数）；在刚度上差别很大、能引起应力集中或差异位移的相邻地质单元。

4.3.2.3 隧道设计、施工和条件

可以影响隧道地震行为的隧道设计、施工和条件的要素包括：(1)隧道设计中是否明确考虑了地震加载和行为；(2)隧道衬砌和支护体系的性质（例如，衬砌类型，衬砌/支护体系和地质材料之间的接触程度，岩石锚杆和铆钉的用法）；(3)隧道与其他结构的连接；(4)有关衬砌/支护体系的破坏、开裂和扭曲方面的隧道静态性能的历史；(5)衬砌/支护体系的当前状态，例如，混凝土的开裂、钢材或混凝土随

时间的劣化程度。

在筛选阶段、更详细评价阶段或设计改造措施时,重要的是所得到的关于隧道设计、施工、状态和沿隧道线路的地质情况方面的资料要尽可能地完整。为了得到这样的资料,设计和评价人员应当审查设计图纸、设计研究资料、竣工图纸和在施工工程师的日志及特别报告、维护和检查记录、地质和土工报告和地图中的施工记录。为了充分描述现状,确定隧道各种病害产生的原因,特别调研可能是必要的。

4.3.3 筛选指南

4.3.3.1 适用于所有类型隧道的筛选指南

有些情况可能对暗挖隧道、明挖隧道或沉管隧道构成潜在的显著威胁,因而需要更详细的评价。这些情况包括:

- 切割隧道的活动断层;
- 切割隧道的滑坡,无论这个滑坡是否是活动的;
- 隧道附近的可液化土体;
- 以往隧道发生的静态病害(例如,局部坍塌、大变形、开裂或因土体移动造成衬砌剥落),除非采取过稳定隧道的改造措施。

4.3.3.2 暗挖隧道的补充筛选指南

如果不存在上述情况,那么暗挖隧道的风险是隧道设计与施工、地质介质的特性和地震动水平的函数。在本节中要介绍考虑这些因素和对隧道在地震中的性能表现的经验观察的补充筛选指南。

图 4-2 所示是对地震地震动对暗挖隧道性能影响的一个经验观察的汇总。此图选自 Power et al.(1998)的研究,它更新了 Dowding and Rozen(1978)、Owen and Scholl(1981)和 Sharma and Judd(1991)早先提出的隧道性能数据。这些数据代表的是只因震动引起的破坏。肯定或可能由于断层破裂、滑坡和液化引起的破坏没被包括进来。这些数据仅适用于暗挖隧道;明挖和沉管隧道的数据不包括在图4-2中。

图 4-2 集合了 192 座隧道,发生在加利福尼亚、日本和阿拉斯加的 10 次中到大地震(矩震级

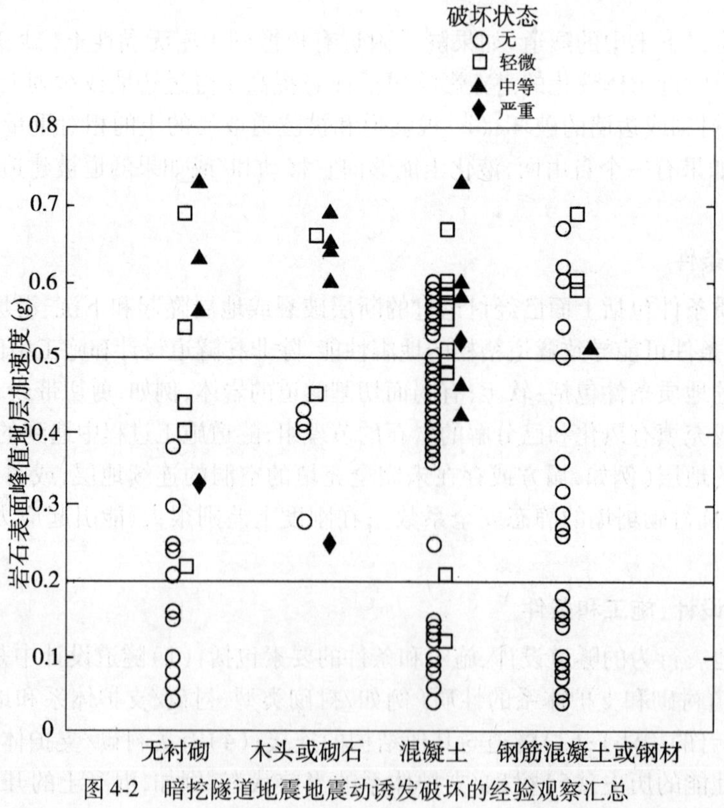

图 4-2 暗挖隧道地震地震动诱发破坏的经验观察汇总

M_w6.6～8.4）的观察数据。注意，图中很多点代表多次观察（不同隧道具有相同的破坏状态、衬砌类型和计算加速度）。94个观察数据来自1995年矩震级M_w6.9的日本神户地震。这次地震产生了中到高水平震动（神户数据：隧道以上地表峰值地层加速度（*PGA*）在0.4*g*～0.6*g*）的大部分观察数据。图4-2的峰值地层加速度的计算是根据隧道以上地表面假定的或实际的出露岩石条件。其他观察数据来自加利福尼亚和日本的中到大地震（矩震级6.7～8.4）。完整的数据库在Power et al.（1998）里介绍。图4-2表示了具有不同衬砌类型（承受所指水平的地震动）的隧道内被诱发的破坏水平。破坏被分为4个状态：无—无观察得到的破坏；轻微—小裂缝剥落；中等—大裂缝剥落，衬砌和岩石掉块；严重—大塌方，掉大块和坍塌。此图显示如下趋势：

- 对小于等于0.2*g*的*PGA*，在隧道中几乎不引起破坏
- 对在大约0.2*g*～0.5*g*之间的*PGA*，有几例轻微到严重的破坏例子。注意，严重破坏的3个实例都来自日本关东地震。对图4-2所示的*PGA*等于0.25*g*的1923年关东地震观察数据来说，对这条隧道的调查表明，其破坏可能已经归因于滑坡。对其他两个关东地震的观察数据来说，坍塌出现在隧道的浅埋段。
- 对超过约0.5*g*的*PGA*，有很多从轻微到中等的实例（和上述关东地震的一个严重破坏的实例）。
- 具有较强衬砌的隧道似乎表现出了较好的性能，特别是那些用钢筋混凝土和/或钢衬砌的隧道。

图4-2的趋势可用来作为在评估地震动对暗挖隧道影响的再评价必要性时的指南。

表4-1给出了暗挖隧道由地震动诱发破坏的失效模式再评价必要性的评估指南。下面是表4-1用到的软弱和良好衬砌/支护体系。

软弱衬砌/支护体系

- 木头或无加强砌体衬砌
- 土中或很软弱岩石中的无筋混凝土

与隧道衬砌/支护体系、地质条件和地震动有关的暗挖隧道地震评价的必要性评估

表4-1

衬砌/支护系统	地质条件		
	土或极软弱岩石	剪切和节理化岩石	完整岩石
无衬砌	A	B	C
软弱衬砌/支护系统	A	B	C
良好衬砌/支护系统	C	C	D

A 在任何地震动水平下需要评价
B 在中等水平地震动（$PGA \geqslant 0.2g$）下需要评价
C 在高水平地震动（$PGA \geqslant 0.5g$）下需要评价
D 在任何地震动水平下都不需要评价

- 软弱条件下衬砌/支护系统（例如，已劣化或其他低强度混凝土；中等到严重开裂的混凝土；中等到严重被腐蚀的金属衬砌/支护体系）
- 与地质材料接触不良的衬砌（衬砌和地质材料之间经常出现空洞）

良好衬砌/支护系统

- 衬砌对地震加载进行了专门设计，符合隧道的地震环境、地质条件和良好的地震设计实践
- 与地质材料良好接触的钢筋混凝土或钢衬砌
- 与中等到良好岩石良好接触的无加强混凝土衬砌；形成拱形支护的岩石铆钉或锚杆

与本手册1.2节的准则一样，表4-1的指南适用于高水平上罕见地震中的非重要隧道的生命安全和坍塌预防的性能目标。更偏于安全的指南可以适用于有功能性能目标的重要或关键隧道。

表4-1没有明确涵盖隧道与其他结构的连接。如果恰当地设计了一个传力或满足位移需要的连接，可以根据表4-1第三行来筛选。然而，如果连接的强度或位移承受能力有问题，这个连接应该按照

表中的第二行来筛选。

4.3.3.3 明挖隧道的补充筛选指南

浅埋明挖箱形隧道的地震性能与暗挖隧道的性能相比相对来说已经是弱了。这一点在1995年的日本神户地震中尤其明显(O'Rourke and Shiba,1997;Power et al. ,1998)。明挖隧道相对弱的性能可能反映在:(1)这些结构形式的周围接近地面的地质材料相对较软,而处于较深处的暗挖隧道周围经常是较硬的地质材料;(2)地表面和近地表面处的加速度水平高于深处(由于震动性地震动随地表以下深度而减小的趋势);(3)这些箱形结构抵抗箱式横截面[图4-3d)]的地震诱发横向撕扯变形方面的脆弱性,除非对这些力进行了特别设计。由于引起隧道横向撕扯的较大的土体剪切变形,土中(这些类型的隧道较普遍的地质条件)的明挖隧道比建在岩石中的那些结构更脆弱。软土中的隧道可能尤其脆弱。评估明挖隧道是否需要更详细的地震评价的最重要的决定因素是,原始设计考虑到的加载和变形是否与地震环境和地质条件相一致,特别是在地震分析、设计和结构细化时是否考虑到了横向撕扯行为。

4.3.3.4 沉管隧道的补充筛选指南

沉管隧道在地震期间特别容易受到永久性地层移动的影响。沉管一般位于深度浅、软弱松散土中。松散无黏性土的液化可以引起沉降、隆起(上浮)或侧向扩展。地震也可以引起坡地上软黏土的永久性位移。连接管段的接头必须在保持防水密封的同时允许临近管段的相对位移。一般地,如果原始设计适当考虑分析了地层破坏模式的可能性,而且为了到达不透水的效果,接头已经进行了认真地设计的话,沉管隧道可以被筛除而不必进行详细评价。

4.4 评价方法

描述在本节的是隧道地震加载详细评价的方法。评价震动性地震动隧道的方法在4.4.1节中介绍。断层破裂位移、滑坡和液化引起的隧道灾害评价方法在4.4.2节和4.4.3节中介绍。

4.4.1 地震动评价

4.4.1.1 概述

当一座隧道受到地震波的作用时,就会出现两种主要的变形类型。第一种类型由沿隧道纵轴发生的位移组成,不但包括轴向而且包括弯曲变形。第二种是垂直于隧道纵轴线隧道横断面内的变形。图4-3所示就是这些主要的变形类型。

轴向和弯曲变形是由沿隧道纵轴传播的地震波分量所诱发的(Newmark,1967;Keusel,1969;Yeh,1974;St. John and Zahrah,1987)。轴向变形是由引起质点发生平行于隧道纵轴运动、引起拉压交互作用的地震波分量产生的[图4-3a)]。在垂直于隧道轴线方向上产生质点运动的地震波分量引起弯曲变形[图4-3b)]。

沿垂直于隧道纵轴线、隧道横断面内传播的地震波将结构横断面形状扭曲,使圆形隧道断面[图4-3c)]产生"椭圆化"变形,使矩形横断面产生"横向撕扯"变形。

不但沿隧道纵轴线的轴向变形和弯曲变形而且沿隧道横断面发生的椭圆和横向撕扯变形都可以引起隧道的严重破坏。隧道的总体失稳,包括震动诱发地质材料冒顶进入隧道,一般会与作用在隧道横断面内的惯性力有关。因此,评估隧道因惯性力诱发冒顶的可能性,部分地是用隧道横断面变形评价方法来解决的。

后续几节描述的方法是评价震动诱发隧道应力应变的。在评估地震动对隧道性能影响时,它们必须与先存静态应变和应力相组合。静态荷载评估在隧道设计手册和其他刊物[例如,U. S Army Corps of Engineers(1997)]中描述。隧道内被诱发的应变和应力必须要依据公认的性能准则(the adopted performance criteria)来评估。对高水平或"最大"地震期间的生命安全/坍塌预防性能准则,超过弹性区的

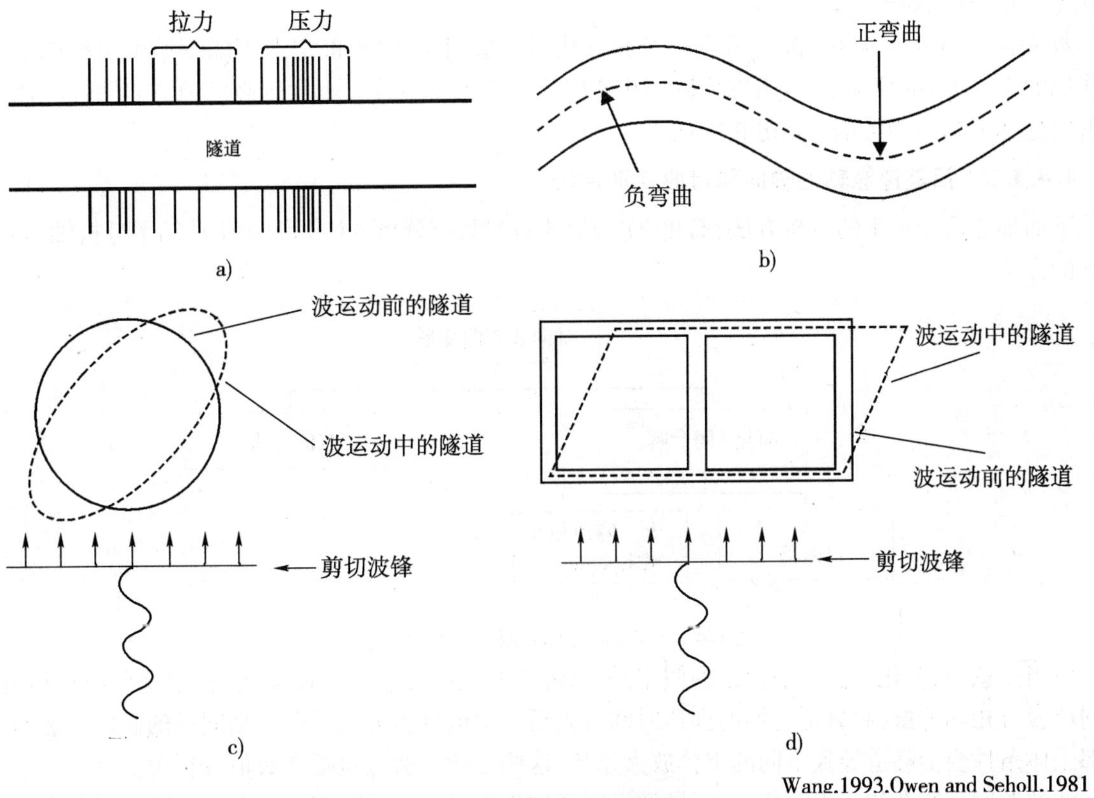

图 4-3　隧道对地震波的响应

a)沿隧道的轴向变形;b)沿隧道的弯曲变形;c)圆形横断面的椭圆变形;d)矩形横断面的横向撕扯变形

应变可能是可以被接受的;它们的影响应当由熟悉非弹性结构行为的结构工程师来评估。

4.4.1.2　地震动分析总指南

本节为不同类型地震分析的应用及其相对重要性提供总的指南。这些被分成以下几组:(1)沿隧道纵轴线轴向和弯曲变形分析;(2)隧道横断面响应分析。之后,这些分析方法及其应用在 4.4.1.3 节和 4.4.1.4 节中详细描述。

- 隧道纵轴线轴向和弯曲变形计算(见下 4.4.1.3 节)

简化分析[4.4.1.3(a)节]。应该在 4.4.1.3(a)节中描述的自由场分析。本计算的一个重用组成部分是对可能存在并控制隧道响应的地震波场(S 体波或 R 表面波)类型的地震学评估。一般地,S 波不会在隧道内产生过度的应变和应力,但是,如果与强地震动关联的话,在盆地环境中的 R 波可能更有破坏性。

虽然简化的土—隧道相互作用理论也在 4.4.1.3 节中有介绍,但是,建议一般不要使用它们,因为由相互作用引起的响应方面的降低可能没有恰当的理由,其原因在于简化的相互作用原理和在简化方法中被忽略的地震动现象所带来的不确定性因素。

数值分析方法[4.4.1.3(b)节]。如果简化方法不能得出结论,应当考虑更高级的数值分析方法。对隧道紧邻有显著不同的响应特性的结构的情形,例如,洞门结构、通风结构或中转站尤其应当考虑这些方法。

- 隧道横断面变形计算(见下 4.4.1.4 节)

简化分析[4.4.1.4(a)节]。除了隧道与其他结构的关键交叉部位,隧道横断面的变形可能是比隧道纵轴线的轴向和曲率变形更重要的响应模式。一般地,下面 4.4.1.4(a)节描述的简化分析方法应该足以检查软弱土/岩层中横断面抵抗衬砌局部破坏的稳定性,或足以分析隧道横断面的椭圆或"横向撕扯"响应模式。对浅埋矩形明挖隧道,也应当进行地震土压力分析。然而,简化土压力分析带来的不确定性比简化“横向撕扯”分析更大。

数值分析[4.4.1.4(b)节]。在简化分析方法不太适用时,更不确定或不能下结论(例如矩形结构上作用的土压力)的情况下,或者在实际历史资料显示隧道类型具有相对较高的地震脆弱性的地方(如矩形明挖隧道),应当考虑数值分析方法。

4.4.1.3 沿隧道纵轴的轴向和弯曲变形评价

下面描述两个水平的分析方法:简化/闭合形式解和数值分析方法。图 4-4 总结了分析轴向和弯曲变形的方法。

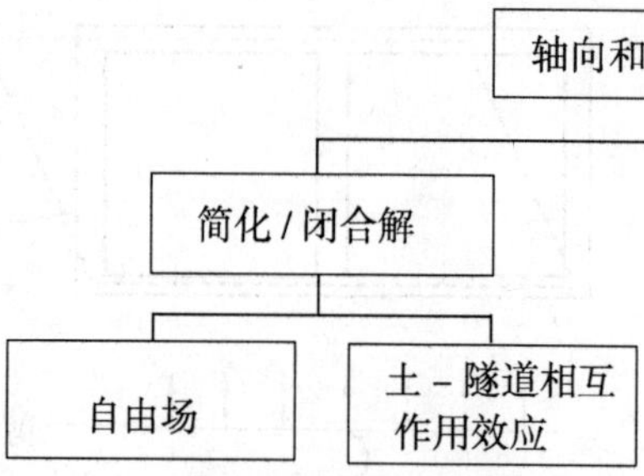

图 4-4 分析隧道纵向轴和弯曲变形的方法

应当注意到,简化方法一般包括的假定是,沿隧道的地震波场是平面波场,其中这些波在沿隧道的不同位置有相同的振幅,只是它们的到达时间有先后。数值分析方法可以包括同样的假定。然而,如果局部土体条件会沿隧道导致不同的土体放大系数,这些影响一般应包括在数值分析中。

波的散射和复杂的三维波传播,可导致沿隧道波振幅的差异,在实践中已经被忽略了。这些差别,称为地震动不相干效应[例如可参阅 Abrahamson et al.(1987),Abrahamson(1993)有关文献],可能有提高纵向应变和应力的趋势。例如,根据 Abrahamson(1993)的图 4-5 说明,在较短的间隔上,与不相干效应相关联的应变可以等于或超过那些平面波传播的应变(在图 4-5 中被称为行波效应)。然而,不相干效应对隧道响应的影响至今还没有得到系统的研究。因此,在不相干效应方面的指导没有出来之前,基于平面波假定的简化分析结果应当偏于安全地解读。假若有把握的话,不相干效应和多变的地质对隧道响应的影响可以使用数值分析来模拟。

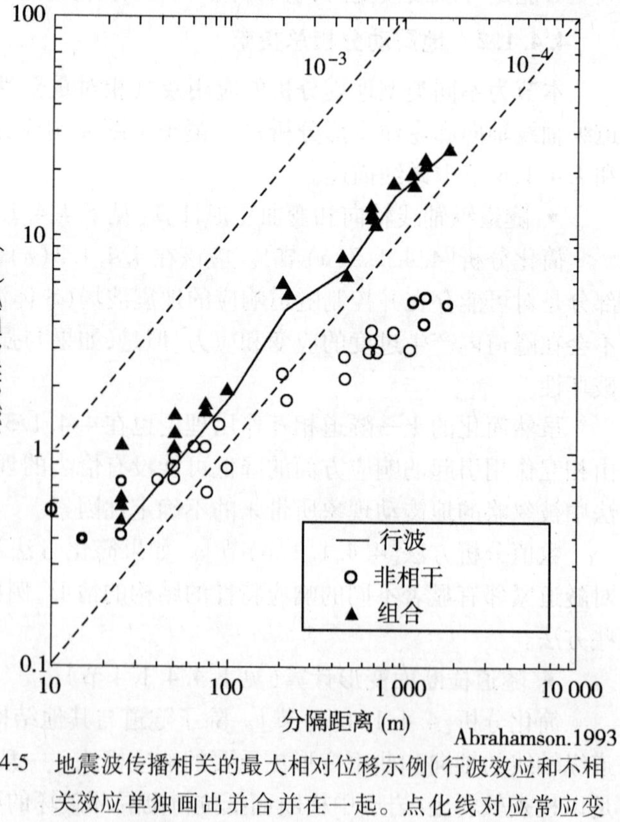

图 4-5 地震波传播相关的最大相对位移示例(行波效应和不相关效应单独画出并合并在一起。点化线对应常应变 10^{-3} 和 10^{-4})

4.4.1.3(a) 简化分析/闭合形式解

在很多情况下,隧道在对轴向和弯曲变形的响应方面可以被认为是弹性的。在这些情形下,假定隧道与由周围地质介质强加的变形相协调,使用自由场解计算应变和应力。土—隧道相互作用可以降低相对于自由场解的响应。土—结构相互作用简化分析在下面自由场解的介绍之后的那一节进行阐述。

自由场解:表 4-2 汇总了关于隧道纵轴线与水平面成 φ 角传播的地震波所产生的轴向和剪切应变以及弯曲曲率(图 4-6)。表 4-2 中给出了压力(P)波、剪切(S)波和瑞利(R)表面波引起的应变公式，以及每一种应变以不同的 φ 角达到的最大值，如表 4-2 所示。在隧道设计和性能方面，具有重要意义的一般是轴向应变而非剪切应变。在不存在显著的表面波时，一般 S 波引起的应变最大，是控制性波型。P 波诱发的应变一般不控制。在某些情况下，R 波可以产生最高的应变，应当在设计中进行考虑。图 4-7 说明了沿隧道纵轴方向地震波传播分量在隧道中引起的轴向力、剪力和弯矩。

沿隧道传播的地震波引起的应变和曲率　　表 4-2

波型		轴向应变	剪切应变	曲　率
P 波		$\varepsilon=\frac{v_P}{C_P}\cos^2-\varphi$	$\gamma=\frac{v_P}{C_P}\sin\varphi\cos\varphi$	$\frac{1}{\rho}=\frac{a_P}{C_P^2}\sin\varphi\cos^2\varphi$
		$\varepsilon_{max}=\frac{v_P}{C_P}(\varphi=0°)$	$\gamma_{max}=\frac{v_P}{2C_P}(\varphi=45°)$	$\frac{1}{\rho_{max}}=0.385\frac{a_P}{C_P^2}(\varphi=35.27°)$
S 波		$\varepsilon=\frac{v_S}{C_S}\sin\varphi\cos\varphi$	$\gamma=\frac{v_S}{C_S}s\cos^2\varphi$	$\frac{1}{\rho}=\frac{a_S}{C_S^2}\cos^3\varphi$
		$\varepsilon_{max}=\frac{V_S}{2C_S}\cos^2\varphi(\varphi=45°)$	$\gamma_{max}=\frac{v_S}{C_S}(\varphi=0°)$	$\frac{1}{\rho_{max}}=\frac{a_P}{C_P^2}(\varphi=0°)$
R 波	压力分量	$\varepsilon=\frac{v_R}{c_R}\cos^2\varphi$	$\gamma=\frac{v_R}{C_R}\sin\varphi\cos\varphi$	$\frac{1}{\rho}=\frac{a_R}{C_R^2}\sin\varphi\cos^2\varphi$
		$\varepsilon_{max}=\frac{v_R}{c_R}(\varphi=0°)$	$\gamma_{max}=\frac{v_R}{2C_R}(\varphi=45°)$	$\frac{1}{\rho_{max}}=0.385\frac{a_R}{C_R^2}(\varphi=35.27°)$
	剪切分量		$\gamma=\frac{v_R}{2C_R}s\cos\varphi$	$\frac{1}{\rho}=\frac{a_R}{C_R^2}\cos^2\varphi$
			$\gamma_{max}=\frac{v_R}{C_R}(\varphi=0°)$	$\frac{1}{\rho_{max}}=\frac{a_R}{C_R^2}(\varphi=0°)$

式中：v_P——P 波引起的土质点速度；
a_P——P 波引起的土质点加速度；
C_P——P 波引起的土质点表面传播速度；
v_S——S 波引起的土质点速度；
a_S——S 波引起的土质点加速度；
C_S——S 波引起的土质点表面传播速度；
v_R——R 波引起的土质点速度；
a_R——R 波引起的土质点加速度；
C_R——R 波引起的土质点传播速度；
$1/\rho$——曲率。

St. John and Zahrah，1987；and Yeh，1974

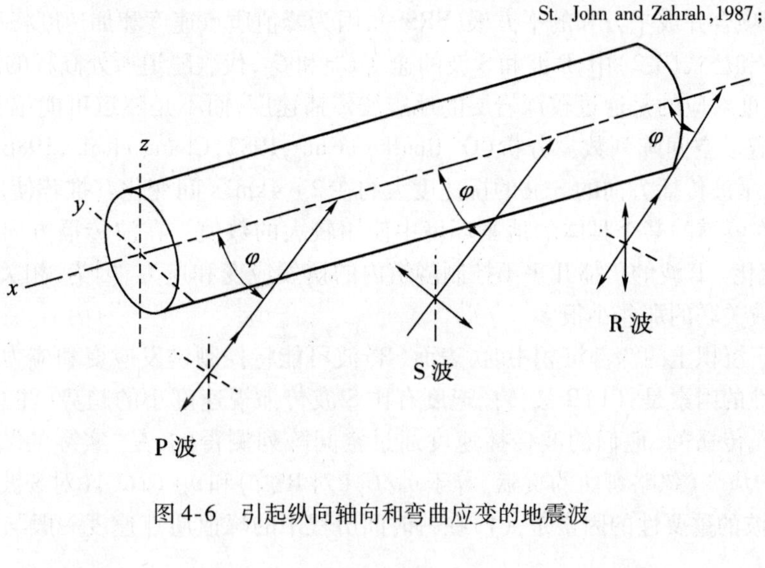

图 4-6　引起纵向轴向和弯曲应变的地震波

由于轴向和弯曲组合变形引起的应力和应变可通过把隧道作为弹性梁处理而得到。使用梁理论,可把纵向变形产生的以及水平面内弯曲变形的轴向应变组合,得到最大轴向应变,ε^{ab}。

对P波:

$$\varepsilon^{ab}=\frac{v_P}{C_P}\cos^2\varphi+y\frac{a_P}{C_P^2}\sin\varphi\cos^2\varphi \tag{4-1}$$

对S波:

$$\varepsilon^{ab}=\frac{v_S}{C_S}\sin\varphi\cos\varphi+y\frac{a_S}{C_S^2}\cos^3\varphi \tag{4-2}$$

对R波:

$$\varepsilon^{ab}=\frac{v_R}{C_R}\cos^2\varphi+y\frac{a_R}{C_R^2}\sin\varphi\cos^2\varphi \tag{4-3}$$

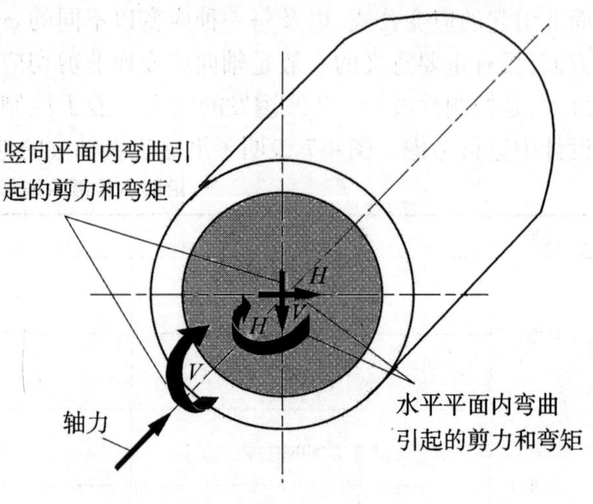

图4-7 沿隧道纵轴线传播的地震引起的诱发力和弯矩

在弹性区间内,由于轴向和弯曲的组合变形引起的轴向应力是:

$$\sigma^{ab}=E_1\varepsilon^{ab}\text{(对P波、S波和R波)} \tag{4-4}$$

式中:y——隧道横断面中性轴到隧道衬砌外缘的距离;

E_1——隧道衬砌的杨氏弹性模量;

a_P——与P波关联的峰值质点加速度;

a_S——与S波关联的峰值质点加速度;

a_R——与R波关联的峰值质点加速度;

v_P——与P波关联的峰值质点速度;

C_P——与P波传播的视速度;

v_S——与S波关联的峰值质点速度;

C_S——与S波传播的视速度;

v_R——与R波关联的峰值质点速度;

C_R——与R波传播的视速度。

弯曲变形引起的轴向应变与轴向变形所引起的比较,其量级一般为小。随着隧道半径的增大,弯曲变形对轴向应变的贡献也增大。使组合轴向应变达到最大波的传播角φ,依赖于波的特性值和隧道的几何形状,可以通过试错法推导出来。如果弯曲对轴向(纵向)应变的贡献不大,那么,使组合轴向应变达到最大的波传播角,φ的数值可查表4-2。如果弯曲对轴向应变的贡献很大,那么,建议将式(4-1)~式(4-3)中的那两项合并成平方和的平方根(SRSS),因为峰值质点速度和加速度将不必是同相位的。

在公式(4-1)和公式(4-2)中,P波和S波的速度C_P和C_S,代表隧道所处高程的波传播水平视速度。一般地,这些视速度对应的是通过较深岩层的地震波传播速度,而不是隧道可能位于的较浅的岩、土层的速度。根据地震动空间阵列数据分析(O' Rourke et al.,1982;Chang et al.,1986;Abrahamson,1985,1992,1995),在水平波传播方向的S波的视速度大约在2~4km/s间变化。推荐使用2km/s的速度,除非有良好的理由在隧道的某个具体的地震环境中使用较大的数值。在波传播方向P波的视速度一般在4~8km/s间变化。P波的传播几乎不控制隧道内的诱发应变和应力,因为,相关峰值质点加速度和速度一般比与S波关联的那些小很多。

在隧道存在于沉积土的深部沉积中时,表面(R)波可能将控制诱发应变和应力。趋于提高R波相对于S波的重要性的因素是:(1)R波传播速度有比S波传播视速度小的趋势(注意,因为R波是水平穿过较浅地层介质传播的,他们的波传播速度通过空间阵列测得的,是"实际的"而不是"视觉的"速度);(2)最大轴向应变(忽略弯曲的贡献)等于v_R/C_R(对R波)和$v_S/(2C_S)$(对S波)(表4-2)。趋于降低R波相对于S波的重要性的因素是:(1)在一时间历程中的峰值质点速度一般与S波相关(速度v_S)

而不是 R 波(v_R),尤其是在近源区,更有可能产生潜在破坏性的强地震动;(2)R 波的振幅随深度的降低比 S 波的振幅快,这样,降低了 R 波对深埋隧道的重要性。

为了确定一座隧道是否处于应该将其中的地面波考虑在内的地质和地震环境中,为了应变计算而估算 v_R 和 C_R,地震学的评估是必不可少的。一般地,如果隧道位于沉积盆地,那么应该考虑表面波。在美国,沉积盆地中已经观察到表面波的地方包括加利福尼亚的洛杉矶盆地、San Fernando Valley、San Bernardino Valley 和 Santa Clara Valley。这些盆地的特征是,土壤沉积至少几百英尺厚、谷宽几千米到几十千米。包括关于 v_R 和 C_R 最新知识的表面波的更深的讨论在附录 A 中介绍。需要注意的是,以最新的知识分析隧道对表面波的纵向响应所需的参数选择比对体波的(纵向响应所需的)参数选择包含更大的不确定性。

用表 4-2 中和公式(4-1)公式(4-3)(P 波的 v_P 和 a_P,S 波的 v_S 和 a_S,R 波的 v_R 和 a_R)的峰值质点速度和加速度代表隧道所在高程的速度和加速度。因为地震动一般随地表以下深度而降低,这些参数一般具有比地表面震动的计算值(例如,Chang,et al.,1986)较低的数值。隧道深处地震动数值与地表面的数值的比值可以取表 4-3 中汇总的比值,除非根据现场具体的评价有良好的理由取较低的数值。

为估计地表震动,应当使用适合隧道位置处的地层环境和地质条件估算地表面震动的地震动衰减关系。然后,可以使用表 4-3 汇总的比值来得到隧道深度的地震动。对岩石隧道,地表面震动应当在一个假定的岩石露头场地上使用岩石中的衰减关系和表 4-3 中适用那种岩石露头震动的比值来计算。

隧道深处的地震动与地表面处震动的比值 表 4-3

隧道深度(m)	隧道深度处的地震动与地表面处震动的比值
≤6	1.0
6~15	0.9
15~30	0.8
>30	0.7

有很多关系式可用于计算峰值地表面加速度的衰减,但是,很少有计算峰值地面速度的衰减关系。汇总在表 4-4 中的岩石和土的峰值地层速度(km/s)与峰值地层加速度(g)的比例在缺少具体的场地评估时可以被用于计算峰值地层速度。

表 4-4 的那些关系是在美国西部使用的浅层地震的峰值地层加速度衰减关系。这些地震类型是美国西部的大部分地区地震灾害的主要来源。对俯冲带地震(像华盛顿、奥尔良、加利福尼亚西北部和阿拉斯加的沿海区发生的那些地震)以及美国中、东部的地震,应当使用为这些地区提出的地震动预测关系。

由于瑞利(R)波的垂直分量,在竖直平面内曲率引起的轴向应变等于(见表 4-2):

$$\varepsilon^{ab} = \gamma \frac{a_R}{C_R^2}\cos^2\varphi(\text{对 R 波}) \tag{4-5}$$

它与公式(4-3)给出的、由 R 波水平分量引起的轴向应变不同相。隧道中使用自由场解求剪切(S)波、瑞利(R)波的轴向应变和应力的例子分别示于例 4-1 和例 4-2 中。

岩石和土的峰值地层速度与峰值地层加速度的比值 表 4-4

矩震级 M_w	岩石和土的峰值地层速度(cm/s)与峰值地层加速度(g)的比值		
	震源到场地的距离(km)		
	0~20	20~50	50~100
岩石*			
6.5	67	80	90
7.5	97	110	124
8.5	120	130	145

续上表

矩震级 M_w	岩石和土的峰值地层速度(cm/s)与峰值地层加速度(g)的比值		
	震源到场地的距离(km)		
	0~20	20~50	50~100
硬土*			
6.5	92	98	104
7.5	130	135	140
8.5	150	155	161
软土*			
6.5	138	147	156
7.5	195	203	210
8.5	225	233	242
*在本表中,沉积类型代表下列低应变剪切波速(C_m)区间:岩石≥750m/s;硬土200~750m/s;软土<200m/s。软土中的峰值地层速度和峰值地层加速度之间的关系约束性很差(Poorly Constrained)			

根据 Sadigh and Egan,1998 改编

土—隧道相互作用的影响:土—隧道相互作用对降低隧道轴向应变(ε)、剪切应变(γ)和曲率($1/\rho$)的影响可以使用 St. John and Zahrah(1987)基于弹性地基梁理论给出的折减系数来计算。表4-2所给的ε、γ和$1/\rho$可以乘以下面的折减系数来考虑土—隧道的相互作用:

对轴向应变,

$$R=\frac{1}{1+\dfrac{E_1A_{11}}{K_a}\left(\dfrac{2\pi}{L}\right)^2\cos^2\varphi} \tag{4-6}$$

对水平面内的剪切应变和曲率:

$$R=\frac{1}{1+\dfrac{E_1I_{11}}{K_h}\left(\dfrac{2\pi}{L}\right)^4\cos^4\varphi} \tag{4-7}$$

式中:E_1——隧道衬砌弹性杨氏模量;

A_{11}——衬砌横断面面积;

K_h——隧道每单位长度横向土弹簧常数;

K_a——隧道每单位长度纵向土弹簧常数;

L——P波、S波和R波的波长;

I_{11}——衬砌横断面的惯性矩$\left[\text{例如,对圆形衬砌:}I_{11}=\pi\dfrac{(D_o^4-D_i^4)}{64}\right]$。

St. John and Zahrah(1987)指出,在公式(4-6)和公式(4-7)中使用的横向和纵向土弹簧常数是一样的且等于:

$$K_a=K_h=\frac{16\pi G_m(1-\upsilon_m)}{3-4\upsilon_m}\frac{H}{L} \tag{4-8}$$

式中:H——隧道高度(圆形隧道用直径D);

G_m——介质的剪切模量;

υ_m——介质的泊松比;

D_o——隧道衬砌的外径($D_o=D$);

D_i——隧道衬砌的内径。

对竖直平面内的剪切或弯曲,在前面公式中使用弹簧常数K_v,隧道高度H用宽度w代替。如果地

质介质在隧道周围有大约相等的刚度，K_v 可以取等于 K_h[公式4-8]。如果隧道以上土介质比它下面的地质介质软很多，例如对近地表明挖隧道或沉管，那么：

$$K_v = \frac{2\pi G_m}{1-\upsilon_m}\frac{w}{L} \tag{4-9}$$

P波、S波和R波的波长 L 与P波和S波传播视速度 C_P 和 C_S、R波传播速度 C_R 和各波的周期 $T_{P,S,R}$ 有关：

$$L = (C_P, C_S \text{ 或 } C_R)\, T_{P,S,R} \tag{4-10}$$

为了使用这个表达式，可以假定 $T_{P,S,R}$ 等于最大位移出现时的周期。典型地，位移出现在相对长周期，假定 $T_{P,S,R}=2\text{s}$，除非 L 是从一具体场地研究中计算出来的。剪切模量 G_m 与隧道附近地质介质的剪切波速 C_m 通过下面公式相联系：

$$G_m = \frac{\gamma_t}{g}C_m^2 \tag{4-11}$$

式中：γ_t——地质介质单位总重量；

g——重力加速度。

为计算土—结构相互作用效应，建议使用 G_m 和 C_m 的"有效"值。使用这些有效值以近似的方式考虑了土的非线性行为，即，土的剪切模量随地震动和土的剪切应变水平的提高而降低。这些有效值记作 G'_m/C_m 和 G'_m。对岩石，可以假定 G'_m/C_m（这里，C_m 是低应变或最大剪切波速度）等于1。对土，在没有具体场地研究时，在地表峰值地层加速度（PGA）为0.7g 时，G'_m/C_m 等于0.45，PGA 为0.1g 时等于0.8。其他加速度可以将 G'_m/C_m 值内插。

衬砌内的轴向力受到衬砌和周围土之间发生的最大摩擦力的限制。这个最大摩擦力（Q_{max}）可以估算成等于每单位长度的摩擦力乘以四分之一波长（Sakurai and Takahashi，1969）：

$$(Q_{max})_f = \frac{fL}{4} \tag{4-12}$$

式中：f——隧道单位长度的最大摩擦力。

例4-1和例4-2解释了土—结构相互作用效应的计算。

在前面建议过，轴向和弯曲变形的简化分析的结果应偏于安全地解释，因为地震动不相干的影响可能显著地加到响应上，而系统评价不相干效应的指南至今还没有出现。还有使用简化方法算得的关于土—结构相互作用也存在着不确定性。例如，不同的计算土弹簧常数的方法已经被提出[例如，St. John and Zahrah（1987）；Owen and Scholl（1981）；Public Works Research Institute（1976）；SFBART（1960）]。因此在使用简化方法时，建议土—结构相互作用在降低轴向和弯曲变形方面的效应最好被忽略，除了是为使用公式（4-2）限制最大摩擦力。然而，如果应该使用公式（4-6）和公式（4-7），建议折减系数 R 应被限制到等于0.7的最小值。

交叉部位：在隧道与较刚性的结构（例如通风结构或中转站）形成交叉的部位，应变将有大于顺隧道方向的（应变）的趋势。假定这个结构是一个刚性边界，轴向应变可以近似为使用前面几段中所介绍的公式所计算应变的两倍。

4.4.1.3(b) 数值分析

一般地，一条隧道的惯性相比其周围土体的惯性是小的。因此，有可能按准静态分析法进行轴向和弯曲变形的分析，在准静态分析中，可以将位移时间历程应用到与隧道模型相连的土弹簧上。可用使用在这类数值模型的计算机程序包括 ADINA（1996），ABAQUS（Hibbitt，Karlsson&Soreson，Inc.，1998）和 SADSAP（Wilson，1998）。

4.4.1.4 隧道横断面变形计算

与轴向和弯曲变形分析方法类似，简化/闭合形式解和数值分析方法二者都可以用在隧道横断面分析中。图4-8对分析方法进行了汇总，将在下文进行描述。

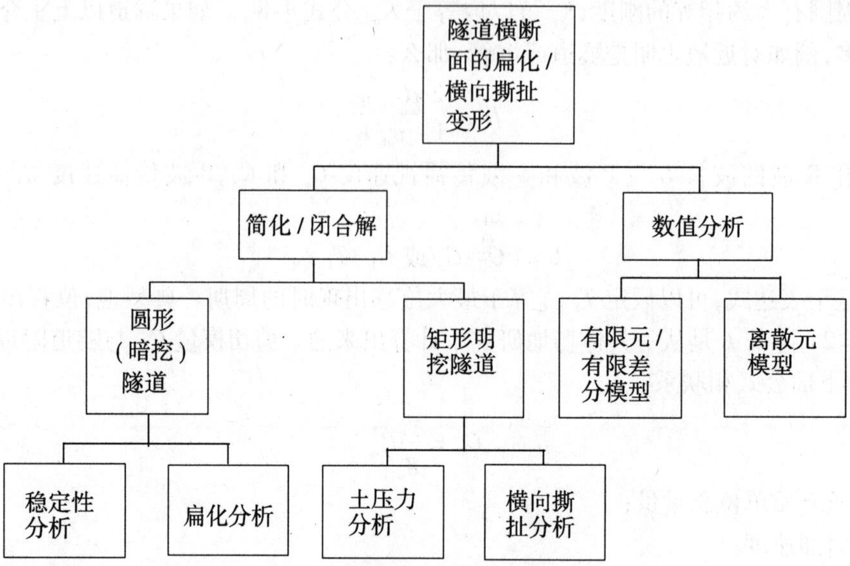

图 4-8　隧道横断面地震分析方法

4.4.1.4(a)　简化/闭合形式解

暗挖隧道分析

伪静态稳定性分析:应当检查隧道支护体系(衬砌和/或岩石锚杆或铆钉)抵抗作用到隧道顶部的惯性力的能力。这些惯性力可以近似为等于隧道高程上的计算峰值竖向地层加速度(表示为 g 的十分之几)乘以顶部设计使用的静态荷载。竖向峰值地层加速度可以被假定等于按 4.4.1.3(a)所述估算的水平峰值地层加速度。这一点可能有点偏于保守,因为竖直峰值地层加速度有小于水平峰值地层加速度的趋势。不过,对靠近震源的地方,竖直与水平峰值地层加速度的比值有超过常用的三分之二比值的趋势(例如,Silva,1997)。

伪静态分析从本质上是保守的,因为作用在失稳方向上的地震惯性力仅有短短的片刻时间。虽然这样,在说明一个潜在稳定性问题时,这样的分析仍然是有用的。

如果在隧道附近存在一个软弱带(例如,软弱、剪切岩体)或相对弱的层理带或节理面倾向隧道,也可以做隧道软弱物质塌方可能性的伪静态分析。图 4-9 所示是该分析图。

圆形隧道椭圆效应分析:应当分析隧道横断面以得到剪切波竖向传播时的地质介质所施加的椭圆化变形[图 4-3c]。一般可以使用静态解的简化分析法。动态放大对横断面响应的影响一般可以忽略,因为这些影响一般提高应力不超 5% ~15%(SFBART,1960;Chen et al.,1979;Owen and Dcholl,1981)。一般地,如果这个垂直传播的剪切波的卓越波长大于八倍的隧道高度,动态放大效应将是不重要的(Merritt et al.,1985)。

为了评估是否可能存在显著的动态放大效应,竖向传播剪切波的卓越波长可以按地震动加速度的卓越周期与隧道所处介质的有效或应变相关的剪切波速度 C_m 的乘积来计算。硬土和岩石的地震动加速度卓越周期大约是 0.3s,软土的则长于 0.3s。在没有具体的场地研究的情况下可以假定 0.3s 的周期。在公式(4-11)后的 4.4.1.3(a)节讨论有效或应变相关剪切波速度。

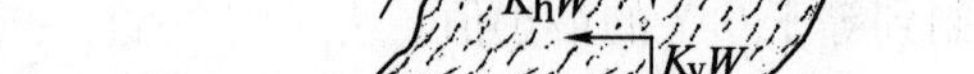

图 4-9　隧道附近软弱带伪静态稳定性分析

如果使用这里的指南所计算的卓越波长小于八倍的隧道高度,可以假定一个基于下面介绍的静态解中得到的力和弯矩值的基础上的 15% 的动态放大系数。换另外一种方法,或者可以根据本节后面讨论的一维场地响应分析计算卓越波长,或者按 4.4.1.4(b)节进行动态时间历程土—结构相互作用分析来确定隧道响应。

Wang(1993)、Penzien and Wu(1998)的闭合形式弹性静态解可用于计算动态(伪静态)隧道衬砌内的推力(T)、剪力(V)和弯矩(M)(图 4-10 和图 4-11)。这些解考虑了隧道衬砌与周围土或岩体的相互作用。Wang(1993)修正了 Peck et al.(1972)有关隧道外部加载的较早前的解答(根据 Burns and Richard,1964;Hoeg,1968 以前的工作)以适应隧道和地质介质之间完全滑动(零切向剪切应力)条件下的地震加载情况。类似地,他修正了 Schwartz and Einstein(1980)(根据 Hoeg's 的工作)的无滑动条件(隧道和地质介质界面的位移连续)解。Penzien and Wu(1998)独立推出了完全滑动和无滑动条件的解。

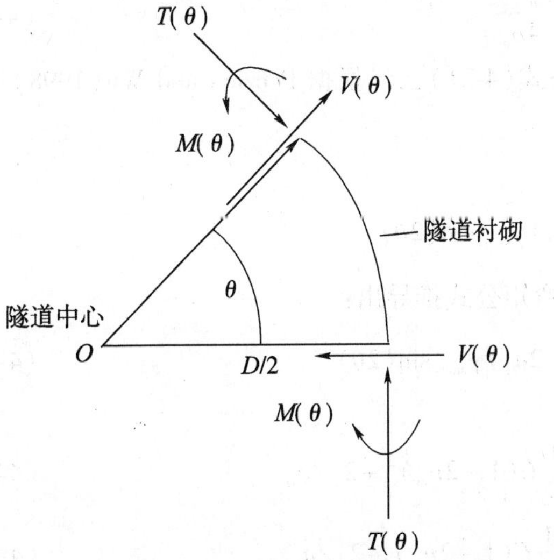

图 4-10　椭圆化引起的隧道衬砌内的力和弯矩

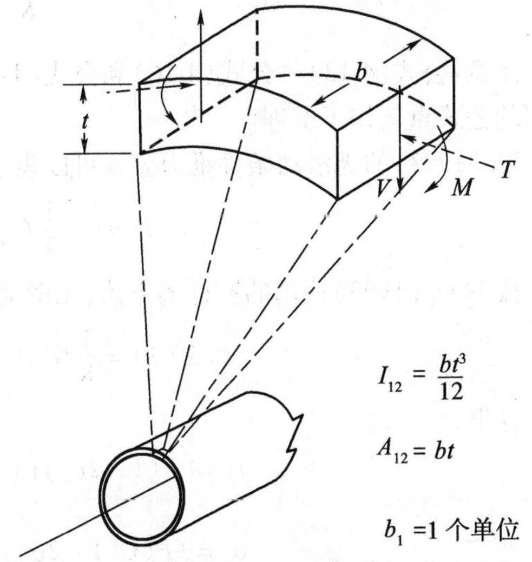

图 4-11　圆形隧道椭圆化分析的面积和惯性矩

Wang(1993)、Penzien and Wu(1998)的这些完全滑动解是一样的,都可以表达如下。

推力:

$$T(\theta) = G'_m D K \gamma_{smax} \sin(2\theta) \tag{4-13}$$

剪力:

$$V(\theta) = 2G'_m D K \gamma_{smax} \cos(2\theta) \tag{4-14}$$

弯矩:

$$M(\theta) = \frac{1}{2} G'_m D^2 K \gamma_{smax} \sin(2\theta) \tag{4-15}$$

这里:

$$K = \frac{1 - v_m}{F + 2.5 - 3v_m} \tag{4-16}$$

F 称为柔度系数,是地质材料剪切刚度与隧道衬砌剪切刚度的比值:

$$F = \frac{G'_m (1 - v_1^2) D^3}{24 E_1 I_{12}} \tag{4-17}$$

式中:θ——与过隧道中心的水平轴间的夹角;

D——隧道直径;

γ_{smax}——隧道高程处地震动诱发自由场剪切应变;

G_m——地质介质有效剪切模量[参见公式(4-11)后面 G'_m 计算的文字];

E_1——衬砌的杨氏模量;

v_m——地质介质的波松比;

v_l——衬砌的泊松比;

I_{l2}——隧道每单位长度衬砌横断面的惯性矩(图 4-11)。

Penzien and Wu(1998)对无滑动条件的公式如下。

推力:

$$T(\theta)=2G'_{m}DK'\gamma_{smax}\sin(2\theta) \tag{4-18}$$

剪力:

$$V(\theta)=2G'_{m}DK'\gamma_{smax}\cos(2\theta) \tag{4-19}$$

弯矩:

$$M(\theta)=\frac{1}{2}G'_{m}D^{2}K'\gamma_{smax}\sin(2\theta) \tag{4-20}$$

这里:

$$K'=\frac{1-v_{m}}{F+3-4v_{m}} \tag{4-21}$$

注意:公式(4-13)~公式(4-16)和公式(4-18)~公式(4-21)已经根据 Penzien and Wu(1998)原来介绍的公式重新作了整理。

Wu(1993)的无滑动条件推力公式可以表示为:

$$T(\theta)=\frac{1}{2}G'_{m}D(1+a_{2})\gamma_{smax}\sin(2\theta) \tag{4-22}$$

按 Wang(1993)使用的同样的方法,无滑动条件的弯矩公式推导出:

$$M(\theta)=\frac{1}{8}G'_{m}D^{2}(1-a_{2}-2a_{3})\gamma_{smax}\sin(2\theta) \tag{4-23}$$

这里:

$$a_{2}=[F(1-2v_{m})(1-C)-\frac{1}{2}C(1-2v_{m})^{2}+2]/a_{0} \tag{4-24}$$

$$a_{3}=\{F(C[1-2v_{m})+1]-\frac{1}{2}C(1-2v_{m})-2\}/a_{0} \tag{4-25}$$

$$a_{0}=F[(3-2v_{m})+(1-2v_{m})C]+C\left(\frac{5}{2}-8v_{m}+6v_{m}^{2}\right)+6-8v_{m} \tag{4-26}$$

柔度系数 F 由公式(4-17)给出。压缩系数 C 是:

$$C=\frac{G'_{m}(1-v_{l}^{2})D}{E_{l}t(1-2v_{m})} \tag{4-27}$$

式中:t——衬砌厚度。

椭圆效应计算的地震加载是沿隧道高度、由竖直传播剪切波产生的最大自由场剪切应变 γ_{smax} 来代替的。最大自由场剪切应变最好应用如一维场地响应分析[例如 SHAKE(Schnabel. et al. ,1972;Idriss and Sun,1992)]一类的数值方法来计算。对深埋隧道,γ_{smax} 可以近似为:

$$\gamma_{smax}=\frac{v_{s}}{C'_{m}} \tag{4-28}$$

式中:v_s——隧道深度处地质介质中的峰值质点速度;

C'_m——隧道深度处地质介质有效剪切波速度。

这些参数可以按公式(4-4)和公式(4-11)后面各段讨论的内容来计算。

最大推力和弯矩二者都出现在与隧道水平直径轴夹角 45°(图 4-10)的位置。

地震诱发横断面最大拉、压应力可通过将推力和弯矩产生的应力组合而得到。

$$\sigma=\frac{T(\theta)}{A_{l2}}\pm\frac{M(\theta)(t/2)}{I_{l2}} \tag{4-29}$$

式中:t,A_{l2},I_{l2}——分别是衬砌横断面的厚度、面积和惯性矩(图 4-11)。

一般来说,完全滑动条件下的公式导致力矩比无滑动条件下的公式高。无滑动条件一般获得较高的推力，由 Wang(1993)公式预测的推力一般比用 Penzien and Wu(1998)的公式预测的推力要高很多，尤其是在较硬的地质介质中。之所以两个无滑动条件下的公式所得推力存在差别，其原因目前还不清楚。

在实际应用上，建议使用能产生最大应力的完全滑动或无滑动公式，使式(4-29)计算的应力最大[完全滑动条件下，公式(4-13)和公式(4-15)；无滑动条件下，公式(4-18)和公式(4-20)或公式(4-22)和公式(4-23)]。

例4-3解释了椭圆效应引起的圆形隧道内的动态(伪静态)应力计算。例4-5说明了两种不同类型的隧道衬砌和软、硬地质介质中圆形隧道内被组合考虑的静态和动态(伪静态)应力的计算。Penzien and Wu(1998)介绍了一个例子，说明一个混凝土衬砌因土—衬砌相互作用其临界拉应力是如何提高、然后随着衬砌厚度的增加而降低的。

应当注意到，本节的公式是在假定结构表现为弹性下推导出来。当预测到衬砌中出现非弹性变形时，必要时应当进行非线性非弹性分析以保证衬砌将来有足够的延性。

矩形隧道分析

类似于圆形隧道的椭圆效应分析，矩形隧道横断面也应当在假定竖直传播剪切波的条件下分析强迫挤压变形。另外，隧道的边墙和拱顶也应当进行动态土压力分析。

横向撕扯变形分析：Wang(1993)提出了结合土—结构相互作用分析矩形隧道[图4-3d)]横向撕扯的简化方法。这个方法是基于很多不同土和结构的动态性质和结构形状的实例所作的一系列动态有限元分析而提出。这些已分析的情况涵盖下列条件：

- 到结构中心的厚度 h 与结构高度 H 的比值在1.1~2.0之间(图4-12)。

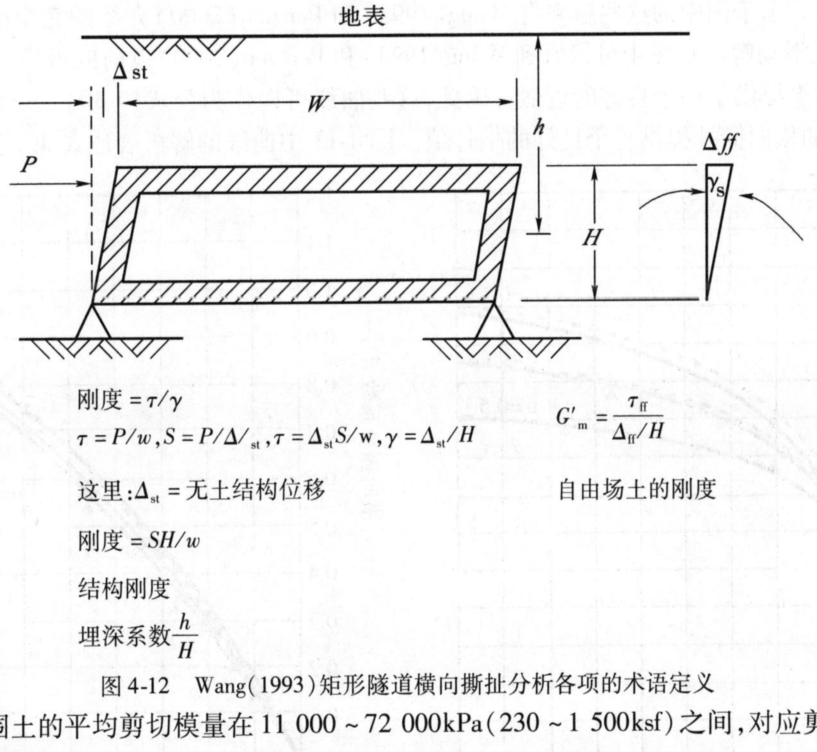

图4-12 Wang(1993)矩形隧道横向撕扯分析各项的术语定义

- 结构周围土的平均剪切模量在11 000~72 000kPa(230~1 500ksf)之间，对应剪切波速度75~200m/s(250~650ft/s)。
- 结构底与下卧硬土/岩石之间的垂直距离等于或大于结构高度。
- 排除了刚体转动。
- 研究了五种类型单孔和两孔矩形结构。结构宽度 w 在4.6~27.5m(15~90ft)之间，结构高度 H 在4.6~8m(15~26ft)之间。
- 使用了两个人工地震地震动时间历程，代表美国西部和东北地震。

评价结构响应和行为，按照下列步骤进行

第 1 步:计算竖向传播剪切波引起的沿结构高度的土的自由场有效剪切变形 Δ_{ff}。

自由场剪切变形 Δ_{ff} 应当使用场地响应分析方法[例如,计算机程序 SHAKE(Schnabel et al.,1972;Idriss and Sun,1972)]行计算。由于从地表反射回的地震波的影响,使用场地响应分析计算浅埋隧道的剪切应变比使用简化公式[公式(4-28)]更可靠。

第 2 步:确定土和结构的相对柔度

柔度系数 F_r 定义为土的自由场有效剪切刚度与结构剪切刚度的比值,由下式给出:

$$F_r = \frac{G'_m w}{SH} \tag{4-30}$$

式中:S——横向撕扯刚度,即,引起结构单位横向撕扯挠度所需的力;

w——结构宽度;

H——结构高度;

G'_m——介质的剪切模量。

这些项定义在图 4-12。

第 3 步:计算结构的横向撕扯扭曲

根据一系列动态有限元分析,Wang(1993)给出了结构横向撕扯和柔度系数之间关系的结果。横向撕扯系数 R_r 是被埋入土中的结构的横向撕扯扭曲 Δ_r 与自由场土沿结构高度的 Δ_{ff} 之比值:

$$R_r = \frac{\Delta_r}{\Delta_{ff}} \tag{4-31}$$

从动态有限元分析得到的 R_r-F_r 对的数值示于图 4-13a)和 b)。示于这些图中的还有圆形隧道闭合形式静态解曲线。示于图中的这些解来自 Wang(1993)和 Penzien(2000)介绍的完全滑动解和 Penzien(2000)介绍的无滑动解。从图中可以看到 Wang(1993)和 Penzien(2000)以前的报道,闭合形式解曲线为有限元分析结果提供了一个良好的近似。因此,这些曲线可以作为公式(4-30)定义的柔度系数的函数,为矩形隧道的横向撕扯提供一个良好的估计值。图 4-13 中曲线的解析表达式如下。

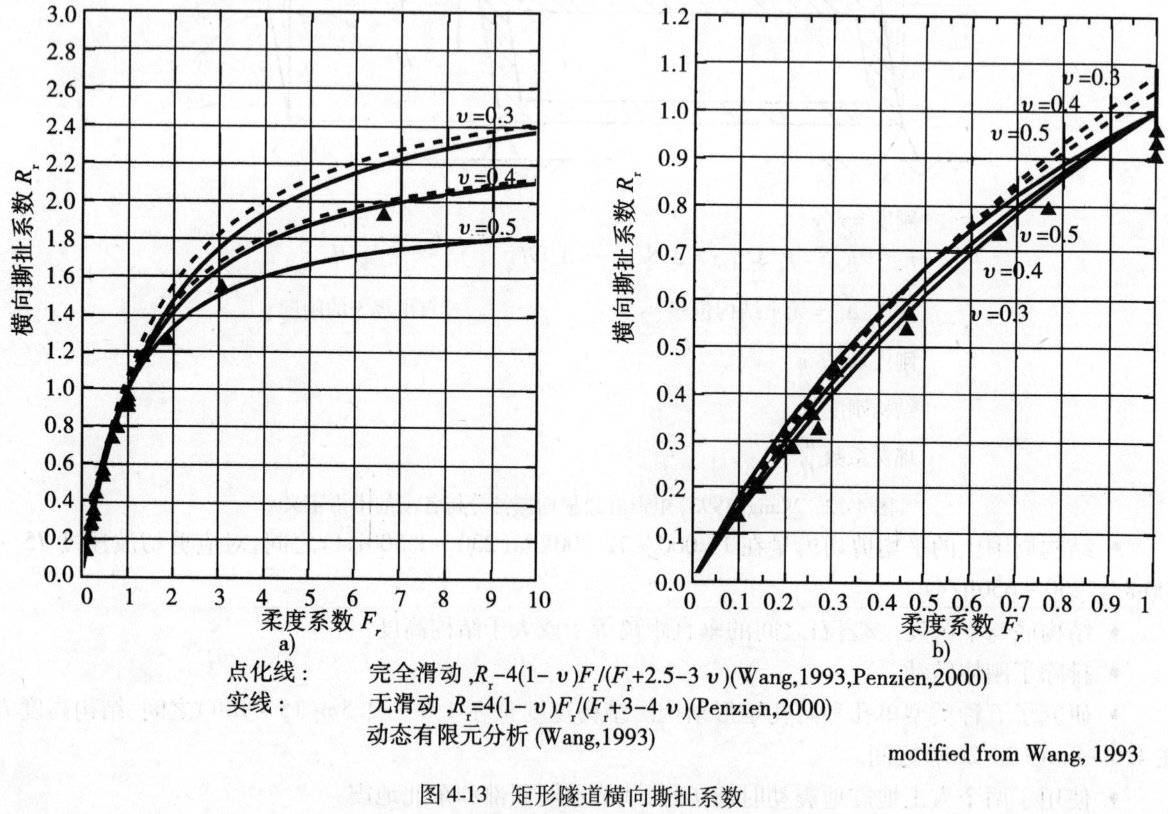

图 4-13 矩形隧道横向撕扯系数

a)0.0~10 之间的柔性系数;b)0.0~1.0 之间的柔性系数

完全滑动：

$$R_r = \frac{4(1-\upsilon_m)F_r}{F_r + 2.5 - 3\upsilon_m} \tag{4-32}$$

无滑动：

$$R_r = \frac{4(1-\upsilon_m)F_r}{F_r + 3 - 4\upsilon_m} \tag{4-33}$$

从图4-13可以观察出若干现象。当 F_r 等于零时，结构是完全刚性，没有横向撕扯扭曲被诱发，所以地震加载期间结构作为刚体移动。当 F_r 等于1时，结构的横向撕扯扭曲约等于土的扭曲（全等于无滑动条件下土的扭曲）。对相对周围地层是柔性的结构（$F_r>1$），结构的横向撕扯扭曲大于自由场的扭曲。正如Penzien (2000)注意到的，如果结构没有刚度［$F_r\to\infty$］，R_r 约等于 $4(1-\upsilon_m)$］，这就是毛洞的情形。$R_r=4(1-\upsilon_m)$ 也描述了圆形毛洞的横向撕扯系数（Penzien and Wu，1998）。

第4步：进行结构分析，确定力、力矩和详细的要求

Wang（1993）推荐了两个伪静态侧向力模型（图4-14）。应该施加侧向力来在结构上产生等于计算值的横向撕扯变形。如果位移大得足以引起结构的非弹性变形，应该进行非弹性Pushover分析（ATC，1995）以评估结构行为。应当从这两个力模型计算的结果中挑最关键的响应用于设计。

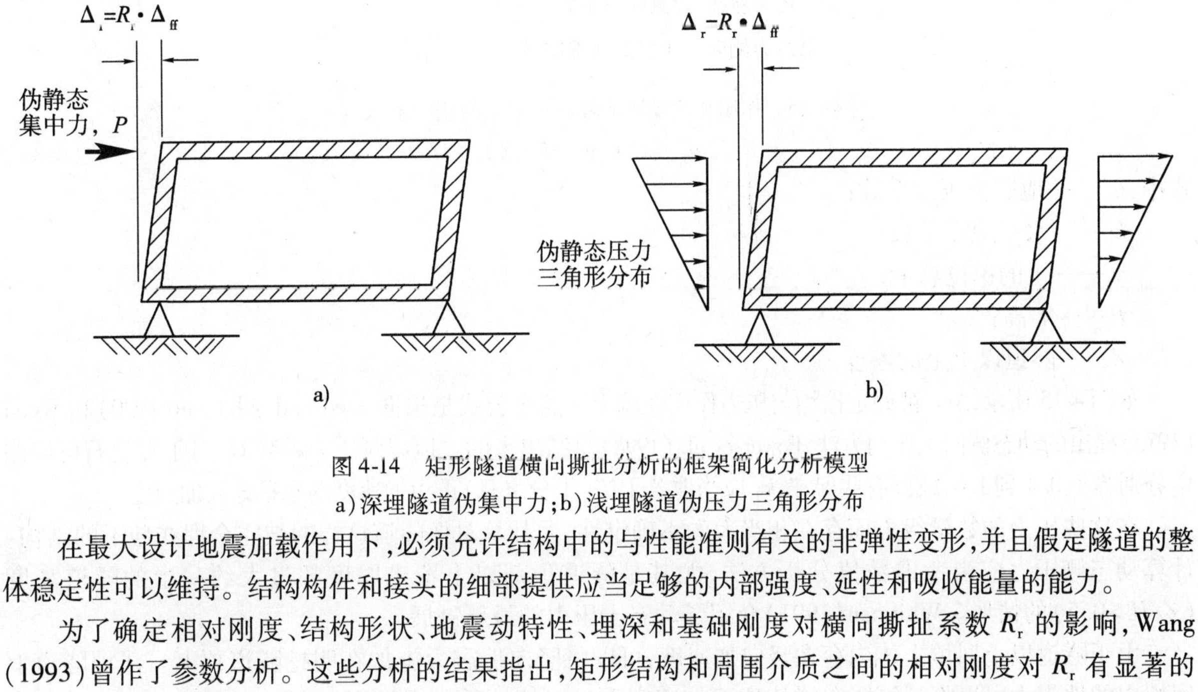

图4-14 矩形隧道横向撕扯分析的框架简化分析模型

a）深埋隧道伪集中力；b）浅埋隧道伪压力三角形分布

在最大设计地震加载作用下，必须允许结构中的与性能准则有关的非弹性变形，并且假定隧道的整体稳定性可以维持。结构构件和接头的细部提供应当足够的内部强度、延性和吸收能量的能力。

为了确定相对刚度、结构形状、地震动特性、埋深和基础刚度对横向撕扯系数 R_r 的影响，Wang（1993）曾作了参数分析。这些分析的结果指出，矩形结构和周围介质之间的相对刚度对 R_r 有显著的影响。结构形状和地震动特性的影响可以忽略。为了确定埋深的影响，也作了更多的分析。在这些分析中，15英尺高的一个结构，埋深在0～40英尺。结果指出，当 $h/H>1.5$ 时，计算所得横向撕扯系数相对独立于埋深。Penzien（2000）进一步观察到，随着 h/H 降到1.5以下，横向撕扯系数降低很慢，减小值在 h/H 从1.5降到0.5时仅有约20%。

［例4-4］ 解释如何计算一条矩形隧道的横向撕扯效应。

土压力分析：对相对周围土是硬土的隧道［也就是柔度系数 $F_r\leq 1.0$，公式（4-30）］，应当对结构边墙抵抗动态土压力的能力做进一步检查。作用在边墙上的动态侧向土压力是惯性诱发土压力的增量，而惯性诱发土压力是要添加到或从静态侧向土压力中减掉的（见图4-15）。它们在降低一侧土压力的同时，提高结构另一侧的土压力。应当校核由该动态压力诱发的隧道横向撕扯确实没有过大地超过周围地层的剪切变形。

在隧道以上土的深度 Z 与隧道边墙的高度 H 的比值小于0.5时，可以使用下面浅埋隧道的公式计算隧道边墙上的动态侧向土压力 Δp_E：

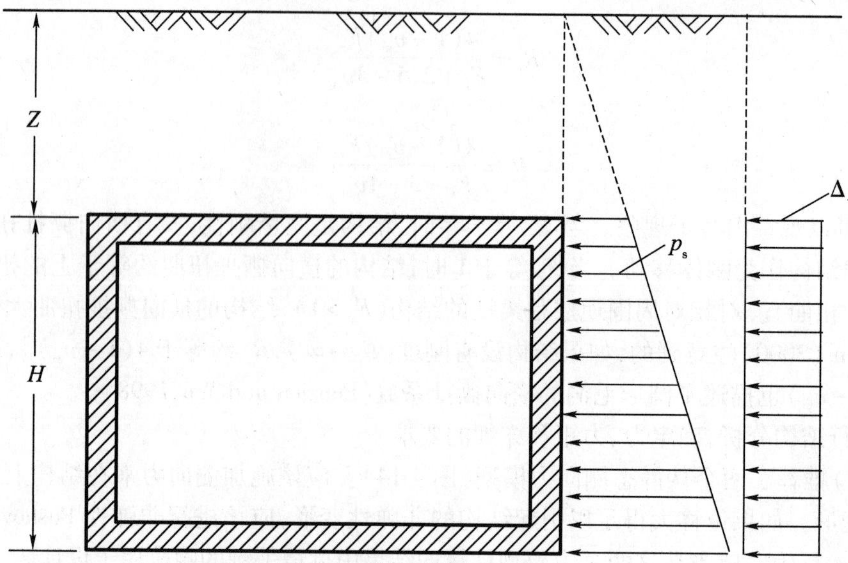

p_s为静态，静测向土压力

Δp_e为侧向土压力的地震增量

图 4-15　作用在明挖矩形隧道边墙上的侧向土压力

$$\Delta p_E = C_v k_h \gamma_t (H + Z) \tag{4-34}$$

式中：C_v——地震土压力系数；

k_h——水平地震系数；

γ_t——土的单位总重；

H——墙高；

Z——隧道以上土的厚度。

如图 4-15 所示，Δp_E 被假定按均匀压力作用在墙上。这个公式是根据 Seed and Whitman（1970）和 Wood（1973）提出的动态侧向土压力方法、Power et al.（1998）总结出来的。地震侧压力系数 C_v 对土和岩石可以假定分别等于 0.4 到 1.0；或许有些保守，k_h 应当取若干倍（十分之几）重力加速度的水平地表加速度。

在这些压力的数量级方面存在相当大的不确定性，尤其是对像隧道这样的被完全埋在地下的结构。计算动态侧压力应当考虑数值分析方法，尤其是隧道顶部以上覆土厚度超过大约一半的隧道高度（$Z/H>0.5$）的情形。Whitman（1991）介绍了动态土压力的最新进展。

由于隧道以上回填土体内存在竖向加速度，可以将竖向地震力施加在明挖隧道顶上。浅埋隧道上回填内的地震力可以将计算竖向峰值地面加速度乘以回填的质量来得到。计算完地震（静态）土压力后，要进行结构分析来检查边墙和隧道顶部抵抗这些压力的能力。顶部的静态（重力）和惯性力、边墙中的惯性力在确定总的静态＋地震荷载时应该被加到土压力上。

4.4.1.4（b）　数值分析

二维有限元和有限差分模型可以被用来分析隧道的横断面。等价直线法可以用于逼近土的非线性行为。线性或等价直线动态时间历程分析的计算机程序包括 FLUSH（Lysmer et al.，1975），SASSI（Lysmer et al.，1991）和 QUAD4-M（Hudson et al.，1994）。计算机程序 FLAC（Itasa，1998；Wang and Makdisi，1999）通过引入非线性本构模型能够包括土材料的非线性行为。

在沿地质介质（剪切带、层理面和节理）中的软弱面的移动可能引起隧道内的局部应力集中和破坏的情况下，可以考虑使用离散元的动态时间历程分析。在这些模型中，土/岩体被模拟成离散块体的组合体。这些块体被模拟成刚性或可变形材料，每个块体的行为表现为预先指定的应力应变关系。块体沿软弱面的相对移动使用力—位移关系在法向和剪切两个方向来模拟。图 4-16 所示是一个离散元模型的例子，其中节理和层理面被包括在分析中。UDEC(Itasa,1992)和DDA(Shi,1989)是两个能用于这类数值分析的计算机程序。

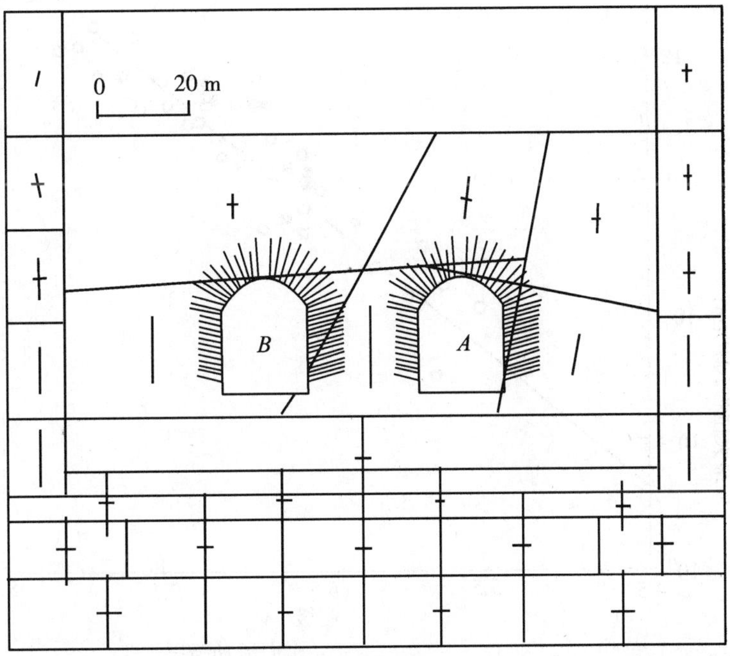

图4-16 隧道的离散元模型

因为隧道—土之间的相互作用问题的复杂性，使用数值分析方法应当给予考虑。由于在很多地震中观察到的这些结构具有相对的地震脆弱性(与暗挖隧道相比)，使用这些方法分析土中明挖箱形隧道的横断面尤其理想。

4.4.2 断层破裂评估

4.4.2.1 引言

受到沿断层直接剪切位移影响的隧道其行为的评估包括两个方面：第一，抽取断层穿过隧道处的自由场断层位移特征(也就是无隧道时的位移)；第二，计算特征位移对隧道的影响。

一般地，如果断层的中到大位移出现在相对硬的地质介质里的若干窄带内，该隧道可能会遇到严重的局部破坏，要减轻破坏只有通过特殊设计来协调这些位移，或者必须在紧急维修计划中被事先已经预计到了。设计和紧急措施在4.5.2节中讨论。对在岩体中个别平面内会发生几英寸以上量级的断层移动，出现隧道衬砌或边墙的严重的局部破坏一般在预料之内。另一方面，如果位移小和/或分布在一个宽带上，有可能发生只有小到中等的隧道破坏，尤其是如果隧道是延性的或铰接的(拼装的)。开裂或接头开口对防水性和淹埋隧道的影响应当给予仔细的评估。

一个影响断层破裂带中隧道行为的因素是相对于隧道轴线的滑动方向。对易受屈曲作用影响的钢衬，可能会把隧道置于受压状态的相对滑动比可能拉长隧道的滑动更有破坏性。无论是因压缩引起的还是因拉长引起的，衬砌内的裂缝或空隙的开展可能会引起不可接受的涌水。

4.4.2.2 评估断层位移量

断层位移的数量和分布的评估是一项需要熟悉断层破裂带中位移特征的地质专家参加的工作。像Wells and Coppersmith(1994)提出的那些经验关系式能够作为地震震级和断层类型的函数被用来计算断层位移的数量。图4-17就是这类关系的一个例子，它说明了位移量强烈依赖于地震震级，对大震级地震能够达到几英尺甚或数十英尺的最大值。

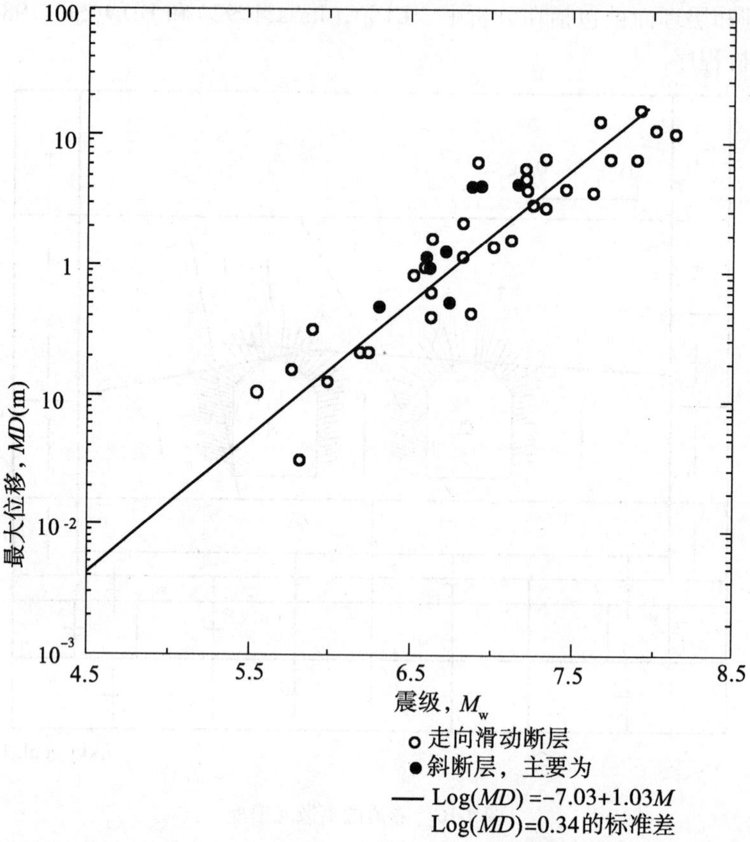

Wells and Coppersmith.1994

图 4-17　沿走向滑动断层的最大地表断层位移(MD)和地震矩震级 M_w 之间的关系

4.4.2.3　断层位移时的隧道分析

当受到断层位移差的作用时,具有剪切和弯曲刚度的地下结构要抵抗断层错位引起的外部形状的变化,这样,诱发了该结构内的轴向力、剪力和弯矩。该轴向变形被土—隧道界面上产生的轴线方向的摩擦力所抵抗,而剪切和弯曲变形则由沿隧道衬砌或边墙法线方向的土抗力引起。

一般地,评价受断层位移影响的隧道,其分析方法与地下管线使用的那些方法是一样的。在直线地下结构的评价和设计(美国土木工程协会天然气和液体燃料生命线委员会)中已经使用了三种分析方法。它们是:

- Newmark-Hall 方法;
- Kennedy et al. 方法;
- 有限元法。

Newmark-Hall(1975)和 Kennedy et al.(1977)两种方法原是为分析受不连续断层位移影响的地下管线而提出的。两种方法都假定,结构的轴向变形受到土—结构间摩擦力的约束。在 Newmark-Hall 方法中,假定结构是靠爬出浅沟槽从周围土中"断离"的,并在两个固定点间保持平直。在 Kennedy et al. 法中,地下结构被模拟成索;忽略结构的弯曲刚度后,计算诱发的曲率和产生的弯曲应力。

Newmark-Hall 方法一般不适用于隧道,因为隧道的大小和埋深一般会排除隧道爬出地表将自身拉直的可能性。虽然对很多隧道弯曲刚度是不能被忽略的,但是 Kennedy et al. 法是可以使用的。这个方法因忽略了弯曲刚度,所以一般可能会高估弯曲曲率。有限元方法是最好的,因为它能够将隧道和周围地质介质结合产生最真实的模型。隧道使用有限元模拟,可以将非线性行为(图 4-18)考虑进来。连到隧道模型上的横向和轴向弹簧模拟隧道衬砌或边墙上的法向土压力及轴向摩擦阻力(图 4-19);如果合适的话,这些弹簧也可以包括非线性行为(图 4-20)。分析隧道对断层位移的响应可以考虑的有限元程序有很多。其中的一些有 ADINA(1996),ABAQUS(Hillitt,Karlsson and Sorensen,1998),PIPLIN(Structural Software Development Co.,1981),ANSR-III(Oughourlian and Powell,1982)和 STARDYNE(Research Engineers,1995)。

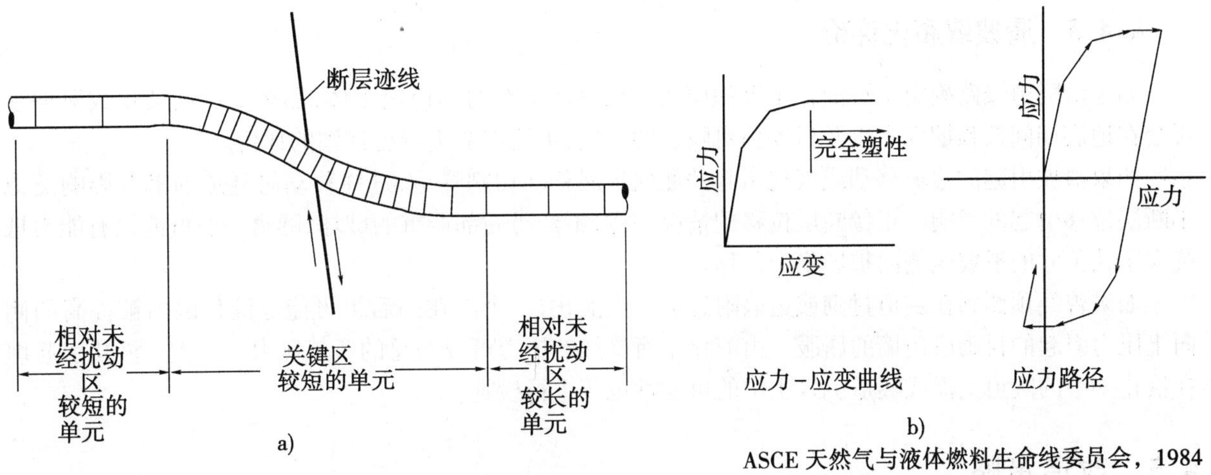

图 4-18　断层交接处隧道结构分析模型

a)隧道有限元分析模型；b)隧道衬砌应力—应变关系

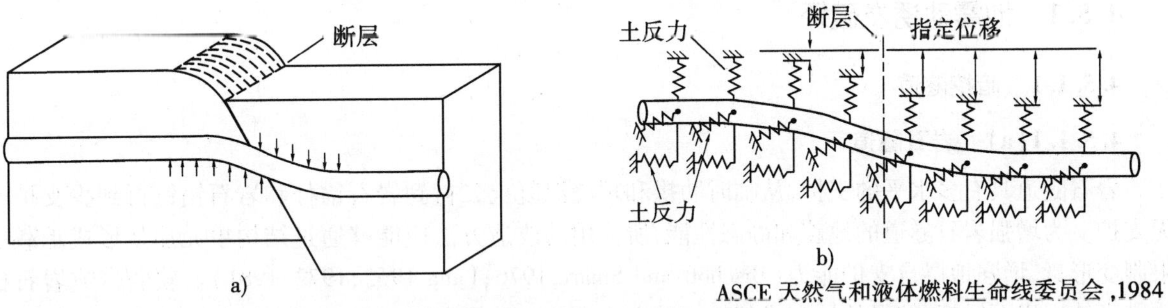

图 4-19　断层交接处隧道的土—结构模型示意图

a)实际形状；b)理想化的结构模型

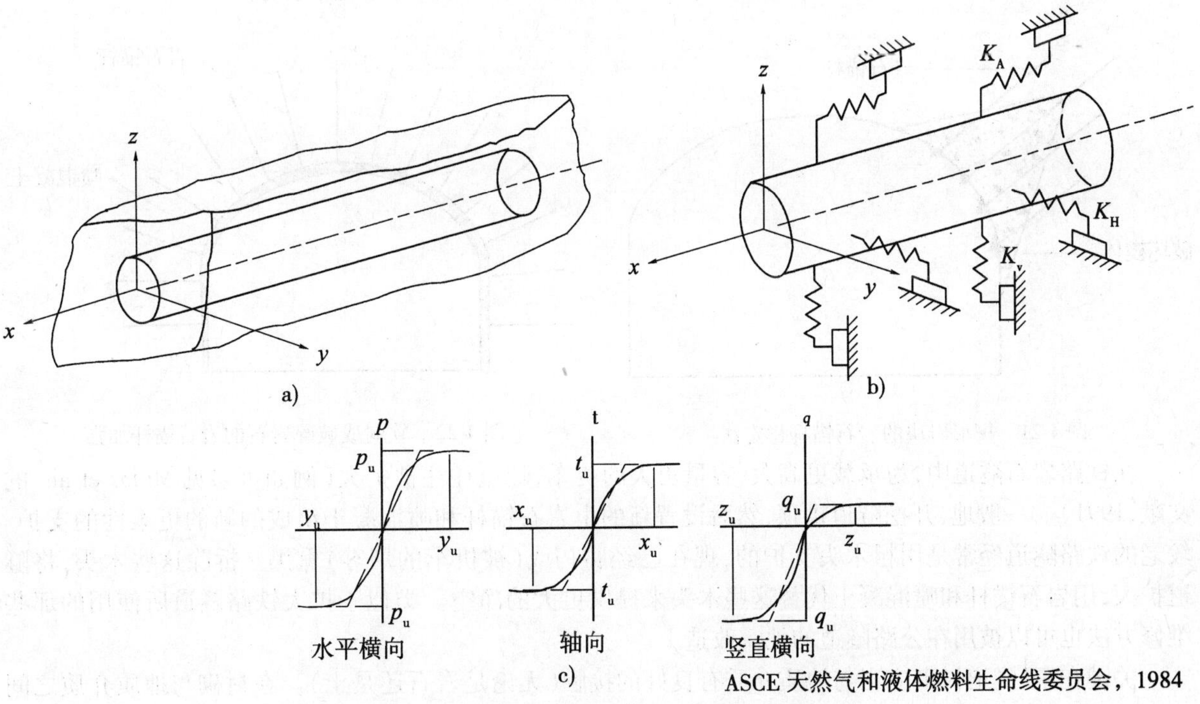

图 4-20　断层交接处隧道的土体约束分析模型

a)实际情况；b)理想化模型；c)土的荷载—变形关系

4.4.3 滑坡或液化评价

如果沿隧道线路确定了可液化土沉积层或受到滑坡影响的不稳定土体,那么要评估液化或滑坡是否会在地震期间按预期发生以及对评估对隧道的影响,可能需要进行更详细的评价。

如果滑坡引起的边坡移动或液化引起的侧向扩展移动切割隧道,这些移动对隧道的潜在影响类似于断层位移引起的影响。正像断层位移的情况一样,不经历局部严重的破坏,隧道一般可能没有能力抵抗大于几英寸的滑坡或侧向扩展集中位移。

如果曾经预测到在隧道衬砌或边墙附近会发生液化,一个潜在的后果可能是液化区内被提高的侧向土压力引起的衬砌或边墙的屈服。由液化土所施加的压力可以与总的覆盖压力一样大。液化引起埋在液化土中的隧道上浮或隧道沉入土中的可能性也要进行检查。

4.5 改造策略

下面几个小节讨论地震动、断层位移、滑坡和液化诱发破坏的潜在破坏模式的改造策略。

4.5.1 地震动诱发破坏

4.5.1.1 暗挖隧道

4.5.1.1(a) 岩石隧道

岩石隧道具有多水平的支护,从临时肋拱和现浇混凝土二衬到岩石锚杆和岩石锚钉再到少支护或无支护。为增强岩石隧道的地震和静态性能,所使用的改造方法应能够通过结构单元加强形成承载拱限制变形量,增强地层自支护能力(Bischoff and Smart,1976;Lang 1962,1972,1981)。软弱带或岩石楔块应当使用岩石锚杆、较强的衬砌或其他支护方法来防止地震期间被晃松而在衬砌上产生附加荷载并可能使之坍塌(图4-21)。对软弱岩石隧道,最理想的可能是,设置连续或有规则的岩石锚杆和铆钉以及喷混凝土支护体系(图4-22)。在高度节理化或破碎岩石区,可以考虑化学注浆。

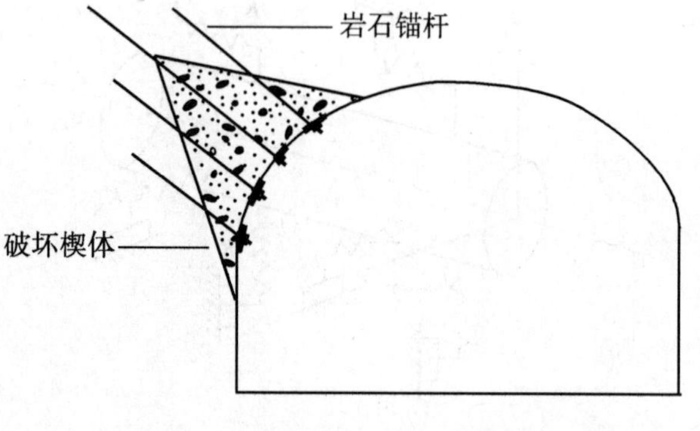

图4-21 楔形岩块的岩石锚杆稳定法

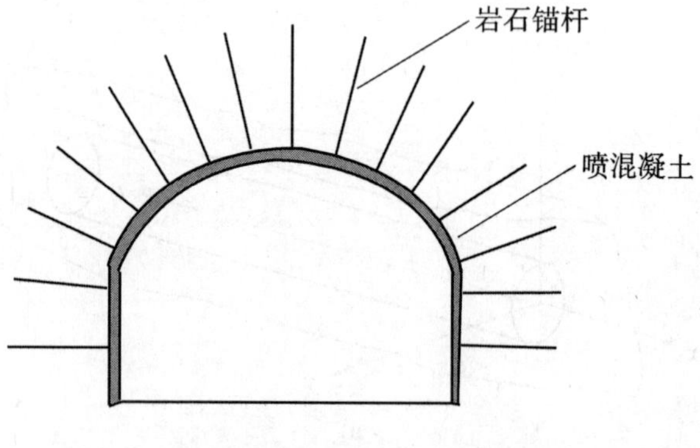

图4-22 软弱或破碎岩石的岩石锚杆加强

在铁路岩石隧道中,为承载更高大、容量更大的货车,隧道往往被扩大(例如可参见 Millar et al. 的文献,1991)。一般地,开挖隧道拱顶,然后设置新的由岩石锚杆和喷混凝土组成的新的更柔性的支护。较老的铁路隧道经常是用粗木头支护的,现在已经腐朽或(被机车的烟雾)熏黑。拆除这些木头,将隧道扩大,用岩石锚杆和喷混凝土代替这些木头来提供更大的净空。类似于扩大铁路隧道所使用的那些维修方法也可以被用在公路隧道的地震改造上。

关键在于,隧道衬砌应当与地质介质有良好的接触(无论是岩石还是土)。在衬砌与地质介质之间接触注浆的质量和饱满程度既可以通过地球物理方法(例如,穿地雷达或冲击回声法),也可以通过采取芯样的方法进行调查。如果衬砌后面有大的空洞,应使用接触注浆。接触注浆可以使用的材料有很多,包括普通浆材、赛璐珞或泡沫混凝土、聚乙烯材料或其他化学浆材。Grimm and Parish(1985)、Russel(1987,1993)、Navin and Hutchinson(1992)和 Grodner et al.(1998)描述了接触注浆的应用实例。联合使用岩石锚杆、喷混凝土和接触注浆维修隧道的实例是建造于 1918 年的 FHWA/National Park Service Ft. Baker 隧道(California Builders and Exchange,1994)。

如果隧道局部因开裂、劣化或其他原因引起的低强度混凝土或砌体所致而变弱,可以使用局部修理,去掉软弱区并用喷混凝土或像树脂浸透织物或多聚合物膜等替代材料来代替。Abramson and Boscardin(1999)和 Russel(1999)讨论了在有限区域需要结构修理时这类材料的用法。已有衬砌的软弱区可以用常规方法拆除,例如,风镐或液压拆除技术(例如,Soast,1989)。在拆除了混凝土或砌体后,可以加更多的钢筋和新喷混凝土或浇筑混凝土衬砌。

大面积劣化、开裂或其他原因所致的软弱混凝土或砌体衬砌可能需要拆除并替换衬砌,或者建内衬或安装刚架和拱形梁(Madden,1999)。一般地,岩石隧道衬砌内的应变将会很小,混凝土衬砌内的钢筋可能是不必要。虽然如此,如果预计有强地震的话,最好是使用钢筋作为延性更大、更强的材料。

4.5.1.1(b)　土/软弱地层中的隧道

正如 4.2.1.1 节指出的,圆形土隧道一般使用两层或单层衬砌体系。在两层体系中,初次、初始或临时支护一般由钢肋拱和被覆、衬板或预制混凝土管片衬砌。最终支护由现浇衬砌构成。根据静态+地震加载计算结果,虽然很多混凝土隧道衬砌不需要加强,如果可能出现强地震仍然需要提供钢筋加强。在强震期间,钢筋形成了一个格构约束开裂后的混凝土不产生大的剥落或坍塌。

单层衬砌一般是拴接和垫板防水钢板或预制混凝土管片衬砌。管片一般沿隧道长度是错接的,所以管片的径向或纵向接缝是不连续的,形成图 4-23 所示的"T"形接缝。形成连续径向接缝的管片有这样的缺点,所有的垫片在四角交会,增大了漏水的可能性。从地震的观点看,把管片错接是有益的,因为它在相邻管片间提供了较好的互锁。把衬砌管片用螺栓连接在一起对要提供衬砌连续性、降低局部破坏的可能性的地震设计来说是最好的。同时,钢螺栓提供了一种延性紧固材料。日本隧道协会指出,没有管片衬砌在神户地震中遭到破坏的报告(Fukuchi,1995)。

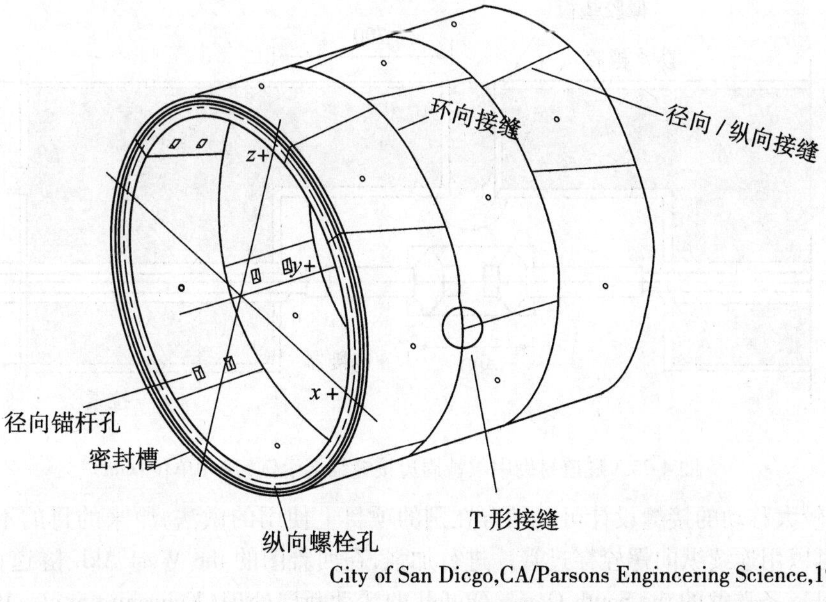

图 4-23　预制混凝土管片衬砌

无拴接管片衬砌被频繁使用。McCusker(1989)和 Iftimie(1994)讨论了各种接头形状的优缺点。无拴接径向接缝潜在的地震优点是,横向撕扯行为诱发的力矩能被进一步降低,因为很小或没有弯矩被传过接缝。另一方面,这类接缝是剪切弱区,更易在横向撕扯扭曲期间遭受局部破坏。无拴接径向接缝的变型是中心在径向接缝表面上的导杆(AFTES,1999)。该导杆由硬塑料制成,不提供任何钳固力或弯矩或拉力连接。它的确允许转动,提供机械剪切连接器。Clough(1981)注意到,无拴接衬砌抵抗地震加载的能力需要研究。

软土隧道衬砌中穿过圆周接缝的特殊连接器有时是必要的,以容许大的轴向应变和曲率。如果安装了这类连接器,不让它们成为有可能出现局部、横向剪切变形的弱点是很重要的。图 4-24 和 4-25 所示例子是接缝的细节。示于图 4-24 的"隔振垫圈"是在 Trans-Tokyo Bay 公路隧道计划使用的高压缩元件。图 4-25 的细节是在 Osaca South Port Tunnel 计划使用的,它包括了一个抵抗压力的橡胶垫片,一条抵抗拉力的拉索和一个"Ω"形二次防水垫片。无论任何情况下都应当评估接缝产生涌水的可能性和为达到所需防水效果而采取的设计措施的影响。

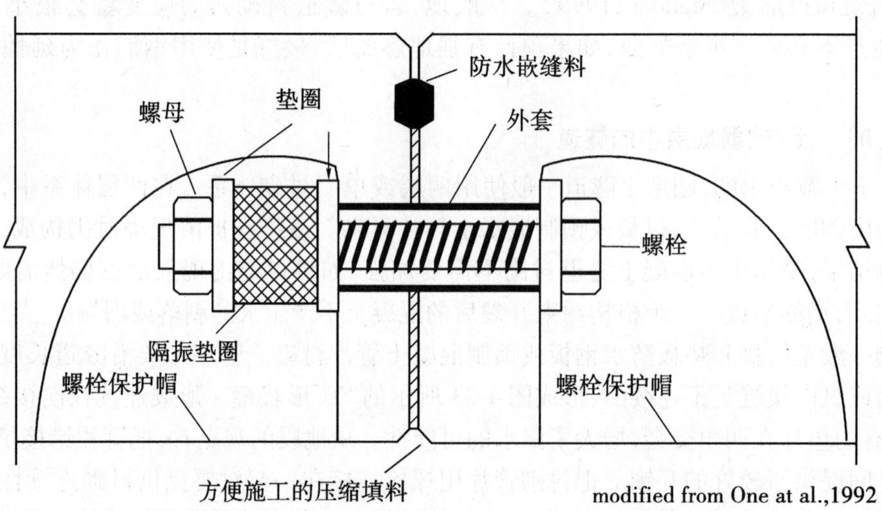

图 4-24　有隔振垫圈隧道衬砌中的柔性周边接缝细部示例

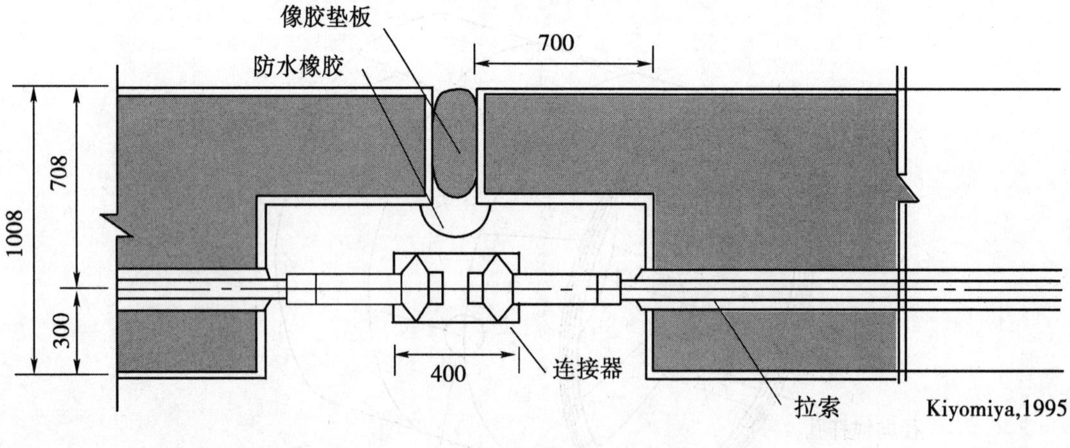

图 4-25　隧道衬砌中柔性周边接缝细部示例(尺寸单位:mm)

其他容许较大移动的接缝设计可以结合在别的项目上使用的做法,原来的目的不是用于地震。例如,圆周接缝可以用连续纵向螺栓穿过管片进行加强,在西雅图的 the West Akli 隧道古滑坡处理(Madden et al. ,1994)、圣迭戈的 the South Ocean Outfall 的活动断层处理(Kaneshiro et al. ,1996a,1996b)就是这样使用的(后一个项目的设计在 4. 5. 2 节中讨论,在图 4-35 中说明)。

土隧道的很多改造策略与岩石隧道的类似,包括以下:

- 在有限区域上通过去除软弱混凝土,施做喷混凝土、灌注混凝土或使用替代材料的局部修理。

钢衬板隧道可以在被腐蚀的或因别的原因引致的脆弱区用焊接钢板来加强。

- 接触注浆。
- 化学或压密注浆法的地层改良。
- 拆除既有衬砌，用临时地层支护建造新衬砌和/或分短段用顺序开挖方法做衬砌替换。
- 在钢管和既有衬砌之间的环形空道内建造钢筋混凝土或钢管混凝土内衬。
- 建造特别接缝，例如"隔振垫圈"（图4-24），接缝细节在4.5.1.3节和4.5.1.4节描述，提高衬砌的变形能力。
- 通过去除局部混凝土和安装钢连接器，加强或提高管片衬砌接缝的延性。
- 涌水可以限制某些土隧道的改造选择。

4.5.1.2 明挖隧道

钢筋混凝土箱形明挖隧道改造的关键是要在隧道横断面分析中抓住行为的主模式，包括因土性质的不确定性而被诱发的应力的不确定性和土—隧道体系响应的不确定性。必须要充分量化的行为模式包括横向撕扯［图4-3d)］和因静态+地震土压力引起边墙和顶部的鼓胀。Owen 和 Scholl (1981)指出，箱形明挖隧道的地震诱发横向撕扯行为引起箱体拐角内表面的拉力，而土压力导致边墙和顶部的内表面中部的拉力。为进行横向撕扯行为设计，他们建议墙的纵筋应延伸到邻近板内，以钩状连在远表面，如图4-26。图4-26中没有画出横向箍筋，其对延性行为有重要的意义。

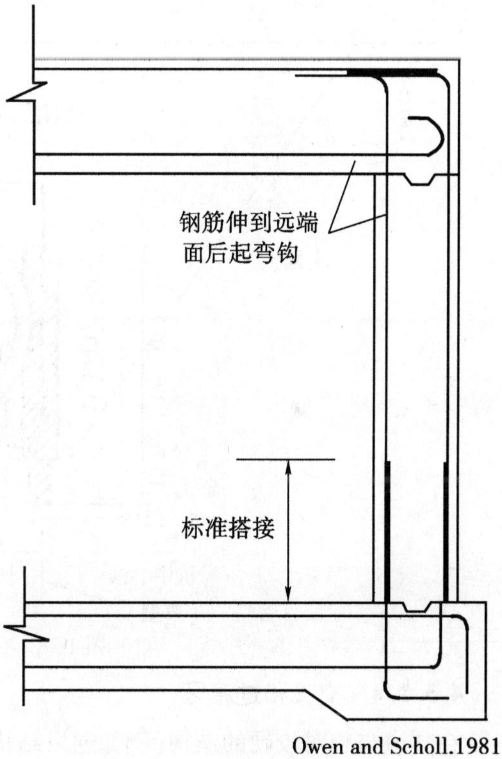

图4-26 箱形隧道地震设计拐角钢筋细节

4.5.1.3 沉管隧道

沉管隧道向人们提出了几个地震改造方面的挑战。当沉管被放置到位并用松散的沙土回填时，液化诱发上浮是一个潜在的问题。隧道下砂土的液化和压密可引起沉降。在液化土或软黏土中，由于地震诱发侧向扩展引起隧道在缓坡地层上的侧向移动也是一个潜在的问题。

Caltrans 对 Posey and Webster Street 沉管隧道所做的地震脆弱性评价和改造设计在下面几段中进行了总结，试图用示例说明这类隧道的脆弱性和改造策略(Caltrans/Parsons Brinckerhoff, 1998; Anderson , 1998; Schmidt and Hashash, 1998; Hashash et al. , 1998; Boulanger et al. ,1998;Schmidt and Hashash,1999)。这些管式交通隧道从加利福尼亚的 Oakland 和 Alameda 社区之间的 Oakland 河口之下通过。在1989年的 Loma Prieta 地震中，隧道位置处的加速度低到足以使隧道不遭受严重的结构破坏。然而，这次地震引起了管段之间连接处的漏水，被认为是沉管附近的土体发生某种程度的液化而引起的(Yashinsky,1998)。在 Alameda 洞口处，沉管上面的回填土在地震期间发生了液化。Webster Street 沉管隧道的沉管周围的回填是沙，Posey 沉管隧道是软黏土和砂的混合物。对这两座隧道，Caltrans 所做的地震脆弱性研究得出这样的结论，在可能发生比 Loma Prieta 地震更大、震源更接近这些场地的地震时，沉管周围的回填可能会液化并引起沉管的上浮。此外，隧道的动态分析显示，连接大约200英尺长的管段的连续接缝（在原来施工期间，把邻近管段的钢筋连接起来后成为连续的）会受到大的拉、剪力，沉管能够产生不可控制的开裂、漏水并可能淹没隧道。分析也显示，沉管接缝处大的压力会被传递到管端处的洞门建筑，从而引起对这些建筑物和沉管的破坏。

Caltrans 对这些隧道采取的改造设计措施包括:(1)改良地层预防沉管上浮;(2)切松接缝对它们重新设计,使之在保持抗压和抗剪能力的同时不传递拉力;(3)在沉管—洞门—建筑物接缝处留空,使沉管和建筑物之间相互传递的作用力最小。

这里采用的防止沉管上浮的概念是,在沉管附近使用地层改良方法建造隔离墙,防止墙外的液化土在沉管下运动。这个概念的意思不是要防止管下土的液化,而是要通过阻断上浮机制防止上浮。为新建隔离墙而采用的地层改良方法包括在 Webster Street 沉管隧道的回填砂中建造三排碎石桩,在 Posey 沉管隧道的黏土和砂的混合物回填中建造连续喷射桩墙。说明隔离墙设计的典型断面示于图4-27和图 4-28 中。图 4-29 所示是 Posey 隧道管段之间经重新设计、竣工后的接缝的典型细节。

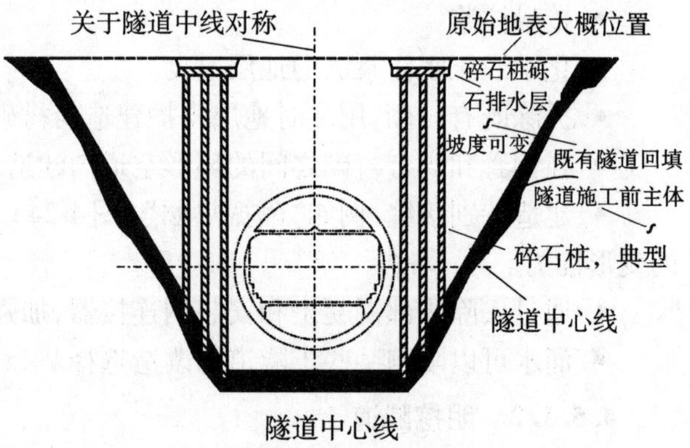

图 4-27　在 Webster 沉管周围设置的典型碎石桩

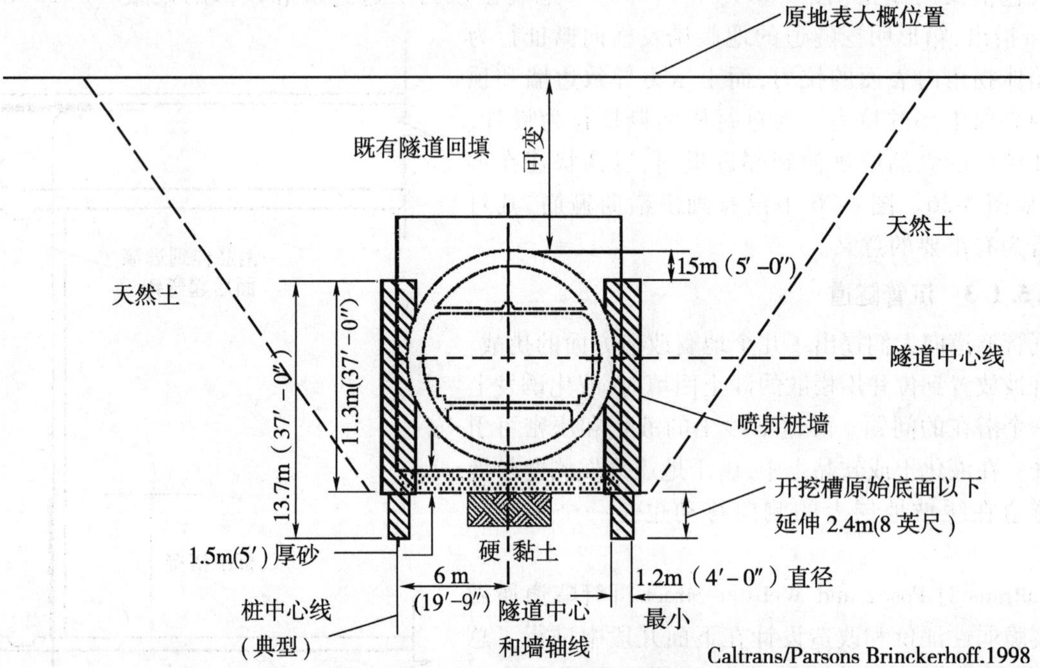

Caltrans/Parsons Brinckerhoff.1998

图 4-28　在 Posey 沉管周围的喷射桩

4.5.1.4　交叉和过渡区

在隧道与相对较硬的结构(例如通风结构或中转站)交叉处,可能需要考虑特殊的细部构造。因为在这些交叉部位[见 4.4.1.3(a)],可以产生相对大的地震诱发应变和力。例如,这种情形可在 4.5.1.3 节所描述的与洞门建筑相连的沉管隧道中见到。为了允许隧道和邻近结构之间运动因而减小在这些交叉处的力,可能需要提供特殊的接缝。图 4-30 所示是 San Francisco Bay Area Rapid Transit (BART)(Douglas and Warshaw,1971;Bickel and Tanner,1982)的一个被设计成允许在跨海沉管隧道和通风结构之间交叉处出现三维运动的地震接缝;在该跨海沉管隧道的周边上设置了六十条这样的接缝。

在隧道内有地质材料刚度突然变化的那些地方,例如,隧道从岩石到土,也有应力集中的趋势。在这类过渡区设置柔性接缝能够降低应力和应变。例如,在 San Francisco Wastewater System 的 North Point 隧道,它穿过一个土—岩突变界面(Owen and Scholl,1981)。为在 15m 的长度上允许 0.3m 的侧向位移,为这个界面设计了一条特殊的地震接缝。接缝中的 2.5cm 厚的可压缩泡沫允许管段容纳预测的位移(图 4-31)。在土—岩突变处的另一个设计方法是,多挖掉一部分岩石然后用土回填,人为创造出一个较平稳的过渡区。

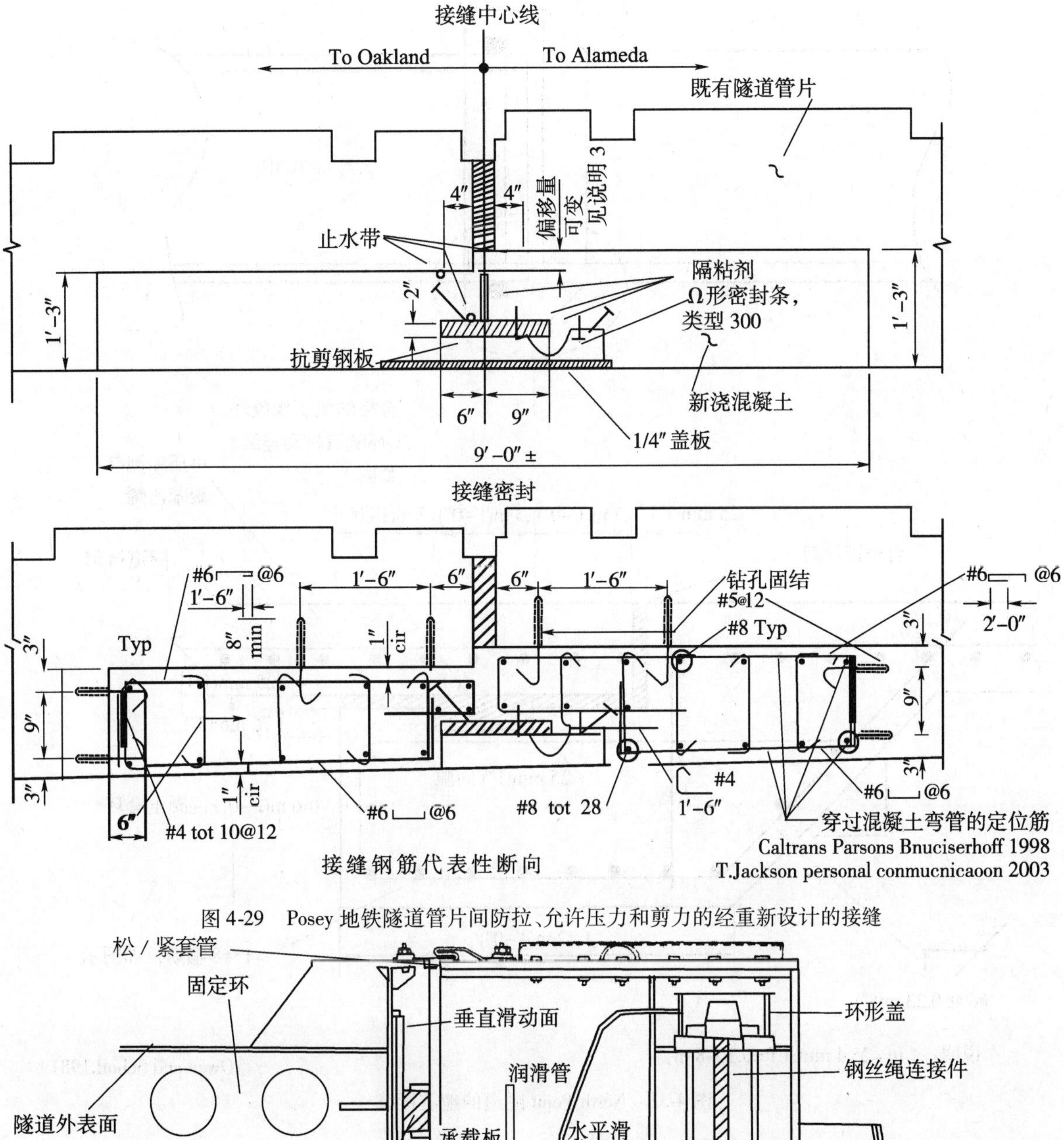

图 4-29　Posey 地铁隧道管片间防拉、允许压力和剪力的经重新设计的接缝

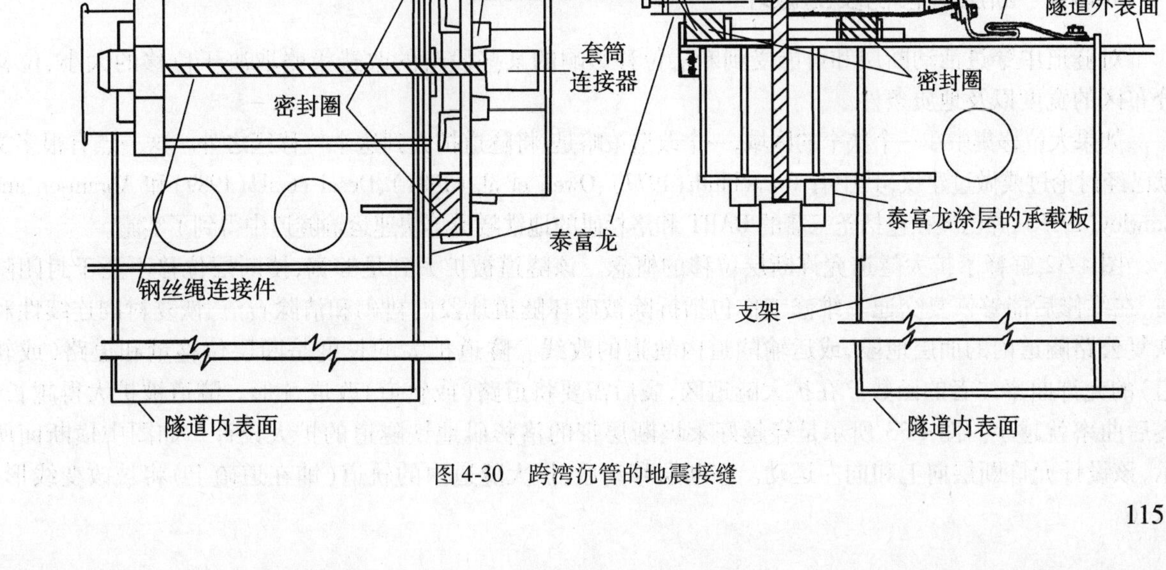

图 4-30　跨湾沉管的地震接缝

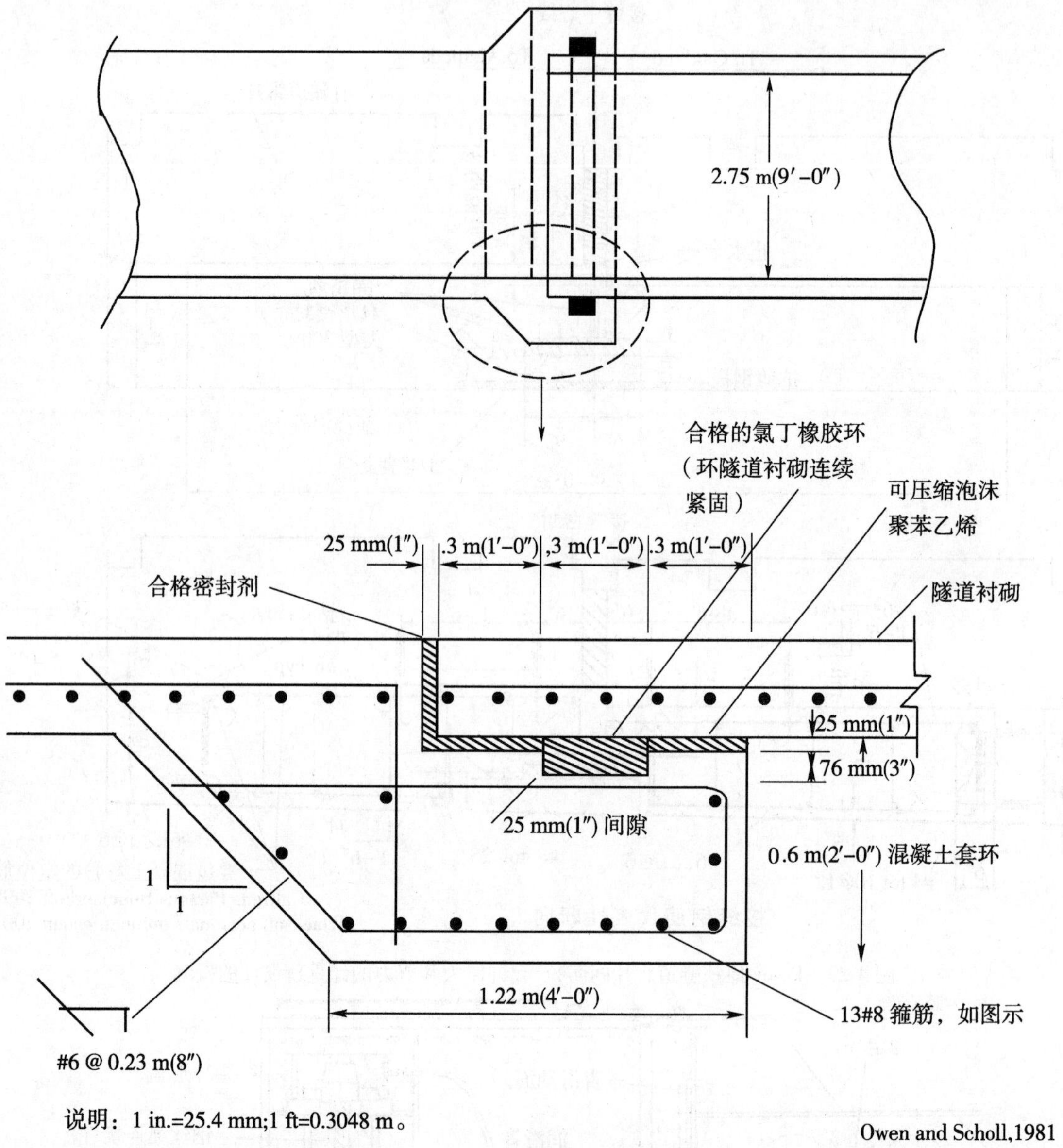

图 4-31 North Point 隧道的地震接缝

4.5.2 断层位移诱发的破坏

对隧道中穿过活动断层和可能受到断层位移影响的某些段落的改造策略取决于位移的大小、位移分布区的宽度以及地质条件。

如果大位移集中在一个狭窄的区域,一个改造策略是,将隧道扩大到这个位移区之外。这一点有很多文献已经讨论过或做过建议,其中有 Rosenbluth(1977)、Owen et al.(1981)、Desai et al.(1989)和 Abramson and Crawley(1995),并已经在包括圣三藩的 BART 和洛杉矶的地铁隧道等快速运输隧道中得到了实施。

图 4-32 解释了扩大隧道允许断层位移的概念。该隧道被扩大到足够宽,使断层位移不至于封闭隧道,在维修后能够恢复交通。维修工作包括拆除被破坏隧道地段的衬砌和清除石渣、恢复衬砌连续性和恢复公路隧道内的面层地段,或运输隧道内轨道的改线。隧道扩大的长度是断层位移量和道路(或轨道)的允许曲率二者的函数。在扩大隧道区,震后需要将道路(或轨道)改成 S 形。隧道被扩大得越长,震后曲率就越小。图 4-33 所示是穿越好莱坞断层带的洛杉矶地铁隧道的扩大设计。如图中横断面所示,该设计允许断层向上和向左运动。在断层移动后,扩大隧道内的轨道(铺在道碴上)将被改变线形,

震后，道碴将按新的线形和坡度铺设。

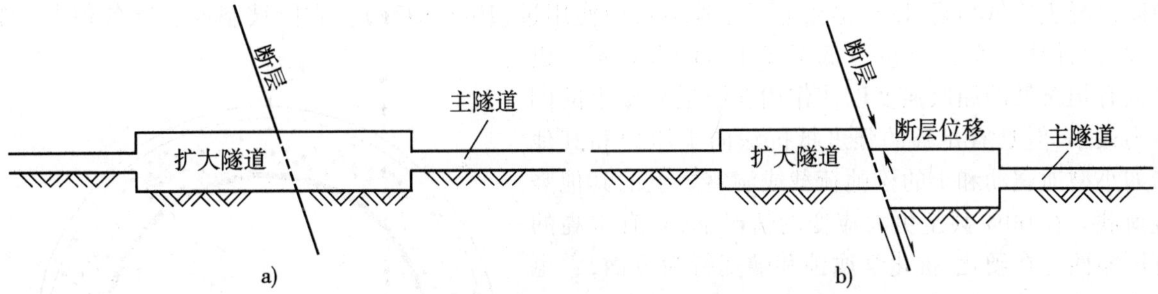

图 4-32 被断层切割处扩大后的隧道（平面图，走向滑动断层）

a）震前；b）震后

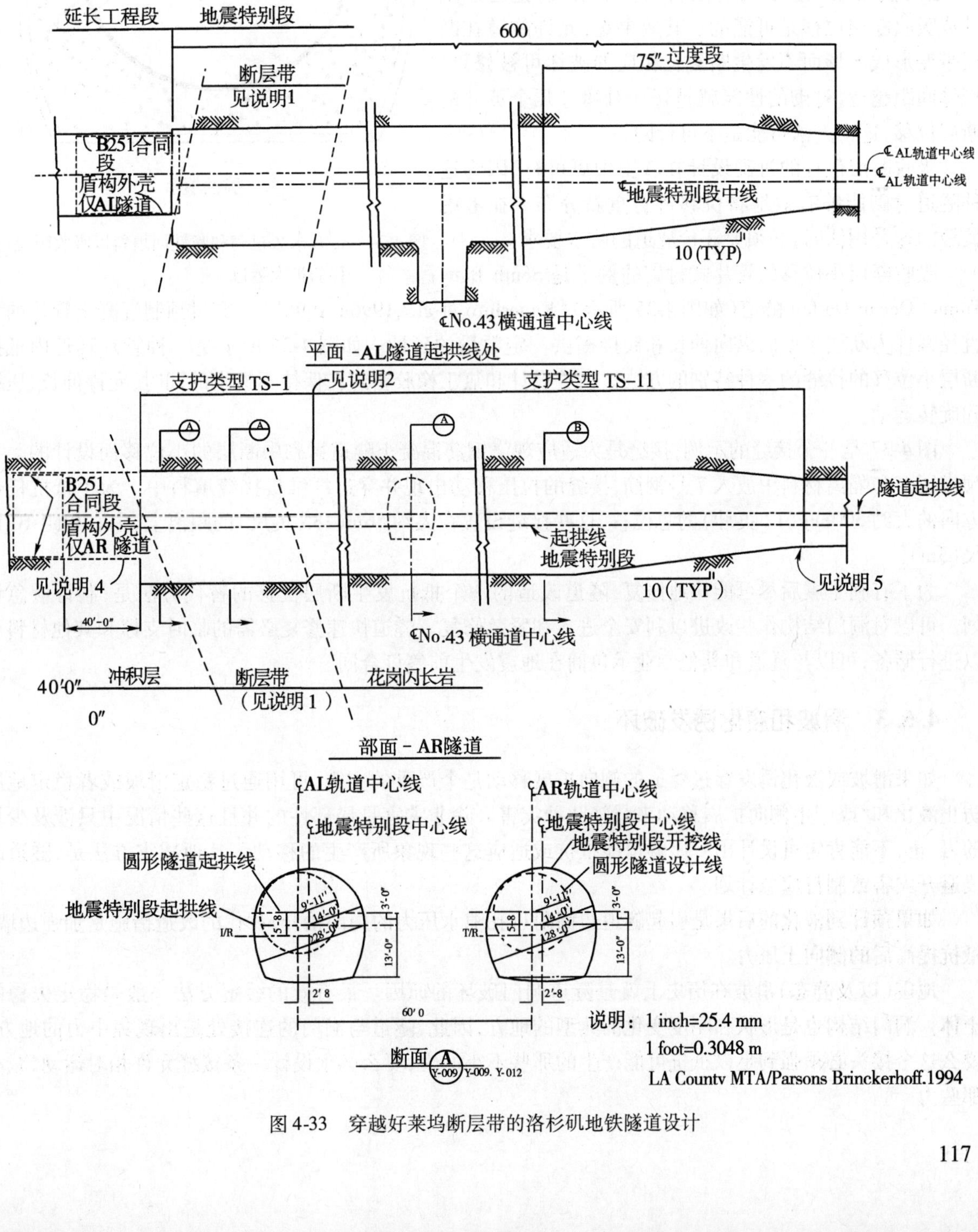

图 4-33 穿越好莱坞断层带的洛杉矶地铁隧道设计

扩大隧道也可以套在内隧道之外,中间回填合成树脂混凝土之类的脆性回填料(图4-34)。合成树脂混凝土价低易得,以往也在地下工程项目中使用过(Huff,1971)。它能被制成包含各种大小的空隙,设计成的单位重量可低至2.4~3.9kN/m^3。也可以有相对低的屈服强度以使作用在隧道衬砌上的侧压力最小,但具有足够的强度抵抗法向土压力和其他诸如小型地震动和土的松弛荷载或洞室之上的其他竖直荷载。在60%甚至更大应变的情况下,它有很高的可压缩性。在硬化、抗化学腐蚀和蠕变行为方面,它也有稳定的长期性能。

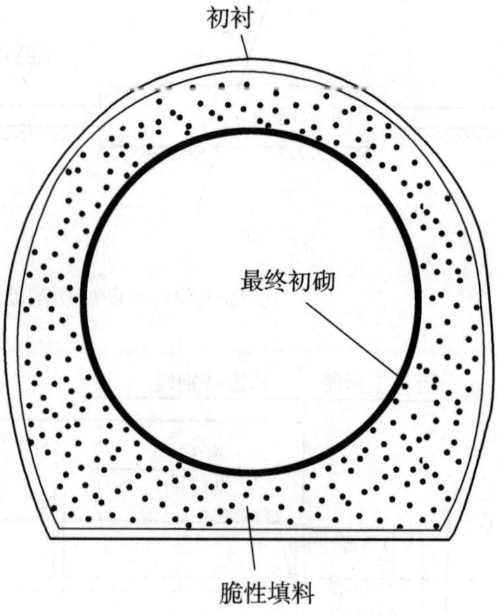

图4-34 带有永久衬砌和脆性回填料以吸收断层位移的扩大隧道

如果断层位移小和/或分布在一个相对宽的区域内,通过使用延性接缝为隧道衬砌提供铰接,把隧道设计成吸收断层位移是可能的。其效果是,允许隧道在断层带变形成S形而不发生断裂且相应的破坏可被修复。接缝间距越近,衬砌的性能就越好。对超过几个英寸的断层位移,这个方法可能是不可行的。

吸收断层位移的衬砌设计在软土中更可行,因为这种隧道衬砌能够有效地将位移进行重新分布。在考虑接缝的这种用法时,必须要评价隧道的防水要求。

吸收断层小位移的管片式衬砌的例子是South Bany Tunnel Ocean Outfall隧道(如图4-35所示)(Kaneshiro et al.,1996a,1996b)。穿过预制混凝土管片的大直径螺杆为断层带中的纵向伸长和铰接提供一定数量的延性。如图4-36所示是一种管片隧道内抵抗断层小位移的接缝的一种特别的方法。该缝设计和氯丁橡胶密封在保持不透水的同时,允许伸长、压缩和旋转运动。

图4-37是一个接缝的示例,接缝是为适应现浇钢筋混凝土隧道衬砌中断层的小位移而设计的。在预模压套和隔离材料中放入7号钢筋,接缝的拉压移动出现并穿过纤维板接缝填料中。为了抵抗任何方向的大约300mm(12英寸)的总位移,这些接缝设置在大约56m(185英尺)的距离上,中心相距10英尺(3m)。

为了有利于震后尽可能快地修复,隧道改造的一个抵抗发生断层位移的替代方法是,制订应急计划。可以对洞门结构作些改进以利安全进入和紧急修复。隧道快速修复必需的临时支撑和其他材料可以进行储备,可以与隧道和其他专业承包商在地震发生前签订合同。

4.5.3 滑坡和液化诱发破坏

如果滑坡或液化诱发穿过隧道的侧向扩展移动是个严重的灾害,可用通过稳定滑坡或者稳定地层防止液化和/或产生侧向扩展移动来减轻此种灾害。除非灾害是局部性的并且这些情况中只涉及少量的岩、土,不能肯定可设计出一座隧道能抵抗或适应这些现象所产生的移动。其他减灾方法是,隧道改线避开灾害或制订应急计划。

如果预计到液化的后果是引起隧道边墙附近孔隙水压力的局部抬升,替代的改造措施是加强边墙,抵抗提高后的侧向土压力。

地震(以及静态)滑坡在历史上就是隧道洞门破坏的原因。最有效的缓解方法一般是稳定失稳的土体。洞门结构也是形状和刚度变化的典型的地方,因此,隧道与洞门的连接处是出现集中力的地方。要么这个接头必须强到足以抵抗可能产生的那些不小的力,要么必须设计一条接缝允许相对运动,减小那些力。

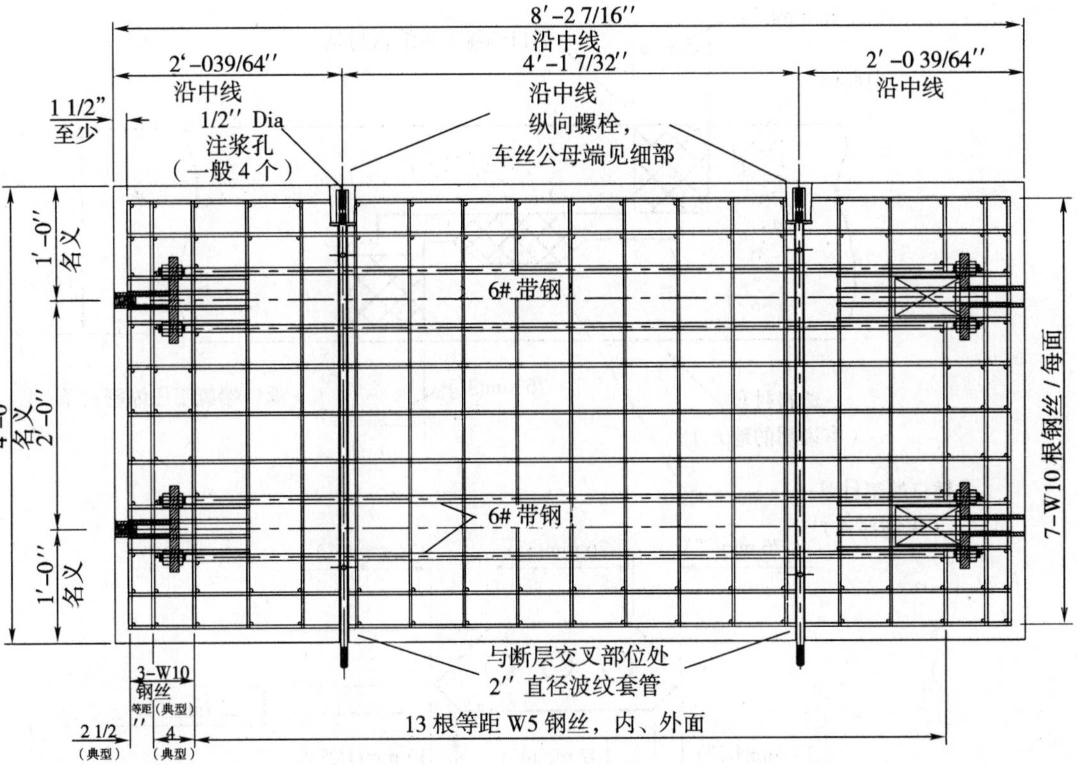

a)

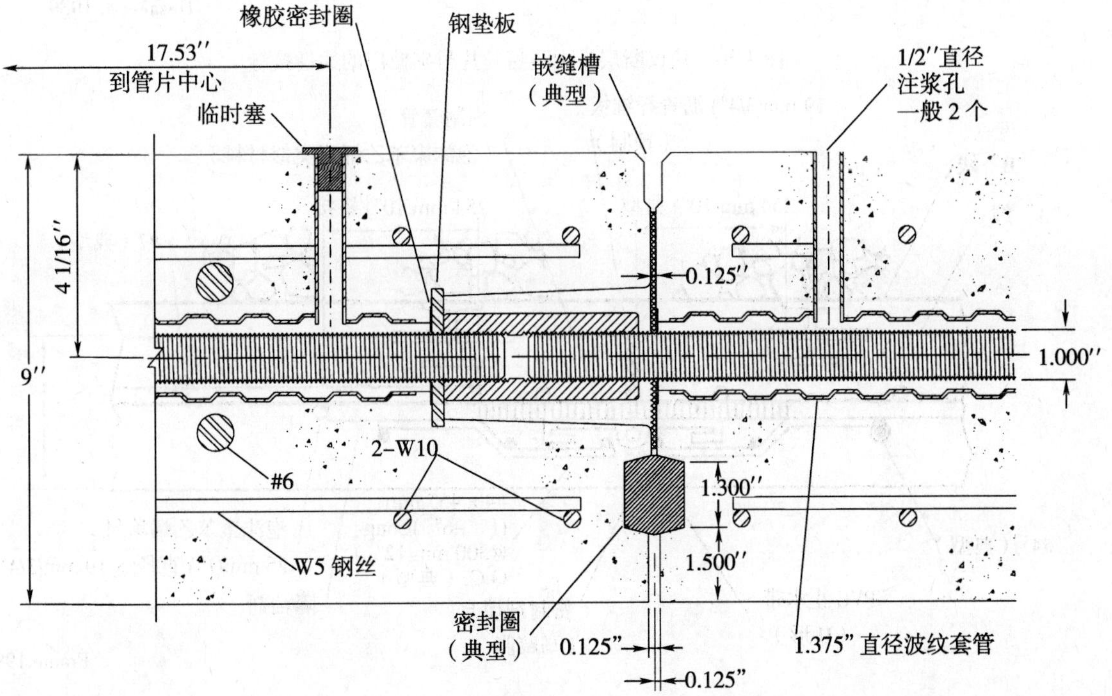

b)

Kaneshiro et al,1996

图4-35 管片钢筋和环向接缝构造细节(圣迭戈 South Bay Tunnel Ocean Outfall 项目中 Rose Canyon 断层带使用的预制混凝土管片衬砌)

a)沿中线平面图;b)断层交叉环向接缝细节

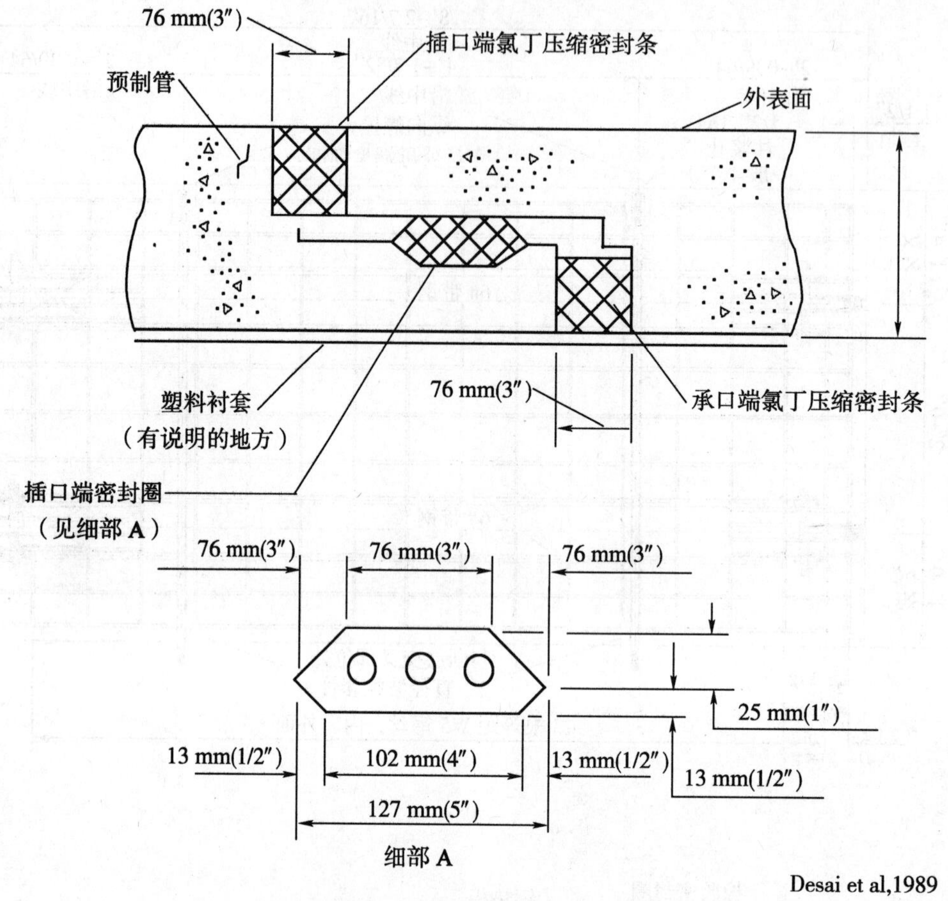

图 4-36　建议断层带中隧道管片衬砌使用的柔性接缝

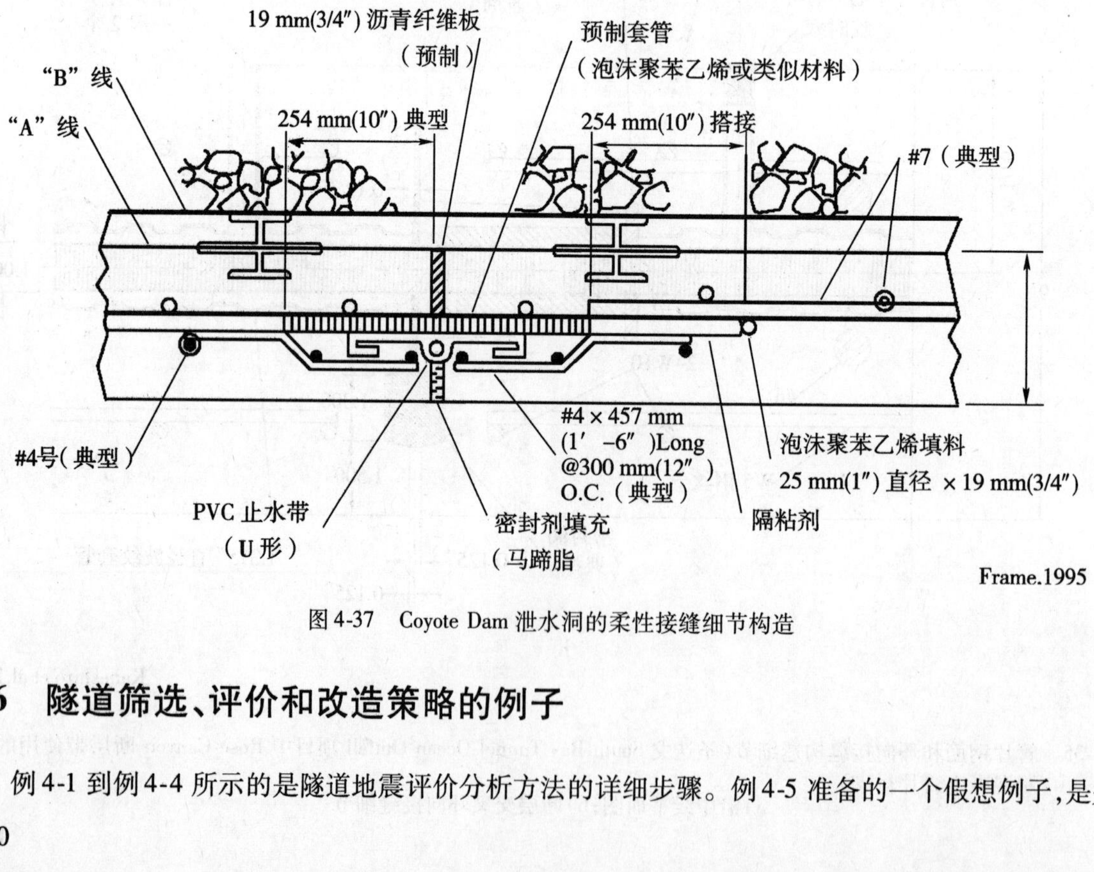

图 4-37　Coyote Dam 泄水洞的柔性接缝细节构造

4.6　隧道筛选、评价和改造策略的例子

例 4-1 到例 4-4 所示的是隧道地震评价分析方法的详细步骤。例 4-5 准备的一个假想例子,是关于

地震筛选、地震评价和地震改造策略制订的一个完整的过程。

[例 4-1]　S 波引起的隧道纵轴轴向和弯曲变形

1. 地震参数

地震矩震级，$M_w = 7.5$ 。

震源到场地的距离 10km。

隧道以上地表面峰值地层加速度 $a_{max} = 0.5g$。

2. 隧道参数

钢筋混凝土圆形隧道：

$D = 6$ m

$t = 0.3$ m

$E_l = 24.8 \times 106$ kPa

$I_{l1} = 25.4$ m^4

$A_{l1} = 5.65$ m^2

七里深 100 m 。

3. 土参数

$\gamma_t = 19.0$ kN/m^3

$C'_m = 800$ m/s

$\upsilon_m = 0.3$ 。

$f = 6\ 000$ kN/m

假定在隧道高程处震动由剪切(S)体波控制(本例已做评估，设计地震期间隧道部位不可能出现显著的表面波)。

a. 确定隧道深度处地震地震动参数

$$a_S = 0.7\ a_{max} = 0.7 \times 0.5\ g = 0.35\ g \qquad (表 4\text{-}3)$$

$$v_S = 97\ \text{cm/(s}\ g) \times 0.35\ g = 34\ \text{cm/s} = 0.34\ \text{m/s} \qquad (表 4\text{-}4)$$

$$C_S = 2\ \text{km/s}\ , T_s = 2 \qquad (缺省值)$$

$$L = C_S \cdot T_S = 2\ 000\ \text{m/s} \times 2\ \text{s} = 4\ 000\ \text{m} \qquad [公式(4\text{-}10)]$$

b. 根据纵向和弯曲组合变形确定轴向应变和应力，假定土—隧道相互作用可忽略不计

$$\varepsilon^{ab} = \frac{v_S}{C_S}\sin\varphi\cos\varphi + \gamma\frac{a_S}{C_S^2}\cos^3\varphi (对 S 波) \qquad [公式 4\text{-}2]$$

$$\varepsilon^{ab} = \frac{0.34}{2\ 000}\sin 45^\circ\cos 45^\circ + 3 \times \frac{0.35 \times 9.81}{2\ 000^2}\cos^3 45^\circ$$

$$= 0.000\ 085 + 9.1 \times 10^{-7} = 0.000\ 085$$

$$\sigma^{ab} = 0.000\ 085 \times 24.8 \times 10^6\ \text{kPa}) = 2\ 100\text{kPa} \qquad [公式(4\text{-}4)]$$

c. 计算土—隧道相互作用效应

$$G'_m = \frac{\gamma_t}{g}C'^2_m = 1.24 \times 10^6\text{kPa} \qquad [公式 4\text{-}11)]$$

$$K_a = K_h = \frac{16\pi G'_m(1 - \upsilon_m)}{3 - 4\upsilon_m}\frac{D}{L} \qquad [公式 4\text{-}8)]$$

$$K_a = K_h = \frac{16\pi 1.24 \times 10^6 \times (1 - 0.3)}{3 - 4 \times 0.3}\frac{6}{4\ 000} = 36\ 300\text{kPa}$$

$$R = \left[1 + \frac{E_l A_{l1}}{K_a}\left(\frac{2\pi}{L}\right)^2\cos^2\varphi\right]^{-1} \qquad [公式 4\text{-}6)]$$

$$R = \left[1 + \frac{24.8 \times 10^6 \times 5.65}{36\ 300}\left(\frac{2\pi}{4\ 000}\right)^2\cos^2 45^\circ\right]^{-1} = 0.99$$

根据以上计算，土—隧道相互作用效应将不会显著地降低隧道衬砌内的纵向应变或应力。

d. 校核抵抗土与隧道衬砌间摩擦产生的最大力的轴向力 Q

$$Q=\sigma^{ab}A_{l1}=2100\times5.65=11\ 900(\text{kN})$$

$$(Q_{\max})_f=\frac{fL}{4}=\frac{6\ 000\times4\ 000}{4}=6\ 000\ 000(\text{kN})\qquad[公式(4\text{-}12)]$$

$Q<(Q_{\max})$,这样轴向力不受摩擦承受能力的制约。

[例 4-2] R 波引起的隧道纵轴轴向和弯曲变形

1. 地震参数

地震矩震级,$M_w=7.5$。

地震源到场地的距离 20 km。

2. 隧道参数

钢筋混凝土圆形隧道:

$D=6$ m

$t=0.3$ m

$E_l=24.8\times10^6$ kPa

$I_{l1}=25.4$ m^4

$A_{l1}=5.65$ m^2

到隧道顶的深度 $Z=15$ m。

3. 土参数

$\gamma_t=17.0$ kN/m^3

$C'_m=250$ m/s

$\upsilon_m=0.45$

$f=1\ 500$ kN/m

假定隧道高程处震动受瑞利(R)波控制(本例已做评估,设计地震期间隧道处不可能出现产生强地层隧道和位移的显著的表面波)。

a. 确定隧道深处的地震地震动参数

$$a_R=0.20\ g$$

$$v_R=30\ \text{cm/s}=0.30\ \text{m/s}$$

$$C_R=500\ \text{m/s},\ T_R=2\ \text{s}$$

$$L=C_R\cdot T_R=500\ \text{m/s}\times2\text{s}=1\ 000\ \text{m}\qquad[公式(4\text{-}10)]$$

b. 根据水平面内纵向和弯曲组合变形确定轴向应变和应力,假定土—隧道相互作用可忽略不计

$$\varepsilon^{ab}=\frac{v_R}{C_R}\cos^2\varphi+\gamma\frac{a_R}{C_R^2}\sin\varphi\cos^2\varphi\qquad[公式(4\text{-}3)]$$

$$\varepsilon^{ab}=\frac{0.30}{500}\cos^2 0°+3\times\frac{0.20\times9.81}{500^2}\sin0°\cos^2 0°$$

$$=0.0\ 006+0$$

$$=0.000\ 6$$

$$\sigma^{ab}=E_1\varepsilon^{ab}=14\ 880\ \text{kPa}\qquad[公式(4\text{-}4)]$$

c. 根据竖直面内弯曲变形确定轴向应变和应力,假定土—隧道相互作用可忽略不计

$$\varepsilon^{ab}=\gamma\frac{a_R}{C_R^2}\cos^2\varphi(对\ R\ 波)\qquad[公式(4\text{-}5)]$$

$$\varepsilon^{ab}=\frac{0.20\times9.81}{500^2}\cos^2 0°=0.000\ 02\qquad[与(b)中确定的轴向应变相比可忽略不计]$$

d. 计算土—隧道相互作用效应

$$G'_{\mathrm{m}}=\frac{\gamma_{\mathrm{t}}}{g}=C'_{\mathrm{m}}=108\ 000\mathrm{kPa} \qquad [公式(4\text{-}11)]$$

$$K_{\mathrm{a}}=K_{\mathrm{h}}=\frac{16\pi G'_{\mathrm{m}}(1-\upsilon_{\mathrm{m}})}{3-4\upsilon_{\mathrm{m}}}\frac{D}{L} \qquad [公式(4\text{-}8)]$$

$$K_{\mathrm{a}}=K_{\mathrm{h}}=\frac{16\pi\times108\ 000(1-0.45)}{3-4\times0.45}\frac{6}{1\ 000}=15\ 000(\mathrm{kPa})$$

$$R=\left[1+\frac{E_lA_{l1}}{K_{\mathrm{a}}}\left(\frac{2\pi}{L}\right)^2\cos^2\varphi\right]^{-1} \qquad [公式(4\text{-}6)]$$

$$R=\left[1+\frac{24.8\times10^6\times5.65}{15\ 000}\left(\frac{2\pi}{1\ 000}\right)^2\cos^2 0°\right]^{-1}=0.730$$

$$\sigma^{\mathrm{ab}}=E_l\varepsilon^{\mathrm{ab}}R=10\ 900(\mathrm{kPa})$$

e. 校核抵抗土与隧道衬砌间摩擦产生的最大力的轴向力 Q

$$Q=\sigma^{\mathrm{ab}}\cdot A_{l1}=10\ 900\times5.65=61\ 600(\mathrm{kN})$$

$$(Q_{\max})_{\mathrm{f}}=\frac{fL}{4}=\frac{1\ 500\times1\ 000}{4}=375\ 000(\mathrm{kN})(公式\ 4\text{-}12)$$

$Q<(Q_{\max})_{\mathrm{f}}$，这样轴向力不受摩擦承受能力的制约。

［例 4-3］ 圆形隧道的椭圆化变形

1. 地震参数

地震矩震级，$M_{\mathrm{w}}=7.5$。

震源到场地的距离 10 km 。

隧道上地表面峰值地层加速度 $a_{\max}=0.5\,g$。

2. 隧道参数

钢筋混凝土圆形隧道：

$D=6$ m

$t=0.3$ m

$E_l=24.8\times10^6$ kPa

$I_{l2}=0.0023\ \mathrm{m^4/m}$

$A_{l2}=0.3\ \mathrm{m^2/m}$

$\upsilon_l=0.2$

到隧道顶的深度 $Z=15$ m。

3. 土参数

$\gamma_{\mathrm{t}}=19.0\ \mathrm{kN/m^3}$

$C'_{\mathrm{m}}=250$ m/s

$\upsilon_{\mathrm{m}}=0.3$

a. 确定隧道深处的地震地震动参数

$$a_{\mathrm{S}}=0.85\,a_{\max}=0.85\times0.5\,g=0.425\,g \qquad (表 4\text{-}3)$$

$$v_{\mathrm{S}}=130\ \mathrm{cm/(s\,g)}\times0.425\,g=55\ \mathrm{cm/s}=0.55\ \mathrm{m/s} \qquad (表 4\text{-}4)$$

$$\gamma_{s\max}=\frac{v_{\mathrm{s}}}{C'_{\mathrm{m}}}=\frac{0.55}{250}=0.002\ 2 \qquad [公式(4\text{-}28)]$$

b. 完全滑动条件下确定衬砌内的法向应力

$$G'_{\mathrm{m}}=\frac{\gamma_{\mathrm{t}}}{g}C'^2_{\mathrm{m}}=121\ 000\mathrm{kPa} \qquad [公式(4\text{-}11)]$$

$$F=\frac{G'_m(1-\upsilon_l^2)D^3}{24E_lI_{l2}}\quad [公式(4\text{-}17)]$$

$$F=\frac{121\ 000(1-0.2^2)\times 6^3}{24\times 24.8\times 10^6\times 0.002\ 3}=18.3$$

$$K=\frac{1-\upsilon_m}{F+2.5-3\upsilon_m}=\frac{1-0.3}{18.3+2.5-3\times 0.3}=0.035\ 1\quad [公式(4\text{-}16)]$$

$$T(\theta)=G'_mDK\gamma_{smax}\sin(2\theta)\quad [公式(4\text{-}13)]$$

$$T(45°)=121\ 000\times 6\times 0.035\ 1\times 0.002\ 2\times\sin(2\times 45°)=56.1\text{kN/m}$$

$$M(\theta)=\frac{1}{2}G'_mD^2K\gamma_{smax}\sin(2\theta)\quad [公式(4\text{-}15)]$$

$$M(45°)=\frac{1}{2}\times 121\ 100\times 6^2\times 0.035\ 1\times 0.002\ 2\sin(2\times 45°)=168(\text{kN}\cdot\text{m/m})$$

$$\sigma=\frac{T}{A_{l2}}\pm\frac{M(t/2)}{I_{l2}}=\frac{56.1}{0.3}\pm\frac{168\times 0.3/2}{0.002\ 3}=\begin{cases}11\ 144(\text{kPa})\\-10\ 770(\text{kPa})\end{cases}\quad [公式(4\text{-}29)]$$

c. 无滑动条件下,使用 Penzien and Wu (1998)法确定衬砌内的法向应力

$$K'=\frac{1-\upsilon_m}{F+3-4\upsilon_m}=\frac{1-0.3}{18.3+3-4\times 0.3}=0.034\ 8\quad [公式(4\text{-}21)]$$

$$T(\theta)=2G'_mDK\gamma_{smax}\sin(2\theta)\quad [公式(4\text{-}18)]$$

$$T(45°)=2\times 121\ 000\times 6\times 0.0351\times 0.002\ 2\times\sin(2\times 45°)=111(\text{kN/m})$$

$$M(\theta)=\frac{1}{2}G'_m\text{D}^2K'\gamma_{smax}\sin(2\theta)\quad [公式(4\text{-}20)]$$

$$M(45°)=\frac{1}{2}\times 121\ 000\times 6^2\times 0.034\ 8\times 0.002\ 2\times\sin(2\times 45°)=166(\text{kN}\cdot\text{m/m})$$

$$\sigma=\frac{T}{A_{l2}}\pm\frac{M(t/2)}{I_{l2}}=\frac{111}{0.3}\pm\frac{166\times 0.3/2}{0.002\ 3}=\begin{cases}11\ 200(\text{kPa})\\-10\ 456(\text{kPa})\end{cases}\quad [公式(4\text{-}29)]$$

d. 无滑动条件下,使用 Wang (1993)法确定衬砌内的法向应力

$$C=\frac{G'_m(1-\upsilon_l^2)D}{E_lt(1-2\upsilon_m)}=\frac{121\ 000\times 1-0.2^2\times 6}{24.8\times 10^6\times 0.3(1-2\times 0.3)}=0.234\quad [公式(4\text{-}27)]$$

$$a_0=F[(3-2\upsilon_m)+(1-2\upsilon_m)C]+C\left(\frac{5}{2}-8\upsilon_m+6\upsilon_m^2\right)+6-8\upsilon_m\quad [公式(4\text{-}26)]$$

$$\begin{aligned}a_0&=18.3\times[(3-2\times 0.3)+(1-2\times 0.3)\times 0.234]+0.234\\&\quad\times\left(\frac{5}{2}-8\times 0.3+6\times 0.3^2\right)+6-8\times 0.3\\&=49.5\end{aligned}$$

$$a_2=[F(1-2\upsilon_m)(1-C)-\frac{1}{2}C(1-2\upsilon_m)^2+2]/a_0\quad [公式(4\text{-}24)]$$

$$a_2=[18.3\times(1-2\times 0.3)(1-0.234)-\frac{1}{2}\times 0.234\times(1-2\times 0.3)^2+2]/49.5=0.152$$

$$a_3=\left\{F[C(1-2\upsilon_m)+1]-\frac{1}{2}C(1-2\upsilon_m)-2\right\}/a_0\quad [公式(4\text{-}25)]$$

$$a_3=\left\{18.3\times[0.234\times(1-2\times 0.3)+1]-\frac{1}{2}\times 0.234\times(1-2\times 0.3)-2)\right\}/49.5=0.362$$

$$T(\theta)=\frac{1}{2}G'_mD(1+a_2)\gamma_{smax}\sin(2\theta)\quad [公式(4\text{-}22)]$$

$$T(45°)=\frac{1}{2}\times 121\ 000\times 6\times(1+0.152)\times 0.002\ 2\sin(2\times 45°)=920(\text{kN/m})$$

$$M(\theta)=\frac{1}{8}G'_{m}D^{2}(1-a_{2}-a_{3})\gamma_{smax}\sin(2\theta) \quad [(公式(4\text{-}23)]$$

$$M(\theta)=\frac{1}{8}\times 121\ 000\times 6^{2}\times(1-0.152-2\times 0.362)\times 0.002\ 2\sin(2\times 45^{\circ})=149(\mathrm{kN\cdot m/m})$$

$$\sigma=\frac{T}{A_{l2}}\pm\frac{M(t/2)}{I_{l2}}=\frac{920}{0.3}\pm\frac{149\times 0.3/2}{0.002\ 3}=\begin{cases}12\ 784(\mathrm{kPa})\\-6\ 651(\mathrm{kPa})\end{cases} \quad [公式(4\text{-}29)]$$

e. 结论

建议使用产生最高应力的理论获得最大应力。在估算衬砌横断面变形引起的应力的三种方法中，Wang (1993)法无滑动条件理论估算的衬砌法向应力(12 800kPa)最大。

[例 4-4]　矩形隧道横向撕扯变形

1. 地震参数

地震矩震级，$M_w=7.5$。

震源到场地的距离 10 km。

隧道上面地表面水平峰值地层加速度，$a_{max}=0.5\ g$。

隧道上面地表面竖直峰值地层加速度，$a_v=0.4\ g$。

2. 隧道参数

宽度 $w=18$ m 。

高度 $H=6$ m 。

到隧顶的深度 $Z=5$ m 。

隧道建在土上。

3. 土参数

$\gamma_t=17.0\ \mathrm{kN/m^3}$

$C'_m=80$ m/s

$\upsilon_m=0.4$

a. 确定自由场土体剪切变形 Δ_{ff}

$$\gamma_{smax}=0.005\ 6(用场地响应分析估算得到)$$

$$\Delta_{ff}=\gamma_{smax}H$$
$$=0.005\ 6\times 6=0.034(\mathrm{m})$$

b. 确定柔度比 F_r

$$G'_m=\frac{\gamma_t}{g}C'^{2}_m=11\ 000(\mathrm{kPa}) \quad [公式(4\text{-}11)]$$

$$F_r=\frac{G'_m w}{SH} \quad [公式(4\text{-}30)]$$

通过结构分析，使单位长度(1m)横断面 S 发生一个单位(1m)的横向撕扯挠度所需的力确定为 150 000kPa。注意：柔度比 F_r 是无量纲的，S 的单位必须是每面积上的力。

$$F_r=\frac{11\ 000\times 18}{150\ 000\times 6}=0.22$$

对 $F_r=0.22$ 和 $\upsilon_m=0.4$，完全滑动关系产生一个 0.34 的横向撕扯系数 R_r，无滑动关系产生 $R_r=0.32$ [图 (4-13b)]。使用完全滑动关系所产生的较大的横向撕扯系数来确定本隧道的横向撕扯变形。

c. 确定本结构的横向撕扯变形 Δ_r

$$\Delta_r=R_r\Delta_{ff} \quad [公式(4\text{-}31)]$$

$$\Delta_r=0.34\times 0.034=0.012(\mathrm{m})$$

d. 用如图 4-14 所示的外加横向撕扯变形 0.012m 做结构分析，确定结构内的应力。为了确定衬砌中每个位置上的最大力,点荷载和三角形分布荷载伪侧向力模型二者应同时使用。

[例 4-5] 一座假想隧道的地震筛选评价和改造策略

隧道描述

一座暗挖运输隧道,直径 18 英尺(5.49m),穿过基岩并处于土填充沉积盆地内。岩石和土到隧道顶的厚度都是 15m。基岩中等节理化,局部剪切强烈。隧底土为中硬黏土。地下水位在地表下 3m。岩石中的隧道有一 0.3m 厚的无加强衬砌,局部出现中等程度的开裂。土中的隧道有一钢节段衬砌,横截面如下图所示(根据 Penzien and Wu, 1998)。通过检查、取芯和地球物理探测对混凝土衬砌的评估,说明混凝土强度中等,但是衬砌后常有空洞。节段衬砌表面完整并紧贴开挖面施工。

地震环境

在盆地边缘离隧道距离最近 2km,有一条能产生矩震级 M_w 7.5 级地震的活动断层。根据目前国家地震地震动地图,在盆地边缘地表面的地震评价和改造设计的地震动水平是一个为 0.50g 的峰值加速度。可以认为这个加速度可用于土或岩石。

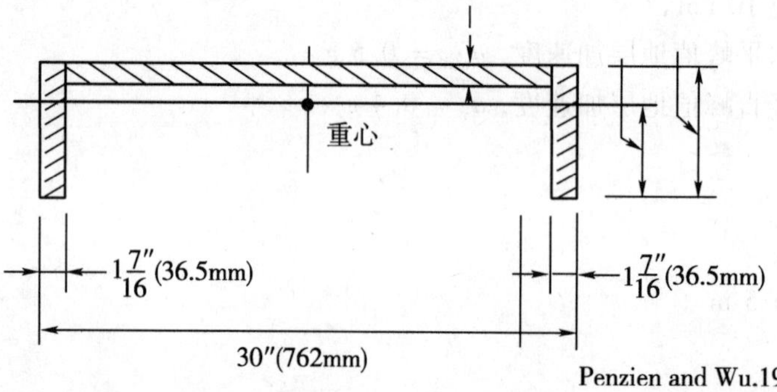

Penzien and Wu.1998

筛选

根据 4.3.3 节和表 4-1 的筛选指南,地震动水平、土及地质条件和衬砌状况,该隧道不能按有能力抵抗地震动而被筛除在外。不清楚此隧道是否会被活动断层、滑坡或液化土(4.3.3.1 节)切割。因此,仅需要对地震动进行地震再评价。

评价和改造

1. 混凝土衬砌参数

D = 5.49 m

A_{l2} = 0.3 m^2/m

I_{l2} = 2.25 ×10-3 m^4/m

f'_c = 20.7 ×10^3 kPa

t = 0.3 m

E_l = 22 ×10^6 kPa

v_l = 0.2

c_o = c_i = 0.15 m(从衬砌重心到衬砌内、外纤维的距离)

Z = 15 m

H_w = 12 m(隧道上面到地下水位的距离)

2. 钢衬砌参数

D = 5.49 m

A_{l2} = 0.0314 m^2/m

I_{l2} = 9.63 ×10^{-5} m^4/m

f_y = 249 ×10^3 kPa

E_l = 20.4 ×10^{10} N/m^2

v_l = 0.3

$c_o = 0.0521$ m（见本例图）

$c_i = 0.1259$ m（见本例图）

$Z = 15$ m

$H_w = 12$ m（隧道上面到地下水位的距离）

3. 土参数

$\gamma_t = 17.0\ \mathrm{kN/m^3}$

$C'_m = 80$ m/s

$G'_m = 1.109 \times 10^7\ \mathrm{N/m^2}$[公式(4-11)]

$E'_m = 32.1 \times 10^6\ \mathrm{N/m^2}(= 2(1 + \upsilon_m)G'_m)$

$\upsilon_m = 0.45$

$K_0 = 0.5$（静止时静态侧向土压力系数）

$\gamma_{smax} = 0.007$

4. 岩石参数

$\gamma_t = 19.65\ \mathrm{kN/m^3}$

$C'_m = 800$ m/s

$G'_m = 12.8 \times 10^8\ \mathrm{N/m^2}$

$E'_m = 33.3 \times 10^8\ \mathrm{N/m^2}[= 2(1 + \upsilon_m)G'_m]$

$\upsilon_m = 0.3$

$K_0 = 0.3$（静止时静态侧向土压力系数）

$\gamma_{smax} = 0.0005$

注意：已经假定土岩的弹性性质在动静态条件下是相等的。人们认为，隧道施工所产生的土岩的软化可与地震期间可能发生的软化是类似的。

隧道纵轴线的轴向和弯曲变形（4.4.1.3 节）

岩石中的混凝土隧道，S 波引起的的响应：

在隧道标高上的峰值地层加速度 a_S，峰值地层速度 v_S 和波的视传播速度 C_s：

$$a_S = 0.85 \times 0.50\ g = 0.425\ g \qquad \text{(表 4-3)}$$

$$v_S = 0.425\ g \times 97\ \mathrm{cm/s}/g = 41\ \mathrm{cm/s} \qquad \text{(表 4-4)}$$

$$C_S = 2\ \mathrm{km/s} \qquad \text{(缺省值)}$$

S 波轴向分量引起的轴向应变和应力：

$$\varepsilon = \frac{v_S}{C_S}\sin\varphi\mathrm{ocs}\varphi \qquad [\text{公式(4-2)}]$$

$$\varepsilon = \frac{0.41\mathrm{m/s}}{2\,000\mathrm{m/s}}\sin45°\cos45° = 0.0001$$

$$\sigma = 0.001 \times 22 \times 10^6\mathrm{kPa} = 2.2 \times 10^3\mathrm{kPa}$$

S 波横向分量诱发的弯曲引起的轴向应变和应力：

$$\varepsilon = y\frac{a_S}{C_S^2}\cos^3\varphi$$

$$\varepsilon = 2.745\mathrm{m} \times \frac{0.425 \times 9.81\mathrm{m/s^2}}{(2\,000\mathrm{m/s})^2}\cos^3 45° = 1.01 \times 10^{-6}[\text{公式(4-2)}]$$

（注意：S 波轴向分量引起的 $\varphi = 45°$时使应变最大，可忽略不计。）

$$\sigma = E_l\varepsilon = 22 \times 10^6 \times 1.01 \times 10^{-6}) = 22(\mathrm{kPa})\text{（略去不计）}$$

土中钢隧道，S 波引起的响应：

隧道标高上的 a_S、v_S、和 C_S：

$a_S = 0.85 \times 0.50\ g = 0.425\ g$ (表 4-3)

$v_S = 0.425\ g \times 195\ cm/s)/g = 83\ cm/s$ (表 4-4)

$C_S = 2\ km/s$ (S 波的缺省值)

S 波轴向分量引起的轴向应变和应力:

$$\varepsilon = \frac{v_S}{C_S}\sin\varphi\cos\varphi \quad [公式(4\text{-}2)]$$

$$\varepsilon = \frac{0.83m/s}{2\ 000m/s}\sin45°\cos45° = 0.000\ 21$$

$$\sigma = 0.000\ 21 \times 20.4 \times 10^7) = 42.8 \times 10^3(kPa)$$

S 波横向分量诱发的弯曲引起的轴向应变和应力:忽略不计,同上面岩石。

土中钢隧道,R 波引起的响应:

根据针对场地地震评估,确定出显著的 R 波会在更远的盆地内产生。根据这份评估,确定出:

$$v_R = 30\ cm/s$$

$$C_R = 0.5\ km/s$$

R 波轴向分量引起的轴向应变和应力:

$$\varepsilon = \frac{v_R}{C_R}\cos^2\varphi \quad [公式(4\text{-}3)]$$

$$\varepsilon = \frac{0.30m/s}{500m/s}\cos^2 0° = 0.000\ 6$$

$$\sigma = 0.000\ 6 \times 20.4 \times 10^7 = 122 \times 10^3(kPa)$$

R 波竖直分量诱发的弯曲引起的轴向应变和应力:R 波竖直分量与水平分量不同相,所以与水平分量相比[见公式(4-5)],轴向应变忽略不计。

隧道纵轴线上的轴向和弯曲响应的讨论:

本例中,计算所得的轴向应力比混凝土的抗压强度和钢的屈服强度低很多,但是大约等于混凝土抗拉强度 $0.1f'_c$。计算中忽略的土—结构相互作用[公式(4-6)]会进一步降低土隧道相应,但地震动非相干性可能提高响应(4.4.1.3 节)。土岩接触面附近的应变可能被地质不连续性提高。如果按 4.4.1.3(a)节的讨论增加系数 2,混凝土衬砌内的应力大约是两倍的抗拉强度,但仍会远远地低于抗压强度。土—岩接触面附近的混凝土衬砌内的周边张性裂缝形成所产生的影响必须要做结构评价。

地震改造

隧道纵向响应(纵轴轴向应变)分析说明轴向应力远低于混凝土衬砌的抗压强度或钢衬砌的屈服强度。在土—岩接触面附近,轴向应力可以大大超过混凝土抗拉强度。需要进行结构评价来评估张性裂缝的影响。如果在土岩接触的局部地方判断出需要进行改造,对应的改造措施可能包括拆除无加强混凝土衬砌,代之以钢筋混凝土衬砌。如果空间允许,一个备选方法是,安装钢内衬同时在钢衬和既有混凝土间的环形空间内注浆。

在检查中发现混凝土衬砌背后有空洞的地方,需要注浆来保证衬砌和土—岩间的连续接触。检查中发现衬砌有中等开裂的地方可以考虑做更多的改造。如果开裂显示地震软弱带(例如,高度剪切岩石带)在衬砌局部施加过大的压力,通过用钢筋混凝土衬砌替换或者拆除原来各段衬砌来加强衬砌,或者可以考虑安装钢内衬。

土中的钢隧道:隧道横断面的椭圆化变形(4.4.1.4 节)。

本节使用两种理论来进行土隧道钢衬的应力分析。在两种理论中都考虑了土—隧道界面的完全滑动和无滑动条件。首先使用 Schwartz and Einstein (1980)法计算静态应力;这些静态应力与使用 Wang (1993)法计算的动态应力进行组合。第二,使用 Penzien and Wu (1998)理论计算动态和静态应力。

这些例子中的中间结果包含着比通常所用的手工计算(中的中间结果)更多的有效数字。这样做是为了使从中间步骤传递到结果的误差最小。计算使用程序 Mathcad(Mathsoft,1998)。

使用 Schwartz and Einstein (1980) 和 Penzien and Wu (1998)理论的静态应力公式可以在各出版物中找到。这些公式的引用编号后跟"†"或"‡",在本手册中没有出现。动态应力方程在本手册中有介绍。

静动态力和弯矩的符号约定示于图 4-10 和图 4-11。压应力为正。Penzien and Wu (1998)理论使用的计算静态力和弯矩的符号约定已经改变成与图 4-10 和图 4-11 相一致。推力和弯矩随隧道衬砌中的位置而变化(随角度 θ 而变化)。θ 的定义示于图 4-10。

钢衬土隧道——隧道深度一半处土的静态应力:

竖向总应力:

$$\sigma=\left(Z+\frac{D}{2}\right)\gamma_{\mathrm{t}}=\left(15+\frac{5.49}{2}\right)\times 17\times 10^{3}=301(\mathrm{kPa})$$

孔隙水应力:

$$\sigma=\left(H_{\mathrm{w}}+\frac{D}{2}\right)\gamma_{\mathrm{t}}=\left(12+\frac{5.49}{2}\right)\times 9.81\times 10^{3}=(144\mathrm{kPa})$$

竖向有效应力:

$$\sigma_{\mathrm{v}}'=\sigma_{\mathrm{v}}-\sigma=301-144=157(\mathrm{kPa})$$

钢衬土隧道——隧道与土间无滑动条件下 Schwartz and Einstein (1980)法得到的静态弯矩、推力和应力:

$$C^{*}=\frac{E_{\mathrm{m}}'r(1-v_{l}^{2})}{E_{l}A_{l2}(1-v_{\mathrm{m}}^{2})}=\frac{32.1\times 10^{6}\times 2.745\times(1-0.3^{2})}{2.04\times 10^{11}\times 0.0314\times(1-0.45^{2})}=0.015696 \qquad (\text{公式 A-3}^{\dagger})$$

$$F^{*}=\frac{E_{\mathrm{m}}'r^{3}(1-v_{l}^{2})}{E_{l}I_{l2}(1-v_{\mathrm{m}}^{2})}=\frac{32.1\times 10^{6}\times 2.745\times(1-0.3^{2})}{2.04\times 10^{11}\times 9.63\times 10^{-5}\times(1-0.45^{2})}=38.57448 \qquad (\text{公式 A-6}^{\dagger})$$

$$a_{0}^{*}=\frac{C^{*}F^{*}(1-v_{\mathrm{m}})}{C^{*}+F^{*}+C^{*}F^{*}(1-v_{\mathrm{m}})} \qquad (\text{公式 A-36}^{\dagger})$$

$$=\frac{0.015696\times 38.56438(1-0.45)}{0.015696+(38.56438+0.015696\times 38.56438\times(1-0.45)}=8.555\times 10^{-3}$$

$$\beta=\frac{(6+F^{*})C^{*}(1-v_{\mathrm{m}})+2F^{*}v_{\mathrm{m}}}{3F^{*}+3C^{*}+3C^{*}F^{*}(1-v_{\mathrm{m}})} \qquad (\text{公式 A-41b}^{\dagger})$$

$$=\frac{6+38.56438\times 0.015696\times(1-0.45)+2\times 38.56438\times 0.45}{3\times 38.56438+3\times 0.015696+3\times 0.015696\times 38.56438\times(1-0.45)}=0.30147$$

$$b_{2}^{*}=\frac{C^{*}(1-v_{\mathrm{m}})}{2[C^{*}(1-v_{\mathrm{m}})+4v_{\mathrm{m}}-6\beta-3\beta C^{*}(1-v_{\mathrm{m}})]} \qquad (\text{公式 A-41c}^{\dagger})$$

$$=\frac{0.015696\times(1-0.45)}{2[0.015696\times(1-0.45)+4\times 0.45-6\times 0.30147-3\times 0.30147\times 0.015696\times(1-0.45)]}$$

$$=-0.541$$

$$a_{2}^{*}=b_{2}^{*}\beta=-0.541\times 0.30147=-0.163 \qquad (\text{公式 A-41d}^{\dagger})$$

静态推力:

$$T_{\mathrm{s}}=\frac{r\sigma_{\mathrm{v}}'}{2}[(1+K_{0})(1-a_{0}^{*})+(1-K_{0})(1+2a_{2}^{*})\cos(2\theta)] \qquad (\text{公式 A-48a}^{\dagger})$$

$$T_{\mathrm{s}}=\frac{2.745\times 157}{2}\{(1+0.5)(1-8.555\times 10^{-3})+(1-0.5)[1+2\times(-0.163)]\cos(2\theta)\}$$

$$=320+72.6\cos(2\theta)(\mathrm{kN/m})$$

加上静水压力引起的推力分量:

$$T_{\mathrm{h}}=\sigma r=144\mathrm{kPa}\times 2.745\mathrm{m}\times=395(\mathrm{kN/m})$$

$$T_{\mathrm{s}}=(320+395)+72.6\cos(2\theta)=715+72.6\cos(2\theta)(\mathrm{kN/m})$$

最大和最小静态推力:

$$\max(T_s)=788\text{kN/m}$$

$$\min(T_s)=643\text{kN/m}$$

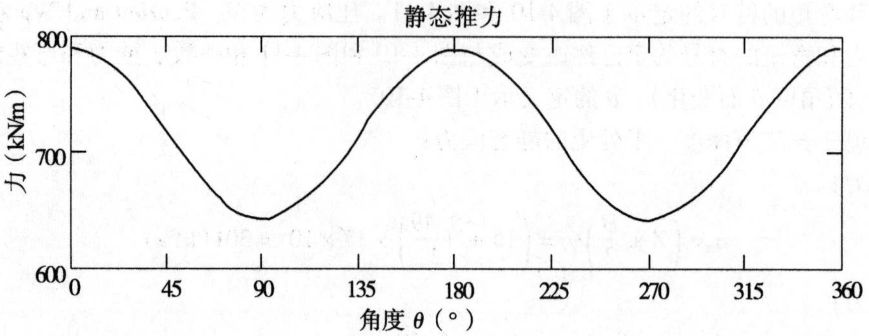

静态弯矩:

$$M_s=\frac{r^2\sigma_v'}{4}(1-K_0)(1-2a_2^*+2b_2^*)\cos(2\theta)\qquad(\text{公式 A-48b}^\dagger)$$

$$M_s=\frac{2.745^2\times157}{4}\times(1-0.5)[1-2\times(-0.163)+2\times(-0.541)]\cos(2\theta)$$

$$=36.3\cos(2\theta)$$

最大与最小静态弯矩:

$$\max(M_s)=36.3\text{kN}\cdot\text{m/m}$$

$$\min(M_s)=-36.3\text{kN}\cdot\text{m/m}$$

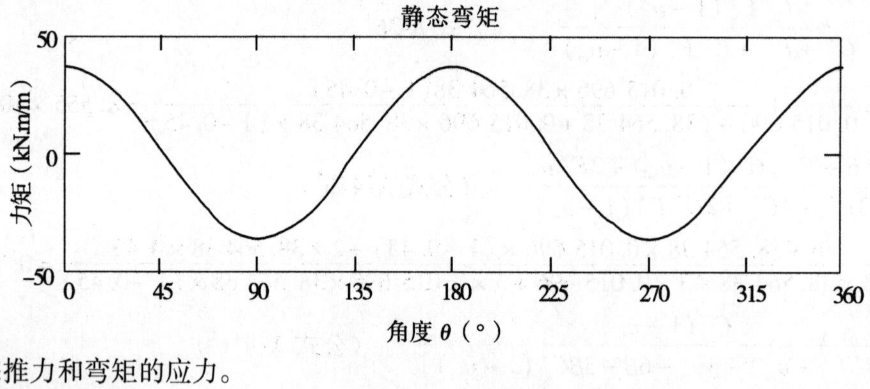

组合静态推力和弯矩的应力。

衬砌外纤维的应力:

$$\sigma_{so}=\frac{T_s}{A_{l2}}-\frac{M_s c_o}{I_{l2}}$$

衬砌内纤维的应力:

$$\sigma_{si}=\frac{T_s}{A_{l2}}-\frac{M_s c_i}{I_{l2}}$$

最大和最小组合应力:

$$\max(\sigma_{so})=4.00\times10^4\text{kPa}$$

$$\min(\sigma_{so})=-5.55\times10^3\text{kPa}$$

$$\max(\sigma_{si})=7.23\times10^4\text{kPa}$$

$$\min(\sigma_{si})=-2.67\times10^3\text{kPa}$$

钢衬土隧道——隧道与土间无滑动条件下 Wang(1993)法得到的动态弯矩、推力和应力:

$$G'_m = \frac{\gamma_t C'^2_m}{g} = \frac{17\times10^3\times80^2}{9.81} = 1.109\times10^7(\mathrm{N/m^2})$$ [公式(4-11)]

$$F = \frac{G'_m(1-v_l^2)D^3}{24E_l I_{l2}} = \frac{1.109\times10^7\times(1-0.3^2)\times5.49^3}{24\times2.04\times10^{11}\times9.63\times10^{-5}} = 3.543\ 23$$ [公式(4-17)]

$$C = \frac{G'_m(1-v_l^2)D}{E_l t(1-2v_m)} = \frac{1.109\times10^7\times(1-0.3^2)\times5.49}{2.04\times10^{11}0.031\ 4\times(1-2\times0.45} = 0.086\ 53$$ [(公式(4-27)]

$$a_0 = F[(3-2v_m)+(1-2v_m)C]+C\left(\frac{5}{2}-8v_m+6v_m^2\right)+6-8v_m$$ [(公式(4-26)]

$$a_0 = 3.543\ 23[(3-2\times0.45)+(1-2\times0.45)\times0.086\ 53]+0.086\ 53\times\left(\frac{5}{2}-8\times0.45+6\times0.45^2\right)+6-8\times0.45 = 9.881$$

$$a_2 = [F(1-2v_m)(1-C)-\frac{1}{2}C(1-2v_m)^2+2]\times\frac{1}{a_0}$$ [(公式(4-24)]

$$a_2 = [3.543\ 23\times(1-2\times0.45)(1-0.086\ 53)-\frac{1}{2}\times0.086\ 53(1-2\times0.45)^2+2]\times\frac{1}{9.881} = 0.235$$

$$a_3 = \left\{F[C(1-2v_m)+1]-\frac{1}{2}C(1-2v_m)-2\right\}\times\frac{1}{a_0}$$ [(公式(4-25)]

$$a_3 = \left\{3.543\ 23\times[0.086\ 53\times(1-2\times0.45)+1]-\frac{1}{2}\times0.08\ 653\times(1-2\times0.45)-2\right\}\times\frac{1}{9.881} = 0.159$$

动态推力：

$$T_d = \frac{1}{2}G'_m D(1+a_2)\gamma_{smax}\sin(2\theta)$$ [(公式 4-24)]

$$T_d = \frac{1}{2}\times1.109\times10^7\times5.49\times(1+0.235)\times0.007\times\sin(2\theta)\mathrm{kN/m}$$

最大与最小动态推力：

$$\max(T_d) = 263\mathrm{kN/m}$$
$$\min(T_d) = -263\mathrm{kN/m}$$

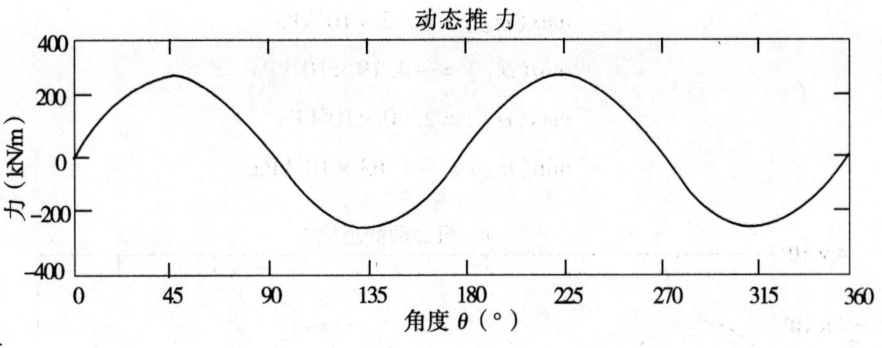

动态弯矩：

$$M_d = \frac{1}{8}G'_m D^2(1-a_2-2a_3)\gamma_{smax}\sin(2\theta)$$ [公式(4-23)]

$$M_d = \frac{1}{8}\times1.109\times10^7\times5.49^2\times(1-0.235-2\times0.159)\times0.007\sin(2\theta)$$

$$M_d = 131\sin(2\theta)\mathrm{kN\cdot m/m}$$

最大与最小动态弯矩：

$$\max(M_d) = 131\mathrm{kN/m}$$
$$\min(M_d) = -131\mathrm{kN/m}$$

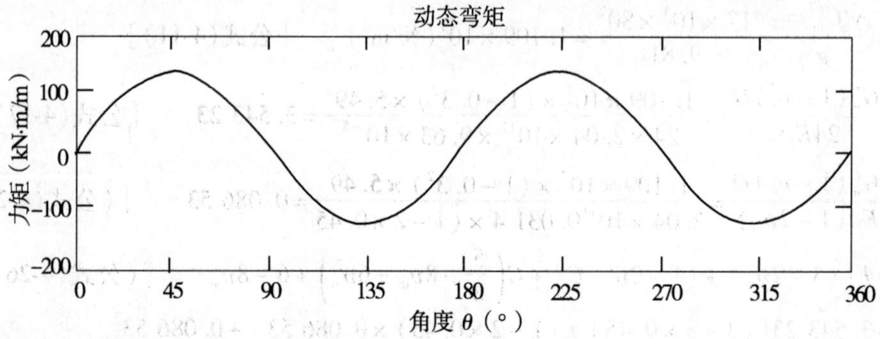

组合动态推力和弯矩的应力。

衬砌外纤维的应力：

$$\sigma_{do}=\frac{T_d}{A_{l2}}-\frac{M_d c_o}{l_{l2}}$$

衬砌内纤维的应力：

$$\sigma_{di}=\frac{T_d}{A_{l2}}\times\frac{M_d c_i}{l_{l2}}$$

最大和最小组合动态应力：

$$\max(\sigma_{do})=6.24\times10^4\text{kPa}$$

$$\min(\sigma_{do})=-6.24\times10^4\text{kPa}$$

$$\max(\sigma_{di})=1.794\times10^5\text{kPa}$$

$$\min(\sigma_{di})=-1.794\times10^5\text{kPa}$$

钢衬土隧道——隧道与土间无滑动条件下 Schwartz and Einstein (1980)法和 Wang(1993)法得到的组合静动态应力：

衬砌外纤维应力：

$$\sigma_o=\sigma_{so}+\sigma_{do}$$

衬砌内纤维应力：

$$\sigma_i=\sigma_{si}+\sigma_{di}$$

最大最小组合应力：

$$\max(\sigma_{do})=8.75\times10^4\text{kPa}$$

$$\min(\sigma_{do})=-4.19\times10^4\text{kPa}$$

$$\max(\sigma_{di})=2.90\times10^5\text{kPa}$$

$$\min(\sigma_{di})=-1.63\times10^5\text{kPa}$$

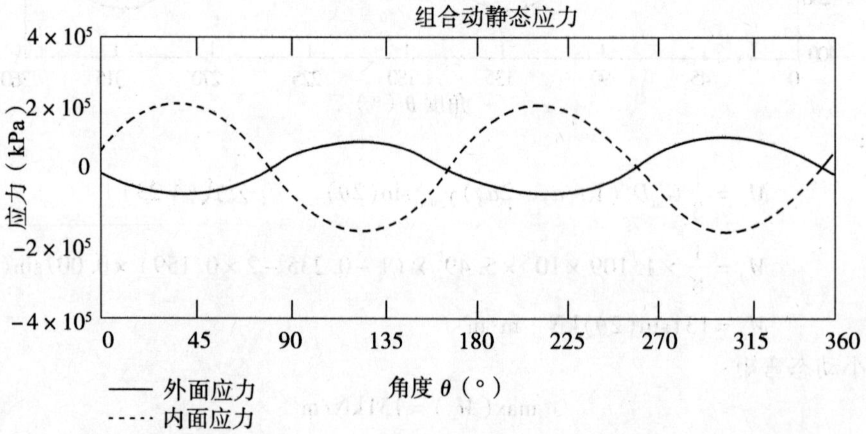

最大拉、压应力出现在衬砌的内表面。最大拉、压应力分别是屈服应力的 64% 和 84%。

钢衬土隧道——隧道与土间完全滑动条件下 Schwartz and Einstein (1980) 法得到的静动态弯矩、推力和应力：

$$C^* = \frac{E'_m r(1-v_l^2)}{E_l A_{l2}(1-v_m^2)} = \frac{32.1\times10^6\times2.745\times(1-0.3^2)}{2.04\times10^{11}\times0.0314\times(1-0.45^2)} = 0.015696 \quad (\text{公式 A-3}^\dagger)$$

$$F^* = \frac{E'_m r^3(1-v_l^2)}{E_l I_{l2}(1-v_m^2)} = \frac{32.1\times10^6\times2.745\times(1-0.3^2)}{2.04\times10^{11}\times9.63\times10^{-5}\times(1-0.45^2)} = 38.57448 \quad (\text{公式 A-6}^\dagger)$$

$$a'_0 = \frac{C^*F^*(1-v_m)}{C^*+F^*+C^*F^*(1-v_m)} \quad (\text{公式 A-32}^\dagger)$$

$$= \frac{0.015696\times38.56438)(1-0.45)}{0.015696+(38.56438+0.015696\times38.56438\times(1-0.45)} = 8.555\times10^{-3}$$

$$a_2^* = \frac{(6+F^*)(1-v_m)}{2F^*(1-v_m)+6(5-6v_m)} = \frac{(6+38.56438)\times(1-0.45)}{2\times38.56438\times(1-0.45)+6\times(5-6\times0.45)}$$

$$= 0.436 \quad (\text{公式 A-32b}^\dagger)$$

静态推力：

$$T_s = \frac{r\sigma'_v}{2}[(1+K_0)(1-a_0^*)+(1-K_0)(1+2a_2^*)\cos(2\theta)] \quad (\text{公式 A-48a}^\dagger)$$

$$T_s = \frac{2.745\times157}{2}\{(1+0.5)\times(1-8.555\times10^{-3})+(1-0.5)[1+2\times(-0.436)]\cos(2\theta)\}$$

$$= 320+72.6\cos(2\theta)\,(\text{kN/m})$$

加上静水压力引起的推力分量：

$$T_h = \sigma r = 144\text{kPa}\times2.745\text{m}\times = 395\,(\text{kN/m})$$

$$T_s = (320+395)+72.6\cos(2\theta) = 715+13.7\cos(2\theta)\,(\text{kN/m})$$

最大和最小静态推力：

$$\max(T_s) = 729\text{kN/m}$$

$$\min(T_s) = 701\text{kN/m}$$

静态推力

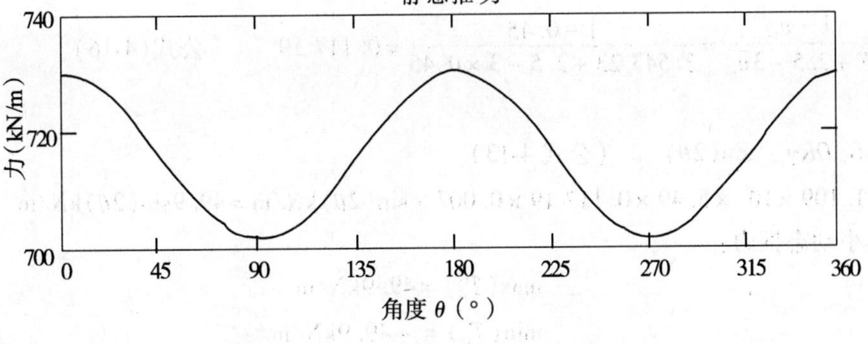

静态弯矩：

$$M_s = \frac{r^2\sigma'_v}{2}(1-K_0)(1-2a_2^*)\cos(2\theta) \quad (\text{公式 A-48b}\dagger)$$

$$M_s = \frac{2.745^2\times157}{2}\times(1-0.5)\times(1-2\times0.463)\cos(2\theta)$$

$$= 37.8\cos(2\theta)$$

最大与最小静态弯矩：

$$\max(M_s) = 37.8\text{kN}\cdot\text{m/m}$$

$$\min(M_s) = -37.8\text{kN}\cdot\text{m/m}$$

组合静态推力和弯矩的应力。

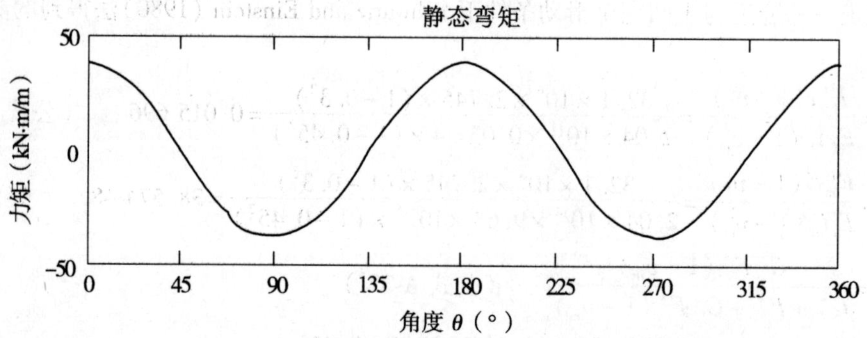

衬砌外纤维的应力:

$$\sigma_{so}=\frac{T_s}{A_{l2}}-\frac{M_s c_o}{l_{l2}}$$

衬砌内纤维的应力:

$$\sigma_{si}=\frac{T_s}{A_{l2}}\times\frac{M_s c_i}{l_{l2}}$$

最大和最小组合应力:

$$\max(\sigma_{so})=4.28\times10^4\text{kPa}$$

$$\min(\sigma_{so})=2.74\times10^3\text{kPa}$$

$$\max(\sigma_{si})=7.27\times10^4\text{kPa}$$

$$\min(\sigma_{si})=-2.7\times10^4\text{kPa}$$

钢衬土隧道——隧道与土间无滑动条件下 Wang(1993)法得到的动态弯矩、推力和应力:

$$G'_m=\frac{\gamma_t C'^2_m}{g}=\frac{17\times10^3\times80^2}{9.81}=1.109\times10^7(\text{N/m}^2) \qquad [公式(4\text{-}11)]$$

$$F=\frac{G'_m(1-\upsilon_l^2)D^3}{24E_lI_l2}=\frac{1.109\times10^7\times(1-0.3)^2\times5.49^3}{24\times2.04\times10^{11}\times9.63\times10^{-5}}=3.543\ 23 \qquad [公式(4\text{-}17)]$$

$$K=\frac{1-\upsilon_m}{F+2.5-3\upsilon_m}=\frac{1-0.45}{3.543\ 23+2.5-3\times0.45}=0.117\ 19 \qquad [公式(4\text{-}16)]$$

动态推力:

$$T_d=G'_mDK\gamma_{smax}\sin(2\theta) \qquad (公式\ 4\text{-}13)$$

$$T_d=1.109\times10^7\times5.49\times0.117\ 19\times0.007\times\sin(2\theta)\text{kN/m}=49.9\sin(2\theta)\text{kN/m}$$

最大与最小动态推力:

$$\max(T_d)=49.9\text{kN/m}$$

$$\min(T_d)=-49.9\text{kN/m}$$

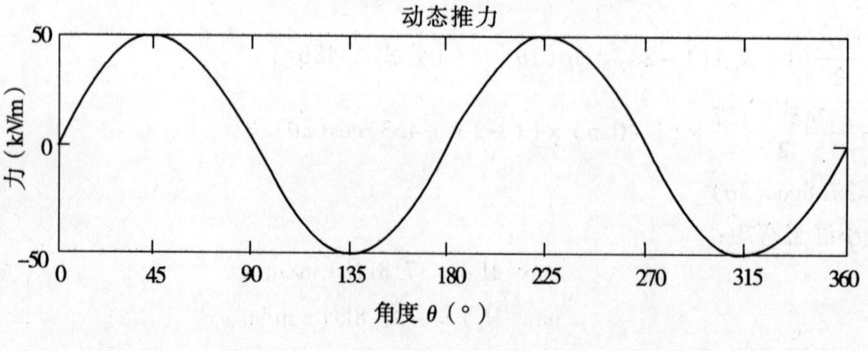

动态弯矩：

$$M_d = \frac{1}{2}G'_m D^2 K \gamma_{smax} \sin(2\theta)$$

$$= \frac{1}{2} \times 1.109 \times 10^7 \times 5.49^2 \times 0.11719 \times 0.007 \times \sin(2\theta)$$

$$= 137\sin(2\theta)\,\mathrm{kN \cdot m/m}$$

最大与最小动态弯矩：

$$\max(M_d) = 137\mathrm{kN/m}$$

$$\min(M_d) = -137\mathrm{kN/m}$$

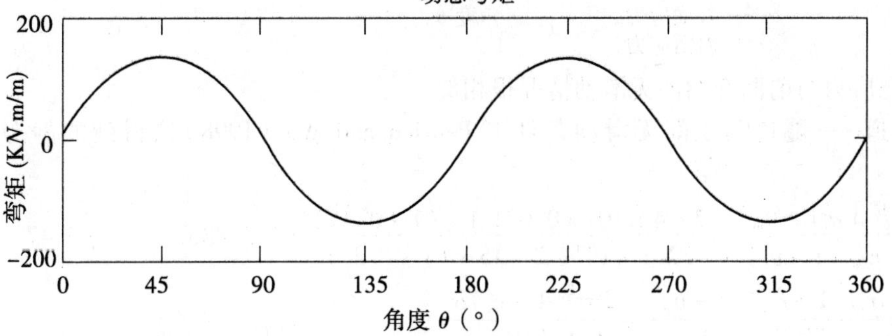

组合动态推力和弯矩的应力。

衬砌外纤维的应力：

$$\sigma_{do} = \frac{T_d}{A_{l2}} - \frac{M_d c_o}{l_{l2}}$$

衬砌内纤维的应力：

$$\sigma_{di} = \frac{T_d}{A_{l2}} \times \frac{M_d c_i}{l_{l2}}$$

最大和最小组合动态应力：

$$\max(\sigma_{do}) = 7.26 \times 10^4\mathrm{kPa}$$

$$\min(\sigma_{do}) = -7.26 \times 10^4\mathrm{kPa}$$

$$\max(\sigma_{di}) = 1.80 \times 10^5\mathrm{kPa}$$

$$\min(\sigma_{di}) = -1.80 \times 10^5\mathrm{kPa}$$

最大拉、压应力与前面介绍的无滑动情况很相似。

钢衬土隧道——隧道与土间无滑动条件下 Schwartz and Einstein (1980)法和 Wang(1993)法得到的组合静动态应力

衬砌外纤维应力：

$$\sigma_o = \sigma_{so} + \sigma_{do}$$

衬砌内纤维应力：

$$\sigma_i = \sigma_{si} + \sigma_{di}$$

最大最小组合应力：

$$\max(\sigma_{do}) = 9.81 \times 10^4\mathrm{kPa}$$

$$\min(\sigma_{do}) = -5.25 \times 10^4\mathrm{kPa}$$

$$\max(\sigma_{di}) = 2.10 \times 10^5\mathrm{kPa}$$

$$\min(\sigma_{di}) = -1.64 \times 10^5\mathrm{kPa}$$

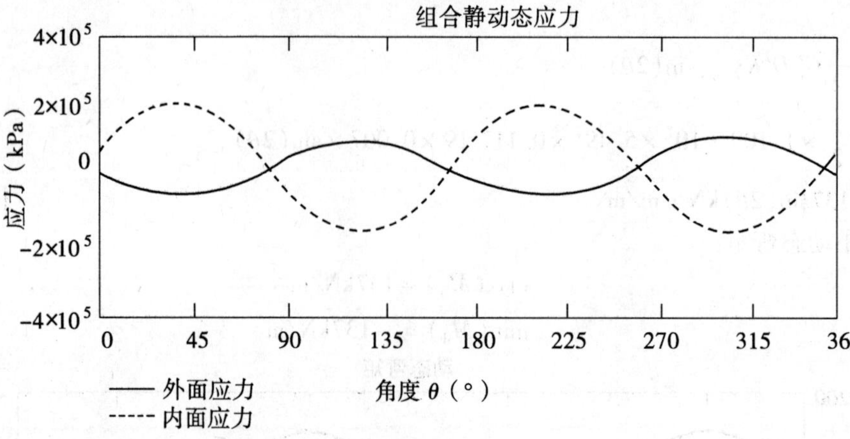

最大拉、压应力与前面介绍的无滑动情况很相似。

钢衬土隧道——隧道与土间无滑动条件下 Penzien and Wu（1998）法得到的静态弯矩、推力和应力：

$$\alpha_d=\frac{E_lA_{l2}(1+\upsilon_m)}{E'_m r(1-\upsilon_l^2)}=\frac{20.4\times10^4\times0.0314\times(1+0.45)}{32.1\times10^6\times2.745\times(1-0.3^2)}=115.835 \qquad (公式47^{\#})$$

$$\Delta_{dl}=\frac{\sigma'_v r(1+K_o)(1+\upsilon_m)}{E'_m(1+\alpha_d)}+\frac{2\sigma r^2(1-\upsilon_l^2)\alpha_d}{E_lA_{l2}(1+\alpha_d)}$$

$$=\frac{157\times10^3\times2.745\times(1+0.5)\times(1+0.45)}{32.1\times10^6\times(1+115.835)}$$

$$+\frac{2\times144\times10^3\times2.745^2\times(1-0.3^2)\times115.835}{20.4\times10^{10}\times0.0314\times(1+115.835)} \qquad (公式49^{\#})$$

$$=5.57\times10^{-4}(\mathrm{m})$$

$$P_d=\frac{E_lA_l2\Delta_{dl}}{2r(1-\upsilon_l^2)}=\frac{20.4\times10^{10}\times0.0314\times5.57\times10^{-4}}{2\times2.745\times(1-0.3)^2}=7.142\times10^5(\mathrm{N/m}) \qquad (公式58^{\#})$$

$$\alpha_s=\frac{6E_lI_{l2}(1+\upsilon_m)(3-4\upsilon_m)}{r^3E'_m(1-\upsilon_l^2)}=\frac{6\times20.4\times10^{10}\times9.63\times10^{-5}\times(1+0.45)\times(3-4\times0.45)}{2.745^3\times32.1\times10^6\times(1-0.3^2)} \qquad (公式51^{\#})$$

$$=0.339$$

$$\Delta_{sl}=\frac{\sigma'_v r(1-K_o)(1+\upsilon_m)(3-4\upsilon_m)}{E'_m(1+\alpha_s)}$$

$$=\frac{157\times10^3\times2.745\times(1-0.5)\times(1+0.45)(3-4\times0.45)}{32.1\times10^6\times(1+0.339)} \qquad (公式50^{\#})$$

$$=8.27\times10^{-3}(\mathrm{m})$$

$$P_s=\frac{3E_lI_{l2}\Delta_{sl}}{r^3(1-\upsilon_l^2)}\cos(2\theta)$$

$$=\frac{3\times20.4\times10^{10}\times9.63\times10^{-5}\times(8.271\times10^{-3})}{2.745^3\times(1-0.3^2)}\cos(2\theta) \qquad (公式59^{\#})$$

$$=2.731\times10^4\cos(2\theta)(\mathrm{N/m})$$

静态推力：

$$T_s=P_s+P_d=2.731\times10^4\cos(2\theta)\mathrm{N/m}+7.142\times10^5\mathrm{N/m}$$

最大与最小静态推力：

$$\max(T_s)=741\mathrm{kN/m}$$

$$\min(T_s)=686\mathrm{kN/m}$$

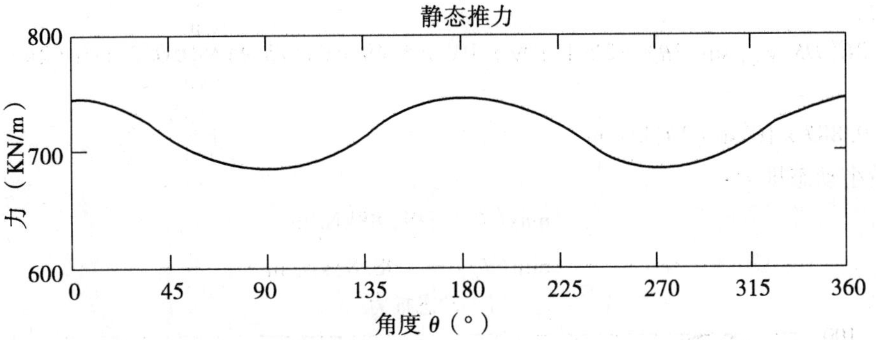

静态弯矩：

$$M_s = \frac{3E_l I_{l2}\Delta_{sl}}{2r^2(1-\upsilon_l^2)}\cos(2\theta) = \frac{3\times 20.4\times 10^{10}\times 9.63\times 10^{-5}\times 8.271\times 10^{-3}}{2\times 2.745^2\times(1-0.3^2)}\cos(2\theta) \qquad \text{（公式 59}^{\#}\text{）}$$

$$= 3.748\times 10^4\cos(2\theta)\,(\mathrm{N\cdot m/m})$$

最大与最小静态弯矩：

$$\max(M_s) = 37.4\,\mathrm{kN\cdot m/m}$$

$$\min(M_s) = -37.4\,\mathrm{kN\cdot m/m}$$

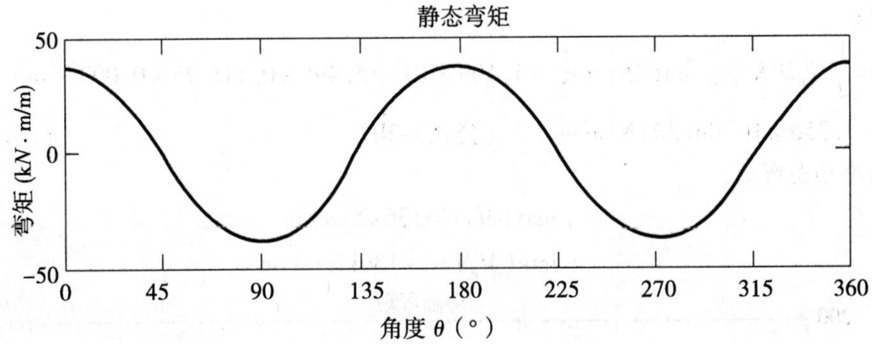

组合静态推力和弯矩的应力。

衬砌外纤维的应力：

$$\sigma_{so} = \frac{T_s}{A_{l2}} - \frac{M_s c_o}{l_{l2}}$$

衬砌内纤维的应力：

$$\sigma_{si} = \frac{T_s}{A_{l2}} \times \frac{M_s c_i}{l_{l2}}$$

最大和最小组合应力：

$$\max(\sigma_{so}) = 4.215\times 10^4\,\mathrm{kPa}$$

$$\min(\sigma_{so}) = 3.336\times 10^4\,\mathrm{kPa}$$

$$\max(\sigma_{si}) = 7.261\times 10^4\,\mathrm{kPa}$$

$$\min(\sigma_{si}) = -2.713\times 10^4\,\mathrm{kPa}$$

钢衬土隧道——隧道与土间无滑动条件下 Penzien and Wu(1998)法得到的动态弯矩、推力和应力：

$$G'_m = \frac{\gamma_t C'^2_m =}{g} = \frac{17\times 10^3\times 80^2}{9.81} = 1.109\times 10^7(\mathrm{N/m^2}) \qquad \text{［公式(4-11)］}$$

$$F = \frac{G'_m(1-\upsilon_l^2)D^3}{24E_l I_{l2}} = \frac{1.109\times 10^7\times(1-0.3^2)\times 5.49^3}{24\times 2.04\times 10^{11}\times 9.63\times 10^{-5}} = 3.54323 \qquad \text{［公式(4-17)］}$$

$$K' = \frac{1-\upsilon_m}{F+3-4\upsilon_m} = \frac{1-0.45}{3.54323+3-4\times 0.45} = 0.11595 \qquad \text{［公式(4-21)］}$$

动态推力:

$T_{\mathrm{d}} = 2G'_{\mathrm{m}}DK'\gamma_{s\max}\sin(2\theta) = 2\times1.109\times10^{7}\times5.49\times0.11595\times0.007\times\sin(2\theta)$　　[公式(4-18)]

$T_{\mathrm{d}} = 9.887\times10^{4}\sin(2\theta)\,\mathrm{kN/m}$

最大与最小动态推力:

$$\max(T_{\mathrm{d}}) = 98.88\mathrm{kN/m}$$

$$\min(T_{\mathrm{d}}) = -98.88\mathrm{kN/m}$$

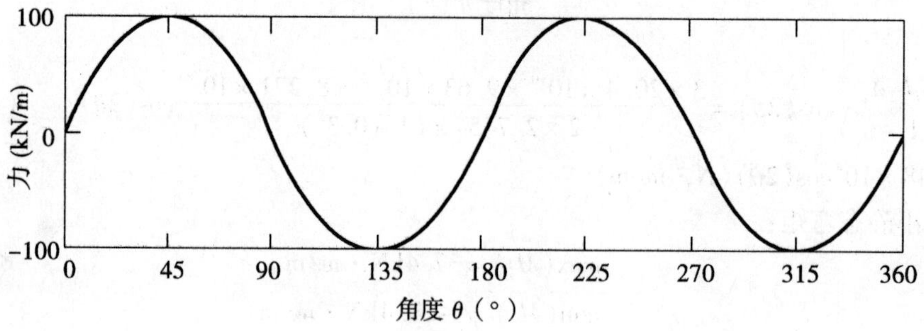

动态弯矩:

$$M_{\mathrm{d}} = \frac{1}{2}G'_{\mathrm{m}}D^{2}K'\gamma_{s\max}\sin(2\theta) = \frac{1}{2}\times1.109\times10^{7}\times5.49^{2}\times0.11595\times0.007\times\sin(2\theta)$$

$= 1.356\times10^{5}\sin(2\theta)\,\mathrm{N\cdot m/m}$　　(公式 4-20)

最大与最小动态弯矩:

$$\max(M_{\mathrm{d}}) = 136\mathrm{kN\cdot m/m}$$

$$\min(M_{\mathrm{d}}) = -136\mathrm{kN\cdot m/m}$$

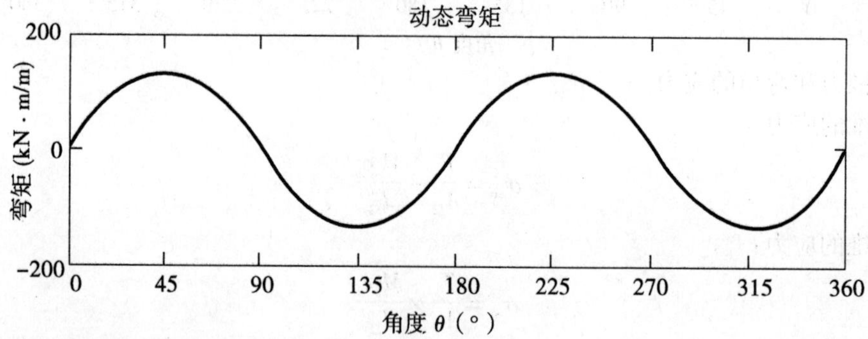

组合动态推力和弯矩的应力。

衬砌外纤维的应力:

$$\sigma_{\mathrm{do}} = \frac{T_{\mathrm{d}}}{A_{l2}} - \frac{M_{\mathrm{d}}c_{\mathrm{o}}}{I_{l2}}$$

衬砌内纤维的应力:

$$\sigma_{\mathrm{di}} = \frac{T_{\mathrm{d}}}{A_{l2}} \times \frac{M_{\mathrm{d}}c_{\mathrm{i}}}{I_{l2}}$$

最大和最小组合动态应力:

$$\max(\sigma_{\mathrm{do}}) = 7.02\times10^{4}\mathrm{kPa}$$

$$\min(\sigma_{\mathrm{do}}) = -7.02\times10^{4}\mathrm{kPa}$$

$$\max(\sigma_{\mathrm{di}}) = 1.80\times10^{5}\mathrm{kPa}$$

$$\min(\sigma_{\mathrm{di}}) = -1.80\times10^{5}\mathrm{kPa}$$

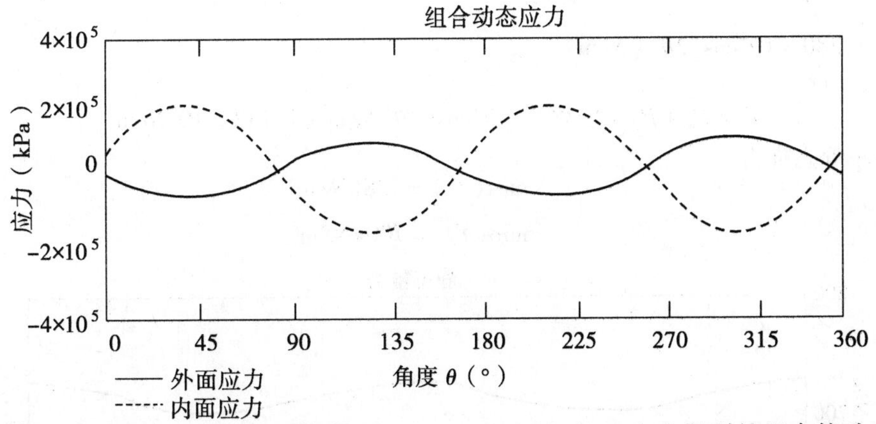

钢衬土隧道——隧道与土间无滑动条件下 Penzien and Wu(1998)法得到的组合静动态应力：

衬砌外纤维应力：

$$\sigma_o = \sigma_{so} + \sigma_{do}$$

衬砌内纤维应力：

$$\sigma_i = \sigma_{si} + \sigma_{di}$$

最大最小组合应力：

$$\max(\sigma_{do}) = 9.564 \times 10^4 \text{kPa}$$

$$\min(\sigma_{do}) = -5.016 \times 10^4 \text{kPa}$$

$$\max(\sigma_{di}) = 2.101 \times 10^5 \text{kPa}$$

$$\min(\sigma_{di}) = -1.646 \times 10^5 \text{kPa}$$

最大拉、压应力出现与前面介绍的 Schwartz and Einstein(1980)法和 Wang(1993)法的无滑动和完全滑动情形的那些结果很类似。

钢衬土隧道——隧道与土间完全滑动条件下 Penzien and Wu (1998)法得到的静态弯矩、推力和应力：

$$\alpha_d = \frac{E_l A_{l2}(1+\upsilon_m)}{E'_m r(1-\upsilon_l^2)} = \frac{20.4\times10^{10}\times0.0314\times(1+0.45)}{32.1\times10^6\times2.745\times(1-0.3^2)} = 115.835 \qquad (\text{公式 }47^{\#})$$

$$\Delta_{dl} = \frac{\sigma'_v r(1+K_o)(1+\upsilon_m)}{E'_m(1+\alpha_d)} + \frac{2\sigma r^2(1-\upsilon_l^2)\alpha_d}{E_l A_l 2(1+\alpha_d)}$$

$$= \frac{157\times10^3\times2.745\times(1+0.5)\times(1+0.45)}{32.1\times10^6\times(1+115.835)}$$

$$+ \frac{2\times144\times10^3\times2.745^2\times(1-0.3^2)\times115.835}{20.4\times10^{10}\times0.0314\times(1+115.835)} \qquad (\text{公式 }49^{\#})$$

$$= 5.57\times10^{-4}(\text{m})$$

$$P_d = \frac{E_l A_l 2\Delta_{dl}}{2r(1-\upsilon_l^2)} = \frac{20.4\times10^{10}\times0.0314\times5.57\times10^{-4}}{2\times2.745\times(1-0.3)^2} = 7.142\times10^5(\text{N/m}) \qquad (\text{公式 }58^{\#})$$

$$\alpha_s = \frac{3E_l I_{l2}(1+\upsilon_m)(5-6\upsilon_m)}{r^3 E'_m(1-\upsilon_l^2)} = \frac{3\times20.4\times10^{10}\times9.63\times10^{-5}\times(1+0.45)\times(5-6\times0.45)}{2.745^3\times32.1\times10^6\times(1-0.3^2)} \qquad (\text{公式 }51^{\#})$$

$$= 0.325$$

$$\Delta_{sl} = \frac{\sigma'_v r(1-K_o)(1+\upsilon_m)(3-4\upsilon_m)}{E'_m(1+\alpha_s)} \qquad (\text{公式 }50^{\#})$$

$$= \frac{157\times10^3\times2.745\times(1-0.5)\times(1+0.45)(3-4\times0.45)}{32.1\times10^6\times(1+0.325)} = 8.814\times10^{-3}(\text{m})$$

$$P_s = \frac{3E_l I_{l2}\Delta_{sl}}{2r^3(1-\upsilon_l^2)}\cos(2\theta) = \frac{3\times20.4\times10^{10}\times(9.63\times10^{-5}\times8.814\times10^{-3})}{2.745^3\times(1-0.3^2)}\cos(2\theta)$$ （公式

59[#])

$= 1.380\times10^4\cos(2\theta)\,(\mathrm{N/m})$

静态推力:

$$T_s = P_s + P_d = 1.380\times10^4\cos(2\theta)\,\mathrm{N/m} + 7.142\times10^5\,\mathrm{N/m}$$

最大与最小静态推力:

$$\max(T_s) = 728\mathrm{kN/m}$$

$$\min(T_s) = 700\mathrm{kN/m}$$

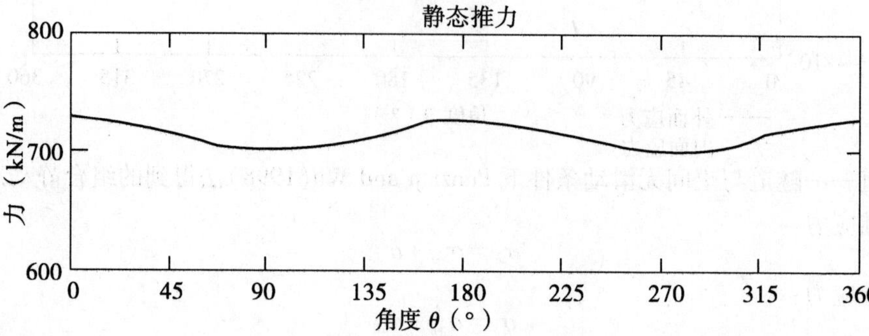

静态弯矩:

$$M_s = \frac{3E_l I_{l2}\Delta_{sl}}{2r^2(1-\upsilon_l^2)}\cos(2\theta) = \frac{3\times20.4\times10^{10}\times9.63\times10^{-5}\times8.814\times10^{-3}}{2\times2.745^2\times(1-0.3^2)}\cos(2\theta) \qquad (\text{公式 }59^{\#})$$

$= 3.788\times10^4\cos(2\theta)\,\mathrm{N\cdot m/m}$

最大与最小静态弯矩:

$$\max(M_s) = 37.8\mathrm{kN\cdot m/m}$$

$$\min(M_s) = -37.8\mathrm{kN\cdot m/m}$$

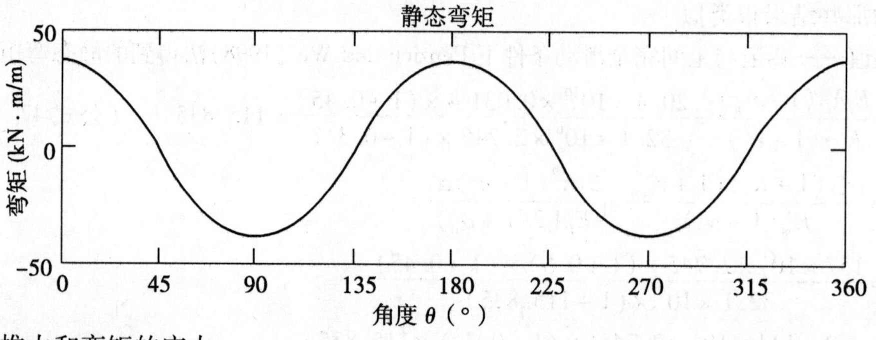

组合静态推力和弯矩的应力。

衬砌外纤维的应力:

$$\sigma_{so} = \frac{T_s}{A_{l2}} - \frac{M_s c_o}{l_{l2}}$$

衬砌内纤维的应力:

$$\sigma_{si} = \frac{T_s}{A_{l2}} \times \frac{M_s c_i}{l_{l2}}$$

最大和最小组合应力:

$$\max(\sigma_{so}) = 4.280\times10^4\mathrm{kPa}$$

$$\min(\sigma_{so}) = 2.690\times10^4\mathrm{kPa}$$

$$\max(\sigma_{si}) = 7.271\times10^4\mathrm{kPa}$$

$$\min(\sigma_{si}) = -2.722\times10^4\mathrm{kPa}$$

钢衬土隧道——隧道与土间完全滑动条件下 Penzien and Wu(1998)法得到的动态弯矩、推力和应力:

$$G'_m = \frac{\gamma_t C'^2_m}{g} = \frac{17\times10^3\times80^2}{9.81} = 1.109\times10^7(\mathrm{N/m^2}) \qquad [\text{公式(4-11)}]$$

$$F = \frac{G'_{\rm m}(1-v_l^2)D^3}{24E_lI_{l2}} = \frac{1.109\times10^7\times(1-0.3^2)\times5.49^3}{24\times2.04\times10^{11}\times9.63\times10^{-5}} = 3.543\ 23 \qquad [公式(4\text{-}17)]$$

$$K' = \frac{1-v_{\rm m}}{F+2.5-3v_{\rm m}} = \frac{1-0.45}{3.543\ 23+2.5-3\times0.45} = 0.117\ 19 \qquad [公式(4\text{-}21)]$$

动态推力：

$$T_{\rm d} = G'_{\rm m}DK'\gamma_{s\max}\sin(2\theta) = 1.109\times10^7\times5.49\times0.117\ 19\times0.007\times\sin(2\theta) \qquad [公式(4\text{-}18)]$$
$$= 4.997\times10^4\sin(2\theta)\,{\rm kN/m}$$

最大与最小动态推力：

$$\max(T_{\rm d}) = 49.9{\rm kN/m}$$
$$\min(T_{\rm d}) = -49.9{\rm kN/m}$$

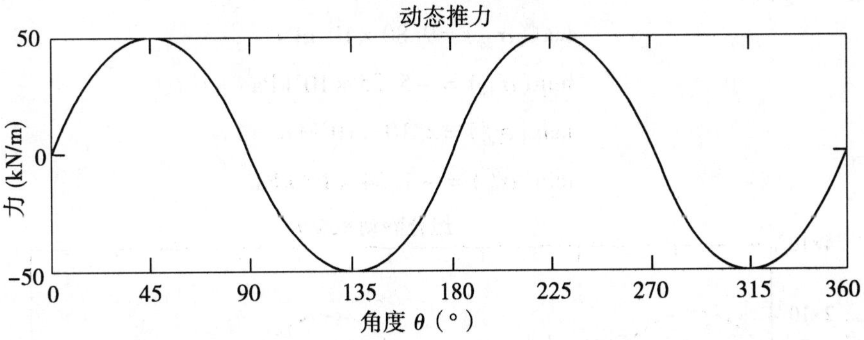

动态弯矩：

$$M_{\rm d} = \frac{1}{2}G'_{\rm m}D^2K'\gamma_{s\max}\sin(2\theta) = \frac{1}{2}\times1.109\times10^7\times5.49^2\times0.117\ 19\times0.007\times\sin(2\theta)$$
$$= 1.372\times10^5\sin(2\theta)\,{\rm N\cdot m/m} \qquad (公式4\text{-}20)$$

最大与最小动态弯矩：

$$\max(M_{\rm d}) = 137.2{\rm kN\cdot m/m}$$
$$\min(M_{\rm d}) = -137.2{\rm kN\cdot m/m}$$

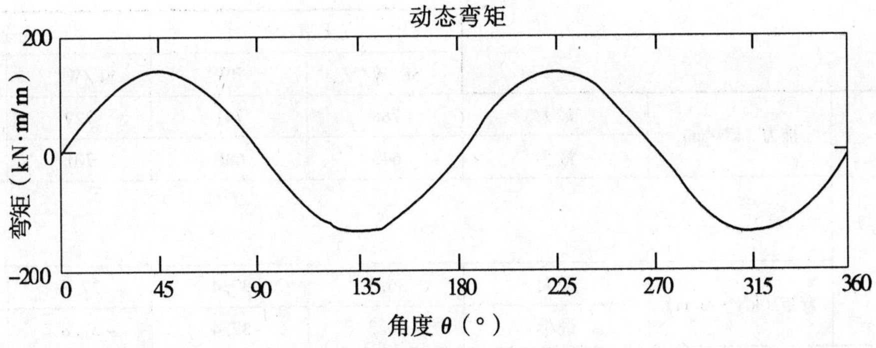

组合动态推力和弯矩的应力。

衬砌外纤维的应力：

$$\sigma_{\rm do} = \frac{T_{\rm d}}{A_{l2}} - \frac{M_{\rm d}c_{\rm o}}{l_{l2}}$$

衬砌内纤维的应力：

$$\sigma_{\rm di} = \frac{T_{\rm d}}{A_{l2}} \times \frac{M_{\rm d}c_{\rm i}}{l_{l2}}$$

最大和最小组合动态应力：

$$\max(\sigma_{do}) = 7.261 \times 10^4 \text{kPa}$$

$$\min(\sigma_{do}) = -7.261 \times 10^4 \text{kPa}$$

$$\max(\sigma_{di}) = 1.806 \times 10^5 \text{kPa}$$

$$\min(\sigma_{di}) = -1.806 \times 10^5 \text{kPa}$$

钢衬土隧道——隧道与土间无滑动条件下 Penzien and Wu(1998)法得到的组合静动态应力:

衬砌外纤维应力:

$$\sigma_o = \sigma_{so} + \sigma_{do}$$

衬砌内纤维应力:

$$\sigma_i = \sigma_{si} + \sigma_{di}$$

最大最小组合应力:

$$\max(\sigma_{do}) = 9.80 \times 10^4 \text{kPa}$$

$$\min(\sigma_{do}) = -5.25 \times 10^4 \text{kPa}$$

$$\max(\sigma_{di}) = 2.10 \times 10^5 \text{kPa}$$

$$\min(\sigma_{di}) = -1.64 \times 10^5 \text{kPa}$$

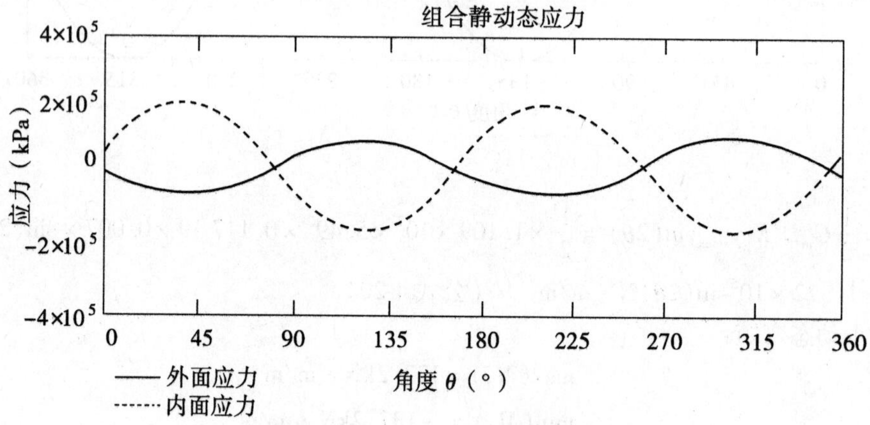

钢衬土隧道——推力和弯矩汇总

			无滑动		完全滑动	
			SE/W **	PW	SE/W **	PW
静态	推力 (kN/m)	最大	788	741	729	728
		最小	643	686	701	700
	弯矩 (kN·m/m)	最大	36.3	37.4	37.8	37.8
		最小	-36.3	-37.4	-37.8	-37.8
动态	推力 (kN/m)	最大	263	98.8	49.9	49.9
		最小	-263	-98.8	-49.9	-49.9
	弯矩 (kN·m/m)	最大	131	137	136	137
		最小	-131	-137	-136	-137

钢衬土隧道——推力和弯矩汇总*

			无滑动		完全滑动	
			❶SE/W **	❷PW	SE/W **	PW
静态(MPa)	内面	最大	72.3	72.6	72.7	72.7
		最小	-26.7	-27.1	-27.1	-27.2
	外面	最大	40.0	42.1	42.8	42.8
		最小	-5.55	33.3	2.74	26.9
动态(MPa)	内面	最大	179	180	180	180
		最小	-179	-180	-180	-180
	外面	最大	62.4	70.2	72.6	72.6
		最小	-62.4	-70.2	-72.6	-72.6
组合(MPa)	内面	最大	209	210	210	210
		最小	-163	-164	-164	-164
	外面	最大	87.5	95.6	98.1	98.0
		最小	-42.1	-50.1	-52.5	-52.5

* 正应力为压,负应力为拉。

** 静态用 Schwartz and Einstein (1980)法, 动态用 Wang (1993)法。

钢衬土隧道椭圆化变形的讨论:

Schwartz and Einstein (1980)理论和 Wang (1993)理论分别用于静态和动态应力及 Penzien and Wu (1998)理论计算静动态应力计算得到类似的组合静态和动态应力。发现最大拉、压应力出现在钢衬的内纤维面上(法兰的内边缘)。最大拉、压应力大约分别是屈服应力的64%和84%。分析不能说明有改造的必要。

混凝土衬砌岩石隧道——隧道横断面的椭圆化变形:

与前面几节所述的钢衬土隧道类似,也进行了混凝土衬砌岩石隧道的椭圆化分析。结果汇总如下。

---

❶ SE/W:Schwartz and Einstein (1980)/ Wang (1993)(译者注),下同。

❷ PW:Penzien and Wu (1998) (译者注),下同。

混凝土衬砌岩石隧道——推力与弯矩汇总

			无滑动		完全滑动	
			SE/W **	PW	SE/W **	PW
静态	推力 (kN/m)	最大	679	377	576	376
		最小	472	373	574	374
	弯矩 (kN·m/m)	最大	2.47	2.79	2.80	2.80
		最小	-2.47	-2.79	-2.80	-2.80
动态	推力 (kN/m)	最大	1447	28.4	14.2	14.2
		最小	-1447	-28.4	-14.2	-14.2
	弯矩 (kN·m/m)	最大	34.5	39.0	39.0	39.0
		最小	-34.5	-39.0	-39.0	-39.0

混凝土衬砌岩石隧道——推力与弯矩汇总(应力汇总) *

			无滑动		完全滑动	
			SE/W **	PW	SE/W **	PW
静态(MPa)	内面	最大	2.42	1.44	2.10	1.43
		最小	1.40	1.05	-1.72	1.06
	外面	最大	2.09	1.43	2.10	1.44
		最小	1.73	1.07	1.73	1.06
动态(MPa)	内面	最大	7.12	2.69	2.65	2.65
		最小	-7.12	-2.69	-2.65	-2.65
	外面	最大	2.52	2.50	2.55	2.55
		最小	-2.52	-2.50	-2.55	-2.55
组合(MPa)	内面	最大	9.06	3.95	4.57	3.91
		最小	-5.22	-1.45	-0.742	-1.40
	外面	最大	4.44	3.76	4.48	3.81
		最小	0.61	-1.26	-0.646	-1.31

* 正应力为压,负应力为拉。

** 静态用 Schwartz and Einstein (1980)法, 动态用 Wang (1993)法。

混凝土衬砌岩石隧道椭圆化变形的讨论：

同钢衬土隧道一样，最大组合静态和动态应力出现在混凝土衬砌的内面上。拉、压应力的大小因Schwartz and Einstein (1980)理论和 Wang (1993)理论的无滑动或完全滑动假设而有相当的变化。Penzien and Wu (1998)理论对完全滑动和无滑动给出了相似的应力，而且在这两种情形下，峰值应力低于衬砌强度。使用 Penzien and Wu (1998)理论算得的最大拉、压应力分别大约是衬砌强度的70%和19%。完全滑动情形下，Schwartz and Einstein (1980) 理论 和 Wang (1993)理论给出的峰值应力低于衬砌的强度：峰值拉、压应力分别大约是36%和22%的衬砌强度。Schwartz and Einstein (1980)和 Wang (1993)的无滑动理论比其余的理论给出的应力要高得多，主要原因是算得的动态推力较高。这种理论的峰值拉、压应力分别大约是衬砌强度的250%和44%。考虑到有可能发生某种程度的滑动，判断椭圆化变形将不会大到足以引起本混凝土衬砌岩石隧道的坍塌和严重的剥落。

混凝土衬砌土隧道——隧道横断面的椭圆化变形：

为了得到在相对软的土中混凝土衬砌的应力，考虑了另外一座无加强混凝土衬土隧道的案例。该混凝土衬砌隧道和土的性质与例4.5开头所述的那些一样。所得静态和动态推力、弯矩和应力汇总如下。

混凝土衬砌土隧道——推力和弯矩汇总

			无滑动		完全滑动	
			SE/W**	PW	SE/W**	PW
静态	推力 (kN/m)	最大	797	762	740	738
		最小	634	665	691	689
	弯矩 (kN·m/m)	最大	64.4	66.2	67.4	67.4
		最小	-64.4	-66.2	-67.4	-67.4
动态	推力 (kN/m)	最大	295	174	89.0	89.0
		最小	-295	-174	-89.0	-89.0
	弯矩 (kN·m/m)	最大	233	239	244	244
		最小	-233	-239	-244	-244

混凝土衬砌土隧道——应力汇总*

			无滑动		完全滑动	
			SE/W**	PW	SE/W**	PW
静态(MPa)	内面	最大	6.95	6.95	6.96	6.96
		最小	-2.18	-2.19	-2.19	-2.20
	外面	最大	6.41	6.63	6.80	6.79
		最小	-1.63	-1.87	-2.03	-2.03

续上表

			无滑动		完全滑动	
			SE/W **	PW	SE/W **	PW
动态(MPa)	内面	最大	16.5	16.5	16.5	16.5
		最小	-16.5	-16.5	-16.5	-16.5
	外面	最大	14.5	15.4	16.0	16.0
		最小	-14.5	-15.4	-16.0	-16.0
组合(MPa)	内面	最大	19.5	19.5	19.6	19.5
		最小	-14.7	-14.8	-14.8	-14.8
	外面	最大	17.5	18.3	18.9	18.9
		最小	-12.7	-13.6	-14.2	-14.2

* 正应力为压,负应力为拉。

** 静态用 Schwartz and Einstein (1980)法,动态用 Wang (1993)法。

混凝土衬砌土隧道椭圆化变形的讨论:

同钢衬土隧道和混凝土衬砌岩石隧道一样,混凝土衬土隧道的最大应力出现在衬砌的内面。与前面的分析类似,使用 Schwartz and Einstein (1980) 和 Wang (1993)以及 Penzien and Wu (1998)理论计算了该无加强混凝土衬砌隧道的完全滑动和无滑动应力。所有的情况所得的应力都类似。最大压应力大约是该隧道抗压强度的95%。拉应力大约是该隧道衬砌抗拉强度的7倍。因为超过了该无加强混凝土衬砌的抗拉强度,不满足弹性行为的分析假设。然而,其结果说明,该无加强混凝土衬土隧道有改造的必要性。待考虑的改造计划包括拆除既有衬砌和建造钢筋混凝土或在施工期间提供临时支撑的钢衬,以及施做钢管内衬,同时用混凝土充填管子与既有衬砌之间的环形空隙。

第5章 涵 洞

5.1 简介

涵洞在国家运输走廊中是很常见的。到目前为止,他们在大地震中的性能记录平均来说是非常令人肯定的,特别是与其他公路构造物(例如桥梁)所报道的破坏相比较的时候。人们认为,其主要的原因是涵洞在地震力场中所占据的地层水平位置。这个位置使人们对动态惯性力—地面结构主要的地震设计准则的考虑有所减少并在某些情况下可能被完全消除。然而,地震活动也产生瞬态地震动,可以产生永久性地层变形,二者在某些情形下都可以影响到涵洞性能。

另外,大量涵洞的尺寸、形状和类型是不同的。因此,没有广泛发生涵洞破坏的另一个原因可能是,多数涵洞直径小,可能仅仅勉强能受到地震的影响。预计会出现较大地震脆弱性的大跨涵洞相对较为稀少,部分是因为对其承受能力的要求与平常不同并且因为他们相对地新并高度分散在基础设施系统之中。这样一来,他们暴露给地震活动的风险与那些小直径涵洞的是不同的。

由于涵洞的破坏或坍塌引起的灾难性后果的风险一般既可以与大小相关也可以与涵洞的形式相关。一般地,在一次地震期间,小直径涵洞不发生大的破坏,除非包含它们的整个公路体系也遭受同样水平的破坏。然而,当中到大型涵洞被破坏到这样的程度:它们部分或全部地失去作用,不能再发挥它们的设计水力能力,就会导致进水蓄积,最终淹没公路表面。对一般与中到大型涵洞关联的水流,淹没公路能导致面层丧失、路堤冲刷和对下游生态的淤泥污染。由于所产生的灾害是旅行中的大众所必须面对的原因,因此,对路面的二次破坏可以危及到生命。

虽然在除了涵洞大小之外还有很多因素能够在一次地震期间对它的破坏有所贡献,见诸报道的实例似乎说明,在某些情形下涵洞的形式也可能是一个因素。永久性地层破坏情况,特别是那些与液化有关的,能够引起包裹土支持力的丧失或扭曲。柔性涵洞(在下面涵洞分类一节中下定义)可以因周围包裹土提供的支持力的丧失而扭曲或坍塌。接着,这能够导致路堤损失导致路面的破坏,因而对生命构成威胁。

本章的目标之一是,加深对地震发生期间影响涵洞性能的那些因素的理解。通过理论考虑结合记载到的实例将实现这个目标。其他目标包括,勾画筛选涵洞的系统方法以确定受到地震诱发破坏的程度以及评价使用改造措施的必要性和范围。最后,评述了大量有用的加固涵洞防止这类破坏的改造策略。

每年,跨度6m以上的大涵洞越来越司空见惯。它们不仅被用作水工结构,而且也用作立交结构。大箱涵的破坏或坍塌具有类似于桥梁破坏的后果。至今,目前的AASHTO规范对任何类型的地下结构都没有要求考虑地震设计准则,除了下面的:

箱涵和地下结构的地震效应不需要考虑,除了它们要跨过活动断层的地方(AASHTO,2002)。AASHTO没有提供在地下结构跨过活动断层时如何设计涵洞的指导。

而且,鼓励用系统的方法制订涵洞改造策略。不把涵洞看作是设施表中独立的组成部分,它们在更大链中的环节作用是不可小视的。涵洞的地震改造策略应当基于具体的运输走廊的服务水准和重要性。在本手册第1章论述影响评价水准和对涵洞以及其他公路体系单元进行改造的必要性的一般考虑。

像其他运输设施一样,涵洞在设计过程中需要多个工程学科的知识。除了结构和岩土方面的之外,良好的涵洞性能需要有水力学、水文学、经济学、道路线形设计的原理以及交通能力和安全的考虑。对涵洞设计整个过程的讨论不在本章范围内。

很多公路涵洞使用某种端部附属结构将水流引入和引出涵洞而不引起侵蚀。小直径涵洞有特殊的端部断面,一般不需要额外的设计考虑。然而,随着涵洞尺寸的增大,这些端部附属结构常常变成了端墙和翼墙,从根本上说它们属挡土墙的类型。挡土墙的地震脆弱性和改造在本手册第2章阐述。

5.2 涵洞分类和背景资料

由于在可用材料性质,墙的几何截面、大小和形状方面的变化很大,涵洞包含了很多类。例如,小至300mm的直径,15m及更大的跨度在公路应用中都有使用。它们可由混凝土、钢材、铝材、塑料以及这些材料的复合而成。

为了编制和维护国家桥梁表,联邦公路局(FHWA)按平行于道路的跨度将涵洞从桥梁中分离出来。短于6m跨度的结构被划分为涵洞。然而,这种区分无论是从功能的观点还是从设计的观点都是随意的。美国国家公路和运输官员联合会(AASHTO,2002)发布了适用于远远超过FHWA限制之外的、连续尺寸的涵洞设计规范。涵洞方面的一般资料也可以在Highway Drainage Guidelines(AASHTO,1999;FHWA,2001)和The Culvert Inspection, Materal Selection and Rehabilitation Guideline, Volume 14(AASHTO,1999)中找到。

在本章中,公路涵洞被定义成任何尺寸的结构,它们在现有地平或附近被公路路堤或填土完全包围、支撑。它们可以是厂制的模块单元、现场施做或者结合使用。它们可以是符合一定范围性能准则的标准设计,也可以是为某种特殊应用场合的专门设计。它们的最终目的可以是疏导地表水或者交通(车辆、行人或野生动物)通过公路走廊。Ballinger and Drake(1995)编纂了一张厂制涵洞类型表,其中连带有每种类型中常用的尺寸范围。图5-1和图5-2说明了这些类型。

形状	尺寸范围	通常用途
圆形 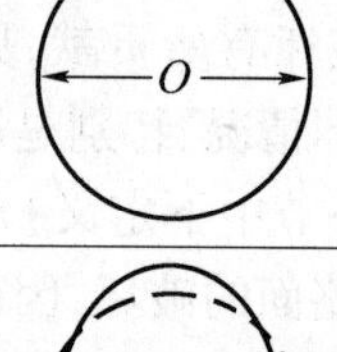	直径0.15~7.9m	涵洞、暗沟、下水道和服务隧道(较小直径下所有材料,较大直径下结构板)
竖椭圆 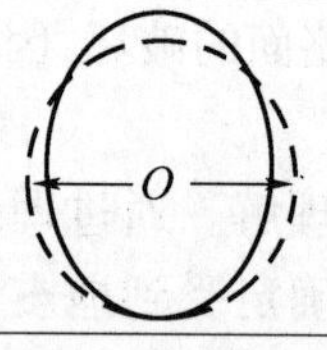	直径1.2~6.4m (名义)拉长前	涵洞、下水道、服务隧道和回采巷道(波纹金属管和结构板)
管拱涵 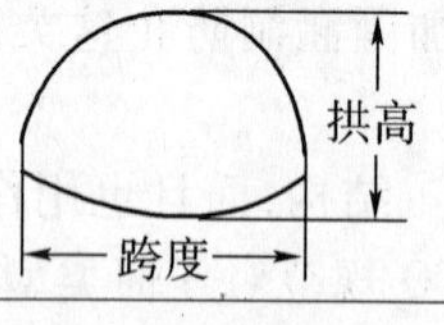	跨度×拱高: 1.42m×0.33m~6.27m×1.75m	净空有限:在低流量下有水力上的优势(波纹金属管和结构板)
地道 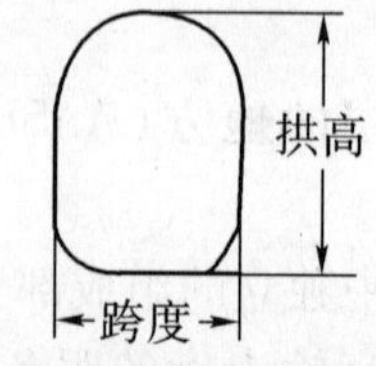	跨度×拱高: 1.73m×1.75m~6.20m×5.41m	人行道、牲畜或车辆(结构板)
拱 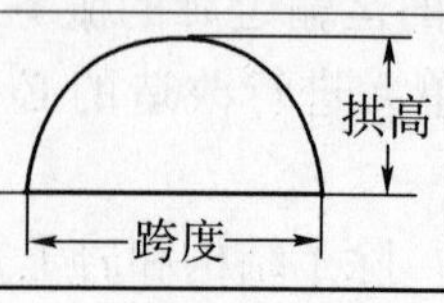	跨度×拱高: 1.83m×0.55m~7.62m×3.81m	低净空大水道开口和美观(结构板)

图 5-1

形　　状		尺寸范围	通常用途
水平椭圆	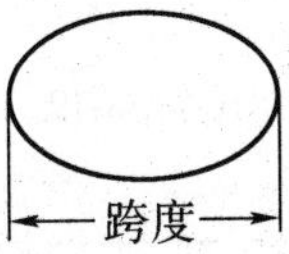	跨度 2.1 ~12.2m	涵洞、立交、雨水管和隧道(波纹金属管和结构板)
梨形	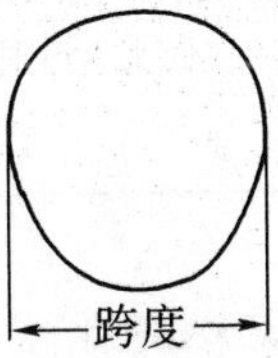	跨度 7.6 ~9.1m	立交、涵洞、雨水管、隧道(结构板)
高剖面拱	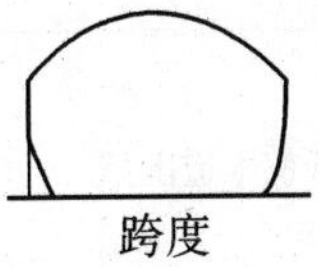	跨度 6.1 ~13.7m	立交、涵洞、雨水管、隧道、氨基炸药库、土掩库(结构板)
低剖面拱		跨度 6.1 ~15.2m	低宽水道围挡、涵洞、雨水管道(结构板)
箱涵	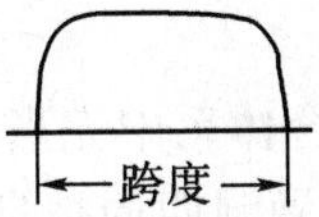	跨度 3.0 ~7.9m	代宽余水道围挡、涵洞、雨水管道(结构板)
特殊		变化	为衬砌旧结构或别的特殊用途特制

adapted from Ballinger and Drake,1995

图 5-1　柔性涵洞的既有类型和尺寸

形　　状		尺寸范围	通常用途
圆形	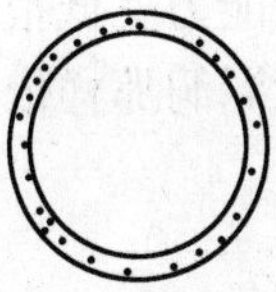	直径:0.3 ~4.6m (钢筋混凝土); 0.1 ~0.9m(非加强)	涵洞、雨水管和下水道
管拱	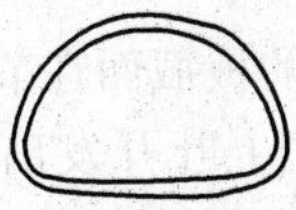	跨度×拱高:0.4 ~3.4m 等效直径	涵洞、雨水管和下水道;用在净空有限的地方
水平椭圆	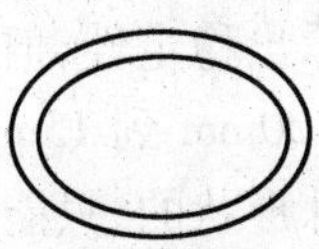	跨度×拱高:0.5 ~3.7m 等效直径	涵洞、雨水管和下水道;用在净空有限的地方
竖直椭圆	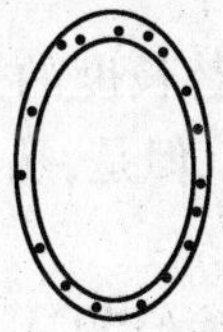	跨度×拱高:0.9 ~3.7m 等效直径	涵洞、雨水管和下水道;用在侧向净空有限的地方

图　5-2

形　状	尺寸范围	通常用途
矩形箱涵 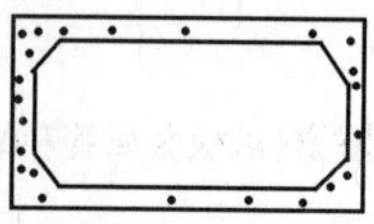	跨度 0.9 ~ 3.7m	涵洞、雨水管和下水道;用在净空有限、宽开口的地方
拱 	跨度 7.3 ~ 12.5m	涵洞、雨水管和下水道;用在低宽水道围挡
3 边平顶 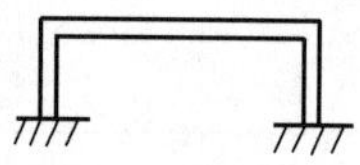	跨度 4.3 ~ 10.7m	涵洞、雨水管道;用在低宽水道围挡
3 边拱顶 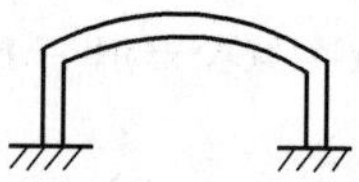	跨度 4.9 ~ 11.0m	涵洞、雨水管道;用在低宽水道围挡

adapted from Ballinger and Drake,1995

图 5-2　刚性涵洞的既有类型和尺寸

偶然地,涵洞类材料或配件被用作延伸到地表以下相当深的地下隧道和在地平上或附近与公路走廊交叉之外延伸很长的水下隧道。这些结构需要更多、更专业的、超出本章范围的设计方面的考虑。隧道和水下隧道在第 4 章中讨论。

从结构上讲,涵洞是复杂的。它们在一个包含涵洞自身和土介质的组合体系中充当着重要的基本单元。土在这个组合体中既作为荷载还作为抵抗单元。当稳定的土体在涵洞四周被良好压实时,涵洞—土体系的承载能力超过了涵洞单独承受能力。这个组合体中的两个单元的完整性对它的性能是极其重要的,不仅是在静态荷载作用下,而且在地震的动态激励下都是这样的。因此,任何对涵洞承受能力的考虑都必须要包括承认包裹土所起的作用。

涵洞一般被划分成两大类:柔性的和刚性的。柔性涵洞对荷载的响应与刚性的不同。因为相对于附近土体,柔性涵洞的环向刚度小,它们在承担加在它们上面的外部压力时依靠大应变的承受能力和与周围土的相互作用来保持它们的形状。另一方面,刚性涵洞的这种应变承受能力就低很多。因此,刚性涵洞必须有相当大的环向刚度和强度承担外部压力。这样,它们就不像柔性涵洞那样依赖土体的支持。关于柔性和刚性涵洞,地震抗力的更具体的方面在下几节讨论。

5.2.1　柔性涵洞——背景和设计原理

典型的柔性涵洞或是由金属或是由热塑材料制成的。已经开发的高效的板截面在节省材料的同时使它们的截面性质最大。波纹金属管(CMP)起初是由铁制成的,是 20 世纪上叶开发出来的第一种柔性涵洞。现代的 CMP 涵洞既有钢材的也有铝材的。图 5-3 所示是具有由一系列圆弧和切线组成的板截面的波纹剖面系列。与其他涵洞成品相比,这些断面已经在结构方面显示出稳定性,但是在水力学性能方面可能要有所损失。厂制的和现场装配的形状有很多,尺寸从直径 300mm 到 15m 及更大跨度。对较小直径的,它们可以被加工成环状的或螺旋状的。对较大的尺寸和特殊形状的,只能在现场安装具有环状波纹模板才能得到。

螺旋肋是一种较新的波纹材料。它也有钢材的和铝材的,其板截面由交替长度的光滑板和波纹槽构成,如图 5-4 所示。现在已清楚,他们在结构方面不如圆弧和切线波纹坚固,但是,从水力学和材料的观点看则效率更高。

热塑材料涵洞使用两种材料类型之一:高密度聚乙烯(HDPE)或聚氯乙烯(PVC)。每一种类型都有很多的计算方法。众多的制造热塑涵洞的方法也有助于使它们的结构和水力学效能得到最大程度的

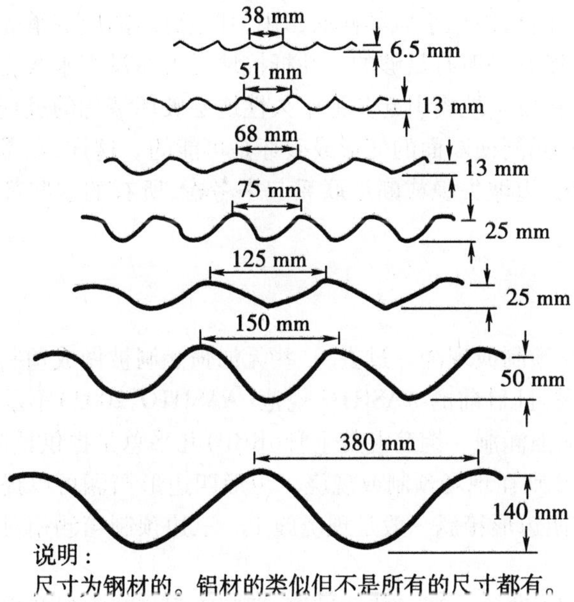

图 5-3 金属涵洞波纹板轮廓

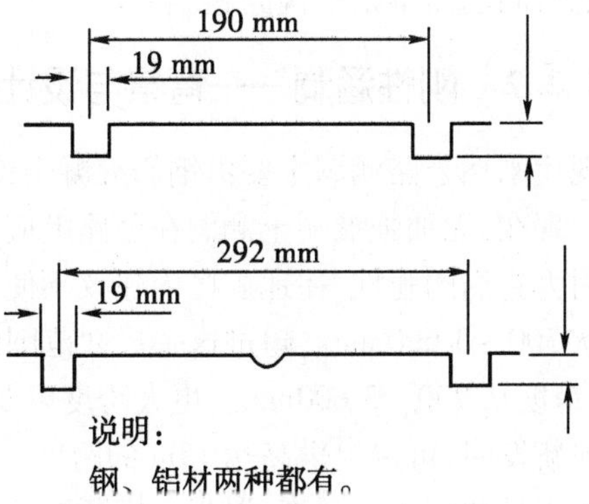

图 5-4 螺旋肋金属涵洞板轮廓

发挥。结果，陆续产生了很多种的断面形式，图 5-5 示出了其中的几种。因为它们的工程性质是材料配比和板断面形状二者的函数，因此，一种产品与另一种产品之间存在着显著的差异。此外，热塑材料的强度和模量参数是温度、时间和应力历史相关的，因而更增加了设计的复杂性。

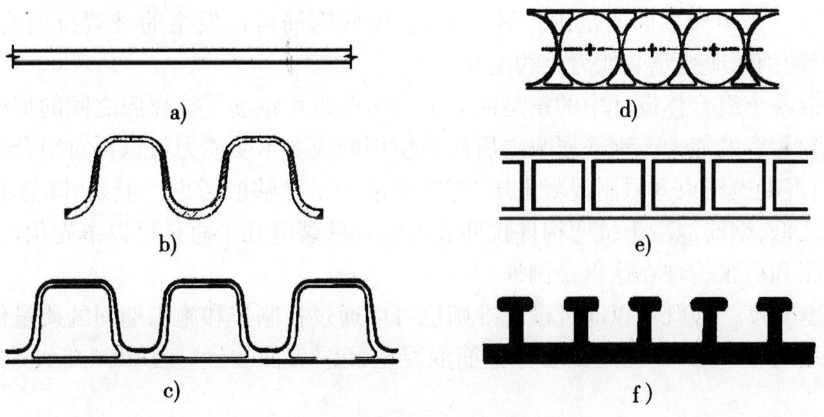

图 5-5 热塑涵洞板轮廓选例

a) 光滑壁；b) 开放轮廓；c) 开放轮廓光滑内衬；d) 蜂窝状闭合轮廓；e) 矩形闭合轮廓；f) T 形肋加强开放轮廓

目前的 AASHTO 规范使用简化的较低限假定来处理热塑涵洞固有的复杂性，人们认为在总体上是偏于安全的。然而，有些问题仍有待解决。这些包括薄板断面的局部屈曲控制，与传统的高模量的（金属和混凝土）涵洞相比出现从包裹土向涵洞墙壁传递荷载降低问题的认识和保证长期延性和抗氧化的材料配比问题。人们期待着对这些问题的调查研究能使热塑涵洞材料和设计规范在将来得到更大的发展。

小直径柔性涵洞设计主要考虑环向压缩和抵抗一般屈曲（横断面失效）的能力。对较大尺寸和除圆形以外的形状，必须考虑非对称和包括地震荷载在内的集中活载所要求的抗弯强度。为达到这个目的，某些应用可能需要使用计算机数值方法（Katona et al, 1976, 1979, 1981; Duncan, 1979; Leonards et al., 1981; Musser, 1989a）。次要的设计考虑包括抵抗薄壁截面局部屈曲的能力和浅埋设施上面层截面受重活载作用的疲劳问题。

隐含在柔性涵洞设计假定中的是，土体存在足够的支持力。而这支持力的取得是靠在涵洞周边使用稳定的回填材料。稳定材料包裹体的尺寸及其填筑方法和质量二者都是影响涵洞正常性能的因素。

从地震性能的视角看,柔性涵洞的吸引力在于它们很好的延性。百分之五或更高的应变在钢材、铝材和热塑材料的基本材料性质中是可以达到的。而且,由于手风琴样的作用,甚至更高的应变承受能力也在波纹断面的纵向存在。静力学上安全的柔性涵洞一般有足够的延性抵抗地震力而没有永久变形或破坏。柔性涵洞的弱点是,它们依赖土的支持力,在发生地震引起其他永久性地层破坏液化的过程中可以被消弱或丧失。如果土的支持力被消弱或丧失,涵洞横断面的变形或破坏是可能的。这样,在考虑地震效应时,一般要把柔性涵洞的变形或破坏与液化、边坡失稳或断层联系起来考虑,所有的这些都是岩土或地质问题而不是结构问题。

5.2.2 刚性涵洞——背景与设计原理

现代刚性公路涵洞主要由钢筋混凝土构成,或预制或现浇。过去,一些无加强涵洞被做成预制或现浇管。现在,无加强混凝土涵洞在公路上应用有限,且目前的 AASHTO 规范(AASHTO,2002)不承认它们。因为它们的脆性,在地震区内建议不使用无加强涵洞。钢筋混凝土管(RCP)几乎总是提供预制的、直径从 300~3 600mm。超过这一尺寸范围的 RCP 则在现场预制或现浇。矩形四边形箱涵可以提供预制的、跨度从 900~3 600mm。更大跨度以及多室四边形箱涵一般是现浇施工。三边预制箱涵相对而言是一项新发明,可以提供高达 15m 的跨度。

无论是预制还是现浇,混凝土横断面的内外相对光滑。通过优化壁厚、混凝土强度和在钢筋混凝土的情形下的钢筋的布置和数量,取得材料的经济性。在预制圆形横断面的情形下,有时使用椭圆形钢筋或特别布置的钢筋网以提高经济性。

单轴压缩下普通混凝土的破裂应变在 0.1% ~0.25% 之间,但可以在较大的区间上变化,取决于集料的性质和数量以及水泥浆的水灰比(Hobbs,1983)。在单轴拉伸下,破裂应变承受能力是较小的一个数量级,在 0.005% ~0.01% 之间的范围。另一方面,现代钢筋可以发生的破裂拉应变在 7% ~9% 之间。然而,屈服点的钢筋应变承受能力大约是 0.2%。

使用在钢筋混凝土组合体设计中的正是混凝土受压破裂和钢筋受拉屈服之间的那些明确的极限状态应变的这种大致相容的能力。钢筋屈服之后尚未使用的应变承受能力可以再对组合体的非弹性延性有所贡献,只要对混凝土约束并限制混凝土压、剪应变给予了足够的考虑。但是,既然混凝土的拉伸应变承受能力如此之低,钢筋混凝土抗弯构件拉伸表面的一些裂缝几乎总是可以事先预计到的,甚至是在工作荷载下。先张和后张构件在这里是例外。

拉伸表面裂缝宽度一般既可以通过设计准则也可以通过在制作和施工期间的质量保证措施进行调节。在公路上应用时,AASHTO 规范目前将钢筋混凝土涵洞表面裂缝宽度限制在大约 0.3mm(AASHTO,2002)。

预制混凝土管,或加强或无加强,其主要的设计方法叫做间接设计法。简单地说就是,它们的设计是以试验室试验为基础的,称作三支承试验。这个试验惯例则需要在样管的顶部和底部施加竖向集中荷载。试验结果包括样管破裂荷载(无加强混凝土的情况)或超过裂缝允许宽度要求(钢筋混凝土管的情形)。使用经验基础系数将三支承试验室承载试验数值转换成实际现场上腋角和管底点处的支撑条件。最终结果是,设计中假定这些管周上的这些区域有足够的包裹土支持。然而,柔性管要求包裹土体的全部周边都应支持墙段,前者比此要求要低很多。

间接设计法由 Marston 在 20 世纪前 25 年间提出的(Marston et al.,1919;Marston,1930)。自那时起,已经作了很多的改进,提供了一种更加直接的设计方法,考虑了弯矩、剪力和涵墙周围的推力(Paris,1921;Olander,1950)。最新的方法采用计算机数值模型计算土—结构相互作用产生的分布力(Hegar,1982)。这些已经演化成被称之为直接设计方法。而且,新的敷设类型,叫做 SIDD(Standard Installation for Direct Design,直接设计标准敷设)已经被开发出来,以代替由 Marston 提出的经验基础系数。这些敷设类型较好地代表了使用现代施工方法(ASCE,1993)一般可得到的土支承条件。

虽然这些改进所产生的设计可能更有效,但他们的假定可能比早先的低效设计更不容许回填支持力的丧失,比如地震诱发地层失稳。目前,在采用直接法还是间接法设计 RCP 涵洞方面,AASHTO 法规则是二者都用。在是采用新的 SIDD 系数还是继续使用较老的 Marston 基础系数方面也是这样的情况。需要做更多的工作来量化新旧方法下设计出来的 RCP 在地震改造要求上的差别。

四边和三边箱涵,无论是预制还是现浇,都是使用与其他钢筋混凝土梁和柱的同样的设计准则来设计的。矩形形状的分析是假定了一个超静定弹性框架和作用在侧面的主动或中性土压力,但不考虑土—结构相互作用。一般工程师手头目前已有的大部分计算机软件能够完成设计所需的结构分析。此外,已经开发出了专用的专业软件(McGrath et al. ,1988)。

另一方面,顶部为拱形的三边箱形涵洞考虑了土—结构相互作用,方式是,依靠侧面的被动土约束支持顶部的拱作用。因此,对它们的设计和分析需要使用能够考虑这种相互支持的计算机数值模型(Katona et al. ,1976,1981;Beach,1988;Musser,1989a;McGrath et al. ,1996)。

地震期间的刚性涵洞优于柔性涵洞的地方是,在因永久性地层变形的缘故可能出现土包裹体支持力的丧失的这段时间内,它们有能力提供更大程度的"蛮劲"。缺点是它们的脆性(极限应变能力小于0.1%)。当达到"蛮劲"极限时,不引起结构外壳的永久破坏,刚性涵洞就不能将超载通过被动约束传递到包裹土体上。而且,它们也对瞬态地震动没有响应,在这里延性是不能没有的。然而,即使出现不可维修的破坏,地震期间发生灾难性破坏的情况在文献中还没有记录。

5.2.3 涵洞接缝

涵洞接缝地震设计的主要目标是,在地震动期间和发生永久性地层变形之后维持接缝闭合状态。张开的接缝能够导致细粒土的移动,随着时间的推移,它能够导致回填包裹体的损失及涵洞和路面的坍塌。然而,这种作用要花相当的时间才能出现,所以并未把它归于对生命安全或道路使用功能造成迫在眉睫的威胁一类。接缝设计的第二个目标是,解除涵洞墙连续部分中的纵向应力积累,假定接缝密封的主要目标不被打折扣。

地震动期间,最优接缝会提供拉、压的纵向延伸能力而不会达到它的设计延长长度的末端、不会损失接缝的密封性。压力状态下被紧密安装但拉力状态下可相对自由运动的接缝受到典型地与地震动相关的高频纵向振荡期间的接缝锤击作用。这种锤击作用能够导致接缝的破坏和接缝密封性的损失。另外,拉力状态下它们一被拉伸即张开的接缝可能允许细粒土的渗透。这种作用可以阻止它们在随后的震动周期期间完全闭合,从而造成细粒土的进一步损失。

在永久性地层变形期间,最优接缝可能有能力发挥涵洞墙在拉、压和剪力状态下断面的全部强度承受能力而仍然保持延伸性。这是因为地层破坏现场上的变形要求能够变得如此之高以至于使用"推压"(push-on)型装置的普通接缝设计如不裂开便不能容许如此之大的地震诱发变形。抵抗永久性地层变形的最好的设计可能是无接缝涵洞,即使丧失约束性土包裹体的支持后它们也能维持纵向延伸能力和横断面强度。今天现实中没有一个涵洞体系能够提供所有的这些特性。然而,某些类型比另外一些更接近这种最优性能。

正像在后面的实例回顾中将要看到的那样,涵洞接缝可能是地震期间整个涵洞性能链中的"弱环"。因此,抵抗地震作用的完备的接缝设计在涵洞的整体性能上或许与墙的截面设计一样重要。所以,为了提高对本章涵洞性能在这方面的理解,在下面几个小节中对几种常用的接缝类型进行了回顾。

5.2.3.1 套接接缝

如图 5-6 所示,很多热塑和预制钢筋混凝土管产品都有套接接缝。一般它们与橡胶垫片一起提供。热塑管接缝一般允许 25 ~ 50mm 的纵向接缝平移和 1 ~ 3°的接缝转动。普通 RCP 套接设计在仍然维持密封接缝的同时不允许很大的纵向平移或转动。在一些市场上,通过特别订货可得到允许 50 ~ 100mm 接缝平移的 RCP 接缝装置。

虽然大多数热塑和 RCP 套接设计形式可在接缝处调动某种程度的横向抗剪强度,但是涵洞墙全部的抗剪能力一般不能被全部得到发挥。这个归因于很多因素。一些 RCP 设计没有把全部数量的外

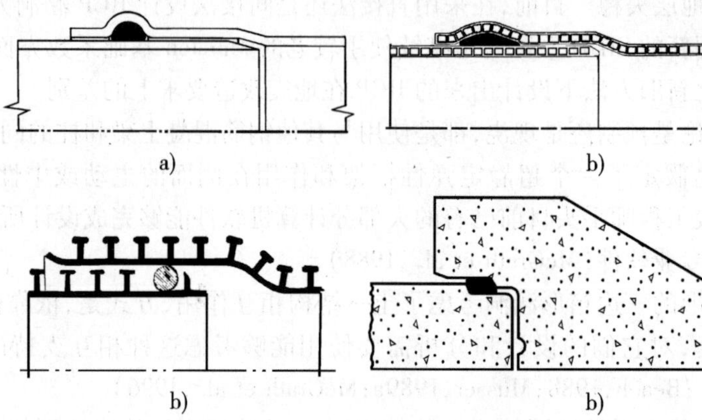

图 5-6　套接涵洞接缝选例

a)光滑壁热塑;b)矩形闭合轮廓热塑;c)T肋开放轮廓热塑;d)钢筋混凝土

壳钢筋伸进接缝。甚至当全墙截面能力被带入接缝,套环部分将作用在稍大一点的直径,这伴随有一定比例的强度降低。不但对 RCP 材料而且对热塑材料这都是不谬的。而且,横向力有在接缝周边的某个点上引起应力集中的倾向。变形力学分析显示,柔性材料将比刚性材料把这些应力集中分布得更均匀,因而在接缝处使更高比例的墙的强度得到发挥。

套接接缝典型的安装方法是,把管子推顶到底,或换句话说,把套管端完全插进套环内来安装接缝。虽然这样提供了一个设计所具有的最大的拔(拉)出刚度,但是没有留出承压延性。对地震性能来说,理想的安装方法可能是只插入 50%。然而,对多数市面上的涵洞产品,在地震诱发地层破坏发生期间在每一方向上(拉和压)所产生的行程长度可能几乎没有用处。

5.2.3.2　榫槽接缝、企口和对接缝

榫槽、企口和对接接缝被用于很多预制混凝土涵洞和几乎所有的现浇混凝土的膨胀缝中。图 5-7 所示是几个这些接缝的例子。榫槽和企口接缝是相似的,因为它们二者都提供某种水平的抵抗横向力的约束和强度。然而,像 RCP 套接接缝一样,如果不分开它们就几乎不能提供纵向或转动延性。榫槽和企口接缝二者之间的空隙一般用水泥砂浆填充,但也可以用弹性胶垫片或其他密封材料填塞。在每一种情形下,接缝都要遭受动态摇晃期间的能够引起开裂和剥落的纵向锤击作用。这种破坏能够导致隔土功能的丧失。而且,随着接缝的张开或破坏,在后续周期性震动期间,回填土能够渗入并阻止其完全闭合。

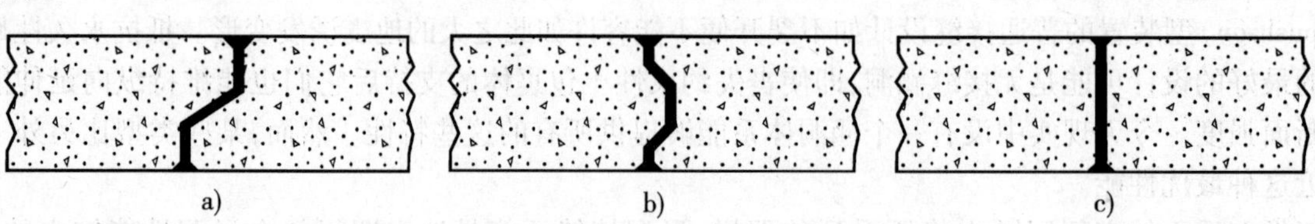

图 5-7　钢筋混凝土涵洞的榫槽、企口和对头接缝

a)企口接缝;b)嵌接;c)对接缝

对头接缝被用在一些预制混凝土设计中。施工期间一般不用注浆密封,但尽可能靠近安装。它经常用土工织物或防水薄膜包裹。然而,这些包裹在动态晃动期间维持接缝闭合状态方面的有效性还不清楚。而且,对接缝显然没有横向强度并可遭受纵向锤击作用的破坏。

5.2.3.3　密封条和套接

密封条主要与波纹和螺旋肋金属管一起使用。它们的外形多种多样。图 5-8 所示是密封条的例子。环状波纹涵洞的设计使用与波纹管壁匹配的型钢,型钢之间用角铁法兰连接,法兰沿周边用 2 ~ 3 个焊点焊接到节段的端头,因此形成完整的密封条。用在管外的螺栓把法兰勒在一起将密封条夹紧。

密封条的宽度一般在它连接的每个涵洞端头缠 2 ~ 3 个波纹。

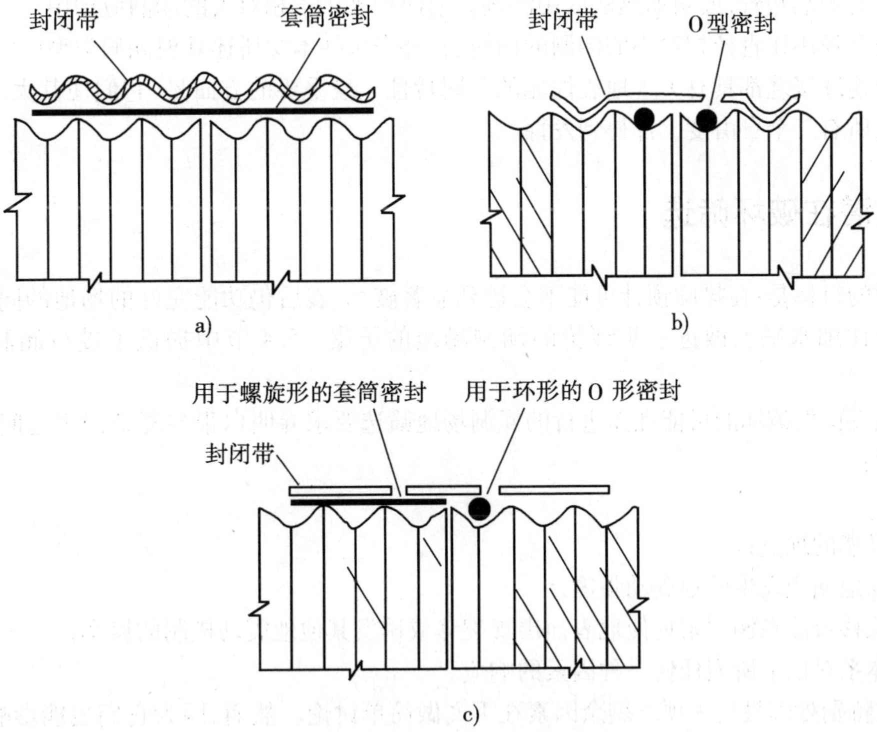

图 5-8　波纹金属涵洞密封条选型

a) 波纹金属密封条；b) 半波纹金属密封条；c) 平板金属密封条

这种设计不但提供所有三个自由度上的延性而且也提供强度，以及良好的密封抵抗土的迁移。然而，拉裂实验表明，这种类型的密封条缺少使涵洞壁强度得到全部发挥的能力。法兰处螺栓接头就是个软弱环节。有时在密封条和管壁之间塞入一个弹性垫圈以改善隔水效果，但也可以降低接头的拉裂强度。

另一种密封条使用带边缘波纹（半波纹）的扁钢板。它的典型用法是连接螺旋状波纹涵洞，涵洞端头被改成环状波纹。它只缠绕改造端的一个波纹。因此，虽然在材料方面比较节约，但它缺少在每一端缠绕至少两个波纹的完全波纹密封条同样的拔出能力。否则，半波纹设计也具有完全波纹密封条所具有的大部分其他特性。

平的或波纹状的密封条是提供给平端螺旋波纹或螺旋肋涵洞的。它们提供某种水平的横向强度但几乎没有纵向或转动约束。因为密封条不是密贴地装进螺旋涵洞壁内的，当在某些水文条件下使用不带改造端的螺旋状波纹涵洞时和存在细粒土时，周围的回填包裹体可能会丢失。

大多数异型内壁热塑涵洞采用异型连接件连接平端型材。这些连接件被设计成适合涵洞内壁特定截面外形。一般地，它们包括一个提供既抵御水分又抵御土的迁移这样的隔离效果的异型橡胶垫圈。图 5-9 所示是这样一个连接件的例子。其他设计采用一种密封条。带有匹配异型外壁边缘的铸造塑料板套进管端，然后扣紧。拿它们的纵向和转动延性来说，热塑连接件的功能与热塑环垫接缝类似。它们也可以提供某种横向强度。

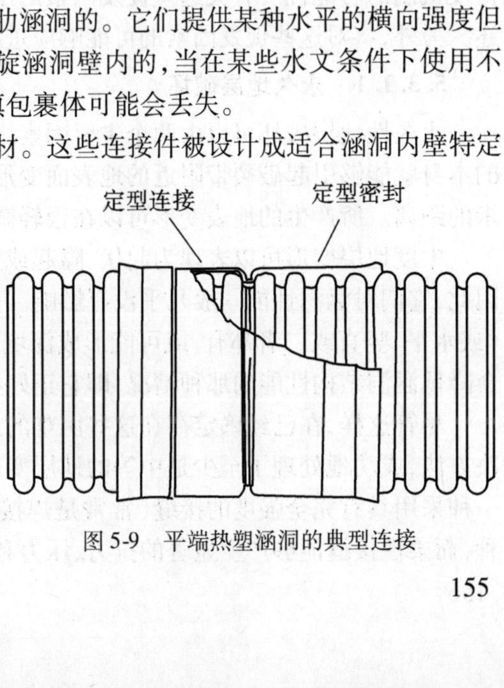

图 5-9　平端热塑涵洞的典型连接

5.2.3.4　连续接缝

对某种应用可用三种类型的连续接缝。现浇钢筋混凝土常常使用形同榫槽或企口接缝但有钢筋锚件穿过接缝的施工缝,第二种中的一种类型是波纹结构金属板,在现场用栓接接头现场装配。第三种中的一种类型是端头溶合在一起的热塑管,或用加热法或用溶剂。前两种被用于相对大的涵洞应用中。

第三种类型被用作直径相对小的涵洞的内衬,其外壳包括本文所述其他涵洞类型中的一种。

所有三种连续接缝都具有关于地震性能的共同特性。最重要的方面是,它们使其大部分的壁截面强度和延性在所有三个自由度上都得到发挥。

5.3 地震潜在破坏筛选

筛选过程的目标是:在排除预计可能不会遭到显著破坏、震后仍功能完好的场地的同时,确定一个可能需要在更详细水平上做进一步评价的涵洞场地的子集。5.4 节中提供了进行涵洞详细评价的技术。

为确定地震诱发破坏的可能性而进行的涵洞场地筛选要求弄明白很多复杂因素之间的相互关系,诸如下列因素:

- 震级;
- 震源可能的地点;
- 涵洞场地期望发生的地震动强度;
- 断层位移可能在涵洞附近使地表面出现裂缝或诱发其他地震动机制的概率;
- 涵洞体系对以上所列任何一种因素的响应。

本章仅仅特别处理最后一项。剩余因素在下文做简单讨论。然而,因为它们也能影响其他公路组成部分的行为,所以在本手册的其他地方已经提供了比较详细的说明。

本节既介绍与地震诱发涵洞破坏有关的理论概念也介绍记录了实际破坏的性质和程度的实例历史事件。这些讨论给出了支持在本节末尾所给的决策树筛选模型的实现将需要的重要背景。

5.3.1 关于地震诱发涵洞破坏的理论概念

与其他结构类似,通过两种主要的发生机制——永久地层破坏和瞬态地震动,地震的发生能够破坏涵洞,后者也可以诱发显著的惯性力。永久性地层破坏一般引起涵洞的破坏和变形都是最大的。瞬态地震动也能够破坏涵洞,但是,一般程度有限地多。地震诱发惯性力是地面结构破坏的主因,除了大直径管和非圆形状(包括箱涵)外,在重载作用下它们似乎对涵洞几乎没有影响。

在筛选涵洞方面,确定改造措施必要性的第一步是,评估任何一个已知场地上将要出现以上所述的促发机制的可能性。有关这些促发因素的出现和表现形式的理论概念将在下面几个小节中进行简短评述。另外,将对这些促发因素的可能响应进行讨论。

5.3.1.1 永久地层破坏

永久性地层破坏可以由两个主要因素之一而造成:断层破裂或地震动引起的地层变形。地层破裂的本身就能够引起破裂带附近的地表面变形。这条断层带的范围一般局限于离表面断层破裂主迹几百米的距离。所产生的地表变形可以在很轻微到严重的范围变化。

中度地层变形可以表现为起伏、隆起或大面积塌陷,但可能只产生局限于涵洞附近的小差异效应。因此,它们对涵洞性能一般几乎没有影响。另一方面,重度地层变形能够产生压缩区、拉力区、地表位错(或水平、竖直或二者都有,或可能形成深坑或突脊)。这些表现形式中最严重的可能是无法预防、当然会降低涵洞结构性能的那种情况,即它正好在结构的路线上。

尽管这样,在已经确定存在这些困难的地方,其他设施(例如高压水、气管道)已经设计出巧妙的解决方法,成功地处理了至少是中等的地层变形。这些解决方法至少使用了两种构造类型中的一个。第一种采用具有完全强度的接缝(常常是焊接)的连续延性管道。第二种使用柔性接缝连接的多节段短管,而柔性接缝能够产生显著的拉力、压力和侧向延性而不会遭受拉开、破坏或其他功能上的损失。与这些相似的技术涵洞方面也是有的。

单独的地震动也能引起永久地层破坏。液化、不稳定土体的坍塌和滑动是这些情形的促发因素。影响涵洞性能的永久地层破坏经常伴随下列的场地表现形式：

- 路堤挤入；
- 地表和路堤的横向扩展；
- 填土塌陷和滑坡。

确定有可能经历永久地层破坏的潜在场地既需要有具体场地的岩土和地震特性，也需要有很高的专门技术。一旦为设计地震提供了地层变形的估计值，它们就能够被用来制订改造策略。或者，它们可以导致做出倾向于某种防止地层破坏的地层改良方法或稳定方法的决策，这种情况下涵洞改造可能是不必要的。本手册第一部分对地层破坏预测和地层改良方法二者都进行了讨论。

5.3.1.2 瞬态地层运动

瞬态地层震动可能不会产生永久地层破坏，但仍然可能在涵洞内诱发导致结构破坏的应变和应力。这种破坏的程度决定于震动的水平，也决定于涵洞的状况和设计。

瞬态地震动不但产生轴向而且产生横向的涵洞应变或变形。沿涵洞纵轴传播的地震波分量能够产生接缝锤击效应、接缝拉裂或横向开裂。横向传播到纵轴的地震波分量能够产生椭圆化、横向撕扯和其他涵洞横截面的扭曲。无论是横向的还是水平的横波都能影响涵洞的纵轴线。

瞬态地震动引起的这些涵洞病害的表现形式一般不是灾难性的，因土体支持力丧失引起柔性类涵洞的可能坍塌的情况除外。大多数涵洞被认为长度上太短，横截面太小，以至于不会遭受大的破坏或因此类破坏直接导致的立即坍塌。然而，如果土壤侵蚀进入涵洞以内导致土壤包裹体支持力的丧失，那么随着时间的推移接缝张开和其他诱发破坏能够产生灾难性的坍塌。在受强震的地方，为了保证涵洞系统的长期使用功能，震后巡查和维修可能是必要的。

瞬态地震动也能够唤起涵洞周围和顶部回填材料内的诱发的惯性力。这些惯性力既产生水平的也产生竖直的能够提高涵洞横截面应力的过压力。这类瞬态应力诱导一般不引起坍塌，虽然它们可能诱发墙壁的局部屈曲或开裂。但是，因为所有的涵洞在某种程度上依靠周围土来取得它们的强度，当与液化或其他不稳定地层原因结合而发生作用时，由于土包裹体提供的支持力的消失或降低，这些应力诱导能够强化惯性力的影响。所产生破坏的程度决定于各种影响的这种组合的严重程度，但能够导致涵洞横截面的扭曲或破坏。

地震地层加速度一般是三维的并且在相位上不一定是正交的。因此，地下结构可以经历倾覆、横向撕扯、剪切和不平衡压力升高，不但在水平方向上而且在竖向上也如此。第4章更完整地讨论并用实例说明了地下结构变形的纵向和横向分量以及能够产生它们的地震波的类型。

5.3.2 地震诱发涵洞破坏的经验观察

在回顾下列地震诱发涵洞破坏的经验数据时，区分破坏的促发机制和它们的表现形式是有益的。例如，液化引起的永久地层破坏自身能够表现出很多形式的破坏，包括线位偏移、接缝张开、不均匀沉降，甚至是涵洞横截面的破坏。然而，可能的促发因素（液化、坍塌、塌陷、断层破裂等）能够用别的现场特性轻易地确定出来，诸如存在未固结的砂或黏土、水位的深度、地表的坡度、附近已观察到的地层变形等。另一方面，瞬态纵向地震动（连带有/未带有惯性效应）自身能够表现为接缝锤击效应、横截面变形、开裂等。

当然，经验观察将揭示出纠合在一起、共同作用的促发因素。困难的任务是，应从任何一次已有的观察中提炼出那些产生最大效果的机制。对原因精确识别的结果是能选择到更适当的评价技术和改造策略。

或许至今对地震发生期间涵洞性能最完整的调查是由 Youd and Beckman（1996）完成的。通过个人观察和公开发表的报告相结合，他们记录到北美六次地震期间涵洞的性能。他们不仅确定了破坏的效果,而且确定了可能的破坏原因。表 5-1 按照涵洞类型和破坏程度对他们的发现进行了分类。

公路涵洞性能一览表

表 5-1

地震事件中的场地现象	永久地层变形						瞬时地层变形			合计
	EP	LS	SL	LQ	LA	FR	SG	GS	LO	
CMP 管										
更换	4	1	1							7
修理		1								2
无修理	1						24			25
热塑管										
更换										0
修理										0
无修理							1			1
钢筋混凝土管										
更换							1			1
修理		1			1		1			3
无修理										0
素混凝土管										
更换								1		1
修理										0
无修理										0
钢筋混凝土箱涵										
更换						1			1	2
修理	2	4						3		9
无修理				1			4	14	1	20

注解:

EP:路堤挤入;　　SG:强地层震动;

LS:侧向扩展　　GS:地层震动;

SL:下陷　　LO:侧向过压

LQ:液化;

LA:滑坡;

FR:断层破裂;

注:根据 Youd and Beckman(1996)编辑。

另一个由 Davis 和 Bardet(1998)所做的重要研究对 61 个在 1994 年 Northridge 地震中受到震动的

CMP和结构板式涵洞的性能作了报道。包括在这份报告中的有29座直径1m以下的涵洞和32座直径或跨度在1.07～4.78m的涵洞。所有的61座涵洞全都位于Northern San Fernando Valley的Van Norman Water Treatment Complex附近。这个区域的峰值地层加速度水平在0.48g～1.08g之间，竖直在0.32g～0.85g。

除了一座涵洞因为仰拱严重腐蚀而受到破坏外，没有一座直径1m以下的涵洞在这次事件中遭到破坏。在这些小直径涵洞中，有两座位于已经受到某种程度永久性地层变形影响的地区内。没有报道这些场地处变形的性质、促发因素或幅度。

更大一些涵洞的性能从无破坏到完全坍塌之间变化。虽然所有这些较大涵洞表面上承受了一些变形，但是有四座似乎在某种程度上受到了永久性地层变形的影响。另有四座似乎受到了先存条件的影响，例如不良的回填和仰拱严重腐蚀。在这个场地上没有出现地表断层。

下面几节要更详细地说明涵洞破坏的具体现象及其促发机制。包括了Youd and Beckman(1996)和Davis and Bardet(1998)两份报告的贡献。

5.3.2.1　路堤挤入

在中到高强度地震事件期间出现的强地层震动能够触发公路路堤下可液化或敏感地基土层的破坏。这些土层产生的沉降使路堤挤入不稳定的地层中，能够破坏这些地层附近的公路涵洞。这种现象能够引起涵洞体节段的纵向和横向弯曲、分离、中线移位和涵洞接缝的破裂以及流水线以上洞端上扬。图5-10所示是一个典型的破坏图。

虽然任何涵洞类型都会受到来自路堤挤入不稳定地基土的破坏，Youd and Beckman(1996)报道说，它是他们调查的六次地震中CMP涵洞破坏的最常见的原因。这些事件经历的强度从6.4～9.2之间。在五处CMP涵洞场地和两处现浇钢筋混凝土箱涵场地，破坏的原因被归于路堤挤入。这五处CMP场地中的四处需要大的修理或更换涵洞。在两例CMP中，道路被路堤挤入弄得不能通行。这五处场地中仅有一处涵洞震后还保留有限的过水功能。两处箱涵场地处仅需要小的修理。

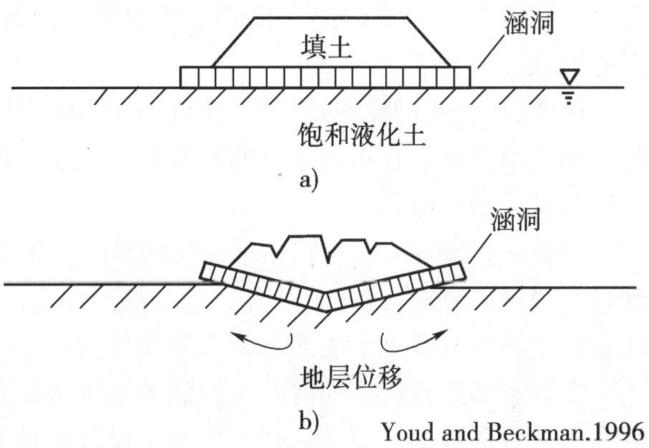

图5-10　路堤和涵洞挤入已液化地基土层

对CMP涵洞的破坏包括流水线的竖向线位偏离，填土下管子屈曲或弯曲(可能在接缝处)，涵端上扬。文献记载的涵洞直径尺寸在760～1 070mm之间。路堤沉降多达0.9m，侧向扩展多达6m。路堤中心所产生的沉降使涵端上扬多达1.8m。在上述大部分场地处，路堤和面层也受到大的破坏。

对两座现浇钢筋混凝土箱涵的破坏比起上述的那些来没那么严重。这些涵洞的纵向弯曲打开了横向裂缝，其方向为加强筋的弱向。裂缝宽度从箱底的多达13mm到顶板上的发丝状裂缝。涵型包括一座三室2.6m宽×1.8m高以及一座单室2.4m高×2.4m宽的横断面。在这两种情况下，路堤挤入轻微。表面破坏包括涵洞边缘处和不在涵洞上方的液化区的其他地方的面层开裂。有一种情况是沥青路面块和混凝土水沟被扭曲、拉开。报道说，总的竖向线位偏离6～10mm。

应当注意到，在上述被破坏的箱涵附近，被确定的还有一座类似的钢筋混凝土箱涵和四座CMP涵洞。在调查中发现它们没有受到一点破坏，即使存在0.5g的加速度的情况下。显然，在这些后加的场地处，地层不稳定不是一个因素。

Davis and Bardet(1998)巡查过两座在Northridge地震期间受到梁式弯曲破坏的CMP涵洞。两个尺寸上都是1.52m直径并用混凝土包括起来。二者在地震期间表现良好。虽然那些接缝由于基础和路堤变形有轻微的分离，但是这些涵洞周围的混凝土还是保持完整的。在这个地方观察到液化，然而，涵洞场地处所经历的永久地层变形的幅度在报告中没有提到。混凝土包裹看起来是防止路堤挤入情况下

CMP 接缝拉开的一个有希望的改造措施。

5.3.2.2 侧向路堤扩展

同路堤挤入一样,地表面和路堤的侧向扩展也是由强地层震动期间或液化或坍塌的不稳定地基土引起的。即使在很缓的坡地也能发生显著的侧向扩展。通常与侧向扩展相关联的涵洞破坏包括竖向和水平线位偏移、接缝拉开和涵洞与端部附属结构,例如端墙、翼墙和喇叭节段端的分离。而且,未被平衡掉的水平和竖直压力能够给涵洞墙以过载,从而引起椭圆化效应、横向撕扯效应和过应力。

Youd and Beckman(1998)记录到因侧向扩展延伸多达水平 1.8m 竖向 1.4m 的涵洞破坏。两座 CMP 和两座 RCP 涵洞受到大破坏,虽然没有发生封闭道路的情况。CMP 涵洞场地中有一处部分是一座坝。除了这四座以外,一座钢筋混凝土箱涵仅受到小破坏。

对大多数 CMP 来说,观察到的大破坏是接缝和端部附属结构的分离。然而,在经历超过 1.0g 地层加速度的液化区的情况下,一座2 400mm 直径的 CMP 涵洞还是坍塌了。坍塌的原因被归于过度的未被平衡掉的侧向压力。破坏段上面覆盖的高度从 4.2 ~ 12m 之间变化。具有 3.7m 以下覆盖层的涵洞部分看起来没有被破坏。该 CMP 涵洞是一座较老的同直径 RCP 的延伸。在最深点进行了连接。在 RCP 邻接节段中没有记录到有任何破坏。

考虑这些事实,另一个可能的破坏促成因素是,由于已经液化土中的剪切强度的降低引起土包裹体支持力的丧失。诸如 CMP 和塑料之类的柔性涵洞几乎完全依赖土体支持的剪切强度来维持加载情况下的形状。

然而,在报道同样的破坏时,Davis and Bardet(1998)注意到仅有一部分涵洞节段是在已经液化的区域。剩余节段则是在不可液化的基岩和冲积层。所以,他们认为沿涵洞长度的至少一部分上强地震动单独触发了这次破坏。

因侧向扩展在 RCP 涵洞中引起的破坏一般出现在接缝处。另外,一些 RCP 涵洞在地震动期间受到过接缝锤击,或者接缝的开合。这一点因冲击而可能已经发生过,更加重了这种破坏。在调查期间也注意到接缝处有混凝土表面剥落和钢筋外露。

在具有多道现浇钢筋混凝土箱涵的场地也注意到几例侧向扩展的情况。即使在这些结构中的施工缝是为从一段向另一段进行强度传递而设计的地方,也观察到有钢筋拉断、混凝土剥落和施工缝张开。这提示有可能设计不足,没有充分表达接缝抵抗地震事件所需的强度。

虽然有这种类型的线位偏移和接缝破坏,在 CMP 接缝间的涵洞洞身、预制钢筋混凝土和现浇钢筋混凝土涵洞在侧向扩展情况下全都普遍表现良好。

5.3.2.3 填土滑塌和滑坡

这类地层破坏出现在包含强地震动期间失稳的材料的陡坡处。填土滑塌或滑坡能够破坏设置在这些地方的公路涵洞。破坏可能包括涵洞洞身段的纵向和横向弯曲或张开、线位偏移和涵洞接缝的开裂。图 5-11 所示是典型的破坏图。

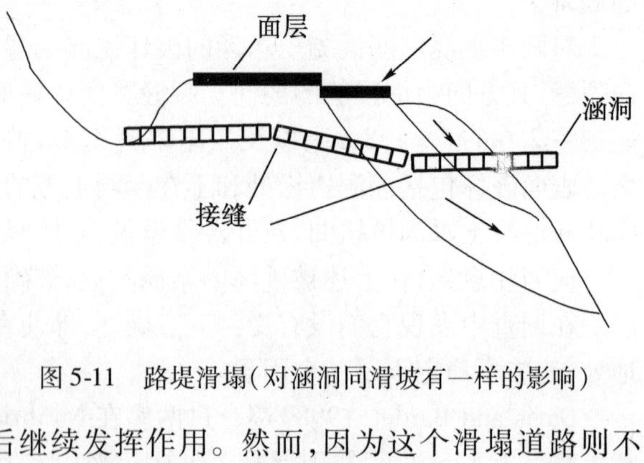

图 5-11 路堤滑塌(对涵洞同滑坡有一样的影响)

Youd and Beckman(1996)仅报告过一例这种类型的涵洞破坏。滑动体旋转向下滑动大约 0.9m。这座 900mm 直径 CMP 没有破碎或撕裂,而是在接缝处滑动和张开。接缝被拉开达 150mm。绕接缝的转角达 5°。然而,这座特殊的涵洞在每一道接缝处都裹有 0.3m ~ 0.6m 长的曲线波纹金属板。这样,即使发生了接缝张开,但涵洞没被滑塌土堵塞仍在震后继续发挥作用。然而,因为这个滑塌道路则不可通行。很明显,涵洞的原始设计假定了发生边坡失稳的可能,因为接缝外覆还不是一个标准的安装方法。

5.3.2.4 地表断裂

当一条断层破裂延伸到地表面时就出现地表断裂。地层变形带可以包括竖向和侧向地表破裂，压曲和地壳隆起或下陷。而且，强地震动一般伴随有地表断裂。与地表断裂相关的涵洞破坏包括涵洞洞身段的纵向和横向弯曲，张开、线位偏移和涵洞接缝破裂，以及涵洞端节段的张开、破裂和坍塌。

在一个出现过地面断裂、扩散性地层变形和0.4g强地震动的地区，Youd and Beckman(1996)检查了大约20座CMP和一座塑料涵洞。他们没有发现确实能够归因于此地震事件的涵洞或相关路面层的破坏。然而，这些涵洞的线位没有一条切割地表裂缝，即使在附近出现了很多裂缝。而且，由于断裂引起的地层隆起没有中断涵洞场地处的道路。虽然如此，但是涵洞还是受到了强地震动和中等地层变形的影响。

在经历中度地层变形的地表断层区以及没有地表裂缝切割涵洞线位的地方，钢筋混凝土也记录到良好的表现。然而，在地层隆起、断裂和显著错位发生的地方，他们确曾找到了几例RCP。在这里注意到了RCP接缝中度到重度的破坏。这包括了接缝张开、线位偏移、剪切破坏、剥落和钢筋外露。人们认为有可能把其中的一些接缝破坏不仅能归因于地表断裂而且也可归因于接缝锤击效应产生的纵向压力波所带来的地摆动。然而，没有记录到洞身破裂或远离接缝的剥落。震后道路仍可通行。然而，由于断裂，两条RCP涵洞需要大修或某些部分需要更换。

在地表断裂区也对钢筋混凝土箱涵进行了研究。在发生广泛性地层变形的地方，墙断面的拉力区中裂缝发育。在很多情况中，这些裂缝是可修复的。然而，在严重地层变形和地层开裂的地方，在边墙、底拱和顶部能见到严重的剪切和弯矩破坏。从特征上说，边墙中点向里变形达0.3m。道路仍然可以通行，但是需要对涵洞进行大修和部分更换。

5.3.2.5 地震动

所有以上的经验观察涉及了这种或那种形式的永久性地层破坏。地震动是瞬态的，当然与上述详述的其他响应共同出现且是其一部分。然而，当它并不伴有某种类型的永久性地层破坏机制时，经验已经表明，甚至强地震动似乎也未引起小直径公路涵洞(1m以下)的灾难性的破坏，无论是柔性的还是刚性的。尽管如此，在某些情况下地震动单独作用或与惯性力一起作用，能够影响涵洞性能。这些情况包括几乎没有或根本没有拉或压延性的涵洞接缝、大跨度涵洞、厚覆盖涵洞、非圆横断面和无加强混凝土涵洞或砌体涵洞。

Youd and Beckman(1996)报道过若干实例，里面的RCP涵洞在出现地震动时受到了破坏。然而，没有一例使道路不能通行。此证据说明永久性地层破坏机制，诸如液化，在这些场地是不存在的。在一个例子中，一座2 210mm直径、63.4m长大约8m填土下的RCP涵洞在1971年San Fernando地震期间被破坏。灾害集中在接缝处，包括剥落、钢筋扭曲或剪断外露。裂缝宽度在5~10mm之间变化。而且，接缝处可见38~51mm的位移。这座涵洞后来使用钢板护套进行了修理。

Youd and Beckman(1996)也在经历过0.5g~1.0g的地区对3m厚以下覆盖的很多钢筋混凝土箱涵进行了检查。地层破坏机制的证据还是不存在。在所检查的那些涵洞中没有任何一座被探查到肉眼可见的破坏。然而，一座7.6m以下覆盖的箱涵和另一座20m覆盖的遭到了显著的破坏，它包括侧翻以及墙和顶板的开裂。在这些厚重覆盖下瞬态地层变形可能对这里的破坏有所贡献。这个破坏震后进行了修理。

也有报告称，一座2 100mm直径无加强混凝土管在0.5g地震动、但不存在别的地层破坏机制的情况下承受住了破坏。纵向裂缝实际上是连续的，主要位于8点到11点和2点到4点的位置。记录到宽达一英寸，裂缝伴有达一英寸的侧向错位。而且也观察到接缝处的周边裂缝。183m长被破坏严重，看起来不再可用。这些研究者们认为，无加强混凝土可能过于脆弱，在易发震区不能提供令人满意的涵洞性能。

Davis and Bardet(1998)认为,在 Northridge 地震期间,或是横向或是纵向地震动或者二者同时触发了轴向和/或侧向变形、边墙的屈曲和一起结构板和两座 CMP 涵洞的数部分的螺栓被剪断。这块结构板的直径是 3.81m。这些 CMP 涵洞虽然位置不同但二者的直径都是 4.44m。前面已注意到,超过 0.1g 的峰值地层加速度就出现在这些涵洞附近。

5.3.3 涵洞筛选准则总结

以上所述的在各种地震响应模式下对涵洞性能的理论和经验观察没有为分析涵洞抵抗地震破坏有关的所有因素提供有统计学意义的基础。然而,它们的确为得到大量一般的和定性结论提供了基础,在后面的几节中对它们进行总结。

首先,观察到永久性地层破坏区使涵洞产生了最大的变形和发生了最严重破坏。而且,没有发现涵洞的类型、形状或尺寸可免于这种原因引起的破坏。然而,上面回顾的经验观察表明,在中度到严重液化的情形下,薄壁柔性涵洞比刚性涵洞更易于受到横断面屈曲或破坏的影响。另一方面,在填土塌陷、滑坡或断层破裂所在区域内,不能提供连续性和延性的接缝也被发现表现出最大的破坏易发性。而且,在永久地层破坏区内可能 的位移可能很大,以至于通常可用的任何一种类型的涵洞系统的承受能力不经特别设计就不能适应它们。

第二,当不伴有地层破坏时,强地震动一般未引起 1m 以下直径的小涵洞的显著破坏,无论是什么类型。然而,经验证据已经表明,地震动对涵洞的破坏效应随尺寸和长度而加强。这种效应也随涵洞形状和类型而变化。圆形截面比非圆形抵抗性更高。延性材料,例如金属、塑料或钢筋混凝土比无加强或脆性材料的性能更好。此外,当存在强地震动时,在拉压方面纵向接缝延性的重要性曾被观察到。大量的因接缝锤击效应引起的破坏实例被记录下来,主要发生在刚性接缝设计中。

这些有限的经验观察和上面给出的理论思考就涵洞是否有必要做进一步评价及有可能的改造提供了筛选基础。所建议的上述做法的思路如图 5-12 所示。

现在仅包括了在公路应用上常用的涵洞体系。形状、尺寸、类型、地层条件和地震效应的潜在范围使得最全面的处理简直是一项令人生畏的任务。毫无疑问,更详细的筛选准则有可能被制定出来,并且在某些情况下有可能被证明是合理的。

图 5-12a)给出了在永久地层变形作用下筛选涵洞的思路。为了做出改造决策,不但必须要在所有三个主轴方向上评价地层应变要求而且还要评价涵洞体系应变承受能力。不考虑或者直接筛除液化区或其覆盖荷载可能经受次应变的情形。然而,当柔性涵洞位于主液化区时,就需要再多做一步。如果预测到由于液化引起剪切强度的显著降低,为了评估涵洞变形的幅度和涵洞横断面因侧向支撑丧失而可能出现扭曲的潜在可能性,那么仍然需要进行另外一次评价。

一旦就关于因液化引起永久地层变形和/或柔性涵洞屈曲做出了改造的决策,必须要单独考虑强地震动。图 5-12b)给出了在瞬态地震动作用下涵洞筛选的思路。这里的改造决策是基于涵洞体系的强度和变形承受能力,与地震动产生的要求相当。这就需要一个从根本上与永久地层变形不同的评价过程,因此,要提出两个单独的决策矩阵。瞬态地震动效应还是要在三个主轴方向进行评价。

因为案历和理论分析认为地震动的影响在某种尺度上是渐进的,图 5-12b)所示的决策矩阵也是渐进的。较小的涵洞和较低水平的地震事件被直接筛除。受中等荷载和中等水平地震事件作用的中等大小的涵洞接受简化过程的评价。受到中和高水平地震事件作用的大的、非圆形的和无加强的涵洞接受详细过程的评价。预计有 95%(或更高)的公路涵洞将被这个决策矩阵筛除,不需要改造。这与当前对地震期间涵洞性能的认识和有限的单独地震动的案历是一致的。

根据这些流程图,对不易受到永久地层位移影响的场地能够看到两条捷径。第一,对任何直径 1m 以下或设计加速度小于 0.2g 的涵洞建议不进行改造。第二,对 CMP、塑料管和直径小于 2m 的刚性涵洞,不推荐进行改造。

图 5-12a) 和 b) 中的决策矩阵中的各个分支所示的限值被认为是有些偏于安全的。然而，应当强调的是，从至今已经记录到的地震期间涵洞性能的案历所组成的小样本中是不能够合理地推导出这些限值的统计学基础的。

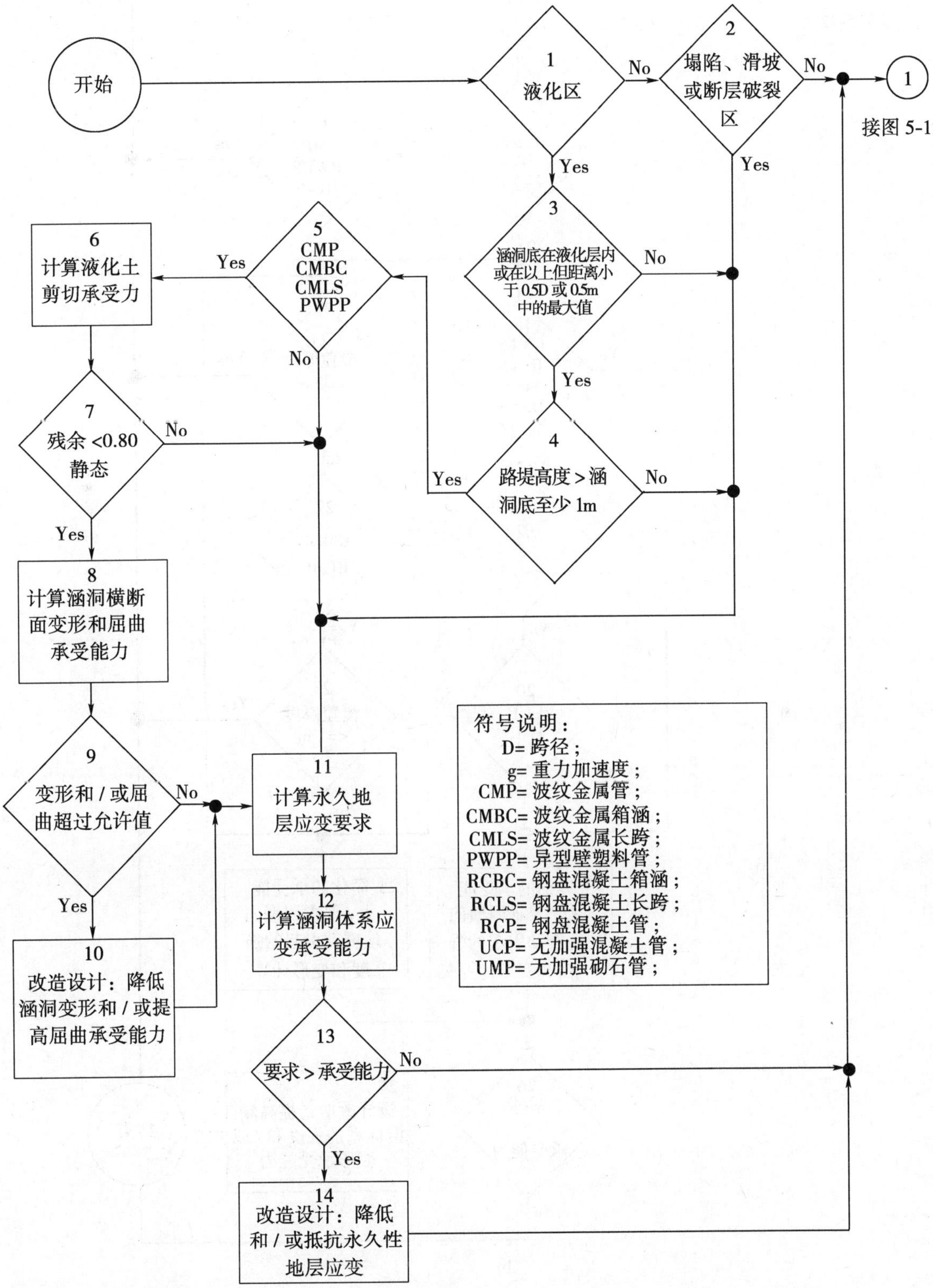

a)

图 5-12　在 a) 永久地层变形和 b) 瞬时地层变形下涵洞筛选方法流程图

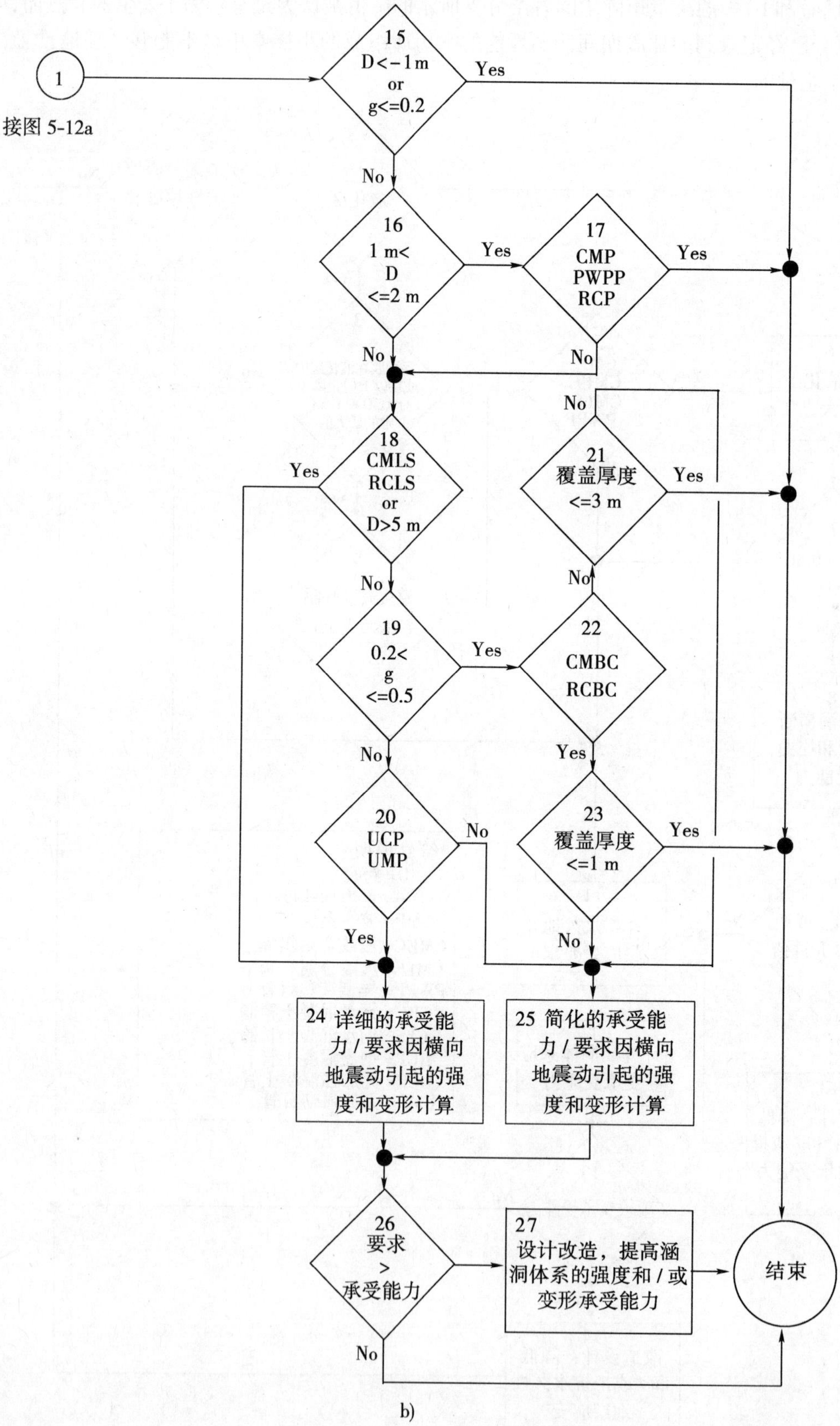

图 5-12　在 a)永久地层变形和 b)瞬时地层变形下涵洞筛选方法流程图

5.3.4 筛选方法评论

图 5-12a)和 b)所示筛选方法的目的是,提供一个快速、低成本的方法确定在地震期间有大概率破坏或抵抗住不可接受破坏的涵洞。因为涵洞一般能抵抗地震力,且因为由于涵洞破坏或坍塌引起公路破坏通常能很快修复,公路机构还不关心与涵洞相关的地震灾害。然而,为了保证关键公路段震后的运营能力,涵洞必须保持功能。关键公路包括那些关闭甚至很短一段时间可能立即对国防、公共安全、或紧急响应产生不利影响,或者涵洞堵塞可能导致不可接受的环境破坏的地段。筛选是涵洞性能评估的符合逻辑的第一步。虽然这里介绍的筛选方法是专门针对关键公路路段的,但这个方法也可以应用到任何公路体系。

筛选方法[见图 5-12a)]的第一步是确定涵洞是否位于液化、滑塌、滑坡或断层破裂灾害区(单元 1 和 2)。如果涵洞不在这些区域内,那么,不可能发生永久地层变形引起的破坏,则筛选进入到瞬态地震动[图 5-12b)]效应评估阶段。如果涵洞位于这些灾害区之一,那么,必须评估涵洞稳定性和永久地震动应变的潜在可能性。如果该场地是不可液化的但在滑塌区、滑坡或断层灾害区(单元 2)内,筛选直接进入到评估永久地震动应变潜在可能性阶段(单元 11)。估算永久地震动应变的方法在本手册第 3 章和第 4 章中讲述。

只有在路堤具有足够的重量引起可液化地基土内的压缩或剪切破坏时路堤挤入才会发生。根据过去路堤的性能表现,出现显著挤入需要路堤高度大于 1m。这样,如果路堤高度小于 1m(单元 3),挤入就不是一个严重的灾害,筛选程序进入对地层应变潜在可能性评估阶段(单元 11)。在可液化区场地估计地层应变的方法在本手册第一部分描述。

如果涵洞周围或上面地层容易受到侧墙支持丧失或路堤挤入的影响,继续筛选到单元 5——涵洞类型。如果涵洞类型是刚性型,例如钢筋混凝土(RCP)或无加强(UCP)或砌体管(UMP),涵洞不易受到侧墙支持丧失或因路堤挤入引起的坍塌的伤害,筛选直接进入对地层应变潜在可能性的筛选阶段(单元 11)。

如果涵洞是柔性型的、波纹金属管、波纹金属箱涵(CMBC)、波纹金属大跨涵洞(CMLS)或异型壁塑料管(PWPP),筛选进到单元 6——对可液化土剪切强度的评价。如果估算出的可液化土残余强度大于 0.8 倍的静力剪切强度,侧墙支持丧失破坏是不可能的,筛选再次进入单元 11——评价永久地层应变的潜在可能性。如果土体易于受到大强度丧失(大于 20%)的影响,需要评价涵洞的变形、屈曲和承受能力(单元 8)。如果过度的变形和屈曲是可能的,就需要进行改造以提高抗屈曲能力,保证震后公路的运行能力。即使在防止屈曲的改造之后,涵洞仍有可能受到过度地层应变引起的破坏的伤害。这样,筛选进入到单元 11——评价永久地层应变的潜在可能性。

如果算出的地层应变(单元 11)小于涵洞计算应变承受能力(单元 12 和 13),涵洞就不易受到因永久地层变形引起的破坏的伤害,筛选进入对瞬态地震动效应的评估[见图 5-12b),单元 15]。如果计算地层应变大于涵洞能够承受的能力,那么,需要进行改造以改善涵洞的地震性能(单元 14)。这类改造可能包括地层改良以降低地层应变的潜在可能性,或者改变结构以改善涵洞应变承受能力。这些改良方法在本手册第一部分第 3 章和第 4 章中讨论。

图 5-12b)的流程图是通过对瞬态地震动激励引起的涵洞性能的评价来实现筛选过程的。如果涵洞直径小于 1m 或者预计峰值加速度 a_{max} 小于 $0.2g$(单元 15),那么就说明涵洞太小或者是振动太弱以至于不会发生破坏。这些小涵洞的内在强度使它们对因瞬态地震动引起的破坏有很高的抵抗力,a_{max} 小于 $0.2g$ 的震动产生的地层应变太弱即使对最脆弱的涵洞类型也不能产生破坏。这样,如果对此问题的答案是肯定的,筛选结束,地震破坏高度不可能。

如果涵洞直径介于 1.0 ~ 2.0m 之间(单元 16)并且涵洞用 CMP、PWP 或者 PRCP 制成(单元 17),此涵洞也可免受地震产生的破坏,分析结束。这些类型的涵洞在过去的地震中已经证明能抵抗瞬态地震力。

如果涵洞直径大于5m或者类型是CMLS或RCLS,为了保证涵洞能够抵抗瞬态地震动可能产生的应变(单元24),需要进行详细的应变承受能力和要求分析。在过去地震期间,几乎没有这些类型的涵洞被大的瞬态地震动撼动过。为了测试它们的性能,所以需要专门的分析以保证它们的安全。一旦这些涵洞中的某一座坍塌,对公路的破坏可能带来一场安全灾难,对公路的运行有很大的破坏性。

如果涵洞直径小于5m,估算 a_{max} 大于 $0.5g$(单元19),并且涵洞是无加强砌体(UMP)或混凝土管(UCP)(单元20),这个结构就易受到坍塌的影响,为了保证涵洞的安全(单元24),必须进行详细的地震承受能力/要求分析。

如果 a_{max} 大于 $0.5g$,涵洞类型是除了UCP或UMP之外的其他类型,覆盖小于3m厚(单元20和21),此涵洞可免于地震破坏,筛选结束。如果覆盖大于3m,通过覆盖材料施加在涵洞上的惯性力可能足以使其过压,所以需要详细的承受能力/要求分析。类似地,如果涵洞是箱形结构(CMBC或RCBC)并且覆盖层小于1.0m,它也免于地震诱发破坏,筛选结束。然而如果箱形结构上的覆盖层大于1m厚,惯性力可能破坏涵洞(单元23),为保证安全需要进行分析。在这种情况下,为了评价涵洞性能(单元25),可以使用简化承受能力/要求分析。这些准则是基于所观察到的涵洞性能和偏于安全的工程判断。

如果承受能力/要求分析(单元24和25)说明期望瞬态地层应变将不会对涵洞形成过压,可把它归于安全类,筛选分析结束。如果存在发生不可接受的破坏的可能性,那么,为加强涵洞必须进行改造。

5.4 评价技术

图5-12a)和b)所示流程图如果满足某些准则的话需要进行评估。在永久性地层破坏的情况下,基本的评估步骤需要估算在平行和垂直于涵洞轴线两个方向上可能产生的地层应变。把它们与涵洞体系容许或抵抗这些应变要求的承受能力来比较,为改造决策提供依据。

在可液化区,柔性涵洞需要再多一个评价步骤。必须确定土体的残余剪切强度。如果发现它显著地低于静态承受能力,那么,必须评估涵洞横断面抵抗屈曲和大变形的能力。

在瞬态地震动情况下,地震期间必须对可能产生的惯性力场和瞬态地层应变二者同时既要在涵洞纵轴线也要在横轴线进行估算。然后把这些要求与涵洞系统的强度和变形承受能力进行比较以确定是否需要地震改造。

下面几节叙述可用来确定永久性地震动和瞬态地震动二者对涵洞影响的一些评价方法。因为其中的一些方法适用于涵洞也适用于其他公路结构,可能在本手册的其他地方进行了处理,所以在适当的地方对其他的章节进行了引用。

5.4.1 永久性地层破坏

为了评价永久性地层破坏,所采用的基本假设是,在出现地震产生地层破坏时涵洞与大地同步运动。这个假设是偏安全的,因它忽略了涵洞周围的一切变形和涵洞与回填之间的滑动。大多数类型的涵洞尚未有足够的强度抵抗因地层破坏所施加的力;所以,忽略变形和滑动是合理的。在地层破坏期间,涵洞可能被强迫接受可能比一般情况下它们的设计承受的变形要大得多的变形的影响,从而能够导致破坏。

如果预测的地层位移和应变大于涵洞能够抵抗的而不破裂的话,可以考虑改造措施。然而,这样的位移会很可能使路面破裂,下伏涵洞的接缝张开的严重性可能是次要的。如第6章所述,作为一项减灾策略,公路机构普遍更喜欢借助于对道路破坏做震后修理而不是震前改造策略。这种偏好也适用于涵洞,因为涵洞破坏几乎不会导致马上出现的灾难性道路破坏。这样,作为普通震后道路维修的部分,被破坏的涵洞也可能被修复或替换。因为主动策略将不被公路机构提出或使用,这里就没有为涵洞结构改造给出方法或算例。

一旦估算出涵洞轴纵向和横向两个方向的永久地层变形要求,就必须要把它们与涵洞系统的变形承受能力进行比较。如果要求超过承受能力,那么必须作出改造决策。为了避免破坏,必须要制订和部署改造这样的策略:它将允许涵洞容纳所需的变形或改善地层,因此消除潜在地层破坏的原因。在某些情况下,两种改造策略共同使用可能是最便宜的解决方法。

为了为潜在地层破坏设计一种涵洞改造措施,第一步是估算可能与这一破坏相关联的应变。本手册第一部分描述了液化及其所产生的地层应变的分析。液化诱发地层破坏的分析方法在第4章描写。在本手册中,第3章描述了估计边坡稳定性及相关联的地层运动的方法,并在第4章描述了估计断层位移和评估它们对隧道的影响的方法。因为这些方法并不是专门针对涵洞来制定和验证的,能否把它们直接应用到所有的涵洞类型和设计的具体方面还是不能肯定的。所以,对所考虑的特殊情况必须要解决它们的适用性问题。

另外,很多别的研究者已经把各种理论和经验评价方法应用到了在永久性地层破坏作用下地下管线地震性能的预测上。这些人中包括 O'Rourke, T. , et al. (1985,1986), Wang, et al. (1991), Yeh and Wang(1991), Miyajima and Kitaura(1991a,1991b), Lopez and Berrones(1994), Honegger(1994), Liu and O'Rourke, M. (1997)和 Trifunac and Todorovska(1997)。然而,这些方法主要是为超过相当长度的压力管道而制定的。它们还没有被直接应用到涵洞装置上。虽然预计这些方法里有很多可以成功地经过修正用到涵洞,为了验证这类修正的有效性,还需要更多的理论进展和实验的验证。

在地震诱发永久地层破坏期间涵洞的性能预测方面,即使已经成熟的经验几乎没有,但仍可预计,包括有中到大涵洞的重要公路设施将需要考虑这方面的性能。下面给出了对每一种主要的永久性地层破坏机制的简短讨论和评价期间需要考虑的建议因素。

5.4.1.1 路堤挤入

预测路堤挤入的解析和经验方法对工程实际应用来说还没有成熟。下面段落为控制挤入的因素和能够用于预测挤入和相关联的地层变形的一般方法提供指导。路堤挤入是由下卧地层发生严重的剪切破坏引起的路堤横断面的垂直沉降。可能产生单剪或双剪面。在路堤坡脚处破坏包络体内的材料可能出现某种程度的向外、上的运动。

防止路堤挤入引起涵洞破坏的第一步是确定路堤下地基土内可能发生地层失稳的地点。第二步需要预测变形的幅度。已知下列因素在预测路堤挤入的发生及其幅度方面是很重要的:

- 路堤下存在液化或敏感土层
- 存在地下水
- 不稳定地层厚度
- 地震震级
- 路堤高度和几何形状

5.4.1.2 侧向和路堤扩展

预测液化和侧向扩展位移的指导在第一部分第4章进行了论述。这些方法可用于预测涵洞场地处液化的发生和可能的侧向扩展位移量。有、无路堤存在的情况下,液化和侧向扩展都可发生。侧向扩展引起的偏于安全的扩展量估计值可以用第一部分第4章的方法来求得。

5.4.1.3 填土塌陷和滑坡

地震期间填土塌陷是一个极其典型的边坡动态稳定问题。第3章所述的边坡变形分析方法既可用于预测出现地震引起的边坡破坏也可用于预测破坏三角体的近似延伸长度。除了小移动和简单几何形状外,预测路面或滑动体内涵洞的相对位移可能是有问题的。已知下列因素在预测地震期间出现边坡破坏方面是重要的:

- 地震震级
- 地表坡度

- 临界滑动面几何形状
- 地下水的存在及其深度
- 破坏表面内路面横断面的几何形状
- 原位材料的摩擦和内聚力强度

5.4.1.4 地表裂缝

如果一条活动断层的地表出露线穿过涵洞线路,那就需要进行岩土学的研究,以评估断层上在发生地震时可能出现的潜在位移。在确定位移量时震级是一个重要的因素,断层位移与震级的相关性已在第4章中描述。在所界定的活动断层区内确定位移的可能分布(是否集中在一个很窄的区域或分布在很宽的区域)需要进行地质方面的评估。

5.4.2 瞬态地震动

为了评估瞬态地震动对涵洞的影响,用于永久地层破坏的关于同时运动的基本假设仍然适用于涵洞的变形。然而,瞬态地层变形一般比永久地层破坏期间所遇到的那些要小得多。这样,它们导致涵洞破坏或立即坍塌的可能性是不一样的。虽然如此,但正如过去已记录的情况的那样,瞬态地震动引起的接缝锤击和拉开能够导致细土颗粒的迁移,这样就形成陷穴并最终导致路面坍塌,这不仅修理昂贵而且对毫无防备的驾驶员也是致命的。

另一方面,同时运动的假定并不严格适用于负责惯性的瞬态地震动分量。这是因为在一个动态事件发生期间,惯性力的强度与质量差有关,与应变差无关。因为涵洞是大质量(土)介质包围的小质量内容物(主要由空气构成),惯性力发展的可能性是存在的。惯性效应不但在涵洞横轴上产生横向撕扯和过压力,而且在纵轴上产生摩擦力。

然而,经验已经表明,对小涵洞而言,瞬态地应变和惯性力是可以忽略不计的。由于作用在所有的三个主轴方向上,这些效应随着地震强度、涵洞尺寸和覆盖高度的增加和与圆形横断面形状的偏离程度而变得更加具有支配性。这样,图5-12b)的筛选流程图提出了一个瞬态地震动的逐级考虑涵洞尺寸、覆盖高度和形状的方法。

与其他涵洞类型相比由于它们数量少,有关最大和大多数非圆形涵洞尺寸和形状的地震性能几乎一无所知。这些涵洞包括全部的大(长)跨混凝土或金属以及其他类型直径或跨度大于5m的涵洞。对这些类型的涵洞,建议对中到强地震事件进行详细评价。现有对这一级涵洞的主要的详细评估方法包括假定至少为线弹性的动态数值模拟。如果也预计有永久地层破坏,数值分析中应当包含大变形理论和非线性材料关系,所得结果也应当与经验方法和案历进行比较。

另一方面,中等尺寸和形状的涵洞有更可用的地震案历。所以,一般地使用简化技术能够安全地评估它们的瞬态地震动。这些简化方法一般是闭合形式的、等效线弹性关系。而且它们一般被限制为圆形或矩形。其结果可能比用上述的详细方法可能得到的更偏于安全。然而,取决于设施的尺寸和长度,详细分析跟简化分析预测的在改造要求方面的差异可能会被采用这两类评估的成本差遮盖。

小直径涵洞有一个地震性能历史的大型数据库。一般地,这一历史支持在这些设施中忽略瞬态地震动效应。可能的例外包括受强烈地震动的无加强混凝土和无加强砌体涵洞。

为了设计一个能够容纳瞬态地震动的涵洞改造措施,第一步不但要估计地层应变而且要估计与所考虑的地震事件相关联的惯性力。以下几节介绍能够计算这些影响涵洞的方法。

5.4.2.1 瞬态地震动引起的涵洞纵向响应

在估计一座涵洞的与沿其纵轴传播的地震波相关联的轴向应变水平时,已知下列因素是重要的:

- 涵洞附近左右地震动的地震波的类型
- 这些波的加速度量级和速度分量
- 场地材料的摩擦和内聚力强度

- 覆盖的高度
- 场地处的土壤剖面
- 涵洞墙材料和几何形状
- 接缝的延性

估计沿涵洞纵轴传播的地震波在涵洞墙中引起的轴向应变和应力时，隧道第 4 章描述的分析方法可能是足够的。第 4 章描述了变形模式并表示在图 4-3(a)和(b)。

在瞬态地震动的作用下，刚性涵洞类型在纵向比周围土更硬。而且，在这个方向上它们(刚性涵洞类型)比地震中典型发育的摩擦力更强。这样，由于此响应引起的任何破坏有集中于接缝的趋势。这种破坏一般包含接缝锤击效应和/或拉开(Youd and Beckman，1996)。

另一方面，柔性涵洞类型一般具有这种或那种形式的波纹墙，其结果是纵向刚度比周围土低些(Takada et al. ，1991)。这样，瞬态地震动的大部分纵向能量被柔性涵洞吸收，无论是对涵洞墙还是接缝都不造成破坏。

5.4.2.2　瞬态地震动引起的涵洞横向响应

涵洞轴横向的瞬态地震动易于产生横向撕扯或横断面的椭圆化。第 4 章图 4-3(c)和(d)说明了圆形和矩形横断面的这些变形模式。另外，瞬态地震动既可产生水平也可产生竖直惯性力，这些惯性力能够进一步加重涵洞横断面的灾害。这些惯性力的水平分量产生作用在涵洞顶的水平剪力和作用在涵洞侧面的附加侧向土压力。竖直分量能够提高从上覆填土传递到涵洞顶的竖向荷载。同时，它能够进一步增大侧向土压力并产生作用在涵洞侧面的竖向摩擦力。

为了减少涵洞的某个比例(同时取决于涵洞类型和回填材料)的竖向静态荷载压力，一般假定上覆填土有拱效应。虽然拱效应可以预期存在在轻微到中等地震动下，对非可液化地基材料超过 0. 5g 的地上震动，假定拱效应不再能够继续发挥作用则更安全。

第 4 章中介绍了分析受到强地震动影响的隧道横断面响应的闭合形式解和简化方法。这些解可以用于一些受到适用于在第 4 章描述的各情况影响的涵洞。对那些被评估为地震相对脆弱(例如，无加强混凝土涵洞、或静载下有临界稳定性的涵洞)和具有不可接受的破坏后果的涵洞，可以考虑使用二维有限元或有限差分计算机程序进行动力分析。为此可以考虑的计算机程序包括 FLUSH(Lysmer et al，1975)；SASSI(Lysmer et al，1991)；和 FLAC(Itasca，1995)。FLAC 程序优于像 FLUSH 和 SASSI 等线性或等效线性程序，可以将能够模拟较高激励水平下土体屈服的非线性本构关系结合进来。

5.4.2.3　瞬态地震动影响下涵洞评价例子

很多研究者已经将各种理论和经验评价方法应用到了预测瞬态地震动下地下管线的地震性能。这些人包括 O'Rourke，M. et al. (1978，1980，1981，1984，1988，1990)，Shah and Chu(1974)，O'Rourke，T. et al. (1985)，Yun and Kyriakides(1988)，Miyajima and Kitaura(1991a and 1991b)，和 Trifunac and Todorovska(1997)。然而，像在上文中的关于永久地层破坏的那些描述的一样，这些方法主要是为延伸相当长度的压力管而提出的。它们还没有直接被应用到涵洞装置上。从已出版和尚未出版来源中，仅可得到几个用于涵洞或涵洞类结构的瞬态地震动评价方法。其中的一些已经汇总在下面。

Byrne et al. (1996a)研究了一座有 10. 5m 跨度、5. 2m 高、15m 覆盖的半圆钢筋混凝土三铰拱。他们考虑的地震事件有 0. 2g 的峰值水平地层加速度和 0. 13g 的峰值竖直地层加速度。使用全动力方法，他们发现，墙中的地震诱发弯矩比静态的大 140%。而墙的压力仅比静态的大 8%。这些差别是基于分离水平和竖直分量的最大值。这些研究者还使用了等效静力法，这产生的静、动力效应差甚至更大。

Fenves(1989) and Musser(1989b)分析过一座跨度 13m 高度 5. 3m 土掩(地面以上)多心钢拱军火库的地震性能。用比 Byrne et al 使用的地层加速度大 25% 和全动力方法，他们发现墙中的地震诱发弯矩比静态的大 200%，而墙的压力大约大 19%。由于比一般公路涵洞具有少得多的土体约束，所以这个例子可能使人了解到公路地下结构预计会遭遇的地震响应的上限。

Chen and Krauthammer(1987)曾作过三种环境下的一座4m的方形钢筋混凝土箱涵的有趣的动态参数分析:地面上的、部分掩埋的和全掩埋的。他们发现,在同样的动力状态下,当被掩埋到其一半高度时它所经历的加速度与其座落到地表面并受到其自重惯性力的作用所经历的要低25%~30%。当掩埋深度等于其高度时,加速度降低它们地表面的53%~59%。很清楚,掩埋降低了惯性效应也增加了约束和刚度,这是地震期间涵洞性能表现好于地上结构的原因。

Davis and Bardet(1998)调查过一座2.4m直径的波纹金属涵洞,有的部分在1994年Northridge地震期间坍塌。他们提出了一种伪静态屈曲分析方法,可以解释其破坏。他们沿涵洞线路也进行了土层剖面的有限参数评价,其中的一些土层并没有坍塌,并发现峰值地层加速度和因孔隙压力提高引起埋置土刚度的降低是主要的促发因素。他们的结论是,液化是一个贡献性而非必要的破坏因素。其实,虽然完全液化最确定无疑地应当导致坍塌,但是,部分液化或回填包裹土刚度的降低等其他原因或涵洞横截面的屈曲承受能力也可能导致破坏的发生。

5.5 改造策略

围绕涵洞地震改造的决策应当依据结构、水力学、岩土力学和经济考虑的优化结果。为达到同一目的可有很多的选择。涵洞改造的时间安排可以与其他公路构造物(例如面层)的正常修理和更换相协调。把涵洞改造与其他修理和更换计划相联系可能会影响选定的改造策略。

抵抗永久地层破坏或瞬态地震动的涵洞改造策略的设计,是依据地震要求与涵洞的现有承受能力相比较的评估结果。承受能力的不足必须由改造措施来补充。本章的评价一节提出了评价地震要求和动态承受能力的方法。很多涵洞指南和设计规范[包括AASHTO(1999)]建议了评估涵洞静态承受能力的方法。下面给出的是一些通用的指南。

5.5.1 地层改良

早前讲过,大部分与一场地震关联的涵洞破坏与地层失稳一同出现。因此,一项重要的涵洞改造措施包括确定并改善涵洞线路上存在的不稳定地层。确定不稳定地层和改善规划措施在第3、4章以及本手册第一部分作了论述。因此,在这里将不做详细处理。改善地震诱发地层失稳方面的一些有效措施包括:

- 动态夯实
- 震动压实
- 石桩
- 边坡稳定
- 土层加固
- 扩挖/更换
- 注浆

由于既存在过压又发生沉降,动态夯实或震动压实会在涵洞内诱发应力。在地层正在稳定中时,这些方法可能一般是不可用的,除非将涵洞拆除。这种拆除选择在下面进行更详细的讨论。

上列一些技术对某种地层不稳定性的改良可能比另外一种地层的改良更有效。而且,组合这些技术可以产生最经济的备选方法。主要的设计策略包括估算改良将取得的竖直和水平这两个地层变形的减少量。

5.5.2 拆除和更换

一条需要大型地层改良的运输走廊的地震改造可能需要在改良措施施工期间沿该走廊拆除并更换涵洞。在这些情况下,次级的考虑包括以新涵洞取代旧涵洞还是翻新复原现有涵洞这样的经济必选。

很明显，仅有某些情形会支持翻新复原既有涵洞。一些可能比较经济的情况包括预制节段组成的浅埋、相对较新的涵洞。还有，在现场能够容易解体和重新拼装的大型、高价值涵洞体系可以被划进这一类内。

如果选择翻新，为了避免土方设备所造成的机械性破坏，在拆除涵洞期间必须小心。另一个考虑是必须防止不平衡土或设备加载可能使涵管在拆除期间破裂或坍塌。由于为避免破坏而必须进行小心挖掘，所以一些类型和尺寸的柔性涵洞在拆除期间进行翻新可能是不经济的。

除了地层改良情况外，如果翻新一座涵洞的造价超过了用具有更高抗震性的设计来替换它的造价，那么拆除并更换涵洞是有意义的。还有另一种情况是，待翻新的涵洞是否已接近完成它的使用寿命或尺寸太小。另一方面，拆除并更换深埋或现浇涵洞一般不是一项符合实际的选择。

5.5.3 涵洞衬砌

涵洞和管道内部修理可以使用的内衬有很多种。这包括一些现场成型紧密贴在涵洞壁内的新型原位养护热固塑料内衬系统。已经开发了很多阻蚀和/或阻内外渗的内衬。Ballinger and Drake(1995)给出了这些修理方法的极好的回顾，在这里将不再重复。在需要改善接缝延性或防止细颗粒迁移的地方，这些内衬可以使用于涵洞的地震改造。然而，很多内衬不是专门设计来改善涵洞横截面延性或结构承受能力的。这限制了它们在地震改造上的适用性。

给横断面带来显著改善的内衬也可以降低涵洞的水力承受能力，就是因为它们减小了既有横断面。这一点的重要程度决定于涵洞是否是设计为全能力工作和在设计水力事件发生期间它的运行是否受进水口或出水口的控制。为了将来的维护费用，公路部门当前的惯常做法是，从水力学的角度考虑设置扩大尺寸的小直径涵洞。在这些情况下，设置内衬改造后的涵洞的既有水力承受能力的降低可能不是一个问题。

很多路堤跨越涵洞在设计流量运行时受进水口控制。即，涵洞的进水口控制着涵洞的泄水量。在这种情况下，该涵洞洞身沿其大部分长度可以做内衬而不会受到任何水力学上后果的不利影响。那么，可以将进水口的过渡段重建成更大的横断面以弥补因内衬材料壁厚引起的承受能力的损失。进水口一般位于路堤的坡趾处，那里的覆盖高度是最小的，更有利于这种改造方法。然而，进水口的坡面防护也不得不改造或重建以适应这个较大的孔口。

涵洞水力承受能力应当使用 Model Drainage Mannual(AASHTO,1999;FHWA,2001)中的方法进行校核。运行受进水口控制的涵洞既受到直径也受到洞身长度摩擦特性的影响。在这些情形下，光滑壁面的内衬可能能够弥补因它们的厚度而引起的水力承受能力的损失，如果用它们做内部为波纹的既有涵洞的内衬的话。然而，如果情况不是这样并且不允许降低水力承受能力，那么，另外一个选择是设置一座平行涵洞。这座新加的涵洞可以用顶推、扩孔、微隧道、隧道或明挖法设置。它也可以将既有涵洞扩大或更换。

可以看到，当使用内衬作为改造措施时，要涉及很多因素，可用的选择也很多。因此，用什么样的材料衬砌既有隧道还是另添加一座平行隧道的决策应当依据对与此改造设计的总体要求相关联的所有结构、水力学和经济风险的分析。

一旦已经做出了基于内衬的涵洞改造策略，很多设计和安装问题也必须得到解决。例如，安装之前，要彻底清理既有涵洞的内壁并清除所有的有害材料。除了现浇内衬外，注浆填充内衬墙与既有涵洞之间的空洞也是很重要的。这是因为内衬设计一般取内衬管四周外壁支持力的全部。涵洞常常受到来自地表水的静水压力的作用，如果没有浆体填充物的支持会使内衬破坏、严重变形或不支撑的话会坍塌。除了提供环向支持外，注浆充填物预防细土颗粒迁移通过被破坏的或渗漏的接缝进入内衬与涵洞间的空洞，这能够产生陷穴和面层下沉。然而，良好的注浆一般局限于直径大到足够允许人员的安全进出的内衬。

在安装期间，如果控制不当，注浆本身能够引起涵洞内衬的破坏。重要的是使用有压力控制的低体积、下部进浆系统。而且,必须提供充分数量的注浆嘴,不但沿横断面而且也要沿纵向提供以保证浆液的等分布以及提供排气通道。Ballinger and Drake(1995)比较详细地介绍了内衬涵洞注浆的方法。

总之,内衬能够改善接缝性能和/或它们能够改善洞身性能。为接缝性能而设计的内衬,纵向延性是关键标准。如果考虑洞身性能时,横断面强度和延性是关键的标准。

总的来说,内衬或许是品种最多也是最经济的目前可用于改善很多既有涵洞地震性能的改造材料。因此,对具体衬砌类型更详细的讨论在下面给出。

5.5.3.1 现浇内衬

现浇内衬已经被广泛使用于因地震活动、蜕化或其他原因引起破坏的涵洞的维修中。要成为有效的地震改造措施,内衬必须被设计成具有足够加强的结构单元,既有延性也有强度。现浇内衬的优点是,它们能够视场地情况来调整使用。图5-13所示是一个圆形现浇内衬的例子。

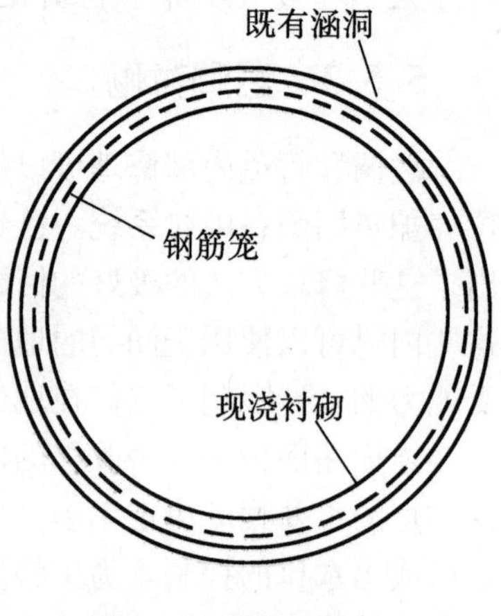

图5-13 现浇涵洞内衬

喷混凝土一般用于现浇内衬的材料。这种材料可以是湿或干砂浆或混凝土,它用气动法以高速被喷射到待衬砌表面。对隧道和上部敷设,一般最常用的是干品种。喷混凝土可以被配成既有结构品质也有耐久性品质。它的制作和敷设能被严格规定(ACI,1995b)。此外,喷混凝土可以被敷设的厚度能将钢筋埋植于内,这样实现地震改造目标中的强度和耐久性目标。然而,把喷混凝土敷设成这样的厚度必须使人员可以进出涵洞设施。因此,在可以使用这个方法之前,要求涵洞的最小直径是1 500mm。而且,严格遵守规范和雇佣有经验的人员是高品质施工的关键。

为了保证内衬与下层的长期黏结,彻底的清洁和表面整修是很重要的。钢筋网或变形钢筋应当牢固地安装到既有涵洞洞身上以使在灌注期间保持其位置。钢筋的设计标准应当是,在地震发生期间应能保持拉延性以及强化混凝土约束。

一般地,内衬应当在涵洞全长连续施作。如果需要控制接缝,它们应当被认真细化,不至于使地震改造的目的落空。这一般意味着,它们应当相对涵洞接缝交错布置。

一般良好的施工做法是,把控制接缝设置在收缩裂缝最可能出现的地方,即在涵洞的既有裂缝位置处,上面那一点可能看起来与此抵触。然而,视地震设计总体面貌而定,在涵洞接缝处可能需要的改造加强是最大的。因为控制接缝一定要有降低的结构承受能力来恰当地发挥作用,应当把它们放在最不需要它们分担结构承受能力的地方。这一般意味着,它们应当相对涵洞接缝交错布置。毫无疑问,在涵洞接缝处的内衬中,收缩和温度裂缝仍然会出现。然而,与提高涵洞接缝延性的改造策略的目标相比,在地震发生时它们的结构后果并不严重。

5.5.3.2 现场安装金属内衬

同现浇内衬一样,现场安装金属内衬也已经被广泛应用在因很多原因引起破坏的涵洞的维修中。最常可用的金属内衬是用扁钢或钢板制成横截面为圆形、可在现场从里面用螺栓连接在一起的构件。可用的有两种形式,如图5-14所示的两法兰和四法兰型。这些内衬系统有规定的壁厚和从1 500mm到7 500mm范围变化的直径增加。在制作期间,可以将它们与注浆嘴装配在一起以有利于灌注内衬和既有涵洞壁之间的环形空洞。在腐蚀性环境中可以将它们镀锌来延长其寿命。

这些内衬的优点是,它们有延性和强度。强度承受能力超过内衬自身材料的承受能力,因为内衬提供了对浆体填充物的约束。这提高了组合断面的剪切承受能力。一个缺点是,完工后内表面的水力粗糙度高。

5.5.3.3 滑衬

滑衬是在既有涵洞内部推、拉涵管节段并在新旧横断面间的环形空洞进行注浆的过程。为此目的,

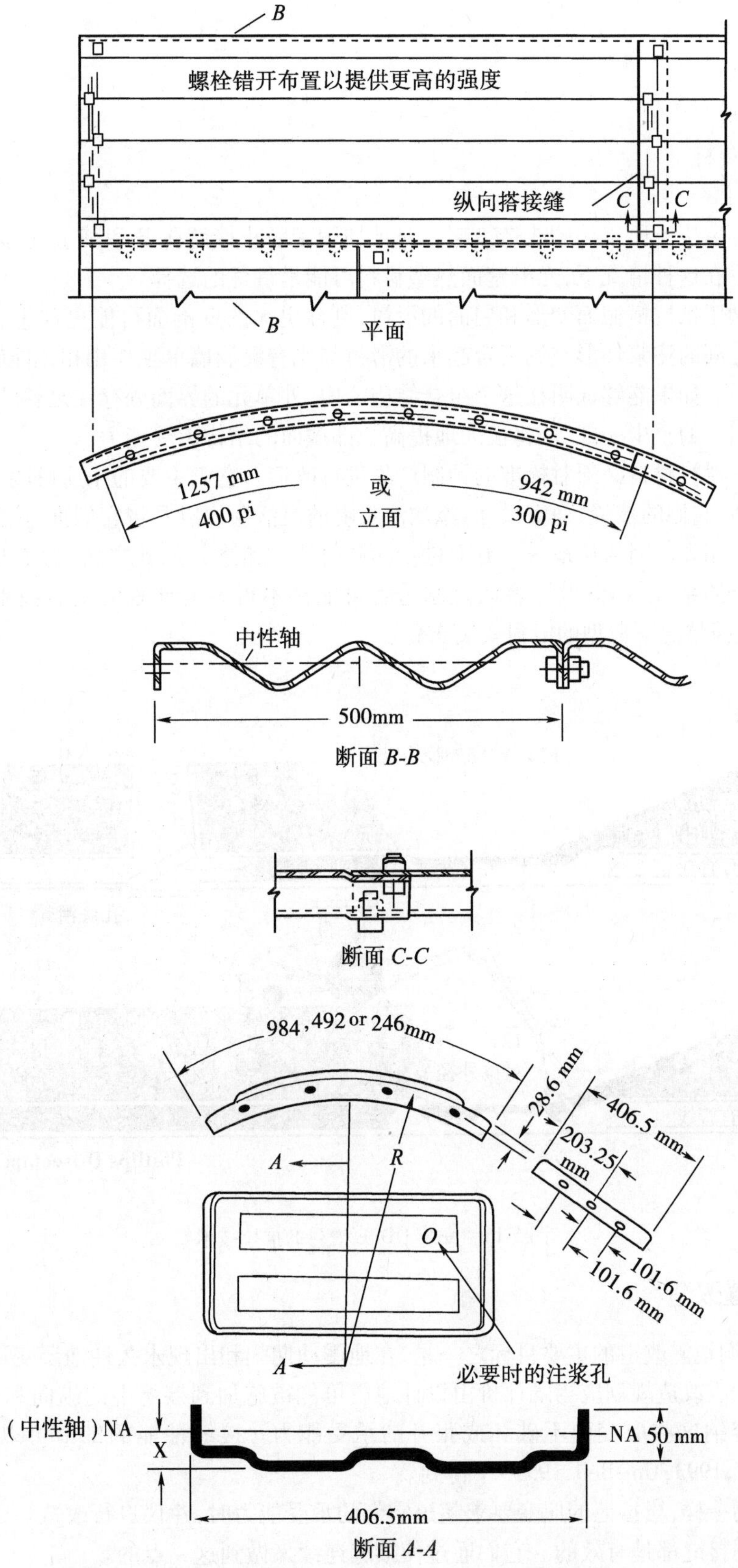

图 5-14 两法兰钢制涵洞衬板(上)和四法兰钢制涵洞衬板(下)

可用很多类型的材料和很大范围的尺寸和形状,包括:

- 波纹金属
- 螺旋肋金属
- 异型壁热塑
- 光滑壁热塑
- 纤维强化塑料
- 预制混凝土

滑衬材料设计取决于所采用的改造策略。对计划用于防止接缝张开和细土迁移的滑衬,主要设计判断标准是延性。在这种情况下,光滑壁面热塑材料可能是最优的选择。

对必须要有助于抵抗横截面变形和屈曲的滑衬,刚性更大的壁剖面可能更理想。把结构构件与既有涵洞墙和它们之间的注浆环形空洞组合起来的滑衬与原有涵洞墙单独作用相比能够产生显著地提高了的结构承受能力。如果能够证明在这个组合结构的内、外单元的界面处存在足够的粗糙度,那么能够发挥全部组合作用中的至少一部分,将极大地提高全部截面的结构承受能力。

大多数潜在的滑衬材料必须对标准的预制产品进行改造。它们主要的用途可能一直是做独立的涵洞材料。这样的话,它们的接缝、净空尺寸、添加注浆嘴的灵活程度以及将它们推、拉就位的能力可能与地震改造的目标不相容。因为从地震学方面进行涵洞改造的概念是如此之新,为了开发既经济可行又在结构上考虑充分的系统,不但设计者而且制造者可能都不得不为计划的安装技术而大动脑筋。图5-15所示是既推又拉情况下典型的滑衬安装布置。

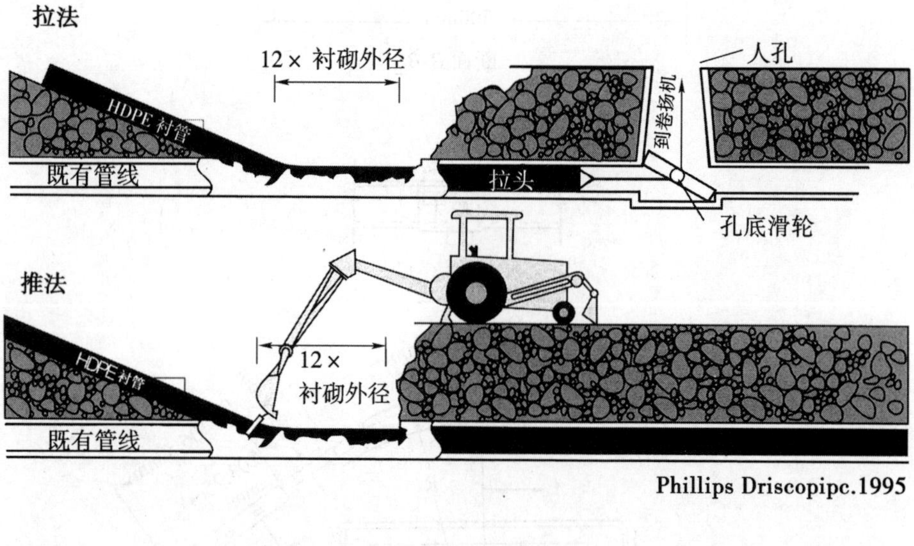

图 5-15 安装 HDPE 滑衬的推拉技术

5.5.4 接缝改造

早前述及,涵洞地震改造的主要目标之一是,在地震动期间和出现永久性地层变形之后维持接缝闭合。涵洞接缝的地震改造规划应当既评价由设计地震可能被施加到接缝上的纵向和转动应变要求,也要评价既有接缝容纳这些应变而不破坏或张开的承受能力。接缝性能的细节可以从制造商的资料(ACPA,1992;AISI,1993;Uni-Bell,1991)中得到。

与其他结构物一样,当接缝的应变要求超过它们的承受能力时,建议进行改造。以上所述的很多内衬系统对改造涵洞接缝都是有效的。它们通过使接缝连续来做到这一点的。

在允许人员进出的较大尺寸的涵洞中,另外一种改造接缝的方法是,采用特别制造的带角钢托座和螺栓的金属内套筒。可以把这些套筒设计成维持接缝闭合,即使原来的涵洞接缝受到破坏或被拉开。这些套筒能够被改造成适合几乎任何管型或接缝形状。图 5-16 所示就是波纹金属管使用的这种类型套筒的一个例子。

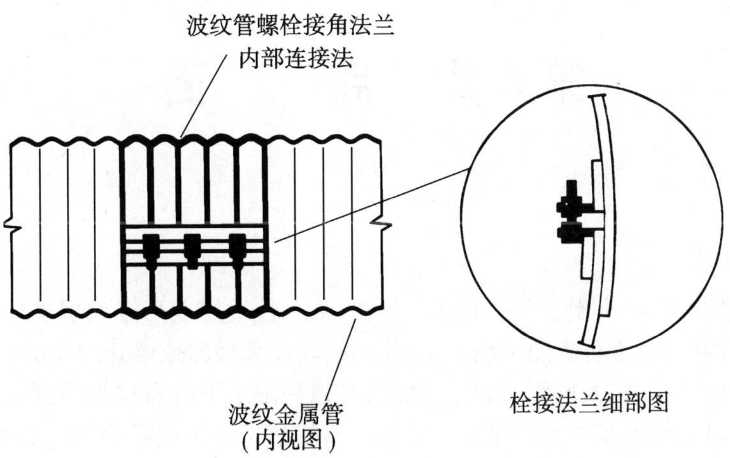

图5-16　连接CMP的波纹内套筒

第6章 路 面

6.1 引言

在大多数大地震期间已经出现了面层破坏。然而,永久性地层变形或地层破坏已经成为破坏的直接原因。在不多的实例中,由于很强烈的地震动,使面层段局部隆起或爆开的面层断裂已经出现。然而这些实例相对比较稀少。结果,大多数的面层破坏已经被局限于下卧有容易受到地震诱发地层位移影响的压实不良的路堤材料或地基材料的路面。地基位移的常见原因包括松散饱和颗粒层的液化、边坡失稳和表面断层破裂。对这些破坏源的灾害评价和改造方法在下面各小节进行讨论。

虽然有减小或消除大多数面层破坏的改造或其他缓解方法,但是这些方法过于昂贵,仅对最关键的面层结构具有经济上的可行性。所以,大多数的公路部门已经选择使用震后面层破坏快速修理的被动策略,而不用改造预防破坏的主动策略。快速修理是一个可以接受的缓解策略,与其他类型的破坏相比,例如桥梁和隧道的破坏,路面破坏一般能够相当快速地被修复,而且生命损失或个人伤害的潜在可能性小。这样,面层破坏通常归为可接收风险类,在公路部门间几乎没有改造活动。然而,可能存在有震后必须立即可用、要确保具有改造措施的关键公路路段。下面各小节是对那些关键公路路段的灾害识别、分析和改造措施的指南。

6.2 分类

面层被划分成两个主要类型:沥青混凝土(ACP)柔性路面和普通水泥混凝土(PCCP)刚性路面。每一种面层类型是由含基层、(必要时)路堤和地基土组成的结构层来支撑。

为地震灾害考虑,进一步的分类则是基于结构层永久变形的潜在可能性。在所有过去的地震诱发面层破坏的实例中,破坏是由支持路堤或地基的永久性地层变形而不是仅在铺砌表面内发生的破坏造成的。很多面层是由不易受到地震诱发永久变形影响的路堤或地基支撑的。这类稳定基础上的面层实际上可免受地震破坏。在地基或路堤可能变形的地方,有可能发生面层破坏和交通运行的中断。在特别脆弱的地点,面层破坏程度可能非常严重以致路面被堵,在恢复交通运行之前需要进行修复。路堤和地基的永久变形不但对柔性面层已经有不利的影响,而且对刚性路面也已有不利的影响。永久变形的原因包括:

- 由于压密路堤或地基材料引起的差异沉降
- 因液化或其他路堤或地基土的弱化引起公路路堤的挤入、沉降、流动或扩展
- 因路堤边坡失稳引起的面层竖向位移
- 由于断层破裂引起的差异位移

6.3 筛选和评价指南

6.3.1 稳定路堤和地基

6.3.1.1 灾害

当不存在地基或路堤材料的变形或位移时,即使是最强烈的地震动也没有引起过柔性或刚性面层

的显著破坏。例如，大量稳定的州际、主干道和二级路面在1971年的San Fernando、1989年的Loma Prieta和1994年的Northridge地震中都受到强烈地晃动而没有造成对柔性或刚性路面的破坏。面层破坏仅发生在易受某种形式的永久性路堤或地基变形或位移影响的地方。

6.3.1.2 筛选

根据面层过去的表现，由不易受到地层变形或破坏影响的路堤和地基所支撑的面层已发挥了良好的性能。对这些面层不需要特别的分析或改造措施。已经引起公路面层破坏的路堤和地基破坏模式在下面各小节中讨论。

面层可以被认为是抗地震破坏安全的，除非有下列评估之一说明有可能的有害地基或路堤变形存在。

6.3.2 路堤和地基材料的压密

6.3.2.1 灾害

地震压密诱发路堤和/或地基土的沉降在柔性和刚性面层中二者都可能是断裂性的。跨越差异沉降的那条地带的宽度一般来说对面层破坏和沉降量同等重要。在沉降小、均匀或横跨宽地带分布的地方，无论刚性或柔性面层都几乎没有破坏发生。刚性面层一般能够桥接小的差异沉降，柔性面层通常有足够的延性来吸收小的差异移动而不破坏。在横跨窄带已经发生大的差异位移的地方，不但刚性面层而且柔性面层也已经破裂张开，使交通运行中断并需要修复。

地震对桥台附近引道填土的压密作用已经成为破坏性差异沉降的主要原因。地震越是强烈且持续时间越长，填土越厚且压实状态越差，则差异沉降量和面层破坏程度就越大。图6-1中复制的照片显示的是，1971年San Fernando地震(M6.6)期间53-199R桥东引道铺砌表面错位产生大约600mm差异沉降，使交通受阻。那座桥部分地是加利福尼亚Sylmar从北线I-5到东线I-210的转折点。1971年San Fernando地震时该公路仍在施工中。这个沉降是由地震压密作用或许还有引道路堤的某种程度的扩展所造成的。

台背回填特别易受地震压密作用的危害。在墙附近操纵机械化压实设备方面的困难是在这些地方存在压实不良的一个原因。台背墙的刚性也有集中和加重差异沉降的趋势。

填挖结合处也是差异沉降常常出现的地方。挖方段的材料通常比填方段的材料更硬，压缩性更小。而且，挖填结合部位可以妨碍压实设备的操纵，从而留下不良压实段。例如，图6-2显示在一挖填结合处因100~200mm的差异沉降和面板错位引起的面层断裂。这一破坏发生在1971年San Fernando地震期间Van Norman Lake I-5东线，I-5和I-405交叉口(junction)北约500m处。

Caltrans,reproduced from Prysoc and Egan,1981

图6-1 1971年San Fernando地震期间I-5到I-210互通53-199R桥东引道上地震压密诱发的差异沉降

Caltrans,reproduced from Prysoc and Egan,1981

图6-2 在I-405分隔带I-5北线挖填结合附近横跨面层接缝的差异沉降(沉降是由1971年San Fernando地震期间填土的地震压密作用引起的)

由压实不良的路堤材料和/或松散或陷湿性地基土支撑的面层也容易受到大沉降的危害。在较老的公路路段下比按照现代规范和施工方法修筑的公路下出现这类状况的可能性更大。

6.3.2.2 筛选

确定易受地震压密影响的面层段的主要准则是,确定下卧有厚层、压实不良路堤或松散地基土的区域。通常出现这些状况的地点包括铺在厚度大于 1 ~ 2m 路堤上的较老的路面、大于几米厚填土上,或含有诸如沉陷性土或晚更新世砂、粉土或砾石沉积等的松散天然材料的地基土上的较新的路面。最易受到差异沉降影响的地方包括桥台—填土结合处和挖填结合处。

6.3.2.3 评价

评价沉降潜在可能性的第一步是,确定可能填有或下卧在公路路堤下的压实不良材料的地带。为筛选的目的,此评价从路堤厚度、施工年限和施工期间应用的压实标准记录清单开始。然后可以将这个资料与表 6-1 所列标准一起使用,以获得面层可能沉降的初步的但是整体上偏于安全或高的估计值。这种方法对从干到湿路堤填土的地震压密所引起的沉降是有效的。对地基土的地震压密作用引起的沉降也可以从这张表中外推求得估计值。表 6-1 所列标准适用于粒状地基材料的外推,包括粉土、砂和砾石。地基材料的厚度和压密状态也可以从地基报告、地质信息等来估算。表 6-2 是从标准贯入试验(SPT)和圆锥贯入试验(CPT)数据估计砂的密度状态的标准,而数据则出自地基报告。这些标准是为清洁砂制定的,但是为筛选的目的可以外推到砾砂和粉砂。注意到以上所述,最易受到地震压密影响的地基材料是晚到早更新世期间沉积的粒状沉积物。晚更新世沉积物可能的特征是相对压实度小于 90%;早更新世到晚全新世沉积物的可能特征是相对压实度在 90% ~95% 之间;中全新世和较老的粒状沉积物的可能特征是相对压实度大于 95%。富黏土沉积物一般不受地震压密的影响。

从干—湿土因地震引起的期望最大体积应变 表 6-1

地震		土壤条件——相对压实度(RC)		
震级 M	加速度系数 A	松散 $RC \leqslant 90\%$	中等密实 $90\% < RC > 95\%$	密实 $RC \geqslant 95\%$
$M \geqslant 7$	$A \geqslant 0.4$	10%	5%	1%
$M \geqslant 7$	$0.2 < A < 0.4$	5%	2%	0.5%
$M \geqslant 7$	$A \leqslant 0.2$	2%	0.5%	0.1%
$5 < M < 7$	$A \geqslant 0.4$	6%	3%	0.5%
$5 < M < 7$	$0.2 < A < 0.4$	2%	1%	0.2%
$5 < M < 7$	$A \leqslant 0.2$	1%	0.2%	0.05%
$M \leqslant 5$	$A \geqslant 0.4$	3%	1%	0.2%
$M \leqslant 5$	$0.2 < A < 0.4$	1%	0.2%	0.05%
$M \leqslant 5$	$A \leqslant 0.2$	0.5%	0.1%	0.01%

从标准(SPT)和圆锥(CPT)贯入试验数据估算的砂子的相对密度 表 6-2

SPT N 值	正则化 CPT 阻力 (qc/Pa)	相对密度	近似相对压实度 (RC)
0 ~ 4	<20	很松	RC <90%
4 ~ 10	20 ~ 40	松	RC <90%
10 ~ 30	40 ~ 120	中等	90% < RC <95%
30 ~ 50	120 ~ 200	密实	RC >95%
50 以上	>200	很密实	RC >95%

根据 Terzaghi et al. ,1996;Kulhaway and Mayne,1990 修改。

初步的但是整体偏于安全的路堤沉降估计值可以把路堤和易受影响的地基材料厚度乘以表 6-1 中

相应的体积应变值来计算，然后将计算所得的填土和地基沉降求和。这种算法取竖直方向的一维应变。在可以出现路堤扩展的地方，实际的竖直位移可能比预测的值大。比表6-1估计值大的沉降也可以出现在地基土或路堤被水饱和和提高后的孔隙水压力或液化可以导致更大沉降和其他有害影响的地方。液化在稍后小节中讨论。

如果使用表6-1的标准估得的沉降小(小于50mm)，填土和底层沉降引起的面层破坏是不可能的。对大多数柔性或刚性面层，可以允许不妨碍交通流的几十毫米的沉降。大的沉降(高达0.5m)将可能使面层断裂，引起表面起伏，将大大地减缓交通流，但是不引起断流。然而，如果这类沉降出现在没有结构引板的桥台处或在地基中的其他不连续处，就只能在紧急修复后路面才可能通行。

在地下条件均匀的地方，沉降可能较均匀且无破坏性。差异沉降一般是由局部变化或地下土壤环境中有不连续面引起的。差异沉降带的宽度一般随不连续面的陡峭程度而减小。面层断裂既是差异沉降带宽度或集中的函数也是总沉降的函数。这样，桥台附近或挖填结合面的沉降一般比在地基材料中没有陡峻侧向不连续面的地方存在的类似沉降断裂得更厉害。

在预估值表明有不可接受的大沉降的地方，应当进行更多的潜在应变和沉降分析。例如，可以使用Tokimatsu and Seed(1987)方法进行沉降分析。如果分析继续表明有大于可接受的沉降，应当考虑缓解措施。本章后面有小节描述缓解措施。

为本改造手册所制定的表6-1是通过对过去的路堤沉降观察的评价和推广(总结)而得到的。例如，1971年San Fernando地震后，Prysoc and Egan(1981)记录到路面破坏和差异沉降。这些研究者报道了几例在受到强烈晃动的Sylmar和San Fernando地区桥台处的50~100mm(2~4英寸)的差异沉降。假定路堤平均高度为4m，这些场地处的平均竖直应变在1%~3%之间。那场地震震级是6.5，强震地区的峰值加速度超过0.4g。假定填土为中密(相对压实度在90%~95%之间)，对地震震级和填土条件，使用偏于安全的体积应变3%，可得到表6-1。

Prysoc and Egan报道了几条桥梁引道填土高达600mm(2英尺)的沉降(图6-1)。这些较大的沉降被局限于大于5m厚的填土和台背墙3m内的地带。在这些地方竖直总应变在5%~10%之间，说明受到影响的路堤比有较小应变的路堤松散(相对压实度小于90%)。这些土体条件下，表中所列为竖向应变值6%。

I 405分隔带南的Golden State Freeway(I-5)上的几座桥梁的填土—桥台结合处几乎没有观察到沉降。这些桥位于强震区但面层未受影响。这些填土中的竖向应变在1%以下。假定那些填土压实良好(相对压实度大于95%)，表中所列为偏于安全的1%应变。

其他震级和峰值加速度的应变值是从报告中的San Fernando沉降外推来的，并使用Tokimatsu and Seed(1987)计算竖向应变的方法进行了验证。

6.3.3 可液化或软路堤和地基材料

6.3.3.1 灾害

土体液化已经成为路堤和地基变形和面层破坏的主要原因。不但柔性面层而且刚性面层都已经受到不利影响。液化可以导致下列任何一种类型的地层变形或地层破坏，具体类型取决于场地处的几何和土体条件。位移的类型和数量依赖于包括路堤高度和坡度、地层坡度和可液化层的深度、厚度和连续性在内的几个因素。类似地，地震期间路堤下很软的地基土已经压缩或剪切，引起了路堤变形和面层破坏。

加重地层沉降——如前节所述，地震晃动是粒状或无黏性土(干的、湿的或饱和的)的一种有效的压实工具。在松土被水饱和、排水受阻的地方，在强地震期间则出现空隙过压。在高周期性应力地带，饱和软黏性土也可以产生高空隙水压。这类压力在土体内导致渐进性软化、较大的周期性变形和压密或剪切变形。当空隙压力达到某一临界水平时，有效应力接近零，土体表现为液体而非固体。那时，已经发生液化，大大加重了土体变形和地层沉降，特别是在重型路堤之下。

在公路下卧有低路堤和平坦地层的地方,地层沉降通常与地基土中下卧的可液化层的厚度相仿。图6-3所示是日本1993年Hokkaido-Nansei-Oki地震(M7.8)期间Oshamanbe南5号公路的发生差异沉降的一段。在这个例子中,差异沉降在公路中产生波浪形,使柔性面层产生过山车状(Roller-Coaster)的起伏。所诱发的波浪形状的凸峰和陷槽之间的竖向差异沉降多达0.6m(Youd et al.,1995)。

Kiso-Jiban Consultants Co.,Inc.,Tokyo,reproduced from Youd et al.,1995

图6-3　日本1993年Hokkaido-Nansei-Oki地震期间液化加重的差异沉降引起的波浪形面层(这个场地在Oshamanbe南5号公路上)

路堤结构扩展和挤入——路堤下软土中的液化或被增大的孔隙水压力通常会引起路堤挤入到被消弱的土体内,形成如图6-4所示的承载能力型破坏。在挤入期间,路堤通常沿纵向破裂,可能发生侧向扩展,产生大致沿路堤中线方位的开放型长裂隙。在一些实例中,路堤的一侧或两侧都可下沉和转动,形成转动塌陷。例如,图6-5所示,是1991年Limon Province Costa Rica地震(M7.6)期间沿东Costa Rica加勒比海岸的36号公路顺纵向裂开的一段。

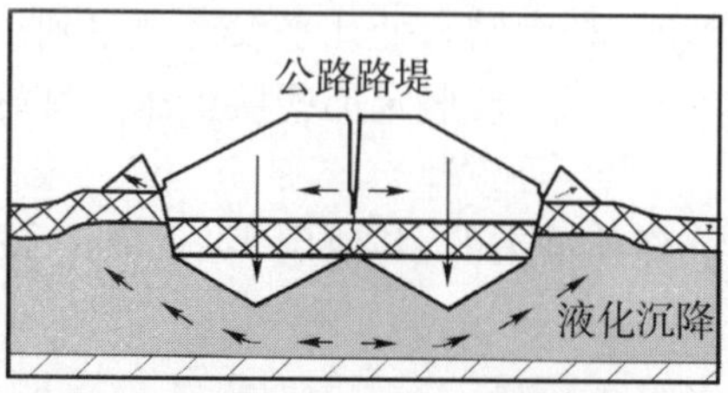

图6-4　由于地基土液化引起开裂、沉降和扩展的路堤下的破坏机制

University of Costa Rica

图6-5　1991年地震由图6-4中的机制引起的纵向开裂、沉降和侧向扩展的Costa Rica加勒比海岸附近的36号公路上的一段

纵向裂隙说明有路堤挤入和扩展。图6-6所示是36号公路Rio Estrella桥(还是在东Costa Rica)引道上的更大的挤入和断裂。这条引道填土由于土体压密、路堤挤入和路堤扩展的联合作用造成下沉大约2m及侧向扩展。这些作用使路堤和已铺砌表面严重断裂。总之,在1991年地震期间,在东Costa Rica低地中全部公路面层的30%被液化效应(主要是路堤挤入和扩展)弄裂(Cole et al.,1991)。

侧向扩展——侧向扩展是一种在下卧已液化的地层上由地表土层的侧向位移引起的地层破坏形式。被移动地层的表面通常被开放性裂隙、差异沉降、陡坎、侧向剪切带、压力脊等所扰动。建在扩展区内或其上的结构(包括公路)常常与下卧地层一起被弄断或移动位置。侧向扩展一般顺缓坡(一般小于6%)或朝向自由面(例如切入的河渠)移动。水平位移一般范围达几米,但是在震动特别强烈或长周期且地层条件极端脆弱的地方,已经出现了更大的位移。图6-7是1971年San Fernando地震期间的一个大型侧向扩展(称为the Juvenile Hall扩展)使Golden State Freeway(I-5)的一段侧向平移2m之多。剪开的和被扭曲的面层在破坏区两侧的每一侧的空白处标出了侧向剪切带。在这些空白之间，侧向扩展公路向西移动2m之多，造成了公路不大的弯曲。

University of Costa Rica

图6-6 Costa Rica已坍塌的Rio Estrella上36号公路桥引道上已开裂的填土和面层（断裂是因1991年地震期间地基土的液化引起的）

R.F.Scott,reproduced from Scott,1971

图6-7 1971年San Fernando地震期间因2m侧向扩展位移在两个地方发生剪切和扭曲的刚性面层（I-5/I210互通南I-5上）

在公路线路平行于运动方向的地方，侧向扩展通常诱发张拉特征（例如在头部的开放裂缝和拉开面板）和压缩特征（例如在趾部的压力脊和扭曲面层）。图6-8显示的是Costa Rica36号公路的一段，它跨过一条朝Rio Viscaya移动的侧向扩展。扩展运动在地层内和上躺的公路路堤和面层中产生了很深的开放裂缝。位于Rio Viscaya桥下的扩展头部的张拉运动被趾部的压缩所补偿。桥下的位移剪断了支座和连接，使上部结构坍塌掉进河中（Priestly et al. ,1991）。

地摆动——地摆动一般出现在下卧有已液化层的近水平地层。在这种情况下，已液化层将表面层与下卧的未液化地层隔离。隔离允许地层瞬态大位移或波产生，可以交替地将表面土层和上躺结构拉开，造成开放裂缝和断裂，然后堵塞开裂的地层和结构单元，造成压剪和屈曲。摆动场地的永久地层变形一般小而混乱，既在量级上也在方向上都是这样。图6-9所示是1993年日本Hokkaido-Nansei-Oki地

M.J.N.Priestly,reproduced from Priestly et al.,1991

图6-8 1991年Costa Rica地震期间洪积平原沉积的侧向扩展引起的柔性路面朝向Rio Viscaya的张拉裂缝

T.L.Youd,reproduced from Youd et al.,199

图6-9 1993年日本Hokkaido-Nansei-Oki地震期间因地摆动引起断裂和重叠的在Assabu河谷附近北侧229号公路柔性面层（注意在同一地点处路缘块之间的张拉裂缝）

震期间因地摆动在 Assabu 河谷附近北侧 229 号公路沥青混凝土面层中引起的断裂和重叠。这张照片显示的是脱离的路缘石块,说明有地层张拉,在同一地方的重叠的面层结构附近,说明有压力。这种压、拉特征并存的现象是地摆动常见的次生特征。摆动典型地发生在侧向扩展过程中,随被移动土块水平顺坡向下或向自由面迁移与它们一起前后摆动。

流动破坏——流动破坏是与液化关联的最具有灾难性形式的地层错位。流动破坏发生在相对陡(大于 6%)的边坡或下卧有松的饱和粒状材料的路堤上。在这些不利的条件下,地震使土体强度降低较大并产生巨大的地层位移。在被移动土体和上躺结构内部通常出现可观的内部变形。发生这类破坏的面层几乎总是被移位和摧毁。

M.G.Bonilla,reproduced from Youd and Hoose,1978

图 6-10 1957 年加利福尼亚 Daly City 地震(*M*5.2)期间圣三落发生的沿 Lake Merced 公路填土中的一个流动破坏

图 6-10 所示是 1957 年加利福尼亚 Daly City 地震(M5.2)期间圣三藩发生的沿 Lake Merced 公路填土中的一个流动破坏。这次破坏使一段公路路堤移位,流进湖中,切断了道路并阻塞了交通。

6.3.3.2 液化灾害筛选

评价液化灾害的方法在本手册第一部分给出。为实施改造措施,应当在详细场地调查中使用这些方法。另外,Youd(1998)曾做好过一份公路桥梁场地液化灾害快速评估筛选指南。这份指南对评估面层结构液化灾害一般来说也是有效的,可用作初始灾害评估。该筛选指南介绍了一种评估液化和地层位移潜在可能性的标准准则的系统用法。筛选的总原则和 Youd(1998)提供的方法是从对一个场地处或者一个场地周围地区的液化灾害可用的分析进行重新评价开始。该方法接着使用地质的、地震的、水文的和岩土的准则。评价从最不复杂、最不花费时间和最少数据到比较复杂、比较花费时间和比较严格地针对场地的分析而逐步进行。根据这个方法,很多场地可以用很少的时间和精力被评价和分类为低灾害。只有存在显著灾害的场地才需要用更高级和更花费时间的方法进行评价。

每一步做一个偏于安全的灾害评估。如果有清楚的证据表明液化或破坏性地层位移是不可能的,就把该场地分类为低液化灾害和低优先级进行进一步调查,则该场地评价完成。如果可用资料说明有较高的灾害评分,或者数据不充分、不完整或不清楚,该场地被分类为具有可能的液化灾害,分析进入下一步。如果可用场地资料不足以完成一次液化灾害分析,那么,使用简化的地震、地质和水文准则来确定场地进行进一步调查的优先级。

6.3.3.3 评价

评价公路路基和面层的液化灾害的方法以及其他工作分两步进行:第一,使用以上所述和第一部分的方法评价液化敏感性;第二,使用第一部分第 4 章中的和 Youd(1998)准备的筛选指南中的方法评价地层变形和位移的潜在可能性。

6.3.4 潜在不稳定路堤、地基或边坡

6.3.4.1 灾害

塌陷、块体滑动、落石落土和其他不稳定路堤、地基或边坡引起的其他类型的滑坡在过去的地震期间已经使公路面层断裂或受到冲击。下列事件用实例来说明边坡失稳引起的面层破坏。

浅部塌陷——位于陡坡或软弱地基上的公路路堤的浅部塌陷已经成为公路路基和面层在过去的地震中发生断裂的主要原因。图 6-11 所示是日本 Oshamanbe 和 Yakumo 之间 5 号公路上的一段塌陷路堤(Harp and Youd,1995)。塌陷发生于 1993 年 Hokkaido-Nansei-Oki 地震期间。在这个例子中,一条主公路路基顺陡坡下滑,摧毁了公路,在修复之前阻碍道路交通达几周。破坏的原因是在路堤修筑的地点上

淤泥地基土的弱化。淤泥沉积物内的砂层也可能已经发生了液化。

小位移塌陷常常使面层结构断裂和错位，但一般不需要路堤重建，使修复比较容易实施。图6-12所示是在1971年San Fernando地震期间因塌陷移动发生断裂和错位几百毫米的既有柔性也有刚性公路面层的一段公路。这个地方在Lower Van Norman水库正东的Blucher大道上。在本例中，无论是临时性的还是永久性的修复，柔性面层都比刚性面层容易得多。通常，柔性面层比刚性面层容易修复得多。

Oshamanbe Fire Department,reproduced from Harp and Youd,1995

图6-11 1993年Hokkaido-Nansei-Oki地震期间日本Oshamanbe北5号公路路堤塌陷破坏（破坏是软地基土的弱化）

Caltrans,reproduced from Prysoc and Egan,1981

图6-12 1971年San Fernando地震期间Lower Van Norman水库附近Blucher大道塌陷破坏引起断裂的刚性和柔性面层

如上所述的那些浅部塌陷本来能够在路堤施工前通过地层改良加固地基土来防止的。在施工完成后也可以使用补救措施，但是除了最关键的结构外，造价通常高得令人却步。这样，几乎不使用边坡加固改造法来防止面层破坏。

在路堤面附近因边坡陡峻和不良压实材料偶尔也引起路肩的滑动或塌陷。图6-13所示是1968年加利福尼亚Borrego Mountain地震（M6.4）期间顺陡坡路堤下滑约0.5m的一条二级公路（加利福尼亚州级S22公路）的路肩。在这个实例中，陡峻填土的边缘压实不良，允许路肩滑动。在路肩中的不稳定材料和路面内侧下压实良好的填土之间，塌陷产生了裂缝和陡坎。

深层滑坡—深层塌陷和块体滑动包括在下冲几十米进入下伏地层的破坏面上的大体积岩土的运动。这些类型的滑坡典型特征是产生跨越窄地带或一系列有完整地层块隔离的互不相连的破裂区。图6-14所示是Santa Cruz Moutains的单独一条跨越Summit Road、在1989年Loma Prieta地震（M7.1）期间由滑动达几百毫米的深层滑动运动引起的裂缝和陡坎。该位移使柔性路面面层开裂并竖向错位。

1964年阿拉斯加地震（M9.2）期间因深部塌陷和块体滑动在安克雷奇发生了一些对城市街道和其他结构的较剧烈的破坏。图6-15所示是由第四街滑坡引起的第四街大规模断裂。路面竖向穿过头部陡坎错位2.8m之多并在头部陡坎下形成的地陷区内开裂。在远离头部陡坎和地陷区的地方，面层破坏不太严重，其中在滑动内部有几条裂缝，在趾部附近和边际处有若干条压力脊。离头部陡坎向内陆方向远达130m的距离处也发生了面层破坏，结果向滑坡方向地层移动有几分米（Hansen，1966）。

U.S. Geological Survey,reproduced from Castle and Youd,1972

图6-13 1968年加利福尼亚Borrego Mountain地震期间Salton Sea东S22公路填土的塌陷

虽然浅部塌陷可以通过地层改良来预防,但是像图6-14和图6-15所示的那些深部滑坡实际上是不可能被处理的。这些滑坡切入下伏的有很难探测和加强的剪切带的地层里很深,使得改良成为一项可怕的并且通常是极端昂贵的工作。

E.W.Hart,reproduced from Hart et al.,1990

图6-14　1989年加利福尼亚Loma Prieta地震期间由深部滑坡的表面移动引起的Summit Road上蜿蜒的陡坎

U.S. Geological Survey

图6-15　1964年阿拉斯加地震期间深部塌陷引起的阿拉斯加安克雷奇第四街断裂

岩屑滑动——从路堑边坡和陡峻山坡上震松的岩屑通常积聚在道路表面。这种岩屑可以阻碍或堵塞交通并可以破坏公路面层。落石岩屑对沥青混凝土面层一直是特别具有破坏性。图6-16所示是一面陡峻岩石边坡,从其上有直径大约有几米的岩块落下或弹跳到公路面层上,暂时堵塞了道路,在受到冲击的地方,表面出现了大坑。地皮被揭起0.5m深。这个破坏发生在1993年日本Hokkaido-Nansei-Oki地震期间的Okashiri岛周边。

6.3.4.2　边坡失稳的预筛选和详细评价

边坡失稳灾害预筛选和实施改造策略的稳定性详细分析的方法在第2章做了介绍,在这里不再重复。

6.3.5　活动断层

表面断层破裂在过去几次地震期间已经使公路面层发生了断裂。例如,1971年San Fernando地震期间由于逆断层和顺层滑动断层的联合作用,在几个地方引起了面层断裂和屈曲。图6-17所示是与I-405互通正北的I-5公路上的屈曲和重叠的刚性和柔性面层结构。该面层断裂是在1971年San Fernando地震期间Lower Van Norman水库附近由逆断层引起的。该面层破坏是由大约0.3m的水平压缩、0.2m的来自

T.L.Youd

图6-16　1993年日本Hokkaido-Nansei-Oki地震期间Okashiri岛西海岸边的陡峻边坡,很多落石落到路面上

Caltrans,reproduced from Prysoc and Egan,1981

图6-17　1971年San Fernando地震期间I-5分道南I-405上压应变断层引起的开裂和重叠的刚性和柔性面层

左侧的顺层滑动和0.3m穿过断层破裂带的差异隆起造成的(Yerkes,1992;Yerkes et al.,1974)。

虽然刚性和柔性面层二者都能屈曲和断裂,但是柔性面层更容易修复,不但是临时性的而且永久性的也是这样。1971年地震中很多城市街道的柔性面层都受到断层破裂的扰动,但是,对交通运行仅有不大的中断。刚性面层的破裂一般会制造较大的交通障碍且修复困难。

无大的倾向滑动分量的走滑断层对公路面层的破坏性一般比逆断层或正断层要小。例如,在1979年Imperial Valley地震(M6.5)期间,Meloland高架东8号州际公路的刚性面层穿过两条距离大约150m的断层带向右侧向错位大约0.6m。该断层引起不大的转动和刚性面层的错位和道路的弯曲,但是没有面层屈曲,几乎没有中断交通。类似幅度的向右侧向位移在国道上几乎没有引起对柔性面层的破坏,例如McCabe和Heber路。在其他几条路面交叉处,例如在Ralph Road,右侧向位移伴随有正断层穿过窄断层带达0.4m的位移。这条竖直断层使柔性面层断裂错位,但是向陡坎的自然爬坡允许交通跨过断裂段,在这条国道上对自由交通流仅有不大的妨碍(Sharp et al.,1982)。

6.3.5.1 断层破裂灾害筛选

下列评价断层破裂灾害的方法是从California Division of Mines and Geology Special Publication 42(Hart,1998)和NEHRP Recommended Provisions for Seismic Regulations for New Buildings,Part 2 - Commentary(BSSC,1994)中汇总而来的。断层灾害评价在很大程度上是基于沿既有断层滑动的时间远近程度上的。不同的断层而且在很多情况下沿同一条断层的表面断层破裂的量级、意义和频率是不同的。即使如此,过去出现的断层一般与早前的断层情况相仿,不但在地点、量级上而且在位移的意义上也一样。

按实施的顺序,下列三步常常被用于断层破裂灾害的快速评估。在第一步中说明可以忽略断层灾害的地方,第二和第三步可以缩减或取消。

(1)根据对所研究的地区的公开和未公开的地质报告进行的评述和分析,应当确定活动断层,划出范围。确定研究包括评价区域断层类型以及沿公路线路的局部断层特征。根据这些研究、区域和局部断层迹线、地下水障碍以及其他断层特征的界限要被标记在地形图上。过去断层事件的特点应当被标注,包括破裂带宽度、位移的数量和意义、过去活动的日期等,作为估计未来断层灾害的基础。

(2)航空照片和其他包含有公路线路的遥感图像的立体视图研究可以提供潜在断层破裂灾害的地点和特征的额外信息。立体视图应当收集的数据包括绘制有关断层的地形、植被和土壤对照以及断层源的其他外部特征。冲洗前的航空照片对发现断层特征是很重要的。

(3)可能需要现场勘查以进一步获得及判读有关断层的信息,例如地质和土壤单元、地貌特征、泉源和人工结构的变形等。在公路线路附近(几百米范围内)应当细化现场研究,在那一范围以外则不必那么详细。

6.3.5.2 评价方法

对已设计的构造物的表面断层破裂灾害的评价包括下列基本的考虑:可能发生多大和什么类型的位移,以及发生的概率是多少。还没有这些计算的标准化方法;然而工程地质师和地震工程师使用经验准则按照惯例对总的断层位移做出估计。这些估计需要专门的超出本手册范围的方法。Wells and Coppersmith(1994)给出了现有准则和方法的评述、它们的使用和背景资料。对估算断层破裂位移和发生概率的方法,读者可参考这些文章。因为断层位移与隧道改造相关,关于它的进一步讨论在4.4.2节中给出。

6.4 改造策略

仅有几种改造措施已经被用于防止地震诱发面层破坏。这些措施的术语是"主动"策略。几乎所有的公路部门的政策是,不使用主动改造措施,除了结构引板构造物,但在地震后尽快修复面层破坏。

这种等候修复的方法称为“被动”策略。因为除了结构引板(第一部分,6.6.1.1节)外,公路部门没有建议或使用主动策略,这里没有给出面层结构改造的指南和算例。

6.4.1 被动策略

大多数公路部门的通用方法和策略是,震后尽快修复面层破坏,而不是在发生前采取主动改造措施或缓解面层破坏。大多数公路部门对要求面层修复的紧急情况方面的响应很有经验且准备充分。在本手册的准备过程中接触到的几个路面工程师认为,震后及时高效的路面修复可以完成,不用专门复杂的准备或预备材料。这些工程师进一步说到,与其他紧急需要相比,例如桥梁破坏的修复,面层破坏的修复将可能是相当小的事情。因为这些更重要的地震事件,对预防或专门的快速修复策略几乎没有采取行动或给予关心。

6.4.2 主动策略

在不能允许面层破坏的关键场地上,主动策略可能是必须的。例如,对国防或紧急响应非常关键的公路震后可通行能力可能是极其重要的,要保证改造措施以防止面层破坏。另外,为了安全,一些特别脆弱的地方可能需要改造措施。例如,在主要公路附近为了限制落石进入车道,铁丝网依照惯例安装在陡峻岩石边坡上。这种保安全的方法既对静力环境是合理的,对地震环境也是合理的。在可能发生穿过震前能够确定的窄带的路堤或地基沉降或变形的场地上,地基加固或建造结构板是可行的措施。改造措施可以包括加固地基、建造结构板跨过窄的敏感区,或为了方便修复,利用柔性路面代替刚性路面。

6.4.2.1 结构引板

因为桥台引道填土在地震期间可能要承受压密和沉降,在这些地方,结构引板(SAS)是降低面层破坏和交通堵塞概率的可行的改造措施。沉降板的设计在第一部分6.3.1.1节中考虑,这里不再考虑。然而,结构引板的维护对地震性能是一件重要的事情。一个重要的维护问题是,雨水冲刷板下的材料,在SAS下造成空洞。如果这些空洞变得过大,它们可能导致板的断裂。这类断裂可能由地震触发。作为一种维护措施,支持SAS的填土在桥梁的日常巡视过程中应当作空洞检查。如果发现有空洞,应使用注浆改造措施填塞空洞,改善板的排水,以防止这些有害的特性再次出现。

6.4.2.2 使用易修复面层

在具有连续的地层移动或预计有地层移动的地方,例如活动滑坡,蠕动或活动断层等,当发生面层变形和破坏时,可以使用易修复面层来加快修复。这样的地方可以包括对地震压密、液化、边坡失稳和断层破裂敏感的地区。一个受欢迎的改造措施是,用柔性面层代替刚性面层以提供更大的延性来吸收变形,减轻震后面层修复的工作量。其他改造措施包括缩小接缝间距,以提高关键地区的刚性面层的柔性。

6.4.2.3 更换劣质面层结构

压实不良路堤或软地基支持的面层比压实良好的填土支持的面层对沉降和路堤变形更敏感。而且,窄路肩和陡边坡的路堤比较宽的、较稳定的路堤对破坏更敏感。这样,一项重要的改造措施是,用高质量、压实良好的材料更换较旧的低质量的路堤。这样的更换应当在公路日常维修和改善工程中作出时间安排。

6.4.2.4 加固路面基层下的地基

在过去地震中很多的面层破坏是由于地基变形和失稳引起的。这样,一个重要的改造措施是,加固潜在不稳定的地基土。这类加固可以包括下列方法中的任何一项或全部:

- 压实松、软土,降低沉降和地层变形的潜在可能性
- 改善地基排水,降低水位,提高地基强度和液化阻力

- 给路堤添加土埂或支撑,改善边坡稳定性

6.4.2.5 清理加固边坡或路堑

面层破坏和路面阻塞因滑动、倾倒或路堑或边坡上的岩土屑下落而引起。可能的改造措施包括:

- 清理边坡掉落的松散岩屑,防止滑动到或落进已铺砌的路面
- 安装铁丝网,限制岩屑
- 整平坡度、岩石锚杆锚固或用其他方法加固边坡,改善稳定性,防止滑坡岩屑滑动或下落。

附录 A 面波的特性

A.1 引言

地震面波是由波导捕捉到的多次反射波的构造干涉产生的。重要的浅层地壳波导包括层状沉积物和沉积盆地(非平面结构)。这两种类型的波导在它们与下伏地质材料之间典型地表现出显著的速度对比。

面波沿地球的自由面传播(水平传播),其振动被限制在自由面附近。因为它们较低的速度,面波在主 S 波之后到达。存在两种形式的面波,勒夫波和瑞利波。因为它们在某种条件下诱发大的轴向应变的能力,后者是隧道的主要兴趣。瑞利波的粒子运动是椭圆的,或可能是退行的或是前行的(Mooney and Bolt,1966)。面波的另一个独特的特性是速度散射,即它的传播速度是波周期的函数。波导的材料性质和几何形状决定面波的粒子运动、振幅(随深度变化)和速度散射的形式。在一种多层介质中,面波速度介于顶层速度和底层速度之间,长周期表面波有接近后者的速度。对在层状介质中做面波速度的快速评估时,这个性质很有用。对面波更完整的描述和理论处理可在教科书中找到,例如,Bullen and Bolt(1985)和 Aki and Richards(1980)。

A.2 地震期间主瑞利波的例子

瑞利波与 S 波相比一般被认为是所记录到的强地震的不太重要的成分,因为它们产生的震动一般比 S 波弱。然而,当表面波被充分激励或放大时,其粒子速度或位移可以与 S 波的振幅相比或更大。下面总结几种在记录到的长周期振动中已将瑞利波考虑成重要成分的情形。

例 1. 1995 年神户地震

晚到、长周期波(2 ~ 5s 周期)在 Takami(在大阪市内,距离震中约 40km)和大阪气象台(Yokoyama,1996)的土壤场地上被确定为瑞利波。在 Takami 场地上峰值地层加速度由晚到的面波带来。在神户气象台和 Chihaya 附近的岩石场地上,面波不显著或没被发现。穿过大阪平原传播的瑞利波速度估计为 0. 6km/s。所确定的瑞利波在 Takami 产生了峰值水平位移。

例 2. 1989 年 4 月 25 日(M_s6. 9)Guerrero 地震——偶然表面波被沉积盆地放大的案例

在 TACY(在墨西哥城山区,距 1989 年 Guerrero 地震震中大约 300km)记录到的一个宽带包(1. 0 ~ 12. 5s 周期)被确定为瑞利波。当它们进入盆地内并对湖底区内的 D56 和 NZ31 记录站的地震动的延长有所贡献(Gomez-Bernal and Saragoni,1996)时被墨西哥城的软土放大。这例观察符合这样的假设:在 1985 年 M8. 0 Michoacan 地震期间墨西哥城湖底区的大的、长周期的震动是由于深部传导的面波与局部一维共振的相互作用引起的(Chavez- Carcia et al. ,1995)。

Chavez- Carcia et al. (1996)报道了两个瑞利波包中的一个大于 2. 5km/s 的瑞利波速度和仅在局部出现的第三包的一个 0. 1km/s 的低速。

例 3. 1971 年 San Fernando 地震

沿着类似的源—场地方位排列的记录站观察到了瑞利波的形成及其后续的散射(Hank,1975)。对洛杉矶盆地和 San Fernando 河谷进行的二维模拟结果(Vidale and Helmberger,1988)说明,两个盆地都把直剪波转换成了面波。O'Rourke et al. (1984)分析了附近的八对位移记录,建议可以用瑞利波的传播模拟最大的观察到的水平应变。

例 4. Loma Prieta 地震及其余震——河谷诱发表面波

1989 年 Loma Prieta 主震区地震的 Colton Avenue 记录(距离断层破裂 29km)中的晚到地震动(约 3s 周期)被 Frankel et al. (1991)解释为由面波引起的。所确定的面波在记录到的两个水平分量上产生了峰值地层速度(37cm/s 和 36cm/s)和峰值地层位移(19cm 和 17cm)。在 Santa Clara Valley 内几次余震的阵列记录上也确定有瑞利波(Frankel et al. ,1991)。三维盆地响应模拟支持把这些瑞利波解释为河谷诱发波(Frankel and Vidale. ,1992)。估计的瑞利波传播速度在 1. 0km/s ~ 2. 0km/s 的范围内。

Pei and Papageorgiou(1996)把在 Gilory 阵列(也在 Santa Clara Valley 内)主震记录上的 S 波到达后的复杂波形解释成河谷诱发面波。解释了瑞利波的基本模态和前两个较高阶模态:基本模态的相位速度估计为 0. 4km/s,第一较高阶模态为 1. 2km/s。

Gilory 阵列的峰值地层速度由直达 S 波携带;所解释的面波粒子速度小于 20cm/s 并小于峰值地层速度的一半。

例 5. 1992 年 Landers—Big Bear 余震

对 San Bernardino Valley 内密集阵列的记录分析说明,在深部土层场地上存在 1 ~ 3s 周期的面波(Frankel,1994)。对 San Bernardino Valley 对偶然 S 波的响应的三维有限差分模拟(Frankel,1994)支持这样的解释:这些观察到的地震动是由盆地诱发面波引起的。瑞利波速度估计为大约 1. 0km/s。

例 6. 洛杉矶盆地的观察

Joyner(2000)使用最大振幅的时间的距离依赖性来区分面波和体波。他研究了洛杉矶盆地强震记录的伪速度响应谱,证明具有大约 1km/s 的群速度的晚达面波支配着三秒及以上周期的地震动。他将观察到的面波解释为在洛杉矶盆地边界上的体波通过转换产生的盆地诱发面波。Joyner 还推测,在周期为 0. 75 ~ 3s 之间,一些记录上的最大振幅是由体波携带的,而另外一些则是由面波携带的。

例 7. 1999 年 M_w7. 6 台湾集集地震的观察

对台湾中央气象局提供的强震数据的初步检查说明,在沉积盆地和冲积平原中有很多例可能的面波支配着所记录到的震动。在断层破裂东北大约 80km 的宜兰,在几个记录中类似面波的相位载有峰值地层速度(在 25 ~ 30cm/s 的区间内)。其他支配性面波的可能例子是在断层破裂以西、距离 30 ~ 80km 范围内的冲积平原内,峰值地层速度 20 ~ 30cm/s。面波样到达周期是 5s 及以上。有一例观察离断层 20km 的距离(CHY104 站)的粒子速度为 50cm/s。应当注意到,这些观察是初步的,需要进一步研究以验证波的类型,估计传播速度。

A. 3 总结

总之,以上 7 例说明,在大约 1s 及以上周期的沉积性沉积物中,面波可以是地震动的一个重要元素。这些面波被解释为或是由于从震中区偶发的面波的土体放大引起的,或是由于在沉积盆地之内将偶发 S 波转换成面波(盆地诱发面波)。这些例子中的大多数发生在距离震源 20km 以上距离。在一些记录中,所观察到的峰值地层速度是由所确定的面波携带,而在别的记录中与所确定的面波关联的粒子速度仅是峰值速度的一部分。在以上例子中描述的面波的两个最大峰值粒子速度是 30cm/s(Colton Ave. Loma Prieta 地震记录)和 50cm/s(集集地震 CHY104 站)。然而,需要进一步的工作来确认后者的波型。大多数所观察到的面波速度 C_R,大约在 0. 5 ~ 2. 5km/s 区间内。这个大变化反映了在每例观察中地下条件和面波周期的多样性。应当注意到,当地下速度结构已知时,数值方法也可以用来确定具体场地的发散曲线 $C_R(T)$。多层介质的发散曲线计算相对简单(Haskell,1953;Mooney and Bolt,1966)。然而,在沉积盆地之内面波速度的计算通常需要复杂的数值方法(例如,Lysmer and Drake,1972;Drake,1972;Bard and Bouchon,1980;Papageorgiou and Kim,1993)。

致　　谢

本文档第一稿由 FHWA 合同 DTFH61-92-C-00106 的公路地震研究委员会成员审阅。第二稿由 Turner-Fairbanks 公路研究中心的 FHWA 基础设施研发局审阅。

本项目的 FHWA COTA 是 John O'Fallon 先生,助手 Phillip Yen 博士。

布法罗大学地震工程多学科研究中心的 Jane Stoyle 和 Hector Velasco 协助编辑。

西部交通建设科技项目资助
国家自然科学基金项目资助

Gonglu Jiegouwu Kangzhen Jiagu Gaizao Shouce

公路结构物抗震加固改造手册

上册(第一部分):桥梁

编著: Ian Buckle, Ian Friedland, John Mander, Geoffrey Martin,
Richard Nutt and Maurice Power

译校: 王克海　李　茜　翟东武　韦　韩
姜震宇　张　悦　杨江芃　莫勋涛

审校: W. Phillip Yen(颜文晖)
张劲泉　孙永红　朱　晞

人民交通出版社

内 容 提 要

该书详细介绍了美国各州最流行的公路结构物在地震作用下结构易损性的评估方法，以及改进结构性能的加固改造措施。该书的第一部分着重于公路桥梁，并替换联邦公路局于1995年出版的报告(FHWA-RD-94-052)《公路桥梁地震加固手册》。该书的第二部分对公路其它结构物(包括：支挡结构，边坡，隧道，涵洞和道路等)的评估和抗震加固或改造提出了详细的方法。

北京市版权局著作权合同登记号　图资:01-2008-3560号

Seismic Retrofitting Manual for Highway Structures

Part 1—Bridges

Publication No. FHWA-RD-04-XXX　January 2006

Seismic Retrofitting Manual for Highway Structures

Part 2—Retaining Structures, Slopes, Tunnels, Culverts and Roadways

Publication No. FHWA-RD-04-XXX　August 2004

图书在版编目(CIP)数据

公路结构物抗震加固改造手册/(美)颜文晖著;王克海等译. —北京:人民交通出版社,2008.8

ISBN 978-7-114-07281-9

I.公… II.①颜…②王… III.公路桥-桥梁结构:抗震结构-加固-技术手册 IV.U448.141-62

中国版本图书馆CIP数据核字(2008)第105699号

书　　名: 公路结构物抗震加固改造手册(上册(第一部分):桥梁)

著 作 者: Ian Buckle　Ian Friedland 等编著　王克海　李　茜等译校

责任编辑: 谢仁物

出版发行: 人民交通出版社

地　　址: (100011)北京市朝阳区安定门外外馆斜街3号

网　　址: http://www.ccpress.com.cn

销售电话: (010)59757969,59757973

总 经 销: 北京中交盛世书刊有限公司

经　　销: 各地新华书店

印　　刷: 北京密东印刷有限公司

开　　本: 880×1230　1/16

印　　张: 23

字　　数: 510千

版　　次: 2008年7月　第1版

印　　次: 2008年7月　第1次印刷

书　　号: ISBN 978-7-114-07281-9

印　　数: 0001—3000册

定　　价: 128.00元(上下两册)

译者序

《公路结构物抗震加固改造手册》分上、下两册，上册（第一部分）是桥梁抗震加固手册，下册（第二部分）是支挡结构、边坡、隧道、涵洞和道路抗震加固改造手册。

在美国，1971 年南加州发生 San Fernando 地震后，首次提出对桥梁进行抗震加固。1987 年的 Whittier Narrows 地震，又一次唤起了人们对桥梁墩柱抗震加固的新一轮兴趣。1989 年的 Loma Prieta 地震，人们认识到早期的限位装置设计是不充分的。从 Loma Prieta 地震以来，在 California 州对大量的桥梁进行全面的抗震加固工作。起初人们将抗震加固的精力集中在大量单柱墩的桥梁，当时人们认为这些桥梁是最容易倒塌的。然而，在 1994 年的 Northridge 地震中，很多多柱墩桥梁也倒塌或严重破坏，所以随后这种多柱墩桥梁也纳入到 Caltrans 的抗震加固计划中。

在 1971 年 San Fernando 地震后不久，美国联邦公路局（FHWA）也成为桥梁抗震加固研究的主要资助者，包括既有桥梁加固的研究。一项早期的关于桥梁抗震加固的项目由 Illinois 技术研究院实施（Robinson et al., 1979）。第一部关于公路桥梁抗震加固的指南由 FHWA 于 1981 年以研究报告的形式《公路桥梁抗震设计指南（FHWA-RD-81-081）》出版发行。随后 1983 年，由 FHWA 出版了《公路桥梁抗震加固指南（FHWA-RD-83-007, ATC,1983）》，它包括了供全国使用的推荐意见，该指南除提供了正式的筛选评估方法外，还介绍了在当时实践中很多情况下尚未采用的抗震加固概念。除伸缩缝加固外，还针对桥梁其他构件或部位，包括桥梁墩柱、桥台和承台提出抗震加固的概念。几年后，这种桥梁抗震加固的许多概念得到发展、细化，并提炼成为当今常用的抗震加固方法。这些方法和技术也包括 FHWA 在 1987 年出版的《抗震设计和加固手册中（FHWA-IP-87-6）》中。

自 1992 年以来，为了提升国家的桥梁抗震加固技术，FHWA 一直在资助一项多年研究计划。在这项工作的带动下，成立了国家地震工程研究中心（NCEER），后来成为地震工程多学科研究中心（MCEER）。这个项目的第一项成果是 1995 年出版了联邦公路局的《公路桥梁抗震加固手册》（FHWA-RD-94-052, FHWA, 1995）。

这个修订版反映了从 1983 年以来桥梁抗震加固实践的进步。这个计划项目的其它成果包括：改进了抗震限位器的设计方法（Randall et al., 1999; DesRoches and Fenves,1998）；改善了旧钢桥支座抗震性能的方法（Mander et al., 1998a）；改进了钢筋混凝土墩柱设计和加固的方法（Dutta et al., 1999）；改进了对多柱墩钢筋混凝土结构的加固方法（Mander et al., 1996a and b）；更正确的理解了用传统支座和隔震支座进行抗震加固的性能（Wendichansky et al., 1998）。在本手册准备出版的过程中，这个计划项目达到顶点，它代表的不仅包括了联邦公路局在多学科研究中心的研究成果，也包括了整个美国和世界的研究成果。

经过近一年的紧张工作，《公路结构物抗震加固改造手册》即将付印，译者为保证质量，已前后五次校稿，但还想再校对两遍，不幸的是 2008 年 5 月 12 日发生了汶川大地震，本手册的尽快出版显得尤为重要，时间有些仓促。汶川地震后译者有机会两次去四川做震后调研（第一次历时 7 天经西线，去了映秀、马尔康、卧龙、汶川等重灾区，第二次历时 8 天经东线，去了绵阳、江油、平武、北川、青川 、广元、德阳、绵竹、什邡等重灾区），译者认为汶川地震的主要特点是地质灾害、次生灾害严重。对桥梁结构应重视桥梁整体动力特性、构造细节设计、减隔震设计。除桥梁震害外，还造成支挡结构、边坡、隧道、涵洞和路基的严重损毁。这两本手册是国际前沿的研究成果，译者相信本手册的研究成果对我国公路结构物的抗震评价与加固技术，特别是汶川地震灾后公路工程的修复、重建有重要价值。

Seismic Retrofitting 我们译为“抗震加固”，这是沿用了国内通常默认的习惯用词，译者认为译为“耐震加固改造”也许更好一些，但我们还是采用大家习惯的用词。本文的 Lower Level Ground Motion 对应的地震重现期为500年，Upper Level Ground Motion 对应的地震重现期为1000年，起初我们将前者译为小震地震动水平(准)，后者译为大震地震动水平(准)，但容易和我国的小震(地震重现期为50年)、中震(地震重现期为475年)、大震((地震重现期为1642年~2475年)混淆，所以我们分别改译为：地震动水平Ⅰ、地震动水平Ⅱ。

本手册第一部分——桥梁由：第一章、第二章由王克海译，第三～五章韦韩译、第六章姜震宇译、第七章杨江芃译、第八章张悦译、第九～十一章李茜译、附录翟东武译，之后李茜校稿一遍，莫勋涛校稿一遍，王克海校稿三遍、并统稿。之后由 W. Phillip Yen(颜文晖)博士审校认可，同时审校的还有张劲泉、孙永红、朱晞。

本手册第二部分——支挡结构、边坡、隧道、涵洞和道路部分由：王克海、莫勋涛、杨志峰、孙永红译校，之后由 W. Phillip Yen(颜文晖)博士审校认可。

本手册翻译过程中秦权教授、王志强副教授提出宝贵意见，谨志谢忱。感谢交通出版社的责任编辑谢仁物编辑为本册的出版付出辛勤的劳动，感谢交通部公路科学研究院的院领导、科教处领导、道桥部领导的关心、支持。同时特别感谢交通运输部公路司戴东昌司长长期以来对我们的关心、帮助。

美籍华人桥梁专家 W. Phillip Yen(颜文晖)博士是美国联邦 Turner - Fairbank 公路研究中心基础设施研发部地震减灾计划科技项目负责人，Yen 博士是美国桥梁抗震研究的总召集人，是美国联邦公路局在美国地震灾害减灾计划(NEP)中的代表，为第四届和第五届美国地震工程会议桥梁和公路工程分会的筹委会成员和技术委员会的主席。他是美国联邦公路局国家地震工程委员会的主席，兼任美日桥梁工程年度研讨会的美方主席。他是美国结构工程协会的委员，同时也是美国结构工程师协会建筑委员会地震修复分会的有投票权委员。他也是中美洲公路工程地震会议的筹委会成员，Yen 博士同时也是弗吉尼亚州的注册职业工程师，Yen 博士是国际知名桥梁专家。本手册中，Yen 博士是联邦公路局的技术代表，多年来一直致力于中美桥梁技术交流、合作，他授权译者翻译出版本手册，在百忙中亲自审阅、校对了全稿，并提出许多宝贵的修改意见，为此译者表示衷心的感谢。

特别需要说明的是：本书的出版得到西部交通建设科技项目(合同编号：200231800028)、国家自然科学基金资助项目(50778085)和交通部公路科学研究院创新基金的资助。

尽管多次校对修改，限于水平，加之时间仓促，译文难免有不足之处，望读者指正(邮箱：kehaiwang@263. net 或 kh. wang@ rioh. cn)。

译　者

2008年6月于北京

前　言

本手册共分两部，介绍了公路结构对地震效应的易损性评估、提高结构性能的加固改造技术等领域的最新技术发展情况。手册的第一部分着重于公路桥梁，对联邦公路局1995年出版的报告（FHWA-RD-94-052）《公路桥梁抗震加固手册》进行了修订；第二部分介绍其它典型公路结构（含支挡结构、边坡、隧道、涵洞和道路等）的评估与加固技术。

本手册的面世得益于美国联邦公路局的桥梁与公路工程抗震研究计划，1991年陆路综合运输效率法案（Intermodal Surface Transportation Efficiency Act，简称ISTEA冰茶法案）出台后，该计划于1992年开始启动；1997年面向21世纪运输权益法案（Transportation Equity Act for the 21st Century，简称TEA－21）出台后，该计划得以延续。关于桥梁和公路工程结构的评估和加固技术和理论已经相对成熟，因此如果不出意外，联邦公路局对典型公路桥梁的加固手册应该不会再进行修订，以此为最终版本；但是对于特殊桥梁结构，如桁架桥和缆索承重桥梁（如悬索桥和斜拉桥等），以及手册第二部分涉及到的结构等的性能评估与加固技术还有待深入研究，在减隔震技术如桥梁隔震支座和阻尼器等方面也需要加强。因此，我们相信联邦公路局在未来会对手册的第二部分进行修订，也会针对特殊结构和减隔震技术等出版相关的技术手册。

Gary L. Henderson
基础设施研发部门经理

声　明

品质保证声明

序

本报告是对联邦公路局1995年出版的报告(FHWA-RD-94-052)——《公路桥梁抗震加固手册》的大修订。本版本除了桥梁结构之外,也涵盖了支挡结构、边坡、隧道、涵洞和路基等结构的评估与加固技术。共分为两部分:

第一部分:桥梁结构

第二部分:支挡结构,边坡,隧道,涵洞和路基

第一部分保留了1995年报告加固过程的基本内容,主要修订内容是基于以下几点考虑:(1)地震工程的最新研究进展;(2)公路桥梁加固的实际经验;(3)加州和其它地方的桥梁结构在近期地震中的性能表现。此次修订成功是涉及各个学科领域的研究者和工程师共同努力的结果。

与新建建筑结构和桥梁结构的基于性能设计相似,本手册介绍了基于性能的加固理念。对两种不同重现期(100年和1000年)的地面运动,建立了性能准则。对重现期短的(地震动水平I)相对于重现期长的(地震动水平II),其性能水平要求更高。性能准则根据桥梁重要性和预期服役年限来确定;对于重要的新桥,其性能准则定的相对高一点;对于剩余服役年限不长的常规桥梁其性能准则相对较低。

使用抗震加固类别(SRC)来识别最低的筛选要求、评估方法和对缺陷桥梁的加固措施。SRC A无需要加固;SRC B在某些特定条件满足时,无需进行详细的评价;SRC C和SRC D则需要更严格的筛选、评估和采取加固措施。手册中介绍了不同的加固策略,以及对应每种加固策略的详细加固方法,包括限位器、支座支承面拓宽、墩柱外包壳套、基础覆层、场地修复等。

本手册共11章和6个附录。

第1章对加固过程进行了概述,包括基于性能的抗震加固理念,地震和地质灾害的特性,抗震加固类别(SRC)分配,筛选方法、评估工具、加固策略综述等。本章内容在随后的10章中会更详细的介绍。

第2和第3章介绍地震和地质灾害的特点。

第4章介绍了两种用于筛选和优先排序的地震分级法,对每一种方法都给出了实例。

第5,6和7章按照方法的精确度,依次介绍了六种用于需求和能力评价的评估方法,对一座完整的桥梁,可对构件进行依次分析,也可对整座桥梁进行分析。

第8,9,10和11章介绍支座、支座垫石、墩柱、桩、盖梁、墩-盖梁节点、桥台、基础的加固方法,以及危险场地桥梁加固措施。

附录A到D补充了特定场地地质勘察、地质灾害危险性评估、易损性曲线理论、桥梁构件的能力/需求比计算等内容。附录E和F分别对一座多跨混凝土桥和一座钢桥使用了构件能力与需求比的评估方法。

术语表、简写词、符号和参考文献也在附录中。

注:本手册在编过程中,美国交通部正好推广使用公制单位,因此手册中的所有例题均使用国际单位制。而当前美国很多州的交通厅则建议使用传统的美制单位,故手册未来的修订版可能会适应这种趋势。

技术报告归档页

1. 报告编号: FHWA-HRT-06-032	2. 政府批准号	3. 接受人目录编号:
4. 标题和小标题 公路结构抗震改造手册:第1部分—桥梁		5. 报告日期 2006年1月 6. 完成机构编码 无
7. 作者: Ian Buckle, Ian Friedland, John Mander, Geoffrey Martin, Richard Nutt and Maurice Power		8. 完成机构编码报告编号 无
9. 完成机构名称和地址 Multidisciplinary Center for Earthquake Engineering Research University at Buffalo, State University of New York Red Jacket Quadrangle Buffalo, NY 14261		10. 工作单位编号: 无 11. 合同或资助编号:DTFH61-92-C-00106
12. 资助机构名称和地址: Office of Federal Highway Administration 6300 Georgetown Pike McLean, VA 22101-2296		13. 报告类型与时间 Technical Report; 09/24/92-10/31/04 14. 资助机构代码

15. 补充说明

联邦公路局技术代表:

James Cooper, P. E. HRDI-03, Wen-hui (Phillip) Yen, P. E., Ph. D. HRDI-07, John OFallon, P. EO, HRDI-07

16. 摘要

本报告是两册报告的第一册。报告名称为:

公路结构抗震改造手册:

第1部分:桥梁

第2部分:—支挡结构、边坡、隧道、涵洞和路面.

第一部分保留了1995年报告加固过程的基本内容,主要修订内容是基于以下几点考虑:(1)地震工程的最新研究进展;(2)公路桥梁加固的实际经验;(3)加州和其它地方的桥梁结构在近期地震中的性能表现。此次修订成功是涉及各个学科领域的研究者和工程师共同努力的结果。

与新建建筑结构和桥梁结构的基于性能设计相似,本手册介绍了基于性能的加固理念。对两种不同重现期(100年和1000年)的地面运动,建立了性能准则。对重现期短的(地震动水平Ⅰ)相对于重现期长的(地震动水平Ⅱ),其性能水平要求更高。性能准则根据桥梁重要性和预期服役年限来确定;对于重要的新桥,其性能准则定的相对高一点;对于剩余服役年限不长的常规桥梁其性能准则相对较低。使用抗震加固类别(SRC)来识别最低的筛选要求、评估方法和对缺陷桥梁的加固措施。SRC A无需要加固;SRC B在某些特定条件满足时,无需进行详细的评价;SRC C和SRC D则需要更严格的筛选、评估和采取加固措施。手册中介绍了不同的加固策略,以及对应每种加固策略的详细加固方法,包括限位器、支座支承面拓宽、墩柱外包壳套、基础覆层、场地修复等。

17. 关键词 桥梁,地震,地震学,基于性能的加固,抗震加固分类,筛选,优先权,评价,加固分类,措施,指南	18. 发行声明 无限制。公众可以通过the National Technical Information Service, Springfield, VA 22161得到本文献。

19. (本报告)安全分类号 无分类	20. (本页)安全分类号 无分类	21. 页数 656	22. 价格

目　录

简写词和符号

简写词

AASHTO	美国各州公路和运输工作者协会
ASL	预期服役年限
ASTM	美国材料实验协会
ATC	应用技术委员会
ATC/MCEER	ACT 和 MCEER 为地震工程研究联合设立的机构
AVR	桥台的易损性级别
BHT	Becker 锤击试验
BSSC	NEHRP 建筑规程
BSTRUCT	桩基础塑性变形程序
C/D	能力/需求比
Caltrans	加州交通局
CDMG	加州矿资源与地质调查局
CD - ROM	光盘驱动器
CEUS	美国中东部各州
CGS	加州地质调查局
CIDH	钻孔灌注
CPT	圆锥贯入试验
CQC	完全二次组合
CRR	对比循环抗力比
CSABAC	加州抗震咨询筹备董事委员会
CSR	循环应力比
CVR	桥墩的易损性级别
DL	恒荷载
EBF	偏心联接构架
FEMA	联邦紧急救援署
FEX	超越概率
FHWA	美国联邦公路局
FLPIER	土一基础相互作用分析软件
FRP	玻璃纤维增强塑料
FS	安全性系
HAZUS	FEMA 开发的建筑环境地震损失评估软件
HITEC	公路创新技术评估中心
IBC	国际建筑规范

ICBO	国际建筑官员联合会
LL	地震动水平Ⅰ
LL	活荷载
LPILE	桩基础横向力分析软件
LRFD	荷载和抗力因素设计规范
LVR	土体液化的易损性级别
MCE	最大考察地震
MCEER	地震工程多学科研究中心
MDOF	多自由度
NBI	国家桥梁库
NCHRP	美国联合道路研究计划
NDP	非线性动力方法
NEHRP	国家地震减灾计划
NSP	非线性静力分析方法
NZS	新西兰标准
PEX	超越概率
PGA	地震动峰值加速度
PL	性能水平
RCR	维修花费比
SA	加速度反应谱
SCEC	南加州地震研究中心
SDOF	单自由度
SEISAB	桥梁地震响应分析软件
SHL	地震危险性水平
SPC	抗震性能类别
SPS	剪力板系统
SPT	标准贯入度试验
SRA	地震危险性评价
SRC	抗震加固类别
SRSS	平方和开平方
SFSI	土—基础—结构相互作用
SSI	土—结构相互作用
STRAHNET	国防高速公路网。该公路网是国家高速公路系统一个组成部分并将军事基地、工业和资源连接起来
STU	传震装置
TADAS	三角形钢板
UHM	超高模量
UL	地震动水平Ⅱ
ULM	均布荷载法
USGS	美国地质勘探局
WUS	美国西部各州

符号

- **第 1 章　公路桥梁抗震加固**

F——抗震能力

F_L——纵向地震需求

F_T——横向地震需求

F_a——场地类别和短周期(0.2s)谱加速度 S_s 的函数

F_v——场地类别和长周期(1.0s)谱加速度 S_1 的函数

$\overline{N}$——平均标准贯入度试验(SPT)锤击数

P——优先指数

PI——塑性指数

R——桥梁等级

S_1——场地类别 B 下周期 1.0s 对应的谱加速度

S_s——场地类别 B 下周期 0.2s 对应的谱加速度

S_{D1}——考虑场地效应下周期 1.0s 对应的谱加速度

S_{Ds}——考虑场地效应下周期 0.2s 对应的谱加速度

$\overline{S}_u$——平均不排水抗剪强度

v_s——上部 30m(100ft)范围内土层平均剪切波速

W——重量

w——含水率

- **第 2 章　地震危险性分析**

ξ——黏滞阻尼比

ξ_{eff}——有效黏滞阻尼比

v——年超越频率

d_c——地面以下 30m 土层内的黏性土层厚度

d_i——0 到 30m 间第 i 层土层厚度

d_s——地面以下 30m 土层内的无黏性土层厚度

F_a——设计反应谱短周期场地系数

F_v——设计反应谱长周期场地系数

i——土层

k——地面以下 30m 土层内黏性土层数

$\overline{N}$——地面以下 30m 范围内的标准贯入试验锤击数[0.3m(1ft)]

N_{ch}——地面以下 30m 范围内无黏性土层

N_i——第 i 层标准贯入试验锤击数

P_E——超越概率

P_I——塑性指数

S_1——场地类别 B 下周期 1.0s 对应的谱加速度

S_{D1}——考虑场地效应下周期 1.0s 对应的谱加速度

S_{DS}——考虑场地效应下周期 0.2s 对应的谱加速度

S_S——场地类别 B 下周期 0.2s 对应的谱加速度

$\overline{S}_u$——不排水抗剪强度

S_{ui}——第 i 层黏性土层的不排水抗剪强度
T——震后周期
t——桥梁寿命
v_{si}——第 i 层的剪切波速
v_s——地面以下 30m 范围内土层的平均剪切波速
w——含水量

- **第 4 章　用于筛选和优先排序的地震分级法**

α——倾斜角
A_2——修正后脆弱性曲线参数
a_2——修正后谱加速度(周期 1.0s)
B——桥面宽度
B_{LOSS}——桥梁损坏导致的直接经济损失
b_{max}——墩(柱)最大横向尺寸
F——框架系数
H——高度
H_{LOSS}——由人员的伤亡、交通堵塞、延误以及交通中断引起的经济损失
K_{shape}——设计加速度谱的形状系数
K_{skew}——考虑桥梁弯斜角的易损性修正系数
L——从底座到相邻伸缩缝或到桥面板端部的桥面板长度
L——上部结构支撑长度
L_c——墩柱有效高度
N——最小建议支承长度
n——桥梁跨数
np——墩数
P——优先指数
P_R——从 Q 中扣除的总数,用于考虑已知能够降低剪切破坏的那些因子的作用
P_s——纵向钢筋用量,表示为墩(柱)截面面积的百分比的形式
Q——墩易损性级别系数
R——桥梁等级
RCR_i——第 i 破坏等级的维修费用比
RCR_T——全部维修费用比
S——场地系数
S_{D1}——考虑场地效应下周期 1.0s 对应的谱加速度
T_{LOSS}——经济损失总数
U——桥梁更换费用
V——桥梁易损性级别
V_L——纵向地震动导致的倒塌或失效易损性
V_T——横向地震动导致的倒塌或失效易损性

- **第 5 章　既有桥梁的评估方法**

α——倾斜角
Δ——上部结构位移
Δ_{max}——最大位移
Δ'_{max}——极限位移状态

Δ_y——屈服位移

μ——位移延性系数

ξ_{eff}——有效黏性阻尼系数

ρ_t——纵向钢筋的配筋率

ϕ——能力减少系数

ω——角频率

$\sum Q_{NSi}$——非地震作用下构件的位移或内力合力

A_g——截面毛面积

B——宽度

B_L——反应谱长周期段的阻尼系数

B_S——反应谱短周期段的阻尼系数

C_c——承载能力系数

C_d——地震需求系数

D——墩间最小间距或直径

D_P——弯矩作用弱轴方向的桩间距

F——作用于桥梁上的总水平力

F_y——屈服力

f'_c——混凝土抗压强度

g——重力加速度

H——高度

K——桥梁横向刚度

k_1——在所考虑方向上的弹性刚度,横向或纵向

k_2——在所考虑方向上,屈服后的等效刚度,横向或纵向

L——桥梁总长

L——伸缩缝间距离

M/V——等效悬臂构件的剪跨长度

M_n——墩(柱)的名义服弯矩

N——最小支承宽度

N_0——桥台或墩顶的容许支承宽度

P——轴力

P_c——钢墩(柱)或木桩的受压承载力

P_e——地震和自重作用下,桥梁墩(柱)的轴力

p_e——作用在桥梁上单位长度的等效均布静力地震荷载

p_o——均布荷载

P_y——钢墩(柱)或桩屈服时的轴向承载力

Q_{EQ}——在考虑地震荷载作用 T,位移成力的需求。

R——墩横向弹性需求/能力比

R_c——需要评估构件的名义极限位移或承载能力

S_a——谱加速度

S_d——谱位移

T——周期,或墙厚,或截面的最小长度

$V_{s,max}$——静力位移的最大值

V_U——位移为零时的横向强度能力

W——重力

W'——每个墩的重力

$w(x)$——上部结构及附属子结构的恒荷载

- **第6章　地基与基础的建模和能力评估**

γ——土体重度

γ_t——单位土体总重力

γ_w——水的单位重力

δ_c——忽略土体影响,桩承受轴压力时桩顶轴向位移

λ——桩的特征长度,定义为 $\lambda=\left(\dfrac{EI_p}{E_s}\right)^{0.25}$

ν——泊松比

σ'_0——有效竖向应力

φ——土体内摩擦角

AE——桩的刚度

B——承台宽度

c——土体抗压强度

D——桩直径

D_g——伸缩缝的宽度

d——样本深度

d_w——水深

E——弹性模量

EI, EI_p——桩的抗弯刚度

E_s——地基模量

e——埋置系数

F_v——安全系数

f——非弹性地基模量的变化系数

G_o——初始的或低应变的剪切模量

g——重力加速度

H——高度

I_x, I_y——承台绕 x 和 y 轴的抗弯惯性矩

K——土体刚度系数

L——长度

M_c——极限抗弯能力

$(N1)_{60}$——标准的修正锤击数 $(N_1)_{60}$

P——承台上的竖向力

P_p——单位墙长度上的被动土压力合力

p_p——作用在后墙上的被动土压力

Q——轴力

q——承台上的竖向力(接触应力)

q_c——土体单位面积极限强度

v_s——小应变下的剪切波速

Z——位移

Z_c——能力极限状态下的位移

z——地面以下的深度

- **第 7 章　结构件模和能力评估**

α——压杆角度

α——受压区内的混凝土平均应力与约束混凝土强度比

β——应力体系数

γ——钢筋尺寸系数

Δ_e——弹性位移

Δ_y——名义屈服位移

ε_{ap}——塑性应变

ε_b——纵向钢筋屈曲应变

ε_{cu}——核心混凝土的极限压应变

ε_{su}——箍筋最大应力下的应变

ε_y——屈服应变

θ_p——塑性转角

θ_u——极限偏移量

θ_y——屈服偏移量

θ——主裂缝的平面角

K_o——与应力体质心有关的系数

Λ——固定因子

$\mu_{lap\phi}$——在接头区最早发生黏结失效的曲率延性

ρ_s——箍筋体积配筋率

ρ_t——纵向钢筋体积配筋率

ρ_v——箍筋体积配筋率

ρ_x,ρ_y——核心混凝土 x 轴和 y 轴箍筋的体积配筋率

ϕ——强度折减系数

ϕ_e——预期强度系数

ϕ_o——超强系数

ϕ_p——塑性曲率

ϕ_u——极限曲率

ϕ_y——名义屈服曲率

A_{bh}——单肢箍筋面积

A_{cc}——约束混凝土核心区面积

A_e——有效剪切面积

A_g——截面毛面积

A_{jh}——梁—柱节点在水平面上的面积

A_{st}——钢筋面积

A_v——横向剪切钢筋的面积

A_w——梁或柱的剪切面积

b^n——垂直于 y 轴的墩宽

b_w——横跨矩形截面宽度方向,横向剪切钢筋中心线间的距离

C_v——恒荷载因子

c——最外侧受压纤维到中心轴的距离

D——截面高度

D'——矩形截面最外侧纵向钢筋间的间距

D''——箍筋直径

d——从边缘受压纤维到受拉钢筋外层的距离

d'——从边缘受压纤维到最近的受压钢筋中心的距离

d_b——纵向钢筋直径

E_c——弹性模量

$E_c I_{eff}$——有效抗弯刚度

E_s——钢筋弹性模量

f_v——节点的平均轴向应力

f'_{cc}——核心混凝土强度

f'_c——混凝土的极限抗压强度

f'_{ce}——混凝土的预期极限抗压强度

f_h——节点平均水平轴向应力

f'_l——圆柱墩的横向应力,由横向钢筋屈服时提供的

f'_{lx},f'_{ly}——x 方向,y 方向上横向约束应力

f_{su}——纵向钢筋的极限抗拉强度

f_y——屈服应力

f_{ye}——纵向钢筋的预期屈服强度

f_{yh}——横向箍筋的屈服应力

h_b——盖梁节点高度

I_g——未开裂截面的抗弯惯性矩

j_d——混凝土受压构件的内部杠杆臂

K——增强系数

K_{shape}——形状系数

k_e——螺旋箍筋和环形箍筋的有效约束系数

L——长度

L/D'——构件长细比

(P208 页少了一个“比”字)

L_{gap}——外包壳体边缘与墩帽底部或承台顶部之间的净距

L_p——等效塑性铰长度

l_s——搭接区长度

M_D——设计弯矩

M_e——预期抗弯强度

M_n——构件名义屈服弯矩(理论屈服强度)

M_p——塑性抗弯能力

M_{po}——超强抗弯能力

P——构件上的轴力

P_e——截面上的轴力

p_t——较大的主拉应力(受拉为正)

S——横向环箍中心线之间的纵向间距

S_d——设计强度

S_n——名义强度

S_o——超强

s——箍筋间距

T_n——桥梁的自振周期

V_{cf}——混凝土的最终剪切强度

V_{ci}——由混凝土中斜向拉力场提供的抗剪切强度的贡献

V_f——最终剪切强度

V_i——初始剪切强度

V_{jf}——最终节点剪切强度

V_{jh}——节点水平剪力

V_{ji}——梁—柱节点的初始剪切强度

V_m——剪切需求

V_p——由拱(压杆)作用提供的抗剪强度的贡献

V_s——由钢筋桁架作用提供的抗剪强度的贡献

v_j——节点的平均剪应力

- **第 8 章　上部结构、支座以及支座垫石的加固方法**

α——倾斜角

β——频率比

ξ——等效黏滞阻尼比

μ——延性能力

$\{\phi_i\}$——第 i 振型

A_r——单个限位器面积

D_1——单跨的最大位移

D_2——墩顶的最大位移

D_{as}——容许支承宽度

D_{eqo}——无约束时伸缩缝的相对位移

D_r——限位器最大容许伸长量

D_{rs}——限位器松弛度

D_y——屈服时限位器伸长量

E——弹性模量

F_h——节点平均水平轴向应力

f_y——屈服应力

$[K]$——带有限位器的两个框架的刚度矩阵

K_{DED}——延性端隔板的刚度

K_r——限位器刚度

K_{SUB}——下部结构刚度

L_r——限位器长度

$[M]$——两框架系统的质量矩阵

N_r——限位器个数

P——恒荷载

P_i——第 i 振型参与系数

R——反应修正系数

s——限位器松弛长度

- **第 9 章　下部结构加固方法**

α——构件长细比

ε_{cu}——约束混凝土极限应变
ε_{du}——考虑长期环境影响造成退化后,壳套材料的极限设计应变
ε_{p}——最大容许被动应变
ε_{su}——钢套管上的极限应变
θ——剪切裂缝角度
ρ_{l}——纵向钢筋配筋率
ρ_{s}——有效体积配筋率
A_{b}——纵向搭接钢筋面积
A_{d}——暗销的面积
A_{p}——钢绞线面积
c——墩主筋的保护层
D——直径
D'——由墩(柱)纵向钢筋围成的节圆直径
d_{b}——纵向钢筋直径
d_{p}——钢绞线直径
E_{a}——主动约束层的弹性模量
E_{j}——主动约束与被动约束材料弹性模量的加权平均值
E_{p}——被动约束层的弹性模量
E_{s}——钢筋的弹性模量
f_{a}——墩柱中的主动约束应力
f'_{cc}——约束混凝土极限应力
f_{du}——考虑长期环境影响造成退化后,壳套材料的极限设计强度
f_{i}——考虑预应力损失后的钢绞线拉应力
f_{l}——侧限应力水平
f_{pu}——极限设计应力
f_{s}——有钢套层引起的应力
f_{y}——屈服力
f_{ys}——钢套屈服应力
g——加固措施与关键截面之间的距离
L——长度
l_{p}——塑性铰长度
l_{s}——搭接长度
N——墩(柱)纵向钢筋数量
s——间距
s_{s}——加固措施与关键截面之间的距离
t——钢套管厚度
t_{a}——主动约束层层厚
t_{p}——被动约束层厚度
V_{sj}——钢套提供的附加名义剪切力
V_{i}——接触面最大剪应力
v_{ih}——接触面水平剪应力
v_{iv}——接触面竖向剪应力

- 第 10 章　桥台、承台和地基的加固技术

μ——土—混凝土间的摩擦系数
A_{effv}——有效支承面积
B_c——墩宽
b_{eff}——矩形墩截面宽度加上截面高度
C_{in}——指向墩(柱)内部
C_{ex}——指向墩(柱)外部
D——墩直径
D_c——墩截面高度
DL_s——搭板和覆土的自重
d_f——加固后承台高度
F_D——设计力
f_a——节点内竖向有效压应力
f_t——节点主拉应力
P——轴力
S_a——谱加速度
V_{jv}——节点竖向剪应力

- 第 11 章　危险场地桥梁加固措施

M_p——桩的塑性抗弯能力
M_{pt}——桩顶的塑性抗弯能力
V_{pass}——端横梁背面的被动力
V_{strut}——由上部结构和其他桥墩承担的力

- 附录 B:地质灾害危险性评估

τ_{av}/σ'_{vo}——由有效超载应力除得的平均地震剪应力
σ_{vo}/σ'_{vo}——总超载应力与有效超载应力的比值
a_{max}——地震动峰值加速度(g)
r_d——土壤挠曲系数

- 附录 C:易损性曲线理论

β_c——正规化复合对数正态偏差
ϕ——标准对数正态累积分布函数
A_i——引发第 i 个损伤状态所需的中值谱加速度
DS_i——第 i 个损伤状态
S_a——谱加速度

- 附录 D:桥梁构件的能力/需求比

$\Delta_{eq}(d)$——计算得到的由地震引起的最大相对位移
$\Delta_i(d)$——温度、收缩和徐变造成的最大位移
$\Delta_s(c)$——伸缩缝或支座的有效位移能力
μ——延性系数
$\rho(c)$——既有箍筋的体积配筋率
$\rho(d)$——所需的箍筋体积配筋率
A_b——搭接钢筋面积
A_g——墩柱的毛截面面积
$A_L(c)$——可能发生液化破坏的地面有效峰值加速度

A_L(d)——0.4Ss/g 场地有效加速度因子

A_{tr}(e)——垂直于潜在破裂缝的纵筋面积

B——上部结构宽度

b_c——墩的宽度

b_{min}——墩柱截面的最小宽度

c——钢筋保护层或相邻钢筋净距的一半,取较小者

d_b——钢筋名义直径

f'_c——混凝土抗压强度

f_y——纵向钢筋屈服应力

f_{yt}——箍筋屈服应力

H——高度

k_3——横向钢筋锚固有效性系数

k_s——屈服应力为f_y(kPa 或 psi)的钢筋的常数

L——节点间距

$L_a(c)$——纵筋的有效锚固长度

$L_a(d)$——纵筋有效锚固长度需求

L_c——墩高

L_s——搭接长度

$N(c)$——实际支承长度

$N(d)$——最小支承宽度

P_c——墩承受的轴压力

s——箍筋间距

$V_b(c)$——计算方向上构件的名义极限能力

$V_b(d)$——作用在构件上的地震力

$V_e(d)$——计算弹性剪力最大值

$V_f(c)$——墩柱发生损伤后最终抗剪能力

$V_i(c)$——墩柱未发生损伤时的初始抗剪能力

$V_u(d)$——墩柱最大剪力

第 1 章　公路桥梁抗震加固

1.1　概述

在美国许多桥梁不足以抵抗地震荷载,在相对小的地震作用下可能发生严重损坏或倒塌。在阿拉斯加(Alaska)、加利福尼亚(California)、华盛顿(Washington) 和俄勒冈(Oregon)地区,地震导致的地面振动可使大部分结构遭受损坏。在美国中部和东部地区,尽管桥梁倒塌的地震风险比较低,但是,一些桥梁在相对较低的地震动作用下也会发生损坏。在美国 50 个州中有 37 个州,未来 50 年内足以造成桥梁损坏的地震动发生概率为 10%。在一些州,这可能导致桥梁倒塌,为了防止这种情况的发生,需要对抗震能力不足的结构进行加固或更换。这可通过对桥梁风险性识别,评估它们的倒塌或严重震害的易损性以及启动降低这种风险的研究项目来实现。

加固是减轻风险的最普遍的方法。然而,从加固的造价方面考虑,对一些桥梁放弃加固(全部或部分限制通行)或者更换为新结构更可取。另一个可能的选择是不采取任何措施并接受桥梁损坏的后果。可根据桥梁的重要性和结构易损性的详细评估结果,对桥梁是否加固、弃用、更换、或不采取任何措施进行决策。由于资源有限,因此桥梁抗震加固应采用优先加固的原则,位于高地震危险性区域的重要桥梁应确定为最优先加固的桥梁。

本手册包括对既有公路桥梁的评估方法和抗震等级提高方法,具体地讲包括:

- 确定需要进行抗震加固评估的桥梁及其抗震加固优先顺序的筛选方法。
- 桥梁抗震能力的定量评估方法以及确定抗震加固的措施,包括费用和安装方便性。
- 提高既有桥梁抗震性能的加固方法和相应技术。

如流程图 1-1 所示,如果桥梁位于地震最不活跃的地区或桥梁的预期使用年限少,可不采取加固措施。临时桥梁或已经关闭交通的桥梁,也可不采取加固措施。详见 1.4.6 节。

对桥梁何时加固、如何加固,本手册没有严格规定。对桥梁进行加固取决于很多因素,其中一些超出了工程领域。这包括,但不局限于,可用资金和大量的政治、社会、经济等因素,本手册主要关注工程因素。

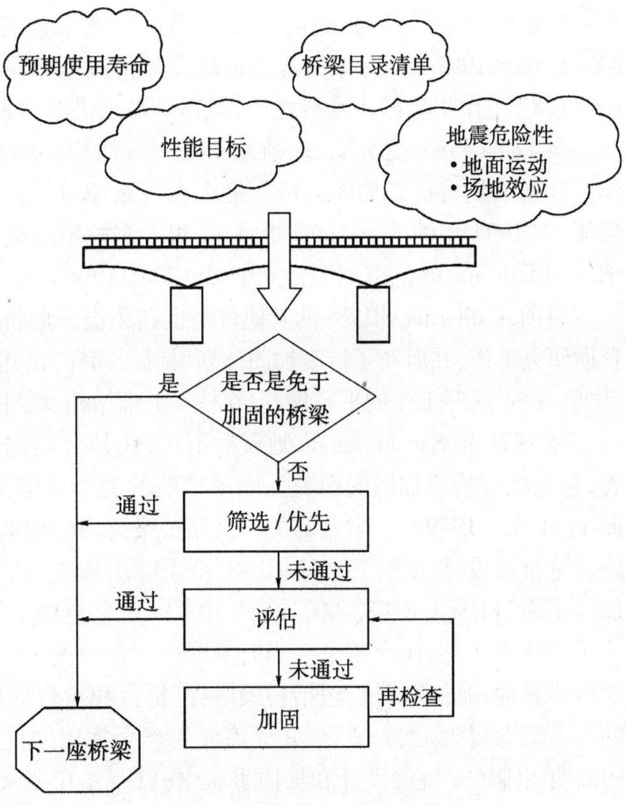

图 1-1　公路桥梁加固过程流程图

本手册适用于传统的钢、混凝土的公路桥梁,跨度不超过 150m(500ft),不包括:悬索桥、斜拉桥、拱桥、大跨钢桁梁桥和开启桥。但是,可根据适当判断,本手册提到的很多方法、技术可以应用于这些桥梁中。例如,可应用于钢桁梁桥下部结构的加固。尽管本手册专门针对公路桥梁制订,但也可应用于其他类型的桥梁。

1.2 背景

在美国国内,1971 年南加州发生 San Fernando 地震后,首次提出对桥梁进行抗震加固。这次地震对于桥梁工程来说是一个分水岭事件,在此之前的桥梁,即使在中等强度的地震作用下,当时桥梁设计的通常做法也无法保障在地震作用下桥梁的性能良好。

虽然这次地震中的桥梁损坏可以归因于几类结构构件的抗震能力不足,但起初的桥梁加固主要集中在桥梁支承搭接方面。主要加固策略是在桥梁上部结构间设置限位索或高强钢筋,以限制伸缩缝的相对移动,并且把梁和桥墩连接起来。California 率先启动了对所有伸缩缝易损性的桥梁加固计划。当时,一些专家坚信这种加固能够用最少的费用防止大多数(即使不是全部的)桥梁损坏;然而实际情况并非如此。

在 1987 年的 Whittier Narrows 地震中,一座经过伸缩缝限位加固的桥梁,其墩柱遭到严重损坏,并威胁到整个桥梁的稳定性(Wipf et al., 1997)。墩柱的这种低劣的抗震性能唤起了人们对墩柱抗震加固的新一轮兴趣。为找到改进既有桥梁混凝土墩柱抗震性能的合适方法,人们加强了研究工作。这项研究的大部分是在 California 大学 San Diego 分校进行的,并且起初的研究主要集中在附加钢外壳(或钢套)以提高钢对墩柱混凝土的约束(Chai et al.,1992)。不幸的是,1989 年,在 Caltrans 设计准则颁布前,还未来得及在全州范围内开始墩柱加固计划,发生了 Loma Prieta 地震。这次地震中最剧烈的破坏是在 Oakland,由于墩柱连接的损坏导致 Cypress 高架桥倒塌。尽管在地震前两层高架桥的伸缩缝经过了限位加固,但是大部分上层桥面板坍塌到下层桥面,压碎了一些车辆,并造成一些人员伤亡(Housner, 1990)。

Loma Prieta 地震也说明人们早期的限位装置设计是不充分的。这些设计中有很多桥梁都是依赖少得可怜的限位装置,而其他的设计缺陷也导致结构其他部位的破坏,例如在伸缩缝一侧的横隔板内(Yashinsky,1997)。专家已经通过研究和精确分析,把很多这些缺陷问题研究清楚了(Selna and Malvar, 1987),并非全都在意料之外,但还是必须借鉴早期的桥梁抗震加固方法。

从 Loma Prieta 地震以来,在 California 州对大量的桥梁进行全面的抗震加固一直是一项重要的工作。起初人们将抗震加固的精力集中在大量单柱墩的桥梁,当时人们认为这些桥梁是最容易倒塌的。然而,在 1994 年的 Northridge 地震中,很多多柱墩桥梁也倒塌或严重破坏,所以随后这种多柱墩桥梁也纳入到 Caltrans 的抗震加固计划中(Buckle, 1994)。

目前,California 州以外的其他各州也在积极开展抗震加固计划。例如:Washington 和 Nevada 州已经资助研究工作,并启动了抗震加固计划项目。同样,在其他国家,例如日本、新西兰也开始了抗震加固项目计划。由于这些工作的平行展开,在桥梁上部结构、墩柱和基础的抗震加固中已取得了巨大的进步。

在 1971 年 San Fernando 地震后不久,联邦公路局(FHWA)也成为桥梁抗震加固研究的主要资助者,包括既有桥梁加固的研究。一项早期的关于桥梁抗震加固的项目由 Illinois 技术研究院实施(Robinson et al., 1979)。第一部关于公路桥梁抗震加固的指南由 FHWA 于 1981 年以研究报告的形式《公路桥梁抗震设计指南(FHWA-RD-81-081)》出版发行。随后 1983 年,由 FHWA 出版了《公路桥梁抗震加固指南(FHWA-RD-83-007, ATC,1983)》,它包括了供全国使用的推荐意见,该指南除提供了正式的筛选评估方法外,还介绍了在当时实践中很多情况下尚未采用的抗震加固概念。除伸缩缝加固外,还针对桥梁其他构件或部位,包括桥梁墩柱、桥台和承台提出抗震加固的概念。几年后,这种桥梁抗震加固的许多概念得到发展、细化,并提炼成为当今常用的抗震加固方法。这些方法和技术也包括 FHWA 在 1987 年出版的《抗震设计和加固手册中(FHWA-IP-87-6)》中。

自 1992 年以来,为了提升国家的桥梁抗震加固技术, FHWA 一直在资助一项多年研究计划。在这项工作的带动下,成立了国家地震工程研究中心(NCEER),后来成为地震工程多学科研究中心(MCEER)。这个项目的第一项成果是 1995 年出版了联邦公路局的《公路桥梁抗震加固手册》(FHWA-RD-94-052, FHWA, 1995)。

这个修订版反映了从1983年以来桥梁抗震加固实践的进步。这个计划项目的其他成果包括:改进了抗震限位器的设计方法(Randall et al., 1999; DesRoches and Fenves,1998);改善了旧钢桥支座抗震性能的方法(Mander et al., 1998a);改进了钢筋混凝土墩柱设计和加固的方法(Dutta et al., 1999);改进了对多柱墩钢筋混凝土结构的加固方法(Mander et al., 1996a and b);更正确地理解了用传统支座和隔震支座进行抗震加固的性能(Wendichansky et al., 1998)。在本手册准备出版的过程中,这个计划项目达到顶点,它代表的不仅包括了联邦公路局在多学科研究中心的研究成果,也包括了整个美国和世界的研究成果。

1.3 抗震理念

人们通常以单一的地震动水平设计新建的桥梁和建筑,这个地震动水平通常称做设计地震,它代表在桥梁预期寿命中可能遇到的最大的地震地面运动。隐含在这句话中的是:桥梁在其寿命期内所遇到的实际地震地面运动可能大于设计地震动水平,但是发生这种情况的可能性很小。这种可能性通常表达为超越概率,并且它也可描述为以年为单位的重现期。当地震危险性水平设定后,绝大多数的设计规范对地震危险性不同的区域采用相同的超越概率。一般认为对不同区域用这种"一致危险性"方法比用对应每个地区历史上出现的最大地震事件更合理。

1989年Loma Prieta地震后,在《公路桥梁标准规范》(AASHTO,2002)中采用一致危险性方法,并且这个地震危险性水平接近于50年(假定的桥梁服役期)超越概率10%。这相应于地震动重现期约500年。在20世纪90年代中期,编写AASTO LRFD规范期间,公路桥梁的平均使用寿命为75年(AASHTO,1998)。按照相同的地震重现期(500年),桥梁75年使用期的地震超越概率近似为15%。

与此同时,由于使用一致危险性方法,相应的性能标准包含在1992年的AASHTO规范中(AASHTO,2002),详见规范的条款1.1,总结如下:

- 中小地震作用下结构在弹性范围内,不发生结构损坏。
- 在设计过程中用实际的地震地面运动烈度和地震力。
- 在大地震时不发生整个桥梁结构或部分桥梁结构的倒塌,损坏尽可能发生在易于检查和维修的部位。

根据这种理念得出的抗震设计的基本概念(Art. 1.3, AASHTO,2002),总结如下:

- 对生命的危害最小化;
- 桥梁可能损坏,但是倒塌的概率很低;
- 保持桥梁的基本功能;
- 设计所用的地震地面运动应在桥梁使用年限内发生的超越概率较低。

尽管缺乏明确的规定,但是这些准则是一个重要的进步,并成为抗震设计主流的要求。

同样,以前的抗震加固指南和手册也采用了代表地震危险性的单一的地震动水平(一个500年的地震重现期),并且在当时的AASHTO桥梁设计规范中采用相同的性能准则。

假设按单一的地震动水平进行设计和加固时,如果在设计地震下抗震性能得到满足,则满足所有水准地震动作用下的性能要求,包括大震和小震。根据最近在加州(California)、哥斯达黎加(Costa Rica)、日本、土耳其和中国台湾(图1-2~图1-5)发生的地震,这样一个假设总体上看起来是不正确的。在设计地震地面运动下,如果要求结构在弹性范围内,对于较小的地震地面运动应该是正确的;如果超出设计地震地面运动的界值小(也就是说,低于50%),并且在桥梁中具有足够的强度以满足更高的需求,对于更高的地震地面运动水平,这个假设也应该是正确的。

然而,在美国的许多地区,这些较高的地震地面运动会是设计地震地面运动的3~4倍,这样可能导致桥梁的不稳定和倒塌。虽然这样的地震地面运动很少发生,但在桥梁的设计和加固过程应予以明确考虑,并且应采用多个地震动水平,而不是单一地震动水平。此外,性能要求应根据不同大小的地震动水平进行调整,地震动水平越低所期望的性能水平越高,而地震动水平越高所要求的性能水平越低。

Loma Prieta 地震,1989

图 1-2　San Francisco Oakland 海湾大桥由于支承长度和锚固螺栓不足使 E9 塔处发生落梁

Loma Prieta 地震,1989

图 1-3　由于上下两层之间的节点发生脆性剪切失效造成位于 Okland Ⅰ-880 线上的双层 Cypress 高架桥倒塌

集集地震，1999

图 1-4　由于场地失效和附近断层断裂造成台中 Shi Wei 桥发生落梁

集集地震，1999

图 1-5　台中 Wu Shu 桥的钢筋混凝土桥墩发生斜向剪切裂缝

基于性能的设计提供了一种以合理的方式满足这些要求的方法,在不同水平的地震危险性下,重要性不同的桥梁所期望的性能是不一样的。本手册推荐美国公路桥梁基于性能的抗震加固方法。

图 1-6 所示,通过目前技术水平给定分散区域(或水平)的地震危险性和预期性能的关系,由柱状图显示。不过这种趋势是一样的:在高地震危险性区域,性能水平越高意味着费用越高。

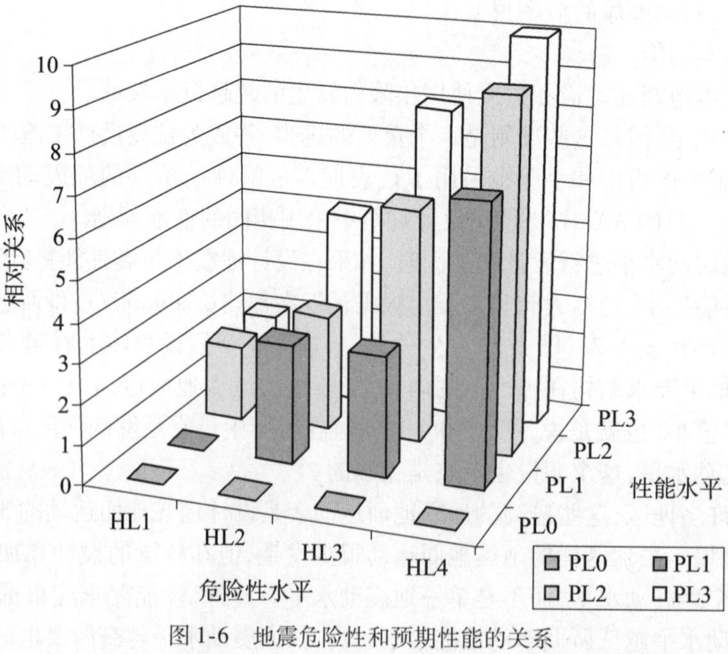

图 1-6　地震危险性和预期性能的关系

1.4　抗震性能准则

1.4.1　性能水平

正如前面章节所提到的，本手册将详细介绍基于性能的公路桥梁抗震加固方法。这意味着对于地震地面运动的不同水准，将推荐桥梁抗震加固的不同期望性能目标。在本手册中，性能准则将被定义为四个性能水平。即：

性能水平0(PL0)：没有推荐任何最低的性能水平。

性能水平1(PL1)：生命安全，在地震中桥梁损坏严重，交通中断，但生命安全得到保障；在大地震后桥梁可能需要更换。

性能水平2(PL2)：基本运营，损坏轻微，并且在详细检查和清理后，不影响应急车辆通行，或不需要限制交通，地震所造成的任何损坏是可修复的。

性能水平3(PL3)：完全运营，损坏微小，可忽略不计，并且在详细检查和清理后，不影响所有车辆的通行，地震所造成的任何损坏是可修复的，而且不会中断交通。

上述性能准则中可忽略的损坏、轻微损坏和严重损坏术语的解释如下：

• 轻微损坏，包括轻微的非弹性反应和混凝土的细小裂缝，没有明显的永久性变形，在非应急状态下可维修。可能的例外是，需要拆除和临时更换上部结构的伸缩缝。

• 严重损坏，包括永久性移位和永久性裂缝，钢筋屈服和大量混凝土剥落，需要关闭交通进行修复；可能部分或全部更换墩柱；梁可能脱离支座，但没有发生落梁，与此相似，基础没有损坏，但可能发生由于砂土液化产生的侧向流动，此时桩基可能出现非弹性变形。

• 可忽略的损坏，包括非结构构件的移位、轻微损坏，而不是结构构件的明显非弹性反应或任何形式的永久性变形。

业主可能要求更高的性能水平，例如，对于非常重要的桥梁可能采用下面的准则：

• 在地震后，没有损坏，所有的交通使用正常，不需要进行维修。

总的说来，性能准则随地震动水平、桥梁重要性和预期服役期而变化。在本手册中，这个目标定义为：两个地震地面运动水平(一个地震动水水工和一个地震动水平工)，两个重要性等级(一般的和重要的)以及三个服役期分类(AS1,2和3)，下面的章节予以讨论。

1.4.2　地震地面运动水平

地震动水平Ⅰ(LL)是在桥梁寿命期(假设为75年)最可能遇到的地震，也就是说，它代表相对小、但可能发生的地震地面运动❶。正如在1.3节提到的，用超越概率描述地震地面运动是实践中常用的方法。因此，在桥梁服役期，地震动水平Ⅰ与较高的超越概率相对应，对桥梁抗震加固设计，推荐采用75年50%的超越概率，这个超越概率相当于地震重现期为100年(表2-1)。

地震动水平Ⅱ(UL)是一个在桥梁使用服役期内并可能遇到的、有限的、但遥远的地震动，也就是说它代表一个较大的、但不容易发生的地震动❷。和地震动水平Ⅰ一样，通常用一个标准化的地震动超越概率加以描述。所以，在桥梁的使用寿命期，地震动水平Ⅱ具有相对低的超越概率。本手册中，地震动

❶ 这里所说的地震动有时称为常遇地震“frequent earthquake”。在NCHRP 12－49 Recommended LRFD Guidelines for Seismic Design (ATC/MCEER, 2003)中被称为预期地震“expexted earthquake”，在Caltrans Seismic Design Methodology (Caltrans,1999)中称之为功能评价地震“functional evaluation earthquake(FEE)”。

❷ 这里所说的地震动有时称为罕遇地震“rare earthquake”。在NCHRP 12－49 Recommended LRFD Guidelines for Seismic Design (ATC/MCEER, 2003)中被称为最大考虑地震“maximum considered earthquake”(MCE)，在Caltrans Seismic Design Methodology(Caltrans, 1999)中称之为安全评价地震“safty evaluation earthquake(SEE)”。

水平Ⅱ是指75年7%超越概率,相应的重现期约为1000年。

地震动水平Ⅰ和地震动水平Ⅱ的反应谱曲线和峰值加速度可以在手册所附的CD-ROM中找到❶。桥梁的场地可以根据邮政编码找到,更确切地说,可根据经度和纬度确定。然而,在CD中所给的值为50年的,而不是前面提到的假定使用寿命75年。所以,在这张CD中,我们所用的是相当于50年服役期的超越概率所要求的,如下:

- 75年超越概率50%的地震动,其重现期为108年。而50年超概率50%的地震动,其重现期72年。鉴于手册的目的,所考虑的比较低的重现期非常接近规定值100年(表1-2),对于50年使用期限,这个值可以被使用。所以,对于地震动水平Ⅰ,宜采用CD中50年超越概率50%的的数据。
- 75年超越概率7%的地震动的地震重现期接近于50年超越概率5%的地震动的地震重现期(两者均为1 000年)。所以,对于地震动水平Ⅱ宜用CD中的50年超越概率5%的地震动。

另外一种方法是,通过美国地质测绘部门的网址(http://eqhazmaps. usgs. gov)获取地震动水平Ⅱ的反应谱曲线和峰值加速度。在美国国内,按地区给出地图值,对具体地点,可根据指定的地区邮政编码,或根据经度和纬度获取。和CD中数据一致,这些值是按桥梁的服役期为50年给定,对这些地区的等效超越概率已经在CD中予以说明。在网址上没有提供地震动水平Ⅰ的谱曲线和峰值加速度(100年),这些数据包括在本手册中。

在一些基于性能的桥梁和建筑规范中,推荐用75年超越概率3%的地震动作为地震动水平Ⅱ取值。但这些规范是针对新建工程,而不一定适合既有结构的加固。新建结构的抗震设计比既有结构抗震加固设计容易得多。对抗震加固选用折减的地震动水平Ⅱ是一个折中选择,这个折中是在地震动水平Ⅱ下的生命安全和在地震动水平Ⅰ下的适当性能以及业主的有限资源之间的折中。值得注意的是,这些性能准则是一般性的建议,根据特定的桥梁使用环境必须要求改变时,还要根据业主(或工程师)的要求做适当的改变。

1.4.3 桥梁重要性

过去人们已经提出根据交通量和绕行距离对桥梁的重要性进行分类,并且给出了重要性指标。但是,这种定量的方法不包括那些直接影响交通重要性的非技术因素,即所谓的社会经济因素。所以,基于工程判断的广义的桥梁分类更为合理,在本手册中建议将桥梁分为两类:重要性桥梁和一般桥梁。重要性桥梁是指那些期望在地震后具有桥梁运营功能的桥梁,或期望地震后立即能够开放的桥梁;此外的其他所有桥梁归类为一般桥梁。所以,重要性的确定是主观的,在作出这种判断时,桥梁重要性的判断取决于社会/生存和安全/防卫等因素。

所以重要桥梁需满足下列一个或多个条件:

- 那些要求提供二级生命安全的桥梁,例如:为像医院这样的当地应急服务机构提供通道的桥梁。也包括那些在交叉道提供二级生命安全的桥梁,以及承担生命线工程(如:输电、供水管线等)的桥梁。
- 一旦损坏将对经济产生巨大影响的桥梁,例如:运输系统中承担主要网络连接的桥梁,或对地区经济恢复非常重要的桥梁。
- 在地区紧急救援中承担重要角色的桥梁,例如:用于城市防御、消防和公共医疗部门在突发灾害时需要立即使用的桥梁,也包括地区应急反应预案时,选定交叉道上的桥梁,以及那些被确定为撤离通道上的桥梁。
- 在安全、防务中,道路网络中起关键连接作用的桥梁。依据1973年联邦—救助公路法案来进行

❶ 本CD中包含1996年由USGS出版的地震危险性分布图和曲线。更新的分布图于2002年出版,但是重现期不是1000年,见2.3节。

安全、防务评估，它要求每一个州有一个防务预案。这个预案目前为 STRAJNET，这个公路防卫网络提供了将军事基地、工厂和资源工业的连接通道，而且是国家公路系统的一部分。

1.4.4　预期服役年限

在确定哪些桥梁需要进行抗震加固时的一个重要因素是桥梁的预期服役期，对剩余预期服役年限短的桥梁进行抗震加固的困难来源于两个方面：一方面，对这种桥梁进行抗震加固是不经济的，而且在其剩下的服役期发生设计地震的可能性很小；另一方面，几乎是新建的桥梁或需要更新以便延长服役年限的桥梁，对这些桥梁进行加固应该延长它们的服役年限。

估计桥梁的剩余服役期不是精确科学的，这是因为桥梁的剩余服役期取决于很多因素，例如桥龄、结构条件、设计时采用的规范以及目前和未来的车流量等。然而，为了确定桥梁的剩余服役期，和随后的桥梁加固分类，我们需要估计桥梁的剩余寿命，最少是在一个比较大的范围内估计。在本手册中将桥梁的剩余服役年限定为三类，定义见表 1-1。在进行分类时，应该注意到，在 AASHTO LRFD 规范中（AASHTO，1998），假定新建桥梁的服役期为 75 年，为了指定既有桥梁的加固类别，根据桥龄和剩余服役年限，将桥梁服役期分为三个类别。人们注意到，对于大跨径桥梁的服役期远大于 75 年，但大跨度桥梁超出了本手册的研究范围。在气候适宜和低烈度地震区的桥梁，其服役期也可能超过 75 年。

对于服役期归为 ASL1 的桥梁，由于服役期接近结束，对这些桥梁进行抗震加固是不经济的。所以这些桥梁没必要进行抗震加固，并且归类为最低需要抗震加固的桥梁，也就是 A 类桥梁（见 1.6 节）。对于服役期归为 ASL3 的桥梁，由于这些桥梁建设年代不长，几乎相当于新桥，抗震加固的标准应该按新建桥梁的抗震标准。服役期归为 ASL2 的桥梁，由于其在两个极端之间，较低的抗震加固标准是可以接受的。然而，如果条件容许，业主可以选用较高的标准进行加固。

由年长日久地积累起来的桥梁损坏（例如：桥面板的损坏，支座的冻结以及伸缩缝的损坏），为了改进桥梁的安全性以及为了适应桥梁上车流量的增加，在桥梁服役期结束前，桥梁总是需要维修的。一座剩余寿命为 15 年甚至不到 15 年的桥梁，经过维修、翻新后，这座桥梁的剩余服役期可能延长为 35 年，桥梁剩余服役期类别（ASL）由 ASL1 提升为 ASL2（表 1-1）。如果计划对此桥进行其他维修、翻新，建议重新评估这座桥梁的抗震性能，这样就可在维修、翻新时对这座桥实施抗震加固（如果有必要的话）。通过利用在现场的承包商，其抗震加固费用会大大减低。

服役期类别　　表 1-1

服役期类别	预期服役年限（年）	桥龄（年）（如果没有翻新）
ASL1	0 ~ 15	60 ~ 75
ASL2	16 ~ 50	25 ~ 60
ASL3	>50	<25

注：计算桥龄时，假设全部服役期为 75 年，并在其寿命期内未进行翻新。

1.4.5　性能水平的选择

根据地震动水平、桥梁重要性和服役期类别（已在前面章节中讨论）所推荐的性能水平在表 1-2 给出。如果将桥梁加固到这些水平是不经济的，业主可能选择一个地震动水平Ⅰ。另一方面，对于某些类型的桥梁，业主可能选择比推荐水平更高的水准。这种情况的一个例子是在 STRAHNET 中的那些桥梁，它们在国家或地方公路运输网络中具有非常重要的作用，对这些桥梁要根据具体场地、具体结构指定相应的性能准则，这些桥梁可能不在本手册的讨论范围内。

加固桥梁的最低性能水平　　表1-2

地　震　动	桥梁重要性和服役期类别					
	一般桥梁			重要桥梁		
	ASL1	ASL2	ASL3	ASL1	ASL2	ASL3
地震动水平Ⅰ(75年超越概率50%;重现期100年)	PL0[4]	PL3	PL3	PL0[4]	PL3	PL3
地震动水平Ⅱ(75年超越概率7%;重现期1000年)	PL0[4]	PL1	PL1	PL0[4]	PL1	PL2

注:1. 预期服役期类别
ASL1:0~15年
ASL2:16~50年
ASL3:>50年
2. 性能水平
PL0:不设最低要求;
PL1:生命安全。可能出现严重的破坏和运营中断,但是必须确保生命安全,震后,桥梁结构可能需要更换。
PL2:基本运营。最小限度的破坏,在检查和清理后紧急运输系统可运行。在限制或不需限制交通流量的情况下,桥梁可修复。
PL3:完全运营。结构的损伤可忽略,在检查和清理后,全部交通可正常运行。不中断交通的情况下,桥梁损伤可修补。
3. 地震动水平Ⅱ的反应谱曲线和峰值地震动加速度可在 http://eqhazmaps.usgs.gov 网站查询。两水平地震动的反应谱曲线和地震动加速度可以由"Seismic Hazard Curves and Uniform Hazard Response Spectral for the United States(美国地震危险性曲线和一致危险性反应谱)"(Frankel and Leyendecker, 2001;见2.3节)的CD光盘中获得。
4. 要求性能水平达到PL0,其预期服役期不大于15年并且可能被更换或修复

1.4.6　两个地震动水平的加固流程

正如1.3节所提到的,对于地震易损性桥梁进行加固仅仅是多个选择中的一个选项。其他的选择可以是关闭桥梁、更换桥梁、接受损坏并维持桥梁现状。关闭或更换桥梁不仅仅是由于桥梁抗震能力不足,也许由于其他原因造成桥梁承载能力不足也会关闭或更换桥梁。所以,在所有的实际工程中,我们选择要么对桥梁补强、要么接受桥梁存在的风险。这种选择依赖于桥梁的重要性和加固的费用和加固效果。

由于预算费用和资源有限,不可能对公路系统所有存在缺陷的桥梁进行加固,所以最重要的桥梁如果存在缺陷应首先考虑加固。对哪些桥梁应进行加固,对哪些桥梁先加固不仅仅要考虑工程问题,而且应考虑经济、社会和现场的实际情况。

根据上面的建议,桥梁抗震性能应校核两个地震动水平(地震动水平Ⅰ和地震动水平Ⅱ),为此,在抗震加固中有两个明显的阶段:

- 阶段1　根据地震动水平Ⅰ进行筛选检查、评估和加固;
- 阶段2　根据地震动水平Ⅱ进行筛选检查、评估和加固。

由于每个阶段的性能准则差异很大,我们不可能把两个阶段合并为一个。例如,对于地震动水平Ⅰ阶段的准则是:结构不损坏、不维修(也就是说,结构在弹性状态);而对于地震动水平Ⅱ阶段的准则是:可接受损坏、但结构不倒塌,对一些桥梁而言,地震时应急车辆可以通过(也就是说,结构进入非弹性行为状态)。

每个阶段包括三个步骤,即筛选、评估和加固,详见1.1节和图1-1。每个步骤的概要示于图1-7,并在1.7节和1.8节中讨论。

1.4.7　免于加固的桥梁

如果桥梁满足下列条件之一,对于两个地震动水平桥梁免于进行抗震加固:

- 桥梁的预期使用期限等于或低于15年(见1.4.4);
- 桥梁是"临时"桥梁(即:桥梁的预期使用期限等于或低于15年);
- 关闭交通的桥梁,并且不跨越使用中的公路、铁路或水运的桥梁。

如果满足地震动水平Ⅱ抗震加固分类 A（见 1.6 节），桥梁也免于抗震加固。

1.5　地震危险性水平

桥梁场地的地震危险性水平（SHL）是根据桥梁场地岩层表面的震动强度以及覆盖土层的放大作用进行确定的。在地表的地震动也许远大于基岩处的地震动。以下将两个因素分别处理，然后合并起来定义 1.5.4 节中的 SHL。其他地质因素，例如液化和断层错断，也会影响桥梁场地的地震危险性，这些因素也会在这一节中简单描述。

1.5.1　地面运动表示方法

地震地面运动有下列两种表示方法：

a. 在一个给定时间的周期内预期的场地峰值加速度，据此基于几个简化的假设可画出设计谱；

b. 通过设计谱上的两点来表示，绘出谱的剩余部分，与前者相比（a），假设较少，但是更实际。

本手册的早期版本（FHWA，1995）和 1997 年的 AASHTO LRFD 桥梁设计规范中（AASHTO，1998）采用了前一种方法，而 NCHRP12－49 条款（ATC/MCEER，2003）中采用了后一种方法。本版本的加固手册也是采用后一种的两点法。

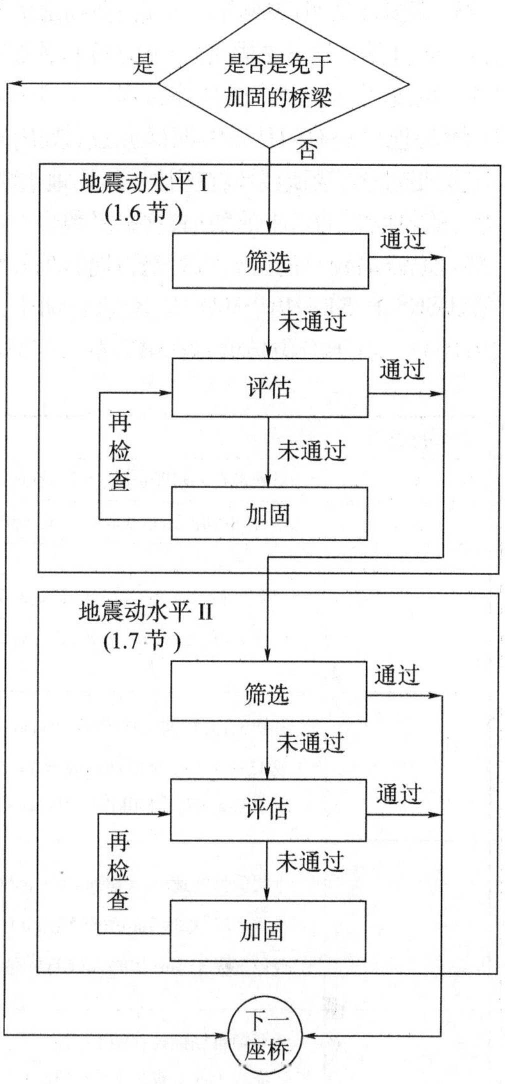

图 1-7　两个地震动水平的抗震加固过程

采用定义谱的两点是桥梁中周期为 0.2s 和 1.0s 的谱纵坐标（结构的峰值加速度）。对于基岩场地（B 类场地），这些坐标分别是 S_s 和 S_1。美国地质调查局（USGS）已经为各个地震重现期计算了这些坐标在全美国的变化情况，其结果在本手册所附的 CD－ROM（封底内面）中（以表格和地图形式提供）。同时，对选定的地震重现期的结果也可从 http://eqhazmaps.usgs.gov 网站下载。在第 2 章中将简要说明这些数据的生成过程和由给定的谱坐标构造设计谱的方法。除了国家地震动区划图，谱加速度峰值 S_s 和 S_1 也可以从批准的州地震动区划图中找到。

1.5.2　地质因素

桥址处的地震动不仅依赖于场地下基岩处的震动强度，而且依赖于基岩处上的覆盖土层的地震动放大作用。在场地处的一个或多个地质危害性，例如砂土液化和断层断裂，也会对桥梁地震动有巨大的影响，本节将对这些因素进行讨论。

1.5.2.1　地面运动中土层的放大作用

在地震中一个桥梁的行为与其所在场地的土层条件密切相关，土层会放大下伏基岩的地震动，有时会放大 2 倍或更多倍。这个放大程度取决于场地土的类型和地下基岩处的振动强度。地震危险性由土层的放大作用和基岩的震动强度确定，为了定义总的地震危险性，根据土的类别和土层对场地进行分类。

表 1-3 给出了场地类别的定义，根据场地的坚硬程度和在岩层上面 30m（100ft）处的剪切波速进行场地分类。标准贯入度试验（SPT）锤击数和钻孔土样的不排水剪切强度也可作为场地分类指标，见表

1-3。更多详情可参阅第2章,包括场地的分类步骤。

对于表1-3中的场地分类的场地系数在表1-4中给出。B类场地(软岩)可参考USGS和NEHRP MCE的地震动区划图的场地类别。B类场地基岩是场地系数1.0的场地。正如表1-4所列,A、C、D和E类场地分别对应从短周期(场地系数 F_a)到长周期(场地系数 F_v)不同的场地系数。总的来说,随着土层变软这些场地系数在增加(从场地类别A到E)。除场地类别A(坚硬岩石)外,由于土的非线性行为,随着地震动水平的增加,这些系数也在减低。对于给定场地类别C、D或E,这些非线性场地系数在基岩地震动较小的区域相对基岩地震动较大的区域增加的更多一些。在表1-4中所用的地震动水准是在USGS和NEEHRP MCE国家地震动土中的短周期反应谱加速度(0.2s)和长周期反应谱加速度(1.0s)。对于F类场地将在第2章专门讨论。

场地类别 表1-3

场地类别	描　述
A	坚硬岩石,剪切波速 $\bar{v}_s$ >1 500m/s(5 000ft/s)
B	岩石,剪切波速 760m/s < $\bar{v}_s$ ≤1 500m/s(2 500ft/s < $\bar{v}_s$ ≤5 000ft/s)
C	密实土和岩石类土,剪切波速:360m/s < $\bar{v}_s$ ≤760m/s(1 200ft/s < $\bar{v}_s$ ≤2 500ft/s); 或 $\bar{N}$ >50 次/0.3m(50 次/ft),$\bar{S}_u$ >100kPa(2 000psf)
D	坚硬土,剪切波速:180m/s < $\bar{v}_s$ ≤360m/s(600ft/s < $\bar{v}_s$ ≤1 200ft/s); 或 15≤ $\bar{N}$ ≤50 次/0.3m(15≤ $\bar{N}$ ≤50 次/ft), 或 50kPa≤ $\bar{S}_u$ ≤100kPa(1 000≤ $\bar{S}_u$ ≤2 000psf)
E	土层剪切波速:$\bar{v}_s$ <180m/s($\bar{v}_s$ <600ft/s); 或 $\bar{N}$ <15 次/0.3m($\bar{N}$ <15 次/ft),或 $\bar{s}_u$ <50kPa($\bar{s}_u$ <1 000psf)❶ 或厚度大于3m(10ft)的任意软黏土土层,其 *PI*>20,*w*≥40%,且 $\bar{S}_u$ ≤25kPa($\bar{S}_u$ <500psf)
F	需要项目场地评估的土: 1. 泥炭土或有机黏土(*H*>3m(10ft),*H* 为土层厚度) 2. 可塑性非常高的黏土(*H*>8m(25ft),且 *PI*>75) 3. 非常厚的软/中等硬度的黏土(*H*>36m(120ft))
特例:当土层特性不详细,无法确定类别时,可假定为 *D* 类场地。除非经过权威组织判定或通过地理资料确定场地类别为 *E* 和 *F*,不必假定场地类别为 *E* 或 *F*。	

注:

1. $\bar{v}_s$ 是上部30m(100ft)范围内土层平均剪切波速;
   $\bar{N}$ 是上部30m(100ft)范围内土层的平均标准贯入度试验(SPT)锤击数(次/0.3m或次/ft)(ASTM D1586)
   $\bar{S}_u$ 是上部30m(100ft)范围内土层的平均不排水抗剪强度,单位kPa(ASTM D2166或D2850)
   PI 是塑性指数(ASTM D4218)
   w 是含水率(ASTM D2216)
2. 场地类别B的基岩的剪切波速可通过现场测试,也可按中等破裂和风化非塑性岩估计得到。较软的和破裂、风化更严重的岩石可由现场测试剪切波速或按类别C划分。
3. 场地类别A的坚硬岩石,剪切波速可由现场测定,或由具有相同或更强风化和破裂构成相同的同种类别岩石测定。已知30m(100ft)深度内连续的坚硬岩石的环境条件,可用地表剪切波速测量方法推断 $\bar{v}_s$。
4. 在基岩表面和扩大基础底部之间超过3m(10ft)时,场地类别不应取为A和B。

---

❶ 译者注:原文关于表1-3对应于场地类别E的 $\bar{S}_u$ <kPa($\bar{S}_u$ <1 000psf)描述有误

场地系数 F_a 和 F_v

(a) F_a 为场地类别和短周期(0.2s)谱加速度 S_s 的函数　　表 1-4

场地类别	短周期(0.2s)的谱加速度,S_s^1				
	$S_x \leq 0.25$	$S_s = 0.50$	$S_s = 0.75$	$S_s = 1.00$	$S_s \geq 1.25$
A	0.8	0.8	0.8	0.8	0.8
B	1.0	1.0	1.0	1.0	1.0
C	1.2	1.2	1.1	1.0	1.0
D	1.6	1.4	1.2	1.1	1.0
E	2.5	1.7	1.2	0.9	0.9
F^2					

注:1. 对于介于中间的 S_s 值,使用线性插值的方法。

2. 对场地类别为 F 的应进行场地勘查和场地动力响应分析

(b) F_v 为场地类别和长周期(1.0s)谱加速度 S_1 的函数

场地类别	长周期(1.0s)的谱加速度,S_1^1				
	$S_1 \leq 0.1$	$S_1 = 0.20$	$S_1 = 0.3$	$S_1 = 0.4$	$S_1 \geq 0.5$
A	0.8	0.8	0.8	0.8	0.8
B	1.0	1.0	1.0	1.0	1.0
C	1.7	1.6	1.5	1.4	1.3
D	2.4	2.0	1.8	1.6	1.5
E	3.5	3.2	2.8	2.4	2.4
F^2					

注:1. 对丁介丁中间的 S_1 值,使用线性插值的方法。

2. 对场地类别为 F 的应进行特定场地勘查和场地动力响应分析。

1.5.2.2　地质危险性

由地震引发的桥梁场地的地质危害包括:砂土液化,土体沉降,边坡破坏(滑坡和岩崩),地表断层错断和洪灾。总的来说,这些危害的确定不依赖于前面章节中所述的岩层地震动和土层放大作用。

评估这些危害的方法将在第 3 章给出,在自由场地(例如:地面沉降和断裂移位)中这些危害的后果也将在第 3 章讨论。评价这些地质危害对桥梁基础系统的能力和变形的影响的方法,将在第 6 章讨论,减轻这些危害的措施将在第 11 章叙述。

评估地质危害分为两部分,第一部分是进行快速筛选评估,通常通过可利用的资料和场地勘测可以完成这部分工作。如果满足评估准则,可以认为风险小,而且不需要再做进一步的危害评估。如果快速筛选评估不能通过,应在第二部分进行更详细的评估。通常需要更多的资料以便做出更严格的危险性评估。在第 3 章将给出初始危险性评估的指导原则,以及详细危险性评估方法的概要。对危险性评估的详细方法将在附录 B 中叙述。危险性的筛选评估和危险性评估应由岩土工程师、地质学专业人员以及地震学专业人员合作来评定,这些人应该是具有灾害知识的专家并且有评估的实践经验。

1.5.3　设计反应谱的确定

正如在 1.5.1 节中提到的,两点法可用于定义设计反应谱,据此,确定由指定地震动产生的桥梁地震力,以便确定桥梁的地震需求。如何从两个给定的点绘制反应谱,由图1-8所示。它指出,S_s 和 S_1 先乘以场地系数 F_a 和 F_v 按比例放大,所产生的积 S_{Ds} 和 S_{D1} 用于绘制反应谱:

$$S_{Ds} = F_a \cdot S_s \text{ 和 } S_{D1} = F_v \cdot S_1 \tag{1-1}$$

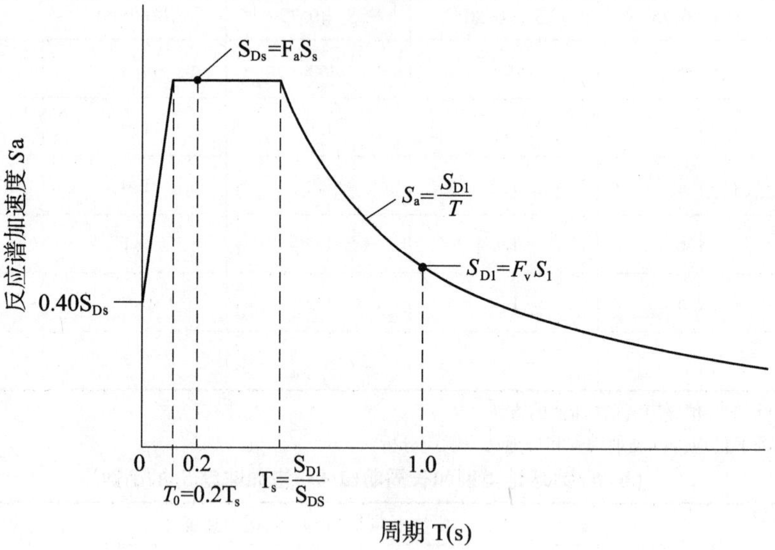

图1-8 地震设计反应谱

1.5.4 确定地震危险性水平

根据1.5.3节所定义的 S_{DS} 和 S_{D1},根据谱坐标 S_s 和 S_1(1.5.1)与土的系数 F_a 和 F_v(1.5.2),每座桥梁对应于表1-5中的一个地震危险性水准(SHL),由表1-5所示,对同一场地,列出两个不同的地震危险性水平,这里应该采用地震动水平Ⅱ。

表1-5的两个注释有效地将处于危险性水平Ⅰ(地震动水平Ⅰ)和Ⅱ(地震动水平Ⅱ)的E类、F类场地的界限限制到了D类场地的界限。这是因为,当地面震动相对低($S_s<0.25$ 和 $S_1<0.10$)时,E类和F类场地土的 F_a 和 F_v 值有较大的不确定性。

地震危险性水平 表1-5

危险性水平	用 $S_{D1}=F_vS_1$	用 $S_{Ds}=F_aS_s$
Ⅰ	$S_{D1} \leq 0.15$	$S_{Ds} \leq 0.15$
Ⅱ	$0.15<S_{D1} \leq 0.25$	$0.15<S_{Ds} \leq 0.35$
Ⅲ	$0.25<S_{D1} \leq 0.40$	$0.35<S_{Ds} \leq 0.60$
Ⅳ	$0.40<S_{D1}$	$0.60<S_{Ds}$

注:1. 当 $S_1 \leq 0.10$ 并且 $S_s<$ 小于0.25时,为了能够确定场地类别E的地震危险性水平,F_v 和 F_a 应分别大于2.4和1.6。

2. 为了能够确定场地类别F的地震危险性水平,可用上面第1条提到的场地类别E的 F_v 和 F_a。

1.6 基于性能的抗震加固类别

抗震加固类别(SRC)用于识别最低的筛选要求、评估方法和对缺陷桥梁的加固措施。通过预期使用年限、重要性、桥梁的地震危险性来确定其抗震加固类别。桥梁的抗震加固可以分为四类,A类到D类,随着类别的提高,对其加固要求越严格、越复杂。SRC A是一个缺省的加固类别,意味着这类桥梁不需要筛选、评估或加固。SRC D是最高的加固类别,需要严格的筛选、评估和采取加固措施。在以前的加固手册中(FHWA,1995),SRC 和抗震性能类别(SPC)定义方式相似[这个词的含义已明显不同于在 AASHTO 标准规范的抗震设计条款中(AASHTO,2002)所用的 SPC,AASHTO 规范在新桥的抗震设计中广泛应用]。

根据场地的性能水平和地震危险性水平所确定的抗震加固类别见表 1-6。

基于性能的抗震加固分类　　表 1-6

危险性水平	性能水平				
	地震动水平Ⅱ			地震动水平Ⅰ	
	PL0:无最低要求	PL1:生命安全	PL2:基本运营	PL0:无最低要求	PL3:完全运营
Ⅰ	A	A	B	A	C
Ⅱ	A	B	B	A	C
Ⅲ	A	B	C	A	C
Ⅳ	A	C	D	A	D

确定 SRC 的步骤见图 1-9,并如下所述。

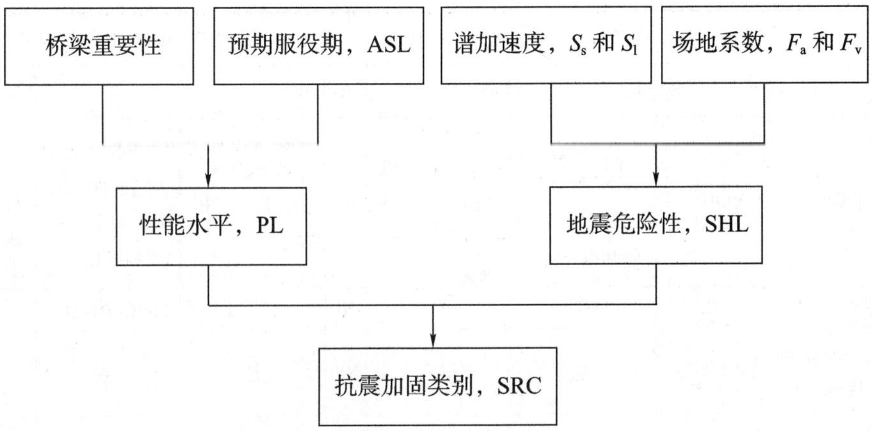

图 1-9　确定加固类别

第 1 步　根据桥梁记录和其他资源确定:

- 桥梁的重要性,是一般桥梁或重要桥梁;
- 桥梁的预期使用年限,给出服役年限类别:从 ASL 1 到 ASL 3(表 1-1);
- 基于土质情况的场地类别(表 1-3)。

第 2 步　根据预期服役年限和桥梁的重要性(表 1-2),确定桥梁的性能水平(PL0 到 PL3)

第 3 步　从表 1-4 得到加速度反应谱 S_s 和 S_1,场地系数 F_a 和 F_v,从表 1-5 确定地震危险性水平,用表 1-6 确定满足性能目标的加固类别。这些步骤可归纳如下:

步骤 3.1　从 CD-ROM 或网址,获取谱值 S_s 和 S_1;

步骤 3.2　对于场地(表 1-4),获取场地系数 F_a 和 F_v;

步骤 3.3　根据(表 1-5)确定地震危险性水平;

步骤 3.4　从表 1-6 得到要求的性能水平 SRC。

这个过程见本章例题 1.1,第 4 章的例题 4.1 和例题 4.2。

1.7　地震动水平 I 下桥梁的加固过程

地震动水平 I 具有的地震重现期为 100 年,而且对应相对小的地震地面运动。对应该地震动水平下任何桥梁的性能要求是在弹性阶段,这与风荷载和制动荷载的要求相似。事实上,在美国的绝大多数地区,风荷载和制动荷载应该比该地震动水平的地震荷载要大,而且在这一阶段,往往是风荷载和制动荷载作为设计控制荷载。

对于地震动水平Ⅰ下加固桥梁的过程可分为以下三部分:

- 桥梁清单的初步筛选;
- 既有桥梁的详细评估;
- 选择加固策略以及加固措施的设计。

注意:每一步所做的决定将影响下一步的加固过程的实施,经过一系列检查,只有那些确实需要加固的桥梁将进行加固或补强。

在1.6节已经论述,桥梁抗震加固类别(SRC)用于推荐桥梁评估和加固的最低要求,对于地震动水平Ⅰ下的这些要求见表1-7。

本章下面几节所论述的是在地震动水平Ⅰ下的加固过程,我们将看到是基于力的方法,由于假设结构在小变形范围内,而且在结构的弹性范围,所以结构位移没有明确考虑。显然,这个阶段没有达到屈服极限,支座没有破坏,土体没有软化。

最低要求 表1-7

行为		地震动水平Ⅰ下的抗震加固类别				地震动水平Ⅱ下抗震加固类别			
		A	B	C	D	A	B	C	D
筛选(筛选的构件)		NR[2]	—	支座宽度、连接件、墩(柱)、墙、基础和液化	支座宽度、连接件、墩(柱)、墙、基础、桥台和液化	NR	支座宽度、连接件和液化	支座宽度、连接件、墩(柱)、墙、基础和液化	支座宽度、连接件、墩(柱)、墙、基础、桥台和液化
评估(评估方法[3,4]见表1-9)		NR	—	C	C	NR	A1/A2	B/C/D1/D2	C/D1/D2/E
加固(如果不足,需要加固的构件)	支座和连接件	NR	—	是	是	NR	是	是	是
	墩(柱)、墙、基础	NR	—	是	是	NR	NR	是	是
	桥台	NR	—	NR	是	NR	NR	NR	是
	液化	NR	—	是	是	NR	是	是	是

注:1. 当评估或加固地震动水平Ⅰ作用下桥梁时,不用抗震加固类别B。

2. NR——不需要。

3. A1/A2——无分析,最小能力检算;

B——无分析,构件能力检算;

C——采用弹性动力分析方法的构件C/D法;

D1——能力谱方法;

D2——结构C/D法,也称为非线性静力过程或位移能力评估;

E——采用非弹性时程分析的非线性动力方法。

4. 评估方法的选择依赖于桥梁几何条件,对于规则(复杂)桥梁,采用适当的A、C、D2和E。

1.7.1 地震动水平Ⅰ下抗震加固的筛选和优先原则

清单上所有的桥梁应该校核截面强度,这个强度指构件和基础的弹性范围内的强度,设计阶段考虑的风荷载和制动荷载产生的结构内力应进行检算,桥梁的抗震能力也应该进行检算,可以保守估计为:

$$F = S_{Ds} W \tag{1-2}$$

式中：S_{Ds}——考虑场地效应下周期 0.2s 对应的谱加速度；

W——上部结构的重量。

如果能力大于需求(F)，这座桥梁可跳过筛选，进入第二阶段(1.8 节)。在这个地震动水平，如果能力低于需求，则桥梁应考虑进行加固。

正如前面所述，桥梁在横向弹性能力的快速评估由桥梁设计时采用的风荷载乘以系数计算确定，在纵向可以通过制动力荷载乘以系数得到。如果地震需求比这两个使用荷载中的任一个都大，那么更加详细的评估是必要的，将在 1.7.2 节讨论。

1.7.2　地震动水平Ⅰ下的桥梁抗震评估

由于两个简化的假设，由式(1-2)给出的抗震需求是非常保守的。第一，假设桥梁的横向和纵向周期都非常短(小于 T_s，图 1-8)；第二，在整个地震过程中，假设整个上部结构质量在横向和纵向均可以运动。

因此，对于地震动水平Ⅰ，建议桥梁抗震能力的详细评估按下列两步进行：

第 1 步　用改进的结构振动周期值修正估算的地震需求。

步骤 1.1　用方法 C(1.11 节)的任何一种弹性方法计算桥梁横向和纵向的桥梁自振周期，这包括均匀荷载法和多模态反应谱方法。

步骤 1.2　用步骤 1.1 所得周期和图 1-8，得到在纵向和横向的加速度反应谱(分别为：S_{aL} 和 S_{aT})。

步骤 1.3　用下列公式计算纵向和横向的地震需求(F_L 和 F_T)：

$$F_L = S_{aL}W \tag{1-3a}$$

$$F_T = S_{aT}W \tag{1-3b}$$

步骤 1.4　再次将 F_L 和 F_T 与全部纵向制动荷载和全部横向风荷载分别进行比较，如果有一个大于相应的运营荷载，则需要到“第 2 步”进行更加严格的评估。但是，如果两个荷载均未超过服役荷载，则没必要进行深入评估，转到本章的 1.8 节。

第 2 步　用明确的构件强度修正估算的桥梁能力。

用方法 C(1.11 节和 5.4 节)计算传力路径的每根构件的侧向“能力/需求”比，如果构件的能力/需求比低于 1，则需按 1.7.3 节做加固考虑。

1.7.3　地震动水平Ⅰ下的桥梁加固

在地震动水平Ⅰ下，一旦发现桥梁易损，那么下一步就应确定该做哪些工作来校正缺陷。用 1.12 节描述的对于地震动水平Ⅱ下相同的加固过程，通过选择加固方案和相关的费用来做出加固决定。在大多数情况下，桥梁损坏主要是因为缺乏足够的弹性强度，此时，增强构件强度将是最实际的方法。表 1-11 的第 1 列列出了一些可以采用的加固方法，这些方法将在第 8、9、10 章中阐述。

但是，在地震动水平Ⅰ下对桥梁进行加固前，应评估结构在地震动水平Ⅱ下的性能。在地震动水平Ⅱ下桥梁抗震能力也许是不足的，这样，当强调地震动水平Ⅱ的需求时，可能地震动水平Ⅰ的缺陷同时得到校正，因此专门针对地震动水平Ⅰ的加固就不再需要了。

1.8　地震动水平Ⅱ下桥梁的加固过程

地震动水平Ⅱ下的桥梁结构加固过程包括对许多变量的评估和做大量的评判。与地震动水平Ⅰ下的情况相似，这个过程分为三步：

- 桥梁清单的初步筛选
- 既有桥梁的详细评估
- 选择加固策略和设计加固措施

图 1-1 阐述了加固过程的三个步骤，图 1-10 更加详尽地阐述了在地震动水平Ⅱ下的加固流程。值

得注意的是:依据所得结果,每一步所做的决定,将确定下一步的加固过程。经过一系列复核评价,只有那些实际需要补强的桥梁才进行加固。

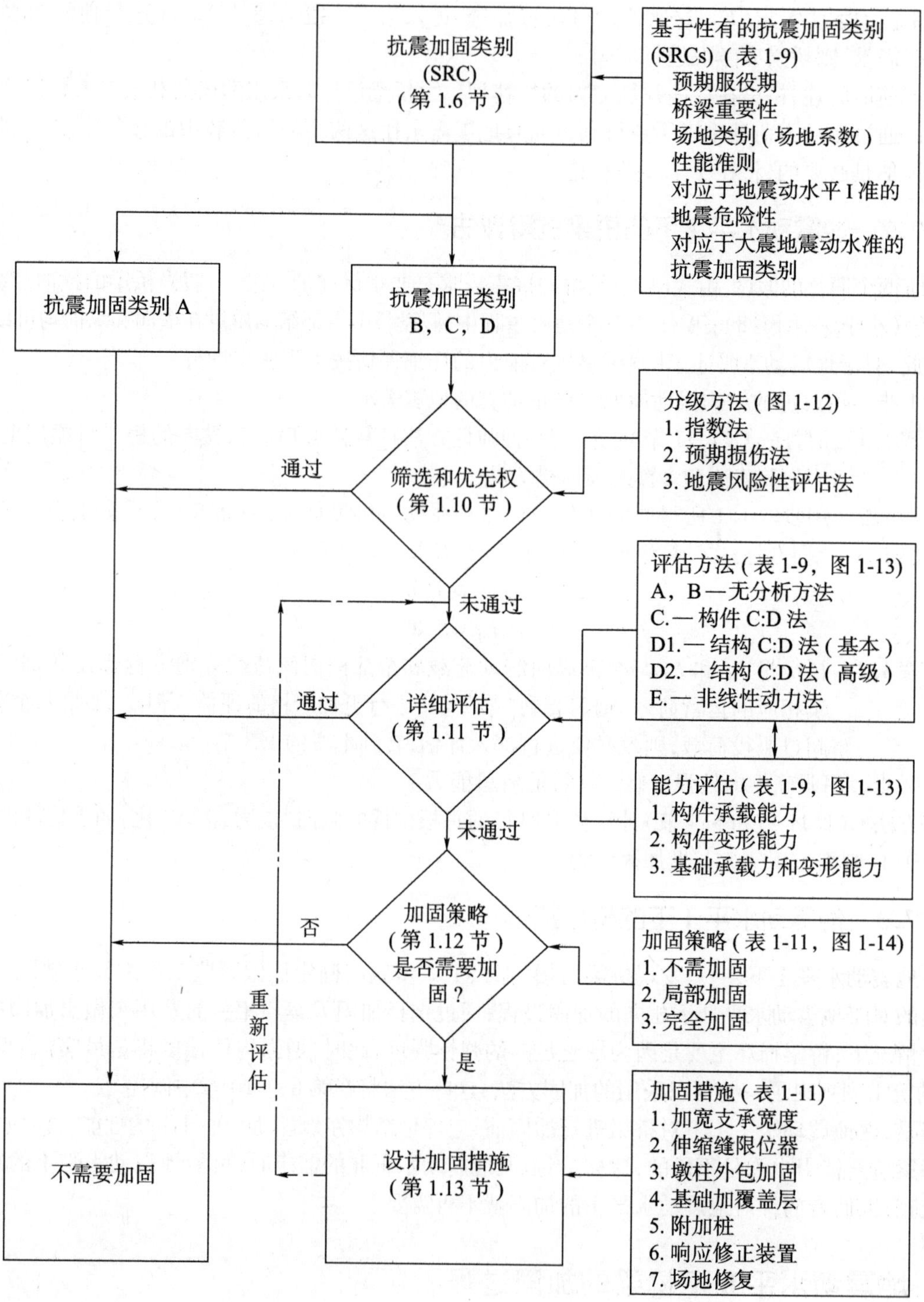

图 1-10　在地震动水平Ⅱ下的加固流程

正如在 1.6 节和 1.9 节详细阐述的,抗震加固类别(SRC)用于确定桥梁抗震评价和抗震加固的最低要求。这个桥梁抗震加固类别(SRC)将确定了桥梁的痈选、分析和加固水平。根据桥梁的重要性、桥梁的预期服役年限和地震危险性水平确定桥梁的抗震加固类别(SRC)。在不同的危险性地区和具有不同服役年限、不同重要性加固的桥梁,可以用图形表示这三个因素的关系,图 1-11 显示了“一般”和“重要”桥梁的这种相互关系。

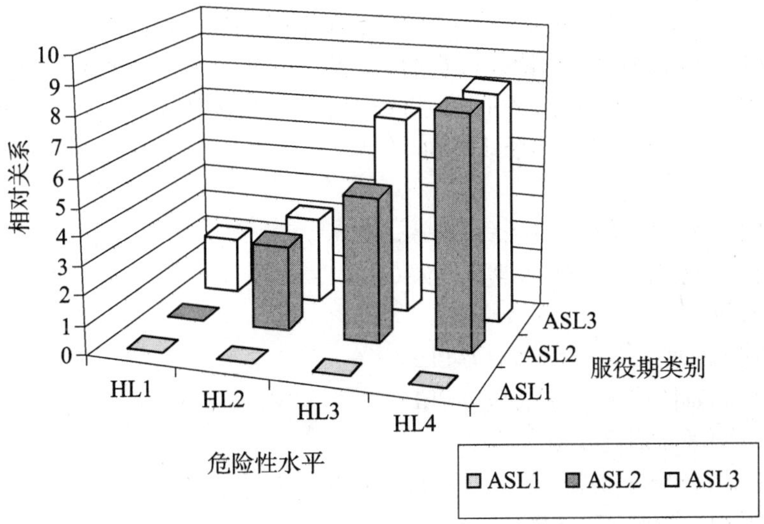

a)

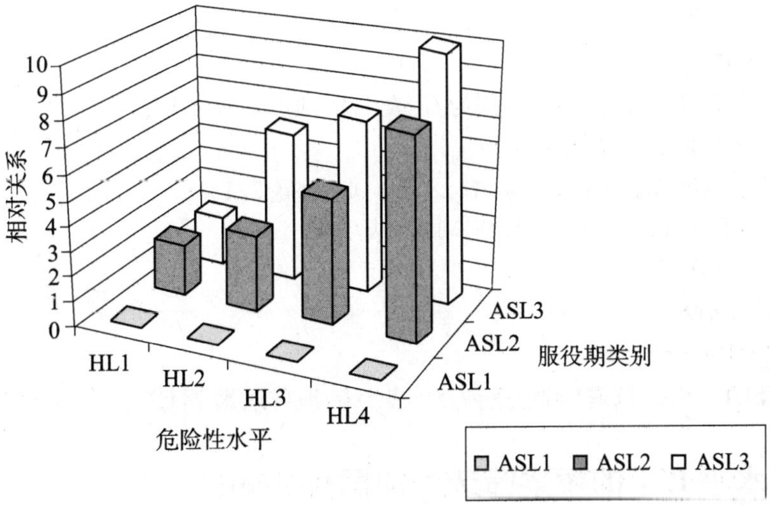

b)

图 1-11　加固不同服役年限和地震危险性

a)“一般”桥梁;b)“重要”桥梁

1.9　地震动水平Ⅱ下的最低要求

由抗震类别(SRC)所确定的对筛选、评估和加固的最低要求建议列于表 1-7 中。

正如前面所提到的,抗震类别为 A 类的桥梁,由于其预期服役年限短,或这些桥梁位于低烈度区域、具备最低的性能目标(仅仅是生命安全),是不需要抗震加固的。仅对抗震加固类别为 B、C 和 D 类桥梁,给出最低的筛选、评估和加固要求。通常加固类别越高,要求越严格,见表 1-7。

在表 1-7 中,给出了根据 SRC 的评估要求的可能方法,这个范围从“不要分析”和对 SRC B 类桥梁的简化弹性分析方法,到对 SRC D 类桥梁做严格的、非线性动力分析方法。

表 1-7 列出了那些发现缺陷需要加固的桥梁构件,支承长度不足和连接不足是桥梁损坏的普遍原因,最低要求(SRC B)从限位器、支承面的拓宽和连接件的加强开始。对于更高的加固类别需要更大范围的加固措施,例如:墩柱外包加固、承台加厚、盖梁施加预应力、土层补强及与之类似的加固措施。

最后,值得注意的是,表 1-7 是最低要求,业主在任何时候可以提出更高的要求。

[例1-1] 地震动水平Ⅱ与地震动水平Ⅰ下抗震加固类别的确定

UT 盐湖城(邮政邮编 84112)某重要桥梁的预期服役年限 30 年,土层密实,上部 100ft 厚度内平均剪切波速 1 350ft/sec。确定地震动水平Ⅱ与地震动水平Ⅰ下桥梁抗震加固类别(SRC)。

第 1 步:重要性,预期服役年限和场地类别

①结构为重要桥梁

②30 年预期服役年限,服役类别为 ASL2(表 1-1)

③由土层描述和剪切波速可知,场地类别为 C(表 1-3)

第 2 步:性能标准

①由表 2-1,地震动水平Ⅰ,性能水平为 PL3

②由表 2-2,地震动水平Ⅱ,性能水平为 PL1

第 3 步:地震动水平Ⅱ下抗震加固类别

①邮政邮编 84112,USGS 光盘给出 $S_s=1.11$,$S_1=0.39$(例题 2.1)

②由场地类别 C,S_s 和 S_1 可知:$F_a=1.0$,$F_v=1.4$(表 1-4)

③$F_aS_s=1.0(1.11)=1.11$

$F_vS_1=1.4(0.39)=0.55$

地震危险性水平(SHL) = Ⅳ(表 1-5)

④对应于 PL1 和 SHL = Ⅳ的抗震加固类别为 C(表 1-6,地震动水平Ⅱ)

第 4 步:地震动水平Ⅰ下抗震加固类别

①邮政编码 84112,USGS 光盘给出 $S_s=0.18$,$S_1=0.05$(例题 2.1)

②由场地类别 C,S_s 和 S_1 可知:$F_a=1.2$,$F_v=1.7$(表 1-4)

③$F_aF_s=1.2(1.18)=0.22$

$F_vS_1=1.7(0.05)=0.09$

地震危险性水平(SHL) = Ⅱ(表 1-5)

④对应于 PL3 和 SHL = Ⅱ的抗震加固类别为 C(表 1-6,地震动水平Ⅰ)

1.10 在地震动水平Ⅱ下的桥梁筛选和加固优先顺序

1.10.1 概述

筛选桥梁清单以便确定结构抗震缺陷,对那些需要加固的桥梁确定进行加固优先顺序。这个过程应快速、便于应用,而且偏于保守。对在这个阶段发现有缺陷的桥梁,应对其进行详尽的评估(1.11 节和第 5 章),如果经过第二步评估可以满足要求时就可将其排除,不需更进一步的研究。图 1-12 给出了关于桥梁筛选和优先权判定过程的概况,详细过程将在第 4 章讨论。

在本手册中论述了三个筛选和优先顺序的方法,其中对前两个方法进行深入论述,对第三种方法仅进行简单的叙述。对抗震加固类别 A 的桥梁,筛选过程不必在最初确定的 SRC 进行,由于这种类型的桥梁是不需要进行加固的,不必考虑结构损伤或灾害水平。

一些学者(Buckle, 1991)在过去的研究中,已提出许多筛选和确定优先加固顺序的方法。首先形成了一个抗震分级系统,然后用这个分级系统的结果对需要加固的桥梁确定优先加固顺序。在抗震分级中考虑的因素常常包括结构的易损性、常遇地震和地质危险性,有时也要包括桥梁的重要性和交通网络的冗余度,但是仅在对所列出的缺陷桥梁确定优先加固顺序时,要用到这些因素。在加固计划中,另外一些需要考虑的重要因素是政治、社会和经济的关系。不管优先加固顺序的最后确定采用什么样的步骤,在实施加固前,应该对所有的桥梁做详细的评估,以确定实际结构的缺陷并决定加固的成本—收益。

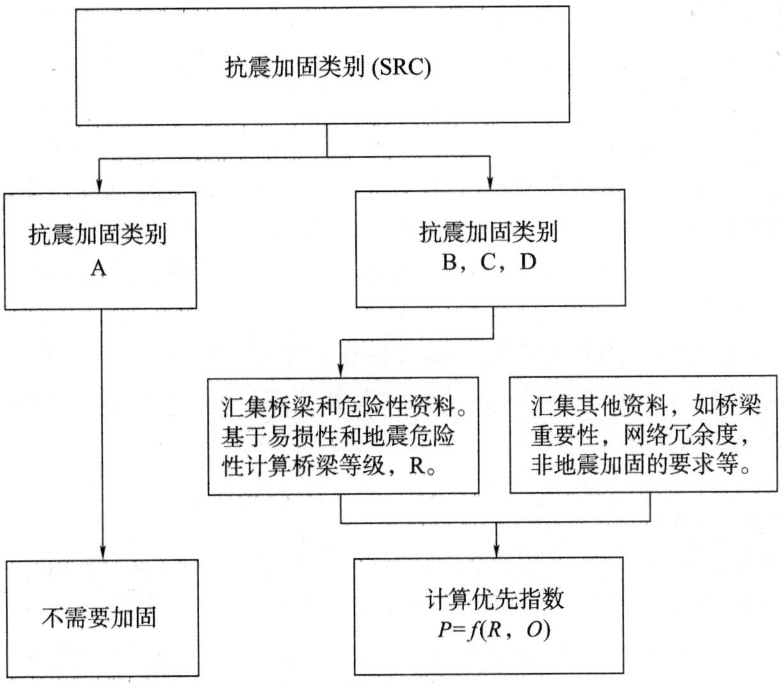

图 1-12　筛选和优先顺序判定过程

1.10.2　需要考虑的因素

筛选和确定优先加固顺序的目的是决定哪座桥梁(或哪些桥梁)应该首先加固。其影响因素包括结构和土体的易损性、地震危险性水平和下列一些因素：

- 桥梁的重要性

已经在 1.4.3. 节中讨论过了。

- 交通网络的冗余度

这是一个交通路线可用性的衡量指标和用来计算桥梁重要性的方法。然而，冗余度意味着交通网络的弹性，而且可以减少需要加固的桥梁，但不会简单的仅根据冗余度确定桥梁的优先加固顺序。例如，必须考虑在同一次地震中，可选交通路线遭到损坏的可能性。假设一个跨高速公路的天桥非常容易损坏，但可以由邻近的匝道通过。由于方便的绕行道就在附近，相应的桥梁可以考虑较低的抗震等级。但是，这种假定的前提是在强震下，匝道是可以使用。另一方面，如果这个桥梁是一个易损性结构，并且最近的绕行路在数英里以外，那么这个交通网络的冗余度是比较低的。然而，这种替代被损坏的跨越河流的桥梁可能性比较小，而替代的路线是可以利用的。当确定优先加固顺序时，绕行公路线路的长度会成为值得考虑的问题。交通网络冗余度产生可能导致意外的结果，其他例子见例题 1.2。

- 桥龄和物理条件

总的来说花费大量的费用加固一座相对剩余服役年限少的桥梁是不明智的。这就是为什么 SRC 为 A 类桥梁不需要加固的原因之一。这也是一个地震易损性非常高的桥梁也许关闭使用或重建的真正原因。同样，在不良的物理条件下的桥梁，那些结构或功能需要修复的桥梁，也许需要赋予一个比较高的抗震加固优先顺序，这是由于同时进行非地震和地震的工作可有效节省费用。

上面这些因素不是对优先加固顺序的详尽罗列，但它列出了确定优先加固顺序的一些原则。大多数情况下，用抗震设防等级来指导确定优先加固顺序，但不是最后的决定因素。在权衡实际加固费用和不采取任何加固措施时，常识和工程经验是必须的。

1.10.3　地震易损性分级方法

地震易损性分级方法给结构赋予一个结构易损性指数(1 ~ 10)和一个地震危险性指数(1 ~

10),并且同时考虑这些不同的指标,得到一个总的抗震等级。一些方法还用一个重要性指标去描述日车流量、交通网络冗余度和社会经济环境,另外一些方法采用定性的度量指标来考虑这些因素。最后的这个方法是在1995年FHWA加固手册中推荐使用的,而且也包含在本版本中(1.10.4节)。地震风险性评估方法取得了一些新进展,这些成果使特殊桥梁的脆弱性函数的研究得到了发展。这些成果又推动了公路系统损失评估方法的发展。这些方法在公路设计和加固方面有许多潜在的应用价值,包括对应急反应和恢复交通方面的规划。在对桥梁进行筛选时也可以使用这些方法,由于它们量化了不确定的桥梁环境场地易损性、交通网络冗余度和重要性因素,其结果比上述方法更加严格。

下面所归纳的三种方法复杂性逐渐增加,但保守性逐渐降低。其中两种方法将在后面的章节及第4章中进一步叙述,通过结构易损性、地震和地质危险性、重要性、交通网络冗余度和不同的社会经济因素的处理方法来区分这些方法。

这些方法是:

1. 指数法(FHWA, 1995)

用指数描述结构易损性和危险性水平,然后合并这两个指数对每一座桥给出唯一的等级。指数的范围从0~10,并基于保守的、半经验的准则。通过这个等级来确定加固优先顺序,这个等级综合了重要性、交通网络冗余度、非地震因素和社会经济因素的定性评估。由于对一些固有的不确定因素用主观的标准予以考虑,这种方法在这三种方法中是最简单的方法,但也是最保守的方法。

2. 预期损伤法

这个方法在相同的地震下对每一座桥梁做严格的预期损伤比较。关于损伤程度的量测,要么通过持续的损伤状态,要么直接估计经济损失。预期损伤(和/或损失)最严重的桥梁其优先加固等级也最高。通过脆弱性函数考虑地震动的不确定性、土体与结构特性的随机性来评估各损伤状态的概率(见第4章)。需要对间接损失、交通网络冗余度和非地震方面进行定性评估,并基于脆弱性修正抗震等级。

3. 地震危险性评估方法

在给定地震危险性水平和因此造成的损坏状态下对交通网络进行直接分析,可通过交通流量来评估对交通网络的这种损坏状态对交通系统性能的影响(例如,增加行车时间)。这个性能对桥梁条件的敏感性随后用于确定桥梁加固的必要性和加固顺序。非地震和社会经济因素的定性评估也是必须的。这是三种方法中最复杂的一种,也是最严格的一种方法,其最终结果的保守性最低。

方法1和2将在1.10.4节和1.10.5节中简要介绍,将在第4章中详细论述。方法3超出了本手册的讨论范围,关于这个方法的全部讨论参见Werner et al., 2000。

1.10.3.1 最低筛选要求

基于桥梁抗震加固类别,表1-7对筛选加固桥梁建议了最低要求。

1.10.3.2 桥梁抗震分类表

实施上述任何方法的第一步是编制一个桥梁分类表,其目的是获取下列基本信息:

- 列出每个桥梁的结构特点,以便确定易损性等级或选择第4章所述的易损性函数;
- 列出每一座桥梁场地地震动参数和土壤条件,以便确定地震危险性等级或选择第4章所述的脆弱性函数;

这些信息可以从桥梁业主的记录和国家桥梁分类表(清单)(http://www.fhwa.dot.gov/bridge/nbi.htm)中获取,这些分类表包括竣工图,养护记录,区域防灾计划,桥梁现场勘察记录,以及其他原始材料,应当使用如表1-8所示样本那样的表格来记录这方面的信息并填写这些桥梁记录。

这些信息用于对1.4节中加固桥梁的所需性能水平的确定,当下面章节中确定桥梁的重要性、交通网络的冗余度以及社会经济因素时,这些信息的大多数是必须的。

桥梁抗震调查表样本　　表 1-8

桥梁抗震调查数据表

概况

桥梁名称____________________ 编号____________________

位　置____________________

建造年份__________ ADT __________便道长度__________

全　长__________ 运输特点__________

宽　度 __________ 交叉特点__________

重要性:重要桥梁/一般桥梁 线形:直桥/斜交桥/弯桥 几何:规则桥梁/不规则桥梁

地震危险性(100 年事件):S_s =______ g　S_1 =______ g　场地类别:A/B/C/D/E __________

(1000 年事件):S_s =______ g　S_1 =______ g　场地类别:A/B/C/D/E __________

上部结构

材料和型式 ____________________

桥跨数量__________ 连续:是/否__________伸缩缝数量__________

支座

类型__________ 状况:工作/不工作__________

约束类型:纵向__________ 横向:__________

实际支承长度__________ 所需最小支承长度__________

墩与柱

材料和型式____________________

横截面:横向最小尺寸__________ 纵向最小尺寸__________

高度范围(低～高):__________ 嵌固性:顶__________底__________

纵向钢筋(%)__________ 端部区是否有搭接? 是/否 __________

横向约束钢筋____________________

基础与桥台

墩(柱)基础类型:扩大基础/桩基础/桩承台/单桩柱墩/其他__________

桥台类型:座式/整体式/其他__________是否有桩基:是/否

其他__________

桥台高度__________ 桥头搭板:是/否　板长度__________

场地:挖方/填方　　翼墙:是/否　　液化:可能性低/中/高__________

备注 ____________________

1.10.4　指数法

在这个方法中,通过结构的易损性、场地地震动参数和地质灾害的危险性、以及影响结构重要性的社会经济因素来确定桥梁的抗震等级。每座桥梁的抗震等级首先以易损性、危险性和重要性(社会经济方面)以及其他(冗余度和非地震结构方面)作为考虑因素进行修正,以获取最终确定的加固优先顺序(Buckle, 1991; FHWA, 1995)。

[例 1-2]　交通网络冗余度对桥梁优先权的影响

例题 1-2(a)如下图所示,假设桥梁 A 是地震易损性桥梁,且易损性级别高。桥梁 A 位于主干道,桥梁 B 和 C 的等级较低,同时 B 和 C 也是易损性桥梁,但易损程度要略低于桥梁 A。假设没有可绕行的便道,并且每座桥梁可以进行经济的加固。对于桥梁 B 和 C 的优先权如何呢?

答:因为加固桥梁A只能改善干道的一点,并且对于避免桥梁B和C失效没有作用。而且,同时对相同地理位置的多座桥梁进行加固可节省建设和管理费用。因此,即使桥梁B和C的等级低于A,但应对其进行加固。

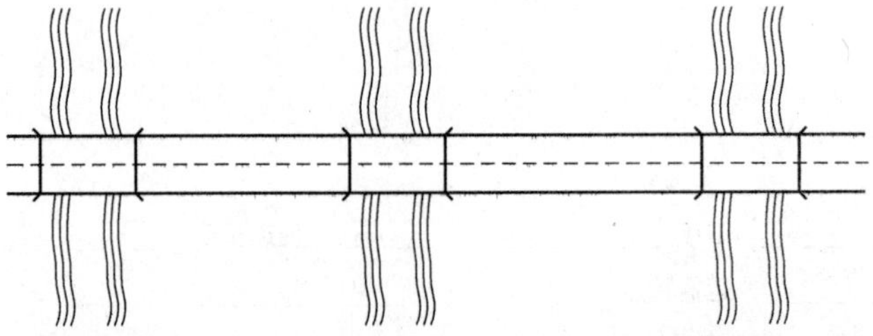

例1-2(b)例题同上,桥梁B具有较高的易损性,但是,加固费用将会很高,此时桥梁A和桥梁C的加固优先权又将如何呢?

答:由于桥梁B在桥梁A和C的干线中,如果桥梁B倒塌,整条线路也将被关闭。因此,如果桥梁B不是在相同时间更换,那么,即使对桥梁A和桥梁C补强也不可避免干线的关闭,建议对这两座桥梁的优先权适当降低。

例1-2(c)两座平行功能的桥梁,如下图所示桥梁D和桥梁E。如果桥梁D的易损性等级低于桥梁E,应该首先加固哪座桥梁呢?

答:因为桥梁D的易损性等级较低,需要提高的强度较低,加固费用也相对桥梁E会低一些。如果可以确定这一点,并且一座桥梁倒塌要比两座桥梁都倒塌的损失要低,那么,即使桥梁E的易损性等级较高,在桥梁E、D中,首先加固桥梁D是合乎逻辑的。

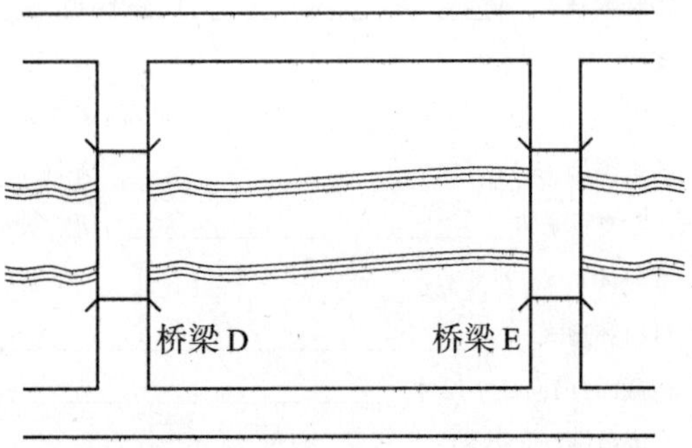

这个抗震等级系统包括定量和定性两个部分,定量部分是基于结构易损性和场地危险性的抗震等级("桥梁分类"),定性部分是人为确定的,考虑桥梁的重要性、交通网络的冗余度、非地震缺陷、剩余使用年限,以及达到加固顺序指标的相似因素来修改这个等级。工程和社会判断是第二个筛选阶段的关键。这样优先加固顺序指数P,是桥梁分类、重要性以及其他因素的函数。

$$P=f(R,\text{重要性},\ \text{非地震缺陷},\ \text{其他因素}) \tag{1-4a}$$

式中:P——优先指数;

R——基于结构易损性和地震活动性的等级。

总的说来,桥梁等级是根据结构易损性和地震危险性确定的,而抗震加固优先权是根据桥梁等级、重要性、非地震缺陷和象交通网络冗余度等其他因素确定的。计算桥梁等级的方法和确定优先加固权的指数将在第4章讨论。

1.10.5 预期损伤方法

预期损伤方法对于相同地震和相同等级,对桥梁分类表中每一座桥梁做预期损伤程度比较。损伤程度可通过持续的损伤状态衡量,也可通过评估直接经济损失衡量。桥梁的预期损伤程度越严重,桥梁的加固优先等级也越高。

在这个表中,这个方法未包括由人员伤亡、商业中断、交通拥堵塞和紧急救援者不能接近等造成的间接经济损失。这些损失也许会超过直接损失(也就是维修费用),但是目前对这些损失还不能进行定量评估。

与指数法一样,这种方法也分为定量和定性两部分。定量部分依据预期损伤和直接经济损失,并用于桥梁分级,R;定性部分是人为确定的,考虑因素是间接损失、交通网络的冗余度、非地震缺陷、剩余使用年限以及其他因素,以获得加固优先指数。和上一种方法一样,工程和社会判断是第二个筛选阶段的关键。这样就产生了优先加固顺序指表,P,它是桥梁等级、重要性以及其他因素的函数:

$$P = f(R,\text{非直接损失},\text{交通网络冗余度},\text{非地震因素}) \quad (1\text{-}4b)$$

式中:P——优先指数;

R——基于预期损伤和直接损失的等级。

可见,桥梁等级是基于对给定地震预期损伤和直接损失得到的,而抗震加固优先顺序不仅仅基于桥梁等级,还与间接损失、交通网络冗余度、非地震因素、主观评价等因素有关。虽然公式[1-4b]和[1-4a]在形式上一样,但它们的计算内容并不相同。这种方法的一个突出优点是,它提供了一个分析模板,这个分析模板随现状的改善可以比较合理地评估间接损失。

在这个方法中预期损伤的评估是一个关键步骤,并且由于地震动的不确定性、土体和结构特性的随机性,这个关键步骤是一个概率问题。在一个给定地震作用下,用脆弱性函数来评估桥梁在一个或多个特定损伤状态的概率。附录 C 简要介绍了脆弱性函数理论,并简要解释了如何获得这个函数,通常用六个损伤状态来描述预期损伤特征。

正如在 1.10.3 所提到的,在地震危害分析中,在桥梁抗震加固的筛选和确定桥梁加固优先顺序时,脆弱性函数也是我们应考虑的一个重要因素。这些函数也用于大多数损失评估方法中,包括 HAZUS,这是由国家建筑科学研究院为联邦紧急情况处理署开发的(HAZUS, 1997)。为了尽可能简化这个方法,输入数据应尽量少。特别是,所有结构的属性应在 NBI 中能够查找的到。地震动参数和土壤的数据是根据 1.5 节所述反应谱加速度和土体特性确定的。

基于预期损伤的桥梁等级和优先指数的计算方法将在第 4 章给出(4.3 节)。

1.11　针对地震动水平Ⅱ的评估方法

在抗震加固筛选和确定抗震加固优先顺序过程中,对发现缺陷的桥梁将用本节所叙述的一个或多个方法进行详尽的评估。由于上面所述的桥梁抗震加固筛选程序必须是偏于安全的,所以,很可能在筛选过程中被确定为有缺陷的桥梁,在更详细的评估时发现是合格的。

桥梁的抗震评估直接地或间接地是一个两步骤过程。先要求进行需求分析以确定由地震施加在桥梁上的力和位移;然后对承受这种需求的能力进行评估。大多数的评估方法把它们的结果表示为能力/需求比,它是对逐个组成部分或全桥(也就是,作为单个结构系统)进行计算得到的。

在本手册中叙述的六个评估方法在不同程度上全部是基于能力—需求原理。对这六种方法按复杂程度和严格程度逐步提升的顺序列表,见表 1-9。所有这六种方法将在第 5 章做详细的叙述。这些方法着重于对桥梁构件的需求计算。对桥梁构件的能力计算方法将在第 6、7 章做详细叙述。对需求分析和能力评估的这些方法之间的关系见示意图 1-13。

方法 A1/A2: 连接力和支承长度校核

不需要进行抗震需求分析,但必须针对最小规定值校核连接能力和支承长度(见 5.2 节)。这种方法适合于所有单跨桥梁和地震危险性小的区域的桥梁。这种方法分为两类,A1 和 A2。对短周期谱,谱值 $S_s < 0.10$,可以采用方法 A1。其他情况,应采用方法 A2,它需要的最小连接能力要比 A1 方法的更高一些。

方法 B:构件能力校核

不需要做需求分析,但相关构件强度和一些关键细节针对最小规定值需要进行校核。这个方法受 $F_v S_1$ 限制的影响合适于 SRC C 类的规则性桥梁,将在 5.3 节中讨论。

方法 C: 构件能力/需求比方法

通过像均匀荷载法、多模态反应谱法或弹性时程法这样的弹性分析方法来确定桥梁的地震需求。均匀荷载法对外型规则的桥梁是适用的;对于其他桥梁,则要求至少采用多模态反应谱法进行分析。需要计算所有相关构件的能力/需求比。这个方法适合于所有 SRC C 和 D 类桥梁,但对在弹性或接近于

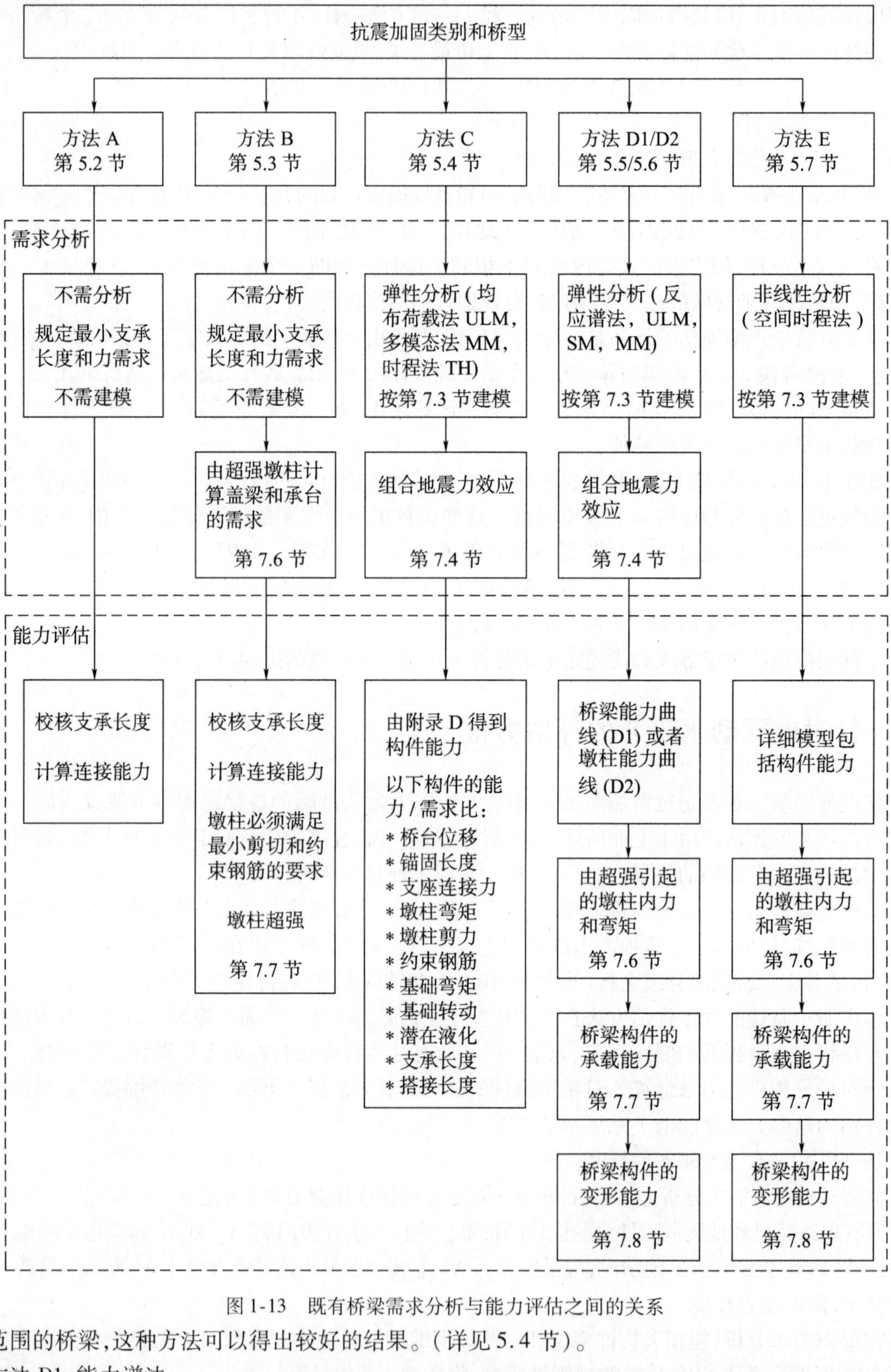

图 1-13 既有桥梁需求分析与能力评估之间的关系

弹性范围的桥梁,这种方法可以得出较好的结果。(详见 5.4 节)。

方法 D1:能力谱法

通过像均匀荷载法这样的简单模型来确定地震需求,而能力评估是基于简单的双线性侧向强度曲线。对每一个极限状态,能力谱可用于计算桥梁的能力/需求比,这个方法适合于在 SRC C 和 D 类桥梁中的规则桥梁(见 5.5 节)。

方法 D2:结构能力和需求比方法

通过像多模态反应谱法或弹性时程法这样的弹性分析方法来确定桥梁的地震需求。能力评估是基于单个墩的位移能力，通过'Pushover'分析来确定，这包括非弹性构件的非线性行为。能力谱用于计算桥梁每个墩、支座、基础的能力/需求比。这个方法适合于 SRC C 和 D 类的所有桥梁。这就是大家熟知的 Pushover 方法，也就是非线性静力方法（见 5.6 节）。

方法 E：非线性动力分析方法（时程分析）

采用地震动记录进行非线性动力分析得到结构位移和力的需求。在需求分析中，单一构件的能力在需求分析中直接模拟。这种方法适合于不规则的复杂桥梁，或者采用场地特定地震动的重要桥梁。

简而言之，方法 A 和 B 基于默认的要求最低，不需要分析的桥梁。方法 C 和 D 基于不同精确度的能力—需求方法，方法 E 基于非弹性时程分析，是所有方法中最精确的。

评估方法的选用是通过表 1-7 最低评估要求、上面总结的所有规则和不规则的要求以及表 1-9 来确定的。表 1-7 的最低要求与桥梁抗震加固类别有关，并基于两个原则：第一，由于桥梁地震反应对需求的增加很敏感，所以随着地震危险性的增加，改进地震需求分析的模型是必要的；第二，随着桥梁复杂程度的增加，要求用更加完整的计算模型，以便对结构的能力和需求分析更好地把握。需要注意的是：可采用较高级的分析方法代替较低级的方法。

既有桥梁评估方法　　表 1-9

方法		能力评估	需求分析	适用性		备注
				SRC UL[1]	桥型	
A1/A2	连接件与支承长度校核	由非地震荷载确定连接件和支承长度	不需要	A～D	全部单跨桥梁	手算，可用电子数据表
				B	低危险性地区的桥梁	
B	构件能力校核	由非地震荷载确定连接件、支座、墩和基础	不需要	C	规则桥梁，但遭遇地震作用限于 $F_v S_1$	手算，可用电子数据表
C	构件能力/需求方法	连接件、支承长度、墩构造、基础和液化易感性（11 项）	弹性分析[2] ULM；MM；TH	C&D	响应基本为弹性的规则和不规则桥梁，例如位于低中等强度地震区和严格性能标准的桥梁	单个构件计算 C/D 比。这是以前 FHWA 公路桥梁加固手册提供的 C：D 法。需求分析需要软件
D1	能力谱法	采用侧向荷载作用下结构能力的双线性表示法，桥梁规则性受到限制	弹性分析[2] ULM	C&D	如同单自由度体系的规则桥梁和上部结构具有平面内刚性的规则桥梁	计算复杂桥梁、特殊限定状态的 C/D 比，可用电子数据表格
D2	结构能力/需求法	由上部结构、单个墩、基础限制状态下详细分析得到的 Pushover 曲线	弹性分析[2] ULM；MM；TH	C&D	规则和不规则桥梁	计算上部结构、单个墩、基础的 C/D 比。这也就是非线性静力分析或位移能力评估方法。需要软件计算能力和需求
E	非线性动力法	采用连接件、支承长度、墩、基础的构件能力	非弹性分析 TH	D	不规则的复杂桥梁或采用场地特殊地震动时，比如重要性桥梁	最严格的方法，需要专业人员。软件非常重要

注：1. SRC = 地震动水平Ⅱ对应的抗震加固类别；地震动水平Ⅰ，建议评估方法为方法 C。
2. ULM = 均匀荷载法；MM = 多模态谱方法；TH = 时程分析法。

1.12　针对地震动水平Ⅱ的加固策略

1.12.1　概述

一旦发现桥梁存在抗震缺陷，需要做的事情应该是正确处理这些缺陷。通过选择适合的加固措施和合理的加固费用,对加固做出正确的决策。本节再次明确了加固目标,并讨论了加固策略的选择(包括费用方面),加固方法的形成以及加固措施的确定。

加固策略是对桥梁抗震加固的总体计划,这个计划可以采用多种加固方法和几个不同的加固策略,加固策略将在1.12.2节讨论。

对桥梁所采用的加固方法是提高桥梁抗震能力的一种理念,补强是抗震加固方法的一个例子,在一座桥梁的抗震加固中可以采用一个或更多的加固方法,对不同加固方法的讨论将在1.12.3节讨论。

加固措施是为了改善整个桥梁抗震性能而对桥梁构件的物理特性进行的修正。例如,对钢筋混凝土墩柱外包钢壳是一种加固措施。对上部结构、下部结构和基础构件的加固措施将在1.13节做简要介绍,将在第8、9、10章分别做详细讨论。

1.12.2 选择加固策略

1.12.2.1 加固目标和可接受的损伤

桥梁抗震加固的目标是:确保当桥梁在设计地震作用下桥梁具有令人满意的抗震性能。具体地说,桥梁应该加固以满足1.4节和表1-2给定的性能准则,这个性能准则是根据桥梁的重要性和预期服役期确定的。

对于新桥和既有桥梁,只要能够避免发生倒塌,就容许结构出现较大的损伤,并且既有桥梁可接受的损伤程度比新设计的桥梁要大一些。

"可接受一定程度的损伤"是所有加固策略的基本要素,这至少考虑了以下两个原因:

- 与提高新桥抗震能力相比,加固更复杂一些,而且费用更高。有时,为防止桥梁损伤所增加的费用与不加固桥梁的修复损伤费(忽略非直接损失)一样多,甚至更高。

- 由于常规的磨损和交通量与荷载能力需求的增加,既有桥梁的有用的或剩余的使用寿命会减少。桥梁使用寿命的缩短减少了桥梁经历一个破坏性地震的可能性,每年花费在预防地震损失上的费用在增加。

当然也有例外,比如非常重要的桥梁,由中断使用或降低运输能力的任何损伤所造成的社会损失是无法接受的。

1.12.2.2 抗震加固中费用的考虑

在抗震加固中费用是需要考虑的主要因素。正如前面所述,抗震加固的平均费用比按抗震设计的新桥费用要高很多。事实上,人们已经估计到,在极端情况下,抗震加固的费用要高2~3倍。

由于需要根据加固计划编制费用数据库,而目前还没有几个州完成了庞大的加固计划,因此,实际加固费用是很难估算的。但是,表1-10给出了一些1993年到1994年基于加州165座桥梁的经验数据。在这个表中,加固费用表示为新建桥梁费用的百分比,而且加固平均费用约为同一时期新建桥梁费用的15%。同样,加固费用取决于加固策略。当仅对上部结构(拉索限位器、支座加宽)进行加固时,平均施工费用大约是新建费用的3.1%。当下部结构也需要加固时(不包括基础),平均费用增加到15.4%。当考虑基础加固时,平均加固费用增加到28.8%。当相同的加固策略应用于不同的桥梁时,由于不同桥梁的加固需求不同,表1-10在加固费用方面也反映出显著的差异。虽然这个数据反映了当时加州建筑市场上桥梁加固的主流情况,但这个趋势也能够反映出美国其他各州的情况。

加固设计的设计费用也高于新建的设计费用,这些加固预期费用不可能是新建类似桥梁工程需求费用的两倍。由于许多桥梁加固是独一无二的而且常常需要针对具体需求定制加固策略,因此,设计和加固细节的标准化是非常困难的。此外,桥梁详细的抗震评估和合理加固策略的确定是一个非常耗时的过程,这个过程中包括一个详细的动力分析并且很有可能还有很多供研究设计策略的试验性设计。

除了较高的初始费用外，加固寿命不应超过桥梁剩余服役期限，这就意味着加固费用的年度分摊会进一步增加，将超出在设计新桥时由考虑抗震设计而增加的费用。这就要求当为一座桥梁选择某一加固策略时，必须对比这些较高额的费用权衡加固(特别是预防损伤的加固)的收益。

不同加固方案的费用(占新建桥梁成本的百分比)[1,2]　　表 1-10

范围	加固方案			总额（1993 年和 1994 年加州全部加固加权总额）
	仅上部结构	上部结构和下部结构	上部结构、下部结构和基础	
低	1.3	0.7	2.3	0.7
平均	3.1	15.4	28.8	15.1
高	13.2	64.8	232.9	232.9

注：1. 1993 年和 1994 年对 165 座桥梁加固的 Caltrans 数据。

2. 费用表示为同一时期新建桥梁成本的百分比。

3. 上部结构包括约束和支承宽度。

1.12.2.3　其他考虑因素和非地震问题

在美国，许多既有桥梁除了地震易损性外，还存在结构缺陷或者功能陈旧。两者中的任何一个原因都可能需要对桥梁进行维修，此时，将为改善桥梁抗震能力提供了机会。如果需要立刻进行加固，设计者考虑附加的要求是可取的，当桥梁需要拓宽时，这种附加要求将在结构中得以体现。所以，设计人员应该既考虑现有的条件，也要考虑桥梁未来必须具有的可能的服务能力。

当进行加固设计时，也应考虑桥梁检查和养护的必要性，这包括检查通道以及养护维修工作。加固措施本身不应该成为一个养护问题，设计人员应该了解养护人员的需求，并在选择加固策略时考虑这些需求。

加固措施会改变桥梁的外观，所以，设计人员应注意加固设计对桥梁美观的影响。如果原设计具有重要的美学价值，或由于其他原因要求保留桥梁的原貌(比如桥梁古迹)，那么加固设计人员应对桥梁美学给予足够重视。也许有可以替代的确实有效的其他加固措施，但是还必须考虑这种加固方案在桥梁美学上是可接受的。

通常情况下，当加固桥梁时，关闭桥梁交通是不可能的，但是，一些加固措施要求中断桥梁的部分交通。此时，调整行车路线和分段施工将是必需的，当这些很难实施时，必须寻求一个限制中断交通的办法。桥梁上或其附近的公用设施也有类似的问题。如果不能重新部署，也许必须重新设计加固方案以避免损坏设施或中断交通。

对于桥梁设计人员，工程的可行性是经常遇到的问题，但是在加固设计中潜在的问题更多。如何进入既有桥梁和周围设施及附近的施工区成为主要问题，比如，在既有结构下的有限净空钻孔，在既有水平面下铺设混凝土，在其他设施附近开挖。设计人员必须认真考虑施工要求的每一步，并仔细校核加固方案。

在加固过程中常常会遇到政治和环境问题，而且在选择加固策略方面应该考虑到这些问题。例如，有的桥梁可能列入到历史文化保护范围，这样在实施加固时，桥梁的外观改动会受到限制。有的桥梁可能位于环境敏感区域，这样桥墩、桥梁基础的通道受到一定的限制。有的桥梁可能位于人口密集的住宅区，像打桩造成振动和噪声的施工活动受到一定的限制。在城区桥梁附近常常有有害垃圾，如果出现这些垃圾，要求清除。例如对桥梁进行更换时，政治的不同观点也许会影响设计人员的一些设计选择。对敏感区域的桥梁加固过程，也许最合理的加固方案受到限制，这些对设计人员是非常重要的。

1.12.2.4　确定和评估加固方案

选择合适的加固方案是非常复杂的，这不仅要找到正确的技术方案，而且要满足复杂的社会、经济

制约。选择适当的加固方案需要一个系统的过程,对这个过程的流程见图1-14,步骤如下:

第1步　进行详尽的评估,抗震加固的第一步是在桥梁所在的场地对既有桥梁进行详尽的分析评估。这一步的加固方法的讨论将在1.11节和第5到7章中进行。这一步的目标是评定桥梁在设计地震下的反应,找到桥梁需要加固的薄弱部位。对桥梁现场状况再次进行检查应作为这一步的一项内容。这需要验证桥梁的建设条件和确认桥梁加固的障碍,结构专家、岩土专家和业主应该参与这部分工作。

第2步　确认可选的加固方案,通常而言,改善既有桥梁的性能有许多方法,在众多可能的方案中确定加固方案是非常重要的。由于昂贵的费用、可操作性以及1.12.2.3节所提的其他原因,许多方案会很快排除。将在第3步中考虑不同的解决方案,表1-11(见1.13.2)将确定加固方法,这些加固方法也许会用于常规缺陷的加固,以指导设计人员制定可能的加固措施。所以,当寻找潜在的加固方案时,这个表可能会对设计人员非常有用。

第3步　加固方案的评估。每个不同加固方案的详细分析评价应该用在1.11节和第5到7章中讨论的方法。这一步还包括推荐加固方案的初步设计,以便估算每个方案的初步费用。

第4步　召开加固方案的听证讨论会议。由于一座桥梁的抗震加固方案涉及许多复杂的因素,最适当的加固方案必须能够得到大多数人的支持。在这个会议上由设计人员提出推荐加固方案和估算的加固费用。对这个项目感兴趣的各个部门的代表,包括桥梁的业主,公共事业公司,联邦、州、地方政府相关人员,结构和岩土工程专家,以及环境和公民团体应该出席这个会议。

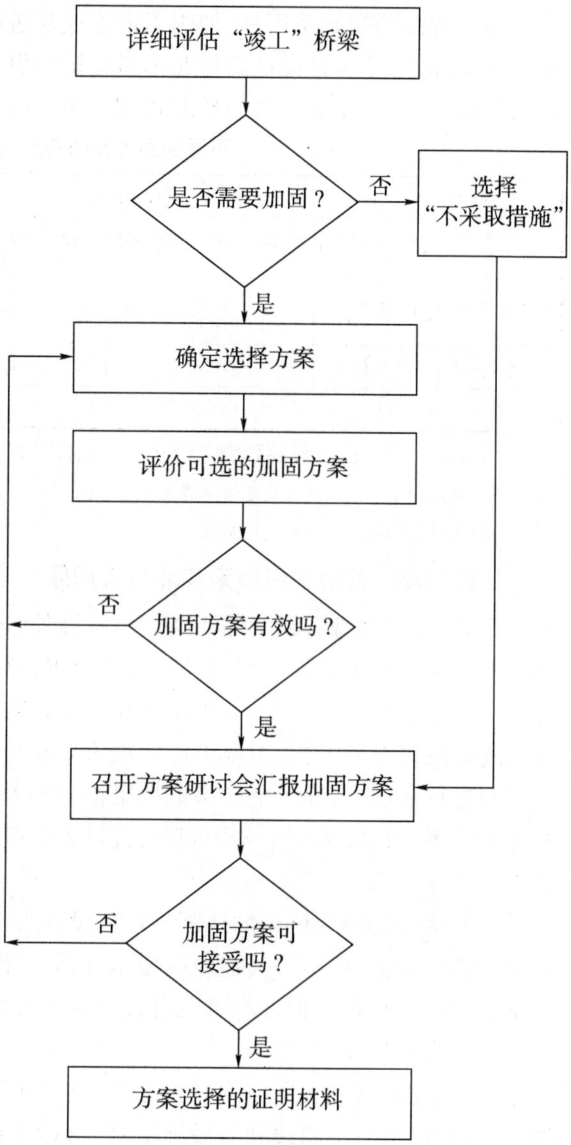

图1-14　加固方案的确定与评价

第5步　方案选择的归档。加固决定应该在方案报告中备有证明文件,对这个项目,这个加固报告应该作为永久性文件保存下来。这个报告应该包括建设和加固评价的所有的考虑因素,建议加固方案的初步规划和总布置图,结论和推荐的概要,初步估算费用,方案听证会会议纪要。

1.12.2.5　不采取任何加固措施和全部更换的选择

当加固一座抗震不足的桥梁时,两个可能极端的选择应该注意:"不采取任何加固措施"和"全部更换"的选择。

"不采取任何加固措施"的选择要求接受在未来地震中桥梁的损伤,如果仅仅以生命安全作为性能目标,并且预期损失不会威胁到生命安全,那么这将是一个相对简单的决定。最容易造成伤亡的是一跨桥梁的整体倒塌,但这是一个相对罕见的事件。例如,对上部结构,如果桥梁的支座有足够的支承长度,单个支座的倾覆或损坏不会导致桥梁的跨塌。与此相似,基础破坏也不可能造成倒塌,除非由于大范围的液化或大片地基失效(如断层错断)引起极大的地基变形,值得庆幸的是很少出现这些情况。尽管如此,当评估桥梁倒塌的潜在可能性时,应当尽可能使用常识,对这个潜在可能性用详细的分析法仔细地评估。

选择“全部更换”也许是一个有吸引力的选择，特别是当加固费用和更换费用在同一个数量级的时候。当桥梁的加固费用是新建桥梁费用的 60% ~70% 时，桥梁的抗震能力不足且使用功能有障碍时，可以考虑更换桥梁。但是，在做出这个提议时，设计人员也应该考虑拆除费用以及其他相关控制交通和绕行费用。这笔费用也是相当可观的，而且有可能使决策偏向于另外一个供选方案。

1.12.3　抗震加固的方法

在制定给定桥梁抗震加固方案时，可单独或组合使用抗震加固方法。一些的常用的方法在1.12.3.1节至1.12.3.7 节列出并讨论。

- 补强
- 改善位移能力
- 限制内力
- 改变地震反应
- 改善场地条件
- 对特定构件的接受或控制损伤
- 部分更换

1.12.3.1　补强

补强的目的是提高桥梁的一个或多个受损构件力或弯矩的能力。这种方法会增加刚度，很有可能对结构的响应造成影响，应予以考虑。

使构件在大震中保持在弹性范围内，这样的加固是不经济的，所以，在许多情况下我们期望地震时让一些构件出现屈服。如果在结构单元上力或弯矩的需求由于结构其它部位的屈服而受到限制，那么构件的强度应该具有足够的抗震要求，以便不受损伤。在上部结构和基础部位的力是通过墩柱的屈服控制的。当通过既有桥梁的墩柱或加固后的墩柱，这些单元没有足够的强度抵抗力或弯矩，它们必须进行补强。

延性构件的补强会减少构件的延性需求，从而改善抗震性能。然而，这将增加连接件的力或弯矩，这些连接件也需要补强。

在铰和支座处加限位拉索或高强钢筋也是一种形式的补强。限位器的附加强度和刚度将限制上部结构桥跨或框架之间的相对移动，其目的是防止支承失效引起的损坏。

1.12.3.2　改善位移能力

总的来说，位移能力是一个比构件强度更好的指标。所以，通常的加固方法集中在改善结构的位移能力上。可以用下述两种技术中的任意一种实施：

第一，在支承没有失效的条件下延长支座的支承长度，以容许支座更大的相对位移。这种方法可以替代增设限位索或钢筋的方法，限位索或钢筋可以减少支座处的位移需求。在很多情况下，通常采用这些方法的组合，例如，限位器和延伸器同时使用以防止支承失效。

第二，增加墩柱的延性能力。在大震作用下，也许需要较大的非弹性变形，同时，延性能力是不发生倒塌或破坏的一个措施。所以一个延性墩柱能够提供一个比较大的承受变形的能力，提高这种变形能力的任何技术会以提高位移能力的形式考虑。

1.12.3.3　限制内力

在关键结构构件中的力可以用屈服构件作为结构的“保险单元”(即:牺牲单元)加以限制。如果桥梁中的一个构件特意设计为屈服且限制这些力传输到相邻的构件，这样，第二个构件就通过第一个构件起到“能力保护”的作用。例如，如果一个墩柱被特意设计为屈服并形成塑性铰，那么通过塑性铰的屈服弯矩可以限制从墩柱传输到基础的最大弯矩。这种情况下，通过墩柱的塑性铰对基础起到“能力—

保护”的作用。

虽然在许多结构中内力的限制是自然存在的,但是为了减少构件(特别是那些在结构上难以实施的构件)的补强费用,已经开发了若干限制力的加固方法。

一种限制内力的方法是采用隔震支座。如1.12.3.4节的讨论,虽然这些支座会改变桥梁的动力响应,但是它们也可起到“保险单元”的作用,限制传输到下部结构或基础的剪力。

另一种限制内力的例子是连梁的概念,这个概念已经用于加固多柱墩。通过这种方法,通过梁中的塑性铰限制了剪力的传递,它同样也限制了弯矩的放大,而这些弯矩会传输到盖梁和承台。

延性横隔梁方法将在第8章讨论,也用到了限制内力的方法。

1.12.3.4 改变地震响应

桥梁对地震地面运动的动力响应决定了力和位移的需求,这种需求将作用在不同的构件上。按这种方法加固的桥梁其动力响应很可能发生显著的改变。这将减少力和位移的需求,并且消除或减少通过补强或提高位移能力需要加固的需求。这种方法的一个例子是采用隔振,这样结构基础的周期人为加长,以减少力的需求。但是,这种情况下,隔振层位移的需求会非常大,并且通常通过附加阻尼减少这种需求。能量耗散器和阻尼器也会改变动力响应,同时也会减少补强或改进位移能力的要求。

改变地震响应的另外一种方法是更改水平惯性力的荷载传力路径。使另外一条荷载传递路径加强的加固可以将力吸引过来,使其远离易损构件,从而减少或消除对易损构件的加固需求。例如,提高连续梁桥的桥台刚度和强度,那么惯性力将重新分配于桥台上,从而释放或减少墩柱的惯性力。如果需要为活荷载提供连续桥面,这种方法对简支梁桥是非常有效的,减震装置也可以用于改变力的传播路径。

改变地震响应的是一个有效的加固方法,但需要慎重考虑这种加固的负面效应,比如改变了桥梁对运营荷载的响应。

1.12.3.5 通过改善土质改良场地土

一个地震中,当发生较大的永久性地面运动时,桥梁会发生显著的损害。液化、滑坡、泥石流和断层错断是引起这种损伤的最常见的现象。有两种可能的途径解决这个问题:

第一个途径是给结构足够的能力以抵抗荷载和适应由土体移动产生的位移,使结构不垮塌。在这个方法中,关键的一步是荷载或预期地震地面运动或断层错断的量化,这是一个非常难以解决的问题。

第二个途径是像第11章讨论的用土体改良技术改善土壤结构。场地土改善通常包括大面积土体的处理,并且处理费用会很高。在河流的交叉口处,改良可能遭遇洪水,需要防止冲刷。尽管如此,仍将有一些情况下,这种方法是一个可行的选择并应给与考虑。但是,这种方法不适用于可能发生错断的场地。

1.12.3.6 对指定构件接受或控制其损伤

当防止桥梁倒塌是加固的主要目标时,我们通常可以接受构件出现容许损伤,只要这些损伤没有威胁到整个桥梁结构的稳定就可以。但是,有些情况下的损害必须加以控制,以免桥梁垮塌。在Caltrans(Caltrans, 1996)中有一个“P”墩柱加固的例子,这种加固方法是当墩柱损伤显著时,有意保护墩柱的竖向承载力。当进行结构地震响应分析时,通常忽略了这种加固的侧向承载能力。

1.12.3.7 部分更换

有一些情况,一些桥梁需要加固的构件范围很大,从经济方面考虑,部分更换可能更加适合。部分更换可以有多个目标,比如,为增加强度和延性,而更换桥梁墩柱。在一些情况下,相邻单元上的加固形式可以采用部分加固。当需要更换桥梁支座时,需要临时支撑。

1.13　针对地震动水平Ⅱ的抗震加固措施

1.13.1　概述

在过去的 10 年中，可用的桥梁抗震加固的措施显著增加。针对抗震能力不足的上部结构、支座、梁座、墩柱，包括抗震能力不足的盖梁以及盖梁与梁节点的加固措施已经得到了发展。此外，改进桥台和基础行为的技术已经开发出来，包括危险场地桥梁的抗震加固措施。这些进步是加州和其他地区，主要是加州的奋斗成果。

部分加固措施如下：

- 横隔梁的加固
- 能量耗散延性横撑
- 在简支梁桥中的纵向连接
- 支座更换
- 隔振支座
- 能量耗散装置
- 在梁支撑和连接铰处支座支承面的加宽和挡块
- 在梁支撑和连接铰处的减振装置
- 墩柱的更换
- 墩柱加固的混凝土壳、钢和纤维复合外壳
- 在排架中填充剪力墙
- 用预应力对盖梁补强
- 副梁
- 在桥台后面设置锚板
- 土层锚杆和重力式锚杆
- 桥台剪力键
- 更换承台
- 承台加厚
- 增加桩的抗拔能力
- 补桩
- 针对横跨断层的连接
- 针对不稳定斜坡和液化的场地改良
- 振冲土柱和碎石桩

图 1-15 给出了一些加固措施的示意图，详细讨论见第 8 章 ~ 第 11 章。

1.13.2　抗震加固列表

表 1-11 列出的表格对于上面列出的加固方案来说是一个路标。它体现了 1.12.3 节中提到的七种加固方法与保证加固有效性的、必要的措施之间的关系。

例如，如果选择增强方法来改善支承长度不足的情况，从表 1-11 中可知，必须考虑以下措施：

8.2.2.1 节：假设提供纵向连续性，腹板和翼缘板；

8.4.2.1 节：纵向限位器。

尽管表 1-11 是方法和措施的综合列表，并不排除未在本手册中提到的新型加固方法或措施。

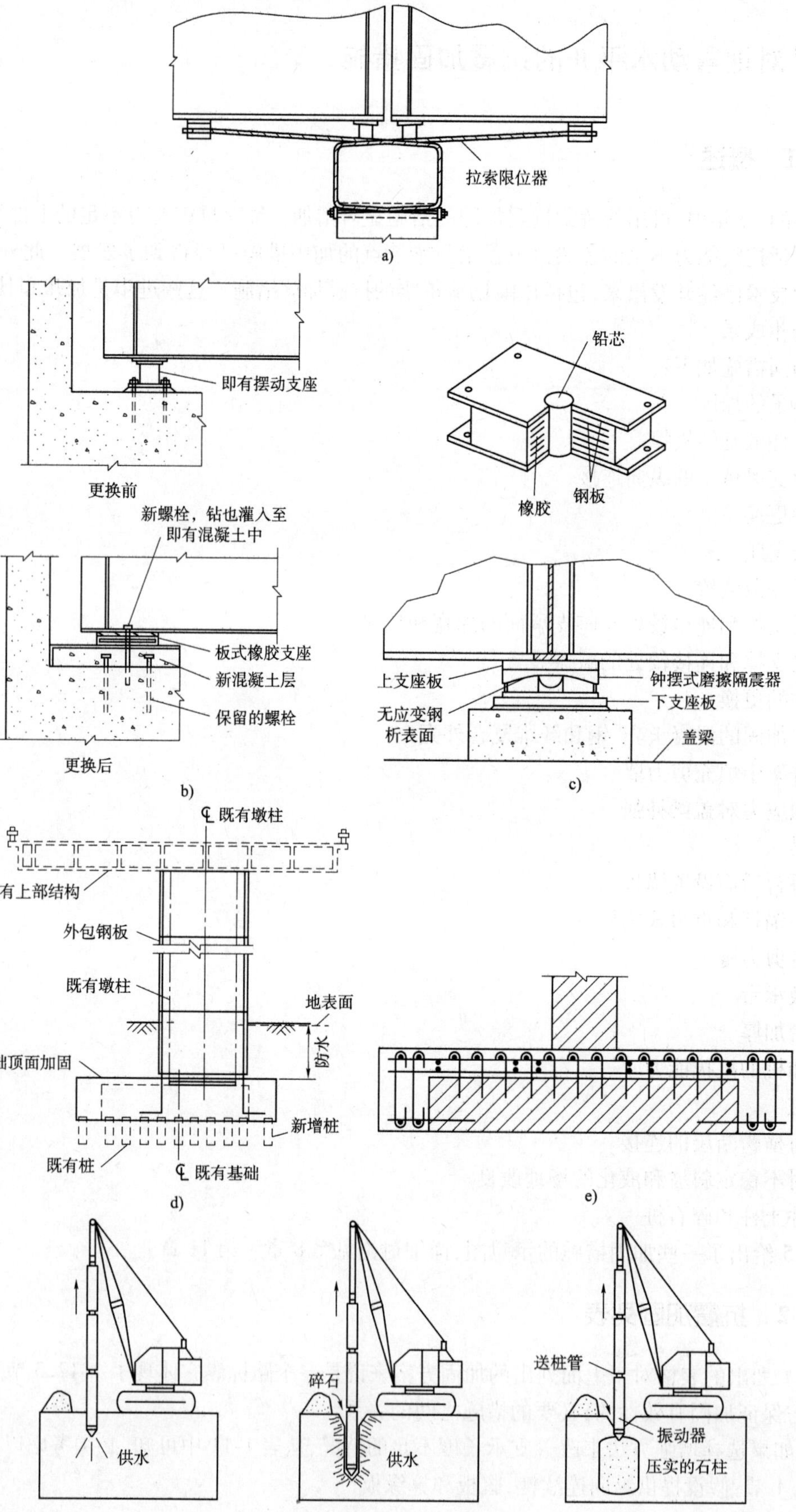

图 1-15 可选的加固方法

表1-11

抗震加固方法列表和与加固措施相关的章节

抗震不足	加固方法						
	补强	提高位移能力	限制力	响应修正	场地修复	损伤接受与控制	部分置换
强度不足的上部结构	8.2.1.1 板与梁连接件补强； 8.2.1.4 连续的上部结构补强						
强度不足的横隔板	8.2.1.2 横隔板补强和提高刚度		8.2.1.3 能量耗散延性横隔板				
支座/连接件	8.3.1 既有桥梁补强 8.3.3 上部结构与下部结构连接之间连接件补强 8.4.2.2 横向限位器 8.4.2.3 竖向限位器			8.3.2.2 用隔震支座替换 8.4.3 能量耗散装置 8.4.4 震动转移单元			8.3.2.1 传统支座
支承长度不足	8.2.2.1 腹板和翼缘板 8.4.2.1 纵向限位器	8.4.1.1 加宽混凝土支座和挡块 8.4.1.2 导管延伸器		8.2.2.2 上部结构接缝增强 8.2.3 降低恒荷载			
弯曲能力不足的墩(柱)	9.2.1.2 柱弯曲强度 9.2.1.4 增补墩(柱)剪力墙 9.2.2.1 刚性构架 9.2.2.2 内设受压构件 9.2.3 混凝土墙式墩	9.2.1.3 提高墩(柱)延性和剪切强度 9.2.2.2 内设受压构件	9.2.1.6 限制墩(柱)内力 9.2.2.1 刚性框架			9.2.1.5 墩(柱)竖向荷载能力保护	9.2.1.1 墩(柱)替换
抗剪能力不足的墩(柱)	9.2.1.3 提高墩(柱)延性和剪切强度 9.2.1.4 增补墩(柱)剪力墙						

续上表

抗震不足	加固方法						
	补强	提高位移能力	限制力	响应修正	场地修复	损伤接受与控制	部分置换
结构强度不足的墩帽	9.3.2 墩帽补强		9.3.3 降低墩帽内力	9.3.5 副梁			9.3.1.1 接缝处部分替换 9.3.1.2 全部替换
结构强度不足的墩(柱)—盖梁节点	9.3.4 墩梁节点补强			9.3.5 副梁			9.3.1.1 接缝处部分替换
结构强度不足的墩(柱)—承台节点	10.3.2 承台补强			10.3.4 限制传递至承台的荷载			10.3.1 承台置换
不稳定承台	10.3.2 承台补强			10.3.4 限制传递至承台的荷载	11.4.2 采用地基加固进行场地修复		
结构强度不足的承台	10.3.2 承台补强			10.3.4 限制传递至承台的荷载			
桥台填方沉陷		10.2.1 桥头搭板			11.4.2 采用地基加固进行场地修复		
不稳定桥台	10.2.2 锚固板 10.2.5 横向桥台锚杆 10.2.6 土层锚杆和重力式锚杆			10.2.2 桥头搭板			
强度不足的桥台	10.2.3 地下连续墙 10.2.4 横向桥台剪力键						
过大的地面位移	8.2.2.1 腹板和翼缘板 8.4.2.1 纵向限位器 9.2.3 混凝土墙式墩 10.3.2 承台补强	8.4.1.1 加宽混凝土支座和挡块 8.4.1.2 导管延伸器 9.2.1.3 提高墩(柱)延性和剪切强度 9.2.2.2 内设受压构件	9.2.1.6 限制墩(柱)内力		11.4.2 采用地基加固进行场地修复	9.2.1.5 墩(柱)竖向荷载能力保护	9.2.1.1 墩(柱)替换

第 2 章　地震危险性分析❶

2.1　概述

对桥梁进行加固之前，首先需确定桥梁所在场地的地震危险性特征。确定场地的地面加速度峰值和反应谱，对有些桥梁，还需要确定考虑空间变化或不考虑空间变化的加速度时程。本章主要讨论以下内容：

1. 使用以下任一种方法确定水平地震动的反应谱
- 基于美国地震动区划图和场地系数的通用方法；
- 场地的地震安全评价❷
2. 确定竖向地震动反应谱。
3. 确定加速度时程。
4. 评估地震动的空间变化。

评价场地的地震动，包括判断以下因素的不确定性：
- 震源位置；
- 不同震级地震发生的频率；
- 确定场地上可能的最大地震；
- 任何给定地震作用下的场地地震动。

一般认为，最好的方法是采用概率法来考虑这些不确定性因素，因此通常采用这种理论确定桥梁和建筑结构的设计地震动。

如第 1 章所述，采用两种地震动水平来确定既有桥梁的性能和适当的加固措施，即地震动水平 Ⅰ 和地震动水平 Ⅱ。地震动水平 Ⅰ 是指：在桥梁服役年限（假设为 75 年）内的超越概率为 50%，而地震动水平 Ⅱ 是指：在 75 年内的超越概率为 7%。如同下面所讨论和表 2-1 所示，这两个超越概率分别对应小震的地震重现期为 100 年和大震的地震重现期为 1 000 年。

使用泊松概率模型❸，在桥梁服役期（t）内，给定振幅地面运动的超越概率（P_E）与相应地面运动振幅的年超越频率（v）有关，如下式表示：

$$P_E = 1 - e^{-vt} \tag{2-1}$$

将式（2-1）中的 v 写成 P_E 和 t 的函数，即：

$$v = \frac{-\ln(1 - P_E)}{t} \tag{2-2}$$

不同超越概率下的重现期❹可根据式（2-2）计算，如表 2-1 所示。该表中，桥梁服役年限设为 75 年。

---

❶ 译者注：在本章的学习中应着重了解美国的地震危险性分析方法，不必在美国的地震动区划图、参数等方面多花精力，因为中美两国的地震动区划是不一样的，中国国家地震局提供的地震动区划图是两图一表。

❷ 译者注，原文为：A site - specific procedure. 直译为特定场地方法，译者认为其实就是国内的场地地震安全评价方法。

❸ 在泊松模型中，任何给定震级的地震在时间上是均匀产生的。一个地震事件的发生假设与未来地震事件的时间间隔或概率是无关的。

❹ 年超越概率的倒数即为超越事件的重现期。本手册中，年超越概率的倒数简称为重现期。

地震动超越概率和重现期之间的关系 表 2-1

75 年超越概率 P_E(%)	年超越频率 v	重现期(年)	
		实际的	经处理的
50	0.009242	108	100
15	0.002167	461	500
7	0.000968	1 033	1 000
5	0.000684	1 462	1 500
3	0.000406	2 462	2 500

如节 1.5 所述,在桥梁筛选和评估过程中,使用两个谱加速度(S_{Ds}、S_{D1})来确定地震荷载。对假想岩石场地得出的谱加速度 S_s、S_1进行修正以考虑场地上实际的土壤条件来得到这两个谱加速度值。图 2-1 描述了在美国随着不同位置的重现期这两个谱加速度的差异。图 2-1(a)给出的是短周期的谱加速

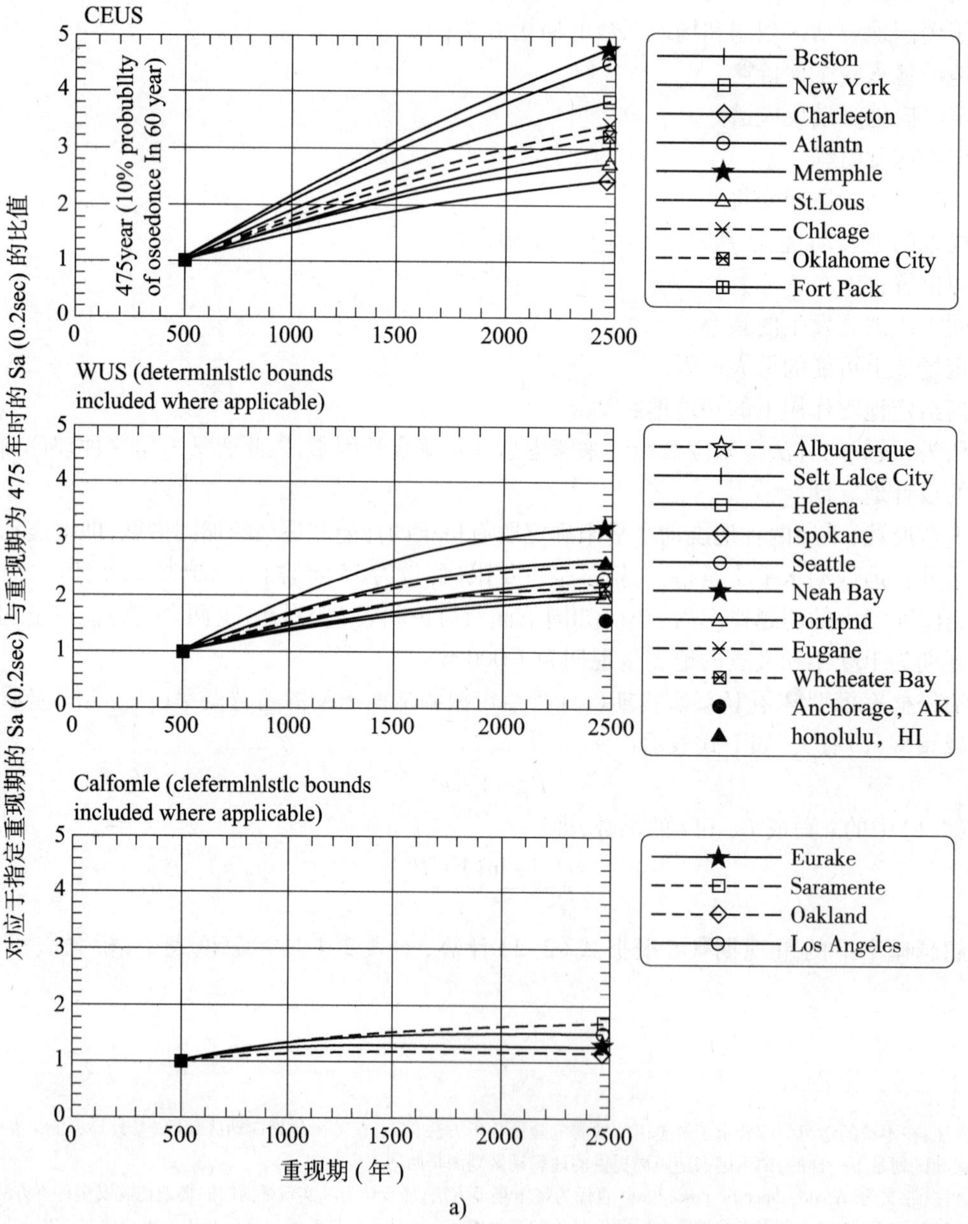

图 2-1

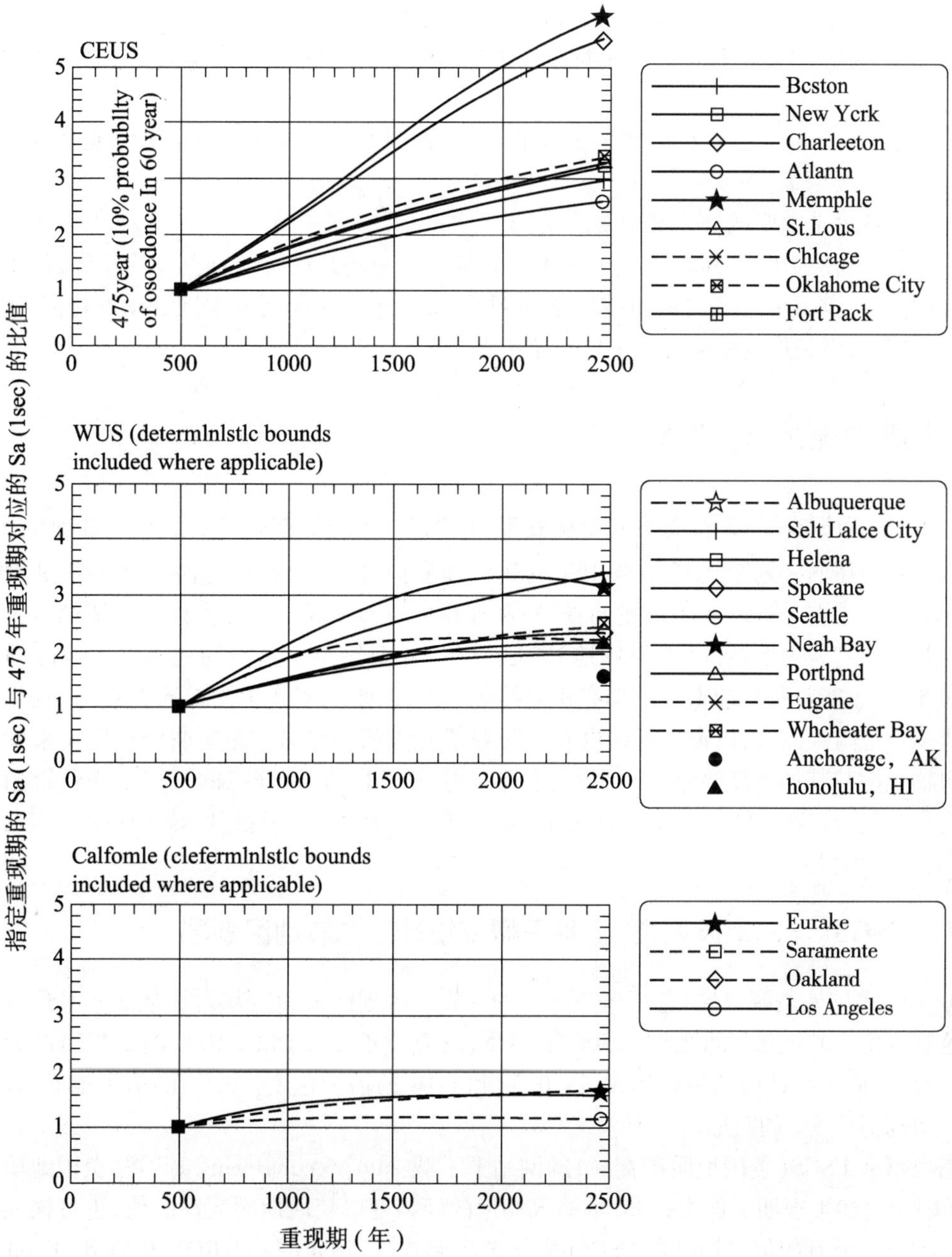

b)

图 2-1　不同地震动重现期短周期和长周期谱加速度的变化规律

a)不同重现期的短周期谱加速度与重现期为 475 年的短周期谱加速度的比值；b)不同重现期的长周期谱加速度 与 475 年重现期对应的长周期谱加速度之比

度，而 2-1(b)给出的是长周期的谱加速度。这些图表明在美国东部，较长的重现期如 2 500 年地震动的谱加速度可能是相同场地较短重现期(如 500 年)的谱加速度的 3～4 倍。这个比例在不同州之间相差较大，这也是采用两种地震动水平进行抗震加固的主要原因之一。

2.2　确定水平地震动特征的基本方法

确定水平地震动的反应谱和加速度峰值的两个基本步骤如下：

1. 如第 2.3，2.4 和 2.5 节中所述，一种通用的方法是采用美国地震动区划图和场地参数的。

2.第2.6节所述的特定场地地震安全评价。

如果符合下列 任一情况,均应该采用特定场地地震安全性评价方法来确定水平地震动的反应谱和加速度峰值:

- 除非认为场地土层不会对桥梁产生更大的反应,否则场地土层需要进行详细的评估(如2.4节中所述的F类场地土)。
- 业主认为桥梁是主要或是非常重要的结构。
- 场地在活动断层10km(6mile)以内,近断层地震动将对场地的反应有显著的或负面影响。

2.4节将给出F类场地不需进行特殊评估的例子。2.6节描述了近断层地震动的特征,这种地震动可能增大桥梁反应,但是这些效应仅在主要桥梁中考虑。

2.3 确定谱加速度 S_s 和 S_1

USGS(美国地质调查局)对全美不同超越概率(重现期)下的短周期和长周期谱加速度 S_s、S_1 绘制了区划图。通常使用的区划图是1996年USGS(美国地质调查局)公布的地面运动区划图❶❷。加州的谱加速度区划图是在USGS(美国地质调查局)和加州地质调查局(CGS)协作下完成的。这些加速度区划图是针对参照基岩场地条件(B类场地)绘制的。2.4节给出了其他场地条件下地震动的修正方法。尽管如此,不可能对所有的重现期都有相应的区划图,因此USGS(美国地质调查局)提供了选定经纬度下的地震动危险性曲线,以覆盖那些没有在区划图上体现的情况。这些曲线可以用来确定地震动参数的年超越频率与其加速度幅值之间的关系,这样用户就可以指定任意的重现期来获得相应的谱加速度值。这些曲线可以在USGS(美国地质调查局)颁布的CD-ROM中找到,该CD的副本也可在手册中查到(请看封底内页)。

2.3.1 USGS(美国地质调查局)基于概率统计的地震动区划图

使用USGS(美国地质调查局)基于概率统计的地震动区划图来确定基岩场地的水平反应谱加速度和地面加速度峰值。它提供了重现期为500年(475),1 000年(975)和2 500年(2 475)的大比例纸制区划图,并给出对应于振动周期为0.0s,0.2s,0.3s和1.0s的谱加速度。0.0s的值为地面峰值加速度,所有图上的值均对应5%的阻尼。

区划图也可从USGS(美国地质调查局)的网站上下载:http://eqhazmaps.USGS(美国地质调查局).gov,但只局限于上述重现期。作为补充,可输入场地的经纬度以获取地面运动的值,也可输入场地所在地区的邮政编码。所有的信息均可在USGS(美国地质调查局)颁布的CD-ROM中查到(Frankel和Leyendecker,2001)。手册赠送该CD(参见封底内页)。

需要注意的是上述区划图和表格数据均没有包括重现期为100年的地震。如何确定重现期为100年的数据将在下一节中阐明。

美国本土大陆州地震动水平Ⅱ(1 000年重现期)地面加速度峰值如图2-2(a)所示。该图可从上述的CD中获取。该CD也可查到,阿拉斯加(Alaska),夏威夷(Hawaii),关岛(Guam)和波多黎(Puerto Rico)各州的地震动区划图。地震动水平Ⅱ(1 000年重现期)的短周期和长周期谱加速度如图2-2(b)和图2-2(c)所示,均可在该CD中查到,也可查询全美其他州和地区的地震动区划图。

❶ 2002年USGS颁布了一个新的区划图,但其重现期不是1 000年,看其他选项。2005年它会公布一个可以自动产生任意重现期下的谱加速度程序。

❷ Frankel et al.,1996,1997a,1997b,1997c,2000;Klein et al.,1999;Peterson et al.,1996;Wesson et al.,1999a;1999b。

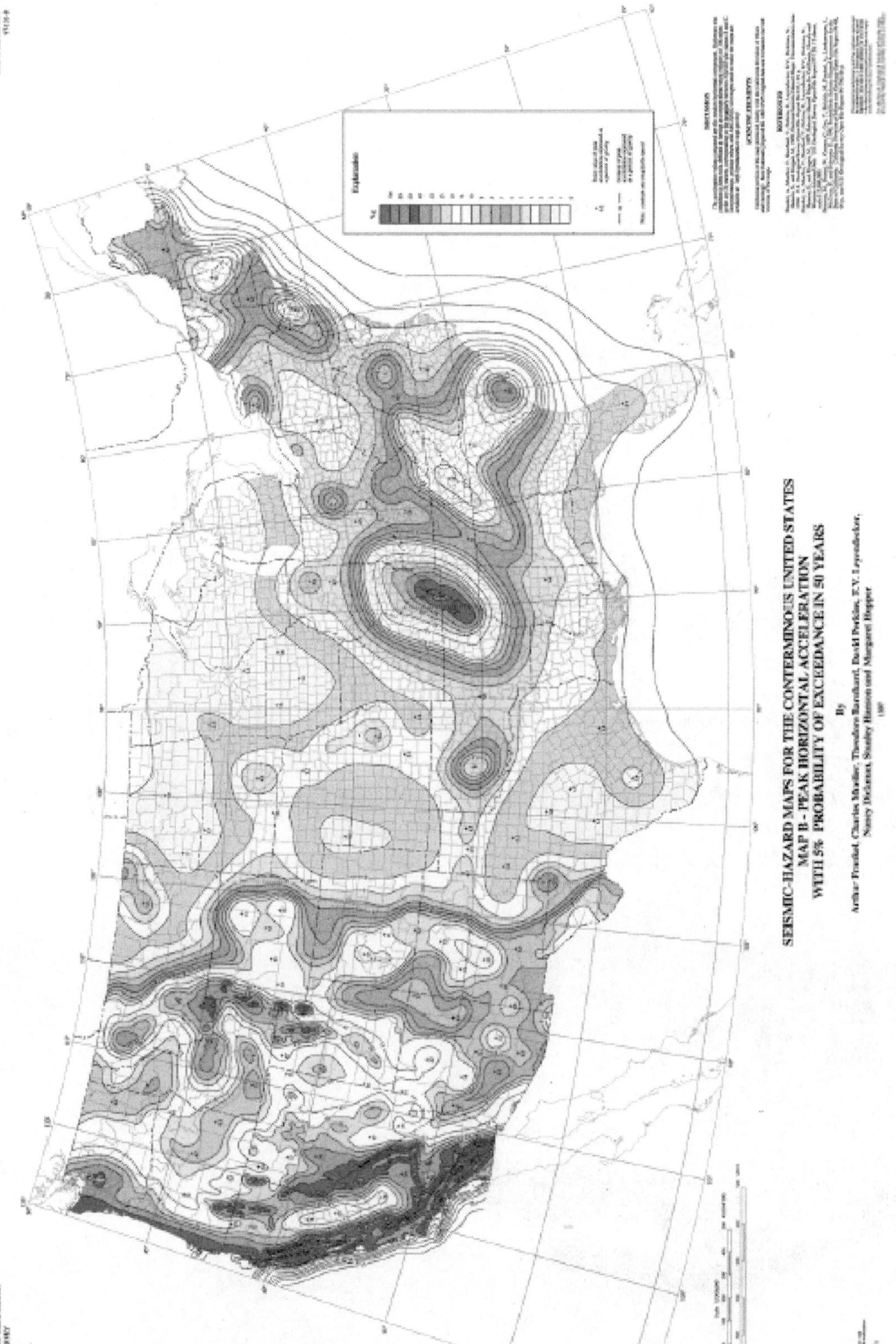
SEISMIC-HAZARD MAPS FOR THE CONTERMINOUS UNITED STATES
MAP B - PEAK HORIZONTAL ACCELERATION
WITH 5% PROBABILITY OF EXCEEDANCE IN 50 YEARS

a)

图 2-2

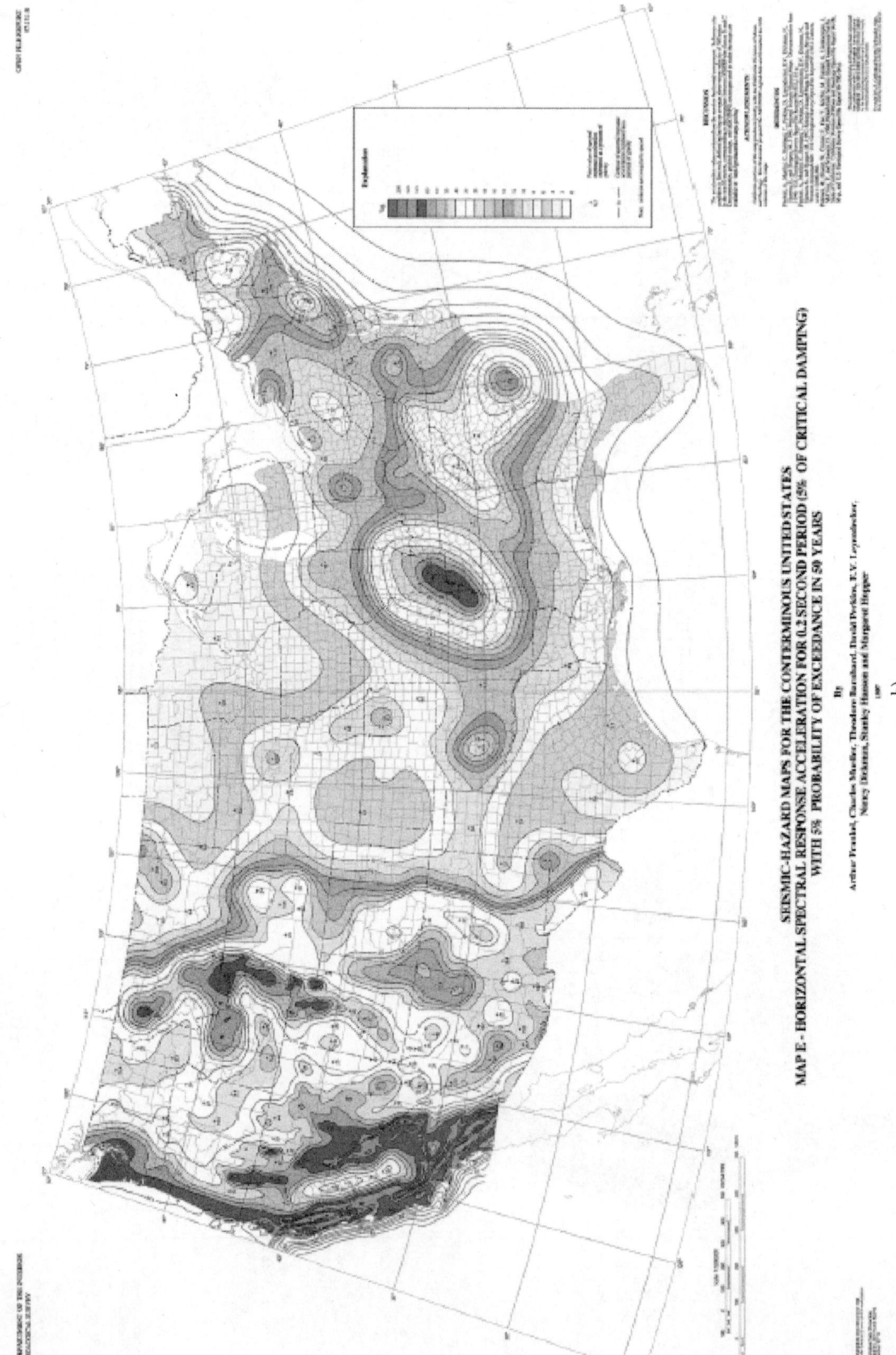
SEISMIC-HAZARD MAPS FOR THE CONTERMINOUS UNITED STATES
MAP E - HORIZONTAL SPECTRAL RESPONSE ACCELERATION FOR 0.2 SECOND PERIOD (5% OF CRITICAL DAMPING)
WITH 5% PROBABILITY OF EXCEEDANCE IN 50 YEARS

b)

图 2-2

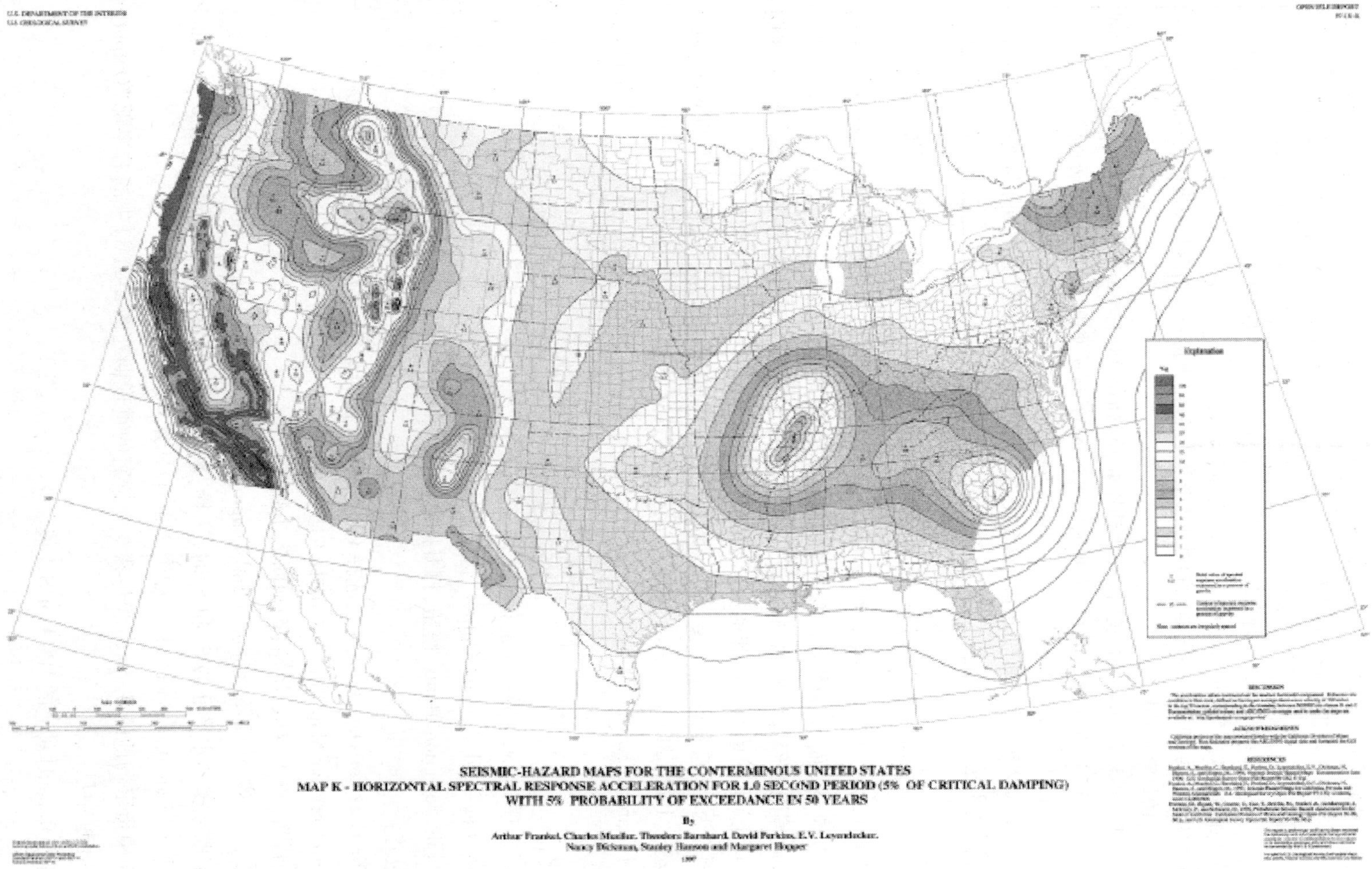

c)

图　2-2

a）与地震动水平Ⅱ（1 000 年重现期）对应的峰值加速度；b）与地震动水平Ⅱ（1 000 年重现期）对应的短周期 S_s 谱加速度；c）与地震动水平Ⅱ（1000 年重现期）对应的长周期 S_1 谱加速度

可用的美国地震动区划图和 CD

地面加速度峰值、选定重现期的短周期和长周期谱加速度的区划图均可在 USGS(美国地质调查局)的纸制或下述的 CD 查到。地震危险性曲线也可在 CD 中查到,通过地震危险性曲线可获得任意重现期下的加速度和谱坐标值。上述的部分数据也可在 USGS(美国地质调查局)的网站上查到:http://eqhazmaps. USGS(美国地质调查局). gov。

年份	出版物
1996	美国本土大陆的 48 个州重现期为 500 年,1 000 年和 2 500 年的区划图。
1998	阿拉斯加和夏威夷 500 年和 2 500 年重现期下的区划图。
2001	美国本土大陆的 48 个州,阿拉斯加和夏威夷基于 1996 年数据的区划图和地震危险性曲线,该 CD 在本报告的封底内页中。
2002	重现期 500 年和 2 500 年下的美国本土大陆的 48 个州的区划图。2002 年和 1996 区划图间的主要区别在新马德里(New Madrid)和查尔斯顿(Charleston)地区所使用的地震危险性分析模型。
2003	波多黎各和维尔京群岛(Virgin Islands)重现期 500 年和 2500 年下的区划图。
2005 建立	1996 年和 2002 年数据更新;也包括了这个报告中代替手册方法的任意重现期下数据的自动生成办法(见 2.3.2 节)。

2.3.2 USGS(美国地质调查局)CD-ROM 中基于概率统计的地震动数据文件

通过本手册附带的 CD-ROM(Frankel 和 Leyendecker,2001)中用于生成区划图的地面运动数据文件可以确定谱加速度 S_s、S_1,而不必使用 USGS(美国地质调查局)的区划图。

指定场地的邮政编码或经纬度坐标,通过该 CD 可以获取地震动水平 Ⅰ 和地震动水平 Ⅱ(重现期分别为 100 年和 1 000 年)下的谱加速度和地面运动加速度峰值。这些计算的步骤如下:

步骤 1. 装入题名为"地震危险性曲线"和"一致危险性反应谱"的 CD,从开始菜单中的 Windows Explorer 或者 Setup 运行"Probabilistic Hazard 3. 10",显示如图 2-3(a)所示的界面。

步骤 2. 点击"Hazard Curves and Response Spectra for the United States"按钮,显示图 2-3(b)所示的界面。

步骤 3. 初始化:

- 选择"Name"选项,输入生成结果的标识。
- 选择"Include Date and Time on Output"选项。
- 点击"Open File Selection Menu"按钮,打开图 2-3(c)。

步骤 4. 文件设置:

- 在"Select Directory for Data Files"中,选择 CD-ROM 所在的盘符,然后选择"GM96-Data"。
- 在"Select Directory for Map Files"中,选择 CD-ROM 所在的盘符,然后选择"GM96-Maps"。
- 如已满意该设置,点击"OK"按钮;否则回到步骤 3。

步骤 5. 在图 2-3(d)❶中,选择"Latitude and Longitude"或者"5-Digit Zip Code"来确定桥梁场地。

步骤 6. 当要求取地震动水平 Ⅱ 的 S_s 和 S_1 时,选择"Select Parameter"中的"U. H. S for 5 percent PE in 50 years",然后点击"Calculate Spectrum",如图 2-3(d)所示❷。

步骤 7. 步骤 5 中指定场地的 S_s 和 S_1 和步骤 6 中指定的重现期在图 2-3(d)中的右半部"Output for All Calculations"输出框中显示。

- S_s 为周期等于 0. 2s 时对应的"PGA or Sa"值。

---

❶ 采用经纬度坐标是确定场地位置最精确的办法,当无法获取经纬度坐标时也可采用邮政编码。当采用后一种方法时,给定邮政编码所覆盖的地区,其中心位置的地震危险性假定为桥梁所在场地的地震危险性。

❷ 第一章(表 1-2)中定义的地震动水平 Ⅱ 在 75 年内超越概率为 7%,与 50 年内超越概率为 5% 的地震危险性等价。两种超越概率都描述重现期为 1 000 年左右的地震水平。

• S_1 为周期等于 1s 时对应的“PGA or Sa”值。

点击“Clear Selections”,打开图 2-3(e)。

步骤 8. 当要求取地震水准 I 的 S_s 时,选择“Select Parameter”中的“Hazard Curve for 0.2 sec,”,然后点击“Calculate Hazard Curve”,如图 2-3(e)所示❶。

步骤 9. 步骤 5 指定的 S_s 对应一系列超越概率的值显示在右侧屏幕标题为“Output for All Calculations”的下边,如图 2.3(e)所示。概率为 0.01(重现期为 100 年)时的 S_s 通过该表线性插值得到。S_s 的值也可通过步骤 10 中的概率—加速度图直接读取出来。

步骤 10. 点击“View Hazard Curve”显示图 2-3(f)。读取年超越概率为 0.01 的 S_s 值。1 000 年重现期的 S_s(FEX = 0.001 = 1.0E − 03)也可从该图读取出来,并与步骤 7 得到的值进行比较。单击“Exit Viewer”回到上步,然后点击“Clear Selections”显示如图 2-3(g)。

步骤 11. 当要求取地震动水平 I 的 S_1 时,选择“Select Parameter”中的“Hazard Curve for 1.0 sec,”,然后点击“Calculate Hazard Curve”,如图 2-3(g)所示❷。

步骤 12. 步骤 5 中指定场地的 S_1 和超越概率范围在图 2-3(g)中的右半部“Output for All Calculations”输出框中显示。概率为 0.01(重现期为 100 年)下的 S_1 通过该表线性插值得到。S_1 的值也可通过步骤 13 中的概率—加速度图直接读取出来。

步骤 13. 点击“View Hazard Curve”打开图 2-3(h)。读取年超越概率为 0.01 的 S_1 值。1 000 年重现期的 S_1(FEX = 0.001 = 1.0E − 03)也可从该图读取出来,并与步骤 7 得到的值进行比较。单击“Exit Viewer”回到上步。

步骤 14. 单击“Exit Program”结束计算。

[例 2-1]　说明了用邮政编码确定地震场地,同时求取地震动水平 I 和地震动水平 II 的 S_1 和 S_s 的全过程。

例 2-1:从 CD-ROM 中确定 S_s、S_1

计算盐湖城(邮政编码:84112)中一座桥梁地震动水平 I 和地震动水平 II(重现期分别为 100 年和 1 000 年)下的 S_1 和 S_s。

步骤 1,2,3 和 4. 初始化:

• 装入 CD,并启动“Probabilistic Hazard 3.10”;
• 点击“Hazard Curves and Response Spectra for the Unites States”[图 2-3(a)];
• 输入名称“Demonstration:SLC”[图 2-3(b)];
• 点击“Include Date and Time on Output”[图 2-3(b)];
• 点击[图 2-3(b)]中的“Open File Selection Menu”,设置数据文件和地图文件的 CD-ROM 盘符均为“d:”[图 2-3(c)];
• 选择[图 2-3(c)]中的“GM96-Data”和“GM96-Maps”;
• 点击“OK”。

步骤 5. 确定桥梁场地:

• 选择“5-digit Zip Code”,并输入 84112[图 2-3(d)]。

步骤 6 和 7. 求地震动水平 II(重现期为 1 000 年)的 S_s 和 S_1:

• 选择“Select Parameter”中的“U. H. S❸ for 5 percent PE in 50 years”[图 2-3(d)];
• 点击“Calculate Spectrum”(图 2-3(d));

❶ 第一章(表 1 − 2)中定义的小震地震动水平在 75 年内超越概率为 50%,与重现期为 100 年或者年超越概率为 0.01 的地震水平等价。

❷ 该表使用科学记数法表示超越概率,0.01 超越概率即表示为 1.0E − 02。

❸ 这里原文为“V. H. S”,应该更正为“U. H. S”。

• 右边输出框中,周期等于0.2s时,S_a=110.9%g,即1.109g[图2-3(d)];
• 右边输出框中,周期等于1.0s时,S_a=38.6%g,即0.386g[图2-3(d)];
• 点击“Clear Selections”[图2-3(d)]。

步骤8,9和10. 求地震动水平Ⅰ(重现期为100年)的S_s:
• 选择“Select Parameter”中的“Hazard Curve for 0.2 sec,”[图2-3(e)];
• 然后点击“Calculate Hazard Curve”[图2-3(e)];
• 线性插值获取超越概率(FEX)为0.01时的S_s,如下所示:

从图2-3(e)右边的输出框可知:

超越概率(FEX)		S_s(g)
1.448E-02	0.014 48	0.128
8.551E-03	0.008 55	0.192

因此,超越概率(FEX)为0.01下的S_s为:

$$S_s = 0.128+(0.192-0.128)(0.014\,48-0.010\,0)/(0.014\,48-0.008\,55)$$
$$=0.176\text{g}$$

当然S_s也可通过点击图2-3(f)中的“View Hazard Curve.”得到的危险性曲线直接读取得到。这里可以看到超越概率为0.01时,其加速度(S_s)接近0.17g。点击“Exit Viewer.”

• 点击“Clear Selections”。

步骤11,12和13. 求地震动水平Ⅰ(重现期为100年)的S_1:
• 选择“Select Parameter”中的“Hazard Curve for 1.0 sec”[图2-3(g)];
• 点击“Calculate Hazard Curve”[图2-3(g)];
• 线性插值获取超越概率(FEX)为0.01时的S_1,如下所示:

从图2-3(g)右边的输出框可知:

超越概率(FEX)		S_1(g)
1.173E-02	0.011 73	0.042 7
7.146E-03	0.007 15	0.064 1

因此,超越概率(FEX)为0.01下的S_1为:

$$S_1 = 0.042\,7+(0.064\,1-0.042\,7)(0.011\,73-0.010\,0)/(0.011\,73-0.007\,15)$$
$$=0.050\,8\text{g}$$

当然S_1也可通过点击图2-3(h)中的“View Hazard Curve.”得到的危险性曲线直接读取得到。这里可以看到超越概率为0.01时,其加速度(S_1)接近0.05g。点击“Exit Viewer.”

步骤14. 点击“Exit Program”。

以上计算结果汇总如下表所示。

邮政编码为84112桥址的S_1和S_s

地震水平	S_s(g)	S_1(g)
地震动水平Ⅰ:100年	0.176	0.051
地震动水平Ⅱ:1000年	1.109	0.386

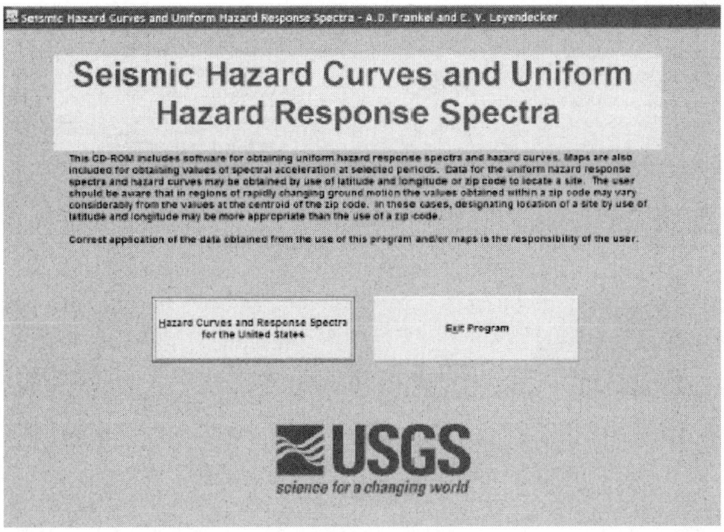
Seismic Hazard Curves and Uniform Hazard Response Spectra - A.D. Frankel and E. V. Leyendecker
Seismic Hazard Curves and Uniform Hazard Response Spectra
Hazard Curves and Response Spectra for the United States
Exit Program
USGS
science for a changing world

a)

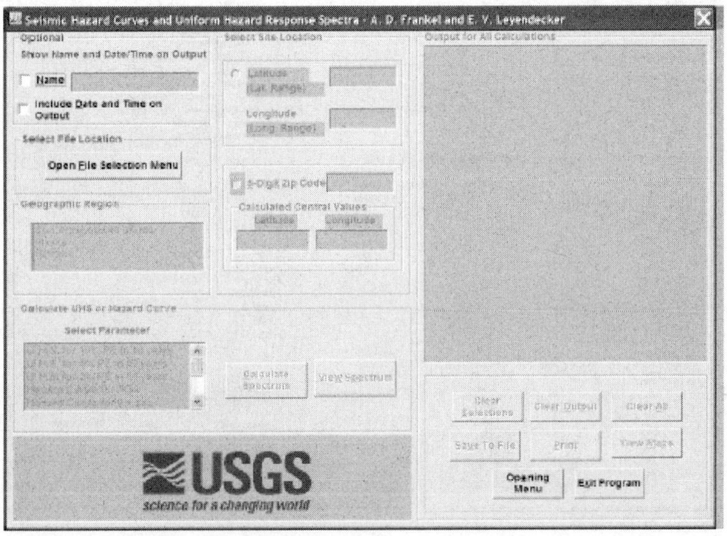
Seismic Hazard Curves and Uniform Hazard Response Spectra - A. D. Frankel and E. V. Leyendecker
Optional
Show Name and Date/Time on Output
Name
Include Date and Time on Output
Select File Location
Open File Selection Menu
Geographic Region
Calculate UHS or Hazard Curve
Select Parameter
Output for All Calculations
Opening Menu
Exit Program
USGS
science for a changing world

b)

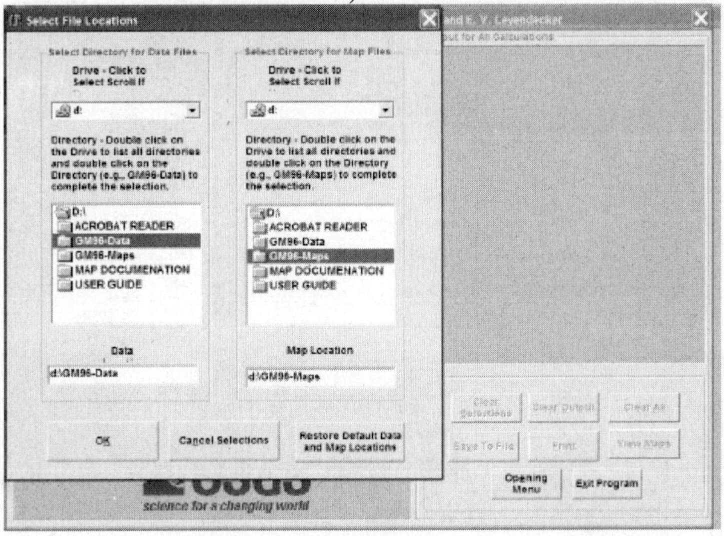
Select File Locations
Select Directory for Data Files
Select Directory for Map Files
Drive - Click to Select Scroll If
Directory - Double click on the Drive to list all directories and double click on the Directory (e.g., GM96-Data) to complete the selection.
Directory - Double click on the Drive to list all directories and double click on the Directory (e.g., GM96-Maps) to complete the selection.
ACROBAT READER
GM96-Data
GM96-Maps
MAP DOCUMENATION
USER GUIDE
Data
Map Location
d:\GM96-Data
d:\GM96-Maps
OK
Cancel Selections
Restore Default Data and Map Locations
Opening Menu
Exit Program
science for a changing world

c)

图　2-3

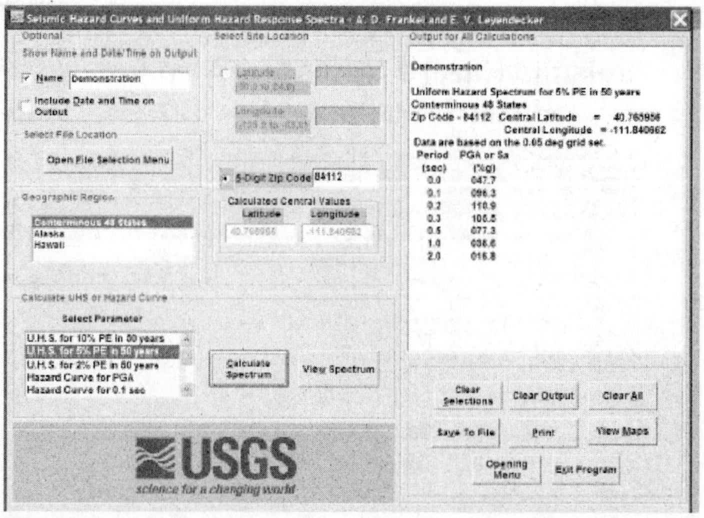
Seismic Hazard Curves and Uniform Hazard Response Spectra - A. D. Frankel and E. V. Leyendecker
Optional
Show Name and Date/Time on Output
Name Demonstration
Include Date and Time on Output
Select File Location
Open File Selection Menu
Geographic Region
Conterminous 48 States
Alaska
Hawaii
Select Site Location
5-Digit Zip Code 84112
Calculated Central Values
Latitude
Longitude
Output for All Calculations
Demonstration
Uniform Hazard Spectrum for 5% PE in 50 years
Conterminous 48 States
Zip Code - 84112 Central Latitude = 40.765956
Central Longitude = -111.840662
Data are based on the 0.05 deg grid set.
Period PGA or Sa
(sec) (%g)
0.0 047.7
0.1 096.3
0.2 110.9
0.3 106.5
0.5 077.3
1.0 036.6
2.0 016.8
Calculate UHS or Hazard Curve
Select Parameter
U.H.S. for 10% PE in 50 years
U.H.S. for 5% PE in 50 years
U.H.S. for 2% PE in 50 years
Hazard Curve for PGA
Hazard Curve for 0.1 sec
Calculate Spectrum
View Spectrum
Clear Selections
Clear Output
Clear All
Save To File
Print
View Maps
Opening Menu
Exit Program
USGS
science for a changing world

d)

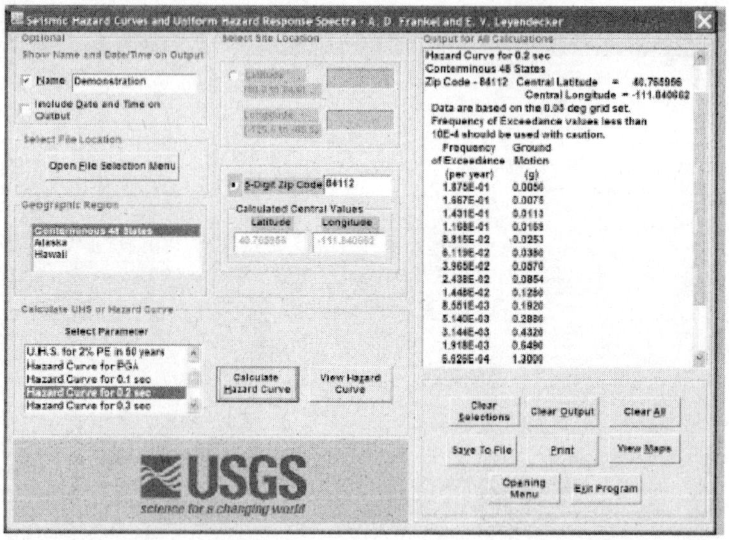
Seismic Hazard Curves and Uniform Hazard Response Spectra - A. D. Frankel and E. V. Leyendecker
Optional
Show Name and Date/Time on Output
Name Demonstration
Include Date and Time on Output
Select File Location
Open File Selection Menu
Geographic Region
Conterminous 48 States
Alaska
Hawaii
Select Site Location
5-Digit Zip Code 84112
Calculated Central Values
Latitude
Longitude
Output for All Calculations
Hazard Curve for 0.2 sec
Conterminous 48 States
Zip Code - 84112 Central Latitude = 40.765956
Central Longitude = -111.840662
Data are based on the 0.05 deg grid set.
Frequency of Exceedance values less than 10E-4 should be used with caution.
Frequency of Exceedance (per year)
Ground Motion (g)
1.875E-01 0.0050
1.667E-01 0.0075
1.431E-01 0.0113
1.168E-01 0.0169
8.815E-02 0.0253
6.119E-02 0.0380
3.965E-02 0.0570
2.438E-02 0.0854
1.448E-02 0.1280
8.551E-03 0.1920
5.140E-03 0.2880
3.144E-03 0.4320
1.918E-03 0.6480
6.626E-04 1.3000
Calculate UHS or Hazard Curve
Select Parameter
U.H.S. for 2% PE in 50 years
Hazard Curve for PGA
Hazard Curve for 0.1 sec
Hazard Curve for 0.2 sec
Hazard Curve for 0.3 sec
Calculate Hazard Curve
View Hazard Curve
Clear Selections
Clear Output
Clear All
Save To File
Print
View Maps
Opening Menu
Exit Program
USGS
science for a changing world

e)

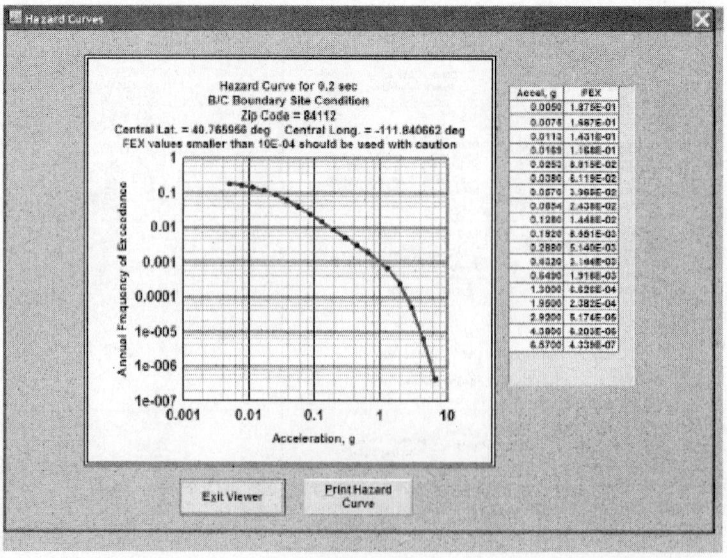
Hazard Curves
Hazard Curve for 0.2 sec
B/C Boundary Site Condition
Zip Code = 84112
Central Lat. = 40.765956 deg Central Long. = -111.840662 deg
FEX values smaller than 10E-04 should be used with caution
Annual Frequency of Exceedance
1
0.1
0.01
0.001
0.0001
1e-005
1e-006
1e-007
0.001
0.01
0.1
1
10
Acceleration, g
Accel, g FEX
0.0050 1.875E-01
0.0075 1.667E-01
0.0113 1.431E-01
0.0169 1.168E-01
0.0253 8.815E-02
0.0380 6.119E-02
0.0570 3.965E-02
0.0854 2.438E-02
0.1280 1.448E-02
0.1920 8.551E-03
0.2880 5.140E-03
0.4320 3.144E-03
0.6480 1.918E-03
1.3000 6.626E-04
1.9500 2.382E-04
2.9200 8.174E-05
4.3800 6.203E-06
6.5700 4.339E-07
Exit Viewer
Print Hazard Curve

f)

图 2-3

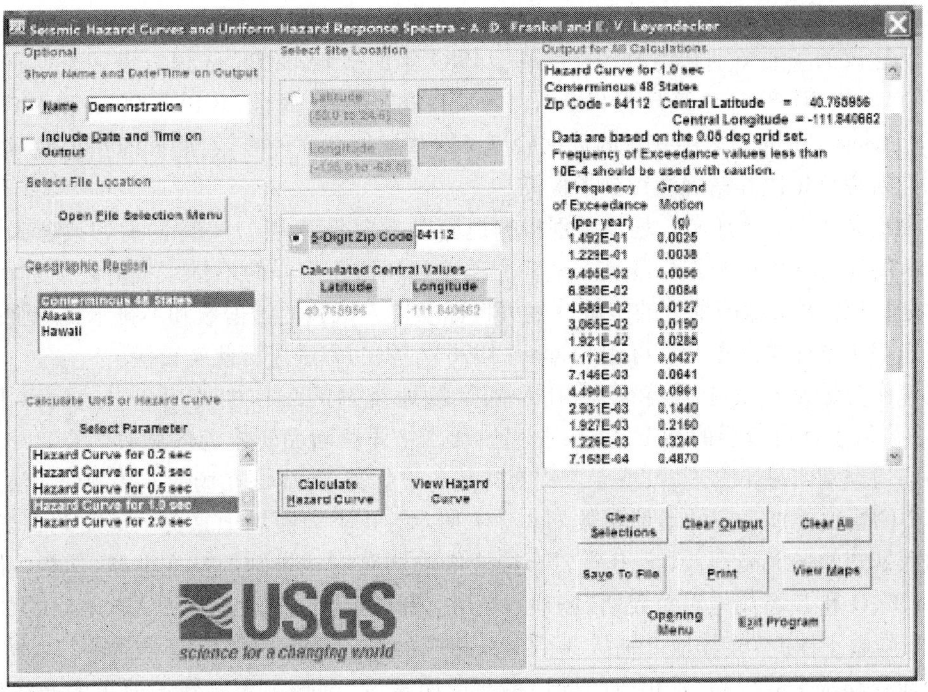

g)

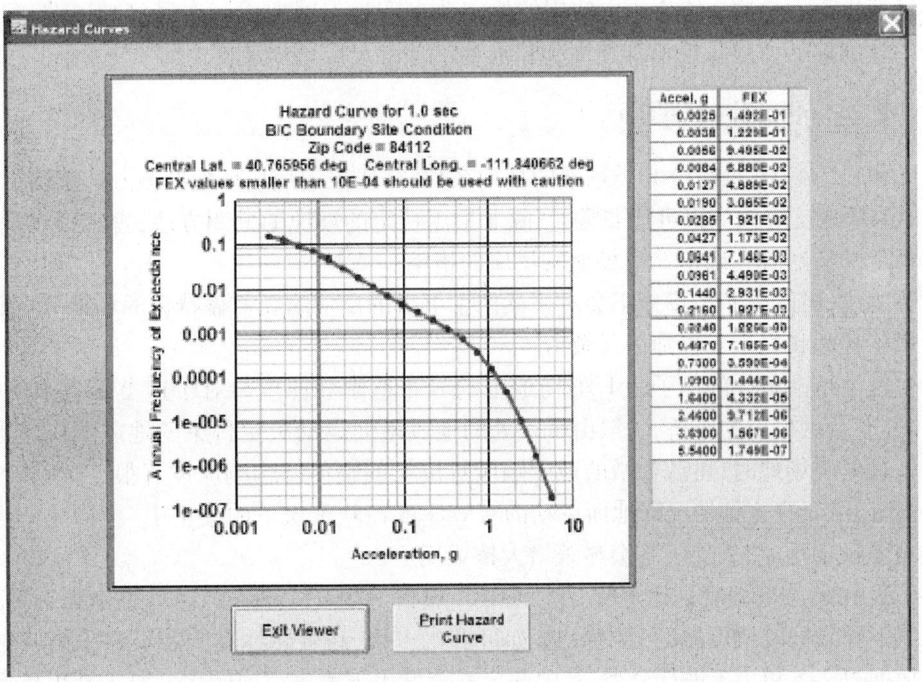

h)

图 2-3　100 年和 1 000 年地震动重现期对应的短周期与长周期谱加速度的计算

2.4　场地类别和场地系数

2.4.1　场地类别和场地系数说明

当使用通用方法时，场地类别和场地系数依照本节内容确定。使用美国地震动区划图（见 2.3 节）

和场地系数计算反应谱的方法将在2.5节中介绍。

本手册所建议的场地类别和场地系数是基于1989年加州Loma Prieta地震后一系列研究取得的成果,这些成果已经被NEHRP建筑规程(BSSC,1994,1998)、UBC规范(ICBO,1997)和IBC规范(ICC,200)❶采纳。Loma Prieta地震中获得的数据验证了这些场地系数的有效性,同时也说明场地系数与早期的桥梁和建筑规范相比其精确性得到了提高。

场地类别定义如表2-2所示。场地类别根据地面以下30m土层(100ft)的剪切波速确定的土体刚度进行划分。场地类别也可根据标准贯入试验的锤击数和钻孔土样的不排水抗剪强度进行划分,如表2-2所示。表2-3给出场地的划分的步骤。也可将标准贯入试验的锤击数和不排水抗剪强度转换成估算的剪切波速用于场地类别划分。可用Kramer(1996)提供的方法进行此类转换。

剪切波速作为最基本的土质特征,在初步确定场地类别的工作中使用。当地面以下30m土层(100ft)内,在岩层上含有分层的砂土、黏土时,特别要求把土壤断面转换为估算剪切波速。当采用以上方法确定的场地类别明显不合理时,或者工程有特殊的设计需求,应该在场地上实测剪切波速。

表2-2中的场地类别对应的场地系数如表2-4所示。B类岩石场地是美国地质调查局(USGS)给出的地震动区划图的场地类别,因此,B类岩石场地作为所有场地类别的基准类型,其相应的场地系数取为1.0。A,C,D和E类场地对短周期(场地系数F_a)和长周期(场地系数F_v)有不同的场地系数,如表2-3所示。随着土体变软(场地类别从A到E),相应的场地系数一般会增大。除了A类场地(硬石场地),随着地震动水平的提高,其相应的场地系数反而减少,反映了大多数场地土的非线性行为。因此,与地震动水平较高的地区相比,对于C,D和E类场地,这种非线性场地系数将使地震动水平较低的地区的地震动变得更大一些。表2-4中使用的地震动水准为美国地质调查局(USGS)颁布的美国地震动区划图中的短周期(0.2s)反应谱加速度和长周期(1.0s)反应谱加速度。

2.4.2 F类场地的注意事项

在表2-2和表2-4中,未给定F类场地的场地系数,需要采用现场场地勘测方法来确定场地反应效应。F类场地的场地反应效应很可能非常大,除非采用特定的场地的勘测方法,否则很难量化。附录A给出了通过特定的场地研究确定F类场地的反应的指南。

如2.2节所述,当认为F类场地不会对桥梁产生更大的反应时无需做特定的场地分析研究,这个决定必须由桥梁工程师和岩土工程师一起做出。

也许产生这个结论条件的例子是F类场地土的分布范围和深度。对于这类场地土的分布范围而言,只有几跨并有台后填土的小桥,一般由桥台处的地震地面运动决定桥梁的地震响应。当只在墩处,而不是桥台处是F类场地时,可认为墩的地震响应对桥梁的整体结构响应没有很大影响。对于这类场地土的深度而言,可能有这种情况即地面运动的有效深度在软土层下的硬土中。当表层土为F类而下层土为E类或更硬的土时,表层土不会显著增大桥梁反应。

如表2-2所示,F类场地类别比1994年NEHRP规程(BSSC,1994)的四种类别少一种。该分类包括在地震荷载下导致失效或倒塌的劣质场地,如可液化土壤,高敏感性黏土和易塌陷的胶结较弱的土。这些场地应根据表2-2和2-3进行分类,其中假定不会发生土壤失效或倒塌。对于常规桥梁设计来说,要求对这些场地的振动幅值进行专门分析太苛刻了,这是因为这种分析需要采用有效应力、强度衰减、非线性等分析技术,而这些分析技术对专家来说也是有难度的。另外,有限的几个历史数据和数值分析结果表明:除了一些长周期情况外,液化会降低谱的幅值,而不是增加谱的幅值。

然而,根据2.2节,对于主要或是重要的桥梁结构应该进行特定的场地研究并使用高级的分析技术,如有效应力分析。

因为液化一般会降低谱的幅值,所以,工程师可能希望对场地进行的专门分析以避免过高估计液化

❶ Martin和Dobry,1994;Rinne,1994;Dobry et al.,2000

时结构的惯性力。

从F类场地中去除易失效土只会对场地地震安全评价的要求造成影响，而场地地震安全评价是通过这些土来确定其地动幅值。实际上，还是必须考虑F类场地潜在失效及失效对桥梁性能的影响，这将会在第3章中介绍。

场地类别　　表2-2

场地类别	说　明
A	坚硬岩石场地，剪切波速 $\bar{v}_s > 1\ 500m/s(5\ 000ft/s)$
B	岩石场地，剪切波速 $760m/s < \bar{v}_s \leq 1\ 500m/s(2\ 500ft/s < \bar{v}_s \leq 5\ 000ft/s)$
C	非常密实的土或土石混合场地，剪切波速 $360m/s < \bar{v}_s \leq 760m/s(1\ 200ft/s < \bar{v}_s \leq 2\ 500ft/s)$ 或0.3m内标准贯入试验锤击数(1ft内贯入试验击数) $\bar{N} > 50$ 或 $\bar{S}_u \leq 100kPa(2\ 000psf$
D	坚硬土，$180m/s \leq \bar{v}_s \leq 360m/s(600ft/s \leq \bar{v}_s \leq 1\ 200ft/s)$ 或0.3m内标准贯入试验锤击数(1ft内贯入试验锤击数) $15 \leq \bar{N} \leq 50$ 或 $50kPa \leq \bar{S}_u \leq 100kPa(1\ 000psf \leq \bar{S}_u \leq 2\ 000psf)$
E	土层具有 $\bar{v}_s < 180m/s(600ft/s)$ 或0.3m内标准贯入试验锤击数(1ft内贯入试验击数) $\bar{N} < 15$ 或 $\bar{S}_u < 50kPa(1\ 000psf)$ ❶ 或在土壤断面上有超过3m的软黏土，其中软黏土的定义为：$I_P > 20$，$w \geq 40\%$，$\bar{S}_u < 25kPa\ (500psf)$
F	需要进行地震安全评价的场地： 1. 泥炭地或高有机黏土（泥炭层高度 $H > 3m[10ft]$ 或高有机黏土层厚等于土层厚度） 2. 高塑性黏土（$H > 8m[25ft]$，$I_p > 75$） 3. 超厚的软/中/硬黏土（$H > 36m[120ft]$）
特殊情况：当土体特征无法确定时，可假定其场地类别为D类。除非权威部门认为E或F类场地可行或岩土数据认定场地为E或F类，否则不能假定场地为E或F类。	

注：

1. $\bar{v}_s$——地面以下30m范围内土层的平均剪切波速；

   $\bar{N}$——地面以下30m范围内土层的平均标准贯入试验锤击数[0.3m(1ft)内标准贯入试验锤击数]（ASTM D1586❷）；

   $\bar{S}_u$——地面以下30m范围内土层的不排水抗剪强度的平均值，单位取kPa(psf)（ASTM D2166或D2850❸）；

   I_P——塑性指数（ASTM D4218❹）；

   w——含水量（ASTM D2216❺）。

2. 岩石场地类别B应该在现场实测剪切波速，或者测试中等破裂和风化作用的固结岩的剪切波速，对于更软或者破裂程度和风化程度都较大的岩石需要在现场实测剪切波速，或直接把其分类为C类场地。
3. 坚硬岩石（A类）场地既可在现场实测其剪切波速，也可在破裂和风化程度相等或更大的同成份同类型的断面中测试。断面中坚硬岩层的连续深度必须达到30m(100ft)，表层剪切波速测试方法可以用来推断 $\bar{v}_s$。
4. 当扩大承台和岩层之间的土层厚度超过3m时，不能定义为A类和B类场地。

---

❶ 原文中为150kPa，有误，应为50kPa

❷ 美国ASTM标准，D1586为渗透试验和土壤开管取样的试验方法（TEST METHOD FOR PENETRATION TEST AND SPLIT-BARREL SAMPLING OF SOILS）

❸ D2166为黏性土无侧限抗压强度的试验方法（Unconfined Compressive Strength of Cohesive Soil）；D2850为在三轴压缩中变松散的黏土的不排水压缩强度的试验方法（Unconsolidated Undrained Compressive Strength of Cohesive Soils in Triaxial Compression）

❹ D4128为用综合气体色层分离法和电子冲击光谱法鉴别水中有机化合物的规程（Standard Guide for Identification and Quantitation of Organic Compounds in Water by Combined Gas Chromatography and Electron Impact Mass Spectrometry）

❺ D2216为土壤和岩石中水（湿气）含量的实验室测定方法（TEST METHOD FOR LABORATORY DETERMINATION OF WATER (MOISTURE) CONTENT OF SOIL AND ROCK BY MASS）

场地分类步骤 表 2-3

步骤	说明
1	核对场地是否为表 2-2 中 F 类场地的三种分类之一,如是,则认定场地为 F 类场地,并进行详尽的场地地震安全评价。
2	核对是否有厚度超过 3m(10ft)的薄弱层,这里薄弱层是指:$PI>20$,$w\geqslant 40\%$,$\bar{S}_u<25$kPa(500psf)的土层。如果没有,则可认定场地类别为 E 类。
3	使用下列三种方法的任意一种方法,并参考表 2-2 确定场地类别: ● 地面以下 30m 范围内土层的平均剪切波速($\bar{v}_s$ 法) ● 地面以下 30m 范围内的标准贯入试验锤击数[0.3m(1ft)]($\bar{N}$ 法) ● 地面以下 30m 范围内无黏性土层($PI<20$)的 $\bar{N}_{ch}$ 和黏性土层($PI>20$)的不排水抗剪强度的平均值($\bar{S}_u$ 法) 在使用这些计算方法之前,要把土层细分成 n 层土石层,下文中的 i 表示这 n 层中的任一层。 方法 A:$\bar{v}_s$ 法 地面以下 30m 范围内土层的平均剪切波速 $\bar{v}_s$,计算方法如下: $$\bar{v}_s=\frac{\sum_{i=1}^{n}d_i}{\sum_{i=1}^{n}\frac{d_i}{v_{si}}}$$ 式中:$\sum_{i=1}^{n}d_i$——30m(100ft); v_{si}——第 i 层的剪切波速,单位取 m/s(ft/s); d_i——第 i 层的厚度。 方法 B:$\bar{N}$ 法 地面以下 30m 的标准贯入试验锤击数[0.3m(1ft)],计算公式如下: $$\bar{N}=\frac{\sum_{i=1}^{n}d_i}{\sum_{i=1}^{n}\frac{d_i}{N_i}}$$ 式中:N_i——第 i 层标准贯入试验锤击数[0.3m(1ft)],在上式中 N_i 必须小于 100。 需要注意的是,$\bar{N}$ 是地面以下 30m 内黏性土层、无黏性土和岩石层的综合锤击数,当遇到岩石层时,N_i 取 100 次/0.3m。 方法 C:$\bar{S}_u$ 法 地面以下 30m 内无黏性土层的平均 $\bar{N}_{ch}$ 计算如下: $$\bar{N}_{ch}=\frac{d_s}{\sum_{i=1}^{m}\frac{d_i}{N_{chi}}}$$ 式中:$\sum_{i=1}^{m}d_i=d_s$; m——地面以下 30m 内无黏性土层的层数; N_{chi}——无黏性土层的标准贯入锤击数(在上式中不能超过 100 次/0.3m); d_s——地面以下 30m 土层内的无黏性土层厚度。 地面以下 30m 内黏性土层的不排水抗剪强度的平均值计算如下: $$\bar{S}_u=\frac{d_c}{\sum_{i=1}^{k}\frac{d_i}{S_{ui}}}$$ 式中:$\sum_{i=1}^{k}d_i=d_c$; k——地面以下 30m 内黏性土层的层数; S_{ui}——黏性土层的不排水抗剪强度[上式中,S_{ui} 不能超过 250kPa(5 000psf)]; d_c——地面以下 30m 土层内的黏性土层厚度。

注:使用方法 C 时,当 $\bar{N}_{ch}$ 和 $\bar{S}_u$ 确定的场地类别不一致时,在所关心的周期范围内取最大场地系数和设计反应谱对应的场地类别。例如,当 $\bar{N}_{ch}=20/0.3$m,$\bar{S}_u=38$kPa(800psf)时,按方法 C 和表 2-2 可判定场地类别分别为 D 和 E。此时,对于长周期运动和较低的反应谱加速度,由表 2-4 可知 E 类场地的场地系数较高。但是,对相对较高的短周期谱加速度($S_s>0.75$g),D 类场地的短周期场地系数 F_a 较大。

场地系数 F_a 和 F_v 表 2-4

(a)对应不同场地类别和短周期(0.2s)谱加速度 S_s 下 F_a 的值

场地类别	短周期(0.2s)谱加速度 S_s^1				
	$S_s \leq 0.25$	$S_s = 0.50$	$S_s = 0.75$	$S_s = 1.00$	$S_s \geq 1.25$
A	0.8	0.8	0.8	0.8	0.8
B	1.0	1.0	1.0	1.0	1.0
C	1.2	1.2	1.1	1.0	1.0
D	1.6	1.4	1.2	1.1	1.0
E	2.5	1.7	1.2	0.9	0.9
F²					

注:1. S_s 非表中数值时,采用线性插值法求。

2. 对 F 类场地,需要进行特定场地地质勘测和场地动力反应分析。

(b)对应不同场地类别和长周期(1.0s)谱加速度 S_1 下 F_v 的值

场地类别	长周期(1.0s)谱加速度 S_1^1				
	$S_1 \leq 0.1$	$S_1 = 0.20$	$S_1 = 0.3$	$S_1 = 0.4$	$S_1 \geq 0.50$
A	0.8	0.8	0.8	0.8	0.8
B	1.0	1.0	1.0	1.0	1.0
C	1.7	1.6	1.5	1.4	1.3
D	2.4	2.0	1.8	1.6	1.5
E	3.5	3.2	2.8	2.4	2.4
F²					

注:1. S_1 非表中数值时,采用线性插值法求;

2. 对 F 类场地,需要进行特定场地地质勘测和场地动力反应分析。

2.4.3 场地类别沿桥长变化的影响

上述评价场地效应对地震动影响的计算方法最初主要是用于计算相对均匀土层地表的地面运动情况。然而,沿桥梁纵向方向,不同桥墩处的场地条件很可能存在较大差异;比如,一端的桥台在坚硬或岩石场地上,而另一端的桥台的下部为软弱场地。简化方法不能正确处理这种变化,很可能导致较大的误差。一般来说,当地质条件沿桥长显著变化时,使用上述的场地系数计算沿桥长主要位置的反应谱。使用这些谱生成设计用的反应谱包络图。对于主要或非常重要的桥梁,应该使用 2.9 节中所述的更加严格的数值模型模拟这些场地条件。

2.4.4 运动深度对场地类别划分和场地系数的影响

对于只有几跨的小桥而言,通常地震能量传递给上部结构的主要途径是通过桥台处的运动。当桥台有填土时,应根据所填下方的土层剖面来确定场地类别,场地类别的确定应该考虑填土土压对土壤特性(如剪切波速的变化)的影响。

对一些桥梁,还必须确定墩台处的场地类别。如果墩底为扩大基础,则应当依据其下部的条件确定场地类别。但是,如果采用深基础(如桩或钻孔式桩柱墩),则应在地面以下某个深度输入地震动,该深度由土—桩—承台体系相对于土—桩体系的水平刚度决定。当土—桩—承台体系相对较刚时,输入运动应该在承台处。当土—桩—承台体系刚度较小或者没有承台时(桩排架),有效的输入运动应该在地面以下某一深度处。深度和有效输入地震动的确定需要大量的经验,并且应该由岩土工程师和桥梁工程师共同协商确定。如果在确定了某深度处的有效输入地震动后,根据地表下的土层来确定场地类别和场地系数可能是非常保守的,较为合理的方式是根据输入地震动深度以下 30m 的土层来确定场地类别。

2.5 使用美国地震动区划图和场地系数来生成水平地面运动的反应谱

2.5.1 采用两点法生成反应谱

本节所述的两点法用来生成水平反应谱,因为美国地震动区划图(见2.3节)给出的谱加速度对应的是5%阻尼,据此生成的反应谱对应的阻尼也为5%。在2.5.3节中,将介绍通过特定参数来获得其它阻尼比下的反应谱。

两点法采用的两个变量为:(1)美国地震动区划图(2.3节)中短周期(0.2s)和长周期(1.0s)对应的基岩场地地震动的反应谱加速度;(2)短周期和长周期对应的场地系数。下式和图2-4描述了反应谱的生成方法。

$$S_{Ds}=F_aS_s \tag{2-3}$$

$$s_{Dl}=F_vS_1 \tag{2-4}$$

这里,S_{Ds}为短周期(0.2s)的设计谱加速度,S_{Dl}为长周期(1.0)的设计谱加速度,S_s 和 S_1 分别为从美国地震动区划图或CD-ROM中获取的基岩场地(B类场地)短周期(0.2s)的谱加速度和长周期(1.0)的谱加速度,F_a 为给定 S_s 下,由表2-3插值得到的短周期场地系数,F_v 为给定 S_1 下,由表2-3插值得到的长周期场地系数。

设计反应谱平台段加速度 S_a 定义如下:

$$S_a=S_{Ds} \tag{2-5}$$

反应谱的长周期下降段的设计谱加速度定义如下:

$$S_a=\frac{S_{Dl}}{T} \tag{2-6}$$

这里 T 为振动周期。

反应谱的平台段与长周期下降段的交点对应的振动周期 T_s 定义如下:

$$T_s=\frac{D_{Dl}}{S_{Ds}} \tag{2-7}$$

当周期小于或等于 T_0 时,设计谱加速度定义为:

$$S_a=0.60\frac{S_{Ds}}{T_0}T+0.40S_{Ds} \tag{2-8}$$

式中,$T_0=0.2T_s$。

需要注意的是,当 $T=0$ 时,所得的 S_a 与地面加速度的峰值相等(按2-8式,其值等于 $0.40S_{Ds}$)。

对于振动的长周期($T\geqslant3s$),谱加速度 S_a 衰减的速度会比公式(2-6)所描述的更快。然而,振动的长周期和其他因素如地震震级对衰减速度的影响有很大的不确定性。因此,除非通过详细的场地安全评价能够确定出更快的衰减速度,否则衰减速度取为 $1/T$。

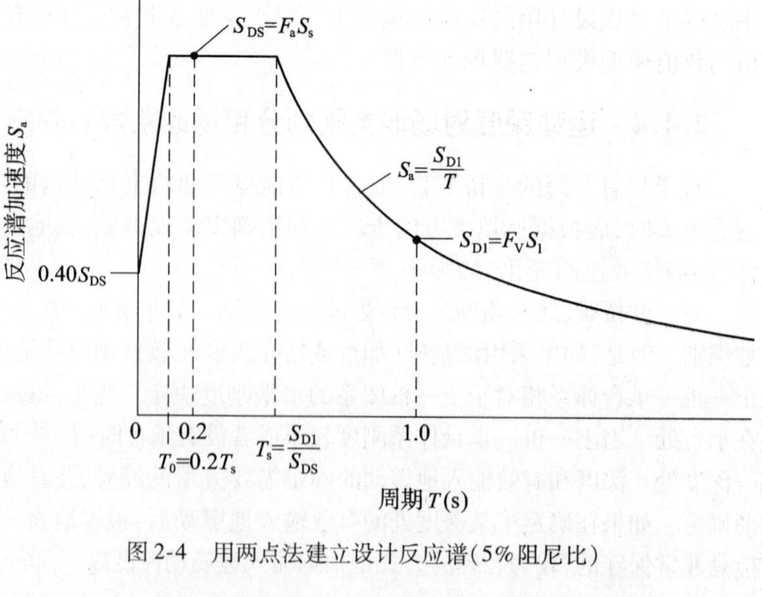

图2-4 用两点法建立设计反应谱(5%阻尼比)

2.5.2　多点法生成反应谱

1996 年的美国地质调查局(USGS)颁布的美国地震动区划图,除了给出上述用于两点法中的振动周期为 0.2s 和 1.0s 的谱加速度外,还给出了其他振动周期下的谱加速度(见 2.3.1),因此可以使用所有的谱加速度数据来直接生成反应谱,而不仅限于 0.2s 和 1.0s 的数据。该方法称为多点法,可作为两点法之外可选择的另一个生成反应谱的方法。然而,除了岩石场地外的其他场地,多点法得出的反应谱不太准确(Power 和 Chiou, 2000),这是因为目前只有短周期和长周期对应的场地系数(见 2.4 节),还不清楚当用于不同周期的谱值时,场地系数如何变化。因此,使用多点法时需要经验判定。使用多点法时,场地系数应按下述指导原则确定:

1. 当振动周期小于或等于 0.2s 的时可用场地系数 F_a;

2. 当振动周期大于或等于 1.0s 的时可用场地系数 F_v;

3. 振动周期在 0.2s 和 1.0s 之间时,场地反应谱应该是平滑的,且其反应谱峰值不能大于对应于 0.2s和 1.0s 的两个谱加速度中的较大值。

分析 1996 年美国地质调查局(USGS)颁布的区划图,对于美国中东部地区(CEUS)地震动危险性较小的场地,在振动周期大于 1.0s 时,两点法相对多点法来说是不保守的。因此,对美国中东部地区(CEUS)的场地,在振动周期大于 1.0s 时,需要对用两点法生成的反应谱和区划图的数据进行比对。

对美国中东部地区(CEUS)的纽约(New York City)和孟菲斯(Memphis)以及美国西部地区(WUS)的西雅图(Seattle)的软石场地(B 类场地) 进行分析,其两点法和多点法的结果比较如图 2-5 所示。图

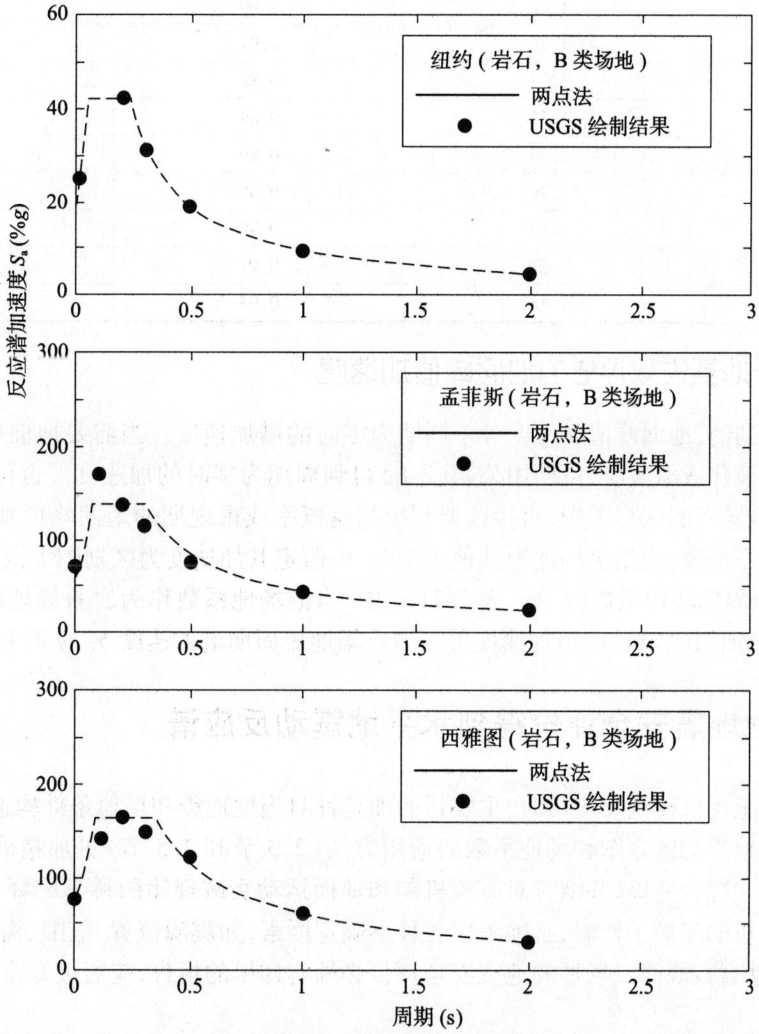

图 2-5　两点法建立的 5% 阻尼比的反应谱与 USGS 多点绘制结果的对比(50 年超越概率 2%)

中多点法的数据表明,美国中东部地区(CEUS)和美国西部地区(WUS)岩石运动特征的最大不同是其短周期反应谱峰值的差异(对CEUS和WUS分别取0.1s和0.2s)。对于多数桥梁来说,两点法平台段在非常短周期段(0.1s)谱加速度的中等超越可能是不重要的。

综上所述,两点法是合理和可接受的反应谱构造方法。尽管如此,对于美国中西部地区(CEUS)(110°经线以东),需要对两点法反应谱进行如下的核对:

1.当振动周期大于1.0s的振动对结构反应贡献较多时,检查2.0s时的谱加速度,以保证不过于低估长周期反应;

2.当振动周期小于0.2s的振动对结构反应贡献较多时,检查0.1s时的谱加速度,以保证不过于低估短周期反应。

2.5.3 不同阻尼比下的弹性谱需求的修正

采用2.5.1节和2.5.2节所述方法得到的5%阻尼反应谱,乘以表2-5中以周期为变量的系数即可得到结构阻尼比不等于5%时的反应谱。采用两点法构造的反应谱,可用0.2s和1.0s对应的系数。表2-5中的系数是根据对不同阻尼比下弹性反应谱振幅变化的经验研究而确定的[1]。

阻尼调整系数 表2-5

周期(s)	阻尼比 ξ 与 $\xi_{eff}=5\%$ 对应的反应谱加速度比值		
	$\xi_{eff}=2\%$	$\xi_{eff}=7\%$	$\xi_{eff}=10\%$
0.02	1.00	1.00	1.00
0.10	1.26	0.91	0.82
0.20	1.32	0.89	0.78
0.30	1.32	0.89	0.78
0.50	1.32	0.89	0.78
0.70	1.30	0.90	0.79
1.0	1.27	0.90	0.80
2.0	1.23	0.91	0.82
4.0	1.18	0.93	0.86

2.5.4 用于地基失效评估的地面峰值加速度

如2.5.1节提到的,地面峰值加速度等于周期为零时的谱加速度。当需要地面峰值加速度来评价潜在的地基失效如液化或滑坡时,可使用公式(2-8)得到周期为零时的加速度。也可以从1996年美国地质调查局(USGS)颁布的区划图中,直接读取相应超越概率或重现期的地面峰值加速度,不过该加速度对应的场地为岩石场地;当给定场地为其他类型时,可假定其加速度为区划图上的岩石场地加速度乘以表2-4(a)中的短周期场地系数(F_a)。表2-4(a)中,当把场地系数作为岩石场地峰值加速度的函数进行插值时,可假定地面(岩石)峰值加速度等于岩石场地短周期谱加速度 S_s 的0.4倍。

2.6 通过场地地震安全评价得到水平地震动反应谱

当通过地震安全评价得到反应谱时,主要目的即是针对当地地震和场地条件构造地震动,这样得到的地震动比用美国地震动区划图和场地系数的通用方法(2.3节和2.5节)更加精确。因此,地震安全评价的研究工作必须综合考虑,并结合对震源机制和地面运动衰减规律的科学解释。在进行场地地震安全评价的概率分析的建模工作时,必须考虑各种不确定因素,如震源位置、范围、构造、最大地震震级、地震重现率、地震动衰减规律。场地的地震安全评价必须有详尽的报告,应通过专家组的详细评审。当

[1] Newmark 和 Hall,1982;Abrahamson,1993;Idriss,1993

根据场地地震安全评价来构造反应谱时，其设计反应谱不应低于由通用方法（见2.3节至2.5节）确定的反应谱的2/3。

表2-3中的F类场地（见2.4.2节）需要确定其土壤放大效应，此时通过场地地震安全评价和场地反应动力分析来确定场地条件的影响。这些地震安全评价和分析可参考附录A，当通过场地反应动力分析确定场地反应时，这些指南对任何一种场地类别使用场地地震安全评价确定其场地反应均适用。

第3章中所述的在活动断层10km(6mile)以内的场地，需要进行场地地震安全评价来确认近断层效应对地面运动的影响大小，以判断其是否会显著增加桥梁结构的反应。已知活动断层位置可向美国地质调查局（USGS）和州地质部门求证。

近断层效应对水平反应谱的影响包括：

1. 由于与近活动断层的距离太近，导致强烈的地面运动；

2. 指向效应：若断层断裂方向指向场地，当振动周期超过0.5s时，地震地面运动会加强；

3. 方向效应：当振动周期大于0.5s时，垂直于断层走向的方向的地震地面运动会加强。

当美国地震动区划图包含活动断层时，图中的地震动已经考虑了效应(1)，但没有考虑效应(2)和(3)，在振动周期大于0.5s时这两个效应需要重点考虑。一般来说，当主要或非常重要的桥梁结构其自振周期大于0.5s时，才会评估这两种效应的影响（Somerville，1997，和Somerville et al.，1997）。

近断层效应对水平地面运动的反应谱和时程记录的影响如图2-6所示。从时程图中可看出，在垂直于断层走向（如断层垂直方向）上有一个明显的长周期脉冲。结果是，长周期时，反应谱在垂直断层方向的值要比平行方向大得多。

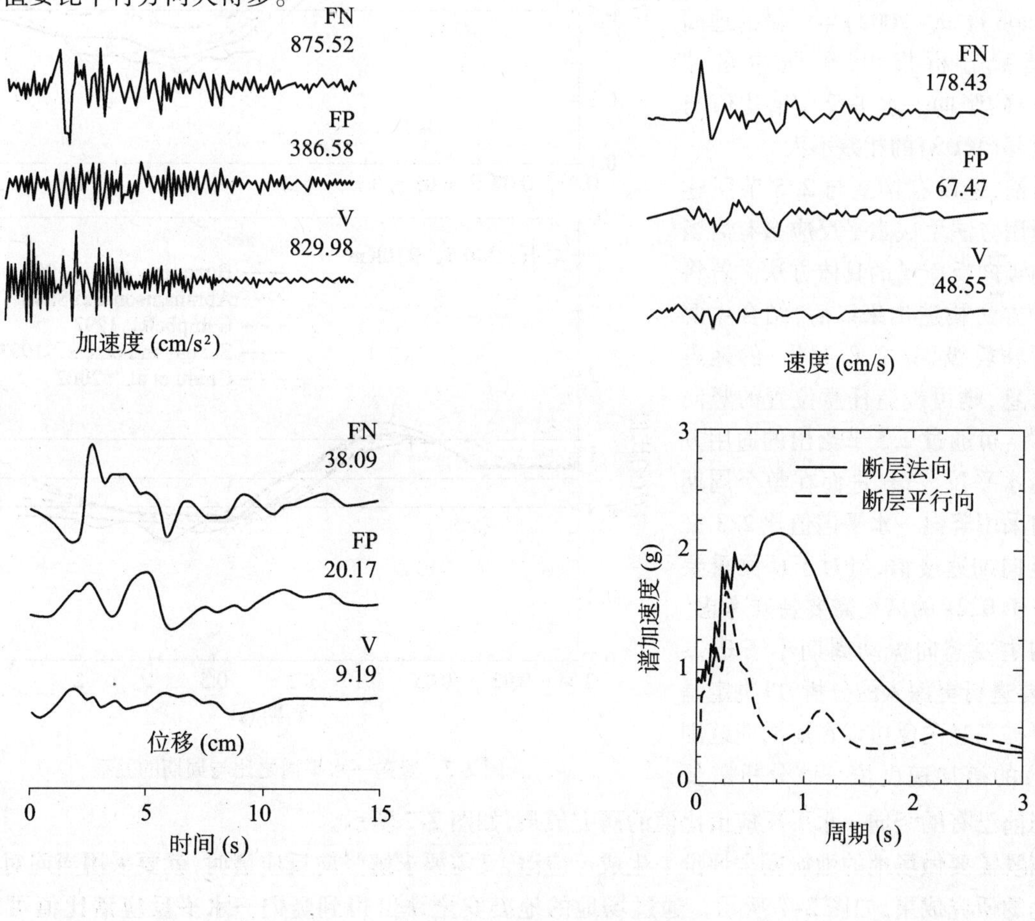

图2-6　1994年加州Northridge地震中，距断层错断4.5mile(7.5km)处获得的Rinaldi记录，地震动的断层法向冲击分量与平行冲击分量的时程和水平反应谱(5%阻尼比)

为构造确定性的反应谱,当满足以下两个因素时需要同时考虑地表断层和地下断层:

(1)其位置已知或容易探知;

(2)断层为如第3章所定义的活动断层。

本手册认定位于俯冲带的板块交界处为活动断层。

2.7 构造竖向地震动反应谱

近来的研究[1]表明,地面运动的竖向反应谱与水平反应谱的比值与实际工程领域常用的2/3相差甚远。这些研究发现,竖向反应谱与水平反应谱的比值与板块环境、下层土或岩石条件、震级、震源距以及自振周期有关。对于长自振周期(大于0.2s)来说,比值2/3是保守的,而短周期其相应的比值可能超过2/3,在震源距较浅和自振周期小于0.1s的情况下该比值甚至大于1.0。

图2-7给出了四项研究中的竖向—水平反应谱比值,这些研究对应的地震震级为6.5,震源距为10km,场地条件均为岩石和土混杂场地。这些研究结果是在对美国西部地区或其它有类似浅层地壳断层板块环境地区的地面运动数据进行分析基础上得到的。Chiou et al.(2002)年所做的地面运动模型分析指出,美国中东部(CEUS)的竖向—水平反应谱比值与美国西部(WUS)的相差不大。

目前,还没有构造与2.5节所述的由通用方法生成水平反应谱有恰当关联的竖向反应谱的具体方法。若将来这种方法构造出来以后,结合主要震源距和震级(见2.8.1节)的地震传播信息,则可构造任意位置的竖向反应谱。可通过2.5节给出的通用方法构造水平反应谱,进而在整个周期范围内采用竖向—水平谱值比2/3来得到竖向加速度谱,但对于桥梁重要周期小于0.2s的情况需要特殊考虑。若结构主要竖向振动周期小于0.2s时,需要进行更深入的分析,以决定是否需要提高竖向反应谱在短周期范围(部分)的谱加速度值。该分析需要采用当前已有的竖向—水平反应谱比值的研究成果,如图2-7所示。

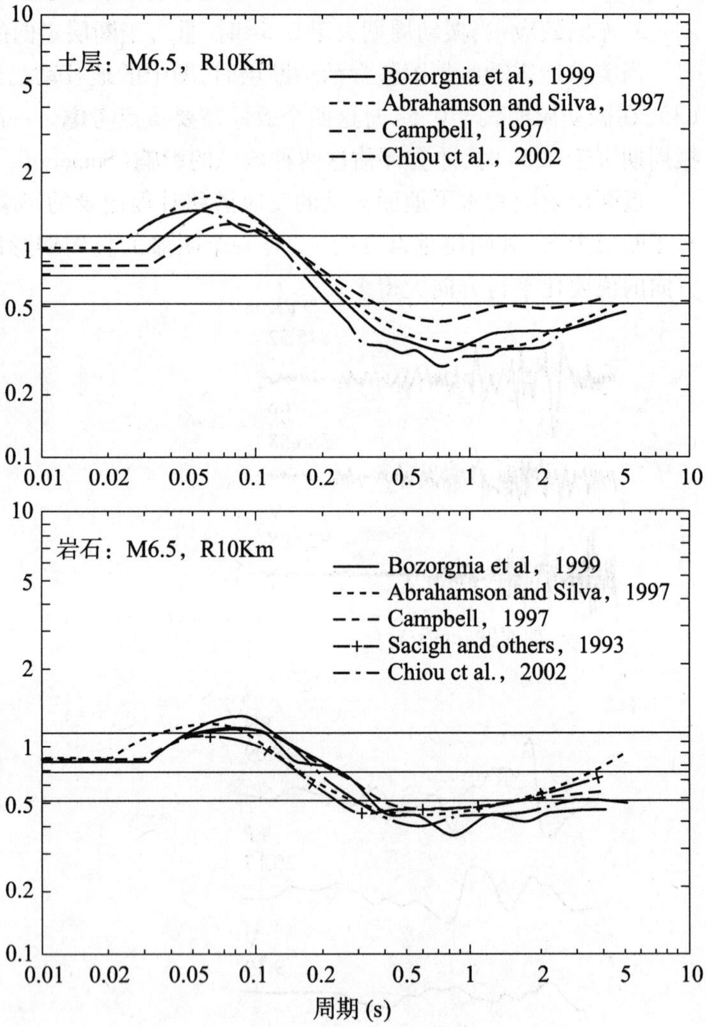

图2-7　竖向—水平谱之比与周期的关系

当既需要做场地的地震安全评价来生成反应谱,又需要求解竖向反应谱时,就要采用当前对竖向地面运动的研究成果,如图2-7所示。通过场地的地震安全评价得到竖向—水平反应谱比值可能小于

[1] Abrahamson 和 Silva,1997;Silva,1997;Sadigh et al.,1993;Campbell,1997;Bozorgnia et al.,1999;Campbell 和 Bozorgnia,2000a,b;Chiou et al.,2002

2/3，但建议不小于 0.5。

2.8　构造加速度时程

2.8.1　时程的一般要求

对桥梁结构进行加速度时程分析时，采用的地震动时程应该考虑场地的地震环境和当地的场地条件，时程分析时要考虑如下的场地特性：

1. 板块环境，如缓冲带、美国西部地区的浅层地壳断层、东部地区的地壳环境等。
2. 震级大小。
3. 断层类型，如滑移断层、逆断层、正断层。
4. 震源距。
5. 当地场地条件。
6. 设计或预期地震动特征，如设计反应谱、强震持时、特殊地面运动特征如近断层特征。

最好是具有相似特征的场地时程记录，但由于确定环境的多种特征和时程记录数据库的缺乏，实际使用时还需做一些调整。在合理范围内，使用具有近似震级和震源距的时程记录是非常重要的，因为这两个参数对反应谱值、反应谱形状、强震持时及近场地震动特征有很大的影响。所选的地震动应与总体地震动水平相近，其生成的反应谱形状要与设计反应谱相近，这样可以避免在使用 2.8.3 节的反应谱匹配法时，对已有地震动记录采用较大的比例系数以及对反应谱做较大的调整。

当主震震级等于或大于 6，相应的震源距在 10km(6mile) 以内时，要考虑中长周期地震动的脉冲，这是因为地震动的这些特征将显著影响桥梁的地震响应。Somrville et al.(2000,2003) 给出了近场地震动脉冲的时域特征的指导意见。2.6 节介绍了近场地震动的反应谱特征，如图 2.6 所示。同样，也应该考虑近场竖向地震动的超短周期反应谱。

如图 2.6 所示，近场水平地震动脉冲振幅与地面运动方向相对断层走向有关，垂直断层方向最大，平行断层方向最小。应将选用的已有近场时程记录转换为垂直断层方向和平行断层方向的记录值。对于一个指定桥梁，根据桥梁相对断层走向的方向，将时程记录转换到桥梁主轴线方向。

当定义指定超越概率或重现期的设计反应谱时，一定范围的震级和震源距将影响反应谱。对由地震动概率分析得到的地震动危险性信息进行分析，以便确定对危险性影响较大的主要震级和震源距，从而指导时程记录的选用。使用 1996 年美国地质调查局(USGS)颁布的地震动区划图构造的加速度反应谱，其相应的危险性分布信息可在美国地质调查局(USGS)的网站(http://eqhazmaps.usgs.gov)上查询。从网站上下载这些资料的步骤如表 2-6 所示。

从 USGS 网站下载地震危险性分布信息的步骤　　表 2-6

步骤编号	操　作
1	登陆 http://eqhazmaps.usgs.gov
2	选择"Interactive Deaggregations,1996"
3	在下一页面中： 输入场地名和场地经纬度坐标。 从菜单中选择重现期。 如：50 年内超越概率 5% 对应 1 000 年重现期。 从菜单中选择 SA 的频率。 如取 S_1 的频率为 1.0Hz(长周期谱加速度)，S_s 的频率为 5.0Hz(短周期谱加速度) 选择"Geographic Deaggregation"。 选择"Mean"震动图。

续上表

步骤编号	操　　作
4	单击"Generate Plot(s) and Data"。
5	选择"Hazard Matrices"打印表格数据。 选择"Deaggregated Seismic Hazard Graph"打印震级和震源距对灾害的贡献。可选择的文件格式:gif,.pdf,.ps。 读取平均(还有模式)震源距和震级。 若有需要可选择"Geographic Deagrregated Seismic Hazard Map"和"Seismograms for Modal or Mean Event"。选择要求的文件格式。
注意:本手册附赠的 CD-ROM 不提供的地震危险性分布数据。使用步骤 1 中的网站下载这些数据。	

纽约(New York)和西雅图(Seattle)地震危险性分布的例子如图 2-8 所示。该例对应的是 75 年内超越概率为 3% 的 0.2s 谱加速度(重现期为 2500 年)。图中,纽约(New York)的地震危险性主要是中震源距的中小震级地震,而西雅图(Seattle)的地震危险性主要是近场的大中震级地震。图中也给出了影响各个城市地震危险性的加权平均震级。需要注意的是,对一个指定场地来说,相对震级和震源距的影响会随着地震动参数(例如,相对影响可能因短周期和长周期运动而不同)和超越概率而变化。对某些场地而言,这种影响可能会更加复杂,如受近场中小地震和远场大震同时影响的双向影响模式。

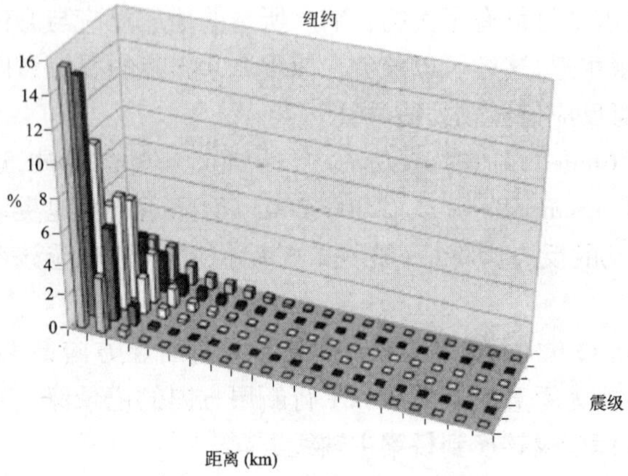

a)

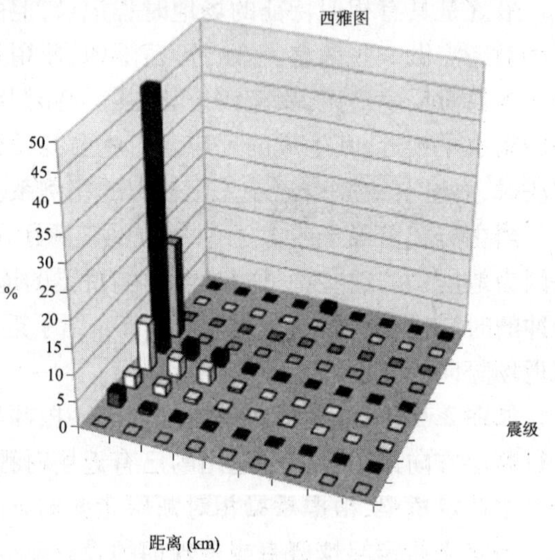

b)

图 2-8　对于 75 年超越概率 3% 的地震动水平(2 500 年重现期)的 0.2s 反应谱加速度(S_s),危险性的分布

2.8.2　选用和构造时程波的方法

时程波有两种:

1. 根据桥梁场地,已有时程记录乘以比例常数;
2. 根据相匹配的反应谱生成的时程波。

对第一种时程记录,已有地震动时程波的振幅要乘以一个常数,使其对应的反应谱,在结构主要振动周期范围内,大体上与设计反应谱在同一水平。对于根据相匹配的反应谱生成的时程波,首先和第一种时程波一样要乘以一个常数,然后再使用根据相匹配的反应谱生成的时程波,这样乘以系数的时程波其频率范围已修正过,修正过的时程波相应的反应谱在结构主要振动周期范围内会与设计反应谱非常接近。

若缺乏已有时程记录,可采用模拟地震破坏过程和地震波穿越地壳从震源传播至场地的过程的地震动仿真理论方法构造模拟的时程记录,可采用附录 A 中的场地反应分析方法评估土层效应对时程的影响。

如果使用根据相匹配的反应谱生成的时程波,初始时程应该采用已有地震动或仿真地震动中具有代表意义的记录，其所采用的技术应该能够获得与初始记录类似的对相匹配的反应谱的时间步。相匹配的反应谱法包括时域❶和频域❷内的时间步调整方法。两种方法都可以对已有时程进行修正，可以得到与设计反应谱相匹配的时程，同时能够保留已有时程记录或仿真记录的时域特征。为了时域特征的时程修改减少最少，选用的已有时程记录或仿真记录相应的反应谱形状在总体上与设计反应谱类似，同时必须在进行反应谱匹配之前进行系数修正，以保证对应的反应谱与设计反应谱大致在一个水准上。

若危险性分布信息表明设计反应谱的不同周期范围受不同震源的影响（如短周期范围主要由近场中小地震影响，而长周期范围主要由远场大震影响），则需要构造两个或多个时程以代表不同的地震和周期范围。这样，关于反应谱形状、持时和能量，与单独的时程比将更加真实。

2.8.3　与设计反应谱匹配的时程要求

当使用的已有时程记录或仿真时程记录与反应谱不匹配时，在主要周期范围内要乘以一个系数使其与相应的设计反应谱在同一水准。对于地震动的每一个分量，应使其相应的加速度时程与设计反应谱总体匹配。为评价是否匹配，可按不同振动周期计算时程记录反应谱的均值。在结构主要振动周期范围内，计算得出的平均谱在任一周期处不应低于设计谱的 15%，平均谱与设计谱的平均比值应等于或大于 1.0。

在对时程进行反应谱匹配时，在开始匹配之前，要对时程乘以一个系数，使其相应的反应谱在主要周期范围内与设计反应谱在同一水准上。然后，使与地震动分量对应的一组时程达到上述总体匹配的要求。一般来说，由于每一个反应谱匹配的时程都与设计频谱相近，很容易实现总体匹配。

当对三个地震动分量的时程系列进行简单的系数修正时，对每一个分量乘以同一系数很难实现与设计谱的很好匹配。但是，为了保持分量之间的联系，建议使用同一系数。系数的取法有以下几种：

（1）针对一个地震动分量，增大比例系数使其达到最低的总体匹配要求，对于另外两个分量则需要高于最低的总体匹配要求。

（2）对于最重要的地震动分量采用比例系数使其符合总体匹配要求，但是，该系数对于其它分量的匹配来说略有不足。

（3）对不同分量的时程系列采用不同的系数。

所有这些方法都是可行的，但最好不要采用第三种方法。第二种方法的分析结果要仔细斟酌才能使用，使用该法时，可能需要对每个主要水平方向上的高阶水平分量进行双重分析。

为了得到相应的速度和位移时程，应对经过系数调整或反应谱匹配的加速度时程进行积分，所有的计算结果均需进行合理性评估。

2.8.4　时程的数量

在进行非线性塑性动力分析时，对每一个地震动分量至少需要三个时程记录，时程可以为已有记录、仿真记录和反应谱匹配的地震动。取每个主轴方向上的三个地震动的最大反应来设计内力和位移。但是，当每一个地震动分量至少有七个时程记录（包括已有记录、仿真记录或反应谱匹配记录）时，可取每一个主轴方向上的内力与位移的平均值作为设计内力和位移。这些建议同时考虑了非线性反应对时程记录的反应谱值和时程记录的时域特征（持时，脉冲形状，脉冲次序）的敏感性。

当只进行线弹性动力分析时，根据结构反应对时程的敏感性，可采用相对较少的时程。一般来说，对于线性分析，反应对时域特征并不敏感，所需时程记录的数量就是得到总体匹配设计反应谱所需的数量。采用反应谱匹配法时，很有可能只需一条时程记录。

动力分析采用的加速度时程的相关资料可在加州抗震咨询筹备董事委员会（CSABAC）关于土—地

---

❶ Lihanand 和 Tseng，1988；Abrahamson，1992

❷ Gasparini 和 Vanmarcke，1976；Silva 和 Lee，1987；Bolt 和 Gregor，1993

基—结构相互作用和美国陆军工程军团的相关出版物上找到。

2.9 地震动的空间变化效应

地震动的空间变化一般由以下原因引起:

(1)到达桥梁支承处时间差(相位差运动)。这就是所谓的“行波效应”。竖向传播的波无此效应。

(2)当波穿过地壳传播时由于波的散射效应使得桥梁支承处的地震动的不相关或有差异。

(3)桥梁支承处土层的变化导致的地面运动不相关性。

到目前为止,有限的研究表明,地震动的空间变化效应对桥梁反应的影响很小,在设计时可以忽略。这对于总长小于300~450m,场地条件均匀的桥梁来说是正确的(Shinozuka et al.,2000)。但是对于更长的桥梁,或者桥梁场地条件沿桥长有变化的桥梁来说,空间变化效应的影响可能是非常显著的,在设计的时候应该考虑这种效应❶。桥梁支承处的土壤变化可用一维的土层分析来近似模拟,附录A中给出了相应的几个计算程序。这些方法没有考虑由于地壳传播散射导致的相位差或不相关性因素。Shinozuka et al.(2000)给出了在不同场地反应下相位差或不相关性时程记录的构造方法。

很多桥梁,尤其是那些横跨河流或山谷的桥梁,其场地特征同时考虑了地表地形和地下土层的组成的显著变化(Martin,1998a)。在有些情况下,采用二维的场地反应分析来考虑土壤和地形条件的空间变化效应会更好。非线性分析程序FLAC❷和TENSI-MUSC(Martin,1998a)以及线性分析程序FLUSH(Lysmer et at.,1975)和QUAD4M(Hudson et at.,1994)可用来考虑这些因素。这些方法考虑了土壤和地形变化的双向耦合作用,但没有考虑由于地壳传播散射导致的相位差或不相关性因素。

---

❶ Hao et al.(1989),Abrahamson(1985;1992),Abrahamson et al.(1991),Shinozuka et al.(2000),和CSABAC(1999)

❷ ITASCA,1998;Wang 和 Madisi,1999

第3章 地质灾害

3.1 概述

由地震引发的公路桥梁场地的地质灾害包括液化、土体沉陷、边坡失效(滑坡和岩崩)、地表断层断裂和洪灾。本章主要讨论液化、沉陷、断层断裂和洪灾这几种地质灾害及其对公路桥梁的不利影响,如何评估这些灾害也将作为本章的讨论内容。有关边坡失效(滑坡和岩崩)的评估方法将在本手册的第2部分给出,在本章不再赘述。

这些地质灾害对自由场地(例如,地面沉降和错位)的影响也在本章阐述,在第6章将阐述这些地质灾害对桥梁—基础系统变形和承载力影响的评估方法,并在第11章给出减轻这些灾害的各种措施。

分两步评估地质灾害,第一步是快速筛选,通常可根据场地勘察和其他可用信息进行评估。如果各种指标满足要求,就可认为危险性较低,不需要进一步详细的评估。如果无法进行快速筛选,则需要进行第二步,即更详细的评估。在进行详细评估时,常常需要获得更多的数据以对此灾害及其后果进行更严格的评估。本章给出了初步评定危险性的快速筛选过程的指导方针,同时也简要地介绍了第二步详细评估的各种方法,关于这些方法将在附录B中详细阐述。应该由具有专业知识的工程师和研究人员(例如,岩土工程师、地质学专业人员、地震学专业人员)承担灾害筛选和评估工作。

3.2 场地土液化

3.2.1 液化危险性描述

液化是在强烈的地震振动下,地下水位以下无黏性土沉积物丧失大部分强度的现象。丧失强度的原因是由于在地震振动过程中,某些类型的无黏性土趋于被挤密,这就使土壤的孔隙水压力增加,从而引起强度的降低。最近沉积的(也就是说地质年代短的)、相对松散的天然土壤和未经压实或压实不足的填土都比较容易发生液化;松散砂土和粉质砂土最易发生液化;松散的粉土和砾石也有液化的可能;对于密实的天然土壤和经过良好压实的填土发生液化的可能性较低;除了在某些地方发现的高敏感性黏土外,黏土通常也不易发生液化。

在过去发生的地震中,液化或许就是引起桥梁破坏的唯一的最重要的原因。大多数桥梁的破坏都与桥台处土的侧向滑移有关,但是,也曾经出现过桥墩基础丧失水平和竖向承载力的情况。

液化可能造成的结果可分为以下几类:

1. 流滑

流动破坏是由液化造成的最具有灾难性的地面破坏形式。当下坡静力(重力)荷载超过液化土较低的抗剪强度时(也就是说,液化造成静载安全系数降低至1.0以下),就会发生这种大滑移。发生液化后,即使没有地震惯性力,在重力荷载下就可发生流滑,因此,在地面振动停止后,仍会发生流滑。流滑常常造成几十米(码)的位移,并且发生的速度相对较高,最高速度可以达到每小时几十公里(每小时数英里)。

2. 侧向滑移

侧向滑移是伴随液化发生的最常见的滑坡式的移动。由于土体受到静力和地震惯性力的组合作用,在下面有液化土层的小坡度(某些情况下小于1%)场地上就会发生侧向滑移。在地震过程中,只要静载和地震产生的剪切应力超过液化土的强度,侧向移动就会不断地累积。产生的侧向移动范围从几厘米(吋)到几米(码),同时会随之出现具有水平和竖向偏移的严重的地面开裂。如果有一个“自由表面”,例如河道或倾斜的河岸,发生侧向滑移的可能性就会大大增加,移动是朝着“自由表面”的方向发生的。如果下面的土层发生液化,在引道填土或任何公路路堤的下方就会发生侧向滑移或“路堤贯穿”。主要表现为沉陷、侧向移动和路堤开裂。

3. 基础承载能力降低

如果液化发生在桥梁基础邻近位置或其下方,将使基础竖向和(或)侧向承载能力大幅度降低,导致不可接受的基础沉降或侧向移位。

4. 地面沉陷

即使在流滑、侧向滑移以及液化造成基础承载力降低的过程中不发生沉陷,随着液化引起的过大的孔隙水压力消散,也会由于土的固结引起地面沉陷。这种固结会持续一段时间(可能是震后几天),而且固结可能导致位于液化土层上的基础发生沉降,有时沉降很小。当覆盖在液化层上的土相对桩身发生下陷时,穿过液化土层支承在稳定土层的桩基础可能会受到下拉荷载的作用。一般来说,由液化引起的土壤固结导致地面移动,其位移大小不会超过由流滑、侧向滑移以及液化造成基础承载力降低产生的位移。

5. 挡土墙压力增加

挡土墙(例如,桥台后墙或翼墙)后的填土发生液化将使挡土墙的压力增加,有可能造成墙体破坏或产生过大的变形。

3.2.2 液化危险性的初步评估

在开始筛选和对易液化土体进行液化评估之前,应检查在过去地震中该场地(或地质条件类似的邻近场地)是否发生过液化。此项检查包括:区域内历史地震和发布的震后勘察报告回顾。如果有证据显示该场地以前已经出现过液化,就应当给予进一步的考虑。

通常,进行液化势评估的必要条件是桥梁结构地震危险性水平的函数,地震危险性水平见第 1 章。对于地震危险性水平为Ⅰ和Ⅱ级的情况,发生液化的可能性一般是不高的。在某些情况下(如,地震危险性水平为Ⅱ级的 E 类和 F 类场地),地面峰值加速度可能超过 0.14g(F_aS_s 超过 0.35g)。虽然这种水平的峰值加速度可能会引起液化,但是,在这种地震危险性水平下引起液化的地震震级一般小于 6.0 并且强烈振动的持续时间也相对较短。对于地震震级低于 6.0 的情况,大多数场地的液化发展缓慢,而且振动过程中对结构的影响也很小,因此,可以忽略液化对结构动力响应的影响。此外,这种危险性水平下地震事件具有震级低、持时短的特点,可能导致地面发生永久变形。

地震危险性水平为Ⅲ和Ⅳ级时,发生液化的可能性会高一些,对于这种类别的场地需要格外注意液化的可能性和由液化带来的影响。如果对地面峰值加速度起作用的的平均震级低于 6.0[1],上面关于持时的讨论也适用于地震危险性水平为Ⅲ和Ⅳ级的情况。地震震级在 6.0 ~ 6.4 之间时,是否需要进行液化分析取决于地面振动和锤击次数。地震震级大于 6.4 时,需要进行液化分析。

综上所述,地表附近土壤液化及其影响的评估应按下列要求进行:

- 地震危险性水平为Ⅰ和Ⅱ级:不需要;
- 地震危险性水平为Ⅲ和Ⅳ级:如果不能满足下述两个条件之一,需要评估:

——设计地震的平均震级小于 6.0;

——设计地震的平均震级等于或大于 6.0,且小于 6.4 时,标准贯入试验(SPT)的锤击次数 [$(N_1)_{60}$] 大于 20,或 [$(N_1)_{60}$] 大于 15,且 F_aS_s 小于 0.35g。

---

[1] 对于给定桥梁场地的平均地震强度和重现期可由 USGS 网站上查询,网站上也给出了地震危险性的分布情况(见第 2.8.1 节中的表 2-6 和图 2-8)。(http://eqhazmaps.usgs.gov)

如果平均震级大于或等于6.4，或者如果不能满足平均震级在6.0～6.4之间的条件时，应当评定潜在的液化和由液化引起的现象，如流滑、侧向滑移、基础承载力下降和沉降。

除了上述准则外，如果能够满足下列任意筛选标准，就可以假定地震危险性水平为Ⅲ和Ⅳ级时，场地不会发生严重的液化灾害。

- 下卧于场地的地质构造是基岩或不易液化的土层，可根据表3-1判定液化敏感性等级，该表是依据地质年代和一般沉积环境得到的（Youd and Perkins，1978）。如果无法确定地质年代或沉积环境，采用表3-1应是偏于安全的。

强震过程评估沉积物对液化的敏感性　　表3-1

沉积类型	无黏性沉积物的一般分布状态	饱和无黏性沉积物液化可能性（按沉积年代）			
		<500年现代	全新世>11ka（千年）	更新世11ka-2Ma	更新世之前>2Ma（百万年）
（a）大陆沉积物					
河道	局部可变	非常高	高	低	非常低
泛滥平原	局部可变	高	中等	低	非常低
冲积平原，冲积扇地	分布广泛	中等	低	低	非常低
海蚀阶地和海蚀平原	分布广泛	—	低	非常低	非常低
三角洲和扇三角洲沉积地	分布广泛	高	中等	低	非常低
湖沉积和干盐湖	可变	高	中等	低	非常低
崩积层	可变	高	中等	低	非常低
岩屑堆积	分布广泛	低	低	非常低	非常低
沙丘	分布广泛	高	中等	低	非常低
黄土	可变	高	高	高	不明
冰碛物	可变	低	低	非常低	非常低
凝灰岩	基本没有	低	低	非常低	非常低
火山灰	分布广泛	高	高	?	?
残留土	基本没有	低	低	非常低	非常低
Sebka	局部可变	高	中等	低	非常低
（b）沿海地区					
三角洲	分布广泛	非常高	高	低	非常低
海滨	局部可变	高	中等	低	非常低
波浪能量高	分布广泛	中等	低	非常低	非常低
波浪能量低	分布广泛	高	中等	低	非常低
礁湖	局部可变	高	中等	低	非常低
前岸	局部可变	高	中等	低	非常低
（c）人　工					
非密实填土	可变	非常高	—	—	—
密实填土	可变	低	—	—	—

Youd and Perkins，1978

- 场地地下水位以下的土为下面其中之一者：

1. 粘粒含量(粒径 <0.005mm)超过15%,液限大于35%或天然含水量低于液限的90%(Seed and Idriss,1982)的黏土。但是,如果根据测试的土特性或当地经验判定高敏感性黏土时,不应被筛选出来。高敏感性黏土具有下列所有特性:

a. 液限低于40%;

b. 含水量大于液限的0.9倍;

c. 液性指数大于0.6;

d. $(N_1)_{60}$小于5或标准化的锥贯入阻力q_{c1}小于1MPa。

美国具有高敏感性土的地区包括:阿拉斯加(Alaska)沿海地区,圣劳伦斯(St. Lawrence)河沿岸,一些具有河口土壤沉积物的东部和西部沿海地区,大盆地及其他干旱地区盐湖附近,由火山灰风化产生的土壤(Youd,1998)。

2. 砂土具有最小的修正标准贯入试验阻力,$(N_1)_{60}$的值为30次/0.3m,或者经过多次锥贯入试验,砂土具有最小的修正锥贯入试验探头阻力q_{c1n},为160。$(N_1)_{60}$的定义见附录B。

- 地下水位在场地地表面或理论平整高程以下(取较小者)深于15m,考虑季节的、历史的和未来地下水位上涨的各种因素在内。

如果不能满足上述筛选标准,应采用附录B给出的详细评估方法评定液化危险性及其后果,这些评估方法在第3.2.4节中有简单介绍。

如果不能满足上述筛选标准,则需要采用附录B中给出的方法对液化危险性和液化后果进行详细评估。在3.2.4节中给出了关于这些评估方法的简要概述。

3.2.3 用于液化分析的地震地面运动

为了进行液化势分析和对某些液化后果进行分析,需要估计地面峰值加速度和相关的地震震级。另外,一种侧向滑移的评估类型也需要震源距。这些参数可通过基于国家地震动与场地系数区划图的一般方法得到,也可以通过地震安全评价的方法得到,这两种方法已分别在第2.5节和第2.6节阐述。

除了高活动性断层附近,设计地震动是根据概率方法得到的,而对于高活动性断层附近的区域,地震动确定在一定"界限",所以不超过在这些断层上出现最大震级地震相关的水平。如果桥梁设计地震动是基于概率方法获得的(也就是说,根据地震动的超越概率或重现期建立),为了确定"主导"震级和影响危险性的距离,必需解聚地面峰值加速度危险性,见第2.8.1节和附录A。由于不同的震源、地震震级、距离都会对概率分析中特定地震动的超越概率造成影响,所以,解聚方法是必须的。

当采用确定性方法时,需要估计发生在特定震源的最大震级的设计地震动。假设地震发生在场地附近的震源区。根据引起场地液化的可能性选择一个或多个震源、震级和震源距。

3.2.4 详细液化评估方法概述

3.2.4.1 采用简化方法评估液化可能性

在实际工程中,"简化方法"是评估液化势最常用的方法[1]。这种方法的核心是对比循环抗力比(CRR,指定深度处引发液化的循环应力比)和设计地震作用下由地震引起的同一深度的循环应力比(CSR),由地表峰值加速度和相应的瞬时地震震级定义。

CRR与CSR的比值应大于1.0,这样可以排除液化的发生。即使CRR与CSR的比值高达1.5,孔隙水压力也有可能增加。设计过程中,应考虑在软化土中孔隙水压力增加带来的后果。

简化过程的最常用的方法是采用基于经验的液化评判图表或相关性,这里将CRR表示为SPT锤击次数的函数。但是,这种方法的变化形式则采用了其他参数作为土体抵抗液化的度量,也就是圆锥贯入

[1] Seed and Idriss (1982), Seed et al. (1983) and (1985), Seed and De Alba (1986), Seed and Harder (1990), Youd and Idriss (1997), Youd et al. (2001)

试验(CPT)抗力、剪切波速和 Becker 锤击贯入抗力。CPT 数据和相关关系式作为对 SPT 数据和关系式的补充或替代,正在被广泛使用。由于在砾石土中很难获得有意义的 SPT 或 CPT 测量值,因此,对于这种土,可采用剪切波速和锤击贯入抗力的测试技术和相关性(Youd and Idriss, 1997; Youd et al., 2001)。

3.2.4.2　液化势的数值建模方法和实验室循环试验

对于重要的工程,场地响应的数值建模方法和实验室循环液化试验可作简化方法的补充。输入加速度时程,进行一维或二维有效应力场地响应分析可以为掌握地震振动过程中孔隙水压力的渐进发展过程。由于测试未扰动无黏性土样是非常困难的,可以认为用实验室循环试验方案来确定液化抗力是不合理的。但是,对于有些场地类型,可考虑这种方案,这些场地有可能发生液化,但是其液化抗力不能通过经验相关性确定(例如,无黏性粉土)。

3.2.4.3　评估由液化引起流滑和侧向滑移的可能性

为了评估流滑可能性及侧向滑移位移的大小,解析法中一个重要的参数是确定液化土的残余强度,这个参数的计算见附录 B。

流滑可能性分析实质上是一个静力边坡稳定分析,其中,静力安全系数的估算考虑了土体的已经液化部分的残余强度。如果液化土的静力安全系数小于 1.0,就有可能发生流滑。计算流滑位移是非常不容易的。滑移会一直持续下去,直到几何尺寸发生变化或液化土强度增加,使其安全系数大于 1.0。

对侧向滑移可能性和滑移量进行评估时,可采用经验方法和解析法。经验方法是根据过去地震中侧向滑移位移量的观测得到的。广泛采用的解析法是简化的 Newmark 滑块法,这种方法根据土体诱发的加速度幅值、启动土体(考虑了液化部分的残余强度)运动所需要的“屈服加速度”的幅值和其他参数估算位移。由拟静力稳定分析确定屈服加速度系数 k_y,是安全系数降到 1.0 的需要加速度。二维非线性有效应力动力分析方法可作为侧向滑移评估的补充手段。

3.2.4.4　其他评估方法

评估液化效应对竖向或水平承载能力和基础行为的影响以及对挡土墙后土压力的影响将在第 6 章阐述。在下面的章节中讨论液化引起沉陷的评估方法。

3.3　场地沉降

3.3.1　沉降危险性概述

正如第 3.2.1 节所述,液化发生后,可能会伴有自由场地的沉降。这些沉降与震后孔隙水压力的消散有关和随之产生的土的固结和压密有关。如果振动过程中孔隙水压力增加,但是未达到引起液化的水平,则孔隙水压力在震后消散可能导致沉降,但是仍小于由液化引起的沉降。

位于地下水位上方的干或部分饱和的土也可能发生沉降,所以,这种沉降与孔隙水压力和液化无关。发生这种沉降的原因是地面振动周期过程中的压密作用,由于地震引起的循环剪切应力使土颗粒进入较密实状态。对于引道路堤填土,路堤侧向屈服可能会产生一部分沉降,甚至是在没有明显的倾斜位移或侧向滑移穿过软弱地基时发生沉降。

松散天然土、未压实和压实不良的填土很容易出现压密作用。如果在整个区域中压密不均匀,所产生的不均匀沉降对桥梁造成损坏。

3.3.2　沉降危险性的初步筛选

如果能够同时满足下列两个筛选准则,则可认为由压实差异造成的危险性基本不存在:

1. 基础和地下水位以下的地质材料不会液化;

2. 基础下方且地下水位以上地质材料为下述一种或多种情况时:

- 更新世(地质年代大于11 000年)
- 坚硬的黏土或黏质粉土
- 无黏性砂土、粉土和砂既,其最小$(N_1)_{60}$为20次/0.3m(20次/ft)

注意,这些准则不能用于路堤填土。填土沉降的可能性与填土的压实程度有关,沉降量可通过下面章节给出的方法进行估算。

3.3.3 详细估算沉降量方法概述

附录B给出了简化方法和经验关系,用这些方法可以估计饱和砂土(地下水位以下)和干砂(地下水位以上干的或部分饱和砂土)中由地震引起的沉降量。这些方法一部分是基于历史数据得到的,一部分是根据实验室循环试验得到的。也可将这些方法扩展,应用到纯砂、粉质和无黏性粉土的评估中。这些方法不适用于黏性土(黏土和黏质粉土)。一般来讲,期望黏性土的坚硬的天然沉积物不发生破坏性的沉降。但是,如果黏性或部分黏性的填土,包括引道路堤填土,不能充分压实的话,就可能很容易发生明显的沉降。

3.4 地表断层

3.4.1 地表断层危险性描述

地表断层破裂是指当断层运动延伸至地面或桥梁基础所在深度时,沿活动断层迹线发生的剪切位移。位移的范围从几厘米到几米。由于地表断层位移发生很突然,经常跨越狭窄的地带,所以,地表断层破裂对桥梁会造成严重破坏,尤其是当这种情况直接发生在结构下方时。减轻由此造成的破坏是非常困难的,而且往往代价很高。在美国中部和东部以及Rocky山脉的东部,已经探明的活动断层很少,与西部地区相比,在这些地区发生地表断层错断的概率较低。

3.4.2 地表断层破裂危险性的初步筛选

地表断层错断多沿既有活跃断层的迹线发生,因此,如果能够确定下述任意一条,就可认为不会发生地表断层:

- 没有证据表明有穿过桥梁场地的断层迹线;
- 如果有断层迹线穿过桥梁场地,但断层不是活跃断层。

如果在过去近11 000年(全新世时代)里,断层曾经发生过错断,则认为该断层为活动断层,且发生错断的可能性很高。进行危险性筛选时,应至少包括以下步骤:

- 仔细查阅地质图,并与政府机构的地质学专家进行探讨,这些专家在地区地质构造方面具有渊博的专业知识。
- 勘探场地和审查航空照片,寻找断层的地貌表现形式。如果在断层位置或其活动性方面存在不确定性,选用筛选准则时则应偏于安全。

3.4.3 详细评价地表断层方法的概要

如果地表断层的危险性不能被筛选出来,业主可以决定接受风险还是详细评价危险性及其后果。如果进行详细评价,则必须遵循:

1. 如果在筛选阶段未能明确断层或断层区域相对桥梁的位置,那么此时应当明确;
2. 如果断层穿越桥梁,应确定断层的活动性;
3. 确定地表断层的特性,即错断位移量、位移地带的宽度、水平和竖向位移分量以及横跨区域内滑移的分布状态。在决策时,可用一种概率评估方法评估桥梁寿命期限内不同断层位移量的可能性。

3.5 洪灾

3.5.1 洪灾危险性概述

由地震引起的洪灾所造成的现象包括:

- 海啸(在近海地震中,由海底的竖向位移产生的大规模的海浪)
- 湖震(当地面振动激起水体晃动时,海湾和湖中的波浪)
- 在水体内或进入水体的山崩产生的波浪
- 由构造运动(如沿挤入式断层上升运动拦截江河)引起的洪灾
- 由地震引起的上游大坝和水库的破坏

3.5.2 洪灾危险性的初步筛选

对于那些不是跨水域桥梁或可能被淹没的地区附近的桥梁,洪灾的危险性可以被筛选出来。在美国东部和西部地区,发生海啸的可能性很低,而沿美国西海岸、Alaska和夏威夷一带,发生海啸的可能性从中到高。湖震浪高通常不会超出几英尺,而且只会对邻近海湾或湖泊的设施造成威胁。许多州和联邦机构已经在其管辖范围内,针对大坝破坏绘制了洪水区轮廓,应结合与地震无关的洪灾的危险性来评定地震引起的洪灾的危险性。

3.5.3 洪灾危险性评估方法简述

如果震后立即发生的洪灾有可能对桥梁性能产生威胁时,应针对可能性评定、严重程度、后果和危险性概率进行详细评估。

第4章 用于筛选和优先排序的地震分级法

4.1 概述

对桥梁进行筛选是为了找出抗震性能不足的桥梁,并按照加固的必要性进行优先排序。筛选过程应遵循快速、便于应用和偏于安全的原则。对筛选出来的性能不足的桥梁,如果经过详细评估后,桥梁结构性能满足要求,则不需要再深入的研究。

本手册第1.10节提出了两种分级体系,可以用来筛选、确定桥梁抗震加固优先次序。本章将详细阐述这两种方法,即:

- 基于优先指数的地震分级方法
- 基于预期损伤的地震分级方法

4.2 基于优先指数的地震分级方法

在判定桥梁加固优先次序的地震分级过程中,应综合考虑结构易损性、地震危险性、地质灾害以及社会经济等各种重要影响因素。首先对每座桥梁的易损性和地震危险性单独分级,然后结合桥梁在社会经济方面的重要性和其他因素(交通网络冗余度和结构的非地震因素)得出桥梁加固优先排序的最终结果❶。

分级体系包括定量评价和定性评价两部分。定量评价部分是基于结构易损性和地震危险性进行地震分级过程(称为桥梁等级 R);定性评价部分则是在考虑了包括桥梁重要性、交通网络冗余度、非地震缺陷、预期服役年限及其他相似因素在内的全面优先指数后,对定量评价得出的结论进行人为修正。因此,筛选过程第二阶段的关键在于工程和社会经验。优先指数是等级、重要性和其他因素的函数,见式(4-1)。

$$P=f(R,\text{重要性},\text{非地震和其他因素}) \tag{4-1}$$

式中:P——优先指数;

R——基于结构易损性和地震危险性得到的等级。

桥梁等级是根据桥梁易损性和地震危险性得到的,但是,加固优先权是基于桥梁等级、重要性、非地震缺陷及其他因素(如网络冗余度)确定的。这种方法在图4-1中有详细说明。

4.2.1 桥梁等级的计算

如上所述,桥梁等级 R 是基于结构易损性级别 V 和地震危险性级别 E 得到的,每个等级从1到10,桥梁等级 R 由两者相乘得到,如式(4-2)所示。

$$R=VE \tag{4-2}$$

因此,桥梁等级 R 由0到100,数值越大,说明越需要加固(忽略其他因素的影响),V 和 E 的取值如下所述。

4.2.1.1 易损性等级 V

桥梁的性能是由所有组成构件共同决定的,与其他构件相比,其中一些构件具有较高的易损性,它

❶ Bucle, 1991;Buckle and Friedland,1995

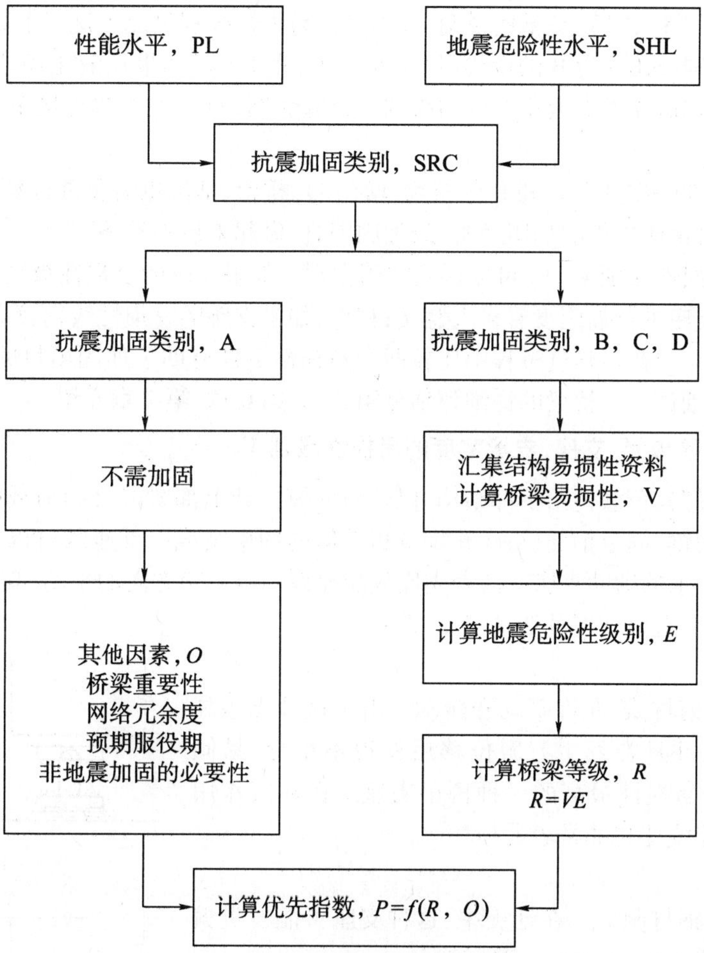

图 4-1　基于指数的地震分级方法

们是：

- 连接单元、支座、底座（支承长度）
- 桥墩、柱、基础
- 桥台
- 场地土

其中，连接单元、支座和底座（支承长度不足）是造成桥梁结构失效的最常见原因，并且维修费用非常高。因此这些构件的易损性级别 V_1 应单独计算，其他下部结构的易损性级别 V_2 由每个易损构件的易损性级别相加得到。取 V_1、V_2 的较大值作为全桥的易损性级别，如图 4-2 所示。

这些构件的易损性级别需要详细的工程判断，将在 4.2.1.1(a) 节和 4.2.1.1(b) 节给出构件易损性级别的具体计算方法。

易损性级别从 0 到 10，其中 0 表示导致不可接受破坏的易损性较低；5 表示导致倒塌的易损性为中等水平，或导致通行能力丧失的易损性较高；而 10 则代表导致倒塌破坏的

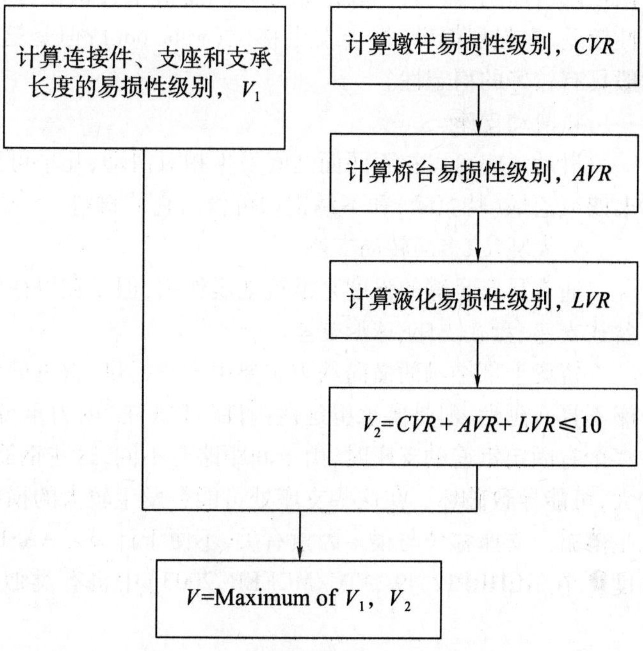

图 4-2　桥梁易损性级别 V 的计算

易损性较高,这里“0”、“5”、“10”是举例说明,并不是说易损性级别只能为这三个数值。

对于抗震加固类别(SRC)为B的桥梁(第1.6节中,表1-6),如果在液化场地上,支座、横向约束、支承长度的易损性级别需要考虑液化效应的级别。经验表明:对于大多数连接单元、支座、底座缺陷的修复都很经济。

对于抗震加固类别(SRC)为C和D的桥梁,墩(柱)、桥台、基础也需要进行易损性分级。与加固支座相比,仍然缺乏针对这些构件的加固经验,故加固困难,做起来也不经济。

比较上述两个易损性级别 V_1、V_2 可以得到加固类别。如果支座的易损性级别等于或低于其他构件的易损性级别,只对支座进行加固没有多大意义;相反,如果支座的易损性级别较高,仅对支座进行加固能够获得良好的效益。在初步筛选过程中比较两个易损性级别有助于加固项目的整体规划,但是不能代替对单独桥梁的详细评估。桥梁的详细评估见第5章、第6章、第7章介绍。

4.2.1.2(a) 连接单元、支座、支承宽度的易损性级别 V_1

支座用于将上部结构荷载传给下部结构,以及跨内铰接处上部梁段之间荷载的传递。在评价系统中,将支座视为由剪力键、固定钢筋(keeper bar)和类似的约束组成。支座既可以是不能平动的固定支座,也可以是图4-3所示的活动支座。活动支座只能允许一个正交方向的平动,其他方向被约束。

在桥梁工程中主要有以下五种活动支座,即:

1. 摆动支座

摆动支座一般是钢材质,允许平动和转动。由于这种支座高宽比较大、难以约束,并且在发生有限位移后变得不稳定、易倾覆,因此,它是地震中易损性最高的一种桥梁支座。在地震作用下,高宽比较大的固定支座也非常容易损坏。

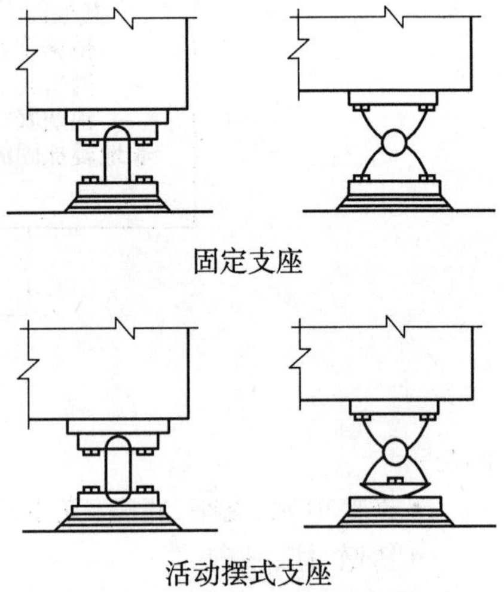

图4-3 地震易损支座

2. 滚动支座

滚动支座通常由钢材制成。在地震中,这种支座可能发生偏移和水平移位,但是它在地震中的稳定性较好。

3. 弹性橡胶支座

弹性橡胶支座一般由天然或者合成橡胶构成,中间增设多层钢板以增加刚度。它一般是靠橡胶的变形来提供位移,支座牢固性较差,在强烈振动时,会发生移位(walk out);但是这种支座一般具有较好的稳定性。

4. 滑动支座

滑动支座可以在不同面之间发生相对滑动,几乎可以由任何材料构成,两个混凝土面之间的石棉、聚四氟乙烯(特氟隆)和不锈钢均可作为它的材料。

5. 大吨位、多向转动支座

通常具有足够的强度来抵抗地震作用,但是在以往的地震中,这类支座的连接件也发生过破坏。如盆式支座、盘式支座、球形支座。

桥梁上部结构的横向约束主要由支座提供,常见的约束形式有:剪力键、固定钢筋和锚栓。通常支座不具有延性,但是要承担延性构件(如墩柱)内力重分布产生的较大的力。此外,当支承体系中存在多个有固定钢筋的支座时,由于间距略有不同,这些钢筋不能均匀承担横向荷载,因此,个别钢筋受力较大,可能导致破坏。在这些支座处可能会发生较大的横向或纵向移位,这将造成上部结构失去支承,发生落梁。支座移位与很多因素有关,不便于计算。AASHTO规范给出了新桥中所有支座的最小支承长度[1],在NCHRP12-49(ATC/MCEER,2003)中也有类似的条款。由于相对位移难以预测,因此建议将

[1] AASHTO,1998;AASHTO,2002

NCHRP12-49 中所提到的最小支承长度 N 作为检查纵桥向支承长度的基准值。

按照米制单位,最小支承长度按照下式计算:

$$N=\left[100+1.7L+7.0H+50\sqrt{1+\left(2\frac{B}{L}\right)^{2}}\right]\frac{(1+1.25F_{\mathrm{v}}S_{1})}{\cos\alpha} \tag{4-3a}$$

式中:N——沿桥台或者桥墩表面法线方向上测得的支承长度;

L——从底座到相邻伸缩缝或到桥面板端部的桥面板长度;对于跨内的铰或伸缩缝来说,L 是铰任意一侧距离的总和;对于单跨桥梁 L 是桥面板的长度;

H——高度;对于桥台,H 是在桥台和相邻伸缩缝之间支撑桥面板的墩或柱高度的平均值;对于桥墩,H 是桥墩高度;对于跨内铰,H 是相邻桥墩高度的平均值;对于单跨桥梁,$H=0$;

B——桥面宽度;

α——倾斜角,对于直桥 $\alpha=0°$;

$S_{\mathrm{D1}}=F_{\mathrm{v}}S_{1}$,$F_{\mathrm{v}}$ 为长周期场地土因子,S_{1} 是式(1-1)中 1.0s 对应的谱加速度;

比值 B/L 不应大于 3/8。

按美制单位,支承长度按照下式计算:

$$N=\left[4.0+0.02L+0.08H+1.1\sqrt{H}\sqrt{1+\left(2\frac{B}{L}\right)^{2}}\right]\frac{(1+1.25F_{\mathrm{v}}S_{1}}{\cos\alpha} \tag{4-3b}$$

式中:N、L、H、B 和 α 的定义与公式(4-3a)相同,但是 N 的单位是 in,L、H、B 的单位是 ft,比值 B/L 不应大于 3/8。

由于斜角对桥梁支座的性能影响较大,在中等强度地震作用下,摆动支座的支撑严重倾斜时,支座可能会发生倾覆。在这种情况下,有必要考虑发生落梁可能性,这种可能性在很大程度上取决于支座底座的几何尺寸。由于支座倾覆而产生的沉降和垂直方向的移位,仅仅会导致暂时的交通中断,大多数时候可以采用回填沥青或者类似材料进行修复。在计算支座进行易损性级别时,首先需要考虑失去全部支承的可能性。

关于连接单元、支座、支承长度易损性级别的步骤如下所示(图 4-4):

第 1 步　确定桥梁支座细部构造是否满足要求,需要判定的桥梁包括:

(1)具有整体式桥台的连续结构;

(2)满足以下条件的具有座式桥台的连续结构:

a. 斜角小于 20 (0.35rad),或者斜角大于 20° (0.35rad)但小于 40° (0.70rad),且桥面板的长宽比大于 1.5;

b. 未采用摆动支座;

c. 端横梁下方桥台支座在横桥向是连续的,且桥梁的主梁多于三根;

d. 支承长度大于等于式(4-3)给出的最小支承长度;

如果支座细部满足要求,则易损性级别 V_{1} 取 0,不需要再进行以下步骤。

第 2 步　确定由横向移位引起桥梁倒塌或者交通中断的易损性 V_{T}

横向约束失效必定发生在较大横向移位之前。此外,由于缺乏计算方法,假定加固类别(SRC)为 C、D 的桥梁,支座的固定钢筋和(或)锚栓发生破坏;同时还假定加固类别(SRC)为 D 的桥梁,非延性的钢筋混凝土剪力键发生破坏。

当横向约束破坏时,主梁为以下两种情况时容易失去支承:

(1)支承在单个底座或墩(柱)上的单独的主梁;

(2)有 2 或 3 根主梁的桥梁,其外侧梁支承在支座边缘附近,(无论支座是否支承在单独的底座上)。

无论属于上述哪种情况,易损性级别 V_{T} 均取为 10。

钢摆动支座经常发生横向倾覆,这会使上部结构产生永久位移。所有加固类别(SRC)为 D 的桥梁易发生此类破坏,加固类别(SRC)为 C 的桥梁在斜角大于 40° (0.70rad)时才会发生此类破坏。当支座易发生倾覆破坏,但桥梁不易发生倒塌破坏时,易损性级别 V_T 取为5,其他情况取0。

第3步　确定由过大的纵向移位造成桥梁倒塌或丧失通行能力的易损性 V_L

V_L 是由垂直于支承中线的有效支承长度(L)确定的,可通过比较有效支承长度L与最小支承长度N(见公式(4-3))得到。具体分析如下:

如果 $L \geq N$,任意支座类型,$V_L = 0$;

如果 $0.5N \leq L \leq N$,未使用摆动支座时,$V_L = 5$;

如果 $0.5N \leq L \leq N$,使用摆动支座时,$V_L = 10$;

如果 $L < N$,任意支座类型,$V_L = 10$。

第4步　由 V_T 和 V_L 确定连接单元的易损性级别 V_1,$V_1 = \max(V_T, V_L)$

4.2.1.3(b)　对于桥墩、桥台以及液化势的易损性级别 V_2

桥梁结构中其它构件的易损性级别 V_2 是通过每个构件各自的级别计算出来的:

$$V_2 = CVR + AVR + LVR \leq 10 \tag{4-4}$$

CVR 是桥墩的易损性级别,AVR 为桥台的易损性级别,LVR 为土体液化的易损性级别。

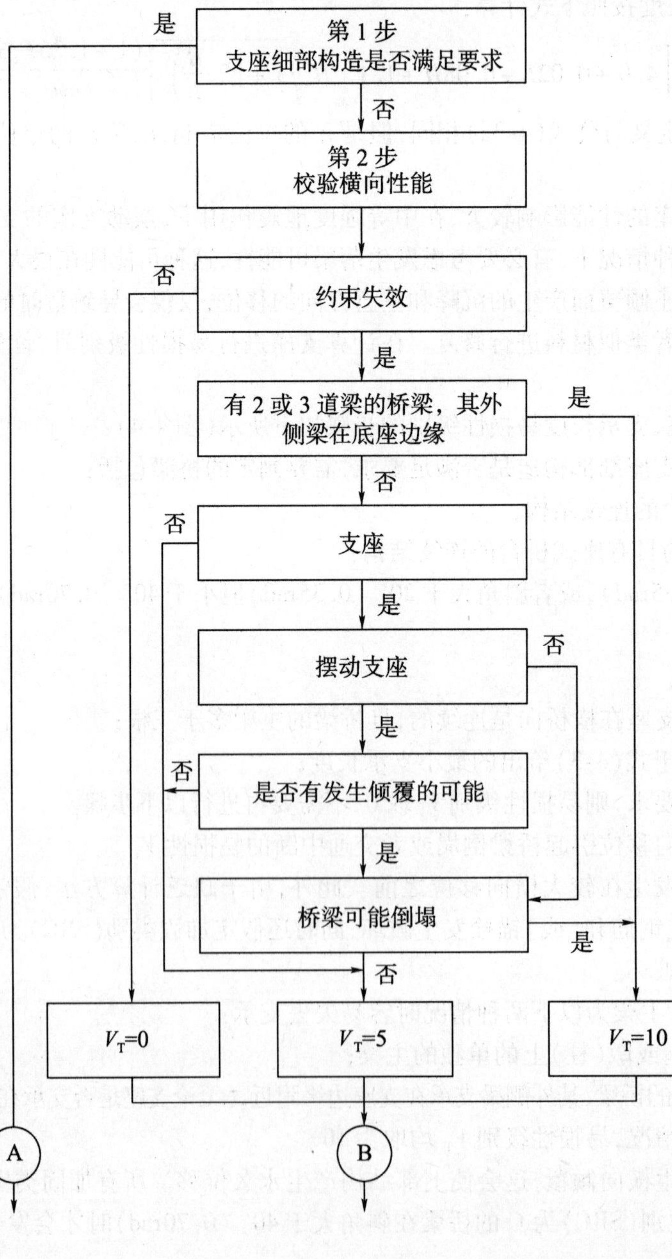

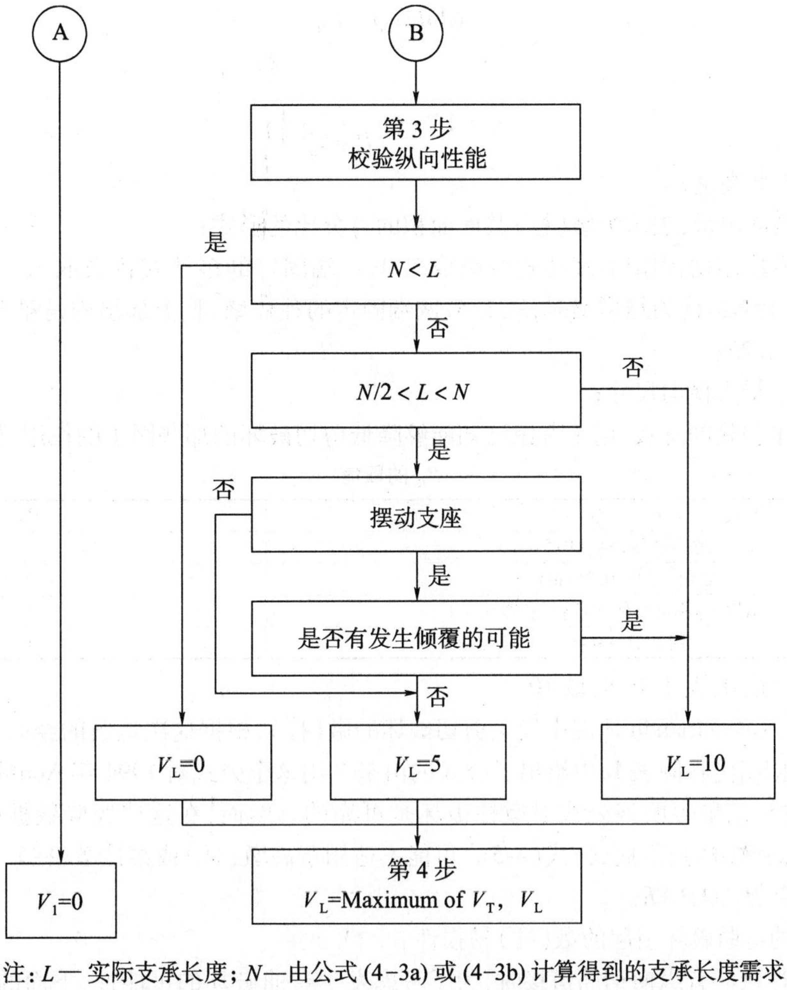

图 4-4　计算连接单元、支座、支承长度的易损性级别（ V_1 ）

下面介绍计算各个构件易损性级别的方法。

A　墩(柱)易损性级别,*CVR*

在以往的地震中,桥墩由于缺少横向钢筋和较差的细部构造而发生破坏。过高的延性需求降低了墩(柱)的抗弯和抗剪能力。在以往的地震中,墩(柱)发生了剪切破坏,导致墩(柱)崩裂及较大的竖向沉降。墩(柱)的破坏也可能是由于伸入基础的纵向钢筋被拔出而引起的。幸运的是,墩(柱)的失效大多数发生在持时相对较长、地面加速度较大的地震中❶。

可以按照下面的步骤来确定墩(柱)以及基础的易损性级别:

第 1 步　加固类别(SRC)为 B 的桥梁,墩(柱)的易损性级别 *CVR* 取为 0;

第 2 步　如果固定钢筋和锚栓注定会破坏(见 4.2.1.1(a)节中第 2 步),因而阻止荷载传递给墩(柱)、基础时,易损性级别 CVR 取为 0;

第 3 步　如果墩(柱)和基础横向钢筋满足 AASHTO 的规定,墩(柱)的易损性级别 CVR 取为 0;

第 4 步　如果不符合上述情况(第 1 步～第 3 步),检查墩(柱)的剪力、搭接构造以及基础的缺陷,*CVR* 取以下步骤计算所得的最大值。

a. 由剪切破坏引起的墩(柱)易损性

❶ 可能并不总是这样,1989 年加州 Loma Prieta 地震中,Oakland(奥克兰)的 Cypress 高架桥的倒塌就不是这种情况。持时较短的地震,桥梁附近的基岩峰值加速度约 0.1g。经过软土的放大作用,地面加速度达到 0.25g(这个值是相对适中的值)。然而,高架桥(1971 年设计)的倒塌是由于上下层桥面板的节点处细部构造不足和剪切失效而造成的。

$$CVR = Q - P_R \tag{4-5a}$$

式中:

$$Q = 13 - 6\left(\frac{L_c}{P_s F b_{max}}\right) \tag{4-5b}$$

L_c——柱的有效高度;

P_s——纵向钢筋用量,表示为墩(柱)截面面积的百分比的形式;

F——框架系数,两端固定的多柱式桥墩取 2.0;一端固定的多柱式桥墩取 1.0;两端固定的独柱墩,且上部结构为箱形梁时,取 1.5;两端固定的独柱墩,且上部结构是箱形梁以外的截面形式,取 1.25;

b_{max}——墩(柱)最大横向尺寸;

P_R——从 Q 中扣除的总数,用于考虑已知能够降低剪切破坏的那些因子的作用,如表 4-1 所示。

P_R 的取值 表 4-1

系　　数	P_R
地震系数,$S_{D1}<0.5$	3
斜角≤20°(0.35rad)	2
连续结构,等刚度整体式桥台,长宽比<4	1
钢筋等级≤40	1

CVR 小于 0 时取 0,大于 10 时取 10。

调查 1971 年 San Fernando 地震中发生剪切破坏的墩(柱),根据这次地震的经验得到公式(4-5b)。1983 年出版的加固指南在附表 B 中给出了公式的由来。用这个公式对 1994 年 Northbridge 地震中失效墩(柱)进行了检验,结果表明该公式对墩柱破坏是可靠的。然而,在这些经验数据中,基本上是矮墩(柱)和中等高度的墩(柱),因此,公式(4-5b)可能不适用于高墩(柱)或柔性墩(柱),在这种情况下,需要专门研究来估算 P_R、Q、CVR。

b. 由搭接处的弯曲破坏引起的墩(柱)易损性

在墩(柱)塑性铰区有纵向钢筋搭接时,为了考虑发生弯曲破坏的可能性,下面的 CVR 的取值可以用于由墩(柱)支撑的长度大于 90m(300ft)的上部结构,或者有伸缩缝的上部结构。

$$\text{对于 } S_{D1}<0.5,\ CRV=7 \tag{4-6a}$$

$$\text{对于 } S_{D1}\geq 0.5,\ CRV=10 \tag{4-6b}$$

式中:S_{D1}——由公式(1-1)定义的地震系数。

除非经小区划确认 S_{D1} 大于等于 0.5,否则 CRV 不能大于 7。

c. 由基础缺陷引起的墩(柱)易损性

下面 CVR 的取值适用的墩(柱)由不会进行抗拔加固的桩基础支承,或者是约束较弱的桩基础(shaft)。此步适用于由小区划得到的 S_{D1} 大于等于 0.5 的情况:

$$\text{当 } 0.5\leq S_{D1}\leq 0.6,\ CRV=5 \tag{4-7a}$$

$$\text{当 } S_{D1}\geq 0.6,\ CRV=10 \tag{4-7b}$$

d. 指定墩(柱)整体易损性 CVR

CVR 取为 a、b、c 的易损性级别的最大值。

B　桥台的易损性级别,AVR

地震中,桥台失效一般不会造成桥梁整体倒塌,尤其是中低强度的地震。因此,应根据桥台破坏引起的暂时交通中断来判定桥台的易损性级别。

一般情况下,在中等强度地震中,填土沉降一般为填土厚度的 3% ~5%,但是对于施工质量差的引道填土或者采用穿通式桥台,可达到 10% ~15%[1]。由于土压力或者上部结构传递的荷载过大而造成

[1] Fung 等,1971,Elms 和 Martin,1979

桥台破坏时，会发生附加的填土沉降。

一些类型的桥台，如穿通式桥台和无翼墙的桥台，更容易发生此类破坏。除特殊情况外，桥台易损性级别 *AVR* 不大于 5。基于工程经验及以往地震中桥台的性能，确定桥台易损性级别的步骤如下：

第 1 步　加固类型(SRC)为 B 的桥梁，设其桥台易损性级别 *AVR* 为 0；

第 2 步　确定填土沉降引起结构的易损性分级，在正常夯实的引桥填土中的填土沉降量如下所述：

a. $0.24 \leqslant S_{D1} \leqslant 0.39$，取填土厚度的 1%；

b. $0.39 \leqslant S_{D1} \leqslant 0.49$，取填土厚度的 2%；

c. $S_{D1} \geqslant 0.49$，取填土厚度的 3%。

如果是跨水域桥梁，上述填土沉降量应乘以 2。当沉降量大于等于 150mm(6in)易损性级别 *AVR* 取为 5，其他情况取为 0。

第 3 步　对于加固类别(SRC)为 D 的桥梁，无论估算的填土沉降是多少，如果以下条件都能满足，桥台易损性级别 *AVR* 取 5：

- 悬臂式桥台；
- 斜角大于 40°(0.70rad)；
- 桥台台座与承台下侧的距离大于 3m(10ft)；

此外，除非第 2 步计算得到的沉降量大于 150mm(6in)时取 5，否则 *AVR* 取 0。

C　液化作用易损性级别，*LVR*

虽然几种场地失效类型可导致桥梁结构的破坏，但是由液化引起的不稳定是最主要的破坏形式。应根据以下三点判定地基土的易损性级别：

- 液化敏感性的定量评价；
- 加速度系数的大小；
- 由液化引起的地面运动造成桥梁结构自身破坏的敏感性评价。

可以通过以往地震(如 1974 年 Alaskan 地震(Ross et al.,1973)以及许多日本发生的地震)中的震害发现不同类型桥梁对液化效用的易损性。震害调查结果表明：上部结构连续、有整体支承的桥梁可以承受较大的横向位移，而且能够保证使用功能(可能需要少量的维修)。然而对于上部结构不连续和下部结构基本没有延性的桥梁，由于液化作用易引发桥梁严重破坏，下面给出了确定易损性级别的过程，这里已经考虑了上述调查结果：

第 1 步　确定地基土的液化敏感性

如果符合以下情况，则地基土的液化敏感性较高：

a. 地基土由饱和松散的砂土、饱和粉质砂土或非塑性的粉土构成，而且地基土对桩提供侧向支承或对基础提供竖向支承；

b. 桥台下填土与上面所述相近，或地基土出现连续的裂缝，可能导致桥台边坡失效。

通常中密实土的液化敏感性为中等水平，如密实的砂土；密实土的液化敏感性较低。

第 2 步　当存在敏感性土层时，按照表 4-2 确定液化导致破坏的可能性。

对于 $S_{D1} \geqslant 0.49$ 的场地条件，应通过工程经验确定较大破坏的可能性。

液化导致破坏的可能性　　表 4-2

土对液化的敏感性	地震系数 S_{D1}				
	$S_{D1} \leqslant 0.14$	$0.14 \leqslant S_{D1} \leqslant 0.24$	$0.24 \leqslant S_{D1} \leqslant 0.39$	$0.39 \leqslant S_{D1} \leqslant 0.49$	$S_{D1} \geqslant 0.49$
低	低	低	低	低	低
中	低	低	中	较大	严重
高	低	中	较大	严重	严重

第 3 步　液化导致桥梁严重破坏时，易损性级别 *LVR* 应取 10；对于刚性箱形涵洞和斜角小于 40°的单跨桥梁易损性级别 *LVR* 应取 5。

第 4 步　液化导致桥梁较大破坏时,易损性级别 *LVR* 应取 10;对于满足下列条件之一的刚性箱形涵洞桥和斜角小于 40°的单跨桥梁以及斜角小于 20°的连续桥梁,易损性级别 *LVR* 为 5 ~ 9:

a. 当钢筋混凝土墩(柱)与上部结构是一个整体时,*CVR* 不大于 5,并且高度大于 8m(25ft);

b. 钢墩(柱)(非延性材料的墩柱除外)高度大于 8m(25ft);

c. 墩(柱)与上部结构不是整体,如果下部结构发生较大位移不会导致不稳定。

第 5 步　液化造成桥梁中等破坏,易损性级别 *LVR* 应取 5;当支座的易损性级别 V_1 大于等于 5 时,*LVR* 为 6 ~ 10。

第 6 步　液化造成桥梁轻微破坏时,易损性级别 *LVR* 应取 0。

4.2.1.4　地震危险性级别(E)

为了进行分级,地震危险性包含了场地的地震活动性和地质环境条件两个方面。第 1.5.3 节中定义的地震系数 S_{D1} 为 1.0s 对应的谱加速度乘以场地放大系数,这里用这个系数描述地震危险性。为了能够与结构易损性保持相同的数量级,将这个系数按比例放大至 0 ~ 10 的范围。因此地震危险性级别由下式确定:

$$E = 10S_{D1} \leqslant 10.0 \tag{4-8}$$

式中:S_{D1}——周期为 1.0s 时的地震系数,等于 $F_v S_1$[见公式(1-1)]。

当场地土的特性不够详尽,不能准确判断场地类别,或者场地土不属于任何一种类别时,应根据工程经验确定场地系数 F_v。

4.2.1.5　实例

用例 4-1 和例 4-2 分别针对两座不同的桥梁来说明桥梁等级 *R* 的计算过程,这两座桥具有相同跨度、同样地质条件和相近的地震作用,更多实例见附录 E。

从结果可以看出,简支梁的易损性级别(桥梁等级 *R* = 43)高于连续梁桥的易损性级别(*R* = 33),但两者之间的差异没有预想的大。分析原因如下:虽然第二座桥是连续梁桥,但是采用了依次安装在底座上的钢支座,一般不会发生所有跨同时倒塌的情况;但是即使是连续梁,还是很容易从底座上脱离。

相同的桥梁使用预期破坏方法(见 4.3)进行分析,得到的结果相似(见 4.3.5.4)。

4.2.2　基于多种参数计算优先指数

按照公式(4-2)计算得到每座桥梁的等级后,按照降序排列。排序后,综合考虑桥梁重要性、交通网络冗余度、非地震缺陷、剩余寿命以及社会经济等因素的影响,得到优先指数[公式(4-1)]。

在 1.4.3 节给出了重要性分类准则,在 1.10.2 节中讨论了交通网络冗余度、非地震缺陷的问题。如果桥梁所在的交通网络具有较高的冗余度,有可供选择的桥梁或线路,而这些可供选择的设施可能会在地震中发生破坏,因此,应予以考虑。一般来说,无法用单一数值衡量地震等级[见公式(4-2)]得到优先指数[见公式(4-1)],应结合工程与社会经验凭主观判断进行重新排序。通过这种方法,可以在确定桥梁优先加固权时,将技术和社会的影响因素考虑进去。

4.3　基于预期损伤的地震分级法

4.3.1　背景

本节给出了另外一种筛选和确定桥梁优先级的方法。这种方法将对比桥梁分类表中每座桥梁在相同地震作用下的预期损伤程度,并据此对桥梁进行分级。主要用结构遭受的破坏或直接经济损失作为衡量损伤严重程度的标准,对预期损伤最严重的桥梁优先进行加固。

直接经济损失主要是维修和重建桥梁的费用,不包括间接损失或社会经济损失。地震造成的间接损失或社会经济损失通常都相当巨大，常常超过直接经济损失。间接损失是人员伤亡、停业、由于交通堵塞造成的延误甚至中断所造成的损失，这种损失的估计非常复杂，存在很大的不确定性。

与前面的方法一样，这种方法也包括定量分析和定性分析两个部分。定量分析是根据预期损伤程度和维修费用，得到桥梁等级 R；定性分析是在考虑间接损失、交通网络冗余度、非地震缺陷、剩余寿命等因素的基础上，对桥梁加固等级进行人为修正，从而得到总的优先指数。与前述方法一样，工程和社会经验是第二步的关键。这样得到的优先指数就是桥梁等级、间接损失、交通网络冗余度及运营维修费用（包括非地震因素造成的加固维修费用）的函数，如下：

$$P = f(R, \text{间接损失}, \text{交通网络冗余度}, \text{各种非地震因素}) \tag{4-9}$$

式中：P——优先指数；

R——基于预期损伤和维修费用得到的桥梁等级。

桥梁等级 R 是基于给定地震作用下的预期损伤和维修费用得到的，然而加固优先权不仅与桥梁等级有关，还与间接损失、交通网络冗余度和非地震因素的主观判断有关，这种方法的实施过程见图 4-5。

虽然公式（4-9）和公式（4-1）具有相同的形式，但是参数的计算方法不同。这种方法的优势在于：随着技术的进步，能够提供考虑间接损失的计算方法。

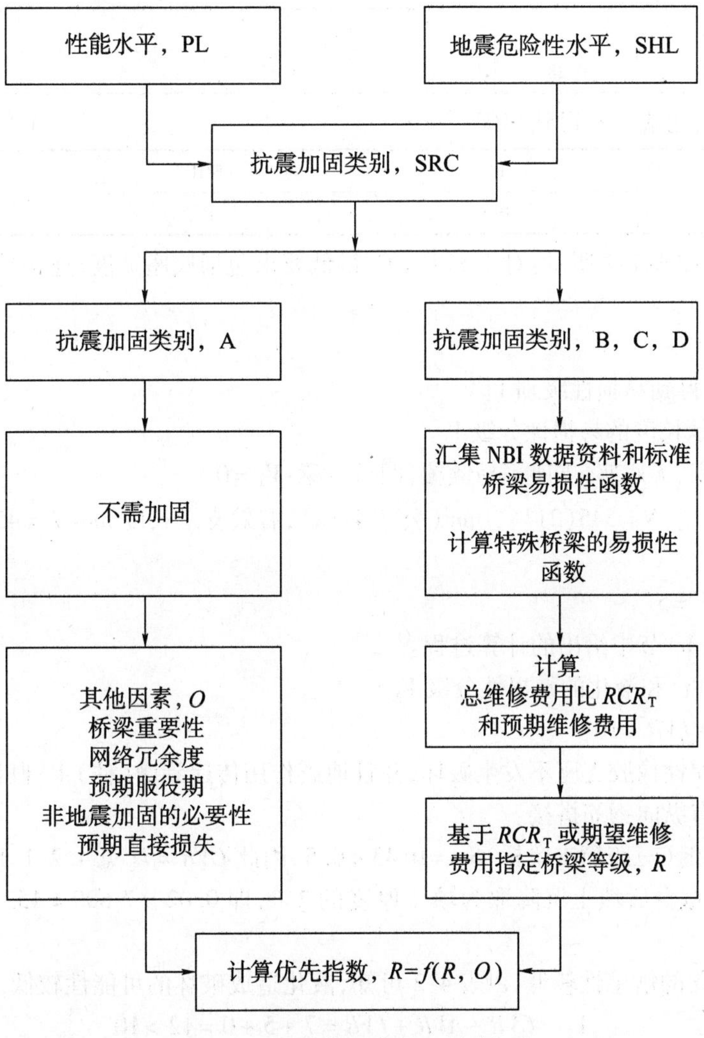

图 4-5　基于预期损伤的地震分级法

［例 4-1］　预应力混凝土简支梁桥——指数法

位于在密实砂土、软石上（场地类别 C）的有四道主梁的预应力混凝土桥梁，该桥建于 1968 年，为三跨简支梁桥，主梁由直接放置在盖梁上的橡胶垫板支承（没有底座），支承宽度 450mm（17¾"）。桥梁全长56m,宽10m,斜角32°,桥台填土厚7.6m,桥梁日交通量65 000ADT,为“重要性桥梁”。

采用指数法[见公式(4-2)]计算桥梁等级 R。

A　确定桥梁加固类别(SRC)以及筛选的最低要求

要确定SRC需要明确剩余服役年限、性能等级、地震危险性等级,如下:

预计剩余服役年限 ASL:桥梁使用时间:2004 - 1968 = 36年

设计服役年限:75年

剩余服役年限:39年

服役年限类别:$ASL2$(表1-1)

性能等级PL:桥梁重要性为“重要”,因此,对应于较高地震水准的性能等级为PL1(表1-2);

地震危险性等级SHL:从USGS光盘(2.3节)中可以得到对应于较高地震水准的 S_s 和 S_1,设 $S_s = 1.40$,$S_1 = 0.28$;

由表1-4得到C类场地的 F_a 和 F_v;

由公式(1-1)计算 S_{Ds} 和 $S D_1$,并由表1-5确定地震危险性等级SHL;

结果如下:

地震动水平II	S_s	S_1	F_a	F_v	S_{Ds}	S_{D1}	SHL
	1.40	0.28	1.0	1.52	1.4	0.43	IV

地震加固类别(SRC):由表1-6得到SRC

地震动水平II	PL	SHL	SRC
	PL1	IV	C

筛选的最低要求如表1-7所示:对于SRC = C,最低要求包括底座宽度、连接单元、墩(柱)、墙、液化作用的内容。

B　易损性级别 V

采用4.2.1.1节得到易损性级别 V。

B.1　支座和支承长度的易损性分级 V_1

简支跨、弹性支座、无底座,支座不易倾覆,四道主梁:$V_T = 0$

所需纵向支承长度,$N = 545(21\frac{1}{2}'')$mm(公式4-3a),有效支承长度mm,$L = 4500(17\frac{3}{4}'')$mm,因此 $0.5N < L < N$,$V_L = 5$

$V_1 = \text{Max}\{V_T, V_L\} = 5$

采用第4.2.1.1(b)节中给出的计算过程。

B.2　墩(柱)、桥台和液化的易损性分级 V_2

$V_2 = CVR + AVR + LVR < 10$

对于本例,假设弹性橡胶支座不发生破坏,并且地震作用传递到墩(柱)上;假设墩(柱)不发生剪切破坏,但在塑性铰区有纵向钢筋搭接。

上部结构有伸缩缝(三跨简支梁桥)$S_{D1} = 0.43 < 0.5$,因此 $CVR = 7$[见4.2.1.1(b)节]。

由于 $S_{D1} = 0.43$,桥台后填土沉降取为填土厚度的2%,即 $0.02 \times 7\,600 = 152$(mm),因此,$AVR = 5$[4.2.1.1(b)]。

C　类场地对液化的敏感性较低,由表4-2可知,液化造成破坏的可能性较低,因此 $LVR = 0$。

因此　$V_2 = CVR + AVR + LVR = 7 + 5 + 0 = 12 > 10$

得到:　$V_2 = 10$

B.3　桥梁整体易损性 V

桥梁的易损性 $V = \text{Max}\{V_1, V_2\} = 10$。

D　地震危险性级别,E

通过计算，对于 $S_{D1}=0.43$，$E=10S_{D1}=10\times0.43=4.3\leqslant10.0$（见公式 4-8）

E　桥梁等级，R

$R=VE=10\times4.3=43$（见公式 4-2）

[例 4-2]　连续钢桁梁桥——指数法

位于密实砂土、软石上（场地类别 C）的有四道主梁的钢梁桥，建于 1972 年，该桥为等跨度的三跨连续梁桥，主梁有底座的钢支座支承（非摆动支座），支承宽度 350mm（13¾"），全桥长 56m，宽 14m，斜角 18°，桥台填土厚 6m，桥梁日交通量 200 000ADT，为"一般桥梁"。

采用指数法计算桥梁等级 R（见公式 4-2）。

A　确定桥梁加固类别 SRC 以及筛选的最低要求

确定 SRC 需要剩余服役年限、性能等级、地震危险性等级，如下：

剩余服役年限 ASL：桥梁使用时间：2004 − 1972 = 32 年

设计服役年限：　　75 年

剩余服役年限：　　43 年

剩余年限类别：　　ASL2（表 1-1）

性能等级 PL：桥梁重要性"一般"，因此对应于较高地震水平的性能等级为 PL1（表 1-2）；

地震危险性等级 SHL：从 USGS 光盘（2.3 节）得到对应于较高地震水平的 S_s 和 S_1，设 $S_s=1.50$，$S_1=0.21$；

由表 1-4 得到 C 类场地的 F_a 和 F_v；

由（公式 1-1）计算 S_{Ds}和 S_{D1}，并由表 1-5 确定 SHL；

结果如下：

地震动水平 I	S_s	S_1	F_a	F_v	S_{Ds}	S_{D1}	SHL
	1.50	0.21	1.0	1.59	1.50	0.33	IV

地震加固类别 SRC：由表 1-6 得到 SRC

地震动水平 II	PL	SHL	SRC
	PL1	IV	C

筛选的最低要求如表 1-7 所示：对于 SRC = C，最低要求包括底座宽度、连接单元、墩（柱）、墙、液化作用的内容。

B　易损性级别 V

采用 4.2.1.1 节的方法得到易损性级别 V。

B.1　支座和支承长度的易损性级别 V_1

连续梁、钢支座、底座，支座不是摆动支座因此不易倾覆，四道主梁：$V_T=0$ 所需的纵向支承长度，$N=437$（17¼"）mm（公式 4-3a），有效支承长度 mm，$L=350$（13¾"）mm，因此 $0.5N<L<N$，$V_L=5$；

$V_1=\mathrm{Max}\{V_T, V_L\}=10$。

B.2　墩（柱）、桥台、液化的易损性级别 V_2

$$V_2=CVR+AVR+LVR\leqslant10$$

对于本例，假设支座的固定钢筋可靠，地震作用传递到墩（柱）上；假设墩（柱）不发生剪切破坏，但在塑性铰区纵向钢筋搭接。

上部结构在桥台处有伸缩缝 $S_{D1}=0.33<0.5$，因此 $CVR=7$[见 4.2.1.1(b)节]；

由于 $S_{D1}=0.33$，桥台后填土沉降取为填土厚度的 1%，即 $0.01\times6\,000=60$（mm），$AVR=0$[见 4.2.1.1(b)节]；

C　类场地对液化的敏感性较低，由表 4-2 可知，液化造成破坏的可能性较低，因此 $LVR=0$；

因此　　$V_2=CVR+AVR+LVR=7+0+0=7\leqslant10$。

B.3　桥梁整体易损性级别 V

桥梁的易损性级别 $V = \text{Max}\{V_1, V_2\} = 10$。

D　地震危险性级别，E

通过计算，$E = 10S_{D1} = 10 \times 0.33 = 3.3 \leqslant 10.0$（见公式 4-8）

E　桥梁等级，R

$R = VE = 10 \times 3.3 = 33$（见公式 4-2）

在这种方法中，对预期损伤的估计是一个关键步骤，由于地震发生时地面运动的不确定性以及场地土和结构特性的随机性，对预期损伤的估计是一个概率过程。采用脆弱性函数（fragility function）来估计震后桥梁结构处于一个或多个损伤状态的概率。附录 C 总结了脆弱性函数的理论，并简单的阐述了理论形成过程，附录中也给出了最常用的描述损伤特征的六种损伤状态。

在地震风险评估方法中，脆弱性函数是非常重要的内容，已在第 1.10.3 节中进行了说明。大多数损失评估方法也应用了这些函数，包括由（联邦应急管理中心，机构名）开发的 HAZUS（HAZUS，1997）。

为了简化方法，应尽可能减少输入数据的数量。桥梁基本信息可以在国家桥梁库 NBI 和业主的桥梁历史文件中查询到。基于 1.5.1 节和 1.5.2 节所述的谱加速度和场地类别输入地震动和场地土的数据。

4.3.2　数据库需求

NBI 数据库中包括了用来描述桥梁结构和工作状态的 116 个信息组，但是对于每一座桥梁来说，这些信息仍不足以得到所需的脆弱性曲线，因此为了进行筛选和优先排序，具体到某座桥梁的脆弱性曲线可以通过参考桥梁的脆弱性曲线，并将其按比例缩放获得，缩放比例由 NBI 中选择的数据确定。

参考桥梁是一座空间效应不明显的“长”桥。每种典型桥型对应一种参考桥梁，大约有 5～6 种桥型（见 4.3.3 节）。对于每个参考桥梁，用 $T = 1.0\text{s}$ 时对应的谱加速度的中间值（a_2, a_3, a_4, a_5）描述不同的损伤状态（DS_i），见附录 C。用表 4-3 中列出 NBI 信息数据对参考桥梁的结果进行修正，修正因子考虑了斜角（K_{skew}）和上部结构平面内的空间拱圈❶效应（K_{3D}）。表 4-3 给出了使用的 NBI 信息组及其用途。

用于确定桥梁脆弱性的 NBI 信息组　　表 4-3

NBI 数据项	定义	K_{skew}	K_{3D}	其 他 用 途
1	状态		×	判断使用的设计规范
8	结构编码			普通识别码
27	建造年份		×	判断是传统设计还是抗震设计
34	斜角	×		
42	服役类型			选择公路桥
43	结构类型		×	由表 4-4 和表 4-5 推断基本脆弱性曲线
45	主桥跨数		×	判断是单跨还是多跨
46	引桥跨数			判断是否是重要桥梁（如果 $n > 6$，为重要桥梁）
48	最大跨度			判断是否为重要桥梁（如果 $L > 150$，为重要桥梁）

4.3.3　参考桥梁的脆弱性曲线

如附录 C 所述，每种参考桥梁的五个损伤状态均有对应的脆弱性曲线，五种破坏状态定义如下：

❶　拱圈效应是指桥面板通过桥台之间平面内拱圈作用将侧向荷载传递给桥台的能力。如果上部结构有伸缩缝，只有当伸缩缝闭合后，才会发生拱圈作用。

DS_1 = 完好(屈服前)

DS_2 = 轻度损伤

DS_3 = 中度损伤

DS_4 = 严重损伤

DS_5 = 倒塌

表 4-4 和表 4-5 中给出了确定脆弱性曲线所需的数据,分别给出了抗震结构和非抗震结构脆弱性参数的中间值。确定表 4-4 和表 4-5 中参数时,做了一些假设,这些假设列于表格最后一列,这些假设能够代表美国桥梁建设的情况。附加假设如下所示:

建于 1990 年(加州 1975 年)以前的桥梁的脆弱性(非抗震桥梁)　　表 4-4

分　类	NBI 分类	破坏状态	T = 1.0s 时,谱加速度中间值		假设[2,3]
			其他地区	加州	
多柱式桥墩,简支	101 ~ 106 301 ~ 306 501 ~ 506	2 3 4 5	0.26 0.35 0.44 0.65	0.33 0.46 0.56 0.83	D = 0.91m(其他地区) D = 1.5m(加州)
独柱式桥墩,箱形梁	205 ~ 206 605 ~ 606	2 3 4 5	不适用	0.35 0.42 0.50 0.74	D = 1.5m
连续混凝土桥	201 ~ 206 601 ~ 607	2 3 4 5	0.60[1] 0.79 1.05 1.38		F_b = 0.8 损伤 F_b = 0.7 残余(residual)
连续钢桥	402 ~ 410	2 3 4 5	0.76[1] 0.76 0.76 1.04		F_b = 1.0 损伤 F_b = 0.4 残余
单跨	全部	2 3 4 5	0.80[1] 0.90 1.10 1.60		f_b = 1.1 初步损伤 F_b = 0.65 残余
重要桥梁		2 3 4 5	0.40 0.50 0.60 0.80		由上述类别的内插得到

说明:

1. 工况 I(见 4.3.4.3 节)适用,用公式(4-13)计算 K_{shape}。

2. D 为墩(柱)直径。

3. F_b 为支座的抗剪能力(占恒荷载的百分比)。

建于1990年(加州1975年)以后的桥梁脆弱性(抗震桥梁) 表4-5

分　　类	NBI分类	破坏状态	$T=1.0s$时,谱加速度中间值	假定[2,3]
多柱式桥墩,简支	101～106 301～306 501～506	2 3 4 5	0.45 0.76 1.05 1.53	$D=0.91m$
独柱式桥墩,箱形梁	205～206 605～606	2 3 4 5	0.54 0.88 1.22 1.45	$D=1.5m$
连续混凝土桥和连续钢桥	201～206 402～410 601～607	2 3 4 5	0.91[1] 0.91 1.05 1.38	$F_b=1.2$ 初步脱离 $F_b=0.7$ 滑移值
单跨		2 3 4 5	0.8[1] 0.9 1.1 1.6	$F_b=1.1$ 初步脱离 $F_b=0.65$ 滑移值
主要桥梁		2 3 4 5	0.6 0.8 1.0 1.6	从以上分类的内插法

说明:

1. 工况Ⅰ(见4.3.4.3节)适用,使用公式(4-13)计算K_{shape}。
2. D为墩(柱)直径。
3. F_b 支座的抗剪能力(占恒荷载的百分比)。

对多跨桥梁空间效应的修正系数(K_{3D}) 表4-6

类　　型	NBI分级	K_{3D},1990年前(加州1975年)[1,2]建造的非抗震桥梁	K_{3D},1990年前(加州1975年)[1]建造的抗震桥梁
混凝土桥	101～106	$1+0.25/n_p$	$1+0.25/n_p$
混凝土连续桥	210～206	$1+0.33/n_p$	$1+0.33/n_p$
钢桥	301～310	$1+0.09/n_p$;$L\geq 20m$ $1+0.20/n_p$;$L<20m$	$1+0.25/n_p$
连续钢梁桥	402～410	$1+0.05/n_p$;$L\geq 20m$ $1+0.10/n_p$;$L<20m$	$1+0.33/n_p$
预应力混凝土桥	501～506	$1+0.25/n_p$	$1+0.25/n_p$
预应力混凝土连续梁桥	601～606	$1+0.33/n_p$	$1+0.33/n_p$

说明:n_p=墩数$=n-1$,n为跨数

L=最大跨度(NBI数据项48,见表4-3)

- 表5-4中列出了谱的修正系数,主要反映滞回能量消耗(B_S,B_L)的影响。
- 对于主跨超过150m(500ft)的大桥,上述方法不适用,在表4-4和表4-5列出的此类桥梁的数值是根据工程经验插值得到的。

- 对于 1990 年(加州为 1975 年)后建成的桥梁以及按照常用抗震规范设计的桥梁,可认为进行了抗震设计,也就是说这些桥梁是"抗震"结构;认为此前设计的桥梁未经过抗震设计,即"非抗震"结构。
- 为了简化,更主要的是由于 NBI 数据库中缺少区域性墩(柱)施工方法的数据,假设连续梁桥为弱支座/强墩。因为 20 世纪 70 年代以前,在美国东部建造的连续梁桥相对较少,一般认为这种假设基本与实际情况相符。在加州,NBI 数据库中将上部结构连续的混凝土桥梁视为跨内有伸缩缝的钢筋混凝土框架。
- 为了判断支座类型与桥面板类型是否匹配,假定钢梁桥和混凝土梁桥(包括钢筋混凝土和预应力混凝土)分别对应钢支座和氯丁橡胶支座。
- 参考桥梁脆弱性曲线是基于 B 类场地(表 1-3)的假定得到的,采用第 1.5.2 节表 1-4 给出的场地系数修正其他场地的脆弱性曲线。

4.3.4　考虑斜角和空间效应缩放参考桥梁的脆弱性曲线

4.3.4.1　参数定义(K_{skew}、K_{3D})

为了将参考桥梁的脆弱性曲线转化为给定谱加速度下特定桥梁的脆弱性曲线,采用下面定义的参数 K_{skew}、K_{3D}:

为了考虑斜角的影响,使用参数 K_{skew} 修正参考脆弱性曲线,方法如下:

$$K_{skew} = \sqrt{\cos\alpha} \tag{4-10}$$

式中:α——桥梁中心线法线与支座中心线的夹角。

同样,为了考虑空间效应的影响,使用参数 K_{3D} 对参考脆弱性曲线进行修正,见表 4-6。这个系数将长桥的脆弱性曲线转化为具体的跨数有限的、直桥的脆弱性曲线。

4.3.4.2　损伤状态 3、4、5 的缩放比例

修正后,脆弱性曲线参数的中间值如下:

$$A_i = K_{skew} K_{3D} \frac{a_i}{S} \tag{4-11}$$

式中,a_i——表 4-4、表 4-5 中列出的对应于第 i 种损伤状态的谱加速度的中间值;

S——长周期场地系数,即 $S = F_v$,第 1.5.2 节表 1-4 中给出的周期为 1.0s 的场地系数(在推导参考桥梁脆弱性曲线时假定场地为岩石场地,也就是说,对于参考曲线,$S = 1$)。

4.3.4.3　对于损伤状态 2(轻微破坏)的缩放比例

工况Ⅰ:短周期起主导作用($T < T_s$,见图 1-8)

$$A_2 = K_{shape} \frac{a_2}{S} \tag{4-12}$$

式中:a_2——损伤状态 2 时,谱加速($T = 1.0\text{sec}$)的中间值,即表 4-4 和表 4-5 中上标为 1 的值;

S——短周期的场地系数,即 $S = F_a$,第 1.5.2 节表 1-4 中给出的 0.2s 对应的场地系数(在推导参考桥梁脆弱性曲线时假设场地为岩石场地,对于参考曲线 $S = 1$)。

K_{shape} 与设计谱加速度的形状有关,定义如下:

$$K_{shape} = 2.5 \frac{S_1}{S_s} \tag{4-13}$$

式中:S_1、S_s——第 1.5.1 节中定义的谱加速度。

在公式(4-13)中,"2.5"表示标准规范谱中对应于 1.0s 和 0.2s 的频谱幅值的比值,参考脆弱性曲线就是由标准规范谱得到的。这个等式对于统一所有脆弱曲线的形式(地面的峰值加速度或者是 $T = 1.0\text{s}$ 的谱加速度)是非常必要的。需要注意的是:为了使短周期起主导作用,$K_{shape} \leqslant 1$。

工况Ⅱ:长周期起主导作用($T \geqslant T_s$,图 1-8)

$$A = \frac{a_2}{S} \tag{4-14}$$

式中:a_2——损伤状态 2 时,谱加速的中间值(对应于 $T=1.0\text{s}$),即表 4-4、4-5 中上标不为 1 的值;

S——长周期的场地系数,即 $S=F_v$,由第 1.5.2 节表 1-4 中给出的对应于 1.0s 的场地系数(在推导参考脆弱性曲线时假定场地为岩石场地,对于参考曲线 $S=1$)。

需要注意的是:在公式(4-12)和公式(4-14)的假设中没有对斜角和空间效应的影响进行修正。假设在这种损伤状态下,结构位移非常小(一般小于 50mm),所以,伸缩缝不能闭合,空间效应不明显。

4.3.5 经济损失

4.3.5.1 全部经济损失

经济损失由直接经济损失 B_{LOSS} 和间接经济损失 H_{LOSS} 组成,直接经济损失主要是由桥梁结构破坏引起的经济损失;间接经济损失主要是由人员的伤亡、交通堵塞、延误以及交通中断引起的经济损失。因此全部经济损失可以表达为以下形式:

$$T_{\text{LOSS}} = B_{\text{LOSS}} + H_{\text{LOSS}} \tag{4-15}$$

由于间接经济损失存在不确定性,使经济损失的定量分析比较困难。尽管如此,维修或者重建桥梁的费用在某种程度上可以用来确定直接经济损失,方法在下面的章节中介绍。

4.3.5.2 直接经济损失

假设直接经济损失为维修或者重建桥梁的费用,不再考虑其他直接费用,如暂时绕行引起的经济损失。可使用表 4-7❶ 列出的维修率来估算直接经济损失。维修费率(也称为损伤率)表示为与重建费用的比例关系。对于倒塌破坏(损伤状态为 5,$RCR_{i=5}$),维修费率可以表示为桥跨数量的函数。因为在这种损伤状态下,可能同时有多跨发生破坏,因此,假设在任何情况下,同时发生破坏的桥跨数量不多于两跨,RCR_5 如下所示:

修正后所有桥梁的维修率 表 4-7

损伤状态,i	维修花费比范围	平均维修花费比 RCR
1. 未损伤	0	0
2. 轻度损伤	0.01 ~ 0.03	0.02
3. 中度损伤	0.02 ~ 0.15	0.08
4. 严重破坏	0.10 ~ 0.40	0.25
5. 倒塌	0.1 ~ 1.0	公式(4-16)

$$RCR_{i=5} = \frac{2}{n}\text{且不大于 }1.0 \tag{4-16}$$

式中:n——主桥的桥跨数量。

用维修费率乘以桥梁的重建费用,就可以得到直接的经济损失 B_{LOSS}

$$B_{\text{LOSS}} = U \cdot RCR_{\text{T}} \tag{4-17}$$

式中:U——重建费用;

RCR_{T}——全部维修率,它是全桥重建费用的百分比,或直接损失概率定义如下:

$$RCR_{\text{T}} = \sum_{i=2}^{5}(RCR_i \cdot P[DS_i | S_a]) < 1.0 \tag{4-18}$$

式中:$P[DS_i|S_a]$——给定谱加速度 S_a(对应于周期 $T=1.0\text{s}$)时,处于损伤状态(DS_i)的概率,对于特殊桥梁和损伤状态(DS_i)的脆弱性曲线数据。

RCR_i = 第 i 个损伤状态的维修率。

---

❶ Basoz 和 Mander,1999;Basiz 和 Kiremidjian,1997

4.3.5.3 间接经济损失

由导致桥梁损伤的地震活动造成的间接损失可能会超过结构破坏造成的直接损失。间接经济损失由以下的一项或者几项引起：伤亡、为应急和修复而限制交通、停业、公共设施损失、安全性降低。

定量计算这些费用是非常困难的，而且必须考虑每一座桥梁的功能和社会作用。为了这一目的，正在研制整个公路系统的风险评估系统，同时用于掌握控制间接经济损失的复杂关系的工具也在研究中。

4.3.5.4 实例

用例题4.3和例题4.4来说明预期损失的计算方法，两个例题采用的是跨度、地质条件相同的两座不同的桥梁，结构遭遇强度相近的地震作用。首先用预期维修费率（占重建费用的比例）表示损失，然后假设重建的实际费用，结合维修费率，计算出维修费用，即为损失。

结果如表4-8所示，对于易损性较高的简支梁桥（例题4-1），其损失率和维修费用较高。第4.2.1.3节的例题也是对这两座桥梁进行评价，只不过采用的是指数法，得到的结论相似：简支梁桥的等级要高于连续梁桥的等级（桥梁等级分别为43和33）。

遭遇强度相近的地震作用时，两座桥梁的损失估计 表4-8

实例桥梁		RCR_T	B_{LOSS}
1	三跨简支预应力混凝土桥，全长56m，C类场地	0.224	138 046 美元
2	三跨连续钢梁桥，全长56m，C类场地	0.039	33 258 美元

在这种方法中，两座桥梁之间的差异更加明显，这可能是因为没有考虑钢梁下方支承底座的缘故，指数法也是如此。NBI中不包含这些数据，冗长的数据对于任何只依靠NBI数据的方法来说都是一个缺陷。随着记录数量的增加（可能出于桥梁管理的目的），这种问题就可以得到解决，方法的有效性也同时得到改善。

4.3.6 基于预期损伤计算桥梁等级

一旦知道清单中每座桥梁的预期损伤状态，并用损失（RCR_T 或 B_{LOSS}）来描述损伤状态，然后，将清单中的桥梁按预期损失降序排列，就可以指定每座桥梁的等级 R 了。

4.3.7 基于预期损伤计算优先指数

如公式(4-9)中定义的，应根据第4.3.6节中得到的桥梁等级 R 和定量评估确定优先指数，其中，定性评估包括间接损失、交通网络冗余度以及像桥梁加宽、更换桥面板等非地震因素。

［例4-3］ 简支预应力混凝土桥——基于预期损伤的计算方法

位于密实土、软石上（C类场地）的预应力混凝土桥梁，有四道纵梁，建于1968年，采用橡胶垫板支承三跨简支梁，橡胶垫板直接设置在盖梁上（没有底座），支承长度250mm（19¾"）。全长56m，宽10m，斜角32°。桥墩为多柱式框架，桥台填土厚7.6m，桥梁日交通量65 000ADT。桥梁重要性："重要桥梁"。下表给出了该桥梁的NBI数据。重建桥梁的费用为616 000美元。

NBI信息组	数　据	注　释
27	1968	建造年限
34	32°	斜角
43	501	预应力混凝土，简支
45	3	跨数
48	23	最大跨径
49	56	全长
52	10	桥宽
	65 000	ADT

只使用NBI提供的数据计算地震动水平Ⅱ作用下预期全部维修费用。

对于较高地震水准,谱加速度 S_s、S_1 分别取 1.40g 和 0.28g。C 类场地的场地系数 F_a、F_v 分别取 1.00和 1.52(见表 1-4)。

由于桥梁建于 1968 年,而且是加州以外的地区,查表 4-4 的第 1 行和表 4-6 的第 5 行,表 4-4 中对应于类型 501 的值:

$$a_2 = 0.26g, a_3 = 0.35g, a_4 = 0.44g, a_5 = 0.65g$$

表 4-4 中的 a_2 无上标,表明工况 1 起主导作用,即此类桥梁由长周期控制,因此 $K_{shape} = 1$。

由表 4-6 $$K_{3D} = 1 + \frac{0.25}{(n-1)} = 1 + \frac{0.25}{(3-1)} = 1.125$$

由公式 4-10 $$K_{skew} = \sqrt{\cos\alpha} = \sqrt{\cos 32°} = 0.92$$

由公式 4-14 $$A_2 = \frac{a_2}{S} = \frac{0.26}{1.52} = 0.17g$$

由公式 4-11 $$A_i = K_{skew} K_{3D} \frac{a_i}{S} = \frac{(0.92)(1.125)}{1.52} a_i = 0.681 a_i$$

因此 $$A_3 = 0.24g, A_4 = 0.30g, A_5 = 0.44g$$

下图给出了预应力混凝土简支梁桥的脆弱性曲线,图中给出了 $S_a(T=1s) = 0.28g$ 时,给定损伤状态的概率,具体见下表。表同中时给出了维修费率,再根据全桥重建总费用就可得到预期损失率。

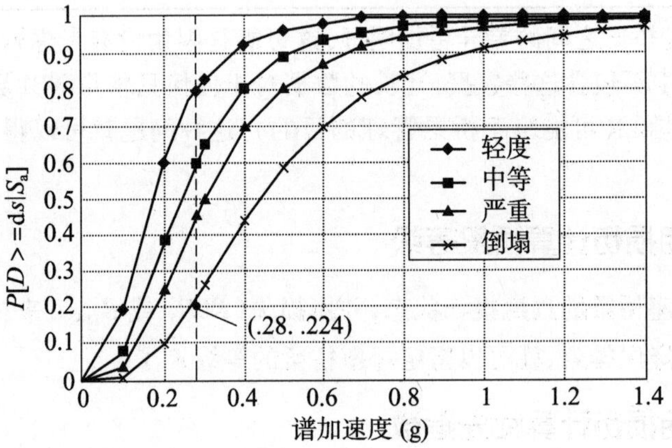

破坏状态, i (1)	$P[D>DS_i \mid S_a]$ (2)	$P[DS_i \mid S_a]$ (3)	RCR_i (4)	乘积 (3)×(4)=(5)
1	1	0.203	0.00	0.000 00
2	0.797	0.196	0.02	0.003 92
3	0.601	0.147	0.08	0.011 76
4	0.454	0.228	0.25	0.057 00
5	0.226	0.226	0.67	0.151 42
全概率		1.000	RCR_T	0.224 10

说明:

1. 第 2 列是在谱加速度 S_a 为 0.28g 的条件下,发生大于或等于损伤状态 $i(DS_i)$ 的概率,由桥梁脆弱性曲线和损伤状态得到。

2. 第 3 列是发生损伤状态 i 的概率,由第 2 列相减得到,例如:(第 1 行,第 3 列)的值等于(第 1 行,第 2 列)的值减去(第 2 行,第 2 列)的值,最后一行例外,等于最后一行的第 2 列。

3. 第 4 列由表 4-7 得到。

采用总维修率($RCR_T = 0.224$)计算预期维修费用,见公式(4-17):

$$B_{LOSS} = U \cdot (RCR_T) = 616\,000 \times (0.224) = 138\,046(\text{美元}) \tag{4-19}$$

[例 4-4] 连续钢梁桥——基于预期损伤法

位于密实土、软石上(C 类场地)的钢梁桥,有四道纵梁,建于 1972 年,该桥梁为三跨连续结构,每跨都由没有垫板的钢支座支承(不是摆动支座),支承长度 250mm($9\frac{3}{4}$")。全长 56m,宽 14m,斜角 18°。桥台填土厚 6m,桥梁承重 20 000ADT,为“标准桥梁”。下表给出了该桥的 NBI 数据,重建桥梁费用为 862 400 美元。

NBI 信息组	数据	注　释
27	1972	建造年限
34	18°	斜角
43	402	预应力混凝土简支
45	3	跨数
48	23	最大跨径
49	56	全长
52	14	桥宽
	20 000	ADT

使用 NBI 数据计算较高地震水准作用下预期的全部维修费用。

在较高地震水准作用下,谱加速度 S_s、S_1 分别为 1.50g 和 0.21g;C 类场地的场地系数 F_a、F_v 分别为 1.00 和 1.59(表 1-4)。

由于桥梁建于 1972 年,且不在加州,假定为非抗震结构。查表 4-4 和表 4-6 的第 4 行,表 4-4 中类型 402 对应的值为:

$$a_2 = 0.76g, a_3 = 0.76g, a_4 = 0.76g, a_5 = 1.04g$$

表 4-4 中的 a_2 有上标,表明此类桥梁由短周期控制,因此:

由公式 4-13
$$K_{shape} = 2.5\frac{S_s}{S_1} = 2.5\frac{0.21}{1.50} = 0.35 \leq 1$$

由表 4-6
$$K_{3D} = 1 + \frac{0.05}{(n-1)} = 1 + \frac{0.05}{(3-1)} = 1.025$$

由公式 4-10
$$K_{skew} = \sqrt{\cos\alpha} = \sqrt{\cos 18°} = 0.98$$

由公式 4-11
$$A_3 = K_{shape}K_{3D}\frac{a_3}{S} = \frac{(1.025)(0.98)(0.76)}{1.59} = 0.48g$$

$$A_4 = K_{shape}K_{3D}\frac{a_4}{S} = \frac{(1.025)(0.98)(0.76)}{1.59} = 0.48g$$

$$A_5 = K_{shape}K_{3D}\frac{a_5}{S} = \frac{(1.025)(0.98)(1.04)}{1.59} = 0.66g$$

下图给出了连续钢梁桥的脆弱性曲线,图中所示为 $S_a(T=1s) = 0.21g$ 时,发生给定损伤状态的概率。表中使用不同损伤状态的概率计算重建总费用的预期损失率。

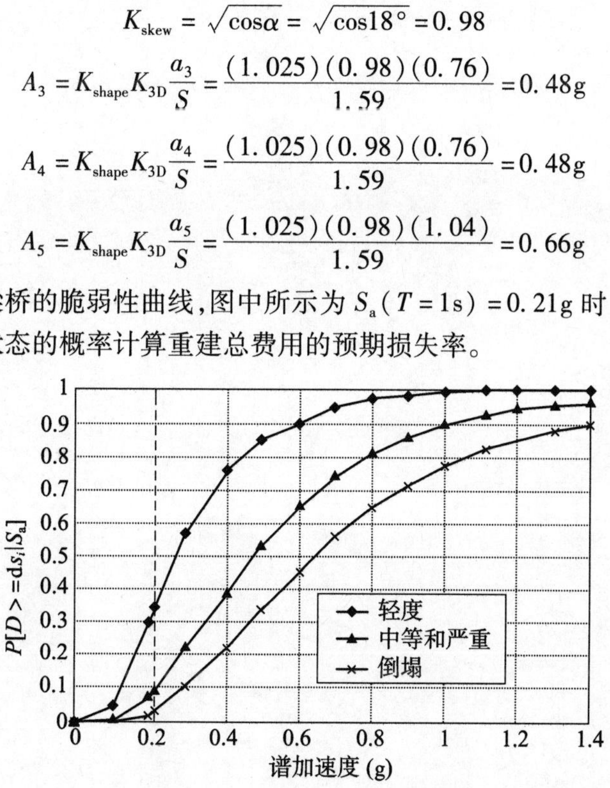

破坏状态,i (1)	$P[D>DS_i \mid S_a]$ (2)	$P[DS_i \mid S_a]$ (3)	RCR_i (4)	乘积 (3)×(4)=(5)
1	1	0.662	0.00	0.000 00
2	0.338	0.254	0.02	0.005 08
3	0.084	0.000	0.08	0.000 00
4	0.084	0.054	0.25	0.013 50
5	0.030	0.030	0.67	0.102 010
全概率		1.000	RCR_T	0.038 68

说明

1. 第2列是在谱加速度 S_a 为0.28g的条件下,发生大于或等于损伤状态 $i(DS_i)$ 的概率,由桥梁脆弱性曲线和损伤状态得到。

2. 第3列是发生损伤状态 i 的概率,由第2列相减得到,例如:(第1行,第3列)的值等于(第1行,第2列)的值减去(第2行,第2列)的值,最后一行例外,等于最后一行的第2列。

3. 第4列由表4-7得到。

由总维修费率 RCR_T=0.038 68 按下式(4-17)计算预期维修费用:

$$B_{LOSS}=U\times RCR_T=862\ 400\times0.038\ 68=33\ 358(\text{美元})$$

U 为重建桥梁的费用,862 400美元。

第 5 章　既有桥梁的评估方法

5.1　概述

5.1.1　评估方法综述

本章给出了六种评估方法，下面按方法的精确度依次介绍，排在后面的方法要比前面的更严格。在表 1-9 中已经给出了这些方法的基本特点，为了方便，本章又重新列出，详见表 5-1。

1. A1/A2 方法：检查连接单元内力和支承宽度。不需要进行地震需求分析，但是需要检查连接单元的细部构造以及支承宽度，使其满足 5.2 节中最低要求。该方法适用于单跨桥梁以及其他所在场地的地震危险性较低的桥梁，该方法分为两类：

（1）A1 方法：连接单元内力和支承宽度检查（$S_s<0.10$）。不需要进行地震需求分析，但是每个连接单元的承载力必须超出竖向反力的 10%，支承宽度应大于最低要求。方法适用于单跨桥梁以及其他所在场地的地震危险性较低的桥梁（见 5.2.1 节）。

（2）A2 方法：连接单元内力和支承宽度检查（$S_s\geqslant 0.10$）。不需要地震需求分析，但是每个连接单元的承载力必须超出竖向反力的 25%，支承宽度应大于最低要求，同时桩身钢筋也必须符合要求。方法适用于单跨桥梁以及其他所在场地的地震危险性较低的桥梁（见 5.2.2 节）。

2. B 方法：检查构件承载力。不需要地震需求分析，但是应检查构件强度以及关键构件（包括连接单元内力和支承宽度），使其满足最低要求。适用于加固类别（SRC）为 C 的规则桥梁，且桥梁遭遇地震作用为 F_vS_1（见 5.3 节）。

3. C 方法：构件能力/需求方法。地震需求由弹性分析方法确定，如均匀荷载法、多模态反应谱法、弹性时程分析法。均匀荷载法适用于规则桥梁，此外，将多模态反应谱法的分析结果作为最低需求。可计算所有相关构件的能力/需求比。该方法适用于加固类别为 C 和 D 的所有桥梁，而且特别适用于处于或接近于弹性状态的桥梁。（见 5.4 节）

4. D1 方法：能力谱法。地震需求由简化模型计算得到，如均匀荷载法；基于全桥简化双线性侧向强度曲线进行能力评估。针对各种极限状态，用能力谱计算桥梁的能力/需求比。该方法适用于加固类别为 C 和 D 的规则桥梁。（见 5.5 节）

5. D2 方法：结构能力/需求法。地震需求由弹性分析方法确定，如多模态反应谱法或者弹性时程分析法。根据单个桥墩的位移能力进行能力评估，如“Pushover”分析，它考虑了非弹性构件的非线性行为。采用能力谱计算各种极限状态下，每个桥墩、支座以及基础的能力/需求比。该方法适用于所有加固类别为 C 和 D 的桥梁。该方法也被称为 Pushover 分析或非线性静力分析。（见 5.6 节）

6. E 方法：非线性动力分析（时程分析法）。输入地震动记录，并由非线性动力分析得到地震需求，包括变形需求和内力需求。该方法适用于复杂的不规则桥梁，或使用特定场地地震动时，同样适用于重要桥梁的情形。（见 5.7 节）

5.1.2　需求分析

采用 A 和 B 方法简单检查承载力是否满足规定的最低要求，不需要精确的需求分析；C、D1、D2 方法是改进的能力/需求法；E 方法为非弹性的时程分析方法，是所有方法中最严格的分析方法。

表 5-1

评估方法

方法		能力评估	需求分析	适用范围		内容
				SRC UL[1]	桥梁类型	
A1/A2	检查连接单元和支承宽度	采用“默认能力”,这里所说的“默认能力”是指按非地震荷载设计得到的连接单元的承载能力和支承宽度	不需要	A－D B	所有单跨桥 位于地震危险性较低的桥梁	手算,可使用电子表格辅助
B	检验构件承载能力	采用“默认能力”,这里所说的“默认能力”是指按非地震荷载设计得到的连接单元、支座、墩(柱)和基础承载能力	不需要	C	规则桥梁,但受 F_vS_1 的限制	手算,可使用电子表格辅助
C	构件能力/需求方法	连接单元、支承宽度、墩(柱)细部、基础以及液化敏感性的构件承载力(11 项)	弹性方法[2]:ULM,MM,TH	C&D	基本弹性反应的规则和不规则桥梁,如位于场地地震危险性为中低等水平的桥梁及性能标准较严格的桥梁	计算单一构件的 C/D 比,即为前面的 FHWA 公路桥梁加固手册 C:D 方法,使用软件进行需求分析
D1	能力谱法	使用双线性表示结构承担侧向荷载的能力,受桥梁规则性的限制	弹性方法[2] ULM	C&D	可视为单自由度体系以及平面内为“刚性”的桥梁	计算特定极限状态下全桥 C/D 比,可用电子表格
D2	结构能力/需求方法	使用 Pushover 分析(“推倒”分析)曲线,该曲线是由上部结构、单个桥墩、基础极限状态的详细分析得到的	弹性方法[2]:ULM,MM,TH	C&D	规则和非规则桥梁	计算桥梁上部结构、单个桥墩和基础的 C/D 比,也被称为非线性静力分析,Pushover 分析,位移能力评估法,需要使用软件分析能力和需求
E	非线性动力分析法	使用连接单元、支承宽度、墩(柱)和基础的构件承载能力	非弹性方法[2]:TH	D	不规则复杂桥梁,或需要采用特定场地地震动的重大桥梁	最严格的方法,需要专门人员操作,软件也是必要的

说明:1. SRC 为对应于地震动水平Ⅱ的抗震加固类别;对于地震动水平Ⅰ,建议采用 C 方法。

2. ULM 均匀荷载法;MM 多模态方应谱法;TH 时程分析法。

由于按照非地震荷载设计的强度能够满足地震需求，所以，B 方法不需要对规则桥梁进行需求分析。对于规则桥梁地震响应分析，采用单自由度模型就可以了。能力谱法（D1 方法）将需求评估和能力评估结合，这种方法同样适用于隔震结构的动力响应分析。

对于那些不能满足 D1 方法适用条件的桥梁，必须采用弹性响应分析（C 方法和 D2 方法）确定不同构件的变形和内力需求。本章给出两种弹性分析方法：均匀荷载法和多模态反应谱法，具体采用那种方法应根据结构形式选择。

均匀荷载法适用于可以按单自由度建模的规则桥梁。大跨度桥梁、斜桥和弯桥的动力特性与规则桥梁不同，不能按单自由度建模，应采用多模态反应谱法进行分析。

弹性分析方法不能反映强震时抗震构件的非弹性行为，然而，通过正确的表示、解释非线性行为，弹性分析可以合理估计地震需求。应该在模型中体现混凝土构件开裂截面的特性和基础、桥台、隔振装置的割线刚度系数，这些特性、系数与预期变形水平一致。弹性分析可以给出上部结构的位移（通常位于质量中心）和抗震构件的内力，如墩顶和墩底的弯矩值。

由于非线性动力分析方法（E 方法）不受几何或材料非线性特性的限制，所以，它是一种最有效的分析方法，在需求分析中充分体现了非弹性性能的影响。分析中也可以考虑非弹性构件的变形能力，变形能力与使用的数学模型有关。然而，分析需要大量的数据，而且建立相应的数学模型也很复杂、耗时。此外，非线性动力分析需要选择一组表征场地危险性和场地条件的地震动时程曲线。许多桥梁场地都需要专门的研究来获得地震动时程曲线。由于非线性动力分析的复杂性，为了校核合理性，需要将分析结果与其他简化方法的结果进行对比。

安装了结构保护系统（如：隔振和耗能装置）的桥梁应采用非线性动力分析方法，这种结构周期较长（ >3s），阻尼比较大（ >30%）。这是因为，使用有效刚度和阻尼的方法可能没有恰当地表述在这些特性达到如此之大的数值时它们的影响。在这种情况下，隔振装置和耗能装置的模型应采用直接的滞回特性，而不是等效线性化的特征值。

尽管使用了需求分析方法，仍需要检查桥墩、桥台和跨内铰的支承宽度。

下面的方法应与第 6 章和第 7 章给出的桥梁建模和分析方法配合使用。

5.2　方法 A：只检查连接单元细部和支承宽度

在低地震活动区，最小支承宽度和连接单元内力通常足以保证生命安全。在这种情况下，将设计值作为最低要求，不需精确的分析。对于运营中的桥梁，建议检查混凝土桩身抗剪钢筋的最小用量。当危险等级为Ⅱ或者更高时，为保证生命安全，同样建议检查此项。按需要将 A 方法分成两类：A1 和 A2，如下所述。

5.2.1　方法 A1

方法 A1 中，用水平力检查连接单元约束方向的承载力，而且水平力应不小于附加恒荷载在连接单元内引起的竖向反力的 10%。附加恒荷载如下定义：

- 在纵桥向，对于上部结构中的每一个连续梁段（包括简支梁），固定支座处的附加恒荷载为该梁段的全部恒荷载，对于活动支座，假设纵桥向承载力为零。
- 在横桥向，对于上部结构中的每一个连续梁段（包括简支梁），附加恒荷载为每个支座恒荷载的反力值。

应保证弹性橡胶支座及其圬工和垫板之间的连接构造能够承担由支座传递的水平力。对于所有使用 A1 方法评估的桥梁和所有的单跨桥梁，这些剪力不应低于上面提到的连接单元内力。

同时应检查支承宽度，满足公式（5-1）规定的最低要求：（也可见图 D-1）

$$N=\left[100+1.7L+7.0H+50\sqrt{H}\sqrt{1+\left(2\frac{B}{L}\right)^{2}}\right]\frac{(1+1.25F_{v}S_{1})}{\cos\alpha} \tag{5-1a}$$

式中:N——最小支承宽度(mm);

L——伸缩缝之间的距离(m);

H——伸缩缝之间最高桥墩的高度(m);

B——上部结构的宽度(m)。

或 U.S. 单位制:

$$N=\left[4.0+0.02L+0.08H+1.1\sqrt{H}\sqrt{1+\left(2\frac{B}{L}\right)^{2}}\right]\frac{(1+1.25F_{v}S_{1})}{\cos\alpha} \tag{5-1b}$$

式中:N——最小支承宽度(in);

L——伸缩缝之间的距离(ft);

H——伸缩缝间最高墩高度(ft);

B——上部结构的宽度(ft)。(注意与前面统一)

在两个公式中 α 为桥梁斜角(直桥为零),B/L 不大于 3/8。

5.2.2 方法 A2

在 A2 方法中,用来校核连接单元约束方向承载能力的水平力,不应低于附属恒荷载引起的竖向反力的 25%,附属恒荷载的定义见 A1 方法。

应保证弹性橡胶支座及其圬工和垫板之间的连接构造能够承担由支座传递的水平力。对于所有使用 A2 方法评估的桥梁和所有的单跨桥梁,这些剪力不应低于上面提到的连接单元内力。

同时应检查支承宽度,以保证其大于公式 5-1 规定的最低要求。

5.3 方法 B:构件承载力检查

符合方法 B 要求的桥梁不需要进行需求分析,但必须满足能力保护原则❶和细部构造的最低要求。方法 B 可以对符合特定条件的桥梁进行快速评估,而不需全面的动力分析。对每座桥梁进行非抗震能力和能力保护需求的评估,然后检查细部构造是否满足要求,如抗剪钢筋和约束钢筋是否足够。墩(柱)与基础之间的节点细部构造以及墩(柱)、墩帽与上部结构之间的节点细部构造也按能力保护原则进行检查。

除了整体式桥台需要进行被动压力的评估外,其他桥台不需要进行评估。通常在中低等强度地震区(SHLI、II)采用这种方法,在这些地区,上部结构的纵向位移一般不大。因此,不期望桥台参与桥梁反应,在进一步的详细评估中也会忽略桥台的影响(在低震区)。设计基础时,地震荷载由墩(柱)的内力确定,其中,超强比取为 1.0。

5.3.1 方法 B 的评估过程

第 1 步　根据第 5.3.2 节中所述的结构和场地特性的限定条件,判断方法 B 是否适用,场地危险性不应超 $F_{v}S_{1}$ 的限制,并且结构应符合几何规则的要求。

第 2 步　与方法 A2 一样,检查所有的连接单元和支承宽度。

第 3 步　由非地震荷载评估钢筋混凝土墩(柱)承载能力,并满足纵向钢筋配筋率不小于 0.8% 的要求。

第 4 步　检查钢筋混凝土墩(柱)的抗剪钢筋和约束钢筋用量是否满足要求(对照 ASSTO2002 和 ASSHTO 1998 的最低要求)。

---

❶　能力保护设计方法:通过一些构件的屈服来保证某些构件不发生过大内力。例如,由墩(柱)传至基础的最大剪力由墩(柱)的弯曲能力确定,也就是,墩(柱)的屈服强度,因此,通过控制墩(柱)的能力来达到保护基础的目的。

第 5 步　由非地震荷载工况对钢墩(柱)进行评估,并检查其密实性(compactness)。

第 6 步　按能力保护原则,评估与墩(柱)连接的构件性能,判断其承担由墩(柱)塑性铰产生的弯矩和剪力的能力。其中,超强比取为 1.4,见第 7.6 节和第 7.7 节。

第 7 步　按能力保护原则,评估基础性能,判断其承担由墩(柱)塑性铰产生的弯矩和剪力的能力。其中,超强比取为 1.0,见第 7.6 节和第 7.7 节。

5.3.2　方法 B 的适用条件

方法 B 只能应用于:

$$F_v S_1 < 0.3\cos\alpha \tag{5-2}$$

式中:α——桥梁斜角,直桥时为 0°。

此外,方法 B 只适用于满足以下限定条件的桥梁:

- 具有混凝土墩(柱)和桩排架的桥梁

$$P_e = 0.15 f'_c A_g$$

$\rho_t > 0.008$

$$D \geqslant 300\text{mm}(12\text{in})$$

$$2 < M/VD < 7$$

- 具有较低纵向钢筋配筋率的墙式墩的桥梁

$$P_e < 0.07 f'_c A_g$$

$$\rho_t > 0.0025$$

$$M/VT < 7$$

$$T \geqslant 300\text{mm}(12\text{in})$$

- 具有钢桩排架(钢筋混凝土桩帽)的桥梁

$$P_e < 0.15 P_y$$

$$D_p \geqslant 250\text{mm}(10\text{in})$$

$$M/VB < 7$$

- 具有木桩(钢筋混凝土桩帽)的桥梁

$$P_e < 0.1 P_c$$

$$D_p \geqslant 250\text{mm}(10\text{in})$$

式中:P_e——地震和自重作用下,桥梁墩(柱)的轴力;

P_c——钢墩(柱)或木桩的受压承载力;

P_y—— 钢墩(柱)或桩屈服时的轴向承载力;

ρ_t——纵向钢筋的面积配筋率;

f'_c——混凝土的抗压强度;

A_g——墩(柱)的毛面积;

D——最小墩(柱)的尺寸和直径;

D_p——桩沿弯曲弱轴方向的尺寸;

T——墙厚或截面最小尺寸;

B——H 型钢桩的翼缘宽度;

M/V——等效悬臂构件的剪跨长度,M 为端部弯矩,V 为剪力。

对于轴力小或强墩(柱)[即钢筋多且墩(柱)或桩的尺寸较大]的结构,其固有强度较高,因此,可以经受地震作用而很少发生破坏。但是,仍然需要检查细部的延性。

采用方法 B 时,其他限定条件如下:

- 单个墩(柱)的刚度不能大于全桥桥墩平均刚度的 2 倍;

- 最大跨径不超过 80m(260ft);
- 最大跨径不能超过平均跨径的 150%;
- 最大斜交角不超过 30°;
- 弯桥的弧对角不超过 30°;
- 墩(柱)必须能够承担 80% 的水平荷载,水平荷载是由每个墩(柱)的附属范围产生的沿纵桥向的荷载;
- 如果桥梁场地有可能发生液化,而且采用扩大基础时,不能使用 B 方法;
- 如果桥梁场地有可能发生液化,而且采用扩大基础,但是,在规定长度范围内,如果桩身采取了延性措施,仍可使用方法 B。这里所说的“规定长度范围”是指:①(液化层—其上、下各 3 倍桩径)的长度范围;②(液化层—其上、下各 3m)的长度范围,取①、②的最大值。

5.4 方法 C:构件能力/需求法

5.4.1 概述

构件可能在地震中发生损伤;其能力/需求比可由方法 C 计算得到。若能力/需求比大于 1,则说明构件能力满足地震需求,反之,则说明构件可能需要加固。因此,可以用能力/需求比来表示是否需要加固,也可以用来表示不同加固方法的效果。

方法 C 与方法 D1 的一个主要区别是:方法 C 的需求基于结构的弹性反应,由均匀荷载法或反应谱法计算得到。另外一个不同点是方法 C 关注的是单个构件的行为,而不是整体结构的响应。方法 C 为发现桥梁潜在缺陷提供了一个逐一排查的方法,但是可能会过高估计结构整体易损性,这就意味着加固需求高于实际情况。这是因为这种方法忽略了整体响应和组成系统的构件之间重新分配荷载的能力。当结构表现为弹性或者接近于弹性时,易损性的误差比较小。方法 C 给出了一个比较偏于安全的结果,保守程度随着结构中塑性铰范围的增加而增大。如果加固需求较高,最好在进行设计和施工之前使用更加精确的方法(D 或 E)重新评估。

需要评价哪些构件与桥梁抗震加固类别有关,表 5-2 给出了需要检查的构件和破坏模式。对于一些桥梁类型,如果某些构件的破坏不会造成难以接受的损失,就不需要计算这些构件的能力/需求比。对于其他桥型,除表中列出的构件外,如果构件破坏会导致不可接受的损失,也需要进行检查。

需要计算能力/需求比的构件 表 5-2

构件	地震加固分类	
	B	C 和 D
伸缩缝和支座		
支承长度	×	×
连接单元内力	×	×
钢筋混凝土墙、柱和基础		
锚固		×
搭接		×
剪力		×
约束		×
基础转动		×
桥台		
移位		×
液化作用		
测向滑移	×	×

需求不仅包括由反应谱法计算的弹性需求，还包括一些最低要求，例如：当计算支座内力和上部结构变形时，支座最小连接力以及最小支承长度都是有用的指标。

计算抗震能力时采用名义极值，不用承载力折减系数 ϕ。细部构造良好的钢筋混凝土墩（柱），用延性指标进行修正 C/D 比，延性指标（见附录 D）反映了墩（柱）塑性变形的能力，这种后弹性行为在构件能力分析中是可以接受的。

总体来说，桥梁是否能够满足地震需求，由下列任一因素决定：

- 支撑或中间铰的变形，它可以导致失去支承和一跨、多跨落梁；
- 固定支座及锚固的极限强度；
- 超出墩（柱）、基础的延性能力，发生不可接受的强度退化；
- 造成震后交通中断的桥台移位；
- 可能导致结构倒塌或交通中断的基础移位；

对于具体构件计算能力/需求比的基本公式是：

$$r=\frac{R_{C}-\sum Q_{NSi}}{Q_{EQ}} \tag{5-3}$$

式中：R_c ——需要评估构件的名义极限位移或承载能力；

$\sum Q_{NSi}$——非地震荷载作用下构件的位移需求之和或内力需求之和，非地震荷载是由标准规范 Standards Specifications（AASHTO，2002）中公式（6-1）、公式（6-2）、公式（7-1）和公式（7-2），或 AASHTO LRFD 规范 Specifications（AASHTO，1998）中表 3.4.1-1 定义的荷载组合；

Q_{EQ}——设计地震作用下的位移或内力需求。

为了考虑强度或者尺寸不足的构件，应计算达到名义极限能力时的能力/需求比，计算过程中不使用能力折减系数 ϕ。这样做主要是因为确定能力/需求比是为了表示最可能的破坏水平。

因为能力/需求比只反映构件的破坏，而不是全桥的状态。一个或多个构件的破坏对结构整体的影响必需通过工程经验进行定性评估。

计算构件能力/需求比的方法见附录 D。

5.4.2　弹性分析方法的选择

如果结构的几何形状满足表 5-3 的“规则性”要求，则可使用均匀荷载法，否则，采用动力分析的多模态方法或者弹性时程方法。

均匀荷载法的适用条件　　表 5-3

参　数	数　值				
跨数	2	3	4	5	6
弯桥的最大张角	20°	20°	30°	30°	30°
最大跨径比	3	2	2	1.5	1.5
桥墩刚度比（不包括桥台）	—	4	4	3	2

5.4.2.1　均匀荷载法

在标准规范 Standard Specifications（AASHTO，2002）的第 4.3 节以及 AASHTO LRFD 规范 Specifications（AASHTO，1998）的第 4.7.4.3.2c 节介绍了均匀荷载法。均匀荷载法是基于假定的等效单质量弹簧振子沿纵向或横向的基本模态建立起来的。由任意侧向均匀荷载作用到桥梁上时产生的最大位移计算等效弹簧的刚度。从图 1-8 上查到模态周期 T 对应的谱加速度，用谱加速度计算等效均匀荷载，由此确定设计内力。

这种方法适用于横向和纵向的地震作用，这种方法实质上是一种等效静力分析方法，用均布侧向荷载近似模拟地震作用。规则桥梁的反应主要与基本振动模态密切相关,因此,本方法适用于规则桥梁。

当所有的位移和大部分构件的内力能够满足精度要求时,采用这种方法评估桥台的横向剪力,其估计值将比实际高出100%。如果不期望出现这种过于保守的估计,而且用单模态表示比较恰当时,建议使用单模态谱分析方法(详见标准规范 Standard Specifications(AASHTO,2002)中的第4.4节,以及AASHTO LRFD 规范 Specifications(AASHTO,1998)中的第4.7.4.3.2b节)。即将在下节介绍的多模态谱分析方法包含了这种方法。

均匀荷载法的步骤如下:

第1步　计算假定均匀荷载 p_0 作用下产生的静力位移 $v_s(x)$,均匀荷载 p_0 的量纲为力/单位长度,并假定 p_0 为1.0,静力位移 $v_s(x)$ 的量纲为长度。

第2步　桥梁的侧向刚度 K,总重 W 按以下公式计算:

$$K=\frac{p_0L}{V_{s,\max}} \tag{5-4}$$

$$W=\int_0^L w(x)\,dx \tag{5-5}$$

式中:L——桥梁全长;

$V_{s,\max}$——$v_s(x)$的最大值;

$w(x)$——为上部结构及附属子结构的恒荷载(不乘系数)。

结构重量应考虑结构单元及相关构件,不限于墩帽、基础、桥台、墩(柱)。还应考虑其他荷载,如活荷载。

第3步　按下式计算桥梁周期 T_m

$$T_m=2\pi\sqrt{\frac{W}{gK}} \tag{5-6}$$

其中,g 为重力加速度。

第4步　计算等效静力地震荷载 p_e

$$p_e=\frac{C_sW}{L} \tag{5-7}$$

式中:$C_s=S_a/g$,g 为重力加速度;

S_a 的定义见图1-8以及公式(2-5)、式(2-6)、式(2-8);

p_e——作用在桥梁上单位长度的等效均布静力地震荷载,它能够反映结构的基本振动模态。

第5步　计算位移和构件内力,以确定在结构上施加的荷载 p_e,或者进行第二次静力分析,又或者用 p_e/p_0 对第1步的结果进行缩放。

5.4.2.2　多模态谱分析方法

如果桥梁的振动模态在多个方向上出现耦合时,可采用弹性多模态谱分析方法。应建立空间模型,至少采用线性动力分析方法进行分析。关于这种方法的详细介绍参考标准规范 Standard Specifications(AASHTO,2002)中的第4.5节,以及AASHTO LRFD 规范 Specifications(AASHTO,1998)中的第4.7.4.3.3节。

理想的做法是将桥梁的所有振动模态都包含在模态分析中,但是这可能造成不必要的、额外的计算工作。相反,降低模态数量可以减少不必要的计算,同时保证计算的准度要求。模态数量通常由模态参与系数的相对大小来决定,在大多数动力分析软件中按照对基底总剪力的贡献来计算模态参与系数,表示为桥梁总质量的百分比的形式。对于规则桥梁,模态数量应包含至少90%的模态贡献率,对于不规则或大型的多节桥梁来说,这个指标应达到95%以保证在主要构件结果的精度要求。

对于每个模态都应采用图1-8所示的弹性反应谱,如果阻尼比不是5%时,还应进行调整。为了得到阻尼比为ξ%的反应谱,对5%的谱进行缩放,缩放因子如下:当周期大于 T_s 时,将谱的纵坐标乘以$(0.2\xi)^{0.3}$;当周期小于等于 T_s 时,将谱的纵坐标乘以$(0.2\xi)^{0.5}$。其中,T_s 在图1-8中定义为$\frac{S_{D1}}{S_{Ds}}$,ξ 不应大于30%。如果采用隔震装置加固桥梁结构，只能对大于有效隔震周期80%的谱进行缩放。

构件的内力和变形由各模态的反应量（弯矩、内力、变形或相关变形）按CQC（完全平方组合）方法[1]组合得到。对于大多数桥梁来说，由CQC组合法得到的内力和变形的精度可以满足工程要求，特别是仅考虑单向地震动输入时。当模态周期间隔较大时，可以采用SRSS方法（平方和开平方法）；对于周期分布较密的模态，可以采用模态反应的绝对值之和。

在地震动两个或三个分量同时作用下产生的构件变形和内力可以使用SRSS方法估计。由于图1-8所示的反应谱代表了地面运动的主要方向，所以，在这种评估方法中假定构件彼此独立（即它们是不相关的）是合理的。但由于断层附近水平构件之间表现出很强的相关性，因此，对于断层附近的地面运动这个假定不成立。

5.4.2.3 弹性时程分析方法

弹性时程方法假定所有构件保持弹性状态，而且位移不超过限定值，将位移和构件内力表示成时间的函数。这种方法比上面提到的均匀荷载法和多模态反应谱更加严格，对于造型复杂或位于不良基础上的不规则桥梁可以使用这种方法。但，这种方法需要针对桥梁场地建立至少三组加速度时程，每输入一组时程都要进行一次分析，所以至少需要进行三次分析。每组时程包含地震动的三个分量（两个水平向、一个竖向）。对于任意的反应量（如墩顶的横向弯矩），取三次分析中的最大值用于设计。如果加速度动时程多于7组，则取平均值作为评估桥梁的地震需求。

如果缺少特定场地加速度记录，时程可以由此类场地的反应谱合成，详见第2.8节的介绍。

5.4.3 方法C的步骤

第1步 确定是否满足此方法的使用条件，见5.4.4节。如果是，采用弹性的基于力的反应谱分析。依据下面所述的限制条件，决定模态分析的类型。

第2步 确定结构中每个相关构件的承载能力 Q_{ci}。

第3步 针对每一个结构构件，确定每种荷载组合下非地震内力和位移需求的总和，$\sum Q_{NSi}$，荷载组合方式见标准规范Standard Specifications（AASHTO，2002）中的公式（6-1）、（6-2）、（7-1）、（7-2）以及AASHTO LRFD规范Specifications（AASHTO，1998）中表3.4.1-1。

第4步 确定反应谱参数 F_a，S_s，F_v，S_1（见第2.5节）。由弹性动力分析确定每个构件的地震需求 Q_{EQi}，分析应该能够反映地震中结构和基础的预期状态。

第5步 对于每一个构件确定能力/需求比

$$r_i = \frac{Q_{ci} - \sum Q_{NSi}}{Q_{EQi}} \tag{5-8}$$

如果 $r_i \geq 1.0$，说明构件具有足够的承载能力。否则，为了提高构件的位移、强度或延性能力，应对构件进行加固设计。

可采用更为严格的方法对桥梁进行重新分析，这些方法能够清晰地反映系统的行为以及由非弹性导致的内力重分布的有利作用。见方法D1、D2和E。

5.4.4 方法C的适用条件

此类方法与前面在FHWA桥梁加固手册中所述承载能力/需求方法相同。如前所述，为了保证结果不过于保守，此类方法适用于“以弹性为主”的桥梁。这说明此方法主要适用于位于中低等强度地震活动区的桥梁，它同样适用于位于强震区的重要结构，强震区对结构性能的要求会更高一些，要求按“几乎为弹性”的思想进行设计。这种情况下，应采用第5.4.2.3节中提到的时程方法计算能力/需求比。

---

[1] Newmark and Rosenblueth (1979); Der Kiureghan (1981)

5.4.5 实例

使用方法 C 的两个实例见附录 E 和 F。

第一个实例为一座四跨钢筋混凝土箱梁桥,这与发生 San Fernando(1971)地震时加州的桥梁类似。它支承宽度和墩(柱)的钢筋不足,见附录 E。

第二个实例是简支多跨钢梁桥,建于 1968 年,位于美国宾夕法尼亚州(Pennsylvania)。这座桥的支座是易发生破坏的摆动支座,而且墩(柱)钢筋构造也有可能不能满足需求,见附录 F。

5.5 方法 D1:能力谱法

5.5.1 引言

这种评估方法包含了构件的非弹性性能以及其他由于支座破坏和落梁引起的极限状态。它是一种非常有效的方法,它可以快速地评估既有桥梁的承载力,也可以评价给定地震作用下桥梁性能。此方法可用于新桥设计和已建桥梁的加固设计。

这种方法适用于可以视为单自由度体系的桥梁,如:具有规则的几何形状、自重和刚度均匀分布的桥梁。此外,使用这种方法的桥梁还必须具备墩顶的纵向和横向位移相同或相近的条件,这里不包括具有活动支座的桥墩。

第 5.5.5 节详细说明了这种方法的使用条件。

不能视为单自由度体系的桥梁,以及不满足等位移要求的桥梁应采用多模态方法和更先进的评估方法,如方法 D2 中介绍的方法。

5.5.2 桥梁承载力

5.5.2.1 概述

桥梁结构抵抗侧向荷载的能力可以用 Pushover 曲线来描述,这类曲线描述了作用于桥梁上的侧向荷载与桥梁质量中心位移的关系,选择桥梁的质量中心的位移是因为地震力作用点在桥梁质量中心处(指单自由度结构)。对于大多数公路桥梁而言,质量中心位于上部结构。Pushover 曲线也可以衡量在不断增大的侧向荷载作用下桥梁的承载能力,还可以表示潜在极限状态下桥梁的承载力和位移能力。

图 5-1a)给出了弯曲延性结构理想化的 Pushover 曲线,由曲线可以看出,结构经历了几个极限状态,这些极限状态对于描述荷载、位移增加过程中结构的行为是非常重要的。它们是:

(1)拟屈服点,表示弹性状态的结束点;

(2)开始退化之前,最大塑性变形点;

(3)倒塌的起始点(如,由墩柱钢筋低周疲劳断裂或 $P-\Delta$ 效应造成的);

(4)倒塌(如:由于塑性铰的失效造成倒塌)。

这些极限状态是桥梁特有的,这里所说的桥梁是指具有延性桥墩,而且上部结构连续的桥梁,这些延性桥墩的塑性铰区经过细部设计后具有较大的塑性变形能力。

由图 5-1b)可以看出,简支桥的极限状态有很多不同之处,它们是:

(1)拟屈服点,表示弹性状态的结束点;

(2)伸缩缝封闭,随后的锁定桥跨,有限的塑性变形;

(3)支座破坏(如:由于固定钢筋的焊接破坏造成的支座破坏);

(4)倒塌(如,由落梁造成的倒塌)。

这些极限状态本质上描述了结构的脆性性能,对于那些早期建造的简支桥梁,即使墩(柱)钢筋构造符合要求,也有可能出现这种情况,特别是位于中低等强度地震区的桥梁。

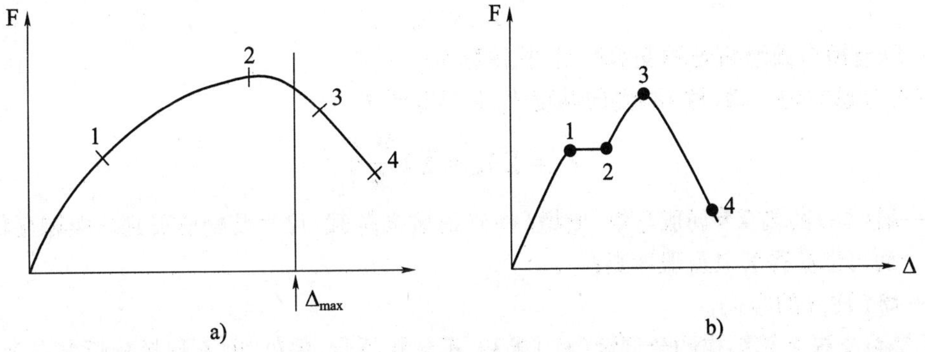

图 5-1　能力曲线

5.5.2.2　桥梁能力曲线的计算方法

在这种方法中,图 5-1 所示的能力曲线可近似成双折线,如图 5-2 所示。使用曲线中的符号,可以计算位移为 Δ 时的地震承载力系数 C_c,如下:

$$C_c = \frac{F}{W} \tag{5-9}$$

式中:F——作用于桥梁上的全部水平力;

当 $\Delta > \Delta_y$ 时,$F = F_y + k_2(\Delta - \Delta_y)$。

当 $\Delta \leqslant \Delta_y$ 时,$F = k_1$。

W——重量,通常为上部结构的重量;

F_y——屈服力(见下面注释 1);

Δ_y——对应于 F_y 的屈服位移,等于 F_y/k_1;

k_1——在所考虑方向上的弹性刚度,横向或纵向(见注释 2);

k_2——在所考虑方向上,屈服后的等效刚度,横向或纵向(见注释 3)。

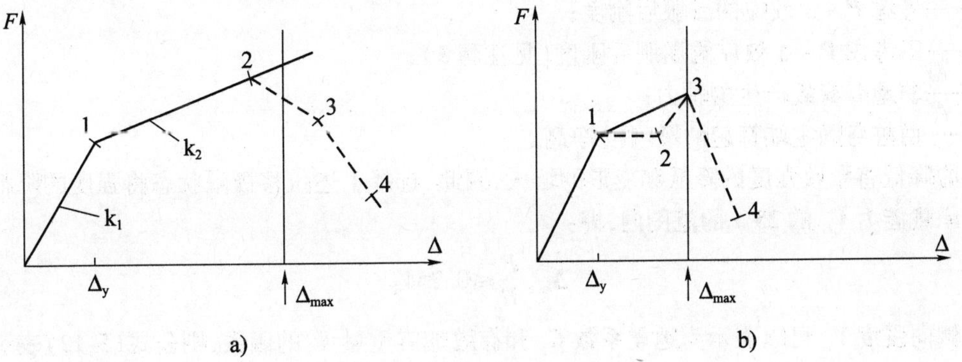

图 5-2　理想化的能力

规定图 5-1 中所示的最大位移 Δ_{max} 小于下面三种位移的极限状态:

(1)塑性铰转动

$$\Delta_{max} \leqslant \theta_p H$$

对于钢筋混凝土墩 $\theta_p = 0.035$,H 为桥墩净高。

(2)$P-\Delta$ 效应

$$\Delta_{max} \leqslant 0.25 C_c W'(H/P)$$

式中:W——每个墩的重量;

P——重力作用下墩(柱)的轴力。

短周期桥梁的 Δ_{max} 的限制见下面注释 4。

(3)支承长度

$$\Delta_{max} \leqslant N_0$$

式中:N_0——既有桥台或墩帽处的支承宽度,见注释5。

注释1:由考虑方向上墩(柱)的侧向强度 V_{ui} 求和得到 F_y

即:

$$F_y = \sum V_{ui} = \sum \left(\frac{M_N}{H} \right)_i \tag{5-10}$$

式中:M_N——墩(柱)的名义❶屈服弯矩,由墩(柱)i 的轴向荷载、尺寸及配筋得到弯矩相互作用曲线,进而可以获得名义屈服弯矩;

H——墩(柱)i 的净高。

"求和"是对支撑上部结构的全部墩(柱)求和,不包括桥台,另外,也不包括分析方向上具有滑动支座的墩(柱)。因为此阶段的轴向荷载一般是未知的,在计算 M_N 时,轴向荷载取为重力荷载值。

注释2:k_1 是桥梁侧向弹性刚度,除非桥墩是对称的、独柱墩,否则在不同的计算方向上(例如:纵向和横向),k_1 是不同的。对于钢筋混凝土墩(柱),应假定截面已经开裂,建议开裂截面的惯性矩为未开裂截面的50%。可以用均匀荷载法计算这个刚度[见第5.4.2.1节中的公式(5-4)]。

注释3:k_2 是线性化的屈服后刚度,用来近似模拟这部分承载力曲线的实际性能。在缺少精确分析的情况下,k_2 取为弹性刚度 k_1 的5%,即 $k_2 = 0.05k_1$。如果假定墩(柱)塑性较为完全弹塑性行为,则 $k_2 = 0$。这种假设将低估屈服后墩(柱)的承载能力,而使结果偏于保守。但是同时它也将低估由墩(柱)传给相邻构件(例如,墩柱上面的支座和下面的基础)的内力,这些内力可以导致不可预测的破坏。因此,不建议 $k_2 = 0$。详见第1章关于能力保护构件的讨论。

注释4:由于 $P-\Delta$ 效应,如果柔性墩承受较大轴力,桥梁容易发生失稳破坏。强度不足可以导致桥梁侧向进一步的齿合效应,最终导致破坏❷。由桥墩的平衡方程可以看出 $P-\Delta$ 效应可以降低墩(柱)的侧向刚度,甚至在发生屈服后使刚度变成负值。在这种情况下,屈服后刚度可以表示为:

$$k_2' = k_2 - \frac{P}{H} = -\frac{P}{H} (\text{当 } k_2 = 0 \text{ 时}) \tag{5-11}$$

式中:k_2'——考虑 $P-\Delta$ 效应的屈服后刚度;

k_2——不考虑 $P-\Delta$ 效应的屈服后刚度(见注释3);

P——非地震荷载产生的轴力;

H——由桩身固定端算起的墩(柱)净高。

刚度的降低将导致强度的降低和变形的增大,因此,选择上述位移极限状态将强度的降低控制在位移为0时承载能力 V_U 的25%的范围内,即:

$$\Delta_{max} \frac{P}{H} \leqslant 0.25 V_U \tag{5-12}$$

由于侧向强度 V_U 可以表示为地震系数 C_c 和有效地震重量 W' 的函数,则公式(5-12)表示为:

$$\Delta_{max} \leqslant 0.25 C_c \left(\frac{W'}{P} \right) H \tag{5-13}$$

注意:W'/P 对于两跨桥梁不应大于2.0,其他情况不应大于1.0。另外,由于非线性反应的等位移理论可能会低估位移,因此对于周期小于 $1.25T_s$ 的桥梁(T_s 的定义见图1-8),要用系数 R_d 对 Δ_{max} 进行折减,这类桥梁位移极限状态 Δ'_{max} 如下所示:

$$\Delta'_{max} = \frac{\Delta_{max}}{R_d} \tag{5-14}$$

式中:$R_d = \left(1 - \frac{1}{R} \right) \frac{T^*}{T} + \frac{1}{R}$,当 $R \geqslant 1$ 且 $T < T^*$;

❶ 见第7.5节关于名义强度的定义。

❷ 原文的"progessive"是否有拼写错误"progressive"

$R_d = 1.0$，当 $R \geqslant 1$ 且 $T \geqslant T^*$；

$R_d = 1.0$，当 $R < 1$；

$T^* = 1.25T_s$；

$T_s = F_v S_1 / F_a S_s$，如图 1-8 所示；

T——桥梁的振动周期；

R——桥墩的弹性力（F_{el}）与侧向承载力（V_U）的比值。

注释 5：支承宽度 N_0 应取下面较大的那个：

- $1.5\Delta_{max}'$，Δ_{max}' 为在底座处上部结构的位移，由公式（5-14）确定；
- 由公式（5-1a）、（5-1b）计算得到的最小支承宽度。

对于某些桥梁来说，达到上述要求所需的费用非常高。

5.5.3 地震需求

桥梁的地震需求可以用反应谱的形式体现，可以用加速度谱和位移谱，但是就目前来看，加速度反应谱的应用比较多。经过地震质量调整后，这些反应谱可以给出作用在桥梁质量中心的地震力。图 1-8 给出了美国公路桥梁设计与加固中使用的加速度反应谱，其黏滞阻尼比假定为 5%，如果是其他值，可以按图 5-3 所示进行修正。基本为弹性状态时，5% 是适合的，但是一旦发生屈服，出现其他形式破坏时，阻尼水平就会增加。为此，这里给出两个阻尼系数：B_s 和 B_L，分别在反应谱的短周期和长周期区段使用，如图 5-3 所示。两个系数的计算方法由表 5-4 给出，两个系数都与位移延性系数 μ 有关，位移延性系数的定义如下：

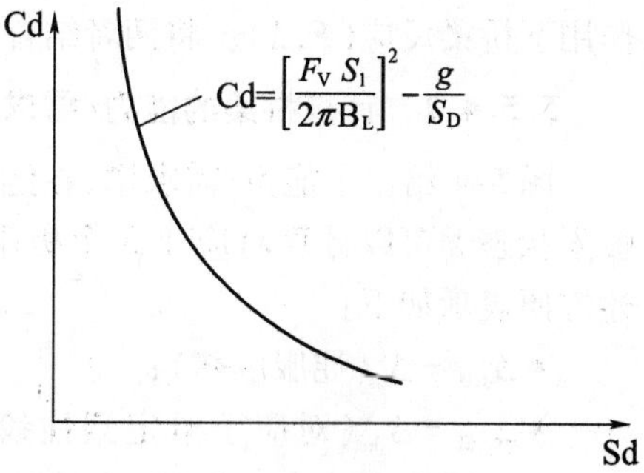

图 5-3 需求谱

$$\mu = \frac{\Delta}{\Delta_y} \tag{5-15}$$

式中：Δ——延性起算点的位移；

Δ_y——屈服位移。

地震需求系数 C_d 定义如下：

$$C_d = \frac{S_a}{g} \tag{5-16}$$

式中：S_a——谱加速度，定义见图 1-8。

$$= g[F_V S_1 / B_L T]，适用于 T \geqslant T_s 的长周期桥梁 \tag{5-17a}$$

$$= g[F_a S_S / B_S]，适用于 T < T_s 的短周期桥梁 \tag{5-17b}$$

这是需求谱的传统表示形式（S_a 与周期 T 的关系），但是，如果以 S_d（谱位移）代替周期来表示 C_d 将会很方便，因此，首先将 S_d 写成：

$$S_d = 谱位移 = S_a/\omega^2 = S_a[T^2/T^4\pi^2] = [F_v S_1/B_L]Tg/4\pi^2 [用公式(5\text{-}17a)] \tag{5-18}$$

式中：ω——角频率（rad/s），等于 $2\pi/T$。

合并公式（5-16）、（5-17a）、（5-18），消除等式中的参数 T，则长周期桥梁的 C_d 为：

$$C_d = \left[\frac{g}{S_d}\right]\left[\frac{F_v S_1}{2\pi B_L}\right]^2，适用于 T \geqslant T_s \tag{5-19a}$$

图 5-3 给出了阻尼系数为 B_L 时，C_d 与 S_d 之间的关系。这个反应谱与传统反应谱（用周期表示）形状相近，随着 S_d 的增加 C_d 减小。

合并公式（5-16）和（5-17b），则短周期桥梁的 C_d 为：

$$C_d = \frac{F_a S_S}{B_S}, \text{适用于 } T < T_s \tag{5-19b}$$

有效黏滞阻尼比和阻尼系数 B_S 和 B_L 表 5-4

下部结构类型	有效黏滞阻尼比 ξ_{eff}	阻尼系数 B_S	阻尼系数 B_L
非延性、传统设计的柱	$0.05+0.16(1-1/\mu)^1$	$[\xi_{eff}/0.05]^{0.5}$	$[\xi_{eff}/0.05]^{0.3}$
延性、抗震设计的柱	$0.05+0.24(1-1/\mu)^1$		
滑动支座	0.20		
注释 1:μ 位移延性系数			

5.5.4 能力/需求谱

将能力曲线[见公式(5-9)和图 5-2]与需求谱[见公式(5-19)和图 5-3]画在同一张图内就能得到能力/需求谱。这张图有很多用途,可以给出给定地震作用下全桥的能力/需求比,也可以计算给定地震作用下桥梁反应(F,Δ)。将两者结合起来就是方法 D1,下面的章节将会详细介绍具体步骤。

5.5.4.1 计算桥梁的能力/需求比

图 5-4 给出了能力/需求谱,在能力曲线上可划分 3 个极限状态。可以计算对应于 3 个极限状态的位移,为了表述方便表示如下:

- $\Delta_{LS1}=\Delta_y$(屈服位移);
- $\Delta_{LS2}=\Delta_{\theta p}$(对应于给定塑性铰转角的位移 $=\theta_p H=0.02H$,其中 $\theta_p=0.02$;在第 7.8.1 节和第 7.8.2 节中给出了不同墩柱极限状态 θ_p 的取值范围);
- $\Delta_{LS3}=N_0$(桥台或墩帽的有效支承宽度)。

每个极限状态均对应一个承载能力系数 C_{cLS}。

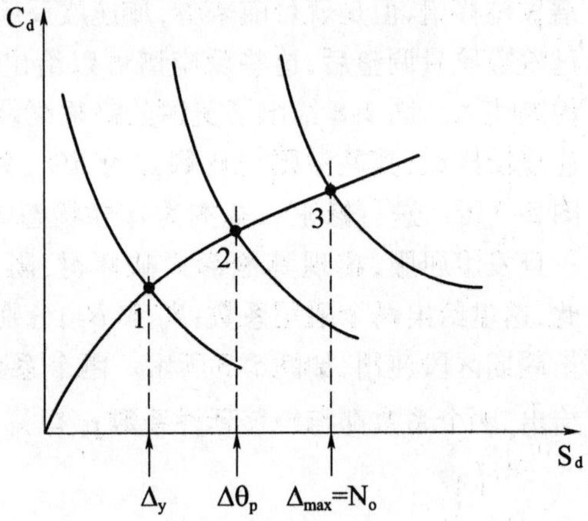

图 5-4 能力/需求谱

从图中可以看出,需求曲线穿过了每一个极限状态曲线。在每个极限状态,C_d 与 C_{cLS} 相等(S_d 与 Δ_{LS} 相等),由公式(5-19a)可以得到:

$$C_d = C_{cLS} \tag{5-20a}$$

$$\left[\frac{g}{\Delta_{LS}}\right]\left[\frac{F_v S_1}{2\pi B_L}\right]^2 = C_{cLS} \tag{5-20b}$$

由此

$$(F_v S_1)_{LS} = 2\pi B_L \sqrt{C_{cLS}\frac{\Delta_{LS}}{g}} \tag{5-21a}$$

以上结论适用于长周期桥梁($T \geqslant T_s$),同样可以得到短周期($T < T_s$)的结果:

$$(F_a S_s)_{LS} = B_s C_{cLs} \tag{5-21b}$$

注意:由于 B_s 和 B_L都与位移有关(见表 5-4),因此 B_s 和 B_L 是从一个极限状态变到另一个极限状态的,但是,由于知道每个极限状态对应的 Δ_{LS},计算起来可能容易一些。

公式(5-21)和(5-21b)的左边是可能使结构达到极限状态 LS 的地震强度。换句话说,它以能够使结构达到承载力的地震强度作为桥梁承载力的指标。与相同地震作用下结构的实际需求相比,将这个量表示为需求量,即:$(F_v S_1)_d$或$(F_a S_S)_d$。

因此,对应每个极限状态 i,定义能力/需求比 r_{LSi}:

$$r_{LSi} = \frac{(F_v S_1)_{LSi}}{(F_v S_1)_d}, \text{当 } T \geqslant T_s \text{ 时} \tag{5-22a}$$

$$r_{LSi} = \frac{(F_a S_s)_{LSi}}{(F_a S_s)_d}, \text{当 } T < T_s \text{ 时} \tag{5-22b}$$

如果 $r_{LSi} \geqslant 1.5$,表明不会达到极限状态,不需要采取补救措施。

如果 $1.0 \leqslant r_{LSi} < 1.5$,表明可以达到极限状态,需要采取一些补救措施。

如果 $r_{LSi} < 1.0$,表明结构很可能达到极限状态,需要对桥梁变形能力和延性能力进行加固。这些加固措施可能包括增加墩帽和桥台处底座宽度(来提高 N_0),增加约束(来提高 F_y 和 k_1)、外包墩(柱)(来提高 M_n 和 θ_p)。

5.5.4.2　计算桥梁反应

在需求谱($C_d - S_d$)和能力谱($C_c - \Delta$)已知的情况下,可用能力/需求谱确定给定地震作用下桥梁的反应。然而,由于最终位移未知,无法预先计算出承载能力系数 C_c 和阻尼系数 B_L,因此需要采用迭代法。迭代由初始估计位移开始,直到位移达到假定值为止,计算结果可以满足工程要求。基本步骤如下:

第 1 步　比较弹性周期 T 与 T_s,确定桥梁是否是长周期结构,如果不是,直接到第 8 步(按短周期方法计算);

长周期桥梁计算方法:

第 2 步　初始位移取为弹性状态的位移,计算出延性系数 μ;

第 3 步　按表 5-4 计算阻尼系数 B_L;

第 4 步　按公式(5-9)计算承载能力系数 C_c;

第 5 步　取 $C_d = C_c$,由公式(5-19a)求 S_d:

$$S_d = \left[\frac{g}{C_c}\right]\left[\frac{F_v S_1}{2\pi B_L}\right]^2 \tag{5 23a}$$

第 6 步　比较 Δ 值与 S_d,如果相同,进行第 7 步;如果不同,取 $\Delta = S_d$,并返回第 3 步;

第 7 步　由 Δ 计算单个桥墩、支座和基础的内力,将其总和与桥梁水平力(基底剪力 F,$F = C_d W$)进行比较;

短周期桥梁计算方法:

第 8 步　初始位移取为弹性状态的位移,计算出延性系数 μ;

第 9 步　按表 5-4 计算阻尼系数 B_S;

第 10 步　按公式(5-9)计算承载能力系数 C_c;

第 11 步　由 $K_{eff} = C_c W/\Delta$ 计算有效刚度;

第 12 步　按公式(5-19b)计算 $C_d = \dfrac{F_a S_s}{B_S}$;

第 13 步　按 $S_d = C_d W/K_{eff}$ 计算 S_d,将第 11 步、第 12 步的计算结果代入得到:

$$S_d = \left[\frac{\Delta}{C_c}\right]\left[\frac{F_a S_s}{B_s}\right] \tag{5-23b}$$

第 14 步　比较 Δ 值与 S_d,如果相同,进行第 15 步;如果不同,取 $\Delta = S_d$ 返回第 9 步。

第 15 步　由 Δ 计算单个桥墩、支座和基础的内力,将其总和与桥梁结构的水平力(基底剪力 F,$F = C_c W$)进行比较。

5.5.5　方法 D1 的步骤

如本节所述,将上述两种方法(第 5.5.4.1 节和第 5.5.4.2 节)合成一种方法,需要进行一些检查以满足上面的假设条件(显式或者隐式的),这就是方法 D1。

计算方法包括三部分:

A 部分:设定初始值和桥梁承载力的计算;

B 部分:计算能力/需求比;

C 部分:计算桥梁反应(F,Δ)。

每一部分如下:

A 部分:设定初始值和桥梁承载力的计算

第 A1 步:由表 1-4 和图 2-2 得到谱的纵坐标(S_s 和 S_1)以及场地系数(F_a 和 F_v)计算 F_aS_s 和 F_1S_v;

第 A2 步:计算需求谱长短周期的界限,周期 T_s(图 1-8 和公式 5-14);

第 A3 步:计算上部结构的重量 W 以及纵向和横向弹性刚度 k_1,估计屈服后的刚度 k_2;

第 A4 步:计算纵向和横向的弹性周期 T,如采用均步荷载法(5.4.2.1)。与 T_s(见第 A2 步)比较,确定两个方向上桥梁位于谱的长周期还是短周期部分;

第 A5 步:如果是短周期桥梁(第 A4 步),按 $F_{el}=F_aS_sW, \Delta_{el}=F_{el}/k_1$ 计算弹性反应;如果是长周期(第 A4 步),按 $F_{el}=F_aS_sW/T, \Delta_{el}=F_{el}/k_1$ 计算弹性反应。

第 A6 步:按 $F_y=\sum V_{ui}$ 计算纵向和横向的 F_y,其中墩(柱)i 的 V_{ui} 按 $(M_n/H)_i$ 计算,M_n 为仅考虑轴向重力荷载的名义抗弯承载力(见 5.2.2.2 节中的注释 1)。当由作用在上部结构的地震荷载产生的倾覆力矩已知时,可采用第 7.6.2 节中的方法对墩(柱)轴向荷载的假定进行改进。

第 A7 步:按 $\Delta_y=F_y/k_1$ 计算 Δ_y;

第 A8 步:比较第 A5 步中的 Δ_{el} 和 Δ_y,如果 $\Delta_{el}>\Delta_y$,桥梁会屈服,进行 B1 步。如果 $\Delta_{el}\leqslant\Delta_y$,桥梁在第 A1 步中给定的地震作用下保持弹性。所有的能力/需求比大于 1.0,桥梁反应(C 部分)与第 A5 步的计算结果相同,取 $\Delta=\Delta_{el}$,$F=F_{el}$,进行 C6 步。

B 部分:计算能力/需求比

第 B1 步:确定极限状态的数量,计算相应于每个状态的位移 Δ_{LS};

第 B2 步:计算每个极限状态的承载力系数 C_c;

第 B3 步:如果是短周期桥梁(第 A4 步),由表 5-4 计算对应于每个极限状态的阻尼系数 B_s。如果是长周期(第 A4 步),由表 5-4 计算对应于每个极限状态的阻尼系数 B_L。

第 B4 步:按公式(5-21a)和(5-21b)计算与每个极限状态相对应的地震大小:

$$(F_vS_1)_{LS}=2\pi B_L\sqrt{C_{cLS}\frac{\Delta_{LS}}{g}},\text{长周期桥梁}(T\geqslant T_s)$$

$$(F_aS_S)_{LS}=B_SC_{cLS},\text{短周期桥梁}(T<T_s)$$

第 B5 步:由公式(5-22a)和(5-22b)计算每个极限状态的能力/需求比:

$$r_{LS}=\frac{(F_vS_1)_{LS}}{(F_vS_1)_d},\text{长周期桥梁}(T\geqslant T_s)$$

$$r_{LS}=\frac{(F_aS_s)_{LS}}{(F_aS_s)_d},\text{短周期桥梁}(T<T_s)$$

第 B6 步:检查那些等于或接近于 1 的能力/需求比,寻找可以使能力/需求比大于 1 的加固措施。

例如,如果 $r_{LSi}\geqslant 1.5$,表明不会达到极限状态,因此不需要采取补救措施;

如果 $1.0\leqslant r_{LSi}<1.5$,表明可能达到极限状态,因此需要采取一些补救措施。

如果 $r_{LSi}<1.0$,表明很有可能达到极限状态,需要考虑对桥梁的变形能力和延性能力进行加固。这些加固方法包括增加墩帽和桥台的底座宽度(来提高 N_0),增加约束(来提高 F_y 和 k_1)、外包墩(柱)(来提高 M_n 和 θ_p)。

C 部分:计算桥梁反应(F,Δ)

第 C1 步:设初始位移等于桥梁弹性状态的位移 Δ_{el},开始迭代,计算延性系数 μ;

第 C2 步:由表 5-4 计算适当的阻尼系数

B_L,长周期桥梁($T\geqslant T_s$)

B_S,短周期桥梁($T<T_s$)

第 C3 步:按公式(5-9)计算承载力系数 C_c;

第 C4 步:由公式(5-23a)和(5-23b)计算 S_d:

$$S_d=\left[\frac{g}{C_c}\right]\left[\frac{F_v S_1}{2\pi B_L}\right]^2,\text{长周期桥梁}(T\geqslant T_s)$$

$$S_d=\left[\frac{\Delta}{C_c}\right]\left[\frac{F_a S_s}{B_S}\right],\text{短周期桥梁}(T<T_s)$$

第C5步：比较Δ值和S_d，如果相同，进入第C6步；如果不同，取$\Delta=S_d$返回第C2步；

第C6步：由Δ计算单个桥墩、支座和基础的内力，将其总和与桥梁水平力（基底剪力F，$F=C_cW$）进行比较。

5.5.6　方法D1的适用条件

能力谱法只能适用于以下桥梁：

(1)在纵桥向和横桥向，能够视为单自由度体系的桥梁；

(2)在纵向和横向，所有桥墩墩顶位移相等或相近，不包括安装活动支座的墩；

第一个条件要求桥梁有规则的几何外形，自重、刚度均匀分布，符合表5-3的要求。

第二个条件要求桥梁具有下列任意一个特征的上部结构：

- 如同有支座的桥台上刚性的、面内横隔梁一样，这种桥台的支座是可能发生破坏的，可以是弹性橡胶支座，也可以是有约束（固定钢筋）的支座；
- 具有均匀的几何尺寸和重量，而且桥长足够长，下部结构刚度分布均匀，这样可以忽略桥台对横向反应的影响；

一般而言，如果桥梁符合下列标准，则能够满足等位移的要求：

- 跨度不超过60m；
- 最大和最小的跨径比不超过1.5；
- 最大斜角不超过30°，相邻墩的斜角相差不超过5°；
- 对于弯桥，曲线内角（弧对角）不超过20°；
- 桥墩最大刚度与最小刚度比值不超过2.0，考虑基础刚度的影响；
- 桥墩侧向强度的最大值与最小值之比不超过1.5。

这些要求要比最初提出的条件严格得多，满足这些要求的桥梁最适合用方法D1。可以采用弹性分析方法（如均匀荷载法，见第5.4.2.1节）来检验等位移要求。

5.6　方法D2：结构的能力/需求（Pushover）法

5.6.1　引言

在计算结构能力/需求比的方法中，非线性静力分析方法（NSP）或Pushover方法被认为是一种更先进的方法。与方法D1一样，非线性静力分析方法分为两步。首先进行Pushover分析，评估位移能力。这样可以考虑每个相关的极限状态以及功能性水准，包括$P-\Delta$效应。然后采用反应谱法计算桥梁的位移需求。

5.6.2　位移能力评估

评估位移能力是为了确定抗震构件达到非弹性变形状态时的位移。破坏状态由局部变形来描述，局部变形包括塑性铰转角、基础沉降量或上拔位移、桥台位移等。位移的限值由承载能力的降低确定，如过大的非弹性变形或$P-\Delta$效应引起的强度退化。

可以使用这种评估方法确定独立墩的侧向荷载与位移之间的关系，可以分别对纵桥向和横桥向进行分析，并确定桥墩中最先出现非弹性状态的部分。桥墩的位移能力由第一次达到承载能力时的位移确定。分析模型应包含所有提供抗力的构件,并采用这些构件实际的荷载与位移的关系曲线,模型中应包含桥台和基础。

对于几何形式比较简单的桥墩(如独柱墩),通常可用手算方法计算最大位移能力,这种方法假定了塑性铰机制以及塑性铰和基础的最大容许变形。如果轴力和弯矩的相互作用比较明显,应采用迭代法来确定倒塌时的承载力。

对于比较复杂的桥墩和基础,可以使用非线性静力方法(一般指 Pushover 法)来评估位移能力。

上面是对独立墩进行位移能力的评估。虽然当位移增加、开始发生屈服时,内力会在墩之间进行重分布(特别是对于各墩之间的刚度和强度不同时),但是,评估是为了确定每个墩的最大位移能力。然后,将最大位移能力与弹性需求分析结果进行对比,弹性需求分析考虑了桥梁的整体作用,并考虑了不同刚度桥墩的影响。

应根据非弹性构件的预期承载能力建立评估模型。基础和桥台的模型应考虑非线性的力—变形关系,包括上拔、裂缝的开展和闭合。还应考虑非弹性构件的刚度和强度的退化以及作用在侧向位移上的荷载($P-\Delta$)。

当构件达到变形最大值时,桥墩也达到了最大位移。结构构件的最大塑性铰转角在第 7.8.2 节中给出。基础和桥台的最大变形受到结构几何约束的限制。

基于单调递增的位移建立了这种评估方法,但是,在选择合适的模型和建立最大非弹性变形时,必须考虑循环荷载效应。这包括强度、刚度的退化和低周疲劳。

5.6.3 需求

对于符合表 5-3 规则性要求的桥梁可以采用均匀荷载法,对不满足要求的桥梁,可以采用动力分析的多模态谱分析方法,或者弹性时程分析法,这些方法在第 5.4.2 中已详细介绍。

5.6.4 方法 D2 的步骤

第 1 步 确定每个桥墩的强度和变形能力;

第 2 步 对每个桥墩进行非线性静力 Pushover 分析,直到结构的位移达到了倒塌极限状态(极限状态 5),记录每个极限状态的位移 Δ_{ci},即:

1. 首次屈服;
2. 有裂缝的轻微破坏;
3. 可修复的中等破坏;
4. 保证生命安全不可修复的破坏;
5. 结构倒塌;

第 3 步 确定每组荷载组合下非地震位移需求的总合 $\sum\Delta_{NSdi}$,荷载组合见标准规范 Standard Specifications(AASHTO,2002)中的公式(6-1)、(6-2)、(7-1)、(7-2),以及 AASHTO LRFD 规范 Specifications(AASHTO,1998)中表 3.4.1-1 中的定义;

第 4 步 确定反应谱参数 S_1、S_s 以及场地系数 F_v、F_a(图 1-8 和表 1-4),进行弹性动力分析,确定每个桥墩的地震位移需求 Δ_{EQdi}。分析应反映出结构和基础在地震中的预期状态。

第 5 步 确定每个极限状态下能力/需求比 r_{LSi}:

$$r_{LSi}=\frac{\Delta_{ci}-\sum\Delta_{NSDi}}{\Delta_{EQdi}}$$

如果 $r_{LSi}\geqslant 1.5$,表明不会达到极限状态,因此不需要采取补救措施。

如果 $1.0\leqslant r_{LSi}<1.5$,表明可能达到极限状态,因此需要采取一些补救措施。

如果 $r_{LSi}<1.0$,表明很有可能达到极限状态,需要考虑对桥梁的变形能力和延性能力进行加固。这些加固方法包括增加墩帽和桥台的底座宽度,增加约束、外包墩(柱)以及增强节点和基础。

5.6.5　方法 D2 的适用条件

这种方法的限制条件很少，是一种通用方法。但是，只能逐一对桥墩进行能力分析，而不需要视为一个整体。另外，与非线性时程分析的结果进行比较可以发现，对于规则桥梁，这种限制并不明显。但是对于具有非弹性性能的复杂桥梁或对于非常重要的桥梁，建议详细建模，并采用时程分析法评价其性能，如下节介绍的方法❶。

5.7　方法 E：非线性动力方法

5.7.1　引言

非线性动力方法（NDP），也包括两步，首先，它需要评估场地的地震活动性，并获取可以代表地震活动水平的一系列地震动（加速度时程）。对于预期出现非线性行为的所有构件，在确定强度和位移能力的同时需要给出描述构件非线性行为的滞回规则。然后，对每个地震动进行非线性动力时程分析，评估桥梁的滞回性能和预期的极限状态。

针对特定地震动，非线性动力分析可以给出位移和构件反应（内力和变形）随时间变化的函数。在分析中，最少要选用 3 组代表性的地震动时程。每组地震动时程应包含两个水平分量和一个竖直分量。应采用 3 组地震动中的最大反应来评估桥梁结构的性能。如果采用的地震动时程多于 7 组，应取平均值。

5.7.2　方法 E 的过程

第 1 步　确定每一个构件的强度和变形能力。

第 2 步　确定反应谱参数 S_1、S_s 以及场地系数 F_v、F_a（图 1-8 和表 1-4），由与设计反应谱一致的谱得到至少三条加速度时程。也可能使用特定场地的地震动，它可以由特定场地谱得到，或者直接由地震活动和场地的地质条件得到。

第 3 步　输入地震动，进行非线性动力时程反应分析。检查分析结果对假设条件的敏感性，例如，分析中使用的时间步长。

第 4 步　将地震需求与构件承载力相比较，并确定两个地震水准中结构破坏的程度。如果破坏是不可接受的，建议采取加固措施，对桥梁重新分析，并评估加固效果。

5.7.3　方法 E 的适用条件

该方法是一种通用方法，限制条件很少。但是，计算工作量非常大，并且需要很高的专业水平来解释分析结果。这种方法特别适用于几何外形不规则或质量、刚度变化较大的桥梁。在开始非线性时程求解之前，应先采用简单方法初步评估，以便初步确定求解范围，并核对有意义的结果。

---

❶ 译者注：原文有拼写错误“explict”，应为“explicit”

第6章　地基与基础的建模和能力评估

6.1　概述

地震过程中结构的动力性能主要取决于包括桥台、桥墩、承台和桩基在内的下部结构的刚度与强度。动力响应由刚度和强度两个因素确定,这两个因素同样也影响着地震对桥梁结构的需求以及荷载在结构与基础构件中的分布。

对于不得不建于地质条件复杂的场地的桥梁,由于加固基础的费用可能高于新建结构,如果采用不过于保守的常规基础设计,将会获得更多的效益。为此,和新建结构相比,需要对加固结构进行更详细的和标准更高的分析,其中包括用于弹性谱分析的基础系统双线刚度模型和用于时程分析的非线性荷载—位移关系。非线性求解不仅可以使用更精确的刚度模型,同样也可以考虑更有效的滞回阻尼和研究场地土屈服。

通常由位移极限状态来确定可以接受的桥梁性能(第1章和第5章)。为了能够确认其性能是否满足要求,必须采用第5章提出的基于位移的设计方法。如果是这样,那么计算过程中应考虑基础的非线性荷载—变形特性和基础系统极限承载能力的效应,这样就可以考虑基础的永久变形。虽然在许多情况下,瞬态基础屈服会降低结构位移需求,同时也可以降低结构和基础的加固费用,但是,必须对永久性残余变形进行非常仔细的评估。正如第5章所述,为了能够建立用于体系评估的全桥整体模型,必需建立线性化的刚度和基础承载能力模型。这些基础模型的特性和建立将在第6.2节介绍。

在桥梁上地震引起的惯性荷载以及由于液化引起的侧向滑移或桥台护坡的整体失稳,这些都可能产生地面位移需求的增加。在过去的地震中,这种位移需求的增大已经导致了桥梁的失效和结构严重破坏。因此,必需估算地面变形和土—基础相互作用在结构上产生的位移需求,这种位移需求的计算过程在第6.3节中讨论。

6.2　基础模型

6.2.1　土—基础—结构相互作用

对完全耦合的土—基础—桥梁体系进行严格的动力响应分析是非常复杂和困难的(Pecker and Pender,2000)。如果将土体理想化为弹性的连续体,则可以采用子结构法,在这种情况下,可以分3步解决问题:

第1步　分析无质量基础体系的刚度和几何尺寸对自由场地面运动的影响,修正基础水平面上结构的地震动输入(也就是运动相互作用);

第2步　以基础刚度矩阵形式,分析循环荷载作用下基础体系与频率相关的阻抗;

第3步　由承台刚度矩阵考虑基础柔度,分析结构在地震动作用下(由第1步得到)的惯性响应(也就是惯性相互作用)。

除了较深的、刚性较大的软土基础以及大体积刚性浅基础的情况外,在大多数情况下,可忽略运动相互作用,并且认为基础输入运动与自由场的运动相同。因此,本章主要考虑桥梁与基础的惯性相互作用。

6.2.1.1 浅基础

自从连续介质的力学理论提出以来,土—基础—结构相互作用的研究已经取得了很大的发展。对于低幅值机器基础(machine - foundation)振动问题,地震中土—基础—结构相互作用(SFSI)的问题有人已经采用基于频率的刚度和阻尼参数❶。但是,实际建模时,如第6.2.2.1节中所述,可以忽略刚度参数的频率相关性,用刚度的静力值或低频循环值取代。参考地震动频率范围,这一假定是合理的。与之相似,由于波向远离基础的方向传播而产生的与频率相关的辐射阻尼也不予考虑。对于常用的基础尺寸,辐射阻尼值非常小,而且在非线性的土体里很难确定。

在许多加固方法中,除了研究割线刚度参数之外,应当注意承台的弯曲能力的作用,这些内容将在第6.2.2.1节介绍。实际建模时,为了评估土体承载力,假设上部结构传来的荷载以拟静力惯性力的形式作用于承台上。考虑到静载作用下常用的安全系数、与扩大基础相关的硬度或土密度以及在耦合问题中确定土体与基础振动之间相位关系的困难程度,这一假设是合理的❷。

6.2.1.2 桩基

目前,动力荷载作用下土—桩—结构相互作用的分析有两种独特的方法。一种方法是由20世纪70年代桩基低频(长周期)侧向往复加载试验中发展起来的,当时为了研究近海岸结构在波浪荷载作用下桩基的设计标准,开展了这种试验研究。在这些研究的基础上,建立了用非线性Winkler弹簧模拟侧向往复荷载与轴向荷载作用下土—桩基相互作用的分析方法。另外一种方法是由20世纪70年代开展的其他科研工作中逐渐发展起来的,最初是为了研究机器基础振动问题,当时是为了确定桩基共振频率、振幅特性,需要建立与频率相关的刚度和阻尼(也就是阻抗函数),从而推动了问题的发展。在这种方法中,采用的是弹性连续体中由桩基支撑的振动质量模型。

许多学者已经开展了单桩、群桩弹性阻抗函数的研究,获得了大量的可行的闭合形式的解❸。关于这个问题,早期研究是为了建立振动机器基础分析方法而开展的,在机器基础振动的问题中,高频荷载使辐射阻尼和基础刚度呈现出明显的频率相关性。此外,振动幅值也非常小,所以,弹性土体的假设是合理的。

但是,在地震引发的较大的惯性力作用下,土—桩基相互作用将导致土体出现明显的非线性行为,尤其是靠近桩基表面的土体。在地震作用下,采用弹性方法进行常规结构设计也显得不切实际。幸运的是,如果假定地震惯性力的低频范围和桥梁、建筑典型桩基的特性,刚度函数就与频率无关,静力刚度值也近于合理。此外,地震波向远离基础方向传播过程中会产生能量损耗,在频率较低时,能量损耗的辐射阻尼成分会大大降低,尤其是土体表现出非线性时。理论上,采用有限元法得到地震荷载问题的完全耦合的非线性解是可行的,并且已经在一定范围内得到应用,然而,分析过程非常复杂,难以在设计中应用。

在给定非线性耦合模型复杂性的情况下,Winkler模型为分析地震作用下桩基体系的响应提供了一种最简便的方法。Winkler模型是用一系列独立的或非耦合的水平和轴向弹簧(线性或非线性的)来模拟土与桩基之间水平和轴向的作用。由线性或非线性弹簧单元支承的桩基用梁—柱单元模拟,运动相互作用和惯性相互作用效应也将予以考虑(Matlock et al. ,1978,1981)。对于弹簧单元,将自由场地的地面运动以位移方式输入,其中,地面运动由一维场地响应分析得到的。计算程序SPASM(Single Pile Analysis with Support Motion)中嵌入了Matlock等人(1978)采用的分析方法,并且这一概念已经在桥梁中得到应用和发展❹。

对于某些桩—土形式(例如,在软土内的大直径桩或土体刚度突变)来说,运动相互作用非常明显,在自由场中,可假设桩基变形协调。对于这种情况,与惯性相互作用产生的位移相比,通常自由场位移

---

❶ Mylonakis et al. (2002);Pecker and Pender(2000)

❷ 同上

❸ Novak(1991);Pender(1993);Gazetas and Mylonakis (1998);Pecker and Pender (2000)

❹ Lam and Law(2000);Gazetas and Mylonakis(1998)

要小一些,因此,可以假定惯性相互作用控制桩基响应,并且假定,将近地表自由场的运动作为基础输入的地震动时,刚度函数可由静载或低频往复条件下的值表示。这种方法在土—桩—结构相互作用的分析中应用广泛(Martin and Lam,1995),并为刚度和承载力的建模方法(见6.2.2.2节)奠定了基础。

6.2.2 基础构件的刚度和承载力

如第5章所述,在评估方法D和E中(能力谱和结构能力/需求法、非线性动力法),考虑基础效应时,需要给出基础的荷载—变形关系。由刚度和承载力表示的基础荷载—变形参数对结构响应和荷载在构件中的分布情况有重要影响。

对于桥梁结构,在某些情况下,土—结构体系会变得复杂,为了使其简化,考虑下面4种基础形式:浅基础、桩基、钻孔桩和桥台。

除了基础荷载—变形的非线性行为,对于既有桥梁,在确定土体特性和基础静力荷载方面仍存在一些困难。为了考虑地基的可变性,推荐一种描述荷载—变形行为最佳的、等效的、弹塑性表示法。

一般而言,如果在反复作用或发生大变形的情况下刚度和强度没有严重退化,土体具有足够的延性。可发生刚度、强度退化的土体包括无黏性土和敏感性黏土,其中,无黏性土可能发生液化或产生较大的孔隙压力,而敏感性黏土在较大应变的情况下可能丧失强度。那些强度不会显著退化的土体仍然可以承担荷载,但是达到极限承载力后其变形将随之增加。在下面的评估方法中,假定为这样的土体。

不论是地震振动的直接效应,还是由地震引起的作用于土体的荷载效应,如果土体存在发生强度显著衰减的可能性,就应该改善土体或进行特殊的分析证明强度衰减不会导致结构过大的变形。

应该通过基础变形对结构的影响程度来确定基础变形的允许值,这又与期望的结构性能水平有关。然而,在反复荷载作用下,基础发生屈服(yielding)时,可能会伴随着累积的、永久的基础沉降或变形,但是,静力安全系数在2.5~3.0的情况下,这种沉降可能小于几英寸(Martin and Lam,2000)。一般而言,如果传递到基础上的荷载不超过土体的极限承载能力,基础变形不会很大。在6.2.2.1节~6.2.2.4节中阐述了计算不同基础型式的刚度和能力的推荐方法。

6.2.2.1 浅埋承重式承台基础

设计者可在分析地震响应的结构模型中直接考虑地基的力—位移关系的特性。图6-1所示的扩大基础,承受竖向荷载P、水平荷载H和弯矩M的共同作用。土体特性可以由两个平动弹簧和一个扭转弹簧模拟,每个弹簧由线弹性刚度和塑性能力来表示。然而,普遍采用与基础共同作用的Winkler弹簧模型来消除扭转弹簧,如图6-2所示(NEHRP,1997a,1997b)。转换成Winkler弹簧,将水平运动与竖向、扭转运动分离、解耦。在大多数情况下,采用具有弹塑性特性的弹簧是最简单的方法,而且结果精度满足工程要求。如果工程结构非常重要,可以采用更精确的非线性模型。Winkler弹簧模型的一个特殊性质是:在发生旋转的摇摆行为时,模型可以捕捉塑性能力的渐变过程。

由于土体特性以及作用在既有桥梁基础上静载的不确定性,因此,建议采用一种定义刚度和能力的上下限方法(图6-3)。这种方法可以确定桥梁对这些特性的敏感性。在这种情况下,由上下限表示的不确定性范围应该由岩土和结构工程师确定。否则,可以选择一合理估计值。

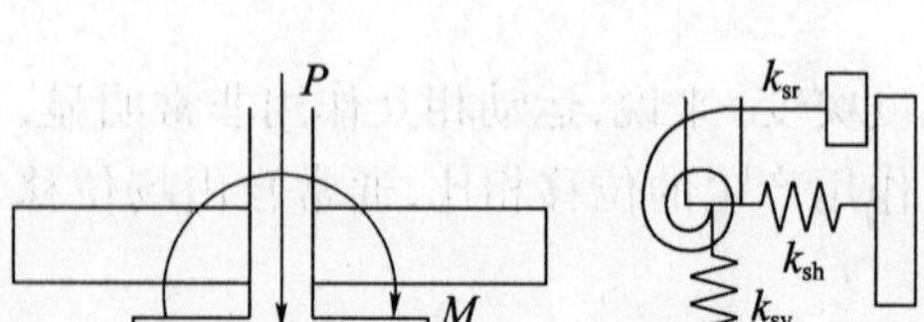

基础荷载　　非耦合弹簧模型

图6-1 刚性基础非耦合弹塑性弹簧模型

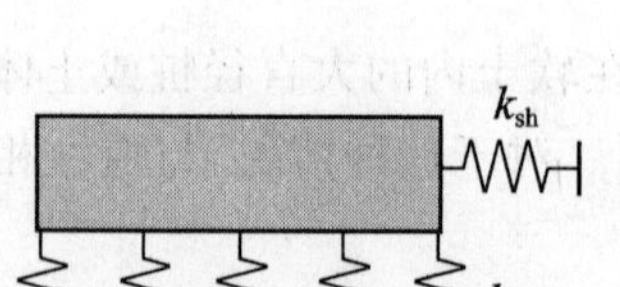

Winkler弹簧模型

图6-2 非耦合Winkler弹簧模型

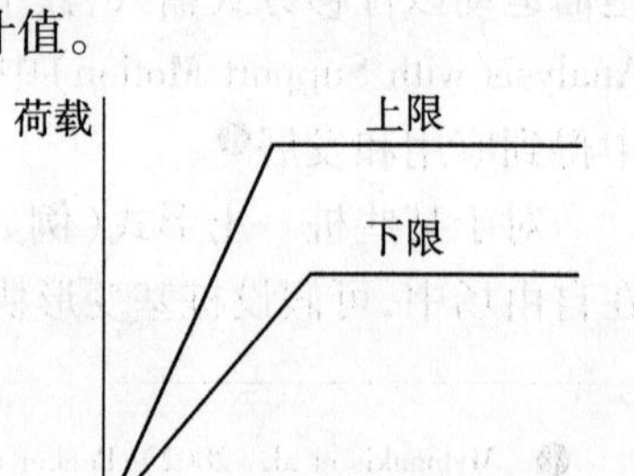

图6-3 定义刚度和能力的上下限法

6.2.2.1(a)　刚度参数

与所处场地土相比,大多数浅基础的刚性较大一些,采用图 6-1 所示的非耦合的弹簧模型就可以满足分析要求。三个等效弹簧的常数可由弹性介质中刚性板的理论静力解确定。理论静力解需要已知基础持力层土体(基底以下基础宽度的 1.5 倍深度范围内)的平均弹性模量和泊松比。土体剪切模量 G 为:

$$G = \frac{E}{2(1+\nu)} \tag{6-1}$$

式中:E——弹性模量;

ν——泊松比,对于不饱和土取 0.35,对于饱和土取 0.5。

在反复荷载作用下,初始的或低应变的剪切模量 G_0 为:

$$G_0 = \frac{\gamma}{g} v_s^2 \tag{6-2}$$

式中:v_s——小应变下的剪切波速;

γ——容重;

g——重力加速度。

粒状土的初始剪切模量可由标准的修正锤击数 $(N_1)_{60}$ 和下式给出的有效竖向应力得到(Seed et al.,1986):

$$G_0 \cong 20\ 000\ \sqrt[3]{(N_1)_{60}}\ \sqrt{\sigma_0'},\text{单位采用 psf} \tag{6-3}$$

式中:$(N_1)_{60}$——标准化的锤击数,1.0t/ft^2 的约束压力和落锤 60% 能量效率;

σ_0'——有效竖向应力,psf $= \gamma_t d - \gamma_w (d - d_w)$;

γ_t——土的总重度;

γ_w——水的重度;

d——样本深度;

d_w——水深。

公式(6-2)和公式(6-3)都可以计算 G_0。

绝大多数土体是非线性的,而且剪切模量随剪应变的增加而降低。大应变的有效剪切模量可粗略地由预期地震动峰值加速度(PGA)估算得到。对于低中等强度地震区($F_v S_1 \leqslant 0.3$),建议 $G = 0.5G_0$,对于中高强度地震区($F_v S_1 \geqslant 0.5$),建议 $G = 0.25G_0$。其他强度地震区的剪切模量可插值得到。

由半无限均匀弹性半空间刚性板的理论解得到非耦合的刚度参数。解列于表 6-1 和表 6-2(Gazetas,1991)。

如果基础水平刚度相近或低于桥梁结构的水平刚度,在需求和能力分析中应考虑基础特性。然而,由于基础侧向土的被动抗力和基础底面的摩擦作用,在水平方向上,许多基础体系刚度相对较大,并且可能是桥梁结构的几倍。在这些情况下,可认为基础在水平方向上固结,基础摆动将对桥梁结构动力响应产生较大的影响。

当基础承载力超过按照基础刚度初始值进行弹性分析得到的结果时,土体由于屈服将会变软,应采用退化的等效线性值重新分析结构。当进行非线性 Pushover 分析时,应采用弹性基础刚度初始估计值进行能力评估。

6.2.2.1(b)　承载能力参数

在产生的地震弯矩荷载下可能引起土体屈服、摇动、刚性基础受拉,所有这些会降低桥梁结构的延性需求[1]。因此,在不丧失竖向承载能力且竖向沉降不大的情况下,在地震作用下容许发生扭转屈服。

[1] Taylor and Williams (1979);Taylor et al. (1981)

在 FEMA273 关于结构抗震加固指南中(NEHRP 1997a,1997b),允许承台沉降和受拉,如图 6-4 所示。

半无限均匀弹性半空间刚性板的表面刚度 表 6-1

刚 度 参 数	表面处刚性板刚度 K_i'
竖向平动 K_z'	$\frac{GL}{(1-\nu)}\left[0.73+1.54\left(\frac{B}{L}\right)^{0.75}\right]$
水平平动 K_y'(沿长边方向)	$\frac{GL}{(2-\nu)}\left[2+2.5\left(\frac{B}{L}\right)^{0.85}\right]$
水平平动 K_x'(沿短边方向)	$\frac{GL}{(2-\nu)}\left[2+2.5\left(\frac{B}{L}\right)^{0.85}\right]-\frac{GL}{(0.75-\nu)}\left[0.1\left(-\frac{B}{L}\right)\right]$
转动 $K_{\theta x}'$(绕 X 轴)	$\frac{G}{(1-\nu)}I_x^{0.75}\left(\frac{L}{B}\right)^{0.25}\left(2.4+0.5\frac{B}{L}\right)$
转动 $K_{\theta y}'$(绕 Y 轴)	$\frac{G}{(1-\nu)}I_y^{0.75}\left[3\left(\frac{L}{B}\right)^{0.15}\right]$
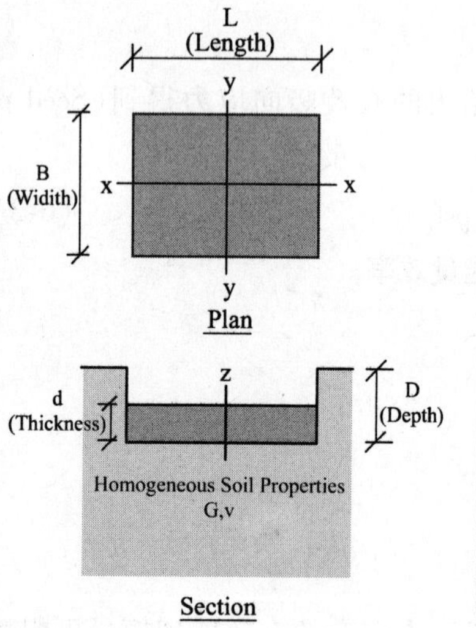	(1)确定基础单元非耦合的表面总刚度 K_i',假设刚性板支承在半无限弹性半空间表面(如上)。 (2)为了考虑埋置深度影响,乘以埋置系数 e_i(见表 6-2)修正非耦合的表面总刚度 K_i',进而得到非耦合的总埋置刚度 K_i;$K_i=e_iK_i'$

注:I_x 和 I_y 分别为基础绕 X 轴和 Y 轴的转动惯量。

半无限均匀弹性半空间刚性板的刚度埋置系数 表 6-2

刚 度 参 数	埋置系数 e_i
竖向平动 e_z	$\left[1+0.095\frac{D}{B}\left(1+13\frac{B}{L}\right)\right]\left[1+0.2\left(\frac{(2L+2B)}{LB}d\right)^{0.67}\right]$
水平平动 e_y(沿长边方向)	$\left[1+0.15\left(\frac{2D}{B}\right)^{0.5}\right]\left\{1+0.52\left[\frac{\left(D-\frac{d}{2}\right)16(L+B)d}{BL^2}\right]^{0.4}\right\}$
水平平动 e_x(沿短边方向)	$\left[1+0.15\left(\frac{2D}{B}\right)^{0.5}\right]\left\{1+0.52\left[\frac{\left(D-\frac{d}{2}\right)16(L+B)d}{B^2L}\right]^{0.4}\right\}$
转动 $e_{\theta x}$(绕 X 轴)	$1+2.52\frac{d}{B}\left(1+\frac{2d}{B}\left(\frac{d}{D}\right)^{-0.20}\left(\frac{B}{L}\right)^{0.50}\right)$
转动 $e_{\theta y}$(绕 Y 轴)	$1+0.92\left(\frac{2d}{L}\right)^{0.60}\left[1.5+\left(\frac{2d}{L}\right)^{1.9}\left(\frac{d}{D}\right)^{-0.60}\right]$

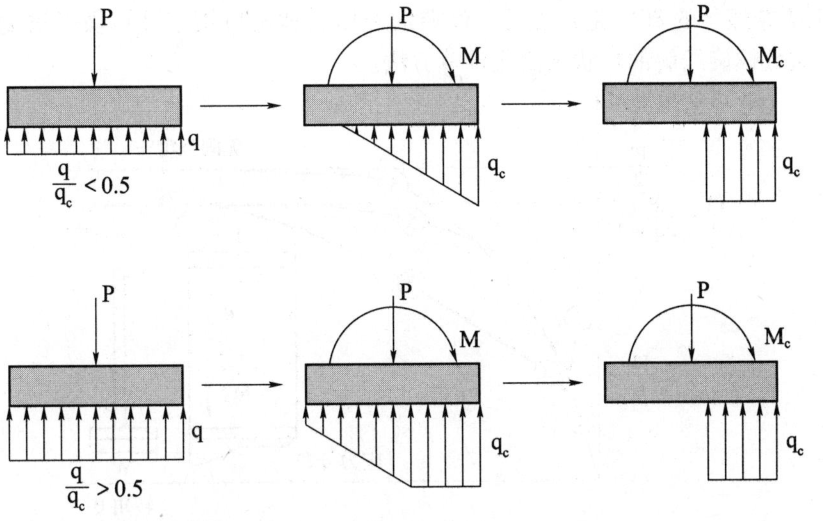

图 6-4 受到倾覆力矩作用的刚性承台边缘理想化的应力集中

无弯矩作用时,矩形承台的竖向承载能力 Q_c 为:

$$Q_c = q_c BL \tag{6-4}$$

式中:q_c——土体单位面积极限强度;

B——是承台宽度;

L——承台长度。

如果在弯矩与竖向荷载共同作用下,承台边缘将会出现接触面应力集中的现象,尤其是在承台受拉时。极限弯矩承载能力 M_c 与竖向荷载和土体竖向承载力之比有关。假设刚性承台,并且接触面应力与竖向位移成比例并保持弹性,直到达到竖向承载能力,定义安全系数 F_v 如下:

$$F_v = \frac{q_c}{q} \tag{6-5}$$

式中:q——作用于承台的竖向荷载(接触面应力)。

如果 F_v 大于 2,在土体塑性屈服之前基础将产生拉应力,但是,如果 F_v 小于或等于 2,在基础趾脚处土体将首先产生屈服。

基于以上假设,矩形截面承台的弯矩承载力为:

$$M_c = \frac{LP}{2}\left(1 - \frac{q}{q_c}\right) = \frac{LP}{2}\left(1 - \frac{1}{F_v}\right) \tag{6-6}$$

式中:P——作用在承台上的竖向荷载;

$q = P/BL$;

B——承台宽度;

L——弯曲方向承台长度。

根据这个模型可以得到由屈服和受拉产生的非线性弯矩-转角关系曲线,见图 6-5 所示。

摆动对结构地震响应的主要影响:首先,摆动将导致刚度降低和桥梁基本周期的延长,这种影响与振幅有关,并且非线性非常明显,因此,结构最大地震响应将有所降低。通过土体的屈服将耗散大量的能量,能量的多少则与土体初始支承压力与极限承载力的比值有关。这种行为还将降低对结构墩(柱)的延性需求。

如果允许基础下方的土体塑性屈服,必须考虑由竖向静力荷载产生的累积沉降的大小。模型试验和分析研究(Martin and Lam,2000)建议:设初始静力安全系数 F_v 大于 2.5,这样预期沉降将会很小(比如说几英寸或几厘米),而且对于加固也是可以接受的。

墩(柱)剪力是由基底与侧面的摩擦和基础正面被动抗力承担的。为了简化,可以假定:变形等于基础埋置深度 2% 时达到总抗力最大值。对于大多数现浇混凝土基础,在估算基底及侧面摩擦时,接触面摩擦值取为土体摩擦角的80%是合理的。经典的土压力理论可用于计算极限被动压力承载力。图6-6所示为基于对数螺旋线解的粒状土简化计算方法。

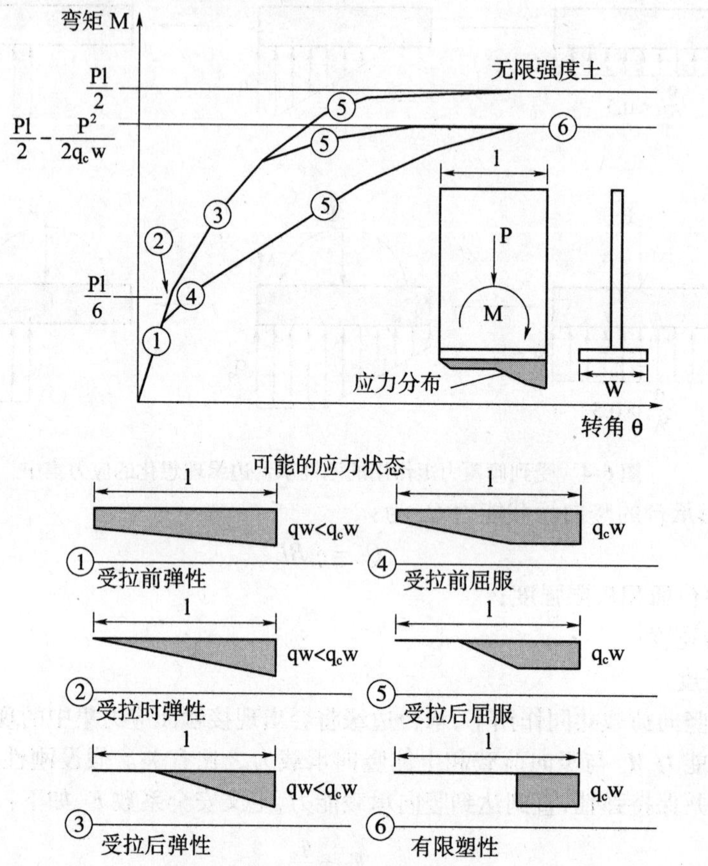

图6-5　条形基础上剪力墙的摆动

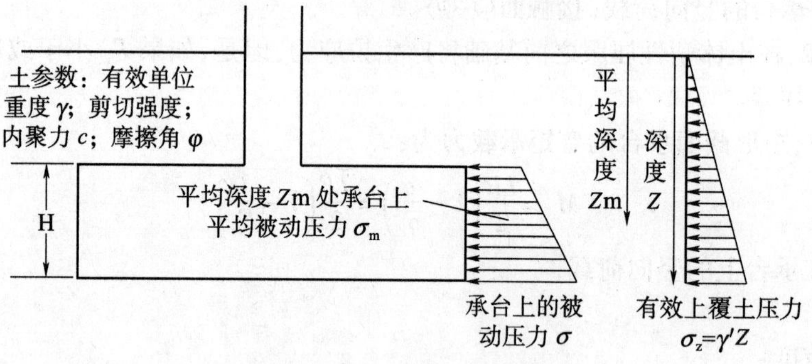

对于被动压力能力的推荐方法

(Ⅰ)对于无黏性土(仅有 φ)

平均被动压力承载力 $= K_p \gamma Z_m$

K_p 基于 Caquol&Kerisel 对于交接面摩擦角 $\delta = 0.5$。

(Ⅱ)对于黏性土(仅有 c)

基于 Rankine 压力理论

平均被动压力承载力 $= \gamma' Z_m + 2c$

(Ⅲ)对于 c,φ 的土

平均被动压力承载力 $= K_p \gamma' Z_m + 2c\tan(45° + \alpha 2)$

单位宽度承台总承载力

$=$ 平均被动压力承载力 $\times$ 承台厚度(H)

图6-6　基础或承台被动应力承载力计算方法

如果采用表6-1和表6-2给出的剪切刚度参数，由等效静力弹性分析计算基础内力，而且基础内力超出基础水平抗剪能力，那么随之发生的屈服可通过降低刚度参数来近似模拟，并重新进行结构分析。

6.2.2.2　桩承台基础

桩基主要由连接在承台或盖梁上的群桩组成，桩（通常为贯入桩）的直径一般低于0.6m（2ft）。桩基是最典型的桥梁基础形式，广泛应用于不同类型的桥梁中，包括具有单柱墩、多柱墩和墙式墩的桥梁。盖梁处的连接也有多种连接方式，如铰接、固结。大体说来，在侧向荷载作用下为刚性桥梁对基础柔度非常敏感，在这种情况下，准确描述基础刚度显得非常重要，换句话说，如果基础相对于桥梁是柔性的，那么应精确的计入基础刚度，如：置于软土中的基础，或墙式墩和单柱墩基础的横向。

群桩基础的整体地震反应是由轴力和侧向力共同作用下单桩的地震反应以及盖梁的侧向反应决定的。不同构件的刚度和承载力的特征如下：

为了计算刚度和承载力，承台或盖梁一般与桩不耦合，单独评估两个构件的作用。基于离心作用测试（Grade 1997）得到的结论是合理。由墩（柱）弯矩在桩身产生的轴力确定转动刚度和承载力时，盖梁的侧向刚度和承载力远高于桩身的值。

6.2.2.2(a)　承台——侧向刚度和承载力

由于存在土体沉降的可能性，以及承台和桩之间相互作用的不确定性，承台底部和侧面的剪力对土的刚度和承载力的贡献忽略不计。因此，最初的侧向抗力是由承台竖直表面上的被动压力产生的。最大被动土压力的计算方法与图6-6中关于浅承台的计算方法相同，由于极限承载力在小变形时就减小了（一般为埋入深度2%），因此应使用本假定来计算初始弹性刚度或侧向力—变形刚度。如果位移需求大于此变形值，采用降低后的切线刚度计算。

6.2.2.2(b)　桩顶刚度——侧向荷载

在实际工程中，假设梁支承于由非线性p-y曲线定义的Winkler弹簧上，由Pushover分析确定桩身侧向的荷载—变形特征（图6-7）。这种类型的拟静力土—基础相互作用问题可以使用多种方法进行分析，包括离散梁柱法和有限元方法。针对砂土和黏土，许多学者基于小直径桩的荷载测试，建立了经验的与变形相关的侧向抗力曲线。最常用的砂土和黏土的p-y曲线分别由Reese等人（1970）和Matlock（1970）提出。在弹性需求分析中，如果用一个满阵的6×6的刚度矩阵代表群桩（Lam等1998年），应对这些曲线线性化以得到一系列相容的侧向、转动、耦合的刚度值。如果需要基于非线性p y曲线建立桩顶非线性荷载—变形关系时，可以采用软件，如：LPILE（Reese等人，1997），FLPIER（Hoit和Mcvay，1996）。然而这些曲线对桩顶的固结条件以及桩开裂的截面模量非常敏感。

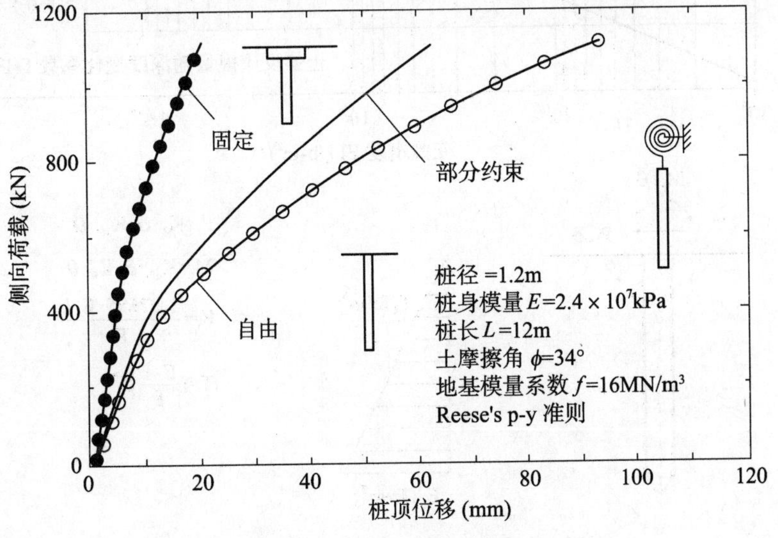

图6-7　边界条件对桩身刚度的影响

在为需求分析选择这些曲线的等效割线模量时,应保证与位移需求一致,在强震中位移需求通常都低于几厘米(或英寸)。然而由于场地条件的诸多不确定性,下面推荐一种计算线性刚度的简化方法,用于加固评估。

Lam 和 Martin(1986)发现,由于弹性桩对非线性土的刚度影响很大,因此代表土—桩系统整体刚度的侧向荷载—变形曲线的非线性并不明显。此外,桩—土相互作用显著的区域一般限定在 5 ~10 倍桩径深度范围。因此,简化的单层桩顶刚度设计图表适用于侧向荷载。

单层线性设计图表如图 6-8 和图 6-11 所示。这些图表使用了离散的 Winkler 土弹簧模型,其中刚度与深度成线性关系,在桩顶的假定位置(参考水准面)处记为零点。对于砂土和黏土中的承台,可将地基刚度的线性表达式作为初始测试数据的一个近似值。然后用两个参数定义桩—土系统:桩的弯曲刚度 *EI* 和非弹性地基模量的变化系数,f 按公式(6-7)计算:

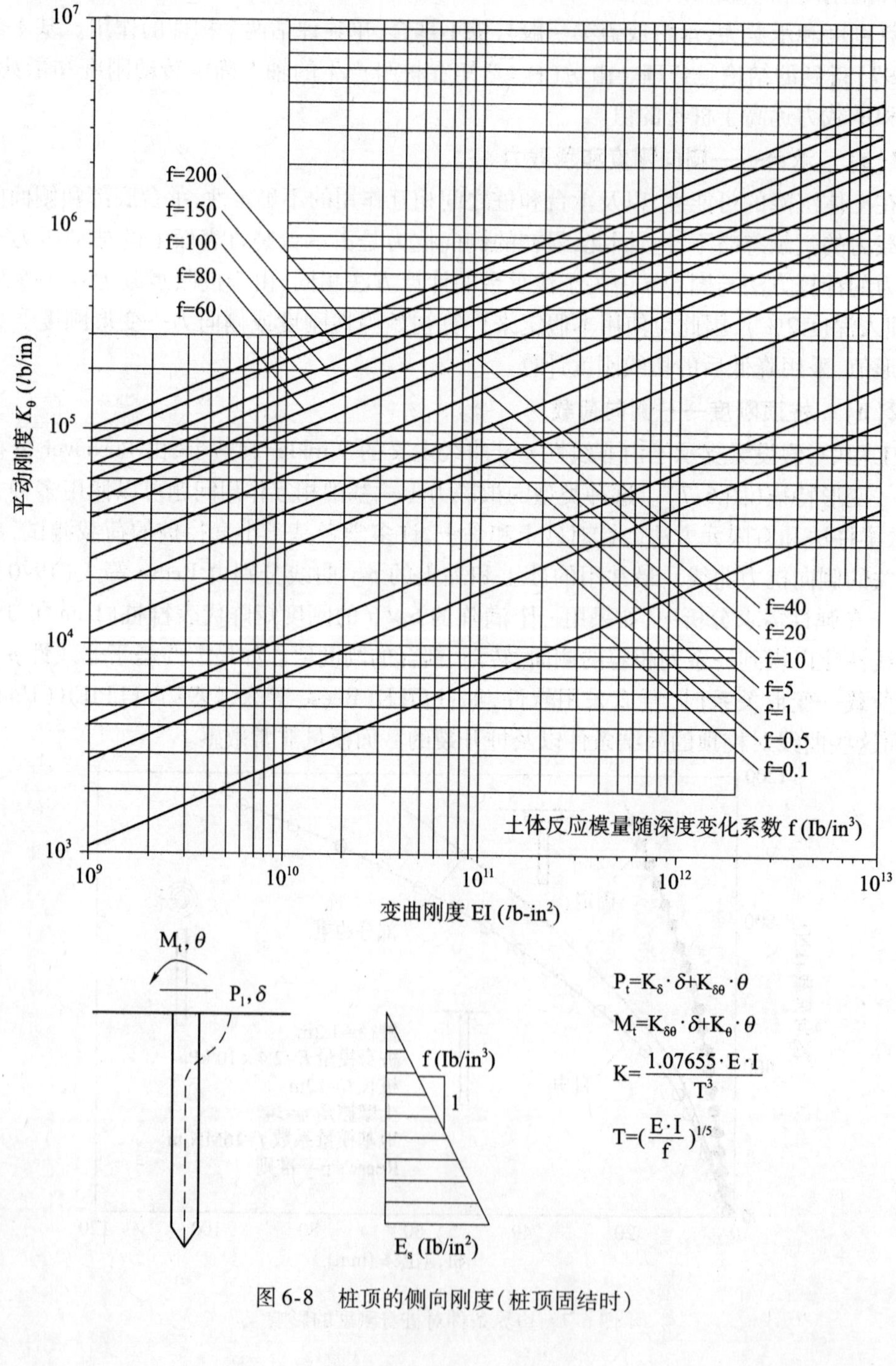

图 6-8 桩顶的侧向刚度(桩顶固结时)

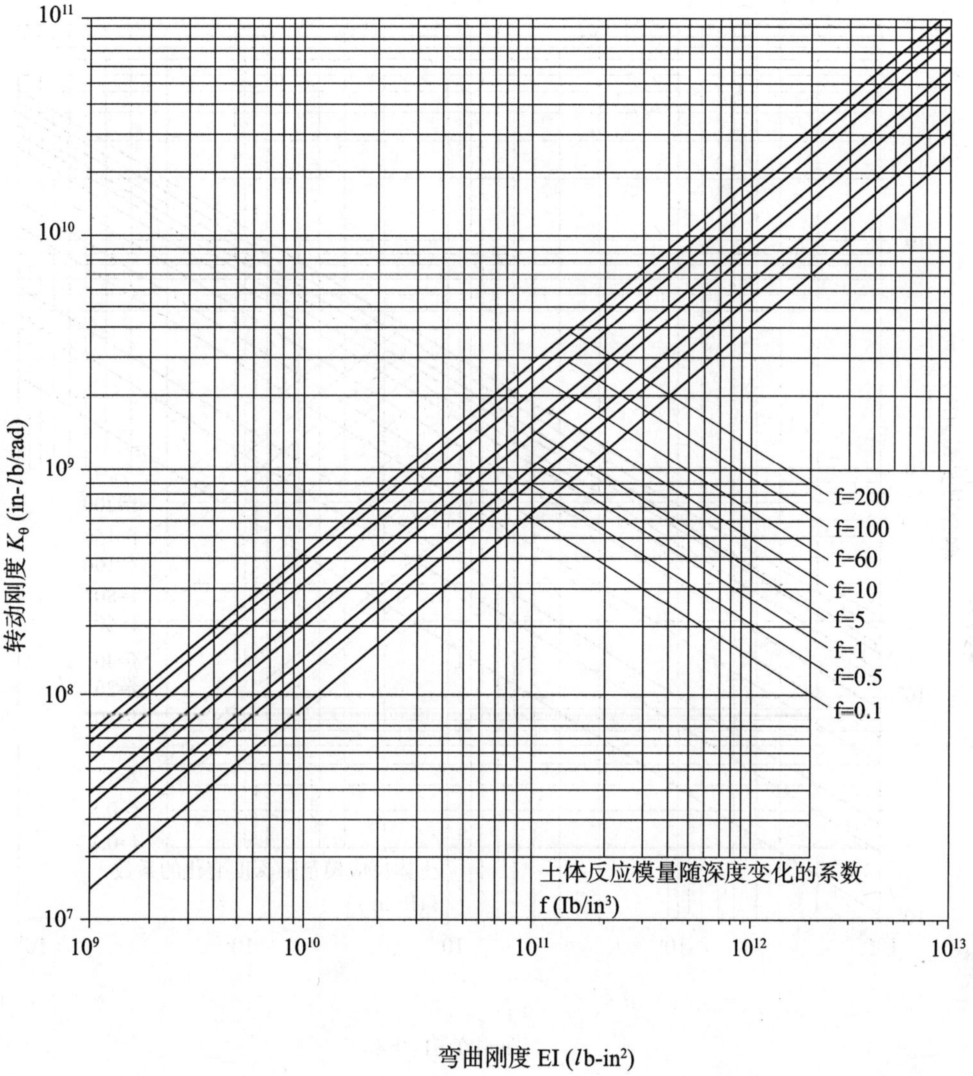

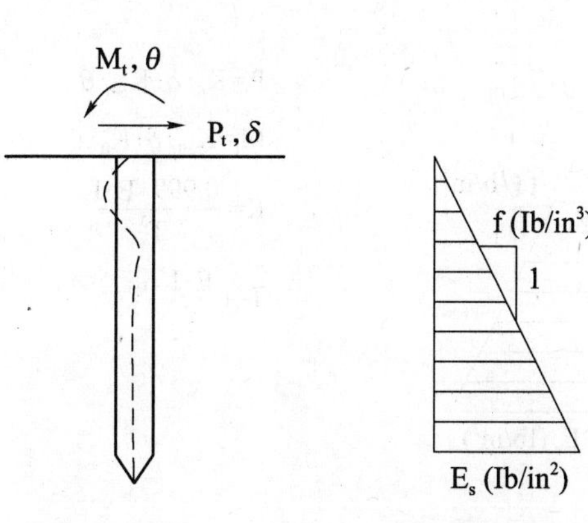

$$P_t = K_\delta \cdot \delta + K_{\delta\theta} \cdot \theta$$

$$M_t = K_{\delta\theta} \cdot \delta + K_\theta \cdot \theta$$

$$K = \frac{1.499 \cdot E \cdot I}{T^3}$$

$$T = \left(\frac{E \cdot I}{f}\right)^{1/5}$$

图 6-9　桩顶转动刚度

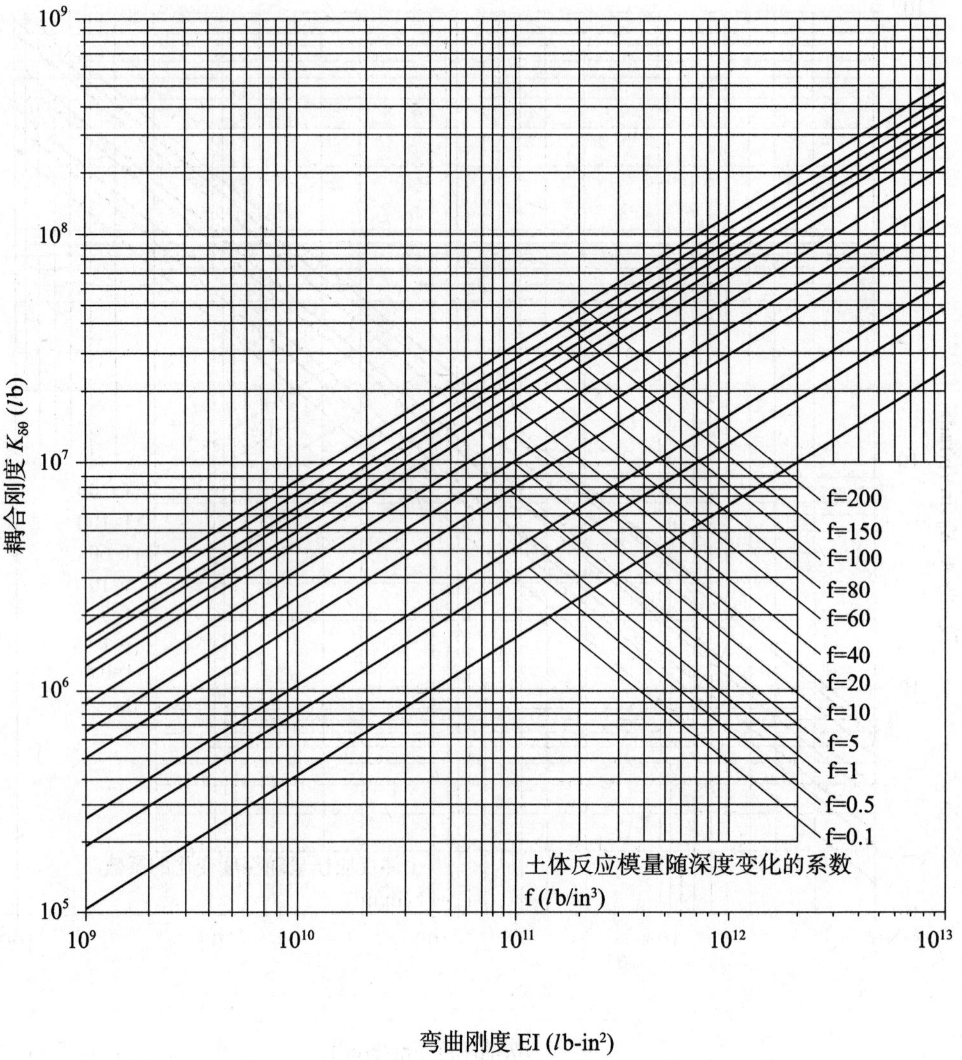

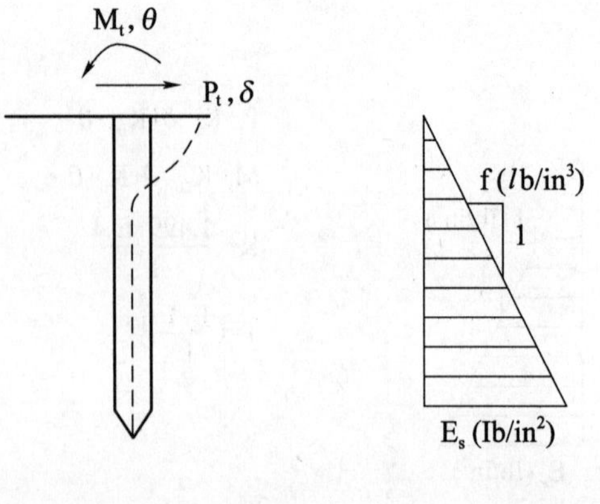

$$P_t = K_\delta \cdot \delta + K_{\delta\theta} \cdot \theta$$

$$M_t = K_{\delta\theta} \cdot \delta + K_\theta \cdot \theta$$

$$K = \frac{0.999 \cdot E \cdot I}{T^3}$$

$$T = \left(\frac{E \cdot I}{f}\right)^{1/5}$$

图 6-10　桩顶耦合刚度

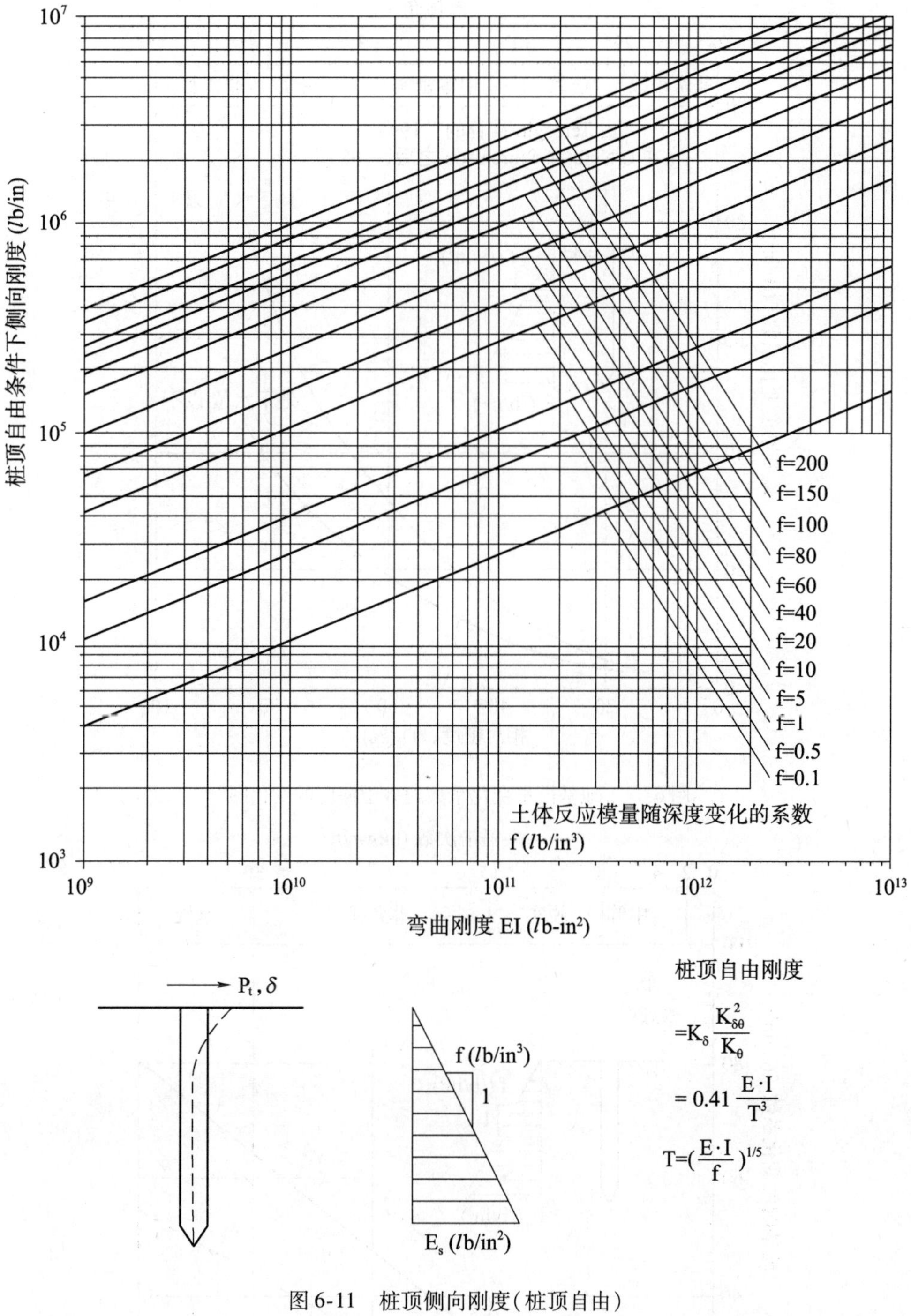

图6-11　桩顶侧向刚度（桩顶自由）

$$f=\frac{E_s}{z} \tag{6-7}$$

式中：E_s——特定深度的地基模量（单位桩长的土的刚度）；

z——地面以下的深度。

对于置于砂土中承担正常工作荷载❶的桩，系数f（单位：力/单位体积）是经过修正的标准贯入度试验（SPT）的锤击次数或相对密度的函数（图6-12）。对于置于黏土中的桩，系数f在图6-13中给出。从图表读数时，对于上面的五种桩径应采用平均土壤条件，图表适用于直径低于0.6m（24in）的桩。

❶ Terzaghi (1955); Murchison and O' Neill (1984)

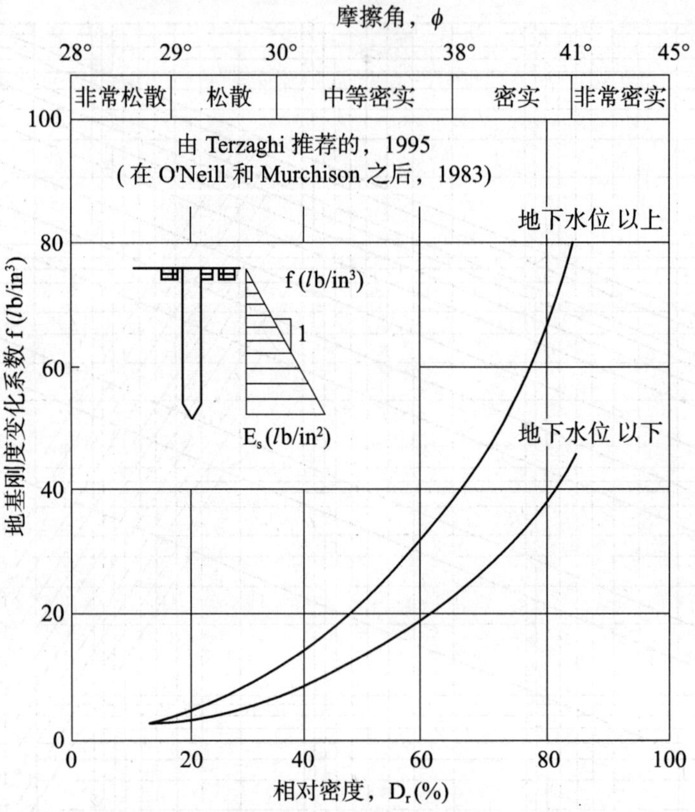

图 6-12 地基模量变化系数随砂土深度的变化图

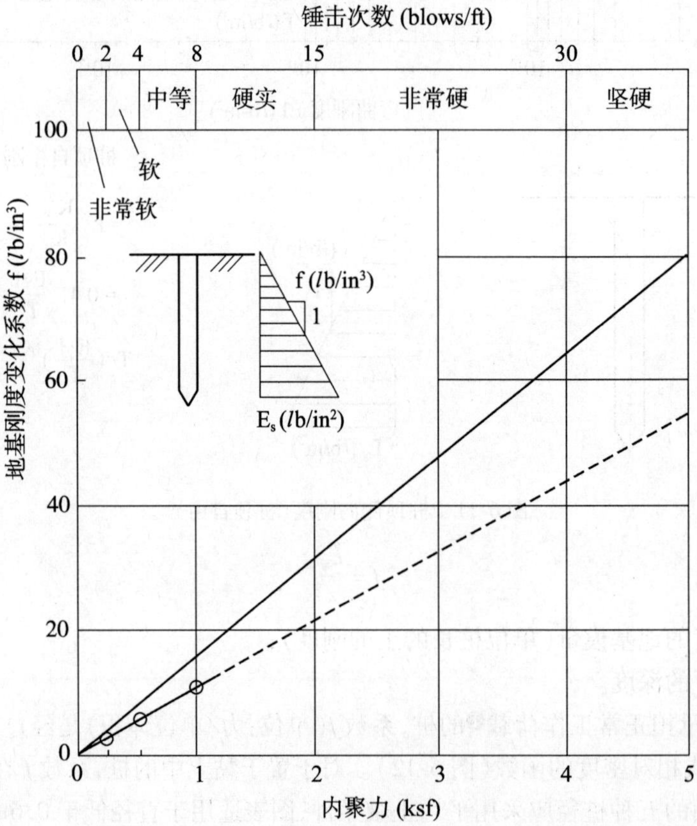

图 6-13 地基模量变化系数随粘土深度的变化图

给定系数 f 和桩的弯曲刚度 EI 后，侧向和转动刚度可以直接从图 6-8 ~ 图 6-11 中得到(Lam 等，1991)。这为估算浅埋基础刚度提供了一种可靠方法。虽然图中假定桩未埋入土中，但是，适用于埋置深度达 1.5m 的基础，此时，桩顶上面的土可以忽略不计。图 6-11 给出了桩顶铰接(即：零弯矩)时的一系列设计图表。如果采用地基模量变化的系数(见图 6-12 和图 6-13)得到图 6-8 ~ 图 6-11 的桩顶刚度矩阵，承台刚度矩阵适用于变形在 6 ~ 50mm 之间的承台。

当埋置深度较大时，刚度系数也随之增加。根据与深度近似于线性关系的地基模量，图 6-14 ~ 图 6-16 给出的承台刚度系数，适用于埋置深度为 1.5 ~ 3m 的情况。从图中可以看出，埋置深度对柔性桩的承台刚度影响要大些，随着桩身刚度的增大，埋置深度的影响减弱。埋置深度对侧向刚度的影响最大。例如：置于致密砂岩[$f = 2.7MN/m^3$ ($10lb/in^3$)]中的承台，当埋入深度由 0 增加到 1.5m 时，对于刚性桩，承台侧向刚度可以增加 130%，对于柔性桩，承台侧向刚度可以增加 230%。当埋置深度由 0 增加到 3m 时，对于刚性桩，承台的侧向刚度增加 150%，对于柔性桩则增加 350%。

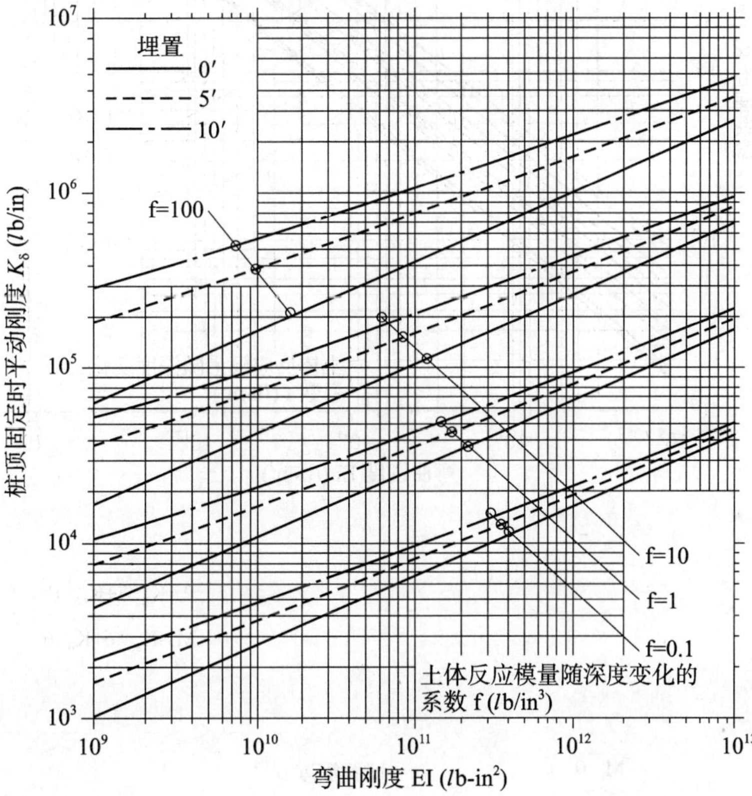

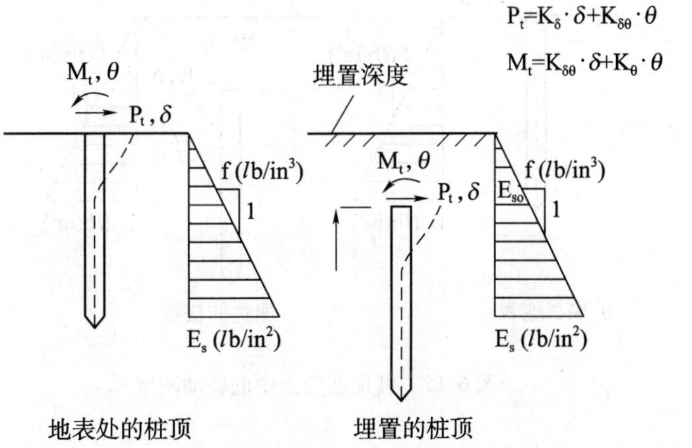

图 6-14　桩顶埋置土中的侧向刚度(桩顶固定)

这些图表表明埋置深度对置于密实砂中的桩影响较大。例如,对于一个 0.3m×0.3m(12in×12in)的混凝土桩($EI=43\times10^6$MPa[6.22×10^6ksi],埋置深度 1.5m(5ft),置于致密砂岩中时,其侧向刚度增加 160%[$f=2.7$MN/m^3(10lb/in^3)],置于密实砂中,增加 260%。

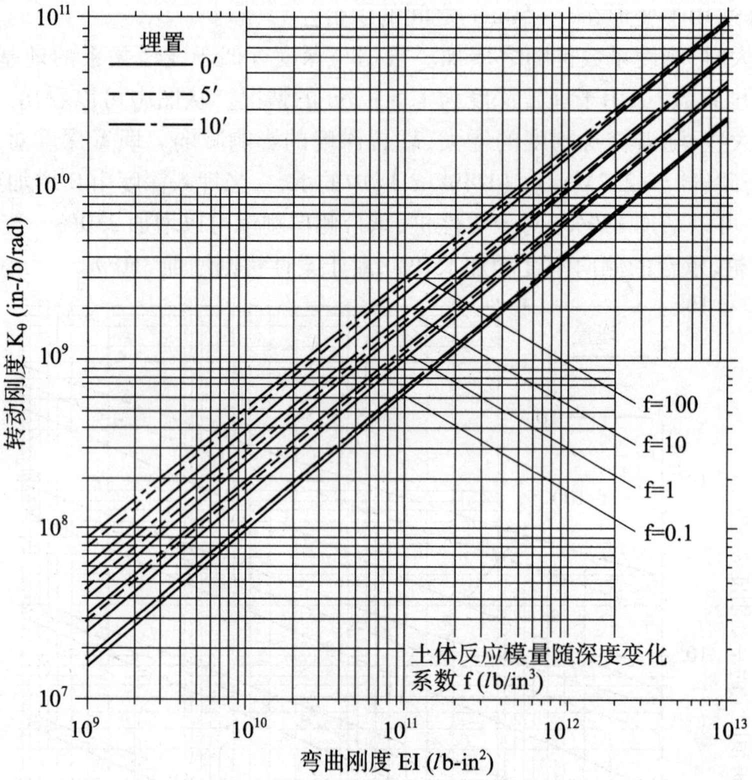

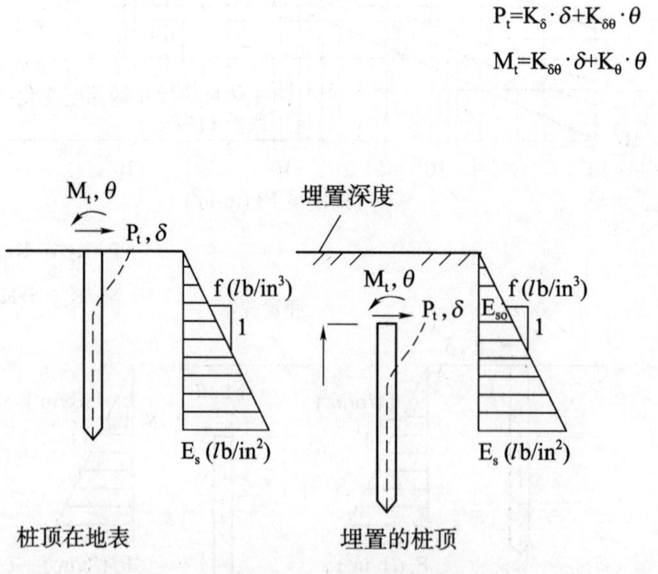

图 6-15　桩顶埋置土中的转动刚度

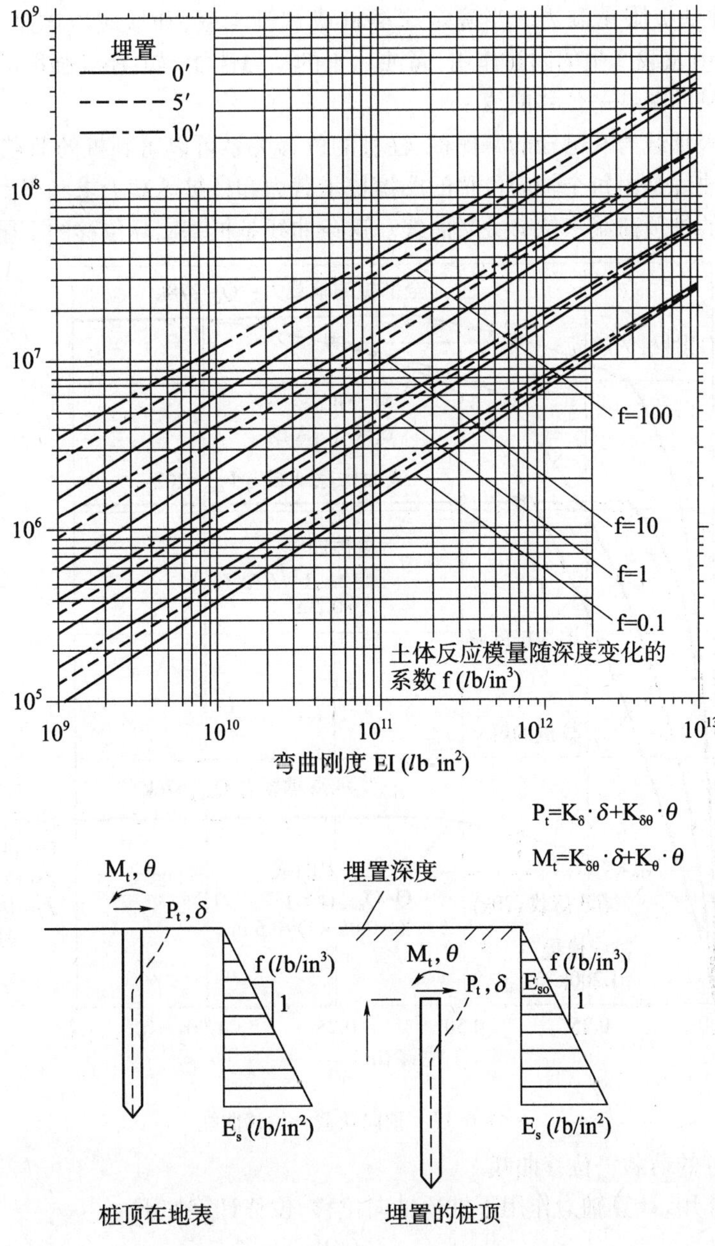

图 6-16　桩顶埋置土中的耦合刚度

6.2.2.2(c)　桩顶刚度——轴力

一般假设桩顶的轴向刚度不与侧向刚度和转动刚度耦合。由于土体承担轴向荷载的能力主要来自相对较深处，可以假设轴向荷载—位移特性与侧向荷载—位移特性不耦合。因此，这些特性对较浅的土—结构相互作用区域的特性不太敏感，其中所说的区域主要影响侧向荷载。然而，由于全部轴向抗力来自于长度较长的桩（尤其是在更深的土层），并且桩在地震前承受较大的恒荷载，准确确定轴向性能需要考虑非均匀土层和桩身上部分的塑性滑移。因此，线性、齐次解析解不能用于轴向荷载的计算，应采用能够考虑土层和桩—土接触面处的塑性滑移的方法，如下所述。

图 6-17 给出的计算轴向刚度系数方法，这种方法考虑了分层和滑移（Lam and Marting, 1986），图 6-17 是埋置于砂土（$\phi=30°$）中的钢管桩，桩长 21.3m，直径为 0.3m，步骤如下：

第 1 步　极限抗压承载力

采用针对不同土层的表面摩擦承载力和柱桩承载力的传统分析过程进行特定场地桩基承载力分

析,这样可以计算桩基极限承载力。当确定摩擦桩或柱桩承载力时,应考虑施工方法(如:钻孔或夯入)、特殊条件(如:由超载产生的固结作用,腐蚀)、土的动力性能(如:循环强度的退化,液化)等。

第 2 步　刚性桩的荷载—位移曲线

根据估计的极限承载力和已知的摩擦桩、柱桩的位移关系可以得到桩的荷载—位移曲线。图 6-17 给出的荷载—位移曲线是由每个轴向位移的摩擦桩承载力和柱桩承载力求和得到的。根据这个曲线可以得到轴向刚性桩的桩顶荷载—位移关系曲线。这条曲线是桩基实际位移的下限。

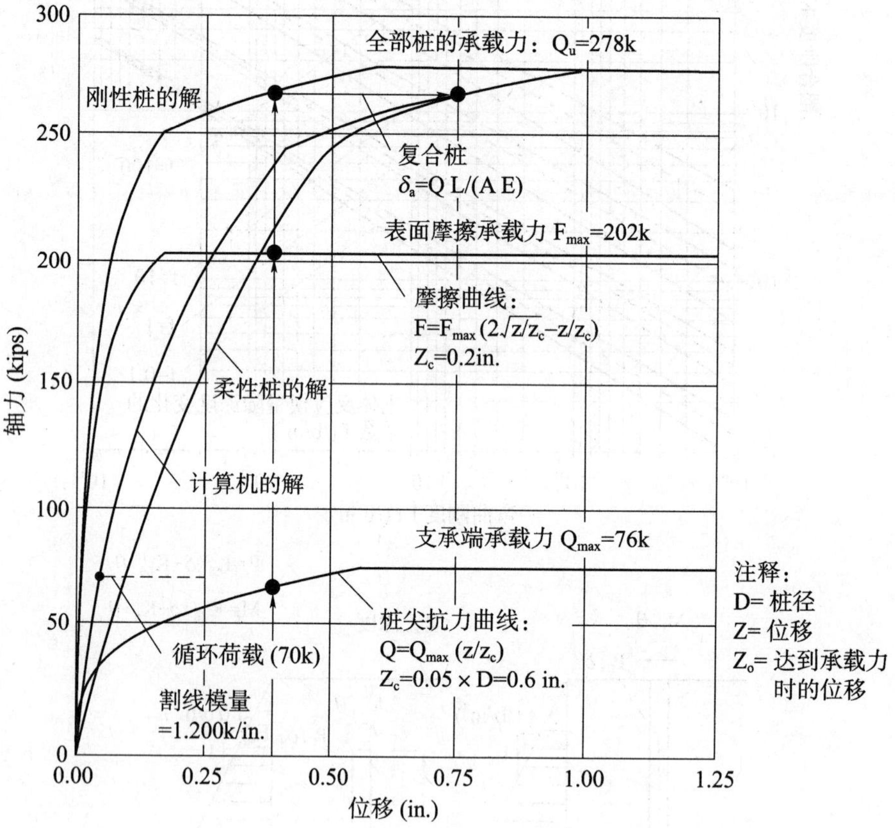

图 6-17　轴向荷载—位移曲线

第 3 步　柔性桩的荷载—位移曲线

忽略周围土体作用,计算轴力作用下桩顶轴向位移,位移计算如下:

$$\delta_c = \frac{QL}{AE} \tag{6-8}$$

式中:Q——轴力;

L——长度;

AE——桩的刚度。

将图 6-17 所示刚性桩的荷载—位移曲线中相应于桩荷载的位移加上由公式(6-8)得到的 δ_c 就可以得到柔性桩的解❶,这个曲线是实际位移的上限。

第 4 步　实际的荷载—位移曲线

取第 2 步和第 3 步得到的荷载—位移的平均值作为实际曲线的初始值。将第 2 步和第 3 步的荷载—位移曲线作为实际的荷载—位移曲线的上下限,实际荷载位移曲线与土—桩基系统的固有属性有关。取结果的平均值是一个比较好的起始点。对于柱桩,实际的荷载—位移曲线与柔性桩的荷载—位移曲线比较接近。对于低水平荷载作用下的摩擦桩,桩上部先受压,因此,实际的荷载—位移曲线与刚

❶ 译者注:原文中的"to the rigid-pile load displacement curve in figure 6-17"是否应该将"curve"去掉?

性桩比较接近。在大荷载作用下，几乎沿桩身全长发生滑移，实际曲线比较接近柔性桩的荷载—位移曲线。

第 5 步　桩的轴向刚度

由荷载—位移曲线中预期位移范围内的部分计算桩的割线刚度，进而得到桩身刚度矩阵中的等效轴向刚度系数。预期位移可以从轴向荷载的范围得到，对于规则桥梁的基础为桩极限承载力的50% ~70%。

受拉情况下的荷载—位移曲线可以通过上述过程得到，只是需要忽略柱桩的端承力，仅考虑表面摩擦力。

一个更简单的方法：在标准荷载（未超过承载力）的作用下，桩顶刚度可以表示为 EA/L 的倍数的形式，并包含一个与摩擦桩和柱桩桩端承载力有关的常数 α（gohl，1993）。例如，当 $\alpha = 1$ 时，给出刚度的下限值（即 EA/L），适用于不考虑摩擦作用支承于岩石上的柱桩；$\alpha = 2$ 则适用于不考虑桩端抗力的摩擦桩。

6.2.2.2(d)　群桩分析

在桥梁动力分析中，群桩可以通过一系列不耦合的弹簧或一个完全耦合的基础刚度矩阵模拟，如图 6-18 所示。后一种模拟方法是最常用的精确方法，需要针对每根桩确定刚度系数其 6 ×6 的广义刚度矩阵。刚度矩阵中包含了两个水平轴的侧向刚度和转动刚度以及它们的耦合项，同时包含竖轴的竖向刚度和转动刚度（Lam et al.，1998）。

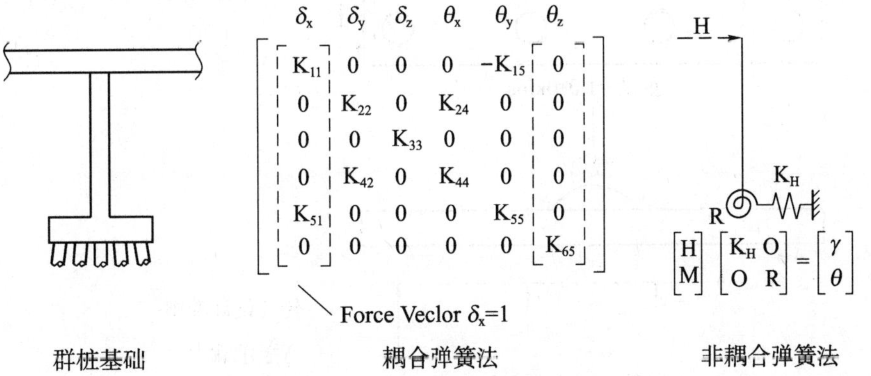

图 6-18　深基础建模方法

将埋入地下的承台视为一个附加的但是非常重要的构件。如前所述，在确定桩身刚度矩阵中的侧向刚度系数时，承台不与桩耦合。在许多情况下，承台刚度要大于群桩的刚度。

对于竖直群桩，平动位移项（两个水平和一个竖直项位移）和耦合项的刚度可以通过将单桩刚度乘以桩数来确定；但是转动刚度项（两个摆动和一个扭转项）则需要考虑附加构件的刚度。除单独的桩顶弯矩外，承台的转动会在每个桩顶产生位移和相应的内力（如：扭转时可在桩身内产生水平力，摆动时可以产生竖向力）。桩顶的这些力共同作用，对群桩产生附加弯矩。大多数情况下，桩的轴向刚度会控制桩群的摆动刚度和扭转刚度。

上述方法没有考虑群桩效应，特别是非线性状态出现时，群桩效应与距离很近的桩及周围土壤的特性相关。总的来说，实际工程中，小于 3 ~5 倍桩径的桩间距将产生非常明显的群桩效应。砂土中的密布桩 $p-y$ 曲线放大系数的实验数据表明，当为 3 倍桩径时大约损失 20%❶。Lam 等人（1998）对群桩效应进行了比较详细的研究。

6.2.2.2(e)　群桩分析—弯矩—转角能力

桩基承台的弯矩—转角特性及其承载力与以下两点有关：

❶ Brown et al.（1988）；McVay et al.（1995）

- 桩基承台的构造,包括布桩数量和几何尺寸;
- 每根桩的受压和受拉承载力。

通过图6-19中对一个典型的桩基进行说明(Lam, 1994)。图6-20中给出了桩群中单桩的荷载—位移曲线,桩由弹性梁—柱单元模拟,用非线性轴向土弹簧模拟土体受压和受拉的抗力,并沿桩身分布。假设承台为刚性,从图上可以看出,单桩极限受压承载力和受拉承载力分别为800kN(180kips)和400kN(90kips)。在此需要假定布桩数量和连接构造具有足够的强度使土体发生失效。将混凝土桩打入均匀中等沙土中,桩长15m,直径0.3m,单桩设计承载力为400kN(45t)。在抗震加固方案中,对于400kN等级桩,常采用极限承载力(受压800kN,受拉400kN)作为默认值。在例题中,基础设计中采用的静力安全系数为2.0,地震前,桩上荷载为极限承载力的50%。

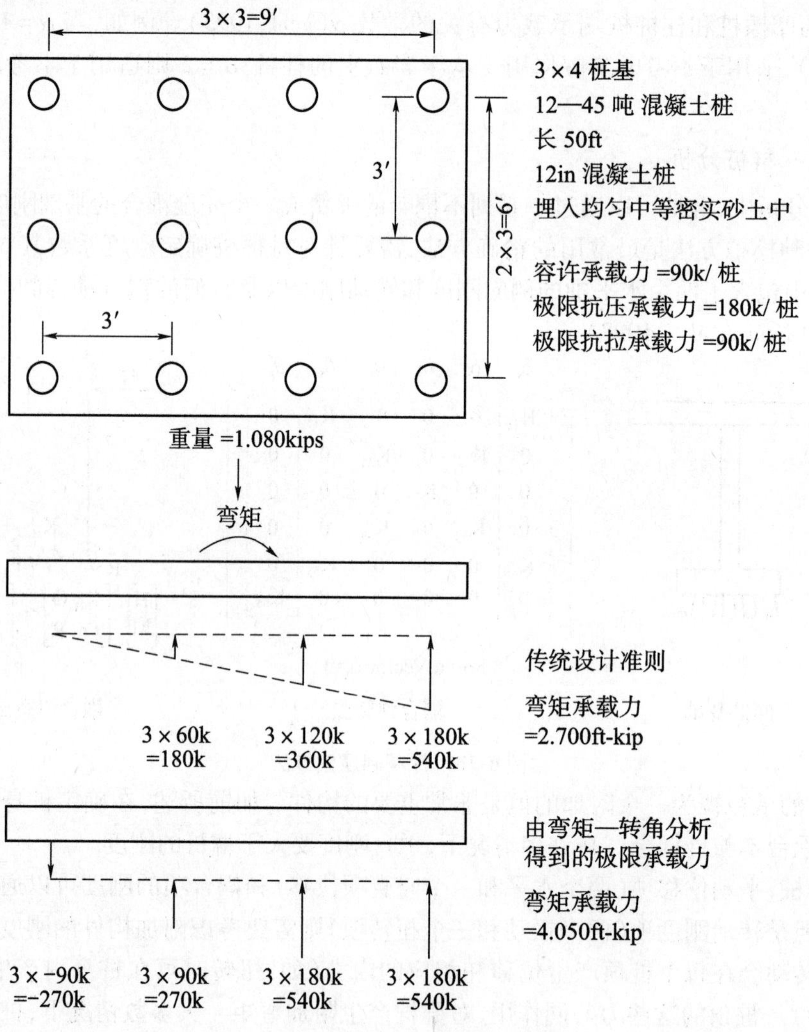

图6-19 研究弯矩—转角的桩基形式

图6-19给出了桩基不同的承载力准则。常规方法计算的桩基弯矩承载力为3 665kN·m(2 700 kip/ft),计算这个承载力时假设桩反力按线性分布。群桩保持竖向平衡时(即,静力荷载4 800kN[1 080kips]),弯矩承载力(3 665kN·m)主要由承担荷载最大的桩的极限抗压承载力(单桩800kN[180kip])决定。在图6-19中的最下方,是对桩基采用非线性弯矩—转角分析得到的弯矩承载力,用这种方法得到的极限弯矩值大于常规方法的计算值。考虑非线性荷载—位移关系,可以使附加荷载分配到桩群中荷载作用较小的桩上。非线性分析得到的极限弯矩承载力为5 500kN·m,高于常规方法的50%。

图6-21给出了上例的循环弯矩—转角的求解过程。弯矩—转角图中的虚线是由单调加载得到的

荷载—位移关系曲线。图中给出了两个均匀循环弯矩加载的结果，其中，较低的循环弯矩 3 665kN · m(2 700kip/ft)对应于常规设计承载力，较高的循环弯矩为 5 500kN · m(4 050kip/ft)。如图所示，在低弯矩 3 665kN · m 作用时，荷载—位移关系几乎是线性的，而且荷载—位移特性和最终沉降量很快达到最终值，也就是说，在几次循环内就可以达到。但是，在高弯矩 5 500kN · m 作用下，基础沉降量不断累积，经过大约 4 次循环加载后，基础沉降量达到 125mm(5in)。从荷载—位移关系可以看出，即使循环荷载正负对称，基础也有可能发生永久性转动。循环加载、卸载、重新加载后土的应力状态从无应力状态发展到平衡状态，永久性转动就与这种土体应力状态的变化有关。使用与恒荷载 3 200 kN(720kips)相应的 3.0 的静力安全系数进行分析，其极限弯矩承载力是常规方法的 130%，并且循环荷载作用下，达到提高后的承载力水平时的沉降量降低了 6mm(0.25in)。

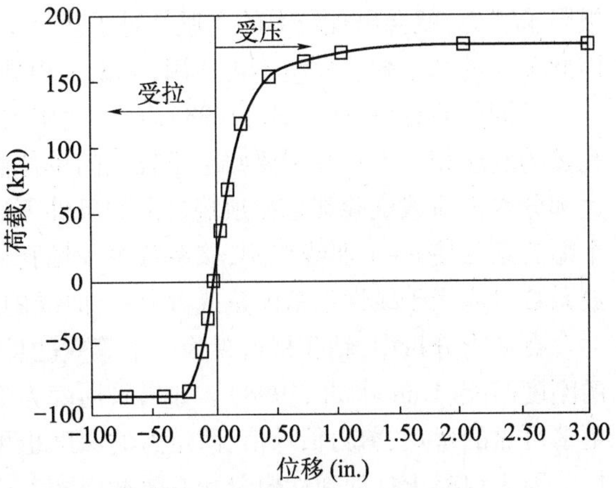

图 6-20　单桩轴向荷载—位移曲线

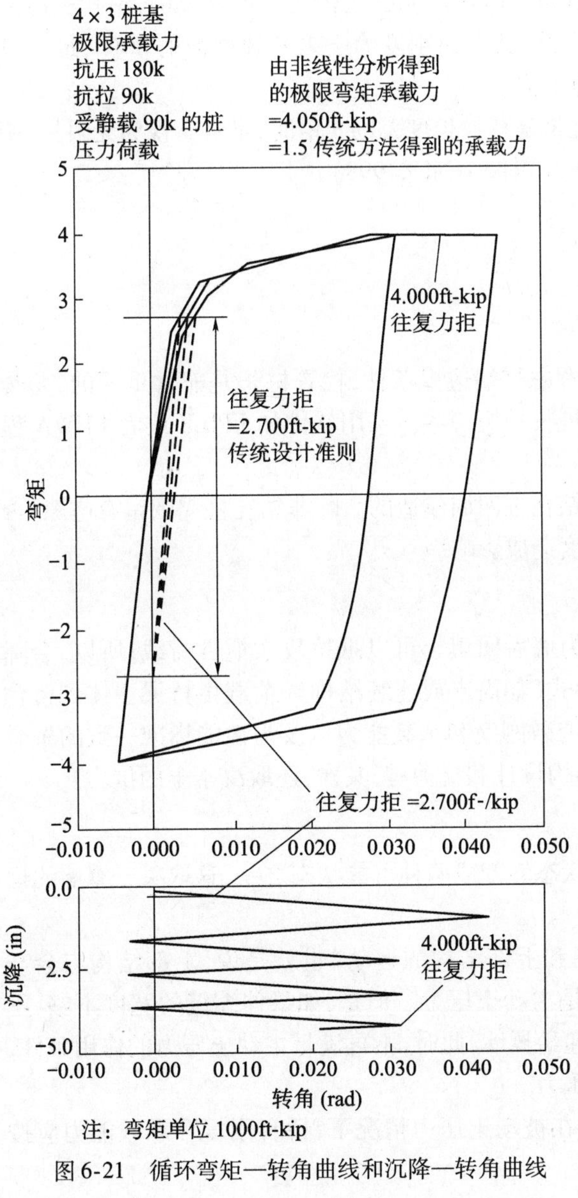

图 6-21　循环弯矩—转角曲线和沉降—转角曲线

考虑到桩承载力估计值比较保守(特别是压力荷载)，已建的桩基在设计时恒载的静力安全系数一般大于 3.0。因此，除非地质条件较差，可以推断桩基发生较大转动和沉降的可能性不大，对于这类场地，在循环荷载作用下土体强度退化十分明显。如果基础的尺寸和桩的数量不足，群桩某种形式的永久性转动很有可能导致基础破坏。

6.2.2.3　钻孔桩

钻孔桩是用来支撑大轴向荷载和倾覆弯矩的大直径的桩[通常直径大于 600mm(2.0ft)]。通过在地中钻孔或扩大成孔，然后护壁以支撑孔壁。完成钻孔后，放下钢筋笼，然后往孔内灌注混凝土。因为作业直截了当，对场地扰动最小，并且承载力高，因此，对许多桥型来说钻孔桩通常优于小直径桩。

钻孔桩的分析和设计在很大程度上与传统的打入桩相似。但是由于安装程序、直径大、小长径比，与典型的小直径的打入桩相比存在差异。并且，对于桥梁来说，钻孔桩基础的结构布置与常用的基础也有所不同。与打入桩的情况一样，由钻孔桩支撑的桥梁大部分是接桩型结构，一般是单桩，而不是群桩。作用在桥面上的水平荷载是由钻孔桩的剪力和弯矩来承担的，而全桥响应对轴向效应并不敏感，这一点与桩基恰恰相反。钻孔桩基础是单桩形式时，在地震荷载作用下钻孔桩上的压力和拉力通常在自重荷载的荷载系数限制范围内。但是，应确保轴向荷载发生变化时，不会超出钻孔桩的受拉或受压极限承载力。与一组打入桩不同，对于单桩形式的钻孔桩，承载能力没有太多储备，也就是说，如果超出极限承载力,就会出现较大的变形。对于一个接桩型结构,水平刚度和转动刚度的耦合作用非常明显,因此独立的基础弹簧模型不再适用,应该采用耦合矩阵形式。

不同的研究(Lam et al.,1998)表明,适用于打入桩的常规 $p-y$ 刚度对于钻孔桩来说偏低(柔)。钻孔桩的刚度相对大一些主要归结于较高的单位侧向摩擦力、桩底剪力和钻孔桩转动的联合作用。因为大部分水平荷载试验都是在顶端自由的条件下进行的,所以暗含了转动效应的影响。一般可以采用一个缩放系数使 $p-y$ 曲线变刚,该系数等于钻孔桩直径与600mm(2.0 ft)的比值(Lam et al.,1998)。缩放系数可应用于线性地基模量或者 $p-y$ 曲线的阻力。这种调整与施工方法也有关。

在动力分析中,钻孔桩可视为一个等效的悬臂梁。这个梁建在某一固定点上,并且梁的刚度应与桩的刚度匹配(Lam et al.,1998)。如果采用静力 Pushover 分析方法评估承载能力,$p-y$ 曲线分析将提供更多可靠的弯矩、剪力估计值,固定点的深度也可能需要修改。

因为混凝土桩的弹性模量和有效截面随着应变发生变化,所以弯曲刚度将随着荷载水平发生变化。对于大直径混凝土桩,在很小的弯矩作用下就会出现细小的裂缝,在评估桩身刚度时,应该使用有效截面的特性。在缺少关于钢筋和轴向荷载的详细信息时,开裂截面的等效特性可以取为未开裂截面特性的50%。这对于绝大部分桩来说可以满足精度要求。

如果钻孔桩的直径、刚度和与墩(柱)一样(Lam et al.,1998),那么在密实和松软土中,钻孔桩最大弯矩一般出现在地面以下2~3倍桩径的位置。开裂截面其弯曲刚度等于未开裂截面的50%,最大弯矩的位置一般比较浅,通常在1.5~2倍桩径的深度范围内。

对于大部分桩来说,由于桩端远离结构,而且当桩长是特征长度 λ 的3倍时,可将其视为无限长,所以,桩端边界条件并不会影响桩的性能。其中,λ 定义为(Lam et al.,1998):

$$\lambda = \left(\frac{EI_p}{E_s}\right)^{0.25}$$

式中:EI_p——桩的弯曲刚度;

　　E_s——地基模量。

对于大直径的钻孔桩,为了确定分析时是否需要考虑桩端边界条件,检查桩长是非常重要的,尤其是软土地基。如果可以保证钻孔桩的侧向刚度,允许桩长稍短一些。采用软件如 LPILE 或者 FHWA 程序 COM624P 进行水平荷载分析是非常必要的。

许多情况下,混凝土铺装或者交通护栏一般是在钻孔桩四周建造的。除非钻孔桩周围留有空隙,否则铺装可以对桩提供侧向支撑,反过来又会对桩顶刚度造成影响。

6.2.2.4　桥台

桥台翼墙和耳墙对桥梁的抗震性能是有利的,因为墙后回填土可以抵抗较大惯性荷载,所以,会降低桥梁某些部位的延性要求。降低程度取决于结构形式(如简支或连续结构)、荷载由桥梁主体到桥台(如整体式或者座式桥台)的传递机制、墙—土系统的有效刚度和承载能力以及与性能标准一致的桥台损伤水平。桥台承受惯性荷载的能力取决于翼墙的结构设计和抗剪键,其次,还取决于土的抗力。

6.2.2.4(a)　桥台纵向承载力

在地震作用下,作用在翼墙上的土压力将由静止状态转变成两种可能状态之一,这取决于翼墙的运动,桥梁上部构造和桥/桥台的结构形式。

对于座式桥台,其伸缩缝宽度较大,可以适应翼墙和上部结构的运动(也就是说,上部结构与会与翼墙发生撞击),所以,作用在桥墙上的地震动土压力是主动土压力。但是,如果伸缩缝的宽度不够,不能满足相对运动的要求,那么就会将上部结构的力传递给翼墙,此时,不再满足主动土压力的作用条件,并且由于上部结构传来荷载,墙后土压力转为被动土压力。

对于图6-22所示的整体式或有隔板的桥台来说,在被动土压力情况下,桥台刚度和承载能力应按下述方法来定义。

但是，对于较高的座式桥台的翼墙，如果后墙失效，在其下方仍会受到地震引起的主动土压力的作用，所以在校核墙体稳定性时需要考虑主动土压力的影响。在这种环境下，希望后墙发生失稳，这样可以避免墙身向后倾斜。这种技术通常应用于新结构的设计，也是因为这个原因，可能需要对已建桥台的后墙进行改进，使其早些失效。当地震危险性水平为Ⅲ和Ⅳ时，强烈推荐这种加固措施。

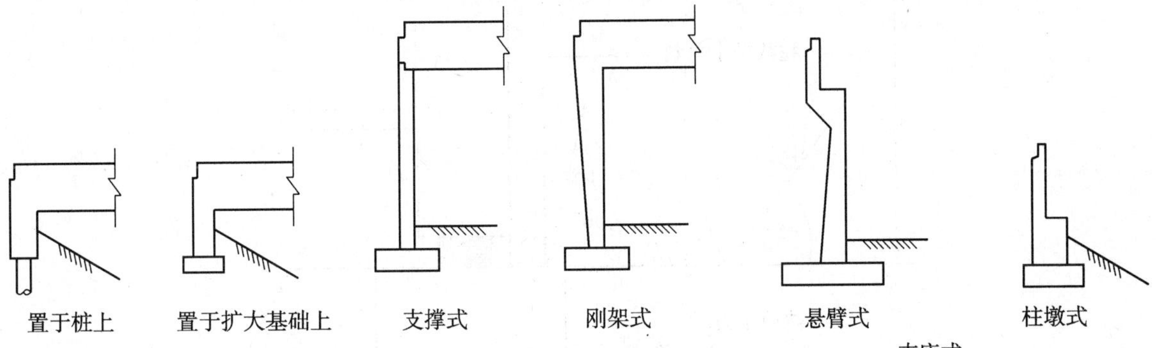

图6-22　桥台类型

地震危险性水平为Ⅲ和Ⅳ时，由于上部结构较大的纵向变形将引起抗力的变化，这里说的抗力是指由翼墙后土体的被动土压力作用产生。设计时，为了考虑桥台回填中惯性力的影响，静力被动土压力不考虑折减。由桥台位移产生的被动土压力区将超出运营荷载设计中通常采用的主动土压力区，如图6-23所示。因此，被动土压力由该区域内土的特性（抗压强度 c 和内摩擦角 ϕ）控制❶。

桥台刚度和被动土压力承载力可以由双线性关系线来表示，如图6-24所示。对于座式桥台，后墙细部构造应该与上部结构的横隔板一起设计，其中，设计上部结构横隔板是用于调节被动土压力的。假设被动土压力沿后墙或者横隔板高度方向分布。因此，单位墙长度上的被动土压力合力为：

$$P_p = p_p H \tag{6-9}$$

式中：p_P——是作用在后墙上的被动土压力；

H——墙高。

6.2.2.4(b)　被动土压力 P_p 的计算

如果被动土压力区域内的致密或天然土的强度指标（全部受压的强度参数 c 和 ϕ）已知，那么给定高度 H 上的被动土压力可以用公认的方法计算。这些方法应该考虑墙和土接触面上的摩擦力。（推荐使用较保守的值，即取邻近桥台墙身回填土的摩擦角的50%）如图6-23所示，所用的强度指标应该能够表示整个被动土压力区的特性。因此，取用主动土压力区靠近墙身的回填土的指标可能是不恰当的。

如果在设计中用默认的被动土压力，那么，应该使用下面的值：

(1)对于无黏性、非塑性的回填土（细料含量少于30%），被动土压力 P_p 可取为 H/10MPa（H 单位是m），或者等于2H/3ksf（H 单位是ft）。

(2)对于黏性回填土（黏粒部分大于15%），被动土压力 P_p 可取为0.25MPa(5ksf)，假设无侧限抗压强度的估计值大于0.2MPa(4ksf)。

也可以采用图6-6所示的近似方法。

6.2.2.4(c)　桥台纵向刚度

对于整体式或者有横隔板的桥台，图6-24所示的初始割线刚度 K_{eff1} 可以按照下面的方法计算：

$$K_{eff1} = \frac{P_p}{0.02H} \tag{6-10}$$

❶ 译者注：原文中是"compressive strength（抗压强度）"，一般情况下，土的特性是"cohesive force（内聚力）"，并由c表示，需要确认这里是哪种情况？

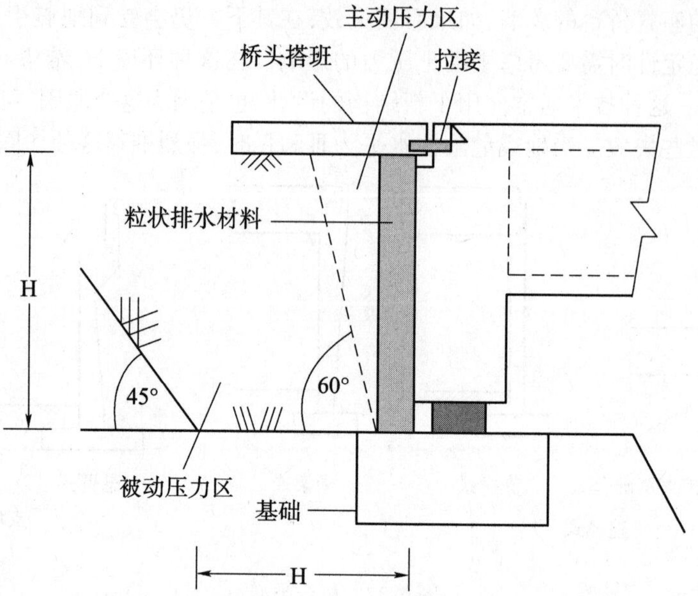

图 6-23　被动土压力的设计区域

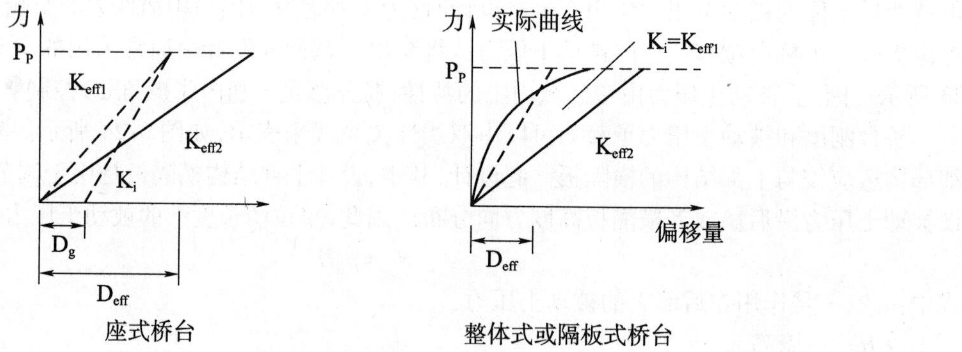

图 6-24　桥台的刚度和承载力描述

式中:假设 P_p 变化时,位移 D_{eff} 等于 $0.02H$。

如果所计算的桥台内力超出了承载力,那么刚度应当进行反复地折减(K_{eff1} 到 K_{effn})直到桥台位移与刚度协调(在 30% 以内)。对于座式桥台,在计算割线刚度时,应当考虑伸缩缝的宽度,则:

$$K_{eff1} = \frac{P_p}{0.02H + D_g} \tag{6-11}$$

式中:D——伸缩缝的宽度。

非线性分析或者 Pushover 分析时,用 P_p 的值和 K_{eff} 的初始估计值定义桥台的双线性荷载—位移曲线来评估承载力。

对于部分的或者全部高度的座式桥台翼墙,后墙很容易失稳,应该评价墙体剩余部分的设计和在持续的、地震引起的主动压力作用下的稳定性。对于"不倒塌"的性能准则,假设建造常规的悬臂挡土墙,允许墙体发生水平平动。但是,旋转的不稳定性可能会导致倒塌,应该避免。

这种设计方法和独立式挡土墙的设计方法相似,唯一不同的是,当上部结构向远离墙体方向移动时,应在平衡方程中考虑桥上部结构引起的水平力。由地震引起的主动土压力应该用水平加速度进行计算,这个水平加速度至少等于场地峰值加速度的 50%,这样就可以假设地震中墙体发生了有限滑移。在水平方向应校核限制平衡条件。为了确保安全,防止以墙趾为固定点发生倾覆,恢复力矩至少比倾覆力矩大 50%。如果有必要,应根据上述条件设计墙体(最初按静载设计)。

在地震引起的主动土压力作用情况的下,经常采用 Mononobe-Okabe 方程组。这些方程组是在库仑滑动楔体假定和无黏性回填土的基础上建立的。对于较高的加速度或后坡，这些方程会产生非常大的压力，在达到临界加速度水平或者后坡坡角时，压力趋于无穷大。对于后者，方程组没有实解，这表明不可能平衡（Das，1999）。例如，在水平的回填砂土，摩擦角是 40°，墙面摩擦角为 20°，峰值加速度为0.4g，滑移面与水平方向夹角 20°。峰值加速度为 0.84g 的情况下，主动土压力趋于无穷，表明发生水平滑移。

很明显，对于实际的情况，无黏性土不可能距离翼墙太远，并且在地震作用下包围整个滑动楔体。在通常情况下，自由排水的无黏性土只分布在静止主动楔体内（比如说 60°），其他土体可能是黏性土，甚至是岩石。在这种情况下，由地震引起的最大主动土压力应当由图 6-25 所示的试验楔体来确定，并且滑移面的强度由滑移面穿过的土体强度参数确定。这种方法能够得到更真实的主动土压力。

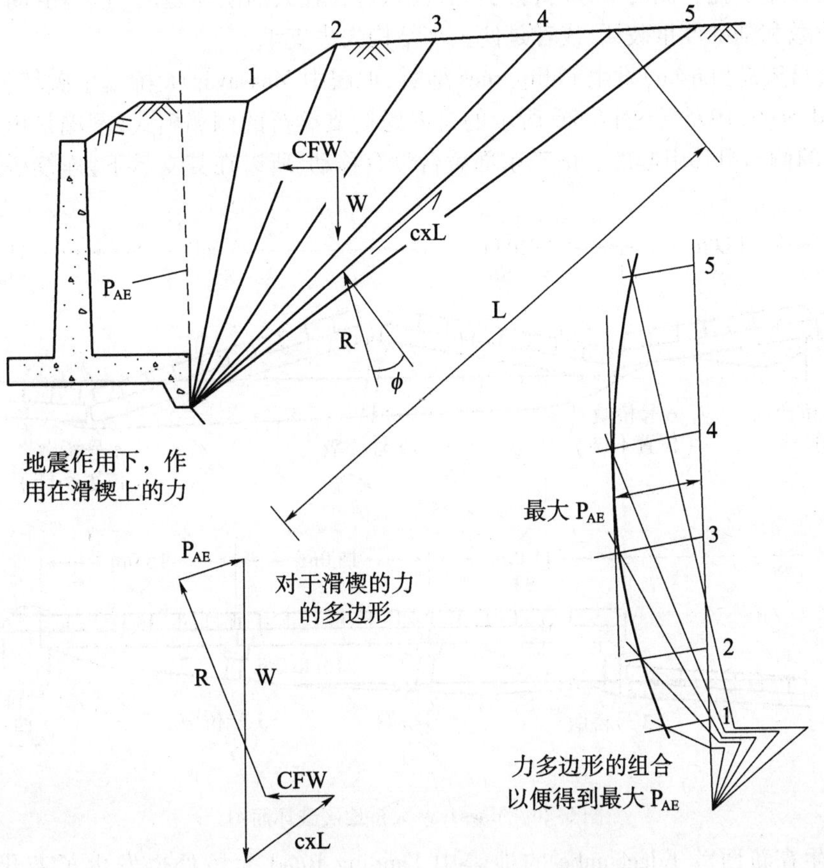

图 6-25　确定由地震引起的主动土压力的试验楔形法

6.3　针对基础的地面位移需求

6.3.1　位移需求的来源

针对基础的地面位移需求：基础的沉降和砂土液化时的侧向滑移，两者都将在下面的章节中进行阐述。

6.3.1.1　地震引起的沉降

在饱和和非饱和砂土中计算由地震引起的沉降量的方法在第 3.3 节和附录 B 中已经介绍，主要以 Tokimatsu 和 Seed（1987）的方法为主。而评估公路路堤填土沉降的方法可参阅本手册的第二部分。

应该对基础的每一个组成部分计算沉降,但是,由沉降引起的力的需求是邻近桥墩或桥台之间的相对沉降量以及桥梁柔性或铰接状态的函数。通过位移需求可以确定上部结构由于失去支承而发生倒塌的可能性。在公式(5-1a)和公式(5-1b)定义的最小支承宽度中考虑了由于沉降造成地面转动的可能性,这种地面转动可能会导致上部结构在桥墩顶部失去支承。由于基础的转动,应校核基座处的位移需求,并与这些最小支承宽度对比。由侧向滑移产生的附加位移需求在下面讨论。

尽管通过保证足够的支承宽度可以防止桥梁倒塌,但是,不同的沉降对性能标准的影响可能不同,并且将这些沉降与推荐的容许限值进行对比。❶

6.3.1.2 液化引起的侧向滑移

当桥梁场地发生液化和侧向滑移时,会引起桥墩、桥台较大的刚体运动(包括滑动和倾斜),这种运动可能会造成桥墩和基础严重破坏,或者是使上部结构失去支承。

在1990年,吕宋岛(Luzon)发生Philippines地震,地震中Magsayay大桥发生破坏,其破坏是由液化引起的(Hall and Scott,1995)。图6-26所示的是四跨简支梁桥的倒塌模式,倒塌是由西侧桥台处发生大约2m(6.5ft)的侧向滑移引起的。由于东部桥台没有移动,所以在其支承下,连续桥面不发生倒塌是可能的。

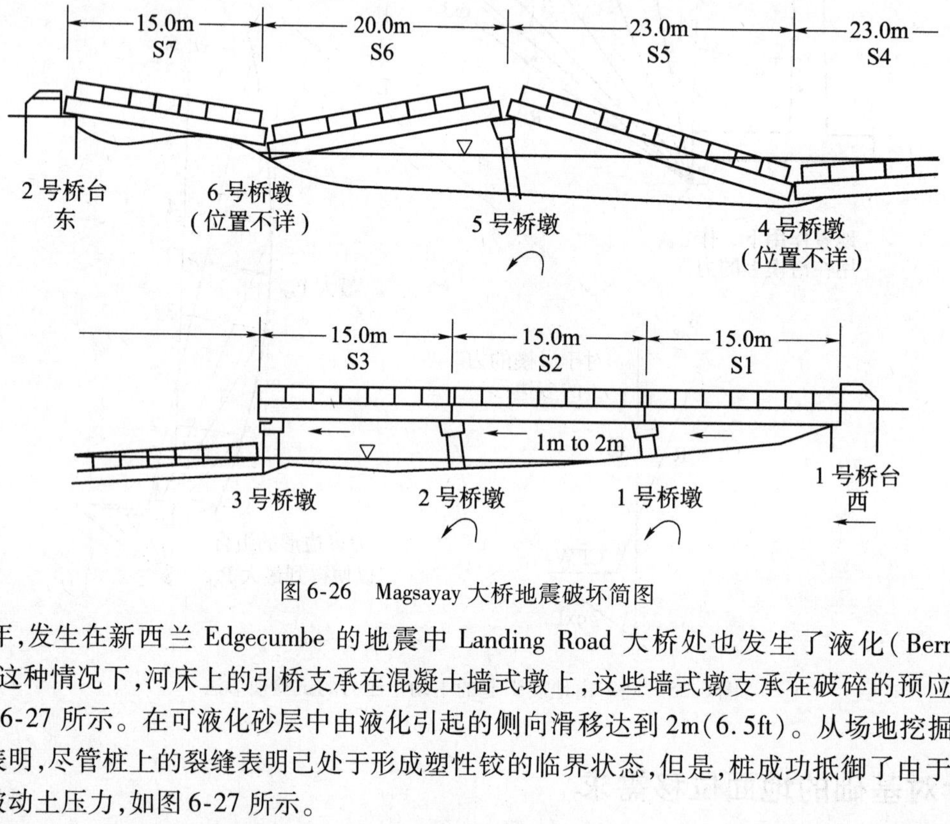

图6-26 Magsayay大桥地震破坏简图

1987年,发生在新西兰Edgecumbe的地震中Landing Road大桥处也发生了液化(Berrill et al.,1997)。在这种情况下,河床上的引桥支承在混凝土墙式墩上,这些墙式墩支承在破碎的预应力混凝土桩上,如图6-27所示。在可液化砂层中由液化引起的侧向滑移达到2m(6.5ft)。从场地挖掘的观察和后续分析表明,尽管桩上的裂缝表明已处于形成塑性铰的临界状态,但是,桩成功抵御了由于桥墩运动而产生的被动土压力,如图6-27所示。

在1995年日本阪神(Kobe)地震中,产生了大范围的液化,采用钻孔照相机和坡度仪进行现场调查,结果表明:在侧向滑移区内,桩体滑移主要集中在液化层和非液化层的交界面处以及桩顶附近。桩的水平分析与观测的性能一致,如图6-28所示(Tokimatsu and Asaka, 1998),其中,分析中采用了p-y接触面弹簧和由地面位移引起的桩身变形进行。

当有可能发生液化,并且会发生显著的侧向滑移时,需要评估桥梁适应这些运动的能力。这时可能需要土-基础-结构相互作用分析。如果桥梁不能达到期望的性能标准,而且不能重新选择桥梁场地时,就需要加固,有两种加固方法可供选择:

❶ Cooke and Mitchell(1999);本手册的第二部分

(1)加固基础或者桥梁结构体系,使其能够适应地面的运动。其中包括加强基础系统和在上部结构采取铰接的形式来协调。这项工作的成本可与下面所介绍的地面修复措施的成本相比。

(2)修复场地来阻止液化或减小地面位移需求。这种方法将在第 11 章中详细介绍。

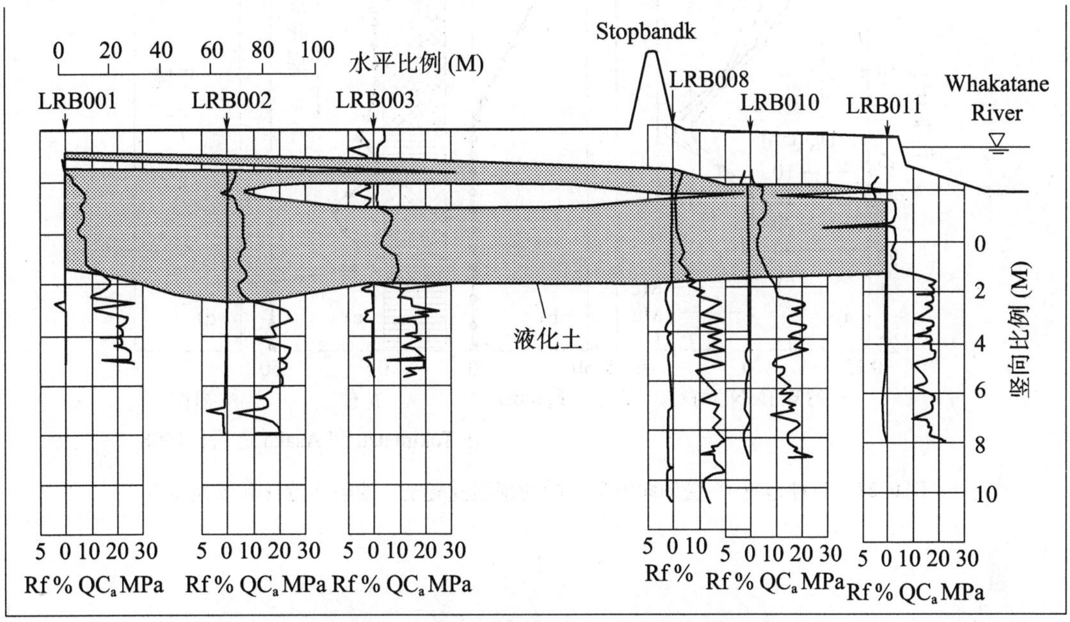

截面 AA 在 Landing Road 桥处，显示了评估的液化土层
截面 BB 类似，有较厚的松散砂土层

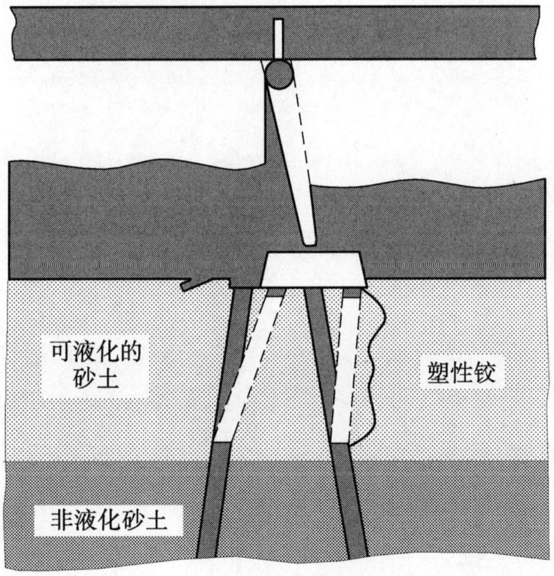

下部结构倒塌机制　　Bemill 等，1997

图 6-27　Landing Road 大桥处的侧向滑移

6.3.1.3　斜坡稳定

地震作用下,可能出现边坡破坏或者在桥梁附近发生山崩(滑落的碎片可以毁坏结构)或者桥梁场地自身存在不稳定性时,都应该进行评估。这种破坏可能发生在岩石或土体斜坡中,主要是以山崩或者是有限滑坡的形式。将在第 11 章简要介绍稳定分析方法和加固措施,液化引起的不稳定性已经在第 6.3.1.2 节中介绍了。

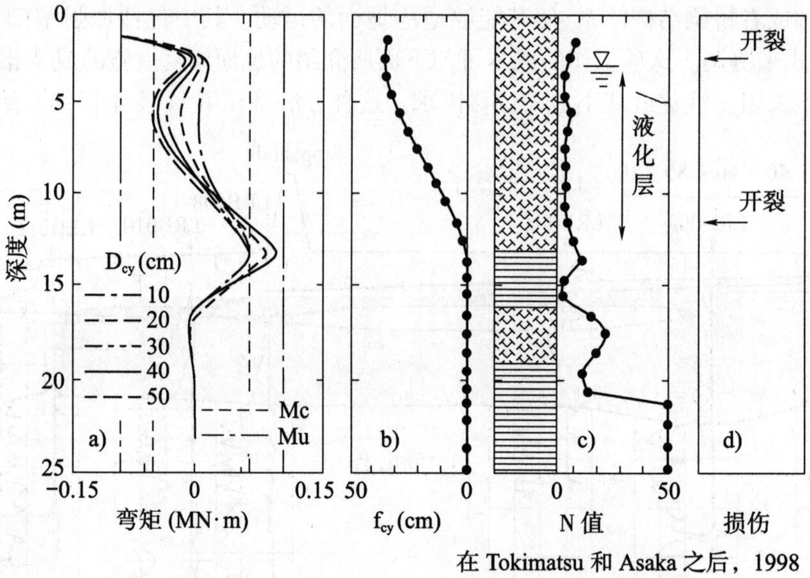

图 6-28　阪神地震中,受侧向滑移影响的预制混凝土桩的破坏特征和场地特点

第 7 章　结构建模和能力评估

7.1　总则

正如 1.11 节和第 5 章所述，桥梁评估基本上分为两步，首先是需求分析，以便确定地震对桥梁的作用力和位移，然后是能力评估，以便满足地震需求，评估过程如 7-1 图所示。如果桥梁能力满足需求，则不需加固，如果结构能力不能满足地震需求，就需要确定加固范围。许多的评估方法都采用能力与需求之比，比值小于 1 就表明需要做加固。

第 5 章论述了五个评估方法（A ~ E），同时也讨论了几个需求分析方法。本章将继续讨论荷载路径、桥梁建模（刚度、质量和阻尼）以及地震作用下内力的组合。

本章其余部分阐述用上述评估方法来评价桥梁结构构件（主要是指桥墩）的强度和变形能力，主要针对单一构件的力学行为。第 5 章阐述怎样将这些信息应用于桥梁整体能力的评估（D1、D2 和 E 方法）。

作为提供分析整座桥梁的能力和需求所必需的构件特性的一种实用方法，在有些情况下，需预先设定一些准则。采用的简化标准，应有合理的精度（但保守），简单便于应用（因而经济）。对于超出指南范围的新的、超常的情况时，必须通过试验研究来验证构件行为模型。

7.2　侧向力的荷载传递路径

对于一座经历大震之后未倒塌的桥梁，一定存在一条从其上部结构（惯性力作用的位置）到下部结构和基础的明确的荷载传递路径。而且，在这条荷载传递路径上，所有构件包括连接构件都必须具备承受力和变形能力。这些构件和部件包括板与梁的连接件、梁翼缘和腹板、横隔梁、横撑架、支座组件、锚栓、砌体和底板、墩（柱）、桥台、承台和基础。

荷载传递路径上的所有构件和部件形成一个抗震系统，在这个系统中荷载被分配到每个构件上，桥梁的性能由荷载传递路径上构件的强度和刚度特性所决定。以往的地震表明：当其中一个构件为延性响应或允许移动时，就可以限制地震对桥梁的破坏。正是由于这个原因，大多数加固方法特意使下部结构构件具有延性性能（通常指桥墩/柱）。

弹性分析方法可用于计算荷载传递路径上的内力，但是，如果出现较大的塑性变形，那么内力的实际分布与计算值之间将有很大出入。假定可以形成足够多的塑性铰倒塌机制，那么通过计算墩（柱）和其他下部结构构件的内力可以得到精度更高的分布情况。然后，由下部结构的计算值可以得到上部结构的内力，并包含一个超限强度（见 7.6 节）的容许值。

但是，只要所作用的力与非弹性的、下部结构的内力之间达到平衡，可以采用更为简单的、弹性的内力分布代替上述方法。在这个分析法中，必须考虑上部结构惯性力偏离下部结构抗力合力点的偏心距。

对横隔梁和横撑架进行分析和抗震评估时，要考虑一定数量支座的水平支撑作用。作为抵抗侧向力系统的一部分，要求支撑构件长细比❶和连接要求符合主要构件的建议值。

不在地震荷载传递路径上的构件，在地震发生时也会变形，因此要对其进行检查以确保它们具有足够的抗力。

❶ 译者注：这里翻译成“长细比”，但原文只说 slenderness 细长度，而不是 slenderness ratio 长细比。

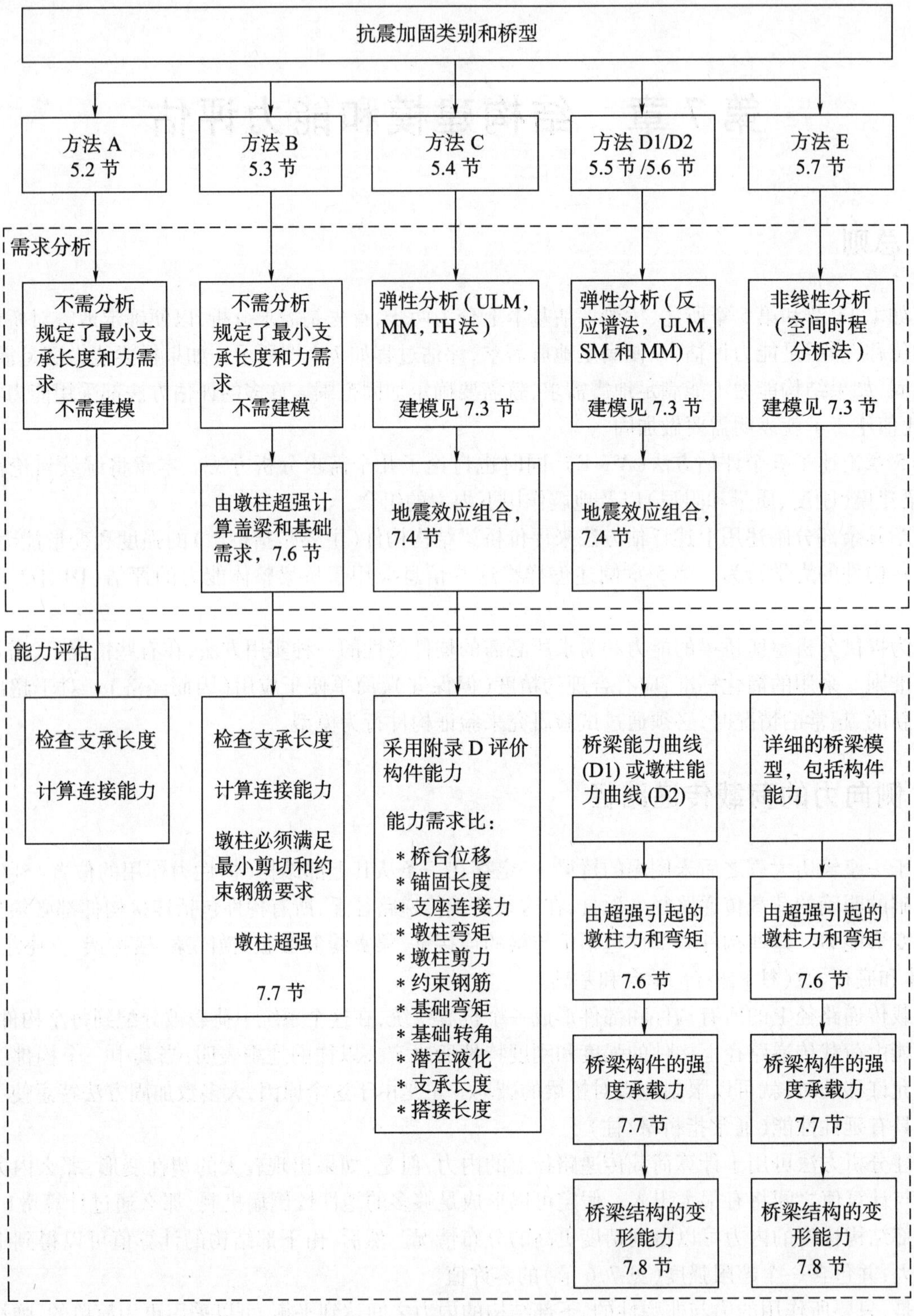

图 7-1 既有桥梁评估流程

应假定一个偏于安全的荷载传递路径以替代精确分析。例如,在能够提供横隔板作用的混凝土桥面,或上翼缘平面内带有横向支撑系统的桥梁中,可以假定作用于桥面的横向荷载直接由横撑架的端部传递至支座。那么,对此荷载传递路径的形成和分析法与用于风载荷的分析方法类似。

如果桥面板不能提供横隔梁的作用,并且在上翼缘平面内没有横向支撑的情况下,作用于桥面板的横向荷载则应通过中间横撑架传至横向支撑的底部或下翼缘,然后再传至横撑架端部下方的支座,力的分配与它们相对刚度和各自桥面板的从属质量成比例。

一条连续的荷载传递路径对于上部结构的惯性力传递至下部结构是非常必要的。混凝土面板在水平面内具有很大的刚度，并且在中小跨径的板梁式桥梁中，它们的响应接近于刚体运动。因此，中间横撑架的横向荷载是最小的，其中横向荷载主要包含梁自身的附属惯性力。

通常，所有支座不可能同时达到其最大荷载，尤其是在横桥向。钢支座上可能会出现侧向钢筋约束之间结合不均匀，如果是这样，这些支座将集中承担大部分横向荷载，而其他支座承担的荷载可忽略不计。横撑架内构件所承受的荷载将明显不同于那些假设值，当评估横撑架的构件时，就需要考虑这种荷载的重新分布。同样的道理，当评估支座细部（包括横向约束和锚栓）时也要注意这一问题。对于那些锚固在砌体和底板的弹性橡胶支座不太可能发生这种问题。

7.3　桥梁结构建模的建议

用于动力分析的数学模型应当包括桥梁结构构件的强度、刚度、质量及其能量耗散特性。

对于不同的动力分析方法应采用不同的近似值模拟这些量值。一维的、梁柱单元可以用于大多数规则桥梁的地震分析，通常不必采用格子梁模型或有限元模型，在这些模型中必须考虑接缝尺寸。这些简单模型（有时指鱼骨梁模型）的优点是可以对结果进行快速解释，对荷载传递路径进行快速检查和平衡。

包括具有斜曲线和水平曲线的桥梁在内的不规则桥梁应采用三维模型模拟，此时必须仔细描述其荷载传递路径，尤其桥墩和桥台。矮墩（柱）可以用一个单元模拟，但对于高墩来说必须用两个以上单元来模拟，尤其是当桥墩质量非常大（如混凝土桥梁）或框架体系（如钢塔）时。

没有必要将多个节段组成的桥梁作为一个整体来模拟。每个节段（也称为纵向框架或简称为框架）应该具有足够的能力来抵抗由自身产生的惯性力，并可以作为一自由体或独立体进行分析。但是，当各个节段之间的模态周期存在较大差异时，有可能产生反向移动，框架之间会产生不利的相互作用，在铰接处产生碰撞或从支座上脱落。

考虑到这些效果，模型中包含的节段数量取决于基本周期之比。对于桥梁来说，当相邻框架的周期比小于 0.7 时（短周期除以长周期），建议模型包含框架数量小于 5 个。模型中第 1 个和第 5 个框架为边界框架，代表着与其他部分的相互作用，则内部三个框架的响应可用于评估。对于框架的周期比在 0.7 ~ 1.0 之间的桥梁，如果需要，包含的框架可少于 5 个。对于超过 5 个框架的桥梁，则需要采用几种不同的模型进行分析。

一座桥梁在两个水平正交方向上的响应应当在地震分析中确定，与其结果一起来确定需求的力和变形（见第 7.4 节）。

若桥梁位于一已知的活动断层 10km（6 mile）内，那么必须结合桥梁水平方向上的响应来确定竖向的响应。这些桥梁必须经过地震安全评价来确定在水平和竖向的地面运动。对于位于活动断层 10km（6mile）外的规则桥梁不必分析竖向运动。而对于不规则桥梁，例如那些大跨度、C 型墩的桥梁，或在竖向荷载传递路径上有其他大偏心情况出现的桥梁，都需要对竖向的运动进行分析（见第 7.5 节）。

7.3.1　质量的分布

模拟桥梁的质量必须考虑地震过程中其离散化程度和预期运动。一个桥梁模型中位移自由度的数量和位置决定了质量在结构中的分布。桥梁中大部分质量在上部结构中，通常每跨 4 ~ 5 个单元足以代表上部结构。对于上部结构的鱼骨梁模型，梁单元与上部结构有同样的中性轴，采用刚性连接确定相对于这些单元中性轴的质心位置。

对于独柱墩，C 形墩或其他不规则形状的桥墩，应当考虑上部结构绕纵轴的转动质量惯性矩。

抗震分析中一般不用考虑活荷载的作用，但是，如果活荷载与恒荷载比值较大时（包括那些位于市区内可能发生交通拥堵的桥梁）就要考虑发生地震时桥梁上作用有较大活荷载的可能性。

7.3.2 刚度和强度的分布

数学模型应该能够代表结构单元的刚度,并考虑材料特性和截面尺寸。当采用弹性分析确定非弹性结构的响应时,需要较大程度的近似,其中最主要的假定就是采用等效线性值表示刚度。对于非弹性墩(柱),通常的做法是:混凝土构件采用开裂后的截面特性,钢构件则采用全截面特性。有时称这个值为切线刚度,但是,对于隔振装置、桥台和地基土而言,应采用割线刚度,即:最大预期变形计算得到的刚度。必须仔细研究弹性分析中内力的分布情况,以确保结果与抗震单元的预期非线性行为一致。

对于方法 D2,第 5.6 节中所阐述的结构能力/需求方法(Pushover 或非线性静力方法),数学模型应采用材料的预期强度值。对于非线性动力分析,模型应采用地震作用下滞回单元的实际刚度和强度。

7.3.2.1 下部结构

如本节所述,钢材质构件的刚度应基于弹性特性,对于钢筋混凝土墩,其刚度应建立在开裂后截面特性的基础上,这将在本节叙述。

地震需求分析法中通常采用的刚度值为接近于屈服时变形的代表值。在达到这些变形水准时,甚至在屈服之前,钢筋混凝土单元就会发生开裂。裂缝对刚度的作用效果主要取决于截面、纵向钢筋配筋率、轴力和黏结滑移的数量。钢筋混凝土构件的开裂抗弯刚度可由经黏结滑移修正后的截面弯矩—曲率分析计算得到。在许多情况下,用这种方法计算有效刚度并不现实,可采用如表 7-1 所示的假定有效刚度值代替。

构件刚度 表 7-1

构　件	弯曲刚度	剪切刚度	轴向刚度
预期出现裂缝,但无塑性铰的钢筋混凝土墩(柱)、梁和盖梁	$0.5E_cI_g$	$0.4E_cA_w$	E_cA_g
不期望开裂的钢筋混凝土墩(柱)、梁和盖梁	E_cI_g	$0.4E_cA_w$	E_cA_g
预期出现塑性铰的混凝土墩(柱)、桩和墙	$\frac{M_nD'}{2\varepsilon_y}$	$0.2E_cA_g$	$0.5E_cA_g$

注:

E_c——混凝土弹性模量;

I_g——毛截面惯性矩;

A_w——墩或梁的剪切面积;

A_g——墩或梁毛截面面积;

M_n——墩或梁的名义弯曲能力;

D'——纵向钢筋最外层之间的距离;

ε_y——钢筋屈服应变。

从表 7-1 中得知,对于期望塑性铰出现在构件端部的、且以弯曲为主的构件,其有效抗弯刚度 E_cI_{eff} 可以从"理论"屈服曲率获得,即:

$$\phi_y = \frac{2\varepsilon_y}{D'} = \frac{M_n}{E_cI_{eff}} \tag{7-1}$$

式中:ε_y——屈服应变 $=f_y/E_s$;

f_y——屈服应力(理论值,即:规定值);

E_s——钢材的弹性模量;

D'——垂直于矩形截面弯矩轴方向上最外层纵向钢筋的中心距,或圆形截面纵向钢筋的节圆直径,一般取为梁高或墩(柱)截面直径的 80%;

M_n——构件的名义屈服弯矩(理论屈服强度)(见第 7.5 节)。

因此，严重开裂的混凝土墩（柱）的有效抗弯刚度为：

$$E_{c}I_{eff}=\frac{M_{n}D'}{2\varepsilon_{y}} \tag{7-2}$$

只有当裂缝数量不多且预期不产生塑性铰时，刚度略小于 $0.5E_{c}I_{g}$（I_{g} 是指无裂缝的，整个截面的惯性力矩），$0.5E_{c}I_{g}$ 是钢筋混凝土构件常用的假定值。

表 7-1 给出了有裂缝的和无裂缝的，有塑性铰和无塑性铰的钢筋混凝土梁和墩（柱）的剪切刚度和轴向刚度的有效数值。另外，开裂钢筋混凝土墩（柱）的抗扭刚度可取为不开裂情况下的 20%。

对于位移能力的评估（Pushover 方法），应依据预期塑性能力设定模型中钢构件的强度，而预应力钢筋单元的抗弯强度则应基于钢和混凝土预期材料特性设定。这样做的目的是确定非弹性构件达到变形能力时的最终位移。变形能力通常用塑性铰区最大塑性转动来表示，最大变形能力是屈服变形和塑性变形的总和（见公式 7-31）。

其他不发生非弹性响应和破坏的单元刚度应依据弹性特性取值，同时要考虑混凝土裂缝的作用。模型应考虑墩帽的刚度，假定墩帽与钢筋混凝土下部结构的节点为刚性。

7.3.2.2　上部结构

上部结构的刚度应当与荷载传递路径一致（见第 7.2 节），同时要考虑主梁和桥面板的组合作用，以及与桥墩为一整体的上部结构构件的有效宽度。

上部结构采用树枝模型（Stick model）时，刚度可以由适合于轴向变形、绕两轴的弯曲、扭转及两个方向上可能的剪切变形的等效截面特性来表示。截面刚度的计算必须能够反映上部结构三维力流（flow of force）的合理假定，包括组合作用。

上部结构的模型可以忽略倾斜的作用。但是，当斜交角较大时，必须考虑上部结构和桥墩之间连接构件的几何形状。

对于钢筋混凝土箱梁，为了考虑裂缝影响，有效刚度取为总刚度的 75%；对于预应力混凝土箱梁，应采用总刚度。应依据合理的剪力流计算抗扭刚度，而不必考虑因开裂造成的刚度降低。

在因为剪力滞后效应而在上部结构和墩之间存在弯矩传递时，上部结构绕横轴的抗弯刚度应当进行折减。在模拟上部结构时应当使用这个折减刚度。

7.3.3　跨内铰

通常采用两种不同的模型来表示活动支座和跨内铰，首先，用受压模型，假定支座或铰的接缝处是封闭的，并能传递纵向力；然后，用受拉模型来模拟接缝或铰是开放的，不能传递纵向力。受拉模型中包含限位装置的刚度，如拉索限位装置或振动传递单元。分别进行两种模型分析过程，在设计中取用特定作用力或变形的较大值。

这两种模型可分别得到力（由受压模型分析得到）和位移（由受拉模型分析得到）的合理范围。如果分析结果表明无法通过上部结构传递纵向力，则活动支座不需要考虑受压模型。

7.3.4　阻尼

可以由黏滞阻尼以足够的精度来表示桥梁结构的能量消耗，包含由承台和桥台产生的能量消耗。有效黏滞阻尼比的选择取决于动力分析的方法和桥跨布置情况，在弹性反应谱分析方法中，有效黏滞阻尼比由构件和土体发生的微小至中等程度的变形而引起的能量消耗所决定。

在计算自振频率和相关振型时，阻尼可以忽略不计。当考虑地震作用的动力响应时，必须考虑阻尼效应。通常的作法是通过按比例调整地震反应谱得到正确的阻尼。

通过诱发自由振动的现场测量或通过受迫振动试验，都可以得到适当的阻尼值。可以采用下列等效黏性阻尼比代替测量值：

◇混凝土桥：5%

◇栓焊钢桥:2%

◇木桥:5%

对于那些预期在纵向产生较大的被动土压力的、有桥台的单跨或两跨桥梁而言,对于纵向为主的振型,阻尼比可取为10%。

等效黏性阻尼可以用来表示屈服后构件在反复荷载作用下所耗散的能量,只有将割线刚度模型用于整座桥梁分析时才能这样表示。对于单自由度模型,等效关系可以建立在适合的精度范围内。而对于隔振桥梁或带有保险单元(fuse)和抗振墙(Knock - off)的桥梁而言,只能建立近似的等效关系。对于采用其他模型或其他动力分析方法,等效黏性阻尼不能用于表示非弹性的能量消耗。

7.3.5 场地永久位移

一般而言,在分析过程中应考虑土体的整体运动和液化效应。但是,是否需要采用细致复杂的基础、桥台模型取决于结构对基础位移的敏感性和计算内力的保守程度。当需要分析土体可能发生的整体运动和液化效应时,模型应准确描述边界条件的变化和因土体运动对下部结构产生的荷载。

当地震分析的结果对基础特性敏感时,应在强度和刚度的上限和下限之间界定基础特性,并多种方法进行分析。但是强度和刚度值应当与土体预期变形和分析目标保持一致,而分析结果对假定的基础特性的敏感性可以用来指导桥梁的现场调查。

详见第11章中关于危险场地桥梁加固措施的描述。

7.4 地震效应组合

7.4.1 单向地震作用

设计中所用的单向地震作用下结构最大响应应以该方向模态响应组合为依据。最好的方法是完全二次组合法(CQC)(参见第5.4.2.2节),因为他可以将周期密集的模态组合起来,相比其他的模态组合方法来说,这种组合方法精度更高。

7.4.2 两个或三个正交方向的地震作用

当需要将两个或三个正交方向的响应进行组合时,位移、弯距、剪切、轴力等的设计值可由平方和开平方法(SRSS)或100% ~40%组合准则获得。

SRSS组合法是最合适的一种方法,它能将正交的、不相关的地震动分量组合成单一的设计力。若将地震动竖向分量与水平分量组合就可采用这种方法(Button 等,1999),当然,大家熟悉的100% ~30%组合准则也同样适用,尤其是第二个分量的百分比由30%增加到40%的时候,只是这种组合方法比SRSS法更加保守。

上述两种组合方法归纳如下:

◇SRSS组合法——设计值是每个正交方向上响应值的平方和开平方的组合值:

$$M_x = \sqrt{(M_x^T)^2 + M_x^L)^2 + (M_x^V)^2} \tag{7-3}$$

式中:M_x^T, M_x^L, M_x^V——从横向、纵向、竖向分析得到的弯矩的X方向的分量。

◇100 ~40%组合准则——设计值取为下列三种荷载工况的最大值。

荷载工况1(LC1)——正交方向(横向)响应的绝对值加上另外两个方向(纵向和竖向)响应绝对值的40%:

$$M_x^{LC1} = M_x^T + 0.4M_x^L + 0.4M_x^V$$

荷载工况2(LC2)——正交方向(纵向)响应的绝对值加上另外两个方向(横向和竖向)响应绝对值的40%:

$$M_x^{LC2}=0.4M_x^T+M_x^L+0.4M_x^V$$

荷载工况 3（LC3）——正交方向（竖向）响应的绝对值加上另外两个方向（横向和纵向）响应绝对值的 40%：

$$M_x^{LC3}=0.4M_x^T+0.4M_x^L+M_x^V$$

设计中所用的响应取为上述三种荷载工况的最大值，即

$$Mx=\mathrm{Max}[M_x^{LC1},M_x^{LC2},M_x^{LC3}] \tag{7-4}$$

以上原则同样适用于仅两个正交方向（纵向和横向）有地震作用的情况，只是 M_x^V 设为 0，不需计算荷载工况 3，即 $M_x^{LC3}=0$。

7.4.3　适用于双向设计的响应组合方法

构件的双向地震响应显得非常重要时（例如圆柱），有必要找到圆墩截面最大的合力矩及其对应的轴力。由于三个内力（例如轴力 P、绕两个局部坐标轴的弯矩 M_x，M_y）不会同时达到最大值，从而增加了确定截面最大合力矩及对应轴力的难度。一个理想化的方法就是能找到适用于绝大多数桥梁的关键组合，但这是有困难的，因此可以采用更加简单的方法。依据 SRSS 组合方法和 100% ~40% 组合准则，有两种方法可供选择，它们是：

对于 SRSS 组合方法，首先从公式（7-3）得出需参加组合的两个分量 M_x，M_y，然后由 100% ~40% 组合法计算矢量和，这样可能会得到两个值，取其中的最大值作为合力矩 M_R，最后用这个力矩和正或负轴力的最大值一起来评价圆柱，即：

$$M_R=\mathrm{Max}\left[\sqrt{M_x^2+(0.4M_y)^2}\text{或}\sqrt{(0.4M_x)^2+M_y^2}\right] \tag{7-5}$$

而且用 M_R 和轴力最大 $\pm P$ 来评价圆柱。

对于 100% ~40% 组合准则，为了得到矢量和，需将每个荷载工况的分量 M_x 和 M_y 进行组合，并将三个荷载工况中力矩最大值作为合力矩 M_R，然后用这个力矩与正或负轴力最大值一起来评价圆柱。即三者最大值

$$M_R=\mathrm{Max}\left[\sqrt{(M_x^{LC1})^2+(M_y^{LC1})^2},\sqrt{(M_x^{LC2})^2+(M_y^{LC2})^2},\sqrt{(M_x^{LC3})^2+(M_y^{LC3})^2}\right] \tag{7-6}$$

最后用 M_R 和最大轴力 $\pm P$ 来评价圆柱。

7.4.4　竖向加速度效应

部分研究结果表明，竖向加速度对桥梁行为有显著的影响（Button et al.，1999），尤其对于一些响应参数（例如上部结构弯矩和剪力、墩柱轴力）的影响，对特殊桥型（例如大跨度桥梁、桥墩形式为 C 型墩、或竖向荷载在传递路径上偏心率较大的桥梁）的影响更显著。这项研究是在竖向反应谱的基础上进行的，该反应谱是由美国西部地区记录的地震动得到的（Silva，1997），在第 2.7 节详细讨论了竖向地震反应谱的问题。

在深入了解美国东部地区那些受到如西北太平洋俯冲带影响的地区竖向地震动特性之前，本文提供一些忠告性的、可选则性的设计建议。由于竖向加速度作用的影响可能比较明显，因此，对重要桥梁进行评价时，应当考虑竖向加速度作用对地震响应的影响，为此提出以下建议。

若桥梁离活动断层的距离超过 50km（30mile），那么竖向地震动的影响可以忽略不计。若桥址在活动断层 10km（6mile）范围内，而且竖向地震动对结构不利，此时就需要对桥梁结构进行地震安全评价，从中获得反应谱和加速度时程曲线以便对桥梁进行地震响应分析。在线性分析中，采用 CQC 法进行模态组合，采用 SRSS 法进行方向组合，从而得到结构的竖向地震响应。

若桥梁距离活动断层大于 10km（6mile）而小于 50km（30mile），也要对建设场地进行地震安全性评价，确定竖向地震动对结构地震响应的影响。

动力分析方法能够分析竖向地震动对结构响应的影响，如果不采用这种方法，就应在评价墩（柱）

和上部结构时考虑以下变量(如墩(柱)轴力、上部结构弯矩和剪力),以此计入竖向地震作用的影响。

◇墩(柱)轴力 =($1 \pm C_v$) * 由恒荷载产生的轴力

◇上部结构弯矩 =($1 \pm C_v$) * 由恒荷载产生的弯矩

◇上部结构剪力 =($1 \pm C_v$) * 由恒荷载产生的剪力

C_v 是恒载倍数,推荐值见表 7-2。对上部结构来说,跨中和桥墩两个位置处的 C_v 值是设定的,可以用线性插值法确定两个位置之间各点的 C_v 值。

岩石场地竖向加速度作用在桥梁结构上的恒荷载倍数 表 7-2

构件力/弯矩	到断层的距离				
	$0 \leqslant D < 10$	$10 \leqslant D < 20$	$20 \leqslant D < 30$	$30 \leqslant D < 40$	$D \geqslant 40$
墩轴力	0.7	0.3	0.2	0.1	0.1
墩顶上部结构剪力	0.7	0.4	0.2	0.1	0.1
墩顶上部结构弯矩	0.6	0.3	0.2	0.1	0.1
跨中上部结构剪力	0.1	0.1	0.1	0.1	0.1
跨中上部结构弯矩	1.4	0.7	0.4	0.3	0.2

注:以上所给定的恒荷载倍数不同于恒载,因此,实际荷载因子为 1.0 加/减列表值

7.5 构件强度

由于混凝土和钢的实际强度与规范值有较大差异,因此精确的计算桥梁的承载能力是很困难的。此外,施工容许误差和设计中的简化、假定等因素也会造成实际承载力低于或高于荷载效应。但是,可以定义构件不同的强度等级,并用于桥梁承载力评估的不同方法中。四种强度等级定义如下:

(1)名义强度,(S_n)

构件的名义强度可以由构件某截面的破坏理论得出,并根据假定的截面尺寸和规范给定的材料强度确定。其他强度等级通常与名义强度有关。

(2)设计强度(S_d)

构件的设计强度要考虑到计算的近似值以及材料强度、工艺和尺寸等变量。它们中的任一项可能都在容许范围内,但如果将其组合的话,可能使承载能力低于名义强度。强度折减系数(ϕ)建立了设计强度与名义强度之间的关系,且 ϕ 总小于 1[可以采用 AASHTO LRFD 规范(1998)或现有的 LRFD 规范中的承载系数],即

$$S_d = \phi S_n \tag{7-7a}$$

(3)预期强度(S_e)

预期强度考虑了材料实际强度大于规范给定强度的情况。预期强度可由既有桥梁的材料样本的常规试验得到,否则,也可凭借其他桥梁中同种材料的试验数据得到。预期强度系数(ϕ_e)建立了预期强度与名义强度之间的关系,且 ϕ_e 总大于 1,即

$$S_e = \phi_e S_n \tag{7-7b}$$

ϕ_e 值可由现场的材料样本的实测强度或供应商厂方证明中提供的数据得到。如缺少这类数据,钢材和混凝土的 ϕ_e 值分别取 1.2 和 1.3。

(4)超强强度(S_o)

超强强度要考虑所有可能造成强度提高,且高于名义强度的因素,影响因素包括以下几种,但并不仅限于此:

- 钢材强度高于规范给定的屈服强度;
- 由于大变形时的应变硬化产生的钢材附加强度;
- 混凝土强度高于规范给定强度;

- 截面尺寸大于设计截面尺寸；
- 弯曲构件中由横向约束产生的轴压力；
- 施工需要，而设计未说明的附加钢筋；
- 名义强度方程推导过程中的保守假设（原文有误）

超强系数（ϕ_o）建立了超强强度与名义强度之间的关系，其中 ϕ_o 总大于 1，即

$$S_o = \phi_o S_n \tag{7-7c}$$

7.6　能力法确定桥墩构件作用

采用能力设计法分析计算塑性铰桥墩的构件作用。本节所述的分析过程适用于独柱式桥墩和多柱墩，这个过程同样可以推广应用到钻孔桩和排架桩。分析过程与 AASHTO 规范（AASHTO，2002）的 7.2.2条款的描述相同，在 AASHTO 公路桥梁抗震设计指南规范（AASHTO，1983）的附录 A 中也给出了算例。

7.6.1　独柱式桥墩

计算作用在上部结构、墩帽、承台中的墩柱剪力和弯矩时，应考虑墩柱两个主轴以及薄弱方向，其步骤如下：

第 1 步　确定墩柱的超强抗弯能力（见 7.5 节和 7.7.1.2 节）。对于钢筋混凝土或钢桥墩来说，超强系数（ϕ_o）取为 1.4，墩柱轴力等于弹性分析得到的轴力与恒载作用下轴力的总和，墩柱超强弯矩应分配在与之相连的构件中。

第 2 步　由墩柱超强弯矩计算出满足静力平衡条件的剪力。对于顶部渐变并与上部结构成为整体的墩柱，剪力为以下数值中的较大者：

（1）剪力值由渐变部分顶部的超强弯矩和与承台顶部相交的墩柱底部的超强弯矩计算得出，其净高度为承台顶部到墩帽底边的距离；

（2）剪力值由渐变部分底边的超强弯矩和承台顶部的超强弯矩得到，其高度为两者之间的距离。

这种方法适用于大多数墩柱，但是，当墩柱质量占全桥总质量的比重较大时，用这种方法计算得到的剪力就显得不是很保守。

若一个墩柱的承台埋入较深时，需考虑地面高程以下出现塑性铰的可能性。在此情况下，由于受到上部土体的限制，塑性铰不会像步骤 2 假设的那样直接出现在承台之上。若出现此类情况，第 2 步中计算剪力的高度可以采用塑性铰之间墩柱的长度。

对于排架桩或钻孔桩来说，也是采用塑性铰之间墩柱的长度。假设地面高程以下的塑性铰出现在泥面以下 2 倍桩径范围内。

总之，独柱式桥墩有塑性铰时墩柱的内力为：

◇轴力采用不折减的、弹性分析得到最大和最小轴力值加上恒载值；

◇按第 1 步计算弯矩；

◇按第 2 步计算剪力。

7.6.2　多柱式桥墩

应计算双柱式或多柱式桥墩在墩柱平面、垂直于墩柱平面上的内力。对于独柱式桥墩，垂直于墩柱平面上内力的计算可参见 7.6.1 节。墩柱平面内的内力计算如下：

第 1 步　确定墩柱超强弯矩能力。钢筋混凝土和钢结构的超强系数（ϕ_o）都采用 1.4，将设轴力设为恒载的值。

第 2 步　由墩柱超强弯矩能力计算相应的剪力。将墩柱剪力相加来确定墩柱的最大剪力。注意若

墩柱之间存在局部高度(partial - height)的墙体,则墩柱的有效高度从墙顶算起。对于墩顶有渐变的墩柱和地面高程以下的基础,参见7.6.1节中的第2步。对于排架桩墩,由承台至淤泥线以下2倍桩径长度范围内的桩来计算剪力。

第3步　将墩柱剪力作用到墩顶上部结构质心处,并由静力平衡计算达到墩柱超强承载能力时,此力在墩柱中产生的轴力。

第4步　将这些墩柱的轴力与恒载轴力组合,计算修正墩柱超强弯矩。用修正的超强弯矩,计算剪力及其最大值。若墩柱的最大剪力超出第2步计算结果的10%,则采用这个最大墩剪力并返回到第3步。

总之,墩平面内有塑性铰的单根柱的内力为:

◇轴力采用最大和最小轴向荷载和恒载,加上或减去经第3步反复迭代后确定的轴向荷载。

◇墩柱超强弯矩承载能力为相应于第1步中规定的最大轴向压力荷载所得的值,其中钢筋混凝土和钢结构的超强系数取为1.4。

◇剪力为相应于上述第4步中最后确定的墩柱超强弯矩的值。

7.7　桥梁构件的强度承载能力

本节介绍用强度来确定桥梁构件承载能力的指南,它是第5章中D1和D2方法所需的、用来评价全桥或桥梁下部结构的强度承载能力。确定位移承载能力的指南将在下一节(第7.8节)中介绍。

重点介绍以下计算过程:

◇钢筋混凝土墩柱和梁的抗弯强度(见7.7.1节):

——预期的抗弯强度(见7.7.1.1节)

——超强抗弯能力(见7.7.1.2节)

——塑性铰区有搭接的墩柱的抗弯强度(见7.7.1.3节)

◇钢筋混凝土墩柱和梁的剪切强度(见7.7.2节)

——初始剪切强度(见7.7.2.1节)

——最终剪切强度(见7.7.2.2节)

◇钢筋混凝土梁—柱节点的剪切强度(见7.7.3节)

——梁—柱节点最大强度(见7.7.3.1节)

——梁—立柱节点开裂强度(见7.7.3.2节)

7.7.1　钢筋混凝土墩柱和梁的抗弯强度

详细的能力评估需要的几种构件的抗弯强度,它们是:

◇预期抗弯强度,依据材料预期强度系数和公式(7-7b)得到;

◇超强抗弯强度(flexural overstrength),依据构件超强度系数和公式(7-7c)得到;

◇在塑性铰区有接头的墩柱的预期抗弯强度,依据预期强度系数得到;

7.7.1.1　预期抗弯强度

依据桥梁的单一特性确定构件的抗弯强度(无论有无轴力),其中,假定截面应变线性变化,应力与应变之间的关系满足材料力学定律。如果进行弯矩—曲率分析,那么有可能定义预期的屈服强度并确定最大超强承载能力和变形能力。但是,对于大多数情况,这是不合理的、简化方法。

预期抗弯强度(在理论屈服点)是根据名义强度计算公式的修正形式得到的,该名义强度计算公式是AASHTO LRFD规范(AASHTO,1998)中所要求的。假定一个无约束混凝土和弹塑性性能钢的矩形应力体,则以下假定成立:

◇最外侧混凝土纤维的最大混凝土应变是0.003;

◇在有效受压高度内平均混凝土应力是 $0.85f'_{ce}$，其中 f'_{ce} 是预期混凝土强度；

◇对于 40 级和 60 级的钢来说，纵向钢筋(f_{ye})的预期屈服应力分别是 300MPa(43.5ksi)和 450MPa(65.3ksi)，取代从桥上取样本做材料试验；

◇混凝土应力体的有效高度是 $a=\beta_1 c$，其中 c 是中性轴高度，而且当 $f'_{ce}\leqslant 30$MPa(4.3ksi)时 $\beta_1=0.85$，当 $f'_{ce}\geqslant 60$MPa(8.7ksi)时 $\beta_1=0.65$，若 30MPa $<f'_{ce}<$ 60MPa(4.3ksi $<f'_{ce}<$ 8.7ksi)时，求 β_1 可采用线性插值法计算得到。

采用塑性分析法计算预期抗弯强度(M_e)，如下(Mander er al., 1998b)：

$$\frac{M_e}{f'_{ce}A_g D}=\left(\frac{M_b}{f'_{ce}A_g D}\right)\left[1-\left(\frac{\frac{P_e}{f'_{ce}A_g}-\frac{P_b}{f'_{ce}A_g}}{\frac{P_t}{f'_{ce}A_g}-\frac{P_b}{f'_{ce}A_g}}\right)^2\right] \tag{7-8}$$

式中：$\frac{P_e}{f'_{ce}A_g}$——重力和地震作用下的轴压比；

$\frac{P_t}{f'_{ce}A_g}=-\rho_t\frac{f_{ye}}{f'_{ce}}$——基于预期材料性能的墩柱的轴向抗拉承载能力比；

$\frac{P_b}{f'_{ce}A_g}=0.425\beta_1$——最大名义(平衡)弯矩截面的轴向承载能力比；

$\frac{M_b}{f'_{ce}A_g D}=\left(K_{shape}\rho t\frac{f_{ye}}{f'_{ce}}\frac{D'}{D}+\frac{P_b}{f'_{ce}A_g}\frac{1+\kappa_0}{2}\right)$；

β_1——应力体系数($\leqslant 0.85$)；

D'——圆形截面中钢筋的节圆直径或矩形截面中外层钢筋之间外边缘的距离，通常假定等于墩柱直径 D 的 80%；

K_{shape}——形状系数，$K_{shape}=0.32$，适用于圆形截面；$K_{shape}=0.375$，适用于正方形截面，而且每侧有 25% 的钢筋；$K_{shape}=0.25$，适用于墙体的强轴弯曲；$K_{shape}=0.50$，适用于墙体的弱轴弯曲；

κ_0——与应力体质心有关的系数：$\kappa_0=0.6$，适用于圆形截面；$\kappa_0=0.5$，适用于矩形截面。

7.7.1.2　超强弯曲能力

任一基于倒塌机理的承载能力评价方法都必须了解有关抗弯能力的上限值(upper bound)，也就是，构成荷载抗力体系的柱、墩和桩的超强抗弯能力 M_{po}。下面给出三种计算 M_{po} 的方法。

方法一：进行截面协调分析(compability section analysis)，计算出超强抗弯能力(flexural over-sthrength capacity) M_{po}，并考虑材料的预期强度、约束混凝土的性能和纵向钢筋的应变硬化效果。

方法二：采用经验系数建立超强弯曲承载能力 M_{po} 与预期抗弯强度之间的比例关系，例如，$M_{po}=1.4M_e$，其中，M_e 指预期抗弯强度。

方法三：采用侧限混凝土的性能和纵向钢筋中应力的极限抗拉强度进行截面塑性分析，来估算超强抗弯能力 M_{po}(Mander 等，1998a)。在此方法中，M_{po} 由下面公式得出：

$$\frac{M_{po}}{f'_c A_g D}=\left(\frac{M_{bo}}{f'_c A_g D}\right)\left[1-\left(\frac{\frac{P_e}{f'_c A_g}-\frac{P_{bcc}}{f'_c A_g}}{\frac{P_{to}}{f'_c A_g}-\frac{P_{bcc}}{f'_c A_g}}\right)\right] \tag{7-9}$$

式中：$\frac{P_e}{f'_c A_g}$——重力与地震作用下墩柱的轴压比；

$\frac{P_{to}}{f'_c A_g}=-\rho\frac{f_{su}}{f'_c}$——墩柱的轴向抗拉承载能力比；

$\frac{P_{bcc}}{f'_c A_g}=0.5\alpha\beta\frac{A_{cc}}{A_g}$——最大约束(平衡)弯矩截面的轴向承载能力比;

$\frac{M_{bo}}{f'_c A_g D}=\left(K_{shape}\rho_t\frac{f_{su}}{f'_c}\frac{D'}{D}+\frac{P_{bcc}}{f'_c A_g}\frac{1-\kappa_0}{2}\right)$;

D'——圆形截面中钢筋的节圆直径或矩形截面中外层钢筋之间外边缘的距离(通常到弯曲轴),通常假定等于墩柱直径 D(或梁高)的 80%;

f_{su}——纵向钢筋的极限抗拉强度,除非另外由样本实测得到,否则取为 $1.5f_{ye}$;

α,β——约束混凝土的应力体系数,如下所述;

A_{cc}——约束混凝土芯样的面积;

A_g——截面总面积。

应力体系数 α,β 如下:

α——受压区内的混凝土平均应力与约束混凝土强度比,

$\alpha=0.85+0.12(K-1)^{0.4}$

K——由横向钢筋的约束作用而产生的增强系数,圆形和矩形截面由以下公式得出

$K=f'_{cc}/f'_{ce}$

f'_{cc}——约束混凝土强度;

β——应力体高度。

$\beta=0.85+0.13(K-1)^{0.6}$

对于圆形截面,约束强度系数(K)由下式得出,参见 Mander 等 (1988):

$$K=2.254\sqrt{1+7.94\frac{f'_l}{f'_{cc}}}-2\frac{f'_l}{f'_{cc}}-1.254$$

式中:$f'_l=\frac{1}{2}k_e\rho_s f_{yh}$——横向应力,由横向钢筋屈服时提供的;

$\rho_s=\frac{4A_{bh}}{sD^n}$——螺旋箍筋或环形箍筋与核心混凝土的体积比;

$k_e=\frac{(1-\chi s/D^n)}{(1-\rho_{cc})}$——螺旋箍筋和环形箍筋的有效约束系数;

χ——系数,螺旋箍筋和环形箍筋分别为 0.5 和 1.0;

S——螺旋箍筋和环形箍筋的间距;

D^n——横向环箍或螺旋箍筋的直径(测量到环箍的中心线);

对于矩形截面,约束强度系数(K)由图 7-2 得出,采用 x - 和 y - 约束应力(分别为 f'_{lx} 和 f'_{ly})得出 K 值(Mander 等, 1988; Paulay 和 Priestley, 1991)。f'_{lx} 和 f'_{ly} 定义如下:

$f'_{lx}=k_e\rho_x f_{yh}$——x - 方向上横向约束应力;

$f'_{ly}=k_e\rho_y f_{xh}$——y - 方向上横向约束应力❶;

$\rho_x=\frac{A_{sx}}{sD^n}$——$x$ - 方向上横向环箍或拉筋与核心混凝土的体积比;

$\rho_y=\frac{A_{sy}}{sb^n}$——$y$ - 方向上横向环箍或拉筋与核心混凝土的体积比;

k_e——带有环箍或拉筋的矩形截面的有效约束系数:

$k_e=0.75$,适用于矩形截面的墩柱;

$k_e=0.6$,适用于矩形截面的墙体;

❶ 译者注:原文有印刷错误,原文为:$f'_{ly}=k_e\rho_y f_{yh}$

f_{yh}——横向箍筋的屈服应力；

D^n——x－方向上墩柱的宽度(测量到环箍或拉筋的中心线)；

b^n——y－方向上墩柱的宽度(测量到环箍或拉筋的中心线)。

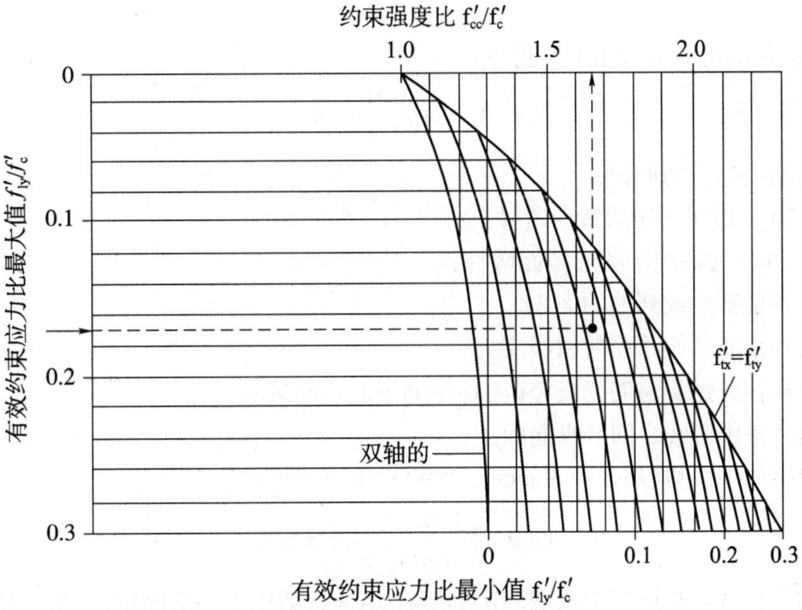

图 7-2　钢筋混凝土构件约束强度比(K)

7.7.1.3　墩柱塑性铰区有搭接接头时的抗弯强度

当塑性铰区有纵向钢筋搭接时,墩柱的抗弯强度降低,这通常发生在旧桥墩柱的底部附近。作为一阶近似,首先假定强度的降低只与搭接长度 L_{lap} 有关,相当于所需的最小搭接长度。那么降低的弯矩(M_s)由以下公式得出:

$$M_s = M_e(l_{lap}/l_s),\text{但不得超过 } M_e \tag{7-10}$$

式中:M_e——7.5 节中所定义的预期抗弯强度;

l_s——理论搭接长度,由下式得出:

$$l_s = 0.4\frac{f_{ye}}{\sqrt{f'_{ce}}}d_b \tag{7-11}$$

d_b——搭接的纵向钢筋直径;

f_{ye}——钢筋搭接区内的纵向钢筋的预期屈服强度(MPa);

f'_{ce}——钢筋搭接区附近混凝土的预期强度(MPa)。

7.7.2　钢筋混凝土墩柱和梁的剪切强度

反复荷载和不断增大的塑性转动,开裂混凝土构件的抗剪能力随之降低。因此,定义两种剪切强度:

(1)V_i 为初始剪切强度;

(2)V_f 为最终剪切强度。

两者之间的差异是由于荷载反复作用使混凝土性能退化,产生了裂缝宽度较大的裂缝和纵向钢筋的塑性变形,从而降低了混凝土的抗剪能力的减弱(V_c)。对初始和最终剪切强度的阐述见下面章节。

7.7.2.1　初始剪切强度(V_i)

初始剪切强度 V_i 由下式得出:

$$V_i = V_s + V_p + V_{ci} \tag{7-12}$$

式中:V_s——由钢筋桁架作用提供的抗剪强度的贡献;

V_p——由拱(压杆)作用提供的抗剪强度的贡献;

V_{ci}——由混凝土中斜向拉力场提供的抗剪切强度的贡献。

具体描述如下。

钢筋中桁架提供的抗剪强度由下式得出:

$$V_s = A_v f_{yh} \frac{D^n}{s} \cot\theta \tag{7-13}$$

式中:A_v——横向箍筋的剪切面积,

$A_v = 2A_{bh}$,适用于矩形截面墩柱,

$A_v = \pi A_{bh}/2$,适用于圆形截面墩柱;

A_{bh}——一个螺旋箍筋或环箍的面积,

f_{yh}——横向环箍或螺旋箍筋的屈服应力;

D^n——横向环箍或螺旋箍筋的直径(由环箍的中心线测量);

S——横向环箍中心线之间的纵向间距;

θ——主裂缝的平面角(Kim 和 Mander, 1999),由下式得出:

$$\tan\theta = \left(\frac{1.6\rho_v A_e}{\Lambda \rho_t A_g}\right)^{0.25} \geq \tan\alpha \tag{7-14}$$

式中:Λ——固定因子;$\Lambda = 2$,适用于两端固定的墩柱,$\Lambda = 1$,适用于一端固定,一端铰接的墩柱;

A_e——有效剪切面积(就矩形和圆形截面而言,假定为总面积 A_g 的 80%);

ρ_t——纵向钢筋的总面积与截面毛面积的比,$\rho_t = A_{st}/A_g$;

ρ_v——横向钢筋的体积比,$\rho_v = A_v/b_w s$,适用于矩形截面墩柱,$\rho_v = \rho_s/2 = 2A_{bh}/sD^n$,适用于圆形截面墩柱;

A_v——横向剪切钢筋的面积;

b_w——横跨矩形截面宽度方向,横向剪切钢筋中心线间的距离;

$\tan\alpha$——压杆角度,$\tan\alpha = jd/L$;

jd——混凝土受压构件的内部杠杆臂(internal lever arm);

L——墩柱长度。

由拱(压杆)提供的抗剪强度由下式得出:

$$V_p = \frac{\Lambda}{2} P \tan\alpha \tag{7-15}$$

式中:Λ——固定因子(fixity factor);

P——构件上的轴向荷载(仅受压);

α——压杆角度。

由混凝土中斜向拉力提供的抗剪强度由下式得出:

$$V_{ci} = 0.3\sqrt{f'_{ce}} A_e \tag{7-16}$$

式中:A_e——有效剪切面积,等于 $0.8A_g$。

7.7.2.2 最终剪切强度(V_f)

最终剪切强度由下式得出:

$$V_f = V_s + V_p + V_{cf} \tag{7-17}$$

在这个等式中,V_S 和 V_p 如上所述,V_{cf}是混凝土的最终剪切强度,它随着塑性、裂缝、和反复荷载作用而降低,由下式得出:

$$V_{cf} = 0.05\sqrt{f'_{ce}} A_e \tag{7-18}$$

7.7.3 梁—柱节点的剪切强度

评价梁—柱节点的剪切强度与墩柱构件相似，通常采用主应力法，这是因为主应力是节点性能的决定因素。假如裂缝的主拉应力低于029 $\sqrt{(f'_{ce})}$MPa，则梁—柱节点保持弹性和无裂缝状态；当主拉应力超过这个值，节点将出现斜裂缝。应限制节点的最大主应力在0.42 $\sqrt{(f'_{ce})}$MPa范围内，超出最大主应力值时，节点会产生完全斜裂缝(full diagonal cracking)。如果与超强抗弯承载力相应的节点剪力需求超过上限，此时为临界剪力状态，并且结构性能将由节点的抗剪强度控制。因此，梁—柱节点的剪切强度由下式得出：

$$V_j = v_j A_{jh} \tag{7-19}$$

式中，A_{jh}——梁—柱节点在水平面上的面积；

v_j——节点的平均剪应力。考虑 f_v、f_h 和 ρ_t 对节点的组合作用❶，并通过莫尔(Mohr)圆分析得出 V_j：

$$v_j = \sqrt{p_t^2 - p_t(f_v + f_h) + 2f_v f_h} \tag{7-20}$$

式中：f_v——节点的平均轴向应力(受压为负)；

f_h——节点的平均水平轴向应力(除非节点有水平预应力或类似的，否则有一个值为0)；

p_t——较大的主拉应力(受拉为正)，这个参数决定了节点的性能，在后面的章节中给出了推荐值。

7.7.3.1 最大梁—柱节点强度(V_{ji})

当节点主拉应力为式(7-21)给出的值时，就会发生完全斜裂缝(full diagonal cracking)，同时，节点达到最大抗剪能力。

$$p_t = 0.42\sqrt{(f'_{ce})} \tag{7-21}$$

式中：f'_{ce}——预期混凝土强度，单位为MPa。这个主应力值可用于公式(7-20)来计算 V_{ji}。

7.7.3.2 开裂梁—柱节点的强度(V_{jf})

在当节点的主拉应力为公式(7-22)给出的值时，即使强度降低，仍然会有残余的节点抗剪能力。

$$p_t = 0.29\sqrt{(f'_{ce})} \tag{7-22}$$

式中：f'_{ce}——预期混凝土强度，单位为MPa。这个主应力值可用于公式(7-20)来计算 V_{jf}。

7.8 桥梁构件的变形能力

当水平荷载由初始弹性状态单调增加到破坏状态时，桥梁的位移能力评估或推倒分析(pushover)(见第五章方法D2)必须能够反映墩柱、梁的荷载与变形之间的非线性关系。这就要求从最初屈服状态至倒塌状态，以及各中间极限状态，对每个关键的结构构件都要进行荷载能力评估，因此，构件性能需要从作用力—变形、弯矩—转角或剪力—扭转的关系中获得。

盖梁、墩柱、承台和桩可以模拟成线单元，并且在其端部集中设置塑性铰。也可以采用其他的模型模拟，例如用分布式的可塑性、分布式的柔性(distributed plasticity, distributed flexibility)或非线性有限元的方法，只要理论响应结果和被模拟构件的试验结果相一致就可以。

本节给出了评估桥梁构件变形能力的指南，并用它来计算桥梁构件的强度—变形能力，这正是第5章(方法D1和D2)所述的结构能力/需求能力中所需要的。

重点介绍了计算以下几点的过程：

◇塑性曲率、转角和偏移角度(见7.8.1节)；

---

❶ 译者注：原文误印为 v_j

◇基于变形的极限状态(见7.8.2节)有8种;

◇墩柱和梁的中性轴深度(见7.8.3)。

7.8.1 悬臂梁塑性曲率和铰的转角

7.8.1.1 变位和塑性曲率 Φ_p

水平(剪切)荷载 F 作用下,悬臂梁的极限位移 Δ_u 由下式得出:

$$\Delta_u = \Delta_e + \Delta_p \tag{7-23}$$

式中:Δ_e——弹性位移;

Δ_p——是塑性位移。

关于这两个位移的描述如下。

对于弹性位移 Δ_e

$$\Delta_e = \frac{FL^3}{3E_c I_{eff}} \tag{7-24}$$

式中:L——固定端到自由端(或到两端固定的梁—柱构件的反弯点)的长度;

$E_c I_{eff}$——有效抗弯刚度[公式(7-2)]反映构件的开裂程度。

当到达构件的塑性强度(F_p,M_p)时,$\Delta_e = \Delta_y$,名义屈服位移为:

$$\Delta_y = \frac{F_p L^3}{3E_c I_{eff}} = \frac{M_p L^2}{3EI_{eff}} = \frac{1}{3}\phi_y L^2 \tag{7-25}$$

式中:M_p——塑性抗弯能力;

ϕ_y——名义屈服曲率,由公式7-1变化而得出:

$$\phi_y = \frac{2\varepsilon_y}{D'} = \frac{2f_y}{E_s D} \tag{7-26}$$

对于塑性位移 Δ_p

$$\Delta_p = \phi_p L_p (L - 0.5L_p) \tag{7-27}$$

式中:L_p——等效塑性铰长度;

ϕ_p——塑性曲率。

等效塑性铰长度由半经验公式得出:

$$L_p = 0.08L + 4\,400\varepsilon_y d_b \tag{7-28}$$

式中:d_b——纵向受拉钢筋的直径;

L——剪跨或有效高度(例如,$L = M/V$)。如果墩柱采用了外包法进行了加固,等效塑性铰长度按下式计算:

$$L_p = L_{gap} + 8\,800\varepsilon_y d_b \tag{7-29}$$

式中:L_{gap}——外包壳体边缘与墩帽底部或承台顶部之间的净距。

塑性曲率能力与破坏模式有关,更依赖于横向钢筋的数量。7.8.2节中给出了几种变形极限状态下的 ϕ_p 值。ϕ_p 可由最终(总)曲率 ϕ_u 通过下式得出:

$$\phi_p = \phi_u - \phi_y \tag{7-30}$$

7.8.1.2 塑性铰的转角 θ_p

第7.8.1.1节中给出的是基于绝对位移量进行的变形分析,通常采用"相对"的概念来表达变形性能更加方便,例如,偏移量(drift)是水平位移与墩柱高度之比,与构件弦偏角相同。因此,根据偏移量(或转角):

$$\theta_u = \theta_y + \theta_p \tag{7-31}$$

其中屈服时的偏移量由下式给出:

$$\theta_y = \frac{\Delta_y}{L} = \frac{1}{3}\phi_y L = \frac{2}{3}\varepsilon_y \frac{L}{D'} \tag{7-32}$$

塑性偏移量由下式给出：

$$\theta_p = \phi_p L_p \tag{7-33}$$

总偏移量的弹性部分与构件长细(L/D')有关，塑性部分由塑性铰的转角得出，因此它与塑性铰区的塑性曲率有关。

7.8.2　基于变形极限状态的特征

构件的塑性转动能力应根据该构件的控制极限状态获得，正如以上章节中所述，这个转角可用公式(7-33)得出。这种控制极限状态是具有最小的塑性转动能力(或塑性曲率)的状态。本节进一步描述了下列极限状态下的塑性曲率(和塑性转角)，表 7-3 对此进行了总结：

◇无约束混凝土的受压破坏
◇约束混凝土的受压破坏
◇纵向钢筋的压屈破坏
◇钢筋纵向受拉断裂
◇纵向钢筋低周疲劳
◇搭接区的破坏
◇有限延性构件的剪切破坏
◇节点破坏

钢筋混凝土柱和梁的塑性曲率在不同状态下的值　　表 7-3

柱/梁极限状态	$\phi_p^{1,2}$	公　式
受压破坏，无约束混凝土	$\phi_p = \frac{\varepsilon_{cu}}{c} - \phi_y$	7-34
受压破坏，约束混凝土	$\phi_p = \frac{\varepsilon_{cu}}{(c-d^n)} - \phi_y$	7-35
纵向钢筋压屈	$\phi_p = \frac{\varepsilon_b}{(c-d')} - \phi_y$	7-37
纵向钢筋断裂	$\phi_p = \frac{\varepsilon_{smax}}{(d-c)} - \phi_y$	7-39
纵向钢筋低周疲劳	$\phi_p = \frac{2\varepsilon_{ap}}{(d-d')} = \frac{2\varepsilon_{ap}}{D'}$	7-40
钢筋搭接区破坏： (a)长的/约束的搭接 (b)短的/无约束的搭接	$\phi_p = (\mu_{lap\phi} + 7)\phi_y$	7-46
剪切破坏： (a)脆性破坏 (b)有限延性破坏	$\phi_p = 0$ $\phi_p = \left(5\left(\frac{V_m - V_f}{V_i - V_f}\right) + 2\right)\phi_y$	7-48 7-49
节点及连接构件的破坏： (a)弱节点/强柱 (b)有限延性破坏	$\theta_p = 0.04\text{rad}$ $\phi_p = \left(4\left(\frac{V_{jh} - V_{jf}}{V_{ji} - V_{jf}}\right) + \right)\phi_y$	7.51

注：1. 塑性转角 $\theta_p = \phi_p L_p$，式中 L_p 是塑性铰长度
　　2. 符号定义见 7.8.2 节

7.8.2.1 无约束混凝土受压破坏

无约束混凝土受压破坏的塑性曲率由下式给出:

$$\phi_p = \frac{\varepsilon_{cu}}{c} - \phi_y \tag{7-34}$$

式中:ε_{cu}——混凝土极限压应变,对于无约束混凝土不超过0.005;

c——边缘混凝土受压纤维到中性轴的距离,中性轴的位置见7.8.3节的定义。

7.8.2.2 约束混凝土受压破坏

有横向箍筋、横向拉筋或螺旋箍筋的约束的混凝土压应变由第一个断裂的约束钢筋控制。虽然这种类型的破坏与反复荷载时程有关,但可由下式得到塑性曲率偏于安全的估计:

$$\phi_p = \frac{\varepsilon_{cu}}{(c - d'')} - \phi_y \tag{7-35}$$

式中:c——混凝土保护层(预期剥落的混凝土)边缘受压纤维至中性轴的距离;

d^n——混凝土保护层边缘受压纤维至环箍圆周中心线的距离(这样,$c - d^n$就是约束混凝土受压区高度);

ε_{cu}——约束核心混凝土的极限压应变,按下式计算

$$\varepsilon_{cu} = 0.005 + \frac{1.4\rho_s f_{yh} \varepsilon_{su}}{f'_{cc}} \tag{7-36}$$

ε_{cu}——对应于横向钢筋最大应力时的应变;

f_{yh}——横向钢筋的屈服应力;

ρ_s——横向钢筋的体积配筋率;

f'_{cc}——约束混凝土强度。

对于约束混凝土墩柱来说,受压破坏并不是主要破坏模式,与之相比,低周疲劳很有可能控制约束混凝土墩柱的破坏机制。产生这种现象的原因是因为墩柱的轴向荷载相对偏低,而横向钢筋主要是提供防止纵向钢筋的压屈所需的约束。

7.8.2.3 纵向钢筋的压屈

如果受压构件的横向钢筋配置不足,而且潜在塑性铰区内的螺旋箍筋、环箍、或拉筋的间距s超过纵向钢筋直径的6倍(即$s > 6d_b$)的情况下,纵向钢筋压应变较高时可能出现局部的压屈,这种破坏模式的塑性曲率由下式给出:

$$\phi_p = \frac{\varepsilon_b}{(c - d')} - \phi_y \tag{7-37}$$

式中:d——从边缘受压纤维到最近的受压钢筋中心的距离;

ε_b——纵向钢筋的压屈应变。若$6d_b < s < 30d_b$,压屈应变可以为纵向钢筋的屈服应变的两倍,即:

$$\varepsilon_b = \frac{2f_y}{E_s} \tag{7-38}$$

7.8.2.4 纵向钢筋的断裂

当拉应变达到临界值ε_{smax}时,会出现纵向钢筋受拉断裂。这种破坏模式仅发生在近场脉冲式地震动的情况,这时基本是单调(推倒)响应。在这种情况下塑性曲率由下式得出:

$$\phi_p = \frac{\varepsilon_{smax}}{(d - c)} - \phi_y \tag{7-39}$$

式中:d——从边缘受压纤维到受拉钢筋外层的距离;

c——到中性轴的距离;

ε_{smax}——拉应变，应当是小于或等于0.10。

7.8.2.5 纵向钢筋低周疲劳

由于地震可引发的反复荷载，因此，有可能发生纵向钢筋的低周疲劳破坏。若墩柱受到限制，就会发生此类破坏，而且会阻止其他类型的破坏，导致低周疲劳破坏的塑性曲率由下式得出：

$$\phi_p = \frac{2\varepsilon_{ap}}{(d-d')} = \frac{2\varepsilon_{ap}}{D'} \tag{7-40}$$

式中：D'——矩形截面中纵向钢的外层之间的距离$(d-d')$，或圆形截面中的纵向钢筋的节圆(pitch circle)直径。

ε_{ap}——塑性应变，如下列公式所示：

$$\varepsilon_{ap} = 0.08(2N_f)^{-0.5} \tag{7-41}$$

N_f——导致断裂的等幅循环荷载的有效次数，$2 \leqslant N_f \leqslant 10$，由下式得出：

$$N_f = 3.5(T_n)^{-1/3} \tag{7-42}$$

T_n—— 桥梁的自振周期。

7.8.2.6 搭接区的破坏

通常在墩柱底部设有搭接区，在这里从承台或桩帽插入的钢筋与墩柱的抗弯钢筋搭接，这通常也是出现塑性铰的区域。在塑性铰区内有钢筋搭接可以导致两种不同的性能模式，这取决于搭接头的长度l_{lap}，如下式所示：

$$l_s = 0.4\frac{f_{ye}}{\sqrt{f'_{ce}}}d_b \tag{7-43}$$

式中：d_b——搭接处纵向钢筋条的直径；

f_{ye}——接头区域内纵向钢筋的预期屈服强度；

f'_{ce}——接头区周围混凝土的预期强度(MPa)。

(a) “长的”或有约束的搭接，$l_{lap} > l_s$

现有桥梁墩柱的部分接头区域按抗拉设计，并提供充足的搭接长度，大约为40倍钢筋筋直径或更长。若钢筋和混凝土墩柱之间的握裹力可以满足要求，那么有效塑性铰的长度就短，其行为也受钢筋的低周疲劳控制。从公式7-28可以看出，等效塑性铰集中在搭接开始的位置，如下式所示：

$$L_p = \mathrm{Min}[(8\,800\varepsilon_y d_b)\text{或}(0.08L + 4\,400\varepsilon_y d_b)] \tag{7-44}$$

公式(7-33)可以用来评价“长的”搭接头的转动能力。

(b) “短的”且无约束的搭接，$l_{lap} \leqslant l_s$

桥梁墩柱中的许多搭接头按受压设计，搭接长度约不大于20倍钢筋直径。最初，这样的搭接头性能不错，能够保持墩柱的抗弯能力。但是，在地震引发的反复荷载作用下，搭接头区域内的黏结恶化，铰抗弯能力也随之减弱。

对于短且无约束的搭接区域来说，$l_{lap} \leqslant l_s$，降低了延性，这取决于构件的曲率延性。等效塑性铰长度为：

$$L_p = L_{lap} \tag{7-45}$$

接头区的塑性曲率为：

$$\phi_p = (\mu_{lap\phi} + 7)\phi_y \tag{7-46}$$

式中：ϕ_y——屈服曲率；

$\mu_{lap\phi}$——在接头区最早发生黏结失效的曲率延性，$\mu_{lap\phi}=0$，当$M_s < M_e$，其中M_s由公式7-10得出，即，当搭接接头强度(M_s)小于预期抗弯强度(M_e)时，只要弯矩达到M_s，强度就减弱；$\mu_{lap\phi}$ = 构件的曲率延性，当达到最终应变0.002时，当$M_e < M_s < M_{po}$(即当搭接接头的强度(M_s)超过预期抗弯强度(M_e)，

但小于抗弯超强度(M_{po})时),强度仍会降低,但会滞后。

7.8.2.7 剪切破坏

若构件的抗剪强度小于剪力需求(在其抗弯强度基础上),塑性转角将受限。两种情况如下:(a)脆性剪切破坏,(b)半延性剪切破坏。

这些都与剪切强度和抗弯强度有关。基于弯矩的剪力需求(V_m)由下式得出:

$$V_m = M_p / L \tag{7-47}$$

式中:M_p——预期的塑性抗弯能力;

L——从构件最大弯矩点到反弯点的距离。

(a) 脆性剪切破坏 $V_i \leqslant V_m$

当初始剪切强度(V_i)小于或等于剪切需求(V_m)时,构件是处于"剪切临界状态"("Shear-critical"),而且会导致脆性剪切破坏。由于构件无延性,则

$$\phi_p = 0 \tag{7-48}$$

(b) 半延性剪切破坏 $V_f < V_m < V_i$

若由弯矩产生的剪力需求在构件的初始剪切强度(V_i)和最终剪切强度(V_f)之间时,那么构件的延性能力为:

$$\phi_p = \left(5\left(\frac{V_m - V_f}{V_i - V_f}\right) + 2\right)\phi_y \tag{7-49}$$

式中:ϕ_y——屈服曲率;

V_i——初始剪切强度(如前所定义的),在状况恶化开始后直到曲率延性达到3时,一直保持初始的剪切强度;

V_f——最终"残余(residual)"剪切强度,当曲率延性超过8时,一直保持这个强度。

然而,若 $V_m < V_f$,剪切需求小于最终剪切强度,转动能力受抗弯强度限制,而不是受剪切强度的限制。

7.8.2.8 节点或连接破坏

若梁与柱之间的节点的剪力小于节点的剪切强度,节点处将保持弹性,梁柱系统的塑性将受到梁和柱中塑性铰的控制。

反之,若剪切需求超过节点处主应力的一定值时,节点可能失效,梁柱系统的延性将受到限制。

虽然破坏(以塑性转动的形式)将出现在节点,但是模拟此类性能仍很困难。取而代之的是调整墩柱中塑性铰附近的响应是很方便的。因此,如先前所描述的,可以类似于剪切临界墩柱的情形进行分析。

节点处的水平剪切(V_{jh})是由墩柱的弯矩引起的,如下所示:

$$V_{jh} = M_p / h_b \tag{7-50}$$

式中:M_p——墩柱的预期塑性抗弯强度;

h_b——节点处帽梁的高度。

(a) 弱节点和强墩柱,$V_{ji} \leqslant V_{jh}$

当节点处抗剪强度(V_{ji})小于由墩柱弯曲产生的水平剪力(V_{jh})时,节点性能将影响墩柱状态。节点强度在开始出现裂缝时将会变弱[即当节点处的主拉应力达到或超过0.42 $\sqrt{(f'_c)}$时],直到塑性转角 $\theta_p = 0.04\text{rad}$[即当节点处的主拉应力为0.29 $\sqrt{(f'_c)}$]。假定这个塑性转角出现在墩柱塑性铰区域,而实际上出现在节点处。

(b) 半延性剪切,$V_{jf} < V_{jh} < V_{ji}$

当墩柱产生位于节点处初始和最终剪切强度之间的剪力需求时(例如 $V_{jf} < V_{jh} < V_{ji}$),节点处具有有

限的延性承载力，并由下列公式得出：

$$\phi_p = \left(4\left(\frac{V_{jh} - V_{jf}}{V_{ji} - V_{jf}}\right) + 2\right)\phi_y \tag{7-51}$$

式中：ϕ_y——屈服弯曲；

V_{ji}——梁—柱节点处的初始剪切强度（如前所定义），一直保持到曲率延性达到 3，之后开始恶化；

V_{jf}——节点处最终（残余 residual）剪切强度，当曲率延性超过 7 时，仍然保持在这个水平。

但是，若 $V_{jf} > V_{jh}$，那么剪切强度大于弯曲需求，转动能力受梁—柱弯曲强度限制，而不是节点处的剪切强度。

7.8.3　梁、柱中性轴高度

在上述几种破坏形式中，在给定的应变下必须找到中性轴的位置，通常在边缘纤维中。这可以通过弯矩—曲率分析或塑性截面分析得到。前者通常要求进行整个截面的详细计算模型，它更为精确；后者是建立在截面平衡和几个简单假设的基础上，但其精度足以满足本手册的需要。

对于钢筋加倍布置的无约束矩形截面来说，中性轴高度比如下：

$$\frac{c}{D} = \frac{\left(\frac{P_e}{f'_c A_g}\right) + \left(\frac{\gamma\rho f_y/f'_c}{1 - 2d'/D}\right)}{\alpha\beta + \frac{2\gamma\rho f_y/f'_c}{1 - 2d'/D}} \tag{7-52}$$

对于圆形截面，中性轴高度比由下列公式得出：

$$\frac{c}{D} = \frac{1}{\beta}\left[\frac{\left(\frac{P_e}{f'_c A_g}\right) + 0.5\rho_t \frac{f_y}{f'_c}\left(\frac{1 - 2c/D}{1 - 2d'/D}\right)}{1.32\alpha}\right] \tag{7-53}$$

式中：c——到中性轴的距离；

D——截面的总高度；

P_e——截面上的轴向荷载；

f'_c——预期混凝土强度；

f_y——纵向钢筋的预期屈服强度。

A_g——横截面总面积

d'——从边缘受压纤维到受压钢筋中心的距离

ρ_t——纵向钢筋的体积比

α, β——混凝土应力体系数，如 7.7.1.2 所述

γ——钢筋尺寸系数：

=0.5，适用于钢筋对称地布置在方形截面四周

=0.0，适用于钢筋集中在外边（顶部和底部）的矩形梁截面

=0.0，适用于墙截面（wall section）的弯曲弱轴方向（面外）

=1.0，适用于墙截面（wall sectrion）的弯曲强轴方向（面内）

第8章　上部结构、支座以及支座垫石的加固方法

8.1　概述

本章讨论桥梁支承、支座垫石、上部结构的加固措施。桥梁的支座与支座垫石存在抗震缺陷是最常见也是最严重的震害原因。这些缺陷有可能导致桥梁失去支承,甚至落梁、倒塌。早期抗震结构加固主要集中在修复这些抗震缺陷,这种做法目前仍在桥梁加固中占有较大比例。加固措施包括:约束装置、扩大支座垫石、加强支座以及更新支座。除此之外,还应考虑桥梁上部结构其他不足。例如:桥梁上部结构必须能够在不影响梁体稳定性的前提下,将惯性力传递到下部结构中。在某些情况下,上部结构塑性铰的控制也是需要关注的一个问题。除此之外,还有几种上部结构的加固措施,如使用特殊的耗能装置或隔震支座、减小上部结构的静荷载以及保证桥梁上部结构的连续性,可以用于减小或重新分配下部结构的荷载。

以下各节将详细讨论一些最常用的桥梁加固措施。这些措施中有很多已得到广泛应用,并随时间推移演变成目前的加固形式;而另外一些加固措施的应用受到限制,或者只是在最近的研究工作中形成的一些概念。下面介绍的措施不可能覆盖所有的情况,在某些情况下,可能需要甚至必须做一些调整才能应用。

8.2　桥面系与梁

本节将讨论适用于桥面系与梁的加固方法,但不包括钢缆与钢筋约束装置,这些内容在8.4节中讨论。

8.2.1　横向荷载路径的加强

在一些情况下,需要通过加固措施来保证将上部结构的惯性力有效地传递至支座与下部结构。这些措施特别适用于质量主要集中于混凝土桥面系的钢桥主梁,而上部结构的横撑架不能完全将相应的惯性力传递至下部结构的桥梁。在很多情况下,这些加固方法也适用于不能完全传递惯性力的预制混凝土梁桥。

8.2.1.1　加固桥面与主梁之间的连接

许多老式钢桥未考虑共同作用,因此桥面板与主梁之间没有可靠连接,这就可能导致在强震作用下桥面与主梁分离。在很多情况下,如果桥梁不致倒塌,这种结构还是容许的。如果可以使其他薄弱部位免遭破坏,上述结构还可以改善桥梁的整体性能。但是对于其他情况,如当预期桥面会发生过大位移时,当要求桥梁具有更高等级的抗震性能时,或当桥面与梁之间的可靠连接成为整体抗震加固方案的组成部分时,则可能需要加强桥面与主梁的连接。图8-1是为改善桥面与梁之间连接曾经使

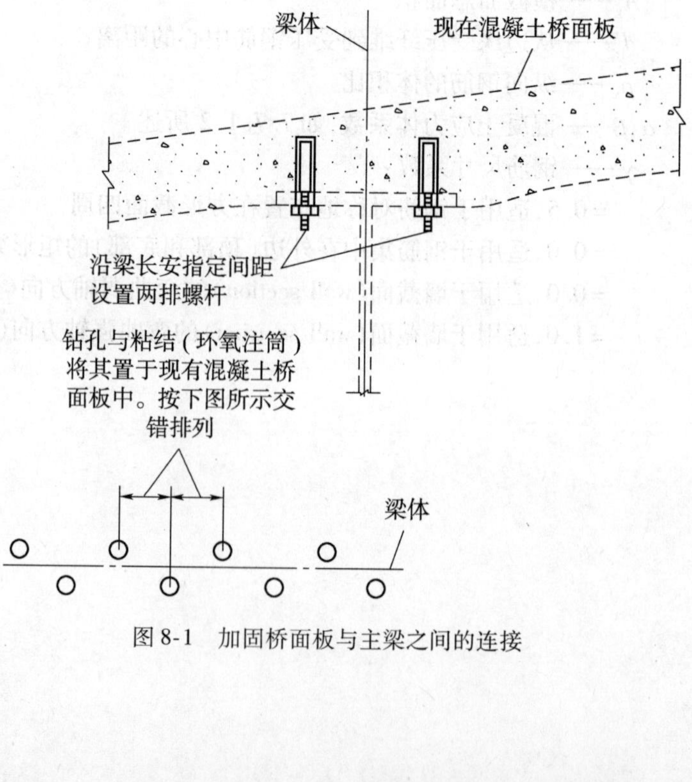

图8-1　加固桥面板与主梁之间的连接

用的一种方法。

8.2.1.2　隔板的加强与加固

在许多钢梁桥或预制混凝土梁桥中，由于设计时没有考虑较高的地震荷载，现有隔板的强度或延性较低，不能将惯性力从桥面板传递到支座。这可能会保护支座不受损坏，但是如果隔板变形过大，则可能危及桥梁的横向稳定。如果隔板不具有足够的弹性强度，就有可能发生脆性或非延性破坏，这包括隔板内螺栓或铆钉连接的剪力破坏，或受压构件的非弹性压曲。一般情况下，为了使隔板中的轴向屈服成为主要的破坏模式，需要加强隔板或增加支撑。

如果现有铆接或栓接的强度不足以抵抗所承受的荷载，还需要用强度更高的连接构件替换现有铆钉或螺栓（如更高等级的材料或更大直径的螺栓等）。当只用螺栓连接时，可将螺栓的极限强度作为支承连接器强度。当现有钢材的可焊性可以满足要求，并且外加应力的方向也有利于焊接时，也可采用焊接。如果按能力设计原理来设计连接，而且铆钉与螺栓的设计强度能够承担焊接应变，也可考虑用焊接来弥补铆钉和螺栓的连接强度。当现有螺栓的设计承载能力受摩擦型连接的限制时，可能出现上述情况。

图 8-2 是提高斜杆非弹性压曲强度的一种方法。这种方法需要增加一个刚性构件（如钢管）支承现有隔板构件，防止压曲。为了不增加现有隔板构件的屈服强度，使用开槽螺栓连接支承构件。这一点很重要，因为在发生地震时，隔板将承受反向荷载，一些构件将受到拉力和压力的作用。这些构件的屈服将限制其他隔板组件的内力，并表现出延性。图 8-3 用一个典型的隔板隔离体受力图说明了这一现象。

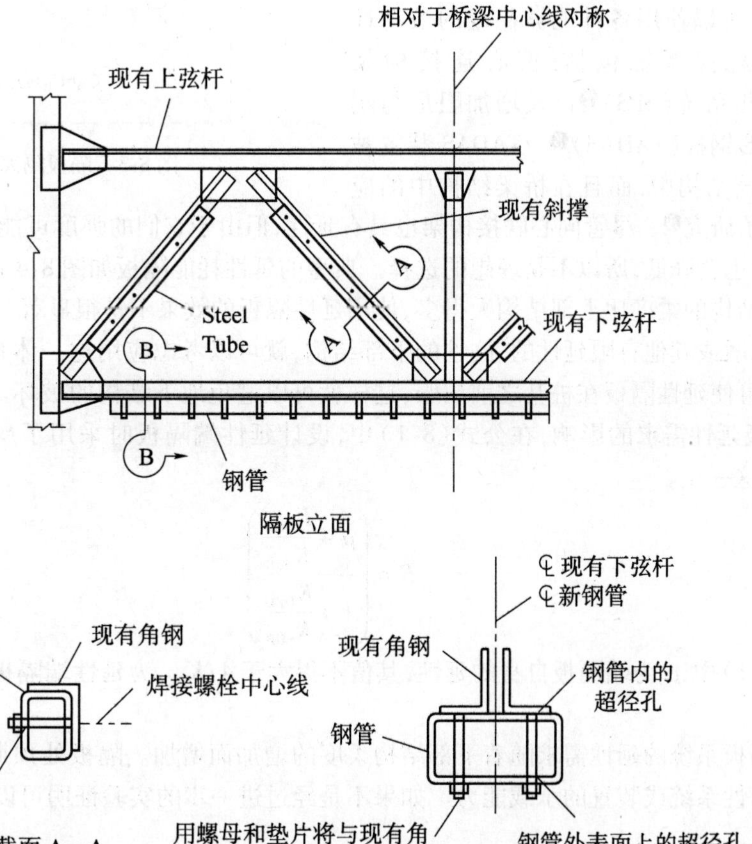

图 8-2　钢梁隔板加固

如果能防止非弹性压曲，隔板内低碳钢组件的轴向屈服可有一定的延性。但是，在确定关键隔板构件的需求时,必须考虑整个横向受力系统(隔板、梁、支座、桥墩以及基础)的位移延性。要做到这一点,我们可以对系统进行二维非线性静力"倒推"分析,目标位移设定为由弹性分析(考虑全部组件刚度)得出的位移值的150%。如果分析显示不会发生脆性或非延性破坏(比如,连接处净截面的断裂),且隔板组件的轴向拉伸将梁顶横向相对位移限制在梁高的2%以内,那么就可以认为设计具有良好的抗倒塌性能。

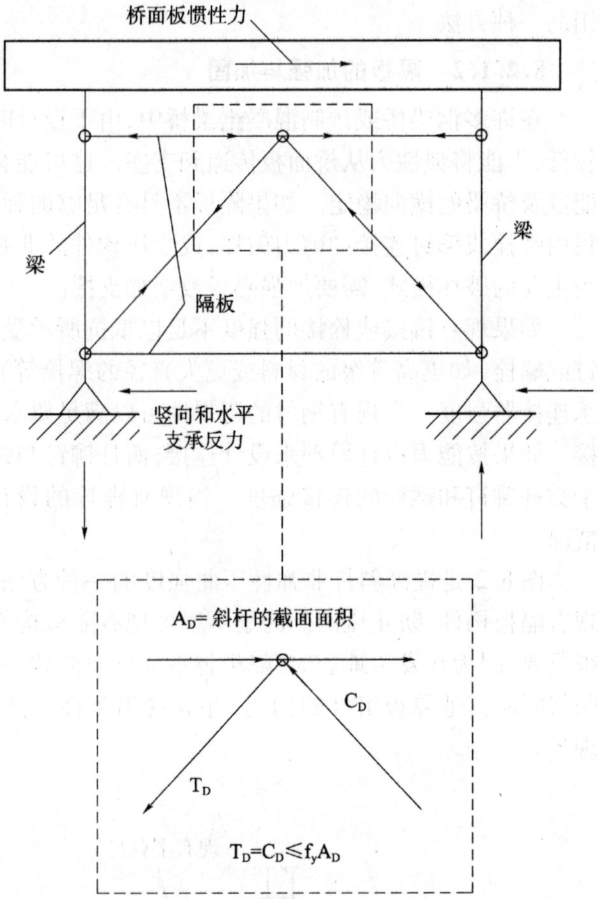

图 8-3 隔板隔离体示意图

8.2.1.3 延性耗能隔板

使用特制的延性端隔板替换上部钢结构中现有端隔板的抗震加固方法可以在横向为结构提供一个耗能构件。经过特殊设计和校验,可以使这些延性隔板在下部结构(基础与支座)之前达到屈服强度。这种方法可应用于具有有限延性的下部结构,但是,不能依赖这种方法达到稳定的延性响应(如刚性墙式墩)。延性隔板应该能够稳定的耗散能量,在发生反复变形时,强度不会降低。为了达到这一目的,可以使用各种能够稳定的被动耗能系统,这些耗能系统包括:偏心连接构架(EBF)❶、剪力板系统(SPS)❷以及增加阻尼与刚度装置的三角形钢板(TADAS)❸。TADAS装置被广泛应用于建筑结构中,而且在桥梁结构中的应用也已经开展了研究❹。尽管同心联接构架也具有延性,但由于它们的强度可能比计算值要高,滞回曲线比较窄,强度也会降低,所以不是理想的选择。典型的延性耗能隔板如图8-4所示。

如果下部结构的柔度比上部结构大得多,使用延性隔板的效果不是很显著。因此,如果桥梁具有宽大的桥墩、墙式墩或其他有限延性的、刚性的下部结构,就可以考虑应用这一体系。由于地下结构很难检测,设计时,可使延性隔板在桩基之前屈服,这样就可以避免地下结构的破坏。近期的研究表明了基础柔度❺对隔板延性需求的影响,在公式(8-1)中,设计延性端隔板时采用了反应修正系数(即,R 系数),就反映了这一点。

$$R = \left(\frac{\mu + \dfrac{K_{\text{DED}}}{K_{\text{SUB}}}}{1 + \dfrac{K_{\text{DED}}}{K_{\text{SUB}}}} \right) \tag{8-1}$$

在公式(8-1)中,μ 为端隔板自身的延性,其值不得大于4;K_{DED} 为延性端隔板的刚度;K_{SUB} 为下部结构刚度。

通常,端隔板系统的延性需求随着下部结构柔度的增加而增加。隔板处预期发生的最大横向偏移量,不应超过延性系统或装置的承载能力。如果不是经过进一步的实验证明可以允许更大的偏移量,最

❶ Malley and Popov, 1983; Kasai and Popov, 1986
❷ Fehling et al., 1992; Nakashima, 1994
❸ Tsai et al., 1993
❹ Zahrai and Bruneau, 1998, 1999
❺ Alfawakiri and Bruneau, 2000

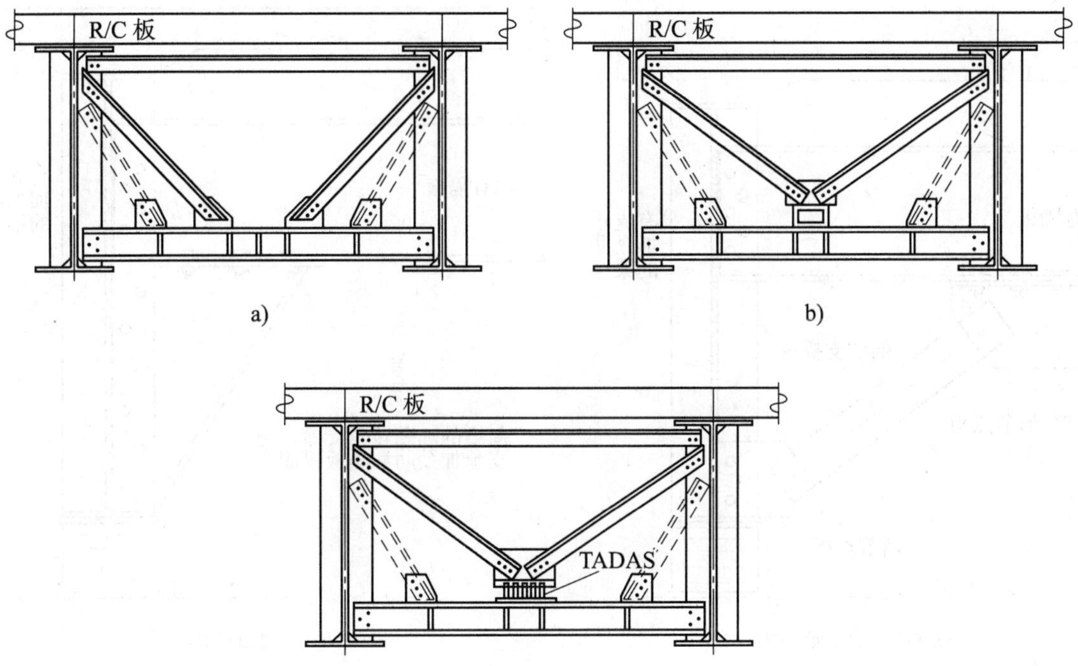

图 8-4　延性端隔板

大偏移量不得超过梁高的 2%。

由墩帽的质量产生的惯性力不会因延性隔板而减小，而是必须由下部结构承受。如果墩帽占上部结构总质量的比例较大，分析时应考虑墩帽质量的惯性力。

确保上部结构中合理的荷载路径可以提高延性端隔板有效性。一般而言，上部结构的惯性力向下部结构传递时需要有连续的路径。混凝土桥面板的水平刚度很大，对于中小跨径钢梁，它们的反应接近刚体运动。因此，中间隔板受的横向荷载最小，地震荷载可有效地通过桥面板和端隔板传递至支座。

需要注意的是：主梁对端隔板处的横向刚度影响较大，不可忽视。因此，延性隔板对大跨度桥梁上时比较有效，而对中小跨径桥梁的作用效果非常有限。在确定隔板强度以及能力保护构件（如支座）的设计内力时，应考虑与梁共同作用（包括梁支承加劲肋的作用）下，端隔板的复合刚度和强度。

端隔板中的延性耗能构件应在端部提供侧向约束，防止面外失稳。建议这些侧向约束及其连接应能够承担翼缘名义强度的 6%。为防止主梁在端隔板处发生侧向扭屈，主梁的无支承长度一般应限制在 $200\dfrac{b_f}{\sqrt{f_y}}$，其中，$b_f$ 为翼缘宽度，单位为 m；f_y 为钢的屈服强度，单位为 MPa。

延性耗能端隔板是一个比较新的概念，有待在实际工程中实施。但是，人们已经进行了大量与此有关的研究[1]，这些研究说明了上述设计方法的有效性。更多资料见 NCHRP 12 ~ 49 项目（ATC/MCEER 2003）抗震设计规范。

8.2.1.4　主梁的加固

在地震发生时，主梁在支座附近可能承受很高的横向弯曲应力。在没有隔板，或者隔板是由在支座以上一定距离处的水平梁式单元组成的时候，这一点是最关键的。在这些情况下，横向弯曲应力主要由支座处的腹板加劲肋承担，这恐怕是不够的。如果应力与扭曲过大，主梁腹板承担恒荷载的能力则可能大打折扣。可采用图 8-5 所示的附加支撑来防止梁体横向变形，或者采用图 8-6 所示的增设支承加劲肋的方法进行加固。

[1] Zahrai and Bruneau, 1998 and 1999; Sarraf and Bruneau, 1998a and 1998b

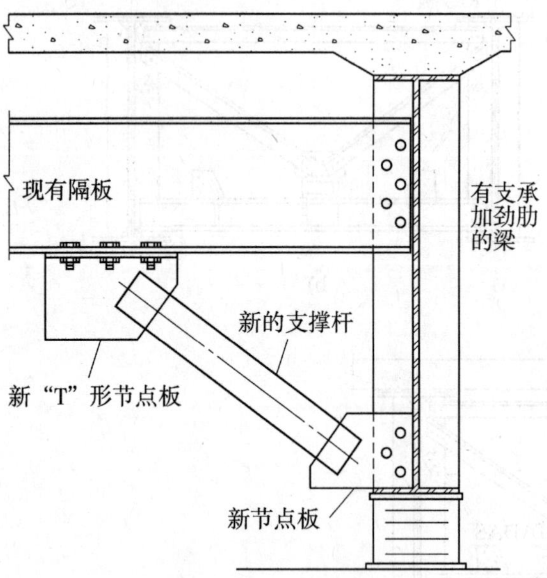

图 8-5　梁支承加固

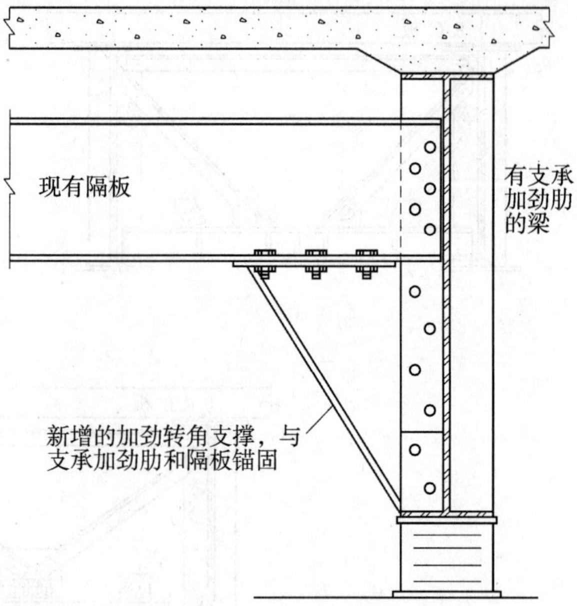

图 8-6　支承加劲肋加固

8.2.2　提供纵向连续

有几种加固措施(缆索或钢筋限位器外)可在地震时保证桥梁上部结构的纵向连续,使地震产生的力在各支承之间合理分配,以下对其中一些方法进行阐述。

8.2.2.1　腹板和翼缘板

通常说来,可以使用腹板将钢梁联结成一个整体,如图 8-7 所示。为了使腹板的拼接板与腹板准确对准,使用垫片是非常必要的。如果拼接板位于伸缩缝处,可将螺栓孔处切槽,为桥梁上部结构收缩膨胀提供条件。如果某一片梁从支座脱落,这种加固措施还可以提供竖向支承。为了防止由于竖向和水平冲击荷载以及螺栓孔不能对齐或切槽而引起螺栓断裂,螺栓应按支承连接器进行设计,使其有较大的安全系数(取 2 或更大值)。同样,为了防止腹板断裂,应该限制梁的相对横向移动。

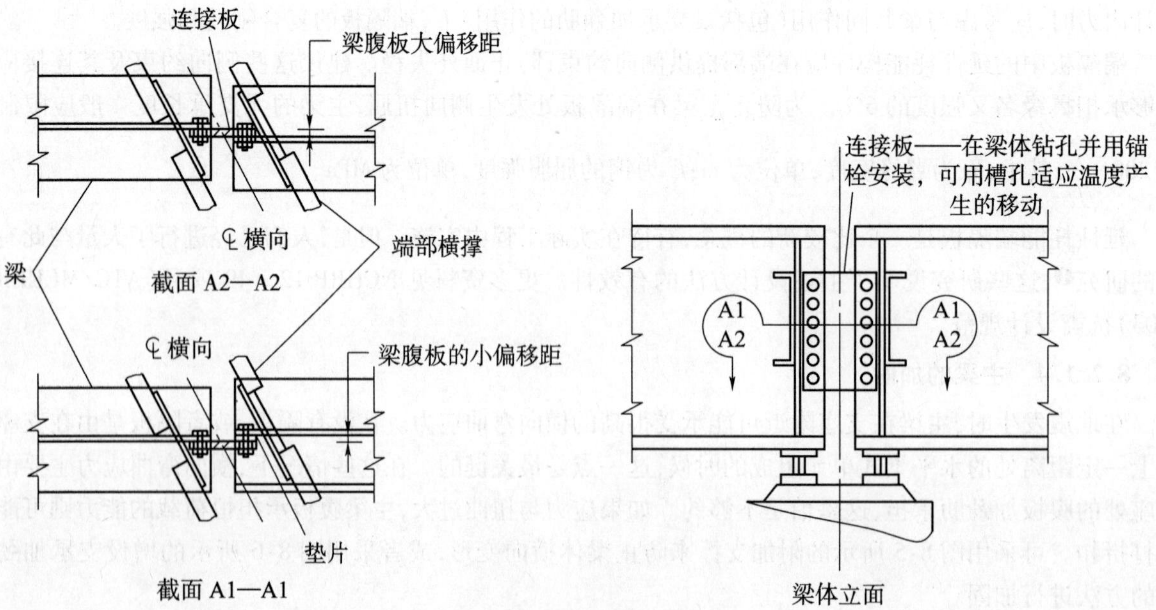

图 8-7　利用腹板的拼接板调整未对齐的梁

8.2.2.2　上部结构接头的加强

通常说来，为使活载穿过既有接缝却不显著地影响到它容许温度变化的能力，而使结构成为连续的结构常常是可能的。不过，这种情况基于这样的事实，那就是桥梁较短或者上述接头的两边均装有固定支座。要做到这一点，可以将现有接头任意一端的桥面去掉一部分，在翼缘处用拼接板连接起来，并且按原样修复桥面，这样可以保证桥梁的连续，这种加固方法如图 8-8 所示，这种加固方法需要验证梁体能否承受工作荷载作用下产生的负弯矩。

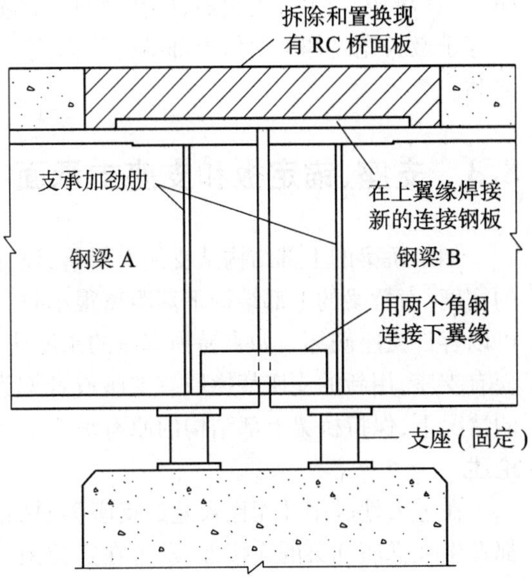

图 8-8　使梁体连续以承担活荷载

8.2.3　减小恒荷载

有时，减小桥梁上部结构的恒荷载是可能的。尽管这样做通常会降低固有振动周期，并且由此会导致谱加速度略有增加，而实际结果将会降低位移以及延性的需求。从地震需求角度来看，这样做完全可以改善抗震性能。可以选择的方案包括拆除沉重的混凝土护栏以及多余沥青混凝土或其他材料的面层，或者用轻质混凝土或者其他材料代替较重的混凝土桥面。

8.2.4　加固连续的上部结构

由于桥梁上部结构的设计通常不按延性行为设计，所以不希望在与下部结构整体连接的上部结构中出现较长的塑性铰。为了避免这种情况的发生，可以通过对上部结构进行加固，使塑性铰只出现在桥墩上。由于提高桥墩延性比较容易，因此，这样做是可取的。图 8-9 说明了对支承附近混凝土箱形梁的

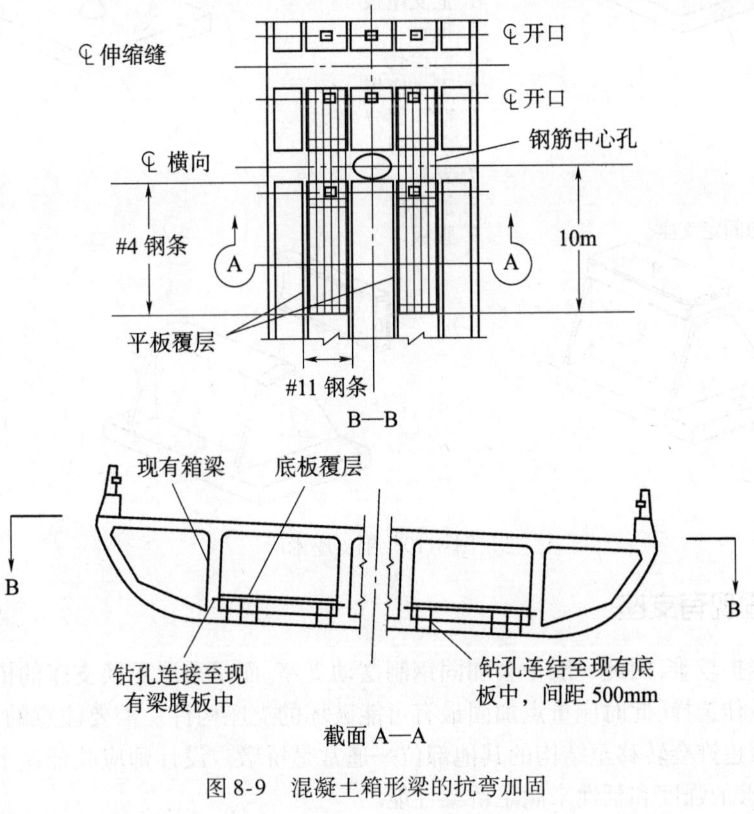

图 8-9　混凝土箱形梁的抗弯加固

正弯矩承载能力的加固方法。如果上部结构的负弯矩能力也不能满足要求时,还需要额外加固。为了防止在墩帽内产生过大扭矩,应在墩身一定宽度内进行对称加固,对于箱形梁和实体的上部结构,该宽度等于墩身宽度加上两倍上部结构的高度,对于纵梁式上部结构,该宽度取墩身宽度与上部结构高度之和。

8.3 支座、锚定板和支座支承面

如果桥梁的上部结构从支座上滑落,设计师可以考虑采取下述措施。如果支座的支承垫石有足够的宽度,而桥梁的上部结构下落距离很小时,只要能够避免发生倒塌并且最终的性能水平可以接受,则可以容许支座破坏。如果易损支座的高度比较大,通常建议对结构进行加固。要做到这一点,可以加强现有支座,用新的支座替换原有支座或者增设一个加高的基座(即限位装置),这样就可以在支座破坏的情况下,保持桥梁上部结构的原有坡度。本节只讨论支座的加强和置换,限位装置将在 8.4 节进行论述。

在过去地震中性能比较差的支座类型如图 4-3 所示。尽管不同的支座有不同的构造,但断裂通常都发生在支座和梁的连接处,发生在定位板处,或者发生在支座和座板(masonry plate)连接处,亦或是发生在连接座板(masonry plate)与支承的锚栓处。有时,支座设置在混凝土垫石上,也有可能造成支座的破坏。钢制摆动支座在地震中特别容易发生破坏。图 8-10 给出了两种典型钢支座的相关术语。

新的或者经过加固的支座及其约束构件应该能够抵抗由分析得出的各种纵向力、横向力和竖向力。

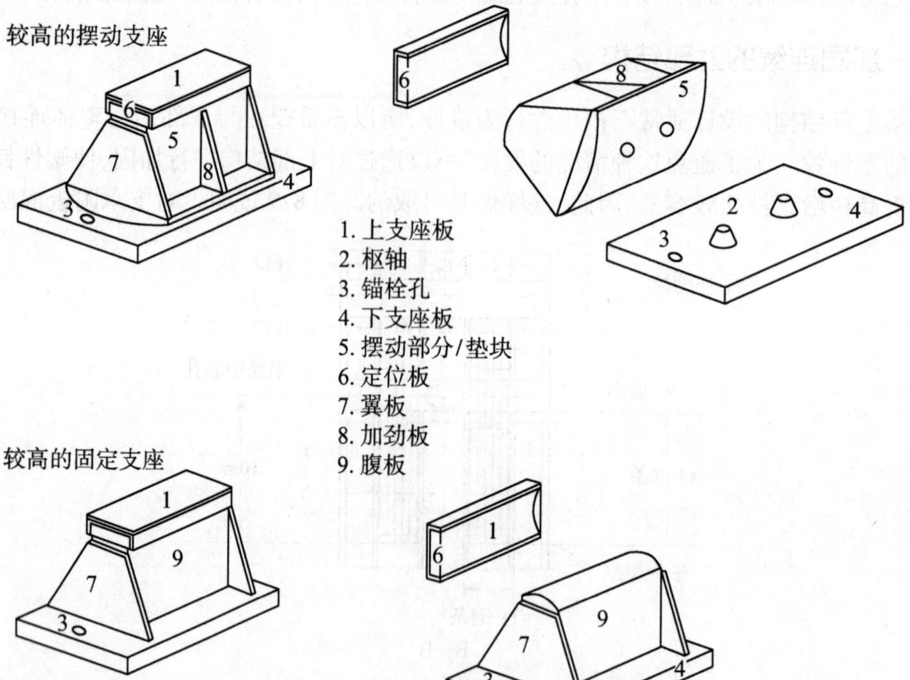

图 8-10 钢支座术语

8.3.1 加固现有支座

由于支座的养护较难,因此一般不会加固钢制摆动支座,而是采取更换支座的措施。但有些情况下加固也可能成为最佳选择,此时应重点加固最有可能破坏的支座构件。需要注意的是加固支座后,可能发生的破坏或屈服也许会转移至结构的其他部位—通常是桥墩。设计师应验证这个新部位的塑性变形可以接受,并有足够的强度和延性来满足桥梁性能。

8.3.1.1　活动支座

活动支座允许纵向的自由运动,通常由定位板、枢轴、锚栓或者其他构件组成,可以防止横向移动,抵抗横向荷载。通常需要通过加固来增加这些连接构件的强度,以便满足最低受力要求,防止丧失横向支承。采取上述措施时应注意不要阻碍支座的纵向运动,也不应限制其纵向伸缩。

(a)底板与梁之间的连接加固

底板通常是通过螺栓或者铆钉连接到梁上的,而螺栓或者铆钉通常缺乏可以防止地震中底板断裂从梁上脱落时所需的抗剪切能力。为了杜绝这种情况的发生,可以用更高强度的螺栓替换现有的螺栓或铆钉。如果这样做还不能提供足够的强度,可以附加连接板,形成双剪螺栓,如图 8-11 所示。新的螺栓必须按同时承受拉力和剪力来设计,而翼缘和底板也必须能够承受这些力。

另一种加固措施是可为梁在支座上的横向移动提供更大的范围。该加固措施的细节应根据支座的构造确定,图 8-12 推荐了一种经过试验测试的支座加固方法(Mander et al,1996a)。在这种情况下,容许定位板发生破坏。焊接在梁底承板上的限位钢条可调节支座在承板上的滑移。横向移动控制在支座宽度一半的范围内。在这种情况下,如果竖向加速度不是很大,从限位钢条上延伸下来的竖向短肢可阻止过大位移的发生。

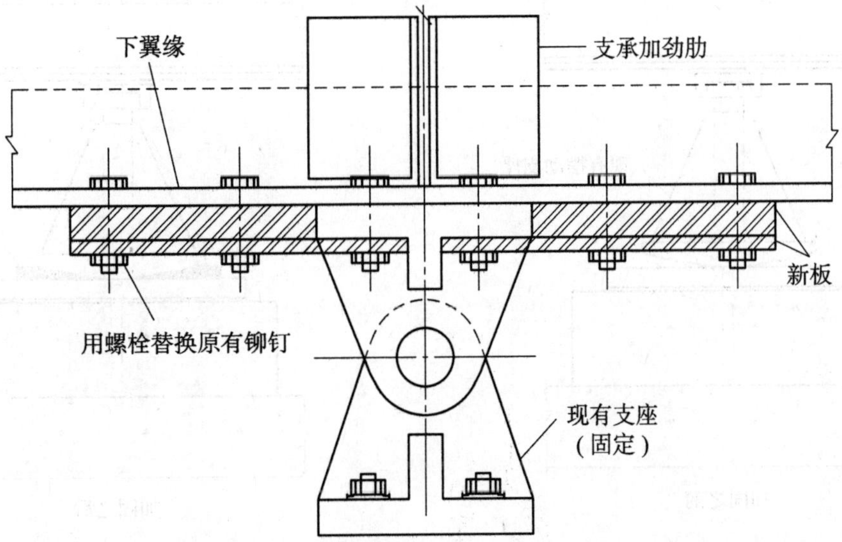

图 8-11　支座底板与梁的连接加固

(b)支座与座板(masonry plate)[1]之间的连接加固

钢制摆动支座在纵向上提供的阻力微乎其微。最近的试验表明,通过对这类支座进行加固可以增加阻力,使位移不超出预定范围(Mander et al,1996c)。这样做允许桥梁上部结构热膨胀及收缩的自由移动,但要抵抗地震引起的过大的位移,可通过将钢楔焊接到支座垫板上达到这一目的,如图 8-13 所示。钢楔板边缘应该密封,以防止水分进入,避免钢楔板和支座垫板之间发生锈蚀。增加的纵向阻力(F_h)与支座恒载反作用(P)和楔块角度(α)之间的函数关系表达式:

$$F_h = P\tan\alpha \tag{8-2}$$

在横向,支座和垫板之间的连接有时是通过枢轴提供的。在其他情况下,由定位钢筋或者锚栓提供横向阻力。任何抵抗横向力的装置都可能发生剪切破坏,导致桥梁上部结构产生不能接受的横向移动。选择何种加固措施以防止过度横向移动取决于支座的构造。图 8-14 所示的是一种可行的方法。

[1] 译者注:masonry plate 的准确含义?

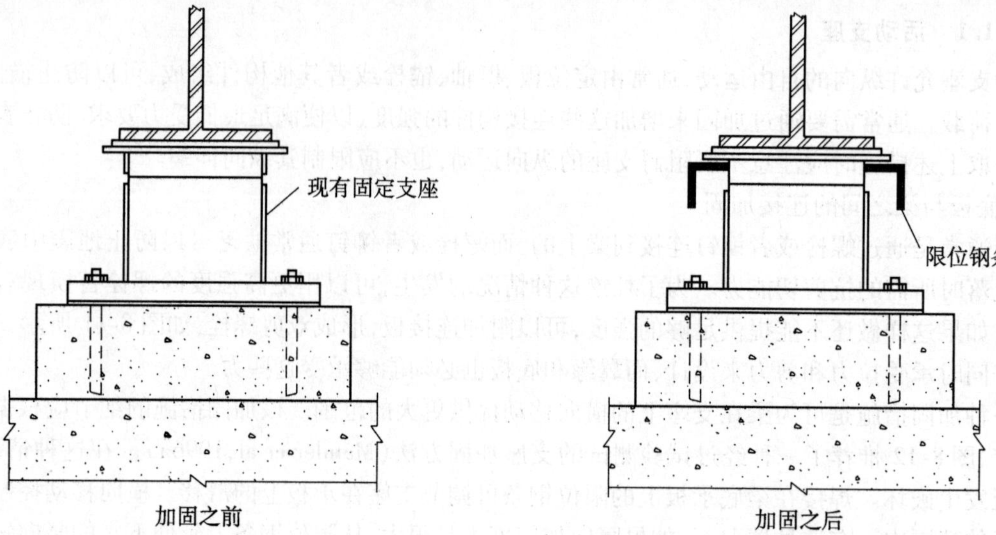

图 8-12　用限位钢条加固

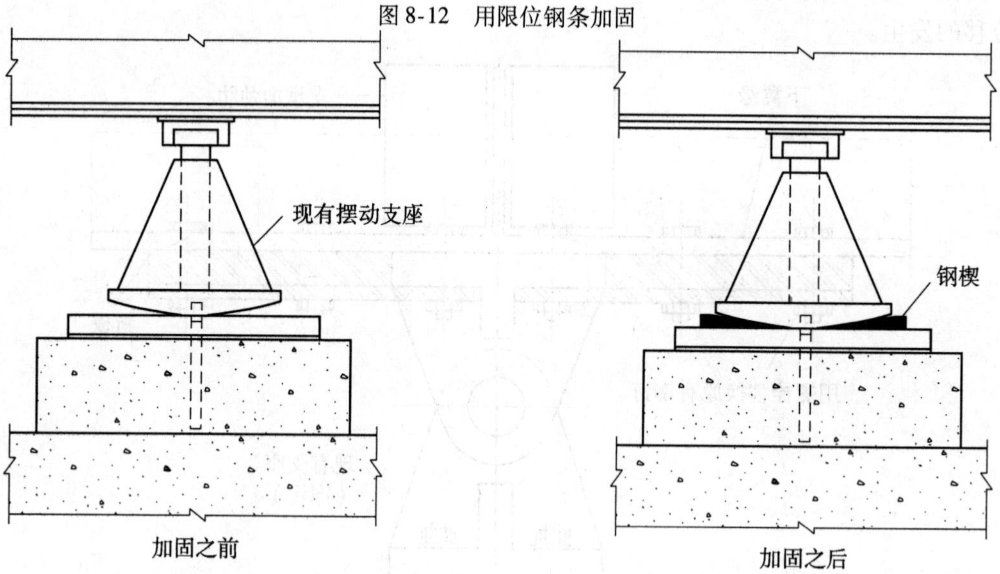

图 8-13　活动支座的加固

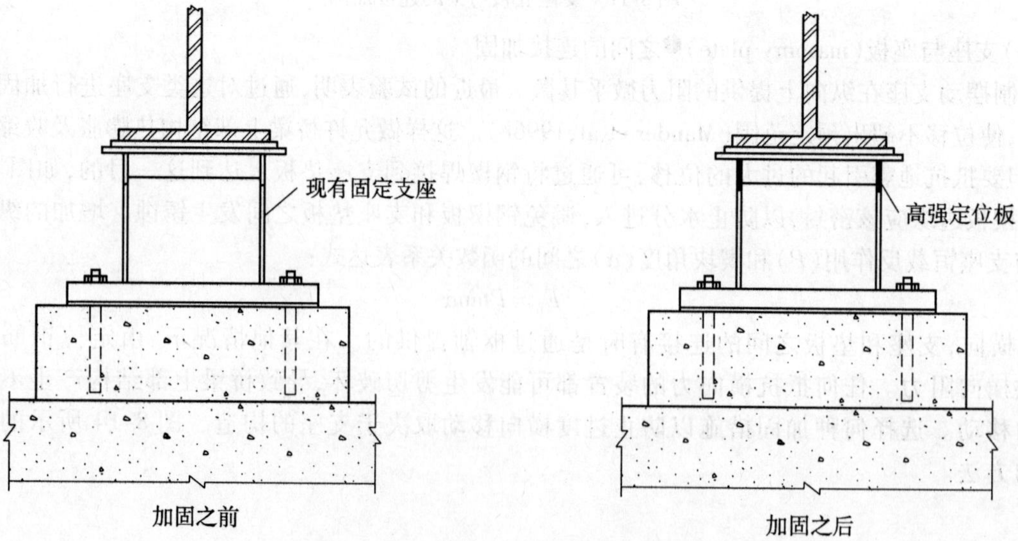

图 8-14　增加支座横向承载能力的加固方法

(c)座板(masonry plate)与下部结构的连接加固

座板(masonry plate)与下部结构的连接通常是通过将锚栓浇铸在混凝土支承基座中实现的。如果支座受到横向力作用时,这些螺栓必须承担剪力和拉力;如果螺栓破坏,支座将发生滑动,导致桥梁上部结构出现过大的位移。增加锚栓的数量可以提高座板(masonry plate)的承载能力,这可能需要加大钢板尺寸。可以通过钻孔灌浆的方法将新增加的锚栓固定在混凝土支承基座中,并将这些新锚栓与现有座板(masonry plate)连接在一起。图 8-15 所示的就是一种加固方法。

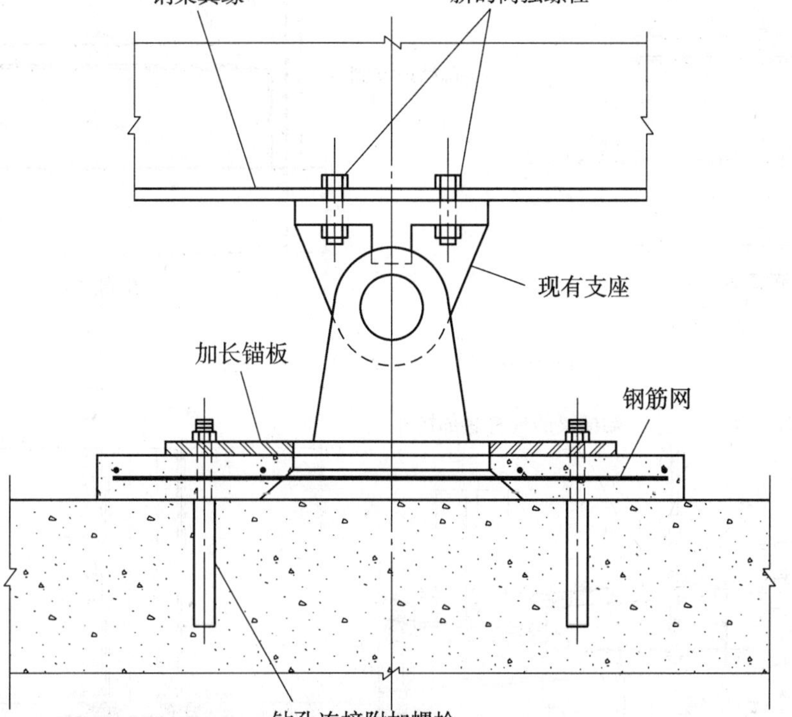

图 8-15　提高锚板承载能力的加固方法

8.3.1.2　固定支座

就固定支座而言,在横向和纵向都存在水平力。在支座内部,有好几个部位存在发生破坏的可能性。通常说来,底板与梁的连接、定位钢筋、以及座板(masonry plate)与下部结构的连接都是最薄弱的地方。有时,也将支座固定在地震中可能破坏的混凝土或砌体基座上。

(a)底板与梁的连接加固

底板与梁的连接加固对于固定支座和对于活动支座来说差异微乎其微。最主要的差异在于,对于固定支座,该连接需要承受较大的纵向力以及横向力。请参见第 8.3.1.1(a)节以及图 8-11 和图 8-12 所示的建议加固方案。

(b)座板(masonry plate)与下部结构的连接加固

在地震中,固定支座上的锚栓通常同时承受拉力和剪力,因此难以通过简单地增加锚栓数量来加固座板(masonry platc)。一种可行的方法是采用支座套(bearing encasement),它还可以用来增加混凝土和砖石垫座的强度。一种方法(Mander et al. ,1996c)是在支座周围安置一个钢壳,并将钢壳伸至支点位置。通过在现有混凝土上钻孔灌浆,用暗销将钢壳内的混凝土固定在支承基座上。如果暗销伸入新的混凝土的长度不够,可以将其焊接在钢壳上。加固构造如图 8-16 所示。

另一种支座埋置的方法如图 8-17 所示。这样可以防止支座的剪切破坏和倾倒。另外,如果梁跨从支座上滑落,混凝土帽梁将限制竖向跌落。混凝土帽梁还可以充当剪力键并提供一个竖向约束装置。

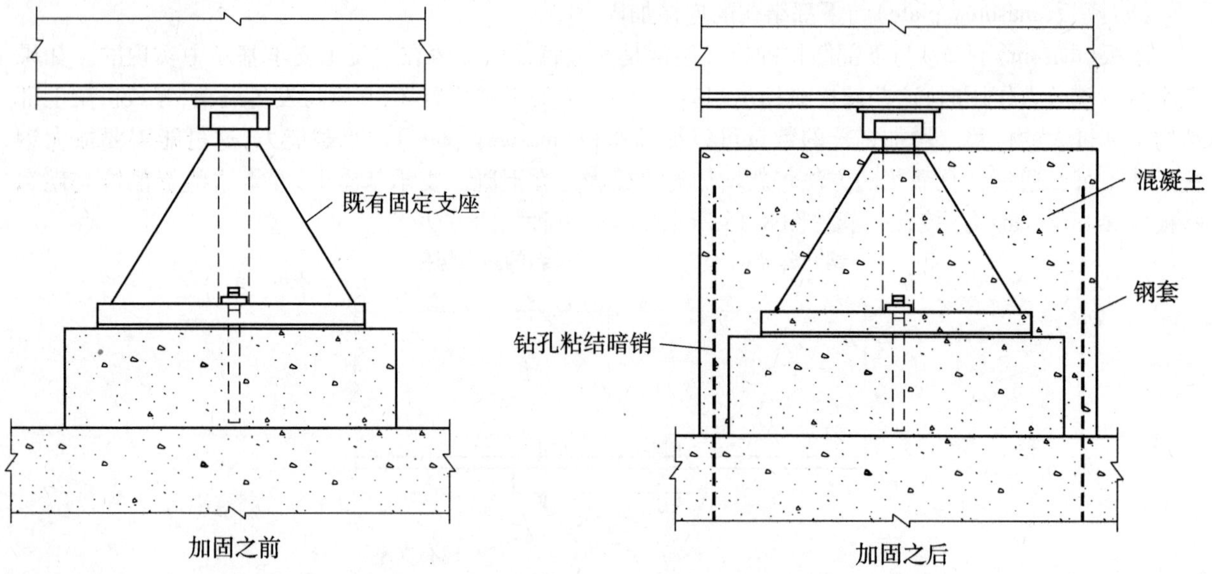

图 8-16　通过钢套对支座进行加固

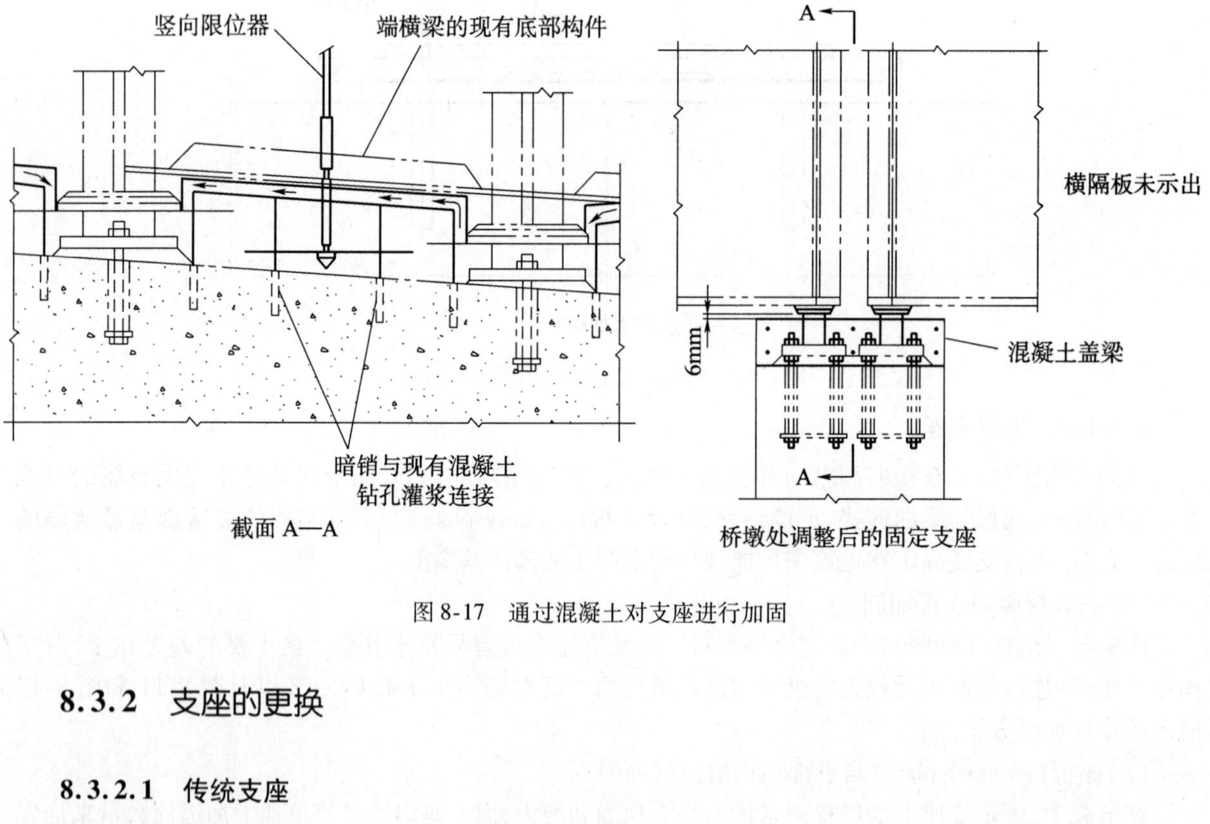

图 8-17　通过混凝土对支座进行加固

8.3.2　支座的更换

8.3.2.1　传统支座

由于地震中容易损坏的支座,在日常维护过程中都存在问题,所以,在过去地震中性能比较差的支座,可采用更换的方式进行加固。但是,通常新支座的竖向尺寸要比原有支座小一些,所以,在更换过程中,需要弥补由此产生的高差。为此,可以采用一个钢基座(图 8-18)或混凝土基座(图 8-19)。若使用后者,可以在梁间设置一个较高的基座,从而提供一个横向剪力键,而竖向限位器可以固定在基座上。

只要可能,在梁活动端和固定端处应该更换成同一类型支座,这样,可保证梁端转动基本相似,从而保持对称性。

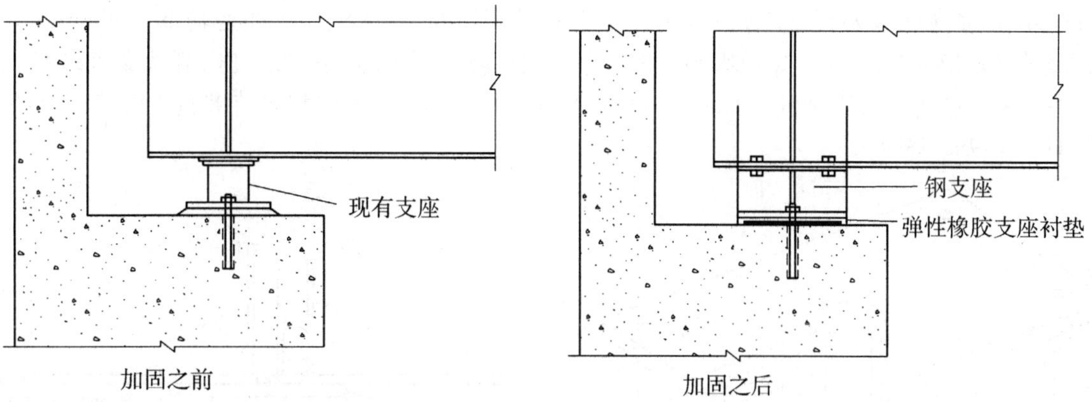

图 8-18　采用钢基座对支座进行置换

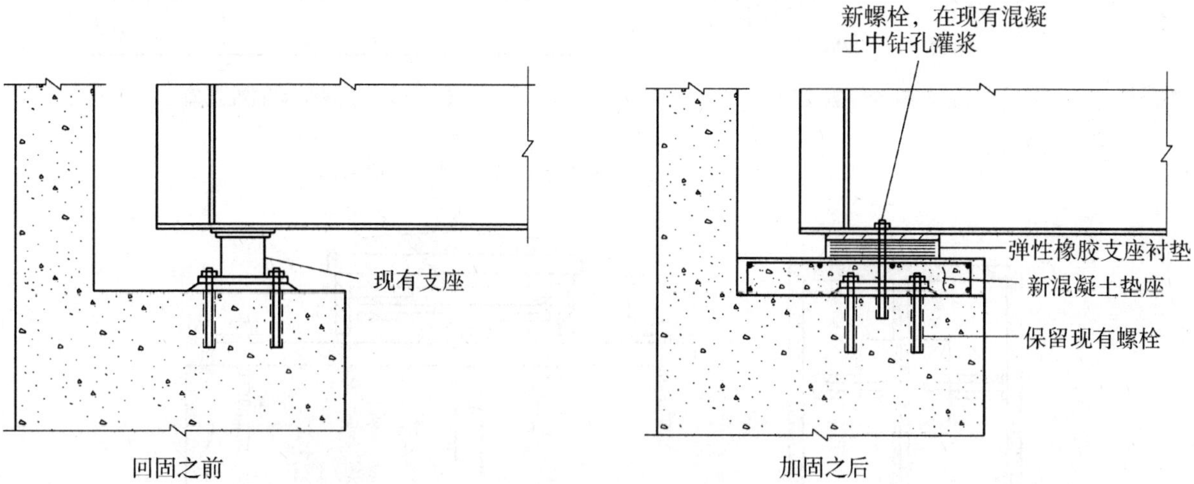

图 8-19　采用混凝土基座对支座进行置换

8.3.2.2　更换为隔震支座

采用隔震支座进行加固，在替换易损支座的同时可保护其他构件免受损坏。在美国，采用这种方法对 150 多座桥梁成功进行了加固。

采用隔震支座可延长桥梁的基本振动周期，从而减小桥梁的地震反应。在大多数情况下，隔震支座可减少桥梁上部结构的加速度以及传递至下部结构的惯性力，与此同时，桥梁上部结构与下部结构之间的相对位移也会随之增加。利用支座的耗能特性，可以将相对位移限制在可接受的范围内。应通过分析确定内力和位移的大小，以保证它们不会超过桥梁的承载能力。

因为隔震支座在运营荷载下位移微小，在地震的高振幅条件下隔震支座可提供必要的柔性，起到有效的隔震作用，所以，在运营荷载作用下，隔震支座是刚性的，但是在地震作用下是柔性的。这就意味着，这些装置的力-变形关系是非线性的。通常在大多数隔震装置中，这种非线性特性也用来提供滞回耗能作用。

目前桥梁使用的隔震装置包括橡胶型和摩擦型两种。在美国，大多数桥梁采用橡胶型，主要为铅芯橡胶支座❶。摩擦型主要是摩擦摆动支座，也已在很多桥梁上使用，并且越来越受欢迎。在其他国家，橡胶隔震支座和摩擦隔震支座都得到了广泛应用。当与单独的耗能装置联合使用时，隔震也可以通过传统的弹性支座或滑动支座来实现。EradiQuake 支座就是这种隔震装置。表 8-1 列举了几种隔震支座，并通过图 8-20 ~ 图 8-22 加以说明。耗能装置将在第 8.4.3 节中进一步阐述。

❶ Buckle 2003

许多隔震系统已由美国公路创新技术评估中心(HITEC❶)代表美国加州运输部(Caltrans)和美国公路管理局(FHWA)进行了评定(HITEC,1999a)。这些隔震系统包括弹性支座、滑动支座以及滚动支座,这些支座能够承担作用于桥梁上的各种荷载。其中八个隔震系统的测试结果摘要可通过 HITEC 获得(HITEC,1998a-1998h)。

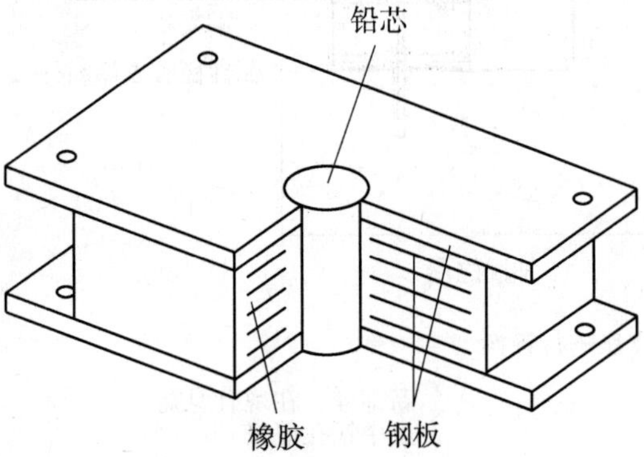

图 8-20 铅芯橡胶隔震支座

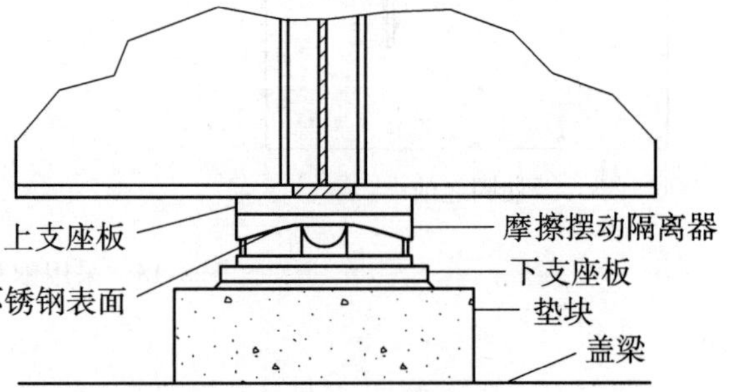

图 8-21 摩擦摆动隔震支座

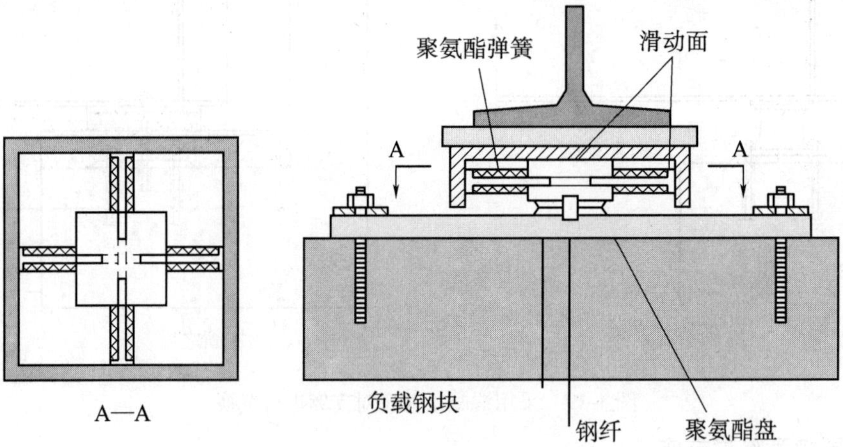

图 8-22 Eradiquake 隔震支座

典型隔震支座的基本特点 表 8-1

支座类型	柔性元件	能量耗散	运营荷载作用下的刚度
铅芯橡胶支座	标准弹性支座	铅芯的塑性变形	铅芯弹性刚度
Eradiquake 支座	低摩擦系数的平面滑动器和单轴聚氨酯弹簧	摩擦	超过摩擦系数之前没有滑动
摩擦—摆动支座	低摩擦系数的球形滑动器	摩擦	超过摩擦系数之前无滑动
备注:一些上述硬件为专利或专有产品,只能通过批准的产品才可以使用			

因为隔震支座的短期与长期性能特征都很重要,所以,支座类型的选择是一项重要的决策。如前所述,从短期来看,在风荷载及制动荷载作用下不出现过大位移时,要求隔震支座在小变形时保持刚性,同时,还要求该装置允许桥梁上部结构发生热胀而不会引起下部结构产生过多的应力。从长期来看,性能的可靠性很重要,在设计地震发生之前可能会有几十年的时间,在此期间,隔震支座的性能应该保持稳定,基于这一点,理想的隔震支座应该不需要维修,对正常工作要求不高,并且制造材料应该具有化学稳定性,对大气污染物和除冰盐剂有抵抗能力。

❶ Highway Innovative Technology Evaluation Center, ASCE Civil Engineering Research Foundation, Washington DC. 公路创新技术评估中心,ASCE 建筑工程研究基金会,华盛顿

所有隔震系统都应该满足严格的测试要求和质量控制标准。许多隔震支座的物理性能随着温度的变化而变化,这一点对于低温地区来说不容忽视。美国州级公路及运输官员协会 AASHTO(American Association of State Highway and Transportation Officials)编写的 AASHTO/1999 规范规定了包括低温性能测试在内的测试要求。在现场条件下有可能出现的特性都应该包括在分析的范围之内。

那些在每个墩台上已装有支座的桥梁无疑应优先考虑安装隔震支座,因为这种情况下安装隔震支座相对比较简单。如果需要更换高度较低的支座,如合成橡胶衬垫,那么可能不能保证直接安装隔震支座所需的净空高度。为了能够提供必要的空间,需要一些额外工作。在更换钢支座时一般没有这种情况,但有时也可能出现相反的情况,此时需要使用基座(见第 8.3.2.1 节)。

为了能够提供所需的空间,有可能在墩帽处将桥墩切断,因此,隔震也可以用于加固整体式桥梁。

隔离后,桥梁必须可以在任何水平方向自由移动,这样,隔震才会有效。通常来说,横向的移动不会有太大问题,但是,由于大多数桥台伸缩缝的净距不能满足地震作用下的位移需求,所以,对于纵向,需要格外注意桥台位置。如果不增加净距,在桥梁上部结构和桥台背墙之间可能发生撞击。由此导致的背墙破坏一般情况下可以立即修复,恢复通车,所以不会造成桥梁坍塌或封闭。因此,在加固时无需增大净距,而是等到背墙在地震中损坏,在对其进行维修时留出足够的间距。虽然在新建桥梁中不建议使用这种方法,但在加固时采用这种方法有其优点。

在加固时,也可对桥台背墙进行改进,如图 8-23 所示。在背墙顶部安装一种保护性构件与之成为一体,如果在地震中发生脱位,则可以更换该构件。仍然存在发生纵向碰撞的可能性,但是后果并不是很严重。另外一种选择就是提供一个更大的间距,从而避免发生碰撞。在这种情况下,空隙处必须用伸缩缝。从结构响应角度来看,这可能是一种理想的方法,但是可能不是最经济的方法,因为能满足较大开合动作的伸缩缝很昂贵且维护困难。

8.3.3　加强上部结构与下部结构的连接

一些整体桥梁在桥梁的上部结构和下部结构之间采用了混凝土铰结的方式(也叫做 Freyssinet 铰结),这些铰允许纵向的转动,但限制横向转动。它们通常也要承担纵横双向的剪力的作用。这些铰可以位于墩台的顶部或底部,如图 8-24 所示。如果其钢筋不足以抵抗纵向或横向的剪力或者横向的弯矩时,则需要对其进行加固。图 8-25 说明了一种可以增加这类铰的抗剪能力的方法:取芯钻孔使其贯穿接头,然后插入一个钢销,如厚壁钢管。

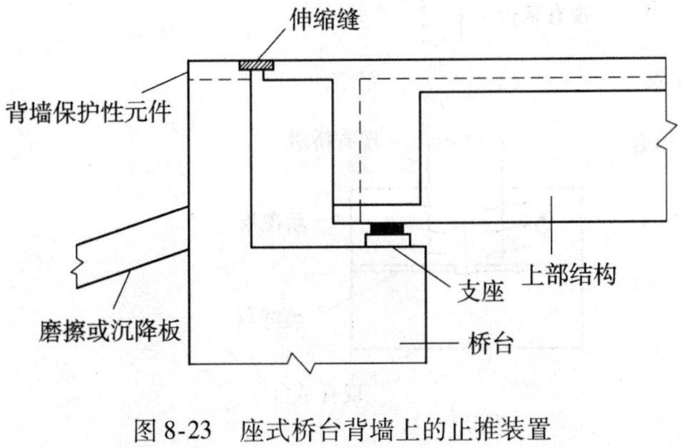

图 8-23　座式桥台背墙上的止推装置

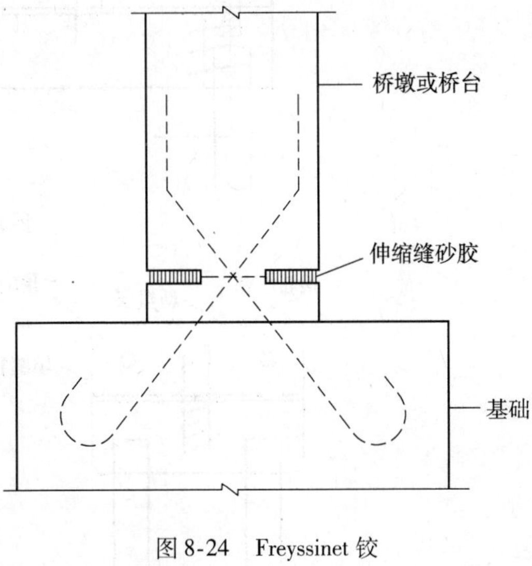

图 8-24　Freyssinet 铰

图 8-26 表示的是一种增加铰的横向抗弯能力的方法。这种方法采用增设锚桩和一个预应力混凝土盖梁来加强横向抗倾覆能力不足的单柱墩底部的混凝土铰。

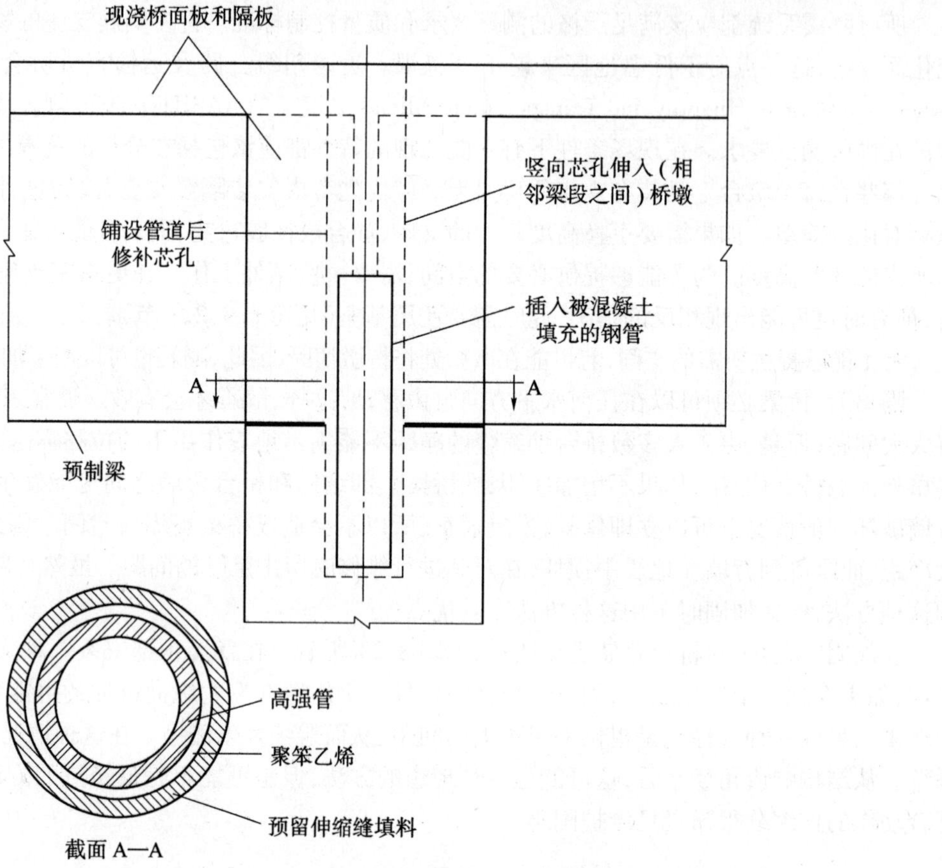

图 8-25　钢管剪力键

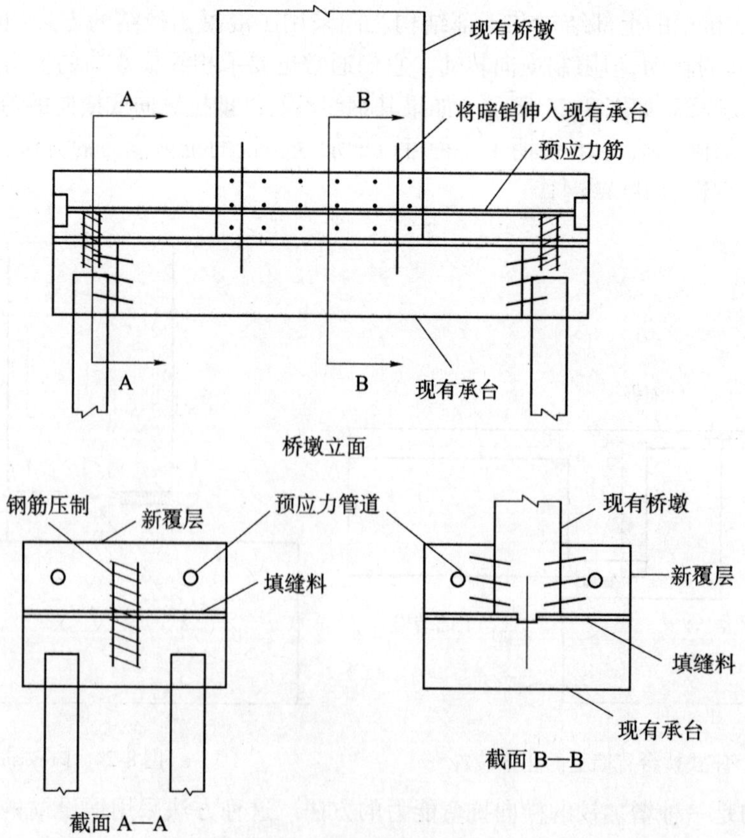

图 8-26　混凝土铰加固

针对不同的结构形式，应采取不同的加固方法加强这类铰，设计力应根据结构分析而定。多数情况下，这些力受到桥梁其他部位塑性能力的限制，如与桥墩上铰相对的另一端的抗弯能力，设计师还必须校核运营荷载作用下加固后桥梁的性能。

8.4　伸缩缝加固

本节将介绍几种防止伸缩缝处在地震时失去支承的方法，并对两种基本的加固方法进行讨论，第一种提供额外的位移承载能力，第二种降低位移需求。为了避免由于失去支承发生破坏，可以单独使用或联合使用这些加固方法。

8.4.1　拓宽支座支承面

增加支承垫石的宽度可以增强伸缩缝处的位移能力，一般不会影响桥梁的动力特性。下面讨论这种方法的两种做法。

8.4.1.1　拓宽混凝土支座支承面与限位块

为了将伸缩缝处的位移控制在支座支承面有效宽度（参见 8.4.2.1(f)）的 67% 内，需要的约束装置的数量将会非常多，此时可采取加宽支座支承垫面的办法。通过加宽支座支承面增加了移动范围，从而降低约束装置数量。若安装在桥台处，最好将加宽部分直接支承于基础上，如图 8-27 所示。

用销钉或锚栓锚固在混凝土桥台或桥墩竖直面上的拓宽部分必须能够承担支座破坏时产生的巨大的竖向力和水平力，这包括桥梁上部结构跌落时产生的冲击力及地震产生的水平力。如果这些力作用于销钉和锚栓上存在偏心，那么在设计锚栓和销钉时必须考虑由偏心产生的弯矩。如果可行，采用后张法将拓宽部分固定于下部结构。

当桥梁支座较高时，应将支座支承面的拓宽部分抬高，使其恰好低于梁底标高。如果使用了上述所谓的“限位块”，应该考虑将来支座的检查与维修问题。一种方法是在支座支承面的加高部分使用可拆卸的钢组件。对于一些较陈旧的支座，还要在梁底翼缘处固定一片超大的底板。为了避免发生碰撞或干扰，该底板与支座支承面的加高部分应预留足够空隙。

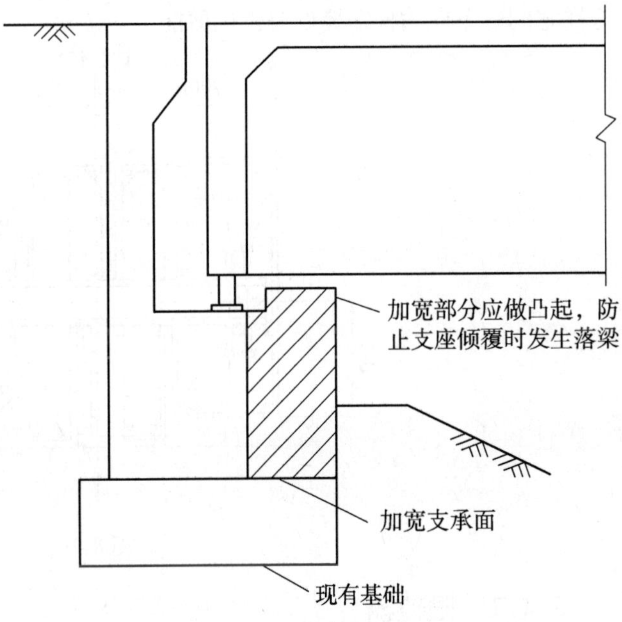

图 8-27　桥台支座支承面的拓宽

如果要拓宽支座支承面，应使其宽度达到第 5.2.1 节建议的最小支承宽度。这些宽度反映了：由桥梁非弹性响应在支座处引起较大相对位移的可能性；下部结构不同部位发生独立运动的可能性；由表面波的传播引起的桥墩（台）发生异相转动的可能性。

设计支座支承面的拓宽部分时，应采用下列工况：

1. 竖向荷载等于恒载反力的两倍；

2. 竖向荷载加上地震引起的水平荷载，其中竖向荷载等于恒载反力。

第一种工况只考虑竖向力，用于计算桥梁的上部结构从支座跌落至支座支承面时产生的巨大冲击力。第二种工况不仅考虑上部结构支承在支座支承面拓宽部分时产生的竖向荷载，同时又考虑由地震作用产生的水平荷载。根据桥面上随时可能存在的交通车辆的类型与数量，上述两种情况在竖向荷载中均应包括一部分活荷载。水平地震作用应取下述两种情况的较小值：① 恒载反力乘以谱加速度系数;②恒载乘以最大可行摩擦系数,其中摩擦系数是指梁与支座支承面拓宽部分之间的摩擦系数。

8.4.1.2 套管延伸器

对于跨内伸缩缝铰结处的支座支承面,可采用套管延长器来增加支承宽度,详见图8-28。这些延长器也可以用作横向剪力键。

如同支座支承面拓宽一样,当跨内铰结处需要大量的限位器将位移控制在支座支承面有效宽度(参见8.4.2.1(f)节)的67%范围内时,可采用套管延长器。利用套管延长器可增加移动范围,从而减少限位器的数量。

套管延长器同时承受竖向重力荷载与水平地震荷载,这会在套管中产生弯曲与剪切应力,也在锚固套管的混凝土隔板中产生复杂应力。Caltrans对直径为200mm(8in)超强套管延长器进行了现场试验,发现套管在接近极限荷载(约1070kN(240kips)),并且伸长量达到200mm(8in)时发生了断裂。根据这些结果,建议将剪力的竖向分力和水平分力控制在930kN(210kips)以内,对于任一正交方向上的剪力控制在800kN(180kips)以内。这些值适用于标准接缝,对于斜交接缝,应适当降低水平剪切能力。但是,如果不受空间限制,最好将支座支承面延长器的能力控制在445kN(100kips)以内(Caltrans,1996)。

考虑到延长器可能出现错位,多个套管延长器的剪切需求应增加至1.3倍。同时还应考虑现有混凝土剪力键横向抗剪的作用。对于横向剪力较高,伸缩缝开口相对较低的荷载工况,现有横向剪力键将会发生作用。如果套管延长器在混凝土剪力键之前发挥了作用,那么在强震作用下套管延长器的延性最终可使剪力键参与工作。如果剪力键先发挥作用,那么它们很可能在套管延长器受荷之前发生脆断,这样它们就不能为伸缩缝处提供抗剪能力。

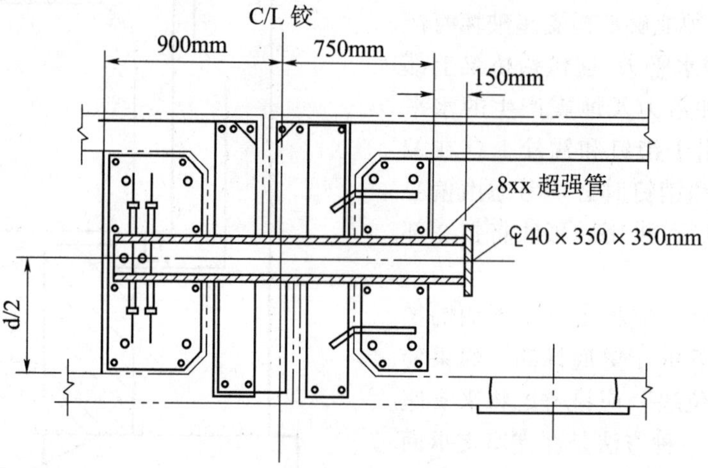

图8-28 套管延伸器

8.4.2 限位器

在1971年加利福尼亚州南部San Fernando地震中以及在此之前的地震中观察到:桥梁破坏大多是由上部结构在支座支承位置丧失支承造成的。这种破坏通常是不可修复的,倒塌的桥跨需要拆除重建。因为失去支承造成灾难性后果,而预防这种损失的成本相对较低,因此早期加固方案主要集中在防止发生这种破坏的方面。这些方案最初是由Caltrans采用,其中包括增加纵向限位器缆索与钢筋来限制伸缩缝处的相对移动。

后来发生的地震证明纵向限位器在一些情况下能够避免在伸缩缝处丧失支承,但在很多情况下还不能防止桥梁严重破坏甚至倒塌。如1989年发生的Loma Prieta地震及1994年发生的Northridge地震中,用限位钢缆加固过的桥梁都发生了破坏。许多破坏是由限位器装置本身的设计缺陷造成的。限位器断裂,锚定板被拔出,型铁配件脱离钢缆,锚固螺母从钢缆装置端部松动。1995年的神户(Kobe)地震中,日本的限位装置同样发生了类似的破坏。

限位器的破坏引起了人们对限位器系统设计必要性的重视。限位器不仅需要足够的刚度和强度以防止接头断裂,而且桥梁的其他部分必须能够承担由限位器产生的力(Selna 与 Malvar,1987)。后来,典型的 Caltrans 多钢缆装置中限位器的数目受到了限制,而用其他加固方法防止连续箱梁桥伸缩缝内的混凝土隔板发生冲剪破坏。限位装置还可以将较大的力传递给桥梁的其他构件,如支座和墩柱,如果设计不当,则可能会导致这些构件的破坏。

从另一方面来说,对桥梁和限位器系统的动力分析表明,要将接缝的运动控制在可接受的水平内,特别是在较高地震动水平作用下,通常需要大量的限位器。但是在某些情况下,从物理结构上来说,将在桥梁上安装所有需要的限位器几乎是不可能的。在一些情况下,如果安装所有限位器可能使桥梁其他构件严重超载。

由于一方面需要限制限位器的力来保护其他构件,另一方面需要增加限位器的力来达到预期效果,因此在许多情况下,限位器本身并不是最好的加固方案。当可能发生失去支承的情况时,应考虑其他替代方法或与限位器联合使用,这些替代方法包括拓宽支座支承面、加固支座及用传统或隔震支座更换现有支座。

8.4.2.1　纵向接缝限位器

用纵向接缝限位器来限制伸缩缝处的相对位移,从而降低此处发生失去支承的可能性。当支座的锚栓及类似部件不足以防止固定支座处丧失支承时,纵向限位器还可以用于将桥梁上部结构的纵向惯性力传递给下部结构。因为大多数限位器只能承受拉力,因此在这种情况下,必须在桥跨的两端安装限位器。

设计限位器应使其能够在弹性范围内抵抗最大的计算力,每个接缝安装两个对称的限位器可以使接缝的偏心位移最小化,但应留下足够的空隙以确保运营过程中的正常位移。除非桥墩帽足够宽可以防止桥跨末端丧失支承,且桥梁上部结构的预期最大位移不会造成严重损坏,那么,对于桥墩处的接缝,限位器应为桥梁上部结构与桥墩之间提供直接、可靠的联结。

直接受拉的钢缆及钢筋经常用于限制伸缩缝发生过大位移,因为这些装置一直保持弹性,因此它们不会耗散能量。钢缆与钢筋限位器容许梁端因撞击发生损坏,但这种损坏是可修复的,而且不会使桥跨失去支承。虽然钢缆与钢筋不是最理想的限位器,但是它们安装简便,是预防发生灾难性破坏的一种较为经济的方法。

虽然并没有规定选择钢缆还是钢筋,但一般来说,对于给定的接缝位移,所需钢缆的长度较短,所以选择钢缆比较经济。此外,钢缆较柔,可以适应横向与竖向运动。如果使用钢筋,可能需要分别使用横向与竖向限位器来预防钢筋中产生的剪切与弯曲变形。

(a)钢缆限位器

单个钢缆限位器是钢缆限位器的基本构件。最常用的钢缆限位器由一根直径为 19mm(0.75in)的镀锌钢缆组成,该钢缆的型号与通常用于锚固护栏的钢缆型号一致。钢缆上装有镀锌冷锻配件,每端都有直径为 25mm(1in)的 ASTM(美国材料试验学会)A-449 双头螺栓。垫圈与螺母使用的特殊螺纹锁定系统包括清洁剂、防锈剂与厌氧粘合剂,以防止螺母将来松动。

基本限位钢缆装置还可以使用弹簧垫圈与钢缆屈服指示器,应合理设计垫圈,使钢缆保持受拉,而且确保温度作用下的可移动性。屈服指示器可证明钢缆已受力。这些指示器一旦屈服,在它们再次起作用之前,限位器会产生额外松弛或自由移动,典型 Caltrans 限位钢缆的构造如图 8-29 所示。

单根限位钢缆的横截面积为 143mm^2(222in^2),最小抗断强度为 205kN(46kips)。在进行荷载与抗拉系数设计时,钢缆的抗拉能力取 174kN(即,0.85 ×205kN)(39.1kips;即,0.85 ×46kips)。与相同长度和等截面积的钢筋相比,钢缆具有更好的变形能力。当钢缆刚被拉紧时会进行调节,即,钢缆里的每根钢丝会变得更加紧凑。就限位器钢缆来说,这会使有效弹性模量接近 69,000MPa(10,000ksi)的。如果出现这种情况,弹性模量可以取为 124 000MPa(18 000ksi)。

钢缆的长度为锚固端与钢缆上无移动的点之间的距离。对环状限位器来说,没有移动的点在圆心附近。

对这些钢缆装置完整的描述请参见 Caltrans 标准技术规范(Caltrans Standard Specifications),75-1.035节桥梁接缝限位器装置(Caltrans,1995)。

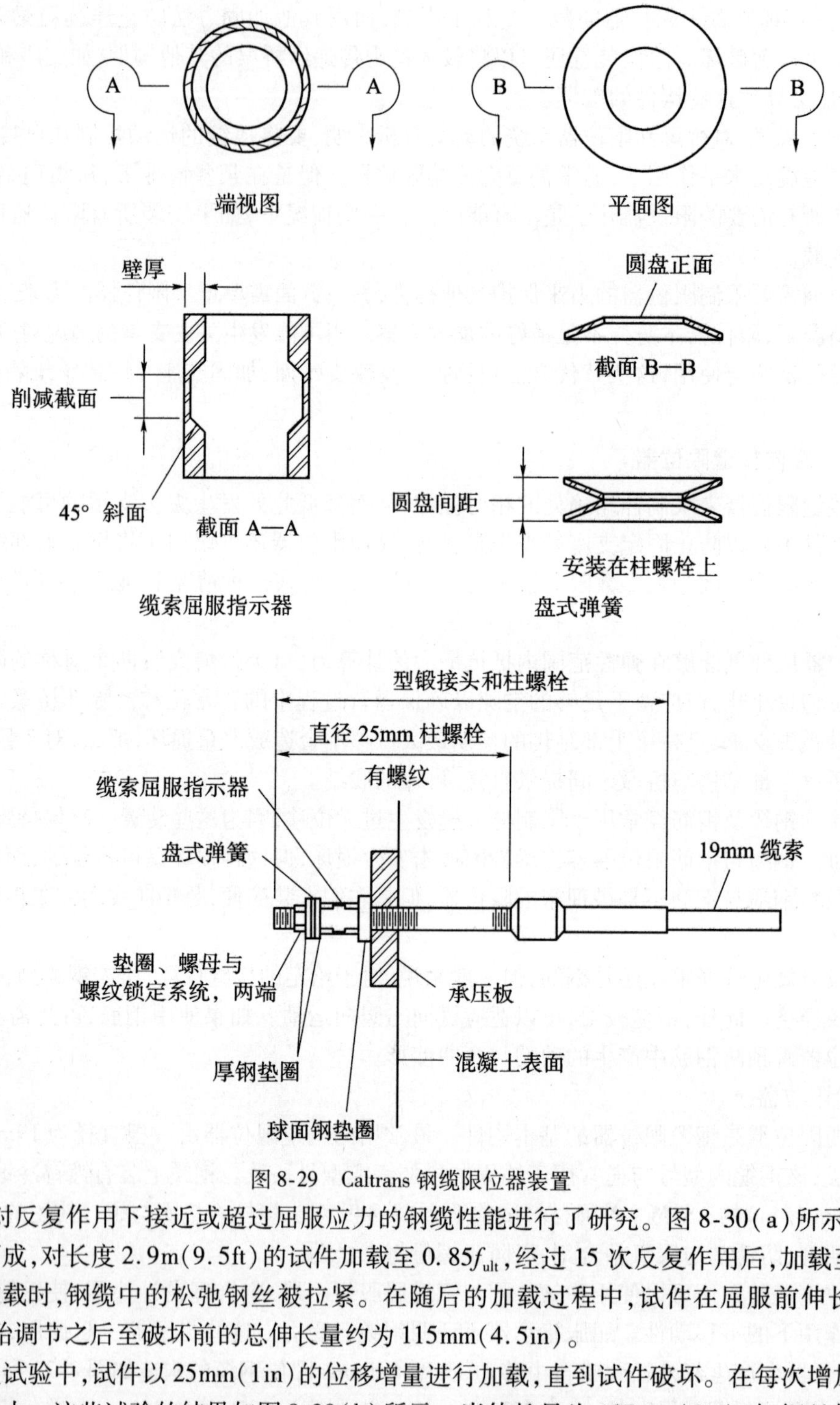

图 8-29 Caltrans 钢缆限位器装置

Caltrans 对反复作用下接近或超过屈服应力的钢缆性能进行了研究。图 8-30(a)所示图表是按如下过程绘制而成,对长度 2.9m(9.5ft)的试件加载至 $0.85f_{ult}$,经过 15 次反复作用后,加载至试件破坏。第一次循环加载时,钢缆中的松弛钢丝被拉紧。在随后的加载过程中,试件在屈服前伸长约为 38mm(1.5in)。初始调节之后至破坏前的总伸长量约为 115mm(4.5in)。

在第二组试验中,试件以 25mm(1in)的位移增量进行加载,直到试件破坏。在每次增加位移前,试件卸载至零张力。这些试验的结果如图 8-30(b)所示。当伸长量为 127mm(5in)时,钢丝拉断,略小于第一组试验数值。

当需要大量钢缆将位移控制在可接受范围时,通常需要组装多个钢缆限位器。这种组装可以简化了大量限位器的锚固,使其在接缝处不过于拥挤。Caltans 曾在许多混凝土箱梁桥的加固工程中,采用了标准的多钢缆装置。组装限位器的构造如图 8-31 所示。安装时要求在跨内伸缩缝两边都能进入箱梁内。一般来说,最好在梁腹板处开设检修孔,这样可以降低施工对交通的影响。这些检修孔一般会留

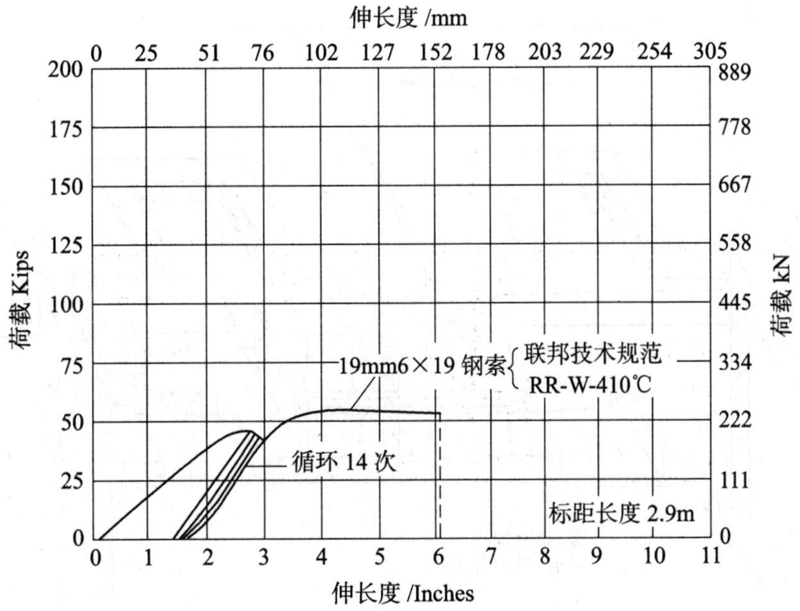

a) 试验 1

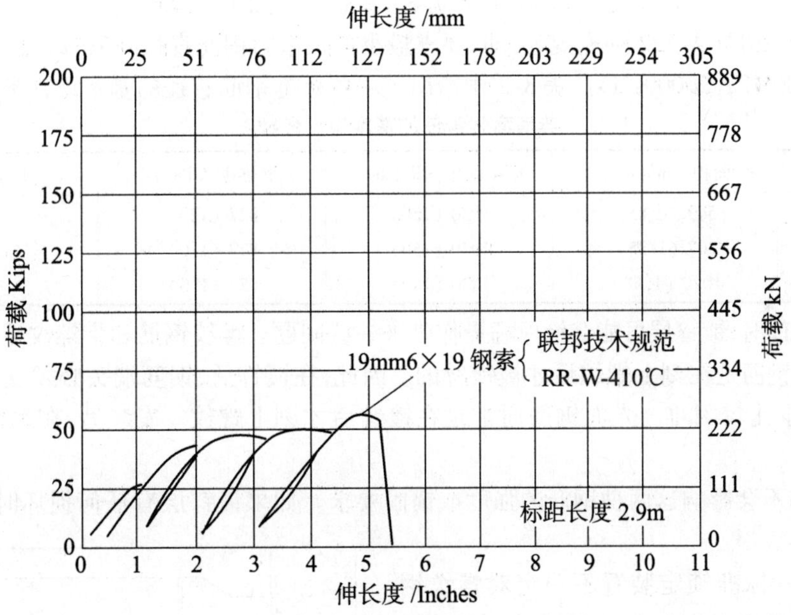

b) 试验 2

图 8-30　Caltrans 对限位钢缆的试验

在原处，用可移动的金属板掩盖，以便将来检查限位器。虽然通过桥面板也可以靠近限位器，但是会干扰交通。

对早期设计的组装限位器进行试验，结果表明：锚板穿透混凝土隔板的冲剪破坏限制了多钢缆组合装置的极限承载力。为了防止此类破坏，通常需要采用现浇混凝土垫块的方法加固隔板。

(b)高强钢筋限位器

也可将镀锌 ASTM-A 722 高强钢筋作为作纵向地震限位器。虽然这些钢筋的韧性不及标准限位器钢缆，但具有更好的延性。

由于设计限位器要保持在弹性范围内，因此不能将附加的延性视为主要的优势，而且，若要达到与钢缆一样的效果，就需要使用更长的钢筋或较大的松弛。如果不这样做，就需要增加限位器的设计力，这就需要使用更多的钢筋。因此，与钢缆相比，使用钢筋的情况要少得多。

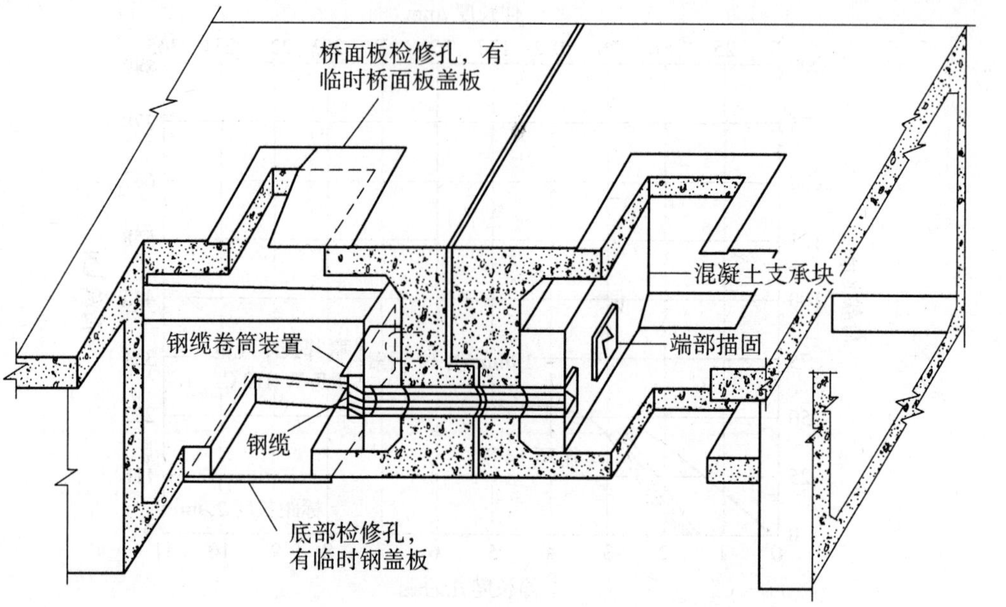

图 8-31　组装限位器的构造

注:检修孔只需一个,不需要在桥面板和底部同时设置。

钢筋必须符合 ASTM A-722 补充规定,即,要求最小伸长率为钢筋直径的 70%。高强钢筋的弹性模量可假定为 200 000MPa(29000ksi)。表 8-2 中给出了一些标准钢筋直径的基本设计参数。

典型高强钢筋的基本设计参数　　表 8-2

直径 mm(in)	面积 mm^2(in^2)	极限强度 MPa(ksi)	屈服强度 MPa(ksi)	屈服力 kN(kips)
25 (1)	549 (0.85)	1030 (150)	827 (120)	703 (102)
32 (1 1/4)	807 (1.25)	1030 (150)	827 (120)	1030 (150)
35 (1 1/2)	1020 (1.58)	1030 (150)	827 (120)	1310 (190)

在安装高强钢筋时,镀锌层可能会给现场操作带来一些问题。螺纹钢筋和带螺纹端头的光面钢筋过去均有使用。螺纹钢筋是在刻上螺纹后才被镀锌的。因此,在镀锌后,钢筋端头必须立即热刷。即使那样,安装端头螺母也比较困难。光面钢筋通常是在镀锌后才刻上螺纹。安装后,在钢筋端头涂上富锌涂料。

镀锌与螺纹均不会影响这两种钢筋的强度或锚固要求。如果镀锌层有任何损坏时,必须在破损的地方涂上富锌涂料。

另一个问题是,标准锁定装置不一定对螺纹钢筋有效,因此,必须采取措施防止锁定螺母在振动时出现松动。在容易接近的位置安装的限位器装置,安装后,应将螺栓头部锤平,以避免人为破坏造成部件丢失。

应避免使用长度大于 9m(30ft)的钢筋,原因有二:库存钢筋的长度通常为 9m(30ft),而且大于 9m 的钢筋镀锌也比较困难。

(c)缓冲块

限制桥梁上部结构纵向相对位移的另一种方法是使用缓冲块,这些装置通常与梁底翼缘连接,并向下突出以卡住下部结构,从而可以限制移动。这种加固方法如图 8-32 所示。

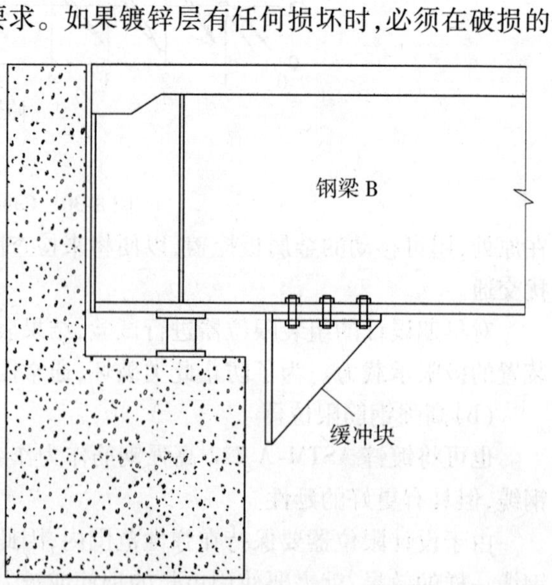

图 8-32　缓冲块加固

(d)限位器的锚固

限位器必须固定在现有桥梁上,而且必须注意关键构件不会因此被削弱或超载。通常采用的锚固方法有:钢托架、锚板以及在现有构件上钻孔或取芯并缠绕钢缆。为防止损坏钢缆,弯曲半径应不小于100mm(4in)。图 8-33 给出了一些限位器的锚固方法。所有这些连接组件应能承受限位器名义抗断强度的 1.25 倍的内力作用。此外,易脆断的结构构件也应具有同样的承载能力。为了尽量避免偏心,应

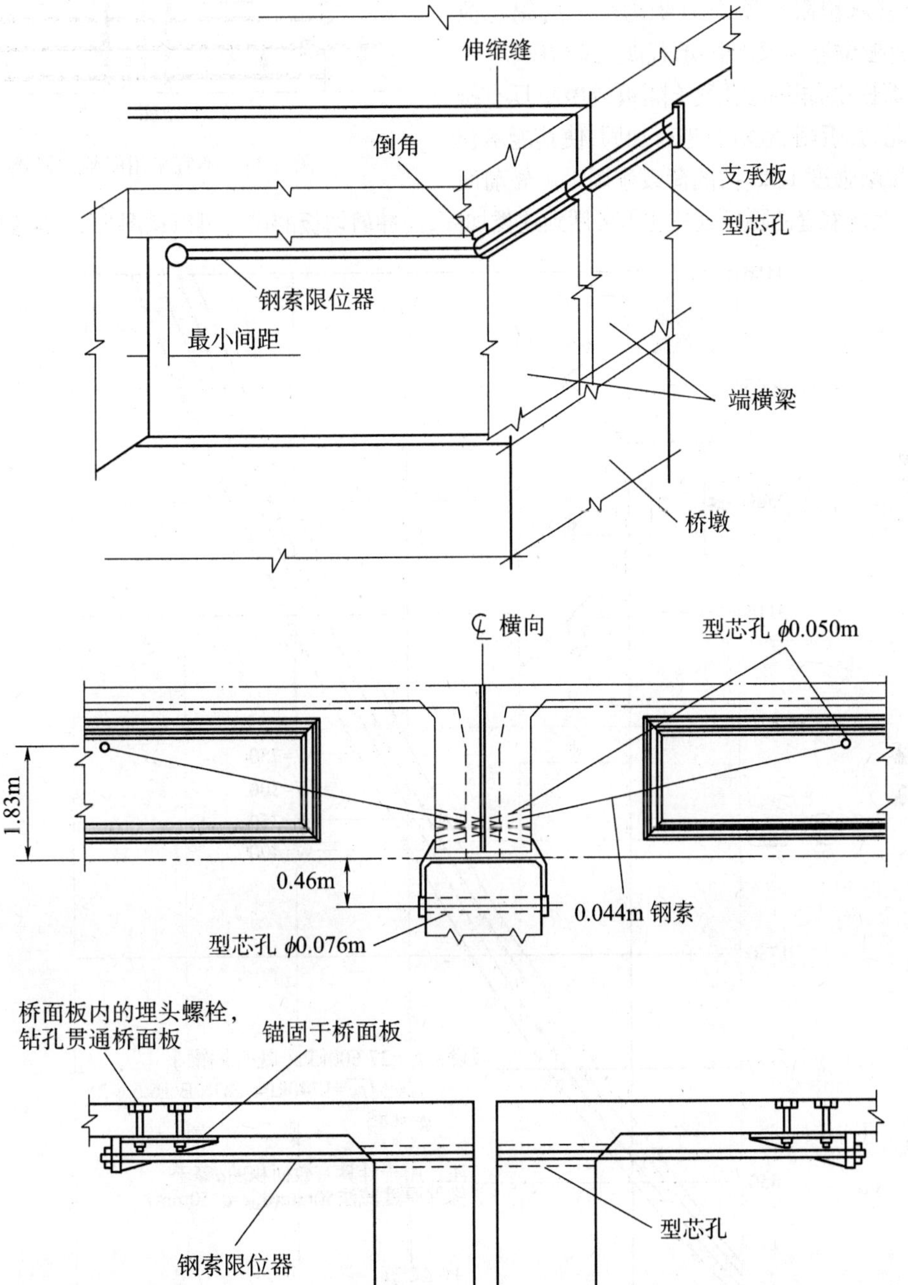

图 8-33　限位器的锚固方法

对称安装限位器。同时还需充分考虑限位器过早破坏产生的后果。例如,不宜采用图 8-34 所示的限位器构造,因为如果其中一根钢缆过早破坏,产生的偏心荷载可能会拉裂梁的腹板,造成结构承载能力严重损失,除非腹板有足够的钢筋能防止破坏的发生。限位器的连接组件和现有结构构件的承载能力应能够承担限位器受力变化产生的偏心荷载,且至少为限位器名义极限承载能力的 10%。

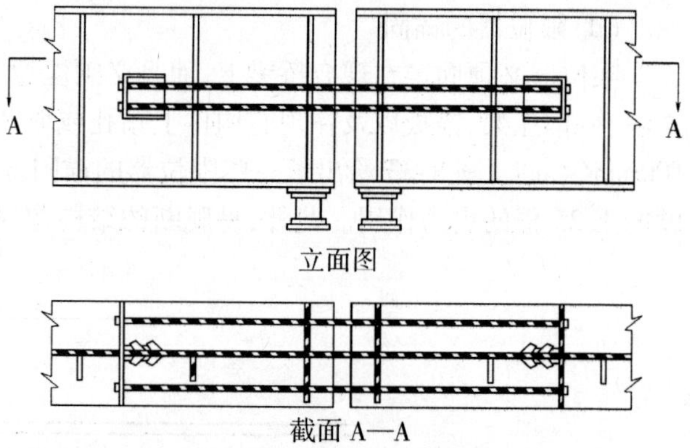

图 8-34　不宜采用的限位器构造

为限位器提供锚固的混凝土隔板或墙应具有抗冲剪破坏的能力,否则,应对其进行加固,使其能承担限位器名义抗断强度 1.25 倍的荷载作用。正如前面提到的那样,在伸缩缝的隔板处往往需要用到这类加固,抗冲剪切板的尺寸可以从图 8-35 的表中选取。

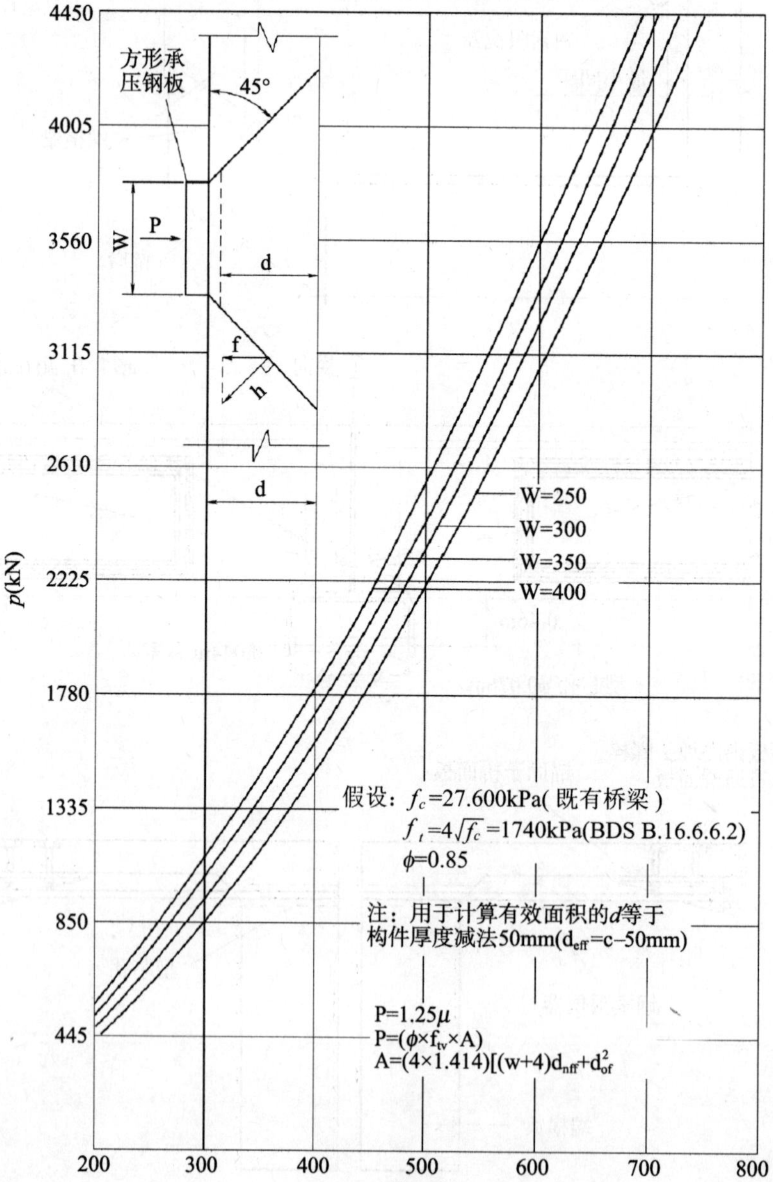

图 8-35　混凝土墙的抗冲剪能力

(e)设计与施工问题

应沿着预期移动方向安装纵向限位器。如果桥墩横向刚度较大,如图 8-36 所示,桥梁的上部结构将以纵向移动为主,因此应在该方向安装限位器。但是,对于斜交桥,其横向支承刚度较弱,上部结构可能发生较大的转动。在这种情况下,如果在伸缩缝处沿法向安装限位器会更加有效,如图 8-37 所示,这种方法只能用于移位而限位器受剪最小的情况。

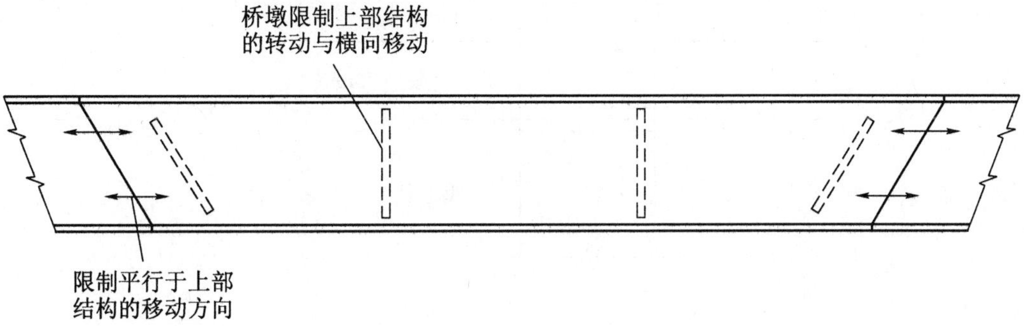

图 8-36　横向刚性支承的限位器安装方向

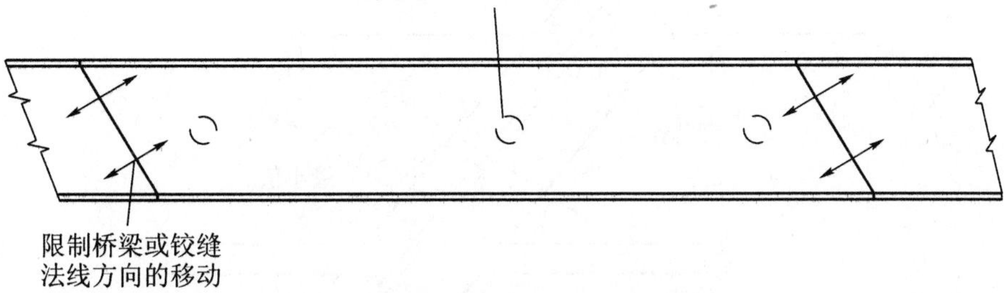

图 8-37　横向柔性支承的限位器安装方向

当桥墩处有伸缩缝时,该伸缩缝处的限位器应与桥墩可靠连接,如图 8-38 所示,这样可以防止支座脱离。因为一个限位器只能限制一个方向的运动,而且闭合的伸缩缝将使一个桥跨惯性力传递到相邻桥跨,因此每个限位器必须与其他受力构件一起承担两个桥跨的惯性力。依据相邻伸缩缝处限位器的构造特点,甚至可能还应包括其他桥跨的惯性力。注意图 8-38 中将限位器连接到梁底翼缘处,这在防止腹板拉裂的同时,减少了桥下的竖向净空。

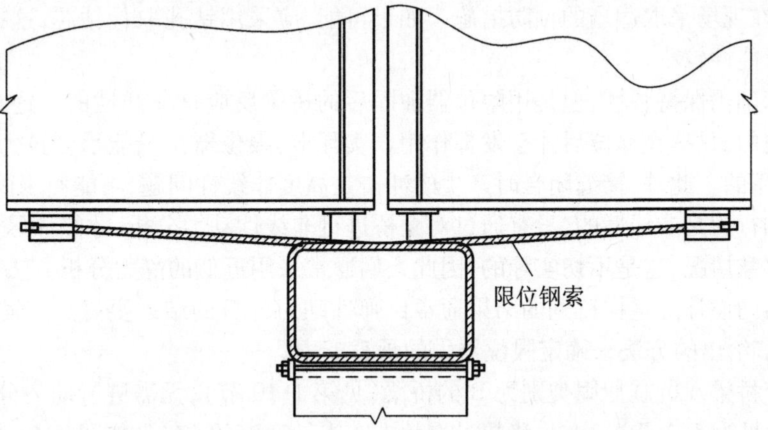

图 8-38　与桥墩有效拉结(positive tie)的限位器

还应考虑施工和维护时方便出入工作区,如箱形梁,应尽量减少安装限位器的桥跨数量。

许多加固支座和伸缩缝的方法都需要在现有混凝土中取芯,取芯时至少需要考虑两个问题:一是取芯设备所需的净空。芯孔中心和邻近混凝土表面之间的最小距离应不少于 75mm(3in)。对大于

150mm(6in)的孔,孔的边缘可以与邻近表面齐平。此外,芯孔的位置应能确保从孔的中心线算起至少有一侧的净空不小于1.2m(4ft)。如图8-39所示。

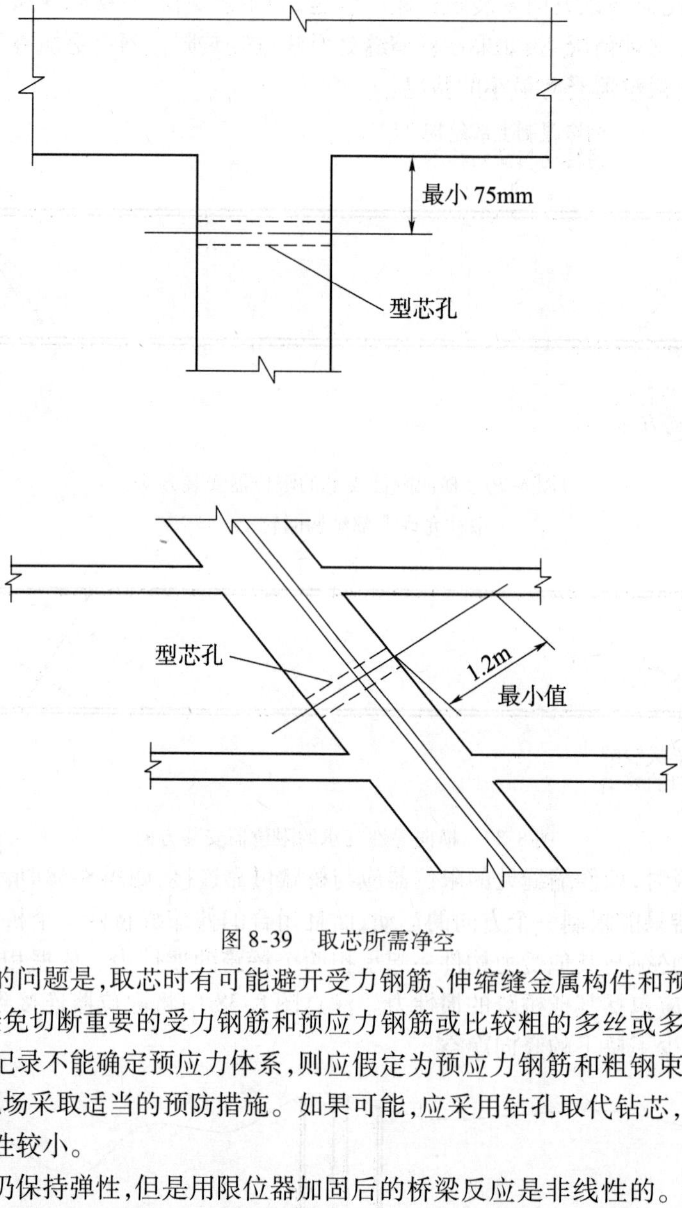

图8-39　取芯所需净空

第二个需要考虑的问题是,取芯时有可能避开受力钢筋、伸缩缝金属构件和预应力钢束。对于后张预应力构件,应尽量避免切断重要的受力钢筋和预应力钢筋或比较粗的多丝或多股预应力钢束。如果依据竣工资料或施工记录不能确定预应力体系,则应假定为预应力钢筋和粗钢束。应提醒施工人员注意这些构件,以便在现场采取适当的预防措施。如果可能,应采用钻孔取代钻芯,这样对钢筋或预应力钢筋造成损坏的可能性较小。

虽然桥墩与基础仍保持弹性,但是用限位器加固后的桥梁反应是非线性的。这是因为伸缩缝处的限位器最初是松弛的,只有在移位后才会发挥作用。实际上,限位器是只能承受拉力的装置,当接缝闭合时,它是不起作用的。此外,接缝闭合时产生的冲击是高度非线性问题,不能使用简化方法。

因为限位器的行为是非线性的,只有通过对全桥进行非线性动力分析,才能详尽分析限位器的受力情况。但是对于多数情况,这是不切实际的,因此人们通常采用近似的静力分析方法来评价使用限位器的必要性及限位器的设计。这样得到的结果通常比弹性动力分析的结果更好。当需用限位器时,应依据第8.4.2.1(g)节给出的方法来确定限位器力的承载能力。

对于所有单跨桥梁及抗震加固类别为B的桥梁(见第1.10节),无需进行动力分析,其设计力由方法A1及A2给出(见第5.2节)。在位移超过有效支座支承宽度的67%(如图8-40所示)之前,限位器应具备承载能力。在地震活动性较低的地区,可以采用短而刚性的限位器约束支座支承宽度较窄的接缝,并通过设计使限制器在达到屈服极限之前发挥作用。限位器的刚度使接缝产生很小的运动,而且由于地震活动性较低,限位器的内力会保持在合理的水平。但是,在设计限位器锚固点和评价限位器对其他构件的影响时,设计力应取为限位器名义抗断强度的125%。

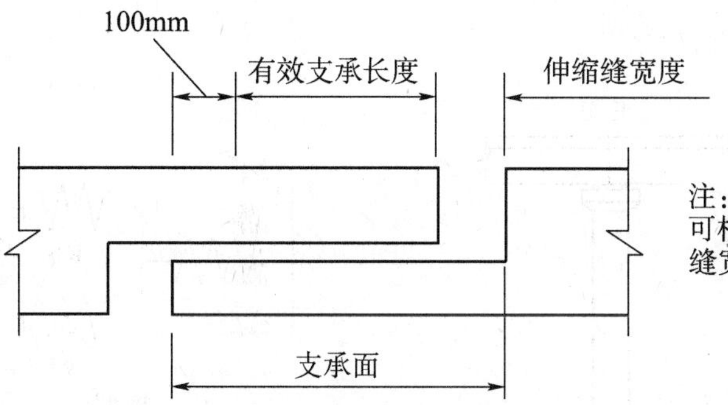

图 8-40　有效支承宽度

第 8.4.2.1 (f)节给出了一种评价多跨简支梁桥采用限位器是否必要的简化方法，第 8.4.2.1 (g)节介绍了确定限位器数量、大小及长度的简化方法，包括迭代方法和非迭代方法。虽然这些方法不是严格的，但在大多数情况下，它们得出的结果令人满意。下文将介绍限位器的两种设计方法，适用于安装在连续梁跨内伸缩缝处的限位器，但如果把每一跨视作一个“框架”，这些方法也可用于简支梁(DesRoches 与 Fenves，1998)。

这两种设计限位器的方法均以将接缝的位移限制在支座的有效支承宽度的 67% 内为基础，如图 8-40 所示，有些情况下可能需要使用多个限位器。此时，增加有效支承宽度和限位器的容许位移可减少限位器的数量。可用基座延伸器增加支座的有效支承宽度，增加限位器的长度或限位器松弛度将会增加限位器的容许位移。

(f)评估简支梁使用限位器的必要性

可采用下述方法确定桥跨与下部结构之间连接的是否充分，并确定无约束情况下结构的位移。如果连接充分，且无约束位移小于有效支承宽度的 67%，则不需要使用限位器。但如果连接不充分，无约束位移大于有效支承宽度的 67%，则应采用第 8.4.2.1 (g)节介绍的方法设计限位器。

在评价使用限位器的必要性时，必须区别固定支座与活动支座，并考虑支座的位置。对于桥台、边跨桥墩或其他桥墩的支座，评价方法会有所不同。对于各种情况，应分析等效单自由度(SDOF)体系，以确定支座反力与支座位移。以下段落定义了确定每种情况下连接和支承宽度是否满足要求的方法，其中在每种情况中，由一个桥墩支承两跨梁，其中一跨用固定支座，而另一跨用活动支座支承。根据需要，通过改变等效单自由度体系的参与质量与刚度，这些方法也适用于具有两组活动支座或两组固定支座的中跨桥墩。

桥台处的固定支座：这种情况下，SDOF 体系由假定桥跨向远离桥台方向移动得到，因此，无约束体系的刚度源于支座的非线性行为。开始时支座刚度较大，因此施加于支座上的等效最大弹性力就是桥跨的重量乘以地面加速度的峰值，峰值加速度可按 $0.4F_aS_s$ 给出(见图 1-8)。如果等效弹性力超过了支座的承载能力，则认为支座失效，此时需要检查由此产生的支座位移。可以使用迭代方法来实现，此时认为支座具有很好的弹塑性力—位移关系。因此，SDOF 模型中支座的有效刚度将降低，直至支座反力等于支座的承载能力。该刚度为在对应于支座力-位移关系图上最大位移的割线刚度。假定阻尼没有相应增加，将最大位移与有效支承宽度进行比较，以确定是否需要限位器，上述情况与方法如图 8-41 所示。

边跨桥墩处固定支座：这种情况下，SDOF 体系是通过假定无约束桥跨向桥台方向移动而得到的，因此，除支座的刚度外，还应考虑墩柱与基础的刚度。如果位移足够大，可使桥跨和桥台之间的缝隙闭合，那么桥台的刚度对支座的地震响应也会有影响。该情况及其 SDOF 系统模型如图 8-42 所示。

如前所述，该方法首先要确定支座的最大等效弹性力来判断支座是否会破坏。开始时只考虑墩柱与基础的刚度，如果产生的位移小于桥台处的缝隙，将支座反力与支座承载能力进行比较以判断是否会发生支座破坏。如果桥台处的位移大于缝隙，必须调整 SDOF 系统的刚度以考虑桥台的刚度。这可以通过迭代方式实现，首先假定一个桥台刚度值，然后调整刚度直至桥台处的受力和位移协调一致。一旦

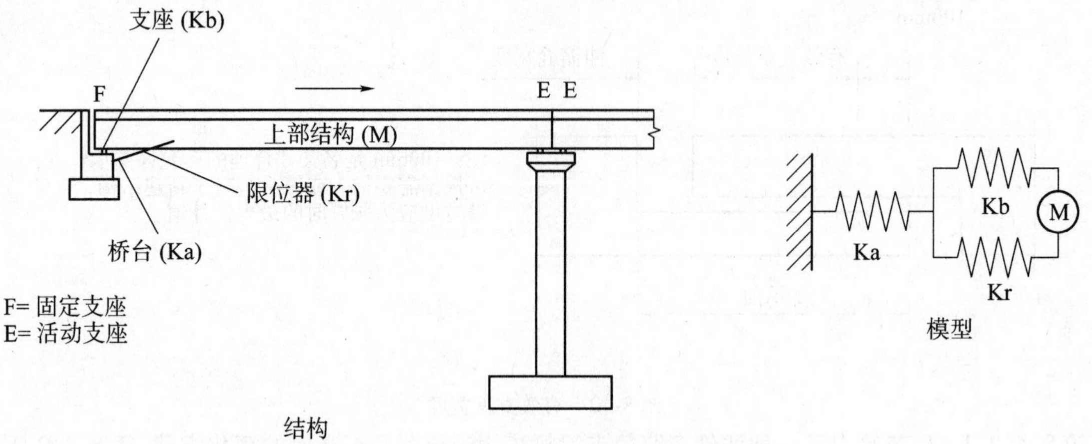

图 8-41　边跨的 SDOF 模型,桥台处为固定支座

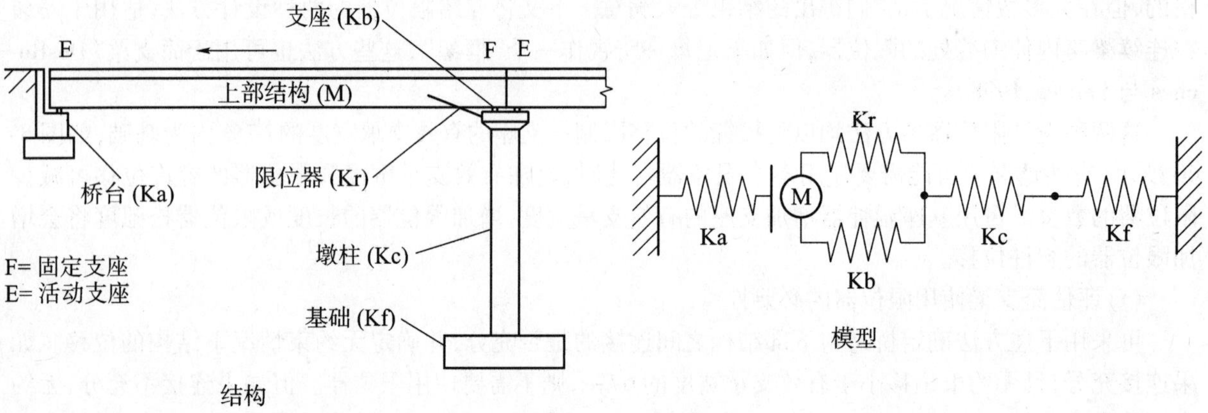

图 8-42　边跨的 SDOF 模型,桥墩处为固定支座

缝隙闭合,假设桥台的力—位移曲线为双线性的,如图 8-43 所示。SDOF 模型中桥台的刚度对应于:曲线上,从零点到力—位移协调点(A 点)的弦。一旦确定了桥台的刚度值,对支座反力与支座承载能力进行比较以判断支座是否会发生屈服。

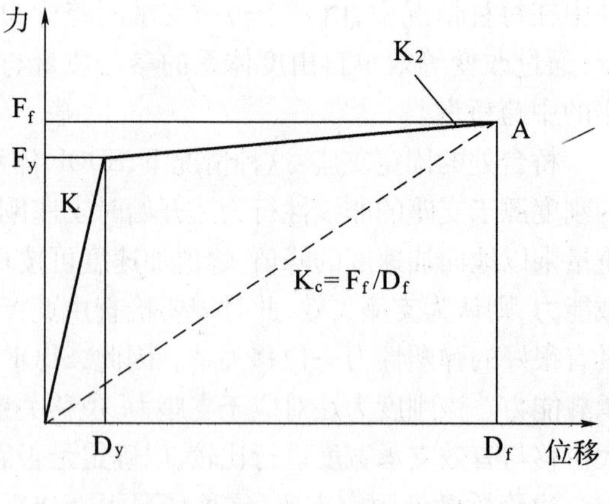

图 8-43　桥台的力-位移关系曲线

如果支座发生屈服,则必须重新进行分析以评估支承长度是否足以防止桥跨滑落。在这种情况下,在 SDOF系统中应包括等效的支座刚度(如图 8-42 所示)。由于支座和桥台的非线性行为,需要用试算法来确定两者的复合割线刚度。因为支座和桥台的力与位移必须同时协调一致,因此需要对它们的复合刚度进行调整,直至协调。为达到该目的,必须跟踪由 SDOF 分析得到的每个构件的内力和位移值,并相应调整它们的复合刚度。根据假定的力—位移关系,在相同位移下,SDOF 分析得出的力与复合力一致时,可认为得到了正确的结果。完成该分析后,桥墩支座处的相对位移可以按支座反力除以假定的支座刚度计算得到。该位移必须小于有效支承宽度的 67% 以提供足够的安全系数,防止桥跨滑落。

内跨固定支座:这种情况中使用的 SDOF 模型和分析方法类似于边跨桥墩处为固定支座的情况,只是不包括桥台。除桥跨的质量外,参与的质量最好包括墩帽和辅助墩的质量(可被假定为桥墩质量的三分之一)。

桥台处的活动支座：对活动支座的分析仅限于确定相对位移。在桥台处，该位移是通过考虑边跨的位移确定的。因为桥跨向远离桥台的方向运动时比较危险，因此只考虑桥跨的质量以及相邻桥墩、基础和固定支座的有效刚度。确定有效刚度的方法类似于前述情况中使用的方法。由于认为桥台不会发生相对地面的运动，因此认为桥跨的运动与桥台处的相对运动是相等的。

边跨桥墩处活动支座：对位于支承边跨的桥墩处的活动支座来说，桥墩从支座下面移出是非常危险的。由于假定桥跨在桥台一端相对于地面保持固定，因此可以通过确定桥墩顶部的最大相对位移来确定桥墩的最大相对位移。此时，假定相邻桥跨在该桥墩处为固定支座。该桥墩顶部位移通过 SDOF 体系的反应来确定，其中包括了相邻桥跨的质量以及桥墩、基础与固定支座系统的等效刚度。该桥墩顶部的相对位移按墩柱顶部的惯性力除以墩柱与基础系统的刚度来确定。

跨内活动支座：这种情形与前一种情形不同之处在于由活动支座支承的桥跨移动不受桥墩的限制。因此，除计算桥墩顶部运动外，还有必要确定桥跨的运动。这可以通过建立桥跨的 SDOF 系统模型实现，其质量等于桥跨的质量，等效刚性等于相邻桥墩、基础及固定支座系统的等效刚性。支承系统顶部位移的确定方法与上一种情形相同。

一旦确定了这些位移，用完全二次组合（CQC）法（参见第 5.4.2.2 节）进行组合来确定最大相对位移值。CQC 组合方法见公式(8-3)：

$$D_r = \sqrt{D_1^2 + 2\rho_{12} D_1 D_2 + D_2^2} \tag{8-3a}$$

式中：D_1——桥跨的最大位移；

D_2——墩顶的最大位移。

$$\rho_{12} = \frac{8\xi^2(1+\beta)\beta^{3/2}}{(1-\beta^2)^2 + 4\xi^2\beta(1+\beta)^2} \tag{8-3b}$$

式中：ξ——等效粘滞阻尼系数；

β——振动频率比（模态 1 除以模态 2）。

当上述分析显示需要使用限位器时，按第 8.4.2.1(g) 节所述的方法进行限位器的设计（即，数量、大小、长度及松弛度）。此时应认为支座破坏后不能再承担水平力。应认为只有限位器对系统的侧向强度和刚度有贡献。此外，应采用斜交因子 $1/\cos\alpha$ 对限位器设计力进行修正，其中 α 为斜交角。

(g) 限位器的设计方法

限制伸缩缝相对位移所需的限位钢缆（直径为 19mm）的数量取决于多种因素（DesRoches 与 Fenves，1998）。其中最重要参数是相邻的被约束的框架或桥跨的纵向振动周期之比。只有当该参数在给定范围内时，简化方法才有效。

当周期比（最小周期除以最大周期）为 0.3 或更小时，必须使用严格的非线性动力分析来详尽计算所需限位器的数量及长度。该分析需要使用计算机软件，这些软件既不一定有效，也不易使用。此外，由于所需用限位器的数量常常很庞大，将它们全部安装在桥梁上非常困难，也不一定可行，因此，当相邻框架或桥跨的周期之比小于 0.3 时，对于支座有效支承长度较小的桥梁不建议使用限位器，此时应考虑使用其他的加固方法。

简化法与非线性动力分析的比较结果显示在周期比较小时很多现有的设计方法是不可靠的。例如，当周期比低于 0.6 时，Caltrans 方法（Caltrans，1989）会低估限位器的数量，而当周期比大于 0.6 时，则会过高估算限位器的数量。用 AASHTO 方法计算限位器的数量时，与周期比无关。周期比小于 0.5 时，AASHTO 方法计算的限位器数量低于非线性动力分析得到的结果，当周期比较高时，AASHTO 方法计算的结果高于非线性动力分析结果。

最近开发出了两种新的设计方法（DesRoches 与 Fenves，1998），与以前的方法相比，更适用于经过加固的结构。当周期比在 0.3～0.6 之间时，建议使用迭代法。该方法可能需要经过几次迭代计算才能获得正确的结果。当周期比大于 0.6 时，可以使用单步简化法，工作量比第一种方法少。以下是对上述两种方法的阐述，并通过例 8-1 及例 8-2 加以说明。

迭代法

该方法采用替代结构法(Gulkan 与 Sozen,1974)来确定所需限位器的数量。该方法中采用的桥跨或框架的特性包括结构的刚度 K_1 与 K_2、框架的质量 m_1 与 m_2,及框架的目标位移延性 μ。限位器的特性包括长度 L_r、弹性模数 E、屈服应力 f_y 与限位器松弛度 D_{rs}。全部分析均采用已有的设计谱。该方法包括以下步骤:

第 1 步　计算最大允许伸缩缝位移

步骤 1a 计算限位器的容许伸长量 D_r:

$$D_r = D_y + D_{rs} \tag{8-4}$$

式中:D_r——限位器最大容许伸长量;

D_y——为限位器屈服时的伸长量(见公式(8-5));

D_{rs}——限位器系统的松弛度。

屈服伸长量的计算如下:

$$D_y = f_y L_r / E \tag{8-5}$$

式中:f_y——限位器的屈服应力;

L_r——限位器的长度;

E——限位器的初始弹性模量(初始拉伸之前)。

限位器的松弛度 D_{rs}是热膨胀及其他非地震效应产生的长度。

步骤 1b　比较伸缩缝处有效支承宽度与限位器最大容许伸长量 D_r。

如果最大容许位移 D_r 大于有效支承宽许 D_{as}的 67%(参见图 8-40),防止在限位器达到容许值之前伸缩缝滑落的安全系数不足。在这种情况下,必须增加支承宽度,或通过以下一种或几种措施减少 D_r:

- 缩短限位器;
- 减少限位器松弛度;
- 使限位器的应力小于屈服值。

第 2 步　计算无约束时伸缩缝的相对位移 D_{eq0}

无约束时伸缩缝的相对位移 D_{eq0} 可以利用公式(8-3)定义的 CQC 方法得到。根据与有效阻尼系数(由公式(8-7)得出)对应的设计谱,框架位移 D_1 与 D_2 可由以下公式获得:

$$D_i = \left(\frac{T_{eff_i}}{2\pi}\right)^2 F_v S_1(T_{eff}, \xi_{eff}) \tag{8-6}$$

式中:

$$T_{eff_i} = 2\pi\sqrt{\frac{m_i}{K_{eff_i}}} = 2\pi\sqrt{\frac{w_i}{gK_{eff_i}}}, K_{eff_i} = \frac{K_i}{\mu}$$

有效阻尼系数 ξ_{eff}可按下式估算:

$$\xi_{eff} = 0.05 + \frac{1 - \frac{0.95}{\sqrt{\mu}} - 0.05\sqrt{\mu}}{\pi} \tag{8-7}$$

如果没有与 ξ_{eff}对应的设计谱,可采用系数 c_d 修正对应于阻尼为 5% 的 $F_v S_1$ 值($[F_v S_1]_{0.05}$),以获得与 ξ_{eff}对应的值,即:

$$[F_v S_1]_{\xi eff} = c_d [F_v S_1]_{0.05} \tag{8-8a}$$

式中:

$$c_d = \frac{1.5}{40\xi_{eff} + 1} + 0.5 \tag{8-8b}$$

如果 $D_{eq0} \leqslant 0.67$ 倍的有效支承宽度(D_{as}),不需要限位器。

如果 $D_{eq0} > 0.67 D_{as}$,必须按照第 3 步设计限位器。

第3步　估计限位器初始刚度

由公式(8-9)表示的增量刚度估算限制伸缩缝位移所需要限位器的初始刚度：

$$K_r = \frac{K_{eff_{mod}}(D_{eq0} - D_r)}{D_{eq0}} \tag{8-9}$$

式中：

$$K_{eff_{mod}} = \frac{K_{eff_1}K_{eff_2}}{K_{eff_1} + K_{eff_2}} = \frac{K_1K_2}{\mu(K_1 + K_2)} \tag{8-10}$$

第4步　由模态分析计算伸缩缝的相对位移

根据第3步得到的限位器刚度，对框架进行二自由度(2DOF)的模态分析，获得伸缩缝最大相对位移。2DOF系统如图8-44所示。伸缩缝的相对位移由CQC获得，并表示为：

$$D_{eq} = \sqrt{D_{eq_1}^2 + D_{eq_2}^2 + 2\rho_{12}D_{eq_1}D_{eq_2}} \tag{8-11}$$

式中：

$$\rho_{12} = \frac{8\sqrt{\xi_1\xi_2}(\xi_1 + \beta\xi_2)\beta^{3/2}}{(1-\beta^2)^2 + 4\xi_1\xi_2\beta(1+\beta^2) + 4(\xi_1^2 + \xi_2^2)\beta^2} \tag{8-12}$$

$$D_{eqi} = P_iS_a(T_{effi}, \xi_{effi} \tag{8-13}$$

$$P_i = \frac{\{\phi_i\}^T[M]\{1\}}{\{\phi_i\}^T[K]\{\phi_i\}}(\{a\}^T\{\phi_i\}) = 模态\ i\ 的参与系数 \tag{8-14}$$

β = 频率比(模态1除以模态2)；

$\{\phi_i\}$ = 模态 i 的振型；

$[M]$ = 两个框架体系的质量矩阵；

$[K]$ = 有约束的两个框架体系的刚度矩阵；

$\{a\}^T = [-1 \quad 1]$；

$\{1\} = \begin{Bmatrix}1\\1\end{Bmatrix}$。

在公式(8-12)中，如果两框架的有效阻尼系数 ξ 相等时，ρ_{12} 可以按公式(8-3b)计算。

上述方程的求解需要先求出2自由度系统运动方程的解，可以采用计算机分析或手算。

如果 $D_{eq} > D_r$，执行第5步，然后返回第4步。否则，执行第6步，计算所需限位器数量。

第5步　计算限制伸缩缝位移所需的限位器的增量刚度

限位器增量刚度为：

$$K_{r_{j+1}} = K_{r_j} + (K_{eff_{mod}} + K_{r_j})\frac{(D_{eq_j} - D_r)}{D_{eq_j}} \tag{8-15}$$

重复第4步及第5步，直到 $D_{eq} \leq D_r$。

步骤6：计算限位器的数量

一旦计算出所需限位器刚度，限位器的数量可通过下式获得：

$$N_r = \frac{K_rD_r}{f_yA_r} \tag{8-16}$$

式中：A_r——一个限位器的面积，对于直径为19mm(0.75in)的典型钢缆来说，为143mm^2(0.22in^2)。例题8-1给出了用迭代法设计限位器的算例。

单步(简化)法

只有当周期比大于0.60，并且限位器容许位移与初始无约束时的位移比 η(即，$\eta = D_r/D_{eq0}$)在0.20~0.50之间时，单步法才是可靠的。如果不能满足这些标准，应使用迭代法。单步法的步骤如下：

第1步　计算伸缩缝的最大容许位移

同迭代法第 1 步。

第 2 步　计算无约束伸缩缝的相对位移

同迭代法第 2 步。

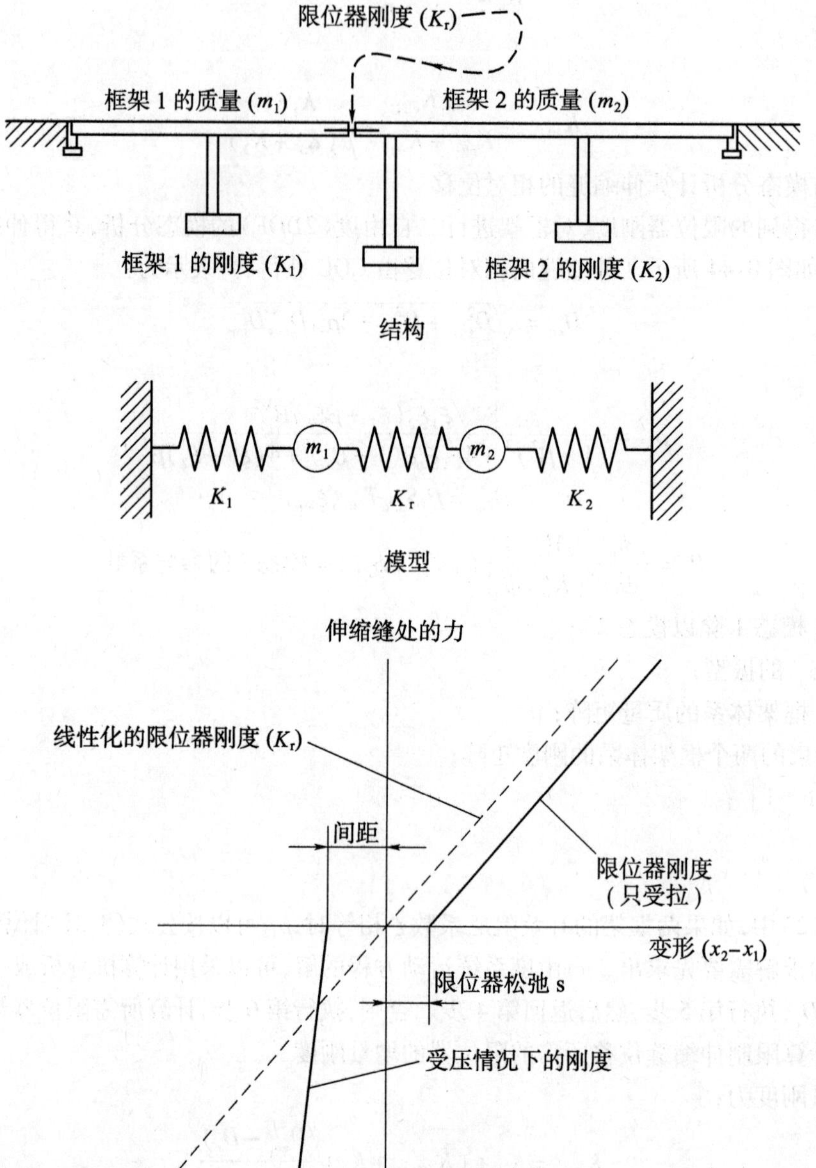

图 8-44　迭代法的 2 自由度模型

第 3 步　计算所需限位器刚度

$$K_r = K_{eff_{mod}}\left[0.50 + \frac{0.50 - \eta^2}{\eta}\right] \tag{8-17}$$

式中,$K_{eff_{mod}}$按公式(8-10)计算,$\eta = \dfrac{D_r}{D_{eq_0}}$。

第 4 步　计算限位器数量

$$N_r = \frac{K_r D_r}{f_y A_r} \tag{8-18}$$

例题 8-2 和例题 8-3 给出了用单步法进行限位器设计的算例。

8.4.2.2　横向限位器

(a)概述

在很多情况下，为了防止支座横向失效时上部结构滑落，需要使用横向限位器。特别是存在以下任何情况时：

- 单独梁段下，将较高的混凝土垫座用作支座支承面；
- 支座支承面较窄，且斜度大；
- 钢制摆动支座相对较高；
- 支座边缘与基座边缘的横向距离较小。

当横向运动可能导致失去支承时，应采用横向限位的加固措施。

(b)剪力键

用暗销基座连接的混凝土剪力键可用于抵抗支承处的横向运动。剪力键可以置于梁段之间，如果空间足够的话还可以置于梁外侧，剪力键应按弹性设计。这些位置的横向隔板或横撑架应有足够强度以传递设计力。有时，剪力键可以与新的支承垫座构成整体。图 8-45 是一个横向混凝土剪力键的例子。

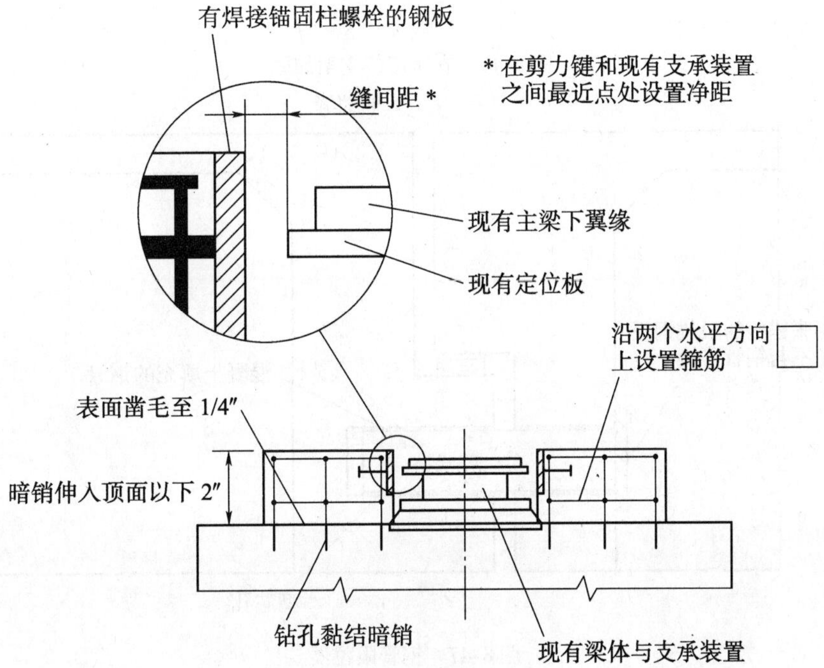

图 8-45　横向剪力键

(c)定位支架

有时可以增加横向限位器作为支座加固的一部分。这些限位器采取辅助定位支架的形式，必须能够弹性地承受荷载。如果梁体能够产生足够的变形使所有支架受力，则可认为支架 100% 有效。否则，应根据工程经验考虑可变的间隙，这些间隙可能会导致同一支承处的某个支架发生超载。图 8-46 为支座加固中使用定位支架的示例。

(d)钢管限位器

另一个用于在混凝土结构中提供横向约束的方法是采用混凝土填充的超强钢管贯穿接缝(参见图 8-47)。本设计假定钢管紧顶芯孔孔壁。混凝土的抗压强度在约束良好的伸缩缝隔板中可以得到充分利用。但是，在斜度较大的接缝处，由于锐角很容易损坏，所以，不应依赖锐角处混凝土的全部强度来抵抗全部剪切力。

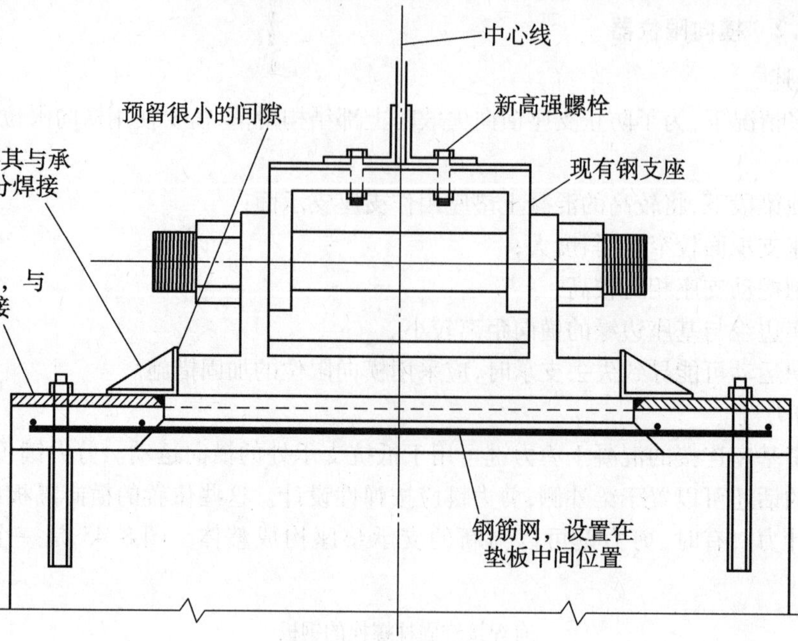

图 8-46　支座定位支架加固

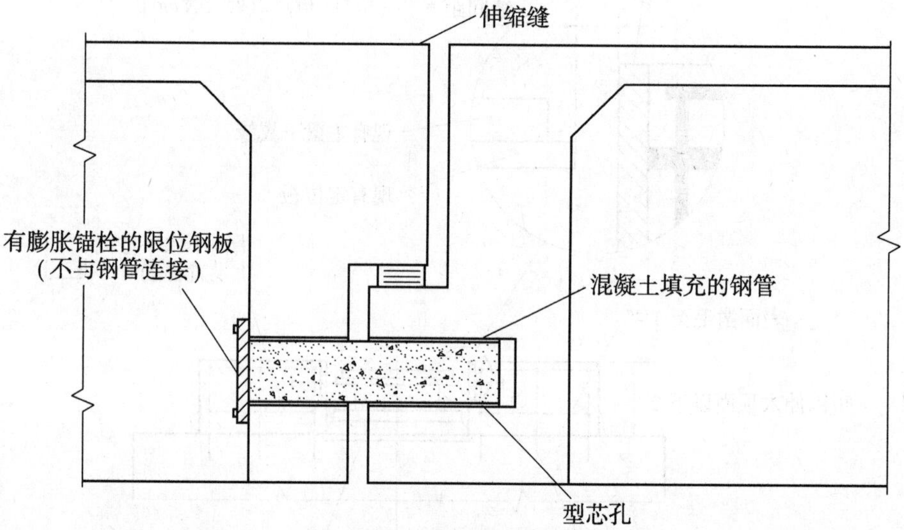

图 8-47　钢管限位器

[**例 8-1**]　迭代法设计限位器

将一座六跨桥梁分成两部分，每部分段三跨，如下图所示。在两部分接合处的伸缩缝处座安装限位器。利用迭代法计算所需限位器的数量与尺寸。假设如下：

支承宽度　$N = 305\text{mm}(12\text{in})$

基座垂直面的混凝土保护层　$d_c = 50\text{mm}(2\text{in})$

限位器屈服应力　$f_y = 1214\text{MPa}(176\text{ksi})$

限位器的弹性模量　$E = 69\ 000\text{MPa}(10\ 000\text{ksi})$

限位器长度　$L_r = 5.4\text{m}(18\text{ft})$

限位器松弛度　$D_{rs} = 25\text{mm}(1\text{in})$

场地反应谱　见图 1-8

短周期系数　$F_aS_s = 1.75$

长周期系数　$F_vS_1 = 0.70$

框架的目标位移延性　　$\mu=4$

框架刚度　　$K_1=357\text{kN/mm}(2\ 040\text{K/in})$

$K_2=89.3\text{kN/mm}(510\text{K/in})$

框架重量　　$W_1=W_2=22.3\text{MN}(5\ 000\text{K})$

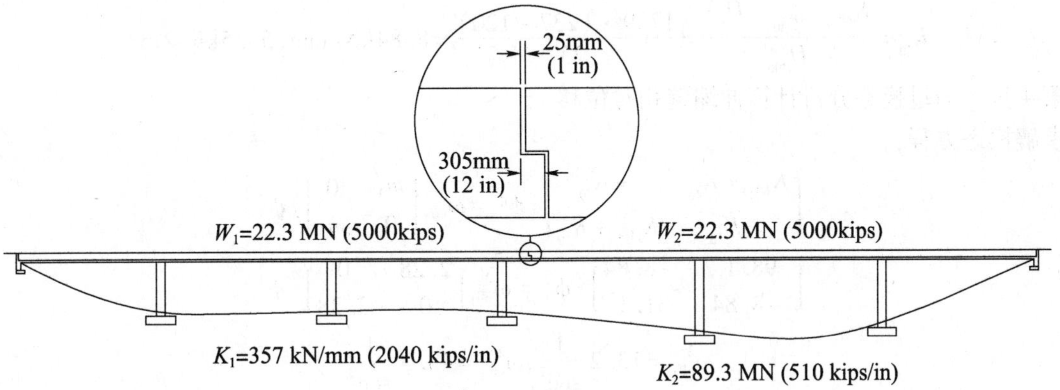

第 1 步　计算伸缩缝容许位移

$D_r=95+25=120\text{mm}(4.7\text{in})$

$D_{as}=305-25-100=180\text{mm}(7.1\text{in})$

$2/3D_{as}=D_r$,可以满足要求。

第 2 步　计算没有限位器的情况下伸缩缝的位移

模拟成替代结构的每个框架的有效刚度为:

$$K_{\text{eff}_1}=K_1/\mu=357/4=89.3\text{kN/mm}(510\text{kips/in})$$

$$K_{\text{eff}_2}=K_2/\mu=89.3/4=22.3\text{kN/mm}(128\text{kips/in})$$

因此,每个框架的有效自振频率为:

$$T_{\text{eff}_1}=2\pi\sqrt{\frac{W_1}{gK_{\text{eff}_1}}}=2\pi\sqrt{\frac{22.3\cdot 1\ 000}{9\ 800\cdot 89.3}}=1.0\text{sec}$$

$$T_{\text{eff}_2}=2\pi\sqrt{\frac{W_2}{gK_{\text{eff}_2}}}=2\pi\sqrt{\frac{22.3\cdot 1\ 000}{9\ 800\cdot 22.3}}=2.0\text{sec}$$

有效阻尼和设计谱修正系数为:

$$\xi_{\text{eff}}=0.05+\frac{1-\frac{0.95}{\sqrt{\mu}}-0.05\sqrt{\mu}}{\pi}=0.05+\frac{1-\frac{0.95}{2}-0.05\cdot 2}{3.142}=0.19$$

$$c_d=\frac{1.5}{40\xi_{\text{eff}}+1}+0.5=0.67$$

因此,框架的偏移量为:

$$D_1=\left(\frac{T_{\text{eff}_1}}{2\pi}\right)^2 gc_dS_a(T_{\text{eff}_1},0.05)=\left(\frac{1.0}{2\cdot 3.142}\right)^2\cdot 9\ 800\cdot 0.67\cdot 0.7=116\text{mm}(4.6\text{in})$$

$$D_1=\left(\frac{T_{\text{eff}_2}}{2\pi}\right)^2 gc_dS_a(T_{\text{eff}_2},0.05)=\left(\frac{2.0}{2\cdot 3.142}\right)^2\cdot 9\ 800\cdot 0.67\cdot 0.35=232\text{mm}(9.2\text{in})$$

两框架的相对位移可采用 CQC 组和方法计算得到,见公式(8-3),其中,频率比β取为 2.0。

$$\rho_{12}=\frac{8\xi^2(1+\beta)\beta^{3/2}}{(1-\beta^2)^2+4\xi^2\beta(1+\beta)^2}=\frac{8\cdot(0.19)^2\cdot(1+2)\cdot 2^{3/2}}{(1-2^2)^2+4\cdot(0.19)^2\cdot 2\cdot(1+2)^2}$$

因为 D_1 和 D_2 符号相反,则公式(8-3)为:

$$D_{\text{eq}0}=\sqrt{D_1^2-2\rho_{12}D_1D_2+D_2^2}=\sqrt{116^2-2\cdot 0.21\cdot 116\cdot 232+232^2}$$

$=237\text{mm}(9.3\text{in})>2/3D_{\text{as}}=120\text{mm}$,因此,需要限位器。

第3步　确定限位器刚度初始值

$$K_{\text{eff}_{\text{mod}}}=\frac{K_{\text{eff}_1}K_{\text{eff}_2}}{K_{\text{eff}_1}+K_{\text{eff}_2}}=\frac{89.3\cdot 22.3}{89.3+22.3}=17.9\text{kN/mm}(102\text{kips/in})$$

$$K_{\text{r}_0}=\frac{K_{\text{eff}_{\text{mod}}(D_{\text{eq}0}}-D_{\text{r}})}{D_{\text{eq}_0}}=\frac{17.9\cdot(237-120)}{237}=8.84\text{kN/mm}(53.5\text{kips/in})$$

第4步　通过模态分析计算伸缩缝相对位移

求解模态方程:

$$\begin{bmatrix} K_{\text{eff}_1}+K_{\text{r}_0} & -K_{\text{r}_0} \\ -K_{\text{r}_0} & K_{\text{eff}_2}+K_{\text{r}_0} \end{bmatrix}\{\phi\}=\omega_{\text{eff}_1}^2\begin{bmatrix} m_1 & 0 \\ 0 & m_2 \end{bmatrix}\{\phi\}$$

$$\begin{bmatrix} 98.1 & -8.84 \\ -8.84 & 31.1 \end{bmatrix}\{\phi\}=\omega_{\text{eff}_1}^2\begin{bmatrix} 2.28 & 0 \\ 0 & 2.28 \end{bmatrix}\{\phi\}$$

$$\omega_{\text{eff}_1}^2=13.2\frac{1}{\text{sec}^2},\omega_{\text{eff}_2}^2=43.3\frac{1}{\text{sec}^2}$$

$$T_{\text{eff}_1}=2\pi/\sqrt{13.2}=1.73\text{sec},T_{\text{eff}_2}=2\pi/\sqrt{43.9}=0.95\text{sec}$$

$$\{\phi_1\}=\begin{Bmatrix} 0.13 \\ 1.00 \end{Bmatrix},\{\phi_2\}=\begin{Bmatrix} 1.00 \\ -0.13 \end{Bmatrix}$$

计算参与系数:

$$P_1=\frac{\{\phi_1\}^T[M]\{1\}}{\{\phi_1\}^T[K]\{\phi_1\}}(\{a\}^T\{\phi_1\})$$

$$=\frac{\{0.13\quad 1.00\}\begin{bmatrix} 2.28 & 0 \\ 0 & 2.28 \end{bmatrix}\begin{Bmatrix} 1 \\ 1 \end{Bmatrix}}{\{0.13\quad 1.00\}\begin{bmatrix} 98.1 & -8.84 \\ -8.84 & 31.1 \end{bmatrix}\begin{Bmatrix} 0.13 \\ 1.00 \end{Bmatrix}}\left(\{-1\quad 1\}\begin{Bmatrix} 0.13 \\ 1.00 \end{Bmatrix}\right)=0.074\text{sec}^2$$

$$P_2=\frac{\{\phi_2\}^{\text{T}}[M]\{1\}}{\{\phi_2\}^{\text{T}}[K]\{\phi_2\}}(\{a\}^{\text{T}}\{\phi_2\})$$

$$=\frac{\{1.00\quad -0.13\}\begin{bmatrix} 2.28 & 0 \\ 0 & 2.28 \end{bmatrix}\begin{Bmatrix} 1 \\ 1 \end{Bmatrix}}{\{1.00\quad -0.13\}\begin{bmatrix} 98.1 & -8.84 \\ -8.84 & 31.1 \end{bmatrix}\begin{Bmatrix} 1.00 \\ -0.13 \end{Bmatrix}}\left(\{-1\quad 1\}\begin{Bmatrix} 1.00 \\ -0.13 \end{Bmatrix}\right)=0.022\text{sec}^2$$

重新计算伸缩缝处的相对位移:

$$D_{\text{eq}_1}=P_1gc_{\text{d}}S_{\text{a}}(1.73,0.05)=0.074\cdot 9\,800\cdot 0.67\cdot 0.405=197\text{mm}(7.7\text{in})$$

$$D_{\text{eq}_2}=P_2gc_{\text{d}}S_{\text{a}}(0.95,0.05)=-0.022\cdot 9\,800\cdot 0.67\cdot 0.737=-106\text{mm}(4.2\text{in})$$

$$\beta=1.73/0.975=1.8$$

$$\rho_{12}=\frac{8(0.19)^2\cdot(1+1.8)\cdot 1.8^{3/2}}{(1-1.8^2)^2+4\cdot(0.19)^2\cdot(1.8)\cdot(1+1.8)^2}=0.27$$

$$D_{\text{eq}}=\sqrt{(197)^2+(-106)^2+2(0.27)(197)(-106)}=197\text{mm}(7.8\text{in})$$

由于 $D_{\text{eq}}>D_{\text{r}}$,继续第5步

第5步　重新计算限位器刚度

$$K_{\text{r}_1}=K_{\text{r}_0}+(K_{\text{eff}_{\text{mod}}}+K_{\text{r}_0})\frac{(D_{\text{eq}}-D_{\text{r}})}{D_{\text{eq}}}=8.84+(17.9+8.84)\frac{196-120}{196}=19.2\text{kN/mm}(110\text{kips/in})$$

第6步　第2次迭代

$$\omega_{\text{eff}_1}^2=15.4\frac{1}{\text{sec}^2},\omega_{\text{eff}_2}^2=48.1\frac{1}{\text{sec}^2}$$

$$T_{\mathrm{eff}_1}=1.60\mathrm{sec},T_{\mathrm{eff}_2}=0.91\mathrm{sec}$$

$$\{\phi_1\}=\begin{Bmatrix}0.27\\1.00\end{Bmatrix},\{\phi_2\}=\begin{Bmatrix}1.00\\-0.27\end{Bmatrix}$$

$$P_1=0.054\mathrm{sec}^2,P_2=-0.017\mathrm{sec}^2$$

$$D_{\mathrm{eq}_1}=0.054\cdot 9\,800\cdot 0.67\cdot 0.438=156\mathrm{mm}(6.1\mathrm{in})$$

$$D_{\mathrm{eq}_2}=-0.017\cdot 9\,800\cdot 0.67\cdot 0.769=-88\mathrm{mm}(3.5\mathrm{in})$$

$$\beta=1.60/0.91=1.77$$

$$\rho_{12}=\frac{8(0.19)^2\cdot(1+1.77)\cdot 1.77^{3/2}}{(1-1.77^2)^2+4\cdot(0.19)^2\cdot(1.77)\cdot(1+1.77)^2}=0.29$$

$$D_{\mathrm{eq}}=\sqrt{(156)^2+(-88)^2+2\cdot 0.29\cdot 156\cdot(-88)}=155\mathrm{mm}(6.1\mathrm{in})$$

由于 $D_{\mathrm{eq}}>D_{\mathrm{r}}$，继续第 5 步

第 7 步　计算限位器刚度

$$K_{\mathrm{r}_2}=19.2+(17.9+19.2)(155-120)/155=27.6\mathrm{kN/mm}(158\mathrm{kips/in})$$

第 8 步　第 3 次迭代

$$\omega_{\mathrm{eff}_1}^2=16.5\frac{1}{\mathrm{sec}^2},\omega_{\mathrm{eff}_2}^2=52.3\frac{1}{\mathrm{sec}^2}$$

$$T_{\mathrm{eff}_1}=1.55\mathrm{sec},T_{\mathrm{eff}_2}=0.87\mathrm{sec}$$

$$\{\phi_1\}=\begin{Bmatrix}0.36\\1.00\end{Bmatrix},\{\phi_2\}=\begin{Bmatrix}1.00\\-0.36\end{Bmatrix}$$

$$P_1=0.044\mathrm{sec}^2,P_2=-0.014\mathrm{sec}^2$$

$$D_{\mathrm{eq}_1}=0.44\cdot 9\,800\cdot 0.67\cdot 0.452=131\mathrm{mm}(5.2\mathrm{in})$$

$$D_{\mathrm{eq}_2}=-0.014\cdot 9\,800\cdot 0.67\cdot 0.805=-73\mathrm{mm}(2.9\mathrm{in})$$

$$\beta=1.60/0.91=1.78$$

$$\rho_{12}=\frac{8(0.19)^2\cdot(1+1.78)\cdot 1.78^{3/2}}{(1-1.78^2)^2+4\cdot(0.19)^2\cdot(1.78)\cdot(1+1.78)^2}=0.29$$

$$D_{\mathrm{eq}}=\sqrt{(131)^2+(-73)^2+2\cdot 0.29\cdot 131\cdot(-73)}=130\mathrm{mm}(5.1\mathrm{in})$$

由于 $D_{\mathrm{eq}}>D_{\mathrm{r}}$，继续第 5 步

第 9 步　计算限位器刚度

$$K_{\mathrm{r}_3}=27.6+(17.9+27.6)(130-120)/130=31.1\mathrm{kN/mm}(178\mathrm{kips/in})$$

第 10 步　第 4 次迭代

$$\omega_{\mathrm{eff}_1}^2=16.8\frac{1}{\mathrm{sec}^2},\omega_{\mathrm{eff}_2}^2=54.1\frac{1}{\mathrm{sec}^2}$$

$$T_{\mathrm{eff}_1}=1.53\mathrm{sec},T_{\mathrm{eff}_2}=0.85\mathrm{sec}$$

$$\{\phi_1\}=\begin{Bmatrix}0.39\\1.00\end{Bmatrix},\{\phi_2\}=\begin{Bmatrix}1.00\\-0.39\end{Bmatrix}$$

$$P_1=0.041\mathrm{sec}^2,P_2=-0.013\mathrm{sec}^2$$

$$D_{\mathrm{eq}_1}=0.041\cdot 9\,800\cdot 0.67\cdot 0.458=122\mathrm{mm}(4.8\mathrm{in})$$

$$D_{\mathrm{eq}_2}=-0.013\cdot 9\,800\cdot 0.67\cdot 0.824=-68\mathrm{mm}(2.7\mathrm{in})$$

$$\beta=1.53/0.85=1.8$$

$$\rho_{12}=\frac{8(0.19)^2\cdot(1+1.8)\cdot 1.8^{3/2}}{(1-1.8^2)^2+4\cdot(0.19)^2\cdot(1.8)\cdot(1+1.8)^2}=0.28$$

$$D_{\mathrm{eq}}=\sqrt{(122)^2+(-68)^2+2\cdot 0.28\cdot 122\cdot(-68)}=122\mathrm{mm}(4.8\mathrm{in})$$

$D_{eq} \approx D_r$,可以满足要求,继续第 6 步❶。

第 11 步　计算限位器数量

$$K_r = 31.1\text{kN/mm}(178\text{kips/in})$$

$N_r = \dfrac{K_r D_r}{F_y A_r} = \dfrac{31.1 \cdot 0.120}{1214 \cdot 0.000143}, = 21.5$,采用 22 根直径为 19mm 的限位钢缆。

[**例 8-2**]　单步法(非迭代法)设计限位器

将一座六跨桥梁分成两部分,每部分段三跨,如下图所示。在两部分接合处的铰接基座安装限位器。本例题与例题 8-1 采用同一座桥,利用单步(简化)法计算所需限位器的数量与尺寸。假设如下:

支承宽度	$N = 305\text{mm}(12\text{in})$
基座垂直面的混凝土保护层	$d_c = 50\text{mm}(2\text{in})$
限位器屈服应力	$f_y = 1214\text{MPa}(176\text{ksi})$
限位器的弹性模量	$E = 69000\text{MPa}(10000\text{ksi})$
限位器长度	$L_r = 5.4\text{m}(18\text{ft})$
限位器松弛度	$D_{rs} = 25\text{mm}(1\text{in})$
场地反应谱	见图 1-8
短周期系数	$F_a S_s = 1.75$
长周期系数	$F_v S_1 = 0.70$
框架的目标位移延性	$\mu = 4$
框架刚度	$K_1 = 357\text{kN/mm}(2040\text{K/in})$
	$K_2 = 89.3\text{kN/mm}(510\text{K/in})$
框架重量	$W_1 = W_2 = 22.3\text{MN}(5000\text{K})$

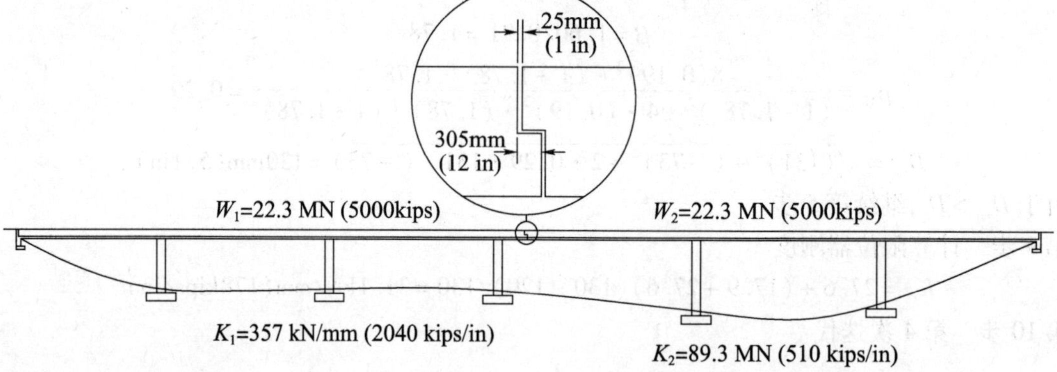

第 1 步　计算伸缩缝容许位移

限位器屈服伸长度

$$D_y = f_y L_r / E = 1214\text{MPa}(5\ 400\text{mm})/69\ 000\text{MPa} = 95\text{mm}(3.7\text{in}) \qquad (8\text{-}5)$$

$$D_r = D_y + D_{rs} = 95\text{mm} + 25\text{mm} = 120\text{mm}(4.7\text{in})$$

$D_{as} = N - 空隙 - 2d_0 = N - 25 - 2d_c = 305\text{mm} - 25\text{mm} - 2(50\text{mm}) = 180\text{mm}(7.1\text{in})$

因此 $D_r = 2/3D_{as} = 2/3 \cdot (180\text{mm}) = 120\text{mm}$❷

$D_r = 120, 2/3D_{as} = 120$❸

如果 $D_r \leqslant 2/3D_{as} \Rightarrow$ 限位器设计可行

---

❶ 原文中 D_{eq}下标表示有误。

❷ 此处原文有误:$D_r = 2/3D_{as} = (180\text{mm}) = 120\text{mm}$

❸ 译者注:此句多余。

$$D_r = 1\omega \frac{2}{3} D_{as} = 120$$

第 2 步　计算无约束时伸缩缝位移 D_{eq0}

每个框架的有效刚度为：

$$K_{eff_1} = K_1/\mu = 357\text{kN/mm}/4 = 89.3\text{kN/mm}(510\text{k/in})$$

$$K_{eff_2} = K_2/\mu = 89.3\text{kN/mm}/4 = 22.3\text{kN/mm}(128\text{k/in})$$

因此，每个框架的有效自振周期为：

$$T_{eff_1} = 2\pi\sqrt{\frac{W_1}{gK_{eff_1}}} = 2\pi\sqrt{\frac{22.3(1\,000)\text{kN}}{9\,800\text{mm/sec}^2(89.3\text{kN/mm})}} = 1.0\text{ecs}, 见迭代法第 2 步$$

$$T_{eff_2} = 2\pi\sqrt{\frac{W_2}{gK_{eff_2}}} = 2\pi\sqrt{\frac{22.3(1\,000)\text{kN}}{9\,800\text{mm/sec}^2(22.3\text{kN/mm})}} = 2.0\text{ecs}$$

有效阻尼系数为：

$$\xi_{eff} = 0.05 + \frac{1-\frac{0.95}{\sqrt{\mu}} - 0.05\sqrt{\mu}}{\pi} = 0.05 + \frac{1-\frac{0.95}{2} - 0.05\cdot 2}{3.142} = 0.19 \tag{8-7}$$

设计谱修正系数为：

$$c_d = \frac{1.5}{40\xi_{eff}+1} + 0.5 = 0.67 \tag{8-8b}$$

因此，框架的偏移量为：

$$D_1 = \left(\frac{T_{eff_1}}{2\pi}\right)^2 gc_dF_vS_1(T_{eff_1}, 0.05) = \left(\frac{1.0\text{sec}}{2\cdot 3.142}\right)^2 9\,800\text{mm/sec}^2(0.67)(0.7) = 119\text{mm/}(4.6\text{in}) \tag{8-6}$$

对于 $T_{eff_2} = 2, S_a = \dfrac{F_vS_1}{T_{eff_2}} = \dfrac{0.2}{2} = 0.35g$

$$D_2 = \left(\frac{T_{eff_2}}{2\pi}\right)^2 gc_dS_a(T_{eff_2}, 0.05) = \left(\frac{1.0\text{sec}}{2(3.142)}\right)^2 9\,800\text{mm/sec}^2(0.67)(0.35) = 236\text{mm/}(9.3\text{in})$$

两个框架的相对位移可由 CQC 法组合得到，见公式(8-3a)，此时，频率比 β 取为 2.0。

$$\rho_{12} = \frac{8\xi_{eff}^2(1+\beta)\beta^{3/2}}{(1-\beta^2)^2 + 4\xi_{eff}^2\beta(1+\beta)^2} = \frac{8\cdot(0.19)^2\cdot(1+2)\cdot 2^{3/2}}{(1-2^2)^2+4\cdot(0.19)^2\cdot 2\cdot(1+2)^2} = 0.203 \tag{8-3b}$$ [1]

$$D_{eq0} = \sqrt{D_1^2 + 2\rho_{12}D_1D_2 + D_2^2} = \sqrt{119^2 + 2(0.203)\cdot 119(236) + 236^2} = 285\text{mm}(11.2\text{in}) \tag{8-3b}$$

由于 $2/3D_{as} = 120\text{mm}$，且 $D_{eq0} > 2/3D_{as}$，因此，需要限位器[2]。

但是，$T_{eff_1}/T_{eff_2} = 1.0/2.0 = 0.5$ 小于 0.6

$\eta = D_r/D_{eq0} = 120/285 = 0.421$ 在 0.2～0.5 的范围内。

由于周期比超过允许值，因此，这座桥不能用单步(非迭代)法。

[例 8-3]　单步(非迭代)方法设计限制器

一座六跨桥梁分成两部分，每部分三跨，如下图所示。为两部分接合处的铰接基座设计限位器。该例中的桥梁与例题 8-2 中的不同；框架的刚度已经发生了变化，铰接基座比例题 8-2 中的小，限位器钢

---

[1] 译者注：原文公式中有误 $\rho_{12} = \dfrac{8\xi_{eff}^2(1+\beta)\beta^{3/2}}{(1-\beta^2)^2+4\xi_{eff}\beta(1+\beta)^2} = \dfrac{8\cdot(0.19)^2\cdot(1+2)\cdot 2^{3/2}}{(1-2^2)^2+4\cdot(0.19)^2\cdot 2\cdot(1+2)^2} = 0.203$，$\xi_{eff}$ 应为 2 次方。

[2] 译者注：原文 2/3 处有误

缆短一些。利用单步(非迭代)法计算所需限位器的数量与大小。假设如下:

支承宽度	$N=250\text{mm}(10\text{in})$
基座垂直面的混凝土保护层	$d_c=50\text{mm}(2\text{in})$
限位器屈服应力	$f_y=1214\text{MPa}(176\text{ksi})$
限位器的弹性模量	$E=69\ 000\text{MPa}(10000\text{ksi})$
限位器长度	$L_r=2.0\text{m}(9.8\text{ft})$
限位器松弛度	$D_{rs}=25\text{mm}(1\text{in})$
场地反应谱	见图 1-8
短周期系数	$F_aS_s=1.75$
长周期系数	$F_yS_1=0.70$
框架的目标位移延性	$\mu=4$
框架刚度	$K_1=357\text{kN/mm}(2040\text{K/in})$
	$K_2=150\text{kN/mm}(914\text{K/in})$
框架重量	$W_1=W_2=22.3\text{MN}(5000\text{K})$

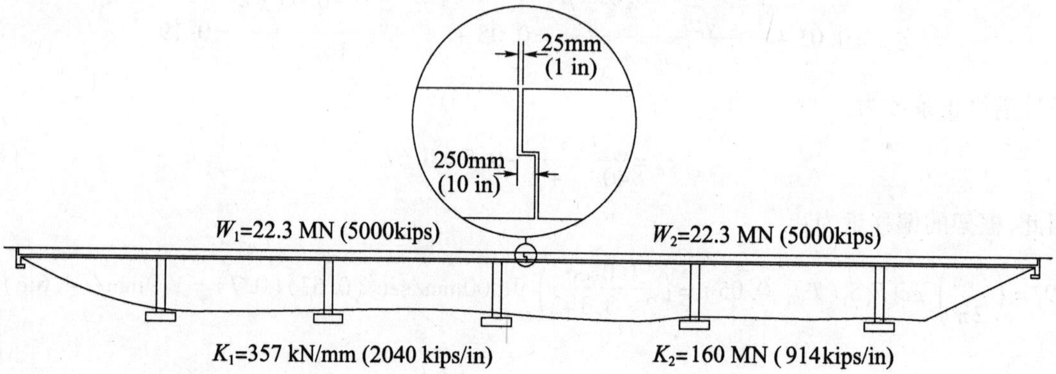

第 1 步　计算伸缩缝容许位移

$$D_r=53+25=78\text{mm}(3.1\text{in})$$

$$D_{as}=250-25-100=125\text{mm}(4.9\text{in})$$

$2/3D_{as}>D_r$,可以满足要求。

第 2 步　计算无约束时伸缩缝位移

用替代结构表示的每个框架的有效刚度:

$$K_{eff_1}=K_1/\mu=357/4=89.3\text{kN/mm}(510\text{k/in})$$

$$K_{eff_2}=K_2/\mu=160/4=40.0\text{kN/mm}(228\text{k/in})$$

因此,每个框架的有效自振周期为:

$$T_{eff_1}=2\pi\sqrt{\frac{W_1}{gK_{eff_1}}}=2\pi\sqrt{\frac{22.3(1\ 000)}{9\ 800(89.3)}}=1.0\text{sec}$$

$$T_{eff_2}=2\pi\sqrt{\frac{W_2}{gK_{eff_2}}}=2\pi\sqrt{\frac{22.3(1\ 000)}{9\ 800(40)}}=1.5\text{sec}$$

有效阻尼系数为:

$$\xi_{eff}=0.05+\frac{1-\frac{0.95}{\sqrt{\mu}}-0.05\sqrt{\mu}}{\pi}=0.05+\frac{1-\frac{0.95}{2}-0.05\cdot2}{3.142}=0.19 \tag{8-7}$$

设计谱修正系数为:

$$c_d=\frac{1.5}{40\xi_{eff}+1}+0.5=0.67 \tag{8-8b}$$

因此,框架的偏移量为:

$$D_1=\left(\frac{T_{\mathrm{eff}_1}}{2\pi}\right)^2 gc_{\mathrm{d}}F_{\mathrm{v}}S_1(T_{\mathrm{eff}_1},0.05)=\left(\frac{1.0}{2\cdot 3.142}\right)^2 9\,800\cdot(0.67)(0.7)=116\mathrm{mm}(4.6\mathrm{in}) \quad (8\text{-}6)$$

$$D_2=\left(\frac{T_{\mathrm{eff}_2}}{2\pi}\right)^2 gc_{\mathrm{d}}S_{\mathrm{a}}(T_{\mathrm{eff}_2},0.05)=\left(\frac{1.5}{2(3.142)}\right)^2 9\,800\cdot(0.67)(0.47)=176\mathrm{mm}(6.9\mathrm{in})$$

两个框架的相对位移可由 CQC 法组合得到,见公式(8-3),此时,频率比 β 取为 1.5。

$$\rho_{12}=\frac{8\xi_{\mathrm{eff}}^2(1+\beta)\beta^{3/2}}{(1-\beta^2)^2+4\xi_{\mathrm{eff}}^2\beta(1+\beta)^2}=\frac{8\cdot(0.19)^2\cdot(1+1.5)\cdot 1.5^{3/2}}{(1-2^2)^2+4\cdot(0.19)^2\cdot 1.5\cdot(1+1.5)^2}=0.45 \quad (8\text{-}3\mathrm{b})$$

$$D_{\mathrm{eq0}}=\sqrt{D_1^2-2\rho_{12}D_1D_2+D_2^2}=\sqrt{116^2-2(0.45)\cdot 116(176)+176^2}=161\mathrm{mm}(6.4\mathrm{in}) \quad (8\text{-}3\mathrm{b})$$

$>2/3D_{\mathrm{as}}=83\mathrm{mm}$,因此,需要限位器。

$T_{\mathrm{eff}_1}/T_{\mathrm{eff}_2}$大于 0.6,而且 $D_{\mathrm{r}}/D_{\mathrm{eq0}}$在 0.2 ~0.5 的范围内,可应用非迭代方法。

第 3 步:计算限位器刚度

$$K_{\mathrm{eff_{mod}}}=\frac{K_{\mathrm{eff}_1}K_{\mathrm{eff}_2}}{K_{\mathrm{eff}_1}+K_{\mathrm{eff}_2}}=\frac{89.3\cdot 40.0}{89.3+40.3}=27.6\mathrm{kN/mm}(158\mathrm{kips/in})$$

$$\eta=\frac{D_{\mathrm{r}}}{D_{\mathrm{eq0}}}=\frac{78}{161}=0.484$$

$$K_{\mathrm{r}}=K_{\mathrm{eff_{mod}}}\left[0.50+\frac{0.50-\eta^2}{\eta}\right]=27.6\cdot\left[0.50+\frac{0.50-0.235}{0.484}\right]=28.9\mathrm{kN/mm}(165\mathrm{kips/in})$$

第 4 步:计算限位器数量

$$N_{\mathrm{r}}=\frac{K_{\mathrm{r}}D_{\mathrm{r}}}{F_{\mathrm{y}}A_{\mathrm{r}}}=\frac{28.9\cdot 0.078}{1214\cdot 0.000143}=13.0$$

采用 14 根直径 19mm 的限位钢缆。

(e)设计力

横向支承限位器通常按弹性设计。研究表明:当墩柱屈服时,附加力将会传递到那些按设计不会屈服的构件上。此外,安装时,各限位器的施工容差略有不同,这会造成受力不均匀。考虑到这种影响可能导致荷载增加,设计时应将分析得出的弹性力提高 25%。

虽然单跨桥梁或地震加固类别为 B 的桥梁没有必要进行动力分析,但这些桥梁的横向限位器要能够抵抗方法 A1 和 A2(5.2 节)所述的最低水平荷载。

8.4.2.3　竖向限位器

支座处可以使用竖向固定装置以防止梁体上翘,如果梁体可能上翘,可能导致损坏或失稳。虽然梁体上翘本身导致落梁的机率很小,但当竖向地震力超过恒载反力时应考虑使用竖向固定装置。除非同时采用了其他支承加固措施,并且桥梁的抗震加固类别为 D,否则使用竖向限位器是不经济的。固定装置构造如图 8-48 所示。

动力反应分析中通常不包括竖向加速度,但是如果考虑上翘问题,分析中应考虑地面运动的垂直分量。

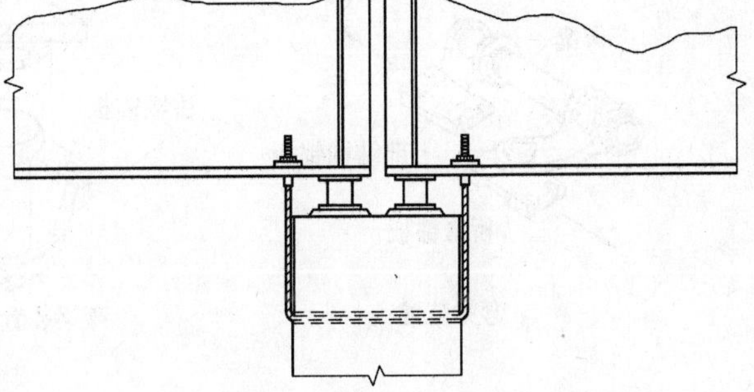

图 8-48　竖向固定加固

8.4.3 耗能装置

传统的活动支座,例如弹性橡胶支座或滑动支座,是天然的隔离装置。但是,这些支座耗能能力通常很有限,因而支座处的差异位移可能会很大。在这些情况下,加固设计师可以在传统支座旁边增加单独的耗能装置,从而获得与隔震支座类似的功能。耗能装置还可以用于地震中预期可能发生相对运动的部位。多年以来,已经有很多关于耗能装置的建议,包括具有塑性变形能力的钢悬臂或梁单元、铅挤压装置、黏滞阻尼器与摩擦阻尼器。这些装置都是依靠运动期间的能量耗散来将运动保持在可接受范围内。

运营荷载下的刚度是由这些装置的初始刚度提供的,它们所使用的一些装置,例如铅挤压与黏滞阻尼或摩擦阻尼,如果设计得当,则可以适应运营荷载下的运动。但是,对于那些依靠钢的塑性变形达到耗能目的的装置,如果允许它们在运营荷载下发生屈服,随着时间推移很可能发生疲劳破坏。此外许多装置很难适应正交运动,这些问题都应在设计期间认真考虑。

耗能装置已在抗震方面开发应用了许多年。图 8-49 给出了多种耗能装置,这些装置由日本与新西兰最早研发的。它们大多依靠钢构件的塑性变形消耗能量,但其中一个装置是利用铅挤压来耗能的。图 8-50 则是两个摩擦阻尼器。

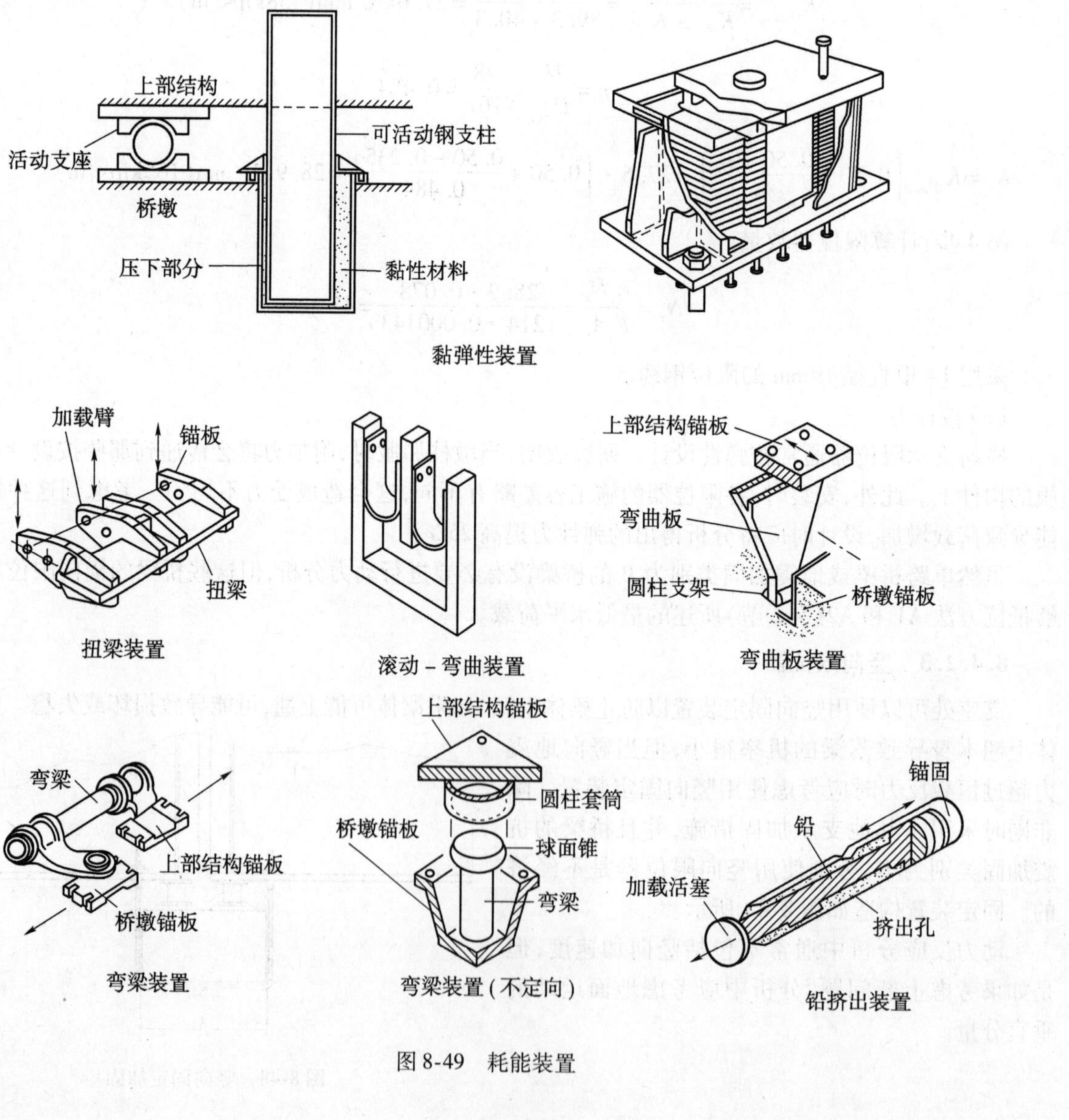

图 8-49 耗能装置

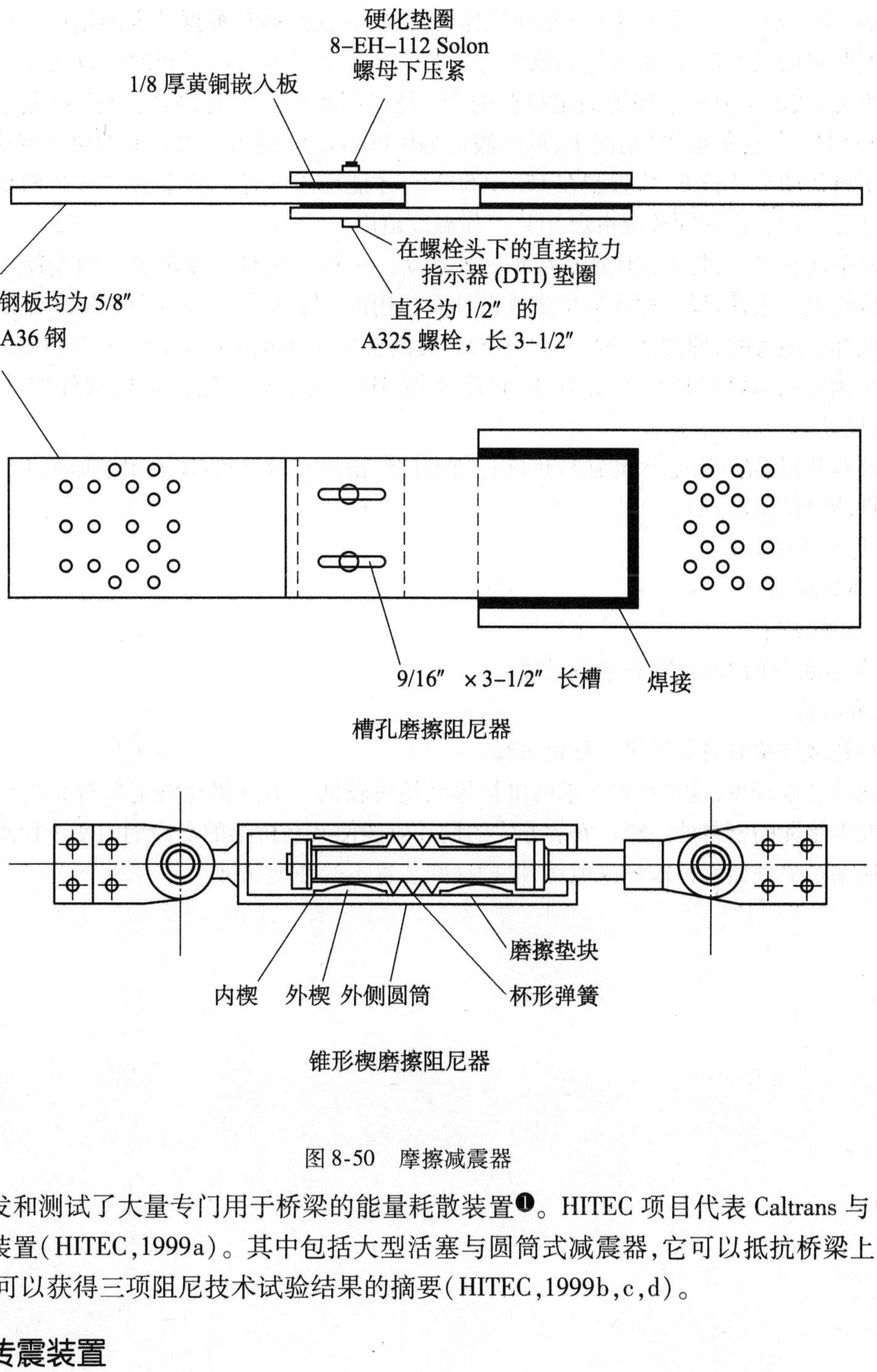

图 8-50　摩擦减震器

美国也研发和测试了大量专门用于桥梁的能量耗散装置[1]。HITEC 项目代表 Caltrans 与 FHWA 评价了几种这类装置(HITEC,1999a)。其中包括大型活塞与圆筒式减震器,它可以抵抗桥梁上的各类荷载。从 HITEC 可以获得三项阻尼技术试验结果的摘要(HITEC,1999b,c,d)。

8.4.4　传震装置

传震装置(STU)是专门制作的能容许非常缓慢运动(如温度变化引起的)但快速运动(如在地震期间)时会变成刚性的装置。由于这一特性,可将这些装置安装在上部结构各段间的伸缩缝处,或上部结构与下部结构之间的活动支座处。一个典型的应用是连续桥梁,只有一排支座设计为固定支座承受纵向荷载,其他支承均为活动支座。通过在活动支座处安装 STU,纵向荷载将由所有的支承分担,这样就

[1] Whittaker 等人,1989;Richter 等人,1990;Constantinou 等人,1992;Aiken 等人,1993;Berglnan 与 Hanson,1993;Tsai 等人,1993;Grigorian 等人,1993

减少了固定支座的荷载。

典型的STU是由一个活塞与装满粘性流体的圆筒组成的,通常根据特定的用途专门定制。设计师应明确说明装置的最大负荷、最大运动范围与最大运动速率或由运动引起的可以接受的阻力。对大多数制造商来说,实现阻力小于装置额定负荷的2%是很困难的。因此,额定负荷受构件疲劳强度的限制。在未知STU的运动速度的情况下,可以假定为0.0001L/h,相当于25C/h的温度变化。距离L是热运动影响下桥梁的有效长度,应限制在150m(500 ft)才能使用上述经验方法。由于STU的工作性能可能随温度变化,因此,设计师还应指定STU工作温度范围。

STU是单向装置,安装方式应能适应平面外运动。一种方法是在该装置的两端使用球形接头将其安装在结构物上。通常,设计师还应指定或设计安装用的金属元件。构造和支架须能抵抗阻力而不会发生疲劳破坏。地震时,即使在"锁定"之前STU可能会发生小幅度的运动,但仍可以认为STU是刚性的。由于小幅度运动可以产生冲击力,因此建议将STU、支架与无延性结构构件按计算得到内力的125%进行设计。

由于这些装置是定制的,因此强烈建议必须进行严格检查,合格后才能用于加固工程。其中需要满足一系列性能测试要求,如:

- 密封磨损试验;
- 循环荷载试验;
- 阻力测试❶;
- 按额定负荷的150%进行超载试验;
- 疲劳试验。

在进行超载试验时对装置进行复核试验。

因为活动部件较少,这些装置要求的维护等级相对较低。不过仍建议定期对其进行检查。应特别关注可能发生渗漏的密封处。STU安装方式的设计应能使其在桥梁的寿命期内便于检测并容易替换磨损装置。应通过对外露元件涂漆或镀锌,保护这些装置不受环境腐蚀。

❶ 译者注:原文为Crag force test,应为Drag force test

第 9 章 下部结构加固方法

9.1 概述

尽管在很早的桥梁加固手册(FHWA,1983)中就提出提高既有桥梁下部结构(桥墩(柱)、盖梁、基础)抗震能力的加固方法,但是直到 20 世纪 90 年代才开始实质性的工作。在 1987 年发生的 Whittier Narrows 地震和 1989 年 Loma Prieta 地震中,一些经过铰接限位器加固的桥梁的先后失效证明:除了对上部结构采取防落梁的加固措施外,还应对桥梁下部结构进行加固(Housner,1990)。

最初桥墩(柱)研究的重要内容是采用不同加固措施提高弯曲强度、剪切强度、弯曲延性(Chai et al.,1992),因此,人们开始研究、编制评估桥墩(柱)的规范、标准,并且采用规范技术来改善结构延性和抗剪能力(Caltrans,1996),可通过圆形或椭圆形钢套管约束混凝土或采用纤维复合材料缠绕混凝土来实现。实验室结果表明,这些方法可以提高弯曲延性和抗剪强度,防止潜在塑性铰区插接钢筋搭接失效。加州大量桥梁已经采用了这些加固方法,在 1994 年 Northridge 地震中,几座经过加固的桥梁未发生失效,用事实验证了加固方法的有效性(Buckle,1994)。

市场对桥梁墩(柱)加固也有回应,以改善桥梁墩(柱)延性为目标开发了其他的加固体系。一些加固体系在实验室已经获得成功,并在一些示范项目中得到应用[1]。

Caltrans 的研究项目增加了下部结构加固的内容,除了其他有关钢筋混凝土桥墩(柱)加固的课题外,研究还包括了墙式墩[2]、(框架)盖梁[3]和承台[4]的加固技术研究,国家交通运输部和联邦公路局等其他机构也进行了有意义的研究。

随着大量关于桥梁抗震加固研究项目的开展,在全国范围内加快了抗震加固项目的步伐。仅加州,就有接近 2 200 座桥梁的抗震评估和的抗震加固项目(Roberts,1998)。通过这些研究项目,开发了许多经济有效的加固方法并付诸实施,加固技术和加固方法也得到改进。

本章总结桥梁下部结构抗震加固实践的现状,章节内容包括桥墩(柱)、盖梁和梁-柱节点,这些是近年来人们发现的破坏性地震中的易损构件。

地震保护系统,例如隔震系统,也是一种可接受的方法,也可以作为一种补充方法,与本章提到的加固方法同时使用(见 1.13 节 不同加固方法回顾)。需要注意的是,加固一座桥梁的最优措施很可能是两种及以上措施的组合。例如,如果采用隔震方法不能使地震需求降低至结构承载能力以下,此时对桥墩(柱)进行加固似乎是唯一的选择。如果使用隔振措施,传统加固量可能就少得多,因此,最佳的加固方法就是同时使用这两种方法进行加固。

9.2 桥墩(柱)的加固方法

1971 年之前,钢筋混凝土墩(柱)普遍表现为抗剪强度和弯曲延性不足。墩(柱)延性不足将导致弯曲强度急速降低,通常发生在墩(柱)底潜在塑性铰区的搭接接头处。即使没有插接钢筋,缺少约束

---

[1] Fyfe, 1994; Seible et al., 1995; Xiao et al., 1995

[2] Harroun et al., 1994

[3] Ingham et al., 1993; Lowes and Moehle,1994; Thewalt and Stojadinovic, 1995; Zayati et al., 1993

[4] Xiao et al., 1994

的潜在塑性铰区也会因为混凝土压碎和纵筋压屈使墩(柱)失去弯曲强度。缺少约束的潜在塑性铰区的抗剪强度也会退化,使桥墩(柱)发生剪切破坏。如果潜在塑性铰区约束良好,或者通过加固提高了延性,也可能在桥墩(柱)位置产生塑性铰,只是,塑性铰发生的位置并不是预测的部位。造成这种现象的原因可能是由于纵筋过早切断,结构过渡段或中间隔离带、人行道板、铺装等加劲作用造成的,因此,设计人员应清楚这种可能性。

许多情况下,如果能够保证或提高墩(柱)的延性,就不需要提高桥墩(柱)的弯曲强度。即使在过去使用的地震荷载水平较低,由于过去采用的应力设计法相对保守的原因,墩(柱)也常常具有足够的弯曲强度。事实上,既有的过高的弯曲强度一般是不理想的,因为它会在墩(柱)内导致较大的塑性剪力和基础上出现较大的力。如果需要提高墩(柱)的抗弯强度,需要同时提高墩(柱)的抗剪能力和基础的强度。

墙式墩的抗震性能通常要优于多柱式桥墩或独柱式桥墩。在大多数情况下,水平和纵向钢筋的数量足以抵抗沿桥墩强轴方向的地震荷载,即使沿墙式墩强轴方向不发生屈服,桩基础中也会产生过大的内力。在弱轴方向上,墙式墩的行为很像柱,例外的情况是,即使在横向钢筋量少于新建桥梁的规定用量时,这些墙式墩还是具有很高的延性。在竖向主筋上没有插接筋搭接时,这种情况尤为突出[1],因此,与常规的钢筋混凝土墩(柱)相比,很少对墙式墩进行加固。

加固钢筋混凝土墩(柱)的方法包括:

- 完全或部分替换;
- 附加墩(柱);
- 抗剪或抗弯强度;
- 改善墩(柱)的延性。

在上述方法中,改善墩(柱)的延性是经常采用的加固方法,可以采取以下方法来增加延性:

- 钢套管;
- 用预应力施加主动约束;
- 用复合纤维/环氧套管施加主动或被动约束;
- 钢筋混凝土外壳。

在上述方法中,钢套管和复合纤维/环氧套管是目前广泛采用的方法,以下章节将详细叙述这些加固方法。

9.2.1 钢筋混凝土墩(柱)

9.2.1.1 更换墩(柱)

全部或部分更换墩(柱)时需要临时支撑来承担上部结构的重量。这种临时支撑要求能够抵抗由小震产生的水平力的能力,在一些情况下,还需要能够承担活荷载的能力。通常,临时支撑抗剪能力必须能够承担被移走墩(柱)抗剪能力的50%,但不低于小震地震水准作用下产生剪力的50%(1.4.2节和图1-8)。

(a)全部更换

在某些情况下,全部替换墩(柱)是一种加固下部结构的最适合的方法。一般情况下,需要改善或替换支承墩(柱)的承台和与墩(柱)连接的盖梁。事实上,通常首先需要更换基础或加固盖梁,为墩(柱)的更换提供支撑条件。当墩(柱)发生破坏、墩(柱)承载力降低、墩(柱)抗弯能力不足、受到空间限制或出于建筑要求不能使用其他加固方法时,也应考虑采用替换墩(柱)的方法。

1989年Loma Prieta地震后,旧金山(San Francisico)广泛地采用了墩(柱)替换的方法(图9-1)。在

[1] Haroun et al., 1994; Abo-Shadi et al., 2000

这些被替换的墩(柱)中,一些墩(柱)是由于在地震中破坏而被更换,但更多的是由于结构抗震升级计划的原因进行了更换。由于缺少备用道路,而且这些结构很多是双层高架桥,应认真设计临时支撑体系避免妨碍交通。

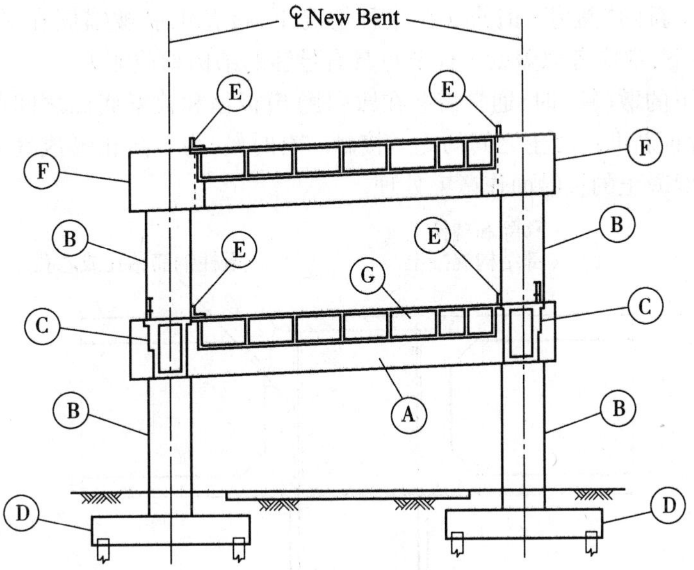

图 9-1　San Francisco 高架桥墩(柱)的更换

A-下层盖梁加固——新预应力混凝土梁;B-墩柱替换——移除原有墩柱,并增加新的钢筋混凝土墩柱;C-新的"上部"主梁(见图9-37);D-承台加固或替换;E-替换护栏;F-上层盖梁加固——新的预应力混凝土;G-新的混凝土隔板

更换墩(柱)的关键问题是如何将墩(柱)与原有结构构件连接起来,图 9-2 是更换墩(柱)的一个示

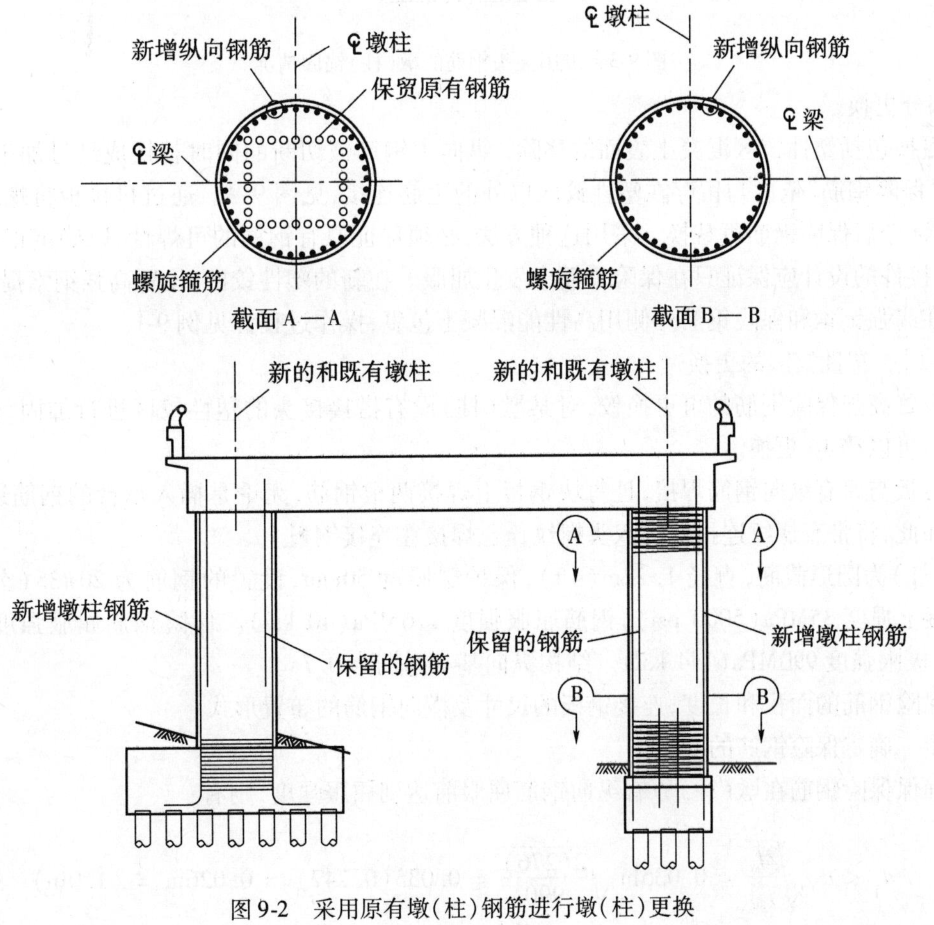

图 9-2　采用原有墩(柱)钢筋进行墩(柱)更换

例,值得注意的是,如果留在墩(柱)内的原有钢筋延伸至新墩(柱)内,这样就形成一个具有足够延性的抗弯连接件,可抵抗较大的地震作用。如果没有足够长的埋置长度,则不得不采用钻孔灌浆的方法锚固墩(柱)钢筋。当在反复荷载作用下超出钢筋屈服应力时,需谨慎使用该方法,此时,可以在连接构件(如盖梁)上钻孔,增设新的"接茬"钢筋。在这种情况下,接茬钢筋被锚固在墩(柱)的另一侧,见图9-3。不论在哪种情况下,都应考虑盖梁-柱节点具有足够的结构承载能力。

当更换既有桥梁下的墩(柱)时,通常需要在墩(柱)模板顶和盖梁底面之间留出封口,这样可以灌注压力混凝土,以此保证新旧混凝土之间的完全接触。有时候,为了防止形成气泡,必须在上面的构件中钻排气孔。建议对混凝土的接触面作凿毛处理。

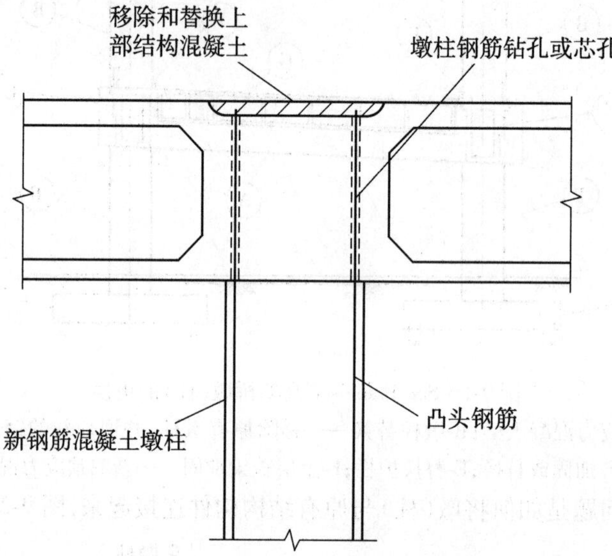

图9-3 采用突头钢筋的墩(柱)锚固情况

(b)部分更换

部分更换包括塑性铰区混凝土表面的移除,纵向主钢筋被切断的同时替换成经过加工的"保险钢筋",这种"保险钢筋"依次与留存在塑性铰区以外的主筋连接,见图9-4。通过拼接板将螺纹连接器焊接起来,保证今后保险钢筋可替换。采用这种方法,必须保证原有钢筋的可焊性,以确定正确的焊接操作方法,连接件的设计应保证只在保险钢筋中发生屈服。在新的塑性铰区,设置高强钢索提供必要的约束,然后,在高强钢索和保险钢筋外侧用高性能混凝土包裹,操作过程详见例9-1。

[**例9-1**] 塑性铰区的更换

采用设置高强保险钢筋的可更换铰,对某墩(柱)设有搭接接头的塑性铰区进行加固,使其在遭遇地震破坏后可以移走、更换。

连接钢板与原有纵向钢筋焊接,且每块钢板上焊接两根钢筋,无论是插入承台的钢筋还是墩(柱)钢筋都是如此,将带有螺纹连接器的双头螺纹拴也焊接在连接钢板上。

原墩(柱)为圆形截面,直径1.22m(4ft),保护层厚度50mm,设置的钢筋为20#35(公制)(#11,cus)。混凝土强度35MPa(5000 psi),钢筋屈服强度276MPa(40 ksi)。保险钢筋屈服强度为855MPa(124 ksi),极限强度990MPa(144 ksi)。结构纵向基本周期为0.7s。

计算保险钢筋的面积和长度,连接钢板的尺寸及横向钢筋的布置形式。

第一步 确定保险钢筋的面积

为了确保保险钢筋在墩(柱)原有纵向钢筋屈服前达到屈服强度,则有:

$$d_f < d_b\sqrt{\frac{2f_y}{f_{su}}} = 0.035\text{m}\sqrt{\frac{2(276)}{990}} = 0.035(0.747) = 0.026\text{m} = (1.0\text{in})$$

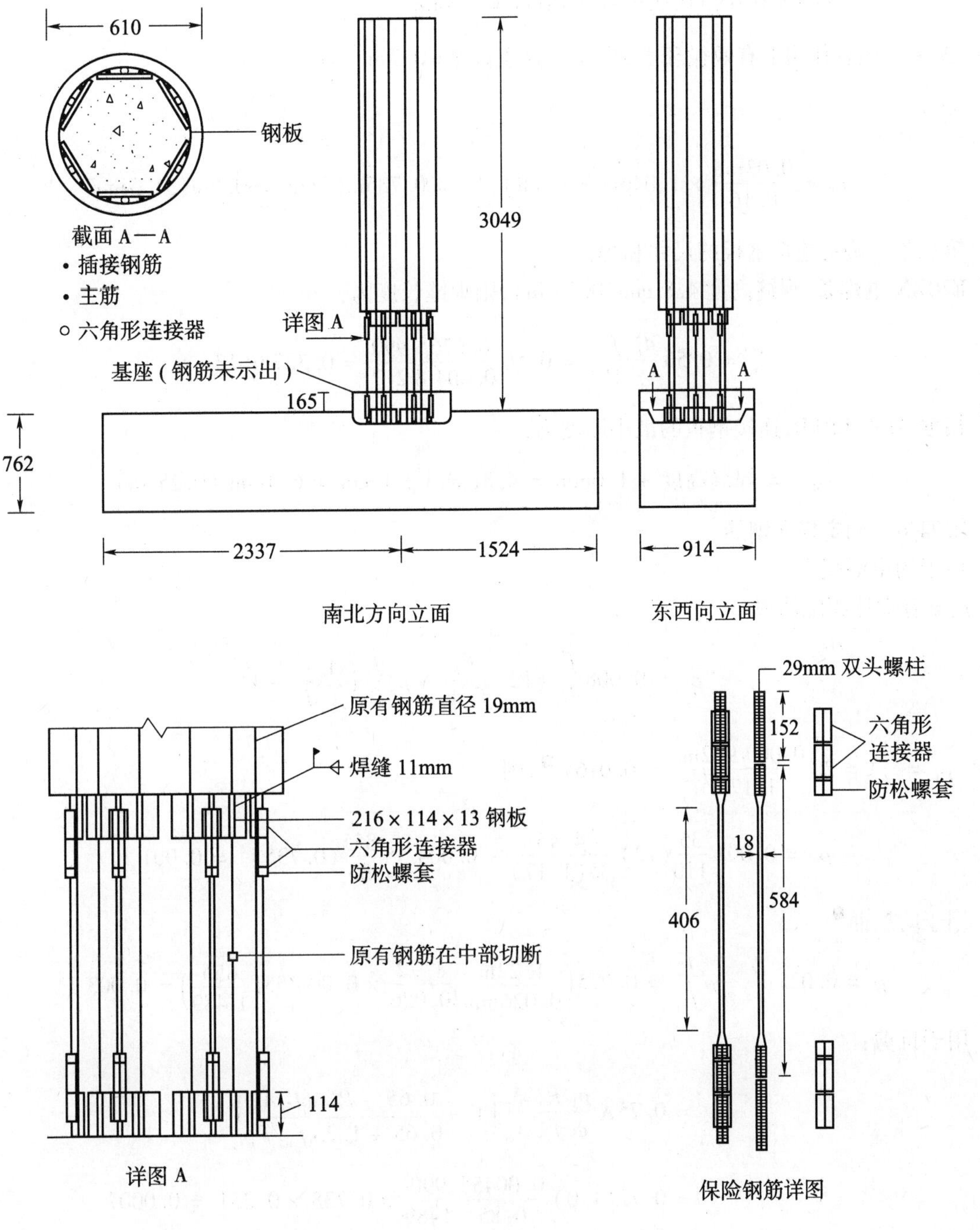

图 9-4　采用保险钢筋替换塑性铰(尺寸单位:mm)

这样,保险钢筋的直径为 26mm(1 in)。

第二步　确定保险钢筋长度

保险钢筋的长度 L_f 的确定是以确保钢筋应变低于设计地震中发生低周疲劳的应变水平(Dutta and Mander, 1998)为依据的,则:

$$L_f = \frac{\theta_p}{0.16} D' (2N_f)^{0.5}$$

式中:θ_p——由分析得到的塑性转角,这里假定 $\theta_p = 0.03$

D'——最外围受拉钢筋与受压钢筋之间的距离 =(直径 - 保护层厚度 - 螺旋钢筋 - $1/2d_b$)=

$$1.22m - 2(0.05 + 0.019 + 0.018m) = 1.046m$$

N_f——地震作用下有效循环次数$\approx \frac{7}{\sqrt[3]{T}}$,这里设 $T=0.7sec$,则 $N_f \approx 8$

那么

$$L_f = \frac{0.03rad}{0.16} \times 1.046m \times (2[8])^{0.5} = 0.785m(31in) \Rightarrow 0.8m(31.5in)$$

第三步 确定连接钢板的尺寸和焊接

E70XX 电焊条,焊缝高度 4.8 mm(0.19 in),则焊缝长度为:

$$l_w = 0.56\frac{d_f^2}{s_w}\frac{f_{su}}{217} = 0.56\frac{0.026^2}{0.0048}\frac{990}{217} = 0.327m(13in)$$

根据 AISC LRFD,连接钢板的最小厚度为:

$$t_{plate} = 焊缝高度 + 1.6mm = 4.8mm + 1.6mm = 6.4mm\ (0.25\ in)$$

第四步 确定横向钢筋

用于约束混凝土:

ρ_s = 有效体积配筋率

$$\rho_s = 0.008\frac{f'_c}{U_{sf}}(12)\frac{P_e}{f'_c A_g} + \rho_t\frac{f_y}{f'_c}\left(\frac{A_g}{A_{cc}}\right)^2 - 1$$

式中:$\rho_t = \frac{A_s}{A_g} = 20\frac{0.000962m^2}{1.17m^2} = 0.0164$ [1],则

$$\rho_s = 0.008\frac{35}{110}(12)\frac{4.45}{35(1.17)} + 0.00455\frac{855}{35}(0.735)^2 = 0.0011$$

用于防屈曲[2]

$$\rho = 0.025\frac{D}{s}\frac{s}{d}\rho\frac{f_y}{f_{yh}} = 0.025\left(\frac{1.22m}{0.026mm}\right)\frac{1.22}{0.026} \times 0.00455\left(\frac{855}{1489}\right) = 0.0031$$

用于抗剪:

$$\rho_s = 0.75\Lambda\frac{\rho_f}{\phi}\frac{f_{su}}{f_{yh}}\frac{A_g}{A_{cc}}\left[1 - \frac{0.65 - P_e/\phi f'_c A_g}{0.65 + 1.2\rho f_{su}/f'_c}\right]$$

$$= 0.72(1.0)\frac{0.00455}{0.85}\frac{990}{1489} \times 0.735 \times 0.351 = 0.0007$$

可见,横向钢筋数量由防屈曲控制,$\rho_s = 0.0031$,因此,需要的横向钢筋直径 13mm(0.5 in),间距 100mm(4 in)。

这种加固方法可以提高地震中墩(柱)的延性,同时有效地保护其他结构构件。可以采用能力设计原理(见第 5 章)来确保保险钢筋在墩(柱)其他部位破坏之前屈服,在地震发生后保险钢筋可以更换是这种方法的优点,已经提出其他可选用的设计方法(如将这些可更换塑性铰作为新的预制墩(柱)的一部分)。

---

[1] 译者注:原稿有印刷错误,原稿为 $\rho t = \frac{A_s}{A_g} = 20\frac{0.000962m^2}{1.17m^2} = 0.0164$

[2] 译者注:原稿有印刷错误,原稿为 $\rho = 0.025\frac{D}{s}\frac{s}{d}\rho\frac{f}{f} = 0.025\left(\frac{1.22m}{0.026mm}\right)\frac{1.22}{0.026} \times 0.00455\left(\frac{855}{1489}\right) = 0.0031$

(c)辅助支墩(柱)

如果空间允许,或不希望采用设置支撑来更换墩(柱)的方法时,可采用新增辅助支墩(柱)的方法提供延性来抵抗水平荷载。这些辅助支墩(柱)通常与既有的或新的盖梁紧密连接,可通过焊接或机械连接的方式将其与既有盖梁钢筋连接,或采用施加预应力的方法与既有盖梁的一侧进行连接。由于在这些盖梁上可能会出现较大的扭矩,辅助支墩(柱)通常在顶部设置成“铰接”的形式来减少弯矩的传递。

另外一个设计问题是既有墩(柱)与新增设的、具有良好延性的辅助支墩(柱)之间的位移协调问题,使墩(柱)共同承担桥梁结构的重量。这需要对既有墩(柱)加固来保证每个墩(柱)轴向承载能力,详见第 9.2.1.5 节的介绍,图 9-5 是采用辅助支墩(柱)的方法进行加固的例子。

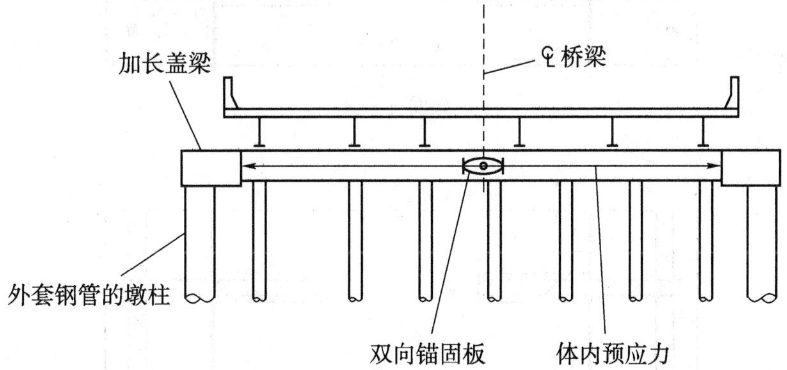

图 9-5　辅助支墩(柱)加固

9.2.1.2　墩(柱)弯曲强度

由于墩(柱)强度的提高将导致剪切能力的提高,从而使基础、盖梁的内力随之增加,因此,一般情况下,不需要甚至不希望增加钢筋混凝土墩(柱)的弯曲强度。但有些时候还需要提高墩(柱)的抗弯能力,例如,提高钢筋搭接区墩(柱)的强度,以便塑性铰在远离墩(柱)搭接区域出现。

下面讨论三种提高墩(柱)强度的方法。

(a)增大混凝土截面

在既有墩(柱)表层沿墩(柱)全高或部分高度范围内增大混凝土截面可以提高墩(柱)的弯曲强度。必须提供足够数量的暗销来传递新增混凝土与既有混凝土墩(柱)之间的剪力,凿毛接触面也有助于剪力的传递。

因为增加了纵向钢筋与新增混凝土受压区之间的力臂的缘故,新增混凝土本身将增加一些弯曲强度。为了能够提供额外的弯曲强度,在新增混凝土内需增设纵向钢筋。附加钢筋必须与既有结构构件锚固连接,这些结构构件也会出现与更换墩(柱)相类似的问题。将钢筋锚固到盖梁或承台新建部位,或采用前面图 9-3 提到的突头钢筋的方法也是可以的。

增大混凝土截面的弯曲延性也是一个需要解决的问题,如果既有墩(柱)为圆形或近似圆形截面时,解决这一问题比较简单、有效。如果采用机械连接的、连续的横向箍筋可为延性的发展提供良好的约束。当墩(柱)是矩形截面时,闭合箍筋将有效地固定角筋,在既有墩(柱)中设置适当的横向钢筋,对其他钢筋提供侧向固定作用是非常必要的。在设计这些横向钢筋时,需要考虑锚固和提供约束的有效性。图 9-6 是采用增大混凝土截面来提高墩(柱)弯曲强度的例子,这种加固方法将在 10.3.2 节中进一步讨论。

(b)在有外包钢套的连接处增设附加钢筋

既有墩(柱)的强度可以通过在钢套与墩(柱)之间的灌浆区增设附加纵向钢筋的方法得到提高。在灌浆与既有墩(柱)之间要求有效地传递剪力,可以通过凿毛既有混凝土墩(柱)表面或在既有混凝土墩(柱)表面设置钻孔灌浆暗销的方式确保剪力的传递,图 9-7 是采用这种加固方法的应用实例。在这

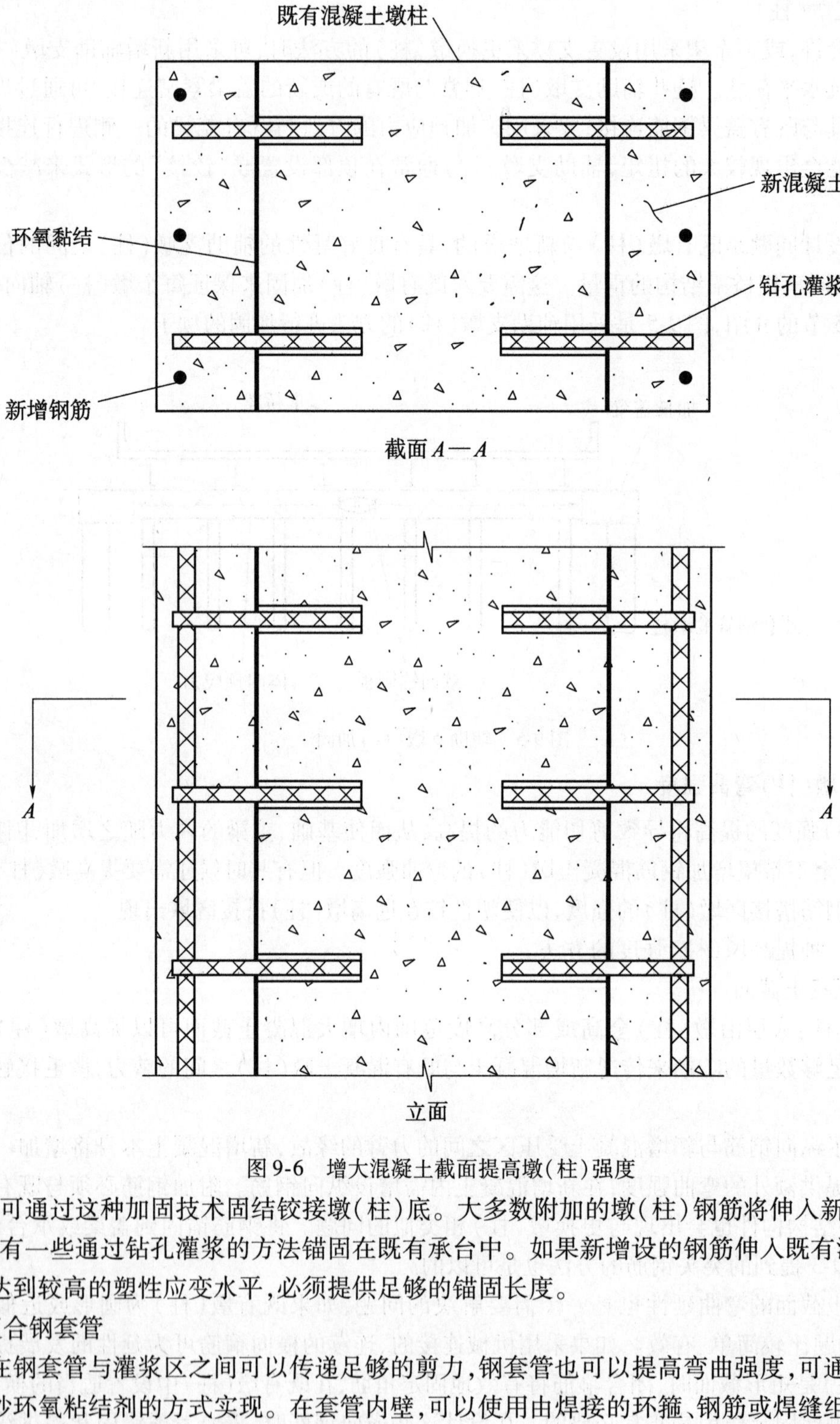

图 9-6 增大混凝土截面提高墩(柱)强度

个实例中,可通过这种加固技术固结铰接墩(柱)底。大多数附加的墩(柱)钢筋将伸入新浇筑的混凝土承台中,但有一些通过钻孔灌浆的方法锚固在既有承台中。如果新增设的钢筋伸入既有混凝土中,为了保证钢筋达到较高的塑性应变水平,必须提供足够的锚固长度。

(c)复合钢套管

如果在钢套管与灌浆区之间可以传递足够的剪力,钢套管也可以提高弯曲强度,可通过在钢套管内壁涂上浸砂环氧粘结剂的方式实现。在套管内壁,可以使用由焊接的环箍、钢筋或焊缝组成的剪力环达到这一目的。可用高强粘结剂将钢板粘结在既有墩(柱)的表面,由于在套管或增加的混凝土覆层的端部很难发挥全部抗弯能力,因此,这种加固方法最好用于强迫钢筋屈服出现在远离墩柱的脆弱区的情况,比如,搭接区或钢筋过早切断的部位。

提高钢套管端部的强度也是可能的,可用锚栓将承台与墩(柱)底部钢套管连接起来。试验结果表明:假如可以保证锚固螺栓自身的承载能力,增加弯曲强度和延性的加固技术是有效的,同时也表明锚固平面的挠曲屈服(flexural yielding)是耗能的有效方法。图 9-8 详细介绍了这种加固方法。

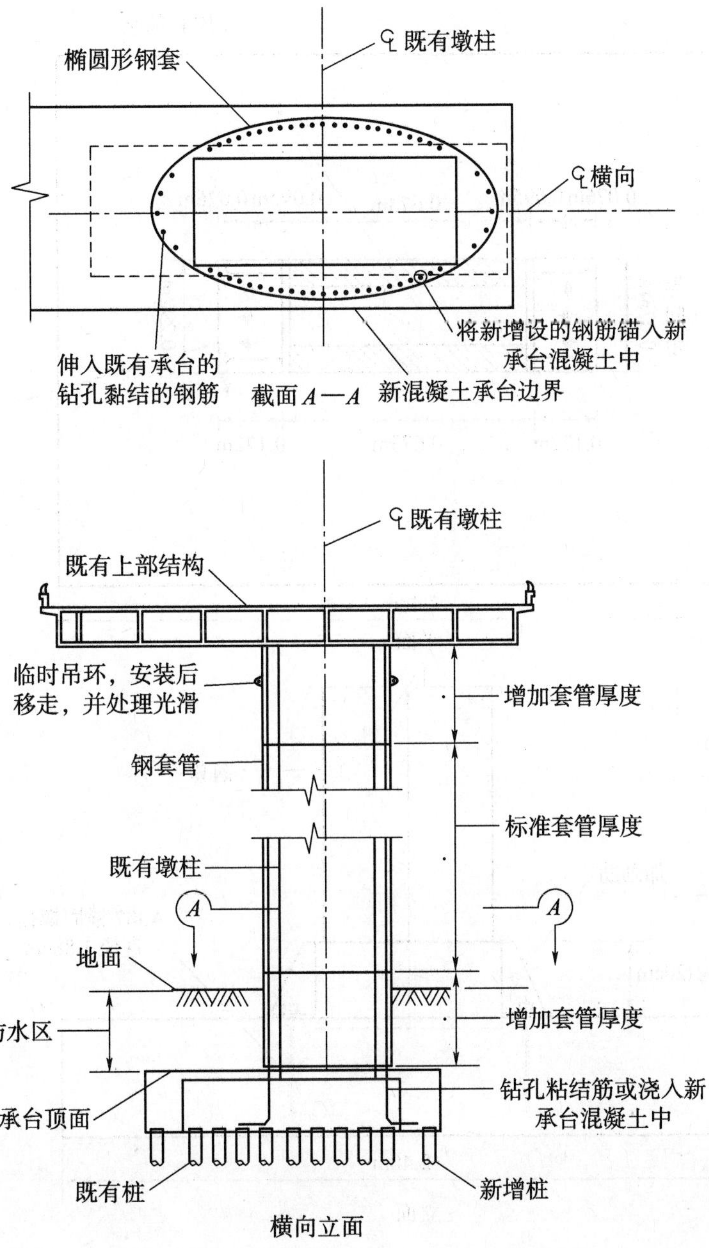

图 9-7　采用在钢套中加设钢筋的方法加固墩(柱)

9.2.1.3　改善墩(柱)延性与剪切强度

既有钢筋混凝土墩(柱)延性偏低的主要原因之一是在墩(柱)底潜在塑性铰区设置了接茬钢筋。随着螺纹钢筋试图从它所处的混凝土孔道中拔出,所产生的径向应力引起钢筋周围混凝土开裂时,一般会出现接茬钢筋和纵筋间的搭接破坏。一旦开裂,将使混凝土孔道扩大,钢筋便可以轻易拔出。试验证明:对于搭接长度为 $20d_b$,且钢筋屈服强度 276 MPa(40 ksi)的临界径向膨胀应变 ε_d 近似为 0.001 量级。如果墩(柱)约束良好,其径向应变为 0.001,那么就可以避免搭接失效。由于既有混凝土墩(柱)普遍存在横向约束钢筋不足或缺少细部构造的情况,不能对墩(柱)提供良好的约束,因此,墩(柱)通常不能达到上述应变状态,此时必须采取加固措施来到达这样的水平。1991 年由 Priestley 和 Seible 提出的墩(柱)需要达到的侧限应力水平 f_l 为:

$$f_l \geqslant \frac{A_b f_y}{\left(\frac{\pi D'}{2n} + 2(d_b + c)\right) l_s} \tag{9-1}$$

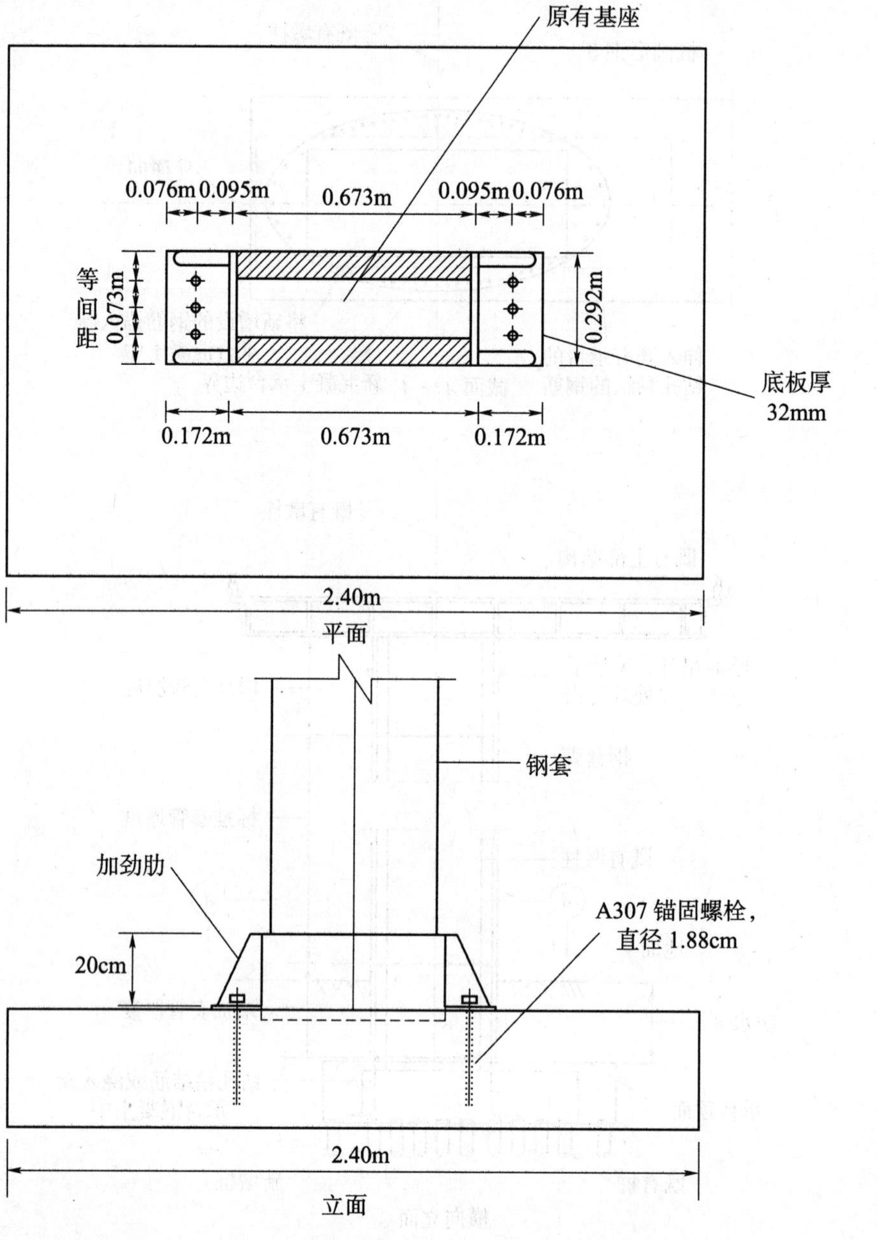

图 9-8　锚固钢套管的方法增强墩(柱)强度

式中：d_b——搭接钢筋的直径；

A_b——搭接钢筋的面积；

f_y——搭接钢筋的屈服应力；

D'——由墩(柱)纵向钢筋围成的节圆直径(沿直径方向纵向钢筋中心线间的距离)；

N——墩(柱)纵向钢筋数量；

c——纵向钢筋保护层厚度；

l_s——搭接长度。

公式(9-1)假定：当主筋应力低于钢筋极限应力(即 $1.4f_y$)时，在连接处不发生滑移。由于混凝土受剪也可能拔出搭接钢筋，因此，搭接长度至少要长到足以阻止钢筋间变形引起的对混凝土的剪切作用。附加约束并不能防止这种类型失效的发生，最小搭接长度为：

$$l_{s,\min} \geqslant \frac{0.25 d_b f_y}{\sqrt{f'_c}}(\text{应力单位:MPa}) = \frac{0.021 d_b f_y}{\sqrt{f'_c}}(\text{应力单位:psi}) \tag{9-2}$$

弯曲加固的范围应从关键截面延伸至截面弯矩为最大弯矩的75%的截面,但加固范围不能低于墩(柱)截面直径。在钢筋搭接范围内需要提供更好的约束,但仅限于搭接长度范围内。

如果在中等位移延性水平允许出现滑移,可适当放宽公式(9-1)的要求。在这种情况下,钢筋最大拉应力应假定为$1.0f_y$,也就是说不考虑纵向钢筋的应变硬化。在中等延性水平(一般为3~5)时将发生粘结滑移,但是,在破裂面的滑移面上可靠摩擦力的作用下,仅有缓慢的性能退化,在侧限应力不变的情况下,一定程度上可以发生延性反应。所需的侧限应力大概会低于由公式(9-1)计算得到的侧限应力的28.5%,其中$0.285=(1.4-1.0)/1.4$。

即使既有墩(柱)的承台附近没有接茬钢筋,通常既有墩(柱)的延性也会低于新建墩(柱)。塑性铰区过大的弯曲变形将使混凝土和钢筋产生过大的应变,当混凝土应变达到0.005时,混凝土保护层将发生剥落,此时,缺少横向约束钢筋的墩(柱)的应力将会提高,进而使拉筋、箍筋和不连续的螺旋钢筋拉伸、滑移或从混凝土中拔出,无法对混凝土形成有效约束。随后,墩(柱)的核心混凝土被压溃、纵向钢筋屈曲,甚至核心混凝土严重断裂,失去抵抗轴力、弯矩和剪力的能力。当发生这种情况时,墩(柱)将会解体,桥梁有可能发生倒塌。

加固措施有可能影响墩(柱)的弹性(开裂截面)刚度,当分析桥梁结构的设计力时应当考虑这一点。对于采用钢套加固的墩(柱),如果沿墩(柱)高局部加固时,刚度平均增加10%~15%;如果沿墩(柱)高全部加固时,刚度平均增加30%(Priestley and Seible, 1991)。采用体外预应力约束钢筋和纤维复合壳套两种方式加固时,可忽略其对墩(柱)刚度的影响(Wipf et al.,1997)。

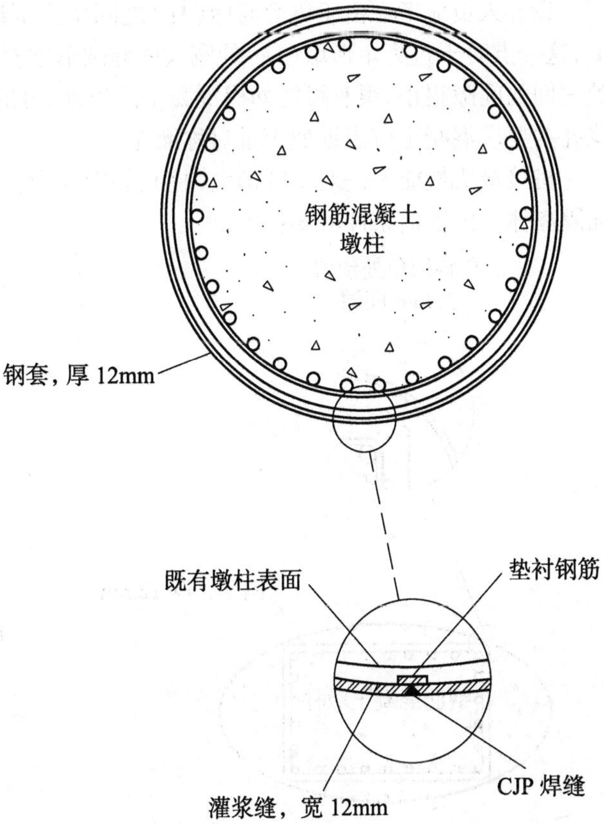

图9-9 典型圆形墩(柱)的钢套加固方法

(a)钢套

这种技术起初是用于加固圆形截面墩(柱),见图9-9,目前Caltrans准则推荐采用这种技术对墩(柱)进行抗震加固(Caltrans,1996)。两个半圆形的钢套卷成筒状后的直径为墩(柱)截面直径加上13~25mm(0.5~1 in)的间隙,将其安置在墩(柱)需要加固的部位,并将竖向的缝隙进行焊接,钢套与墩(柱)之间的间隙用水冲刷后灌注纯水泥浆。在较大偏移角处,为了避免钢套支承在支撑构件上而作为受压构件,钢套的端部与其他任何支撑构件(如承台或盖梁)之间的竖向间距应设约为50mm (2 in),由此可能造成弯曲强度大幅度增加,同时,导致相邻构件产生不期望的超负荷。

钢套的制作和安装方法限制了钢套管的设计,要求最小钢套壁厚10mm(0.375 in)以满足工作应力限值,并且满足弯曲厚板的最小厚度25mm(1 in)(Caltrans,1996)的要求。

钢套可以提供有效的被动约束,但是,只有在混凝土墩(柱)发生的径向膨胀引起钢套环向应力时才能提供被动约束。这种径向膨胀发生的原因是:混凝土中较高的轴向压应力引起的膨胀以及钢筋搭接附近竖向裂缝在纵向钢筋周围引起的扩张,随着墩(柱)剪切斜裂缝的发展也会引起相似的径向膨胀。

对于矩形墩(柱),建议采用椭圆形钢套,这样可以像圆形截面墩(柱)那样提供连续的约束。由于钢套与既有墩(柱)之间间距的增加,可在水泥浆中掺入细集料,见图9-10。采用这种方法加固矩形墩

(柱)在受弯和受剪方面具有良好的性能。即使是钢套刚度足够大的情况下,采用矩形钢套加固矩形截面墩(柱)很少能够成功,这主要是因为:与椭圆形或圆形钢套的约束薄壳效应相比,矩形钢套只能在钢套各边发生侧向弯曲时才能产生约束作用,这是一种很弱的作用。但是,如果椭圆的轴较长,可能必须得用系杆加强,或者是在中央位置用钻穿墩柱的拴筋来支撑它,这样将有助于取得所需要的约束作用。

矩形钢套可有效提高受“剪切控制”墩(柱)的性能,这些钢套通过消除脆性剪切失效而改善墩(柱)延性,但是,由于上述原因,矩形钢套只能提供有限的辅助作用,其失效模式也有可能转变成弯曲失效模式。

设计人员应考虑由于钢套与墩(柱)之间浇注混凝土时所产生的静水压力作用可能导致的钢套变形,这一点对于包裹矩形墩(柱)的宽大的椭圆形钢套是非常重要的。由于钢套与既有混凝土墩(柱)角处之间的间隙很小,很有可能妨碍混凝土的流动,可能必须得在椭圆矩形外的所有四个突出部位设置灌浆孔并要求混凝土应当近似等量对称灌注。

搭接接头性能——对于圆形墩(柱),侧限应力f_l与加固概念的关系参见图9-11。图9-11为半圆截面隔离体。由平衡条件可知:

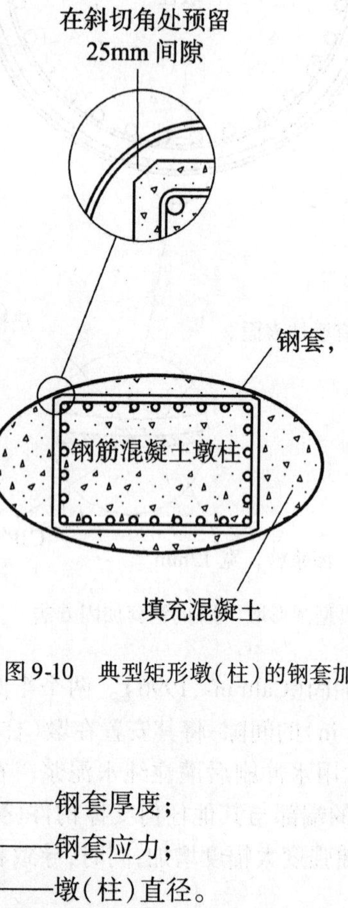

图9-10 典型矩形墩(柱)的钢套加固方法

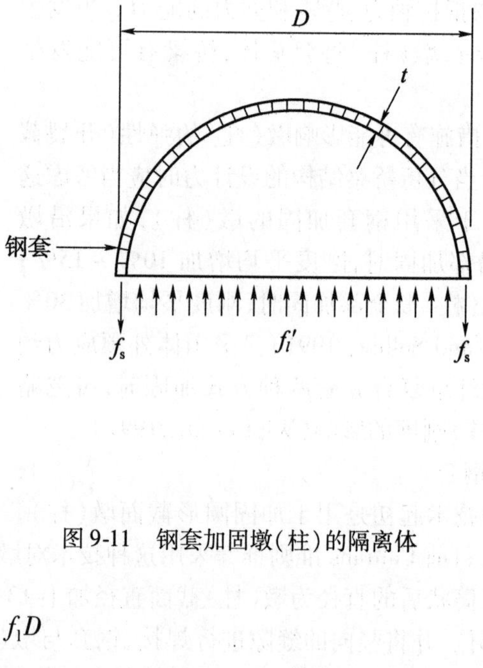

图9-11 钢套加固墩(柱)的隔离体

$$2tf_s = f_l D \tag{9-3}$$

式中:t——钢套厚度;

f_s——钢套应力;

D——墩(柱)直径。

钢的弹性模量E_s为200GPa(29000 ksi),对应应变为0.001时的f_s为200MPa(29 ksi),将其代入公式(9-3)并整理得到:

$$t \geqslant \frac{f_l D}{2f_s} = \frac{f_l D}{400}(\text{mm}) = \frac{f_l D}{58}(\text{in}) \tag{9-4}$$

式中:侧限应力f_l的单位为MPa或ksi。

采用这种加固方法,可假设f_l近似取2.07MPa(300 ksi)(Chai et al.,1991),则公式(9-4)可得到简化。当纵向钢筋体积配筋率低于2.5%而且轴力P低于$0.15f'_c A_g$,这种假设是可以满意要求的。

满足上述条件的墩(柱)具有足够的变形能力,可以承受4%偏移角。通常,采用此加固方法加固的墩(柱)有足够的延性,这时墩(柱)的设计可采用响应修正系数(R 因子)法。在这种情况下,独柱式桥墩(柱)的 R 因子为 4,多柱式墩(柱)的 R 因子为 6。在某些情况下,R 因子取更高的值是合理的(Caltrans,1996)。

弯曲约束——通过加固提高弯曲约束通常使用结果很保守的简化方法实现的。例如,在没有搭接接头时,钢套厚度仅需公式(9-4)计算厚度的 83.3%。这与径向应变 0.001 时的被动约束 1.72MPa(250psi)相对应。上述的 R 因子方法可用于采用这种加固方法的墩(柱)中。

更严格、不保守的设计方法依赖于地震作用下材料应变的确定,然后设计能够提供为达到这些应变水平所必须的约束的钢套。通过被约束混凝土应变能与约束钢套应变能相等的原则,基于约束钢套可达到的极限应变确定混凝土极限应变是可行的(Mander et al.,1988)。对厚度为 t 的圆形钢套应用这一原则,混凝土极限应变可由下式得到:

$$\varepsilon_{cu} = 0.004 + \frac{5.6 t f_{ys} \varepsilon_{su}}{D f'_{cc}} \tag{9-5}$$

式中:f_{ys}——钢套屈服应力;

ε_{su}——钢套极限应变(对于 A36 钢建议极限应变为 0.10);

D——钢套的直径;

f'_{cc}——约束混凝土极限应力。

公式(9-3)建立了侧限应力与厚度 t 之间的关系,f'_{cc}的值也与侧限应力有关,因此:

$$f'_{cc} = f'_{c}\left(-1.254 + 2.254\sqrt{1 + \frac{15.88 t f_s}{D f'_c}} - \frac{4 t f_s}{D f'_c}\right) \tag{9-6}$$

将公式(9-5)整理后得到钢套厚度 t:

$$t \geqslant \frac{(\varepsilon_{cu} - 0.004) D f'_{cc}}{5.6 f_{ys} \varepsilon_{su}} \tag{9-7}$$

在已知 ε_{cu}和f'_{cc}的情况下,可由公式(9-7)得到厚度 t。较保守的、初始厚度 t 可通过假设混凝土应变需求为 0.02,约束混凝土应力需求为 $17f'_c$ 而获得。

一旦确定了钢套厚度 t,在给定地震响应下,通过计算机程序进行加固截面的弯矩-曲率分析,可以得到更为准确的 ε_{cu}。该分析将混凝土和钢筋应力与不同的塑性曲率联系起来,许多商业计算软件都可以实现这一目的。在非弹性静力分析中允许采用简化的非弹性弯矩-曲率关系。在分析中,逐渐增加包含墩(柱)的框架的位移(或"推倒")直至目标位移,目标位移是由弹性分析的位移乘以放大系数得到的(为了保证其足够安全,建议放大系数 1.5)。在每一个位移增量阶段,长度为 l_p 的塑性铰可以按照假定的、与轴力有关的弯矩-曲率关系发生变形。达到目标位移时,可以确认塑性铰和确定任意截面的塑性转角。将塑性转角除以有效塑性铰长度 l_p 可以得到截面的塑性曲率。修正的目标混凝土应变 ε_{cu} 可由弯矩-曲率分析中得到。如果有必要,钢套的厚度可以经过修正、重复计算,直到收敛到可以接受的厚度值。例题 9-2 是采用简化过程和重复迭代过程进行钢套设计的实例。

由于加固措施的紧箍效应将使塑性铰长度有所降低,尤其是塑性铰区有纵向钢筋搭接时。举个例子来说,钢套加固后墩(柱)的塑性铰长度为:

$$l_p = s_g + 2\chi d_b \tag{9-8}$$

式中:s_g——加固措施与关键截面之间的距离,一般为 50mm(2 in);

d_b——纵向钢筋直径;

χ 的取值如下:当采用 40 级钢筋(f_y = 275MPa(40ksi))时,取为 6,当采用 60 级钢筋(f_y =414MPa(60ksi))时,取为 9。

公式(9-8)是针对用钢套加固的混凝土墩柱提出的,适用于有无搭接两种情况。不论在塑性铰区是否存在钢筋搭接。对于外部有预应力约束或纤维壳套,且在塑性铰区无钢筋搭接的墩(柱),期望能够给出墩(柱)保守的塑性铰长度。

提高剪切强度——提供被动约束的圆形钢套的抗剪强度可按照箍筋或螺旋筋计算。钢套视为间距 s、面积 A_v 的螺旋筋，$s=A_v/t$。由钢套提供的附加名义剪切力 V_{sj} 为：

$$V_{sj} = \frac{\pi}{2} t f_{ys} D \cot\theta \tag{9-9}$$

式中：f_{ys}——钢套屈服应力；

θ——剪切裂缝与垂直截面之间的夹角，假设由角度定义的失效截面包围的墩(柱)范围内纵向钢筋不截断，可由公式(9-10)和公式(9-11)计算得到。

$$\theta = \tan^{-1}\left(\frac{\rho_v n + 1.26\dfrac{\rho_v}{\rho_l}}{1+\rho_v n}\right)^{\frac{1}{4}} > \alpha \text{ 对于一端固定一端铰接的墩(柱)} \tag{9-10}$$

$$\theta = \tan^{-1}\left(\frac{\rho_v n + 0.46\dfrac{\rho_v}{\rho_l}}{1+\rho_v n}\right)^{\frac{1}{4}} > \alpha \text{ 对于两端固定的墩(柱)} \tag{9-11}$$

式中：$\rho_v = 2t/r$；

$\rho_l = A_s/A_g$(纵向钢筋比)；

$n = E_s/E_c$；

$\alpha = D'/L$(墩(柱)长细比)；

D'——剪切方向最外层钢筋之间的距离；

L——墩(柱)固定端至反弯点距离的2倍。

矩形截面墩(柱)的加固设计准则——上述设计准则可以推广到矩形截面墩(柱)。通过试验验证，只有采用图9-10所示的椭圆形钢套加固方法可以像箍筋一样提供充分的约束(Sun et al.,1993)。试验表明，加劲扁钢板也可用于墩(柱)加固(Priestley et al.,1992)，但是，在反复荷载作用下，与椭圆形钢套相比，其性能不具任何优势。出于美观方面的考虑，有些情况下更希望采用平板加固较宽(或建筑拓宽)的墩(柱)。这种情况下，将由平板的弯曲提供所需的侧限压力。较薄的钢板或加劲钢板与墩(柱)钻孔连接的螺栓协同工作或许能够达到这一要求。

非正方形的矩形墩(柱)通常有较高的刚度，因此，沿长边方向上(通常为横桥向)需要具有更高的延性需求。正方形或近似正方形截面的墩(柱)可以采用圆形钢套进行加固，但是，那些具有较大平面长宽比的截面墩(柱)则更适合采用椭圆形钢套。因此，矩形截面墩(柱)的钢套表面具有连续变化的曲率。

椭圆形方程可以表示为：

$$\frac{x^2}{B_x^2} + \frac{y^2}{B_y^2} = 1 \tag{9-12}$$

式中：B_x 和 B_y 的定义见图9-12。椭圆形钢套两主轴方向的极值半径为：

$$r_1 = \frac{B_y^2}{B_x} \text{ 和 } r_3 = \frac{B_x^2}{B_y} \tag{9-13}$$

钢套在墩(柱)截面转角处半径 r_2 可取为 r_1 和 r_3 的平均值。事实上，如果采用两个半径相同的节段组成椭圆将使制作过程大大简化。已经针对不同截面尺寸发展了钢套标准形状(Caltrans,1996)。

整体弯曲和延性能力的设计方程可通过采用受压区范围的椭圆的平均半径由圆形截面墩(柱)设计方程转化得到。平均半径可取椭圆形钢套在墩柱截面转角处半径 r_2 与计算方向主轴半径的平均值。参考图9-12，矩形截面墩(柱)在X方向长度2a，Y方向长度2b，则椭圆形钢套X方向的平均半径为：

$$r_x = (r_1 + r_2)/2 \tag{9-14}$$

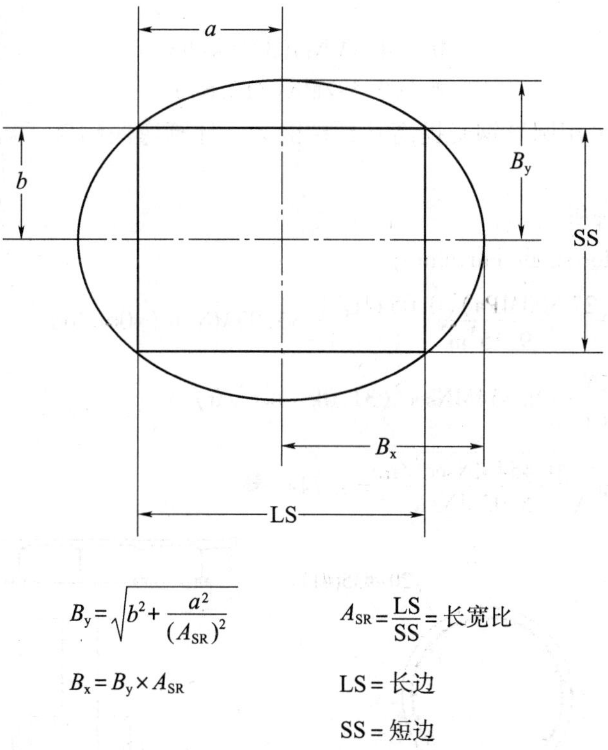

椭圆几何尺寸

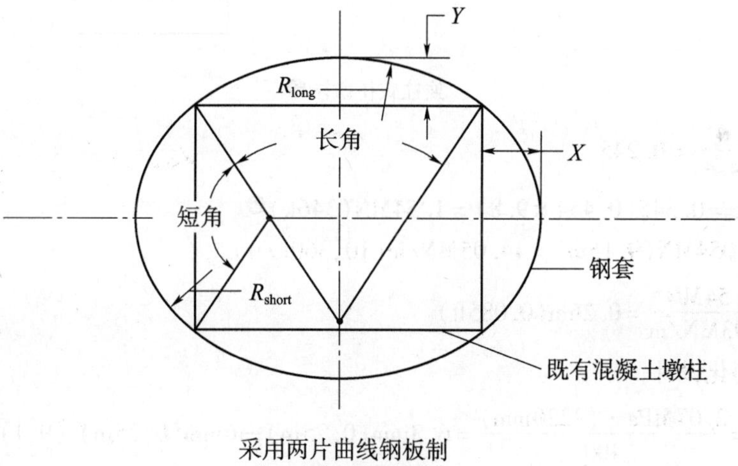

采用两片曲线钢板制
作近似椭圆形钢套

图 9-12　椭圆形钢套几何尺寸

Y 方向的平均半径为：

$$r_y = (r_3 + r_2)/2 \tag{9-15}$$

这样，将 $D=2r_x$ 或 $D=2r_y$ 带入正确的约束方程即可得到所需钢套厚度。

[例 9-2]　钢套加固法

已知：某高度为 9.15m（30ft）的独柱式墩（柱），直径为 1.22m（4.0 ft）。假设墩（柱）底部固结，墩（柱）顶部自由。上部结构恒载为 4.45 MN（1000 kips）。场地地震：$F_vS_1=0.6$。

主筋布置为 20#35（米制单位）（#11 cus），采用无搭接的 40 级钢筋，箍筋为#13（#4 cus）间距 305mm（12 in），箍筋保护层厚度 50mm（2 in）。混凝土强度近似取为 35MPa（5 000 psi），截面有效转动惯量

0.0544m^4(6.3 ft^4)。

抗弯能力 $M_n = 4.5\text{MNm}(3317\text{k/ft})$

抗剪能力 $V_n = 0.492\text{MN}(110.6\text{k})$

墩(柱)无延性,建议采用圆形钢套提高其延性能力。计算弯曲约束所需的钢套厚度并验算抗剪能力。

第 1 步:简化的动力分析

单曲率刚度(siffness for single curvature)

刚度 $k_c = \dfrac{3EI_{eff}}{L^3} = \dfrac{3\cdot(27\ 800\text{MPa})(0.0544\text{m}^4)}{9.15^3\text{m}^3} = 5.93\text{MN/m}(406\text{k/ft})$

质量 $m = \dfrac{w}{g} = \dfrac{4.45\text{MN}}{9.8\text{m/sec}^2} = 0.454\text{MNsec}^2(31.0\text{k}\cdot\text{sec}^2/\text{ft})$

周期 $T = 2\pi\sqrt{\dfrac{m}{k_c}} = 2\pi\sqrt{\dfrac{0.454\text{MNsec}^2/\text{m}}{5.93\text{MN/m}}} = 1.74\text{sec}$[1]

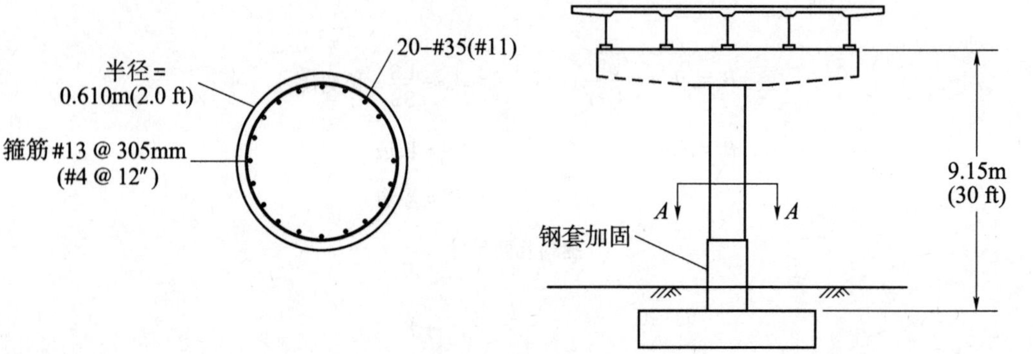

独柱式桥墩图[2]

$S_a = \dfrac{F_v S_1}{T} = \dfrac{0.6}{1.74\text{sec}} = 0.245$

$V_{EQ} = S_a\cdot m\cdot g = 0.345(0.454\times9.8) = 1.54\text{MN}(346\text{k})$[3]

$M_{EQ} = V_{EQ}L = 1\ 054\text{MN}(9.15\text{m}) = 14.05\text{MN/m}(10{,}360\text{k/ft})$

$\Delta_{EQ} = \dfrac{V_{EQ}}{k_c} = \dfrac{1.54\text{MN}}{5.93\text{MN/m}} = 0.26\text{m}(0.085\text{ft})$

第 2 步:钢套简化设计

板厚:$t_J \geqslant \dfrac{f_l D}{400} = \dfrac{2.07\text{MPa}\cdot(1220\text{mm})}{400} = 6.3\text{mm}(0.25\text{in}) \Rightarrow 6\text{mm}(0.25\text{in})$ (9-4),F_s 取为 100MPa。

延性因子:

R-因子:$R_{eff} = \dfrac{M_{EQ}}{M_n} = \dfrac{14.05\text{MN/m}}{4.50\text{Mn/m}} = 3.12 < 4 \Rightarrow$ 可以满足(M_n 由截面分析得到)

采用 $t = 10\text{mm}(0.4\text{in})$ 作为现场操作所需最小厚度:

塑性铰区长度:

$$l_p = 0.25L = 0.25\cdot(9.15\text{m}) = 2.29\text{m}(7.5\text{ft}) \Rightarrow \text{取为 } 2.5\text{m}\ (8.2\ \text{ft})$$

第 3 步:严格的设计校核

---

[1] 译者注:公式中 m 的单位书写有误。

[2] 译者注:图中钢筋数量与描述不符

[3] 译者注:V_{EQ} 为 $V_{EQ} = S_a Mg$

严格的设计校核的第一步是进行弯矩-曲率分析，应考虑由钢套的约束作用和钢材的应变硬化作用引起的混凝土应力、应变的提高。分析时，将墩（柱）截面作为具有增强的应力-应变特性的一系列混凝土与钢筋的单元进行模拟。钢套仅作为约束钢筋。截面转动逐渐增加的过程中，保持平截面，并满足力的平衡。结果可以表示为墩（柱）顶部力-位移关系。接下来用 Caltrans 内部开发的程序进行画图，来反映采用厚度 10mm（0.4in）钢套加固后墩（柱）的力-位移关系。

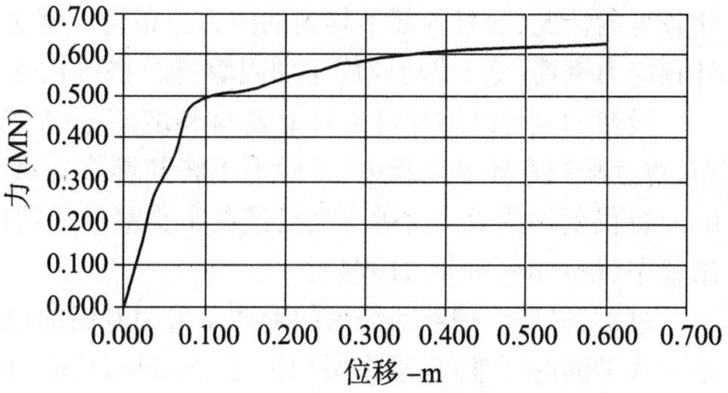

水平力-位移关系图

下面的值是通过弯矩-曲率分析得到的：

$\theta_p = 0.0591\text{rad}$（塑性转动能力）

$\varepsilon_{cu} = 0.03211$

$\Delta_Y = 0.10\text{m}(4\text{in})$（理想屈服位移，如图所示）

设计校核的第二步是进行 Pushover 分析，将墩（柱）"推"至目标位移，并计算临界截面要求的塑性转动能力。这里可手算进行 Pushover 分析，但是，对于复杂结构，必须采用非线性计算程序。

$\Delta_T = 1.5\Delta_{EQ} = 15 \cdot (0.25)\text{m} = 0.39\text{m}(1.3\text{ft})$（由弹性分析得到目标位移）

$\Delta_p = \Delta_T - \Delta_Y = 0.39\text{m} - 0.10\text{m} = 0.29\text{m}(0.95\text{ft})$

$\theta_p = \dfrac{\Delta_p}{L} = \dfrac{0.29\text{m}}{9.15\text{m}} = 0.0317\text{rad}$（由 Pushover 分析得到的塑性转动能力需求）

$\theta_p < 0.0591\text{rad} \Rightarrow$ 满足要求

注意，基于严格分析，加固后墩（柱）的塑性转动能力是未来地震需求的 2 倍。如果满足施工的相关要求可以减少钢套厚度。出于好奇，重复上述分析过程，直至钢套厚度刚好能够满足塑性转动要求，此时，计算得到的厚度为 4mm(0.16 in)，甚至低于第 1 步简化分析得到的结果。

第 4 步：剪切强度校核

$V_p = 1.5V_N = 15 \cdot (0.492)\text{MN} = 0.74\text{MN}(166\text{k})$

$V_c = \phi 0.8 \cdot A_g \cdot (0.083) \cdot 2\sqrt{f'_c}$

$= 0.85(0.8)(1.17\text{m}^2)(0.083) \cdot 2\sqrt{35\text{MPa}} = 0.78\text{MN}(175.3\text{k}) > 0.94\text{MN}(166\text{k})$

$\Rightarrow$ 满足要求

塑性铰区外，剪力不控制设计。

在截面短边方向（通常为纵桥向）将缺乏有效约束，所以该方向为墩（柱）性能较弱的方向，可能控制设计。当墩（柱）截面长宽比较大时，为短边方向提供充足的约束几乎是不可能的。此时，增设拉结筋非常必要，它可以与钢套一起提供所需的约束。然而，评估弱轴向（纵桥向）的位移能力结果表明：无需采取任何加固措施。

(b)纤维复合材料壳套

在护套或缠绕缺陷混凝土墩（柱）方面已有大量的专利技术，用高级纤维复合材料提高弯曲延性和剪切能力，并改善墩（柱）底部搭接长度不足的情况时可应用这些技术。这些复合材料通常是一些高强玻璃（E-玻璃）纤维、碳纤维或芳族聚酸胺纤维，将其沿墩（柱）圆周方向缠绕，并用聚酯、乙烯基酯或环氧树脂基材粘结。纤维复合材料具有各向异性的特性，这就可以在不改变弯曲强度和刚度的情况下，提高墩（柱）弯曲延性、连接强度和剪切强度成为可能。由于复合片材的性能依赖于特定纤维与基材的粘结，因此，建议采用已经使用过的、经过彻底测试的材料组分。关于复合材料应用指南详见《ACI's Design and Construction of Externally Bonded FRP Systems for Strengthening Concrete Structures》（ACI，2002）。

目前复合材料加固的设计方法是将墩（柱）视为被动约束体系，当墩（柱）承担荷载并膨胀时，复合材料才能发挥作用。过去，曾经做过一些主动约束的试验，预先在复合材料中施加荷载，但是，由于复合材料负荷状态下的徐变特性可能导致断裂，因此需要高度重视。这种危险情况也可能发生在应力相对比较低的情况，而且内部不均匀的应力分布会使其更加严重。伊利诺州交通厅（Illinois DOT）已经将体外预应力钢筋（索）成功应用于加固墩（柱）搭接长度不足的情况。

最初的复合纤维片材由环氧基材和玻璃纤维、芳族聚酸胺纤维组成（Fyfe，1994）。将纤维编织成布，将其浸润在环氧树脂中，然后手工将其缠绕在墩（柱）上，为诸如墩底部位的关键截面（critical section）提供附加约束。这种方法已经在实验室中成功应用于提高圆墩（柱）弯曲延性和剪切强度的加固试验中（Priestley et al.，1994）。

过去，另外一种被动约束的形式是采用专门的包裹机械直接将浸渍环氧的碳纤维"丝束 tow"（丝束是一些平铺的纤维）包裹在墩（柱）上（Seible et al.，1995）。以 6rpm（转/分）的速度将纤维丝束裹在墩（柱）表面，并以 121 摄氏度的温度加热至少 2 小时进行养护。养护之后，用丙烯酸乳液喷射涂层保护壳套。这一专利技术已经不再使用了。但是，如果采用与 E-glass 族同样的方式，采用碳族加固仍然是有效的。

已经通过试验检验了纤维复合材料壳套加固矩形墩（柱）的性能（Seible and Priestley et al.，1998）。一种方法是将矩形墩（柱）处理成椭圆形截面，然后使用椭圆形壳套，这种方法可以同时增强墩（柱）剪切强度和延性；另一种方法是直接将壳套设置在矩形墩（柱）表面，这种方法将提高抗剪强度和弯曲失效的临界值，但是，延性提高并不明显。

目前，至少有两种预制纤维复合材料壳套的方法（Xiao et al.，1995；Steckel et al.，1993）❶。如果工厂条件允许，可采用类似于现场施工的方法，使用经聚酯基材浸润的高强纤维组成的一系列壳套。这种被动约束系统的现场施工包括最里层壳套与既有墩（柱）之间的连接。将预制的一系列壳套逐层叠放，直至厚度达到设计要求，为了保证一定的搭接长度，各层壳套的接缝应依次错开。最后用条带将这些预制壳套束缚牢固，直到壳套与墩（柱）之间完全连接。

纤维复合材料壳套加固墩（柱）的方法已经得到发展并进行了检验（Matsuda et al.，1990；Ogata et al.，1993）。除了使用纤维复合材料提高弯曲延性和剪切强度外，一些沿墩（柱）轴向设置的纤维还可增强弯曲强度。

如果加固的墩（柱）位于寒冷地区，设计者应注意潜在的冻融问题。当采用连续纤维壳套加固墩（柱）时，可能会产生冻融问题。壳套与混凝土墩（柱）之间吸收水分，引起膨胀压力可造成混凝土的快速退化或保护层的破坏。为了能够降低可能引起的混凝土退化，可以采用宽度相对较窄的条带（比如，150mm（6 in）），条带之间环氧涂层的宽度等于或大于条带宽度，但是，不应超过纵向钢筋直径与保护层厚度之和的 6 倍（Aquino et al.，2004）。试验表明（Jin et al.，1994）：沿墩（柱）周围缠绕不连续的纤维复合条带可以提高弯曲延性和剪切强度。如果采用连续的纤维就必须注意防止水从顶部渗入，此时，墩（柱）顶部不密封接缝的修补及防水就显得非常重要。

采用纤维复合材料的另外一个缺点是材料对水非常敏感（Steckel et al.，1998）。吸收水分后，玻璃纤维强度将明显降低，温度的变化还将加剧强度的退化。用于玻璃纤维的聚酯环氧基材可以防止强度退化的发生，但是它对材料的类型、制作与施工方法非常敏感。

碳纤维自身并不受水分的影响，但是，聚酯环氧基材的质量却是影响复合材料性能的关键因素。在高温环境下，由于吸收水分将造成碳纤维的抗拉强度降低。为了满足设计和性能的要求，可能需要反复设计环氧基材的成分，为此，鼓励设计者与复合材料供应商之间相互协作。

做好以下几项工作，可预防此类问题的发生：在极端或加速运营环境下，对初步设计的体系进行详

❶ 译者注：Available 为形容词，应为副词形式来修饰 use。

细测试；现场施工、应用质量的控制；设计取用足够的设计安全系数，来计入预期的强度损失。尽管纤维复合材料体系对周围环境非常敏感，但是，体系的刚度仍能够保持稳定不变，注意到这一点是非常重要的。它们的有效性就在于刚度的敏感，这是仍令人欣慰的。

表 9-1 给出了不同纤维类型的力学特性，仅作参考。应当注意：加工成片材后产品的特性与纤维特性会有一定的差异。

用于现代纤维增强复合材料的纤维力学特性　　表 9-1

纤维类型	极限强度 MPa(ksi)	极限应变	弹性模量 GPa(ksi)
E 玻璃纤维	2 410(350)	0.020	41(6 000)
S 玻璃纤维	3 450(500)	0.030	41(6 000)
聚丙烯腈基碳纤维 CF-Pan	4 140(600)	0.020	228-345(33 000-50 000)
C 型普通沥青基纤维 C-Pitch-GP	1 380(200)	0.003	41(6 000)
沥青基超高模数纤维 Pitch UHM	2 760(400)	0.005	483-827(70 000-120 000)
芳族纤维	3450(500)	0.020	69-138(10 000-20 000)
陶瓷基纤维	690(100)	0.020	69-276(10 000-40 000)
尼龙基纤维	345(50)	0.050-0.500	3.5(500)

纤维复合材料壳套加固墩（柱）详细的设计步骤如下：

搭接性能——图 9-13 是一被动/主动约束体系，施加压力的主动约束在墩（柱）中产生可靠的、徐变后的主动约束应力，同时也提供了附加的被动约束。当壳套膨胀，应变达到 0.001 时，两层约束均产生环向应力。约束层的层厚可由下面的平衡方程得到：

$$2(t_a E_a + t_p E_p)(0.001) = D(f_l - f_a) \tag{9-16}$$

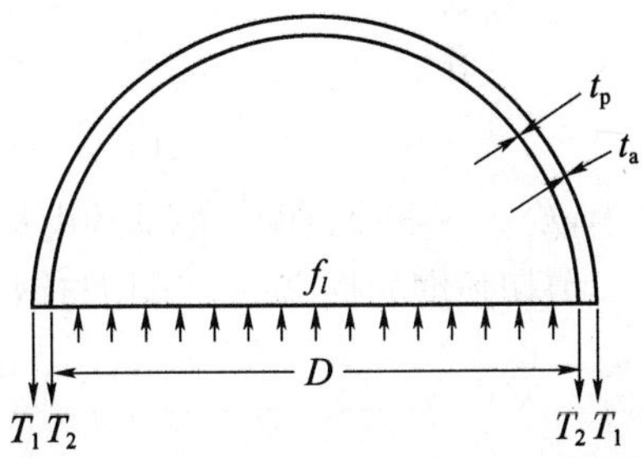

图 9-13　复合壳套加固墩（柱）的隔离体

式中：t_a——主动约束层层厚；

E_a——主动约束层的弹性模量；

f_a——墩（柱）内的主动约束应力；

t_p——被动约束层厚度；

E_p——被动约束层的弹性模量。

整理公式（9-16）后得到：

$$t_a E_a + t_p E_p \geqslant 500D(f_l - f_a) \tag{9-17}$$

在被动系统中，没有主动约束层，则公式（9-17）变为：

$$t_p E_p \geqslant 500Df_l \tag{9-18}$$

与采用钢套加固一样，所需的约束应力可由公式（9-1）计算得到。也可以采用简化方法，即对于 40 级钢筋、搭接长度为 $20d_b$ 的侧限应力取 f_l 为 2.07MPa(300 psi)。

试验证明在不降低强度的情况下，墩（柱）能够承受应变为0.003 的壳套膨胀，因此，搭接长度不足的墩（柱），采用较薄的壳套进行加固要比上面给出的设计方法更为安全（Hawkins，2000）。伊利诺斯州交通厅（Illinois DOT）对复合材料加固的墩（柱）取用较高值，但是，需要将搭接区内环形裂缝宽度控制在 0.8mm（0.03 in）。如果计算得到沿裂缝的抗剪能力可以满足要求，环形裂缝宽度可能会超出上述限值。采用薄壳的优点在于：它可以增加塑性铰长度，这样在塑性转角相同的情况下，与采用厚壳加固相比，采用薄壳可大大降低钢筋发生断裂的机率。

弯曲约束——复合材料壳套厚度的确定可以通过非线性静力分析（Pushover 方法）结合加固墩（柱）弯矩-曲率分析的方法得到。这种方法在 9.2.1.3（a）钢套加固法中介绍，也可以应用于纤维复合材料的加固。因为，高强纤维复合材料的应力-应变曲线在破坏前基本上呈线性，约束混凝土极限应变 ε_{cu} 由公式（9-19）得到。

$$\varepsilon_{cu} = 0.004 + \frac{2.5\rho_s f_{du}\varepsilon_{du}}{f'_{cc}} \tag{9-19}$$

式中:f_{du}——考虑长期环境影响造成退化后,壳套材料的极限设计强度;

ε_{du}——考虑长期环境影响造成退化后,壳套材料的极限设计应变;

ρ_s——有效体积配筋率。

$$\rho_s = \frac{4(t_a + t_p)}{D} \tag{9-20}$$

由公式(9-19)和公式(9-20)可以得到主动约束和被动约束所需壳套的厚度 t_a 和 t_p,见公式(9-21)。

$$t_a + t_p = 0.1(\varepsilon_{cu} - 0.004)\frac{Df'_{cc}}{f_{du}\varepsilon_{du}} \tag{9-21}$$❶

如果主动和被动约束材料的特性差异较大,则f_{du}和 ε_{du}应采用加权平均值。

当约束应变是1.72MPa(250 psi),膨胀应变0.004时,可以采用简化方法。为了保证R因子等于4时的延性位移,所需壳套厚度为:

$$t_a + t_p \geqslant \frac{215D}{E_j}(\mathrm{mm}) \tag{9-22a}$$

$$t_a + t_p \geqslant \frac{31D}{E_j}(\mathrm{in}) \tag{9-22b}$$

式中:E_j——主动约束与被动约束材料弹性模量的加权平均值(MPa)。

剪切强度的提高——采用与钢套加固相近的方法,由纤维复合材料提供的剪切强度为:

$$V_{sj} = \frac{\pi}{2}((t_aE_a + t_pE_p)\varepsilon_p + T_a)D\cot\theta \tag{9-23}$$

式中:T_a——壳套中由主动压力产生的单位高度的主拉力,$T_a = f_aD/2$;

θ——剪切裂缝的角度,将 E_j 和 E_s 代入公式(9-10)和公式(9-11)得到。

试验表明:按照剪切产生的最大允许被动应变 $\varepsilon_p = 0.006$,$\theta = 30$ 度设计的墩(柱)将发生延性的弯曲响应。采用复合材料加固墩(柱)的设计方法由例题9.3给出。

[**例9-3**] 纤维复合材料加固墩(柱)

已知:高度6.1m(20 ft)的独柱式桥墩,直径1.68m(5.5ft),墩底固结。上部结构传递的恒载9.9MN(2250 kips)。场址地震 $F_vS_1 = 0.5$。

墩(柱)主筋为40级钢筋,28#42(米制单位)(#14cus),没有搭接,箍筋采用#13(#4 cus),间距305mm(12 in)。箍筋外侧混凝土保护层厚度50mm(2 in)。混凝土强度35MPa(5000 psi),有效转动惯量0.194m^4(22.5ft^4)。弯矩能力 $M_n = 13.57$ MN/m。

墩(柱)无延性措施,建议采用被动复合材料加固。计算弯曲约束所需的壳套厚度并验算剪切强度。设 $E_j = 42000$MPa。

第1步:简化的动力分析

刚度 $k_c = \frac{3EI_{eff}}{L^3} = \frac{3(27800\mathrm{MPa})\cdot 0.194\mathrm{m}^4}{6.10^3\mathrm{m}^3} = 71.3\mathrm{MN/m}(4\,940\mathrm{k/ft})$

质量 $m = \frac{W}{g} = \frac{9.90\mathrm{MN}}{9.8\mathrm{m/sec}^2} = 1.01\mathrm{MN\text{-}sec^2/m}(69.2\mathrm{k\text{-}sec^2/ft})$

周期 $T = 2\pi\sqrt{\frac{m}{k_c}} = 2\pi\sqrt{\frac{1.010\mathrm{MN\text{-}sec^2/m}}{71.3\mathrm{MN/m}}} = 0.748\mathrm{sec}$

---

❶ 译者注:原文印刷有误,多半个括号。

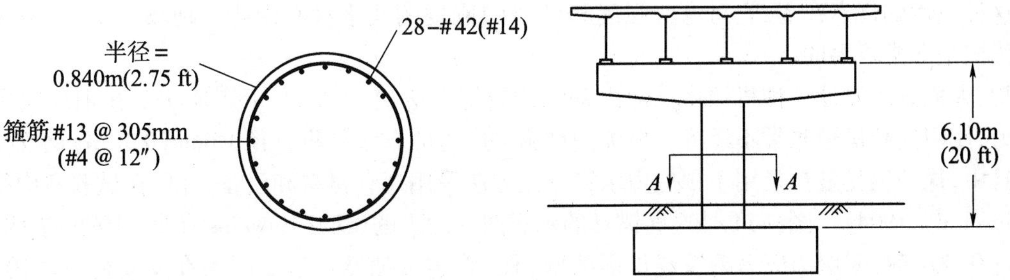

独柱式墩(柱)❶

$$S_a=\frac{F_v S_1}{T}=\frac{0.5}{0.748}=0.668\text{g}$$

$$V_{EQ}=S_a W=0.668\cdot(9.90\text{MN})=6.61\text{MN}(1486\text{k})$$

$$M_{EQ}=V_{EQ}L=6.61\text{MN}(6.10\text{m})=40.34\text{MN/m}(29745\text{k/ft})$$

$$\Delta_{EQ}=\frac{V_{EQ}}{k_c}\frac{6.61\text{MN}}{71.3\text{MN/m}}=0.093\text{m}(0.3\text{ft})$$

第 2 步:弯曲约束简化过程

$$t_p=\frac{215D}{E_j}=\frac{215(1.68\text{m})}{42000\text{MPa}}=0.0086\text{m}(0.34\text{in})\Rightarrow \text{最小厚度}$$

$$R_{eff}=\frac{M_{EQ}}{M_n}=\frac{40.34}{13.57}=2.97<4\Rightarrow \text{满足要求}$$

式中:M_n 由截面分析得到。

第 3 步:提高的剪切强度

$$V=\frac{1.4M}{L}=\frac{1.4(13.57\text{MN/m})}{6.10\text{m}}=3.11\text{MN}(699\text{k})❷$$

$$V_c=\phi 0.8A_g(0.083)\cdot 2\sqrt{f'_c}=0.85(0.8)\cdot 2.21\text{m}^2(0.083)\cdot 2\sqrt{35\text{MPa}}=1.48\text{MN}(333\text{k})$$

也就是说,由壳套约束的混凝土抗剪 100% 有效。

$$V_{sj}=\frac{V_p-V_c}{\phi}=\frac{3.11\text{MN}-1.48\text{MN}}{0.85}=1.922\text{MN}(432\text{k})$$

由公式(9-23)计算 t_a:

$$t_a\geqslant\frac{2V_{si}}{\pi E_i\varepsilon_p D\cot\theta}=\frac{2(1.36\text{MN})}{3.142(42000\text{MPa})(0.006)\cdot 1.68\text{m}(1.0)}$$

$$=0.003\text{m}(0.08\text{in})<0.0086\text{m}(0.34\text{in})\Rightarrow \text{满足要求}$$

从抗剪能力检算结果来看,不需要再增加壳套厚度,但是,应沿全高设置壳套。塑性铰区以外的壳套厚度可以适当减少,只需满足抗剪要求就可以了。

(c)体外预应力钢绞线

一种改进的约束形式可通过缠绕预应力钢绞线的方式实现,尽管被动压力也将增大约束,但是,是主动压力而不是被动压力为提高弯曲延性提供所需的侧向约束应力。这种方法已经成功地提高了关键截面有搭接的圆形墩柱的弯曲延性。但是,对剪切强度的影响至今还没有量化。然而,这种方法仍是可

❶ 译者注:图中钢筋数量与描述不符。

❷ 译者注:应为 V_p 而非 V。

用的。这种技术的优点在于:它对弯曲强度和墩(柱)刚度的几乎没有影响。现场应用中,钢绞线端部可靠的锚固是非常重要的。

起初,人们试图设计一种机械将预应力钢绞线缠绕在墩(柱)表面,事实证明要在钢绞线中施加足够的拉力,使用这种机械非常不经济。另外一种施加应力的方法是将直径15mm(0.6 in)钢绞线锚固在特殊锚具中,这种锚具最初是用于预应力水箱。该方法采用现有材料和设备,并已在试验室中得到成功验证(Lin et al.,1994)。图9-14是这些锚具的示意图。后来的试验(Hawkins et al.,1999)表明:当膨胀应变超过0.001时,采用预应力钢绞线加固的墩(柱)将丧失强度。这是因为在反复荷载作用下,张拉钢绞线产生了较大的预应力损失和钢绞线被勒进混凝土的缘故。在下面的设计过程中,主要根据这一测试结果来设定应变限值。

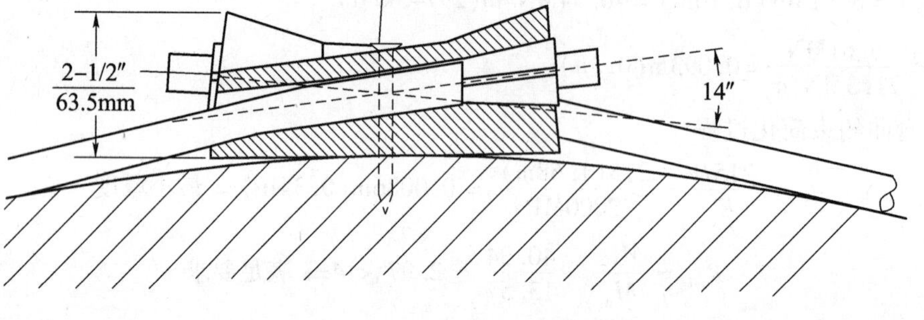

图 9-14 用于预应力钢绞线加固的锚具

另外一种得到成功试验的张拉方法是沿墩(柱)圆周缠绕未施加应力的钢绞线(Swanson,1999)。用一手工操作的器械通过向外拉拔部分钢绞线并在钢绞线和墩(柱)之间插入钢楔张拉钢绞线,见图9-15。沿墩(柱)圆周重复上述操作,直到钢绞线充分张拉,并可提供均匀约束应力为止。一个额外的优点是:这种张拉技术可以使由摩擦引起的预应力损失最小。

图 9-15 通过墩(柱)与钢绞线之间插入钢楔施加预应力的加固方法

可以采用半圆形螺旋钢筋替代预应力钢绞线达到同样的加固效果。最初为了防止墩(柱)在运营环境下劈裂,沿墩(柱)圆周设置了这种半圆形的螺纹钢筋,并将其拉紧产生预加力来避免反复荷载作用下墩(柱)发生非延性失效(Lin et al.,1994)。通过螺纹型铁联结器拉紧半圆形螺纹钢筋也可以得到相同的效果,见图9-16(Coffman et al.,1991)。

墩(柱)外侧钢筋必须采取防腐措施,可以在钢绞线外侧喷涂一薄层混凝土外壳,并且为了避免增加弯曲强度或墩(柱)刚度,混凝土外壳与相邻构件(承台或盖梁)应保持一定距离。

由于缺少在矩形和正方形墩柱使用这种方法的性能试验数据,所以这种加固方法目前仅限于在圆形墩(柱)中使用。

搭接性能——防止劈裂失效所需的约束应力f_l,已在第9.2.1.3(a)中探讨过。采用钢绞线加固的圆形墩(柱)隔离体见图9-17,由平衡条件有:

$$2T = f_l D \tag{9-24}$$

设$E_s = 200\text{GPa}(29000\text{ksi})$:

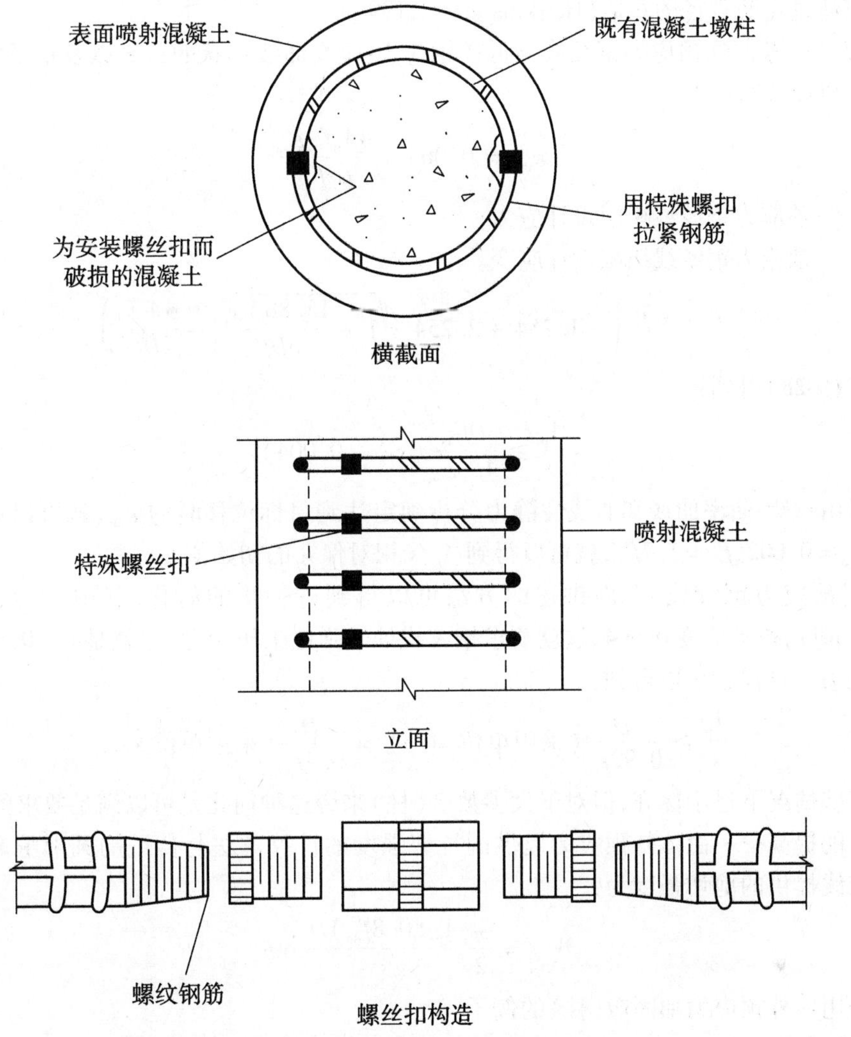

图 9-16　带有联结器的半圆形钢筋

$$\frac{A_p}{s}(f_i + 200) = f_l D(\text{MPa}) \qquad (9\text{-}25a)$$

$$\frac{2A_p}{s}(f_i + 29) = f_l D(\text{ksi}) \qquad (9\text{-}25a)$$

式中：A_p——钢绞线面积，等于 $0.785d_p^2$；

d_p——钢绞线的直径；

s——钢绞线的间距；

f_i——预应力损失后张拉应力（MPa，ksi）。

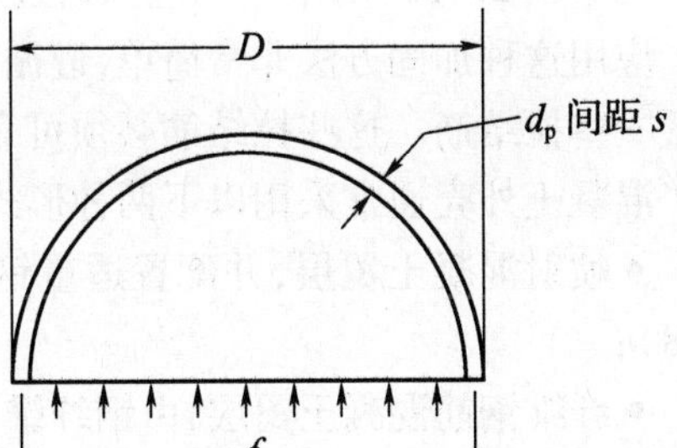

Priestley 等之后，1992

图 9-17　采用体外预应力加固的圆形墩（柱）隔离体

求解公式(9-25)得到钢绞线间距：

$$s \leqslant \frac{2A_p(f_i + 200)}{f_l D}(\text{采用 MPa 时})$$

$$= \frac{2A_p(f_i + 29)}{f_l D}(\text{采用 } ksi \text{ 时}) \qquad (9\text{-}26)$$

所需达到的约束应力 f_l 可由公式(9-1)得到，当然，约束应力也可以取为 2.07MPA（300 ksi），对于大多数墩（柱）此值足可以防止劈裂失效的发生（Chai et al. ，1991），这样公式(9-26)变为：

$$s \leqslant \frac{A_p(f_i + 200)}{D}(\text{采用 MPa 时}) = \frac{6.7A_p(f_i + 29)}{D}(\text{采用 ksi 时}) \qquad (9\text{-}27)$$

间距不应超过主筋直径的6倍(Hawkins et al.,1999)。

弯曲约束——考虑到预应力钢绞线与低碳钢应力-应变曲线形状的差异以及钢绞线与壳体外形不同,公式(9-5)可以改写成:

$$\varepsilon_{cu} = 0.004 + \frac{4A_p f_{pu} \varepsilon_{su}}{Dsf'_{cc}} \tag{9-28}$$

式中:f_{pu}、ε_{su}——预应力钢绞线极限设计应力;

f'_{cc}——预应力钢铰线级限设计应变。

$$f'_{cc} = f'_c\left(-1.254 + 2.254\sqrt{1 + \frac{15.88A_p f_{pu}}{sDf'_c}} - \frac{4A_p f_{pu}}{sDf'_c}\right) \tag{9-29}$$

整理公式(9-28)得到:

$$\frac{A_p}{s} \geqslant \frac{Df'_{cc}}{4f_{pu}\varepsilon_{su}}(\varepsilon_{cu} - 0.004) \tag{9-30}$$

如果可以由弯矩-曲率曲线和非线性静力分析确定达到目标位移时的 ε_{cu},就可以通过迭代法得到 A_p/s。假设 $\varepsilon_{cu}=0.002$,$f'_{cc}=1.7f'_c$,就可以得到 A_p/s 相对保守的初始值。

如果采用预应力钢绞线,上面讲述的方法可以得到进一步的简化,其中,设约束应力 f_l 等于1.72MPa(250 psi),被动应变0.004,这就要求钢绞线处于弹性工作状态(也就是 $f_s=0.8f_{pu}$)以提供中等水平的主动应力。这样就可以得到:

$$\frac{A_p}{s} \geqslant \frac{D}{0.92f_{pu}}(\text{采用单位 MPa}) = \frac{D}{6.4f_{pu}}(\text{采用单位 ksi}) \tag{9-31}$$

尽管在某些情况下过于保守,但对于大多数墩(柱)来说这种简化是可以满足要求的。

剪切强度的提高——由体外预应力提供的抗剪强度的计算方法与传统的圆形箍筋或螺旋箍筋相同,因此,钢绞线提供的剪切强度为:

$$V_{sp} = \frac{\pi}{2}\frac{A_{ps}(0.8f_{pu})D}{s}\cot\theta \tag{9-32}$$

例4是采用体外预应力加固墩(柱)的例子。

(d)混凝土外套

在第9.2.1.2(a)节中已经探讨过在既有圆形或矩形截面墩(柱)外表面增加钢筋混凝土截面的方法。应用这种加固方法非常简单,遵循钢筋混凝土设计原则。但是,需要钻透既有混凝土墩(柱),并且设置一些拉结筋。这些拉结筋必须可靠地锚固在既有墩(柱)的两侧。

混凝土外壳通常采用以下两种形式:

- 喷射混凝土覆层,并配置适量钢筋(Rodriguez and Park,1992;Amari et al.,1994;Pardoen et al.,1998);
- 纤维钢筋混凝土覆层,由钢纤维和泥浆构成(Hawkins et al.,1999)。

采用混凝土外壳的方法可以防止在钢筋搭接处发生屈服,这样,可以省去一些提高搭接性能的措施。

尽管如此,为了能够达到公式(9-1)给出的应力要求,还是建议在混凝土外壳中设置足够的横向钢筋以提供充分的被动约束。作为选择,也可采用2.06MPa(300 psi)为设计应力。弯曲约束和剪切强度可以按照新混凝土构件设计。

与钢套、复合材料、钢绞线相比,混凝土外壳具有潜在的不能预计的效应,可明显增加墩(柱)弯曲强度和刚度。在用于评价加固方案有效性的分析模型中应考虑强度和刚度的提高。

[例9-4] 体外预应力

已知:同例题9.3。高度6.1m(20 ft)的独柱式桥墩,直径1.68m(5.5ft),墩底固结。上部结构传递的恒载9.9MN(2250 kips)。场址地震 $F_vS_1=0.5$。

墩(柱)主筋为 40 级钢筋,28#42(米制单位)(#14cus),没有搭接,箍筋采用#13(#4 cus),间距 305mm(12 in)。箍筋外侧混凝土保护层厚度 50mm(2 in)。混凝土强度 35MPa(5000 psi),有效转动惯量 $0.194m^4(22.5ft^4)$。

墩(柱)无延性措施,建议采用钢绞线加固。计算弯曲约束所需的钢绞线直径和间距并验算剪切强度。

弯矩能力 $M_n = 13.57MN/m$,预应力钢绞线 $f_{pu} = 1862MPa(270ksi)$。

第 1 步:简化的动力分析

刚度 $k_c = \dfrac{3EI_{eff}}{L^3} = \dfrac{3(27800MPa)\cdot 0.194m^4}{6.10^3m^3} = 71.3MN/m(4140k/ft)$

质量 $m = \dfrac{W}{g} = \dfrac{9.90MN}{9.8m/sec^2} = 1.01MNsec^2/m(69.2ksec^2/ft)$

周期 $T = 2\pi\sqrt{\dfrac{m}{k_c}} = 2\pi\sqrt{\dfrac{1.010MNsec^2/m}{71.3MN/m}} = 0.748sec$

$$S_a = \frac{F_y S_1}{T} = \frac{0.5}{0.748} = 0.668g$$

$$V_{EQ} = S_a W = 0.668\cdot(9.90MN) = 6.61MN(1486k)$$

$$M_{EQ} = V_{EQ}L = 6.61MN(6.10m) = 40.34MN/m(29745k/ft)$$

$$\Delta_{EQ} = \frac{V_{EO}}{k_c} = \frac{6.61MN}{71.3MN/m} = 0.093m(0.3ft)$$

第 2 步:弯曲约束简化过程

$$\frac{A_p}{s} = \frac{D}{0.92f_{pu}} = \frac{1.68}{0.92(1862)} = 0.00098m^2/m(0.04in^2/in)$$

也就是,所需单位长度最小钢绞线面积,约直径 12.7mm,间距 75(直径 0.5,间距 3”)。

$$R_{eff} = \frac{M_{EQ}}{M_n} = \frac{40.34}{13.57} = 2.97 < 4 \Rightarrow \text{满足要求}$$ [1]

式中:M_n 由截面分析得到。

第 3 步:提高的剪切强度

$$V_p = \frac{1.4M_n}{L} = \frac{1.4(13.57MN/m)}{6.10m} = 3.11MN(699k)$$

$$V_c = \phi 0.8A_g(0.083)\cdot 2\sqrt{f'_c} = 0.85(0.8)\cdot 2.21m^2(0.083)\cdot 2\sqrt{35MPa} = 1.48MN(333k)$$

也就是说,由预应力钢绞线约束的混凝土抗剪 100% 有效。

$$V_{sj} = \frac{V_p - V_c}{\phi} = \frac{3.1MN - 1.48MN}{0.85} = 1.922MN(432k)$$

由公式(9-32)计算 $\dfrac{A_{ps}}{s}$:

$$\frac{A_{ps}}{s} \geqslant \frac{2V_{sj}}{\pi(0.8f_{pu})D\cot\theta} = \frac{2(1.92MN)}{3.142(0.8)(1862MPa)\cdot 1.68m(1.0)}$$

$$= 0.000489 < 0.00098 \Rightarrow \text{满足要求}$$

[1] 译者注:原文“M_{eq}”应该为“M_{EQ}”。

从抗剪能力检算结果来看,不需要再增加钢绞线,但是,应沿全高设置钢绞线。塑性铰区以外的钢绞线间距可以适当减少厚度,只需满足抗剪要求即可。

9.2.1.4 桥墩辅助剪力墙

填充剪力墙是在多柱式桥墩的各墩柱之间现浇的混凝土墙,可有效提高桥墩的横向抗剪能力,如图9-18所示。在承受横向荷载时,剪力墙可防止在墩(柱)上形成塑性铰,并可克服墩帽抗弯或抗剪强度的不足的情况。对于独柱式桥墩,可在墩(柱)一侧加上一道扶垛墙,而在顺桥向上由于空间的限制,不宜采用此法;全桥不是很长的桥梁则无需加固,可靠两边的桥台来承受顺桥向地震荷载。

为保证加固效果,填充墙应与既有构件协同工作,共同发挥作用,可在墩(柱)和墩帽底部设置足够的钻孔和销钉,通过剪切摩擦机制在构件表面传递剪力。此时为了减少销钉的数量,需要将墩(柱)表面凿毛。也可能必须得使用一种可以密封的模板体系,以使可在压力下灌注混凝土。透过墩帽的100mm(4 in)大小的通气孔也可能有助于这方面的工作。

在填充墙下方浇筑承台,并与既有承台进行有效连结,并设计足量的受力筋确保承台能够承受所有的地震荷载,同时也要考虑新旧承台之间可能的沉降差。

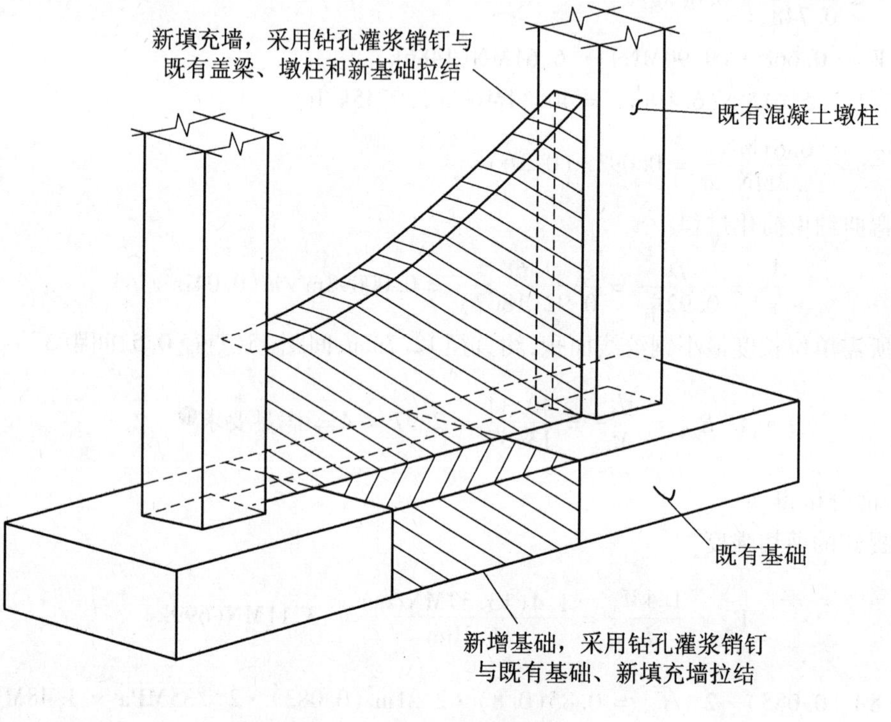

图9-18 多柱式桥墩上的填充剪力墙

采用此方法浇筑的填充墙对提高桥墩纵向强度是有利的。

9.2.1.5 桥墩竖向承载能力的保护措施

在水平荷载作用下,相邻构件共同作用,无需提高所有竖向承重构件的强度或延性。但是,为了保证地震作用下构件的变形能力,必须确保所有构件的竖向承载力。此时可对所有桥墩进行加固,另外,像承台和墩帽这样的连结构件也需要增加强度。

为了加固费用最少,在保证竖向承载能力不变的前提下,容许部分墩(柱)在搭接处或其他薄弱点发生失效。其中一种加固方法(称为“P类型”加固),在墩(柱)与钢套之间灌浆之前,在墩(柱)周围设置一层很薄的伸缩材料(如图9-19)。伸缩材料有一定柔韧性,不会与钢套协同工作,也不会提高约束混凝土的性能,因此,伸缩材料不会提高构件的抗弯能力。当混凝土墩(柱)破坏时,压碎的混凝土块会保留在钢套中,可继续承受竖向荷载。与全墩加固的费用相比,这种方法的加固费用仅为其中的一小部分,特别是无需对承台和盖梁进行加固的情况,其加固费用会更少。

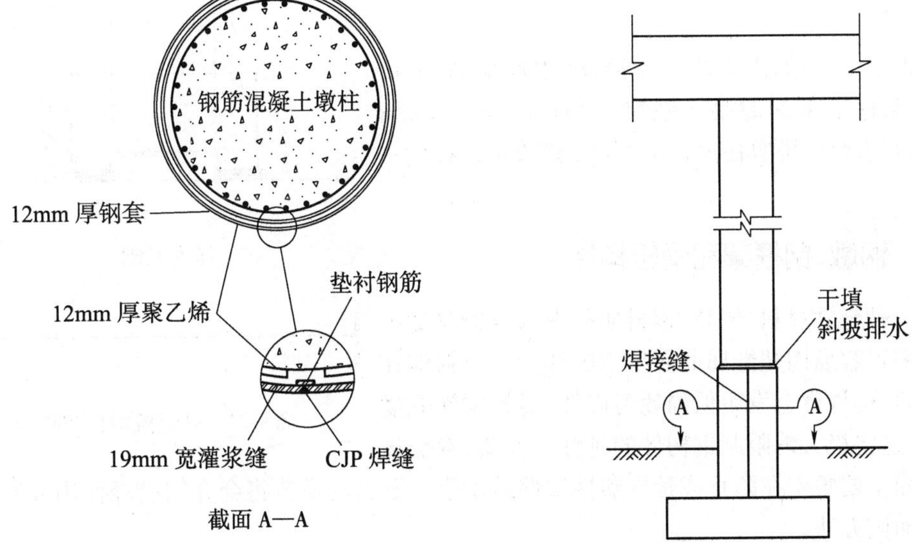

图 9-19　确保竖向承载能力的钢套加固方法

9.2.1.6　限制桥墩内力

如果不靠提高墩柱的承受能力来加固它们,那么另一个方法是,降低它们所要抵抗的力。当桥墩加固或提高延性难以实现时,这是一种特别有用的方法。下面将介绍降低桥墩内力的两种方法。任何使用弱化构件或"保险丝"构件来保护下部结构的方法均属于此范畴。

(a)隔震支座

隔震支座可以降低传递到下部结构的惯性力。支座改变了桥梁结构的动力特性,并增加了结构阻尼(8.3.2.2 节)。美国 101 国道加州旧金山市附近的 Sierra Point 高架桥是美国境内首次使用该加固方法的桥梁(如图 9-20)。该桥属于多跨斜钢梁桥,桥墩和承台承载能力很低且没有延性。在每个桥墩和台座上均设置了隔震支座,改变了结构的动力响应,降低了传到桥墩的内力。采用这种加固方法无需再对桥墩进行加固。

图 9-20　Sierra Point 高架桥,美国 101 国道,加州旧金山市附近

实际上,并不总是要采用传统的方法设计隔震支座来降低传至下部结构的力,也不总是需要进行整体响应修正。如果上部结构是连续的,并且可以将水平荷载重新分配到相邻的延性支撑构件中,那么,在易损位置(例如,刚度特别大或脆性桥墩的墩顶)采用标准的滑动支座就能够起到保护桥墩免遭破坏的作用。

(b)降低抗弯强度

由于墩(柱)极限的剪力需求与能够产生的塑性弯矩成比例,因此,在特定的情况下,提高墩(柱)延性的同时可以降低弯曲强度,从而降低向墩(柱)中传递的剪力。第 9.2.1.3 节中提出的墩(柱)加固方法可能有足够的能力(缘于弯曲加固的结果)来满足剪力需求。在一些情况下,例如,在墩(柱)存在较大的建筑过渡段时,在墩柱的全长上使用墩柱外套可能是不现实或不理想的。这样的过渡段很难用外套来约束,不动它们保留它们的建筑效果可能更好。如果抗剪能力不足,可以通过切断墩(柱)底部纵筋的方法降低塑性弯矩,从而降低塑性剪力的需求。由于薄弱截面延性需求可能有所增加,所以,在墩

(柱)受影响的部分采取改善延性的措施是非常必要的。这部分墩(柱)通常是棱柱体,甚至可能在地面附近或下面。

如图9-21所示的加固方法中,将桥墩主筋切断,并将钢板固定在保存下来的混凝土系梁上(concrete retaining collar),加固方法允许桥墩在钢板上摆动,就像是铰接的一样。

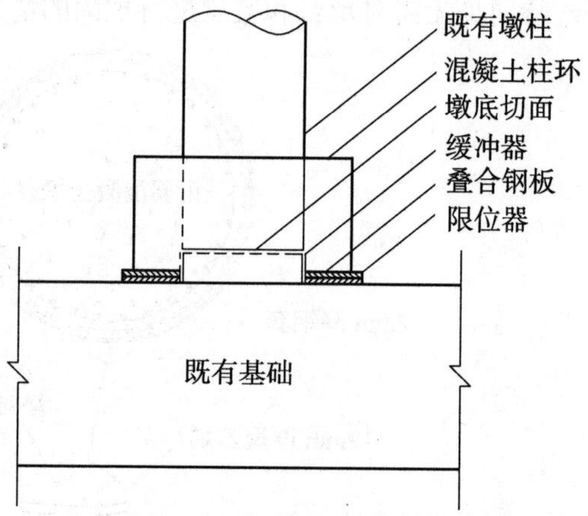

图9-21 降低桥墩抗弯刚度的方法

9.2.2 钢墩、钢框架和受压构件

钢材是一种延性材料,但是,钢材质的下部结构和受压构件在地震中很容易因塑性屈曲而发生破坏。一旦钢构件发生局部屈曲,构件就会发生低周疲劳破坏,导致构件强度的快速降低,这将极大地限制钢构件的延性。因此,对受压钢构件的加固主要集中在防止或延缓塑性屈曲的发生。下面的章节将会介绍已经使用或专家建议的受压钢构件的加固方法。

9.2.2.1 撑架

撑架在建筑工程上很常见,然而,在桥梁上联接构架也经常作为桥墩使用。这种构架由斜撑承担水平荷载作用下的拉力或压力,由竖向构件承担重力荷载。抗震加固应考虑钢构件的补强或增加构架延性。

通常情况下,撑架的斜撑强度往往不足以抵抗地震作用。当这些构件承担压力时,它们将发生整体或局部塑性屈曲,这将降低构架的整体延性。

同心撑架的斜撑一般不能承担压力,因此,只有当一组斜撑受拉时才能有效抵抗水平荷载。应限制这些构件的屈服以避免构架发生过大的永久变形,并防止反复荷载作用下受拉斜撑发生严重屈曲,可以通过更换构件或增设斜撑来达到增强斜撑的目的。图9-22给出了增强轻钢结构斜撑的例子。加固设计时,应使用承载力设计原则来确保其他所有构件及其连接件在弹性工作范围。可基于强度的设计方法按受拉构件设计斜撑。建议采用R因子取为2,并采用AASHTO LRFD规范的规定方法确定极限承载力(AASHTO,1998)。如果可以将构件的拉伸限制在合理水平(例如,1%),可采用pushover分析法进行基于位移的设计。

K型连接构架的情况下,斜撑可以按受拉和受压构件设计。如果构件不能在弹性范围内工作,地震作用将引起受压构件的整体或局部塑性屈曲。因为足以保证弹性行为的构件承受能力一般不能很经济地获得,这些类型的框架的加强就寻找别的方法来限制斜撑的力的水平。

一个例子是Richmond-San Rafael桥的加固,该桥是跨越San Francisco海湾的重要结构。桥梁中用偏心构架替代了K型构架,其中包含一个剪力键(Itani,1996)。竖向钢构件也被加强。这次加固主要目的是增加墩柱的延性,同时,促使所有的屈服只发生在剪力键处。既有桥墩和加固目标如图9-23所示。

9.2.2.2 组合受压构件

有时会由标准轧制的构件组装成钢桥墩,而这些构件经常不满足实心截面的标准,同时当塑性铰产生时,容易产生局部塑性屈曲。由于低周疲劳及相应延性能力的下降,这种屈曲容易导致钢结构的失效。

这种类型的钢墩(柱)可以通过附加钢板的方式进行加固,见图9-24(Holombo et al.,1994)。这些钢板除了可以加强墩(柱),这些钢板也可以降低截面局部塑性屈曲。另外一种加固此类墩(柱)的方法是采用椭圆形的灌浆钢壳来防止局部塑性屈曲(见图9-25),这种方法类似于混凝土墩(柱)的加固方法。

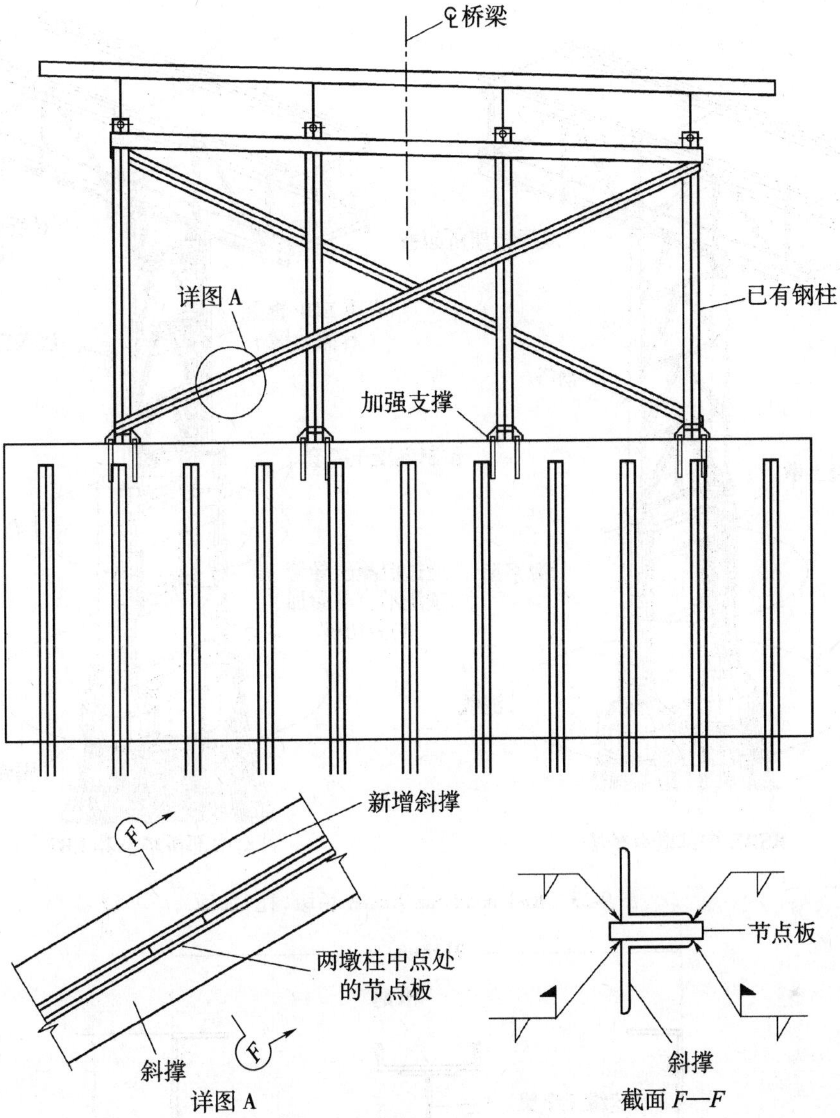

图 9-22　X 式钢构架的加固

因为许多既有钢结构构件不能满足现行设计标准，所以，预测它们在地震作用下的性能有一定难度。当出现这种情况时，应进行反复循环荷载试验确定已建成墩（柱）的性能并验证推荐的加固方案。

对于独立式桥墩的情况，墩（柱）与承台之间的连接处也需要加固，尤其是已经经过补强的桥墩（柱）。连接处应基于能力设计原理按弹性设计。

9.2.3　混凝土墙式墩

混凝土墙式墩在横桥向刚度和强度都很大，一般来说，不需要对墙式墩的横向进行加固，但是设计时必须确保基础能够承担由墙式墩传递下去的水平荷载，基础不能产生影响结构稳定的移位。

在弱轴向（纵桥向），墙式墩可视为普通的钢筋混凝土墩（柱）。但是，由于横向尺寸很大而且纵向钢筋配筋率较低，使得轴向应力分布范围较大，即使不经过加固，墙式墩在弱轴方向上也会有较高的延性能力。正因为如此，适合采用基于强度的设计方法，R 因子取为 4 或更大一些，即使是墙式墩的横向钢筋为规范给定的标称水平（nominal level）的情况也是如此（Haroun et al.，1994；Abo-Shadi et al.，2000）。因此，并不总是需要对墙式墩进行加固，除非在塑性铰区范围内出现接头钢筋搭接不足的情况。如果有上述搭接不足的情况出现，可通过沿塑性铰高度范围内设置钢板的方法加固墙式墩（Haroun et al.，1994）。螺栓排列紧密地钻入墩柱内用来支撑钢板，螺栓通过螺母和厚钢板垫圈锚固，设置螺栓

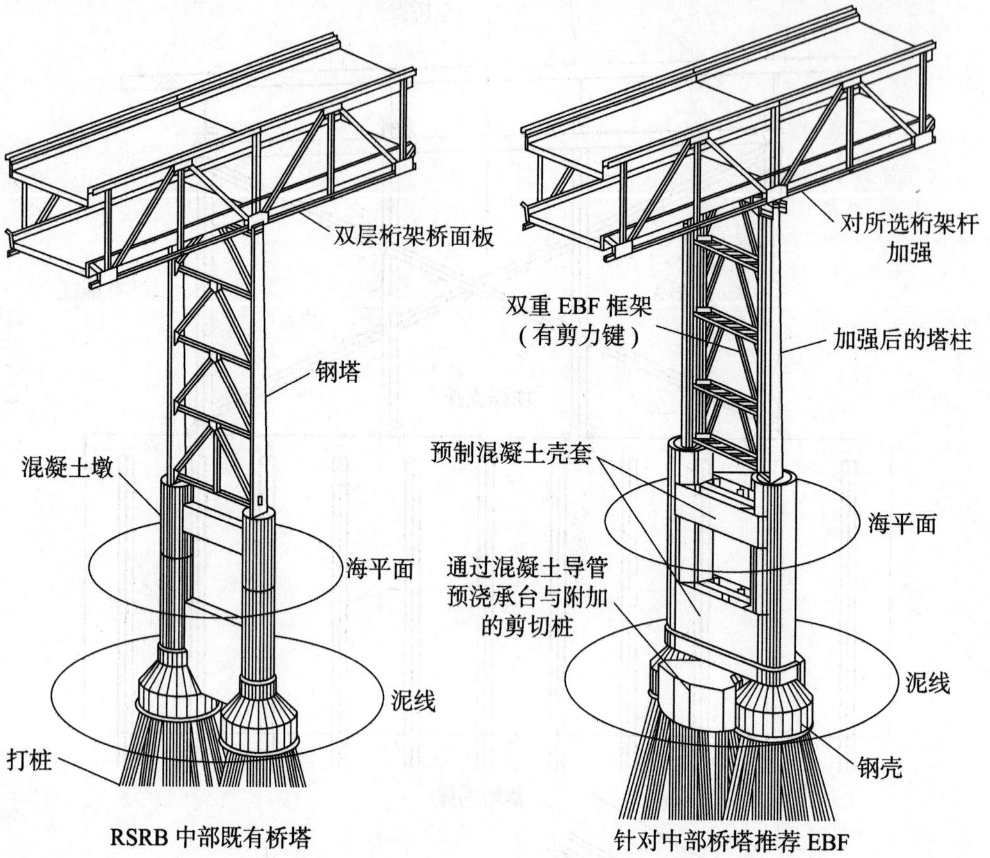

图 9-23　Richmond-San Rafael 桥墩(柱)加固

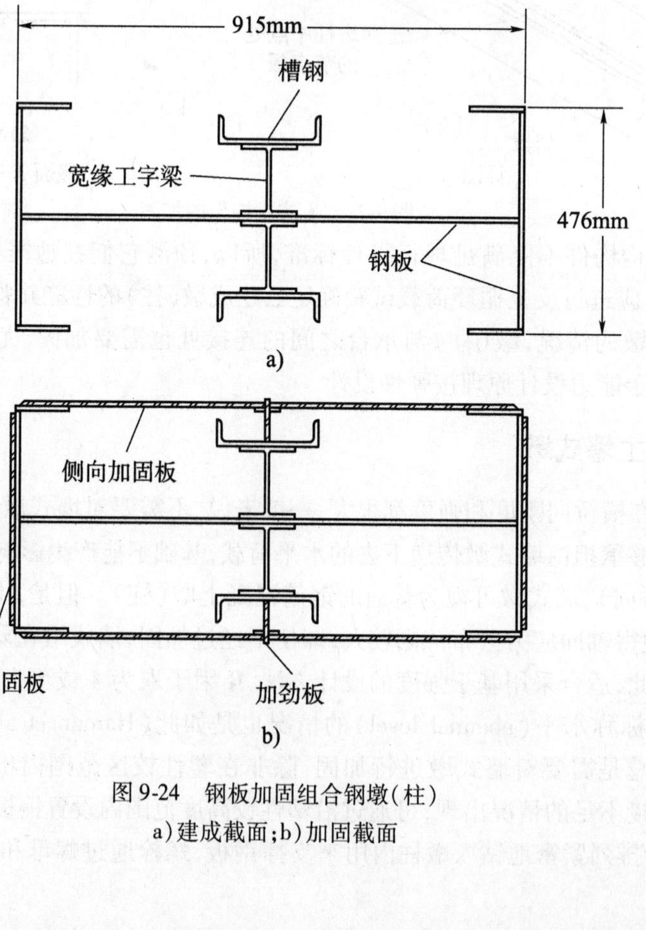

图 9-24　钢板加固组合钢墩(柱)

a)建成截面;b)加固截面

时不能妨碍竖向钢筋，如图 9-26 所示。

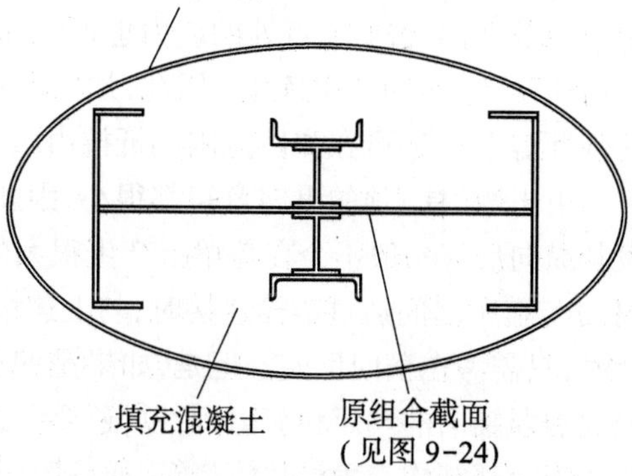

图 9-25　套管加固组合钢墩(柱)

9.3　盖梁及墩-盖梁节点的加固

塑性铰的最佳位置在桥墩的两端。过去，盖梁设计时很少考虑地震的影响，一般在与外部墩(柱)相邻的盖梁中设置很少的正弯矩钢筋，而且负弯矩钢筋也可能不足。此时可能会在盖梁上产生塑性铰，而盖梁只有有限的延性能力，这就需要对盖梁进行加固。当桥墩的构造比较特别时，如采用悬挑式框架，“C”形框架和双层桥，也需要对盖梁进行加固。

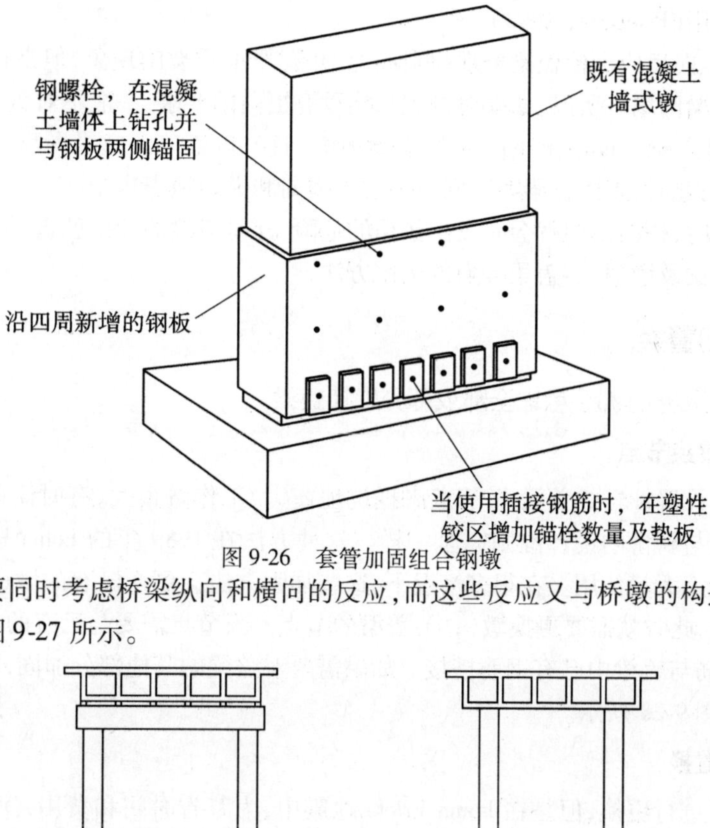

图 9-26　套管加固组合钢墩

盖梁的加固需要同时考虑桥梁纵向和横向的反应，而这些反应又与桥墩的构造有关。几种典型的多柱式桥墩型式如图 9-27 所示。

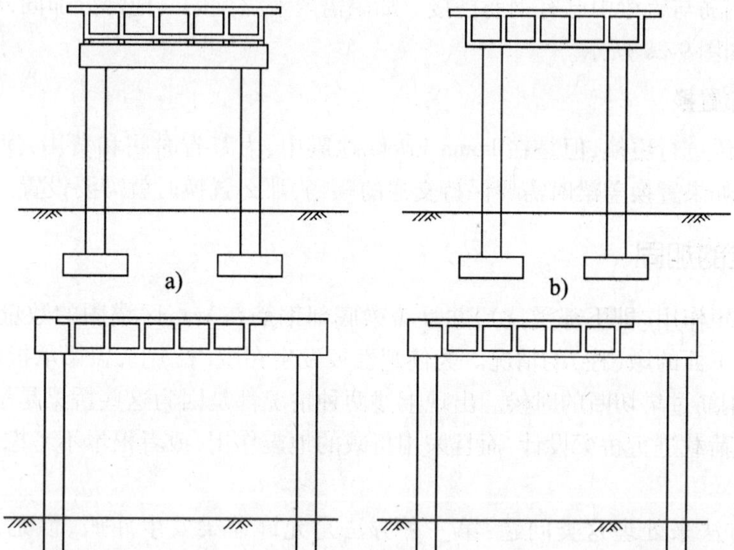

图 9-27　箱形梁桥中典型的盖梁构造
a)分离式盖梁；b)整体式盖梁；c)与墩柱刚结的伸臂式盖梁；d)与墩柱铰接的伸臂式盖梁

一般来说盖梁与混凝土墩(柱)是整体浇筑的,故在横向荷载作用下盖梁要承担弯矩和剪力的共同作用。墩(柱)-盖梁节点处的应力也很大,因而在横向地震作用下,节点处容易发生破坏。以前盖梁和节点的设计一般不考虑延性,因此,加固时应确保这些部位满足以下两个条件中的一个:(1)满足构件的延性需求;(2)可在弹性范围内抵抗由墩(柱)塑性铰产生的力。

由于墩(柱)顶的纵向弯矩都很小,因此,尽管会受到扭矩和弱轴向弯矩的作用,墩顶设置支座的桥墩其纵向反应一般不会在盖梁上产生很大的应力,如图 9-27(a)所示。当盖梁与上部结构整体浇筑,墩(柱)与盖梁之间通过锚栓连接时,与上述情况类似,如图 9-27(d)所示。因此,对此类盖梁进行加固设计时,只需考虑横向反应。但是,如果是伸臂式(outrigger)盖梁,由于桥梁的纵向反应在盖梁上会引起较大的弱轴向的弯矩和剪力,所以,还要考虑纵向反应。

当上部结构与盖梁整体浇筑,而且墩(柱)顶部固定时(如图 9-27(b)和(c)所示),桥梁的纵向反应最大。当墩(柱)位于上部结构宽度范围之内时,如图 9-27(b)所示,上部结构会分担部分墩(柱)顶端产生的弯矩和剪力作用(Priestley, 1993)。

尽管研究表明,纵向反应会使盖梁出现超限应力,并有严重开裂的现象,但是很少有桥梁结构会因为盖梁失效而造成桥梁倒塌。所以,如果对抗震性能没有更高的要求,一般不对盖梁进行加固。当为图 9-27(c)所示的伸臂式盖梁(outrigger type)时,盖梁和墩(柱)-盖梁节点由纵向反应引起的扭矩和弱轴向弯曲应力将会很大;此时,加固盖梁时应同时考虑由横向和纵向地震作用。

当盖梁可能失效时,桥梁结构就会有发生倒塌的危险,此时盖梁的加固就显得尤为重要。下面的几节将会介绍混凝土盖梁及墩(柱)-盖梁节点的加固方法。

9.3.1 盖梁的置换

不管是否要更换墩(柱)都要考虑全部或部分置换盖梁。

9.3.1.1 局部置换节点

抗震加固时需要设置伸臂式盖梁-墩节点来抵抗地震力,工作量很大,有时简单的节点置换会显得更加实际。设计准则与新桥的设计准则完全一样。这种方法在 1989 年的 Loma Prieta 地震后,在旧金山高架桥的转角节点上大量使用。在很多情况下,这些加固方法会更换已有的墩(柱)或需要对上部结构施工(见节 9.3.4),此时就需要更换墩(柱)-盖梁的节点。新节点需要与已有的或加固的盖梁进行有效连接,一般是将钢筋与盖梁中已有钢筋搭接。如果需要对盖梁的其他部分加固,可采用 9.3.2 节介绍的方法进行加固,如图 9-28 所示。

9.3.1.2 全部置换

很少对全部盖梁进行更换,但是在 Loma Prieta 地震中,为节省时间和费用,使用了置换方法,并未对盖梁进行加固。如果置换盖梁时需要保持交通的顺畅,那么置换时就需要设置一些重要支撑。

9.3.2 盖梁的加固

当盖梁受正弯矩作用(即下部受拉),并且盖梁底部钢筋在节点区锚固的数量较少时,经常出现盖梁的抗弯强度低于下面的墩(柱)的情况。为使塑性铰发生在墩(柱)上,盖梁承担负弯矩的能力也可能不足,尤其是顶部钢筋过早切断的时候。出现上述两种情况都是因为这些桥梁是按照旧规范设计的,旧规范中采用全部恒荷载进行桥梁设计,而且采用折减的地震作用,或者根本不考虑地震作用对结构的影响。

至少有两种方法来处理这类问题:第一种方法是允许盖梁发生屈服,但是,必须保证盖梁能够满足延性需求,这种方法难以实现,即使实现了也会在盖梁上发生难以修复的破坏;建议使用第二种方法,这种方法通过提高盖梁的抗弯能力来保证在墩(柱)上发生塑性铰。如果有必要,可以使用本章前面介绍的方法对桥墩进行加固。第二种方法中采用能力设计原理对盖梁进行加固

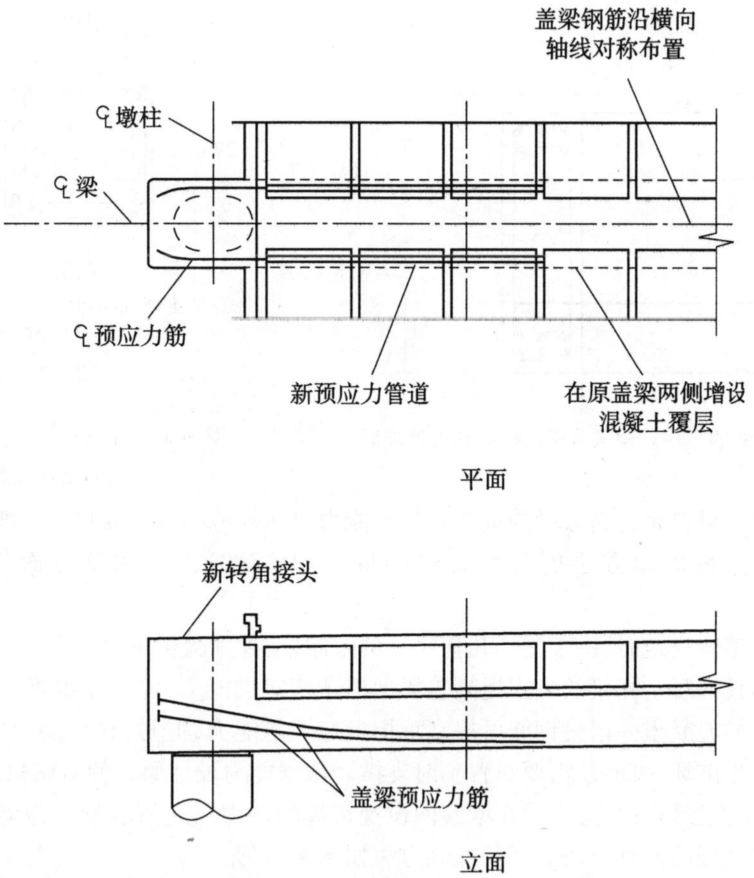

图 9-28　盖梁加固

设计。

当墩(柱)顶设有支座时(如图 9-27(a)),可将盖梁表面凿毛后,在其两侧设置钢筋或预应力钢筋混凝土托梁进行加固,如图 9-29 所示。新增设的混凝土托梁应该与盖梁共同承担弯矩和剪力作用,防止盖梁发生屈服。因为墩(柱)的弯矩会传至已有盖梁上,故应在墩(柱)表面设置足够的暗销,并通过剪切摩擦将增设的混凝土托梁内钢筋的抗弯能力传递给盖梁。所需暗销的数量则由需要传递力的大小计算得到,当考虑传递混凝土托梁底部钢筋的承载力时,竖向有效剪切面的高度取为盖梁下半部分的高度,长度取为墩(柱)轴线与墩(柱)之间中点的距离;同样,当考虑传递混凝土托梁内顶部钢筋的承载力时,有效剪切面相应的取为盖梁的上半部分。

对托梁进行预应力张拉不管是单独,还是联合使用附加钢筋都会提高盖梁的抗弯能力,如图 9-29 所示。如果能够防止预应力筋发生锈蚀,也可采用体外预应力。不管是采用体内还是体外预应力,预应力钢筋都要在盖梁两端锚固,预应力钢筋的补强作用无需经过已有盖梁与混凝土托梁之间的竖向接触面进行传递。

如图 9-29 所示,当在混凝土托梁中添加箍筋时,也可增加盖梁的抗剪能力。预应力则可增加混凝土托梁自身的抗剪能力。盖梁的抗剪加固设计与新桥的加固过程一样。

在已经使用了 30 年的钢筋混凝土框架的局部采用预应力混凝土托梁加固,并进行了试验研究,其中框架是从纽约北部的一座已经破坏的桥梁上取出的。(如图 9-30 所示, Mander et al. ,1996a)。在加固中,为了改善钢筋的锚固情况,对墩(柱)-盖梁节点进行了放大。这种加固技术对控制塑性铰,使其出现在墩(柱)上是非常有效的,但是,只能提供有限的延性。在地震作用较弱的地区,使用这种技术即可满足要求。而在强震区,则需要采用本章前面介绍的桥墩加固技术以提高的延性。

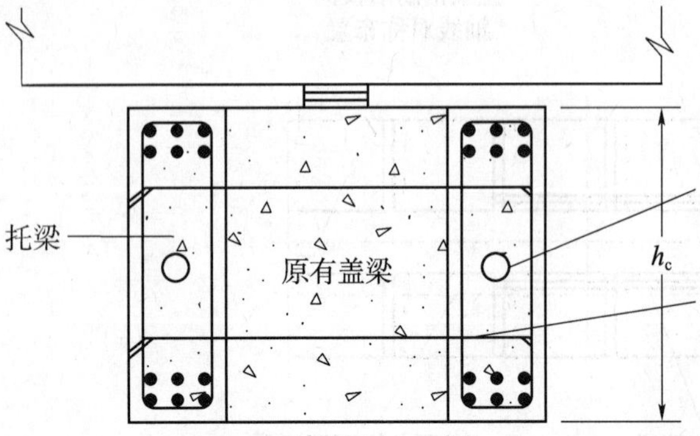

图 9-29　独立的多柱式桥墩盖梁的抗弯和抗剪加固

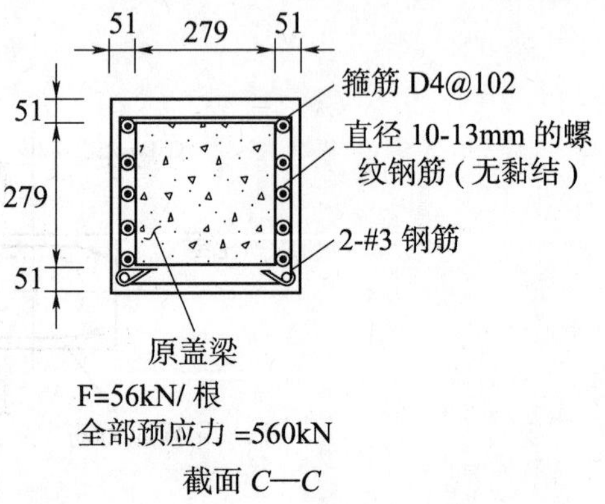

图 9-30　在 Buffalo 大学盖梁加固试验中采用的试件截面

也可用纤维复合材料来提高盖梁的抗弯和抗剪能力(Priestley et al., 1996)。如果用纤维材料将盖梁完全包裹起来,这种加固方法更为有效(Pulido et al., 2002),有关这方面的详细介绍可查看 ACI 440.2R-02。

当盖梁与纵梁整体浇筑时,由于受到几何尺寸的限制,使加固盖梁抗弯能力的难度大大增加。可通过在盖梁的下部增设混凝土托梁的方式提高盖梁承担正弯矩的能力,但是却很难提高承担负弯矩的能力。打掉主梁顶部的混凝土并增设钢筋可提高承担负弯矩的能力,但是,这样需要中断交通,并且为了防止重力作用下发生破坏,可能还需要布置临时支撑。依据能力设计原理使盖梁只在弹性范围工作,那么,在灌浆镀锌管中设置体外预应力或在梁腹间设置常规的体内预应力混凝土托梁是同时提高正向和负向抗弯能力的最经济的两种方法。这种加固方法如图 9-31 所示。

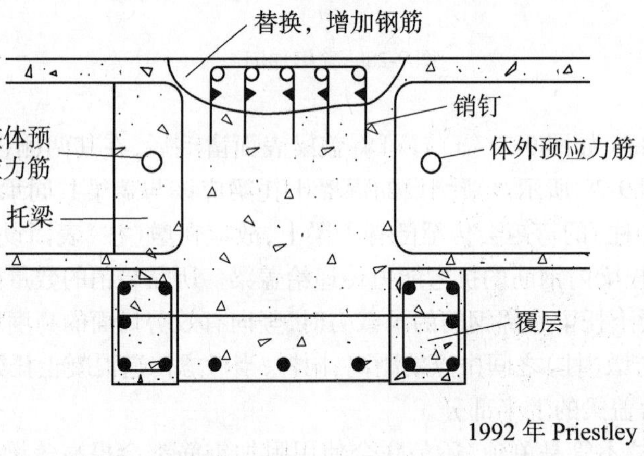

图 9-31　整体式盖梁的抗弯和抗剪加固

9.3.3　降低盖梁内力的措施

如同前面对桥墩的处理方式一样,可以使用隔震支座来作为内力限制设备来降低盖梁的内力。但是,如果降低内力仍不能防止桥墩发生屈服,就不能限制盖梁的内力,这时,可在盖梁下方设置连梁来减轻盖梁的问题,如图 9-32 所示。

浇筑的连梁跨过墩(柱),所以在连梁与墩(柱)交接面的下方会出现新的薄弱面。采用这种方法就可以使墩(柱)剪力低于连梁下方墩(柱)的塑性剪力。因为盖梁与连梁之间弯矩只与塑性剪力和两者之间的距离有关,如果连梁与盖梁之间的竖向间距足够小,那么,位于连梁与盖梁之间的墩(柱)的弯矩也会非常小。再根据墩(柱)-盖梁节点处弯矩平衡可知:地震作用下,盖梁的内力也会降到很小的值,从而无需再做进一步的加固工作。应采用能力设计原理对连梁进行设计,使塑性铰出现在墩(柱)上,

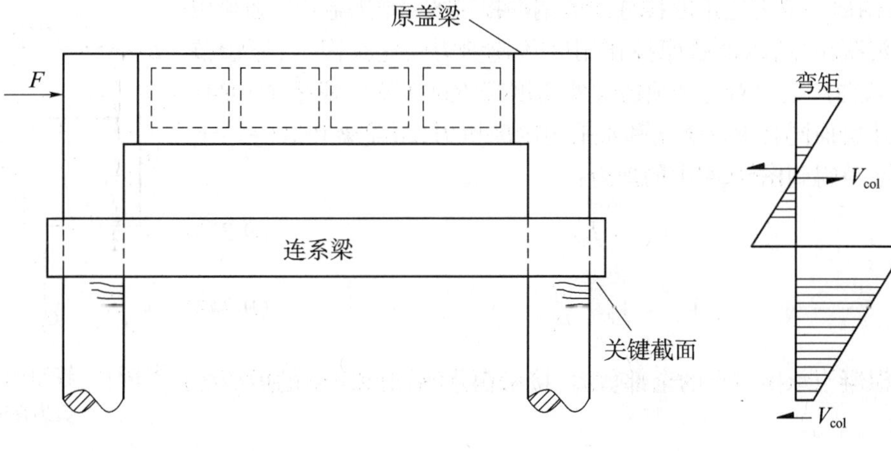

1992 年 Priestley 等之后

图 9-32　降低盖梁内力的水平连梁

而不是连梁上。

连梁加固法对高墩桥梁非常有效。合理的选择连梁的位置，可有效保护盖梁，同时也可增加桥墩框架的横向强度和弯曲刚度。在地面标高处应用这种方法，将墩（柱）沿纵向和横向连接起来，可以缓解基础的一些问题。

增加连梁之后，必须复核墩（柱）塑性铰的延性能力是否满足要求。增加连梁之后，由于连梁以下墩（柱）高度的降低使剪力有所增大，因此，如果墩（柱）的延性能力或抗剪能力不能满足要求，可对其采用前面介绍的加固方法。

9.3.4　墩-梁节点补强

许多旧桥的墩-梁节点普遍存在抗剪能力不足的情况，而且受力钢筋的锚固长度不足和扭矩产生的应力问题也是值得注意的问题。1989 年 Loma Prieta 地震后，在旧金山几座高架桥中应用的加固方法可用于如图 9-27（a）和 9-27（d）所示的桥墩形式。一般来说，节点区需要同时设置水平和竖向抗剪钢筋。最有效的解决办法是第 9.3.1 节中介绍的节点整体置换法，这种方法可以同时解决墩、梁受力钢筋锚固长度不足的问题。钢筋混凝土外套也可以保证足够的高节点性能，如图 9-33 所示。

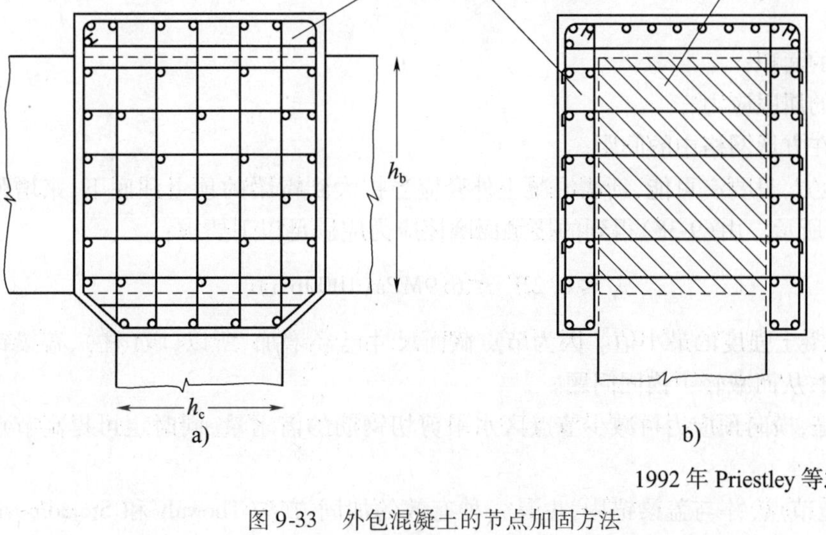

1992 年 Priestley 等之后

图 9-33　外包混凝土的节点加固方法

a）立面图；b）端视图

因为接缝的剪切阻力是由原接缝外的钢筋提供的,新混凝土套必须用暗销锚在既有混凝土内,以通过摩擦作用来传递剪力。这是因为,原始节点内由墩(柱)弯曲产生的剪力必须通过外部钢筋传过接缝。根据图 9-34,新旧混凝土的接触面同时承受竖向和水平向的摩擦力,由盖梁和墩(柱)上弯矩的平衡关系可得到图 9-34 中的剪力:

$$V_{jh} = T_b \tag{9-33}$$

$$V_{jv} \approx V_{jh} \cdot \frac{h_b}{h_c} \tag{9-34}$$

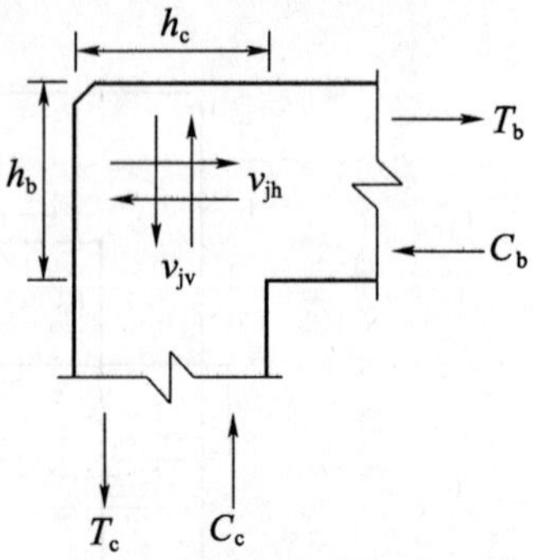

图 9-34　转角节点隔离体的剪力图示

假设由新混凝土承担节点的全部剪力,接触面水平向和竖向的剪应力为:

$$v_{ih} \approx \frac{V_{jh}}{2h_b h_c} \tag{9-35}$$

和

$$v_{iv} \approx \frac{V_{jv}}{2h_b h_c} \tag{9-36}$$

上式中分母中的“2” 是必须有的。因为,新旧混凝土的两个接触面(接缝的每个侧面有一个)的每一个都被传过 50% 的剪力。接触面最大剪应力为 v_{ih} 和 v_{iv} 的矢量和为:

$$v_i = \sqrt{v_{ih}^2 + v_{iv}^2} \tag{9-37}$$

把公式(9-33)和公式(9-34)的 V_{jh} 和 V_{jv} 分别代入(9-35)和(9-36),所得结果再代入(9-37),从而得到:

$$v_i = \frac{V_{jh}}{2h_b h_c}\sqrt{1 + \left(\frac{h_b}{h_c}\right)^2} \tag{9-38}$$

在接触面上必须能够提供等于 v_i 的剪切摩擦应力(shear friction clamping stress),并且暗销必须满足下面的条件:

$$\frac{A_d f_y}{s^2} \geqslant v_i \tag{9-39}$$

式中:A_d——暗销的面积;

f_y——暗销的屈服应力;

s——暗销在方形网格中的间距。

无论在什么地方,只要有可能,新增混凝土外套应当扩大到帽梁的顶上和底下,来增强与盖梁之间的连接,如图 9-33 所示。由(9-38)得到的接触面摩擦应力应满足以下要求:

$$v_i \leqslant 0.2f'_c \leqslant 6.9\text{MPa}(1000\text{psi}) \tag{9-40}$$

式中:f'_c 取新旧混凝土强度的最小值。因为节点截面尺寸已经增加,所以,墩(柱)、盖梁钢筋的有效粘结长度也随之增加,从而减轻了锚固问题。

值得注意的是,横向预应力可减少节点区水平剪切钢筋的需求量,同时也可提高节点的承担竖向剪力的能力。

采用钢套外包节点,并与盖梁锚固,也是一种有效的加固方法(Thewalt 和 Stojadinovic,1995)。这种加固技术也包含了提高墩(柱)延性能力的加固,如图 9-35 所示。

很少需要对与上部结构整体浇筑的墩(柱)-盖梁节点进行纵向或横向加固。即使这些节点在地震中发生破坏,也未必会造成桥梁倒塌(Priestley,1993)。当需要对这种节点进行纵向加固时,可采用横向的预应力混凝土块进行加固,如图 9-36 所示。

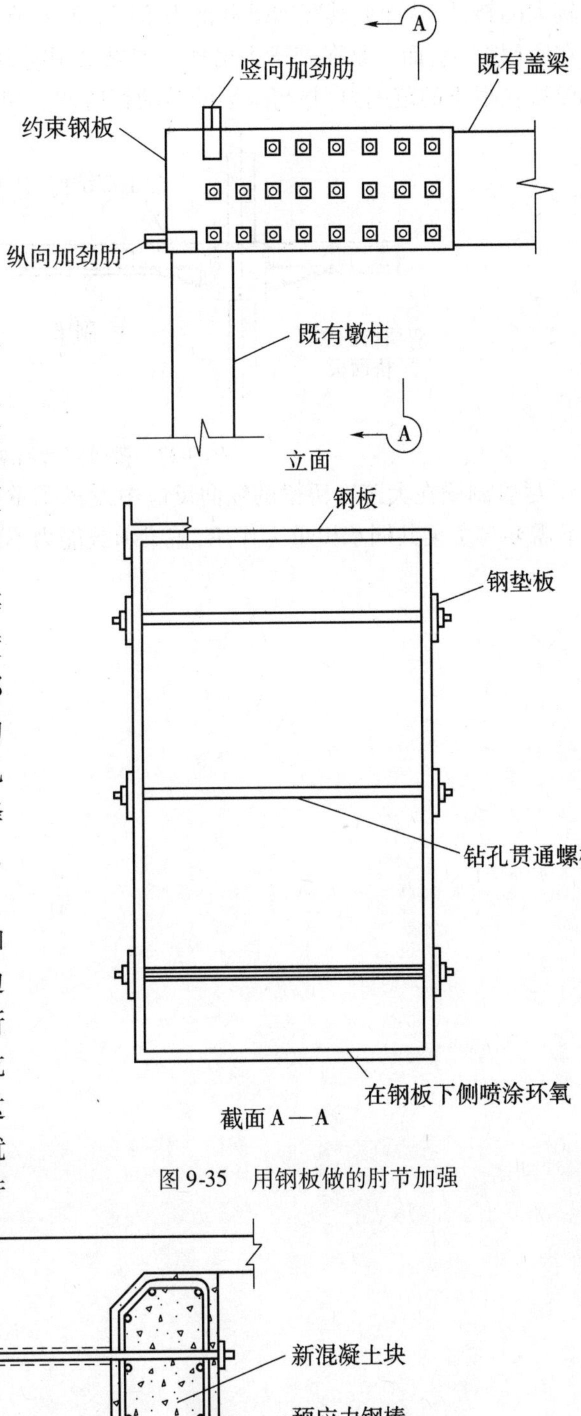

图 9-35　用钢板做的肘节加强

9.3.5　上部结构

如果伸臂式盖梁(outrigger pier cap)与上部结构连结成整体,如图 9-27(c)所示,纵向反应使上部结构受弯,而盖梁受到扭矩的作用。对于跨度不大的桥梁,由于上部结构纵向位移受到桥台的限制,上部结构和盖梁受到的弯矩或扭矩的作用并不大。对于由两个或多个节段构成的大跨度高架桥,这种效应将会非常明显。此时,盖梁产生的扭矩等于桥墩纵向塑性抗弯能力。由于盖梁的扭转柔度(torsion flexibility),使扭矩不能均匀的分配到上部结构的各片纵梁,所以,距离桥墩最近的各片梁的弯矩需求最高,在桥梁轴线附近的各片梁弯矩则几乎为零。而且,由于开裂后主梁的抗扭刚度迅速降低为开裂前刚度的 10%,当盖梁出现扭转裂缝时,这种现象更加严重。

对旧金山几座双层高架桥中有挑梁的框架加固时,在墩柱平面内,相邻墩柱之间增加了一个边梁(称副梁),此措施可降低扭矩作用,如图 9-37 所示。如果边梁有足够的刚度和强度,即使盖梁的抗扭能力为零,也能够得到满意的纵向响应结果,这样,盖梁抗扭强度不足和上部结构抗弯能力之间就没有太大关系了。如果副梁出现塑性铰,盖梁会产

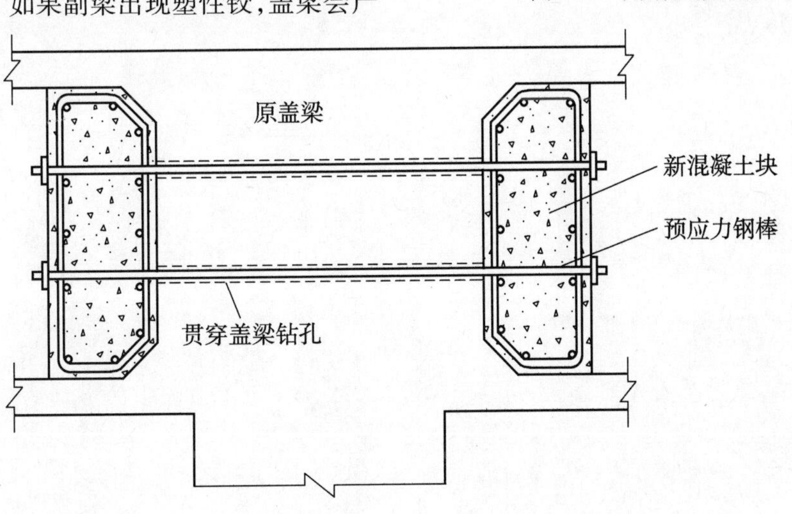

图 9-36　纵向荷载作用下整体式盖梁节点的加固

生较大的转动,从而使其竖向承载能力下降,所以,在这种情况下,应采用适当的设计方法确保塑性铰出现在墩(柱)上,而不是在副梁中出现。如果采用能力设计方法,使副梁不发生塑性转动,盖梁的扭转就会保持在很小的范围内,并与副梁的转动相协调。如果盖梁出现扭转裂缝,扭矩就会减小。

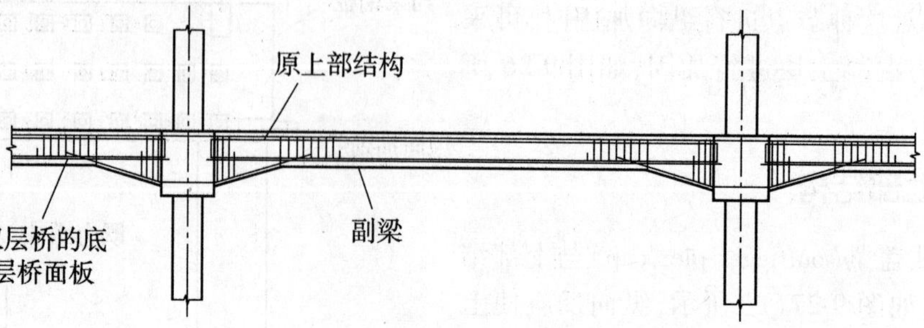

图 9-37　桥墩间增加副梁来降低盖梁扭转

尽管副梁在大跨度桥梁的纵向反应中发挥了重要作用,但是对横向反应的作用并不明显。此时,盖梁需要与主梁共同承担重力作用,盖梁承载能力不足时,可使用本节前面介绍的各种方法。

第 10 章　桥台、承台和地基的加固技术

10.1　概述

桥台和基础将桥梁结构与地基联系起来，同时也将地震作用传递给桥梁结构。地震中桥台和桩的破坏主要是由于地基失稳，而且液化、侧向滑移、断层移动或滑坡等是造成地基失稳的主要因素。因桥台、桩基或承台破坏而倒塌的桥梁并不常见，但却经常发生由于地基失效致使桥梁倒塌的情况，再加上基础加固费用高，因此对基础进行加固要慎重。只要能够保证桥梁结构的整体稳定，就容许桥台或基础发生一定的损伤或变形。

然而，有时候也希望对桥台和基础进行加固维修。对于重要桥梁，快速恢复通行能力是非常关键的，此时若桥台发生水平位移或填土沉陷，则有必要对桥台进行加固。此外，使用限位器来限制桥台的相对位移可能会使桥台内力大于预期设计值。因此，在这些情况下，需要考虑桥台的加固。同时，补强或加固桥台也可以提供另一条惯性力的传递路径，从而减少桥梁其他关键构件的内力。

当承台顶部没有钢筋时，支撑墩(柱)的承台无法承担墩(柱)传来的内力。当墩(柱)也要加固时，为使塑性铰发生在墩(柱)上，对承台进行加固是非常必要的。

也有不少需要提高桩基础承载能力的情况，如既有承台移动导致群桩整体失稳的情况，当需要加固群桩时更容易发生这种情况。由于液化或侧向滑移导致的失稳有时候与基础强度较大有关。

本章将会详细介绍桥台和基础的加固技术。尽管这些技术早在 20 世纪 80 年代早期就已提出，但是直到 1989 年 Loma Prieta 地震之后，需要对大量的下部结构加固时，这些技术才真正得到应用。

10.2　桥台加固方法

应根据桥台的类型合理选择加固方法。从抗震来讲，桥台可分为两种类型：有支座桥台和整体式桥台，这两种桥台类型通常还细分为开放式桥台和封闭式桥台，如图 10-1 所示。

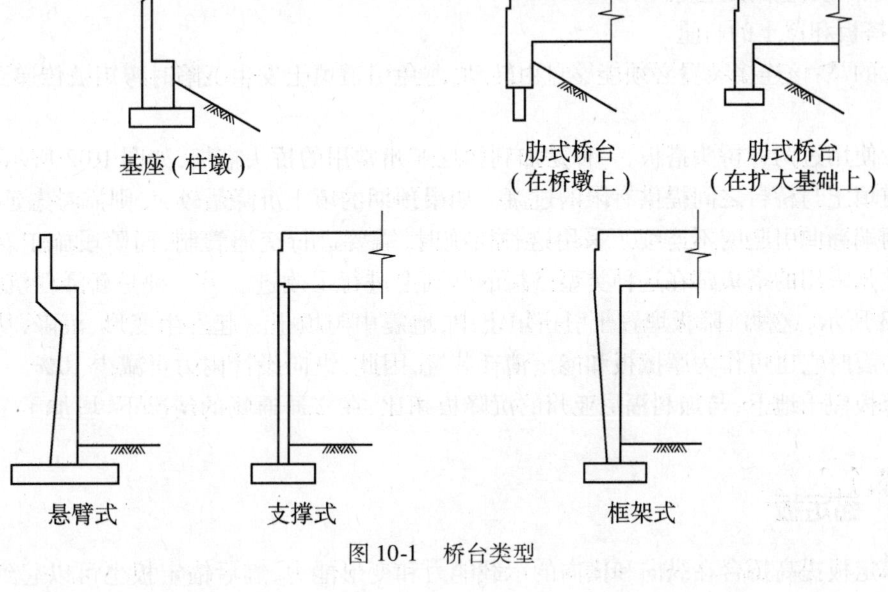

图 10-1　桥台类型

有支座桥台是最常见的桥台形式。尽管使用这种桥台时,上部结构会产生较大的纵向位移,但不会造成支承失效,除非桥台的支座支承面很窄或其他支承构件发生(如临近的墩柱)失效。事实上,在设计新桥时通常假设位移不受限制。然而,对有支座桥台同时进行纵向和横向加固可降低小跨径桥梁桥墩的内力,并且应作为整体加固方案中的一部分来考虑。

地震时,整体式桥台或肋式桥台的稳定性相对好一些。当遭遇罕遇地震时,肋墙的抗弯和抗剪强度可能出现问题,有可能需要加固。与有支座桥台相同,加固应作为整体加固方案中的一部分来考虑。

引道填方高度通常低于开放式桥台的高度,所以,开放桥台会有斜坡或路堤延伸至相邻桥跨下方。由于希望在罕遇地震中引道填方穿过桥台(也就是桥台下方),有时将其称为“穿通式桥台”,这样可以降低主动土压力。

在保留的引道填方的台座下,封闭式桥台有沿全高设置的高墙,并且没有延伸至相邻桥跨下面的路堤。当相邻桥跨总长需要与路面、铁道或河道宽度相适应时,会采用这种桥台。

带有高墙的封闭式桥台(如悬臂式桥台、肋式桥台、框架式桥台等)有较厚的回填土,在主动土压力的作用下,这种桥台有向外移动的趋势,使墙底发生转动,致使悬臂式桥台、肋式桥台不稳定,造成框架式桥台应力过大。附加锚桩可以用来避免此类失效。在这种情况下,应考虑与桥台协同工作的填土的整体稳定性。

对于可能发生的填土沉降,一般需要用桥头搭板来处理,该处理方式和其他桥台加固技术将在下面的章节详细阐述。

10.2.1 桥头搭板

在引道填土发生沉降时,用桥头搭板(也称沉降板)使桥面和引道路面保持连续。桥头搭板应该与桥台连接,以防止因脱离而造成的失效。为保证桥台处的连续性,桥头搭板长度不能小于3m(10ft)。桥头搭板按照跨度为全长的简支钢筋混凝土板进行设计。

桥台与搭板之间的连接装置必须能够承担搭板自重、搭板与桥台之间的摩擦力,以及由纵向谱加速度产生的惯性力。即

$$F_D = (\mu + S_a) DL_s \tag{10-1}$$

式中:F_D——设计内力;

μ——土与混凝土板之间的摩擦系数(~0.6);

S_a——纵向反应谱加速度(图1-8);

DL_s——搭板和覆土的自重。

值得注意的是:该连接装置必须能够自由转动,避免引道填土发生沉陷时弯矩被传递到桥台的后背墙上。

过去至少使用过两种桥头搭板,一种是加利福尼亚州常用的桥头搭板,如图10-2所示,它唯一的功能就是在引道填土与桥台之间提供有限的过渡。如果预期的填土沉降量较大,则需考虑延长搭板长度,以减少搭板两端翘曲引起的不连续。采用这种措施时,需要进行交通管制,而阶段施工对交通影响最小。美国其他州采用的搭板都在这种类型搭板的基础上进行了改进。另一种是新泽西沉降板,沉降板形式如图10-3所示,这种沉降板埋置于引道填土中,地震中与填土一起发生变形、沉降,从而形成一个平滑的坡面。震时它也可作为摩擦板和能量消耗装置,因此,纵向设计内力可减少10%~20%。但是,因为这种沉降板埋于地下,与加利福尼亚州的沉降板相比,在交通通畅的情况下,增加了沉降板的施工的难度。

10.2.2 锚定板

可采用锚定板提高桥台在纵向和横向的承载能力和变形能力,震后锚定板也可以起到桥头搭板的

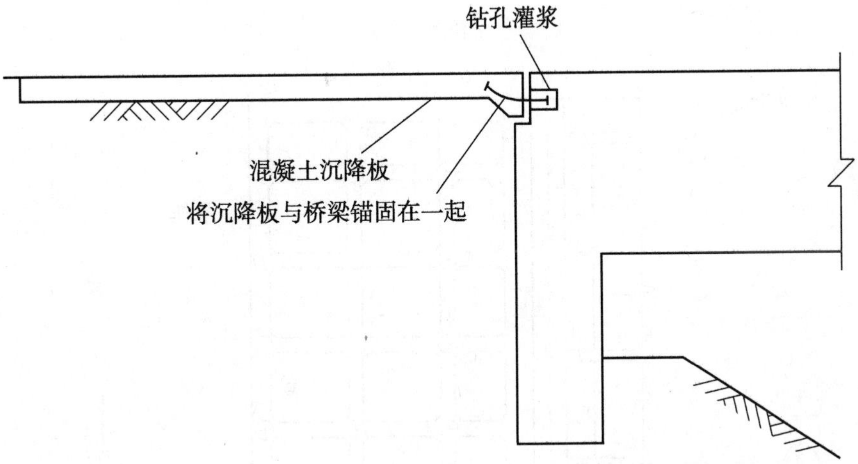

图 10-2　加利福尼亚州沉降板

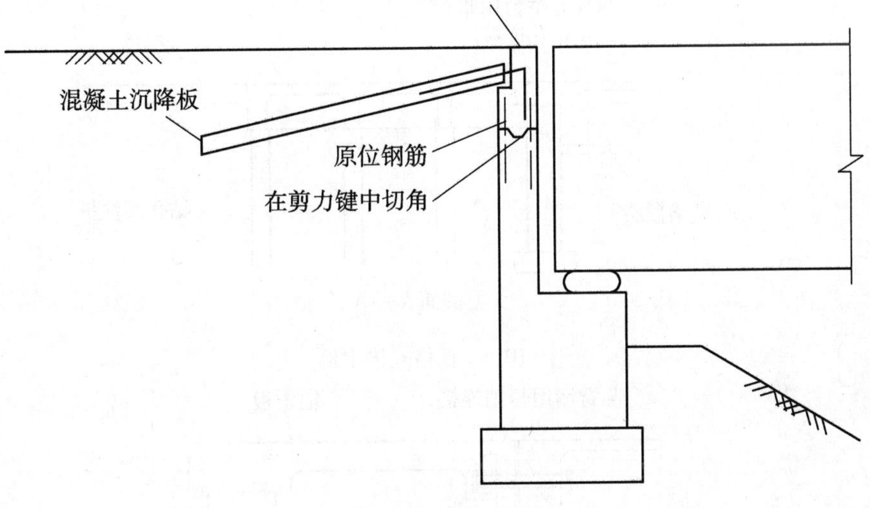

图 10-3　新泽西沉降板

作用。对于小跨径的连续梁桥锚定板可以将荷载传给桥台，而不是桥墩，所以，锚定板经常用在这种桥梁结构中。

图 10-4 和图 10-5 是两种锚定板的设计图，两种锚碇板都利用了引道填土的被动土压力。除了钻孔灌注桩提供的侧向抗力外，图 10-4 中的栅格板（waffle slab）有大量的、可提供被动抗力的接触面。建议水平板底下面的竖向肋板间距大于埋置深度 h 的 2 倍，竖向接触面提供的被动抗力假设为：

$$p_p = 0.37h/2.44 = 0.15h \quad \text{MPa} \tag{10-2a}$$

或

$$p_p = 7.7h/8 = 0.96h \quad \text{ksf} \tag{10-2b}$$

直径为 0.40m（16 in）的标准钻孔灌注桩，其侧向承载能力极限可假定为 178kN（40kips）。

图 10-5 中的钻孔灌注桩锚碇板采用大直径桩作为侧向阻力体系，此时只需满足埋置深度的要求以保证桩的侧向稳定性，而桩的竖向承载能力并不是关心的问题。大直径桩的刚度和侧向极限承载力取决于场地土类别，可用 p-y 曲线法确定（Reese 和 Allen，1977）。板可视为连续地基梁处理，采用计算机程序即可计算出设计内力和变形。

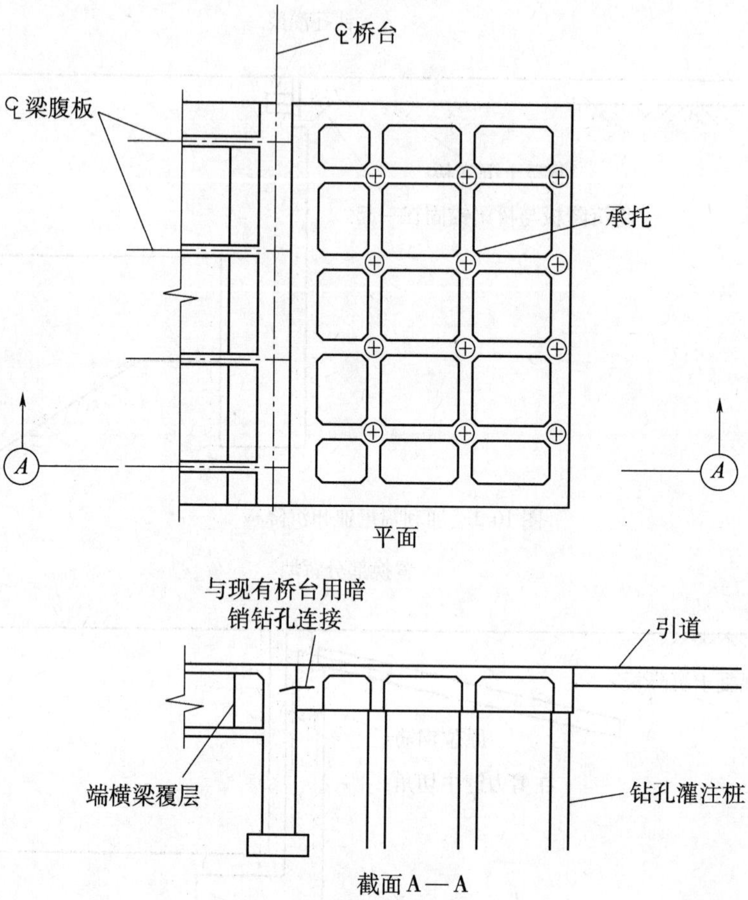

图 10-4　栅格式锚定板

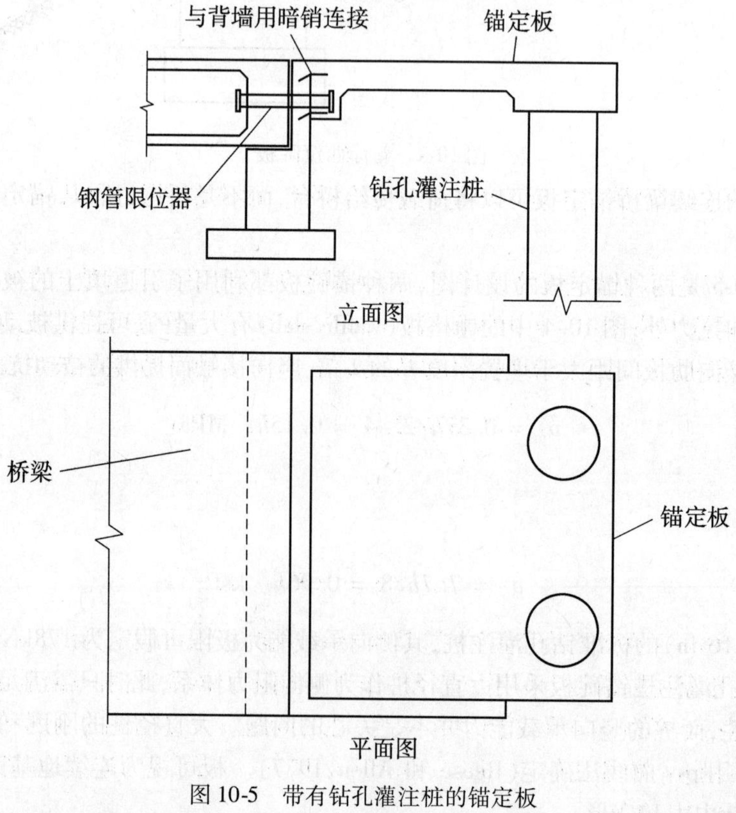

图 10-5　带有钻孔灌注桩的锚定板

为避免失效，锚定板必须与上部结构紧密连接，连接装置必须能够承担由计算分析得出的内力值。这些内力值可能很大，所以要求桥梁结构必须具备将这些内力传给锚定板的能力，这通常需要加固桥台的肋墙或背墙。

锚定板在引道填土中移动必然产生侧向抗力所需的被动压力，因此，锚定板可以消耗相当多的能量，计算时可通过增大等效黏滞阻尼来考虑这种情况，阻尼比假定为10%，与阻尼比为5%的反应谱计算结果相比，其纵向设计内力降低近20%。

虽然阶段施工对交通影响最小，但是，这些加固方法仍会阻断交通。而且，施工过程中会出现由于栅格板下的开挖下沉或侵入桩孔而产生的其他问题。必须在未扰动土上浇筑混凝土，此时必须沿竖直面开挖。过去，桥台后采用豆砾石作为填土材料，当开挖遇到这些豆砾石时，无法继续沿竖直面开挖，如果未采取特殊的措施预防填土失稳，或者移除、置换豆砾石，就会使挖方尺寸加大，这是不可取的。

10.2.3　肋式桥台

为防止剪切或弯曲破坏，需要对整体式桥台的背墙进行加固。地震中，当桥台被压入引道填土中时，在桥台背墙上会产生很大的被动土压力，很可能造成背墙破坏，进而降低被动抗力。如果移位非常大，桥台就会失去支撑，对桥梁结构产生极大破坏而无法使用。为避免这种破坏形式，应对背墙进行加固，可在原背墙的表面外侧浇筑一层钢筋混凝土，如图10-6所示。如果新旧混凝土能够像组合构件一样工作，则认为整个混凝土截面可有效抵抗被动土压力产生的内力。为了使新旧混凝土协同工作，可将旧混凝土表面凿毛，在新旧混凝土之间用足够的暗销连接，并通过新旧混凝土接触面的摩擦传递剪力。另外，新混凝土中的弯曲钢筋最好保持连续，或者至少保证足够的搭接长度。

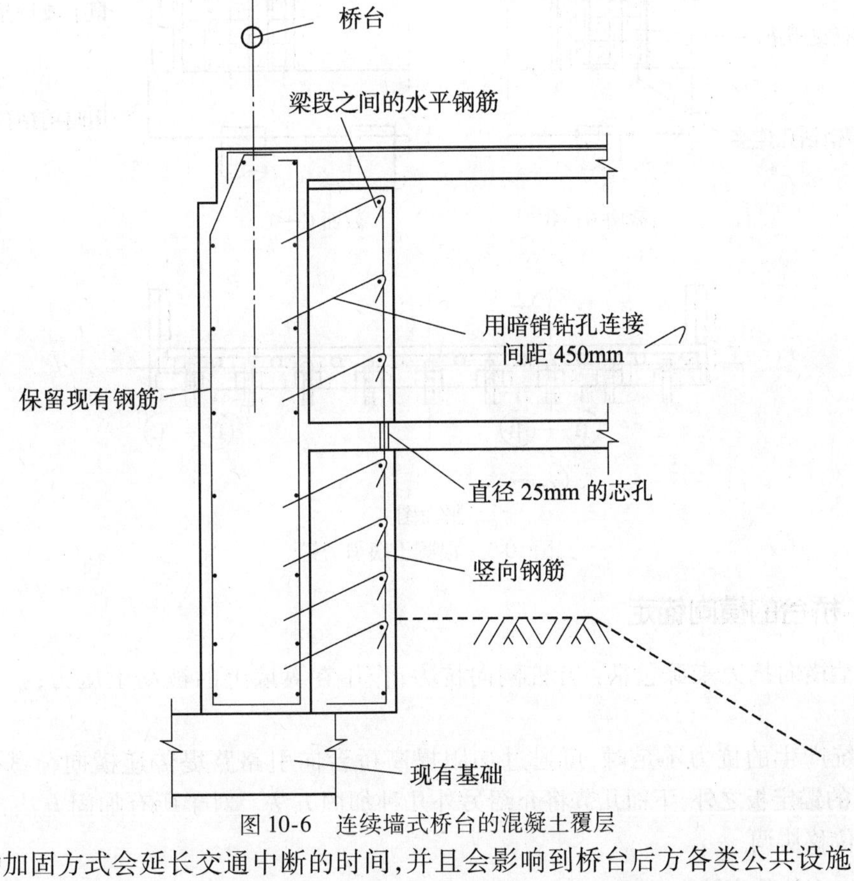

图10-6　连续墙式桥台的混凝土覆层

采取这种加固方式会延长交通中断的时间，并且会影响到桥台后方各类公共设施。除非使用支撑，否则阶段施工也很难进行。正是由于上述原因，在墙体的正面施工比较容易，但是，由于受到桥下净空的限制，施工的工作面也非常有限。

10.2.4 桥台横向剪力键

对于有支座桥台,其支座和剪力键可能无法承担上部结构传给桥台的横向惯性力。一般很少发生桥台移位造成支撑失效的情况,惯性力的有效传递可减少桥墩的内力,应将其作为整体加固方案的一部分来考虑。图 10-7 和 10-8 给出了两种横向剪力传递系统的加固方法,当然也有其他方法。采用这种加固技术的目的是设计一种总是处于弹性状态(即不允许屈服)的横向剪力传递系统,而桥台本身必须能够承担传递来的内力。

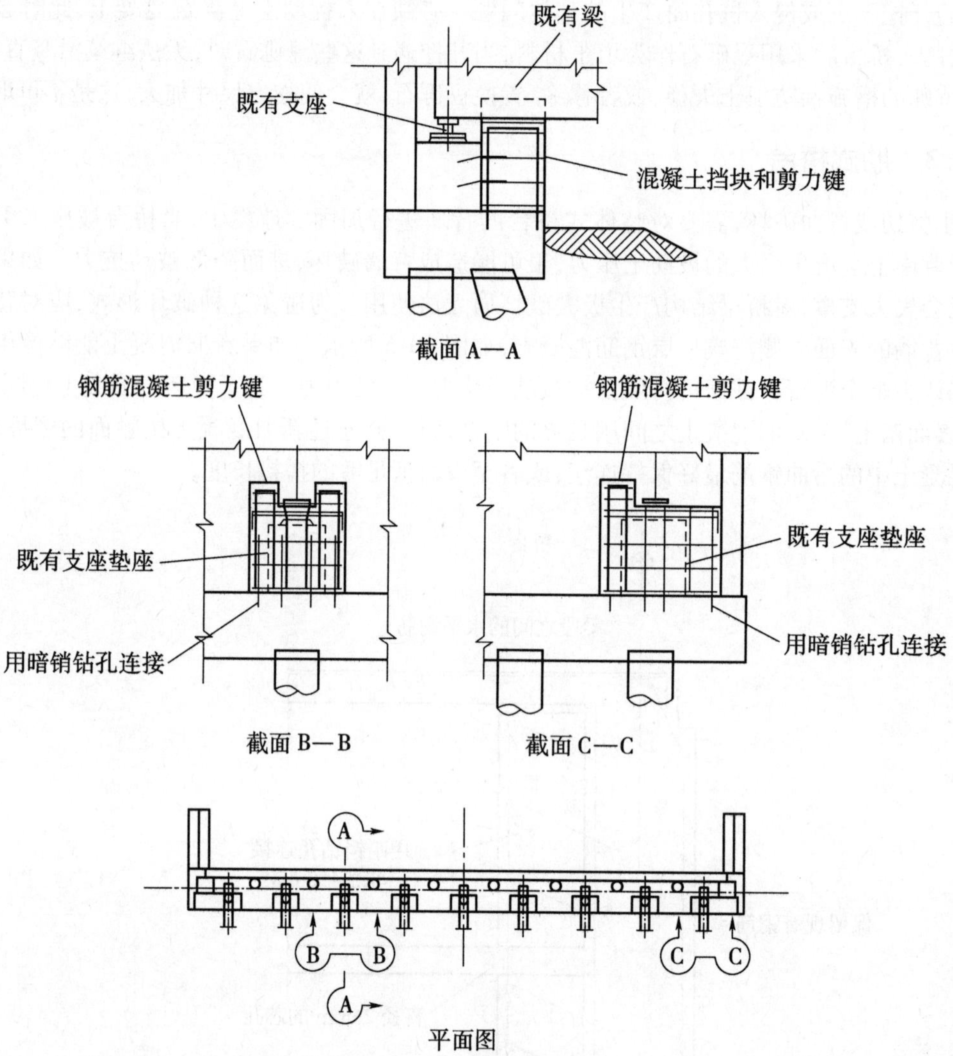

图 10-7 混凝土块剪力键

10.2.5 桥台的横向锚定

桥台上其他横向抗力来源包括:打桩侧向抗力;作用在翼墙上的被动土压力;扩大基础底部的摩擦力。

当这些系统产生的抗力不足时,可通过加固提高桥台向引路路堤传递横向荷载的能力。除了 10.2.2 节介绍的锚定板之外,下面几节将介绍另外几种加固方法。对于所有加固方法,设计时必须考虑抗力系统的位移协调。

10.2.5.1 土体剪力键

土体剪力键是从桥台背面伸入到填土中的辅助短肢墙,通过被动土压力来抵抗荷载作用,如图 10-9

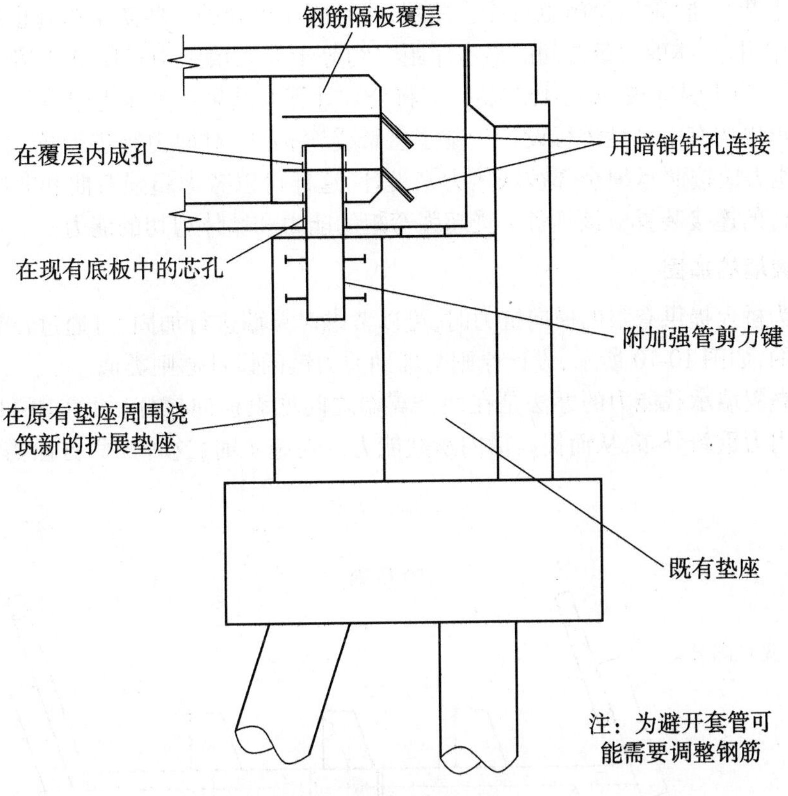

图 10-8　钢管剪力键

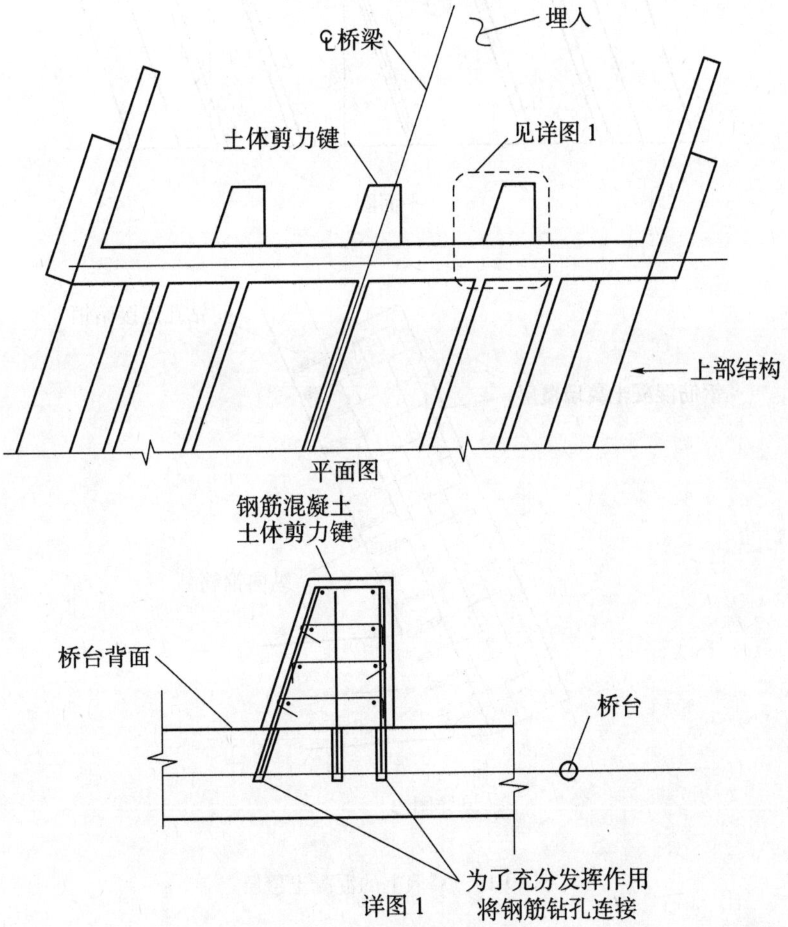

图 10-9　桥台抗震剪力墙

所示。施工时将中断交通,附属设施也将停止使用,同时前面提到的一些防御措施也应当引起注意。为了使其充分发挥作用,土体剪力键之间的最小净距大约等于伸入填土中长度的 2 倍。产生的被动压力按公式 10-2 计算。当由纵向被动压力控制时,应将公式计算的结果作为压力限值。

这些剪力键可以按有限延性进行设计。基于悬臂受弯构件,对剪力键进行抗弯设计时,系数 R 可取为 2.0。抗剪能力应按照承担全部被动压力来设计,这样可以考虑超强弯曲和非纯悬臂受弯构件产生的影响。与桥台的连接装置应该具备承受超强弯矩的能力和墙体剪切的能力。

10.2.5.2 翼墙的加固

当翼墙只能为桥台提供有限的横向抗力时,可以考虑对翼墙进行加固,可通过在翼墙上附加新的混凝土层达到此目的,如图 10-10 所示,设计原则与辅助剪力键的设计原则类似。

另外一种提高翼墙承载能力的办法是在两个翼墙之间增设横向拉杆,如图 10-11 所示。采用横向拉杆可以使翼墙内力重新分布,从而提高横向承载能力。在施工时,这种加固方法需要中断交通,附属设施也需停用。

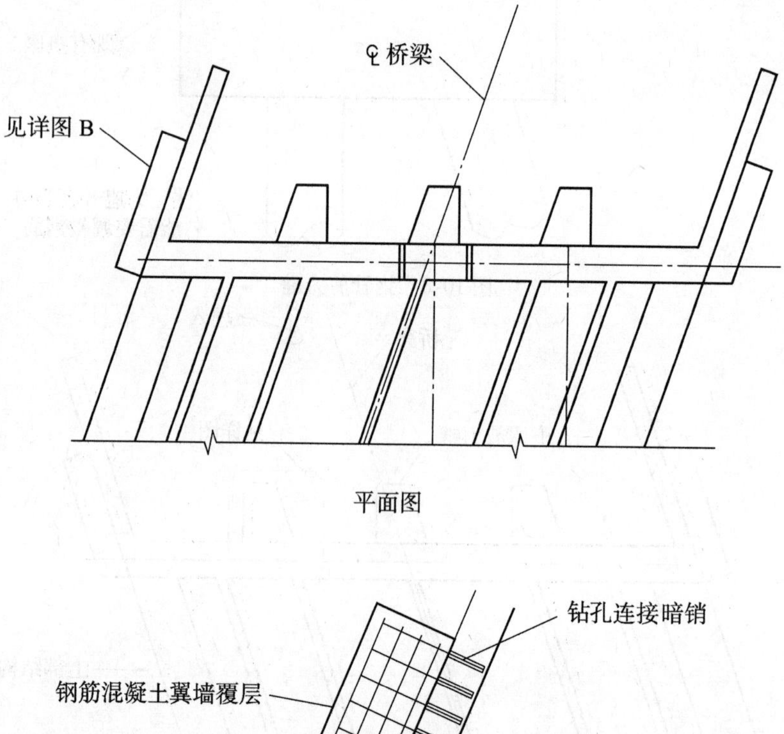

平面图

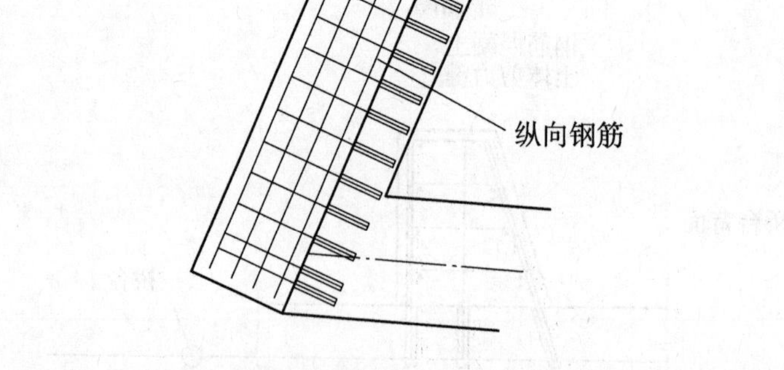

见详图 B

图 10-10　翼墙上的混凝土覆层

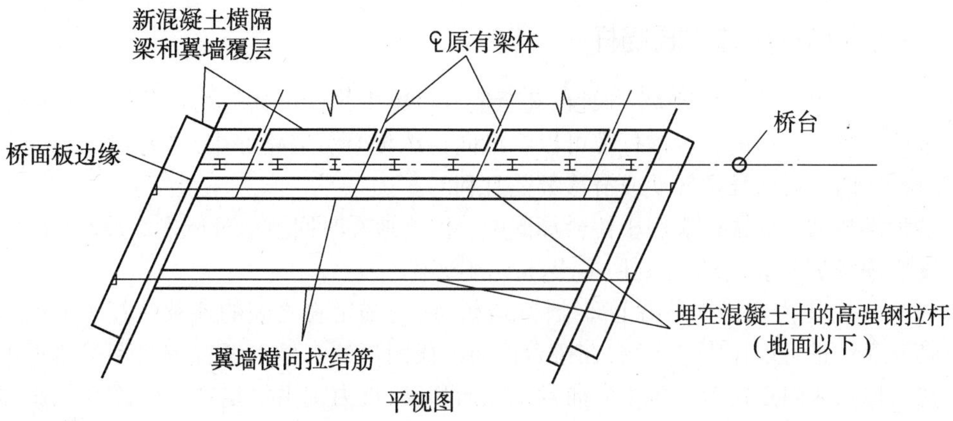

图 10-11　翼墙之间增设横向拉杆

10.2.5.3　钻孔灌注桩

沿桥台周边设置大直径的辅助钻孔灌注桩是提高桥台横向承载力最常用的一种方法，这些桩只按承受横向荷载进行设计，不考虑抗压或抗拉能力。横向承载能力可采用 6.2.2.2 节中的 p-y 方法确定。

因为桩头一端固定有利于承担横向荷载，所以，一般希望在桥台上设置一个抗弯连接装置。为了适应纵桥向较大的温度变形，就不能限制桥梁结构沿该方向的位移，因此，桩头固定的条件就难以实现。若采用有支座桥台，这些桩的延长部分可作为横向剪力键使用，这种加固方法的应用实例如图 10-12 所示。

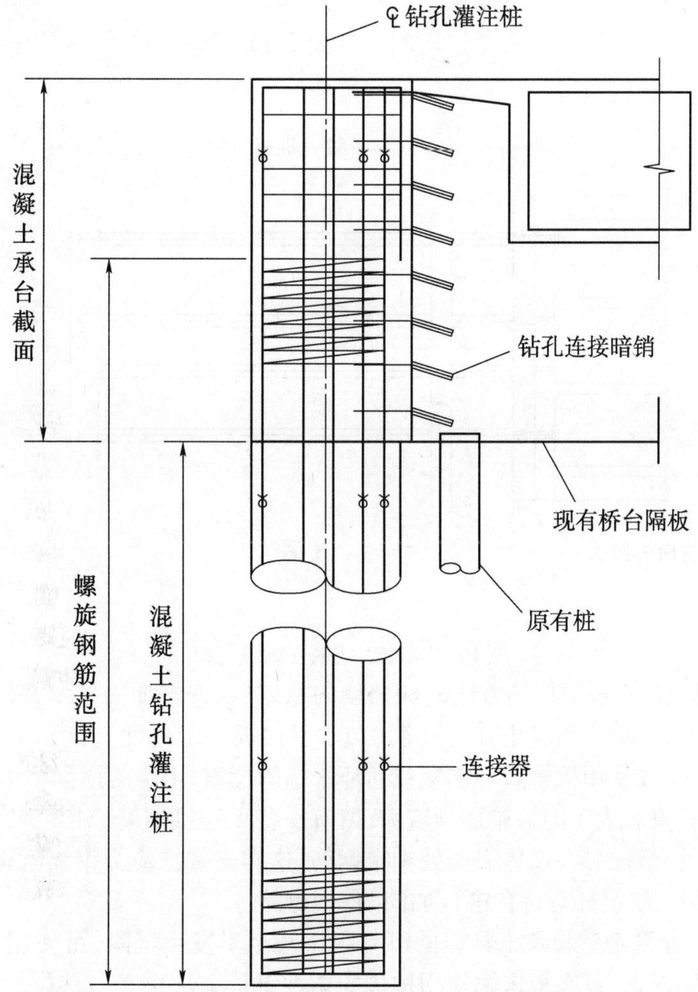

图 10-12　钻孔灌注(CIDH)桩剪力键

10.2.6 土层锚杆和重力式锚杆

桥台水平位移过大将导致车辆无法通行,甚至造成桥梁失稳。可通过增设土层锚杆或重力式锚杆来减小桥台位移。各种类型的土层锚杆都可以将纵向荷载传至引道路堤中,这些对于承受上部结构的惯性力、稳定桥台、防止桥台发生转动或滑移都是有利的。

已经有多种类型的土层锚杆应用于桥台加固中。因为地震时回填土可能发生移动,所以,锚杆深入回填土的长度必须满足要求,避免受到回填土移动的影响。

如图10-13所示,重力式锚杆是由上部结构(或桥台)与锚定物之间的连续拉杆组成的,其中,大直径的混凝土钻孔灌注桩可以作为锚定物,在桥台后面一段距离的沟槽中埋置的大型梁也可以作为锚定物。这种方法可以用来阻止桥台向跨中方向发生纵向移动,抗力则由锚定物上的被动土压力和摩擦力提供。为防止锈蚀或其他破坏,拉杆一般埋置在混凝土沟槽内。

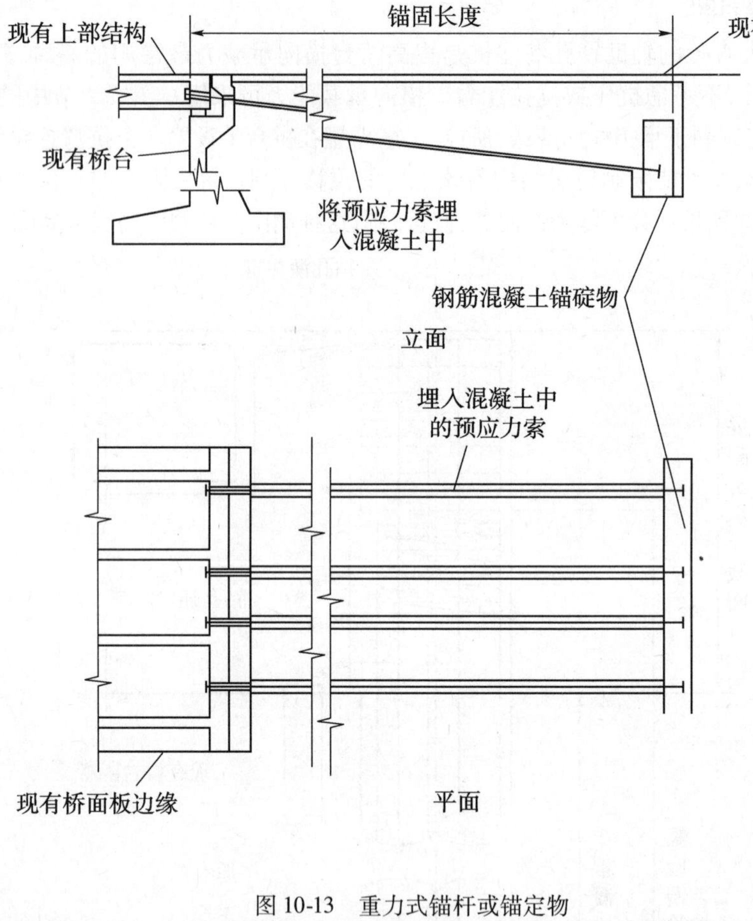

图10-13 重力式锚杆或锚定物

多年来一直采用设置土层锚杆的方法确保挡墙的稳定性,许多加固技术都已经申请专利,使用时需要申请使用权。通常,在填土路堤中开挖孔洞(与水平向成一定角度),把预应力拉杆或拉索埋置其中,并进行压力灌浆。一般使用机械式端锚板或套环来锚固拉索,土层的锚固则由土体的摩擦或孔洞末端灌浆球状体的变形提供。为了能够施加预应力,留有一些无连接钢筋,对其进行张拉,可测试锚固装置的可靠性。如果条件允许,可在墙体表面处锁定钢筋,这样全部预应力钢筋就可以由灌浆保护,防止锈蚀。图10-14是使用土层锚杆对桥台进行加固的一个实例。

如图10-15所示,如果希望粒状土路堤的沉降很小甚至不发生沉降,可使用一种改进的摩擦板锚定进行加固。在这种情况下,可在板末端使用抗拔的柔性钢桩来防止竖向移位。因为板与水平夹角约为15°,当墙体被拉向桥梁主体结构时,板下土体被压缩,从而在板与土体之间产生摩擦,同时也提高了

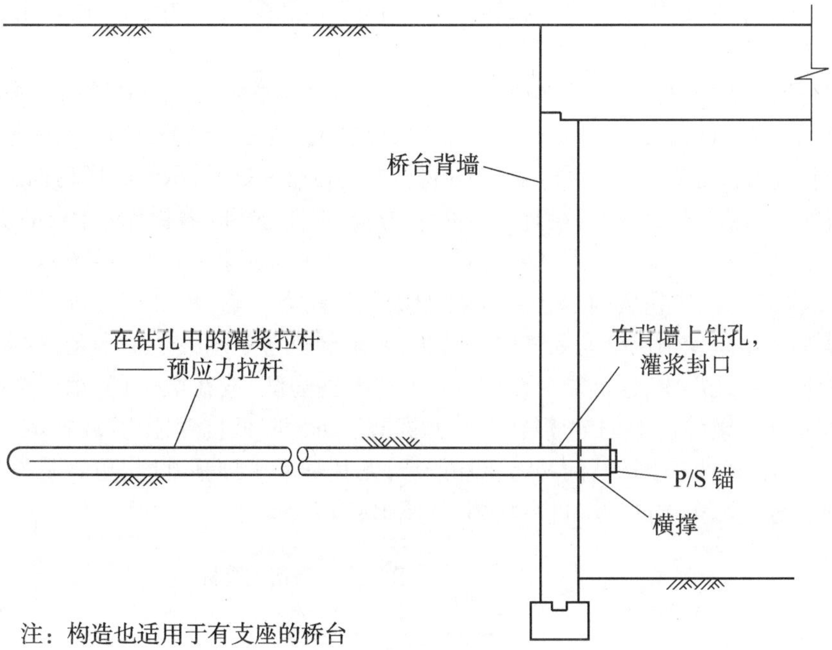

图 10-14　土层锚杆加固桥台

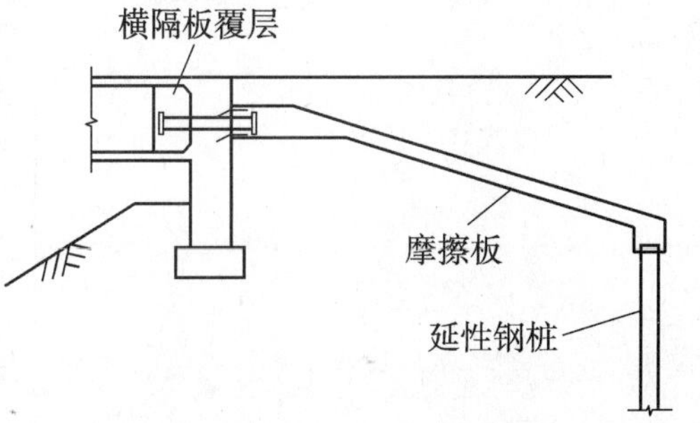

图 10-15　改进后的摩擦板锚碇构造

板下土体的剪切强度，降低了失稳的可能性。土体承载能力提高的同时使板、桩和桩的锚固装置的内力也随之增加，因此，设计板、桩及锚固装置时必须考虑这部分因素。这种方法允许产生较大的拉力，该拉力可承担上部结构产生的大部分惯性力。

在设计地震作用下，上述的任一种锚碇的极限承载能力应大于或等于上部结构传给桥台的惯性力或桥台挡墙上的土压力。

10.3　基础的加固

本节将介绍基础的各种加固方法，这些方法可以改善基础局部和整体承载能力不足的情况。如前所述，基础的加固维修成本非常高，而且由于基础破坏导致桥梁结构倒塌的情况也很少见，因此，在对基础进行加固之前，需要权衡基础加固费用和不加固造成的后果。有时候考虑破坏的风险是明智的，除非有可能有生命的损失。

10.3.1　基础的置换

除非万不得已，一般无需置换全部基础，但是在 1989 年 Loma Prieta 地震中，对旧金山（San Francisco）不少桥梁采用了这种加固方法。当需要替换墩（柱），而原基础性能不能满足要求，并且很难保证新更换的墩（柱）与基础之间的连接性能时，通常必须采用这种加固方式。

在重建基础时，需要架设临时支撑承担上部荷载，如果加固期间不中断交通，就会使问题更加复杂。在这种情况下，经常需要在上部结构下方有限的净空内打桩，并且打桩的位置应在临时支撑附近，具体可参考第 10.4.1 节的相关内容。

10.3.2　承台的加固

有时我们希望扩大基础或者桩基础发生摆动。如果墩（柱）和基础都不是延性构件，基础的摆动可以起到隔震的作用,从而防止桥梁结构的破坏。但是,如果预期摆动位移过大或基础可能发生破坏时,就需要对桥台进行加固。

抗倾覆的措施有:增大基础面积、增加桩的数量(一般与增大平面尺寸同时使用)、增设土层锚杆或岩石锚杆。由于桩与承台之间的连接比较弱,再加上桩身缺少连续受拉钢筋,所以桩的抗拉能力一般都不够。即使桩的抗拉能力满足要求,抗拉能力也需要桩身竖向位移来提供,承台的摆动也是如此。为了评定地震作用下桥梁结构的稳定性,工程师在对桥梁进行地震易损性分析时需要考虑承台的摆动柔度。

当承台稳定性较差时,通常在加固基础的同时增大承台底面面积(如图10-16)。在许多情况下,承台的整体尺寸满足要求,但是在墩(柱)发挥全部塑性变形能力之前,承台却失效了。发生这种现象的主要原因是由于承台中缺少顶层钢筋和竖向拉结筋,使承台负弯矩承载能力不足,抗剪能力随之削弱,导致抗拉能力降低。在地震中,这可能会在承台中产生弯曲裂缝,或在墩(柱)-承台节点处发生剪切破坏。承台的破坏将导致墩(柱)纵向钢筋锚固能力的降低,进而降低抗弯能力,减弱墩(柱)-承台节点处的连接效果。如果采用独柱式桥墩,问题将更加严重,尤其是采用桩基础时,更容易发生此类问题。这种承台可用增加混凝土覆盖层的方法进行加固,如图10-17所示。

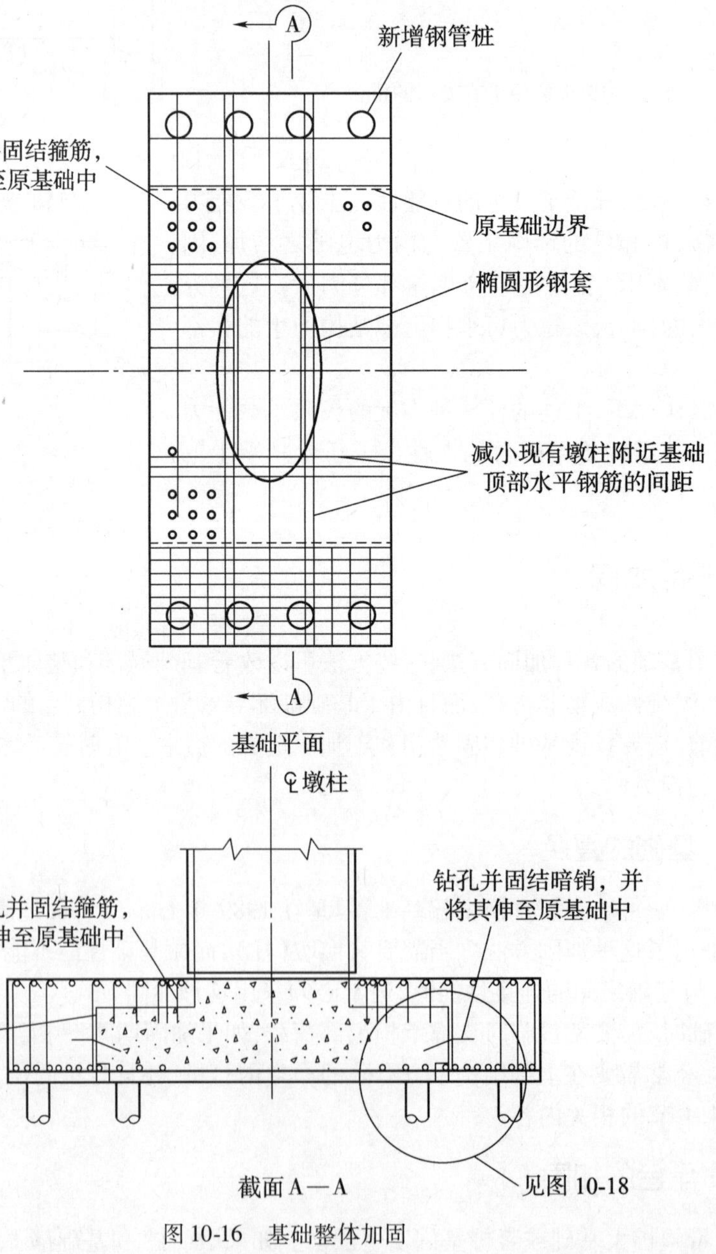

图10-16 基础整体加固

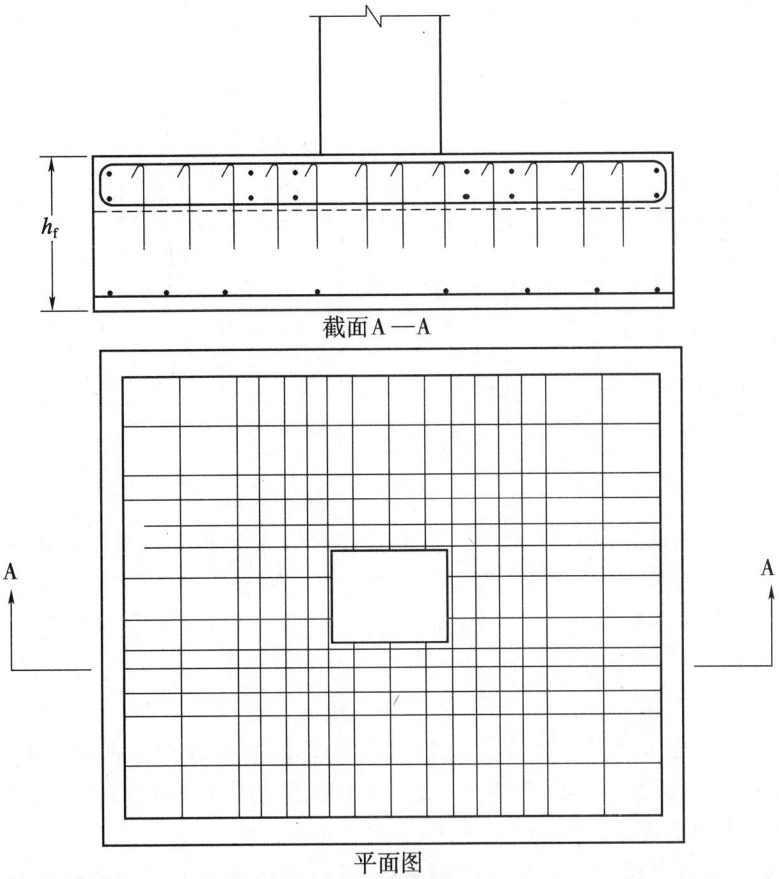

图 10-17　混凝土覆盖层加固基础

虽然增加混凝土覆盖层,可以提高承台的负弯矩承载力,但是要增加正弯矩钢筋非常困难。因此,为了提高正弯矩的承载能力,需充分利用已有的正弯矩钢筋,并增加承台高度。如果这些仍无法满足要求,需要加大承台尺寸时,应按图 10-18 所示的方法搭接已有的正弯矩钢筋。

也可用预应力钢筋来提高承台承担正弯矩的能力,具体方法如图 10-19 所示:沿承台水平方向钻孔,贯穿承台,使预应力钢筋穿过孔道。应当注意的是,很多承台是在原状土上浇筑的,因此,承台可能没有平整的表面,从而无法保证结构与竣工图完全一致,此时,需要增加新的锚块来锚固预应力钢筋。

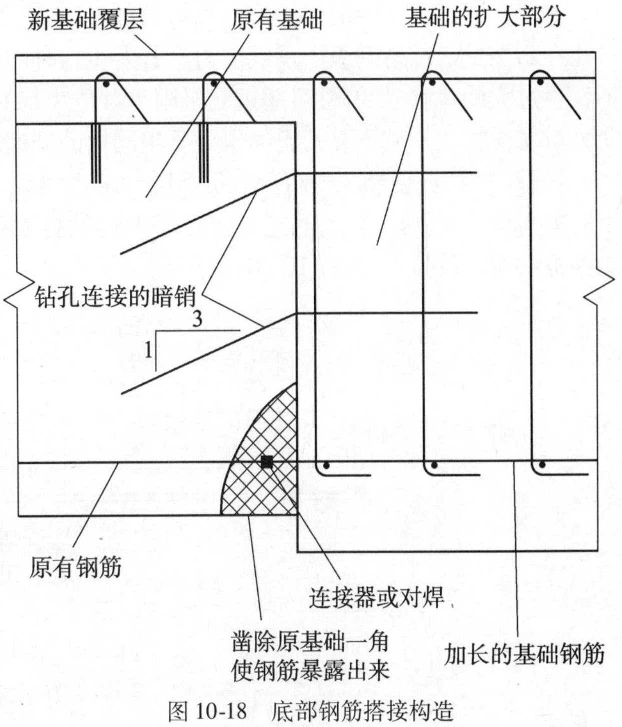

图 10-18　底部钢筋搭接构造

10.3.3　承台的加固设计

承台加固必须在承台内按抗弯、抗剪和抗接缝剪切破坏进行设计。因此,加固设计在很多方面与新建承台的设计相似。因为经常不得不依靠与新承台不同的抗力机制,所以,除了常规的梁理论外,还可以采用以拉压杆法、屈服线法。承台加固设计共分为七个步骤:

步骤(1) **确定承台设计力**　由墩(柱)施加给承台的力(弯矩和剪力),除非假设承台为岩层,

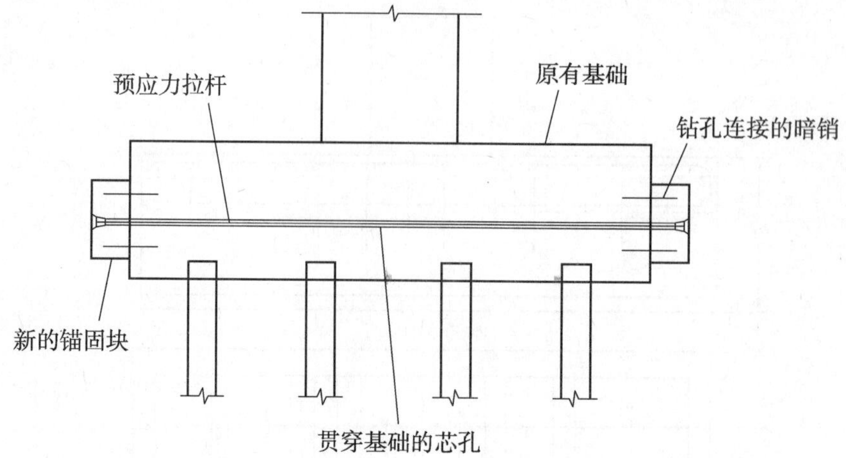

图 10-19　水平预应力钢筋加固基础

否则承台内力将受到轴向荷载作用下墩(柱)抗弯能力的限制。轴向荷载包括恒载和地震作用下产生的附加轴向荷载。材料特性高于名义值、混凝土受到钢筋约束以及钢筋的应变硬化等因素造成的墩(柱)超强弯曲,在设计时应予以考虑。确定超强抗弯能力的一种方法是基于实际或估算的材料强度计算得到名义抗弯能力后,乘以系数 1.4 来综合考虑不同的超强因素。因此,墩(柱)的超强抗弯能力计算如下:

$$M_p = 1.4M_n \tag{10-3}$$

也可用考虑约束混凝土和钢筋的应变硬化等因素的弯矩-曲率分析来确定超强抗弯能力。如果使用预期的材料强度,为了考虑超强弯曲的作用,设计位移对应的弯矩应提高 15%。作用在承台上的弯矩不应大于设计地震作用下桥梁结构动力分析得到的未折减的内力。

步骤(2)**校核承台抗倾覆能力**　对扩大基础来说,其抗倾覆能力取决于土体的极限承载能力;对桩基础来说,其抗倾覆能力取决于桩群的极限抗拉和抗压能力。如果其抗倾覆能力不足,采用摆动分析来校核承台的稳定性。如果承台在倾覆力作用下稳定性满足要求,并且不出现较大的永久变形,可不用增大承台的尺寸,也不需增加桩的数量或拉锚杆。摆动也可能减少墩(柱)和基础的内力,从而不需加固或降低加固构件的可能性。

如果需要增大承台的尺寸或增加桩的数量,则可采用传统的承台设计方法。承担恒荷载的原有桩可能在新增桩之前达到极限承载能力。若发生这种情况,基础总体上还具有部分承载能力,因此,如果不发生过大的位移,原有桩可超过其极限承载能力,如果发生较大的位移,应忽略或限制这些桩的承载能力。对于扩大基础下方的土体也可采用同样的处理方式。

步骤(3)**抗剪设计**　提高承台抗剪能力难度很大。在许多承台中,墩(柱)压力和承台或桩反力产生的剪力由一个斜压杆承担,这时需要底部钢筋提供可靠的拉力,如果底部钢筋端部采用 90°弯勾,就能够提供所需的拉力,如图 10-20(a)所示。

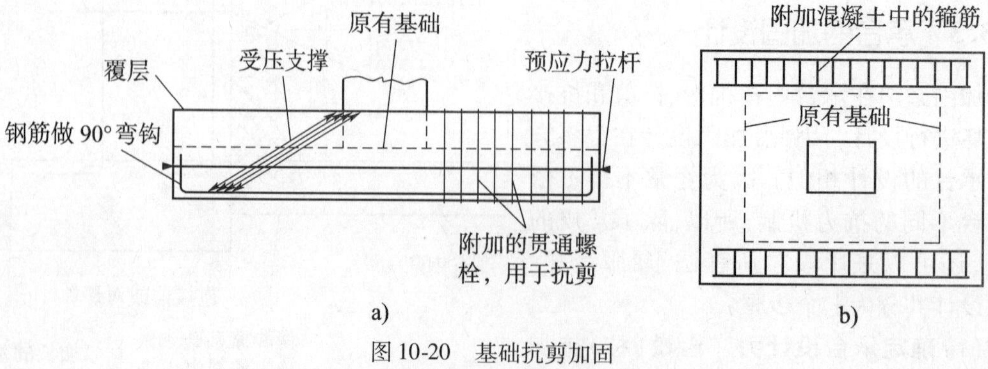

图 10-20　基础抗剪加固

a)基础受压支撑抗剪机制;b)无效的剪切钢筋

若底部受拉钢筋锚固不足或受拉钢筋长度不够，斜压杆就无法承担剪力，此时抗剪强度可通过以下方式提高：

①增加承台高度。在已有承台上覆盖混凝土层，该混凝土层将增加混凝土的抗剪能力；

②与增强抗弯能力一样，可沿承台长度方向钻孔，并贯通，然后将预应力钢筋穿过孔道；

③沿承台竖向钻孔，并贯通，然后将预应力钢筋作为附加的抗剪钢筋。这些预应力钢筋只有在贯穿承台并且在底层受拉钢筋之外锚固时，才可以得到与传统剪切钢筋一样的效果。即使伸入到承台底部很难，但是必须要正确安装这样的钢筋。如果混凝土覆盖层内有两层钢筋，竖向预应力钢筋对抗剪将是非常有效的。竖向暗销锚固在延伸至底层钢筋的孔洞中，但如果与底层钢筋之间没有做弯勾处理，将会减弱抗剪能力，此时，其抗剪能力取为充分锚固的箍筋抗剪能力的50%（Priestley et al.，1996）。

值得注意的是，在一承台的新加宽部分添加剪力钢筋，如图10-20（b），是不可能有效的，原因是它与剪力源的距离的太远（剪力主要是墩柱压力的合力）。

步骤（4）**抗弯设计**　即使那些与桩有充分拉连接的基础，由于缺少顶层钢筋将经常在弯曲强度方面存在不足。底层钢筋也可能会出现不足的情况，尤其是比较宽大的承台，其中距离墩（柱）最远的受力钢筋基本是无效的。

如图10-16和10-17所示，若要提高承台的抗弯能力，可在原承台表面增加混凝土覆盖层，并用暗销连接。顶层受力钢筋的布置要求：大于一半的顶层钢筋应当布置在从墩（柱）表面算起h_f范围内，这里h_f为加固后基础的高度。

增加基础高度，也就是增加了截面高度，因此承担正弯矩的能力也得到了提高。如果这样仍不能满足要求，可以采用前面提到的水平预应力钢筋来达到提高抗弯能力的目的。这种方法可以单独使用，也可以和增加混凝土覆盖层联合使用。预应力孔道应尽量靠近墩（柱）。

步骤（5）**连接新旧混凝土的暗销设计**　新旧混凝土之间的暗销应当具有传递混凝土界面剪应力的能力，假定摩擦系数μ等于1.0，用剪切摩擦法计算暗销传递的剪力。假设旧混凝土表面在浇筑新混凝土之前已充分凿毛，新覆盖层的厚度应能够保证暗销充分发挥抗拉能力，暗销在顶端常做成弯钩的形式。如果需要暗销提高抗剪强度，应贯穿原基础，并在底部锚固。

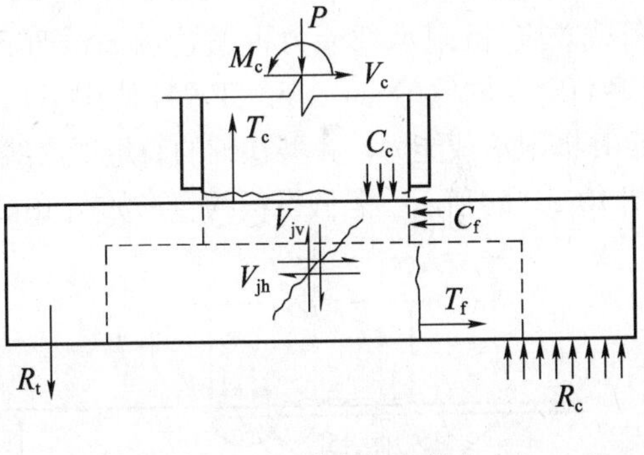

图10-21　承台节点剪力

步骤（6）**校验墩（柱）-承台节点抗剪能力**　试验研究（Xiao et al.，1994；Mclean et al.，1995）结果表明，承台主要的破坏模式是由于节点剪切引起的。图10-21详细说明了节点内的剪力情况。节点竖向剪力V_{jv}，等于墩（柱）受拉钢筋的合力T_c减去桩的拉力R_t，即

$$V_{jv} = T_c - R_t \tag{10-4}$$

节点剪切应力v_{jv}按下式计算：

$$v_{jv} = \frac{V_{jv}}{b_{eff}d_f} \tag{10-5}$$

式中：对于矩形截面墩（柱），$b_{eff} = B_c + D_c$；

B_c——墩（柱）截面宽度；

D_c——墩（柱）截面高度；

对于圆形截面墩（柱），$b_{eff} = 1.414D$，D——墩（柱）直径；

d_f——加固后基础的高度。

节点竖向有效轴向压应力按下式计算：

$$f_a = P/A_{eff} \tag{10-6}$$

式中:P——墩(柱)底部的轴向荷载(即恒荷载+地震荷载);

A_{eff}——有效承压面积:对矩形截面墩(柱),$A_{eff}=(B_c+d_f)(D_c+d_f)$;对圆形截面墩(柱),$A_{eff}=\pi(D+d_f)^2/4$。

则节点区主拉应力按下式计算:

$$f_t = -f_a/2 + \sqrt{(f_a/2)^2 + v_{jv}^2} \tag{10-7}$$

如果$f_t<0.42\sqrt{f'_c}$MPa($5\sqrt{f'_c}$psi),设计过程结束,否则需要进行下一步的设计。

步骤(7)**校核混凝土覆盖层的承载能力** 当$f_t \geq 0.42\sqrt{f'_c}$MPa($5\sqrt{f'_c}$psi),需要校核混凝土覆盖层承担节点区剪切应力的能力。图10-22的压杆和拉杆模型说明了如何承受墩(柱)抗拉钢筋的锚固力。模型有两个压杆:C_{in}指向墩(柱)内部;C_{ex}指向墩(柱)外部,且作用在墩(柱)受力钢筋锚固长度y_b的中点。C_{in}的竖向分量由墩(柱)的受压区平衡,C_{ex}则必须由基础混凝土覆盖层来承担。C_{ex}的水平向分量则由薄膜效应承担,薄膜效应使覆盖层内的水平钢筋受压;而与覆盖层垂直的C_{ex}竖向分量则由覆盖层和原混凝土层共同承担,该值按下式计算:

$$P_v = \cos(45)C_{ex} = 0.5T_c \tag{10-8}$$

虚拟的混凝土板的有效厚度为覆盖层厚度加上暗销的埋置深度(也就是说假设暗销底部有局部分离层)。在虚拟的混凝土板中存在正、负两种弯矩,此时最好由覆盖层中的两层水平钢筋来承担。由虚拟混凝土板的极限承载能力来承担P_v产生的荷载效应,极限承载能力可通过屈服线理论确定。FT-YIELD软件(Xiao et al.,1994)使用虚功法来确定其极限承载能力。典型基础的假想屈服线模式如图10-23(a)所示。若假设板的变形如图10-23(b)所示,P_v所作的虚功应与板内弯矩沿着虚拟板的折线所作的虚功平衡。增加覆盖层厚度和暗销的埋置深度,或增加覆盖层内受力钢筋都可以提高虚拟混凝土板的抗弯能力。

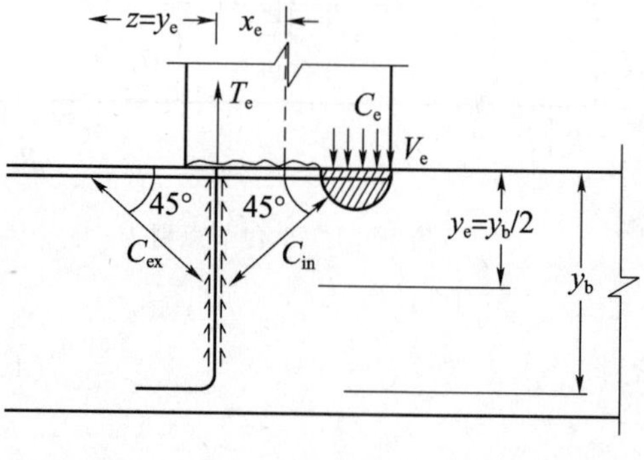

图10-22 用于节点设计的压杆和拉杆模型

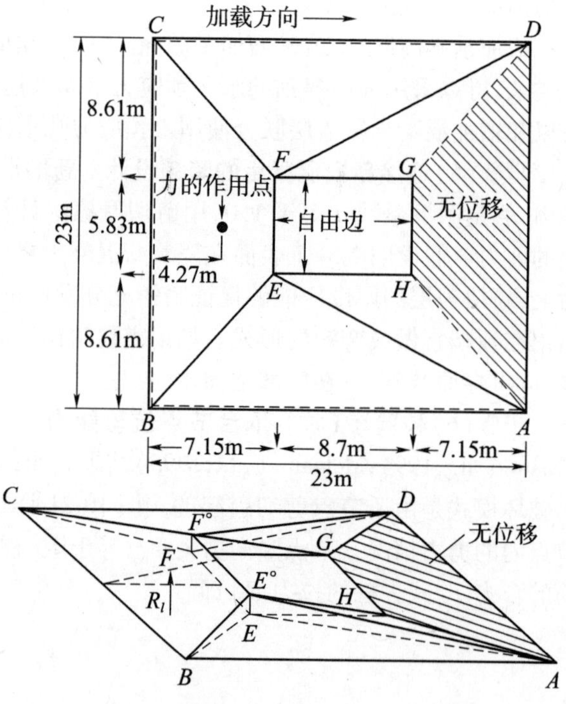

图10-23 承台覆盖层的屈服线分析

然而,除非可利用的空间受到限制,否则,最简单的办法就是逐渐增加混凝土覆盖层厚度直到v_{jv}小于$0.42\sqrt{f'_c}$MPa($5\sqrt{f'_c}$psi)。

例10-1给出了一个加固承台的设计实例。

[例10-1] 承台加固设计

下图所示的承台,钢筋混凝土墩(柱)直径为1.22m(4ft),墩(柱)配有#32(米制)(#10cus)的40#钢筋21根。墩(柱)与承台固接,以承担弯矩作用。承台没有顶层受力钢筋,承台由9根直径为0.381m

(1.25ft)的混凝土桩支承,桩与承台的连接完好,可抵抗拉力。

评估承台的承载能力,并进行覆盖层加固设计。

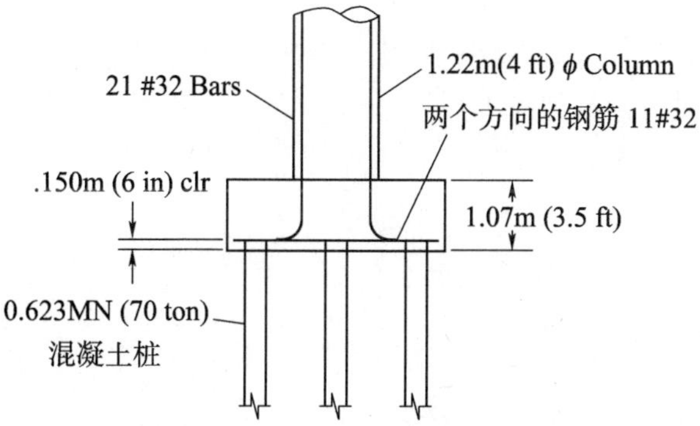

立面图

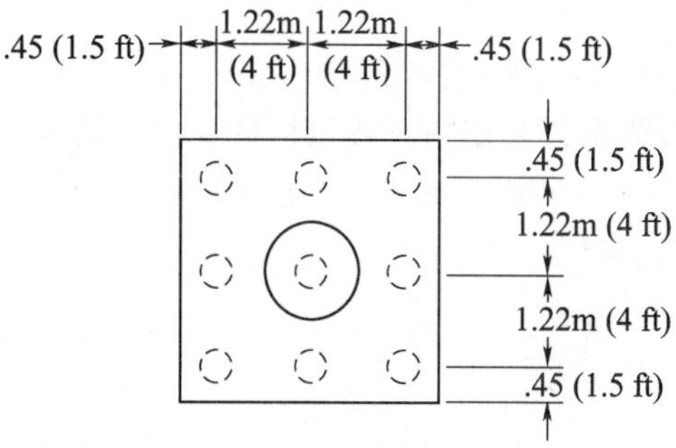

平面图

假定以下变量:

P_{DL} = 3.56MN(800k)

P_{LL} = 1.56MN(350k)

f'_c = 35MPa(5ksi)(新旧混凝土的强度)

P_{pile} = 0.623MN(70tons)(设计承载能力)

P_{ultc} = 1.25MN(140tons)(桩的极限抗压承载力)

P_{ultc} = 0.623MN(70tons)(桩的极限抗拉承载力)

步骤 1. 采用能力设计方法设计墩(柱)弯矩

M_n = 4.3MN · m(恒荷载轴力作用下的名义弯矩承载力,可由手册的 *M-N* 曲线确定)

$M_p = 1.4Mn = 1.4(4.3\text{MN}\cdot\text{m}) = 6.02\text{MN}\cdot\text{m}(4437\text{k}\cdot\text{ft})$

步骤 2. 承台承载能力评估

$N_{piles} = 9$

$$S_{piles} = \frac{2\times piles/row\times y^2}{c} = \frac{2(3)\times 1.22^2\text{m}^2}{1.22\text{m}} = 7.32\text{m}(24.02\text{ft})$$

$$P_{comp} = \frac{P_{DL}}{N_{piles}} + \frac{M_p}{S_{piles}} = \frac{3.56\text{MN}}{9} + \frac{6.02\text{MN/m}}{7.32\text{m}^3} = 1.22\text{MN/pile} < 1.25\text{MN}(140\text{tons})\text{满足条件}$$

$$P_{ten} = \frac{P_{DL}}{N_{piles}} - \frac{M_p}{S_{piles}} = \frac{3.56\text{MN}}{9} - \frac{6.02\text{MN/m}}{7.32\text{m}^3} = -0.427\text{MN 受拉}$$

$P_{ten} < P_{ultt}$

0.43MN(48.3tons) > −0.623MN(70tons)满足条件

因此,已有的桩承载能力满足要求。

步骤 3. 承台抗剪能力评估

$$v_u = \frac{V_u}{bd} = \frac{3_{piles}(1.22\text{MN/pile})}{3.34\times 0.915\text{m}^2} = 1.19\text{MPa}(173\text{psi})$$

$v_c = \phi 0.168\sqrt{f'_c} = 0.85(0.168)\sqrt{35\text{MPa}} = 0.845\text{MPa}(123\text{psi})$

$v_c < v_u = 0.845\text{MPa}(123\text{psi}) < 1.193\text{MPa}(173\text{psi}) \Rightarrow NG$(不满足要求)

为满足抗剪需求,增加承台厚度 0.305m(1.0ft),并设置 16#(米制)箍筋,间距为 0.305m(12in)。由于锚固不充分,假设箍筋只发挥 50%。

$V_c = 3_{piles}(122\text{MN/pile}) = 3.66\text{MN}(822\text{k})$

$v_u = v_c bd = 0.845\text{MPa}(3.34\text{m})\times 1.22\text{m} = 3.44\text{MN}(778\text{k})$

$s=0.305\text{m}$

$V_s=\phi 0.5\cdot A_bF_y\dfrac{d}{s}N_b=0.85(0.5)\times 0.0002\text{m}^2(414)\text{MPa}\dfrac{1.22\text{m}}{0.305\text{m}}(11\text{bars})=1.55\text{MN}(348\text{k})$

$V_c+V_s=3.46\text{MN}+1.55\text{MN}=4.99\text{MN}(1122\text{k})>3.66\text{MN}(822\text{k})$满足要求

因此,设置#16@0.305m(12in)的箍筋后满足竖向抗剪需求。

步骤4. 抗弯能力校核及桩顶受拉钢筋设计

墩(柱)等效表面到桩中心的距离为:

$X_{\text{pile}}=D-0.5(A_g)^{0.5}$

$X_{\text{pile}}=1.22-\dfrac{\sqrt{\pi(0.61^2)}}{2}=1.22-0.54=0.68\text{m}(2.23\text{ft})$

$M_T=P_{\text{ten}}\text{MN}(N_p)X_{\text{pile}_m}=\dfrac{0.43\text{MN}}{\text{pile}}(3_{\text{piles}})0.68=0.88\text{MN/m}(649\text{kft})$

采用8#19(米制)钢筋试算:

$a=\dfrac{A_sf_y}{(.85f'_c)b}$

$a=\dfrac{N_b\text{bars}A_b\text{m}^2F_y\text{MPa}}{(0.85f'_c\text{MPa})b}=\dfrac{8(0.000283\text{m}^2)414\text{MPa}}{0.85(35\text{MPa})3.34\text{m}}=0.0094\text{m}(0.37\text{in})$

$M_u=\phi A_sf_y\left(d-\dfrac{a}{2}\right)$

$$
\begin{aligned}
M_u&=\phi N_bA_bF_y\left(d-\frac{a}{2}\right)\\
&=0.9(8\text{bars})0.000283\text{m}^2(414\text{MPa})\left(1.287-\frac{0.0094}{2}\right)\\
&=1.08\text{MN/m}(796\text{kft})>0.88\text{MN/m}\Rightarrow OK
\end{aligned}
$$

$M_u>M_t\quad OK$

验算受压边的弯矩(#32@0.3m[1ft])

$M_c=P_{\text{comp}}N_pX_{\text{pile}}=1.22(3)\cdot 0.68=2.49\text{MN/m}(1835\text{kft})$

$a=\dfrac{A_sf_y}{(.85f'_c)b}=\dfrac{11\times .000818\times 276}{3.34\times 35\times .85}=.025$

$$
\begin{aligned}
M_u&=\phi N_bA_bF_y\left(d-\frac{a}{2}\right)=0.9\cdot 11\cdot 0.000818\cdot 276\cdot\left(1.22-\frac{.025}{2}\right)\\
&=2.70\text{MN/m}(1990\text{kft})>2.49\text{MN/m}\Rightarrow OK
\end{aligned}
$$

$M_u>M_c\quad OK$

步骤5. 计算新旧混凝土交界面的水平剪力

承台新混凝土层的面积为:

$A=d_{\text{ol}}(b)$

$Q=Ad_Q=0.305\text{m}\cdot 3.34\text{m}\left(\dfrac{1.375\text{m}}{2}-\dfrac{0.305\text{m}}{2}\right)=0.54\text{m}^3(19.3\text{ft}^3)$

$I=\dfrac{bh^3}{12}=\dfrac{3.354\text{m}\cdot 1.372^3\text{m}^3}{12}=0.528\text{m}^4(83.6\text{ft}^4)$

$v_h=\dfrac{V_uQ}{(I)b}=\dfrac{3.44\text{MN}\cdot 0.54\text{m}^3}{0.528\text{m}^4}\cdot\dfrac{1}{3.34\text{m}}=1.06\text{MPa}(154\text{psi})$

$v_{sf}=\dfrac{\phi\psi A_sF_y}{s^2}=\dfrac{0.85(1.0)\cdot 0.0002\cdot 414}{0.305^2}=0.757\text{MPa}(110\text{psi})\qquad NG$ 不满足要求

$v_{sf}<v_h\quad NG$

试算：箍筋#16@0.250m(0.82ft)(#16 和 35MPa[5000 psi]混凝土在覆盖层需要的锚固长度为0.3m)

$$v_{sf}=\frac{\phi\psi A_s F_y}{s^2}=\frac{(0.85)\cdot 1.0(0.000283\text{m}^2)\cdot 414\text{MPa}}{0.250^2}=1.126\text{MPa}(135\text{psi})\quad 满足要求$$

$v_{sf}>v_h$　　满足要求

步骤 6. 节点抗剪验算

$$A_{eff}=\pi(D+d_f)^2/4=\frac{3.1416\cdot(1.22\text{m}+1.22\text{m}^2)}{4}=4.68\text{m}^2(50.3\text{ft})\qquad(\text{Eq. 10-6})$$

$b_{eff}=D\sqrt{2}=1.414(1.22)=1.73\text{m}(5.67\text{ft})$

$T_{col}=A_s f_y$

假设采用 60 号钢筋，$f_y=414\text{MPa}$

$$T_{col}=15\text{bars}(0.000818\text{m}^2\text{bar})\cdot 414\text{MPa}=5.08\text{MN}(1142\text{k})\Rightarrow 假设受拉区有 15 根钢筋$$

$$V_{jv}=T_{col}-N_{piles}P_{ten}=5.08-3\cdot 0.43=3.79\text{MN}(852\text{k})\qquad(\text{Eq. 10-4})$$

V_{jv}即为节点剪力。

$$v_{jv}=\frac{V_{jv}}{b_{eff}d_f}=\frac{3.79\text{MN}}{1.73\text{m}(1.22\text{m})}=1.80\text{MPa}(261\text{psi})\qquad(\text{Eq. 10-5})$$

$$f_a=\frac{P_{DL}}{A_{eff}}=\frac{3.56\text{MN}}{4.68\text{m}^2}=0.76\text{MPa}(110\text{psi})$$

$$f_t=-f_a/2+\sqrt{(f_a/2)^2+v_{jv}^2}=-\frac{0.76\text{MPa}}{2}+\sqrt{\left(\frac{0.76\text{MPa}}{2}\right)^2+(1.80\text{MPa})^2}=1.46\text{MPa}(212\text{psi})\qquad(\text{Eq. 10-7})$$

$F_t=0.42\sqrt{f'_c}=(0.42)\cdot\sqrt{35}=2.48\text{MPa}(360\text{psi})>1.46$ 满足要求

因此，无需使用屈服线理论验算覆盖层的承载能力。承台加固草图如下图所示：

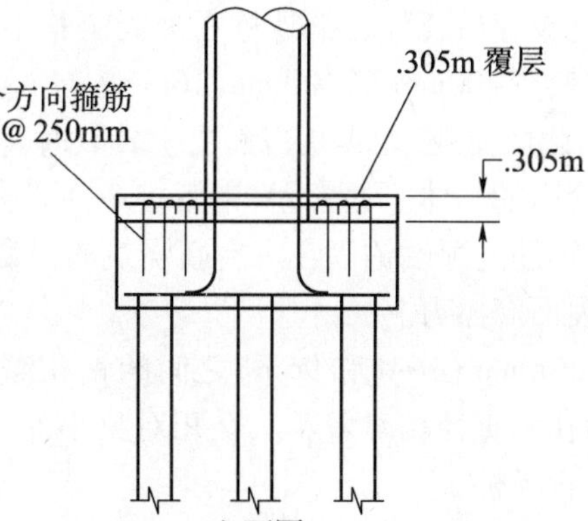

立面图

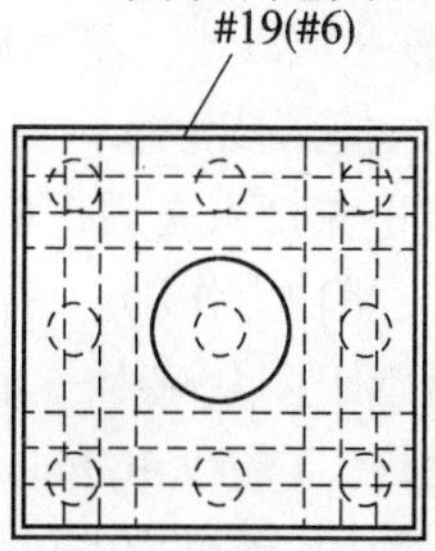

平面图

10.3.4　限制传递到承台的力

与 9.3.3 节介绍的用连梁降低盖梁弯矩的方法类似，连梁也可用在承台上，来降低传给基础的弯矩。连梁设置在承台附近，可以在地面以下的原状土上建造，设计目的是使塑性铰出现在连梁正上方的墩(柱)中。连梁可以减小下方墩(柱)中的剪力，使剪力低于连梁上方墩(柱)中的塑性剪力，从而，连梁下方墩(柱)中的弯矩也会随之降低，这样就限制了传给基础的弯矩，不必再对基础进行加固。这种加固方法如图 10-24 所示。

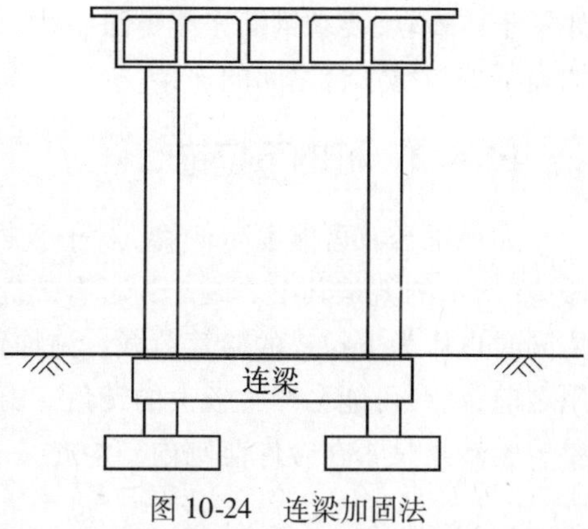

图 10-24　连梁加固法

10.4 桩与桩-承台节点的加固

发生地震时,桩要承受压力、拉力和侧向荷载的作用,如果承载能力不足,就需要进行加固,最常用的方法是使用辅助桩。

置于密实土中的桩,其极限受压承载力是容许应力法得到的桩的承载力的 2 ~4 倍。对于置于非密实土(如软黏土或液化土)中的桩的承载能力与那些像墩(柱)一样受力的桩的承载力有关,此时可采用较刚且不易屈曲的辅助桩。辅助桩也可以限制承台的侧向位移,减少 P-Δ 效应,增强原桩的性能。

桩的抗拉能力一般与桩-承台节点的性能有关。木桩的抗拉能力非常低,甚至没有抗拉能力。H 形钢桩的标准节点也不能承担较大的拉力。如果钢筋混凝土桩中设置的纵向钢筋在靠近桩顶处截断,可能会导致桩的抗拉承载力不足。当桩出现上述情况,或其他原因导致的抗拉能力不足时,需要设置下拉地锚或辅助抗拉桩。

密实土中,桩的侧向承载能力一般没有问题,但是,如果侧向荷载非常大,或者土体无法提供足够的侧向支撑时,就需要增设具有承担侧向荷载能力的辅助桩。

在下面的章节中将介绍增设辅助桩的注意事项和拉锚杆的构造。

10.4.1 辅助桩的类型

当承台需要加固或置换时,通常需要打桩。一般在上部结构的下方打桩,这意味着净空将会受到限制。这就要求打桩的长度要短,并且要多次快速拼接,这样就无法使用预制混凝土桩或木桩。对于一些加固工程来说,使用 H 形钢桩非常方便,为了使弯矩连续,需要在各个拼接截面进行全对接焊。下面将会介绍在加固工程中广泛使用的两种桩。

由于采用全焊透对接焊进行截面拼接比较容易,所以,钢管桩在加固工程中广泛使用,采用钢管桩时,一般在现场浇筑核芯混凝土。桩直径一般在 400mm 到 600mm(16in 到 24in)之间,而且比面积相同的 H 形钢桩的刚度大,使其能够承担更多的侧向荷载,尤其是当面层土较软时。打桩时,底部可作封闭处理,或者将底部开口,在打入之后再取出管内的土体。通常,将钢管桩中注入混凝土和足够长的钢筋笼,这样可以承担弯矩和轴力作用。可以将钢筋笼顶端锚固在承台新浇筑的混凝土中,这样可以有效防止桩被拔出。取出管内土体会减小一部分表面摩擦力。

如果场地条件允许,直径在 400mm 和 2500mm(16in 和 96in)之间的钻孔灌注桩(CIDH)也广受欢迎。在狭小的工作空间内,现有设备可钻的孔洞直径相对较小。在相对狭小的水平面内产生很大的轴力或侧向荷载时,可使用具有较大刚度的大直径桩。

如果孔洞干燥而且不会坍塌,钻孔灌注桩(CIDH)是最易施工的。在潮湿环境或可能发生坍塌的环境中,也有一些可操作的方法安装这种类型的桩。这种桩也有足够深的钢筋笼来承担轴力和弯矩作用。如果土体较软,要求钢筋笼能更深一些,此时若净空不足,还需要进行纵向钢筋的搭接。钢筋笼同时也加强了桩与新承台之间的连接。

10.4.2 桩的下拉锚

如果承台有可能发生倾覆,对于受拉桩,可增设下拉锚。几种下拉锚的构造已经得到了验证,图 10-25 所示的就是其中之一。为了有效提供充足的抗拉刚度,一般对拉锚杆施加预应力,所施加的预应力同时也作为下拉锚的验算荷载。施加预应力的大小受到原桩抗压能力的限制。在下拉锚完全发挥作用之前,承台可能会产生较大的转角。由于承台过大的转角可能会增大高墩(柱)的 P-Δ 效应,所以,需要检验转角是否在容许范围内。为此,一般只能在相对较矮的墩(柱)的承台中使用下拉锚。

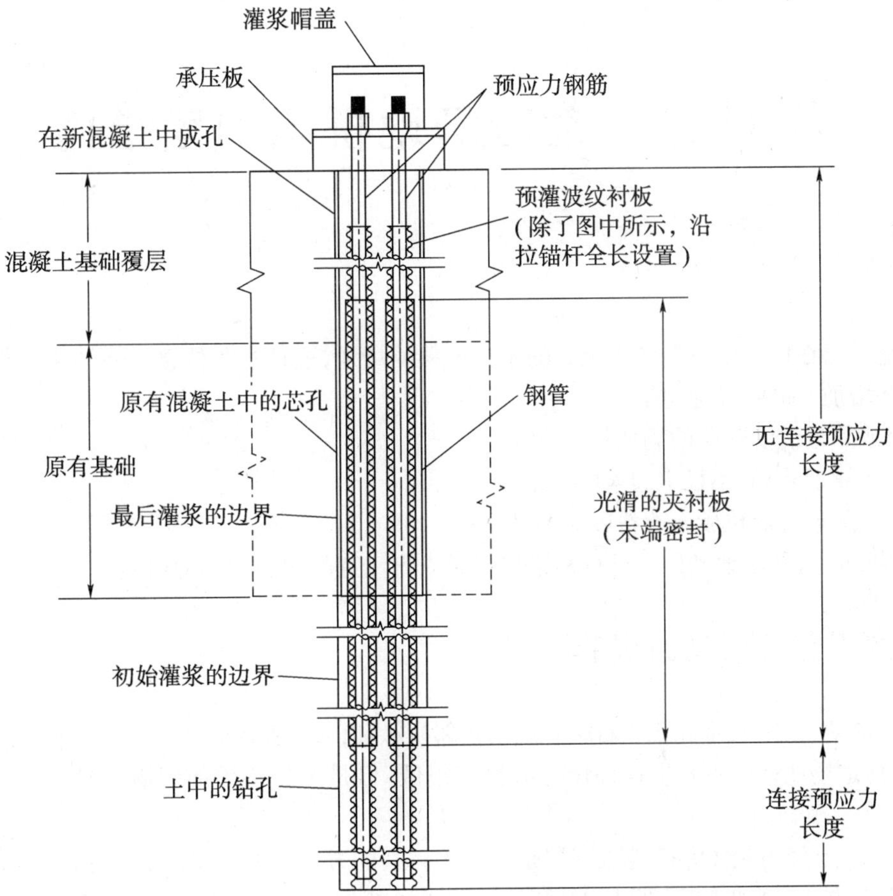

图 10-25　预应力拉锚杆

第11章　危险场地桥梁加固措施

11.1　概述

危险场地是指在地震中可能产生极大的永久位移的场地,这种永久位移将使结构构件内力和(或)相对位移显著增加。危险场地包括:

(1)横跨或靠近活动断层的场地;

(2)位于或靠近陡峭、不稳定边坡的场地;

(3)位于或附近有液化砂土或粉砂的场地。

本章将讨论在这种场地条件下进行桥梁加固时应当注意的问题和加固措施。

11.2　横跨或靠近活动断层的桥梁

由于断层错动,横跨或靠近活动断层的桥梁相邻桥墩和(或)桥台会产生较大的位移差。虽然桥梁服役期内,在指定场地条件下发生这种情况的概率很低,但是选择桥梁加固措施时应该考虑这种可能性。

在第3章中,已经讨论了判断地表断层是否发生破裂的方法。如果有可能发生断层错动,应当采用比较保守的设计方法,例如,在下部结构的塑性铰区增加多余约束以提供最大的位移变形能力。

如果要将简支梁桥转换成连续梁桥,需要仔细评估这种作法的利弊。比如说,转换成连续梁桥时,可能需要增大简支梁两端截面刚度来承担由于体系转换而产生的负弯矩;虽然简支梁桥允许出现较大的相对位移,但是有可能发生落梁,因此,应保证足够的支承长度。

采用连续刚构的结构形式,可以降低结构整体倒塌的概率。但是,对于横跨断层的整体结构来说,容许的相对位移是非常有限的。一种方法是在每个桥墩和桥台处设置弹性橡胶支座来支承连续的上部结构,这些支座能够适应较大的位移,还可以对上部结构提供弹性恢复力。如果能够预测结构的位移情况,也可以设置限位器。近几年的地震加速度记录表明靠近断层的竖向加速度超过1.0g,在这种情况下,宜采用整体浇筑结构,如果使用弹性橡胶支座,还需要设置竖向限位器来限制竖向位移。

11.3　位于或靠近不稳定边坡的桥梁

很多山区桥梁横跨陡峭的山谷,应该对地震条件下边坡的稳定性作详细的地质勘察。

对于重要结构,地质勘察应包括:(1)地质地貌的研究,如专家对航空照片的分析来确定近期地震作用下边坡的运动情况;(2)通过材料测试和大范围钻孔和挖沟勘察,检查不稳定土层和竖向裂隙情况。应该特别注意有可能发生失效的场地区的排水性,以防止地表水的渗透和孔隙水压的增加。专门研究可以提高边坡稳定的实用方法,例如,除去边坡上的覆土。对于重要结构,建议将桥台移至远离坡顶的地方,并重新修建两个边跨。位于边坡上的基础,使用岩石锚杆或其他锚碇措施是明智的。

评价地震引起边坡失稳的可能性和边坡变形的方法,以及提高边坡稳定的加固措施将在本手册的第二部分详细说明。

11.4　位于可液化土层上的桥梁

过去发生的地震(1964 Niigata 地震,1964 Alaska 地震,1990 Luzon 地震,1991 Costa Rica 地震,1995 Kobe 地震)已经证明了由土壤液化造成的地基失效对桥梁结构的危害性。

根据过去的经验,需要考虑以下三种与土壤液化相关的地质灾害:

(1)由已有静应力造成的滑移(较大的平动或转动);

(2)由地震动诱发的有限反复的或永久的地面侧向滑移;

(3)液化后地面沉降。

每一种地质灾害都会对桥梁结构造成严重破坏,见图 11-1,所以在制订桥梁加固方案时应该考虑地质灾害的影响,破坏模式包括:

(1)由土壤液化引起的流滑或侧向滑移使桥台和桥墩发生的侧向变形,可能导致桩的破坏和落梁;

(2)相邻桥墩的地面沉降差可能造成落梁;

(3)基础、桥台的不均匀沉降使连续的上部结构和桩受到向下的拉力作用,并发生破坏;

(4)震动时由于桩身刚度和强度的损失导致结构破坏。

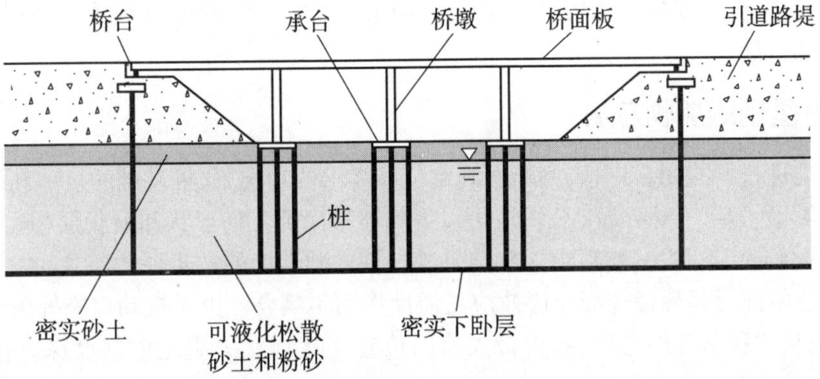

图 11-1　位于液化土层的桥梁立面图

在第 3 章中,介绍了桥梁场地液化势的评估方法和液化后地面沉降评估的工作流程。附录 B 介绍了液化势的评估方法。自由场(也就是没有建设桥梁的场地)地面侧向变形的计算方法也在第 3 章中进行了介绍。因为计算方法中包含了许多不确定因素,仍需要不断地改进。实际工程中,在液化区内假定的主滑动面上使用 Newmark 滑动块法进行分析,由滑动面的侧向滑移来定义自由场的位移,在滑移区内侧向位移位移呈线性分布,如图 11-2 所示。

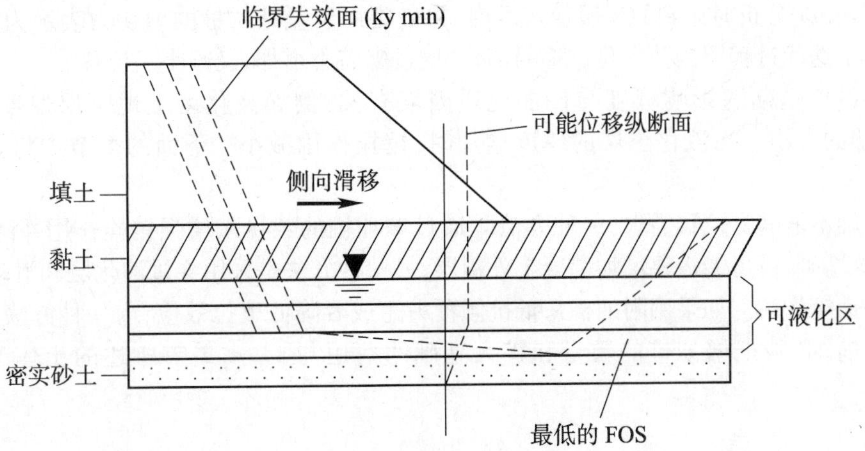

图 11-2　拟静力稳定性分析

当有可能发生上述任意一种破坏模式时,要相应地采取降低灾害的措施。除了将桥梁移到稍微安全的地方之外,有两种可行的方法:

(1)对结构进行加固使其性能能够适应由液化造成的不利影响,包括液化引起的土体位移需求。为此,需要通过土-结构相互作用(SSI)分析确定现有基础的位移和承载能力是否满足地面变形需求,而且不发生倒塌,或者满足其他规定的性能标准。如果不能满足要求,应该评价加固基础的各种方法,并将加固费用与场地改良费用进行对比。在11.4.1节中给出了评价方法。

(2)通过场地改良提高土体稳定性,防止或限制液化的发生,降低地面位移需求。场地加固方法有:

①对桥墩周围以及引道填方坡脚以下的液化土原位压实,这样可以将地面变形控制在容许范围;

②灰土深层搅拌,这样可以在土体中形成与密实法一样的稳定区域;

③排水、设置砾石排水沟或渗透灌浆,或采取其他类似的措施。

表11-1总结了一些已建桥梁场地液化土的改良方法,实际应用情况在其他几个出版物(ASCE,1997;Andrus和Chung,1995)中都有论述。关于已建桥梁场地液化土改良方法的较为全面的报告已经出版(Cooke和Mitchell,1999)。

原位密实法是新建、已建桥梁场地改良方法中应用最广的一种方法,原位密实可以用振捣置换,也可以用压密灌浆的方法。

11.4.1 桩基础的加固方法

需要对桩基础进行一次初步评估,判断在满足位移需求的情况下,桩基础的抗剪和抗弯能力是否能够防止结构整体倒塌。基于Newmark分析法可以得到滑移面的几何形状和液化层(通常是液化安全系数最低的土层)的横向变形大小,然后由这些结果进行桩基础性能的初步评估。

这些分析方法的前提是假设地面位移效应与惯性作用不耦合。由于振动反应峰值一般在地面最大位移之前出现,而且位移引起的弯矩、剪力最大值的位置也比惯性力引起的深度深,所以,在许多情况下,这个假设是合理的。

可通过土-桩相互作用的程序来计算地面位移在桩基中产生的弯矩和剪力,如LPILE(Wang和Reese,1998),该程序通过p-y曲线将假想的位移场施加给接触面的弹簧。许多类似的分析程序在文献中均有详细阐述[1]。在已液化区,一般把土按软黏性土处理。在计算侧向弹簧特性(如p-y曲线)时,假设土的最大黏聚力等于液化土的残余强度。有时,较大的地面变形可能滑过基础,在此过程中对桩基础施加了全部的被动压力(Berrill et al.,1997)。

通过考虑桩或桩群对侧向位移的加强或"销拴"作用,可以对上述方法进行适当的改进,具体做法是:在计算Newmark分析时用到的屈服加速度时,将破裂面位置处的桩的剪切力表示为一个等效剪切强度。这是一个迭代过程因为剪力是位移的函数,反过来剪力增加,又减小了位移。

侧向滑移对桩基础的影响程度与许多地质因素有关,例如液化区上地壳层厚度、液化土层的厚度、侧向位移的大小。当液化土层的厚度增加时,销拴作用减小。下面的章节中将介绍简化计算方法。

如果桩基础不能满足位移需求,一种方法是通过增加桩的数量来增强销拴作用并降低位移需求,此时,需要扩大基础,还可能需要增加混凝土外覆层;另一种方法是采用穿过液化层和滑动面的锚固桩,可提供附加的销拴作用。如果用附加桩来抵抗倾覆力矩或者降低下拉效应,前一种方法更有效。在使用这种方法之前,必须把增加桩的数量和扩大基础的费用与11.4.2节所述的土体改良费用进行比选。

[1] Jakura and Abghari (1994); O' Rourke et al. (1994); Soydemir et al. (1997); Ishihara and Cubrinovski (1998).

表11-1

已建桥梁场地可液化土壤改良方法

方法	原则	适用的土壤类型	处理后的土壤特性	相对费用	桥台适用性		墩的适用性	备注
					矮粗(柱墩)stub	全高/翼墙		
压密灌浆法	由高压抽出高黏度水泥浆,将其作为球状液压千斤顶,使土壤密实	可压缩土,并有些细粒土	提高 D_r SPT:$(N_1)_{60}$25~30 CPT:q_{cl}=80~150 tsf(kg/cm²)	材料费低;喷射费用较高	1. 可对桥台至引路路堤坡脚之间的任何位置进行处理;如果预计会发生过大沉降,可处理桥台下方及其周围,适用性高; 2. 可对群桩周围进行处理,适用性高	1. 可处理基础下方及其周围,适用性较高; 2. 可处理群桩周围,适用性高	对实体墙式墩、多柱式墩和墩顶有深梁的墩(锤式墩)的适用性高。对独柱式圆形截面墩,适用性高~中等。 1. 处理基础下方和周围; 2. 处理群桩周围	控制稠度(heavy)和(或)土体的水力劈裂。 颗粒和化学灌浆:核实灌浆土体的尺寸和强度。 喷射灌浆法:分段灌浆控制沉降。 评估喷射压力对桩的潜在破坏性
颗粒灌浆法	渗透灌浆:在土孔隙中填入水泥、土和/或黏土	纯砂,或粗砂和砾石中间的土	水泥浆土层:高强度	灌浆系统中费用最低的				
化学灌浆法	两种或超过两种化学溶剂在土孔隙中发生反应形成凝胶或坚硬的沉淀物	淤泥和砂土	低~高强度	费用由高~非常高				
喷射灌浆法	高速的喷射机在一定深度挖掘、喷射,混合土和稳定剂以形成柱或板	淤泥、砂土和黏土	坚固的墩柱和墙	费用高				
振捣探头	通过振动密实,水下液化引起的沉降	砂土(No. 200筛网过筛率小于15%)	D_r:达到80%以上,在某些砂土中无效	中等	1. 对于侧向滑移,适用性为中等;对于沉降,适用性为低。处理路堤坡脚可以降低施工沉陷的危险; 2. 因为勘查困难,所以处理桩身四周时,适用性低	1. 对于可能有过大沉降和振动的桥梁,净空狭窄的情况,适用性低; 2. 因为勘查困难,所以处理桩身四周时,适用性低	1. 对于可能有过大沉降和振动的桥梁,净空受限的情况,适用性低; 2. 处理桩身四周时,适用性中等~高	净空狭窄限制了这种方法的使用范围。监测桥梁过大振动。水中施工需要特殊施工工序
振动密实	通过振动密实,并在一定深度回填土压实	砂土(No. 200筛网过筛率小于20%)	提高 D_r:达到85%以上, SPT:$(N_1)_{60}$25~30 CPT:q_{cl}=80~150 tsf(kg/cm²)	中等				
振捣置换法/石柱	由密实的砾石柱提供压实、补强和排水作用	淤泥和砂土	提高 D_r:SPT:$(N_1)_{60}$25~30 CPT:q_{cl}=80~150 tsf(kg/cm²)	中等~高				

续上表

方法	原则	适用的土壤类型	处理后的土壤特性	相对费用	桥台适用性		墩的适用性	备注
					矮粗(柱墩)stub	全高/翼墙		
附加荷载/扶壁式填土	加载物的重量提高了有效应力,从而提高了液化承载力。扶壁式填土可以降低倾覆力矩,并增加承载力矩,从而提高稳定性	表面稳定的任何土层	强度增加	费用低	1. 边坡稳定时,适用性高;沉陷时,适用性低,放置在路堤坡脚处; 2. 适用性低。无法提高桩身周围的土应力	1&2. 适用性中等,在墙前方回填扶壁式填土	1&2. 适用性中等~低。在墩身周围放置加载物	需要大片区域。评估附加荷载和沉降对桥梁的影响
排水: 砾石 砂土 排水管	降低超孔隙水压力,防止液化。从附近液化土中截取和消耗超孔隙水压力	淤泥和砂土	排水性提高	低~中等	1&2. 中等。在采用其他方法改良的区域四周设置排水管	1&2. 中等。在采用其他方法改良的区域四周设置排水管	1&2. 中等。在采用其他方法改良的区域四周设置排水管	地形和空间限制可能不利于实际应用
小型桩	由桩来承担液化土层的荷载,形成持力层	所有土	—	费用高	1&2. 高~中等	1&2. 高~中等	1&2. 高到中等	必须将小型桩与基础可靠连接

说明:“1”表示在液化土层之上或内部采取改良措施的适用性;

“2”表示改良措施对穿过液化土层的桩基础的适用性。

简化分析

在 ATC/MCEER 2003 中给出了新桥基础设计的简化方法,这种简化方法也可以应用于旧桥基础的设计中。它包括四个基本内容:

(1)拟静力稳定分析确定引起屈服的地震系数;

(2)Newmark 滑动块分析;

(2)计算液化区由土体运动引起的基础内力;

(4)确定桩基础中的塑性铰机制。

这种方法的原则是先确定土体侧向移动的大小,再评价桩基础及其上桥梁结构的性能是否能够满足土体移动需求,从这一点来看,这种方法是合理的。

在侧向滑移的作用下,允许桩基础中形成塑性铰,无异于接受桩基础的严重破坏。这一点背离了绝大多数抗震规范的设计思想,一般的抗震规范只允许塑性铰出现在地面以上,便于检查和修复。由于桩基础中出现塑性铰未必会造成结构整体倒塌,所以,这种想法也是有道理的。这是因为侧向滑移基本上是一个位移控制的过程,因此,估算得出的土的位移代表的是桥梁结构的位移的一个极限值,虽然这个土层位移未考虑地面以下桩(或柱)的屈曲和由 $P\text{-}\Delta$ 效应产生的连续位移。应当检查屈曲状态,而且使用的方法应当考虑土的残余强度。1994 年,O'Rourke 等人曾提出了一种检查屈曲的方法。

图 11-3 是评估侧向滑移的流程图,本方法可以考虑被动桩或栓接桩(pin pile 欧美广泛采用的一种桩型,在钻孔灌注桩中插入钢管或钢棒)的有利作用,步骤如下:

步骤(1)确定可能液化的土层;

步骤(2)进行稳定分析,确定土层移动的可能性以及其范围;

这包括找出可能会发生移动的土层厚度和可能发生破坏的范围。通过考虑失效块体与基础的接近程度可以确定土体移动对结构产生的效应。

步骤(3)估计土体侧向滑移的最大值;

可采用 Newmark 位移图来进行确定,也可采用特定场地的 Newmark 时程分析来确定。

步骤(4)确定土体是否会在基础和(或)桩周围连续滑移,或者基础和(或)桩是否会随着土体一起移动;

这一步需要将施加于基础上的被动土压力和桥梁结构提供的极限承载力进行比较。当地表有坚硬的非液化材质覆盖时,桥梁结构抗力可能会小于位移引起的被动力。在这种情况下,下部结构会随着土体一起移动。在许多情况下,可以很直接地判断哪种情况更可能发生。

步骤(5)设计桩基础抵抗由土体滑移产生的被动土压力;

步骤(6)如果分析表明基础有可能随着土体一起移动,则需评价在最大期望位移下桥梁的性能;

这一步的评价暗含着:在地层移动相对较大的情况下,土体位移很有可能使基础发生相似的移动。这里的"较大"是相对于屈服时结构的抗力而言的。基础移动可能使桩中产生明显的塑性或塑性铰区,并且有可能使上部结构承受很大的作用力。

步骤(7)如果步骤 6 中的变形是不可接受的,应将桩和基础的内力限制到屈服值以下;

这可以通过两种方法之一实现:第一种方法是加固基础来抵抗其周围土体被动滑移产生的内力;第二种方法是通过改良场地土或修复结构来限制土体运动。其中,修复结构的方法利用了桩和基础穿过移动土体潜在滑移面时产生的销拴作用,这种方法对减小侧向移动非常有效。

步骤(8)确定滑移时潜在的塑性机制。通过合理的方法对塑性机制进行分析。由于存在大量的不确定因素,不同机制的计算精确度可能是不正确的,而且可能不会得到更精确的结果。采用简化方法得到不同机制侧向承载能力的近似值可以满足要求;

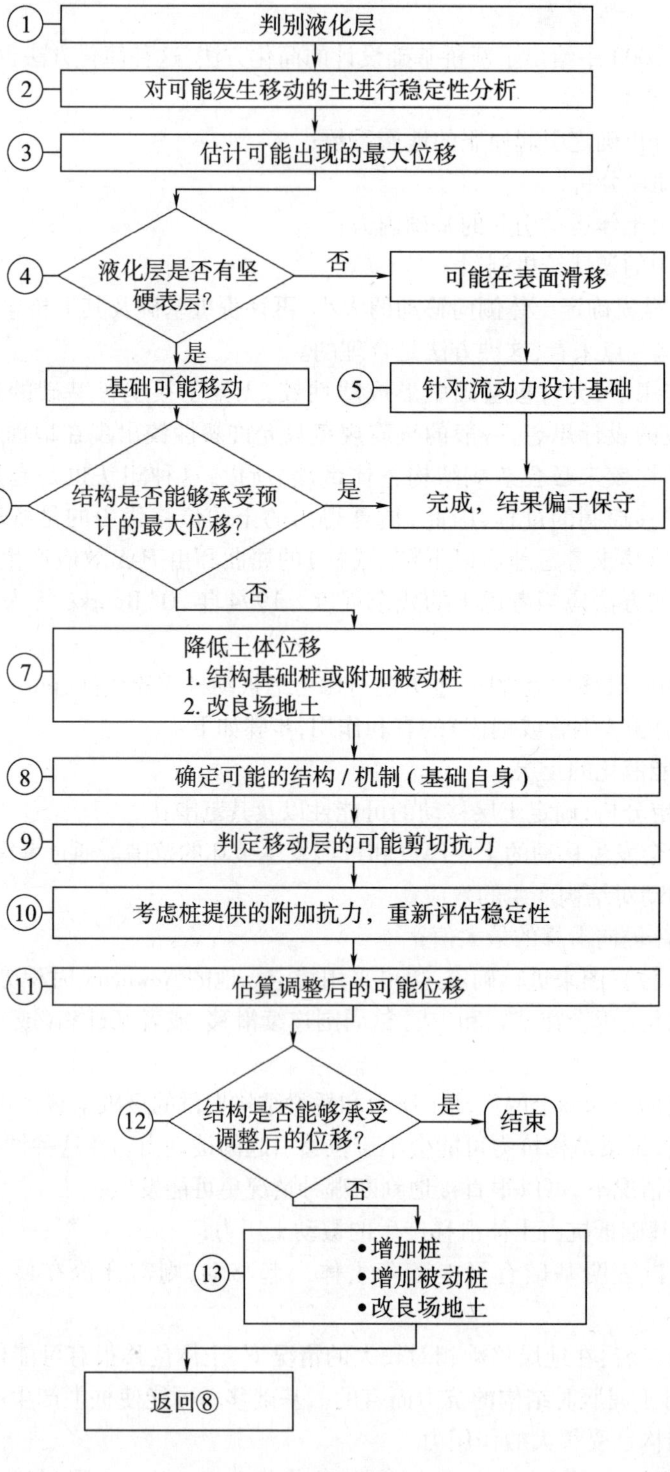

图 11-3　设计流程图

应当依据稳定土体中塑性铰的形成、发展建立简化方法，这里所说的稳定土体位于液化土层以上和以下 2 倍桩径范围内。因此桩剪力的最大值可假定为 $2M_p/L$，这里 M_p 是塑性弯矩，L 是塑性铰之间的距离。需要注意的是，这里忽略了液化区传递荷载的能力。产生塑性机制的侧向剪力可以向下调整以考虑 P-Δ 效应的影响。图 11-4 说明了 P-Δ 的一阶修正。

一个更精确的确定塑性铰机制的方法可以使土体与桩之间的变形协调，如计算程序 LPILE。另一个改进方法可以考虑桩自身的塑性变形，如计算程序 BSTRUCT(O' Rourke et al. ,1994)。

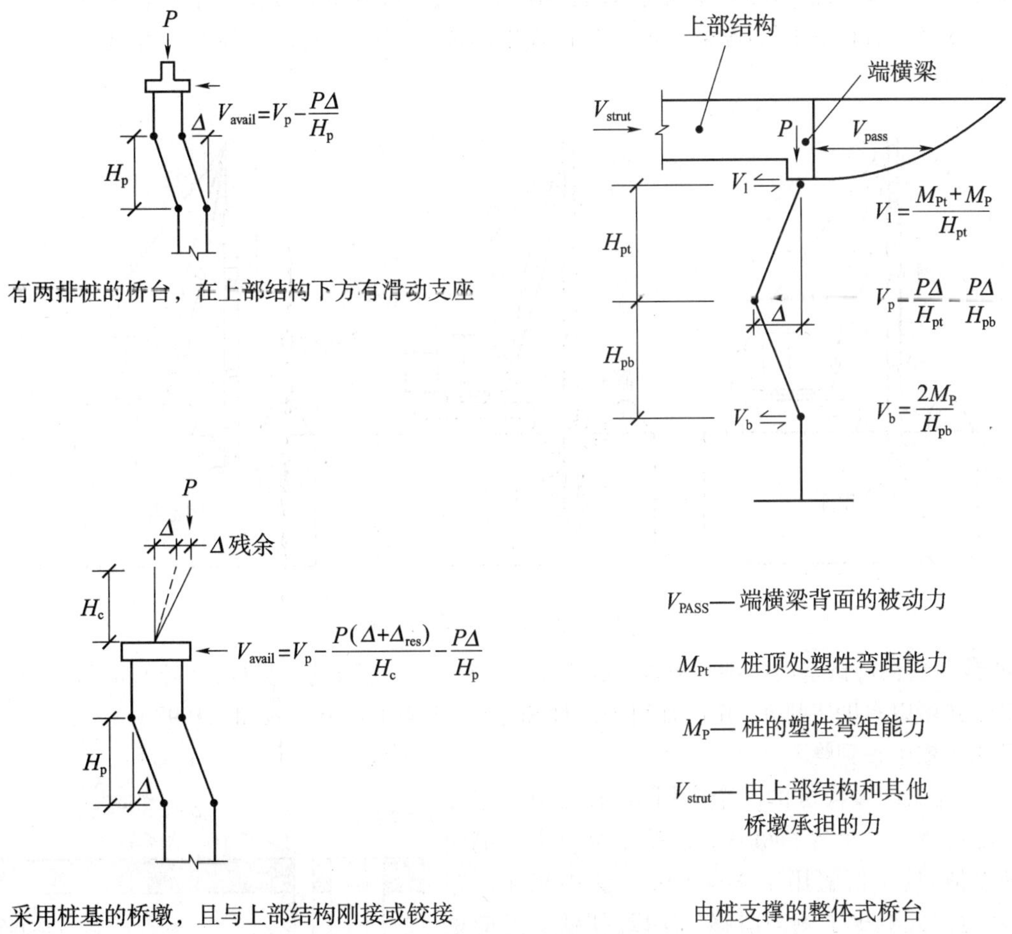

图 11-4　桩(出现塑性铰)的 P-Δ 效应修正

步骤(9)针对位移场对基础进行评估,位移场表征了由侧向滑移可能引起的变形。通过这一步分析可以确定基础提供的剪切抗力,这个抗力可以用于稳定性分析中;

步骤(10)考虑由桩提供的附加抗力,重新评估土体的稳定性;

步骤(11)和(12):由修正的抗力重新计算整体结构的位移;

一旦计算出实际位移,就可以依据位移对基础和结构进行分析。此时,可采用大于规定的位移值进行下部结构的设计。这就意味着,允许在基础中发生较大的塑性转动。

步骤(13)如果桥梁响应可以接受,则加固设计完成,如果不能达到要求,则要确定是否能够通过增加桩或柱提高性能。

需要注意的是,附加的桩不一定与基础连接。另外,也可以考虑采用改良场地土的方法,如采用碎石桩。应该依据正在使用的系统的相对经济效益来选择结构加固或岩土改良的方法。

该过程要返回到步骤(8),修改容许的抗力,重新分析,直到边坡稳定为止。

11.4.2　通过土壤改良进行场地修复

为了防止或杜绝液化的发生,使地面侧向变形减小到允许范围,在选定的可液化土壤区经常采用场地修复(如土壤挤密等)的措施。

振动置换法是使用最为广泛的挤密法,在过去的地震中已经验证了这种方法的有效性(Mitchell et al.,1995)。这种方法是将一个巨大的振捣探头插入到指定密实深度,再拔出,这样反复地插入和拔出土体,如图 11-5 所示。当振动引起液化时,在振捣棒周围填补碎石,从而逐渐形成一个直径接近 1m

(3ft)的碎石桩。该碎石桩增强了振动传递的作用,在密实的过程中有利于多余孔隙水的排放。在间距为2.4~3.7m(8~12ft)间距的栅格中重复此过程以形成密实区。通过这种方法可以使土体达到指定相对密度的80%。

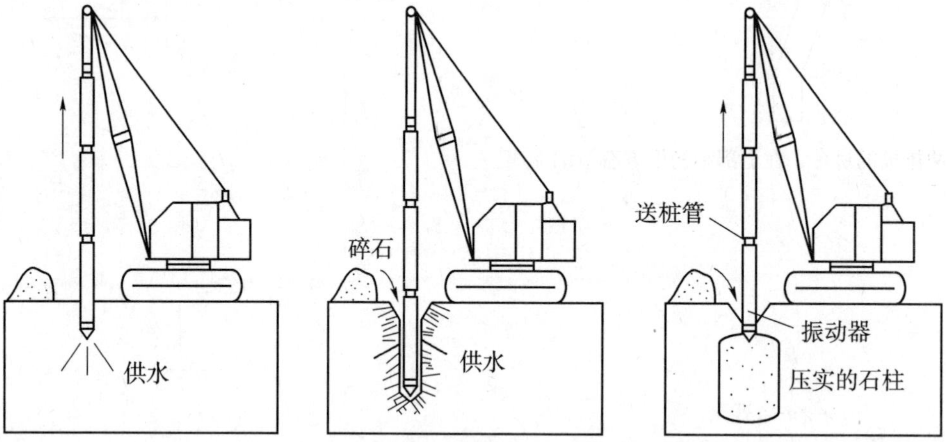

图11-5 振动置换设备和过程

震冲置换法在待挤密砂中细颗粒含量在15%~20%时是有效的。另外,在碎石桩网格点的中点处设置排水砂井可以有助于排水,并且有利于砂性粉土的密实(Luehring et al.,1998)。设计方法和使用仪器都可在文献中查到❶。

图11-6为振冲置换法的一个应用实例,在引道路堤坡脚处已经形成了一个碎石桩扶壁。扶壁可以提高侧向屈服加速度值,这个值将用于Newmark方法中来评价路堤稳定性,也因此减少了侧向滑移。所以,扶壁宽度应根据滑移区桩的可接受的位移-性能准则来确定。Egan等(1992)给出了应用这个方法的实例。

图11-7给出了一个更详细的应用实例,图中密实区位于由桩支承的墩柱周围。这种密实区(通常在以液化层厚度的150%~200%为半径的范围内)的布置可消除液化后作用于桩身的负摩擦作用和反复地面倾斜的潜在效应。

有些场地无法使用振捣技术时,可使用压密注浆法,如图11-8所示,压密注浆法是将土、水泥和水的拌和物高压注入土壤中,将土壤挤密、压实。非常坚硬的土和水泥拌和物注入土壤中形成一个水泥浆的球状物,它可以挤密周围土壤而不提高孔隙水压。通过从下到上灌注形成水泥浆柱网提高指定地面区域的抗液化能力,得到与碎石桩网类似的效果(Boulanger和Hayden,1995)。对砂土改良的力学理论研究(Mace和Martin,2000)表明,提高后的液化抗力主要由提高后的侧向应力而不是压密作用引起的,因此,最好使用圆锥贯入试验(CPT)公式(Salg)来判定增加的抗液化强度。在这个方面,关于侧向应力提高的永久性仍然存在一些不确定性。

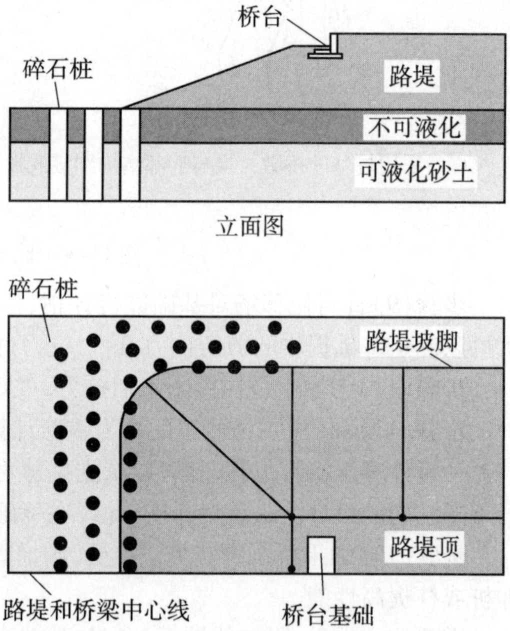

图11-6 振动系统(碎石桩)处理引道路堤

❶ Baez (1995), Baez and Martin (1995), Hayden and Baez (1994); Martin (1998b)

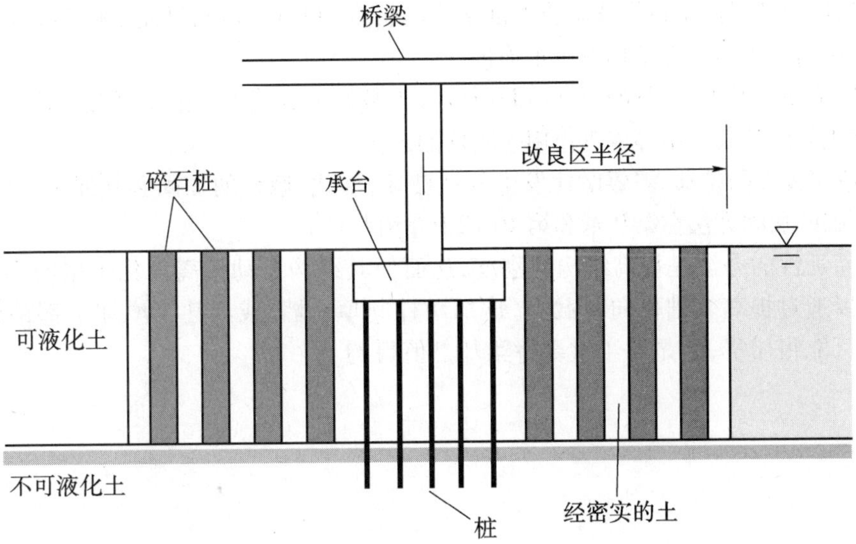

图 11-7　墩(柱)周围的振动系统(碎石桩)处理

11.4.3　上部结构改进

除了场地稳定,还必须对上部结构进行加固来提高承受较大位移差的能力。加固方法取决于结构以及易损构件的构造。加固时一般需要将上部结构的所有截面捆绑在起来,并使上部结构、墩和桥台之间有效连接。在有些情况下,需要对墩(柱)进行加固。使用锚定提高桥台稳定性的方法可能达不到预期效果。桥台倾斜通常不会造成结构倒塌,因此,这种破坏模式并不被认为是关键性的。必须过桥的话,使用沉降板可能是有效的。

在所有支座处应设置纵向限位器可以防止落梁。如果上部结构未与墩联系在一起,基础的移位可能会将支承从支座拉出,如图 11-9 所示。在这种情形下,宁可选择墩柱发生弯曲破坏,也不要上部结构发生落梁。

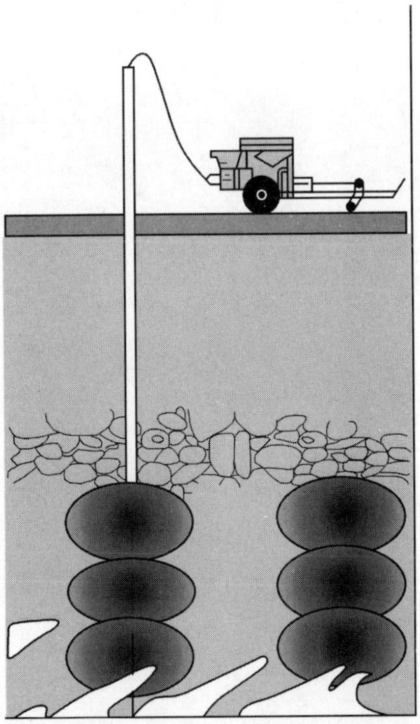

图 11-8　水泥浆球状物的压密注浆法

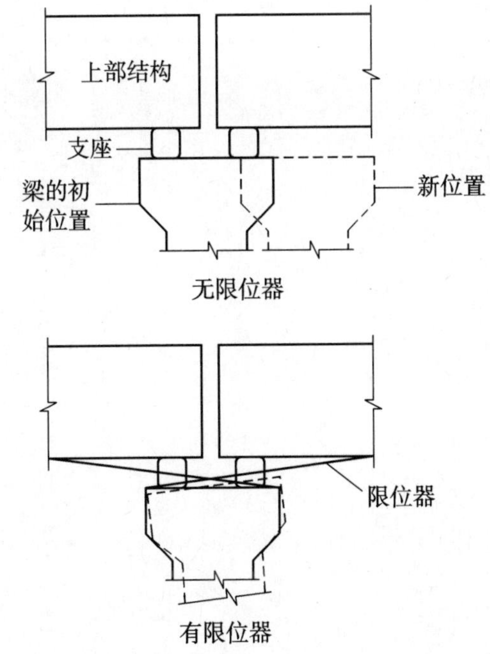

图 11-9　液化失效时限位的作用

伸缩缝处的横向和竖向限位器能阻止上部结构的屈曲(侧向),应与纵向限位器同时使用。当墩顶有伸缩缝时,限位器应当与下部结构形成正连接。

上部结构应锚固到墩上,锚具的设计荷载应该大于墩的承载能力。限位器之间应该提供足够大的间距,以免在常规温度荷载或中等地震作用下墩柱的破坏。

由于为了适应较大的位移,需要墩柱发生延性破坏,因此,墩柱的加固必须保证不发生脆性破坏。对墩、节点和基础的加固方法在第9章和第10章中介绍。

另一种提高延性的办法是提高结构的刚度,从而使其结构振动偏离液化土层的长周期运动。提高结构刚度可以通过提高基础横向承载力,增加墩柱间填充墙,或者甚至增加下部结构的数量来实现。这些措施可能很昂贵,但是对于重要桥梁却是值得的。

附录 A　特定场地地质勘察及场地动力反应分析指南

如第 2.4 节和表 2-4 所示，场地类别为 F 的土壤不使用场地系数 F_a 和 F_v。但是，需要对其进行特定场地地质勘察和场地动力反应分析。下面给出对于 F 类场地土进行场地地质勘察和场地反应分析的具体步骤。如果打算对其他场地类型进行场地反应分析，也可以采用这些步骤。在 CSABAC(1999)中给出了关于下述内容的补充说明。

A.1　特定场地地质勘察

为了得到用于场地反应分析的资料，特定场地地质勘察应包括钻孔取样、标准贯入试验(SPT)、针入度试验(CPT)以及用其他地下勘探技术和实验室土壤试验，这样可以得到土壤的类型、性质、分层情况以及岩石或岩状材料厚度等相关信息。如果不能根据相同地区类似土壤的剪切波速估算出可靠的剪切波速，那就要在各个土层实测出相应数值。

A.2　场地动力反应分析

场地动力反应分析包括：建立土层模型、选择基岩运动作为地震输入、进行场地反应分析和结果说明几个步骤。

A.2.1　建立土层模型

通常，采用一个由地表至基岩的一维土柱就足以得到一阶场地反应特性。当二维或三维行波效应比较明显时(如，盆地地区)，对于重大项目可能就要考虑二维或三维模型。在一维模型里，土层用其总容重、剪切波速和定义土壤非线性剪切应力-应变关系来描述，其中用剪切波速得到低应变(最大的)剪切模量。分析时通常采用曲线形式的关系曲线，包括剪切模量与剪切应变的变化关系曲线(模量折减曲线)和阻尼与剪切应变的变化关系曲线(阻尼曲线)。在二维或三维模型中，还需要考虑压缩波速或模量、或泊松比。分析计算液化对场地反应的影响时，非线性模型必须同时考虑土体孔隙水压力的固结以及土体刚度和强度的衰减。通常，模量折减曲线和阻尼曲线要根据类似土体的已有关系曲线进行选取[1]。当现有曲线关系不足以对场地土做出判断时，需要考虑对土壤样本进行动力试验，得出非线性土体特性。还应估计出土体特征的不确定性，在选择最大剪切模量和模量折减曲线以及阻尼曲线时更是如此。

A.2.2　选择输入基岩运动

将代表场地水平基岩运动的加速度时程作为土层模型的地震输入。对于 B 类场地，如果没有采用场地分析来获得设计基岩反应谱，那么可以利用第 2.5 节介绍的一般方法定义。对于坚硬岩石场地(A 类场地)，可用表 2-4 对谱曲线进行调整。当 A 类或 B 类场地的岩石上方的覆盖层非常厚时，需要定义土层基准面，并且在 C 类场地软岩或硬土场地所在深度输入基岩运动。对于这些情况，可将按表 2-4 的

[1] Seed and Idriss, 1970; Seed et al., 1986; Sun et al., 1988; Vucetic and Dobry, 1991; Electric Power Research Institute, 1993; Kramer, 1996

场地系数定义的 C 类场地的反应谱作为设计基岩反应谱。

通常至少要选取 4 条加速度时程进行分析,这些时程曲线是在地震过程中记录下来的,包含与场地地震危险性密切相关的震级和震中距。可采用划分地震危险性的 USGS 结果来估计与危险性有关的主震级和震中距。分析前,应按比例调整每个时程的大小使其与结构主要周期范围内设计基岩反应谱的水平接近。一组经过比例调整的的输入时程的平均反应谱应与所关心的周期范围内的设计基岩反应谱的水平接近。由于基岩反应谱是在地表而不是在深层土壤中定义的,因此,分析中应输入基岩时程作为出露岩层的运动,而不是土-岩交界面处的运动。

A.2.3 场地反应分析和结果说明

采用等效线性化特性,分析方法可能是线性的,也可能是非线性的。可用于一维分析的常用计算机程序有:等效线性程序 SHAKE(Idriss 和 Sun,1992)和各种非线性程序[DERA-2(Lee and Finn,1978),MARDES(Chang et al.,1991),SUMDES(Li et al.,1992),D-MOD(Matasovic,1993),TESS(Pyke,1992)和 DESRA-MUSC(Qiu,1998)]。如果场地土反应具有高度非线性(例如,加速度水平较高和软黏土),一般选择非线性程序而不是等效线性程序。分析液化作用对场地反应的影响时,计算程序必须能考虑孔隙水压力的变化(有效应力分析),这种程序有:DESRA-2,SUMDES,D-MOD,TESS 和 DESRA-MUSC。应先计算地面输出运动反应谱,再计算地面运动反应谱与输入岩石面运动反应谱之比。通常,场地设计反应谱由平均反应谱比率曲线乘以设计基岩反应谱得到。为了评估场地土特性的不确定性的影响,应进行敏感性分析,在建立设计反应谱时应予以考虑。

附录 B　地质灾害危险性评估

B.1　概述

本附录介绍了评估地震引起的地质灾害的方法,地震引起的地质灾害包括:土的液化作用、土的沉陷、地震断层的地表断裂,以及洪灾等内容。在手册的第二部分介绍了处理边坡破坏(滑坡和岩崩)的问题。灾害评估工作应由具有灾害评估专业知识和经验的工程师和地球物理学专家(如岩土工程师、地质学专家及地震学专家)承担。

B.2　土体液化危险性评估

本附录给出的液化评估方法参考了以下文献:

(1)1996 年 NCEER 抗液化能力评估研讨会(现为 MCEER)会议论文集(Youd and Idriss,1997;Youd et al. ,2001)

(2)公路桥梁抗震设计 LFRD 推荐规程(ATC/MCEER,2003)

(3)加利福尼亚洲分析和减轻液化效应的实施指南(SCEC,1999)

B.2.1　用于液化危险性评估的现场勘察

在规划和实施现场勘察液化状态时,必须考虑许多因素,它们包括:

(1)可液化土层位置

(2)地下水位

(3)液化深度

下面将针对这些因素进行详细讨论。

B.2.1.1　可液化土层的位置

现场调查的过程中,应在桥梁基础范围内和更大范围绘制有可能液化的非固结沉积层的界限范围。通常,为了确定材料的空间变异性,需要调查每个桥墩的位置和远离引道填方的位置,而且调查的数量要足够多。调查应确定从地表至非液化土层的范围内,可液化沉积层的厚度和分布的连续性。在液化影响区内,液化能够影响桥梁引道填方的性能,位置范围在从引道填方底部以 $2H:1V$(即,水平向 H/竖向 $V=2/1$)投影区域内。

B.2.1.2　地下水位的位置

在勘察过程中应确定地下水的永久水位。可能存在较浅水位,出现这种情况的原因很多,一些是自然形成的,也有不少是人造的。有时地表略高于海平面,在湖泊或水库附近,或者盆地的底部,地下水可能相对较浅。人工湖和水库也可能使沉积年代较短的非饱和土中的地下水位较浅。如果地下水水位存在不确定性,在勘察过程中应安装压强计。监测地下水水位时,时间要足够长,以确定由于降水量,河川径流或灌溉造成的地下水位的变化。

通常,位于地下水水位以下的土都是完全饱和的。然而,在地下水发生波动的范围内,也可能存在非饱和土。土的饱和度影响着自身的抗液化能力,随着饱和度的降低,抗液化能力显著增加。如果存在潮汐作用或季节性流量变化,也会引起地下水水位出现波动,那么波动影响区范围内的土壤饱和度就会比较低,因此具有更强的抗液化能力。除非当地季节性波动持久,比如处于高水位数周,那么可以将长期地下水水位作为设计基准。如果在延长的周期内(比如处于高水位数周),季节性波动不在适当的位置,那么可以将长期地下水位作为设计基准。

B.2.1.3 液化深度

现场勘察应确定出可液化土的最大深度。可使用大约15m(50ft)作为评估液化的分析深度。然而,EERI的专题研究(Seed和Idriss,1982)并没有推荐评估所需的最小深度,但提到在简化方法中取用12m(40ft)较为合理。我们已经知道,地震过程中,如果条件适合,如低密实颗粒土、有地下水以及地震动循环次数足够多,液化深度可能会超过15m(50ft)。例如,1964年阿拉斯加地震,发生液化的深度超过了25m。

由于这个原因,建议取以下两种情况的较小者做为调查液化的深度范围:地表下25m为最小深度;最低的拟用竣工坡度。对于深基础(如,竖井或桩),调查深度应该延伸至最低预定基础水平面(如,竖井底部或桩尖)下6m(20ft)或现有地表或拟用竣工坡度下25m(80ft)的较大者。但是,当在某一深度处存在非液化地质沉积层时,不必继续调查。

调查过程中,如果液化的评估指标显示在更深的范围内有可能发生液化,应继续勘察直至遇到较厚的非液化土层至少3m(10ft)。

B.2.1.4 现场勘察方法

评估液化可能性的过程中一般采用两种勘察方法:标准贯入度试验(SPT)和触探试验(CPT)。如需要也可使用其他方法,例如,剪切波速度测量或使用Becker锤击试验(BHT)可用于液化势的评估(参阅B.2.2.1小节)。对场地进行地质勘察和收集有效的地质信息可补充一些现场调查。

B.2.1.4(a) SPT方法

Youd和Idriss(1997),Youd等(2001)和SCEC(1999)详细地介绍了使用SPT方法评估液化势的方法。对于钻孔方式、孔径、驱动杆长度、样本类型、能量传播和测试的空间频率等,这些方法采用修正因子予以考虑。

Youd和Idriss(1997),Youd等(2001)和SCEC(1999)得出的结果表明,测量方法的微小变化对SPT勘察的结果会产生影响。因此,这些试验要按照标准方法进行操作,并记录现场工作使用的设备和实验方法等全部信息。由于SPT锤击系统的能量直接影响液化可能性的确定,所以也应确定设备的能量指标。如果不引入一个正确的锤击调节因子,锤击能量变异系数取值可到达2,这就很容易将可液化场地鉴别为不可液化。

如果试验操作不认真,加之试验内在的变异性,对试验过程的敏感性和不确定性等因素,SPT的N值可能会错误地评估液化危险性。如果使用SPT得到的N值计算液化,工程师应该熟悉ASTM D 1586(ASTM,1998)中给出SPT采样细节和SCEC(1999)推荐方法,以避免或至少减少一些主要误差来源。

B.2.1.4(b) CPT方法

在对许多场地进行液化势评估时,建议优先考虑使用CPT方法。Youd和Idriss(1997),Youd等人(2001)分别发表文章阐述了利用CPT结果评估液化势的方法。CPT方法的主要优点如下:

(1)可提供几乎连续的贯入抗力断面,可用它进行地层分析,这对于确定侧向滑移、侧向流动以及液化后不均匀沉降都是非常重要的;

(2)试验重显性好;

(3)试验速度快而且比土样钻探和实验室测试更为经济。

方法的局限性:

(1)不能提供实验室测试所需的常规土样;

(2)提供的是近似值,根据ASTM试验方法D2488(直观分类)或D2487(USCS分类)[ASTM,

1998]，分析得到的土壤类型，而不是实际的土壤类型；

(3)不能对砾石土作这种试验，并且有时当浅层出现较硬/密实的土壳或土层，很难贯入到预定深度。

应根据 ASTM D5778(ASTM，2003)使用 CPT 方法。如果没有积累与 CPT 抗力和土类别有关的场地经验，建议至少钻探一个孔以证实土的类型，并且要为实验室测试采集土样。

B.2.2　液化势的评估

有两种基本方法可用来评估场地液化势：

(1)根据液化观测的经验得到的简化方法；

(2)建立更严格的数值模型。

认真考查场地条件和液化危险性后，并征求业主意见，在两种方法中选择一种。

对于大多数项目可以使用简化方法，然而，对于某些项目，可能适合使用等效线性和非线性计算机程序来建立更严格模型。符合下述场地条件时可使用更严格的方法：

(1)场地可液化土深度超过 25m(80ft)；

(2)场地有明显夹层，尤其是当夹层由高透水性土层或软黏土组成时；

(3)可用于减轻液化的地基修补措施的费用过高的场地。

由于这种方法考虑了液化过程中的能量耗散，所以，大多数场地的地面反应分析结果通常会低估土层内地面加速度和剪切应力。

B.2.2.1　简化方法

简化方法❶是评估场地液化可能性的基本方法，在工程实践中应用广泛。方法根据指定设计地震(用峰值地面加速度和相关震级等定义)将循环抗力比(CRR，给定深度处引起非粘性土液化的循环应力比)与同一深度的地震循环应力比(CSR)进行比较。CRR 和 CSR 是给定土层深度处水平面上的循环剪应力与初始(震前)有效超载压力的比值。

B.2.2.1(a)　循环阻力比 CRR

根据 SPT 锤击数得到的 CRR：简化方法使用的 CRR 值是从场地数据库中确定的，数据库中包括了过去地震中发生或未发生液化的各种场地以及相应的标准化的 SPT 值$(N_1)_{60}$，CRR 值可与液化土层建立起对应关系。基线图表的当前版本将 CRR 值定义为 7.5 级地震时$(N_1)_{60}$的函数，如图 B-1 所示。该表是 1996 年 MCEER 研讨会上一致通过的(Youd 和 Idriss，1997；Youd 等，2001)。确定 CRR 必须考虑土的细颗粒成分、锤击能量、有效超载压强，以及震级(oud 和 Idriss，1997；Youd 等，2001)。

在 1996 年 MCEER 研讨会(Youd 和 Idriss，1997；Youd 等，2001)上重新估算了震级对 CRR 的影响(即，图 B-1 纵坐标大小的影响)。震级比例系数有效范围如图 B-2 所示。如果没有充分调整不同系数，建议使用图 B-2 的下限来定义系数。当震级大于 7.5 时，建议采用图 B-2 中中间的曲线。

简化分析过程中，应该对地下水位、超载条件的变化进行调整。调整原则是：

(1)针对不同地下水位条件的超载修正，在进行液化势、液化沉降、地震引起的沉降以及侧向滑移等分析时，需要用有效超载压力将 SPT 锤击数标准化进而得到相应的剖面图。Youd 和 Idriss(1997)和 Youd 等人(2001)给出了标准化因子。

应采用贯入度试验时存在的有效应力纵剖面进行标准化。无论使用地下水位是高还是低，分析过程中标准化的数值保持不变。如果地下水位发生波动，由土壤变湿造成的软化效应可能影响 SPT 结果，尽管如此，一般认为地下水位的变化对结果的影响是由有效超载应力变化引起的。

---

❶ Seed and Idriss(1982)，Seed et al.(1983)和(1985)，Seed and De Alba(1986)，Seed and Harder(1990)，Youd and Idriss(1997)和 Youdet al.(2001)

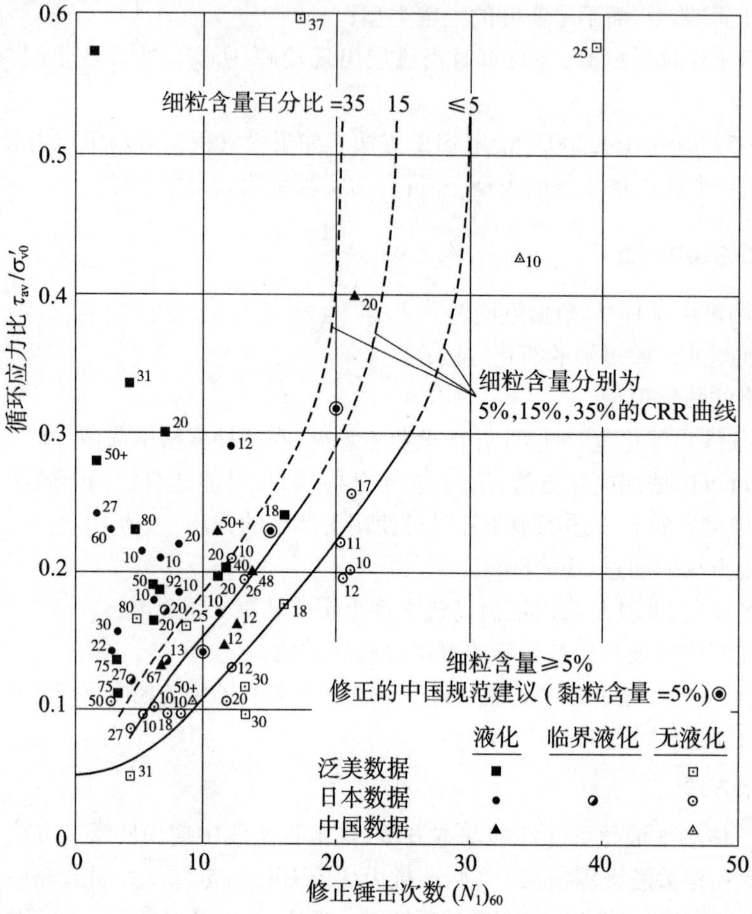

图 B-1　利用 7.5 级地震 SPT 数据和经验液化数据来确定 CRR 的简化基本曲线

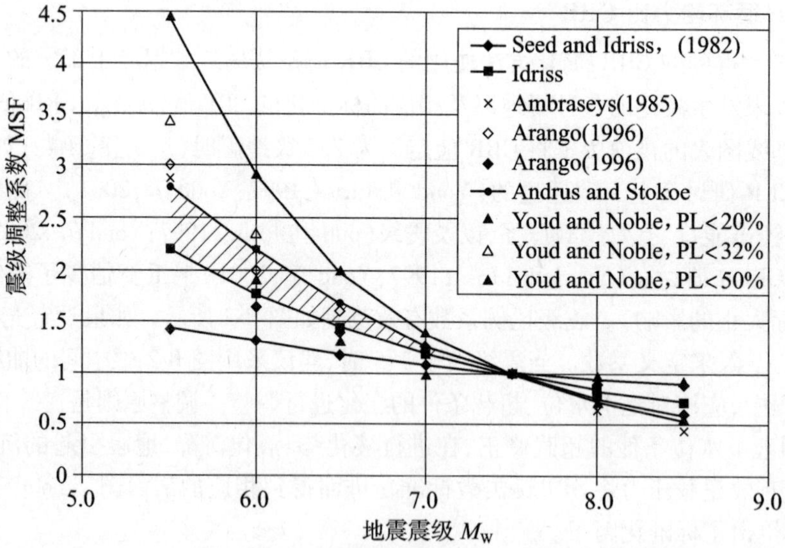

图 B-2　不同研究者推导出的震级调整系数

(2)针对不同填土条件的超载修正,引道填土以及其他增加超载压力的回填土应该采用类似于前面提到的地下水位变化的处理方法。需要在回填之前制作贯入度试验锤击次数的剖面图,其中贯入度试验锤击次数是经过回填之前有效超载压力标准化后得到的。无论是否使用更高的填土条件进行分析,这些标准化的数值在后续分析过程中保持不变。

当加速度超过屈服加速度时，可用计算机程序（如 Houston 等（1987）所述）计算滑动质量产生的累积位移。当地震动穿过土层时，因局部场地效应而发生改变时以及当下面提到的图表数据库不足时，使用本方法较为适合。后面的考虑一般涉及那些源于 8 级或 8 级以上地震震源机制的场地。

Newmark 方法已经广泛地用于研究由地震引起的坝体位移（如 Makdisi 和 Seed，1978）以及天然斜坡的位移（如 Jibson，1993）。方法包括超过屈服加速度的地震记录的双重积分。屈服加速度 k_y 是由地震系数确定的，该地震系数可使边坡稳定评估中安全系数为 1.0。在稳定性分析中，用土的残余强度建立液化土层的模型。评估时，对于孔隙水压力有局部增加的其他土层，其强度也应退化。

必须在可用的地震目录中选取地震记录，可以由震源机制、震级和震源距来表征。Newmark 分析应最少选择 3 条来自 3 个独立地震的地震记录。由于地震动要从土传播到滑块底部，需要考虑局部场地效应，所以，通常要对这些记录进行修正。

由于包含了许多假设，因此方法本身存在很多不确定性。由液化引起的侧向滑移时，其不确定性包括：

（1）时程曲线中对应于发生循环强度退化或液化的点

（2）表观液化后残余抗力的大小

（3）液化土层厚度对位移的影响

（4）变形积累过程中屈服加速度 k_y 的变化

（5）非刚性滑动质量块的影响

（6）沿滑动质量长度方向上，地面运动不连续的影响

B.2.3.2.3　简化的 Newmark 图表法

许多人❶使用地震记录海量数据库和 Newmark 时程分析方法制作出了很多图表。这些图可以使用加速度比（也就是，滑块底部发生的屈服加速度（k_y）与地面峰值加速度（k_{max}）的比值）与地面位移关系计算出地震作用过程中发生的变形。由于回归参数同时考虑了峰值地面加速度和地面峰值速度，所以，对于大多数情况建议使用 Martin 和 Qiu（1994）的图表。图 B-6 和图 B-7 给出了 Martin 和 Qiu（1994）给出的关系图。

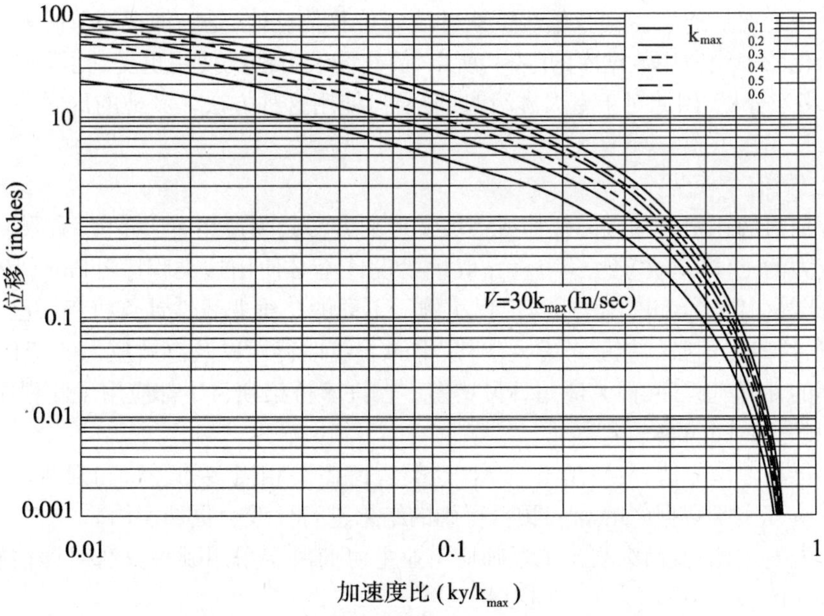

图 B-6　速度-加速度比为 30 时的简化位移图表

❶ Franklin and Chang, 1977, Hynes and Franklin, 1984, Wong and Whitman, 1982, Martin and Qiu, 1994

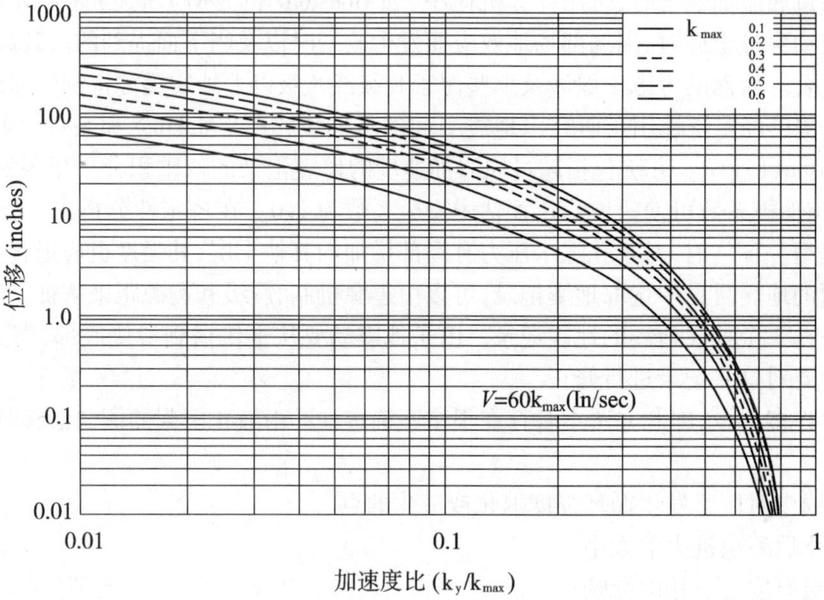

图 B-7　速度-加速度比为 60 时的简化位移图表

曾经在早期版本的 AASHTO 规范中介绍过的 Franklin 和 Chang(1977)方法过高地估了位移,原因有:(1)使用所有数据;(2)数据库中存在某些产生过大位移的记录。Hynes 和 Franklin(1984)的图表,使用了与 Martin 和 Qiu 相同的数据库,因此由 Hynes 和 Franklin 图中得到的平均值一般与 Martin 和 Qiu 方法算出的结果很相似。Wong 和 Whitman(1982)的图表给出位移的最小结果,在某些情况下不够保守。

利用这些图,找到那个使边坡稳定性评估中的安全系数为 1.0 的地震系数,就可确定屈服加速度。就像在 Newmark 时程分析中提到的,用土的残余强度建立液化土层模型。

计算过程中,其他土层中的孔隙水压力局部增加时也可能发生强度退化。使用破坏面底部的屈服加速度(k_y)和峰值地面加速度(k_{max}),输入图表并确定位移估计值,是一件很简单的事情。

由于制作简化图表受所用数据库的限制,所以,简化图表方法的使用也受到了限制。一般震级大于 7.5 的记录很少用于分析,因此对于更大震级时,应谨慎使用这种方法。其他的局限性与 Newmark 时程分析方法类似。

B.2.3.2.4　数值建模法

最严格的评估由液化引起的侧向位移或边坡变形的方法必须使用有限单元/有限差分程序,同时使用有效的基于应力的土体本构模型。不过,一般桥梁设计不必使用这类程序。Finn(1999)给出这类方法的综述,Elgmal 等(1998)给出了最近的工程实例。不同的二维非线性计算机程序已经用于这些分析中。实际建模时,这些程序必须能够考虑大位移、土的非线性特性以及有效应力的变化。FLAC 就是一种用于这类建模的计算机程序,而其应用日见增多。在许多桥梁项目中都应用了此程序,包括华盛顿州的西雅图闹市区的 Alaska Way 高架桥。

对于任意的严格建模方法,要使用象 FLAC 这类程序需要相当多的经验和判断。将由此得到的结果与经验简化方法或实验数据(如离心试验)得到的结果进行比较会更加实用。

如果场地可能发生侧向滑移,岩土工程师应与业主协商决定采用哪种方法对评估侧向滑移最为合适。

B.3　土体沉降的危险性评估

地震造成液化的另一个后果是由震后超孔隙水压力的释放引起的体积应变,其中,超孔隙水压力是地震振动时饱和颗粒土中产生的。在没有出现侧向流动或滑移时，体积应变可造成沉降。由液化引起的沉降可能导致结构倒塌或部分倒塌。即使不发生倒塌，较大的沉降也可能造成桥面损伤或者不能通行。

计算饱和以及干/非饱和砂土沉降量最常用的方法是 Tokmatsu 和 Seed（1987）的方法。图 B-8 给出了不同$(N_1)_{60}$的饱和纯砂的循环应力比 τ_{av}/σ'_o与体积应变的关系曲线。只能对不可能发生侧向滑移的水平地面才能正确计算沉降。如果场地可能发生侧向滑移，而且不能消除时，由 Tokmatsu 和 Seed 方法计算出的沉降量可能会小于实际值。

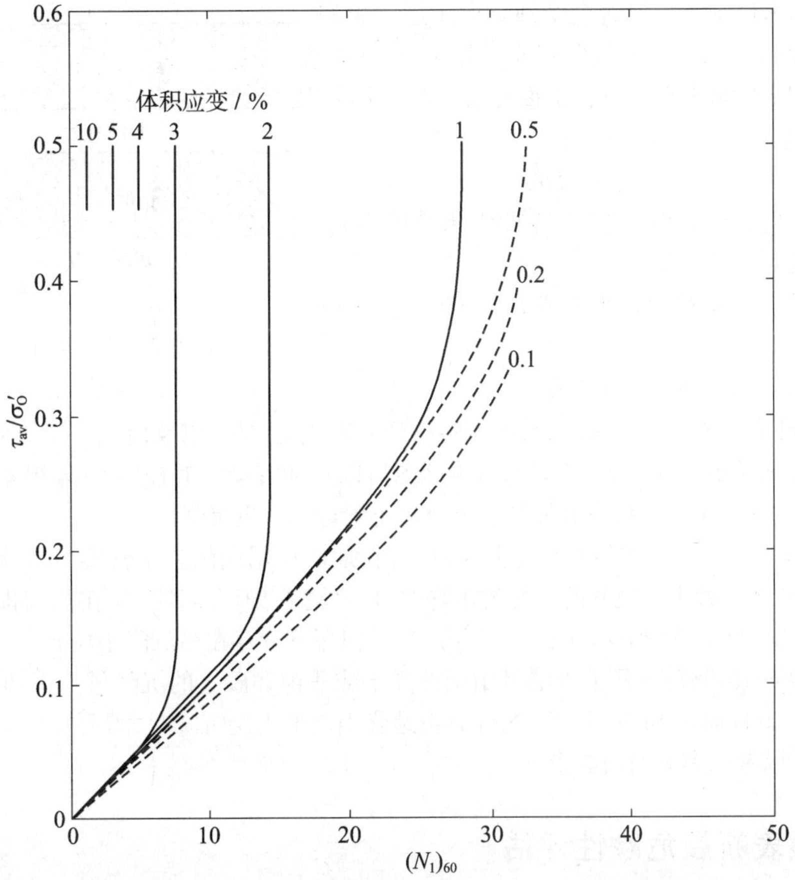

图 B-8　饱和纯砂且震级为 7.5 级时循环应力比、锤击数$(N_1)_{60}$以及体积应变之间的关系

饱和粉砂和淤泥的沉降量需要调整细料含量的循环强度。Ishihara（1993）建议：如果细料的塑性指数（PI）大于 10 那么增加循环剪切强度。这能增加抗液化的安全系数，并减少由 Ishihara 和 Yoshimine 方法得到的沉降量。现场数据表明使用 Tokmatsu 和 Seed 方法而不修正细料含量的 SPT 值可能会过高估计地震造成的沉降❶。使用适当的细料含量修正取决于土是干/非饱和的还是饱和的，如果是饱和土，土是完全液化（也就是，液化后），处于发生液化的边缘（初始液化）仍是未发生液化。SCEC（1999）建议：细集料含量为 15% 时，SPT 修正值在从 3 ~ 5 的范围内变化；细集料含量为 35% 时，SPT 修正值会在 5 ~ 9 之间变化。

尽管用 Tokimatsu 和 Seed 方法计算饱和砂土中地震引起的沉降量适用于大多数水平地面，但是，对于地表下存在分层时要谨慎使用。Martin 等（1991）研究了分层土体系统，基于 SPT 方法❷计算液化作用可能过高估计（保守）或过低估计（不保守）土层中的超孔隙水压力，它取决于土层在分层系统的位

❶　O' Rourke 等人，1991；Egan 和 Wang，1991

❷　Seed 等人（1983）和（1985）

置。在给定适当边界条件下,Martin 等人(1991)的研究表明:如果很薄的密实土层夹在可液化土层之间,就可能发生液化。因此,用 Tokimatsu 和 Seed 方法(根据各个砂层中的 SPT 值和超孔隙水压力)会过高或过低估计沉降量。

通过考虑非液化土层沉降,可将 Tokmatsu 和 Seed(1987)的方法用于饱和粒状土分层沉积物的沉降量计算。图 B-8 给出了一种评估这种非液化土层沉降量的方法,与图 B-9 联合使用,来确定土层是否会受到下方土层的影响。如果 $H_b \leq H_c$(见图 B-9),那么通过假定非液化土层(H_b)沉降大约 1.0%,假设非液化土层符合下面全部标准,就可以计算土层的沉降量:

(1)土层厚度小于或等于 1.5m(5ft)。

(2)SPT 修正值$(N_1)_{60}$小于 30 或者 CPT 末端阻力 q_{C1N} 用 100kPa 正规化后小于 160。

(3)土体类型为细集料含量小于或等于 35% 的砂或粉砂。

(4)设计地震震级大于或等于 7.0。

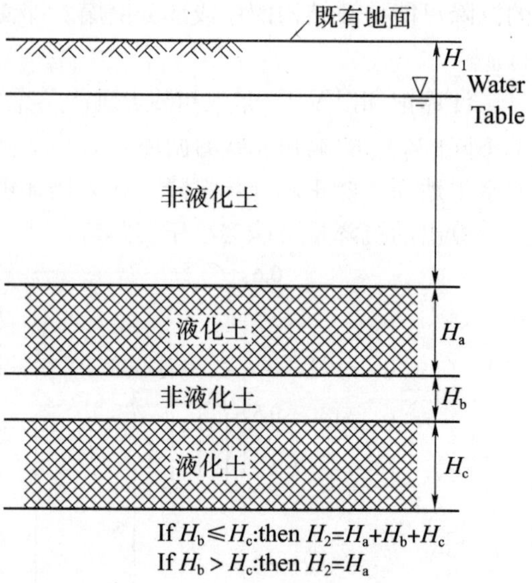

图 B-9 确定 H_1 和 H_2 的示意图

得出这四个准则主要是因为:孔隙水压力转移到非液化土层里,以及由此产生的沉降,取决于厚度、密度(SPT 或 CPT 末端值)、土层的透水性(土的类型)以及地震动持时(震级)等因素。这些准则只是为了使设计人员注意到在分层系统里某些不可液化土层可能产生沉降。

地下水位以上的松散非黏性土(干或非饱和土)在地震作用期间趋于密实。当计算多跨桥梁的桥台和与之最近的主墩或者主墩之间的不均匀沉降时,应考虑这种可能性。应在前面提到的地下水位以下土层的沉降量的基础上,附加这种沉降。(假设基础埋深下方存在易沉降土层)。

Tokmatsu 和 Seed(1987)介绍的方法可用于计算干或非饱和砂土的沉降量。正如 Tokmatsu 和 Seed(1987)所述,采用 Tokmatsu 和 Seed 的方法计算由地震引起的土层沉降时,需要在计算值的基础上乘以一个 2.0 的系数,以考虑多向振动的影响。

B.4 断层地表断裂危险性评估

在采用第 3 章介绍的筛选准则进行场地评估之后,而且收集的数据不足以排除发生地表断裂的可能性,或者一些地震、地貌和(或)地质数据显示场地或者场地附近可能存在活动断层时,需要用下列信息来界定危险性:

(1)断层迹线在场地的位置;

(2)最近断层滑移活动的计时;

(3)针对断层上设计地震的地基断裂特征,例如,断层错动类型(图 B-10)、总滑移量及走向滑移和倾斜滑移的分量、地基变形区宽度。

B.4.1 断层位置

可用几个步骤来确认和定义断层位置。如果经过下面给出的步骤判断后,没有断层在场地通过,不需要进一步评估。

B.4.1.1 航拍照片的解读分析

航拍照片能够为识别断层提供场地及其附近地质、地形图等补充资料。如果老照片能够反映开发之前的场地及环境情况,而那些开发活动改变或破坏了说明断层存在的地貌,那么老照片就是非常有用

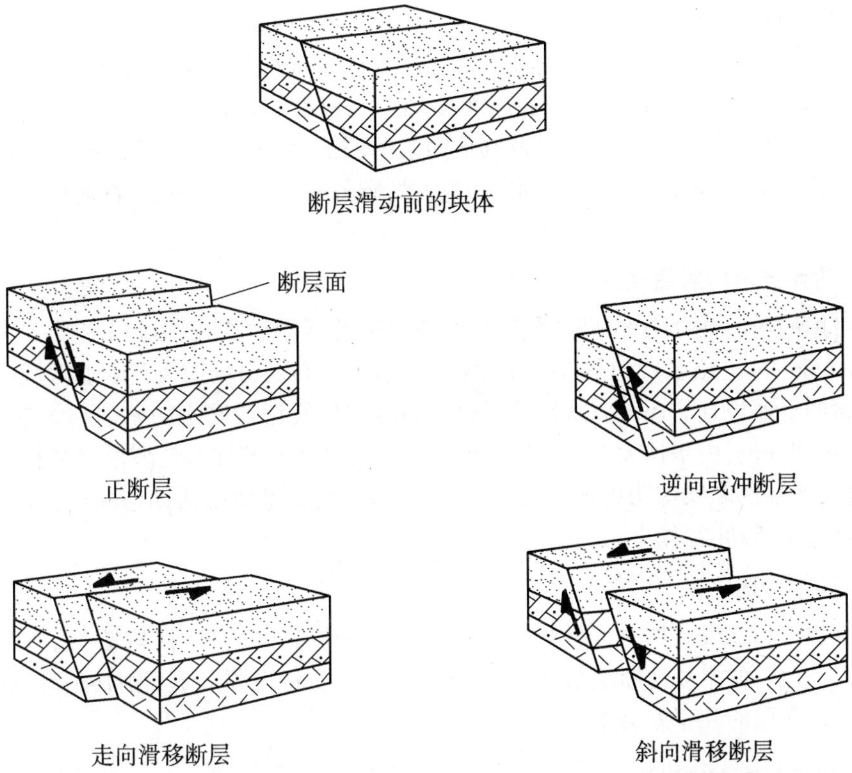

图 B-10　地震断层类型

的。对于国内的许多地区，立体照片拍摄范围可以回溯到 19 世纪 20 年代或 30 年代。航拍照片主要来源于：私营公司以及各种政府部门，这些政府部门包括美国地质勘探局（USGS）、美国农业部（土壤保持局）、土地管理局以及林务局。USGS 将联邦摄影资料资源知识库设在 EROS 数据中心、Sioux Falls 和 South Dakata（南达科他）57198。

B.4.1.2　联系知识渊博的地质专家

精通场地附近地质和构造条件的地质专家及其他地球科学专家都愿意分享他们的知识。这些地质专家可为政府机构（联邦，州和地区）工作，在学校和大学附近教学、做试验或顾问。

B.4.1.3　场地及附近的地基勘察

应该对场地或附近区域进行勘察，观测不同寻常的地形条件并评估在通道、航道或其他暴露物的地质关系。在考察地质和地形图，航拍照片分析过程中，和（或）与地质专家对话过程中先行识别需要评估的特征。

B.4.1.4　地表勘探

被超载土层、场地分级和结构掩盖的断层可用一种或多种技术进行定位。地球物理技术如地震折射测量可以远距离识别地下基岩面的分段位置和具有不同弹性特性的地球材料接触面。地球物理测量需要专业设备和专家，有时结果很难分析。通常采用挖沟调查露出分层深度为 4.5～6m（15～20ft）。即使成本高，挖沟有可能精确地确定断层位置并给出评估滑移尺寸和滑移历史的暴露面。也可钻探来评估分层材料的性质并鉴别材料类型的不连续性或可能出现断层的高程。

B.4.2　断层的活动性

如果确认有断层通过场地，通过确定最近滑移的时间纪录来评估活动性很重要。按下面给出的步骤判定断层的活动性，如果断层不是活动断层（参阅 3.4.2. 小节），就不要进一步评估了。

B.4.2.1 评估断层

在天然或人造断层的出露点对最近的断层滑移历史记录进行最权威的评估,其中断层出露部分与土壤材料和(或)第四纪(距今180万年)面层相接触。沉积可能包括天然土、冰川沉积如冰碛物和黄土、冲积层、崩积层,海滩和砂丘的砂土,以及其他固结薄弱的地表材料。面层包括海、湖、河流阶地,还有其他侵蚀和沉积表面。各种年代测定技术,如放射性碳分析和土剖面演变,都能用于计算最近断层滑移的时限。

B.4.2.2 估计当地地震活动性

如果没有可用的地层数据来评估断层活动性,历史地震活动模式或许可以提供一些有用信息。可从USGS在Colorado(科罗拉多)州Golden的国家地震信息中心获得场地及其附近区域内历史地震活动性的地图和最新的土地规划。还可以从州地质机构和维护地震记录网络的学院和大学(如加州理工学院,加州大学伯克利分校,内华达大学,里诺,华盛顿大学以及纽约州在布法罗的多学科地震工程研究中心)获得。如通过场地的断层与历史地震活动空间相关时,尤其是地震活动与断层活动趋势一致时,这样的断层很有可能是活动断层。

B.4.2.3 评估构造关系

当缺少地层数据和地震数据时,评估场地断层与活动断层之间的几何(构造)关系。尽管其权威性不如前两个准则,但是,如果场地断层与其他活动断层相关,而且更倾向于当前构造环境的应力方向,那么场地断层是活动断层的几率就会增加。

B.4.3 断层断裂的特征

如果评估表明场地有一个或多个活动断层,则需要评估断层未来的滑移特征。可选用以下方法估算未来断层位移量:

(1)在过去地震过程中,观测得到的地表断层断裂位移量;

(2)建立位移与震级或断层断裂长度的经验关系;

(3)根据累积断层位移或断层滑移率得到的计算值;

根据过去地震的测量资料计算位移是最可靠的。地表断裂的历史观测记录和古地震的地质证据是最有用的,都可用来预测将来地震的位置、性质和大小。那些不能直接估算过去断层断裂尺寸的地质条件,必须使用间接方法计算位移量。根据历史上发生断层地表断裂的地震得到的位移与震级间的经验关系(如,Wells和Coppersmith,1994)为计算断层位移量提供了一种方便的手段。该种关系的一个实例如图B-11所示。该实例中,沿断层断裂长度的最大位移与震级相关。通常在非常狭窄的断裂区段上发生最大位移。对于沿断裂长度的平均位移也可使用这个关系。由历史地震数据可知平均位移与最大位移的比值在0.2~0.8范围内,并且平均值为0.5(Wells和Coppersmith,1994)。其他估算过去平均位移量的方法包括:

(1)用累计位移除以可产生位移的地震次数;

(2)用重现期乘以地质滑动率。

预测与地表断裂事件有关的地表滑移变形区域的宽度和滑移分布情况要比预测总位移困难得多。估计断层宽度的最好方式是在整个区域内进行场地挖沟。历史记录表明在断层长度上变形区的宽度变化很大。目前,仍没有将地震的大小或在初始断层迹线上的位移量与区域宽度或二次变形量联系起来的通用经验关系。历史记录和断层模型表明,变形区宽度和二次变形将随着断层倾角和滑移方向发生变化。与较缓的倾斜断层相比,陡峭的倾斜断层(如竖直的走向滑移断层)的地表变形区更狭窄一些。对于倾斜断层,通常上盘的变形区宽度要比下盘宽一些。小角度冲断层(逆冲断层)的变形区最宽。

评估断层断裂危险性的概率方法也已经形成(如Coppersmith和Youngs,1990,2000),与地震危险性概率分析(PSHA)方法有些相似。针对断层断裂的PHSA方法定义了在给定时间周期内超过场地不

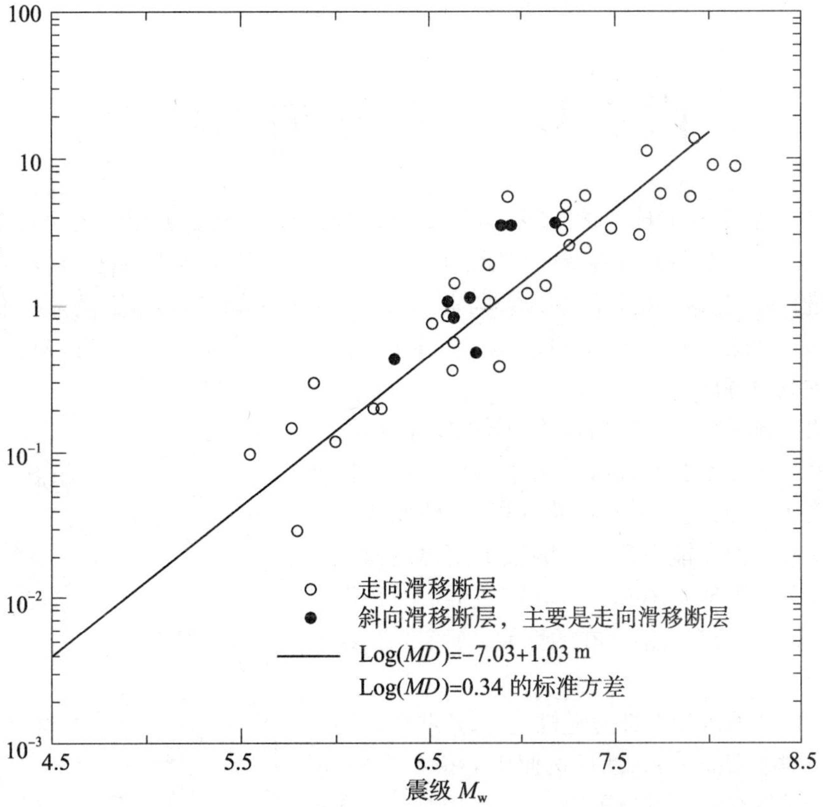

1994 年 Wells 和 Coppersmith 之后

图 B-11　走向滑移断层错动时最大地表断裂位移与地震矩震级间的关系

同位移量的可能性。对于重要桥梁，可考虑使用该分析方法评估地表断层断裂的概率是否足够高，以保证危险性设计，并且有助于定量确定位移设计值。

B.5　洪灾危险性评估

如果经 3.5.2 小节所述的初步筛选后，表明地震可能引发洪水，那么应该针对潜在危险以及危险性的严重程度、后果和可能性等作进一步的评价。液化危险性的评估方法（参阅本附录的 B.2 小节）和滑坡危险性的评估方法（本手册第二部分的第 3 章）可用于评价进入水体或在水体内发生滑坡的可能性。

要估算海啸、湖震或滑坡产生的波浪高度，需要许多领域的专业人员，如流体动力学、海岸工程、地震学、地球物理和地震工程等领域的专家，他们能够对引起这些现象的地震和地面振动给予详细的描述。同样还需要地质学、地震学和地球物理学的专业人员来估计构造运动，如那些能够引发洪水的隆起或倾斜。如果洪水不会对桥梁性能的造成影响，或发生概率很低，风险可以接受，否则，应对其危险性和严重程度进行研究。

如果一座桥梁由于坝体或者其他保水结构破坏可能面临洪灾，应联系管理这些设施的机构用现代地震分析和设计方法来判定结构是否是按照适当地震动进行评估或设计的，还应评估场地洪灾的潜在影响。

附录 C　易损性曲线理论

对于一座给定桥梁,精确确定地震动水准是不可能的,而地震动是完成结构动力反应分析或损伤状态评估所必需的。除了要假定材料特性和影响桥梁总体性能的其他结构属性,确定性评估需要对地震动和场地条件进行假定,这些也是影响地震需求的因素。众所周知,这些参数的值是不确定的,但是,总是有一种与之相关的随机的、不确定的方法。一种正日益普及的方法就是所谓的易损性曲线❶,它能够反映这些现象的概率特征。

图 C-1 给出如何使用桥梁性能-地震动需求的内在不确定性和随机性来建立易损性曲线。图中将桥梁的推倒能力叠加到加速度-位移谱上。在确定性分析里,两曲线交点给出预期性能水准。而在能力和需求曲线上划出的概率分布则表示与之相关的性能的不确定性和随机性。从该图可以看出,该过程会输出所有可能存在的性能,换而言之,结果不是唯一的。

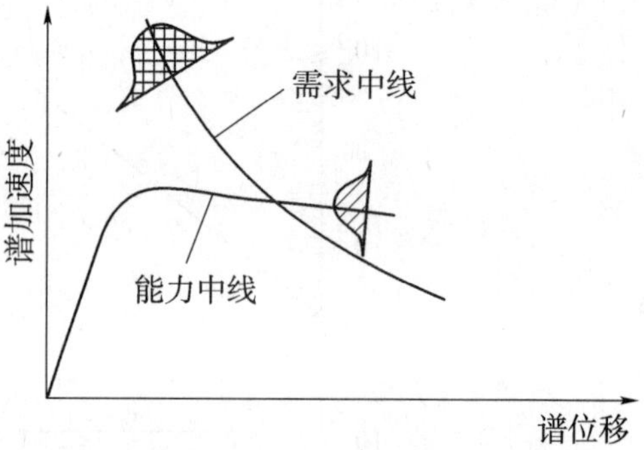

图 C-1　表示结构行为和地震动反应随机性和不确定性的能力-谱加速度-谱位移曲线

如果结构性能和地震需求都为随机变量,这些变量的分布大致为正态或对数正态分布,然后按照中心极限定理,可以看出复合性能是按对数正态分布的。因此,用对数正态累积概率密度函数给出所谓的易损性曲线,就能以易损性曲线的形式给出概率分布。幸运的是,定义曲线只需要两个参数:中值(第 50 个百分位)和正规化对数标准差。

图 C-2 给出桥梁正规化的易损性曲线的形式,累积概率函数为:

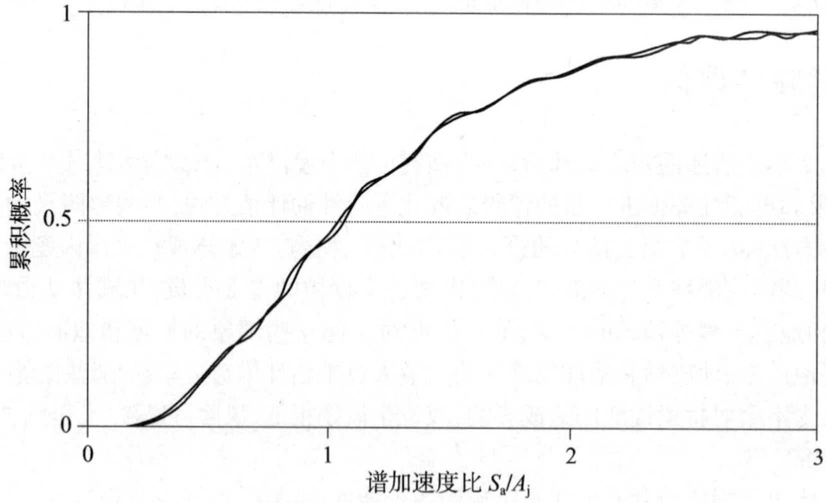

图 C-2　服从对数正态概率分布的正规化易损性曲线(离散系数 $\beta_c=0.6$)

$$F(S_a)=\Phi\left[\frac{1}{\beta_c}\ln\left(\frac{S_a}{A_i}\right)\right] \tag{C-1}$$

式中:S_a——周期为 1s 时的谱加速度;

❶ Ayyub and McCuen, 1997; Benjamin and Cornell, 1970

A_i——引发第 i 个损伤状态所需的中值谱加速度；

β_c——正规化复合对数正态偏差，考虑了能力和需求的不确定性和随机性，该参数有时称为变异系数或者离散系数。几位研究学者❶已经对其进行了修正，同时对1989年Loma Prita和1994年Northridge地震得出的经验易损性曲线进行了验证（Basoz和Mander,1999）。依据这些调查，建议取 $\beta_c=0.6$，并且 Φ 为标准对数正态累积分布函数。

不幸的是，一般需要相当多的数值积分，计算累积分布函数十分繁琐。不过，在大多数计算软件里都可找到内部函数来建立易损性曲线。例如，LOGNORMDIST(S_a, ln(A_j), β_c)就是一个可以得到 S_a 的累积正态分布的函数，这里 ln(S_a)为正态分布，均值为 ln(A_i)，标准差为 β_c。

或者是另一种标准表格软件，公式(C-1)用下式近似计算：

$$P[D > DS_i > | S_a] = \frac{1}{1 + \left(\frac{S_a}{A_i}\right)^{\frac{-1.7}{\beta_c}}} \qquad (C\text{-}2)$$

这里 $P[D > DS_i | S_a]$ 是在给定结构周期 $T=1$ 秒的谱加速度 S_a 条件下，损伤状态 D 大于等于 DS_i 的概率，DS_i 为第 i 个损伤状态，具体表述如下：

DS_1——完好（屈服前）

DS_2——轻微损伤

DS_3——中度损伤

DS_4——严重损伤

DS_5——倒塌

而其他术语按上面定义。

❶ Pekcan (1998); Dutta and Mander (1998); Dutta (1999)

附录 D　桥梁构件的能力/需求比

D.1　概述

使用能力/需求比(以下简写为:C/D)来计算桥梁在地震时可能具有的性能,并视为能够评价构件损伤的设计地震的一部分。必须根据损伤对震后桥梁稳定性和可用性的影响作出损伤评估。

综合考虑分析、测试和工程判断等方面,本附录给出了计算不同构件和组成部分极限状态下 C/D 的方法。下面按 4 类分别定义了 11 种比值:

(1)支承长度和限位器 C/D 比:

r_{ad}桥台位移 C/D 比

r_{bd}支座或伸缩缝位移 C/D 比

r_{bf}支座或伸缩缝限位器作用力的 C/D 比

(2)墩(柱)的 C/D 比:

r_{ca}墩(柱)纵筋锚固长度的 C/D 比

r_{cc}墩(柱)横向钢筋约束的 C/D 比

r_{cs}墩(柱)纵筋搭接长度的 C/D 比

r_{cv}墩(柱)剪力的 C/D 比

r_{ec}墩(柱)弯矩的 C/D 比

(3)基础的 C/D 比:

r_{ef}基础的弯矩 C/D 比

r_{fr}基础的转动 C/D 比

(4)场地土的 C/D 比:

r_{sl}液化势的加速度 C/D 比

这些比值的相对大小可用于既有桥梁抗震性能的加固。

D.2　支座或限位器作用力的最低需求

当确定已建桥梁支座或限位器作用力的最低需求时,应采用 5.2 节给出的最小等效水平作用力。该最小值为 5.2 节所述的附属恒载的 10% 或 25%。

一般通过桥梁分析得到支座或限位器作用力的需求。然而,由弹性分析得到的支座和限位器作用力并没有考虑由于行波效应引起支座运动的变异性或结构的非线性反应。因为按线性分析得到支座或限位器作用力通常比较低,因此要求在计算最小作用力需求值时考虑不确定性,并识别出那些能力不足的支座。这些最小作用力只用于评估,不能与支座限位器的最小设计作用力混淆。评估和设计考虑的最小作用力是不同的,在本手册中都另有要求,处理方法各不相同。最小作用力需求不适用于那些限制力传递的装置。

评估工程师可以使用简化的方法来确定支座和限位器承受的部分最小等效水平作用力。例如,根据部分恒荷载,将最小等效水平力分配到每个水平抗力构件上,这里所说的部分恒载是以相邻水平抗力元件之间的假想线为界线,并位于桥梁平面内的全部恒荷载中的一部分荷载。当延性的水平抗力构件的极限承载能力不能承担最小等效水平力时,就应将超出部分分配到相邻支座或限位器上。

D.3　最小支承长度

桥台、墩(柱)和伸缩缝处的支承必须具有足够的长度以满足预期的相对位移。由于弹性分析没有考虑结构的非线性反应或行波引起的支座运动变异性的影响,因此,需要规定最小支承长度。

对于可自由伸缩的梁端,将支座支承面的最小支承长度 $N(d)$(如图 D-1 所示)用于计算支座位移的 C/D 比(r_{bd}),并采用 D.4 节中介绍的方法 1。下面给出计算最小支承长度值的公式:

$$N(d)=\left[100+1.7L+7.0H+50\sqrt{H}\sqrt{1+\left(2\frac{B}{L}\right)^{2}}\right]\frac{(1+1.25F_{v}S_{1})}{\cos\alpha} \qquad \text{(D-1a)}$$

式中:$N(d)$——最小支承长度,单位 mm;

L——接缝间的距离,对于跨内铰基座为(L_1+L_2),单位 m;

H——接缝之间最高的桥墩高度,单位 m;

B——上部结构的宽度,单位 m。

或者,按照常用单位有公式(D-1b):

$$N(d)=\left[4.0+0.02L+0.8H+1.1\sqrt{H}\sqrt{1+\left(2\frac{B}{L}\right)^{2}}\right]\frac{(1+1.25F_{v}S_{1})}{\cos\alpha} \qquad \text{(D-1b)}$$

式中:$N(d)$——最小支承长度,单位 in;

L——接缝间的距离,对于跨内铰基座为(L_1+L_2),单位 ft;

H——接缝之间最高的桥墩高度,单位 ft;

B——上部结构的宽度,单位 ft。

在两个公式中:α——斜交角度(直桥时取 0);

B/L——不得大于 3/8。

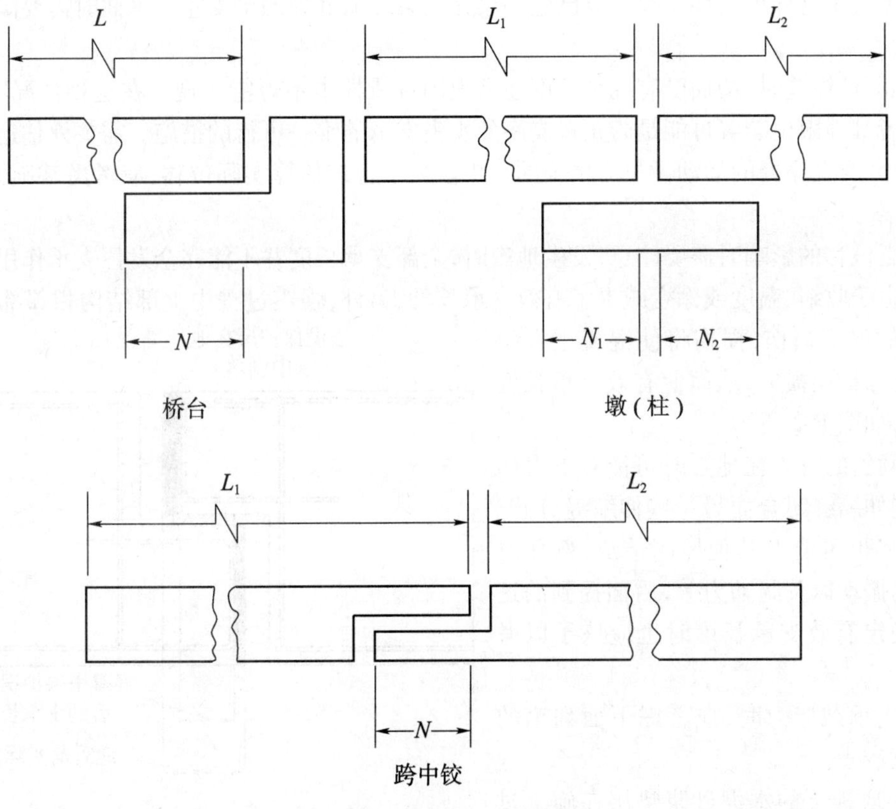

图 D-1　最小支承长度要求

D.4 伸缩缝和支座的能力/需求比

D.4.1 概述

桥梁上部结构通常设有伸缩缝使其能够适应发生在上部结构中的预期运动(如由温度变化引起的运动),或者是由于使用了性质各异的材料而设置伸缩缝。为了能够转动和平动,设置伸缩缝是非常有必要的。地震时,桥梁支座是桥梁所有构件中最容易破坏的,这一点已经得到证明了。

在过去的大地震中,由于在支座处失去支承而造成多座桥梁的破坏。虽然许多破坏是由永久地面位移造成的,但是,也有一些破坏是由单纯的振动引起的。最近发生的地震中,由于支座破坏导致桥梁倒塌的震例有 1989 年加州的 Loma Prieta 地震和 1993 年俄勒冈州的 Scotts Mills 地震以及 1995 年日本的阪神地震。即使是小震也造成了锚固螺栓、定位筋焊点以及混凝土剪切键的破坏。在这种情况下,上部结构很有可能倒塌,并使地面运动更强烈或持时更长。

桥梁支座的动力行为通常具有明显的非线性特征并且很难使用常规线弹性分析方法进行分析。用常规分析方法得到的弹性支座反力可能比地震时支座实际受到的力要小。这是因为支座不是延性构件,通常不能同时抵抗多个荷载。在过去的地震中已经多次出现这种情况,主要表现为部分支座的锚固螺栓或定位筋发生破坏。另外,像墩(柱)这样的延性构件发生屈服后能将荷载传给支座,通过桥梁结构的非线性分析可观察到这种现象,并已在众多实际工程分析中得到验证。因此,在计算非延性约束构件的作用力需求时,有必要增大弹性分析的结果。

地震中,伸缩缝处具有不同的水平位移时,由弹性反应谱分析得到的位移一般都会低于基于过去地震观测得到的直观估算结果。除了伸缩缝的非线性行为,下部结构不同部位的耦合运动以及行波效应引起桥台和墩(柱)的异相运动也会产生较大的位移。正如前面提到的,在 AASHTO 规范中规定最小支承长度已经考虑了这种可能性。在计算已建桥梁无约束伸缩缝处的梁支座支承面时需要满足支承长度的要求。

可是,加固伸缩缝时,增加已有支承长度通常很困难或根本不可能实现。在这种情况下,安装纵桥向限位器或者其他限位装置可能是防止在支座处丧失支承的唯一可行的措施。需要评估这些装置限制位移的效果,并对支座处的运动做更为精确的分析。为了合理估算实际位移,应考虑基础柔性的影响,进行多模态谱分析。

评估地震位移的影响时需要注意,发生地震时,全部支承长度并不能完全发挥支承作用。出现这种情况主要是由于收缩、温度或徐变减少了有效支承长度,另外,强震过程中上部结构相邻部分的碰撞可造成伸缩缝的局部损伤,损伤将使混凝土发生破裂、混凝土保护层损失,从而使有效支承长度进一步减少,如图 D-2 所示。

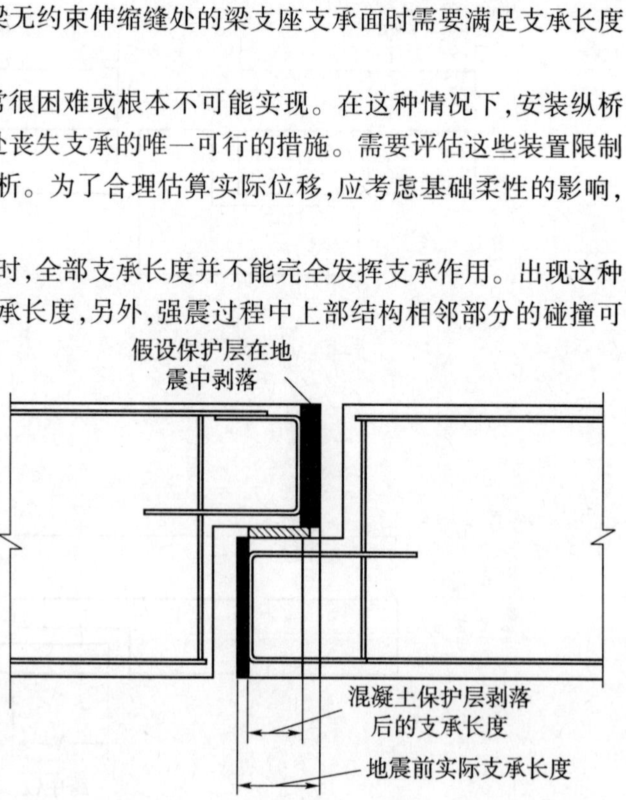

图 D-2 有效支承长度

竖曲线倾斜的桥梁在地震时可能有下滑的趋势,使一些伸缩缝闭合而另一些伸缩缝分开。这种下滑趋势也可能由其他原因造成,例如温度作用、车辆振动以及制动力等,后面提到的这些情况,在确定有效支承长度时也应该予以考虑。

确定支座承载能力时,应考虑下面列出的桥梁支座缺点:

(1)支座底板下的水泥砂浆垫层在施工过程中和施工完成后一般会出问题,并且在发生

$$L_a(d) = 1200k_m d_b\left(\frac{(2.626)f_y}{60000\sqrt{f'_c}}\right) > 15d_b(\text{mm,kPa}) \tag{D-7a}$$

$$L_a(d) = 1200k_m d_b\left(\frac{f_y}{60000\sqrt{f'_c}}\right) > 15d_b(\text{in,psi}) \tag{D-7b}$$

钢筋不大于 11 号,而且当侧面保护层(垂直于弯钩平面)小于 63mm(2.5in),且超出弯钩部分的钢筋保护层不小于 50mm(2in)时,k_m 取 0.7,对于其他情况 k_m 取 1.0。

计算纵筋锚固 C/D 比 r_{ca}的步骤如图 D-6 所示。计算 r_{ca}的方法取决于给出的有效锚固长度和锚固处钢筋构造。这些方法按如下两种情况描述:

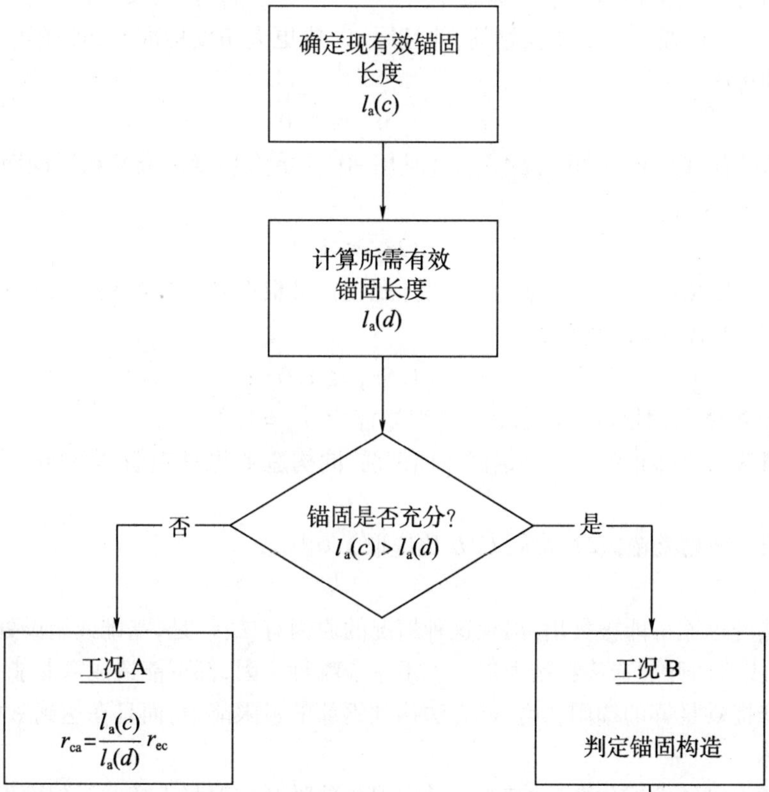

序号	位置	锚固类型	基础顶部钢筋	C/D 比
1	基础	直筋	否	$r_{ca}=r_{ef}$
2	基础	90 度弯钩，远离中线方向	否	$r_{ca}=1.3r_{ef}$
3	基础	90 度弯钩指向中线方向	否	$r_{ca}=2.0r_{ef}$
4	基础	直筋	是	$r_{ca}=1.5r_{ef}$
5	基础	90 度弯钩	是	1.0
6	盖梁	n.a.	n.a.	1.0

图 D-6　确定纵筋锚固的能力/需求比的步骤

情况 A:如果给出的有效长度不足[$l_a(c<l_a(d)$],那么纵筋锚固 C/D 比 r_{ca}用下式计算:

$$r_{ca} = \frac{l_a(c)}{l_a(d)} r_{ec} \tag{D-8}$$

情况 B:如果给出的有长度足够[$l_{ca}(c) \geqslant l_a(d)$],那么 C/D 比取决于锚固处的钢筋构造。相应于六种可能构造,C/D 比如下:

(1)构造 1:当基础顶部没有弯曲受拉钢筋,并且墩柱钢筋直锚,即基础底部没有弯钩时

$$r_{ca} = r_{ef} \tag{D-9}$$

如果 1.25 倍的超载土或锚桩可以承担基于混凝土开裂模量得到的基础负弯矩,$r_{ca}=1.0$,使用这个负弯矩能力计算这里的 r_{ef}以及下述两种细部构造。

(2)构造 2:基础顶部没有弯曲受拉钢筋,并且用 90°或更大角度标准弯钩锚固墩柱钢筋,弯离墩柱的中心线指向基础边缘:

$$r_{ca} = 1.3r_{ef} \leqslant 1.0 \tag{D-10}$$

(3)构造 3:基础顶部没有弯曲受拉钢筋,并且用 90°或更大角度标准弯钩锚固墩柱钢筋,弯向墩柱的中心线:

$$r_{ca} = 2r_{ef} \leqslant 1.0 \tag{D-11}$$

(4)构造 4:当基础顶部设置了足够的弯曲受拉钢筋,可根据基础顶配筋截面的弯曲强度可靠地计算 r_{ef},而且用直锚形式锚固墩柱钢筋:

$$r_{ca} = 1.5r_{ef} \leqslant 1.0 \tag{D-12}$$[1]

如果超载土和(或)桩体锚固足以抵抗基础的负弯矩能力,$r_{ca}=1.0$。

(5)构造 5:当基础顶部布置有足够锚固弯曲钢筋,同构造 4,墩柱钢筋具有 90°标准弯钩,锚固 C/D 比应取 1.0。

(6)构造 6:当在墩帽处锚固时,锚固 C/D 比应取 1.0。

注:

在基础或墩帽处纵筋可能被拔出,出现这种情况的原因有二:一是,基础或帽梁处的锚固长度不够;二是,混凝土弯曲或剪切开裂造成粘结力退化。不论是哪种原因,都可能造成弯曲能力骤降。

如果钢筋不能提供足够的锚固长度,就无法达到钢筋的极限能力,而且在达到墩柱的极限弯矩能力之前就会发生破坏。

如果锚固破坏由黏结力退化造成,其中黏结力退化伴随基础混凝土弯曲开裂而发生,则发生锚固破坏时的荷载水平取决于基础的屈服程度。用延性指标乘以基础弯矩 C/D 比 r_{ef}来表示荷载水平。由于现有基础大多数都不能抵抗由基础拔出而造成的弯曲开裂,因此,由于倾覆作用使基础内产生的负弯矩很有可能造成结构破坏。由于覆土不能充分约束扩大基础,在基础中不会产生较高的拉应力,所以扩大基础通常不会出现问题。另一方面,通常桩承台与桩身锚固在一起,虽然只是名义上的,但是,这样就会因基础倾覆作用产生较高的拉应力,从而使混凝土发生弯曲开裂导致锚固破坏。

可将延性指标用于基础弯矩 C/D 比对因基础开裂造成的锚固破坏进行评估,它取决于锚固构造和发生弯曲开裂的程度。在没有顶层钢筋的基础中采用直锚的形式,一旦出现弯曲开裂,就会发生突然的破坏,因此延性指标取为 1.0。当锚固钢筋有弯钩时,就会延缓破坏的发生,不会很突然。当弯钩弯离墩柱中心线时,弯钩附近的混凝土最终会发生弯曲开裂,因此规定延性指标为 1.3。由于弯钩附近的混凝土受压,当采用非标准弯钩时可减轻锚固破坏,因此,当弯钩弯向墩柱中心线时可以适当增大延性指标。依据弯钩延伸部分的实际长度与标准弯钩延伸部分长度的比值,通过在公式(D-5)和(D-7)之间插值确定所需锚固长度。

当在基础顶层设置弯曲钢筋时,如果钢筋不足可能会发生弯曲开裂,但发展较为缓慢并且允许使用

[1] 原文有误 $r_{ca}=1.5r_{ef} \leqslant 10$

较大的延性需求指标。若采用直锚,尽管与这个构造相应的延性指标指定为1.5,仍有可能发生锚固破坏。若采用弯钩,则认为搭接性能取决于名义上的锚固是否充分。

必须再次强调,要根据工程经验评估基础锚固损失。

如果没有将钢筋延伸至固定水平以下,不能保证足够的距离使钢筋的极限应力充分发挥,那么墩身就会发生此类破坏。与之类似,如果墩身有搭接,那么必须在墩身可能屈服的范围内进行充分约束,为钢筋应力的传递提供条件。

为了确定用于评估加固墩柱的延伸长度,德克萨斯大学进行了大量研究(Orangun 等,1975)。研究结果给出一种破坏假说:假定在锚固钢筋突缘上,反力的径向分量将产生应力,这种应力类似于厚壁空心混凝土圆柱上产生的劈裂应力,如图D-7所示。劈裂抗力是假设混凝土圆柱壁厚的函数,壁厚取为钢筋净保护层厚度或钢筋净距一半的较小者。而且,为了防止劈裂,可设置横向钢筋,使其横跨假定圆柱壁内潜在的劈裂裂缝。一些情况下,由推荐公式得到延伸长度将低于按以前设计规范的规定。当钢筋净保护层比钢筋净距大很多时(如基础),为了考虑厚保护层的约束效应,可将保护层等效为抗拉强度相等的横向钢筋。

在圆柱中,在钢筋间会发生潜在的劈裂裂缝,造成所有钢筋象一个群体一样发生锚固失效,并如同插销一样从基础中拔出。此时,假定横向钢筋用量 $A_{tc}(c)$ 为单肢箍横截面的2倍除以锚固钢筋数量的一半。其他截面形式的墩柱也会发生类似的群锚破坏。

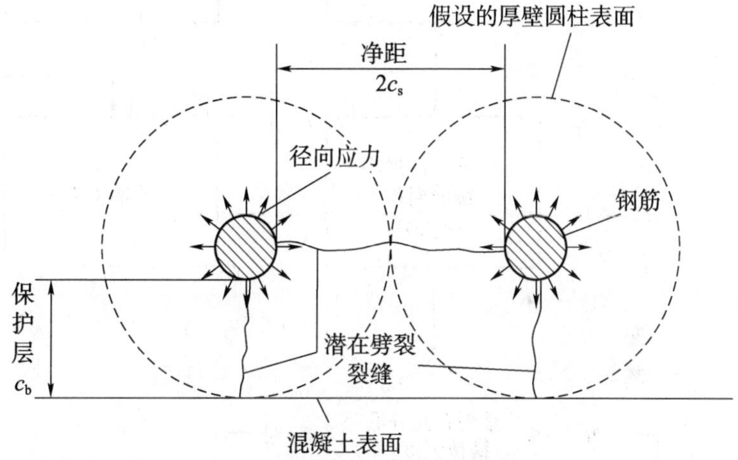

图D-7　由于钢筋锚固作用造成的径向应力

D.5.2　纵筋的搭接

在墩柱弯曲屈服区域内或其附近存在搭接纵筋时,如果横向钢筋未进行加密设置,在搭接处弯曲强度会迅速降低。由于反向加载造成搭接钢筋在未达到屈服强度时发生迅速破坏,为防止这种破坏,按下式计算所需的最小横向钢筋面积:

$$A_{tr}(d) = \frac{sf_y}{L_s f_{yt}} A_b \tag{D-13}$$

式中:s——横向钢筋的间距;

L_s——搭接长度;

f_y——纵筋屈服应力;

f_{yt}——横向钢筋的屈服应力;

A_b——搭接钢筋的面积。

如果搭接钢筋净距大于或等于 $4d_b$,这里 d_b 为搭接钢筋直径,$A_{tr}(c)$ 为约束箍筋的横截面积。如果净距小于 $4d_b$,那么 $A_{tr}(c)$ 为横跨潜在劈裂裂缝的横向钢筋面积除以搭接钢筋数量,其中裂缝是沿着一排搭接钢筋分布的。附加搭接长度不会明显改善搭接钢筋的非弹性反应,但搭接长度不应小于 $4885d_b/\sqrt{f'_c}$mm($1860d_b/\sqrt{f'_c}$in)。

图 D-8 所示的是计算纵筋搭接的地震 C/D 比 r 的过程。如果设置了最小搭接长度,在墩柱可能的弯曲屈服范围内进行搭接时,才需要确定 C/D 比。应评估的搭接有:对于高宽比大于 3 的墩柱,应对其四分之一高度之外的搭接进行评估;对于高宽比小于或等于 3 的墩柱,应对墩柱内的所有搭接进行评估。下面的两种工况将应用于这些搭接。

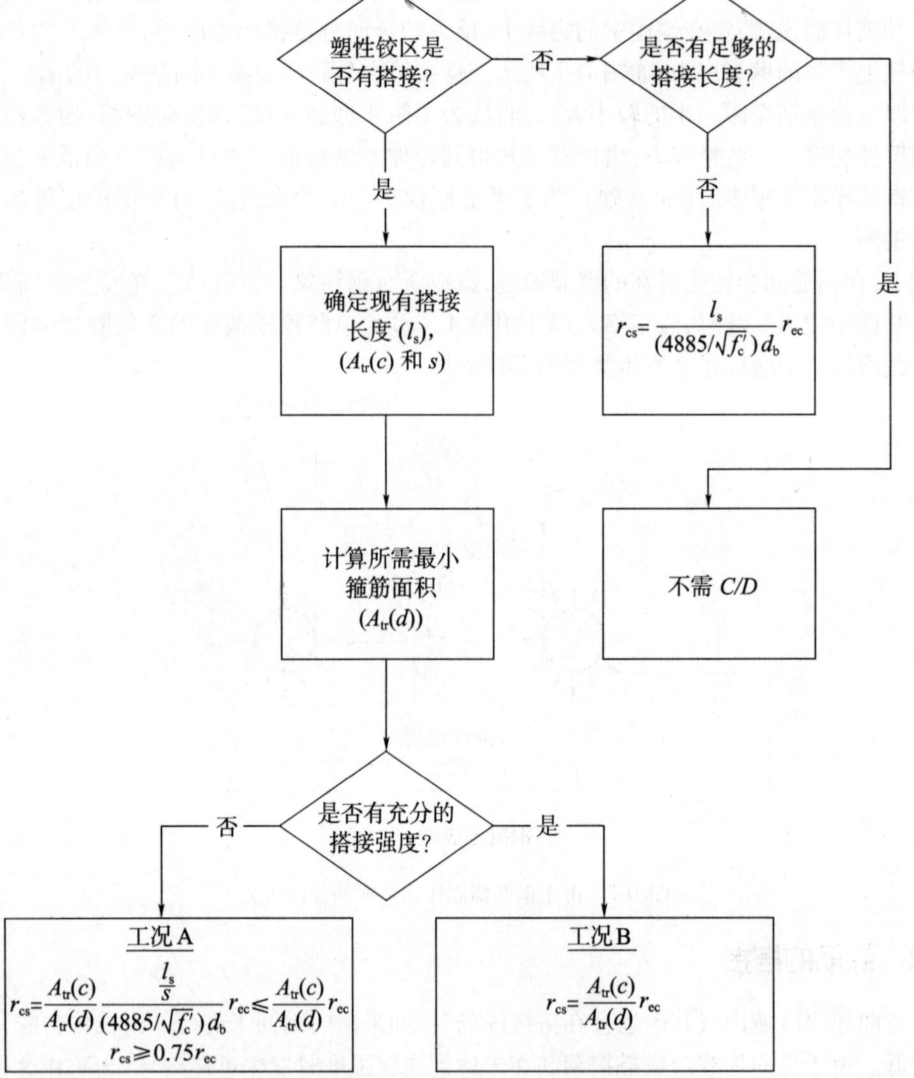

图 D-8 确定纵筋搭接能力/需求比的流程图

工况 A:当搭接长度、横向钢筋用量或横向钢筋间距不足时[$l_s<4885d_b/\sqrt{f'_c}$mm($1860d_b/\sqrt{f'_c}$)in;$A_{tr}<A_{tr}(d)$;或者 $s>150$mm],纵筋搭接 C/D 比,可按下式计算:

$$r_{cs}=\frac{A_{tr}(c)}{A_{tr}(d)}\left(\frac{\left(\frac{150}{s}\right)l_s}{\left(\frac{4885}{\sqrt{f'_c}}\right)d_b}\right)r_{ec}\leq\frac{A_{tr}(c)}{A_{tr}(d)}r_{ec} \tag{D-14a}$$

$$r_{cs}=\frac{A_{tr}(c)}{A_{tr}(d)}\left(\frac{\left(\frac{6}{s}\right)l_s}{\left(\frac{1860}{\sqrt{f'_c}}\right)d_b}\right)r_{ec}\leq\frac{A_{tr}(c)}{A_{tr}(d)}r_{ec} \tag{D-14b}$$

这里比值 $150/s(6/s)$ 取值不应大于1，且 $(4885d_b/\sqrt{f'_c})$ 不应小于30。当设置最小搭接长度时，搭接 C/D 比 r_{es} 取值不得小于 $0.75r_{ec}$。

工况B：当充分搭接时[$L_s > 4885d_b/\sqrt{f'_c}$ mm($1860d_b/\sqrt{f'_c}$) in；$A_{tr}(c) \geqslant A_{tr}(d)$；或者 $s \leqslant 150$mm]，纵筋搭接 C/D 比 r_{cs} 可按下式给出：

$$r_{cs} = \frac{A_{tr}(c)}{A_{tr}(d)} r_{ec} \leqslant 2r_{ec} \tag{D-15}$$

注：

由于混凝土中钢筋间存在斜向压应力，纵向分量使应力在搭接钢筋间传递。混凝土的横向分量则作用于搭接钢筋，此时如果在横跨潜在劈裂面上没有设置足够钢筋，钢筋之间的混凝土可能发生纵向劈裂。如果钢筋间距不足，在相邻的搭接钢筋之间也会出现裂缝。如果钢筋不足，钢筋搭接端发生劈裂是破坏的开始。在累积反复加载下，裂缝沿着搭接钢筋不断发展，最终引发搭接解体。因此，附加搭接长度也不一定能防止破坏。防止墩柱搭接破坏的关键是布置足够密集的横向钢筋，这样可防止发生劈裂。采用最小搭接长度还是非常有必要的。

依据康奈尔大学和新西兰坎特伯雷大学的实验研究成果[1]，制定了评估搭接破坏可能性的规定。起初，研究对象是房屋建筑的立柱，一般为略低于屈服应力的反向应力。该研究成果可鉴别防止在这些荷载条件下发生搭接破坏所需的横向钢筋量和最大间距。另外，要根据混凝土强度确定最小搭接长度。

对于期望搭接钢筋屈服的情况，可能出现在墩柱最大弯矩区，试验表明当横向钢筋小于或等于所需的未屈服搭接钢筋时，搭接钢筋刚度和强度将迅速退化。进一步的试验表明，当使用附加横向钢筋时，可以改善搭接性能。如果所需横向钢筋大约为未屈服时的2倍，虽然在达到极端延性时搭接钢筋可能发生受拉断裂，但是，搭接钢筋有时能够承受位移延性高达6的反向加载。其他试验没有使钢筋断裂，但在较低延性需求时出现强度损失。评估屈服情况下的搭接性能时，可按照指南中的建议，保守地计算最大容许延性。所以，由于试验中出现屈服的情况很少，而且现有墩柱大多数存在横向钢筋锚固不足的情况。根据经验，假定容许延性与横向钢筋用量为线性关系，这里所说的横向钢筋用量比不屈服所需的用量要多。

当搭接钢筋应力不超过屈服能力的75%时，在反向加载情况下，搭接钢筋不会退化。因此，当搭接长度足够时，搭接 C/D 比不应小于 $0.75r_{ec}$。

D.5.3　墩柱的剪切

当剪切需求超过抗剪能力时，就会发生墩柱的剪切破坏。在弯曲屈服之前或在弯曲屈服过程中，由于抗剪能力退化就会发生剪切破坏。下面是计算墩柱剪切 C/D 比 r_{cv} 时用到的术语：

$V_u(d)$——墩柱最大剪力；墩柱或基础屈服($V_u(d) = 1.3\sum M_u/L_c$)，或者墩柱内锚固或搭接破坏，无论先发生哪种破坏，都会使墩柱顶部或底部出现塑性铰(如果两端固定或一端固定一端铰接)，从而产生最大剪力(参阅下面的注解1)；

$V_e(d)$——计算弹性剪力最大值；

$V_i(c)$——墩柱未发生损伤时的初始抗剪能力(包括混凝土毛截面和横向钢筋所具有的抗力，参见下面的注解2)；

$V_f(c)$——墩柱发生损伤后最终抗剪能力(包括墩柱的核心混凝土和有效锚固的横向钢筋所具有的抗力)；当轴向应力大于或等于 $0.1f'_c$ 时，可假定混凝土墩柱核心的容许剪切应力为 $5.2\sqrt{f'_c}$ kPa，否则取为零。

---

[1] Sivakuman et al., 1983; Lukose et al., 1982; Paulay et al., 1981

注解 1:AASHTO Standard Specifications(AASHTO,2002)的条款 7.2.2 给出了计算墩柱塑性铰剪力的几种方法。将这些方法扩展,以考虑由于锚固或搭接破坏引起的基础名义抗弯能力或墩柱折减的名义抗弯能力。应包括铰接端的剪力,少数铰接处存在摩擦,在构件转动过程中产生剪力。

注解 2:采用 AASHTO Standard Specifications❶ 第 I 部分中条款8.16.6或 LRFD 规范(AASHTO1998)中的条款 5.8 计算混凝土墩柱的抗剪能力,但不要使用能力折减系数,即,$\phi = 1.0$。

图 D-9 中给出计算墩柱的剪力 C/D 比的流程。

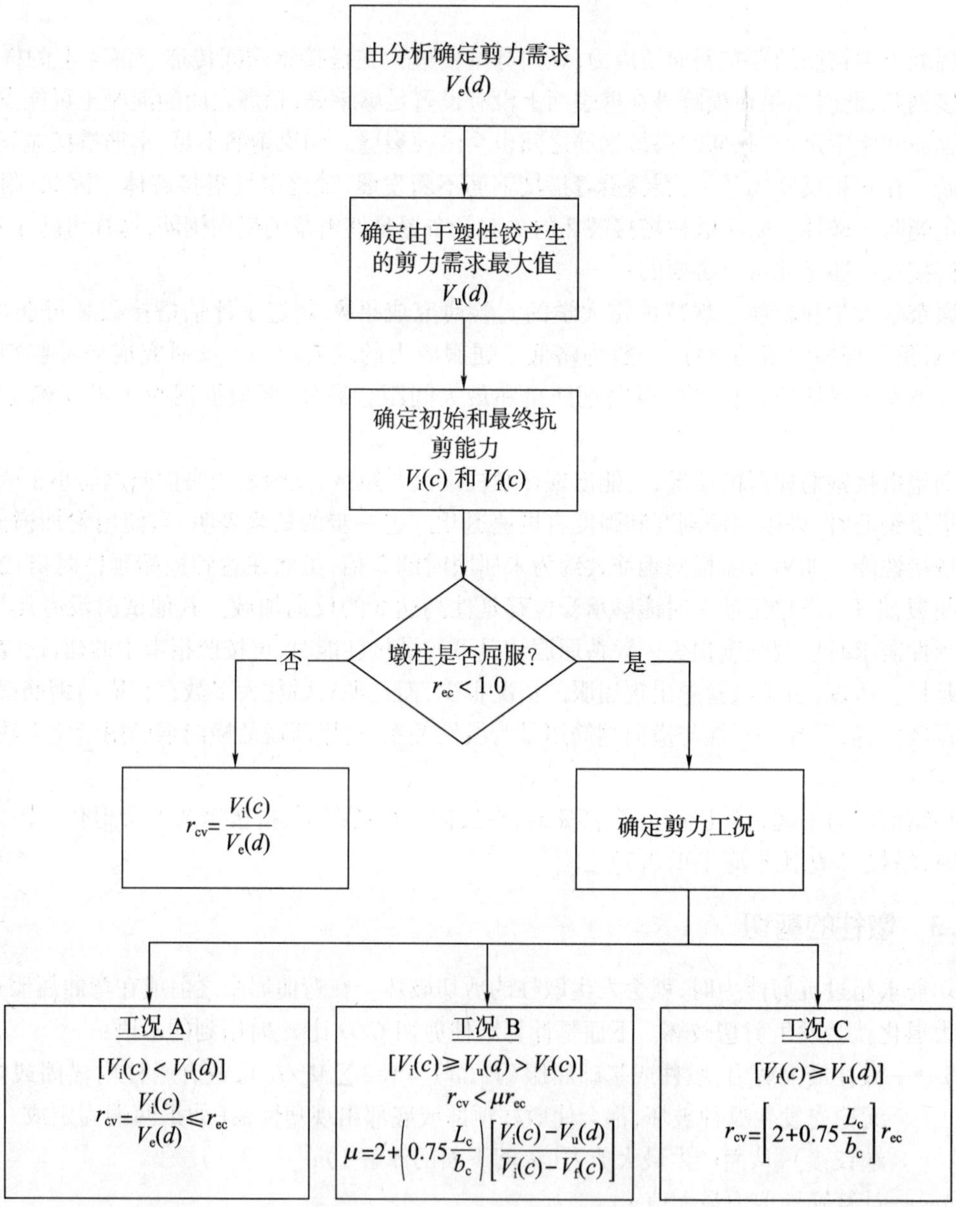

图 D-9　确定墩柱的剪力能力/需求比

当墩柱没有发生弯曲屈服时($r_{ec} > 1.0$),应用初始抗剪能力 $V_i(c)$ 和弹性剪力需求 $V_e(d)$ 计算墩柱的剪力 C/D 比。当墩柱发生屈服时,($r_{ec} < 1.0$),根据图 D-9 给出流程计算墩柱的剪切 C/D 比 r_{cv}。三种情况说明如下:

情况 A:如果未损伤墩柱的初始抗剪能力不足以承受塑性铰引起的最大剪力[$V_i(c) < V_u(d)$],那

❶ 该文献是 AASHTO Standard Specifications for Highway Bridges 第 I 部分中条款 8.16.6,并不是同一规范的第 I-A 部分。

么在塑性铰形成前可能发生脆性破坏，必须使用弹性剪力需求计算 C/D 比 r_{cv} 即：

$$r_{cv} = \frac{V_i(c)}{V_e(d)} \leqslant r_{ec} \tag{D-16}$$

情况 B：如果墩柱的初始抗剪能力足以承受塑性铰引起的最大剪力，但最终抗剪能力不足，$[V_i(c) \geqslant V_u(d) > V_f(c)]$，那么墩柱的剪切 C/D 比将取决于弯曲屈服程度，屈服会使抗剪能力从 $V_i(c)$ 降低到 $V_u(d)$。C/D 比按下式给出：

$$r_{cv} = \mu r_{ec} \tag{D-17}$$

式中：$\mu = 2 + \left(0.75\frac{L_c}{b_c}\right)\frac{V_i(c) - V_u(d)}{V_i(c) - V_f(c)}$ (D-18)

L_c——墩柱高度；

b_c——剪切方向的墩柱宽度。

柱的高宽比取值不应大于的 4，见公式(D-18)。

情况 C：如果墩柱的最终抗剪能力足以承受塑性铰造成的最大剪力，$[V_f(c) > V_u(d)]$，那么墩柱剪力 C/D 比按下式计算：

$$r_{cv} = \left(2 + 0.75\frac{L_c}{b_c}\right)re \tag{D-19}$$

式中符号定义同上。与情况 B 一样，墩柱的高宽比取值不应大于 4。

注释：

因为墩柱的剪切破坏导致剪切强度损失比较突然，所以非常重要。发生破坏时，产生的过大变形可能引起墩柱的崩溃和竖向支承的损失。在 San Fernando 地震过程中，通道 5（重载汽车车道）/405 号线 Separation（加州 53—1548 号桥）就发生了这样的破坏。经历 San Fernando 地震的其他几座桥梁分别处于这种破坏类型的不同阶段，如果地震动强度再高些或持续时间更长一些，这些桥梁很可能倒塌。

要根据工程经验，推荐计算墩柱的剪切破坏的方法，并且假定墩柱行为的理想化模型。通过检查图 D-10 所示的抗剪能力和剪力需求的假设关系使该方法图形化。在计算墩柱剪力 C/D 比时要考虑 3 种可能的情况。由于初始抗剪能力较低，使墩柱不能达到屈服弯矩，此时为情况 A，在这种情况下，用弹性剪力需求除墩柱的初始抗剪能力计算出墩柱的剪力 C/D 比。这可能是因为即使在超过初始抗剪能力时预期发生脆性剪切破坏，但是，在未出现塑性铰时不期望出现初始剪切强度衰减的情况。当墩柱塑性铰使抗剪能力退化，从而发生预期的剪切破坏，此时为情况 B。在这种情况下，假定墩柱的剪切需求超过了其抗剪能力，通过用相应于屈服程度的屈服指标乘以墩柱的弯矩 C/D 比 r_{ec}，对墩柱的剪力 C/D 比进行估算。对于情况 C，假定当墩柱的抗剪能力退化不会造成剪切破坏。此时，墩柱的剪力 C/D 比通过用相应于假定的最大容许弯曲屈服水平的延性指

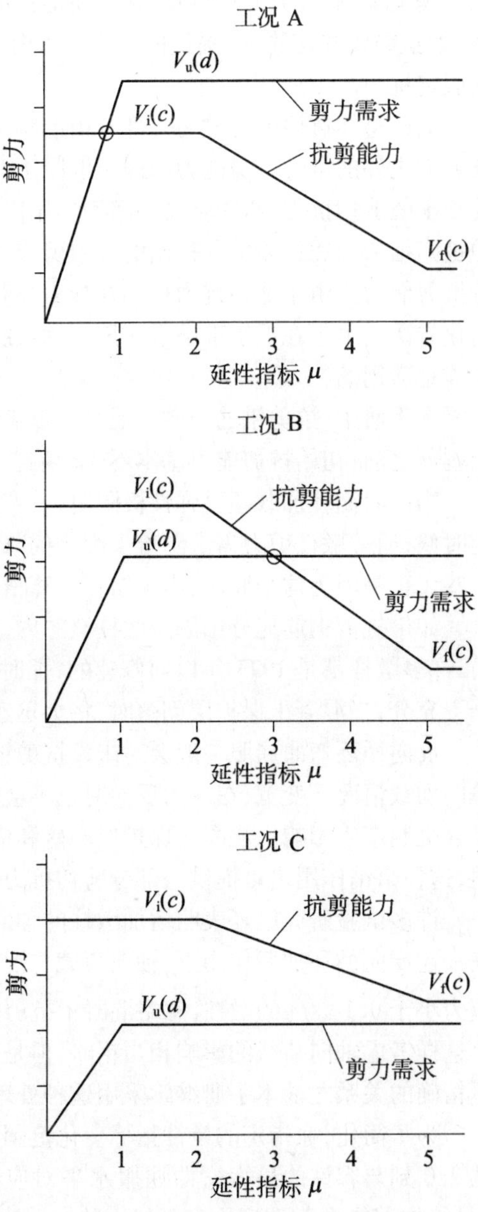

图 D-10　确定剪力需求和抗剪能力

标乘以墩柱的弯矩 C/D 比来进行估算。

利用假定钢筋混凝土墩柱的剪切需求与抗剪能力的关系识别适用于哪种情况,并确定出情况 B 的延性指标。需求和能力都取决于由延性指标度量的弯曲屈服水平。

根据延性指标小于等于 1.0 时,墩柱的线弹性特征的观测数据得到墩柱剪力需求与抗剪能力之间的关系。当延性指标大于 1.0 时,剪力需求为常量,并且可由静力学来确定,其中假设在墩柱端部已经形成塑性铰,塑性铰区的弯矩为考虑墩柱超强的最大极限弯矩。延性指标大于 1.0 时,实际剪力需求会由于墩柱的一些因素而发生变化,如,轴向荷载的变化、墩柱弯曲钢筋的应变硬化、墩柱极限弯矩能力的退化、在墩柱两端同时形成塑性铰而产生的墩柱失效等。由于使用一种简化而保守的方法建立剪力需求与屈服弯矩间的关系,所以要选用推荐的剪切需求模型。

假定的由延性指标度量的抗剪能力与屈服弯矩之间的关系,是通过观察试验和过去地震中墩柱的剪切行为而得到的。这些观测数据建立了剪切能力与屈服弯矩间的数量关系。但由于本指南中推荐的数量关系,在很大程度上是依据专家对钢筋混凝土墩柱行为特征的经验判断。

规范编制者已经发现可以很方便地将钢筋混凝土墩柱的抗剪能力分成两部分。第一部分是受剪钢筋(如箍筋或螺旋筋等)提供的抗力。由桁架类推可得到剪切行为的逻辑模型,进而推导出由钢筋提供的假定抗力。

墩柱总体抗剪能力的另一部分由混凝土提供。然而,与实际情况相比,将除了抗剪钢筋提供的那部分剪力之外的全部抗剪能力归因于混凝土有些过于简化。事实上,剪切抗力包括以下几个部分:受压区混凝土的剪切抗力、弯曲钢筋的暗销作用以及沿斜裂缝的咬合作用。在当前的设计规范中,剪切机制通常被归结为单凭经验推导得出的有效剪应力,保守地接近除了由抗剪钢筋提供的剪切抗力之外的那部分抗剪能力。由于剪切抗力机制在静力荷载作用下将保持不变,所以一般对于静力设计可以使用这种简化方法。由于在低水准地震作用下,墩柱不会出现过大的弯曲屈服,因此,在这种情况下简化方法也可能是适用的。

本手册中,抗剪钢筋与墩柱混凝土提供的剪切抗力之和称为初始抗剪能力,认为在混凝土保护层开始剥落之前,初始抗剪能力基本不受影响,因此,假定墩柱的抗剪能力在延性指标小于等于 2 时为常数。

当反向循环加载超过弹性极限时,一些剪切抗力机制开始失效。假设抗力失效始于延性指标为 2 的时候,通常墩柱剪力需求随着长细比的减小而增加,所以当墩柱的高宽比较小时,抗力失效速度更快一些。正是因为这个原因,本手册在计算情况 B 或情况 C 时墩柱的剪切破坏时考虑了高宽比。

如果抗剪钢筋充分锚固于墩柱核芯内,中等程度的屈服弯矩就不会对抗剪钢筋造成严重影响。然而,许多墩柱都是 1973 年以前修建的,那时 AASHTO 规范首先考虑横向钢筋的锚固要求。如果钢筋锚固不充分,当混凝土保护层剥落时,将会迅速失效。

反向循环弯曲屈服一般会对未设抗剪钢筋的墩柱的剪切抗力造成不利影响。弯曲裂缝和斜裂缝在单向加载情况下变宽,在应力反向时也不会闭合。在这些裂缝界面发生微小的横向运动时就会对骨料咬合机制产生影响。混凝土保护层剥落和横向约束筋破坏或屈服将降低抗弯钢筋的暗销作用,如前所述,这种暗销作用也可提供一部分剪切抗力,从而墩柱的剪切抗力也随之降低。

许多试验研究已经表明增加墩柱的轴向荷载似乎可以减缓混凝土抗剪能力的退化。尽管还不能准确描述反向循环加载作用下,轴向荷载与混凝土抗剪能力的关系,但许多学者都曾建议:对于平均轴向应力小于 $0.1\sqrt{f'_c}$ 的墩柱,忽略混凝土抗剪能力;当平均应力较大时,则应充分考虑对墩柱的影响。虽然这样考虑轴向荷载的影响相当粗略,但是其他抗震设计规范已经采用这种方法,因此,在未能推导出更精确的关系之前本手册继续采用这种处理方法。

为了简化,在指定的延性指标变化范围内,假设抗剪能力按线性退化,这里指定延性指标范围是指从 2.0 到与容许的最大弯曲屈服水平对应的延性指标。在达到最大屈服水平时,墩柱的抗剪能力为"最终抗剪能力",假定由充分锚固的抗剪钢筋提供的剪切抗力和考虑轴向荷载影响的有效混凝土剪切抗力共同组成。在研究建立更为精确的抗剪能力退化与弯曲屈服的关系之前该方法还是合适的。

D.5.4　横向约束钢筋(箍筋)

如果墩柱塑性铰区横向约束钢筋不足,由于受压主筋屈曲和混凝土压碎,将造成弯曲能力的迅速降低。可用下面公式计算横向钢筋 C/D 比 r_{cc}:

$$r_{cc} = \mu r_{ec} \qquad (D\text{-}20)$$

式中:$\mu = 2 + 4\left(\frac{k_1 + k_2}{2}\right)k_3$ (D-21)

$$K_1 = \frac{\rho(c)}{\rho(c)\left(0.5 + \frac{1.25P_c}{f'_c A_g}\right)} \leqslant 1 \qquad (D\text{-}22)$$

$k_2 = 6d_b/s \leqslant 1$ 或 $0.2b_{min}/s \leqslant 1$ 的较小者;

k_3——横向钢筋锚固有效性系数。如果横向钢筋锚固充分,取1.0,否则应利用图D-4来确定 k_3。注意,此时,需要对公式(D-21)进行迭代求解。

$\rho(c)$——已有横向钢筋的体积配筋率;

$\rho(d)$——所需的横向钢筋体积配筋率,根据AASHTO Standard Specifications(AASHTO,2002)中的条款7.6,或AASHTO LRFD(AASHTO 1998)中的条款5.10.11确定;

P_c——墩柱的轴压力;

f'_c——混凝土抗压强度;

A_g——墩柱的毛截面面积;

s——横向钢筋间距;

d_b——纵筋直径;

b_{min}——墩柱截面最小宽度。

注释:

为了避免墩柱在遭受弯曲屈服的反向循环作用时发生强度退化,应采用横向约束钢筋。约束使核芯混凝土的能力增加,使其在较高压应变的情况下产生较大的应力,并且通过钢筋的侧向约束可以防止纵向钢筋压屈。约束效果取决于横向钢筋用量和间距以及钢筋锚固是否充分。

保护层混凝土剥落会造成混凝土墩柱轴向强度降低,可通过适当的设置横向钢筋避免这种情况的发生,为此,现行AASHTO规范规定了所需横向约束钢筋的用量。尽管该方法简单,而且可使墩柱满足较高的延性需求,但是,它所依据的准则对墩柱的性能并不恰当,而且在对已建墩柱进行评估时有一定的局限性。

Priestley和Park(1979)首先提出了一个计算约束钢筋的更合理的方法。基于假设的不同约束水平的钢筋、混凝土的应力应变特性得到这种方法所采用的混凝土墩柱的弯矩曲率关系。假设墩柱的有效曲率延性是与墩柱预先折减(如80%)的弯曲能力对应的曲率。后来采用这个方法得到了新西兰混凝土规范[NZS3101(新西兰标准协会,1982)]中有关横向钢筋的要求。基于AASHTO规范的约束要求,NZS3101提出了约束钢筋的要求,并考虑轴向荷载水平的影响。对于较小的轴向荷载,NZS3101比AASHTO规范规定的约束钢筋用量节省了50%。新西兰规范要求充分约束混凝土的横向钢筋的最大间距为截面最小尺寸的20%或者6倍纵筋直径,取两者中较小者。足尺墩柱试验证实了新西兰规范中横向约束钢筋要求是有效的(Park等人,1980)。

虽然前文已经提过,但是必须根据过去地震获得的经验,对既有墩柱横向约束的评价进行调整。假设混凝土保护层在延性指标为2.0时开始剥落,并且由于混凝土保护层能够提供一些约束作用,所以,即使是约束不足的墩柱也可以承受屈服作用,直至达到这一水平。假定按照新西兰规范配置横向钢筋的墩柱能够承受对应于延性指标为6.0的循环屈服作用。大多数已建墩柱的横向钢筋存在缺陷,而且假定能够承受与延性指标(2.0~6.0)对应的有限屈服水平。为了建立确定适当延性指标的公式,采用三个系数来计算横向钢筋的相对效应。这些系数可以考虑由于钢筋用量、间距和锚固缺陷引起的约束效果的降低。因为它们的约束效果互不影响各自独立,所以钢筋用量和间距的系数都取用平均值。这些系数使结果过于保守,然而,锚固缺陷会影响横向钢筋的总体效果,因此用前两个系数乘以锚固系数就可得到总体约束效果。尽管该方法很大程度上取决于工程经验,但此方法能够较为准确合理地计算横向约束钢筋的 C/D 比。

D.5.5　基础转动和屈服

在墩柱屈服前,基础可能发生转动或屈服,在任何一种破坏模式中都可能出现这种情况。基础的容许转动量或屈服量与破坏模式有关。对于不同基础破坏类型,地震 C/D 比 r_{fr} 按下式计算:

$$r_{fr} = \mu r_{ef} \tag{D-23}$$

式中:μ——延性指标,与基础类型和破坏模式有关,按表 D-1 取值。

关于计算基础名义极限能力的方法请见下面的注释。

基础延性指标

表 D-1

基础类型	系数限制能力	μ
扩大基础	地基承载力破坏	4
	基础内钢筋屈服	4
	基础内混凝土剪切或受拉	1
桩基	桩基超载(受拉或受压)	3
	基础内钢筋屈服	4
	桩被拔出	2
	基础内混凝土剪切或受拉	1
	打入桩弯曲破坏	4
	打入桩剪切破坏	1

注释:

可用两种分类方法的其中一种对基础破坏进行分类。第一类破坏是由于振动场地失稳使基础产生了较大位移。液化作用或边坡失稳就属于这种类型,D.7 小节详细地讨论了这些破坏类型。

由结构自身传来的较大的地震力使基础构件发生屈服或断裂属于第二类破坏,这是本节讨论的重点。它包括钢筋或混凝土破坏、地基承载力破坏、由滑坡或倾覆作用导致的基础破坏以及桩身破坏,这些破坏会导致延性行为或突然的脆性破坏。

由于基础检测和修复困难,在新桥设计中要避免基础发生延性屈服。这样的屈服会造成结构损伤,但如果屈服不再发展,就不会造成结构倒塌。因此,对于已建结构,基础屈服检查一般不足以证明是否需要对基础进行加固。事实上,由于基础屈服能够限制墩柱内的剪切和弯曲,从而降低墩柱脆性破坏的可能性,所以,从防止倒塌的观点出发,基础屈服可能是有利的。

另一方面,如果基础发生突发的脆性破坏,可能对结构抗倒塌能力造成严重的后果。整体倒塌的概率取决于结构形式和基础破坏特性,例如,由于排架能够保持稳定,所以,对于支承多柱式排架的基础,其弯曲能力的突然降低不太可能造成结构倒塌,但是,对于独柱式排架结构,类似的破坏将对其造成非常严重的影响。如果不是位移量较大,而且桥梁不连续、支承面较窄的话,基础滑移破坏几乎不会造成结构倒塌。总之,具有独柱式排架墩的结构最容易受到基础破坏的威胁。

评估结构时,确定基础能力是很重要的,即使基础破坏也不会造成桥梁的倒塌。基础破坏模式在某种程度上,取决于基础类型。扩大基础和桩基在桥梁工程中广泛采用,下面的小节给出了确定这两种基础承载能力的步骤。

扩大基础:应确定抵抗由墩(柱)传来的荷载的能力。竖向荷载和弯矩能力存在相关性,由下述基础破坏类型控制，如图 D-11 所示：

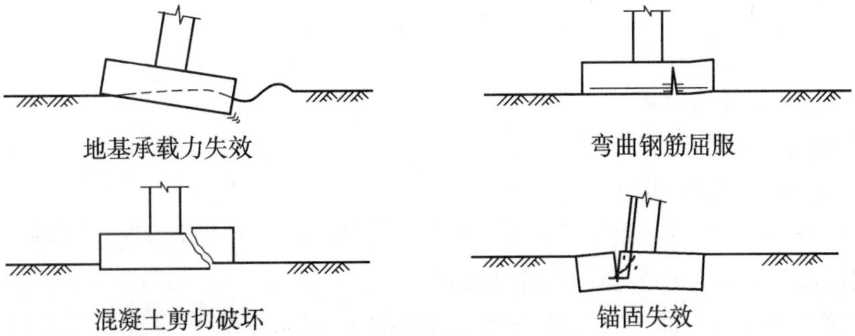

图 D-11　扩大基础的破坏模式

(1)由地基失效引起的基础倾斜

(2)基础钢筋的弯曲屈服

(3)基础混凝土的剪切破坏

(4)墩柱主筋的粘结坡坏

后两种破坏模式可能造成严重后果，在很多情况可能造成结构倒塌。粘结破坏最为重要，应根据基础中墩柱的主筋锚固强度计算，如 D.5.1 小节所述。锚固不足是指钢筋未屈服，而且在未达到墩柱极限能力之前发生破坏。对于无锚固的扩大基础来说，由于混凝土的抗拉强度足以避免开裂，所以，通常不会出现由于基础弯曲开裂造成锚固有效性降低的问题。

因为基础中混凝土剪切破坏会造成倾覆抗力的突然损失。在确定剪切破坏概率时，应根据 AASHTO 规范确定关键截面，而且关键截面应能够承担指定的均匀压力，其中指定的压力等于极限地基承载力的 1.3 倍。

基础也可能发生弯曲屈服，但不会象剪切破坏一样导致抗倾覆能力的迅速降低。根据 AASHTO 规范应校核关键截面的弯曲能力，截面应能抵抗等于 1.3 倍极限地基承载力的均匀压力。为了满足静力平衡条件，基础的弯曲屈服会限制墩柱剪力。

如果基础未发生剪切破坏和弯曲破坏，那么基础能力将由地基承载力控制。假定在基础的不同面积上均匀加载，荷载大小等于极限土压力，由此可计算出基础达到屈服能力时轴力与弯矩之间的相关性。这样可以得到一个相关曲面，这个相关曲面指出地基承载力破坏只能发生在某些特定位置，在这些地方，这个面属于考虑超强后的墩柱相关曲面。极限地基承载力一般应按 3 倍设计容许值取值，而且应由岩土工程师提供实际的极限能力。

由于该模式一般不会导致结构倒塌，所以，Caltrans 认为该破坏模式是可以接受的。只有在要求结构具有更高的性能时(也就是说，震后立即恢复功能)，才会考虑对其加固。

桩基础：桩基础可能出现的破坏模式如图 D-12 所示，可分为以下几类：

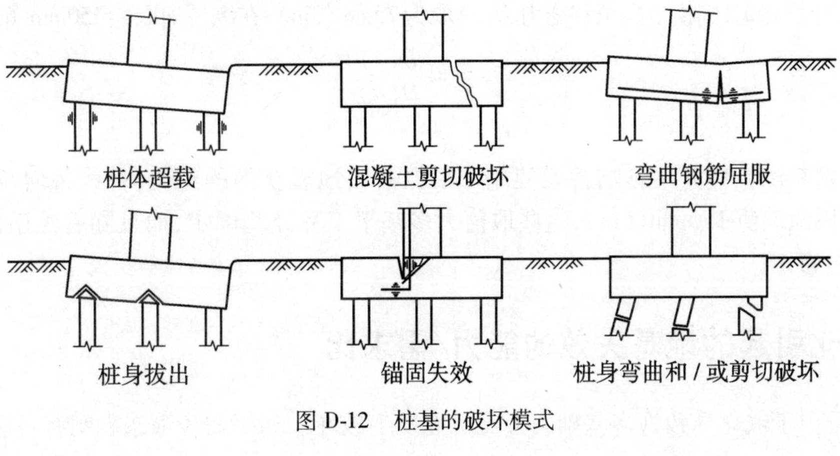

图 D-12　桩基的破坏模式

(1)由于桩身拔出或打桩受压破坏造成的基础倾斜

(2)桩身从承台中拔出

(3)承台钢筋发生弯曲屈服

(4)承台发生混凝土剪切破坏

(5)墩柱主筋的粘结破坏

(6)打入桩的弯曲或剪切破坏

不同于扩大基础,未布置抗拔钢筋的基础,其混凝土中的拉应力不足以防止基础弯曲开裂和随后发生的墩柱筋锚固损失。D.5.1 小节会讨论这类破坏。

因为基础混凝土剪切破坏能导致抗倾覆能力骤然损失,因此危害性很大。确定发生剪切破坏的可能性时,根据 AASHTO 规范确定关键截面,并校核截面的抗剪能力,截面应能承担由 1.3 倍的桩身极限能力产生的剪力。

基础也可能发生弯曲破坏,但不会象剪切破坏那样,使抗倾覆能力迅速损失。应根据 AASHTO 规范校核关键截面的弯曲能力,截面应能承担由 1.3 倍的桩身极限能力产生的弯矩。基础弯曲屈服将限制墩柱剪力,使其满足静力平衡条件。

如果基础既不发生剪切破坏也不发生弯曲破坏,那么基础能力将由桩身破坏模式控制。通过假定桩极限受压或拉拔作用的不同组合,得到基础达到屈服能力时的轴力弯矩相关曲面。桩身向上拔出时,由于基础对其施加向下的力,从而限制了桩身的抬高。当桩身从基础中拔出时,由于该种破坏具有明显的脆性,建议使用较低的延性指标。摩擦桩的极限抗压能力一般可取 4 倍的设计容许能力。实际能力应由岩土工程师提供。

因为这种破坏一般不会导致结构倒塌,Caltrans 认为这种破坏模式是可以接受的。只有在要求结构具有更高的性能时(也就是说,震后立即恢复功能),才会考虑对其加固。

对于地基极限能力应咨询岩土方面的专家,尤其对于抗拔能力问题。对于不良场地土,应计算土体强度的潜在退化作用。根据桩类型和预期破坏模式(即,桩身超载或桩身被拔出),将地基承载力与连接构造和桩的承载力进行比较。

D.6 桥台的能力/需求比

地震过程中,桥台破坏通常包括桥台倾斜或移位,由桥梁上部结构的惯性力或地震引起的土压力引起。通常单独发生这几类破坏不会造成承担应急交通荷载的结构发生能力损失或倒塌。然而,这几种破坏经常导致使用功能的丧失,对于一些重要结构后果十分严重。

桥台出现较大水平运动经常导致引道路堤沉陷,使桥梁不能使用。因此,必要时,桥台的 C/D 比要根据桥台水平位移来确定。桥台处的位移需求 $D(d)$ 是弹性位移,通过建立适当的桥台刚度模型得到。如果不能用更详细的方法计算确定,则横桥向位移能力 $D(c)$ 取为 75mm(3in),在纵桥向取为 150mm(6in)。因此:

$$r_{ad} = \frac{D(c)}{D(d)} \tag{D-24}$$

注释:

限制桥台位移能力,使其不影响桥梁使用。根据过去地震获得的经验,将横桥向位移能力取值为 75mm(3in),纵桥向取值 150mm(6in),这些取值大多基于工程经验确定,而且随着经验的不断累积,可能需要对其进行修正。

D.7 由液化引起的地基失效的能力/需求比

地震过程中由于液化导致许多基础失去支承而发生破坏。如果初步筛选表明有可能出现与液化相关的严重的地基破坏时，则应计算 C/D 比。为了确定液化破坏的 C/D 比 r_{sl}，必须用两阶段方法。首先，必须针对地基失效和与之相关的损伤评估场地土液化深度和范围；其次，必须计算使地基土产生液化作用的地震动水准。用设计加速度因子除以可能发生液化破坏的地面有效峰值加速度，就得到 C/D 比：

$$r_{sl} = \frac{A_L(c)}{A_L(d)} \tag{D-25}$$

式中：$A_L(c)$——可能发生液化破坏的地面有效峰值加速度；

$A_L(d)$——$0.4S_s/g$ 场地有效加速度因子；

S_s——1.5.1 小节中定义的短周期谱加速度。

尽管已经针对地震引起的场地液化势的确定做过大量研究，但仍然很难准确确定参数 $A_L(c)$。$A_L(c)$ 的实际值需要大量工程经验。例如，砂层可能会液化，但其对桩基的影响却可能微乎其微。在持续振动下，可能需要在桩顶附近出现深 3m 的液化土才能使基础发生明显位移，从而导致结构破坏。

在给定场地由于液化作用产生的位移大小是以下参数的函数：强度、持时、液化作用程度以及土的相对密度，其中，相对密度控制着液化后不排水或残余强度。而且，不同桥梁的位移能力不同。因此，当确定 $A_L(c)$ 时，必须同时考虑场地和桥梁的特性。

注释中给出的关于桥梁液化破坏的参考意见可能有助于计算该问题，还有关于评估场地土的液化势的参考意见。最后，建议岩土工程师参与确定指定桥址的 $A_L(c)$，并帮助计算随后可能发生的地基位移和损伤。

注释：

地震活动造成的桥梁破坏划分为地基永久位移造成的破坏和动力荷载引起结构的破坏。大多数破坏严重的桥梁是由液化引起的地基永久位移而造成的。尽管如此，研究和设计都把重点放在防止结构破坏的问题上。将地基失效进行量化处理是很困难的，但是，进行结构响应分析显得更容易一些，并且结构响应能描述可防止的破坏类型。

设计者一般选择那些不可能发生此类破坏的桥址来解决液化问题。然而在很多情况下，无法避免在此类场地上建设桥梁。对于已建桥梁，很有可能使用了易损场地，但后果预测不充分。此时，设计者就要面对如何改善该桥的抗震能力，应该利用从过去地震时桥梁性能中得到的经验教训来鉴别倒塌机制、选择计算方法。

第 3 章或附录 B 中给出地基破坏机制或液化作用引起的位移的量化表达方法。近年的 Alaska 地震和日本地震中发生的桥梁破坏应该是最好的实例证明[1]。据报道在许多地震中破坏的桥梁都是由场地液化作用造成的，地基破坏模式与日本和 Alaska 地震的工程资料类似。无约束简支跨的桥梁通常损伤最大。

对于跨越河道的桥梁来说，地基是流水多年沉积而成的，地基条件对液化作用敏感是很正常的。这些土通常是松散、饱和无粘性的沉积物而且对液化作用最为敏感。值得注意的是液化作用是地震强度和持时的联合作用下产生的。1964 年的 Alaska 地震，估计最大地面加速度才 0.1g 到 0.2g，就造成了大规模成片的桥梁地基发生了破坏（Ross 等人，1973）。因此，如果出现了液化势的场地土条件，距离主断层一段距离的桥址，仍有可能发生液化破坏。

附录 B 中给出了评估场地土液化势的方法。通常采用两种基本方法，也就是：基于未发生过液化场地的锤击数相关性的经验方法和根据实验室确定液化强度和动力场地反应分析的分析技术。利用震级与震中距的经验相关性，可以粗略判断液化势，此法在第 3 章已经讨论过。

D.8　小结

本附录给出确定许多桥梁构件（如伸缩缝和支座，钢筋混凝土墩柱和墙以及地基）的位移和力能

[1] Ross 等，1973 年；Iwasaki 等，1972

力/需求比的方法。这些 C/D 比都按照构件或构成汇总在表 D-2 中。

能力/需求比列表

表 D-2

符　号	定　义	公　式
支承长度和限位器的 C/D 比		
r_{ad}	桥台位移 C/D 比	D-24
r_{bd}	支座或伸缩缝的位移 C/D 比	D-2,D-3
r_{bf}	支座或伸缩缝的限位器的 C/D 比	D-4
柱的 C/D 比		
r_{ca}	墩柱纵筋锚固长度 C/D 比	D-8 ~ D-12
r_{cc}	墩柱横向钢筋的约束 C/D 比	D-20
r_{cs}	墩柱纵筋搭接的 C/D 比	D-14,D-15
r_{cv}	墩柱剪力 C/D 比	D-16 ~ D-19
r_{ec}	墩柱弯矩 C/D 比	D.5 节,步骤 1-4
基础 C/D 比		
r_{ef}	基础的弯矩 C/D 比	D.5 节,步骤 1-4
r_{fr}	基础的转动 C/D 比	D-23
土的 C/D 比		
r_{sl}	液化作用潜在加速度 C/D 比	D-25

附录E　工程实例5.1:一座四跨钢筋混凝土箱梁桥构件的能力/需求计算

E.1　简介

用实例说明如何将本手册建议的方法应用到钢筋混凝土箱形梁桥中。特别是,采用易损性分级的指数法计算桥梁地震分级,如4.2节所述。另外,采用5.4节(方法C)中给出的构件能力/需求方法对桥梁进行详细评估。然后将该评估用于鉴别和评价可能的抗震加固措施。

E.2　桥梁工程概况

需要研究的桥梁为一座典型高速公路跨线桥,是抗震规范修订前建造的,位于加州。这座桥位于担负着本地区城市主要街道交通的城市高速公路,其等级为“重要”。设计服务年限为55年(ASL3,表1-1)。C类场地(表1-3)。对应于较高的地震动水准,场地的短周期和长周期谱加速度分别为1.0和0.4。抗震加固类别(SRC)为D类(参阅1.6节)。

上部结构为混凝土箱形梁,该桥一部分施加了预应力而另一部分为普通钢筋。跨内伸缩缝位于预应力部分和普通钢筋部分的交接处。全长143m(470ft),共4跨,如图E-1所示,上部结构是连续的,由3个双柱排架墩支撑。隔板式桥台与上部结构整体浇筑,并且采用扩大基础。

与大多数同时期建造的同类桥梁一样,无约束的伸缩缝支承在相对狭窄的支承面上。伸缩缝构造如图E-2所示。混凝土墩柱使用钢箍约束,但不能满足抗震要求。有两个排架墩,墩柱钢筋在潜在塑性铰区内有搭接。墩柱构造如图E-3所示。

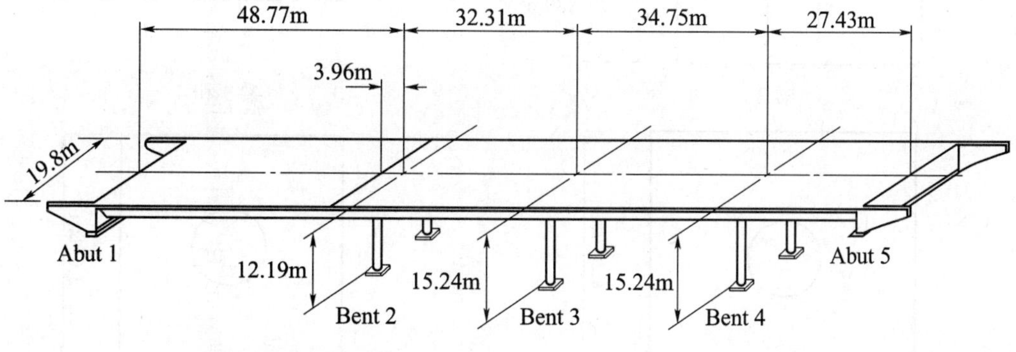

上部结构截面特性

A_X=8.44m²
I_{11}=1.45m⁴
I_{22}=177.80m⁴
I_{33}=4.63m⁴

荷载

A=0.4
Soil Type= Ⅱ
Additional Deadiload=35.90kN/m
f_c'=2.24×10⁴kPa
f_y=400kPa

图E-1　实桥

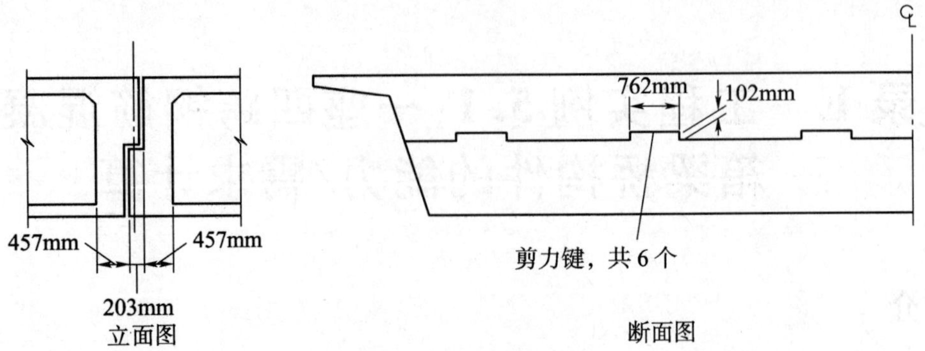

图 E-2 伸缩缝构造详图

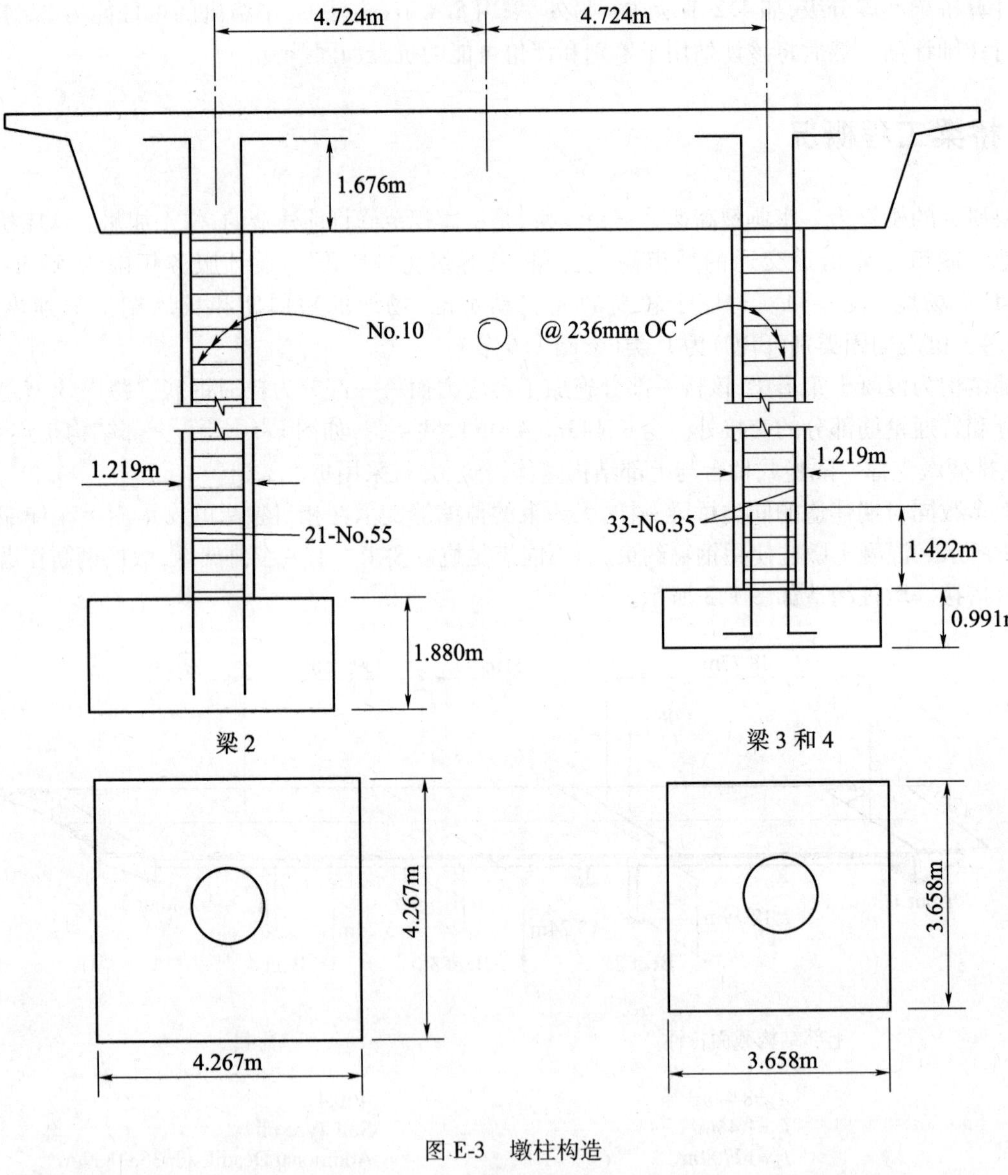

图 E-3 墩柱构造

E.3 地震分级

采用地震分级体系来鉴别哪些桥梁需要加固,该过程有时被称为初步筛选,它可以快速找出最危险和需要仔细检查的结构。实际工程中,一个地区的所有桥梁都应该进行分级并进行对比,整理需要详细评估的桥梁的优先次序。

如4.2小节所述,该评定方法需要计算每座桥梁的优先指数。该指数考虑了桥梁等级、重要性、非抗震缺陷以及其他因素(如网络冗余度、政治和经济等)。整个过程中的一个关键环节是计算桥梁等级(R),它是根据结构易损性级别(V)和场地地震危险性级别(E)有如下公式如下:

$$R = VE$$

下面的章节针对该实例给出上面提到的两种分级方法的具体实施过程。

E.3.1　易损性级别 V

采用第4.2.1.1节中建议的方法计算易损性级别。由于结构的抗震加固类别为D类,应该考虑所有组成构件。

A 支座

步骤1:因为桥梁上部结构在伸缩缝处不连续,该桥梁支承构造不能满足要求。

步骤2:尽管混凝土剪切键遭到破坏,但是,支承面在横桥向仍是连续的,因此横桥向移动不会造成破坏;即,$V_T = 5$。

步骤3:在纵桥向,计算铰支座的最小支承长度。

$L = L_1 + L_2 = 143\text{m}(470\text{ft})$

$H = (12.2 + 0) \div 2 = 6.1\text{m}(20\text{ft})$

$B = 19.8\text{m}(65\text{ft})$

$S_1 = 0.40$

$F_v = 1.4$ (C类场地,表1-4(b))

$S_{D1} = F_v S_1 = 0.56$

$\alpha = 0°$(正交)

然后由公式(5-1a):

$$\begin{aligned} N(d) &= \left[100 + 1.7L + 7.0H + 50\sqrt{H}\sqrt{1 + \left(2\frac{B}{L}\right)^2}\right]\frac{(1 + 1.25S_{D1})}{\cos\alpha} \\ &= [100 + 243 + 43 + 128] \times 1.70 \\ &= 874\text{mm} \end{aligned}$$

并且 $\dfrac{N(c)}{N(d)} = \dfrac{203}{874} = 0.23 < 0.50$

由于 $0.5N_D > N_c$

因此,$V_L = 10$ 并且对连接、支座和支承长度等的总体评价:

$V_1 = V_L$ 和 V_T 的最大值 $= 10$

B 柱、墩和基础

步骤1:不适用。

步骤2:不适用。

步骤3:不适用。

步骤4:计算值 Q,针对最短且配筋量最大的墩柱,即2号排架墩柱。

$$\begin{aligned} Q &= 13 - 6\left(\frac{L_c}{P_s F b_{max}}\right) \\ &= 13 - 6\left[\frac{12.19}{4.6(2)(1.219)}\right] \\ &= 6.5 \end{aligned}$$

由于支撑斜度小于20°,最大折减取2(表4-1),即:

$$\mathrm{CVR} = Q - 2 = 6.5 - 2 = 4.5 \approx 5$$

步骤5:不适用。

步骤6:不适用。

因此墩柱的易损性级别为:CVR=5。

C 桥台

步骤1:不适用。

步骤2:因为桥下交叉处有高速公路通过,所以不适用。

步骤3:不适用。

因此桥台易损性级别为:AVR=0。

D 液化

步骤1:场地土为从密实到非常密实的非饱和砂砾,因此液化敏感性较低。

步骤2:发生与液化相关的损伤的可能较小。

步骤3:不适用。

步骤4:不适用。

步骤5:不适用。

步骤6:因此液化易损性级别为:LVR=0

E 除支座以外其他构件的易损性级别,V_2

$$V_2 = \mathrm{CVR} + \mathrm{AVR} + \mathrm{LVR} = 5 + 0 + 0 = 5$$

F 全桥易损性(V)

全桥易损性评价结果为 V_1 和 V_2 的最大值:

$$V = 10$$

E.3.2 地震危险性级别,E

用周期为1s的地震系数(S_D)来确定地震危险性级别 E,见公式(4-8)。

$$E = 10S_{D1} = 10(0.56) = 5.6$$

E.3.3 桥梁等级 R

用下式给出桥梁等级:

$$R = VE = 10(5.6) = 56$$

E.3.4 优先指数

一旦列出所有桥梁相应的桥梁等级 R,就可以给出优先指数。由于优先级列表必须考虑许多因素,如结构重要性、非抗震缺陷、剩余使用年限、网络冗余度等,该过程需要大量经验判断。

E.4 细部构造评估

为了识别结构薄弱环节和可能的加固措施,需要对已建桥梁进行详细评估。评估时,要使用构件的能力/需求比法(方法C,参阅第5.4节)。

E.4.1 能力/需求比—已建桥梁

计算表5-2中的对应各构件的能力/需求比。

分析过程(参阅第5.4.2节)

采用多模态谱分析计算桥梁的弹性需求。尽管在众多计算程序中任何一种程序都能完成这种分析,但是,这里使用了SEISAB计算程序。SEISAB是专门针对桥梁地震分析开发的一种面向用户的程序,而且执行AASHTO标准规范(AASHTO 2002)的I-A分卷里的抗震条款。同时也可根据AASHTO LRFD规范(AASHTO 1998)进行计算。该程序自动组合正交弹性力(见第7.4.2节的内容介绍)。

利用第6章给出的流程图,选取桥台处的基础刚度。下文中给出了工程实例的输入代码和部分输出结果。可以看到分析用的SEISAB不允许直接输入S_v和F_v。而使用加速度因子$A=0.4$和II类场地土。AS的乘积(=0.48)近似等于F_vS_v的乘积0.56。SEISAB的计算结果与输入一致,单位为kN和m。力和弯矩应根据图E-4和E-5中的约定表示。

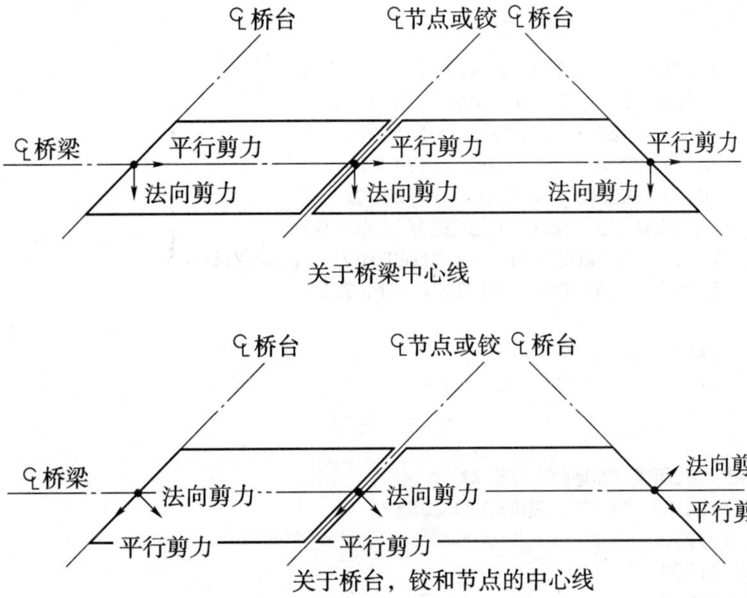

图E-4 桥台、铰和接缝内力的正向规定

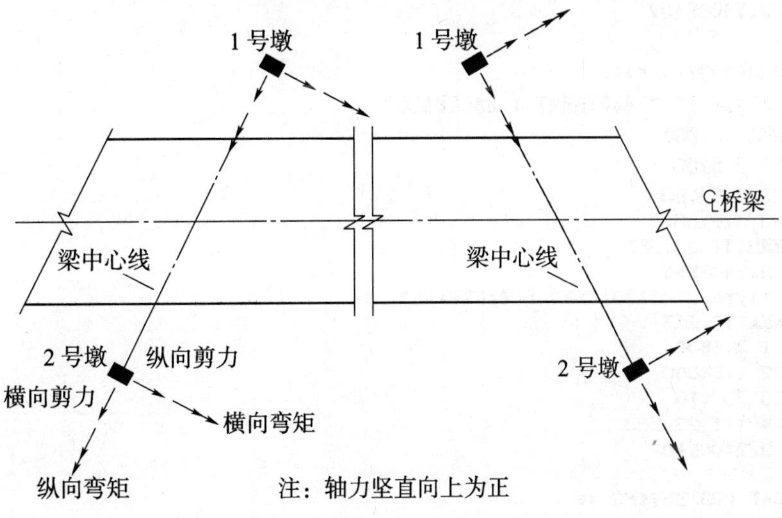

图E-5 墩柱内力的正向规定

```
C ******************************************************************************
C *                                                                            *
C *                             WORKED EXAMPLE                                 *
C *   RESPONSE SPECTRUM ANALYSIS OF THE EXISTING BRIDGE - F'c = 2.2408E+04 KPa *
C *                                                                            *
C ******************************************************************************
C
SEISAB 'WORKED EXAMPLE - NO RETROFITTING'
    RESPONSE SPECTRUM ANALYSIS
C
C --- ALIGNMENT DATA ---
  ALIGNMENT
    STATION 0.00
    COORDINATES N 0.00 E 0.00
    BEARING N 0 35 27 E
C
C --- SPAN DATA ---
  SPANS
    LENGTHS /48.590/ /32.310/ /34.750/ /27.010/
    AREAS /8.4400/ /8.4400/ /8.4400/ /8.4400/
    I11 /1.4500/ /1.4500/ /1.4500/ /1.4500/
    I22 /177.80/ /177.80/ /177.80/ /177.80/
    I33 /4.6300/ /4.6300/ /4.6300/ /4.6300/
    DENSITY /23.563/ /23.563/ /23.563/ /23.563/
    E /2.2408E+07/ /2.2408E+07/ /2.2408E+07/ /2.2408E+07/
    WEIGHT /35.900/ /35.900/ /35.900/ /35.900/
C
C --- DESCRIBE DATA BLOCK ---
C
  DESCRIBE
C
C ** INDIVIDUAL COLUMN PROPERTIES **
    COLUMN 'Type 1' "4 FT. ROUND COLUMN"
      AREA 1.1710
      I11 0.21700
      I22 0.10800
      I33 0.10800
      DENSITY 23.563
      E 2.2408E+07
C
C ** WALL PROPERTIES ***
    WALL 'Type 1' " ABUTMENT 1 BACKWALL"
      AREA 13.006
      I11 2.5200
      I22 0.63000
      I33 315.89
      DENSITY 23.563
      E 2.2408E+07
    WALL 'Type 2' "ABUTMENT 5 BACKWALL"
      AREA 13.285
      I11 2.5600
      I22 0.64000
      I33 333.16
      DENSITY 23.563
      E 2.2408E+07
C
C ** BENT CAP PROPERTIES **
    CAP 'Type 1'
      AREA 2.7220
```

```
          I11 889.00
          I22 889.00
          I33 0.88900
          DENSITY 23.563
          E 2.2408E+07
C
C --- ABUTMENT DATA ---
   ABUTMENT STATION 0.00
      BEARING -
          S 85 38 0 W -
          N 78 30 0 W
          ELEV TOP 418.11 AT ABUT 1
          ELEV WALL BOTTOM 415.12 AT ABUT 1
          ELEV TOP 427.62 AT ABUT 5
          ELEV WALL BOTTOM 424.60 AT ABUT 5
          CONNECTION PIN AT ABUT 1 5
          WALL 'Type 1' AT ABUTMENT 1
          WALL 'Type 2' AT ABUTMENT 5
C
C --- BENT DATA ---
   BENT
       BEARING N 89 36 58 W, N 89 36 58 W, N 79 52 0 W
       ELEVATION TOP     421.53, 423.66, 425.96
       ELEVATION BOTTOM 408.01, 408.01, 410.14
       CAP 'Type 1' AT BENT 2 3 4
       COLUMN SKEWED LAYOUT 'Type 1' 9.4500 'Type 1' AT BENT 2 3
       COLUMN SKEWED LAYOUT 'Type 1' 9.5700 'Type 1' AT BENT 4
C
C --- EXPANSION JOINT DATA ---
   HINGE
       AT 1 44.620                  $ Data for Hinge 1
       BEARING N 89 36 58 W
C
C --- FOUNDATION STIFFNESSES ---
   FOUNDATION
       AT ABUTMENT 1
          SPRING CONSTANTS
             KF1F1 980710.0
             KF2F2 291878.0
             KM1M1 1.356E+12
             KM2M2 1.356E+12
             KM3M3 1.356E+12
       AT ABUTMENT 5
          SPRING CONSTANTS
             KF1F1 77348.0
             KF2F2 291878.0
             KM1M1 1.356E+12
             KM2M2 1.356E+12
             KM3M3 1.356E+12
C
C --- LOAD DATA ---
   LOADS
       RESPONSE SPECTRUM
          ATC6 CURVE
             SOIL TYPE  II
             ACCELERATION COEFFICIENT 0.40000
          GRAVITY 9.8070
          DAMPING COEFFICIENT 0.050000
FINISH
```

WORKED EXAMPLE - NO RETROFITTING

RESPONSE SPECTRUM RESULTS

VIBRATION CHARACTERISTICS

MODE	PERIOD	CS	PARTICIPATION FACTORS Long	Vert	Tran	% OF TOTAL MASS Long	Vert	Tran
1	1.359	0.47	-0.494	-0.001	-53.394	0.006	0.000	71.101
2	0.937	0.60	52.104	-2.628	2.259	67.711	0.172	71.228
3	0.687	0.74	-12.650	27.806	0.111	71.702	19.454	71.228
4	0.375	1.00	-3.621	0.736	15.299	72.030	19.468	77.065
5	0.324	1.00	-12.841	-1.988	0.778	76.142	19.566	77.080
6	0.315	1.00	28.320	11.245	-1.069	96.144	22.720	77.109
7	0.268	1.00	-4.011	-18.588	0.061	96.546	31.337	77.109
8	0.242	1.00	-2.957	-42.741	0.055	96.764	76.895	77.109
9	0.210	1.00	1.934	6.908	-0.155	96.857	78.085	77.110
10	0.153	1.00	4.505	-22.219	-0.373	97.363	90.398	77.113
11	0.147	1.00	0.468	0.411	-0.278	97.369	90.402	77.115
12	0.124	1.00	0.890	-2.352	-0.949	97.388	90.540	77.137

ABUTMENT CQC DISPLACEMENTS

ITEM	LC	....LEFT FACE.... LNGTUDNL	TRNSVRSE	....RGHT FACE.... LNGTUDNL	TRNSVRSE	...OPNNG/CLSNG... LNGTUDNL	TRNSVRSE
ABU 1	1	0.009	0.001	0.009	0.001	0.000	0.000
	2	0.000	0.000	0.000	0.000	0.000	0.000
	3	0.009	0.001	0.009	0.001	0.000	0.000
	4	0.003	0.000	0.003	0.000	0.000	0.000
ABU 5	1	0.117	0.023	0.117	0.023	0.000	0.000
	2	0.006	0.001	0.006	0.001	0.000	0.000
	3	0.119	0.023	0.119	0.023	0.000	0.000
	4	0.041	0.008	0.041	0.008	0.000	0.000

SPAN HINGE CQC DISPLACEMENTS

ITEM	LC	....LEFT FACE.... LNGTUDNL	TRNSVRSE	....RGHT FACE.... LNGTUDNL	TRNSVRSE	...OPNNG/CLSNG... LNGTUDNL	TRNSVRSE
S 1 H1	1	0.024	0.012	0.130	0.012	0.133	0.000
	2	0.001	0.317	0.006	0.317	0.007	0.000
	3	0.025	0.107	0.132	0.107	0.135	0.000
	4	0.008	0.320	0.045	0.320	0.047	0.000

*** LOAD CASE/COMB	DESCRIPTION
1	Longitudinal
2	Transverse
3	1.0*Long + 0.3*Trans
4	0.3*Long + 1.0*Trans

WORKED EXAMPLE - NO RETROFITTING

CQC COLUMN FORCES

CL	LOC	LC	....LNGITUDNL....		....TRANSVRSE....			
			SHEAR	MOMENT	SHEAR	MOMENT	AXIAL	TORSION
BNT 2								
1	BOT	1	1468.1	10097.	112.1	749.	1179.3	68.7
		2	168.7	1132.	3427.3	23469.	4751.2	461.0
		3	1518.7	10436.	1140.3	7790.	2604.7	207.0
		4	609.1	4161.	3460.9	23693.	5105.0	481.6
1	TOP	1	1394.3	9335.	100.8	710.	1176.4	68.7
		2	162.9	1116.	3345.8	22406.	4750.5	461.0
		3	1443.1	9670.	1104.6	7432.	2601.6	207.0
		4	581.2	3916.	3376.0	22619.	5103.4	481.6
2	BOT	1	1420.0	9776.	138.5	876.	1273.4	68.9
		2	199.9	1349.	3426.6	23466.	4732.7	461.0
		3	1480.0	10180.	1166.5	7915.	2693.2	207.2
		4	625.9	4281.	3468.2	23728.	5114.7	481.7
2	TOP	1	1348.5	9020.	129.6	950.	1270.7	68.9
		2	191.6	1305.	3345.1	22400.	4732.0	461.0
		3	1406.0	9412.	1133.1	7670.	2690.3	207.2
		4	596.2	4011.	3384.0	22685.	5113.2	481.7
BNT 3								
1	BOT	1	1027.9	7938.	33.1	256.	618.5	53.6
		2	108.7	845.	1512.0	11914.	2393.9	408.9
		3	1060.6	8191.	486.7	3830.	1336.6	176.3
		4	417.1	3227.	1522.0	11991.	2579.5	425.0
1	TOP	1	940.1	7573.	23.6	204.	617.4	53.6
		2	103.3	821.	1446.9	11319.	2393.4	408.9
		3	971.1	7819.	457.7	3600.	1335.4	176.3
		4	385.4	3092.	1454.0	11380.	2578.6	425.0
2	BOT	1	998.3	7710.	53.3	370.	693.3	53.7
		2	138.3	1068.	1511.1	11910.	2364.3	408.9
		3	1039.8	8030.	506.6	3943.	1402.6	176.4
		4	437.8	3381.	1527.1	12021.	2572.3	425.0
2	TOP	1	913.0	7353.	46.8	419.	692.3	53.7
		2	130.6	1045.	1446.0	11310.	2363.8	408.9
		3	952.1	7667.	480.6	3813.	1401.4	176.4
		4	404.5	3251.	1460.1	11436.	2571.5	425.0
BNT 4								
1	BOT	1	1004.2	7808.	33.2	281.	822.4	42.8
		2	44.5	348.	653.3	5191.	1073.1	431.0
		3	1017.6	7913.	229.2	1838.	1144.4	172.1
		4	345.7	2690.	663.3	5275.	1319.9	443.9
1	TOP	1	915.2	7487.	22.5	174.	821.9	42.8
		2	40.5	329.	619.4	4914.	1072.9	431.0
		3	927.4	7586.	208.3	1648.	1143.8	172.1
		4	315.0	2575.	626.1	4966.	1319.4	443.9
2	BOT	1	980.6	7624.	61.5	436.	433.4	42.9
		2	252.8	1992.	652.4	5186.	1042.1	431.0
		3	1056.4	8222.	257.3	1992.	746.0	172.2
		4	547.0	4280.	670.9	5317.	1172.1	443.9
2	TOP	1	893.7	7311.	52.9	478.	432.8	42.9
		2	240.8	1927.	618.5	4905.	1041.8	431.0
		3	965.9	7689.	238.5	1949.	745.3	172.2
		4	508.9	4120.	634.4	5048.	1171.7	443.9

WORKED EXAMPLE - NO RETROFITTING

ABUTMENT CQC FORCES

			W/R TO BRIDGE C.L.		W/R TO ITEM C.L.	
ITEM	LC	VERT SHEAR	LONGITUDNL	TRANSVERSE	NORMAL	PARALLEL
ABU 1	1	3527.3	9082.2	268.9	9066.4	599.2
	2	135.9	370.4	1286.7	387.3	1281.8
	3	3568.1	9193.3	654.9	9182.5	983.7
	4	1194.1	3095.1	1367.4	3107.2	1461.5
ABU 5	1	1045.1	9289.9	1001.8	9253.2	1298.0
	2	102.5	709.5	2901.8	445.8	2953.9
	3	1075.9	9502.8	1872.4	9386.9	2184.1
	4	416.1	3496.4	3202.4	3221.8	3343.2

SPAN HINGE CQC FORCES

			W/R TO BRIDGE C.L.		W/R TO ITEM C.L.	
ITEM	LC	VERT SHEAR	LONGITUDNL	TRANSVERSE	NORMAL	PARALLEL
S I H1	1	1789.9	0.0	366.6	1.3	366.6
	2	49.8	0.0	2816.0	10.2	2816.0
	3	1804.9	0.0	1211.4	4.4	1211.4
	4	586.7	0.0	2926.0	10.6	2926.0

*** LOAD CASE/COMB	DESCRIPTION
1	Longitudinal
2	Transverse
3	1.0*Long + 0.3*Trans
4	0.3*Long + 1.0*Trans

最小支承力需求(参阅附录 D.2)

计算伸缩缝处横向剪切键的最小作用力需求时,只考虑在第一跨悬臂部分作用等效静力荷载:

$$\text{上部结构自重} = 8.44(23.56) + 35.90 = 234.7\text{kN/m}$$

$$\text{最小力需求} = 0.25(234.7)(44.81 \div 2) = 1315\text{kN}$$

最小支承长度(参阅附录 D.3)

$$N(d) = [100 + 1.7(143) + 7(6.10) + 50(2.56)]1.70 = 874\text{mm}$$

在伸缩缝和支座处能力/需求比(参阅附录 D.4)

位移 C/D 比(参阅附录 D.4.2)—伸缩缝

方法 1:

$$N(c) = 203\text{mm}$$

$$r_{bd} = \frac{N(c)}{N(d)} = \frac{203}{874} = 0.23$$

方法 2:

假设总支承长度为 203mm,由于是伸缩缝钢筋保护层(厚度 76mm),因此可忽略其作用。

$\Delta_s(c) = 203 - 76 = 127\text{mm}$

$\Delta_i(d) = 84\text{mm}$(温度、其他环境效应)

$\Delta_{eq}(d) = 135\text{mm}$(由计算机输出)

$r_{bd} = (127\text{-}84) \div 135 = 0.32$

剪力 C/D 比(参阅附录 D.4.3)

$V_b(\text{d}) = 2926 \times 1.25 = 3658\text{kN} > 1315\text{kN}$

$V_b(c) = 6 \times 12 \times \frac{100}{10^6} 1 \times 400 \times 10^3 = 2880\text{kN}$

$V_b(c)$是由6个762mm长的剪力键提供的剪力，每个剪力键有12根4号钢筋。

$$r_{bf} = \frac{2880}{3658} = 0.79$$

墩柱和基础能力/需求比（参阅附录D.5）

步骤1：弹性弯矩需求

由组合墩柱主轴的弯矩计算弹性弯矩需求来得到最大弯矩。在大多数情况下，荷载工况2为最高需求。由单独的分析已经得到了恒载弯矩。通过将基础顶部剪力产生的弯矩加上基础顶部弯矩得到基底弯矩。表E-1汇总了弹性弯矩的最大需求。

最大需求弹性弯矩　　表E-1

位　置	构　件	横向弯矩		纵向弯矩		弹性弯矩需求
		EQ	*DL*	*EQ*	*DL*	
B-2(C-2)顶	墩(柱)	22685	1786	4011	107	24815
B-2(C-2)底	墩(柱)	23728	895	4281	14	24995
B-2(C-2)底	基础	30248	1268	5458	27	31990
B-3(C-2)顶	墩(柱)	11436	1243	3251	228	13148
B-3(C-2)底	墩(柱)	12021	619	3381	168	13129
B-3(C-2)底	基础	13534	737	3815	193	14823
B-4(C-2)顶	墩(柱)	1949	1315	7889	33	8568
B-4(C-2)底	墩(柱)	1992	660	8222	68	8704
B-4(C-2)底	基础	2247	784	9269	74	9822

步骤2：极限弯矩能力

图E-6和E-7给出了墩柱的相关曲线，进而可得到墩柱的极限弯矩能力。由基础的相关曲线图可得到基础的极限弯矩能力，也在图E-6和E-7中给出。2号墩柱基础的相关曲线的坐标在图E-8中给出。3号和4号墩柱基础的相关曲线类似。

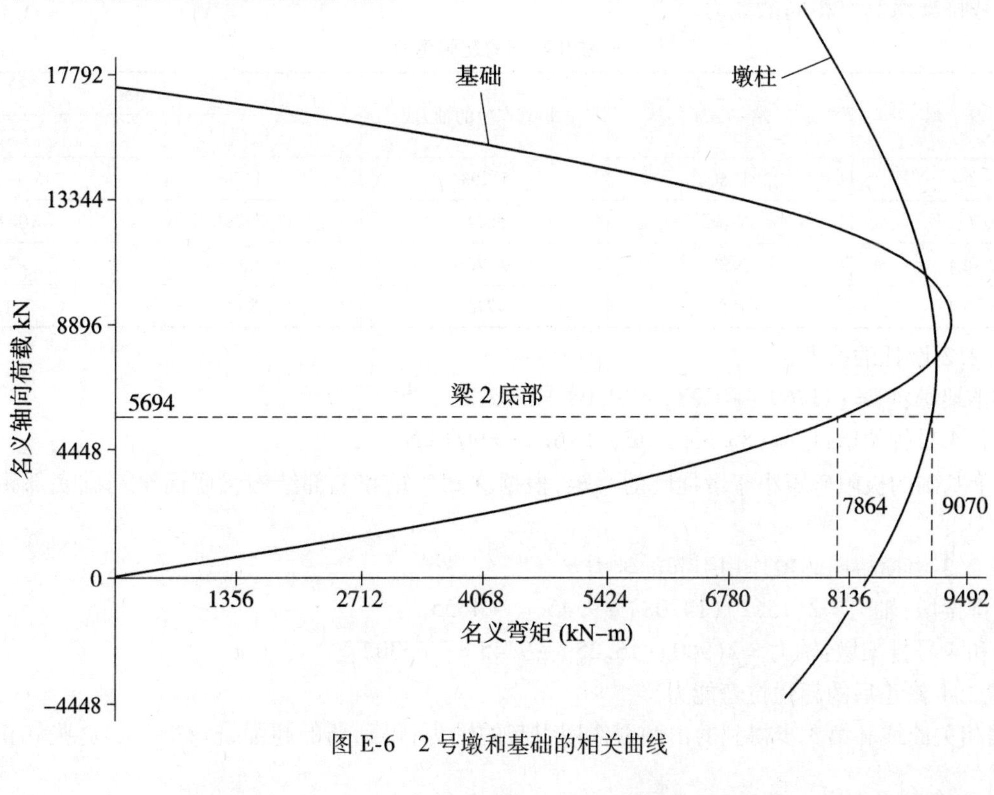

图E-6　2号墩和基础的相关曲线

因为弹性弯矩需求基本为平面弯矩,弯矩能力按平面内弯矩计算。正如迭代过程所描述的,倾覆力距使轴力发生变化,所以需要考虑这种变化,关于迭代过程可参见 AASHTO Standarder Specifications (AASHTO 2002)第 I-A 部分中条款 4.8.2。步骤如下:

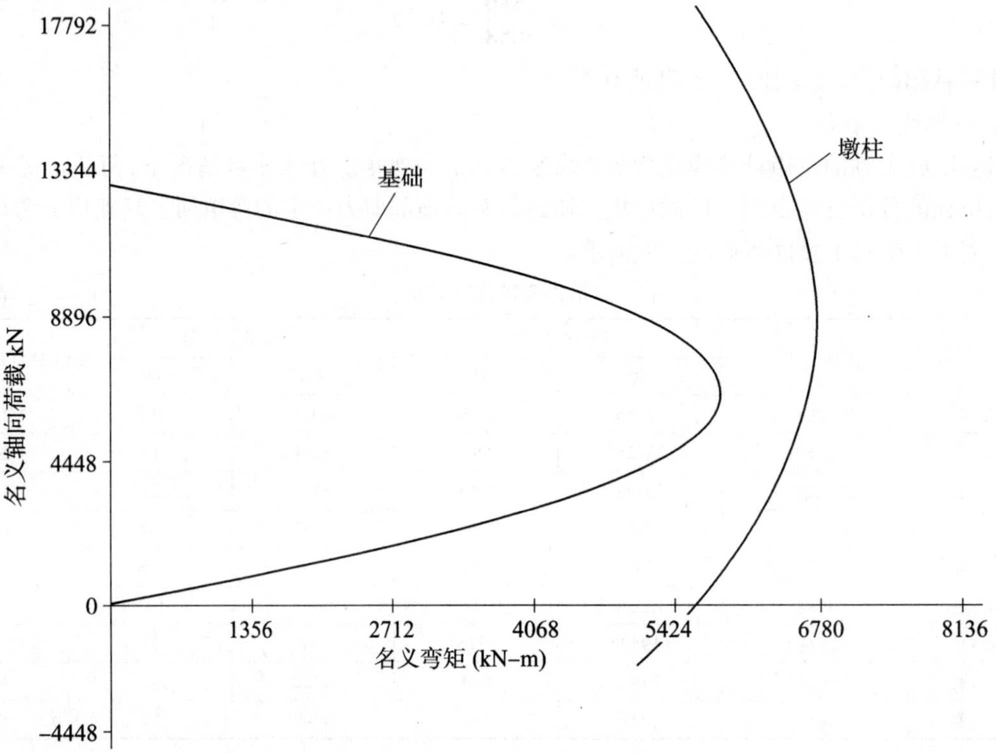

图 E-7　3 号和 4 号墩柱和基础的相关曲线

步骤 2.1 相应于恒载轴力下的超强弯矩能力

表 E-2 汇总了从相关曲线中得到的墩柱和基础的超强弯矩能力。以 2 号墩墩底为例,在图 E-8 中,3 号和 4 号排架墩具有相同的能力。

墩柱和基础的超强弯矩　　表 E-2

排架墩	端部	恒载产生的轴力	1.3Mu	
			墩(柱)	基础
2	顶部	5.293	11796	—
2	底部	5694	11796	10223
3 和 4	顶部	4270	8379	—
3 和 4	底部	4715	8528	7213

步骤 2.2 墩柱的剪力*

2 号排架墩:$V_u = (11769 + 10223) \div 14.08 = 1562$ kN

3 号和 4 号排架墩:$V_u = (8379 + 7213) \div 16.25 = 960$ kN

* 由于基础的极限弯矩小于墩柱底的弯矩,根据基础弯矩和上部结构梁底面至基础底部距离计算墩柱剪力。

步骤 2.3 由横桥向倾覆作用引起的轴力

2 号排架墩:轴力 $= 2(1562)(14.08) \div 9.45 = +4655$

3 号和 4 号排架墩:轴力 $= 2(960)(16.25) \div 9.45 = +3302$

步骤 2.4 修正后的超强抗弯能力

根据相关曲线和第 3 步得到的由倾覆作用引起的轴力,得到新的超强抗弯能力。这些修正后的抗

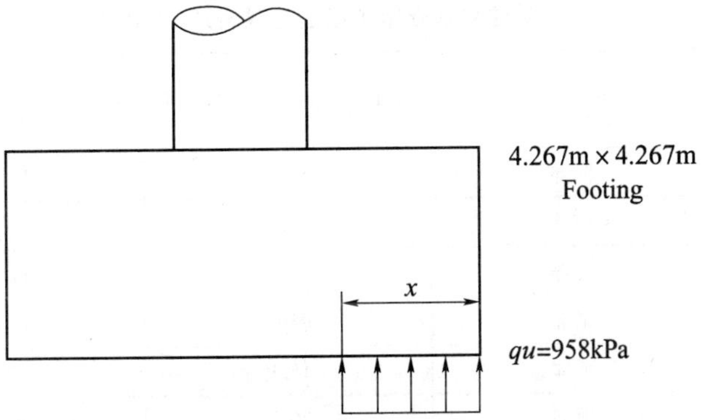

2 号排架墩基础处假定的极限荷载

名义承载力方程的推导

轴力承载力 =(958)(4.267)x=4088x

弯矩承载力 =(4088x)(2.134−x/2)=8724x−2044x^2

x	轴力	弯矩
0.61m	2494	4561
1.22m	4957	7601
1.83m	7481	9120
2.44m	9975	9117
3.05m	12468	7594
3.66m	14962	4549
4.27m	17456	0

图 E-8　2 号排架墩基础的相关曲线分析过程

弯能力见表 E-3。

利用这些抗弯能力计算排架墩的修正剪力。

2 号墩:剪力 =(11036 +2088) ÷14.08 +(11796 +11674) ÷14.08 =2599 kN

3 号和 4 号排架墩:剪力 =(6996 +2996) ÷16.25 +(8786 +7132) ÷16.25 =1594 kN

这几个排架墩的剪力超过步骤 2 的计算结果的 10%(墩柱剪力的 2 倍)。因此必须重新计算由倾覆作用引起的轴力。

2 号墩:轴力 =2599(14.08) ÷9.45 =3872 kN

3 号和 4 号排架墩:轴力 =1594(16.25) ÷9.45 =2741 kN

用这些轴力重新计算超强弯矩,结果列于表 E-3 和表 E-4。

墩柱和基础修正后的超强弯矩(迭代 1)　　表 E-3

排架墩	端部	恒载产生的轴力 + 倾覆力	1.3Mu	
			墩(柱)	基础
2	顶部	638	11036	—
2	顶部	9948	11796	—
2	底部	1039	11145	2088
2	底部	10349	11741	11674
3 和 4	顶部	968	6996	—
3 和 4	顶部	7572	8786	—
3 和 4	底部	1413	7769	2996
3 和 4	底部	8017	8813	7132

墩柱和基础修正后的超强弯矩(迭代2)　　表E-4

排架墩	端部	恒载产生的轴力+倾覆力	1.3Mu	
			墩(柱)	基础
2	顶部	1421	11240	—
2	顶部	9165	11836	—
2	底部	1822	11321	3715
2	底部	9566	11823	11972
3和4	顶部	1529	7728	—
3和4	顶部	7011	8759	—
3和4	底部	1974	7850	3864
3和4	底部	7456	8786	7389

利用以上弯矩重新计算排架墩的剪力。

2号墩:剪力(11240+3715)÷14.08+(11836+11972)÷14.08=2753 kN

3号和3号墩:剪力(7728+3864)÷16.25+(8759+7389)÷16.25=1707 kN

当前排架墩剪力在上步结果的10%以内,因此不再需要迭代。

步骤3:极限抗弯能力/弹性弯矩需求比

使用未经修正的极限弯矩能力(M_u)与弹性弯矩需求的最不利组合计算排架墩r_{ec}和r_{ef}。表E-5中给出了r_{ec}和r_{ef}的值。

极限抗弯能力/弹性弯矩需求比　　表E-5

排架墩	端部	轴力	墩(柱)			基础		
			需求	能力	r_{ec}	需求	能力	r_{ef}
2	顶部	Min.	24815	8650	0.35	—	—	
2	顶部	Max.	24815	9111	0.37	—	—	
2	底部	Min.	24995	8704	0.35	31990	2861	0.09
2	底部	Max.	24995	9098	0.36	31990	9206	0.29
3	顶部	Min.	13148	5938	0.45	—	—	—
3	顶部	Max.	13148	6738	0.51	—	—	—
3	底部	Min.	13129	6033	0.46	14823	2969	0.20
3	底部	Max.	13129	6752	0.51	14823	5681	0.38
4	顶部	Min.	8568	5938	0.69	—	—	—
4	顶部	Max.	8568	6738	0.79	—	—	—
4	底部	Min.	8704	6033	0.69	9822	2969	0.30
4	底部	Max.	8704	6752	0.76	9822	5681	0.58

步骤4:墩柱底部有可能发生塑性铰的工况计算C/D比值

2号排架墩-工况II($r_{ec}=0.35$和$r_{ef}=0.09$)

(1)锚固(参阅附录D.5.1)——直锚

$l_a(c)=1880-76=1804$ mm

对于基础内的锚固,假定较厚的保护层(1575mm)的约束作用等于具有等效抗拉强度的横向钢筋。这种情况下,可考虑用纵向钢筋数量的一半去除保护层面积的2倍。

混凝土抗拉强度$=19.69\sqrt{f'_c}=2947$kPa

$k_{tr}=2947\times1575(2)/[21\div2\times4137\times55]=3.89>2.5$

$$l_a(d)=\frac{((400\times10^3-75842)\div33.1)55}{(\sqrt{2.24\times10^4})/2.63(1+2.5(55\div55)+2.5)}=1578\text{mm}$$

因此，使用工况B。利用抗拉强度为2.947kPa(19.69 + $\sqrt{f'_c}$)的混凝土计算基础负弯矩能力。

负弯矩能力2947 × [4.267 × 1.88^2 ÷ 6] = 7407 kN · m

能力足以承担超载重量。因此：

$$r_{ca}=1.0$$

(2)搭接(参阅附录D.5.2)——不适用

(3)基础转动(参阅附录D.5.5)

因为锚固或搭接处发生破坏不会避免转动：

$$r_{fr}=\mu r_{ef}=4\times0.09=0.36$$

2号排架墩—工况II($r_{ec}=0.36$ 和 $r_{ef}=0.29$)：

(1) 锚固——同上

$r_{ca}=1.0$

(2)搭接——不适用

(3)基础转动

$r_{ec}=0.46$ 和 $r_{ef}=0.20$ 加上 $r_{ec}=0.51$ 和 $r_{ef}=0.38$

3号排架墩——工况II(必须考察r_{ec}和r_{ef}可能的两种组合)

(1)锚固——弯锚

$l_a(c)=838\text{mm}$

$l_a(d)=0.7\times1200\times35\div(\sqrt{2.24\times10^4}/2.63)=517\text{mm}$

适用工况B。

$$负弯矩能力=2947\times3.658\times0.991^2\div6=1764\ \text{kN}\cdot\text{m}$$

因为能力足以承担超载重量，所以：

$$r_{ca}=1.0$$

(2)搭接(参阅附录D.5.2)

因为搭接净间距38 < 4mm(35)

$A_{tr}(c)=2\times100/33\div2=12.1$

$A_{tr}(d)=\frac{236}{1422}\times1000=166$

$l_s=1422>\left(\frac{4885}{\sqrt{f'_c}}\right)d_b2=1144$

因此，适用工况A。

$$r_{cs}=0.75(0.46)=0.35$$

$$r_{cs}=0.75(0.51)=0.38$$

注意r_{cs}控制最小值。

(3)基础转动

$$0.8r_{ef}=0.8\times0.38=0.30<0.38$$

$$0.8r_{ef}=0.8\times0.20=0.16<0.35$$

因此搭接破坏不能防止基础转动。给出基础的最小 C/D 比如下：

$$r_{fr}=4\times0.2=0.80$$

4号排架墩——工况II($r_{ec}=0.69$ 和 $r_{ef}=0.30$)：

(1)锚固——与3号排架墩相同

$$r_{ca}=1.0$$

(2)搭接

$r_{cs}=0.75\times0.69=0.52$

(3)基础

$$0.8r_{ef}=0.8\times0.30=0.24<0.52$$

4 号排架墩——工况 II($r_{ec}=0.769$ 和 $r_{ef}=0.58$)

(1)锚固

$r_{ca}=1.0$

(2)搭接

$$r_{cs}=0.75\times0.76=0.57$$

(3)基础

$$0.8r_{ef}=0.8\times0.58=0.46<0.57$$

因此,假定搭接破坏不能防止基础转动。给出基础的最小 C/D 比如下:

$$r_{fr}=4\times0.30=1.20$$

步骤 5:计算墩柱顶部 C/D 比

2 号排架墩

(1)锚固

$l_a(c)=1676\text{mm}$

$l_a(d)=1200\times55\div(\sqrt{2.24\times10^4}/2.63)=1160\text{mm}$

因此工况 B 适用。

$$r_{ca}=1.0$$

(2)搭接——不适用

(3)约束(参阅附录 D.5.4)

$\rho(c)=100\times\pi\times1118\div[\pi610^2\times236]=0.0013$

$$\rho(d)=0.45\left(\frac{\pi610^2}{\pi559^2}-1\right)\frac{2.24\times10^4}{4\times10^5}=0.0048$$

$$\frac{P}{f'_cA_g}=\frac{9165}{(2.24\times10^4)\pi(610)^2/(1000)^2}=0.35$$

$$k_1=\frac{0.0013}{0.0048(0.5+1.25(0.35))}=0.29$$

$$k_2=\frac{0.2}{(305\div1219)}=0.8$$

因为横向钢筋锚固不足,μ 需要迭代求解。

试算 $k_3=0.35$(相应于 $\mu=2.7$)

$$\mu=2+4\left(\frac{0.29+0.80}{2}\right)0.35=2.8 \text{ 可以}$$

$r_{cc}=\mu r_{ec}=2.8(0.35)=0.98$

3 号排架墩

(1)锚固

$l_a(c)=1676\text{mm}$

$$l_a(d)=\frac{[(400\times10^3-75842)\div33.1]35}{(\sqrt{2.24\times10^4}/2.63)\left(1+2.5\frac{36}{35}\right)}=1687\text{mm}$$

因此工况 A 适用。

$r_{ca}=\frac{1676}{1687}(0.45)=0.45$

(2)搭接——不适用

(3)约束

$k_1=\frac{0.0013}{0.0048[0.5+1.25(0.270)]}=0.32$

$k_2=\frac{6}{305/35}=0.69$

试算 $k_3=0.35$(相应于 $\mu=2.7$)

$\mu=2+4\left(\frac{0.32+0.69}{2}\right)0.35=2.7$ 可以

$r_{cc}=2.7(0.45)=1.22$

4号排架墩

(1)锚固

$r_{ca}=\frac{1676}{1687}(0.69)=0.69$

(2)搭接——不适用

(3)约束

$$r_{cc}=2.7(0.69)=1.86$$

步骤6:计算墩柱剪力的 C/D 比(参阅附录D.5.3)

2号排架墩——横向弯矩-基础转动将控制最大剪力

因此采用名义基础超强弯矩加上基底的有效长度。

$V_u(d)=\frac{11836+11972}{14.08}=1691\text{kN}$

$V_e(d)=3468+198=3666\text{kN}$

$V_i(c)=v_c db+\frac{A_{tx}f_{yt}d}{s}$

$=\frac{787(1059)(1219)}{(1000)^2}+\frac{(2\times100)(4\times10^5)(1059)}{236(1000)^2}$

$=1375\text{kN}$

因为墩柱的轴向应力可能下降到 $0.10f'_c$ 以下,并且横向钢筋失效:

$$V_f(c)=0$$

因此工况A适用,即:

$r_{cv}=\frac{1375}{3666}=0.38>0.36$($r_{ec}$的值)

$r_{cv}=0.36$

3号排架墩——墩柱顶的锚固破坏和墩柱底部基础转动会限制剪力的最大值。

$V_u(d)=\frac{(1676/1687)8759+7389}{1625}=990\text{kN}$

$V_e(d)=1527+119=1646\text{kN}$

$V_i(c)=1375\text{kN}$

$V_f(c)=0$

因此,工况B适用,即:

$\mu=2+0.75\times4\left(\frac{1375-990}{1375-0}\right)=2.8$

$r_{cv}=2.8\times0.45=1.26$

4 号排架墩

$r_{ec}=0.69$

$V_e(d)=671+125=796\text{kN}$

$\mu=2.8$

$r_{cv}=2.8(0.69)=1.93$

桥台的能力/需求比(参阅附录 D.6)

桥台的 C/D 比是根据分析得到的位移算得的。

横桥向位移

$$d(c)=75\text{mm}$$

1 号桥台

$$d(d)=1\text{mm}$$

$$r_{ad}=\frac{75}{1}=75$$

5 号桥台

$$d(d)=23\text{mm}$$

$$r_{ad}=\frac{75}{23}=3.3$$

纵桥向位移

$$d(c)=150\text{mm}$$

1 号桥台

$$d(d)=9\text{mm}$$

$$r_{ad}=\frac{150}{9}=16.7$$

5 号桥台

$$d(d)=119\text{mm}$$

$$r_{ad}=\frac{150}{119}=1.26$$

液化作用的能力/需求比(参阅附录 D.7)

因为初步筛选(地震分级体系)表明发生与液化相关的损伤的可能性较低,不必确定液化作用的能力/需求比。

E.4.2 加固措施的鉴定和评估

表 E-6 列出了小于 1.0 的 C/D 比。

已建桥梁的能力/需求比 表 E-6

构　件	符　号	竣工桥梁的能力/需求比	构　件	符　号	竣工桥梁的能力/需求比
伸缩缝	rbd	0.23	3 号排架墩(底部)	rfr	0.80
	rbf	0.79	3 号排架墩(顶部)	rca	0.45
2 号排架墩(整体)	rcv	0.36	4 号排架墩(顶部)	rca	0.69
2 号排架墩(底部)	rfr	0.36	—	—	—

由于伸缩缝位移的 C/D 比最低,而且可能导致部分桥梁倒塌,因此伸缩缝位移很重要。此处用纵桥向伸缩缝限位器加固既经济又有效。正如支座作用力的 C/D 比表示的那样,横桥向剪力键能力也是不足的,加固应使用横向套管限位器。

2 号排架墩剪力的 C/D 比表明可能出现严重破坏。剪切破坏可能很突然，而且可能导致墩柱的轴向承载能力迅速丧失。因为墩柱与伸缩缝相邻，增加了这种失效的复杂性，同时增加了部分倒塌的概率。因此不能接受 2 号排架墩发生剪切破坏的结果，并且应修正这种缺陷。因为垂直于桥梁中心线的作用力将导致这种破坏模式的发生，在 2 号排架墩使用填充剪力墙来加固桥梁是一个相对经济的方法。此加固方法还可降低 2 号桥墩基础发生转动破坏的可能。

3 号排架墩柱钢筋锚固的 C/D 略高于伸缩缝位移的 C/D 比。由于各种因素导致对这种破坏重视不够。锚固损失的主要影响就是降低墩柱顶部的抗弯强度，但由于排架墩是超静定的，不会形成倒塌机制。因此认为这类破坏还是可接受的。然而，3 号墩基础转动破坏会对该排架墩的稳定性造成危害，特别是有可能发生锚固破坏时。但要注意，如果用填充剪力墙加固排架墩，破坏可能将大大降低，不再需要额外加固。

4 号排架墩柱顶部的钢筋锚固 C/D 比（r_{ca}）为 0.69，由于基础转动作用的 C/D 比（$r_{fr}=1.2$）大于 1.0，钢筋锚固破坏不会形成倒塌机制，因此，认为这种破坏可以接受。因此，不建议对 4 号排架墩进行加固。

因为 2 号排架墩的填充剪力墙对结构的动力反应影响很大，需要另行分析。下文是对加固后的桥梁进行分析时要输入和输出的文件。重新评估了加固后重要构件的 C/D 比，结果表明 3 号排架墩的 C/D 比得到了改善。

加固后伸缩缝的能力/需求比

位移 C/D 比

方法 2：

$\Delta_s(c)=127\text{mm}$

$\Delta_i(d)=84\text{mm}$

$\Delta_{eq}(d)=24\text{mm}$

$r_{bd}=\dfrac{(127-84)}{24}=1.79>1$ 满足

柱、墩和基础的能力/需求比

3 号排架墩（底部）

$r_{eq}\approx 2969\div 6052=0.49$

$r_{fr}=4\times 0.49=1.96$

3 号排架墩（顶部）

$r_{ec}\approx 5938\div 5058=1.17$ 满足

$r_{ca}=\dfrac{1676}{1687}\times 1.17=1.16$ 满足

附录 F 工程实例 5.2:一座多跨简支钢桥的构件能力与需求比的评估

F.1 简介

用工程实例说明第 5.4 节(方法 C)给出的构件能力/需求方法计算多跨简支钢桥。桥梁分析考虑两种工况:工况 1 假定桥梁场地具有较高的地震动水准,其长周期谱加速度(S_1)为 0.16g,工况 2 假定此加速度为 0.26g。

F.2 桥梁实例的工程概况

桥梁实例为宾夕法尼亚州 Dauphin 县跨越 L. R. 22019 的 L. R. 767-5 桥梁。桥梁有几个简支钢梁跨和几个连续跨。图 F-1 给出的平面图和立面图是桥梁的一部分。本实例对 2 号墩进行了详细分析,见图 F-2。

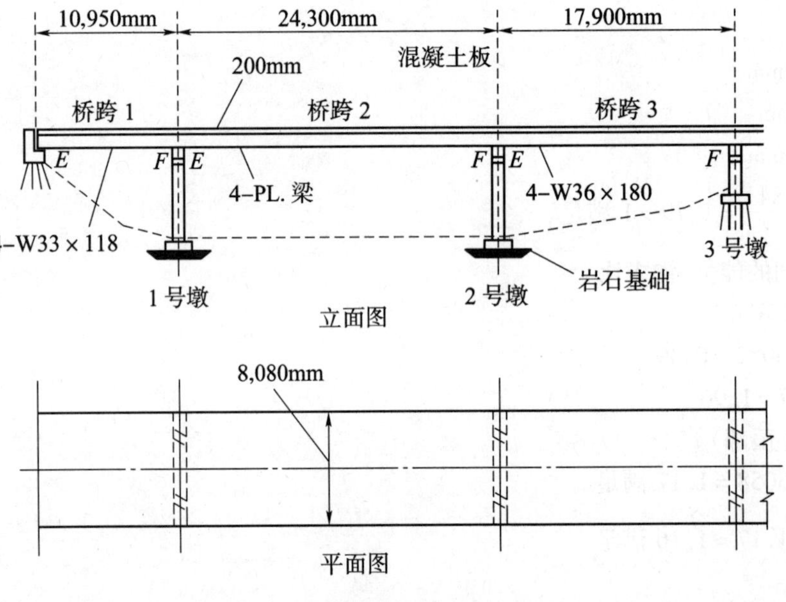

图 F-1 桥梁的平面图与立面图

桥梁建造于 1968 年,并在 10 年前重修,设计服务年限至少 50 年。桥梁按重要桥梁考虑。支座为摆动钢支座,每个支座的支承垫板与墩帽之间用两个 32mm 锚栓连接。在基岩上修建 1 号墩和 2 号墩的基础。

F.3 桥梁评估

F.3.1 抗震加固类别

以 50 年使用寿命为基础,使用寿命类别为 ASL3(表 1-1)。由于是重要性桥梁,对于较高地震水准,其性能水平为 PL2(表 1-2),场地类别为 B,相应 $F_V = 1.0$(表 1-4(b))。用第 1.6 节给出的方法确定

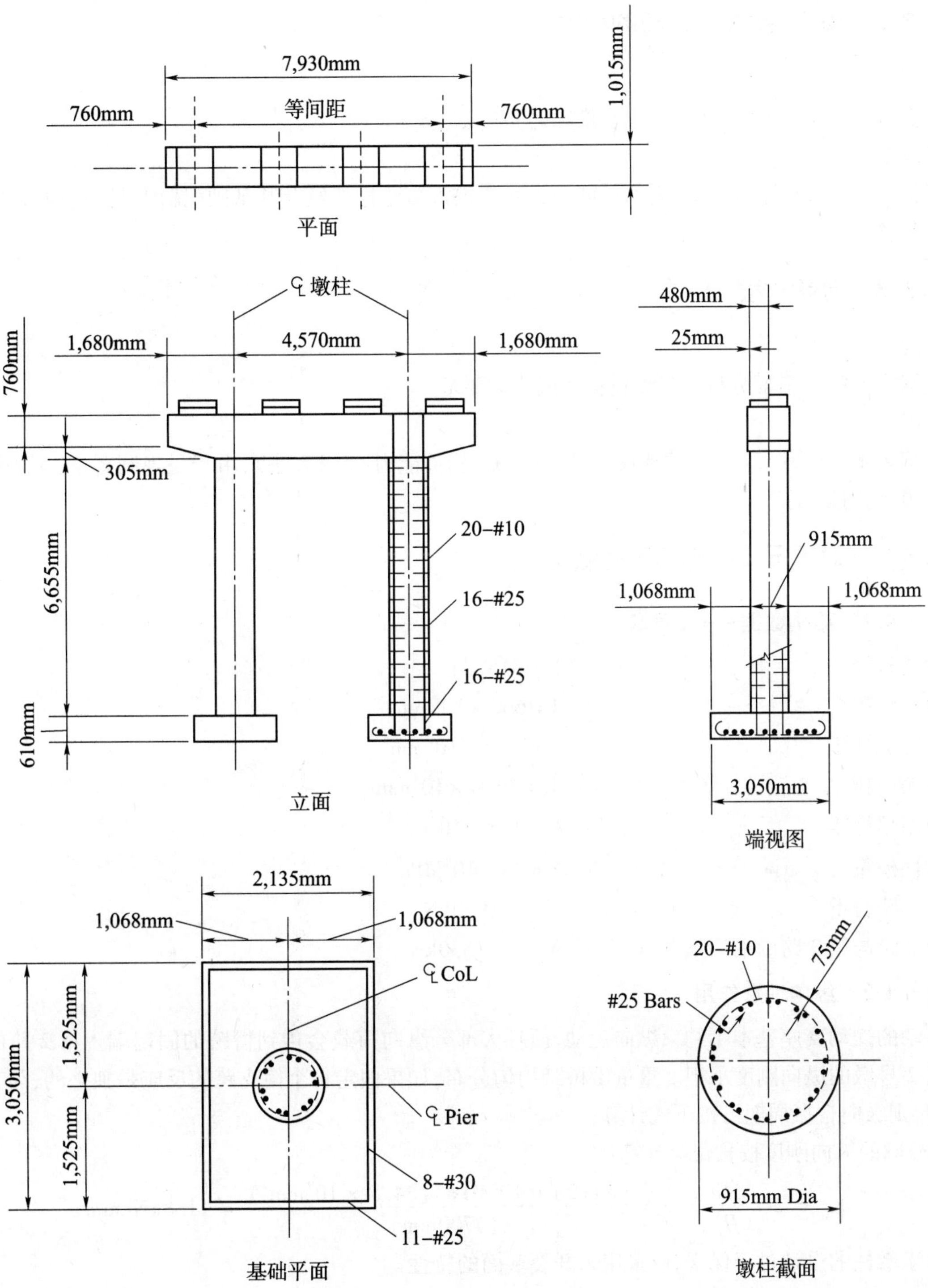

图 F-2　2 号墩详图

抗震加固类别,结果见表 F-1。

较高地震水准的抗震加固类别($F_V = 1.0$,PL2)　　表 F-1

工况	较高地震水准 S_1 的长周期谱加速度	地震系数 $SD_1 = F_v S_1$	地震危险性水准 SHL(表 1-5)	地震加固类别 SRC(表 1-6)
1	0.16	0.16	II	B
2	0.26	0.26	III	C

F.3.2 能力/需求比计算的构件

工况 1

根据表 5-2 需要评估支座(支承长度和力)和液化势。

工况 2

根据表 5-2 需要评估支座(支承长度和力)、钢筋混凝土排架墩及其基础(锚固、搭接、剪力和约束)以及液化势。

F.3.3 分析过程

工况 1

根据表 1-9,不需要分析。只需校核最低能力要求。

工况 2

根据表 1-9 和第 5.1.1 节的建议,选择方法 C(构件能力-需求方法),由于是规则桥梁,可采用均匀荷载法得到弹性需求。

F.3.4 对工况 2 使用均匀荷载法

F.3.4.1 结构数据——2 号墩

墩柱直径	$D=915\text{mm}$
墩柱面积	$A=660\times10^3\text{mm}^2$
墩柱惯性矩	$I=34.5\times10^9\text{mm}^4$
墩帽面积	$A_c=1100\times10^3\text{mm}^2$
墩帽惯性矩	$I_c=103\times10^9\text{mm}^4$
弹性模量	$E=26\times10^3\text{MPa}$
第 2 跨自重	$W_{sp2}=1920\text{kN}$
第 2 跨与第 3 跨的平均重量	$W_{sp2.3}=1530\text{kN}$

F.3.4.2 纵向地震作用

活动的摆动支座基本不约束纵向运动,而且大部分纵向荷载会传到桥跨的固定端。第 2 跨的刚体运动由 2 号墩的纵向刚度承担。重量沿桥跨均匀分布,如果假定每个简支跨的反应是独立的,与其他桥跨无关,则纵向自振周期可按下式计算:

2 号墩的纵向刚度按悬臂梁计算:

$$K_L=2\times\frac{3EI}{H_L^3}=2\times\frac{(3)(26\times10^3\text{MPa})(34.5\times10^9\text{mm}^4)}{(7700\text{mm})^3}=11.8\text{kN/mm}$$

由于墩柱的设计过于保守,应采用未开裂截面的特性。

2 号墩纵向基本周期

$$T_L=2\pi\sqrt{\frac{W_L}{K_L g}}=2\pi\sqrt{\frac{1920\text{kN}}{(11.8\text{kN/mm})(9810\text{mm/sec}^2)}}=0.81\text{sec}$$

地震系数(图 1-8):

$$C_S=S_{D1}/T$$

因此,

工况 1($S_{D1}=0.16$): $C_s=0.16/0.81=0.20$

工况 2($S_{D1}=0.26$): $C_s=0.26/0.81=0.32$

F.3.4.3　横向地震作用

由于上部结构有几个简支跨支承在摆动支座上，所以，忽略桥跨平面内连续性的影响。因此，根据第 2 跨和第 3 号跨的附属质量和桥墩刚度，按照独立墩计算 2 号墩横向的自振周期。

2 号墩单独工作时的横向刚度

通过计算单位水平力作用下墩帽的水平位移并取其倒数，由平面框架分析可得到 2 号墩的横向刚度。

$$K_T = -54\text{kN/mm}$$

排架墩也可通过假定刚性墩帽和固定端来得到近似的横向刚度：

$$K_T = 2 \times \frac{12EI}{H_T^3} = 2 \times \frac{12 \times 26 \times 10^3\text{MPa}(345 \times 10^9\text{mm}^4)}{(7200\text{mm})^3} = 58\text{kN/mm}$$

用上式得到的结果大约高出 9%。

2 号墩的横向基本周期：

$$T_T = 2\pi\sqrt{\frac{W_T}{K_T g}} = 2\pi\sqrt{\frac{1.53\text{kN}}{(54\text{kN/mm})(9810\text{mm/sec}^2)}} = 0.34\text{sec}$$

地震系数（图 1-8）：

$$C_S = S_{D1}/T$$

因此，

工况 1（$S_{D1}=0.16$）：　　$C_s = 0.16/0.34 = 0.47$

工况 2（$S_{D1}=0.26$）：　　$C_s = 0.26/0.34 = 0.76$

F.4　工况 1 的支座能力/需求比

F.4.1　位移能力/需求比（工况 1）

有效支承长度：

$$N(c) = 430\text{mm}（从梁端到墩帽边缘的长度）$$

用公式（5-1a）得到最小支承长度，对于工况 1（$S_{D1}=0.16$）：

$$N(d) = (100+41+53+166) \times 1.2 = 432\text{mm}$$

位移能力/需求比为：

$$r_{bd} = \frac{N(c)}{N(d)} = \frac{430}{432} = 1.0$$

F.4.2　作用力的能力/需求比（工况 1）

锚栓的剪切、沿转动铰的横向滑动，或者在转动铰上的纵向移动可能引起支座失效。

锚栓的剪切

锚栓的抗剪能力为：

$$V_b(c) = 2 \times 4 \times 800\text{mm}^2 \times 186\text{MPa} = 1200\text{kN}$$

最小支承力需求为恒载的 25%：

$$V_b(d) = 0.25 \times 1920\text{kN} = 480\text{kN}$$

锚栓的 C/D 比为：

$$r_{bf} = \frac{V_b(c)}{V_b(d)} = \frac{1200}{480} = 2.5$$

沿转动铰的支座滑动

如果假定摩擦系数为 0.25，C/D 比为：

$$r_{bt}=\frac{V_b(c)}{V_b(d)}=\frac{0.25}{0.47}=0.530$$

F.5 工况1的液化势

因为2号墩支承在岩石上,因此不会发生液化。这样工况1作用力的C/D比为0.53。

F.6 工况2的支座能力/需求比

摆动支座地震时容易损坏,即使是中度地震也可能发生损坏。

F.6.1 位移能力/需求比(工况2)

方法1

有效支承长度为:

$$N(c)=430\text{mm}(\text{从梁端到墩帽边缘的长度})$$

用公式(5-1a)得到最小支承长度,对于工况2($S_{Dl}=0.26$):

$$N(d)=(100+41+53+166)\times1.325=477\text{mm}$$

位移C/D比为:

$$r_{bd}=\frac{N(c)}{N(d)}=\frac{430}{477}\approx0.9$$

方法2

活动支座的有效位移能力为:

$$\Delta_s(c)=430\text{mm}$$

温度变化造成的最大可能位移为:

$$\Delta_i(d)=(11.7\times10^{-6})(42℃)(24300\text{mm})=1\text{mm}$$

工况2时纵向最大相对位移($S_{Dl}=0.32$)为:

$$\Delta_{eq}(d)\approx(2)(0.32)(1920\text{kN})/(11.8\text{kN/mm})=104\text{mm}$$

假定两相邻桥墩的运动为完全异相,进行保守计算;即,$\Delta_{eq}(d)$增大2倍。

位移C/D比为:

$$r_{bd}=\frac{\Delta_s(c)-\Delta_i(d)}{\Delta_{eq}(d)}=\frac{430-13}{104}=4.0>1.0$$

这样,方法1得到的最小位移C/D为0.9,但可以用方法2得到的更符合实际的结果替换已得到控制值(4.0)。

F.6.2 力的能力/需求比(工况2)

锚栓的剪切、沿转动铰的横向滑动,或者在转动铰上的纵向移动可能引起支座失效。

锚栓的剪切

对于$C_s=0.32$,每个锚栓的纵向地震力需求为:

$$V_b(d)_1=1.25\times0.32\times1920\text{kN}/8=96\text{kN}$$

对于$C_s=0.76$,每个锚栓的横向地震力需求为:

$$V_b(d)_1=1.25\times0.76\times1530\text{kN})/16=91\text{kN}$$

此时每个锚栓的地震力组合需求为:

$$V_b(d)_c=\sqrt{(96)^2+[(0.3)(91)]^2}=100\text{kN}$$

锚栓 C/D 比为：

$$r_{bf} = \frac{V_b(c)}{V_b(d)_c} = \frac{150}{100} = 1.5$$

支座沿转动铰的滑动

如假定摩擦系数为 0.25，C/D 比为：

$$r_{bf} = \frac{V_b(c)}{V_b(d)_c} = \frac{0.25}{0.76} = 0.33$$

这样对于工况 2，控制力 C/D 比为 0.33。

F.7　工况 2 时 2 号墩的能力/需求比

下文为 2 号墩的 C/D 比的计算过程。计算包括墩柱相关性的推导，基础的横向和纵向相关性（见图 F-3，F-4 和 F-5），横向塑性铰分析，地震弹性荷载分析，根据地震轴向荷载计算极限弯矩能力，以及计算排架墩的 C/D 比。

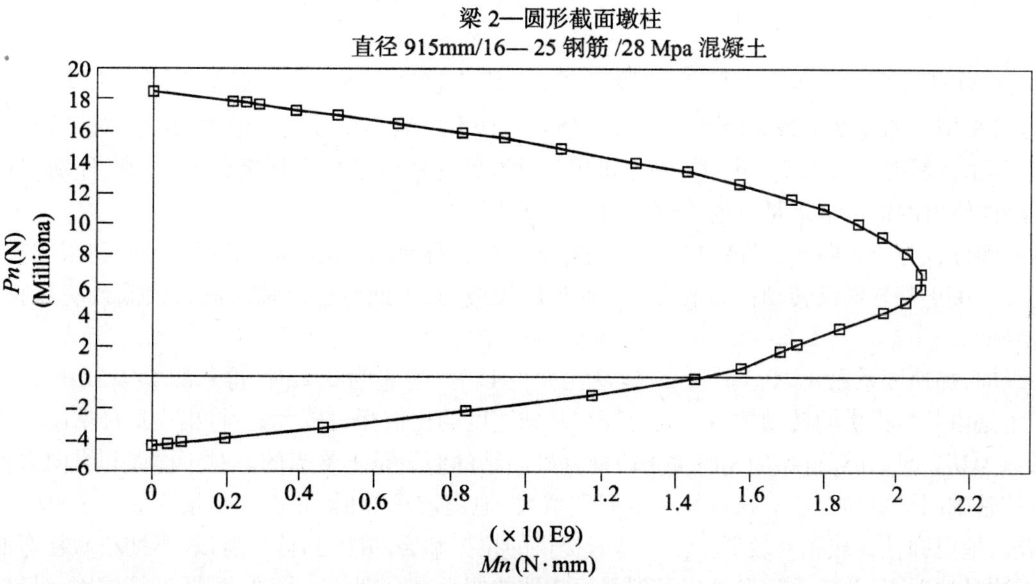

图 F-3　墩柱的相互关系图

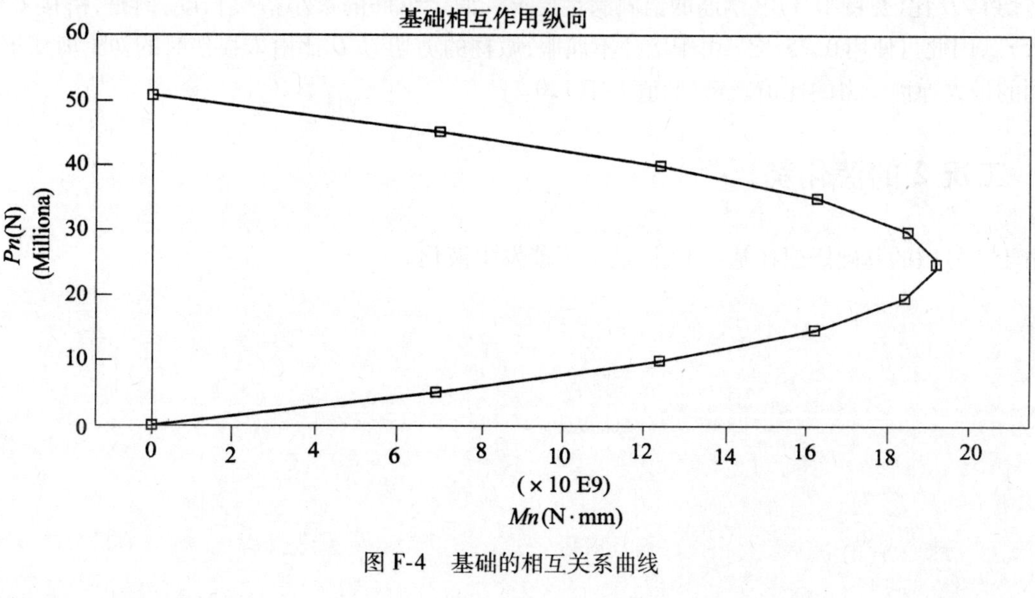

图 F-4　基础的相互关系曲线

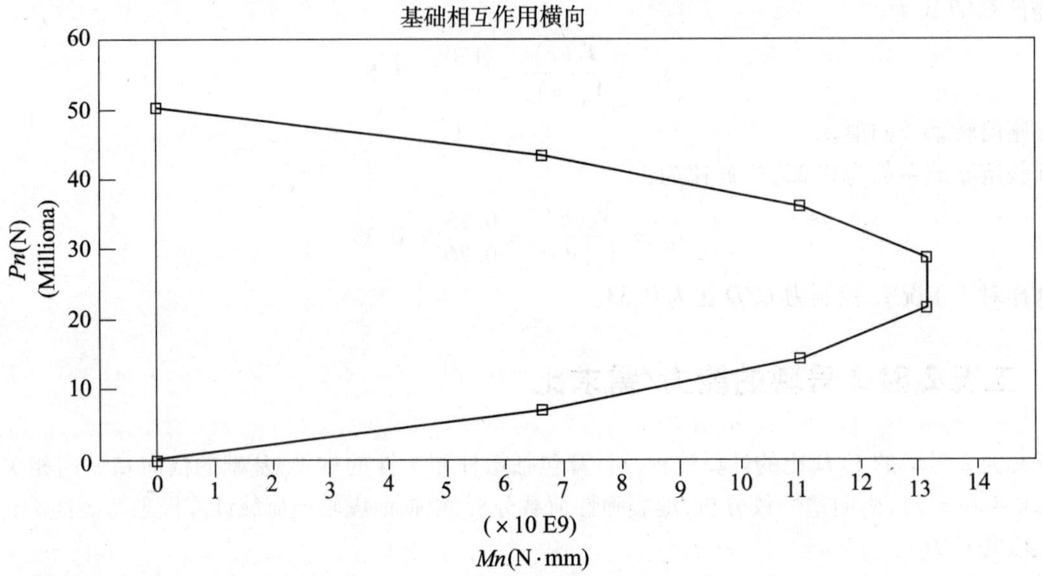

图 F-5 基础的相互关系曲线——横向

注意这里用 SEISAB 程序进行计算,该程序不允许直接输入 S_{D1},也不能使用图 1-8 规定的频谱形状。因此,采用了加速度系数 A,并且 $C_s = 1.5AS/T^{2/3}$ 计算出地震系数表示谱的形状。对于岩石,$S=1$,因此在 $T=1.0$ 秒时 $C_s=1.2A$,由 $A=0.1$ 和 0.2 时得到的地震系数非常接近于 S_{D1} 值,分别为 0.16 和 0.26。后面给出的输出结果是根据 $A=0.1$ 和 $A=0.2$ 得的。

横向塑性铰分析表明在塑性铰机制形成前,支承在岩石地基上的基础出现上升时,将限制排架墩的承载能力。由于基岩提供转动抗力取决于界面处的压应力,因此墩柱内轴向荷载较低会使基底的 C/D 比显著降低。

在纵向,加速度系数 $A=0.1$ 产生的 C/D 比大于 1.0。当 A 为 0.2 时,得到的 C/D 比小于 1.0。限制因子也是由基岩提供的转动抗力。当力臂与基础宽度的比值相对较大时,将出现这种情况。因此,加速度系数为 0.2 时,计算自振周期时关于墩柱基础固结的假设是不恰当的。对于横向和纵向来说,假设部分墩柱基础固结更加合适。这将使基本周期增大,地震需求降低,并进一步增大墩柱 C/D 比。对于所有情况,地震弹性荷载相对较低。由于基岩提供的拉拔和转动能力有限,所以,不期望墩柱弯曲屈服。因而,在这种情况下,关于采用墩柱未开裂截面特性的假设是合理的。另外,需要计算锚固、纵筋搭接和墩柱剪切 C/D 比(见图 D-3)。钢筋的锚固满足要求。假定纵筋的最小搭接长度;但是,搭接 C/D 比小于 $0.75r_{ec}$,因此可使用 0.75rec。由于墩柱不屈服,墩柱的剪切 C/D 比由未损伤时的初始剪切抗力与计算得到的最大弹性剪力的比值确定,此值大于 1.0。

F.8 工况 2 的液化势

由于 2 号墩的基础修建在基岩上,因此不可能发生液化。

术 语 表

预期服役年限(Anticipated Service Life,ASL):根据目前使用年限、结构状态、设计规范、当前及将来交通输运能力得到桥梁剩余服务年限的估计值。

拱圈效应(Arching):通过在两桥台之间桥面系的平面内形成拱作用,使侧向荷载通过桥面分配到桥台上一种作用机制。如果上部结构设有伸缩缝,直到所有伸缩缝闭合后,才会发生拱圈效应。

托梁(Bolster):一种附属结构,为上部结构提供支承长度,作为帽梁支承面或桥台支承面。托梁通常与梁或支座用暗销连接在一起,使力和弯矩横跨接触面向下传递。在一些情况下,托梁被用作覆盖层. 见覆盖层。

桥梁等级(Bridge Rank):反映桥梁地震易损性的数值指数。依据桥梁的结构易损性(地震缺陷)和场地危险性,评定等级范围从 0 到 100;数值越大,易损性越大。

缓冲块(Bumper Block):钢纵梁下侧的钢制托架,用来限制桥梁上部结构的纵向运动。在缓冲块对桥台发生影响之前,上部结构可自由运动。

能力/需求(C/D)比(Capacity / Demand Ratio):构件(或桥梁系统)能力与构件(或桥梁系统)的地震需求的比值。比值小于 1.0 说明构件或系统需要考虑加固。本手册,针对弯曲弯矩、剪力、轴力、位移以及转角给出了相应的 C/D 比。

能力保护设计(Capacity Protected Design):是一种通过相邻构件或组成部分的屈服来防止指定构件或组成部分产生过大的地震力的设计理论。例如,通过墩柱的抗弯能力确定墩柱传到基础的最大剪力,即墩柱的最大屈服强度。换而言之,通过墩柱的能力来保护基础,基础只需根据墩柱屈服(包括柱的任何超强效应)时传递的作用力进行设计。参阅能力保护构件。

能力保护构件(Capacity Protected Element):是被保护的构件;主要是通过同一荷载传递路径中的相邻构件先发生屈服,从而避免被保护构件中出现过大的内力。参阅能力保护设计。

能力谱设计(Capacity Spectrum Design):一种设计方法;将需求和能力分析合并到一个步骤里,通常使用能力谱,能力谱是谱加速度与谱位移的关系曲线(如,基底总剪力-结构位移曲线)。

美国中部和东部(Central and Eastern United States):指位于 Rocky 山脉以东的各州。

间接的地震危险性(Collateral Seismic Hazard):是指除了直接的地面振动如场地失效(塌陷,沉降)、液化、断层错断、滑坡以外的一种地震危险性;

完全二次组合(Complete Quadratic Combination,CQC):将地震作用下桥梁各模态反应进行组合,以便得到设计所需的最大反应的一种统计规则。见多模态谱分析方法。

设计强度(Design Strength):考虑计算的近似性以及材料强度、工艺和尺寸的变异性的构件强度。各个因素要控制在容许范围之内,但组合后得到的能力小于名义强度。通过强度折减系数建立设计强度与名义强度的关系,且总小于 1。

暗销(Dowel):一种短钢筋,用于传递结构覆盖层(或垫板)与既有混凝土构件之间的剪力。

延性构件(Ductile Elements):桥梁的构件或组成部分,用来在保持自身强度和稳定性的同时承受非线性变形。

耗能装置(Energy Dissipation Device):一种在地震时能够耗散能量并且将桥梁运动限制在容许水平的装置。通常利用金属的塑性变形(如铅或钢)、摩擦,或者利用粘滞流体通过孔洞来耗散能量。

重要桥梁(Essential Bridge):地震后需要立即恢复功能的桥梁,或者震后需要立即开放的跨线桥。未定级为“重要”的桥梁均称为标准桥梁。

免修桥梁(Exempt Bridge):如果桥梁位于低震区,或者剩余可用年限有限时,可不用加固。那些临时和禁止通车的桥梁也属于免修桥梁。

预期损伤法(Expected Damage Method):用来筛分并确定桥梁加固的优先等级,确定桥梁地震易损性级别的三种方法之一。该法将清单中的每座桥梁的在相同地震作用下的预期损伤严重程度进行对比。根据处于的损伤状态或估算的直接经济损失,度量损伤的严重程度。

预期强度(Expected Strength):实际材料强度通常大于规定强度,考虑这种情况后的构件或组成部分的强度即为预期强度。例如钢材的屈服强度要比指定强度高出20%,混凝土强度高出指定强度30%,或者考虑龄期和约束情况还可能更高。预期强度是由已建桥梁的材料样本检验数据得到的,但是,如果没有可用数据,可根据以前同种材料在其他桥梁中的使用经验得到。预期强度因子 ϕc 是预期强度与名义强度的比例系数,通常大于1。

脆弱性曲线(Fragility Curve):可描述在给定地震动水平下,桥梁承受某种损伤程度的概率图。

指数法(Indices Method):用来筛分并确定桥梁加固的优先等级,确定桥梁地震易损性级别的三种方法之一。结构易损性和危险水平指数在0到10间变化,由两者的乘积就可给出桥梁等级。根据保守的半经验方法确定这些指数。参阅桥梁等级。

侧向地面运动(Lateral Ground Movement):由于一个或多个并发灾害,地震造成的移动就会发生,在地面形成永久偏移。见伴随地震危险和液化引起的侧向流动。

液化作用(Liquefaction):强震时场地土趋于固结,使松散、无黏性土中的孔隙水压力不断累积,从而造成剪切强度损失。

液化引起的侧向流动(Liquefaction-Induced Lateral Flow):由于液化作用,在自重和超孔隙水压力的组合作用下,会发生平坡的侧向位移。在没有地震惯性荷载作用下可以发生这种流动,并且经常在地面振动停止后继续流动。

较低水准的地面运动(Lower Level Earthquake Ground Motion):小震,在桥梁使用年限内有合理的发生概率(假定75年)。这种地震也叫作常遇地震、预期地震(NCHRP 12-49-ATC/MCEER2003),或功能性评估地震(FEE)(Caltrans Seismic Design Methodology(Caltrans1999))。通常使用超越概率来描述地震动,而不是发生概率。因此,较低水准的运动在桥梁使用年限内具有较高的发生概率并且对于加固设计,建议取50%,对应的重现期大约100年。

最小支承长度(Minimum Seat Width):梁端支承所需最小支承宽度,必须能够保证上部结构不发生落梁。

多模态谱分析法(Multi-mode Spectral Analysis Method):一种二维或三维桥梁模型的线性动力分析,当多个振动模态对桥梁动力响应有较大贡献时可采用这种方法。方法通过组合模态最值给出弯矩、剪力和位移的设计峰值。

网络冗余度(Network Redundancy):线路可用性的度量方法,考虑了替代线路和迂回长度。网络冗余度用于确定桥梁加固的优先顺序(需结合桥梁等级)和定义桥梁的重要性。

名义强度(Nominal strength):是依据假定的截面尺寸和规定材料强度,由构件或组成部分的截面破坏理论得到的。在计算名义强度时,材料抗力系数取为1.0。其他强度水平通常要参照名义强度。

覆盖层(Overlay):加在原有结构单元表面用来增加强度和刚度的钢筋混凝土板,如基础覆盖层。通常将覆盖层锚固在原有单元上使作用力和弯矩跨越交界面传递过来。很多情况下覆盖层可用作垫板。参阅垫板。

超强(Overstrength):考虑所有可能的使强度增加并超过名义强度的因素后的构件强度。它包括:钢材强度高于规定屈服强度;由于大变形时应变强化引起的附加钢材强度;混凝土强度高于规定强度;截面尺寸大于假定尺寸;弯曲构件由于侧向约束使竖向抗压强度增大;为了施工额外设置的混凝土而设计却没有考虑;名义强度公式推导时使用的保守假定。超强因子为超强强度与名义强度的比值,并且通常大于1。

基于性能的设计(Performance-Based Design):一种根据桥梁的重要性和预期服务年限明确给出

不同桥梁在不同级别地震下性能水平的设计方法。

性能水平(PL)或性能标准(Performance Level (PL) or Performance Criteria):在发生或随后发生指定级别的地震过程中,一个用震后适用性和损伤程度表达的预期达到的性能水平。

塑性铰(Plastic Hinge):承受弯曲屈服和塑性转动的区域,其强度或稳定性不发生损失。

超越概率(Probability of Exceedance):在规定时间范围内(通常为桥梁服务年限)发生大于预期级别地震的可能性。也可用年发生概率,或以年为单位表示的重现期来表达相同的可能性。

R因子(反应修正系数)(Response Modification Factor):用这些系数修正弹性反应分析的结果,以考虑延性并得到设计需求。

参考桥梁(Reference Bridge):无显著空间效应的长大结构;用于建立桥梁易损性曲线。

限位器(Restrainer):钢缆或钢筋,用于限制桥梁上部结构变形缝的相对位移,以降低地震时上部结构在接缝处发生落梁的可能性。

加固优先次序(Retrofit Priority):依据桥梁等级和诸如重要性、网络冗余度、非抗震缺陷、剩余使用年限以及相关社会经济问题等因素,针对详细评估和加固可能性,为桥梁指定的优先次序。

地震危险性水平(Seismic Hazard Level,SHL):表示桥址处地震和地质危险程度,以便详细评价和加固。手册根据较高地震水准的长、短周期两种谱加速度(S_a 和 S_1)和相应场地系数,定义了四个水准。

地震危险级别(Seismic Hazard Rating,E):用于表示桥址处地震和地质危险程度,以便筛选并确定优先次序。根据较高地震水准的长周期谱加速度(S_1)及相应场地系数进行分级,范围从低0到高10。见桥梁等级。

隔震器(Seismic Isolator):一种力学装置,通过增加柔性和延长自振周期,使桥梁与地震动隔开。由于周期延长,使地震力降低,但隔震器的位移可能非常大。为了限制位移,经常将耗能装置与隔震器一同使用。常见的隔震器有弹性橡胶和滑动系统。见耗能装置。

抗震加固类别(Seismic Retrofitting Category,SRC):对损坏桥梁给出最小筛选要求、评价方法和加固措施。本手册定义了四种类别,由预期服务年限、重要性以及场地地震地质危险性共同确定。

地震风险评估方法(Seismic Risk Assessment Method):用于确定桥梁地震易损性级别的三种方法之一。针对给定危险性水平和用于评估系统性能的损伤状态进行高速路网的显式分析,通过交通流量(如,增加的行车时间)度量。然后根据这一性能对桥梁状态的敏感性来确定桥梁加固的必要性和优先权。

振动传递装置(Shock Transmission Unit,STU):安装在伸缩缝的一种装置,允许缓慢运动,如温度变化引起的运动,但在快速运动下是“锁定”的。通常STU由活塞和充满黏滞流体的汽缸组成。

场地类别(Site Class):通过测定剪切波速、锤击数、土层深度以及厚度来确定土的性质,据此对场地进行分类。

场地系数(Site Factors):定义了两个场地系数:F_a 和 F_v。F_a 是由场地类别和较高地震水准的短周期谱加速度(S_s)确定的。F_v 是由场地类别和较高地震水准的长周期谱加速度(S_1)确定的。在确定地面设计反应谱时,用这些系数来考虑土对基岩地震动的放大作用。

平方和开平方(SRSS)组合(Square Root of the Sum of the Squares (SRSS) ombination):此经典统计组合方法在本手册中用于三种情况:(1)在多模态谱分析中需要组合各模态反应以得到设计最值;(2)需要组合由二个或三个正交地面运动分量得到的作用力;(3)在墩柱的双向设计过程中,需要给出正交弯矩的时候。见谱分析方法。

接茬钢筋(Starter Bar):从基础伸出的钢筋,并伸入墩柱一小段距离。然后与墩柱内纵向主筋进行搭接。建议在塑性铰区域内不设搭接钢筋,而这种抗震缺陷在许多旧桥里普遍存在。插接钢筋又称为基础暗销。

STRAHNET:国防高速公路网。该公路网是国家高速公路系统一个组成部分并将军事基地、工业和资源连接起来。

一致危险性(Uniform Risk):描述美国地震危险性的表示方法。各地区使用相同的超越概率(重现期)来指定危险性。如果在一个地区内,地震活动性由低到高变化,此时该方法要比取用每个区域的历史最大地震(这种地震的发生概率很低)更合理。

较高的地震动水准(Upper Level Earthquake Ground Motion):在桥梁使用年限内发生的大地震,其发生概率有限但是很小。这种地震也可称为罕遇地震、最大考察地震(MCE)(NCHRP 12-49-ATC/MCEER 2003)或者安全评估地震(SEE)(Caltrans 1999)。本手册中,较高的地震动水准为75年超越概率7%,相应重现期大约为1000年。

易损性级别(Vulnerability Rating, *V*):筛选确定优先次序时,用于描述桥梁抗震缺陷的严重程度。根据结构和地质缺陷进行级别划分,范围从低向高(即0~10)。见桥梁等级。